Interprétation artistique et propriété intellectuelle

Le droit aujourd'hui

La collection « Le droit aujourd'hui » regroupe des études juridiques concernant des problèmes d'actualité nationale et internationale, dans divers domaines (éthique, politique, questions de société…).

DEJA PARUS

Sarah TOUBAL, *Le rebond du débiteur. Contribution à l'étude du droit de la défaillance économique*, 2023.

Claire BORREL, Loïc PELISSIER, Abélisse PINCHON, *Altruisme et Droit*, 2023.

Cristina Elena POPA TACHE, *Le dynamisme du droit international public contemporain et la transdisciplinarité*, 2023.

Charles COLOMAR, *Le droit de l'art en question(s). 20 réponses juridiques sur des thématiques artistiques*, 2023.

Marcel Yannick MISONGUI, *La protection juridictionnelle par la Cour de justice dans l'ELSJ et la PESC après le Brexit*, 2023.

François CAMPAGNOLA, *Précis de droit de l'énergie*, 2023.

Sébastien DEMAY, *La charge de travail à l'ère du numérique*, 2023.

Meganne NATALI, *Le droit international face au trafic illégal de biodiversité sauvage*, 2023.

Rahma BENTIROU MATHLOUTHI (dir.), *Proportionnalité, droits fondamentaux et juge, Proportionality, fundamental rights and judges*, 2023.

Aécio Filipe COELHO FRAGA DE OLIVEIRA, *L'exécution des mesures à titre provisoire rendues par un tribunal arbitral situé à l'étranger*, 2022.

Naivi CHIKOC BARREDA, *Succession internationale et dispositions spéciales de la lex rei sitae. Contribution à l'étude de l'impérativité internationale en matière successorale*, 2022.

Boris BARRAUD, *Éthique de l'intelligence artificielle*, 2022.

Boris BARRAUD, *Dignité, liberté, égalité*, 2022.

Boris BARRAUD, *Humanisme et intelligence artificielle*, 2022.

Michel BOUDJEMAÏ, *La territorialisation de l'aide sociale légale*, 2022.

Carine VAYSSE, *La théorie générale du contrat administratif*, 2022.

Thomas LARDEUX, *La sécurité juridique et le contentieux international des investissements*, 2021.

Coffi Dieudonné ASSOUVI, *L'influence du droit international des changements climatiques sur le droit de l'environnement de l'Union européenne*, 2021.

Zohra Aziadé ZEMIRLI, *Le statut juridique des non-musulmans en Algérie. L'exemple des évangéliques et des ahmadis*, 2020.

Olivier Salomon

Interprétation artistique et propriété intellectuelle

Essai d'une théorie du voisinage des droits exclusifs au sein de la propriété littéraire et artistique

Préface de Philippe Gaudrat

L'Harmattan

Prix de thèse « Valois » 2022
du Ministère de la Culture

MINISTÈRE
DE LA CULTURE
Liberté
Égalité
Fraternité

Comité d'histoire
du ministère de la Culture

5-7, rue de l'École-Polytechnique – 75005 Paris

www.editions-harmattan.fr

ISBN : 978-2-14-049201-3
EAN : 9782140492013

PREFACE

PHILIPPE GAUDRAT
Professeur émérite de l'Université de Poitiers

Voici une thèse bien singulière : elle entre en propriété littéraire artistique par la petite porte des « droits voisins », parent pauvre qui suscita une moindre littérature d'une part, parce qu'ils ne firent irruption dans le droit positif que depuis un demi-siècle et, d'autre part, parce que, outre un objet difficile à saisir, on perçoit rapidement que quelque chose *n'y tourne pas rond*... Or, au terme d'une recherche d'une indéfectible rigueur, fondée sur une connaissance exhaustive de la jurisprudence et de la doctrine, l'auteur y introduit quatre concepts appariés deux à deux qui, non seulement mettent un ordre lumineux dans cette discipline plus abstraite encore que le droit d'auteur, mais permettent même, en sortant du périmètre de la thèse, de construire les diverses branches de la propriété soi-disant « intellectuelle » ... Ces quatre concepts sont : la propriété *intellectuelle* (branche de l'incorporelle), *versus* le *monopole légal privé,* d'une part ; et la *création,* empreinte de la personnalité de son auteur, *versus* les fruits d'un travail dont la caractéristique est d'être *interchangeable,* d'autre part. Quatre concepts simples, mais *puissamment ordonnateurs* ! Non seulement l'auteur les *introduit* (ce pourrait être une fulgurance passagère) mais il les *construit* dans le détail jusqu'à proposer un *système complet* ; il livre un travail *bien écrit* (quoiqu'arrivé en France, il y a onze ans, en ne parlant quasiment pas le français) et *bien présenté,* doté d'un *index* qui permet d'y accéder par plusieurs entrées ; ce qui permet, accessoirement, de se familiariser avec une terminologie qui, nécessaire au développement de son propos, peut sembler, au premier abord, déroutante.

L'artiste-interprète n'a d'autre choix, pour concevoir sa prestation, que de se pénétrer de l'œuvre afin de la revêtir d'une forme seconde, *empreinte de sa personnalité.* La forme de l'œuvre, déposée dans la matière, est *inerte.* Celle que confère l'interprète à l'œuvre, grâce à son corps, est *vivante*, conformément à la différence de nature des supports. Ces deux *formes* emboîtées sont, toutes les deux issues de l'*esprit* et de la *personnalité* des personnes à qui elles sont imputables : ce sont des *créations.* Ce qui induit un fait remarquable : elles « sécrètent » *naturellement* leur propriété [1] ! La « propriété » est l'état de ce qui est *propre* à un sujet et le *droit de*

---

[1] PH. GAUDRAT, « Le bien intellectuel : entre propriété de droit naturel et monopole légal privé de droit positif », *in* Mélanges CORNELIU BIRSAN, Bucarest, à paraître.

propriété traduit en termes juridiques, cet état. Or, que peut-il y avoir de plus "propre à une personne" que la *chose incorporelle* qui lui doit son être ? On s'aperçoit, incidemment, que cette propriété est la seule qui soit *incontestable.* Du fait que l'objet de la *propriété corporelle* préexiste à son titulaire, il est toujours possible de contester la règle ayant conduit à le soustraire à la communauté [1]. D'où l'apophtegme célèbre : *« la propriété c'est le vol »* ; celui-ci ne s'applique (et encore, avec circonspection) qu'à la propriété *corporelle !* Cette propriété trouve un possible [2] accomplissement dans une *divulgation* qui la rend *intellectuelle* sans perdre son caractère *incorporel.* Ce parallélisme induit une *symétrie* parfaite des droits dont sont gratifiés l'*auteur* et l'*interprète* : ils sont, l'un comme l'autre, investis sur l'*œuvre* et sur l'*interprétation* (isolée, par l'auteur de ce travail, comme objet de droit distinct) d'une *propriété bifonctionnelle* pourvue d'un versant *patrimonial* et d'un versant *moral.* On ajoutera, par ailleurs, que l'*auteur* divulgue *parfois* en personne son œuvre (quand il l'*interprète* ou la *montre*) ; mais, le plus souvent, il en confie la tâche à un « entrepreneur en communication ». C'est alors, seulement, que sa propriété se dédouble en ses attributs constitutifs. L'*interprète*, en revanche, divulgue *toujours* « en personne » son interprétation (parce qu'elle est vivante). Telle est la *prestation* qu'il offre dans le *spectacle vivant, soumise au droit du travail* (car n'est alors prise en compte que son activité de *travailleur*). Mais, depuis que divers modes d'*enregistrement* et de *retransmission* ont fait leur apparition, il peut (lui aussi) confier la tâche de la divulgation à un *entrepreneur en communication* : c'est alors, seulement, que naissent les différents *droits voisins.* Avant que ces moyens techniques ne fissent leur apparition, n'existait que le *spectacle vivant.* Raison pour laquelle la *propriété intellectuelle de l'interprète* ne fit légalement son apparition que depuis un demi-siècle. Cette propriété, on l'a dit, est, dans ses deux versions, *éthiquement* indissociable d'une *défense de la personnalité* que le créateur *doit* avoir investie pour qu'elle prenne naissance ; et, *économiquement*, son exploitation est soumise à une *rémunération proportionnelle.* Encore la question se pose-t-elle : « proportionnelle à quoi » ? Lorsque l'*auteur* divulgue en personne : *proportionnelle aux enthousiasmes* du public présent, au travers d'une rémunération "au chapeau" ; les dons, libres, pouvant être importants, dérisoires ou nuls ; ou *proportionnelle aux entrées,* quand celles-ci sont tarifées forfaitairement. Et, ce n'est que dans les cas où il délègue le soin de divulguer à un exploitant (divulgation *corpore alieno*), que le pourcentage est imputé sur les *revenus de cet exploitant* : tantôt, sur les revenus de chaque *représentation* donnée par l'organisateur de spectacle ; tantôt sur les revenus issus de la *vente de chaque exemplaire*, en cas de reproduction. Quant à l'artiste-interprète, la rémunération a généralement lieu « au cachet » quand la performance à lieu *en présentiel* (divulgation

---

[1] Dans les cinq modes traditionnels d'acquisition, la propriété corporelle n'est fondée que sur le *travail* (occupation, invention, usucapion, accession et contrat). Dans chacun de ces cas, le fait déclencheur de la propriété est une activité, *non personnelle.* Elle fut menée, de manière circonstanciée, par l'un, mais elle aurait pu aussi bien être menée par l'autre. Ainsi, on s'aperçoit que le droit civil tout entier organise dans le détail toutes les *manifestations du travail,* à l'occasion desquels *l'un peut se substituer à l'autre* assurant, de la sorte, la continuité de la société, alors que la propriété littéraire et artistique n'organise que l'exploitation d'une chose *éminemment personnelle*, qui n'aurait pas *pu être créée par un autre* que l'auteur ! Ainsi peut-on, au choix, opposer *droit civil* et *propriété intellectuelle*, ou faire de la propriété intellectuelle une *branche spéciale* du droit civil, car l'œuvre (et l'interprétation) entre dans la catégorie des *biens incorporels* que connaît le droit civil !

[2] L'auteur peut choisir discrétionnairement de garder l'œuvre pour lui, fût-elle achevée, ce dont il est seul à pouvoir juger. Rien ne peut venir à bout de sa détermination.

personnelle) ; à quoi doit s'ajouter un pourcentage des revenus à percevoir par l'exploitant quand naît son droit voisin (tantôt à raison de l'extension de la représentation, quand ce dernier *retransmet* ; tantôt sur la vente de chaque exemplaire, quand il en reproduit la fixation) ...

On saisit (outre l'engendrement *naturel* de la *propriété incorporelle*) une première application de la distinction entre *travail* et *création* : les *exploitants* sont des *travailleurs*, puisque ce sont des *entrepreneurs en communication* : par leur *travail* d'organisateur de spectacles (qui ils *vendent* des entrées) ou d'éditeurs (quand ils fabriquent ou font fabriquer les exemplaires *vendus*), ils collectent auprès d'une *clientèle de consommateurs* les revenus sur lesquels vient s'imputer la *rente due aux créateurs*. Seuls les *créateurs* ont vocation à percevoir cette rente ; d'abord, parce qu'ils n'ont pas de contact direct avec le public, mais aussi parce que leur apport est d'un autre ordre : elle rémunère ce « plus d'âme » empreint de leur personnalité, à défaut duquel les exploitants n'auraient *rien* à offrir de « culturel » ; juste des *supports vierges* ou les *fruits d'un travail interchangeable* ! Ces *travailleurs* de la diffusion sont, quant à eux, directement rémunérés par ce qu'il reste des revenus qu'ils ont collectés une fois soustrait le pourcentage dû aux créateurs. Ce dernier ayant régulièrement décru au fil du temps, ce reliquat reste, aujourd'hui, tout à fait motivant (95 %, en moyenne, et plus). Cette somme rémunère exactement leur travail. Tels étaient, du moins, les principes jusqu'à l'apparition des *droits voisins économiques* en 1985...

En marge de cette propriété, existe un autre mode de réservation, totalement *différent* (et *indépendant*) qui consiste en un *monopole légal privé*, arbitrairement octroyé par le législateur. Ordinairement, un « monopole » est, en économie, une situation *de fait* qui se développe lorsqu'un opérateur, étant venu à bout de ses concurrents, prend le contrôle absolu d'un marché : il impose ses prix et ses conditions de commercialisation à une clientèle captive. Mais il arrive (bien que ce soit contraire à l'héritage de la Révolution, grande pourfendeuse de monopoles) que cette situation *soit organisée par la loi* : le législateur entoure, alors, un *enjeu* d'une *barrière d'interdits* et ne donne la clé de l'accès à cette forteresse virtuelle qu'à un bénéficiaire unique, personne morale ou physique, sans aucun rapport nécessaire avec l'enjeu. Quand le bénéficiaire est une personne publique, le monopole légal est dit *public* ; quand le bénéficiaire est une personne privée, le monopole légal est dit *privé*. Un *monopole légal privé* ressemble par l'exclusivité qui s'y attache à une *propriété* ; sauf que ladite exclusivité est, dans le cas de la propriété, une *conséquence de l'appropriation*, alors que dans le monopole légal privé, elle est *l'objet unique du mécanisme*. Certains « en déduisent » (à tort) une propriété ; mais, si la propriété induit toujours l'exclusivité, l'exclusivité n'indique pas nécessairement la propriété : tout ce qui brille n'est pas d'or... Il se trouve que les *droits voisins économiques* sont des monopoles légaux privés, directement accordés par le législateur aux *producteurs* ou aux *entreprises de communication audiovisuelles* qui prennent en charge la retransmission de programmes incluant des œuvres et des interprétations. Preuve qu'ils ne sont pas des *propriétés intellectuelles* : ils sont dépourvus de droit moral ! L'enjeu de ce monopole légal est la *forme technique*, c'est-à-dire le vecteur (non communicable, en l'état) issu de la transformation de *l'œuvre interprétée* en un signal (autrefois *analogique*, aujourd'hui *numérique*) destiné à être tantôt retransmis, tantôt fixé. Cette transformation des créations est le fruit du labeur d'*ingénieurs* (du son ou de l'image) ; autrement dit : de techniciens-travailleurs. Ces préposés désignent le commettant qui les emploie, auquel le législateur attribue le monopole. Ce dernier entoure la *forme technique* dès qu'elle existe : sa seule existence atteste du *travail fourni*. Aucun autre critère n'est exigé : c'est un cas rare où aucune formalité distincte n'est exigée ! Une faveur vraiment exceptionnelle… À partir de là, le monopole légal donne un droit de *contrôle* et de *péage* sur tous les usages qui sont faits de cette *forme technique* par reproduction ou retransmission du vecteur (sur lequel le producteur a la main) ou décodage de contenus (qui ne lui appartiennent pas) ! Ce monopole, octroyé *indépendamment* de la propriété sur les créations, n'est subordonné à cette dernière que par l'exigence d'une *cession de droit* (de l'auteur et de l'interprète) afin d'assurer une hiérarchie des droits exclusifs. Tout affaiblissement de cette exigence tend à faire du monopole une *source autonome* ; tel est le cas de la *licence légale* imposée au monopole, qui emporte dans son sillage la propriété des contenus (art. 214-1 CPI) ou de la (fâcheuse) jurisprudence se suffisant de la fixation de la forme technique pour que naisse le monopole, sans exigence de cession [1].

La superposition de ce monopole aux propriétés de l'œuvre et de l'interprétation était-elle indispensable ? La réponse est négative : l'exploitant était déjà *cessionnaire exclusif* de l'auteur et de l'interprète : il disposait donc de l'*autorisation* et même du *monopole contractuel*, utiles à l'exploitation. Sauf que si l'on s'en était tenu là, l'exploitant n'aurait été rémunéré que pour son *seul travail* (sur la vente de chaque exemplaire physique ou sur chaque entrée ou publicité source de profit). En lui accordant un *monopole légal*, le législateur lui octroyait, sans considération pour la propriété sur les contenus, une rente *copiée sur celle d'un créateur* et cela changeait tout : sa rémunération indépendamment de son travail n'était plus calculée que sur le nombre de personnes qui *utilisaient le vecteur*, par *fixation*, *retransmission* ou *décodage* (art. L. 213-1, L. 215-1, L. 216-2 CPI). Ainsi, en plus de sa clientèle naturelle, il pouvait encore prélever un pourcentage sur les *prestations d'autres entrepreneurs*, ce qui élargissait d'autant la base de sa rémunération ! Qui plus est, la rémunération pour *copie privée*, découlant du changement de perspective introduit par le monopole, venait encore l'étendre. Les *propriétaires intellectuels*, qui tiraient leurs revenus d'un pourcentage des rentrées des monopoleurs, crurent y trouver leur compte ; sauf qu'ils n'avaient pas vu que ces derniers, dans le dispositif légal, *soustrayaient* directement aux créateurs une *part importante* des sommes destinées à leur revenir (entre la moitié et le tiers) … La question est, quand même : pourquoi ces *entrepreneurs* ne se suffisaient-ils pas de la rémunération de leur *seul travail* ? Pourquoi leur fallait-il prendre en otage une *clientèle rendue captive par le monopole* pour s'assurer un maximum de profit ? Qu'avaient-ils fait *de plus* que l'ensemble des entrepreneurs ordinaires pour bénéficier du monopole que l'on refusait à tous les autres ? Rien : ils avaient simplement *travaillé* et *fait travailler* à l'exploitation de créations qui… *ne leur appartenaient pas* ! La raison n'est pas à chercher dans une *logique interne* mais dans une *comparaison,* sinon une *rivalité,* externe : tous les *producteurs français* (de phonogrammes ou de cinéma) suivaient, depuis un siècle, ce

---

[1] Cass. 1re civ., 16 juin 2021, n° 19-21663, C/Sté Look at Sciences, FS-B (cassation de l'heureuse décision rendue par la CA Paris, 17 mai 2019). La cour de renvoi s'est conformée à l'interprétation de la Cour de cassation : CA Versailles, 1re ch. 1re sect., 18 oct. 2022, n° 21/05044. F. POLLAUD-DULIAN, *RTD com.* 2021, p. 815 ; Ph. GAUDRAT, *RTD com.* 2023, à paraître.

qui se passait aux États-Unis. Or, outre-Atlantique, les positions étaient *échangées* : les *créateurs*, n'existant pas juridiquement, étaient traités comme des *travailleurs* (réunis en Guildes) à la merci des *producteurs*, alors que les producteurs étaient, eux, traités comme le sont les créateurs chez nous ; ils bénéficiaient d'un contrôle sur toutes les utilisations directes et indirectes de la forme technique ! Frappés d'une étrange cécité, au moment où nous introduisîmes le *droit voisin du producteur*, par transposition de la Convention de Rome (imprudemment ratifiée), nous introduisîmes simultanément le *copyright* du producteur dans notre système, alors qu'il était *radicalement incompatible*. Seul, le grand spécialiste que fut B. EDELMAN dénonça cette erreur [1] ! Du coup, ce *droit voisin économique* parasita la propriété sur les contenus et fragilisa le délicat équilibre entre *créateurs* et *travailleurs de la communication*. C'est le grand mérite de l'auteur de ce travail d'avoir méthodiquement mis en évidence cet effet insidieux ainsi que l'absence complète de cohérence de la catégorie des droits dits voisins : *propriété intellectuelle* pour les artistes-interprètes, *monopole légal* pour les producteurs et les entreprises de communication audiovisuelle…

Le plus remarquable est que ces quatre concepts, dégagés pour mettre de l'ordre dans l'univers des *droits voisins*, en introduisent tout autant dans les différentes branches de ce qu'il est aujourd'hui convenu d'appeler « la » *propriété intellectuelle* lorsque, sortant du périmètre strict de la thèse, on s'emploie à en modéliser l'application. Les *créations* (œuvres et interprétation) engendrent, sans formalité, une *propriété* de droit naturel. Cette propriété *incorporelle* devient *intellectuelle* (sans cesser d'être incorporelle) lorsque le créateur décide de *l'exploiter par divulgation* : chaque membre du public fait usage de *son intellect* pour remonter de la *forme externe* à la *forme interne* conçue par le créateur, quoique ce soit toujours à la *forme*, objet incorporel de la propriété, qu'il applique son intellect ! Et lorsque le créateur *fait réaliser la divulgation* par un entrepreneur en communication, il inclut *de facto* la *clientèle* qu'il offre à cet exploitant dans le *public* qu'il donne à sa création en la divulguant. Ainsi, conséquence du droit de divulgation, la sphère *économique* (à l'occasion de laquelle se dégage la clientèle de l'exploitant) est automatiquement intégrée à l'intérieur de la sphère *publicitaire* (à l'occasion de laquelle le créateur donne un public à sa création).

À dire vrai, les « inventions », qui sont de vraies *créations techniques*, auraient dû similairement sécréter leur propriété : la *solution technique* imaginée puise sa source dans la *personnalité* de l'inventeur et s'exprime dans une *forme technique singulière* qui peut être celle du *produit* ou du *processus industriel*. Sauf que, par le moyen d'un *dépôt constitutif de droit*, les deux sphères, *économique* et *publicitaire*, ont été irrémédiablement *séparées*, en 1844, au lieu d'être *intégrées* l'une dans l'autre. Il n'existe, en effet, de « public » qu'au niveau du dépôt : celui-ci est constitué par les *hommes de l'art*, ingénieurs et concurrents du déposant, seuls *aptes* à comprendre la création (l'invention est *utilitaire*) et seuls à avoir besoin de ces informations pour contourner le brevet ! Les consommateurs, eux, n'ont *nul besoin d'avoir accès* à ces informations pour *utiliser* l'invention qui leur est distribuée (les utilisateurs d'un médicament sous brevet n'ont pas besoin d'en connaître le principe actif, ni la

---

[1] B. EDELMAN, « Les bases de données ou le triomphe des droits voisins »,*Dalloz cah. dr. aff.*, 2000, chron. 89.

manière de fonctionner, pour qu'il fasse effet). Ainsi, dans la structure du brevet d'invention, la séparation est étanche entre la *sphère administrative* du dépôt (comportant une révélation d'informations à *l'égard d'un public* d'hommes de l'art) et la *sphère économique* de la *clientèle des consommateurs* (assujettie aux effets d'un strict monopole).

En réalité, le breveté n'est propriétaire que du « brevet » (art. 613-3, 613-22, 612-24 CPI etc.) c'est-à-dire du *titre papier* qui organise le *« monopole légal des revendications »* et non de l'invention en tant que *forme technique !* Ce titre peut être *vendu* ou *loué* comme toute chose corporelle (ce qu'il est). ANDRE LUCAS obtient un résultat analogue en soutenant que, à raison d'une mauvaise maîtrise de la langue, le législateur n'aurait pas voulu écrire que l'auteur était « *propriétaire de l'œuvre mais seulement qu'il était propriétaire des droits de reproduction et de représentation sur l'œuvre »*. Sauf que la *titularité d'un droit* ne peut, en aucun cas, être assimilée avec *une propriété sur ce droit* [1] ; or lesdits droits constituent une partie de la propriété dont l'auteur est *titulaire !* En procédant de la sorte, il réduit ces *droits* à des *monopoles indépendants titrisés* et traite, par conséquent, le droit d'auteur comme une sous-catégorie de la *propriété industrielle* ... après avoir, à juste titre, critiqué MOUSSERON, pour avoir confondu la *propriété du titre* avec la *propriété de l'invention* [2].

Accessoirement, se dessinent une *sphère de la création* (mettant en concurrence l'*inventeur* et des créateurs techniques potentiels) et une *sphère du travail* (le *déposant* et ses *propres concurrents,* qui sont tous des *travailleurs*). Pourtant, un déséquilibre radical est légalement institué entre le déposant et ses concurrents par le truchement du monopole : le marché est purement et simplement *interdit.* Et, au surplus, à l'intérieur de la *sphère de la création*, un autre déséquilibre fondamental est introduit : le droit de divulgation est *éliminé* ; « épuisé » pourrait-on dire… La *divulgation* échappe entièrement à l'inventeur au lieu de lui être réservée par un droit inaliénable : en effet, une divulgation, même *involontaire* antérieurement au dépôt, interdit celui-ci alors qu'un dépôt valide entraîne *automatiquement* la divulgation de la description et des revendications d'où résulte le monopole qui rend captive la *clientèle des consommateurs.* Cette scission, imputable à la disparition du *droit de divulgation, essence* et *germe* de la *propriété intellectuelle,* remplacé par un *monopole*, est tout à fait caractéristique de la structure du *brevet* d'invention [3]. Il ne reste plus au *créateur technique* qu'un *fantôme* de propriété : un *droit de possession personnelle antérieure* et un avorton de *droit moral* obligeant le déposant à mentionner le nom de l'inventeur dans le *dossier de brevet* lequel ne sera porté qu'à la connaissance du *public du dépôt* et non de la clientèle du *produit inventif.*

---

[1] W. DROSS, « Une approche structurale de la propriété », *RTD civ.*, 2012, p. 419. *Adde Droit des biens*, 5e éd., LGDJ, 2021, n° 429, p. 372.

[2] V. A. LUCAS & H-J. LUCAS (1ère éd.), n°25 ; puis, de plus en plus noyé sous un flot d'informations destinées à masquer la gêne doctrinale : n°25 (2ème éd.), n°21 et s. notamment n°27 p.31 (3ème éd.), n°28 et s. (4ème éd.) etc.

[3] Mot à mot : titre permettant de *se réserver* le *monopole des revendications* ; sans doute, les revendications *s'appuient-elles* sur la description mais il n'en demeure pas moins que les *caractères non revendiqués* échappent à la réservation ! À cause de la divulgation (sans droit) dont ils ont fait l'objet, ils sont dans le domaine public…

Il résulte de tout cela que le *droit exclusif* du déposant, soi-disant de nature *propriétaire* [1], n'est qu'un *pur monopole* incarné dans un titre papier et que ce monopole ne produit rien d'*intellectuel*, puisque la divulgation ne se développe que dans une sphère étanche et qu'elle n'est nullement l'objet d'un droit au bénéfice du créateur ! Bref, contrairement à ce qui est généralement clamé (parfois même brandi comme archétype…) le « brevet d'invention » n'a rien d'une *propriété intellectuelle !* Ce *monopole* détourne, en plus, les effets de la *propriété sur la création* au profit du monopoleur (comme dans le cas du droit voisin économique). Et il y a mieux : toute la *propriété* dite *industrielle* n'est fondée que sur ce modèle ; un *monopole*, symbolisé par un titre, octroyé en échange d'un dépôt sur un enjeu qui, *possiblement créatif*, est, la plupart du temps, issu d'un *simple travail.* Les *obtentions végétales* relèvent du *travail* par la méthode *sélective* en quoi elles consistent. Similairement, le *signe distinctif*, quand il n'est que le fruit d'une *sélection*, est le résultat d'un pur *travail* et ne devient *marque* que par le dépôt. Enfin, si par extraordinaire, ce signe s'avérait créatif en lui-même, se superposerait au *monopole légal* une *propriété d'auteur* ; les deux droits exclusifs n'étant pas attribués à la même personne ! Obtenus au prix d'un simple travail, tous ces monopoles se voient appliquer les figures du droit civil pour régir leur transmission et leur *mise en valeur* : *vente* ou *location* du titre symbolisant le monopole. Seule la (vraie) *propriété intellectuelle* s'exploitant par divulgation, se concrétise dans la *cession très spéciale d'un droit d'auteur* qui n'a rigoureusement rien à voir avec la *vente du droit patrimonial*, quand cette divulgation est déléguée à un entrepreneur en communication.

Ainsi, ce qui pouvait n'apparaître, au départ, que comme une manière de *réorganiser* la matière très disparate des droits voisins - propos déjà méritant - s'avère, en réalité, avoir des implications beaucoup plus radicales pénétrant d'autres disciplines. C'est dire que cette thèse revêt une véritable *portée théorique* ; bien sûr pour la matière des *droits voisins,* auxquels elle est, d'abord, circonscrite, mais aussi pour *les propriétés intellectuelles* dont elle suggère, en filigrane, une possible réorganisation. À présent, il est temps de faire place à l'ouvrage…

Poitiers, 7 janvier 2023

---

[1] La propriété *n'interdit pas le marché* mais lui est même nécessaire, puisque, pour que l'échange du *bien* puisse se réaliser, il faut savoir *quoi est à qui* et confère un *droit moral* efficace !

Sommaire

LISTE DES ABREVIATIONS, DES SIGLES ET DES ACRONYMES

Abréviations usuelles

Adde (*addenda*)	Ajouter
aff.	Affaire
al.	Alinéa
art.	Article
Ass. Nat.	Assemblée nationale
Ass. Plén.	Assemblée plénière
c./	Contre
chron.	Chronique
Comm.	Commentaire
Contra	En sens contraire
D.	Décret
Déc.	Décision
Dir.	Directive
dir.	Direction
éd.	Édition
ex.	Exemple
Ibid. Ibidem :	identique à la citation précédente
J.O. / JORF	Journal officiel de la République française
Jur. / Jurispr.	Jurisprudence
L. n°	Loi suivie de son numéro
Mél.	Mélanges
N°	Numéro
obs.	Observation
Ord.	Ordonnance
p. / pp.	Page / pages
Rapp.	Rapport
Rép. min.	Réponse ministérielle
t.	Tome
V.	Voir
V°	Verbo (rubrique)
Vol.	Volume

Institutions (administratives, internationales et sociétés de gestion collective)

ADAMI	Société pour l'administration des droits des artistes et musiciens-interprètes (1959)
ALAI	Association littéraire et artistique internationale
B.I.T.	Bureau International du Travail
CFC	Centre français d'exploitation du droit de copie (1984)
COPIE France	Société pour la perception de la rémunération pour copie privée (1986) a fusionné avec la société SORECOP en 2011

CSA	Conseil supérieur de l'audiovisuel
CSPLA	Conseil supérieur de la propriété littéraire et artistique
HADOPI	Haute Autorité pour la diffusion des œuvres et la protection des droits sur internet
INPI	L'Institut National de la Propriété Industrielle
OGC	Organismes de gestion collective (terme utilisé depuis l'ordonnance du 22 déc. 2016)
OIT	Organisation Internationale du Travail
OMC	Organisation mondiale du commerce
OMPI	Organisation Mondiale de la propriété intellectuelle
SACD	Société des auteurs et compositeurs dramatiques (1777)
SACEM	Société des auteurs, compositeurs et éditeurs de musique (1850)
SAI	Société des artistes interprètes (fondée par l'Adami et la Spedidam en 2016)
SAMUP	Syndicat des artistes-interprètes et enseignants de la musique, de la danse, des arts dramatiques, et autres métiers connexes du spectacle
SCPP	Société civile pour l'exploitation des droits des producteurs phonographiques (1985)
SDRM	Société pour l'administration du droit de reproduction mécanique des auteurs, compositeurs et éditeurs (1935)
SEAM	Société des éditeurs et auteurs de musique (1988)
SNAM	Syndicat National des Artistes Musiciens
SNEP	Syndicat National de l'Édition Phonographique (fondé en 1941, devenu SNICOP en 1958 puis SNEPA en 1974 et enfin devenu SNEP en 1982)
SPEDIDAM	Société de perception et de distribution des droits des artistes-interprètes (1959)
SPPF	Société civile des producteurs de phonogrammes en France (1986)
SPRD	Société de perception et de répartition des droits (Voir OGC)
SPRÉ	Société pour la perception de la rémunération équitable (1985)

Juridictions

CA	Cour d'appel
CAA	Cour administrative d'appel
Cass. civ. 1re, 2e, 3e	Cour de cassation (1e, 2e ou 3e chambre civile)
Cass. com.	Cour de cassation, chambre commerciale
Cass. soc.	Cour de cassation, chambre sociale
CE	Conseil d'État
CEDH	Cour européenne des droits de l'Homme
CJCE	Cour de justice de la Communauté Européenne
CJUE	Cour de justice de l'Union européenne
Cons. const.	Conseil constitutionnel
T. civ.	Tribunal civil
T. com.	Tribunal de commerce
T. corr.	Tribunal correctionnel
TGI	Tribunal de grande instance

Publications

AJDA	Actualité juridique de droit administratif
ALD	Actualité législative Dalloz
Bull.	Bulletin
Bull. civ.	Bulletin des arrêts de la Cour de cassation, chambres civiles
Cah. Dr. Auteur	Cahiers du droit d'auteur
Cah. Propr. Intell.	Cahiers de propriété intellectuelle
CCE	Revue « Communication Commerce Électronique »
D.	Recueil Dalloz
Dr. Auteur	Revue « Le Droit d'auteur » (OMPI)

Dr. soc.	Revue de Droit social
EDPI	Revue L'Essentiel du Droit de la Propriété Intellectuelle
Gaz. Pal.	Gazette du Palais
Inf. Rap./ I.R.	Information rapide
JCP E	JurisClasseur Périodique (semaine juridique), édition d'Entreprise et affaires
JCP G	JurisClasseur Périodique (semaine juridique), édition Générale
LPA	Les Petites Affiches
Propr. Intell.	Revue « Propriétés intellectuelles »
Rép. Civ. Dalloz	Répertoire Dalloz de droit civil
RIDA	Revue international du droit d'auteur
RJS	Revue de jurisprudence sociale
RLDI	Revue Lamy Droit de l'Immatériel
RRJ	Revue de recherche juridique – Droit prospectif
RTD civ.	Revue trimestrielle de droit civil
RTD com.	Revue trimestrielle de droit commercial et de droit économique
S.	Recueil Sirey

Sources de droit

ADPIC	L'Accord sur les aspects des droits de propriété intellectuelle qui touchent au commerce (OMC, 1994)
CCNEP	Convention Collective Nationale de l'Édition Phonographique de 2008
CPI	Code de la propriété intellectuelle
C. trav.	Code du travail
DADVSI	Droit d'auteur et droits voisins dans la société de l'information (directive : dir. 2001/29/CE, 22 mai 2001 - loi de transposition : loi n° 2006-961 du 1er août 2006)
WPPT	*(WIPO Performances and Phonograms Treaty).* Traité de l'OMPI sur les interprétations et exécutions et les phonogrammes (WPPT), Genève1996
WAPT	*(Beijing Treaty on Audiovisual Performances).* Traité de Beijing sur les interprétations et exécutions audiovisuelles, 2012.

INTRODUCTION GENERALE

« Socrate : - L'écriture, cher Phèdre, a un grave inconvénient, tout comme la peinture. Les produits de la peinture ont l'apparence de la vie ; mais pose-leur une question, ils gardent gravement le silence. Il en est de même des discours écrits. On pourrait croire qu'ils parlent en personnes sensées, mais demande-leur de t'expliquer ce qu'ils disent, ils ne répondront qu'une chose, toujours la même. [...] » [1].

1. Polysémie. Le terme « interprétation » (en latin « *interpretatio* », traduction du mot grec « *herméneia* ») possède une polysémie extraordinaire. Une forme de connaissance (à côté de la démonstration des théorèmes ou l'explication des phénomènes naturels) ou une forme d'expression (l'art interprétatif), l'interprétation est omniprésente dans tous les domaines. PLATON distingue l'interprétation et la science de la vérité, et critique l'art divinatoire : l'interprétation se limite à dire le sens. Aussi, PLATON évoque dans Phèdre les poètes comme interprètes des dieux et des oracles. ARISTOTE, qui a consacré un traité à l'interprétation (*peri hermeneias* : de l'interprétation), comprend l'interprétation comme l'intermédiation qui lève l'ambiguïté induite par la langue ; ainsi, la fonction interprétative précède et sert le syllogisme [2]. Au Moyen-Âge, THOMAS D'AQUIN considère l'interprétation comme l'outil de découverte des sens cachés d'un texte (religieux). Au XVIIIe et XIXe siècles, SCHLEIERMACHER va généraliser l'interprétation à tous les textes ; il s'agit pour lui de découvrir un sens devenu obscur, non parce qu'il est d'origine divine, mais pour des raisons multiples (culturelles, historiques etc.) qui nous séparent de lui. De même, NIETZCHES affirme la généralité de l'interprétation ; il écrit « *il n'y a pas de faits, rien que des interprétations* ». En psychanalyse, FREUD évoque l'interprétation (du langage des rêves ; des expressions symboliques) comme le moyen de découvrir des sens latents (des désirs refoulés) *via* un contenu manifeste. Au XXe siècle, l'herméneutique (désignée différemment comme l'art, la science ou la philosophie de l'interprétation) devient fondamentale. HEIDEGGER considère qu'il n'est pas possible d'accéder à un monde, prétendument objectif, sans son interprétation. GADAMER, élève de HEIDEGGER, continue le projet herméneutique en prenant

---

[1] PLATON, *Phèdre ou De la beauté*, trad. ÉMILE CHAMBRY, *Œuvres de Platon*, Paris, éd. Garnier Frères, 1919, p. 308.

[2] L'interprétation chez Aristote (dans *Peri hermeneias*) prend le sens de l'explication, donc elle a une vocation *objective* : il s'agit d'un outil fonctionnel au service du logos. Pour construire un syllogisme, il faut, d'abord, se mettre d'accord sur le sens des termes et sur les prémisses. Par ailleurs, l'on peut trouver des traces de l'interprétation au sens *subjective* dans un autre traité de l'Organon : la Rhétorique (l'art de dire un discours).

l'exemple de l'œuvre d'art [1] ; l'interprétation d'une œuvre d'art serait la compréhension de son sens passé dans notre expérience présente et du point de vue de nos traditions.

Dans une autre perspective, l'interprétation peut être envisagée comme *outil* ou comme *objet* ; comme *fonction* ou comme *besoin* ; comme *intermédiation* ou comme *expression* [2]. En conséquence, on distingue entre des modèles herméneutiques différents : l'interprétation philologique (religieuse, historique, littéraire…) ; l'interprétation juridique (des textes ou des faites juridiques) ; la traduction et l'interprétation artistique. En somme, dans tous ces modèles, et dans tous les domaines, l'interprétation possède une caractéristique commune : l'intermédiation.

Dans le domaine artistique, l'interprétation peut désigner deux choses : la signification donnée par des lecteurs ou des spectateurs à une œuvre communiquée [3] ; ou l'expression d'une œuvre dans une forme vivante destinée au public. Le premier acte est la restitution intellectuelle de la forme interne d'une création expressive [4] dans l'esprit des amateurs [5]. Le second acte désigne l'intermédiation des artistes-interprètes dans la communication de certaines œuvres au public [6]. C'est ce deuxième sens spécifique qui a intéressé le droit. La construction des *objets juridiques* tirés de l'interprétation artistique a connu deux étapes décisives : d'abord, dans la deuxième moitié du XIXe siècle, où l'interprétation était envisagée en tant qu'activité professionnelle d'une catégorie des travailleurs particuliers (les artistes du spectacle) ; ensuite, dans la deuxième

---

[1] L'auteur de « Vérité et Méthode » va regretter n'avoir pas pris le modèle interprétatif de la musique comme objet de réflexion.

[2] Comme outil, l'interprétation est une *méthode* (interprétation stricte, surinterprétation etc.) ; comme objet, elle est une *lecture subjective* (critique littéraire, interprétation historique etc.) ; comme fonction, l'interprétation est une *intermédiation* facilitant une communication (traduction) ou levant l'obscurité (explication) ; comme besoin, elle est une *expression subjective* de l'interprète (interprétation musicale). Dans un autre paradigme, tous ces modèles peuvent être rattachés à un des deux pôles : la *vérité* ou la *réalité*. Dans le premier cas, l'interprétation vise à *dévoiler* un sens caché, obscur, ambigu ou définitif déposé dans l'objet interprété (interprétation juridique, philologique, traduction etc.) ; dans le second cas, l'interprétation prend son objet comme point de départ et *propose* un sens tiré d'une réalité qui peut être subjective (critique littéraire, interprétation artistique).

[3] Selon une approche, la lecture est une interprétation ; selon une autre, l'interprétation est soit une intermédiation qui arrête le sens (équivoque, caché etc.), soit une « sur-interprétation » ou un discours sur le discours. Dès lors, il s'agit de déterminer s'il est question de révéler la subjectivité de l'auteur du texte ou d'exposer la subjectivité de l'interprète à travers le texte.

[4] La structure formelle de toute création expressive (œuvre ou interprétation artistique) est composée d'une forme *interne intelligible* et d'une forme *externe*, soit *sensible* (qui se communique directement par la simple perception) ou *conventionnelle* (qui nécessite, outre la perception, un « déchiffrage » de la forme symbolique : écrit, notation etc.). La première forme est interne à l'esprit du créateur ; la seconde sert à l'extériorisation de cette forme et permet, grâce à son support matériel, de la communiquer au public. Sur la théorie des formes V. PH. GAUDRAT, « Réflexions sur la forme des œuvres de l'esprit », *in Mélanges en l'honneur du Professeur ANDRE FRANÇON*, Dalloz, 1995, pp. 199-221.

[5] Nous utilisons le terme « amateurs » au pluriel pour désigner les membres du public *dans leur fonction culturelle*. Nous allons expliquer les deux fonctions du public : la fonction économique comme *clients* de l'exploitant ; et la fonction culturelle comme *partenaire* du créateur. La première fonction s'exerce relativement à la forme externe et son support ; la seconde s'exerce relativement à la forme interne intelligible.

[6] L'œuvre interprétable peut être communiquée sous forme inerte (la musique écrite, la pièce de théâtre etc.), mais sa nature même contient un « appel à l'acte », c'est-à-dire à l'intermédiation d'une forme vivante qui l'actualise.

moitié du XXe siècle, où l'interprétation était envisagée en tant que chose ubiquiste susceptible d'une exploitation étendue au-delà du lieu du spectacle.

2. L'interprétation artistique comme prestation professionnelle. À cause de la nature éphémère de la création interprétative, le spectacle vivant était longtemps le seul moyen de sa communication au public. Cette communication *unique* était régulée par le rapport contractuel avec un exploitant *unique* : l'organisateur du spectacle ou le théâtre. Ce constat explique le fait que la première étape de la construction du statut de l'artiste-interprète fut la consécration d'un statut social [1].

3. L'interprétation artistique comme forme créative réifiée. Suite à l'invention des formes techniques de fixation et de diffusion audiovisuelle à la fin de XIXe siècle, l'exploitation des interprétations s'est libérée des contraintes spatio-temporelles du spectacle. Autre l'exploitation initiale, les interprétations sont devenues susceptibles d'exploitation *étendue* et *répétée* qui ne nécessite pas la présence physique de l'artiste-interprète [2]. Comparables à l'effet de l'invention de l'imprimerie au XVe siècle sur les œuvres littéraires, les nouvelles formes techniques ont poussé les interprètes à réclamer un droit sur leur interprétation réifiée qui est devenue un bien autonome [3].

4. Conquête de l'ubiquité. *L'interprétation-prestation* étant de nature *topique* [4] et *éphémère*, la réservation de sa valeur passait par le contrat qui monnayait la présence physique de l'artiste-interprète. Mais, devenue *réifiée* [5] dans une chose maîtrisable, *l'interprétation-forme* dévoile une caractéristique de la création de l'esprit : *l'ubiquité* [6].

---

1 En France, en 1864, la loi Le Chapelier des 14-17 juin 1791, relative au délit de coalition fut abrogée. À partir de 1890, les syndicats des artistes-interprètes vont jouer un rôle important dans l'amélioration de la situation des interprètes. En août 1890, la Chambre syndicale des artistes dramatiques, lyriques et musiciens fut créée dans le but de défendre les intérêts professionnels de ces artistes. Cette première organisation syndicale va disparaitre en 1894, mais d'autres syndicats vont lui succéder. V. S. PESSINA, *L'artiste-interprète salarié. (Entre création intellectuelle et protection sociale)*, préf. M. VIVANT, PUAM, 2006, n° 29 et s. *Adde* P. CHESNAIS, *L'acteur*, Litec, 1957, n° 5 et s.

2 Très tôt, en 1925 les interprètes ont demandé au Bureau International du Travail une « réglementation protectrice ». En 1940 un rapport a été déposé à la conférence internationale du travail qui a précisé clairement le changement de la situation des artistes-interprètes à cause de la phonographie et de la radiophonie : « *l'interprétation, fugitive et immatérielle qu'elle était, devint durable et saisissable. Elle prit la forme d'un objet susceptible de conservation et pouvant donner lieu à un usage prolongé et répété* » ; « *[la radiophonie a causé] un élargissement considérable de la portée de l'interprétation, qui ne fut plus bornée à l'auditoire restreint d'une salle de concert ou de théâtre* ».

3 La doctrine majoritaire justifie la distinction entre l'œuvre et l'interprétation (ou l'exclusion de l'interprétation du champ du droit d'auteur) par le défaut d'autonomie de l'interprétation par rapport à l'œuvre interprétée : l'interprétation n'est pas une nouvelle œuvre, mais une forme de l'œuvre interprétée (surtout O. LALIGANT, « Fragment d'un discours sur la notion d'œuvre de l'esprit au sens du droit d'auteur : œuvre et interprétation », *RRJ*, n° 3, 1994, p. 902 ; S. PESSINA, *L'artiste-interprète salarié*, qui distingue entre les « formes-sources » et les « formes-exécutions »). Nous allons montrer que le vrai critère de la distinction entre l'œuvre et l'interprétation tient au défaut de l'autonomie de l'interprétation par rapport à son support de création (la personne de l'artiste-interprète) ; autrement dit, au rapport inhérent entre l'objet et le sujet.

4 Topique : du grec ancien *topikós* (local), qui concerne un lieu particulier. Au pluriel : *Les topiques*, le cinquième traité de l'Organon d'ARISTOTE où il traite les lieux communs dont on tire des arguments ; lieux communs dans la rhétorique.

5 Le verbe « réifier » est construit de *rēs / rei* (chose) et le suffixe *-ifier* du latin *facere* (faire) ; il signifie « *transformer en chose une réalité immatérielle* ».

6 L'ubiquité désigne « *l'état de ce qui est partout en même temps* ». Sur la *summa divisio* des choses topiques et ubiquistes, V. F. BERTHILLON, *L'ubiquité des biens*, thèse, Univ. Jean Moulin, Lyon 3, 2020, spéc. n° 5 et s.

Les valeurs qu'engendre l'exploitation d'un tel bien ne peuvent pas être maîtrisées matériellement, mais juridiquement [1]. Ainsi, des demandes de protection par un droit privatif ont été formulées par les artistes-interprètes et par leurs employeurs (les producteurs des enregistrements). En l'absence d'un droit privatif réservant aux interprètes les valeurs produites par les utilisations secondaires des enregistrements, les artistes-interprètes n'avaient que le recours au droit commun de la responsabilité civile. Mais sur ce fondement, il reposait sur artistes-interprètes le fardeau de la preuve du lien de causalité entre la faute de son cocontractant (le producteur) ou celle d'un tiers (utilisateur de l'enregistrement) et son préjudice subi. Par ailleurs, la protection se limitait à l'action civile, car toute sanction pénale était exclue en l'absence de dispositions pénales sanctionnant l'atteinte aux droits de l'artiste-interprète.

5. Réponses juridiques successives. Il faut garder à l'esprit que le problème du chômage des artistes dans le domaine du spectacle vivant et la pénurie de l'emploi du fait de la phonographie et de la radiophonie ont été le moteur de l'évolution du statut de l'artiste-interprète [2]. C'est la raison pour laquelle la logique qui dominait la construction d'une convention internationale comparable à celle de Berne en matière de la protection des auteurs [3] était la *logique travailliste*. Ce qui animait le débat était l'idée de reconnaître aux artistes les droits qui les permettent de vivre de leur activité professionnelle ; autrement dit, permettre aux artistes de « *gagner leur vie en ne limitant pas leur source de revenus aux seules prestations vivantes mais en recevant une rémunération toutes les fois que le produit de leur travail était utilisé* » [4].

En 1961 la Convention de Rome [5] a couronné des années de négociation [6] sur les droits à reconnaître aux artistes-interprètes, aux producteurs et aux diffuseurs. Dans ce texte, le droit reconnu aux « artistes-interprètes ou exécutant » est une faculté « de mettre obstacle » à certains actes, tandis qu'il s'agit, concernant les

---

Qui explique pertinemment que la chose incorporelle n'est pas forcément de nature ubiquiste (ex. le fonds du commerce). De même, la chose omniprésente n'est pas forcément ubiquiste : « *L'air et l'eau […] sont à la fois abondantes et omniprésentes […] Ces éléments naturels ne sont pas reproductibles à l'infini, mais seulement présents en quantité suffisante pour donner l'illusion de l'ubiquité* », (*idem.* n° 4). En droit d'auteur, ce fut MARILLOT qui introduisit ce terme afin de dénier au droit d'auteur la qualification d'une propriété : « De la nature du droit d'auteur considéré à un point de vue général », *Revue critique de législation et de jurisprudence*, 1878, pp. 116-117 : « *[l'œuvre] est de nature ubiquiste […]. Par nature, ce droit [le droit d'auteur] s'exerce en tous lieux. Tandis que le droit réel et le droit d'obligation ne peuvent être exercés que là où se trouve soit la chose, soit le débiteur* ».

[1] CH. HUGON, *Le régime juridique de l'œuvre audiovisuelle*, Litec, 1993, p. 194.

[2] Ces problèmes dans le secteur de l'art interprétatif ont été accentués par la crise économique du début du XXe siècle et les deux guerres mondiales.

[3] La convention de Berne pour la protection des œuvres littéraires et artistiques, signé le 9 sept. 1886.

[4] S. PESSINA, *L'artiste-interprète salarié*, *op. cit.*, n° 67. Nous allons voir qu'il s'agit d'un faux fondement du droit de l'artiste-interprète : ce droit est un droit réel sur un objet incorporel, non pas un droit à rémunération supplémentaire, comme s'il s'agissait d'une « indemnité de chômage ».

[5] Convention de Rome sur la protection des artistes interprètes ou exécutants, des producteurs de phonogrammes et des organismes de radiodiffusion, du 26 oct. 1961 (élaborée par l'OMPI, l'OIT et l'Unesco).

[6] La question a été posée pour la première fois en 1903 au Congrès de Weimar de l'Association littéraire et artistique internationale. Le problème du chômage des artistes était au cœur des débats dès 1925 au sein du Bureau international du travail (BIT, qui va devenir l'organisation internationale du travail OIT). En 1940 le choix a été déterminé d'exclure les interprètes et les producteurs phonographiques du champ de la Convention de Berne, et d'instaurer un instrument international indépendant à leur égard. Plusieurs projets ont été présentés par les organisations internationales (l'OMPI, l'OIT et plus tard l'Unesco), comme nous allons voir, où deux approches, travailliste et propriétaire, s'opposaient.

producteurs, d'un « droit d'autoriser ou d'interdire » certaines utilisations de l'enregistrement [1].

En France, la première protection des artistes-interprètes fut consacrée par la loi du 26 décembre 1969 [2]. Il ne s'agissait pas d'instaurer un droit réel sur l'interprétation de l'artiste-interprète, mais d'assurer une protection sociale en établissant une présomption quasi irréfragable du statut de salarié. La jurisprudence précédente à cette loi niait de la nature artistique, considérée alors incompatible avec la subordination, pour faciliter la qualification du contrat du travail des contrats d'engagement des artistes-interprètes. Dorénavant, depuis 1969, tous les artistes-interprètes, dans tous les domaines [3], sont considérés des travailleurs salariés « *d'un type spécial* » [4] dans leurs rapports contractuels avec toute personne qui « *s'assure, moyennant rémunération [leur concours] en vue de sa production* » [5].

La question du droit exclusif sur la forme créative réifiée indépendamment de la prestation restait entière. Cependant la loi du 1969 contenait les principes de la distinction entre deux sortes de rémunérations : la première rémunérant la prestation (le salaire) et l'autre rémunérant l'exploitation qui ne nécessite pas la présence physique de l'artiste (la redevance). On a pu considérer que le droit sur le *fruit du travail* existait en germe dans cette distinction, mais c'est dans une seconde étape que la France va créer un droit exclusif de l'artiste-interprète sur le fruit de son activité artistique. La loi n° 85-660 du 3 juillet 1985, tout en s'inspirant de la Convention de Rome, va consacrer une jurisprudence savante qui a découvert le *principe prééminent* du droit de l'interprète sur sa création. C'était la date de naissance d'une nouvelle catégorie juridique : « les droits voisins du droit d'auteur » [6].

6. Multiplicité. Si l'interprétation artistique en tant qu'*objet réel* est aussi ancienne que la création artistique, sa présence dans le monde du droit en tant qu'*objet juridique* [7] est récente. Cette présence est double : dans le Code du travail, ce qui est pris en compte c'est l'aspect matériel de l'interprétation (la prestation, ou le travail de réalisation) ; mais dans le Code de la propriété intellectuelle, ce qui est considéré est un objet de droit exclusif (la forme, résultat d'un acte créatif interprétatif). Par ailleurs, le législateur n'a pas érigé un seul droit exclusif à partir de l'interprétation fixée, car d'autres droits exclusifs ont été octroyés aux

---

[1] L'article 7 concernant la « protection *minima* » des artistes-interprètes ou exécutant ; l'article 10 concernant les producteurs phonographiques et l'article 13 concernant les organismes de radiodiffusion. Nous allons étudier le texte de la Convention de Rome et ses mis à jour par les deux traités de l'OMPI de 1996 et de 2012.

[2] Loi n° 69-1186 du 26 déc. 1969, relative à la situation juridique des artistes du spectacle et des mannequins : JO 30 déc. 1969 ; *JCP G*, 1970, législations, p. 22. *Adde* P. CHSENAIS, « Les lois du 26 décembre 1969 relatives aux artistes du spectacle et aux mannequins », *JCP G*, 1970, I, 2315.

[3] Le contrat du travail était la règle dans le théâtre, la production audiovisuelle (cinématographique et télévisuelle), mais pas dans les music-halls, les casinos, les cirques et les cabarets.

[4] B. EDELMAN, *Droit d'auteur, droits voisins, Droit d'auteur et marché*, Dalloz, 1993, n° 214, p. 158.

[5] L'article 762-1 et 762-2 du Code du travail, devenus les articles L. 7121-1 à L. 7121-8 de même code.

[6] En 1985, cette catégorie regroupait le droit exclusif des artistes-interprètes ; le droit exclusif des producteurs de phonogrammes et de vidéogrammes et le droit exclusif des entreprises de communication audiovisuelle. En 2019, un nouveau droit voisin va être ajouté à la catégorie par la loi n° 2019-775 du 24 juillet 2019 tendant à créer un droit voisin au profit des agences de presse et des éditeurs de presse.

[7] F. VERN, *Les objets juridiques. Recherche en droit des biens*, préf. PHILIPPE JACQUES, Dalloz, 2020, 878 p. Sur l'objet réel et l'objet juridique V. notamment M.-A. HERMITTE, « Le droit est un autre monde », *Enquête*, n° 7, 1999, pp. 17-37. *Adde* AGNES RABAGNY, *L'image juridique du monde : apparence et réalité*, PUF, 2003, 391 p.

producteurs de la forme technique [1] : le droit voisin des producteurs de phonogrammes ou de vidéogrammes et le droit voisin des diffuseurs (les entreprises de communication audiovisuelle). Ces droits exclusifs sont appelés tous des droits « voisins du droit d'auteur » et forment une même catégorie juridique. En 1992, la codification de « la propriété intellectuelle » [2] procéda à la *compilation* du droit d'auteur et de ses droits voisins dans la méga-catégorie de la « propriété littéraire et artistique » dans la partie première de ce code.

Les problématiques de notre recherche se dévoilent. D'abord, l'interprétation artistique profite d'une double protection à articuler, comme travail (la prestation objet d'un contrat de travail) et comme objet ubiquiste (la forme issue de l'esprit [3]). Ensuite, le droit exclusif sur cet objet ubiquiste cohabite avec d'autres droits exclusifs octroyés aux producteurs des formes techniques réifiant l'interprétation ; en conséquence, la question qui se pose naturellement est celle de l'identification de l'objet et la nature de ces droits. Enfin, l'étude d'un objet juridique implique aussi l'étude de sa (ses) catégorie(s) et son (ses) régime(s).

7. La question de la constitution d'un *objet juridique* à partir d'un *objet réel* mérite d'être posée pour comprendre la place de l'interprétation artistique dans la *sous-catégorie* des « droits voisins du droit d'auteur » (**I**). En outre, l'ensemble des droits voisins font partie de la *méga-catégorie* de la propriété littéraire et artistique, ce qui s'inscrit dans une longue histoire de confusion autour de l'objet de cette propriété personnaliste (**II**).

I. L'INTERPRETATION ARTISTIQUE DANS LA CATEGORIE DES « DROITS VOISINS DU DROIT D'AUTEUR »

8. L'interprétation artistique est le seul objet intellectuel dans la catégorie des droits voisins du droit d'auteur (**A**) ; elle se définit en ce qu'elle n'est pas par rapport à l'œuvre de l'esprit et en ce qu'elle est par rapport à la création identitaire [4] (**B**).

---

[1] Le producteur de phonogrammes, de vidéogrammes ou de programmes produit une forme technique (de fixation ou de diffusion) qui véhicule un contenu, éventuellement créatif, sonore ou audiovisuel.

[2] V.-L. BENABOU et V. VARET, *La codification de la propriété intellectuelle. Étude critique et prospective sous la direction du Professeur ANDRE FRANÇON*, Mission de recherche Droit et Justice, La documentation française, 213 p. En 1985 l'idée était présente « *de procéder à une codification de la matière sous le nom de "code du droit d'auteur et de ses droits voisins" ; elle a été dépassée pour donner lieu au code de la propriété intellectuelle* ».

[3] Les productions de l'esprit sont ubiquistes par nature, mais ne sont pas forcément protégées par un droit intellectuel ; par exemple, les théories, les arguments, les hypothèses etc.

[4] Nous utilisons dans notre recherche le terme « identitaire » ou « expressive » pour qualifier la forme des créations littéraires et artistiques (les œuvres et les interprétations artistiques). Ces créations sont identitaires car leur forme porte l'empreinte de la personnalité du créateur, donc elle est chargée des éléments de son identité, que ce soient des éléments collectifs (langue, histoire, traditions etc.) ou individuels (souvenirs, récit personnel, image de soi etc.). Le caractère identitaire ne se limite pas à la *source* de la forme, mais aussi à sa *destination* : les amateurs (pôle passif de la communication) reçoivent la forme externe de la création expressive et restituent mentalement la forme interne dans leur esprit. Une fois la communication est achevée, les amateurs agissent pour juger le discours du créateur : favorables, ils y adhèrent ; déçus ile le rejettent. Cette position des amateurs est identitaire en ce que la création participe à la formation de leur identité.

A. Objets hétéroclites des droits voisins du droit d'auteur

9. Construction des objets juridiques. La construction lente de la catégorie juridique des « droits voisins du droit d'auteur » est un bel exemple d'un phénomène bien connu dans le monde de droit : la création des objets juridiques à partir des objets réels. Confronté aux problèmes du réel, en l'occurrence l'émergence d'un nouveau bien et les problèmes socio-économiques y liés [1], le droit élabore ses règles. En amont de cette élaboration, le droit « travaille » les objets et les faits pour réaliser des *abstractions* (formes juridiques)[2]. Il ne s'agit pas de reproduire la réalité, ni de l'expliquer [3], mais de partir d'une réalité préexistante pour construire une réalité juridique (une image du Monde [4]). Dès lors, le droit est un autre monde [5], un monde de représentation. Cette représentation ou image juridique est *normative* et *finalisée* ; elle prend en compte les besoins de la société, notamment la *sécurité* et la *confiance* nécessaires à son fonctionnement [6]. Pour ce faire, les techniques du droit concilient *l'individuel* et le *social*, le *juste* et le *raisonnable*.

Nous comprenons la construction des objets du droit en partant du réel (prendre l'objet comme tel par le « sens commun »), pour constater, ensuite, ses « doubles juridiques » construits successivement par les « producteurs de droit » (le législateur, la jurisprudence, les cocontractants etc.). Ces constructions se caractérisent par leur abstraction et par « *la mise à distance de l'objet initial* » [7]. Par ailleurs, la définition d'un objet n'est pas une fin en soi, mais un moyen pour l'attribuer à une catégorie juridique afin d'appliquer les règles qui constituent son régime. Il peut en résulter une multiplicité des objets juridiques d'une même chose réelle, donc une appartenance à des catégories juridiques différentes ayant des régimes différents. Cette situation produit deux conséquences : la *crise des catégories* [8] et *l'effacement de l'objet réel*.

10. Objet, régime, catégorie et critère. La catégorisation est le moyen de l'organisation du monde du droit. Il s'agit d'utiliser un élément fédérateur, le critère, pour filtrer les objets candidats à la qualification. La finalité de cette opération est la détermination matérielle du champ d'application d'un ensemble des règles juridiques (le régime). Le critère et le régime d'une catégorie expriment son unité.

L'application de cette analyse à la catégorie des « droits voisins du droit d'auteur » dévoile ses problèmes. D'une part, les objets juridiques de cette

---

[1] Ce bien est la forme créative interprétative fixée, susceptible d'une exploitation étendue et répétitive. Nous avons parlé du problème du chômage dans le secteur du spectacle vivant et de l'appauvrissement des artistes-interprètes au début du XXe siècle. Il y avait aussi le problème de l'enrichissement sans cause des utilisateurs des enregistrements, d'où les demandes des producteurs et des artistes pour avoir titre au partage de la valeur engendrée par l'exploitation des enregistrements.

[2] « *Les faits ne peuvent pénétrer le droit qu'après avoir été conceptualisés* », A. RABAGNY, *L'image juridique du monde*, PUF, 2002, p. 97.

[3] Ce qui fait la différence avec d'autres représentations du Monde comme celle de la science ou de l'art.

[4] A. RABAGNY, *L'image juridique du monde*, *op. cit.*, p. 80 et s.

[5] M.-A. HERMITTE, « Le droit est un autre monde », *Enquête*, n° 7, 1999, pp. 17-37.

[6] La définition de l'objet juridique n'est pas arbitraire, mais est dictée par des considérations d'intérêt général. A. RABAGNY, *L'image juridique du monde*, *op. cit.*, p. 80.

[7] M.-A. HERMITTE, *ibid.*

[8] Cette multiplicité d'existence juridique (attribution à des catégories/régimes différents), impose l'articulation des régimes, par exemple en hiérarchisant les règles ou en favorisant l'application des règles exceptionnelles ou en démembrant l'objet (travail, fruit du travail).

catégorie sont totalement différents ; rien ne les unifie à part leur altérité par rapport à l'objet de la catégorie du droit d'auteur (ceux ne sont pas des œuvres). D'autre part, les règles de cette « catégorie » ne constituent pas un régime homogène. En définitive, l'unité de la catégorie des droits voisins est illusoire.

11. Objets des droits voisins. La doctrine s'entend à dire que la catégorie des droits voisins est hétérogène. En effet, les objets juridiques regroupés dans cette catégorie ne partagent que leur imbrication dans un même objet réel. Il s'agit d'une forme technique et d'une forme intellectuelle : le contenant et le contenu. Qui plus est, aucun critère ne filtre cette catégorie, d'où son caractère ouvert [1]. En conséquence, le régime juridique de cette « catégorie » n'est pas uniforme : seul le droit voisin de l'artiste-interprète est calqué sur le droit auteur, ce qui se comprend vu la nature créative et expressive de l'objet de ces deux droits. En définitive, sans critère, ni unité de régime, la catégorie des droits voisins est *artificielle.* Cela nous oblige de faire des distinctions entre les *objets* des droits voisins et leur *traitement.* Mais la base de toute distinction est un principe fondamental de notre système juridique : *la distinction entre la création et le travail.*

12. Distinctions fondamentales. En général, la transformation d'une matière par le travail ne donne pas lieu à deux régimes juridiques distincts sur la *forme* et sur la *matière.* Le travail (et la forme produite) se fond dans la matière ouvrée et le propriétaire corporel s'approprie la plus-value induite par la transformation : l'exclusivité de la propriété corporelle de la matière ouvrée s'étend à la nouvelle forme. Le travailleur n'a pas de droit sur la forme, mais un droit à rémunération pour son travail. C'est le jeu du droit commun (l'accession), qui ne peut pas s'appliquer à l'acte créatif. Mettant sa personne et sa personnalité dans son interprétation, l'artiste-interprète est, comme l'auteur, créateur d'une *forme singulière* [2]. Il ne saurait être réduit à un simple travailleur, car la singularité de la forme issue d'une création induit un statut juridique distinct du statut de la matière. Celui qui finance le travail de réalisation de cette forme ne saurait l'approprier, car la forme créative ne se fond pas dans la matière de ces supports. Cette distinction du régime juridique de la forme créative de celui de la matière de réification résulte logiquement du fait que la plus-value n'est due qu'à la forme singulière et son attractivité [3].

---

[1] En 2019 un nouveau droit voisin fut octroyé aux éditeurs et agences de presse. D'ailleurs, une partie de la doctrine qualifie certains monopoles d'exploitation en dehors du Code de la propriété intellectuelle comme des droits voisins de la propriété littéraire et artistique. Cette ouverture rend la catégorie des droits voisins une catégorie *fourre-tout* accueillant tout droit ne pouvant intégrer la catégorie plus ferme du droit d'auteur.

[2] La forme issue d'un simple travail n'est pas singulière, mais *interchangeable.* Parce qu'elle est interchangeable, les travailleurs qui la produisent le sont aussi. Aucun d'entre eux n'a de droit exclusif sur sa production. À l'opposé, quand la forme est créative, elle est singulière ; elle n'est pas interchangeable car il n'y a que le créateur à pouvoir la créer (elle porte l'empreinte de sa personnalité). Parce qu'elle est singulière, la forme créative est source d'une valeur distincte du travail ; en conséquence, elle fait l'objet d'un statut juridique propre (une propriété incorporelle) distincte de la propriété la matière ouvrée. Dans notre recherche, nous appelons la forme interchangeable issue d'un travail « la forme laborieuse » par opposition à la forme issue d'un acte créatif « la forme créative expressive ou utilitaire ».

[3] Il suffit de comparer la forme technique d'un support vierge et la forme technique fixant une création expressive : l'attractivité est due au contenu ; les clients du producteur-exploitant ne se comportent comme consommateurs du support que pour avoir accès à la création expressive.

Le simple travail et la forme qui en résulte sont *interchangeables*, ce qui induit la *concurrence* entre les travailleurs. Aucun travailleur n'a de monopole sur l'activité de production de cette forme. À l'opposé, la forme singulière d'un créateur est hors de la concurrence : étant le résultat de l'empreinte de la personnalité du créateur de la forme, la singularité élimine toute concurrence. La traduction juridique du rapport naturel entre le créateur et sa création est un rapport propriétaire : le créateur de la forme singulière est son seul maître.

En application de ces principes, l'artiste-interprète est un *créateur* dont l'acte créatif interprétatif fait naître une propriété sur la forme singulière créée. Sans fixation, cette propriété est éphémère comme son objet (l'interprétation). La fixation ne fait que *pérenniser* l'objet et, par suite, la propriété de l'interprétation. En revanche, le producteur de phonogramme, de vidéogramme ou du programme est un *investisseur* qui prend l'initiative et assume la responsabilité de la production d'une forme technique. L'objet des droits voisins de ces investisseurs est plus complexe et ne s'identifie pas facilement. Il ne s'agit pas des créations fixées ou diffusées (elles sont la propriété incorporelle de leur créateur), ni des supports de la forme technique fabriqués et commercialisés (propriétés corporelles qui passent aux consommateurs). Cet objet n'est en effet que la réservation du marché de certaines utilisations de forme technique produite.

En synthèse, l'objet du droit voisin de l'artiste-interprète est *réel* : c'est l'interprétation artistique ; il s'agit d'un *droit réel incorporel* sur une chose ubiquiste [1]. En revanche, l'objet des droits voisins économiques n'est pas réel mais *construit* (*artificiel*) [2]. Cela pose la problématique qui inaugure notre étude : la forme technique a fait émerger des objets de droit différents : l'un est *réel*, l'autre est *construit* ; l'un est *intellectuel*, l'autre est *technique* ; l'un est un *objet* grevé par un droit exclusif *propriétaire*, l'autre est un *enjeu* autour duquel un droit exclusif *monopolistique* est octroyé ; enfin, les valeurs de l'un sont réservées directement au titulaire (technique propriétaire), tandis que la valeur économique de l'autre est suscitée par une réservation juridique au titulaire (technique monopolistique).

Nous ne pouvons pas avancer dans notre étude sans une *approche comparative, historique et critique*, et sans exposer *les principes fondamentaux* de notre système juridique qu'a instauré la Révolution. Il s'agit surtout de faire le tri des objets de la catégorie des droits voisins et de leur modèle réservataire [3].

B. Détermination de l'objet du droit voisin de l'artiste-interprète

13. Définition de l'objet de droit. Il n'y a pas une seule manière de définir les objets d'une catégorie juridique ; le législateur peut suivre une méthodologie

---

[1] Même si l'objet de la propriété du créateur est ubiquiste (l'œuvre ou l'interprétation), l'objet de la propriété n'est pas un objet construit de prérogatives octroyées, mais la chose incorporelle : la forme créative expressive.

[2] La forme technique n'est pas son objet, car le support technique est l'objet d'une propriété corporelle. En effet, la forme technique est l'enjeu autour duquel est construite une réservation indirecte : un monopole sur le marché de cet enjeu, réservant au monopoleur certains actes d'utilisation : la duplication (reproduction), la lecture/utilisation en public (faussement appelée « communication au public »), la distribution des exemplaires etc.

[3] Développé en Partie I, Titre I, Chapitre I.

synthétique en se concentrant sur un *critère* [1], ou suivre une méthodologie *analytique* en donnant une énumération (exhaustive ou non) des objets de la catégorie. L'une de ces deux méthodologies n'exclut pas l'autre, ce que montre l'exemple du droit d'auteur.

14. Méthodologies de la détermination de l'objet du droit d'auteur. En droit d'auteur, l'œuvre de l'esprit est définie en deux temps :

– Dans un premier temps, l'article L. 111-2 du Code de la propriété intellectuelle définit *l'acte créatif en soi*, selon des critères *exigés* et *indifférents* : « *l'œuvre est réputée créée, indépendamment de toute divulgation publique, du seul fait de la réalisation, même inachevée, de la conception de l'auteur* » [2]. Les éléments exigés sont la *réalisation* et la *conception*, les deux autres indifférents sont *l'achèvement* et la *divulgation*. Nous comprenons que les réalisations concernées sont celles qui peuvent faire l'objet d'une divulgation [3], c'est-à-dire les créations expressives [4]. Selon la même méthodologie synthétique (concentrant sur les critères), le Code de la propriété intellectuelle exclut le *support* de l'objet du droit d'auteur (L. 111-3 al. 1er) et exclut certains éléments indifférents (le genre, la forme d'expression, le mérite ou la destination, L. 112-1).

– Dans un second temps, la définition de l'objet du droit d'auteur suit une *méthodologie analytique* en listant de façon non exhaustive les œuvres susceptibles d'être protégées par le droit d'auteur (L. 112-2-1° à 14°). Il résulte de cette liste que l'objet concerné relève nécessairement des *beaux-arts* [5].

15. Méthodologie de la détermination de l'objet du droit voisin de l'artiste-interprète. Le tri des objets de la catégorie des droits voisins permet de distinguer le *contenant* et le *contenu*, la *forme technique* et la *forme communicable fixée (créative ou non)*. Toutefois, ce n'est pas suffisant pour définir l'interprétation artistique. Encore faut-il analyser cet objet fixé *en soi*. Les terminologies utilisées

---

[1] Par exemple, l'article 528 du Code civil « *Sont meubles par leur nature les biens qui peuvent se transporter d'un lieu à un autre* ».

[2] Nous soulignons.

[3] Les créations utilitaires peuvent faire l'objet d'une divulgation, mais elles ne s'exploitent pas par la divulgation au public, mais par leur utilisation : le public ne s'intéresse pas à la forme interne intelligible de ces créations, mais à leur fonction où l'utilité qu'impose leur forme externe à la matière du support. À l'opposé, le public des créations expressives ne s'intéresse à la forme externe du support que pour accéder à la forme interne intelligible de la création. Le public des créations utilitaires est composé d'*utilisateurs, clients* de l'exploitant. En revanche, le public des créations expressives est à la fois les *clients* de l'exploitant de la forme externe et les *partenaires culturels* du créateur.

[4] PH. GAUDRAT, « Objet du droit d'auteur. Œuvres protégées. Notion d'œuvre. (CPI, art. L. 111-1, L. 112-1 et L. 112-2) », *J. Cl., Propriété littéraire et artistique*, fasc. 1134, 2008, n° 63. *Contra* O. LALIGANT, *Le Droit d'auteur*, cours de DEA 1985-1994, *inédit*, qui estime que les deux articles L. 111-1 et L. 111-2 du Code de la propriété intellectuelle concernent *la question pratique* du moment de *la naissance de la propriété* non *la question théorique* de la *définition* de l'œuvre. Or, le titre premier dans lequel s'inscrivent ces deux articles est intitulé « objet du droit d'auteur ».

[5] X. DAVERAT, *L'artiste-interprète*, thèse, Bordeaux, t. 2, 1990, n° 536, p. 789 et s. Qui rapproche la liste d'œuvres de l'esprit de la loi du 11 mars 1957 aux plusieurs classifications des arts : celle de KANT (les arts de la parole ; les arts figuratifs et les arts du jeu des sensations) qui a été prolongée par SCHOPENHAUER. Aussi, C. LALO qui définit les grandes catégories des arts : audition (musique), vision (peinture etc.), mouvement (danse etc.), action (théâtre), construction (sculpture, arts des jardins etc.) et sensualité (gastronomie et érotisme). *Adde* Y. CHERPILLOD, *L'objet du droit d'auteur*, éd. Cédidac, Lausanne, 1985, n° 204, p. 117 ; T. RABANT, *La notion d'œuvre de l'esprit, thèse*, Paris II, 2000, n° 359, p. 291 et s. ; O. LALIGANT, « La Révolution française et le droit d'auteur ou la pérennité de l'objet de la protection », *RIDA*, n° 147, janv. 1991, p. 11.

par le Code de la propriété intellectuelle et par les textes internationaux ne nous aident pas, dans la mesure où plusieurs termes sont utilisés : « exécution » [1], « interprétation » et « prestation » [2]. Qui plus est, ces textes définissent le titulaire du droit plutôt que son objet. Ainsi, l'artiste-interprète est défini par désignation (« *les acteurs, chanteurs, musiciens, danseurs* » [3]), ou par référence aux activités interprétatives (« *[les] personnes qui représentent, chantent, récitent, déclament, jouent ou exécutent de toute autre manière des œuvres littéraires ou artistiques* » [4]).

16. Aspects multiples de l'objet réel. L'objet réel peut être représenté dans le monde du droit, non en sa totalité, mais sous une de ses facettes [5]. Ainsi, l'interprétation artistique est considérée sous deux aspects : *matériel* et *intellectuel* [6]. Sous l'angle matériel, le Code du travail tire de l'interprétation artistique son objet : c'est l'exécution réalisant la création. Sous l'angle intellectuel, le Code de la propriété intellectuelle s'intéresse au résultat de l'acte créatif interprétatif et son exploitation indépendamment de la prestation physique de l'artiste. Cette multiplicité des objets juridiques implique l'application des régimes juridiques différents, dans la mesure où le statut de l'artiste-interprète est un statut hybride : il est salarié (présumé [7]) et propriétaire. Cette situation nécessite une étude approfondie de l'articulation de ces deux régimes, surtout quant à leur mise en œuvre et aux rémunérations qui en procèdent [8].

17. La forme vivante interprétative objet du droit voisin de l'artiste-interprète. En excluant le travail de réalisation de l'interprétation (la prestation objet d'un contrat de travail) et la forme technique de fixation (enjeu du monopole

---

[1] La Convention de Rome 1961 n'utilise que le terme « exécution », comme dans l'article 7 sur la protection *a minima* des artistes-interprètes ou exécutants, ou l'article 8 qui traite l'exécution collective, ou encore l'article 14 déterminant la durée minimale de la protection. Les deux traités de l'OMPI de 1996 (WPPT : Traité de l'OMPI sur les interprétations et exécutions et les phonogrammes) et de 2012 (WAPT : Traité de l'OMPI sur les interprétations et exécutions audiovisuelles) utilisent conjointement les deux termes « exécution » et « interprétation ».

[2] Le Code de la propriété intellectuelle utilise les deux termes interprétation et prestation et exclut le terme « exécution » et n'utilise le terme « exécutant » pour désigner l'artiste-interprète que dans l'article L. 212-1. De plus, dans le Code du travail l'article L. 7121-8 utilise trois termes : « *La rémunération due à l'artiste à l'occasion de la vente ou de l'exploitation de l'enregistrement de son interprétation, exécution ou présentation [...]* ». Nous soulignons.

[3] Dans l'article 3 de la Convention de Rome de 1961 et l'article 2 des deux traités de l'OMPI : WPPT 1996 en matière sonore et WAPT 2012 en matière audiovisuelle.

[4] Dans la Convention de Rome (article 3) et les deux traités de l'OMPI (article 2) et dans le Code de la propriété intellectuelle (article L. 212-1 qui commence par exclure les artistes de complément considérés comme tels par les usages professionnels).

[5] Nous l'avons dit, le Droit ne s'intéresse pas à reproduire le réel (l'industrie), ni à l'expliquer (la science), ni enfin le représenter à partir d'une image subjective (l'art). Le Droit a une finalité objective, il représente la réalité pour atteindre certains objectifs. Dans ce sens F. VERN, *Les objets juridiques. Recherche en droit des biens*, *op. cit.*, n° 99, pp. 123-124 : « *le droit se refuse à saisir la réalité matérielle dans son exhaustivité complexe et parfois irréconciliable avec les catégories juridiques, mais qu'il envisage, avec l'objet juridique, une certaine réalité pour lui offrir sa protection. Le droit recompose alors la nature pour la plier à ses besoins, mais il ne le fait que pour organiser les rapports entre les hommes et le monde matériel. Cela requiert, en alternance, une relative adhérence à la réalité sensible ou, au contraire, son rejet lorsque celle-ci trouble une situation protégée par le droit* ».

[6] V. P. TAFFOREAU, « La notion d'interprétation en droit de propriété littéraire et artistique », *Propr. Intell.*, n° 18, janv., 2006, pp. 50-57.

[7] Article L. 7121-3 du Code du travail : « *Tout contrat par lequel une personne s'assure, moyennant rémunération, le concours d'un artiste du spectacle en vue de sa production, est présumé être un contrat de travail dès lors que cet artiste n'exerce pas l'activité qui fait l'objet de ce contrat dans des conditions impliquant son inscription au registre du commerce* ».

[8] Développé en Partie I, Titre I, Chapitre II.

de son producteur), l'objet du droit voisin de l'artiste-interprète n'existe que dans la *forme fixée*. Or, cette forme n'est pas un objet simple ; elle se décompose en deux formes superposées : *l'interprétation* et *l'œuvre interprétée*. En effet, toute interprétation dépend d'une création de l'esprit de nature interprétable (préexistante ou concomitante à son interprétation). Cela nécessite d'analyser cette dépendance qui était longtemps vue comme empêchant d'intégrer l'interprétation artistique dans la catégorie d'œuvre de l'esprit. Pourtant, la dépendance d'une création préexistante n'a pas empêché de protéger les œuvres dérivées (traduction, adaptation etc.) ; par conséquent, il nous faut chercher la véritable raison qui justifie cette catégorisation des créations artistiques [1].

Une fois distinguée de l'ensemble des objets qui l'entourent, l'interprétation artistique peut être définie *en soi* et ce en deux temps. D'un côté, par l'étude de *l'acte créatif interprétatif* ; de l'autre, par l'étude du *produit de cet acte*. En effet, l'acte créatif est défini en général à propos de l'œuvre de l'esprit dans l'article L. 111-2 du Code de la propriété intellectuelle [2]. Nous constatons que l'interprétation artistique procède aussi d'un même acte, c'est-à-dire d'une *réalisation formelle d'une conception intellectuelle*. En conséquence, l'objet du droit voisin de l'artiste-interprète ne se distingue de l'objet du droit d'auteur par sa *source* mais par sa *structure formelle particulière* [3].

En définitive, l'interprétation artistique objet du droit voisin de l'artiste-interprète est une forme expressive procédant d'un acte créatif ; le propre à cette forme est, surtout, sa *forme externe vivante*. En outre, dans cette création la *personne* et la *personnalité* sont engagées dans la forme ; par conséquent, l'interprétation artistique est la création la plus personnelle. RENE SAVATIER l'avait très bien décrit à travers l'exemple des comédiens :

> *« L'art du comédien, de l'interprète vivant d'une œuvre inerte, n'est pas moins grand que les autres. Il est, peut-être, le plus humain de tous, car aucun art ne s'incarne au même point dans la personne. De telle sorte que si vraiment la propriété artistique a sa source dans le caractère personnel de la création, c'est la création de l'artiste dramatique ou lyrique qui, plus que toutes autre, devrait faire l'objet d'une propriété »* [4].

II. L'INTERPRETATION ARTISTIQUE DANS LA CATEGORIE DE LA PROPRIETE LITTERAIRE ET ARTISTIQUE

18. Après la détermination de l'interprétation artistique en tant qu'objet d'un droit intellectuel, il sera logique de passer à l'étude de la nature, du régime et du fonctionnement de ce droit. Mais un problème complique cette étude. En 1992, la catégorie des droits voisins a été intégrée à la méga-catégorie de « la propriété littéraire et artistique ». Ce regroupement nous enferme dans un dilemme : si tous les droits voisins sont, avec le droit d'auteur, des « propriétés littéraires et

---

[1] Développé en Partie I, Titre II, Chapitre I.

[2] L. 111-2 du Code de la propriété intellectuelle dispose que « *L'œuvre est réputée créée, indépendamment de toute divulgation publique, du seul fait de la réalisation, même inachevée, de la conception de l'auteur* ».

[3] Développé en Partie I, Titre II, Chapitre II.

[4] R. SAVATIER, *Le droit de l'art et des lettres*, LGDJ, 1953, n° 190, p. 137.

artistiques », l'objet de droit serait *le faisceau de prérogatives* que la doctrine appelle « le monopole d'exploitation ». Dès lors, tous nos développements sur la structure formelle de l'œuvre ou de l'interprétation seraient sans utilité [1]. À l'opposé, si l'on s'en tient à la forme créative expressive comme objet de la propriété littéraire et artistique, les droits voisins économiques ne seraient pas des propriétés littéraires et artistiques et, par suite, il serait indispensable de préciser la notion vague du « voisinage » de l'ensemble des droits voisins.

En effet, la controverse sur l'objet du droit recèle la controverse sur sa nature, ce dont témoigne l'histoire du droit d'auteur (**A**). Mais si la forme créative expressive est le véritable objet de la propriété littéraire et artistique, celle-ci sera un modèle particulier différent du modèle du Code civil et surtout du monopole légal (**B**).

A. Longue histoire de substitution d'objets en droit d'auteur

19. L'histoire du droit d'auteur atteste d'une confusion constante autour de son objet. Malgré sa clarté, la loi du 11 mars 1957 sur le droit d'auteur n'a pas tranché le débat. Qui plus est, les objets hétéroclites de la catégorie des droits voisins renouvellent la confusion sur l'objet et la nature des droits de la propriété littéraire et artistique.

20. Confusion entre le manuscrit et l'ouvrage. Les conflits qui opposaient les auteurs et les libraires à propos de la prolongation des privilèges recélaient deux conceptions différentes du régime propriétaire à appliquer. Les libraires soutenaient qu'il s'agissait d'une *propriété cessible* qui a tous les traits de la propriété corporelle du *manuscrit*. Les auteurs, eux, soutenaient qu'à l'expiration du privilège, la *propriété de droit naturel* de *l'ouvrage* réapparaît, ce qui ouvre la possibilité de renégocier un nouveau privilège avec un autre libraire. En effet, cette opposition d'opinions était induite par l'objet que retenait chaque partie. Les libraires ne voyaient que le manuscrit ; les auteurs visaient l'ouvrage. En définitive, le centre du débat n'était pas le régime du droit applicable, mais le véritable objet de ce droit. La Révolution va dissiper cette confusion : la propriété de l'auteur sur son œuvre est distincte de celle corporelle du support. L'idée ne faisait pas de doute chez POUILLET qui a écrit que « *la création d'une œuvre littéraire ou artistique constitue au profit de son auteur une propriété dont le fondement se trouve dans le droit naturel et des gens, mais dont l'exploitation est réglementée par le droit civil* » [2].

21. Confusion réductrice au XIXe siècle : pur dualisme. Le siècle suivant est celui de l'attaque à l'idée de la propriété du créateur. Sous la plume de

---

[1] Ce sens général est défendu par certains civilistes. Pour Mme FLORA VERN (*Les objets juridiques. Recherche en droit des biens*, *op. cit.*), les créations ne sont pas, en elles-mêmes, des objets au sens du droit des biens qu'à partir du moment où l'on met en place un « mécanisme de réservation » : on crée un objet pour le droit. Selon cette auteure, l'objet réel n'a pas d'importance ; l'objet de droit est toujours une construction qui s'en détache. Ainsi, ce qui est protégé n'est pas la création dans sa dimension naturelle (réelle), mais seulement « les droits exclusifs » qui constituent l'objet juridique.

[2] E. POUILLET, *Traité théorique et pratique de la propriété littéraire et artistique et du droit de représentation*, Marchal et Billard, 3e éd., par MAILLARD et CLARO, 1908, pp. 26-27. Confirmant cette qualification de droit réel L. JOSSERAND, *Cours de droit civil positif français*, t. 1, Sirey, 1938, p. 846.

RENOUARD [1], l'expression « droit d'auteur » fut inventée pour faire insérer la conception de *monopole d'exploitation temporaire et compensatoire.* Si la propriété de l'inventeur fut neutralisée [2], la propriété du créateur expressif fut plus ancrée et résistante. Néanmoins, l'on a essayé de cacher la nature du droit de l'auteur, en le réduisant à un *monopole légal d'exploitation* qui se justifie, selon cette doctrine, par l'existence d'un *contrat social* entre l'auteur et la société : l'auteur s'engage à créer et à publier son œuvre, en contrepartie la société lui offre le droit exclusif et temporaire de l'exploiter comme récompense de son « travail » [3]. Derrière cette attaque, il y avait aussi la question de l'objet du droit : quelle est l'essence de l'œuvre, les idées ou la forme ? Limitant la création à un *travail transformatif* par lequel l'auteur puise du fonds commun pour créer, cette doctrine estima que le droit d'auteur est une sorte de rémunération du travail non la propriété sur la création. Suite à cette confusion, la propriété sera éclipsée pendant des décennies dans les décisions de justice qui privilégiaient la *juxtaposition* d'un droit moral et d'un monopole d'exploitation [4].

22. Confusion réductrice au début du XXe siècle : monisme personnaliste. Si le XIXe siècle était le siècle de l'attaque à la qualification propriétaire du droit de l'auteur, le début du XXe siècle a connu la montée de la thèse moniste : le droit d'auteur serait, selon cette thèse, de nature *unique* et *intégralement personnel.* En conséquence, cette analyse était aussi réductrice que la doctrine de RENOUARD, mais dans le sens inverse : c'est le droit moral qui absorbe toute la propriété. Ainsi, MARCEL NAST, l'un des défendeurs du monisme personnaliste, estimait que le droit moral est lui-même le monopole d'exploitation [5]. En bref, on est passé du « *voisinage indifférent* » du droit moral et du monopole d'exploitation à « *la hiérarchie établie* » où le droit moral vole la vedette du monopole d'exploitation [6].

23. Synthèse des deux éléments. Ni *amoindrie* à un simple monopole d'exploitation, ni *réduite* à un droit de la personnalité, la propriété va s'enrichir par le personnalisme dans une synthèse des deux éléments fondateurs ; cette synthèse

---

[1] « *[…] fils d'un libraire d'Ancien Régime (dont le frère, Jules, recueillit le fonds) il était viscéralement rétif à l'idée d'une propriété de l'auteur, que la Révolution avait libérée du privilège* ». Avec une carrière politique et juridique, « *il aura traversé le XIXème siècle à des postes-clés qui lui permirent d'en influencer la pensée* » : PH. GAUDRAT, « Propriété(s) Intellectuelle (s) : Pensée unique ou modèles multiples ? », dans *Deux cours de doctorat en propriété littéraire et artistique*, à paraitre !

[2] En 1844 où le dépôt devient *constitutif* non déclaratif : en d'autres mots, le dépôt remplace l'acte créatif comme source de droit, au prix de changer sa nature ; la propriété de droit naturel de l'inventeur devient un monopole octroyé au déposant.

[3] Nous constatons alors à quel point la distinction entre la création et le travail est importante ; elle fonde la distinction entre la forme laborieuse qui suit le droit commun (accession) et la forme créative qui, du fait de sa singularité, devrait faire l'objet d'un droit exclusif propre.

[4] C'est le dualisme net qui suppose l'existence de deux droits parallèles et indépendants.

[5] « *Contrairement à ce que l'on croit souvent, ce droit moral ne saurait être dissocié du monopole d'exploitation : il est lui-même le monopole d'exploitation, le droit d'auteur véritable* », M. NAST, note sous, Trib. civ. Seine, 1er avril 1936, *D.*, 1936, II, p. 69. Analyse suivie par des civilistes comme R. SALEILLE et F. GENY. B. EDELMAN, « Nature du droit d'auteur et des droits voisins », *J.-Cl. Propriété littéraire et artistique*, fasc. 301-1, 1991, n° 20 à 27.

[6] Pour aller plus loin dans les étapes de cette mutation, PH. GAUDRAT, *Deux cours de doctorat en propriété littéraire et artistique*, à paraitre ! *Adde* L. PFISTER, *L'auteur, propriétaire de son œuvre ? : la formation du droit d'auteur du XVIe siècle à la loi de 1957*, thèse, Univ. Robert Schuman (Strasbourg), 1999, 969 p. (deux tomes).

sera la matrice de la consécration légale dans la loi de 1957 [1]. Le droit d'auteur est clairement défini dans l'article premier de cette loi comme « *un droit de propriété incorporelle exclusif et opposable à tous [qui] comporte des attributs d'ordre intellectuel et moral, ainsi que des attributs d'ordre patrimonial* ». Dit autrement, le droit d'auteur est une propriété *incorporelle* quant à son objet, et *bifonctionnelle* quant à son contenu.

24. Confusion doctrinale après la loi du 11 mars 1957. L'on aurait pu penser que la confusion entre le manuscrit et l'ouvrage était révolue et que la propriété de l'œuvre de l'esprit était définitivement consacrée. Mais, dorénavant, une autre confusion commence à brouiller les choses : celle entre le *droit* et la *chose*. On a essayé de faire l'analogie entre le droit d'auteur et le droit du brevet pour soutenir l'idée d'une propriété du droit d'exploitation. En droit du brevet, le titre délivré par l'État fait l'objet d'une propriété *corporelle* et induit une *réservation* ou un *monopole d'exploitation* au profit du titulaire sur ce qui est revendiqué. Dans cette construction, la propriété du titre a pour fonction de désigner la personne qui jouit des effets du titre [2]. Or, rien n'est comparable en matière du droit d'auteur. La loi de 1957 consacre une propriété incorporelle qui naît *spontanément* (sans formalité) du seul fait de l'acte créatif sur *l'objet incorporel* qui en résulte : l'œuvre originale.

25. Confusion en deux sens. Deux courants doctrinaux cherchent à unifier *la* propriété intellectuelle, mais de manière différente : l'un transpose la propriété de la création au droit des brevets pour dire que l'invention est l'objet du droit ; l'autre, au contraire, transpose le monopole légal du droit des brevets au droit d'auteur pour dire que ce dernier porte sur un monopole d'exploitation.

En effet, malgré la lettre de la loi qui utilise les expressions « le propriétaire du brevet » [3] ou « la copropriété des brevets » [4] une partie de la doctrine soutient que le droit porte sur l'invention non sur le titre. Par conséquent, l'on devrait, selon cette doctrine, parler d'une cession ou d'une licence d'une invention brevetée non du brevet [5]. Cette *substitution d'objets* n'est pas acceptable en droit du brevet pour qu'elle le soit en propriété littéraire et artistique [6]. Ainsi, dans leur traité, les Professeurs MM. LUCAS soutenaient que l'objet de droit en matière des brevets n'est pas l'invention : « *il nous semble que le législateur a raison de viser la revendication "de la propriété de la demande ou du titre délivré", et non la revendication de l'invention, ou encore la cession ou la licence des "droits attachés à une demande de brevet ou à un brevet", et non de l'invention brevetée* » [7]. Dans un deuxième temps, ces auteurs transposent ce schéma en propriété littéraire et artistique ; pour eux, le bien n'est pas *la chose incorporelle*

---

[1] Loi n°57-298 du 11 mars 1957 sur la propriété littéraire et artistique, codifiée par la loi n° 92-597 du 1er juillet 1992 relative au code de la propriété intellectuelle.

[2] La conséquence de cette construction complexe est la distinction que fait la loi entre *l'action en revendication* sanctionnant la violation de la propriété de la demande ou du titre et *l'action en contrefaçon* qui sanctionne l'irrespect du monopole.

[3] Les articles L. 613-3, L. 6 13-4, L. 613-6, L. 613-9, L. 613-11, L. 613-12, L. 613-14, L. 613-21, L. 613-24, L. 613-27 du Code de la propriété intellectuelle.

[4] Les articles L. 613-29 à L. 613-32 du Code de la propriété intellectuelle.

[5] J.-M. MOUSSERON, *Traité des brevets*, t. 1 (L'obtention des brevets), Litec, 1984, n° 52 ; J.-M. MOUSSERON et J. SCHMIDT, V° *Brevet d'invention*, Rép. com. Dalloz, 2003, n° 359, n° 535 et n° 574.

[6] Les professeurs MM. LUCAS refusaient cette lecture du droit du brevet ainsi que sa transposition en propriété littéraire et artistique ; mais malheureusement, cette attitude n'est que pour proposer une autre substitution d'objets dans la propriété littéraire et artistique : l'objet ne serait pas la création expressive (œuvre ou interprétation) mais les droits ou le monopole d'exploitation.

[7] A. LUCAS et *alii.*, *Traité de la propriété littéraire et artistique*, 5e éd., LexisNexis, 2017, n° 29, p. 39.

mais *le droit* qui en permet l'appropriation ; ainsi, quand le législateur parle d'une propriété de l'œuvre, il s'agirait d'un « *"langage elliptique" [...] qui ne doit pas être pris au pied de la lettre* » [1].

Toutefois, la lettre de la loi est tranchante de façon que toute surinterprétation soit hasardeuse. C'est la chose incorporelle, l'œuvre (l'interprétation aussi), qui est l'objet de la propriété du créateur, de même que la chose corporelle (le support de la création) est l'objet de la propriété corporelle. Qui plus est, la *propriété du droit d'exploitation* ne serait autre chose que la *titularité* de ce droit. Mais, la titularité est une des composantes de tout droit subjectif, qui exprime la qualité à exercer le pouvoir qu'il confère. Enfin, l'idée de la propriété de la *chose incorporelle* est admise par une doctrine civiliste qui estime qu'« *on n'est pas propriétaire d'un droit d'auteur, mais l'auteur est propriétaire d'une œuvre dont il faut alors saisir en quoi elle constitue, en tant que telle, un bien* » [2].

26. Le droit ayant l'interprétation artistique comme objet. Puisque l'interprétation artistique est, comme l'œuvre de l'esprit, l'objet du droit de son créateur, ce droit ne saurait être qu'une *propriété littéraire et artistique*. Autrement dit, le droit voisin ayant l'interprétation artistique comme objet est une *propriété incorporelle comportant deux séries de prérogatives fonctionnelles, morales et patrimoniales*. Cela nous conduira à aborder deux questions : le modèle propriétaire de la propriété littéraire et artistique et les prérogatives propriétaires bifonctionnelles.

B. Propriété incorporelle bifonctionnelle

27. Tension entre les modèles. La propriété littéraire et artistique de l'auteur et de l'interprète est un droit absolu sur une chose *ubiquiste* et *destinée au partage*. Ceux qui opposent *l'ubiquité* et *l'exclusivité* concluent que « *l'appropriation des biens intellectuels pourrait passer pour une victoire décisive du Droit sur le fait* » [3]. En conséquence, la propriété des créateurs serait octroyée *contre la nature de son objet* rétive à l'appropriation ; cette propriété serait « *une forme de conciliation* » entre la nature de la chose et celle du droit [4]. Or, les créations intellectuelles [5] sont appropriables *à cause de leur nature et non malgré leur nature.* Pour expliquer cette idée il faut placer le modèle propriétaire des créations expressives (la propriété littéraire et artistique) par rapport au modèle propriétaire du Code civil (article 544).

28. Théories de la propriété. Selon la théorie *classique*, la propriété se définit selon l'équation : la propriété = *usus* + *fructus* + *abusus*, ce qui permet le démembrement de la propriété en dissociant, au profit d'un tiers, *l'usus* ou le *fructus*. Par conséquent, *l'abusus*, que conserve le nu-propriétaire, serait la prérogative

---

[1] A. LUCAS et *alii.*, *Traité de la propriété littéraire et artistique*, 5e éd., *op. cit.*, n° 29, p. 39.

[2] W. DROSS, *Droit des biens*, 5e éd., LGDJ, 2021, n° 429, p. 372.

[3] F. BERTHILLON, *L'ubiquité des biens*, thèse, *op. cit.*, p. 3. Cet auteur estime que l'appropriation des choses ubiquistes (dont les créations intellectuelles) « *ne relève pas du principe, mais de l'exception* » et qu'« *aucun des critères censés présider à l'appropriation des choses en parvient à expliquer celle d'objet doué d'ubiquité. La chose ubiquiste est l'antithèse d'une proprietas* ». (*Idem.* p. 550).

[4] F. BERTHILLON, *L'ubiquité des biens*, thèse, *op. cit.*, p. 24.

[5] Nous ne visons qu'une sorte des créations de l'esprit : les créations expressives (les œuvres et les interprétations) qui sont l'objet d'une propriété de droit naturel de leur créateur. En revanche, l'invention n'est plus l'objet d'une propriété de l'inventeur, mais l'enjeu d'un monopole que définit l'acte administratif et que matérialise le titre octroyé.

essentielle de la propriété. Par ailleurs, la théorie *moderne* ou « néo-personnaliste » de GINOSSAR propose de reconstruire les droits subjectifs autour de deux idées. La première idée consiste à analyser tous les droits comme une *structure obligationnelle* ; l'usufruitier et le nu-propriétaire sont pris dans un réseau d'obligations réelles à propos de la chose (les deux sont à la fois débiteurs et créanciers l'un de l'autre). La seconde idée de cette doctrine consiste à soustraire la propriété à cette structure obligationnelle [1]. En somme, il y a, d'un côté, la propriété et, d'un autre côté, l'ensemble des droits subjectifs qui sont pris comme objet de la propriété. Le Professeur WILLIAM DROSS, qui constate l'achoppement de ces deux théories classique et moderne quant à la place donnée à la chose, propose une « *approche structurale* » qui, à l'opposé des théories précédentes, place *la chose* au centre de la propriété, autrement dit, comme *objet* de la propriété [2].

29. Approche « structurale » de la propriété. Le Professeur DROSS estime que la théorie classique fait trop de place à la chose et qu'à l'inverse, la théorie moderne (néo-personnaliste) perd de vue les choses pour prendre les droits pour objet. En effet, la théorie classique construit la propriété autour des trois prérogatives décalquées des *utilités des choses corporelles.* En revanche, la théorie moderne, en prenant les droits pour objet, donne une extension à la propriété en dépassant les choses : la propriété devient un droit qui porte sur les droits [3]. En somme, s'agissant de notre matière, la théorie classique exclut les créations intellectuelles du champ de *la* propriété, tandis que la théorie moderne considère les prérogatives reconnues aux créateurs, non les créations elles-mêmes, comme objet de la propriété.

Selon l'approche « *structurale* », le triptyque *usus*, *fructus*, *abusus* ne définit pas la propriété mais *son objet* [4] ; le cœur de la propriété gît dans *l'absolutisme* de la maîtrise de la chose [5]. Les choses corporelles ou incorporelles sont l'objet de la propriété et l'incorporalité de la chose ne se confond pas avec les droits : « *La propriété n'est pas une chose. La propriété n'est pas un droit qui porte sur les droits. Elle se distingue des choses. Elle se cantonne aux choses* » [6].

Il découle de cette lecture inclusive une conséquence d'une grande importance : la propriété qui a pour objet la chose ne se limite pas au monde physique ou corporel ; elle peut avoir pour objet la chose incorporelle, sans pour autant

---

[1] Contrairement au personnalisme classique de PLANIOL qui n'exclut pas la propriété de cette structure obligationnelle, car il l'analyse comme un rapport obligationnel impliquant une obligation passive universelle. Pour un exposé critique de ces théories : W. DROSS, « Une approche structurale de la propriété », *RTD civ.*, 2012, p. 419.

[2] W. DROSS, « Une approche structurale de la propriété », *op. cit.*

[3] PH. GAUDRAT, « La structure juridique des propriétés intellectuelles », *in Les modèles propriétaires*, actes du colloque international organisé par le CECOJI en hommage au Professeur H.-J. LUCAS, Université de Poitiers, 2012, p. 179 et s. : « *L'idée de la propriété des droits revient à confondre la titularité des droits subjectifs et la propriété* ».

[4] Il s'agit d'englober toutes les utilités des choses. Les choses sont utiles à l'Homme en ce qu'elles ont une valeur d'usage (jouissance) et une valeur d'échange (disposition). W. DROSS, *Droit des biens*, 5e éd., LGDJ, 2021, n° 7 et s., pp. 22-23.

[5] W. DROSS, *Droit des biens*, 5e éd., *op. cit.*, n° 41, « *la propriété a été conçue à l'image du roi soleil. Monarque absolu, son pouvoir n'est partagé avec personne (exclusivité), lui confère une puissance a priori illimitée sur son bien (totalité) et n'est affecté d'aucun terme qui viendrait le frapper d'extinction (perpétuité)* ».

[6] W. DROSS, « Une approche structurale de la propriété » *op. cit.*

assimiler l'incorporalité aux droits [1]. Nous prolongeons cette idée en précisant que *l'incorporel* n'est pas synonyme de *l'intellectuel.* La *chose intellectuelle* est forcément *incorporelle*, mais pas l'inverse, car la chose intellectuelle n'est que *la forme issue de l'esprit* [2].

30. Objet de la propriété littéraire et artistique. Le Code de la propriété intellectuelle, comme une bonne partie de la doctrine, s'intéresse plus aux *prérogatives reconnues* (aux créateurs) ou *octroyés* (aux monopoleurs) qu'aux objets : « *le Code de la propriété intellectuelle n'est pas autre chose qu'un catalogue détaillé de ces prérogatives et des limites qu'on juge bon de leur assigner [aux artistes ou aux inventeurs]* » [3]. En conséquence, ceux qui ne voient qu'un modèle propriétaire, celui du Code civil, cherchent dans les différentes prérogatives reconnues aux titulaires des droits de propriété intellectuelle le triptyque classique *usus-fructus-abusus.* Certains d'entre eux, qui arrivent à assimiler les prérogatives du Code de la propriété intellectuelle à celles de la propriété du Code civil, concluent à la possibilité de la qualification propriétaire. Or, « *la propriété ne se saisit pas en décrivant les pouvoirs du maître, car ceux-ci sont essentiellement tributaires de l'objet sur lequel elle porte. Ce qui manque donc à la propriété intellectuelle est de décrire son objet* » [4].

Généralement, il est inutile de lister les prérogatives du propriétaire, dans la mesure où la propriété est un pouvoir plein et absolu du propriétaire sur l'objet approprié. Cependant, l'incorporéité de l'objet de la propriété intellectuelle, à savoir la forme créative, rend plus délicate la représentation des utilisés que confère cet objet, ce qui induit, selon M. DROSS, à ce que la loi focalise sur les prérogatives et ignore les choses incorporelles. C'est la raison pour laquelle une partie de la doctrine défend, à tort croyons-nous, l'idée que l'objet de la propriété intellectuelle est le faisceau des prérogatives non la chose incorporelle.

31. Modèle civiliste et modèle intellectuel de la propriété. En définitive, la propriété ne saurait avoir comme objet qu'une chose : corporelle, incorporelle ou intellectuelle. Il est intéressant de remarquer que le modèle de l'article art. 544 du Code civil ne se limite pas aux seules choses corporelles, car il est transposable à

---

[1] Les droits sont des *constructions juridiques* qui existent dans un système juridique, tandis que les choses incorporelles sont des *réalités indépendantes* de quelconque système juridique. Ainsi, le monopole légal est incorporel car il est un droit, puisque le droit ne peut être saisi par les sens, mais il n'est pas une *chose* incorporelle (encore moins intellectuelle) objet d'une propriété incorporelle. En revanche, la création intellectuelle est bien une chose incorporelle, en ce qu'elle est une forme de l'esprit indépendante de son support.

[2] Le Professeur W. DROSS donne les propriétés intellectuelles comme exemple à l'appui de sa thèse, mais une précision s'impose : si l'utilisation du pluriel est bienvenue, il faut distinguer les propriétés des créateurs (auteurs et interprètes) des monopoles des exploitants (droits voisins de certains investisseurs : les producteurs de phonogrammes (L. 213-1 CPI), de vidéogrammes (L. 215-1 CPI) ou de bases de données (341-1 CPI) et les entreprises de communication radiodiffusion (L. 216-1 CPI) et enfin, les éditeurs et agences de presse (L. 218-1 CPI)) . Aussi, l'invention n'est plus objet du droit de propriété dès 1844, date où le dépôt devient constitutif non plus déclaratif ; aujourd'hui, la propriété du titre est une propriété corporelle du breveté, et ce titre garantit un monopole d'exploitation. Donc, on est loin de l'idée d'une propriété de droit naturel, qui naît du seul fait de l'acte créatif sur la tête de l'inventeur.

[3] W. DROSS, « Une approche structurale de la propriété », *op. cit.* Sur la critique de la codification du Code de la propriété intellectuelle réalisée en 1992, V. PH. GAUDRAT, « Propriétés intellectuelles & tradition française : rappels historiques », *in Cahiers poitevins d'histoire du droit*, 11ème cahier, Poitiers, 2020, p. 273 ; V.-L. BENABOU et V. VARET, sous la direction de A. FRANÇON, *La codification de la propriété intellectuelle*, La Documentation Française, 1998.

[4] W. DROSS, « Une approche structurale de la propriété » *op. cit.*

certains objets incorporels. Le fonds de commerce est un bon exemple ; il s'agit d'une structure unifiant des éléments disparates qui fidélisent la clientèle, c'est-à-dire une enveloppe ou une universalité, donc une *chose abstraite.* Cette chose abstraite est grevée par la propriété du modèle du Code civil. Mais, si le modèle civiliste s'applique à des choses corporelles et incorporelles, quel est l'élément déterminant qui impose son application ? Ce n'est pas la corporalité de l'objet, mais d'autres caractéristiques dans cet objet : ce modèle ne s'agit que d'une *valeur produite par une rareté de fait inhérente à la nature de la chose* [1]. En revanche, la chose dotée de *l'ubiquité* et qui est *destinée au partage* n'a pas de rareté de fait ; sa valeur naît du partage quand ce partage est contrôlé juridiquement [2] : c'est le droit exclusif qui permet d'engendrer la valeur en permettant de contrôler l'accès à la forme (autrement dit, en créant une *rareté juridique*) ; les valeurs seront *engendrées* et *canalisées* vers celui qui a ce contrôle d'accès [3] à la forme [4].

En définitive, l'exclusivité dans le modèle civiliste de la propriété confirme une maîtrise matérielle et égoïste de l'objet ; tandis que l'exclusivité dans le modèle intellectuel ne s'exerce pas *contre* le partage de son objet, mais *dans* le partage (en organisant la communication au public).

32. Pluralité de modèles propriétaires. Ce sont exactement les limites inhérentes au modèle civiliste qui expliquent la raison d'être du modèle intellectuel [5]. Ainsi, le modèle propriétaire du Code civil n'est pas *le modèle universel* de la propriété [6]. Le Professeur MIKHAÏL XIFARAS explique très bien cette idée :

---

[1] Les choses dont la valeur (d'usage et d'échange) s'adosse sur une *rareté de fait* (rareté *quantitative*) sont les choses *topiques.* En revanche, les créations de l'esprit, étant *ubiquistes*, leur valeur ne s'adosse que sur une *rareté qualitative* (la *singularité* de la forme créative), que le droit exclusif permet de traduire en une valeur économique. Le droit exclusif du créateur ne crée pas la valeur économique de zéro (comme c'est le cas du droit exclusif monopolistique qui crée la rareté sur un marché réservé), car cette valeur existe en puissance dans la valeur essentielle/culturelle qu'induit la singularité de la forme.

[2] En vérité, cette valeur n'est pas, à l'origine, d'essence économique, mais culturelle. Le droit exclusif, qui permet de contrôler le partage (la communication au public), fait émerger une valeur économique. Le rapport créateur-amateurs (membres du public) est un rapport identitaire ou culturel et pas économique. En interposant un exploitant, le créateur autorise un professionnel de la communication à convertir cette valeur culturelle (qu'elle ne disparaît pas) en une valeur économique ; cela est fait en incitant les amateurs à se comporter en consommateurs de la forme externe de la création (acheter un exemplaire, acheter un billet ou s'abonner à la plateforme pour accéder à la représentation).

[3] Ce droit ne peut être reconnu qu'au créateur de la forme de l'esprit dans le système propriétaire (le droit d'auteur personnaliste).

[4] PH. GAUDRAT, « La structure juridique des propriétés intellectuelles », *in Les modèles propriétaires*, actes du colloque international organisé par le CECOJI en hommage au Professeur H.-J. LUCAS, Université de Poitiers, 2012, p. 179.

[5] V. PH. GAUDRAT, « La propriété intellectuelle : pensée unique ou modèles multiples », *RTD com.*, 2011, p. 562 ; et sur l'opposition entre « les modèles corporel et intellectuel », V. PH. GAUDRAT, « La structure juridique des propriétés intellectuelles », *in Les modèles propriétaires*, (Actes du colloque international organisé par le CECOJI - En hommage au Professeur HENRI-JACQUES LUCAS), Faculté de Droit de Poitiers, 2012, pp. 180-192. *Contra.* T. AZZI, qui exclut la qualification réelle du droit d'auteur et *a fortiori* des droits voisins, en comparant les prérogatives des titulaires de ces droits avec les prérogatives propriétaires du modèle civiliste (*usus*, *fructus* et *abusus*). T. AZZI, *Recherche sur la loi applicable aux droits voisins du droit d'auteur en droit international privé*, préf. HELENE GAUDEMET-TALLON, LGDJ, 2005, 528 p. Dans le même sens, MURIEL OUTTERS BALIGAND, *Les propriétés intellectuelles à l'aune du triptyque*, Univ. Panthéon-Sorbonne, Paris I, 2015, qui conclut que « *le créateur en propriété industrielle [sic], parce qu'il peut disposer juridiquement de sa création, est un propriétaire* » (p. 676), en revanche, « *l'auteur ne peux jamais disposer juridiquement de son œuvre [...] le droit d'auteur n'est pas pour nous un droit de propriété, ni de près, ni même de loin* » (p. 678 et p. 718).

[6] Cette pluralité est le résultat de la distinction fondamentale entre le travail et la création. En effet, contrairement à ceux qui soutiennent que la propriété n'a pour fondement que le travail, nous allons

« *Supposer la possibilité d'une croyance dominante et hégémonique en matière de propriété par les juristes est impossible, par suite, forcément le droit positif produit par ses acteurs met en œuvre des conceptions de la propriété qui ne sont pas la conception de la propriété défendue par telle ou telle théorie* ». Pour cette raison, cet auteur propose, à la place de l'approche *dogmatique*, une approche de *modélisation* de la propriété « *qui consiste à produire des conceptions de la propriété qui renoncent aux trois prétentions de la théorie dogmatique : 1° qui renonce à la prétention de la vérité : le modèle n'a aucune ambition à la vérité ; il n'écrit pas une essence ; il se contente d'être logiquement cohérent et se distingue d'autres modèles. 2° qui renoncent à la prétention descriptive : le modèle ne décrit pas tout, il n'y a pas d'unicité de la propriété, il y a des modèles propriétaires ; 3° qui renoncent enfin à la portée normative ; le modèle se contente de comprendre et de décrire ce que font les acteurs qui conceptualisent la propriété ; sans prétendre leur prescrire la bonne règle de propriété à mettre en œuvre* » [1].

33. Prérogatives propriétaires bifonctionnelles. La propriété de l'artiste-interprète sur son interprétation artistique est identique à celle de l'auteur sur son œuvre : c'est le modèle de la propriété littéraire et artistique ; c'est-à-dire, une propriété *incorporelle* quant à son objet (la forme issue d'un acte créatif) et bifonctionnelle quant à son contenu (les prérogatives morales et patrimoniales). Cela montre un autre problème de la catégorie des droits voisins : tous les droits ne sont pas des propriétés littéraires et artistiques. Nous devons distinguer entre deux sortes de droits exclusifs : Celui de l'artiste-interprète et ceux des investisseurs [2]. L'exclusivité du premier découle de *l'absolutisme* du droit ; elle est *l'effet* de la propriété. En revanche, l'exclusivité des seconds procède de *la volonté du législateur* ; elle est *l'objet* même d'un droit monopolistique octroyé. Cette distinction se manifeste à travers la technique synthétique ou analytique de la présentation des

---

expliquer dans le premier titre de notre thèse qu'en France, bien avant JOHN LOCKE, l'avocat SIMON MARION (1540-1605) avait démontré dans une formidable plaidoirie en 1586 que la création est le fondement de la propriété de l'auteur sur la forme et que cette propriété est distincte de celle du manuscrit. *Contra* A. LALLEMENT, *Travail, création et propriétés*, thèse, Université de Poitiers, 2012, qui évoque la pluralité des modèles propriétaires (n° 186), tout en se limitant à juxtaposer le travail et l'acte créatif sans développer la théorie des formes. Or, la théorie des formes montre la diversité des modèles de propriétés même à l'intérieure des créations intellectuelles. Ainsi, Mme LALLEMENT se contente de constater que « *ces deux modèles [corporelle et intellectuelle] mettent en exergue le rôle de la propriété dans la réservation des richesses produites par l'homme* » (p. 262), et qu'« *à l'heure de nos sociétés postmodernes, où le travail est de moins en moins laborieux et de plus en plus intellectuel, travail et création tendent à se rapprocher : le travail s'individualise, son appropriation aussi ; la création s'organise collectivement, son appropriation aussi. [...] le travail et la création sont à l'origine d'objets de droit de natures diverses, appropriés par celui qui a pris l'initiative de leur production, qui rémunère ceux qui ont contribué à cette production, et qui en assume l'exploitation* » (*idem.*).

[1] MIKHAÏL XIFARAS, « La propriété entre dogmatique et modélisation », intervention du Professeur M. XIFARAS au colloque international organisé par le CECOJI en hommage à M. H.-J. LUCAS, *Les modèles propriétaires au XXIème siècle*, Université de Poitiers 2009. (Intervention non publiée dans l'ouvrage mais disponible en ligne, URL: https://uptv.univ-poitiers.fr/program/les-modeles-proprietaires-au-xxieme-siecle/video/2139/la-propriete-entre-dogmatique-et-modelisation/index.html [consulté le 13 oct. 2020]). Pour aller plus loin dans la proposition de cet auteur, V. MIKHAÏL XIFARAS, *La propriété. Étude de philosophie du droit*, PUF, 2004, pp. 484-490, surtout p. 485. *Contra* En matière des droits voisins, T. AZZI, *Recherche sur la loi applicable aux droits voisins du droit d'auteur en droit international privé*, *op. cit.*, qui cherche les trois attributs de la propriété civiliste (art. 544 C. Civil) dans les prérogatives des titulaires des droits voisins et qui conclut à l'exclusion de leur qualification propriétaire.

[2] Puisque les droits voisins sont différents en nature et que le droit voisin de l'artiste-interprète est une propriété littéraire et artistique, nous avons intitulé notre étude « interprétation artistique et *propriété intellectuelle* » et non pas « interprétation artistique et *droit voisin du droit d'auteur* ».

prérogatives de chaque droit exclusif [1], ainsi que dans le mécanisme de leur exploitation [2].

34. Crise de catégories. Notre travail se fonde sur une série de distinctions : entre le *travail* et la *création* ; entre la *propriété* et le *monopole légal* et entre les modèles propriétaires *civiliste* et *intellectuel*. Il en résulte une crise des catégories [3] : d'une part, entre les droits voisins et le droit d'auteur (la notion vague de voisinage des droits est neutre [4]) et, d'autre part, entre les droits voisins qui ne sont pas de même nature.

Tirant toutes les conséquences de nos distinctions, nous concluons que les rapports entre les droits exclusifs ne peuvent pas s'inscrire dans le même schéma. Le rapport entre deux propriétés littéraires et artistiques sur des créations de l'esprit (l'interprétation artistique et l'œuvre interprétée) [5] est un rapport égalitaire ; c'est une tout autre chose le rapport entre ces propriétés et les monopoles des producteurs de la forme technique qui est un rapport hiérarchique [6].

35. Annonce du plan. L'étude d'un *régime juridique* quelconque nécessite, d'abord, déterminer son *objet*.

Première partie : L'interprétation artistique comme objet d'un droit.

Seconde partie : Le droit ayant l'interprétation artistique comme objet.

---

[1] Développé en Partie II, Titre I, Chapitre I.

[2] Développé en Partie II, Titre I, Chapitre II.

[3] La « crise des catégories » résulte, soit d'une multiplicité de représentations juridiques d'un même objet réel, ce qui implique l'application des régimes différents et nécessite de les articuler (l'exemple de la catégorie des artistes-interprètes dans le Code de la propriété intellectuelle et la catégorie des artistes du spectacle dans le Code du travail) ; soit d'un problème dans la catégorisation des objets juridiques (l'exemple de la catégorie des droits voisins du droit d'auteur qui englobe la propriété sur la forme interprétative et des monopoles légaux sur la forme technique de fixation ou de diffusion). V. dans ce sens M.-A. HERMITTE, « Le droit est un autre monde », *op. cit.*

[4] Théoriquement, le voisinage est un *rapport réciproque* et vaut dans les deux sens. Pratiquement, la notion de voisinage n'implique pas une infériorité absolue : l'auteur qui utilise une interprétation préexistante dans son œuvre doit se faire autoriser pour cette utilisation. Enfin, la notion de voisinage est incapable de décrire le rapport entre l'artiste-interprète et son producteur : même si le producteur est titulaire d'un droit voisin distinct, il est préalablement cessionnaire de l'artiste-interprète avant même de réaliser la fixation de l'interprétation. Il en résulte que le droit voisin économique sur la forme technique est dépendant du droit voisin de l'artiste-interprète.

[5] Développé en Partie II, Titre II, Chapitre II.

[6] Développé en Partie II, Titre II, Chapitre I.

PREMIERE PARTIE

L'INTERPRETATION ARTISTIQUE COMME OBJET D'UN DROIT

« L'interprète a mission de faire vivre une œuvre, de traduire des sentiments que ce texte fait naître en lui : chaque phase de son travail est tournée vers le moment unique où, confiant dans ses possibilités, il délivrera la musique telle qu'elle est et telle qu'il la ressent » [1].

36. Les détours de l'histoire. Jusqu'à la fin du XIXe siècle, le spectacle vivant était le seul mode d'exploitation de la prestation des artistes-interprètes. En musique, l'exercice de l'activité artistique interprétative était soit à titre gratuit soit sous dépendance. Les musiciens étaient le plus souvent au service d'une chapelle, princière ou ecclésiastique ; il existait aussi des musiciens indépendants soutenus par un aristocrate mécène [2]. Le changement du statut de ces interprètes commence aux Lumières, au XVIIIe siècle, où ils ont obtenu plus de liberté. Le déclin des aristocrates et l'émergence d'une classe moyenne bourgeoise, et la généralisation de l'enseignement de la musique a créé un nouveau public ; qui plus est, l'édition musicale se développait, ce qui a permis une grande diffusion des œuvres musicales. Toutefois, ce qui changeait jusque-là se limitait aux *conditions du travail* des artistes-interprètes, comédiens, chanteurs lyriques ou musiciens. Cela s'explique par la nature *éphémère* de l'interprétation, contrairement aux œuvres de l'esprit ayant une existence durable grâce à leurs supports. L'art dramatique donne un autre exemple : les pièces de théâtres furent les premières à conquérir la propriété littéraire et artistique, parce qu'il était nécessaire de réagir contre la condition juridique des auteurs [3], qui étaient à la merci des théâtres et leurs Troupes. Du côté des artistes-interprètes, leur condition juridique restait limitée

[1] DOMINIQUE HOPPENOT, *Le violon intérieur*, Éd. Van de Velde, 1981, 252 p.

[2] J. S. BACH a été condamné à la prison pour avoir voulu quitter son employeur. Aussi, Beethoven n'a obtenu son indépendance qu'après un conflit avec son mécène quand il refusa de jouer devant des officiers français après la défaite des troupes prussiennes et autrichiennes face à Napoléon. À la suite de ce refus, Beethoven quitta les lieux et adressa à son prince la lettre suivante : « *Ce que vous êtes, vous l'êtes par le hasard de la naissance. Ce que je suis, je le suis par moi. Des princes, il y en a et il y en aura encore des milliers. Il n'y a qu'un Beethoven* ». M. SOLOMON, *Beethoven*, Fayard, 2003.

[3] Dans la guerre entre les dramaturges et les comédiens, Beaumarchais a joué un rôle essentiel comme défenseur des intérêts des auteurs dramatiques victimes du système du partage de privilège ; il a réussi à grouper les auteurs de théâtre isolés (et jaloux les uns des autres) en « État généraux de l'Art dramatique » en 1777. La Révolution française vient après supprimer les privilèges, y compris celle de la Troupe, ainsi, Beaumarchais a souhaité que la Nation, qui est devenue maitresse du théâtre, reconnaisse aux auteurs la propriété de leur pièce. V. R. SAVATIER, *Le Droit de l'Art et des Lettres*, LGDJ, 1953, p. 118 et s.

entre deux situations : soit salariés, soit indépendants ou associés, dès lors leur lutte restait focalisée autour de leurs conditions de travail, surtout après avoir perdu leur privilège sur les pièces de théâtre. Enfin, l'avancée technique va révolutionner cette situation, à l'image de l'effet de l'imprimerie sur le statut de l'auteur. Ainsi, *sur le plan du travail*, les artistes se trouvaient concurrencés par leurs propres enregistrements, ce qui a causé le problème du chômage dans les métiers du spectacle. D'ailleurs, *sur le plan de l'exploitation des enregistrements*, les auteurs étaient les premiers à s'opposer au partage des revenus de *l'exploitation étendue* des œuvres fixées avec les interprètes de leurs œuvres. Par conséquent, cette opposition s'est traduite juridiquement par l'exclusion des interprètes du champ de la Convention de Berne (sur la protection des œuvres littéraires et artistiques), en favorisant la création d'une protection *indépendante* et *annexe*.

37. De l'histoire technique à l'histoire juridique. *L'histoire technique* permet de comprendre la corrélation entre la protection sur la forme vivante expressive et celle sur la forme technique de fixation. De même, *l'histoire juridique* permet de comprendre l'évolution de l'appréhension juridique de l'interprétation qui passait du traitement de l'activité (l'interprétation-exécution) au traitement d'un *bien meuble incorporel* qui est la forme vivante expressive. En effet, la forme technique a permis la *réification* de la forme vivante, laquelle est devenue un bien susceptible d'une exploitation *étendue et illimitée*. Cette exploitation, qui se réalise par la communication au public de la création enregistrée, engendre une valeur à *double dimension*, culturelle ou identitaire et économique. La question de la réservation de cette valeur faisait l'objet de longs et lents développements, jusqu'à ce qu'on soit arrivé à un « mariage d'intérêts » entre les artistes et les investisseurs, exclus, tous les deux, du champ du droit d'auteur. Le modèle juridique fut, d'abord, international et de nature monopolistique, alors qu'en France, le modèle juridique qui était en construction par la jurisprudence était propriétaire et propre aux artistes-interprètes, avant que le premier modèle ne soit greffé sur le second par la loi « *copyright* » du 3 juillet 1985 [1].

38. L'interprétation et ses *supports*. En faisant abstraction de la forme technique, l'objet du droit de l'artiste-interprète est une création de l'esprit ayant la *forme vivante* comme forme externe. La première caractéristique de l'interprétation se dégage : étant une forme vivante expressive, son support est la personne physique : l'artiste-interprète [2]. Fixée grâce à une forme technique, l'interprétation acquiert deux nouveaux caractères : *l'autonomie* de son support de création (la personne physique) et la *durabilité*. Juridiquement, deux objets de droits sont en jeu : la forme *contenue* et la forme *contenant*. Pourtant ces deux objets diffèrent en tout : l'un est le fruit d'un acte créatif, l'autre est le résultat d'un acte technique (impliquant souvent un investissement et un travail compétent) ; l'un est singulier ce qui lui donne sa valeur, l'autre est interchangeable et n'a d'autre valeur que celle de son support ; l'un est hors concurrence et induit la propriété de son créateur ; l'autre est soumis à la concurrence. Toutes ses différences impliquent un

---

[1] La loi dite « Lang », n° 85-660 du 3 juillet 1985 relative aux droits d'auteur et aux droits des artistes-interprètes, des producteurs de phonogrammes et de vidéogrammes et des entreprises de communication audiovisuelle.

[2] La personne physique en son état *actif (ou dynamique : en activité)*, non dans son état *inerte (ou statique)* comme pourrait être le cas des mannequins qui se posent comme modèles (art. L. 7123-2-2° du Code du travail).

traitement juridique différent, mais cela n'est acquis que dans un système juridique qui distingue entre deux choses : le travail et la création ; la forme *laborieuse* et la forme *créative*. Ce n'est pas le cas de tous les systèmes juridiques.

39. L'interprétation et ses *formes*. L'interprétation objet du droit de l'artiste-interprète est aussi une forme externe de l'œuvre interprétée. La question se pose sur le rapport entre l'œuvre et ses interprétations. Si l'interprétation est autre chose qu'une œuvre, et si elle dépend d'une œuvre préexistante dans la majorité de cas, il n'en demeure pas moins qu'elle est aussi une forme personnelle, et cela est à double titre : d'une part, elle procède d'un acte créatif (réalisation d'une conception intellectuelle), et, d'autre part, elle a pour support la personne même du créateur. En conséquence, cette forme est objet d'une propriété incorporelle [1] indépendante de celle portant sur l'œuvre.

40. Contractualisation de la *réalisation* de l'interprétation. Enfin, une spécificité *extérieure* à l'interprétation s'ajoute. Cette spécificité gît dans le fait que la réalisation de l'interprétation se fait le plus souvent dans le cadre d'un contrat de travail. Cela impliquait toujours une interférence entre les deux aspects de l'interprétation : *l'interprétation-conception* et *l'interprétation-exécution* [2]. Dit autrement, l'interprétation *en tant qu'activité* qui est la *prestation* d'une obligation contractuelle, et l'interprétation *en tant que forme* qui est *l'objet* d'un droit de propriété incorporelle. En conséquence, la question se pose sur la cohabitation entre un droit *personnel* et un droit *réel* de l'artiste-interprète.

41. Plan. Une série d'analyses nous permettra d'identifier l'interprétation comme objet d'un droit, que ce soit d'un *droit réel* (un droit intellectuel) ou d'un *droit personnel* (découlant du contrat du travail). La première analyse a pour objet l'interprétation par rapport à ses supports : d'une part, son support de création (la personne physique), c'est-à-dire le support de réalisation de la forme vivante et, d'autre part, son support d'exploitation : la forme technique (Titre I). Une fois que l'interprétation est identifiée dans ses rapports avec *ses supports*, nous pourrons avancer dans la recherche, en étudiant l'interprétation comme objet du droit de propriété littéraire et artistique, c'est-à-dire *en tant que forme de l'esprit*, ce qui nous conduira à étudier deux rapports : d'un côté l'interprétation par rapport à l'œuvre de l'esprit et, d'autre côté, l'interprétation par rapport à la création identitaire (Titre II).

Titre I : L'interprétation et ses supports : la *praestatio* et la *res*.

Titre II : L'interprétation et ses formes : l'œuvre et la création.

---

[1] *Incorporel* n'est pas synonyme *d'intellectuel* : la propriété intellectuelle est la propriété incorporelle ayant une *chose intellectuelle* (la forme de l'esprit) comme *objet*. En revanche, toute propriété incorporelle n'est pas forcément intellectuelle. Ainsi, le fond du commerce, objet incorporel mais non intellectuel, ne peut faire l'objet d'une propriété intellectuelle. De même, la propriété du brevet ne porte pas sur la création intellectuelle (la forme créative utilitaire) depuis 1844, mais sur le titre qui garantit au titulaire un monopole sur le marché de l'invention ; par conséquent, le droit du brevet n'est pas une véritable propriété intellectuelle, mais une *propriété corporelle du titre garantissant un monopole octroyé*. Enfin, les droits voisins économiques n'ont rien d'intellectuel comme nous allons voir.

[2] P. TAFFOREAU, *Le droit voisin de l'interprète de l'œuvre musicale en droit français*, thèse, Paris II, 1994, t. 1, p. 97 et s. ; du même auteur, « La notion d'interprétation en droit de la propriété littéraire et artistique », *Propr. Intell.*, n° 18, janv. 2006, p. 53.

TITRE I

L'INTERPRETATION ET SES SUPPORTS : LA *PRAESTATIO* ET LA *RES*

42. Histoire technique. L'évolution technique a permis de franchir les limites spatio-temporelles qui conditionnent la communication au public des formes vivantes expressives. Ainsi, la forme technique intermédiaire a permis la fixation de l'interprétation et sa transmission, ce qui peut être qualifié de révolutionnaire : deux limites ont été levées, l'une par rapport à la création elle-même (détachement de la forme interprétative de son support de création : la personne physique du créateur), l'autre par rapport à sa communication au public (la rupture du lien direct entre l'artiste-interprète et les spectateurs constituant le public de la communication unique). La conversion de la forme vivante en une forme technique incorporée sur un support adéquat a fait apparaître un bien précieux : la forme technique de fixation (phonogramme ou vidéogramme) ou la forme technique de transmission (forme technique véhiculée par des signaux porteurs). Une opération technique symétrique en aval permet de restituer la forme vivante et, par conséquent, réaliser une nouvelle communication à un nouveau public. En bref, l'interprétation est devenue un bien exploitable par des communications illimitées. Cette exploitation par communication au public *actualise* une valeur complexe à double dimension : culturelle ou identitaire, et économique. La question se pose, dès lors, sur le modèle réservataire convenable à cette nouvelle valeur. En effet, un tel modèle existait en matière d'œuvre de l'esprit : *la propriété incorporelle portant sur la forme.*

Le bouleversement touchait aussi l'activité de l'exploitant, qui a connu un changement suite à l'évolution technique. L'interprétation, qui restait pendant des siècles un pur art de spectacle, c'est-à-dire une création éphémère, est devenue, comme les œuvres de l'esprit, une création durable. L'exploitant, qui était entrepreneur de spectacles, est devenu producteur du vecteur technique de l'interprétation. Son apport est indispensable à la production de ce nouveau bien. Toutefois, l'acte producteur de la forme technique est de nature différente : l'investissement, capital et travail (compétent), n'engendre qu'une forme *laborieuse* dont le régime juridique est forcément différent de celui de la forme créative. Ainsi, réserver, au profit du producteur, des valeurs actualisées par l'exploitation des créations fixées, ne peut se faire qu'à travers d'un *artifice* juridique : *le monopole légal.*

43. Histoire juridique. La protection des artistes-interprètes concerne deux aspects différents de son activité : l'interprétation-prestation et l'interprétation-conception [1]. La nature éphémère de l'interprétation, qui faisait du spectacle le seul terrain d'exploitation de l'interprétation, explique que la protection fût d'abord liée aux conditions du travail des artistes-interprètes. Les problèmes socio-économiques dans les métiers du spectacle qu'a causé l'évolution technique, expliquent aussi la tendance à assurer une protection sociale aux artistes au détriment de la nature artistique et créative de leur activité. Concernant le fruit de l'activité créative, les interprètes, suivis par les producteurs phonographiques, ont réclamé un droit comparable à celui des auteurs. À cet égard, deux pistes concernant l'évolution juridique peuvent être suivies : la première piste est au niveau international, où le choix était en faveur d'une exclusion des nouveaux arrivants du champ de la Convention de Berne concernant le droit d'auteur ; ainsi, les longs travaux avant et après la seconde guerre mondiale ont abouti à la Convention de Rome de 1961 qui établit un modèle de protection minimale au profit des interprètes, des producteurs de phonogrammes et des organismes de radiodiffusion. L'autre piste, est française : la jurisprudence française avait entamé une évolution lente et hésitante tendant à se focaliser sur le seul modèle existant en propriété littéraire et artistique, le droit d'auteur, avant que ce mouvement ne soit freiné par les travaux internationaux en matière de droits voisins.

44. Plan. Les deux séries de questions évoquées (l'histoire technique et l'histoire juridique) vont être traitées en deux temps ; d'abord en étudiant les nouveaux objets que l'évolution technique a fait émerger ; ensuite, en étudiant la longue et variable évolution de la protection de l'artiste-interprète jusqu'à la consécration d'un droit sur le fruit de son acte créatif.

Chapitre I : La forme technique et l'interprétation : l'émergence des objets de droit.

Chapitre II : L'appréhension juridique de l'interprétation : le travail et la création.

[1] Le Professeur TAFFOREAU distingue entre ces deux notions qui correspondent à l'élément matériel et l'élément intellectuel dans la production de l'interprétation. P. TAFFOREAU, « La notion d'interprétation en droit de la propriété littéraire et artistique », *Propr. Intell.*, n° 18, 2006.

CHAPITRE I

FORME TECHNIQUE ET INTERPRETATION : L'EMERGENCE DES OBJETS DE DROIT

45. La réification de l'interprétation. La forme technique de fixation et de diffusion a permis la réification de la forme vivante. C'est-à-dire qu'elle a transformé la prestation éphémère de l'artiste-interprète en une chose (*res*). Ce nouveau bien est susceptible d'exploitations illimitées par les contraintes spatio-temporelles du spectacle. Ces exploitations des formes vivantes fixées se réalisent, comme en matière d'œuvre de l'esprit, par communication au public, ce qui *actualise* une valeur complexe culturelle et économique. Par ailleurs, cette réification et l'exploitation étendue de l'interprétation ne sont pas possibles sans le rôle primordial de l'exploitant-producteur. Ainsi, la spécificité du nouveau bien gît dans la dépendance à la forme technique, d'où la corrélation entre les demandes de protection formulées par les artistes-interprètes et les producteurs des formes techniques.

46. La dépendance à la forme technique de fixation. Classiquement, l'exploitant de l'œuvre n'avait pour rôle que de réaliser sa communication au public ; mais, s'agissant des œuvres interprétables, l'exploitant avait un rôle actif dans la production de l'interprétation fixée. Ainsi, les exploitants ont avancé l'idée qu'ils participaient à *la création de la valeur économique* des créations fixées et, par conséquent, qu'ils devraient avoir un droit de suite sur la forme technique de fixation. Or, la forme technique de fixation a une nature différente de la forme vivante fixée. La première forme est le résultat d'un investissement financier et d'un travail technique, la seconde, elle, est le fruit d'un acte créatif. Cette différence de nature impose un traitement juridique différent dans un système juridique qui se base sur une distinction fondamentale entre le travail et la création.

47. Plan. Nous aborderons, d'abord, l'évolution de la forme technique et ses effets, surtout en ce qui a permis la réification de la forme vivante expressive, c'est-à-dire la transformation de la prestation éphémère de l'artiste-interprète en un bien exploitable. Nous analyserons aussi la valeur complexe qu'engendre cette exploitation et le modèle réservataire lui convenable (**Section I**). Ensuite, nous nous pencherons sur la forme technique intermédiaire et la nature de l'outil réservataire dont elle pourrait faire l'objet (**Section II**).

SECTION I : FORME TECHNIQUE ET APPARITION D'UN OBJET DE PROPRIETE

48. La révolution technique en matière de fixation sonore et audiovisuelle. L'interprétation était avant l'introduction des techniques d'enregistrement, de reproduction et de diffusion limitée dans le temps et le lieu de la représentation. Ainsi, cette création était, d'une part, *éphémère* et, de l'autre part, *inséparable* de la personne de l'artiste. L'invention du phonographe a révolutionné le domaine de l'art vivant et a élargi le champ d'expression artistique. Les effets sociaux, culturels, économiques et juridiques de ce développement technique ont été toujours comparés à ceux engendrés par la découverte de l'imprimerie. Auparavant, l'enjeu économique restait limité tant qu'il n'y avait pas d'autre exploitation possible du travail créatif des artistes [1]. Mais dès qu'il est devenu possible de pérenniser l'interprétation en la fixant sur un support, la *valeur essentielle* créée par l'acte créatif de l'interprète est devenue susceptible à un partage plus important et successif, ce qui suscite des nouveaux marchés et par suite, des nouvelles valeurs économiques [2].

49. L'interprétation comme *res*. Grâce à la forme technique de fixation, la forme vivante s'est concrétisée en tant que bien ; ce qui n'était qu'une simple prestation est devenu une *res*, c'est-à-dire un objet d'appropriation. L'exploitation de ce bien engendre une valeur économique *nouvelle* et *continue*, puisqu'il ne s'agit plus d'un acte d'un instant, mais d'une création qui se perpétue et qui est susceptible d'une exploitation étendue. Or, la *valeur essentielle* ou *intellectuelle*, selon les termes du Professeur GAUDRAT, est toujours la même, avec ou sans fixation ; mais dès que l'interprétation sera dotée d'un *support de commercialisation*, cette valeur essentielle acquiert l'omniprésence et sera productrice d'une nouvelle valeur économique. Ainsi, le rôle du Droit est d'intervenir pour encadrer la diffusion et conserver la valeur économique, tout en dirigeant sa remontée vers qui de droit. C'est ainsi que la question se pose de savoir quel est le mécanisme juridique de la réservation applicable à la forme vivante.

50. Plan. Il est important dans un premier temps de plonger dans l'histoire de la forme technique qui a permis la naissance de l'interprétation comme *objet distinct* de la personne de l'artiste, et d'en savoir la sociologie et surtout les effets de ces formes techniques sur l'acte créatif de l'artiste-interprète (**§1.**). Ensuite, nous aborderons la question de la réservation des nouvelles valeurs à la lumière du seul modèle applicable à la forme, c'est-à-dire celui de la loi du 3 mars 1957 (**§2.**).

---

[1] X. DAVERAT, « Droits voisins du droit d'auteur - Histoire des droits voisins », *J.-Cl. Propriété littéraire et artistique*, fasc. 1405, 2008, n°1.

[2] PH. GAUDRAT, « Les modèles d'exploitation du droit d'auteur », *RTD com.*, avril-juin 2009, p.328, n° 17 et s.

§1. La forme technique de fixation de la forme vivante

51. Plan. L'étude de l'histoire de l'évolution technique nous donne plein d'enseignements [1]. Les effets de cette évolution en matière de la fixation des formes vivantes sont à maintes fois comparer à la révolution qu'a provoquée l'invention de l'imprimerie ; cependant, les effets socio-économiques de l'évolution de la forme technique sur la situation des artistes-interprètes méritent d'être analysés, dans la mesure où ces effets ont servi de fondements du changement du statut juridique de la forme vivante (**A**). Par ailleurs, la forme technique est indissociable de la forme interprétative fixée (au moins dans la phase de la diffusion), cette promiscuité ne doit pas conduire à traiter les deux formes de la même manière : la forme technique est une forme externe transitoire de l'interprétation ; mais, cette forme n'est pas une *forme de réalisation* de la création, c'est juste une autre couche de la forme externe nécessaire à l'exploitation, par conséquent, elle est extérieure à l'acte créatif. Ainsi, il convient de dissiper l'équivoque concernant la notion de support en matière d'interprétation afin qu'on puisse articuler *le support de création* et *le support d'exploitation* (**B**).

A. Brève histoire de la forme technique de fixation et de diffusion de la forme vivante

52. Il convient d'abord de faire un panorama général de l'évolution de la forme technique de fixation et de diffusion de la forme sonore et audiovisuelle (**1**), pour analyser ensuite les effets socio-économiques, qui ont servi d'argument aux producteurs des formes (vivantes et techniques) afin d'avoir titre au partage de la valeur engendrée par les nouveaux modes d'exploitation des créations expressives (**2**).

1. Généalogie des formes techniques de fixation et de diffusion de la forme vivante

53. Limites spatio-temporelles de la forme vivante. L'espace et le temps, depuis longtemps, étaient des limites inhérentes à la forme vivante [2]. La forme sonore ou visuelle étant enfermée dans le lieu du spectacle, la présence des deux pôles, les artistes et les spectateurs, était indispensable pour sa communication.

---

[1] Même en France où l'évolution technique ne remet pas en cause les solutions juridiques du droit d'auteur, dans la mesure où cette évolution s'agit de la forme externe technique, c'est-à-dire les vecteurs transitoires, non de l'objet de la propriété (la forme interne intelligible) qui reste intact. En revanche, le *copyright* américain est tributaire de l'évolution technique ; chaque évolution technique nécessite l'adaptation du système, et cela pour deux raisons : d'abord, car l'objet de droit est la fixation, ensuite, car le droit est monopolistique, ce qui implique l'intervention du législateur pour redéfinir les prérogatives pour les adapter aux évolutions techniques. Par exemple, la définition du phonogramme selon l'article 101 de l'USCA qui devait spécifier l'objet en exigeant la nécessité d'un « décodage ». V. PH GAUDRAT et F. SARDAIN, *Traité de droit civil du numérique*, tome 1, éd. Larcier, p. 32, note 67.

[2] En ce qui concerne les formes *inertes*, leur fixation date dès l'écriture, voire dès la naissance des formes *symboliques* : l'homme qui cherchait toujours à représenter les phénomènes naturels a pu trouver les moyens, d'abord pour *symboliser les choses*, puis pour *symboliser les idées et les sons* par le langage. Plus tardivement, l'homme a utilisé les notes pour représenter les sons musicaux. V. PH GAUDRAT et F. SARDAIN, *op. cit.*, p. 27.

Les œuvres destinées à la représentation *via* une forme vivante, partition de musique ou pièce de théâtre par exemple, vivaient dans l'instant unique et fugace où elles s'expriment grâce aux artistes-interprètes. Après cet instant, le temps ne revenait pas en arrière, les interprétations n'étaient conservées que dans la mémoire des artistes et des spectateurs. Mais, dès la fin du XIXe siècle, l'invention des formes techniques de fixation de l'image et du son va changer radicalement cette situation [1] (**b**). Ce développement dépendait de deux choses, d'une part, le moyen de prise de son (le microphone) ou de prise de vue (la photographie), et d'autre part, les moyens de stockage et de restitution des données prises (les supports d'enregistrement). En effet, la représentation des formes vivantes commença par l'enregistrement *mécanique*, mais c'est la forme *électronique* qui va révolutionner le domaine des créations ayant une forme vivante ; cette dernière forme technique indépendante d'un support dédié et ayant plus de fluidité par rapport à la forme mécanique (car ayant la possibilité de circuler d'un support à l'autre [2]), était d'abord *analogique* avant que ne soit développée la forme *numérique* (**a**).

a. Prise de vue et de son : de la forme technique mécanique à la forme technique dématérialisée

54. Formes techniques dédiées à la *reproduction*. Les formes techniques dédiées à la reproduction des formes inertes existaient bien avant notre ère en Extrême-Orient : c'étaient les *négatifs* [3] ou les *matrices* de la forme externe utilisées pour l'impression [4]. Ces formes techniques partagent des caractères communs : elles sont des formes *intermédiaires* ; *négatifs* de la forme recherchée ; n'ayant pas de valeur économique propre, puisqu'elles ne sont pas commercialisables et enfin elles sont *inconnues du public* [5]. Dès lors, ces formes techniques s'adressent à une machine pour la reproduction des exemplaires, elles ne sont pas communicables au public. C'est à partir de ce moment qu'est née la problématique délicate des rapports entre l'activité créative et l'acte auxiliaire de diffusion, entre les créateurs et les professionnels des métiers de la diffusion. Cette problématique qui va se compliquer de plus en plus avec l'évolution de ces formes techniques [6].

55. *Production automatique* de la matrice. Ensuite, le développement technique a permis l'élimination du facteur humain dans la production de la matrice. En effet, la réalisation de la matrice ainsi que de ses copies dépendait de l'intervention de l'homme de l'art (le graveur par exemple) ou l'artiste lui-même ; à partir du moment où la production de la matrice est devenue *machinale*, la forme technique de production est devenue indépendante de l'acte créatif. La première de ces formes techniques *automatiquement* produites fut le négatif photographique.

---

[1] V. P. BRETIN, « Le disque, la radio et la télévision », *in Dictionnaire des interprètes et de l'interprétation musicale au XXe siècle*, pp. 146-151.

[2] On qualifie cette forme technique comme « dématérialisée » car elle ne se renferme pas dans un support unique comme la forme technique mécanique. Sur ce caractère V. PH GAUDRAT et F. SARDAIN, *op. cit.*, p. 36.

[3] Car ces formes sont nécessairement inversées par rapport à la forme qu'elles véhiculent.

[4] Impression : action, fait de presser, d'appuyer quelque chose (le négatif) sur quelque chose (support vierge).

[5] PH GAUDRAT et F. SARDAIN, *op. cit.*, p. 29 et s.

[6] Surtout quand il sera possible que l'exploitant participe à la production de la forme technique de l'original.

Puis, en décomposant le mouvement, on a pu fixer une séquence mouvante d'image, ce qui date la naissance du cinématographe [1]. Par la suite, les formes sonores furent suivies par les formes visuelles dès la fin du XIXe siècle, ce qui a conduit après, par la combinaison des deux formes techniques sonores et visuelles, à une forme plus complexe : la forme audiovisuelle.

56. Forme technique dédiée à la fixation visuelle (la photographie puis le cinéma). Donc, historiquement, la prise de vue ou la photographie est plus ancienne que la fixation sonore [2]. Ces techniques de fixation des formes visuelles figées puis cinétiques ont brouillé une distinction déjà assise entre le rôle du créateur et celui de l'exploitant : le premier dans son acte producteur de la matrice à reproduire, et le deuxième dans l'acte de l'exploitation de la matrice en la reproduisant ou en la diffusant. En effet, les nouvelles techniques ont permis à des personnes n'ayant qu'un rôle technique la possibilité de réaliser le négatif ou la copie standard du film (la matrice) et, par là, de prétendre à la qualité d'auteur. Cette situation pose la question de la place de l'acte créatif au sein de ce processus technique, ce qui a été résolu en exigeant l'originalité, comme dans toute œuvre, pour que le cliché soit protégé par le droit d'auteur [3]. En ce qui concerne la forme visuelle cinétique, la créativité du contenu filmique a été, dès le début, imposée [4]. En conséquence, sous condition d'originalité, l'œuvre photographique et l'œuvre cinématographique ont été intégrées dans la liste des œuvres protégées [5].

57. Forme technique dédiée à la fixation sonore. Les premiers procédés de l'enregistrement sonore furent des formes techniques *mécaniques* : l'énergie acoustique ou sonore est transformée en énergie mécanique servant ensuite à la gravure sur un support vierge. Cette technique cherchait à assurer la bonne qualité du son et le plus haut degré de fidélité au réel. Mais leurs supports étaient difficiles à dupliquer, qui plus est toute retouche de l'enregistrement ne se faisait que par manipulation de la matrice. À ce stade, la matrice, difficile à reproduire, cherchait à conserver *l'identique* [6] de la forme sonore reçue, ce qui rend la forme technique *dépendante* de la forme sonore fixée [7]. En effet, ni EDISON ni BELL ne perçurent la valeur économique que représentait le phonographe, car le nouvel appareil était considéré comme un dictaphone pour l'usage des correspondances

---

[1] PH. GAUDRAT et F. SARDAIN, *op. cit.*, pp. 30-31.

[2] En fait, le *terme* photographie est composé de deux racines d'origine grecque : photo- (*φωτος* : lumière, clarté), qui utilise ou procède de la lumière, et -graphie (*γραφειν* : peindre, écrire) écrit ou qui aboutit à une image. Donc, littéralement, photographie signifie *peindre ou écrire avec la lumière*. Cette forme technique était connue depuis très longtemps. Déjà la réflexion sur la fixation de l'image a abouti, depuis ARISTOTE, à la chambre noire (*camera obscura*) qui est considérée comme l'ancêtre de l'appareil photographique. Ensuite, le père de l'optique moderne IBN AL-HAYTHAM (965-1038) va décrire son fonctionnement et la possibilité de copier l'image du réel, ce qui va être aussi l'objet des réflexions du LEONARD DE VINCI.

[3] PH. GAUDRAT et F. SARDAIN, *op. cit.*, pp. 32-33.

[4] Ce qui pose un autre problème à cause de la multiplicité des intervenants, ce qui rend complexe la question de titularité des droits. V. PH. GAUDRAT et F. SARDAIN, *op. cit.*, p. 33 ; D. BOUGEROL, *La notion d'œuvre audiovisuelle*, thèse, Poitiers, 2006.

[5] Admises d'abord par la jurisprudence dès la fin du XIXe siècle, et dans l'article 3 de la loi du 11 mars 1957 qui est devenu dans le Code de la propriété intellectuelle L. 112-2-9° (l'œuvre photographique) et L. 112-2-6° (l'œuvre cinématographique). La même solution s'impose aux œuvres dont la réalisation nécessite une forme technique : l'œuvre radiophonique L. 113-8.

[6] Toutefois, il ne s'agit qu'une représentation *analogique* de la forme naturelle.

[7] Aucune modification des vibrations inscrites n'était possible.

professionnelles. C'est la *Columbia phonographe Company* qui va utiliser plus tard le phonographe pour la reproduction musicale [1].

À la différence de la matrice de la forme inerte qui ne sortait pas de l'atelier de l'imprimeur, la matrice de la fixation sonore et visuelle était reproduite sur des supports techniques pour la commercialisation (à condition de la disponibilité des appareils de lecture chez le public). En conséquence, la forme sensible était devenue *occulte* et nécessitait, pour redevenir perceptible, de passer par une *machine de lecture.* Cette différence avec le modèle traditionnel du livre, où la forme externe est perceptible directement, posa le problème de la pertinence de l'assimilation du traitement de la forme technique de fixation avec celle du livre. Mais ce problème ne se posait pas en France, dans la mesure où la forme technique n'était qu'un vecteur transitoire de la forme sensible laquelle était le seul objet de la communication [2].

58. Du support mécanique au support « dématérialisé » ou électronique. Dès le début du XXe siècle, les améliorations des formes techniques se sont suivies à un rythme soutenu. Ainsi, on est passé de l'enregistrement purement mécanique [3] à l'enregistrement électronique. En effet, la domestication de l'électricité favorisa les formes électriques, ce qui entraîna la « dématérialisation » de l'enregistrement : ce qui était avant pur et acoustique a été transformé en énergie électrique [4] plus *maniable* et *susceptible d'amplification*, afin d'être gravée avec plus de précision [5]. Par ailleurs, l'amplificateur a permis de renforcer les signaux ; en conséquence, les haut-parleurs sont devenus détachables de l'appareil de lecture, et l'on a conquis, encore plus, l'espace de la communication au public : le public d'auditeurs a augmenté, puisque l'on n'était plus obligé de s'assembler tous devant l'appareil [6]. Culturellement, grâce à ces inventions, la musique, plus que toute autre

---

1 M. BOURREAU et B. LABARTHE-PIOL « Le peer-to-peer et la crise de l'industrie du disque, une perspective historique », *Réseaux*, 2004/3, n° 125, p. 21.

2 Contrairement au système français, celui du *copyright* américain assimile la création à la fixation ce qui efface toute différence de nature entre l'acte créatif produisant l'original et l'acte du producteur qui fabrique les exemplaires. Pour cette raison, le *copyright* américain considère les simples enregistrements comme « œuvres ».

3 En fait, les moyens de production mécanique de sons existaient dès le XVIIIe siècle, si l'on peut considérer la *boîte à musique* comme moyen d'enregistrement de sons. Inventée en 1796 sous la dénomination « carillon sans timbre ni marteau », il s'agissait d'un appareil produisant un air de musique qui résulte d'un mouvement mécanique actionnant un cylindre ayant de pointes, qui, suite au passage des lames en cire, soulèvent puis relâchent dans un ordre défini, ce qui produit des sons. Cette invention est passée d'un *cylindre* au *disque* métallique « plateau » qui fonctionne selon le même principe, ce qui a permis d'augmenter les notes « enregistrées » et « jouées » ; enfin, la *boîte à musique avec bande perforée* a permis d'« enregistrer » sur la bande jusqu'à 33 notes. En 1862, une amélioration a donné la possibilité de changer de cylindre, multipliant ainsi le nombre de mélodies. Par ailleurs, on peut ajouter un autre instrument de musique mécanique aux premiers moyens de fixation de sons, c'est *l'orgue de barbarie*, qui fonctionne manuellement en utilisation aussi un cylindre ou un disque ou un carton perforé… En fin, c'est juste à la fin du XIXe siècle et au début du XXe siècle, avec le *phonographe*, que l'on date généralement la naissance de l'enregistrement sonore, puisque c'est cette invention qui a permis, pour la première fois, de reproduire, non seulement les *sons* provenant des instruments de musique, mais aussi la *voix humaine*.

4 Avec la forme électronique, la forme sensible devient complétement occulte, alors que dans le support mécanique, la forme sensible restait un peu transparente (négatifs des clichés, films), il n'en demeure pas moins, lui aussi, analogique.

5 Vers 1920, et grâce à l'invention de l'amplificateur électronique, on put obtenir un son plus puissant par la transformation du mouvement de l'aiguille en courant électrique.

6 Autrement dit, grâce à cette forme technique, l'on a pu sonoriser un espace plus grand et réaliser une communication à un plus grand public.

forme vivante, profita de ces nouveaux moyens d'enregistrement, puisqu'elle ne connaissait pas les barrières de la langue, et à cause de l'enjeu économique, car son marché était immense. Ainsi, au début de XXe siècle, la musique a été reproduite en quantité grâce au gramophone dont le disque est devenu le standard d'enregistrement.

Par ailleurs, la forme technique *dématérialisée*, qui consiste en des impulsions électriques *transmissibles*, a conduit à l'invention de la radio [1] au début des années vingt [2] puis la télévision. Cette nouvelle technologie de fixation sonore a été utilisée pour l'enregistrement et la radiodiffusion des grandes œuvres musicales. En effet, c'est à l'occasion d'un de ces enregistrements (celle de la 5e symphonie de Beethoven interprétée par l'orchestre philharmonique de la Vienne dirigée par WILHELM FURTWÄNGLER), qui fut réenregistrée et exploitée en France, que l'on aura la fameuse affaire *Furtwängler* [3] laquelle va aboutir à la décision la plus importante et influente en matière des droits des artistes-interprètes avant la loi du 3 juillet 1985 [4].

59. Importance de l'intervention technique : le montage. L'évolution technique a permis plus de maîtrise technique de la forme sensible enregistrée. En fait, le *magnétophone* a permis d'enregistrer les sons séparément et de recommencer, si nécessaire, les prises de sons ; en outre, ce nouvel appareil d'enregistrement est devenu transportable, ce qui permit la prise de sons à l'extérieur. Mais le plus important de cette technologie va au-delà : la nouveauté gisait dans la possibilité du découpage et du collage des bandes, on pouvait faire un montage avant de parvenir à une *matrice finale*. Par ailleurs, la facilité de reproduction par copiage, qui était un avantage indéniable de ce système, a créé un problème aux exploitants à cause des copies illicites ; ce qui a conduit à penser, pour la première fois, à taxer la vente des supports vierges. Ainsi, nous voyons que le développement technique, tout en augmentant le marché des produits culturels, en parallèle avec l'élargissement de la communication au public des œuvres interprétées, posa un problème juridique de protection des protagonistes de l'industrie phonographique, à savoir, ceux dont l'apport est créatif (les artistes-interprètes) et aussi, ceux dont l'apport est purement technique (le producteur phonographique).

60. Importance de l'intervention technique : la synchronisation. L'industrie cinématographique a introduit une forme technique ayant la possibilité de synchroniser des signaux multiples. C'était l'enregistrement sur un *support optique* qui ouvrait la possibilité de synchroniser et d'assembler plusieurs signaux au

---

[1] En 1920, la radio va évincer le disque analogique, surtout après 1930. L'industrie des disques va subir *la première crise*, non seulement à cause de son prix élevé, mais aussi à cause de sa durée limitée, même après l'invention du disque vinyle.

[2] La première émission fut en 1920, et à partir de 1922 l'on assista au début des émissions régulières. En 1939 on comptait 32 émetteurs en service. R. RIEFFEL, *Sociologie des médias*, Ellipses, 2005, p. 184.

[3] L'artiste exécutant est fondé à interdire une utilisation autre que celle qu'il a autorisée « sur l'œuvre que constitue son interprétation ». Cass. 1re civ., 4 janv. 1964 : *D.* 1964, note PLUYETTE ; *RTD com.* 1964, 320, obs. DESBOIS ; H. DESBOIS, « Le droit des acteurs et des artistes sur leur interprétation », *D.* 1964, chron. 247 ; R. BADINTER, « Le droit de l'artiste sur son interprétation », *JCP G.*, 1964, I, 1844 ; S. PESSINA, étude 15, « Droits voisins, Droits des artistes-interprètes : L'émergence des droits », *in Les grands arrêts de la propriété intellectuelle*, Dalloz, 2004, p. 197 et s.

[4] Loi n° 85-660 du 3 juillet 1985 relative aux droits d'auteur et aux droits voisins des artistes-interprètes, des producteurs de phonogrammes et de vidéogrammes et des entreprises de communication audiovisuelle.

montage. Cette possibilité de synchroniser plusieurs signaux, surtout les sons et les images, est la base de l'audiovisuel [1]. En fait, les premiers films n'avaient pas de bande-son accompagnant la bande-image. Ce procédé fut transmis en matière d'enregistrement uniquement sonore à partir des années 1930, ce qui a permis l'enregistrement de plusieurs sources sonores simultanément ou successivement. Ainsi, les groupes de musiciens ont pu enregistrer leur musique séparément pour ensuite ajouter le chant, ou même améliorer l'une des interprétations sans avoir à reprendre l'ensemble. En effet, l'enregistrement magnétique *multipiste* a permis de produire une matrice que l'on peut contrôler les composants : la synchronisation a permis de produire une f*orme technique composée.* Pour autant, ce n'est que grâce aux formes sonores numériques, que l'on a acquis la possibilité de contrôler *qualitativement* chaque composant sonore, puisque le numérique permet d'amplifier et de traiter des éléments choisis à partir des coordonnées tirées de l'analyse numérique et codées dans le fichier [2].

b. Impact des formes techniques sur l'acte créatif

61. Extension du champ de l'expression artistique. Les évolutions techniques ont permis la naissance des nouvelles œuvres de l'esprit consistant en une forme inerte ou vivante fixée (sonore, visuelle ou audiovisuelle). En effet, sous condition d'originalité, l'œuvre photographique (L. 112-2 CPI), l'œuvre cinématographique (L. 112-2-6 CPI) et l'œuvre radiophonique (L. 113-8 CPI) bénéficient de la protection du droit d'auteur. En fait, les procédés technologiques, du fait de la possibilité de fixation de son et d'image qu'ils ont ouverte, élargissaient le champ de l'expression artistique au-delà des formes classiques littéraires et graphiques. Ainsi, l'interprétation est née comme objet créatif digne d'une protection par la propriété intellectuelle à l'instar des œuvres de l'esprit. Avant l'enregistrement audiovisuel, l'activité artistique des artistes-interprètes se limitait à la prestation lors du spectacle vivant ; leurs droits ont été consommés par le contrat d'engagement : à défaut d'enjeu économique, rien n'était possible au-delà de l'objet du contrat qui se limitait au *temps réel* de la prestation. Désormais, l'interprétation était devenue *indépendante* de la personne de l'artiste. Mais, contrairement à l'indépendance de l'œuvre qui était acquise au fur et à mesure de sa réalisation, dans le cas de l'interprétation, l'acte créatif ne réalisait qu'une forme *éphémère* et *attachée* à la personne de l'artiste ; c'est à un autre acte, extérieur et technique, que l'indépendance de l'objet était acquise. Toutefois, nous ne devons pas nous tromper sur la nature de l'acte technique de fixation : cet acte matériel *pérennise* la forme vivante en la fixant sur un support durable, mais il n'est pas le fait générateur de la forme expressive qui naît d'un acte créatif.

---

[1] Selon le Grand Robert, « audiovisuel » désigne « ce qui concerne simultanément la sensibilité, la perception auditive et visuelle ».

[2] V. PH. GAUDRAT et F. SARDAIN, *Traité de droit civil du numérique*, tome 1, Larcier, 2015, p. 42. Cette faculté permet d'engendrer des formes techniques différentes grâce à *la possibilité infinie de traitement* par l'utilisation de la programmation informatique. Ainsi, l'on parle de « l'informatique musicale », V. G. BRESSAND, « Les œuvres musicales et les nouvelles technologies », Expertise, n° 135, avril 1991, p. 135. Aussi, ce que l'on appelle « *œuvres transformatives* » est le résultat de l'extension de la maîtrise sur la forme numérique : P. LEGER, *La recherche d'un statut de l'œuvre transformatrice. Contribution à l'étude de l'œuvre composite en droit d'auteur*, LGDJ, 2018, 522 p.

62. Articulation de l'acte créatif avec l'acte technique de fixation. En principe, la réalisation des formes techniques est l'affaire de l'exploitant chargé de la reproduction, mais avec la matrice *automatiquement* produite, on a vu des personnes se prévalaient de la qualité de créateur du seul fait de la production de cette forme technique. En matière de photographie, la question fut résolue par l'exigence de l'originalité [1] ; mais le problème est plus délicat en matière de forme vivante fixée : l'objet de commercialisation n'existe que grâce à une forme technique de fixation. Toutefois, il ne faut pas assimiler l'acte technique de fixation, aussi important qu'il soit (avec montage ou d'autre traitement de la forme technique), à l'acte créatif. D'un côté, la forme technique est indifférente quant à la forme contenue ; elle peut fixer des formes non créatives. D'un autre côté, la forme technique de fixation n'est qu'un niveau *supplémentaire* et *transitoire* de forme externe : « *l'œuvre ou l'interprétation peuvent, pour certaines exploitations, être véhiculées par une forme technique* » ; ainsi, la forme technique « *a une place de choix dans l'exploitation des créations expressives* » [2]. Toutefois, les producteurs, avec leur insatiable avidité au gain, se sont toujours présentés comme participant à la création de la nouvelle valeur économique, voire, les seuls producteurs de la valeur par leur investissement.

63. La fixation de la forme vivante faisait l'objet des développements successifs engendrant des nouveaux enjeux tant nationaux qu'internationaux : techniques ; économiques ; culturels ; éducatifs ; politiques ; et sûrement sociaux et juridiques.

2. Effets socio-économiques des formes techniques de fixation et de diffusion des formes vivantes

64. Nous nous intéresserons à deux effets de l'évolution de la forme technique de fixation et de transmission des formes vivantes : d'un côté l'impact sur la situation des artistes-interprètes (**a**), et, d'un autre côté, *l'actualisation* des valeurs, suite à l'extension de l'exploitation des interprétations fixées (**b**).

a. Les effets socio-économiques

65. Conquête du temps et de l'espace : extension de la communication / l'exploitation des interprétations. Une mutation très profonde a affecté le domaine culturel : plus que jamais, la communication au public, en devenant une affaire technique, était devenue indépendante de l'acte créatif des interprètes. Une fois l'interprétation réalisée et fixée, elle devenait *concrète et pérenne* dans son support matériel et susceptible de *commercialisation* ou de *télédiffusion* qui dépassait, comme jamais, les limites géographique et temporelle du spectacle. Le disque puis la radio ont éclipsé considérablement la forme classique de la communication des œuvres interprétées, c'est-à-dire la représentation sous forme vivante dans les lieux dédiés au spectacle. D'un point de vue sociologique, ce développement technique a étendu le public de ces créations en touchant la classe moyenne et les pauvres [3] ; d'ailleurs, ce sera la cause principale du chômage

---

[1] Depuis l'arrêt de la Cour de cassation du 28 nov. 1863, *D.* 1863, 1, p. 54.

[2] PH. GAUDRAT et F. SARDAIN, *Traité de droit civil du numérique*, *op. cit.*, n° 24, p. 35.

[3] É. J. HOBSBAWM, *L'Âge des extrêmes. Histoire du court XXe siècle, 1914-1991*, Complexe, 2003, p. 260.

dans le secteur du spectacle ; et, par voie de conséquence, la raison des doléances des artistes-interprètes en vue d'obtenir une protection du fruit de leur travail, devenu un objet d'exploitation gratuite par les entreprises de la communication audiovisuelle [1]. En bref, la situation des artistes-interprètes se trouva marquée par un paradoxe : leur présence physique n'était plus nécessaire à chaque communication au public ; cependant, dès la fixation de leur interprétation, les interprètes étaient omniprésents à cause de l'extension de la communication au public de leurs interprétations [2].

66. Appauvrissement des interprètes. Les techniques d'enregistrement et de diffusion avaient eu des effets sociologiques très profonds qui touchaient les métiers des interprètes [3]. Ces techniques furent accompagnées par l'appauvrissement des interprètes, de façon directe (le chômage dans le secteur du spectacle vivant au début du siècle dernier) ou indirecte (le manque à gagner du fait que la nouvelle valeur économique était appropriée par les seuls producteurs). En effet, le phonogramme était devenu le moyen principal de sonoriser, non seulement les spectacles, mais aussi tous les autres lieux publics. Or, cet usage de l'enregistrement était une exploitation du fruit de la créativité des artistes qui ne touchaient rien à part leur salaire : les artistes-interprètes n'étaient rémunérés que pour la prestation lors de l'enregistrement, le fruit de leur travail était approprié, comme s'il s'agissait d'un travail ordinaire, par l'employeur. Dans ce contexte, l'injustice de leur situation consistait, d'abord, dans le fait d'être concurrencés par leurs propres interprétations enregistrées, et, ensuite, dans le fait que la nouvelle valeur économique leur avait échappé, voire avait été appropriée par le fabricant des supports ou le diffuseur.

Donc, la situation des artistes-interprètes était marquée par l'injustice du fait de l'enrichissement sans cause des exploitants, alors que « *jure naturae aequum est neminem cum alterius detrimento et injuria fieri locupletiorem* » [4]. Par ailleurs, les nouvelles exploitations au-delà du spectacle vivant portaient atteinte au droit moral sur leur création dans la mesure où, depuis la fin du XIXe siècle, il a été mis en évidence

---

[1] Sur cet argument social en faveur de la protection de l'interprétation, H. DESBOIS, « La protection des artistes, interprètes ou exécutants, en France », *in Études offertes à PIERRE KAYSER*, T. 1, PUAM 1979, p. 351 et s. Critiquant cet argument comme base de la protection : X. DAVERAT, *L'artiste-interprète*, T. 1, thèse 1990, pp. 64-70. En effet, cette idée était répandue dans la doctrine qui trouvait que le droit à reconnaître aux interprètes était un moyen de « rééquilibrage » de leur profession ; c'est-à-dire comme un droit compensatoire d'une perte d'emploi, comme s'il s'agissait d'une indemnité de leur chômage ; alors que ce droit s'impose par la nature de l'interprétation et les valeurs qu'engendre son exploitation.

[2] Ce paradoxe consiste à réunir la *distance* résultant de l'écrit (la fixation en l'espèce) et *l'instantanéité* de l'oral. V. J. CAZENEUVE, *La Société de l'ubiquité : communication et diffusion*, coll. Grand format Médiations, Denoël-Gonthier, Paris, 1972.

[3] Les conséquences socio-juridiques des formes techniques sur la situation des interprètes ont été mises en évidence dès le début de XXe siècle dans le but de pousser vers l'amélioration leur statut juridique. Ainsi, dans l'une des premières études en la matière, il a été proposé de reconnaître une protection par un droit de propriété intellectuelle sur l'interprétation qui est devenue un bien grâce à la fixation qui réalise le détachement de l'interprétation de son créateur : L. LEHMAN, *Le droit de l'artiste sur son interprétation*, thèse, LGDJ, Paris 1935, p. 5 et s.

[4] POMPONIUS, *De régulis juris*, L. 17, « *Il est d'équité naturelle que nul ne doive s'enrichir au détriment et au préjudice d'autrui* ».

que « le créateur ne doit pas être exposé à un jugement d'opinion publique autre que celui qu'il a voulu encourir » [1].

b. Actualisation des valeurs de l'interprétation fixée

67. La valeur économique renouvelée de l'interprétation. Fixée sur un support durable, l'interprétation est devenue une *res*, c'est-à-dire une chose appropriable [2]. Autrement dit, grâce aux techniques de fixation, la forme vivante s'est transformée de *operae* en *opus*. Ce nouvel état de l'interprétation la rend susceptible de communication étendue, ce qui induit le renouvellement de la valeur économique de la forme vivante. En effet, la raison d'être de toutes les propriétés est la réservation d'une valeur, et l'interprétation, dotée d'un support de commercialisation, devient génératrice de valeurs. Ainsi, il est question de savoir à qui et comment on réserve les nouvelles valeurs de l'exploitation des formes vivantes fixées. Cette question était d'autant plus difficile que les auteurs des œuvres interprétées étaient opposés à tout partage avec les interprètes et leurs producteurs.

68. Distribution des rôles. L'acte créatif, qui consiste en la réalisation de la conception du créateur, ne change pas de nature du fait de l'introduction d'une forme externe technique transitoire. Ainsi, l'interprétation, qu'elle soit enregistrée ou non, ne change pas de nature. De même, la forme technique est indépendante car extérieure à l'acte créatif : le processus reste le même, que le contenu fixé soit une création ou non. En conséquence, la valeur économique qu'engendre une forme expressive, et qui est due à la singularité de la forme, n'a de source que l'acte créatif. L'exploitant en procédant à la fixation et à la diffusion de la forme vivante fixée ne fait que convertir la *rareté qualitative* de la forme créative en une valeur *économique*. Dans ce schéma, l'interprète est la *source* de la valeur [3] (à double dimension culturelle et économique), et l'exploitant *l'actualise* [4] ; le rôle du Droit est

---

[1] Bordeaux, 24 août 1864, *S.* 64, 2, 194. Cité par L. LEHMAN, *Le droit de l'artiste sur son interprétation*, thèse, LGDJ, Paris 1935, p. 25.

[2] L'interprétation, comme l'œuvre de l'esprit, naît du seul fait de la réalisation de la conception de l'artiste. Or, cette réalisation marque une *indépendance matérielle* de l'œuvre par rapport à l'auteur, alors qu'en matière d'interprétation, la forme externe étant une forme vivante, l'interprétation *ne se détache matériellement de son créateur* que grâce à une forme technique incorporée dans un support matériel. En conséquence, la propriété de l'artiste-interprète existe *théoriquement* dès l'interprétation, mais ne trouve *d'objet durable* qu'avec la fixation. C'est pour cela que nous croyons que le droit d'autoriser la fixation, reconnu à l'interprète indépendamment du droit de reproduction, n'est qu'un exercice de sa propriété, précisément, c'est un *exercice anticipé* (car l'autorisation de fixation précède l'interprétation) de son droit de divulgation, sans lequel la divulgation est, de fait, restreinte au lieu et au temps du spectacle et au public présent. Dit autrement, en autorisant la fixation, l'interprète élargit le champ divulgataire pour embrasser un public potentiel ; ensuite, quand il donne son autorisation d'exploitation de l'interprétation fixée, en fixant les paramètres de la cession, il détermine le champ divulgataire.

[3] L'artiste-interprète qui était engagé pour une *prestation* contre rémunération est devenu source d'un *capital* à exploiter. Les rapports socio-économiques ont changé : le partenaire de l'artiste-interprète n'est plus seulement son *employeur*, il est aussi *l'exploitant* de sa propriété.

[4] PH. GAUDRAT, Rép. Civ. Dalloz, V° *Propriété littéraire et artistique : (1° la propriété des créateurs)*, 2007, n° 297 à n° 302.

d'intervenir pour encadrer la diffusion et conserver la valeur économique, tout en dirigeant sa remontée vers qui de droit [1].

69. Des nouvelles demandes de protection. La naissance des nouvelles valeurs économiques, et l'injustice subie par les artistes-interprètes, était la raison des doléances des artistes-interprètes dès la première moitié du XXe siècle. Mais du fait de la promiscuité entre la forme vivante fixée et la forme technique, les producteurs ont, eux aussi, réclamer un droit exclusif pour leur permettre d'avoir une part du « gâteau » des fruits d'exploitation étendue des formes vivantes. Ces demandes se sont inscrites dans un contexte mondial marqué par la crise financière et économique de 1929, qui touchait tous les domaines dans le monde entier. Les spéculations déconnectées de la réalité économique et de la productivité réelle ont causé un gonflement dans les économies où les plus-values étaient fictives. En revanche, les salariés, y compris les artistes-interprètes, dont la productivité était réelle étaient les plus touchés [2].

B. La forme technique comme support d'exploitation étendue de la forme vivante

70. La forme technique est indispensable pour que l'interprétation passe de l'état d'une prestation éphémère à l'état d'une chose susceptible d'exploitation étendue. Cette dépendance a induit un traitement parallèle des interprètes et des producteurs dans les textes juridiques internationaux et nationaux. Or, la valeur devrait être réservée à *son créateur* qui devrait, seul, être titulaire de l'outil juridique de cette réservation. Nous avons montré que l'artiste-interprète est la source de la valeur alors que l'exploitant la révèle (l'actualise). Ainsi, la question se pose de situer la forme technique par rapport à la forme vivante : toutes les deux sont des formes externes, pourtant, l'une est le support de création et l'autre est le support de commercialisation (**1**). Toutefois, les systèmes juridiques traitent différemment ces formes (**2**).

1. Une nouvelle forme externe de la forme vivante

71. La forme technique de fixation (**a**) ne peut être qu'un support de commercialisation des créations fixées (**b**).

a. Notion de forme technique

72. Forme contenante et forme contenue. Les termes contenant et contenu renvoient, de prime abord, à ce qui est extérieur et intérieur ; le premier organise

---

[1] En matière de droit d'auteur, le créateur fait apport de sa plus-value créative en amont, et devient ainsi créancier de l'exploitant. Ainsi, le créateur de la valeur essentielle [toutes créations confondues, dit le Professeur GAUDRAT] ne pouvant être réduit à un simple ouvrier, doit avoir droit au partage d'un montant proportionnel à la valeur économique dégagée, PH. GAUDRAT, « Les modèles d'exploitation du droit d'auteur », *RTD com.*, 2009, p. 323.

[2] ADAM SMITH dans son ouvrage *La richesse des nations* avait rangé les artistes-interprètes parmi les travailleurs *improductifs*, parce que leurs œuvres périssent à l'instant de sa production. H. COHEN JEHROAM, « The relationship between copyright and neighboring rights », *RIDA*, avr. 1990, p. 87.

le deuxième. La forme désignant l'apparence (*morphê*) mais aussi le message intelligible (*eidos*) [1], peut designer à la fois le contenant et le contenu ; ainsi, la forme contenante est ce qui organise la forme contenue. Cette distinction est bien établie en matière de droit d'auteur : on distingue la forme *interne* et la forme *externe* d'une œuvre de l'esprit, ce qui correspond à deux phases dans le processus créatif : la conception et la réalisation [2]. La forme externe incarnée dans un support physique donne à la forme interne, d'essence intellectuelle, sa perceptibilité, d'où cette forme externe est *l'outil du partage et du contrôle* de la forme interne. Toute forme dont la finalité est le partage doit être contenue dans une forme externe qui la véhicule : l'information, forme interne qui représente une réalité objective, a besoin d'une forme externe sensible (carte géographique) ou conventionnelle (langage) ; l'œuvre de l'esprit, forme interne intelligible qui représente une réalité subjective, a besoin d'une forme externe communicable (sensible ou conventionnelle). Quand l'œuvre de l'esprit consiste en une *forme dynamique* (la musique, l'art dramatique ou chorégraphique), la forme externe peut être symbolisée (la partition, la pièce du théâtre, la chorégraphie notée [3]) ; mais sous *l'état dynamique*, la forme externe ne peut être que l'interprétation vivante (musique jouée, pièce de théâtre montée). Cette dernière forme externe est d'essence éphémère, mais une autre couche de forme externe, permet de fixer le dynamisme de la forme vivante dans l'enregistrement : c'est le rôle de la forme technique intermédiaire.

73. Place de la forme technique dans la théorie des formes. Pour comprendre ce qu'est une forme technique, et déterminer ensuite sa place dans la théorie des formes [4], il faut avant toute chose distinguer la *forme artificielle* (engendrée par l'Homme) et la *forme naturelle* que l'on trouve en l'état dans la Nature. Si la découverte de la forme naturelle n'est pas apte à en faire un objet de propriété [5], les formes artificielles, elles, sont appropriables, mais pas de la même manière. La forme artificielle peut être *technique* [6] (vecteur d'un contenu ou d'une

---

[1] La forme-apparence organise la matière physique alors que la forme interne organise une matière mentale et psychique : les souvenirs l'imagination etc. Cette dernière forme peut aussi contenir d'autres formes internes, comme l'œuvre composite, l'œuvre dérivée ou l'interprétation dont la forme interne organise aussi la forme interne d'une création antérieure.

[2] La distinction entre forme interne et externe revient au rapport au sujet : intérieur ou extérieur à l'esprit ; ainsi, la substance de la forme interne est intellectuelle et psychique, la substance de la forme externe est physique. V. PH. GAUDRAT, « Réflexions sur la forme des œuvres de l'esprit », *in Mélanges en l'honneur d'André Françon*, Dalloz 1995, p. 195.

[3] La seule fixation de l'œuvre chorégraphique est la notation (l'écrit) car l'enregistrement fixe la forme vivante c'est-à-dire une interprétation donnée, ce qui ne sert pas à distinguer l'œuvre de ses interprétations. Ainsi, nous croyons imprécise la formulation de l'article L. 112-2-4° : 4° « Les œuvres chorégraphiques, les numéros et tours de cirque, les pantomimes, dont la mise en œuvre est fixée par écrit *ou autrement* » [nous soulignons]. Sur cette imbrication : PH. GAUDRAT, Rép. Civ. Dalloz, V° *Propriété littéraire et artistique : (1° la propriété des créateurs)*, 2007, n° 297 à n° 49.

[4] PH. GAUDRAT, « Réflexions sur la forme des œuvres de l'esprit », *in Mélanges en l'honneur d'André Françon*, Dalloz 1995, p. 195 ; « Formes & Propriétés Intellectuelles », (à paraitre). Nous allons consacrer le titre suivant au développement de la structure formelle de l'interprétation (inhérente et enrichie).

[5] Ce qui n'empêche que la forme naturelle découverte soit l'enjeu d'un monopole octroyé à un sujet, étant donné que le monopole est un artifice légal et indifférent à la nature de l'objet monopolisé. Ce monopole est légitime dans la mesure où il est d'origine positiviste. Mais, encore faut-il que l'assiette soit délimitée précisément puisque cette réservation est l'exception tandis que la propriété est le principe de la réservation dans le marché libéral.

[6] Exclusivement *occulte*, *imperceptible* et *utilitaire*, *parfois intelligible* : non intelligible comme la forme analogique (enregistrement contenu dans un phonogramme) et comme la forme numérique sous son état exécutable ;

fonctionnalité) ou *communicable* (de nature subjective ou objective). La forme technique est au service de la forme communicable qu'elle contient [1], ainsi la forme technique, par définition exclusivement *fonctionnelle,* est *intermédiaire* (dans l'opération de la communication au public) et utilitaire. À la limite, on peut imaginer une forme interne de la forme numérique (exprimée dans le code source), mais cette forme interne ne donne pas accès à une forme *expressive communicable* mais à une forme *utilitaire* ou *exécutable* [2]. En effet, la forme technique est doublement artificielle : elle est produite par l'Homme et elle n'a pas, en soi, de forme interne intelligible et communicable. Par conséquent, elle ne pourra être éligible à aucune propriété intellectuelle, ce qui ne fait pas obstacle à ce qu'elle soit enjeu de monopole. C'est la raison pour laquelle le droit voisin octroyé sur la forme technique ne peut être qu'un monopole sur les vecteurs techniques des créations octroyé aux producteurs [3].

b. Support de création et support de commercialisation

74. Nous distinguons deux sortes de support : le support de création (**i**) et le support de commercialisation ou de d'exploitation (**ii**).

i. Support de création de l'œuvre et de l'interprétation

75. Support de la forme *interne* : le support personnel. La conception a une substance intellectuelle (mentale), ainsi, son support n'a rien à voir avec la conception classique du support comme bien corporel, c'est-à-dire comme une matière sur laquelle est fixée la forme externe d'une œuvre. C'est une notion qui n'est pas présente dans les textes. *Le support personnel* serait alors une fonctionnalité qui consiste à porter une forme sans qu'une distinction selon sa substance ne soit

---

forme technique intelligible est la forme numérique écrite ou décompilée du logiciel. La forme technique appartient à la catégorie des formes externe, mais elle est une forme interne à la matière qu'elle organise : elle est objective non subjective, réelle plutôt incorporelle puisqu'elle organise une matière. Enfin, la forme technique, réelle, peut faire l'objet d'une forme mentale (description) qui s'exprime par un moyen conventionnel d'expression : c'est l'information ou l'œuvre scientifique.

[1] Avec le Numérique, la forme technique induisait pour la première fois une rupture avec la situation antérieure car, tout en pouvant véhiculer une forme communicable (per ex. un fichier MP3), elle pouvait également se suffire à elle-même : la forme numérique peut se contenter d'induire des actions dans le système informatique en agissant dans le secret de la machine. Quand ces actions visaient à dicter la reconstitution d'un signal compréhensible à l'homme, on faisait comme si la forme technique véhiculait une forme communicable, mais la forme numérique qui se contente à faire faire une chose au système ne délivre aucun contenu. V. PH. GAUDRAT, « Formes & Propriétés Intellectuelles », (à paraitre) ; PH. GAUDRAT et F. SARDAIN, *Traité de droit civil du numérique*, tome 1, Larcier, 2015, pp. 160-170.

[2] Ce qui aurait dû empêcher de protéger les logiciels par un droit d'auteur : s'il était vrai que le code informatique « s'écrit », cette écriture n'a rien à voir avec l'écriture exprimant une forme interne *intelligible et expressive* ; la formule chimique s'écrit mais cette forme externe ne justifie pas la qualification d'œuvre de l'esprit. En effet, le système du *copyright* n'étant pas une propriété et n'ayant pas la forme comme objet ne s'oppose pas à la qualification des logiciels en tant que « *work* », mais cette qualification ne laisse pas intact les fondements de la propriété littéraire et artistique dans le droit d'auteur français. V. PH. GAUDRAT, *Forme numérique et propriété intellectuelle*, *RTD com.* 2000-4, p.910 et s. et 2001-1, p.96 et s.

[3] PH. GAUDRAT et M. VIVANT, « Marchandisation », *in* P*ropriété intellectuelle et mondialisation : la propriété intellectuelle est-elle une marchandise ?* Dalloz 2004.

imposée [1]. Le support de l'acte concepteur est indépendant de la matière, il correspond aux facultés mentales de la personne : dans le Petit Robert « conception » c'est l'action de concevoir, l'acte de l'intelligence, de la pensée, et aussi le résultat de cet acte. Ainsi, la personne qui se livre à cet acte en est le support. En effet, ce support est une particularité des biens intellectuels au sens stricte, c'est-à-dire les fruits de l'esprit. M. PIERRE CATALA avait, à juste titre, noté que la complexité de l'immatérialité de certains biens est que *la personne et l'activité de leur titulaire en constituent le nécessaire support* [2]. À ce stade, le support de la forme interne de l'œuvre et de l'interprétation est identique.

76. Support de la forme externe : le support de création. Il faut distinguer d'abord deux notions : la réalisation de la création et sa fixation. Contrairement à d'autres systèmes, surtout le *copyright* américain, le droit français n'exige pas la fixation de l'œuvre, ni pour l'existence ni pour l'exercice du droit [3] : le droit d'auteur français protège l'œuvre orale au même titre que l'œuvre ayant une forme externe inerte (inscrite dans un support tangible [4]). Mais, pour que la création existe, elle doit être réalisée, c'est-à-dire extériorisée ou objectivisée. C'est la fonction du support de la forme externe ou *le support de création* [5]. Le support de création peut être défini comme « *le premier et unique instrument assurant une fixation suffisamment permanente pour contribuer à la communication ou à la commercialisation de la création* » [6]. Ainsi, ce support assure d'une part la trace de *l'existence* de la création et d'autre part son *identité*, dans la mesure où le support est le moyen qui assure le passage de l'idée à la forme.

77. Support de création *durable ou précaire*. En général, le support est une réalité permanente et sous-jacente aux qualités, ou un élément matériel ou abstrait sur lequel repose une chose. Ce support peut être *durable* [7] ou *précaire* [8] ; s'il est durable, le support est susceptible de plusieurs actes de communication ou de commercialisation. En revanche, s'il est précaire, il ne permet qu'à un seul acte de communication ou de commercialisation de la forme dont il est le support. En d'autres termes, le support de création précaire est de nature éphémère : l'improvisation, les plaidoiries ou les spectacles de lumière. Par ailleurs, il ne faut pas réduire le support à la matière dont il est constitué, car le support pourrait être

---

[1] La conception et son support sont de même nature. O. PIGNATARI, *Le support en droit d'auteur*, préface de PH. GAUDRAT, Larcier, 2013, p. 46.

[2] P. CATALA, Rapp. « La transformation du patrimoine dans le droit civil moderne », *RTD civ.* 1966, pp. 185 et s.

[3] À l'exception de l'œuvre chorégraphique L. 112-2, 4° (la mise en œuvre doit être fixée par un écrit ou autrement). Y. GENDREAU, « Le critère de fixation en droit d'auteur », *RIDA*, janv. 1994, p. 111.

[4] *Contra* V.-L. BENABOU, « Pourquoi une œuvre de l'esprit est immatérielle », *RLDI*, n° 1, 2005, pp. 53-58. Selon cette auteure, l'œuvre est à la fois matière intellectuelle et matérielle : « *[l'œuvre est une] matière avant tout puisque sa naissance juridique suppose ce détachement de l'esprit du créateur* ».

[5] Par opposition au support de commercialisation.

[6] L. BREUKER, « Le support de création et le support de commercialisation de l'œuvre », *CCE*, n° 1, janv. 2003, chron. 2.

[7] C'est-à-dire la première empreinte *physique* de la création. Dans la majorité des cas, l'œuvre a une forme externe inerte (donc un support matériel tangible), où la créativité est saisie par *une réalisation manuelle de la forme*, le plus souvent, faite par l'auteur lui-même lors de la création.

[8] Ce sont les matériaux permettant la perception initiale de la création pendant un court instant, par ex. les compositions florales… L'article L. 112-2-2° du Code de la propriété intellectuelle donne aussi quelques exemples : 2° « Les conférences, allocutions, sermons, plaidoiries et autres œuvres de même nature ».

matériel ou immatériel. En fait, même si la forme externe d'une création n'est pas incarnée dans un support matériel, elle n'en reste pas moins dépendante d'un *instrument* assurant le passage du domaine de l'imaginaire à celui de l'expression : l'interprétation est cet instrument (support précaire) de l'œuvre interprétée.

78. Nature précaire du *support de création* de l'interprétation. Dans le cas de l'interprétation, le support de création est par nature précaire, puisqu'il s'inscrit dans un temps déterminé (le temps de la prestation) : c'est le son, la voix ou la prestation physique (mouvements et gestuelle) de l'interprète ; bref, ce sont le corps ou ses effets qui constituent le support de création de l'interprétation [1]. Pour cette raison, nous croyons que la fixation d'une interprétation, peu importe la nature du support d'enregistrement, n'est qu'une re-production de la forme vivante. Cette différence de nature entre le support de création de l'œuvre (qui peut être matériel) et le support de création de l'interprétation (toujours le support vivant) conduit à une différence pratique : quand le support de création est matériel, on peut imaginer la possibilité de séparer la conception de l'apport de la réalisation du support [2]. En revanche, la nature du support vivant impose que la réalisation de l'interprétation soit le fait de la personne qui construit la conception [3]. Y a-t-il, enfin, une création aussi personnelle que l'interprétation artistique ? [4].

ii. Support de commercialisation de l'interprétation

79. Support de fixation. Ayant un support *inhérent* de nature *précaire*, l'interprétation ne peut faire l'objet que d'une seule communication au public [5]. Mais les techniques d'enregistrement sont venues fournir un support *durable* à la forme vivante, ce qui a donné lieu à une commercialisation à l'infini ou, au moins, différée de l'interprétation. Du point de vue matériel, la production de la matrice (support durable) est un acte de réalisation technique qui peut se faire par une personne autre que l'artiste-interprète. En revanche, l'acte de la production de

---

[1] L'artiste-interprète utilise son corps dans la réalisation de son interprétation et la notion du support matériel, au sens strict, ne concerne que l'outil ou l'instrument qu'il peut utiliser, ou le support de fixation si l'interprétation est reproduite pour prolonger l'exploitation.

[2] *Aff. Renoir c./ Guino*: Civ. 1re, 13 nov. 1973, *D.* 1974, p. 533, note C. COLOMBET. Comp. *aff. Le jeune homme et la mort* où Jean Cocteau, qui avait donné ses instructions aux costumiers, décorateur et chorégraphe, avait été considéré le seul auteur du ballet : T. civ. Seine, 2 juill. 1958, *JCP* 1958, II, 10762, obs. M. PLAISANT. ; R. LINDON, « L'idée artistique fournie à un tiers en vue de sa réalisation », *JCP G*, 1970, I, 2295.

[3] *Contra* P. TAFFOREAU qui distingue entre *l'interprétation-conception* et *l'interprétation-exécution* à propos du chef d'orchestre : *Le droit voisin de l'interprétation musicale en Droit français*, thèse, 1994, p. 86 et s. ; « Un hybride de la propriété littéraire et artistique : le droit du chef d'orchestre sur son interprétation », *Juris art etc.* 2017, n°48, p.27.

[4] « *L'art du comédien, de l'interprète vivant d'une œuvre inerte, n'est pas moins grand que les autres. Il est, peut-être, le plus humain de tous, car aucun art ne s'incarne au même point dans la personne. De telle sorte que, si vraiment la propriété artistique a sa source dans le caractère personnel de sa création, c'est la création de l'artiste dramatique ou lyrique qui plus que tout autre, devrait faire l'objet d'une propriété* » : R. SAVATIER, *Le droit de l'art et des lettres*, LGDJ, 1953, p. 137, n° 190.

[5] En conséquence, il n'y a qu'une exploitation qui est concomitante à l'interprétation. Dans ce sens, SAVATIER a écrit que « *l'art théâtral est éphémère par nature. L'œuvre seconde que constitue le spectacle, est bien différente de l'œuvre première que présentait la pièce à jouer. La pièce est écrite, elle demeure, mais le spectacle s'enfuit chaque soir. À la vérité, et en dépit des constantes que présentent la mise en scène et le jeu propre à chaque acteur, toute représentation diffère de la précédente. Chacune devient une œuvre nouvelle* ». R. SAVATIER, *Le droit de l'art et des lettres*, *op. cit.*, p. 137.

l'interprétation, à la différence de la production de l'œuvre, n'a rien de matériel, puisqu'il n'y a pas de *matière* de l'interprétation sauf la personne de l'artiste-interprète (d'où on dit que la forme est vivante). Il en résulte que l'acte de production créative est propre à l'interprète qui crée un support précaire, tandis que l'acte technique fixant cette forme précaire sur un support durable (la matrice) est un acte d'exploitation par reproduction. Pour cette raison, nous croyons qu'il ne faut pas mélanger l'acte de production de la matrice et l'acte de création de la forme vivante. Sans cette distinction, on risque d'assimiler l'acte intellectuel et l'acte matériel ; l'acte producteur de l'original et l'acte de reproduction à partir de l'original ; la forme créative et la forme technique ; pour n'en dire plus, on risque d'assimiler la création et la fixation.

80. La reproduction de la forme vivante, c'est-à-dire sa fixation sur une forme externe durable, ouvre la possibilité à des actes d'exploitation à l'infini ; d'où l'importance de la première fixation technique ou la matrice [1]. La terminologie reflète cette importance : le terme *matrice* du latin *matricis* est dérivé de *mater*, qui signifie mère. De même, la matrice est la mère ou l'originaire de tout exemplaire. Pourtant, elle n'a pas de valeur propre car cette valeur gît dans le contenu dont elle est la fixation. D'ailleurs, même si la première fixation technique (l'enregistrement) est concomitante à la création de la forme vivante, elle ne peut s'agir que d'une reproduction de la prestation vivante [2].

81. Superposition des supports. Le support de commercialisation remplit sa fonction en dissociant l'œuvre ou l'interprétation du son support de création, pour réaliser la diffusion. Cette dissociation se fait sous la forme d'une fabrication d'exemplaires (support de commercialisation durable), ou sous la forme d'une diffusion éphémère (support de commercialisation précaire) [3]. La forme technique matérielle ou « dématérialisée » contenant les créations confère à leur diffusion une extension considérable, mais elle ne change pas la nature de ces créations. Plus précisément, la forme technique n'est qu'un niveau supplémentaire, hétérogène et indépendant de la forme externe d'une œuvre ou d'une interprétation [4] et le support technique n'est qu'un support d'exploitation de la création fixée.

---

[1] Sur le processus technique de la production de la matrice dans l'industrie phonographique (master, master de mixage, master de *mastering*), V. P. TAFFOREAU, « La fixation d'une prestation d'artiste-interprète s'entend de la première incorporation de celle-ci dans un support », *D.*, 2019, p. 1155.

[2] Ainsi, nous croyons que l'autorisation par l'artiste-interprète de la fixation de son interprétation est un exercice de son droit de propriété intellectuelle, précisément, son droit de divulgation avant qu'il s'agisse de son droit patrimonial de reproduction. Ainsi, une décision de la Cour d'appel de Versailles (CA Versailles 1re ch., 21 janv. 2016, n° 13/00226 : JurisData n° 2016-002305. *CCE* 2016, chron. 11, n° 10, obs. P. TAFFOREAU ; *RLDI* 2016, n° 3937, note X. PRES ; *JCP E*, N° 35, 31 août 2017, chron. Propriété littéraire et artistique, § 6, note D. BOUGEROL) a considéré que la fixation d'une interprétation audiovisuelle par des photos prises sans l'autorisation de l'actrice porte atteinte *au droit patrimonial et moral*. En l'espèce, il n'était pas question du droit au respect, puisqu'il n'y avait pas de déformation de l'interprétation. C'est pour cela que nous croyons qu'il devait s'agir du droit de divulgation de l'artiste-interprète qui, comme l'auteur, est le seul à décider la divulgation de sa création et la modalité de cette divulgation.

[3] Chaque acte d'exploitation nécessite un support d'exploitation adaptée : la reproduction est la fabrication des supports durables en quantité destinés à la distribution ; la représentation est l'exécution (la lecture) à partir d'un support, ou l'interprétation d'une œuvre, donc l'interprétation est support de commercialisation de l'œuvre interprétée.

[4] *Supplémentaire* car la forme technique s'ajoute à la forme externe communicable au public ; *hétérogène* car la forme technique s'adresse à une machine pour réaliser la communication à l'opposé de la forme externe

2. Divergence systémique

82. L'interprétation en tant que telle n'a pas poussé les législateurs des pays de *copyright* à l'intégrer dans leur système. En effet, c'est la fixation qui a fait changer de perspective, puisqu'avant de consacrer une protection des artistes-interprètes, une protection indirecte était mise en place, car la fixation illicite était sanctionnée en Royaume-Uni depuis 1925 et aux États-Unis au niveau des États puis au niveau fédéral depuis 1994 [1]. Dans ces systèmes, soit la protection par le *copyright* est octroyée à condition de fixation, comme le fait le *copyright* américain (**a**) ; soit la fixation affecte la nature de la protection comme dans le *copyright* anglais (**b**).

a. Copyright américain

83. Les artistes-interprètes ne bénéficiaient pas de protection, à cause de l'opposition sévère des industries musicales et audiovisuelles à ce que l'interprétation reçoive une protection similaire au *copyright* [2]. Ainsi, les États-Unis n'ont pas participé à l'élaboration de la Convention de Rome 1961, ni ne l'ont signé. Cependant, ils ont ratifié [3] le Traité de Genève 1996 (WPPT [4]) sans dispositions particulières concernant les droits patrimoniaux ou moraux des interprètes. Par ailleurs, en 1994, les interprètes musicaux ont obtenu un droit d'interdire la fixation non autorisée de leurs interprétations musicales *vivantes* et un droit à la rémunération issue de la licence légale pour certaines diffusions numériques non interactives [5]. En conséquence, il y a deux lectures du régime juridique de l'interprétation : selon la première lecture, l'interprétation est autre chose qu'une *work*, et l'interprète n'a qu'un droit de s'opposer à la fixation illicite dit *anti-bootlegging right* [6] : ce droit sur des prestations non fixées ne relève pas de la Clause de *copyright*, puisqu'il n'y a pas de fixation [7]. En effet, l'article 101 USCA fait la différence entre les deux notions *work* et *to perform*, de sorte que l'action ne saurait

---

traditionnelle qui est communicable directement au public, et *indépendante* car la création contenue ne dépend pas de la forme technique, car la forme technique n'est qu'un choix dans le processus d'exploitation. PH GAUDRAT et F. SARDAIN, *Traité de droit civil du numérique*, tome 1, Larcier, 2015, p. 35.

[1] P. KAMINA, *Droit anglo-américain des propriétés intellectuelles*, LGDJ, 2017, p. 246.

[2] Les États-Unis ont signé en 1974 la convention de Genève 1971 (dite Convention phonogramme) ce qui assure la protection des *producers* et c'est qu'avec l'accord ADPIC qu'ils reconnaissent certains droits aux artistes-interprètes. Pour une présentation générale, DANIEL GERVAIS, « The protection of performers under U.S. law in comparative perspective », *IP Theory* : Vol. 5 : Issue 1, article 8, 2015.

[3] La loi "*Wipo Copyright & Performances and Phonograms Traities Implementation Act*" qui a été intégrée dans le *Digital Millennium Copyright Act* (DMCA) de 1998.

[4] Traité de l'OMPI sur les interprétations et exécutions et les phonogrammes, connu sous l'acronyme WPPT : *Wipo Performances and Phonograms Treaty*, 1996.

[5] Respectivement USCA § 1101 et USCA §§ 114 (f), (g) (2), en plus, la doctrine considère certaines règles (comme la section 43/a du Lanham Act) comme l'équivalentes du droit moral. Pour un exposé du statut des *performers* aux États-Unis, v. MARY LAFRANCE, « Are we serious about performers' rights ? », *IP Theory:* Vol. 5: Issue 1, article 6, 2015, surtout pp. 81-83.

[6] Ce droit a été introduit après la transposition des obligations de l'accord ADPIC (art. 14) et est devenu le nouveau chapitre 11 du USCA intitulé « *Sound recordings and music videos* », contenant l'article 1101(a) sur la fixation non autorisée et les actes de commercialisation des enregistrements sonores et des vidéos clips. Cet article a pour but la lutte contre le *bootlegging* qui signifie l'enregistrement illégal sonore ou audiovisuel fait souvent par des spectateurs lors du concert.

[7] P. KAMINA, *Droit anglo-américain des propriétés intellectuelles*, LGDJ, 2017, p. 180.

être comparée au produit [1]. Mais selon une autre lecture, la *performance* serait qualifiée comme *work* et les artistes-interprètes seraient considérés comme *authors* [2], c'est-à-dire une interprétation serait *copyritable*. C'est ainsi que la Cour d'appel fédérale du 9e circuit a décidé dans l'arrêt *Gracia v. Google, Inc.* [3] en reconnaissant à une actrice le *copyright* sur son interprétation audiovisuelle car, d'une part, elle présentait le minimum d'originalité exigé et, d'autre part, elle pouvait être considérée comme une œuvre dérivée du scénario.

> *First, an actor's performance, when fixed, is copyrightable if it evinces "some minimal degree of creativity [...] no matter how crude, humble or obvious it might be". Second, a performance could be a derivative work of the script…*

84. Indispensable critère de la fixation [4]. Mme *Mary LaFrance* distingue entre deux traitements possibles des prestations des interprètes. D'abord, les artistes-interprètes seront considérés comme de simples *performers* et en cette qualité ils n'auront qu'un droit *anti-bootlegging*, c'est-à-dire un droit sur leurs interprétations vivantes, sachant que ce droit ne concerne que le domaine musical. Par ailleurs, dès qu'il y a une fixation, les interprètes pourraient être considérés comme *authors* ou *joint authors*. Autrement dit, un *copyright* pourrait être reconnu sur la *performance* fixée (voire sur la fixation *recording*) ; par suite, les règles applicables aux auteurs seront appliquées de la même manière : le cocontractant a souvent recours au mécanisme utilisé avec les auteurs, c'est-à-dire la doctrine du *work made for hire*, plus que la cession des droits. En conséquence, le producteur se trouve être le titulaire du droit. La justification est que les industriels de la fixation subissaient les risques financiers, d'où leur intérêt à obtenir le contrôle « créatif et financier sur les divertissements enregistrés » *via* le contrôle juridique sur leurs produits. Cela a eu pour effet de supprimer presque toute considération pour les droits des artistes interprètes ou exécutants :

---

[1] « *It is difficult to understand how Congress intended to extend copyright protection to this acting performance… An acting performance resembles the "procedure" or "process" by which "an original work" is performed* ». DANIEL GERVAIS, « The protection of performers under U.S. law in comparative perspective », *IP Theory:* Vol. 5: Issue 1, article 8, 2015.

[2] Du coup, les « *live performances* » se trouvent protégées au même titre que les « *performances* » enregistrées (*recording*) ; V. T. AZZI, *Recherche sur la loi applicable aux droits voisins du droit d'auteur en droit international privé*, préf. HÉLÈNE GAUDEMET-TALLON, LGDJ, 2005, p. 52. Article 1101 (a) USCA.

[3] *Garcia v. Google,* Case No. 12-57302 (9th Cir. May 18, 2015). Cependant, la Cour a annulé l'injonction accordée en se basant sur l'absence de fixation conforme au *copyright* Act. Pour une analyse détaillée de cet arrêt : DANIEL GERVAIS, « The protection of performers under U.S. law in comparative perspective », *IP Theory :* Vol. 5 : Issue 1, article 8, 2015. Dans le même sens, les juges ont décidé dans l'affaire *Metropolitan Opera Association Inc v Wagner-Nichols Recorder Corp*, que les artistes détenaient un droit sur l'interprétation d'un opéra non enregistré. Pour d'autres exemples V. T. AZZI, *Recherche sur la loi applicable aux droits voisins du droit d'auteur en droit international privé*, p. 52.

[4] Le critère de fixation découlerait de la constitution américaine puisqu'elle définit les écrits « *writings* » comme objet du droit exclusif, d'où les œuvres orales ne sauraient accéder à la protection. Mais en 1994 la loi a été modifiée en consacrant un *droit de fixation* aux artistes-interprètes sur leur interprétation sonore non fixée. Cet ajout a été qualifié de non constitutionnel. MELVILLE B. NIMMER & DAVID NIMMER, *Nimmer on Copyright: A Treatise on the Law of Literary, Musical and Artistic Property, and the Protection of Ideas*, Vol. III, § 8E.01 (C). Cité par T. AZZI, *Recherche sur la loi applicable aux droits voisins du droit d'auteur en droit international privé, op. cit.*, p. 143, note 105. *Contra* : Ce droit est constitutionnel puisqu'il donne aux interprètes la faculté de déterminer si leur prestation prendrait ou non la forme d'un écrit. ISABELLE DE LAMBERTERIE, MARIE CORNU, PIERRE SIRINELLI et CATHERINE WALLAERT, *Dictionnaire comparé du droit d'auteur et du copyright*, CNRS, 2003, Droit américain, terme : Fixation.

Because creative and financial control over recorded entertainment was vested in large businesses that incurred significant financial risks, these businesses sought maximum legal control over their products. This had the effect of squeezing out almost any consideration of performers' rights [1].

85. Ne se basant pas sur une théorie générale de l'acte créatif et étant très lié à la forme technique, le *copyright* américain se trouve en difficulté ; car il est inimaginable dans ce système d'octroyer en même temps des droits exclusifs aux artistes et aux producteurs [2]. Ainsi, la forme créative n'étant pas l'objet du droit, les *performers* n'ont pas de droit du seul fait de leur création : *performers lack intellectual property rights intheir capacity as performers.*

b. Copyright anglais : la « non-property » et la « property »

86. Le droit anglais, se distingue du *copyright* américain puisqu'il est influencé par le droit d'auteur européen ; il reconnaît le droit sur les interprétations sans exigence de fixation. Toutefois, la doctrine distingue entre la nature de la protection avant et après la fixation : n'ayant pas de support physique, l'interprétation non fixée ne peut être l'objet d'une propriété ; tandis que, dès la fixation, il naît un objet de propriété. Ainsi, la non-propriété ne devient propriété qu'après la fixation [3]. Est-ce à dire que l'objet de protection n'est pas la forme vivante créative mais la fixation ? En effet, la notion d'interprétation protégée en *copyright* anglais est définie dans le CDPA [4] où la section (article) 180 (2) traite « les interprétations dramatiques incluant la danse et le mime ; les interprétations musicales ; la lecture ou la récitation d'une œuvre littéraire et l'interprétation d'un spectacle de variété ou toute autre présentation similaire ». Cette définition vaste [5] ne conditionne pas l'interprétation à l'existence d'une fixation matérielle. En effet, la lecture de la loi anglaise montre que la protection change de nature après la fixation de l'interprétation [6]. Ainsi, il y a une opposition entre deux états :

---

[1] MARY LAFRANCE, « Are we serious about performers' rights? », *IP Theory:* Vol. 5: Issue 1, article 6, 2015, surtout p. 83 et s.

[2] Pour cette raison Mme MARY LAFRANCE considère qu'il y une contradiction dans le traité WPPT en reconnaissant en même temps « les mêmes droits exclusifs » sur la reproduction, la distribution, la location et la communication au public par fil ou sans fil (article 6-10 pour les artistes-interprètes & articles 11-14 pour les producteurs de phonogrammes).

[3] Ce qui semble l'avis, dans la doctrine française, de certains qui considèrent la fixation la date de naissance du droit voisin de l'artiste-interprète. NICOLAS BINCTIN, *Droit de la propriété intellectuelle*, 6e édition, LGDJ, 2020, n° 222, p. 189. Pour cet auteur, « *La captation immortalise l'interprétation […] et permet l'émergence du droit voisin de l'interprète* ». Ainsi, selon cette lecture, le droit d'autoriser la fixation ne fait pas partie de la propriété de l'interprète : « *ce droit de fixation est spécifique à la matière, il ne se trouve pas en droit d'auteur où du seul fait de la création, l'auteur est titulaire de ses droits. La captation est le fait générateur du droit de propriété* ».

[4] Copyright, Design and Patent Act 1988.

[5] Vaste car la notion de « performance » ne nécessite pas l'existence d'une œuvre interprétée (sauf dans le cas de « lecture ou de récitation d'une œuvre littéraire ») ; en plus, il n'y a pas de distinction entre la « performance » d'un artiste de complément et celle d'un artiste-interprète et enfin une définition indifférente à la condition d'originalité.

[6] En effet, il y a deux séries de droits, la première série s'applique à l'interprétation non fixée y compris sa fixation illégale, et la deuxième série s'applique à la fixation de l'interprétation et ses usages. Le droit sur l'interprétation vivante est prévu dans les sections : 182 (1) a-b-c concernant la fixation d'une interprétation vivante [*recording and communication of live performance*] ; 183 concernant la communication d'une interprétation vivante à partir d'une fixation illicite [*use of illicit recording*] et enfin la section 184 concernant la possession ou la distribution des enregistrements illicites [*importing, possessing or dealing with illicit recording*]. Par contre, le droit sur la fixation est prévu dans les sections : 182 A concernant la fabrication de copies [*reproduction*

l'interprétation vivante (*live performance*) objet d'une protection par des droits incessibles dits le *non-property right* ; et la fixation de cette interprétation objet du droit de *property right.* En effet, dans la logique du *copyright*, l'interprétation non fixée n'est susceptible d'exploitation autre que celle de la forme vivante contrôlée par l'artiste, mais dès qu'il y a fixation l'exploitation sera possible par d'autres personnes et le *copyright* peut s'exercer sur la fixation.

Enfin, la forme technique de fixation et de diffusion de la forme vivante a permis l'émergence d'une chose appropriable. Cette chose est susceptible d'exploitation étendue, et donc permet d'envisager l'engendrement de nouvelles valeurs. Il convient maintenant d'étudier le mécanisme réservataire à la lumière du modèle du droit d'auteur.

§ 2. MECANISME RESERVATAIRE DES VALEURS DE LA FORME CREATIVE EN PROPRIETE LITTERAIRE ET ARTISTIQUE

87. Plan. Avant la loi n° 85-660 du 3 juillet 1985, il n'y avait qu'un seul modèle de réservation des valeurs qu'engendre l'exploitation des créations expressives. Il nous faut, d'abord, préciser ces valeurs, qui se dégagent de l'exploitation de la création, que ce soit l'œuvre ou l'interprétation (**A**), pour ensuite étudier le modèle de leur réservation, qui n'était applicable qu'aux œuvres du fait de l'exclusion de l'interprétation du champ du droit d'auteur (**B**).

A. Actualisation des valeurs de la forme vivante par l'exploitation

88. Ayant acquis l'autonomie, l'interprétation devient un bien exploitable. Cette exploitation (**1**) engendre des valeurs de nature différente (**2**), comme celles que dégage l'exploitation de l'œuvre de l'esprit. Sans cette exploitation, il n'y a pas d'enjeu à l'exclusivité ; l'exploitation produit les valeurs à réserver et donne son objet à l'exclusivité.

1. Rôle central de l'exploitation

89. L'exploitation des œuvres de l'esprit *et* des interprétations se réalise par communication au public (**a**) [1]. Cette communication engendre une valeur complexe, culturelle et économique (**b**).

---

right] ; 182 B concernant le droit de distribution et son épuisement [*distribution right*] ; 182 C concernant le droit de location et de prêt [*rental right and lending right*] ; 182 CA concernant le droit de mise à disposition [*making available right*] et enfin 182 D concernant le droit à rémunération équitable pour certaines communications au public de phonogrammes [*right to equitable remuneration*]. JAMIE BERNARD, « Performers' rights », *Music Law Updates*, oct. 2005. (Disponible en ligne : www.musiclawapdates.com); et pour une étude détaillée v. P. KAMINA, *Droit anglo-américain des propriétés intellectuelles*, LGDJ, 2017, p. 156 et s.

[1] V. GAUDRAT, Rép. Civ. Dalloz, V° *Propriété littéraire et artistique : (1° la propriété des créateurs)*, 2007, n° 339.

a. Exploitation par la communication au public de l'interprétation.

90. La communication au public de l'interprétation (comme celle de l'œuvre) contient deux niveaux : la *délivrance de la forme externe au public* à l'occasion de la diffusion ; et *l'accès individuel à la forme interne* en vue de sa reconstitution dans l'esprit des amateurs. Ce processus à double dimension est alors le passage des formes entre deux pôles : actif (**i**) et passif (**ii**).

i. Pôle actif de la communication : les acteurs de la diffusion

91. Les acteurs de la diffusion sont les créateurs des formes communicables (l'œuvre et son interprétation) et l'agent de la diffusion, c'est-à-dire, l'auteur, l'artiste-interprète et l'exploitant.

92. Mécanisme de l'actualisation de la valeur. La notion de communication au public contient deux éléments : le *public* qui se réfère à la diffusion de la forme externe et la notion de *communication* qui se réfère à l'accès intellectuel à la forme interne. Mais *l'acte matériel* de diffusion doit se fonder sur *l'acte juridique unilatéral* de divulgation. Cette divulgation contient deux aspects : d'un côté, elle est l'autorisation conférée par le créateur aux amateurs d'exploiter la forme interne (l'autorisation de jouissance intellectuelle) ; et d'un autre côté, la même autorisation lève l'interdit qui grevait la diffusion de la forme externe, ce qui la *patrimonialise* en lui donnant une valeur [1].

93. L'interprétation étant basée sur une œuvre de l'esprit, son exploitation par communication au public est conditionnée par la divulgation de cette œuvre : la communication de l'interprétation implique en même temps la communication de l'œuvre. Enfin, force est de constater que l'intermédiation de l'interprète dans la diffusion de l'œuvre est différente de l'intermédiation de l'exploitant producteur de la forme technique de fixation : le premier est créateur d'une forme vivante expressive ; sa forme porte l'empreinte de sa personnalité et charge d'une singularité supplémentaire l'œuvre interprétée ; de son côté, le producteur est un intermédiaire technique dont l'acte n'ajoute aucune nouvelle valeur aux créations fixées.

ii. Pôle passif de la communication : le public

94. Deux fonctions du public. Le pôle passif de la communication est le public destinataire de la création. Le public établit deux sortes de relations : l'une avec les créateurs et l'autre avec l'exploitant. Dans leurs relations avec l'exploitant, les membres du public assument une fonction économique en tant que

---

[1] Ainsi, la divulgation est la source de toutes les prérogatives de la propriété du créateur (y compris l'interprète, même si cette prérogative est absorbée par le droit d'autoriser). Dans ce sens H. DESBOIS, *Le droit d'auteur en France*, Dalloz, 3e éd., 1978, n° 388 ; « *C'est en exerçant le droit de divulgation, le premier des attributs du droit moral selon l'ordre chronologique, que l'auteur investit son œuvre d'un droit patrimonial dans la mesure nécessaire à l'exploitation qu'il permet* », *idem*. n° 462. *Adde* F. POLLAUD-DULIAN, *Le droit d'auteur*, 2e éd., Economica, 2014, n° 790. *Contra* A. LUCAS et *al.*, *Traité de la propriété littéraire et artistique*, 5e éd., n° 563 (plus claire dans la 3e éd., n° 459). Pour qui la conception « psychologique » de la divulgation chez DESBOIS est critiquable pour le risque d'arbitraire qu'elle comporte. Pour eux, l'exercice du droit de divulgation ne conditionne pas l'existence des droits patrimoniaux qui naissent en même temps que le droit de divulgation dès l'acte créatif.

consommateurs de la forme externe [1]. En effet, à la mise à disposition autorisée de la forme externe répond le public dans sa fonction économique : les consommateurs acquièrent un droit de propriété corporelle sur un exemplaire, ou un droit de jouissance sur un support (prêt ou location), ou un droit de créance à l'encontre de l'organisateur de la manifestation (droit d'entrée au lieu du spectacle, de l'exposition). Cette fonction économique précède la fonction culturelle des membres du public, mais les deux fonctions sont liées : ce qui mobilise les consommateurs c'est l'attrait de la forme interne [2]. Par ailleurs, dans sa relation avec les créateurs, le public assume une fonction culturelle. Cette fonction dépend de la première : les amateurs se comportent en consommateurs de la forme externe pour avoir accès à la forme interne [3]. Dans le cas de l'interprétation fixée, les membres du public assument les mêmes fonctions : d'abord, en tant que consommateurs de la forme technique transitoire, ensuite en tant qu'amateurs de la forme interne de l'œuvre interprétée doublée de la forme interne de l'interprétation.

95. Multiples fonctions de l'artiste-interprète dans la communication de l'œuvre. L'intermédiation de l'artiste-interprète dans le processus de la communication de l'œuvre est complexe. D'abord, parce que l'artiste-interprète, avant de procéder à la création de la forme vivante, doit accéder, en tant qu'amateur, à la forme interne de l'œuvre à interpréter ; ainsi, il fait partie du pôle passif de la communication de l'œuvre, c'est-à-dire du public restreint de la forme inerte [4]. Mais, dès qu'il crée son interprétation, l'artiste-interprète participe au pôle actif de la communication de l'œuvre et de l'interprétation [5].

b. Nécessaire intermédiation de la forme technique pour exploiter l'interprétation

96. Intermédiation technique. Nous avons déjà expliqué que la forme technique n'est qu'un *support de commercialisation* de l'interprétation. C'est-à-dire une forme externe *fonctionnelle* et *transitoire*, qui donne à l'interprétation son indépendance par rapport à son *support de création* (la personne physique). Le problème de l'interprétation est sa dépendance à la forme technique de fixation, pour pouvoir faire l'objet d'une exploitation étendue, donc pour actualiser des nouvelles valeurs. Néanmoins, l'acte productif de la forme technique est extérieur

[1] Les consommateurs répondent à l'offre de diffusion effectuée par l'exploitant autorisé. Ils constituent la clientèle de l'exploitant ; ainsi, la notion du public ne concerne que les créateurs non les exploitants qui ne voient le public qu'à travers le prisme consumériste.

[2] La preuve : la publicité qui s'inscrit dans l'activité de l'exploitant se concentre sur la forme interne et son originalité, non sur les qualités des supports produits ou les conditions de la diffusion.

[3] Les deux fonctions peuvent être assumées par deux personnes différentes : c'est le cas d'un acheteur d'un CD pour l'offrir comme cadeau. Sur les deux fonctions du public V. PH. GAUDRAT, Rép. Civ. Dalloz, V° *Propriété littéraire et artistique : (1° la propriété des créateurs)*, 2007, n° 355 à n° 363.

[4] Le public de la partition n'est pas le même que celui de la forme interprétée : l'interprétation élargit ce public. Ainsi, on dit que l'interprétation « donne une autre vie » à l'œuvre.

[5] Contrairement à l'interprétation d'un amateur qui s'enferme dans la sphère de réception (restitution de la forme interne de l'œuvre) et ne crée pas sa sphère d'émission (expression à destination d'un public). Autrement dit, l'interprétation d'un amateur pourrait être aussi originale que celle d'un artiste-interprète, mais ce qui lui manque est l'aspect social.

à l'acte créatif ; qui plus est, l'objet de l'exploitation est la forme communicable, alors que les formes techniques *s'utilisent* et ne *se communiquent pas* [1].

97. Actualisation de la valeur de la forme vivante. La communication au public de l'interprétation fixée passe par la forme technique transitoire dépositaire de la forme externe sensible. Sans la production de la forme technique, l'interprétation n'est susceptible que d'une seule communication. Interposer la forme technique, comme nous l'avons démontré, n'engendre aucune nouvelle valeur, mais rend actualisable celle de la forme vivante expressive. Mais, ce n'est pas l'acte producteur de la forme technique qui actualise la valeur de l'interprétation ; c'est seulement le fait pour le producteur (ou un autre investisseur) de réaliser une communication des créations fixées qui actualise les valeurs.

98. Le mécanisme de l'actualisation de la valeur de la forme vivante expressive est le même que celui de la forme inerte : *l'acte matériel de diffusion* repose sur *l'acte juridique unilatéral* de divulgation. En divulguant, l'artiste-interprète autorise les amateurs à accéder à la forme interne et, par-dessus l'exploitant, et *via* son canal, le créateur de l'œuvre et de l'interprétation scelle un *pacte culturel* avec les amateurs [2]. En même temps, l'artiste-interprète autorise l'exploitant à délivrer la forme externe. Il convient de rappeler que l'autorisation de fixation ne vaut pas autorisation de communication au public. L'on peut songer à une autorisation de fixation d'une interprétation vivante dans un autre but que sa communication à des publics (archivage personnel par exemple). En conséquence, ce n'est pas l'autorisation de fixation qui patrimonialise la forme externe ; car ce qui donne une valeur à la forme externe c'est juste l'autorisation de communication à un public.

99. Le rôle du producteur de la forme technique ne justifie aucunement l'octroi d'une exclusivité légale sur la communication. Par contre, l'exploitant peut se faire consentir une exclusivité par les propriétaires intellectuelles ; il devient ainsi le seul opérateur sur le marché de la communication des créations fixées. L'exclusivité n'est pas alors un effet de la loi, mais l'effet d'une clause contractuelle : les créateurs s'engagent à ne pas consentir d'autre autorisation similaire à un autre exploitant [3]. Dans cette situation, l'exploitant reste dépendant de la propriété des créateurs, ce qui est dans l'intérêt du créateur et des amateurs. En revanche, l'exclusivité monopolistique rend l'exploitant maître de la communication et lui donne le pouvoir de capter les créations et d'évincer les créateurs.

---

[1] La notion de communication au public et celle de divulgation sont propres aux créations expressives. Elles sont étrangères aux formes techniques puisque la communication de la forme interne de l'invention (publication de sa description) ne conditionne pas l'exploitation de sa forme externe : l'invention peut être, à la fois, exploitée et gardée secrète ; de même, l'accès à la forme interne d'un logiciel ne conditionne pas l'utilisation de ses fonctionnalités. V. PH. GAUDRAT, Rép. Civ. Dalloz, V° *Propriété littéraire et artistique : (1° la propriété des créateurs)*, 2007, n° 355 à n° 342.

[2] En autorisation les amateurs à accéder à la forme interne, le créateur confère à ces partenaires culturels un statut juridique : ils peuvent jouir librement de la forme interne ; ils peuvent profiter des *limites inhérentes* à la propriété des créateurs mentionnées dans les articles L. 122-5-1° et 2° (droits des auteurs) et L. 211-3-1° et 2° (droits voisins) du code de la propriété intellectuelle. Sur la distinction entre les exceptions et les limites inhérentes à la propriété des créateurs, V. PH. GAUDRAT, Rép. Civ. Dalloz, V° *Propriété littéraire et artistique : (1° la propriété des créateurs)*, 2007, n° 377 et s.

[3] « *Si le propriétaire ne respecte pas l'exclusivité, il viole, certes, une obligation contractuelle, mais il n'est pas contrefacteur* », PH. GAUDRAT, Rép. Civ. Dalloz, V° *Propriété littéraire et artistique : (1° la propriété des créateurs)*, 2007, n° 360.

2. Nature complexe des valeurs actualisées

100. L'exploitation des créations expressives par communication au public concerne à la fois la forme externe diffusée et la forme interne restituée en aval de l'opération. Ainsi, la valeur réservée des créations expressives a deux dimensions économique et culturelle ou identitaire.

101. Double nature. Les consommateurs, partenaires économiques de l'exploitant, s'intéressent aux supports car leur forme externe recèle la forme interne singulière : ce qui les mobilise c'est la volonté d'accéder à la forme interne. En effet, la valeur que les amateurs attribuent à la forme interne est de nature *subjective et affective* : « *l'amateur apprécie et intègre, ou critique et rejette* » [1] ; c'est cette valeur qui rend la forme externe attractive pour les consommateurs ; donc, qui est la source de la valeur économique. Cependant, parce que la valeur identitaire est subjective et développée après qu'a été exercée la fonction économique, l'on a tendance à réduire la valeur des créations expressives à leur dimension économique. Or, cela revient à nier la fonction culturelle du public et le réduit à une clientèle de l'exploitant.

102. Chronologie de l'apparition des valeurs. L'actualisation des valeurs se réalise à travers la diffusion de la forme externe, et cela se fait sur deux niveaux [2]. Dans le premier niveau (archétype de la reproduction), le support des exemplaires joue un rôle important : leur valeur économique dépend de leur rareté [3] ; cependant, l'attractivité de la forme interne continue à jouer un rôle déterminant. Dans le second niveau (archétype de la représentation), la forme externe est indépendante de la matière du support, le contrôle de la valeur économique engendrée se fait par la propriété incorporelle de la forme. Dans les deux cas, le rôle de l'exploitant est essentiel, sinon, les valeurs resteraient dormantes. Mais, parce que l'exploitant fait apparaître ces valeurs, il a tendance à se présenter comme le créateur de ces valeurs, tendance renforcée quand l'exploitant est producteur de la forme technique (qui un exemplaire matériel, qui un signal analogique ou une forme technique intermédiaire) : sans la forme technique, non seulement il n'y a pas d'exploitation, ni d'engendrement des valeurs, mais aussi il n'y a pas d'objet de droit en dehors de la prestation éphémère. Sauf qu'actualiser ces valeurs, n'est pas les apporter [4]. Certes le travail actualisant les valeurs justifie que l'exploitant en tire

---

[1] PH. GAUDRAT, Rép. Civ. Dalloz, V° *Propriété littéraire et artistique, 1° la propriété des créateurs, op. cit*, n° 297.

[2] Toute diffusion repose sur la *multiplication* : soit de la forme externe (à travers la fabrication d'exemplaires), soit du public mis en contact avec elle (la multiplication des amateurs jouissant de la forme par la représentation). Dans le premier cas, le diffuseur produit les exemplaires, et la diffusion est délocalisée. Dans le second, le diffuseur gère les conditions matérielles ou techniques de l'opération, mais ne gère pas la communication elle-même. Dans un premier temps, la forme technique a permis la distribution de la forme externe de façon indépendante de son support (la radio et la télévision), dans un deuxième temps, la forme technique numérique a permis de franchir la limite temporelle (grâce à l'interactivité de l'internet) : le public se fait communiquer la création quand il veut : « *On revient à la liberté du livre, sans passer par la propriété du support. De Gutenberg à l'internet, il s'agit toujours de desservir un public délocalisé, grâce à un réseau qui véhicule des formes externes de plus en plus évidemment indépendantes de leurs supports* », PH. GAUDRAT, Rép. Civ. Dalloz, V° *Propriété littéraire et artistique, 1° la propriété des créateurs, op. cit*, n° 364.

[3] D'où le contrôle de la valeur passe par la maîtrise de la matière, c'est-à-dire le contrôle de nombre des exemplaires.

[4] « *Les commerçants actualisent la valeur économique des produits industriels, ils ne les créent pas. Leur apport justifie qu'ils gardent un bénéfice, non qu'ils approprient la valeur entière du bien* ». PH. GAUDRAT, Rép. Civ. Dalloz, V° *Propriété littéraire et artistique : (1° la propriété des créateurs)*, 2007, n° 300.

profit, mais ne justifie pas de rétrograder les créateurs au rang de simples travailleurs et capter leur création [1].

103. Maîtrise matérielle et juridique des valeurs. Les valeurs réservées sont les fruits de l'exploitation de la forme externe : d'abord la valeur économique par le pouvoir multiplicateur de la forme externe ; et, ensuite, la valeur culturelle ou identitaire qu'engendre l'accès à la forme interne. Le problème est que l'exploitant (non les propriétaires) maîtrise *matériellement* ces valeurs. Puisque son travail de diffusion actualise ou révèle la valeur, il peut agir librement sur elle : il décide la quantité ou l'intensité de la diffusion, le prix, le temps de la diffusion etc. De plus, sa maîtrise matérielle de la communication au public de la forme externe lui permet d'agir sur la valeur culturelle aussi : il peut modifier ou altérer la création (phonogramme de compilation non autorisée par exemple). Pour cette raison, la propriété incorporelle sur la forme ne vient pas renforcer une maîtrise matérielle (comme dans la propriété corporelle), mais vient *compenser juridiquement* l'absence de cette maîtrise du fait de la divulgation et du partage de l'objet de propriété [2]. C'est le modèle de la loi du 11 mars 1957.

B. Réservation des valeurs de la forme dans le modèle de la loi du 11 mars 1957

104. Le seul modèle équitable et compatible avec la nature des valeurs réservées d'une forme est celui de la loi du 11 mars 1957 (**1**). C'était l'unique modèle pouvant être appliqué à l'interprétation d'une œuvre de l'esprit, avant la consécration de la catégorie hétérogène des droits voisins du droit d'auteur (**2**).

1. Modèle du droit d'auteur

105. Toute propriété a un objet, corporel ou incorporel. L'exclusivité, *effet* de la propriété, a pour enjeu la valeur de cet objet. Dans le modèle du droit d'auteur, la propriété porte sur la *forme* ; l'exclusivité propriétaire réserve la valeur que dégage l'exploitation par la communication de la forme (**a**). Quant à l'exploitant, auxiliaire de la création, il a sa place dans ce modèle : qu'il soit producteur ou non, l'exploitant ne peut être qu'un ayant cause du créateur (**b**).

a. L'auteur : propriétaire de la création

106. Forme externe objet de la propriété de l'auteur. L'objet du droit est *l'outil juridique* qui sert de moyen de *contrôle* et de *réservation* de la valeur [3]. Par le

---

[1] PH. GAUDRAT, « Les démêlés intemporels d'un couple à succès : le créateur et l'investisseur », *RIDA*, n° 190, oct. 2001.

[2] PH. GAUDRAT, Rép. Civ. Dalloz, *1° la propriété des créateurs*, *op. cit*, n° 304.

[3] Dans la propriété corporelle, l'objet étant matériel, il permet de réserver toutes les utilités (ou leur valeur de substitution) inhérentes à la chose objet de la propriété. En se saisissant la chose corporelle, l'on se saisit les utilités inhérentes (la valeur) ; la corporéité de l'objet étant limitée et finie, elle induit l'opposabilité *erga omnes*. En revanche, dans la propriété incorporelle sur la forme (de l'œuvre ou de l'interprétation), l'outil juridique ou l'objet (la forme) est dissocié des valeurs réservées (qui s'actualisent par l'exploitation) ; il n'y a plus d'opposabilité inhérente à la maîtrise de l'objet : la théorie possessoire est inopérante. Ainsi, l'exclusivité s'exerce bien sur la valeur, mais elle ne s'exerce pas *contre* le partage de l'objet mais *dans* le

moyen de la forme externe, d'un côté l'exploitant multiplie les destinataires ; d'un autre côté, ces destinataires reconstituent la forme interne. Ces fonctions sont assumées par la forme externe grâce à sa double aptitude à *se lier à la matière* et à *s'en détacher*. Associée à la matière du support, la forme devient perceptible ; le régime possessoire de l'objet corporel régule l'accès à la forme sensible et l'accès final à la forme interne (vente, location, prêt... d'un exemplaire). Quand la forme externe n'est pas *fixée sur un support dédié*, mais seulement *manifestée par un support transitoire* (forme technique de transmission ; interprétation vivante) le régime possessoire du support devient inopérant, donc l'accès à la forme externe se règle par la propriété incorporelle [1] : la propriété incorporelle doit venir compenser cette perte de maîtrise matérielle.

Sans cette réservation propriétaire, le créateur aurait une alternative simple : garder la création sans partage, ou partager sans aucun contrôle. Sans partage, le public n'aurait pas accès aux créations ; d'où le subterfuge des diffuseurs, qui se cachent derrière *l'intérêt du public*, consiste à solliciter des monopoles individuels pour prendre le risque de diffuser les créations. Sauf qu'octroyer des monopoles aux exploitants comme moyen d'amortir leurs investissements conduit à mettre les créateurs, qui apportent la valeur, sur la touche. De plus, à supposer que ces monopoles aient pour but d'encourager la diffusion, les exploitants auraient tout pouvoir sur la diffusion et ces conditions ; par conséquent, le public se trouverait à la merci de ces exploitants [2].

107. Forme externe outil de diffusion. La forme externe, qui est objectivée dans la matière du support, a la potentialité aussi de s'en détacher ; cette qualité lui permet de démultiplier la création au-delà de la distribution des exemplaires : l'objet de la propriété du créateur est un outil *autonome* de diffusion, d'abord en multipliant les supports porteurs de la forme (la reproduction), ou en multipliant le nombre des amateurs ayant accès à la forme externe, soit quand ces amateurs sont rassemblés dans le lieu de la représentation (théâtre), soit quand la forme est distribuée *via* une forme technique de télédiffusion (télévision). La spécificité de la propriété sur la forme gît dans la non-contradiction entre l'exclusivité et le partage : l'exclusivité s'exerce sur la valeur dégagée par la diffusion, et elle la canalise vers sa source (le créateur), d'où il résulte que le propriétaire a intérêt au partage intellectuel de sa création.

b. L'exploitant : ayant cause des créateurs

108. Dans le modèle équilibré de la loi du 11 mars 1957, l'exploitant trouve sa juste place. L'exploitant, médiateur entre le créateur et le public, joue un rôle fondamental dans la valorisation de la création. Comme tout entrepreneur, l'exploitant prend le risque en spéculant sur les fruits économiques de la

partage. Sur la comparaison entre les modèles propriétaires : PH. GAUDRAT, Rép. Civ. Dalloz, *1° la propriété des créateurs*, *op. cit*, n° 309 à n° 314 ; Sur l'ensemble des modèles réservataires en propriétés intellectuelles : « La structure juridique des propriétés intellectuelles », *in Les modèles propriétaires au XXIe siècle* - Actes du colloque international organisé par le CECOJI en hommage au professeur HENRI-JACQUES LUCAS, PU Juridiques de Poitiers, 2012, p. 179 et s.

[1] PH. GAUDRAT, Rép. Civ. Dalloz, *1° Propriété des créateurs*, *op. cit.*, n° 293.

[2] PH. GAUDRAT, Rép. Civ. Dalloz, *1° Propriété des créateurs*, *op. cit.*, n° 305.

communication. Mais cette activité, aussi stratégique qu'elle soit, reste accessoire et dépend des créations, même si l'exploitant prend l'initiative et la responsabilité financière de la création. Dans ce modèle, l'exploitant (producteur ou non) ne peut être qu'un ayant cause des créateurs ; ainsi, il doit recueillir l'autorisation des créateurs pour se livrer à son activité, tout en respectant les règles de la concurrence, auxquelles il ne peut échapper qu'en vertu d'une clause contractuelle, c'est-à-dire en vertu d'une exclusivité consentie par le créateur.

2. Application à la forme vivante

109. Similitude. La nature de l'interprétation et la nature des valeurs que dégage son exploitation auraient dû conduire à l'application du modèle réservataire de la loi du 11 mars 1957 [1]. Or, ce ne fut pas le cas. La théorie de *l'unité de l'art* restait limitée et n'exprimait pas totalement le sens de son intitulé : elle n'a pas unifié le traitement de toutes les formes expressives et artistiques, mais se limitait à permettre la protection, par le droit d'auteur, des formes artistiques ayant une finalité utilitaire. En conséquence, avant de consacrer un droit exclusif sur la forme vivante expressive, l'unique solution qui restait aux artistes-interprètes était le droit commun [2]. Or, ce droit n'était pas suffisant [3] à un double titre : au regard du droit des biens et au regard du droit des obligations.

110. Insuffisance du droit des biens. M. PESSINA explique que l'interprétation, en tant que bien meuble incorporel [4], ne pouvait pas être définie avec précision dans le droit commun des biens trop généraliste ; or, la définition du législateur est la seule façon permettant leur existence dans l'univers juridique. De plus, le régime de la propriété civile n'était pas adapté à ce bien. Par ailleurs, concernant la titularité de droit, l'application de l'accession n'était pas en faveur des interprètes : le propriétaire du support s'appropriait la création fixée selon l'article 551 du Code civil « *tout ce qui s'unit et s'incorpore à la chose appartient au*

---

[1] Si l'on considère l'article 7 de cette loi (devenu l'article L. 111-2 du Code de la propriété intellectuelle), comme concernant toutes les créations à travers la définition qu'il donne de l'acte créatif. Cet article dispose que « L'œuvre est réputée créée, indépendamment de toute divulgation publique, du seul fait de la réalisation, même inachevée, de la conception de l'auteur ». Sur cette généralité, V. PH. GAUDRAT, « L'objet du droit d'auteur - Œuvres protégées - Notion d'œuvre. CPI, art. L. 111-1, L. 112-1 et L. 112-2 », *J.-Cl., Propriété littéraire et artistique*, fasc. 1134, oct. 2008, n° 8 : « *Cette définition remarquable articule quatre concepts : la conception, la réalisation, l'achèvement et la divulgation. Les deux premiers se combinent au sein d'une définition simple de l'acte créatif ; le troisième, en est opportunément démarqué, ce qui ne veut pas dire qu'il est étranger à la notion d'œuvre ; bien au contraire. Mais cette mention négative incidente, n'intervient que dans la seconde étape de la démarche ; pour déterminer les caractères spécifiques de la notion* ».

[2] Nous consacrerons le chapitre suivant pour étudier l'évolution historique de la consécration d'un droit sur l'interprétation.

[3] S. PESSINA, « Les attraits du droit de la propriété intellectuelle au regard du droit commun, à la lumière des droits des artistes-interprètes », in *Propriété intellectuelle et droit commun*, Coll. ss. di. de J.-M. BRUGUIERE, N. MALLET-POUJOL, A. ROBIN, PUAM, 2007, pp. 70-108. Le droit commun peut être défini comme « *toute disposition dont l'objet ou le domaine d'application est soit indéfini soit défini mais servant de texte de référence à des dispositions à objet plus restreint. Réciproquement droit spécial toute disposition dont l'objet ou le domaine d'application, matériel ou géographique, est défini et en même temps soustrait à la règle d'application plus large portant sur la même matière, dans laquelle elle est susceptible de s'intégrer* », B. SAINTOURENS, *Essai sur la méthode législative : droit commun et droit spécial*, thèse, Bordeaux I, 1986, p. 61 et s.

[4] Puisque les meubles constituent la catégorie ouverte des biens (CARBONNIER), les biens incorporels ne peuvent être que des biens [meubles] par détermination de la loi. M. FABRE-MAGNAN, « Propriété, patrimoine et lien social », *RTD civ.*, n° 3, 1997, p. 583.

propriétaire ». Aussi, étant donné que la majorité des interprètes sont liés par un contrat de travail, la conclusion de ce contrat « *emporte, en principe, l'absence de droit du salarié à l'attribution de la valeur née du travail et l'inexistence d'un droit à rétribution supplémentaire* », *car le contrat de travail « a pour effet et intérêt essentiels d'attribuer la propriété originaire et automatique du travail à l'employeur* » [1].

111. Insuffisance du droit des obligations. Le droit commun des obligations a aussi ses limites concernant les sources des obligations. En effet, l'ancien article 1165 du Code civil [2] pose le principe de l'effet relatif des contrats, ce qui conduit à considérer comme inopposables aux tiers les obligations contractuelles ; selon l'adage « *res inter alios acta aliis neque nocere neque prodesse potest* » : les choses convenues entre les uns ne nuisent ni ne profitent aux autres. En conséquence, les artistes-interprètes, avant qu'ils ne soient investis d'un droit de propriété intellectuelle, n'avaient pas de droits opposables aux tiers en ce qui concerne les utilisations secondaires de leurs interprétations fixées qui sont hors l'objet du contrat avec le producteur.

En effet, le droit civil, considéré classiquement comme *le* droit commun, est plutôt « *un droit premier, directeur et général* » [3], car la place de la règle dans le Code civil (ou dans un autre code spécifique) ne détermine pas sa nature commune. En effet, il « *entre dans la vocation naturelle du droit commun de regrouper en son sein toutes les figures juridiques qui sont des archétypes, et qui, par leur généralité, peuvent satisfaire à la diversité des situations et à la pluralité des convictions* » [4]. Ces archétypes expriment normalement des *choix fondamentaux* et sont constitués en des *règles suffisamment générales et profondes*. Pour cette raison, nous nous demandons : n'était-ce pas le cas du droit d'auteur par rapport aux créations de l'esprit de nature expressive ? Le modèle juridique de la propriété de la forme existait en matière d'œuvre de l'esprit ; elle aurait pu être le droit commun de référence ; or, le choix s'était dessiné, surtout au niveau international, d'exclure l'interprétation du champ du droit d'auteur et du champ de la Convention de Berne [5].

112. Enfin, si le modèle de la loi du 11 mars 1957 contenait le seul mécanisme réservataire de la valeur complexe qu'actualise l'exploitation de l'interprétation ; il aurait dû être appliqué, tout en respectant les places relatives des partenaires de l'artiste-interprète : c'est-à-dire en respectant le droit de l'auteur (partenaire culturel) sur l'œuvre interprétée ; et en garantissant la protection de l'exploitant (partenaire économique) des créations fixées. Or, l'évolution technique qui a permis la transformation de la prestation éphémère de l'interprète en un bien exploitable, a, en même temps, donné un argument aux investisseurs pour réclamer leur *propre droit* sur leur *produit* ; l'exploitant est devenu le *producteur d'une*

---

[1] T. REVET, *La force de travail*, préface F. ZENATI, Litec, 1992, n° 240, p. 257 et s. Cet auteur explique que l'appartenance à l'employeur du travail et de ses produits est « *inhérente à la location de la force de travail. Elle n'est pas, cependant, l'objet du contrat, mais son effet* ».

[2] Le nouvel article art. 1199 du Code civil dispose dans l'alinéa premier que « Le contrat ne crée d'obligations qu'entre les parties ».

[3] S. PESSINA, « Les attraits du droit de la propriété intellectuelle au regard du droit commun, à la lumière des droits des artistes-interprètes », in *Propriété intellectuelle et droit commun*, Coll. ss. di. de J.-M. BRUGUIERE, N. MALLET-POUJOL, A. ROBIN, PUAM, 2007, p. 83

[4] S. PESSINA, *op. cit.*, citant G. CORNU.

[5] Convention de Berne pour la protection des œuvres littéraires et artistiques, adoptée en 1886.

chose sans laquelle la forme vivante n'aurait pas vu le jour. Il convient d'étudier cet objet, fruit de l'apport en finance et compétence de l'exploitant-producteur.

SECTION II : FORME TECHNIQUE ET CONSTITUTION D'UN ENJEU DE MONOPOLE

113. Forme laborieuse et forme créative. La forme technique de fixation ou de diffusion est une variété de *forme laborieuse*, alors que la forme vivante fixée (séquence de sons ou d'images) peut être la *forme créative* des auteurs d'œuvres et des interprètes d'interprétations. Nous savons que la propriété intellectuelle se fonde sur un principe essentiel qui est la distinction, intellectuelle et juridique, entre l'objet matériel (le support) et l'objet intellectuel (la forme). Ce principe, dicté à propos du droit d'auteur, vaut pour l'ensemble des droits de la propriété intellectuelle. Ainsi, en vertu de ce principe, la propriété du support matériel n'affecte pas celle de la forme créative. En conséquence, le principe civiliste selon lequel *Accessorium Principale Sequitur (l'accessoire suit le principal)*, ne trouve pas à s'appliquer de façon à permettre au propriétaire de la matière première d'acquérir la propriété de la matière ouvrée.

Cette distinction entre forme issue d'un *travail* et celle issue d'un *acte créatif* est d'une grande importance lorsque l'investisseur n'est pas seulement un *exploitant* de la forme créative, mais aussi un *producteur* de la forme technique fixant la forme vivante. En effet, dans un schéma classique, l'auteur transforme la matière en l'utilisant comme support de son œuvre, donc il est en même temps propriétaire du support et propriétaire de la forme créative fixée. Ainsi, pour exploiter sa création, l'auteur peut vendre ou déposer le support de l'original entre les mains d'un exploitant afin qu'il serve d'archétype à l'opération de reproduction (en quantité : la reproduction des exemplaires ; ou quelques exemplaires adaptés à l'exploitation par représentation). Mais l'ambigüité vient du fait que l'exploitant, producteur des formes laborieuses, pourrait participer à la *production de l'original.* C'est le cas des producteurs des formes techniques de fixation ou de diffusion contenant une forme vivante, car le plus souvent, l'exploitant est l'employeur de l'artiste-interprète et le propriétaire des moyens de fixation, d'où son intérêt à se comporter comme producteur de la forme créative en considérant que son intervention en amont participe à *la réalisation de la création.*

114. Plan. La distinction entre le *travail* et la *création* et, par la suite, entre la *forme laborieuse* et la *forme créative*, lève l'ambigüité. En effet, l'exploitant, même en participant à la production de l'original, ne produit qu'une forme technique qui est une sorte de forme laborieuse nécessitant, peut-être, beaucoup de compétences mais pas de créativité (**§1**). Une fois que nous arrivons à bien distinguer l'apport créatif, *source* de la valeur, et l'apport technique qui *l'actualise*, il nous reste à analyser les modalités de réservation de la valeur qu'engendre l'exploitation de la forme vivante fixée (**§2**).

§1. Travail et creation

115. Plan. Notre système juridique se fonde sur une distinction essentielle, ignorée dans les systèmes du *copyright*, qui est la distinction entre le travail et la création. La création n'est pas une simple variété du travail, et le créateur n'est pas un simple travailleur. Toutefois, l'investisseur, surtout quand il est producteur de la forme technique de la fixation de la forme vivante, tend à ne payer que la valeur du travail et à capter toute la valeur additionnelle qu'engendre l'exploitation du fruit singulier de l'acte créatif. Il nous faut d'abord approfondir les notions de travail, de création et les formes produites par chaque acte (**A**), avant d'en tirer toutes les conséquences juridiques (**B**).

A. Distinction entre la forme laborieuse et la forme créative

116. Il convient d'abord de comparer le « travail » et « l'acte créatif » (**1**). En effet, la création a été toujours considérée comme une variété du travail, avant qu'elle n'obtienne son statut juridique indépendant. Sur cette base, nous pouvons distinguer les formes issues du travail et de l'acte créatif, c'est-à-dire la « forme laborieuse » et « les formes créatives » (**2**).

1. Comparaison

117. La comparaison entre les deux notions du travail et de la création (**a**) permet de relever les caractéristiques de chacun de ces deux actes (**b**).

a. Notion du travail et de la création

118. *Summa divisio.* Toute activité humaine peut être analysée comme appartenant à l'une des deux grandes catégories : le travail ou la création. Cette analyse est intellectuelle, puisque l'activité humaine combine le plus souvent les deux modalités. En fait, la première catégorie est générale alors que la seconde est spéciale. Dit autrement, le travail englobe toute activité visant à réaliser un changement dans un environnement donné, que ce soit un pur travail ou un travail créatif, tandis que la création comporte, certes, une part, fût-elle minime, de travail [1] mais se caractérise par son résultat qui introduit une rupture avec le connu. Ces deux archétypes de l'activité humaine ont des enjeux et des fonctions sociales radicalement différents ce qui nécessite d'en déduire des régimes juridiques différents [2].

119. Le travail. Le travail s'analyse comme une combinaison variable d'énergie / force et de compétence, visant à adapter l'environnement matériel de l'homme. Dans sa forme brute, le travail requiert plus de force que de compétences

---

[1] Raison pour laquelle, historiquement (et actuellement dans certains systèmes juridiques), la création fut traitée comme une variété de travail. Ce fut le cas sous l'Ancien régime comme nous allons voir.

[2] A. Lallement, *Travail, création et propriété*, thèse, Poitiers, 2012. Sur l'appropriation des fruits du travail (p. 59 et s.) et l'appropriation des créations (p. 155 et s.). *Adde* Ph. Gaudrat, *Deux cours de doctorat en propriété littéraire et artistique*, (Premier cours : Introduction à l'histoire de la propriété littéraire et artistique), à paraitre !

(travail ouvrier ou artisanal) ; dans sa forme raffinée, il requiert, au contraire, plus de compétences que de force (le travail intellectuel de l'artiste, du médecin etc.). D'un côté, l'énergie ou la force est un dynamisme matériel quantifiable et détachable de sa source ce qui permet de substituer la machine à l'homme dans le travail physique. D'un autre côté, la compétence est le versant mental et conscient du travail ; elle est cumulative, transmissible et évaluable, ce qui rend interchangeables les travailleurs ayant les mêmes compétences. Bref, étant décomposable en deux éléments mesurables, le travail est un concept objectif [1].

120. La création. Il y a deux acceptions de la notion de création [2] : l'une est générale et l'autre est spécifique. Dans la première acception, la création est universelle et impersonnelle car elle se réfère à l'opération en vertu duquel un objet est produit. Ainsi, l'accent est mis sur la nouveauté du résultat du processus par rapport à la situation antérieure. Tout engendrement est une création : la crise crée des problèmes, l'entreprise crée des projets, l'artiste-interprète crée son interprétation etc. Dans l'acception spécifique que retient le Droit (français), la création est le résultat d'un travail particulier en ce qu'il introduit une *rupture dans le connu*, soit parce que le résultat porte l'empreinte de la personnalité unique du créateur, soit parce que le résultat consiste en une solution ou une explication innovante. En conséquence, la création dans le sens spécifique est de nature intellectuelle et humaine. Ainsi, contrairement au travail, la création n'a qu'une seule origine qui est la personne physique. La machine (l'ordinateur ou l'intelligence artificielle) n'est que le dépositaire de compétences humaines, elle n'est jamais créatrice. Au mieux, il est l'outil exécutant : l'homme utilise un outil pour créer mais ne partage pas sa faculté créative native avec l'outil [3].

121. Création *identitaire* et *utilitaire*. La créativité peut être orientée vers l'une des deux finalités identitaire ou utilitaire. Dans le premier cas, le but de la création est d'explorer le monde intérieur du créateur et d'enrichir le mental individuel, puis collectif. Dans le deuxième cas, le but est l'organisation de l'environnement extérieur afin de répondre aux besoins humains (la technique) ou de chercher des explications aux phénomènes (la science) [4].

122. Caractères communs de l'acte créatif. Nous trouvons dans le Code de la propriété intellectuelle toutes les caractéristiques de l'acte créatif à propos de la création de l'œuvre de l'esprit. L'article L. 111-2 de ce code a ainsi une valeur

---

[1] En ce sens PH. GAUDRAT, *Deux cours de doctorat en propriété littéraire et artistique*, (Premier cours : Introduction à l'histoire de la propriété littéraire et artistique), *op. cit. Contra* A. LALLEMENT, *Travail, création et propriétés*, Cette auteure, tout en affirmant la pluralité de modèles propriétaires, fonde toute propriété sur le travail. Le rapprochement entre les deux modèles est induit, selon Mme LALLEMENT, au fait que le travail « s'individualise » de plus en plus et la création « s'organise collectivement » p. 262.

[2] V. surtout l'étude exhaustive du Professeur PH. GAUDRAT, « La création et le Droit : Balade dans l'espace et dans le temps », *in La création entre Droit, philosophie et religion*, Colloque, PU Juridiques de Poitiers, ss. dir. de A. ZOLLINGER, LGDJ, 2016, p. 11 et s.

[3] Dans ce sens A. PORTRON, *Le fait de la création en droit d'auteur français. Étude de l'article L. 111-2 du Code de la propriété intellectuelle*, préf. PH. GAUDRAT, LGDJ, 2021, n° 452.

[4] La créativité dans les créations utilitaires s'exprime par le verbe « trouver » : trouver une nouvelle solution (l'inventeur), trouver une nouvelle explication (le scientifique). Dans ce sens, PH. GAUDRAT, « La création et le Droit : Balade dans l'espace et dans le temps » *op. cit.*

universelle [1] : la création consiste dans la réalisation de la conception du créateur hors toute divulgation. En effet, cette définition est posée à propos de l'œuvre de l'esprit car le droit d'auteur est, historiquement, le premier à apparaître et, aujourd'hui, le seul à tirer toutes les conséquences de la nature créative de l'acte productif. En somme, ce texte distingue deux étapes : la première est mentale et intérieure à l'esprit (la conception) et la seconde est extérieure au sujet et consiste en l'objectivisation de la forme mentale (la réalisation). Enfin, tout acte créatif gît dans la conception (la forme interne selon la terminologie du Professeur GAUDRAT), mais l'enjeu social que saisit le Droit nécessite un objet matériel support de la forme externe.

123. Il découle de ces caractères communs plusieurs conséquences :

1. La création (identitaire ou utilitaire) est un phénomène psycho-physique : le créateur ne peut être qu'une personne physique ; par conséquent, l'anthropomorphisme n'est que le moyen des non-créateurs visant à dissimuler la captation des créations.

2. Le travail est indispensable à la réalisation des créations. Cette réalisation, en tant que transformation de la matière du support, exige une certaine compétence. Cependant, la créativité transcende la simple compétence ; elle gît *en amont* dans l'acte mental de la conception. En bref, compétence et créativité fonctionnent harmonieusement dans la réalisation de la création.

3. La conception, siège de la créativité, doit être extériorisée pour devenir un objet de droit : l'œuvre et l'interprétation, objets destinés au partage, doivent avoir une existence objective.

124. Caractères propres à la création *identitaire* ou *utilitaire*. Si tout acte créatif gît dans la conception et que le travail est nécessaire dans la réalisation, il n'en demeure pas moins que la finalité de la création varie entre une modalité *sociale* ou *égotique*. C'est la raison, selon le Professeur GAUDRAT, pour laquelle la définition sus-évoquée de l'article L. 111-2 précise « *indépendamment de toute divulgation* ». En effet, la création (solution technique, apport scientifique, expression personnelle) peut être conservée par le créateur sans partage, mais le plus souvent le créateur souhaite partager (divulguer) ses créations. Dans le registre *identitaire* le partage est *naturel* car inhérent à la création expressive ; dans le registre *utilitaire*, la création (la forme interne) est *réservée* pour la maîtrise des ressources : ce qui est partagé est l'utilité non la forme créative, et les clients ne s'intéresse pas à la forme intellectuelle de la solution technique mais à la fonctionnalité.

125. Enjeu de la nouveauté dans le travail et dans la création. Dans la mesure où le travail est une activité qui vise un changement (dans l'état ou la forme), le résultat du travail est forcément *nouveau* (trans-formation). Dans le cas du travail productif d'une chose, la nouveauté gît dans *la nouvelle forme* donnée à la matière. Mais on peut imaginer une forme supérieure de nouveauté, qui ne résulte pas de la comparaison entre la matière première et la matière transformée ; c'est la nouveauté de la forme par rapport à l'ensemble des formes connues et pouvant être appliquées à la matière. Dans le premier cas, c'est la nouveauté *relative*

---

[1] Nous rejoignons l'avis du Professeur GAUDRAT sur la valeur à donner à cet article : V. « L'objet du droit d'auteur. Œuvres protégées. Notion d'œuvre. CPI, art. L. 111-1, L. 112-1 et L. 112-2 », *J.-Cl. Propriété littéraire et artistique*, fasc.1134 oct. 2008.

inhérente au travail ; dans le second c'est la nouveauté *absolue* qui caractérise la créativité.

b. Caractéristiques du travail et de la création

126. Répétition, standardisation et interchangeabilité. Tout acte créatif nécessite un travail dans la mesure où la création n'est pas une simple activité mentale. *L'objectivisation* de la forme interne de toute création nécessite qu'elle soit réalisée dans un objet matériel. Ainsi, il n'y a pas de création sans acte de production dans le sens d'une transformation de la matière. Mais le travail est indépendant de la créativité. En effet, à des degrés divers, le travail est *répétitif* dans ses procédures et dans ses fruits [1]. C'est la raison pour laquelle le travail aliène l'individu mais assure le fonctionnement de la société. D'ailleurs, le caractère répétitif du travail induit *l'interchangeabilité* des travailleurs dans la même fonction, ce qui garantit sa perpétuation. De plus, le travail peut faire d'objet d'une *standardisation*, ce qui permet la comparaison entre les travailleurs et la compétition entre leurs produits ou services. À l'opposé, la création ne trouve pas sa source dans la répétition des opérations standardisées, mais dans la créativité qui est une faculté personnelle. Il en résulte plusieurs conséquences. Ontologiquement, la création est libératrice de la routine, d'où l'importance de la liberté de création dans le travail créatif. Il en découle la *singularité* des résultats de la création puisque ces résultats comme leurs créateurs *ne sont pas interchangeables* [2].

127. Concurrence et singularité. Sur le plan social, si le travail est nécessaire au *fonctionnement* de la société, la création est nécessaire à son progrès matériel (l'innovation technique) et culturel (la vivacité de l'espace public et la préservation de la diversité culturelle). Sur le plan économique, les produits du travail sont interchangeables et dans la concurrence. En revanche, la création est en dehors du jeu de la concurrence : une œuvre n'est pas en concurrence avec une autre œuvre, même de même nature ; une interprétation n'est pas en concurrence avec une autre interprétation de la même œuvre interprétée : chacune d'elles est une création indépendante. En effet, la rareté des créations est *qualitative* [3] ce qui induit *l'attractivité* ; autrement dit, la singularité des créations *neutralise la concurrence*, ce qui est d'une grande importance dans la compétition économique.

Enfin, si la standardisation des procédures du travail permet la transmission et l'apprentissage des compétences nécessaires, la création est imputable à un talent naturel chez le créateur, d'où l'on déduit qu'elle est non interchangeable. En conséquence, la créativité ne se transmet pas et ne s'apprend pas, ce sont seulement les compétences liées à la technique de la réalisation qui peuvent l'être.

---

[1] Degré minimum dans le travail artistique, et degré maximum dans le travail de l'ouvrier.

[2] V. PH. GAUDRAT, *Deux cours de doctorat en propriété littéraire et artistique*, (Premier cours : Introduction à l'histoire de la propriété littéraire et artistique), à paraitre !

[3] L'exploitant ne fait que traduire cette *rareté qualitative* en une *rareté quantitative* pour tirer le maximum de profit.

2. Forme issue d'un travail ou d'un acte créatif

128. La forme qui résulte d'un simple travail est la forme *laborieuse* ; la forme issue d'un acte créatif est la forme *créative* (**a**), qui se distingue selon la finalité identitaire-expressive ou utilitaire. La forme technique de fixation des créations a sa place parmi les formes laborieuses (**b**). Enfin, la distinction entre le travail et la création et entre les formes qu'engendre chaque acte induit la distinction juridique entre la forme et le support (**c**).

a. Notions de forme laborieuse et forme créative

129. Il résulte de la distinction, à l'intérieure de l'activité humaine, entre le travail et la création, une autre distinction au niveau des formes produites entre la forme laborieuse et les forme créatives [1].

130. La forme laborieuse. Le travail, composé d'énergie et de compétence, s'incorpore à la matière puisque la forme produite par le travail n'est qu'une qualité de la chose. La transformation donne, certes, une nouvelle valeur à la matière, mais cette nouvelle forme n'a pas de statut juridique propre. Il en résulte deux conséquences : la première concerne la plus-value qui est recueillie par le propriétaire de la matière (ou l'employeur du travailleur), tandis que le travailleur n'a qu'un droit à une rémunération de son travail transformateur. La deuxième conséquence concerne la forme nouvelle qui entre dans l'exclusivité dont jouit le propriétaire de la matière ; autrement dit, *la forme* ne peut jamais être l'assiette d'une exclusivité *indépendante*. En effet, ces deux conséquences découlent d'une application naturelle de la théorie de l'accession.

131. Les formes créatives. Pour sa *nature* et sa *finalité*, le traitement est différent de la forme issue d'un acte créatif. La créativité étant un trait de la personnalité, ses fruits sont singuliers *en eux-mêmes* et *dans le rapport à leur créateur* (le seul en mesure de les produire) ; c'est tout à l'opposé des fruits du travail qui, même nouveaux, ne sont jamais singuliers et leur rapport au travailleur est interchangeable. Cette singularité des formes créatives consiste, soit en le *reflet de la personnalité du créateur* dans la forme (le cas des créations expressives : auteur ou interprète), soit en *l'innovation de la forme appliquée à la matière* (le cas des solutions techniques : inventeur). Dans les deux cas, la singularité de la forme est déterminante dans l'attractivité du produit. Il résulte de cette nature que le régime du travail n'est pas adapté à la création, puisque ce régime ignore le rapport fondamental qui existe entre le créateur et la forme singulière. Concernant la finalité, les formes créatives sont élaborées pour remplir la fonction *d'archétype* pour encadrer les formes laborieuses que produit l'exploitant de la création, d'où l'intérêt d'établir une exclusivité sur de la forme créative (source de la valeur) au profit du créateur.

132. Forme et matière : distinction intellectuelle et distinction juridique. Il découle de la distinction entre la forme laborieuse et la forme créative une distinction entre deux objets de droit : la matière et la forme ; l'une et l'autre étant

---

[1] Terminologies que le Professeur GAUDRAT a développées à partir de la distinction juridique déjà acquise entre le régime du travail et celui de la création (V. *Deux cours de doctorat en propriété littéraire et artistique : Second cours : La propriété littéraire et artistique, fille du Code civil ? op. cit.*). Sur la famille des formes (laborieuse, technique, créative, utilitaire, expressive, externe, interne, conventionnelle, sensible et vivante).

porteuses de valeurs suscitant la compétition, le Droit prévoit des régimes distincts d'appropriation pour chaque objet. D'abord, concernant la forme laborieuse, le régime de propriété de la matière étend ses effets à la forme produite par le travail. Toutefois, cette unité de régime n'exclut pas la *distinction intellectuelle* entre deux choses : matière première et forme. En revanche, quand il s'agit d'une forme créative, la *distinction intellectuelle* entre la matière du support et la forme créative requiert, de plus, une *distinction juridique.* Cette distinction juridique se présente, d'abord, lors de la création et, ensuite, lors de l'exploitation :

1. La plus-value n'est pas limitée à une simple transformation (comparaison entre la matière première et le résultat de la création) ; en effet, cette valeur résulte de la *singularité* de la forme : singularité subjective [1] (originalité de la forme) ou singularité objective (nouveauté de la forme). Cette singularité crée une rareté *qualitative* qui la fait rechercher par le public/la clientèle. Ainsi, la valeur qu'engendre la forme créative est distincte (et plus importante) de celle de la matière transformée.

2. La distinction juridique ne se limite pas à la phase de la création, mais s'étend à la phase de l'exploitation. En effet, la forme créative, une fois produite, sert de modèle à des formes laborieuses que l'exploitant produit, dit autrement, l'exploitant traduit la rareté *qualitative* de la forme en une rareté *quantitative* pour multiplier la plus-value. Cela étant, le producteur qui exploite la forme créative *ne crée pas une nouvelle valeur* par son activité ; cette activité qui consiste en la fabrication des supports matériels adaptés à l'exploitation *actualise la valeur* dont la seule source gît dans la singularité de la forme créative.

133. Défi : l'exploitant participant à la production de l'orignal. Dans le schéma classique que nous avons présenté, le créateur de la forme créative est le producteur du support de l'original, alors que l'exploitant intervient lors de l'exploitation en introduisant les formes laborieuses à partir du modèle achevé. Mais, lorsque l'exploitant participe en amont à la production de la matrice (support de l'original) d'une forme créative (œuvre audiovisuelle, interprétation etc.), le producteur de la forme technique tente d'effacer la distinction juridique entre forme et support (précisément, le support de la première fixation). Mais l'apport du producteur se résume en le financement et le travail technique nécessaire à la production du support vecteur de la forme créative ; il n'ajoute rien à la valeur *inhérente* à la création. En effet, l'intérêt du producteur à participer en amont à la production de l'orignal gît dans le potentiel économique de la forme créative, qui sera actualisé lors de l'exploitation. Cette actualisation n'est possible qu'à la condition de réifier la forme vivante éphémère [2].

---

[1] La singularité subjective de la forme consiste en l'empreinte de la personnalité de l'artiste déposée dans la forme ; elle confère à la forme une valeur identitaire/culturelle en plus de sa valeur économique qu'engendre son partage. V. PH. GAUDRAT, *Deux cours de doctorat en propriété littéraire et artistique,* (Premier cours : Introduction à l'histoire de la propriété littéraire et artistique ; Second cours : La propriété littéraire et artistique, fille du Code civil ?), *op. cit.*

[2] La propriété sur la forme créative naît du seul fait de l'acte créatif de l'artiste-interprète, mais l'objet de cette propriété étant éphémère, la propriété se trouve limitée. Ainsi, la fixation de la forme vivante éphémère sur une forme externe technique fait apparaitre un objet de droit susceptible d'une exploitation étendue. Cet acte de fixation est alors extérieur à l'acte créatif et n'est pas le fait générateur du droit.

134. La forme technique embrouille la distinction entre la forme laborieuse et la forme créative : d'une part, quand elle est un simple outil de fixation, le travail technique du producteur est essentiel à la réalisation de la création vivante (œuvre audiovisuelle par exemple) ; d'autre part, la forme technique pourrait avoir sa propre forme interne intelligible. Ces deux constats pourraient plaider pour l'assimilation de la forme technique à une forme créative ; or, une analyse plus profonde révèle une situation plus complexe. Ainsi, la question se pose de situer la forme technique par rapport à la distinction entre forme créative et forme laborieuse.

b. La place de la forme technique

135. Caractères de la forme technique. La forme technique est un état imprimé à la matière et n'a pas de forme interne *intelligible* dont on peut suivre mentalement les emprunts et les évolutions. Dit autrement, la forme technique est une forme *artificielle* dépourvue de contenu intellectuel propre. Par conséquent, toute forme technique est une forme *externe* [1] et *occulte* [2] ; de plus, la forme technique est *neutre* car indifférente aux caractères de leurs contenus [3]. Classiquement, la forme technique est une forme externe de la forme créative ; en d'autres termes, la forme technique peut être insérée entre l'original d'une création intellectuelle et l'accès à sa forme, donc il s'agit d'une forme *fonctionnelle intermédiaire* : la forme sensible est convertie en une forme technique occulte et transitoire requérant un support technique symétrique (écran, terminal, haut-parleur…) pour être reconvertie en une forme sensible. Ainsi, la forme technique est le vecteur de la forme contenue et ne peut avoir un traitement indépendant de la forme créative à l'égard de laquelle elle sert de « mémoire de stockage ».

136. Cette stratification des formes [4] n'est pas nouvelle ni embarrassante. Cette situation existait avant la forme technique : l'interprétation est une autre forme externe de l'œuvre interprétée, ainsi que la traduction, l'adaptation, l'anthologie etc. Mais cet empilement des formes n'est pas toujours le même, car la forme des interprétations ou des œuvres dérivées ou composites est issue d'un acte créatif second, générateur d'une forme interne propre, contrairement à la forme technique.

137. Problème de la forme technique ayant une forme interne propre. La forme technique pose un problème lorsqu'elle est dotée d'une *forme interne*

---

[1] Ou, précisément, la forme technique est un niveau supplémentaire de la forme externe, un niveau transitoire, fonctionnel, hétérogène et indépendant par rapport à la forme externe sensible inhérente à l'œuvre ou à l'interprétation. V. PH. GAUDRAT et F. SARDAIN, *Traité de Droit civil du Numérique*, Larcier, 2015, p. 35, n° 24.

[2] PH. GAUDRAT et F. SARDAIN, *Traité de Droit civil du Numérique*, Larcier, 2015, p. 29 et s. surtout p. 35, n° 24 : « occultes par fonction, elles [les formes techniques] sont impropres à constituer la forme externe inhérente d'une œuvre ou d'une interprétation […] En revanche, [elles sont] aptes à véhiculer transitoirement la forme externe inhérente des créations ».

[3] La forme technique de fixation ou de transmission peut véhiculer des non-œuvres : bruits de la nature, événement sportif etc.

[4] Cette stratification des formes est aussi une stratification des supports de ces formes. Sur cette question V. O. PIGNATARI, *Le support en droit d'auteur*, préface de PH. GAUDRAT, Larcier, 2013.

intelligible : c'est la forme *numérique* du logiciel [1]. Comme forme technique, elle est naturellement *externe* et *occulte* ; mais la spécificité de cette forme c'est d'avoir sa propre forme interne que l'on ne doit pas confondre avec la *forme interne intelligible* objet de la propriété littéraire et artistique [2]. En effet, la différence gît dans la nature de la forme interne intelligible qui n'est pas la même dans les deux cas : la forme numérique peut avoir une forme interne intelligible décelable dans la forme écrite de son code source, mais elle n'en reste pas moins une forme intelligible *exécutable* non une forme *expressive communicable.* La nature et la finalité sont différentes de celles d'une création expressive (œuvre ou interprétation). Pour cette raison, même si l'on trouve une certaine créativité dans ledit code (fonctionnalités inédites par exemple), cette créativité est fonctionnelle et n'engendre pas de contenu expressif à communiquer [3]. Par conséquent, le logiciel, comme l'avait écrit le Professeur GAUDRAT, n'est en rien éligible à la propriété du droit d'auteur [4]. Donc, même si elle est dotée d'une forme interne propre, la forme technique n'a rien à voir avec les formes expressives.

138. Place de la forme technique par rapport à la forme créative contenue. Dans tous les cas, les formes techniques sont des *supports* des créations de l'esprit ; ces supports sont *antérieurs* et *extérieurs* à la création littéraire et artistique, même si le travail technique accompagne le travail créatif lors de la fixation de l'interprétation. En effet, l'acte créatif de l'interprétation s'achève par la réalisation de l'interprétation sur son support physique qui est l'artiste-interprète ; la forme technique n'est qu'une autre forme extérieure non inhérente à l'acte créatif, car s'adressant à son résultat pour le fixer, et cela est le même dans le cas de l'œuvre audiovisuelle qui n'existe pas sans fixation sous forme technique [5].

Donc, la forme technique de fixation, qu'elle soit analogique ou un fichier numérique, est une variété de forme externe au service de la création vivante. Elle assure la fonction de *conservation* d'une expression et *pérennise* la forme vivante en permettant de réitérer l'accès à la forme sensible sans repasser à chaque fois par le processus d'extériorisation. Il s'ensuit que la forme technique est une forme

---

[1] La forme numérique, comme l'analogique, peut servir de vecteur de la forme créative, mais elle peut aussi avoir une forme interne que l'on peut déceler dans le code « écrit ». Pour une étude complète de cette question, V. PH. GAUDRAT, « Forme numérique et propriété intellectuelle », *RTD Com.*, 2000, p. 910 ; « Forme numérique & propriété intellectuelle », *RTD Com.*, 2001, p. 96.

[2] V. PH. GAUDRAT, « Réflexions sur la forme des œuvres de l'esprit », *in Mélanges offerts à André Françon*, Dalloz 1995, p. 195.

[3] Auparavant, il y avait des formes externes qui s'écartaient plus que d'autres de la forme interne intelligible et communicable, mais elles restaient au service de la forme contenue, par exemple, la notation musicale qui fixe le processus de fabrication de l'œuvre plutôt que l'œuvre elle-même. Le problème est qu'engendre la forme numérique réside dans le fait que, tout en pouvant véhiculer une forme communicable, elle pouvait également se suffire à elle-même : elle a une forme interne, toutefois, elle est dépourvue d'expressivité et n'est pas destinée au partage, comme le dit le Professeur PH. GAUDRAT : « *elle n'explicite rien d'autre que ce que sait faire la forme technique et ne doit pas être confondue avec la forme intelligible d'une œuvre de l'esprit, même si un individu dûment formé peut y lire les fonctionnalités qu'y a déposées son concepteur* ».

[4] Le code informatique s'écrit avec des lettres mais sans assumer la même fonction dans le processus de l'écriture ; c'est la même différence entre l'écriture d'une formule chimique et d'une poésie. PH. GAUDRAT, Rép. civ. Dalloz, V°. *Propriété littéraire et artistique, (2° : Les droits des exploitants)*, sept. 2007, n° 272 ; Aussi, X. DAVERAT, *L'artiste-interprète*, t. 2, thèse, Bordeaux, 1990, p. 806 sur le paradoxe dans la différence entre situation de l'interprétation, création expressive, et celle du logiciel, non artistique, dans la loi Lang 1985.

[5] Étant donné que la substance de l'œuvre audiovisuelle est les formes vivantes fixées.

doublement fonctionnelle, par sa *finalité* et par sa *nature*. D'une part, la raison d'être de la forme technique est sa fonction utilitaire, d'autre part, étant une forme externe, la forme technique est de nature fonctionnelle car elle est au service de la forme expressive à laquelle elle confère une objectivité.

139. Enfin, ce qui précède nous montre que la forme technique n'est qu'une forme *laborieuse*. Elle est le fruit d'un travail compétent et d'un investissement. Elle n'a que la valeur d'un produit commercial, mais dès que la forme technique est le vecteur d'une création singulière, la valeur économique croît en se doublant d'une valeur culturelle ou identitaire. La clientèle du support technique vierge n'est pas la même que celle d'un support technique fixant un film ou une interprétation musicale, dans le premier cas c'est un groupe de consommateurs, dans le second c'est le public de la création expressive fixée, c'est-à-dire les amateurs de la forme interne expressive fixée, qui ne se comportent comme consommateurs des supports techniques qu'afin de pouvoir avoir l'accès aux créations fixées.

La place de la forme technique par rapport aux formes créatives étant déterminée, il sera, maintenant, plus facile de distinguer deux objets de droit : la forme et le support.

c. Distinction entre la forme et son support

140. Dans un système juridique qui se base sur une série de distinctions fondamentales : travail et création, matière et forme, forme laborieuse et forme créative, il est logique de distinguer juridiquement, en propriété intellectuelle, entre la forme et le support.

141. Notion de support et de forme. Le support est d'abord matériel. La forme ne pouvant exister en soi, elle doit passer par le support de l'original. Mais le support peut être vivant, ainsi l'artiste-interprète est le support vivant de l'œuvre et de l'interprétation : il est un support vivant de l'exploitation de l'œuvre par représentation, et le support vivant de l'original de l'interprétation. La matrice, support matériel de fixation, intervient dans un deuxième temps ; il s'agit d'une autre couche de forme externe *durable*. Le support matériel de la forme technique est polyvalent, dans la mesure où il assume la fonction de support d'exploitation de l'œuvre et de son interprétation. Ainsi, nous rejoignions le professeur GAUDRAT qui estime qu'une forme peut être le support d'une autre forme : la traduction littéraire est une forme inerte qui a une autre forme inerte pour support ; l'œuvre primaire dans l'œuvre multimédia, ou le logiciel (forme technique interposée entre le matériel et la forme audiovisuelle numérisée) qui assure l'interactivité. C'est le cas aussi de l'œuvre et de son interprétation : l'œuvre musicale a une forme externe inerte (forme externe conventionnelle) et une forme externe vivante (forme externe sensible, l'interprétation).

Par ailleurs, la forme issue d'un acte créatif est plus complexe. Le créateur conçoit la forme *interne* dans son esprit, ensuite, en choisissant une forme *externe* pour l'expression, il recourt à un *artifice* pour extérioriser la conception, c'est-à-dire pour la réaliser dans la matière. De cette réalisation naît l'original. La phase de l'exploitation se base sur la forme externe imprimée à la matière de l'original, qui sert de modèle aux supports que l'exploitant fabrique pour réaliser son exploitation. Au terme de la phase d'exploitation, les amateurs, ayant eu accès à la forme externe (achat d'un exemplaire, d'un billet d'entrée…), vont reconstituer la forme interne selon un processus purement intellectuel.

142. Rôle classique du support. Par le moyen du support, on recourt à une seule utilité de la matière : son objectivité. Ce moyen permet de *fixer* pour *communiquer* la forme sensible issue de l'acte créatif. En effet, la matière du support assume la fonction de *manifester et retenir* pour permettre de *communiquer.* Comme support de l'œuvre interprétée, l'interprétation révèle l'œuvre et la communique au public. La spécificité de l'interprétation gît dans la nature de son *support de création* (équivalent à l'original) qui est, comme nous l'avons expliqué, la personne de l'artiste dans son état dynamique (la prestation). Ainsi, il s'agit d'un support de nature *vivante et éphémère*, d'où l'on peut difficilement distinguer le travail (qui s'étale dans le temps et ne se limite pas au temps de la représentation [1]) et son résultat, c'est-à-dire la *prestation* et la *forme vivante*, puisque cette forme est consubstantielle à la personne de l'artiste. Pour cette raison, ce support particulier n'assume pas toutes les fonctions classiques du support : le support vivant ou la prestation de l'artiste-interprète *manifeste* la forme créative de l'œuvre à travers la forme créative de l'interprétation et *communique* ces deux formes ; il manque la fonction de *rétention* que le support matériel assume grâce à l'inertie de la matière. Cette fonction nécessite un autre support : le support technique de fixation.

143. Multiplicité des rôles du support technique. L'interprétation est extériorisée sans avoir besoin d'un support matériel. Le rôle principal de la forme technique de fixation est de donner son indépendance à la forme vivante. Le support de fixation sépare la *prestation*, donc la personne de l'interprète (support vivant) et *la forme expressive* fixée. Ainsi, naît-il un objet sur lequel on peut exercer un droit de suite à chaque fois qu'il est utilisé afin de réaliser une nouvelle communication de la forme expressive au public. Précisément, c'est la forme technique qui s'utilise, alors que la forme expressive se communique : on utilise le support et on communique la forme. Pour n'en dire pas plus, la forme technique n'est qu'un *support d'exploitation,* même quand il s'agit de la première fixation (la production de la matrice) qui précède toute communication au public [2]. En conséquence, le producteur est exploitant dès la fixation de la forme vivante dans la mesure où il ne participe pas à la création de la valeur mais à son actualisation, c'est-à-dire à faire sortir le potentiel économique que recèle la forme expressive.

---

[1] Sur les stades du processus créatif de l'interprétation, V. P. TAFFOREAU, « La notion d'interprétation en droit de la propriété littéraire et artistique », *Propr. Intell.*, n° 18, 2006.

[2] Le support technique n'est pas un support de création ; la forme technique (et son producteur) reste *extérieure* à l'acte créatif. C'est un support d'exploitation supplémentaire qui, en garantissant l'indépendance de la forme de la prestation, donne autre vie à la forme expressive fixée. Mais, on peut se demander, pourquoi la fixation doit être autorisée indépendamment de la reproduction ? En effet, puisque la première fixation est un acte préparatoire et indépendant de l'exploitation, elle doit être autorisée en amont et indépendamment de l'autorisation de l'acte de reproduction ou de représentation ; qui plus est, le paramétrage de la forme technique affecte la forme sensible fixée, d'où nous croyons que l'autorisation n'est pas seulement préalable au processus technique de fixation mais s'étend à décider *l'achèvement de la fixation.* Sur les deux conceptions de la fixation : G. QUERZOLA, *Dalloz IP/IT*, n° 1 2019, p. 43 ; P. TAFFOREAU, « La fixation d'une prestation d'artiste-interprète s'entend de la première incorporation de celle-ci dans un support », *D.*, 2019 p.1155 ; S. SOLEIMAN, « Notion de fixation de la prestation de l'artiste-interprète : la Cour de cassation fait primer la conception matérielle », *JCP E*, n° 7-08, 13 février 2020, 1069 ; PH. GAUDRAT, Rép. civ. Dalloz, V°. *Propriété littéraire et artistique, (2° : Les droits des exploitants)*, sept. 2007, n° 98.

144. Enfin de notre démonstration de ces distinctions théoriques entre travail et création, matière et forme, forme laborieuse et forme créative et enfin support et forme, il est temps d'aborder le traitement juridique. En effet, ces distinctions induisent des catégories juridiques ouvrant à des régimes juridiques différents. Il nous faut donc aborder le traitement juridique du travail et de la création dans un système juridique qui a fini par les distinguer, ce qui n'est pas le cas de tous les autres systèmes juridiques.

B. Traitement juridique du travail et de la création

145. Le contexte historique de la distinction entre la création et le travail (**1**) montre que cette distinction s'est imposée naturellement (**2**). Cela précise le traitement de la forme technique (**3**).

1. Approche historique

.146C'est avec la Révolution (**b**) que l'on a rompu avec la fausse assimilation entre la création et le travail (**a**).

a. Fausse assimilation entre travail et création

147. Sous l'Ancien Régime, la création était assimilée à un simple travail. L'enjeu subversif des créations a poussé le pouvoir public à les protéger, mais aussi à les contrôler à travers l'organisation des métiers. Par conséquent, les artistes étaient assujettis soit aux entrepreneurs de la communication soit à un protecteur. Plus tard, à travers les académies, les créateurs artistiques et scientifiques ont obtenu un statut collectif similaire à celui des corporations. Au XVIe siècle, nous trouvons dans la plaidoirie de l'avocat SIMON MARION la première trace d'une distinction entre la création de l'artiste (le domaine éminent) et le travail du libraire (le domaine utile) [1]. Aussi, nous trouvons une autre trace de cette distinction dans les arrêts sur la contrefaçon de 1777 encore qu'ils fassent référence au « travail de l'auteur » [2]. Ainsi, le créateur et l'exploitant étaient considérés comme réalisant un

---

[1] En effet, la distinction entre la forme inerte de l'œuvre littéraire est son support est perçue depuis l'Antiquité, mais sans en tirer des conséquences juridiques. En Droit romain, le *dominium* grevant la matière ne laisse de place à un autre droit concurrent sur la même chose, c'est-à-dire sur la forme (même si Rome connut la propriété incorporelle : celle des droits). À l'opposé ; le droit féodal favorisait les droits concurrents et superposés à travers le *double domaine*, jusqu'au XVIe siècle où MARION opposa la seigneurie de l'auteur sur la forme créative et le domaine utile du libraire sur le support (le livre). V. PH. GAUDRAT, « La création et le Droit : Balade dans l'espace et dans le temps », *in La création entre Droit, philosophie et religion*, Colloque, PU Juridiques de Poitiers, ss. dir. de A. ZOLLINGER, LGDJ 2016, pp. 32-35. Cette analyse va durer à la fin de l'ancien Régime. La Révolution ne conserva que le *domaine utile* dévolu au travail et, faute d'autre modèle juridique, revient à la propriété romaniste. Ainsi, les révolutionnaires proclamèrent la propriété de droit naturel du créateur de la forme (solution qui valait pour les créateurs artistiques et techniques).

[2] Selon le Professeur PH. GAUDRAT, par cette distinction entre l'acte créatif et le travail (le domaine de la création et celui de l'exploitation), les cinq arrêts sur la contrefaçon de 1777 continrent les fondements rationnels de la propriété intellectuelle moderne « *En distinguant l'acte créatif, pour ce qu'il a de distinctif (sinon de naturellement anoblissant), de l'investissement financier requis par le travail de réalisation ou d'exploitation et en assujettissant la protection de l'investissement à la propriété de droit naturel du créateur, le dernier monarque absolu d'une lignée millénaire*

apport de travail, avec une spécificité du travail du créateur dû à son caractère créatif. Toutefois, le cadre juridique fondé sur le seul investissement (débours et travail) n'était pas adapté à la création.

b. Différenciation des régimes après la Révolution

148. Le libéralisme économique. La distinction fondamentale entre le travail et la création, qui était en gestation, a été consacrée après la Révolution. Désormais, les droits ne sont plus des faveurs octroyées arbitrairement par le haut, mais des prérogatives, inhérentes ou votées, définies par et pour le bas. Corrélativement, le principe n'est plus l'interdit sauf exception (le royaume appartenait, *via* le domaine éminent, au Roi), il est la liberté sauf interdit justifié par l'intérêt général. Appliquant ce principe à l'économie, les réformes mettent en œuvre le libéralisme économique (décret D'ALLARDE 2 et 17 mars 1791 et lois LE CHAPELIER 12 et 17 juin 1791 abolissant les corporations) [1]. Le principe de la liberté du commerce et de l'industrie englobe deux sous-principes :

– La liberté d'entreprendre, c'est-à-dire la liberté de choisir une profession et d'exercer librement une activité économique ;

– La liberté de concurrencer : tous les acteurs économiques doivent être en compétition sur le marché des produits et services, d'où découle le principe de neutralité économique de l'État, et l'interdiction des monopoles privés.

149. Application du libéralisme économique au travail. Le libéralisme économique est bénéfique aux travailleurs. D'un côté, la libre entreprise permet à chacun d'exercer librement une profession ; ainsi, à égalité de chances chacun peut mettre ses compétences au service de tous : l'intérêt général est satisfait. D'un autre côté, la libre concurrence des acteurs économiques offrant des produits ou des services permet au public de choisir librement les plus avantageux : l'intérêt général est aussi satisfait.

150. Application du libéralisme économique à la création. Les principes du libéralisme économiques ne sont pas toujours adaptés à l'application à l'acte créatif. La libre entreprise ne pose pas de problème, car elle conforte la liberté d'expression : chacun est libre de se livrer à la profession d'auteur ou d'artiste. En revanche, la libre concurrence est contreproductive, dans la mesure où la *singularité* de la forme issue d'un acte créatif rompt avec l'équilibre concurrentiel : le créateur est, en effet, le seul à produire la forme dotée de sa singularité, il n'est pas en concurrence avec les autres créateurs ; ainsi, le premier exploitant autorisé à mettre la création sur le marché éclipse ses concurrents : ce monopole trouve sa source dans la propriété du créateur [2]. Dans le cas contraire, les concurrents de

---

avait posé, dans les cinq arrêts sur la contrefaçon de 1777, les fondements rationnels de la « propriété intellectuelle » moderne », PH. GAUDRAT, « La création et le Droit : Balade dans l'espace et dans le temps », *op. cit.*, p. 35.

[1] PH. GAUDRAT, « Propriétés intellectuelles & tradition française : rappels historiques », Conférence inaugurale de l'Association Marcel Plaisant, 13 déc. 2018, disponible en ligne URL : https://plaisant.hypotheses.org/date/2019/07 (consultation février 2019).

[2] L'exploitant ne devrait avoir d'autre moyen pour sécuriser son exploitation. En effet, l'octroi d'un monopole légal indépendant est contre les principes du libéralisme évoqués. D'abord, la valeur économique est due à la rareté quantitative qu'induit la singularité de la forme créative ; d'où il est contre le principe de la justice distributive de protéger l'entrepreneur pour une valeur qu'il n'apporte pas. Par ailleurs, le monopole octroyé à l'exploitant porte atteinte à l'égalité entre les travailleurs : à quel titre

l'exploitant autorisé vont pouvoir imiter son exploitation ce qui fait disparaître la rareté, donc la valeur économique.

151. Les révolutionnaires l'ont bien compris : les fruits du travail doivent être en concurrence tandis que les fruits de l'acte créatif doivent faire l'objet de la propriété du créateur. Sur ces bases, les seules conformes à l'intérêt général, les lois sur le droit d'auteur et sur le droit des brevets furent adoptées après la Révolution [1].

2. Nécessaire distinction juridique

152. Origine de la distinction. La distinction intellectuelle entre la forme créative et la forme laborieuse, induite par la *summa divisio* entre le travail et la création, impose une distinction juridique. Puisque la forme laborieuse est accessible à tout le monde moyennant le travail, la production de cette forme est libre à tous ; il n'y a aucun fondement rationnel et conforme à l'intérêt public pour réserver cette production à certains plutôt qu'à d'autres. Le principe est, donc, la libre concurrence entre travailleurs, conséquence de *l'interchangeabilité* du travail et des travailleurs. Ainsi, la forme laborieuse n'a pas à être distinguée de la matière ; l'exclusivité de la propriété corporelle s'étend à la forme nouvelle transformant la matière et le travailleur, qui n'a pas de droit de suite sur la forme laborieuse, n'a qu'un droit personnel à être rémunéré de son travail. En revanche, la forme créative portant les caractéristiques de la personnalité de l'artiste assignée à la matière justifie que l'artiste soit propriétaire de la forme [2]. Il est irrationnel de considérer que toute personne y ayant intérêt peut reproduire cette forme singulière. Il est légitime que l'artiste soit seul juge du partage de sa création. Bref, *la singularité de la forme créative en induit la propriété.*

153. L'intérêt général. La soumission de la forme créative à un régime distinct de celui du support est fondée et conforme à l'intérêt général, à condition que ce régime ne soit pas celui du monopole qui ne profite qu'à l'exploitant. D'un côté, si le régime était le monopole, le droit pourrait être octroyé aux non-créateurs car le monopole permet de séparer l'exploitation de la forme de son créateur ; d'un autre, le monopole étant arbitraire, il permet d'inclure dans son enjeu, non

---

octroyer le monopole à tel ou tel exploitant ? En conséquence, la seule façon légitime de sécuriser l'exploitation de la création doit passer par la propriété du créateur.

[1] Consacrés par les lois révolutionnaires de 1791/1793, le droit de représentation et le droit de reproduction n'ont pour objet que la forme ; ces deux décrets imposent que la propriété, qui ne retenait que l'impact sur la communication au public (le droit patrimonial), soit une propriété incorporelle donc indépendante de celle du support. Une fois que la distinction est établie, les éditeurs ont voulu (durant le XIXe siècle) récupérer leurs privilèges et capter la propriété des créations ; ils soutenaient que la propriété de la forme n'est que l'accessoire de la propriété du support de l'original. L'analyse est absurde : pourquoi la propriété de la forme serait-elle accessoire à la propriété corporelle de l'original et non à celles des exemplaires ? C'est la raison du correctif dans les systèmes du *copyright* : c'est la première fixation qui donne le « droit sur la copie ». La loi de 1910 vient enfin consacrer l'indépendance de la propriété incorporelle de l'auteur de celle corporelle sur tous les supports (aujourd'hui, l'article L. 111-3 du Code de la propriété intellectuelle).

[2] Quand la forme créative est expressive, la forme est doublement personnelle et singulière : d'un côté son créateur est le seul à même de la produire, d'un autre, la forme porte l'empreinte de sa personnalité. Quand la forme créative est utilitaire, la singularité se limite à la nouveauté de la forme. L'on peut imaginer alors à tel point l'interprétation d'un artiste-interprète est singulière : non seulement elle est une forme expressive comme l'œuvre, mais elle possède, en plus, une spécificité liée à son support de création : l'artiste-interprète. Y a-t-il une forme créative aussi personnelle ?

seulement la suppression de la concurrence d'autres exploitants, mais aussi la jouissance intellectuelle du public. Pour ces raisons, le seul modèle équitable et prenant en compte les intérêts du *trio* créateur-intermédiaire-public est celui de la *propriété de la forme* [1].

154. Au final, la distinction juridique entre la forme et la matière n'est justifiée qu'à condition que la forme soit créative. Ainsi, en droit d'auteur, la forme abstraite de la matière de l'original est l'unique objet de la propriété de l'auteur, d'où *l'incorporéité* de ce droit. La matière, *mémoire de la forme*, est l'objet d'une propriété indépendante et corporelle comme son objet. Ces deux propriétés se cumulent généralement en amont lors de la réalisation de la création (l'original comme le manuscrit), mais dès la divulgation, les deux propriétés se séparent [2]. Ainsi, le principe de la distinction intellectuelle entre la forme et le support dans l'original fut moins délicat à installer que celui des régimes ; mais, avec la prise en compte de la distinction entre le travail et la création, la distinction entre le régime applicable à la forme ou au support a fini par s'imposer en France, ce qui n'est pas le cas dans le monde anglo-américain qui ne connaît qu'une seule catégorie : le travail.

3. Traitement de la forme technique de fixation

155. Le principal et l'accessoire. L'interprétation n'existe en tant que bien que grâce à une forme technique de fixation, qui rend durable la forme vivante et permet de tirer sa valeur économique, existant en puissance dans cette forme. Dans ce cas, quel régime doit-on appliquer à la forme technique de fixation ? Est-ce le travail créatif des artistes qui s'incorpore dans la matière de la forme technique produite ? Si c'était le cas, la théorie de l'accession s'appliquerait en faveur des investisseurs, et les artistes-interprètes seraient réduits à l'état des simples travailleurs n'ayant que le droit à la rémunération de leur travail. En revanche, si l'investissement (débours et travail) est considéré comme étant au service de la forme créative (œuvre et interprétation), l'accessoire devient la forme technique de fixation.

156. En effet, l'essentiel de la valeur ne revient qu'à la *rareté qualitative* qu'induit la singularité de la forme créative de l'œuvre et de l'interprétation. Certes, le prix des matières premières, du travail et de l'investissement doit être récupéré par l'investisseur, mais ces apports ne justifient pas l'application du régime propriétaire (réservés aux formes créatives) à la forme technique. En conséquence, deux procédés permettent aux investisseurs de récupérer leur investissement et

---

[1] La solution aurait pu être la même en droit des brevets si l'objet du droit était la forme créative de solution technique ; mais le brevet n'est qu'un monopole qui va à celui qui fait le dépôt non un droit qui naît de l'acte créatif. V° PH. GAUDRAT, « Propriétés intellectuelles & tradition française : rappels historiques », Conférence inaugurale de l'Association Marcel Plaisant, 13 déc. 2018, disponible en ligne, URL : https://plaisant.hypotheses.org/date/2019/07 (consultation février 2019), n° 32 et s.

[2] Il arrive que l'auteur vende l'original (il cède la propriété corporelle du support), ce qui l'oblige à une divulgation restreinte au bénéfice de l'acquéreur et de son cercle privé ; il n'en reste pas moins le propriétaire de la forme. V. PH. GAUDRAT, « Non-épuisement du droit de divulgation (par donation du support) », note sous 1re civ., 10 oct. 2018 (*aff. Clapton*), *RTD com.* 2019, p. 127. Il est possible aussi que l'auteur garde l'original et se contente de le prêter à l'exploitant pour abstraire la forme et la reproduire, là aussi les deux propriétés sur la forme et sur les supports suivent séparément leur développement.

rémunérer leur travail : se baser sur les propriétés qu'ils exploitent, c'est-à-dire celles des créateurs des formes créatives ; ou solliciter des droits exclusifs indépendants sur les formes techniques qu'ils produisent [1]. Les deux techniques de réservation et de partage de la valeur économique de l'exploitation des créations ne sont pas les mêmes : le monopole n'est pas la propriété.

§ 2. Deux modalites de reservation de la valeur : le monopole et la propriete

157. Dans le paragraphe précédent, nous avons montré que le Droit français se base sur une série de distinctions dont l'origine est la distinction essentielle entre le travail et la création. En conséquence, ce Droit connaît des catégorisations correspondant à ces distinctions ; ainsi, on distingue entre la forme créative et la forme laborieuse, et entre forme créative originale, objet de la propriété littéraire et artistique et le support qui peut être une autre forme : sensible (la forme vivante de l'œuvre interprétée) ou technique (la forme technique de fixation). Il découle de ces catégories des régimes juridiques différents : les fruits d'un simple travail font l'objet d'une propriété corporelle et sont en libre concurrence, tandis que les formes créatives fruits d'un acte créatif font l'objet d'une propriété incorporelle du créateur. Dans le premier cas, la théorie de l'accession s'applique sans problème, alors que dans le deuxième cas, la forme créative ne peut pas être appropriée par le propriétaire du support, car la singularité de cette forme induit la propriété du créateur.

158. Si l'on était allé au bout de cette logique, la forme technique ne serait pas traitée d'une façon différente du traitement réservé à la forme laborieuse. Le fait que le producteur investit en amont (en prenant l'initiative de la première fixation) pour la production de l'orignal (la matrice) ne change rien de la nature de son apport, dont la substance est *le financement et le travail compétent.* Or, les producteurs ont pu obtenir, en même temps que les artistes-interprètes, un droit exclusif du seul fait de l'acte matériel de fixation. Le parallélisme de ces deux droits, sur la forme créative vivante et sur la forme technique de fixation, peut s'expliquer, mais ne saurait être vraiment justifié à cause de la différence de nature des deux formes. La complexité de la question s'explique par deux choses :

– D'abord, l'explication historique : l'interprétation artistique était exclue de la protection par le droit d'auteur qui ne protégeait que l'œuvre interprétée ; la théorie de l'unité de l'art [2], au début du XXe siècle, n'avait unifié que le traitement des créations artistiques ayant une forme inerte nonobstant l'aspect utilitaire de la

---

[1] On s'accorde à dire que les droits voisins *économiques*, c'est-à-dire les droits exclusifs des producteurs de phonogrammes et de vidéogrammes et les entreprises de communication audiovisuelle et enfin les éditeurs et agences de presse (les producteurs des bases de données aussi), sont fondés sur l'investissement, et ont pour finalité de permettre aux investisseurs de récupérer leur investissement.

[2] La théorie de l'unité de l'art fut consacrée par la loi du 11 mars 1902 sous l'influence des travaux de POUILLET. Ainsi, il a été ajouté à l'article 1er de la loi de 1793 que « *le même droit [le droit d'auteur] appartiendra aux sculpteurs et dessinateurs d'ornements quels que soient le mérite et la destination de l'œuvre* ». En conséquence, on fait abstraction de la destination de la création ce qui permet d'intégrer dans le champ du droit d'auteur les créations d'art appliqué aux créations d'art pur. V. Y. GAUBIAC, « La théorie de l'unité de l'art », *RIDA*, janv. 1982, p. 3 et s.

forme externe ; par conséquent, la forme vivante restait en dehors du champ du droit d'auteur, qui était le seul modèle juridique de protection des créateurs. Quand le développement technique eut permis la transformation de la prestation vivante en un bien appropriable, les interprètes ont réclamé un droit exclusif sur la forme vivante *fixée* ; en même temps, les producteurs de la forme technique de fixation ont rejoint cette demande en réclamant aussi un droit exclusif sur la forme technique. C'est ainsi que le sort des artistes-interprètes et celui des producteurs se sont liés dès le début [1].

– Ensuite, la façon dont la valeur économique est actualisée cause une confusion : premièrement, au stade de la création, les exploitants sont les producteurs de la forme technique de fixation ce qui laisse penser que l'apport technique s'inscrit dans le processus créatif ; or, on a vu que la forme technique serait extérieure et indépendante de l'acte créatif. Deuxièmement, au stade de l'exploitation, la valeur économique est engendrée par les *utilisations secondaires* de la forme technique, et ne se limite pas à la première exploitation de la forme vivante fixée. La forme expressive fixée ne s'utilise pas mais se communique ; néanmoins cette communication n'est possible qu'à travers l'utilisation de la forme technique ; dès lors, les producteurs de la forme technique ont soutenu, à l'appui de leurs doléances, qu'ils participeraient, au même titre que les interprètes, à la création de la nouvelle valeur économique, et par suite, qu'ils devraient avoir leur part dans le partage de cette valeur.

159. Plan. Dans ce contexte, un droit exclusif fut octroyé sur la forme technique indépendamment des droits sur le contenu fixé, du seul fait de l'acte matériel de première fixation et sans aucune formalité. Mais, la nature de l'objet du droit étant différente de celle de la forme créative, il nous faut analyser la nature et la construction de cette réservation (**B**) à la lumière des deux modalités opposées de la réservation de la valeur qu'engendre l'exploitation de la forme créative, à savoir le monopole et la propriété (**A**).

A. L'opposition entre le monopole et la propriété

160. Le monopole garantit au monopoleur l'exclusivité *autour d'un enjeu* en neutralisant la concurrence. L'exclusivité étant un *effet* de la propriété, certains assimilent le monopole à la propriété, ou essayent de qualifier la propriété littéraire et artistique en monopole. Mais, tout ce qui brille n'est pas or, les deux concepts juridiques se diffèrent en tout. Pour comprendre la construction juridique du monopole et de la propriété (**2**), il faut d'abord comprendre leur conception (**1**).

[1] Ces deux demandes conjointes s'expliquent par l'interdépendance qui existe entre les deux formes : de côté des artistes-interprètes, la forme vivante créative n'a que son existence éphémère dans la prestation, c'est la forme technique de fixation qui, en donnant l'indépendance à la forme vivante de son support vivant (l'artiste-interprète), permet d'actualiser la valeur économique *via* les actes illimités de communication au public. Du côté des producteurs, la forme technique n'ajoute qu'une valeur *statique* à la matière transformée : c'est la seule valeur économique du produit (le support technique). Mais, dès que ce produit fixe une création expressive, le simple produit à valeur statique devient porteur d'une valeur maximale qui s'actualise à chaque utilisation de la forme technique de fixation.

1. Notion de monopole et de propriété

161. La conception du monopole et opposée à celle de la propriété (**a**). Leurs caractéristiques (**b**) et leur objet (**c**) ne sont pas du tout les mêmes.

a. Conceptions opposées

162. Notions. « Monopole » du latin *Monopolium* [1], est composé de *monos* (seul) et *polein* (vendre) [2]. Au sens strict, il s'agit d'une situation où un acteur économique est le seul offreur. Mais au sens plus large, il ne s'agit pas seulement du début de la chaîne de production, le monopoleur peut être producteur ou intermédiaire subséquent. Donc, le caractère essentiel du monopole gît dans la solitude d'un acteur économique face à la multitude de sa clientèle ; il en résulte un profit trop élevé du monopoleur (pôle actif) [3] au détriment des consommateurs (pôle passif) et un manque à gagner du point de vue de l'intérêt général [4]. En revanche, « Propriété » de *proprietas* substantif de *proprius* par opposition à *communis*. Donc, le *terme* désigne l'état de ce qui est propre par opposition à ce qui est commun. Juridiquement, le droit de propriété, désigne l'effet exclusif de ce droit ; le propriétaire est investi d'un droit d'exclure autrui.

163. Nécessaire distinction. Se référer à l'exclusivité ne nous aide pas à distinguer le monopole et la propriété ; le propriétaire aussi est seul à pouvoir vendre l'objet de sa propriété, mais il n'est pas en situation de monopole car le chaland reste libre de choisir une offre concurrente sur le même produit. En se bornant à réserver au propriétaire la valeur d'un bien déterminé, la propriété n'entrave pas le fonctionnement du marché, au contraire, elle est l'outil juridique de la distribution des valeurs dans le marché. En revanche, le monopole affecte le fonctionnement du marché en supprimant la concurrence sur l'offre ou la demande ou les deux en faveur du monopoleur, ce qui rend les acteurs du marché captifs de son pouvoir monopolistique. Pour cette raison, le monopole n'est légitime que s'il sert l'intérêt général (service public), mais quand il sert les intérêts individuels, il devient contreproductif [5].

b. Caractéristiques opposées

164. Exclusivité. Le monopole et la propriété partagent *une seule chose* : leur effet exclusif. Mais ils s'opposent en toutes autres choses. En effet, l'exclusivité

---

[1] Apparu selon le dictionnaire *Trésor de la langue française (TLFI)* au XIVe siècle : 1358 « privilège exclusif de fabriquer ou de vendre quelque chose, d'occuper certaines charges, détenu par un particulier, une société ou un organisme d'État ».

[2] Le monopole ne s'applique pas seulement à la vente, il peut s'appliquer à l'achat ou à la distribution ou à de pures prestations.

[3] Dès lors que le monopoleur est à l'abri de concurrence face à une pluralité de partenaires, il détermine comme bon lui semble les conditions de l'échange : la quantité, la qualité, les tarifs etc. Alors que selon les principes du marché, la juste valeur est déterminée par une libre rencontre entre les offres et les demandes.

[4] Sur la théorie du monopole et les différentes sortes de monopole, V. F. LEVEQUE, « Le monopole et le pouvoir du monopole », *Resource en science économiques et sociales,* oct. 2019. [En ligne], URL : http://ses.ens-lyon.fr/articles/le-monopole-et-le-pouvoir-de-monopole. [Consulté le 25 avril 2020].

[5] « Le monopole est l'expression moderne et économique du *fief*. Pour cette raison, les révolutionnaires [...] ont proscrit les monopoles privés », PH. GAUDRAT, Rép. civ. Dalloz, V° *1° Propriété des créateurs*, *op. cit.*, n° 319.

propriétaire est une réservation *directe* ; elle s'exerce directement sur un objet, corporel ou incorporel. En revanche, la réservation *via* l'exclusivité monopolistique est *indirecte*, dans la mesure où cette exclusivité s'exerce effectivement sur des opérations réalisées dans un territoire relativement à un enjeu : il s'agit de la suppression du marché autour d'un enjeu (bien, activité ...).

Quand il s'agit de la propriété, l'exclusivité, qui est son *effet*, est *relative à un objet* (non à un marché) ; elle est la conséquence d'une jouissance pleine et entière de la valeur réservée de l'objet de propriété : le propriétaire est le seul à profiter de la valeur de l'objet de sa propriété, d'où il exclut les tiers. Alors que, quand il s'agit du monopoleur, l'exclusivité relativement à un marché est *construite* : elle est créée à travers un *mur d'interdits autour d'un enjeu défini*, le monopoleur exclut les tiers car il est le seul à échapper aux interdits.

Il en découle que l'exclusivité propriétaire n'implique pas un monopole, car elle ne porte pas sur un *marché* mais sur un *objet* [1] ; pour cette raison, la propriété est un *outil distributeur* dans le marché. En revanche, du côté du monopole, l'exclusivité implique la suppression du marché autour d'un enjeu, donc il s'agit d'une négation de la concurrence ; il s'ensuit qu'il est un *outil captateur*.

165. Typologies. Nous savons qu'il y a plusieurs modèles de propriétés : il y a le modèle du droit civil (la propriété de l'article 544 du Code civil et qui peut avoir un objet corporel ou incorporel [2]) ; et le modèle des propriétés intellectuelles [3]. En matière de propriété littéraire et artistique la propriété est le droit incorporel sur la forme originale ; ainsi, sa source est l'acte créatif de cette forme. Quant au monopole [4], il y a d'abord la distinction entre le monopole de fait et le monopole de droit ; quant à leur titulaire, il y a le monopole public (monopole d'État) et le monopole privé, et il y a le monopole collectif et le monopole individuel ; enfin, quant à leur source on distingue le monopole légal octroyé par le législateur et le monopole contractuel résultant d'un contrat garantissant l'exclusivité.

166. Titularité. La propriété littéraire et artistique a une *source unique* qui est l'acte créatif, d'où son sujet ne peut être que le créateur de la forme intellectuelle, une personne physique. En revanche, étant arbitraire, le monopole peut être octroyé à une personne physique ou à une personne morale, c'est-à-dire le

---

[1] L'objet de la propriété peut être une chose corporelle ; une chose incorporelle (fonds de commerce : le commerçant a une exclusivité sur les produits et services afin de capitaliser son travail, mais ne peut pas interdire la concurrence autour de ces produits et services) ; une forme créative (le créateur a une exclusivité qui implique l'interdiction de la concurrence sur son objet, fruit de son travail créatif, mais il ne s'agit pas d'un mécanisme monopolistique, même quand il fait recours à un exploitant. En effet, assimiler la propriété du créateur à un monopole revient à considérer que le créateur est en concurrence avec les exploitants, mais, on l'a vu, la création n'est pas un simple travail et la forme créative singulière n'est pas une simple forme laborieuse interchangeable).

[2] Contrairement à ce que l'on pourrait penser, la propriété de l'article art. 544 du Code civil n'est pas limitée aux objets corporels. En effet, ce modèle propriétaire s'applique à tout *objet topique (localisable)*. En revanche, la propriété intellectuelle a pour objet les formes de l'esprit, c'est-à-dire des *objets ubiquistes*. Pour cette raison, la comparaison entre *l'abusus*, *l'usus* et le *fructus* et les prérogatives morales et patrimoniales des créateurs n'a pas de sens. *Contra* T. AZZI, *Recherche sur la loi applicable aux droits voisins du droit d'auteur en droit international privé*, pp. 33-88. Le modèle propriétaire du droit de l'artiste-interprète fera l'objet de notre seconde partie.

[3] PH. GAUDRAT, « La structure juridique des propriétés intellectuelles », in *Les modèles propriétaires au XXIe siècle*, *op. cit.*, pp. 179-192.

[4] Sur les situations variables entre la concurrence parfaite et le monopole, V. M. LUTFALLA, « Monopole », « Oligopole », *in Encyclopaedia Universalis*, 2006.

monopole n'est pas inhérent à la personne auquel est imputable l'enjeu du monopole (l'inventeur, le découvreur, le créateur etc.), car il peut être octroyé à celui qui a simplement financé le travail ou la création, ou qui a financé le dépôt (invention de mission, *work made for hire*).

167. Nature du monopole et de la propriété. Si l'effet exclusif est commun, la nature du monopole et de la propriété est totalement différente. La propriété est un outil du marché, ainsi, elle est *le principe*. Tous les travailleurs, donc les entrepreneurs, sont à égalité devant la loi du marché : ils sont libres dans l'exercice de l'activité économique et en concurrence sur les fruits *substituables* de leur travail. Quand il s'agit du travail créatif, la propriété intellectuelle du créateur découle de la *singularité* de la forme intellectuelle qui la place hors concurrence [1] (la concurrence n'est pas supprimée, mais simplement impossible) ; qui plus est, cette propriété n'est pas égoïste : son objet étant destiné au partage, la construction du droit sur cet objet est *raisonnée et non opportuniste,* puisqu'il s'agit de canaliser les valeurs économiques engendrées par ce partage vers leur source. C'est tout le contraire quand il s'agit du monopole. En effet, consistant en la négation du marché, le monopole est un *outil opportuniste* de captation de la valeur par nature. Ainsi, étant dérogatoire à l'ordre libéral, le monopole est *l'exception* et doit, par conséquent, être défini précisément dans l'acte juridique qui l'instaure qui sera d'interprétation stricte.

168. Impact sur l'intérêt général. La propriété est un droit fondamental et trouve sa justification dans la liberté et l'appropriation du fruit du travail ; quand il s'agit de la propriété des créateurs sur la forme créative, cette propriété, qui découle du droit naturel [2], est doublement légitime : d'une part ce droit naît directement de l'acte créatif et, d'autre part, l'objet de ce droit n'est pas soustrait du domaine public mais, au contraire, il l'enrichit, dans la mesure où la création est destinée au partage. Après la divulgation, le droit de suite sur la forme n'entrave pas la jouissance intellectuelle de la création par les amateurs ; ce droit s'exerce contre l'exploitant non autorisé. En conséquence, le créateur n'est pas monopoliste, et quand il donne l'exclusivité contractuelle à un exploitant, il exerce son droit de propriété. Dans tous les cas, les intérêts du créateur, de l'exploitant et du public sont équilibrés. En revanche, par le monopole légal, un objet est soustrait au domaine public au bénéfice du monopoliste. Ainsi, il s'agit d'un artifice légal utilitariste ; il ne sert que l'intérêt égoïste du monopoliste, qui décide unilatéralement les conditions de l'exploitation : il détermine les conditions de la diffusion, la qualité, la quantité, le prix etc. En somme, le monopole de l'exploitant indépendant de la propriété du créateur rend le monopoliste maître du marché, ce qui est contre l'intérêt général : d'abord, c'est contre l'intérêt des créateurs spoliés ; ensuite c'est contre l'intérêt des concurrents ; enfin c'est contre l'intérêt du public.

---

[1] « La singularité exclut la substituabilité sans laquelle il n'est pas de concurrence possible », PH. GAUDRAT, Rép. civ. Dalloz, *1° Propriété des créateurs*, *op. cit.*, n° 317.

[2] La propriété des créateurs est un *droit de l'Homme* (un droit subjectif fondamental), alors que le monopole de l'exploitant, artificiel et utilitariste, ne peut l'être pas : contrairement à la propriété du créateur, le monopole n'est pas un droit inhérent au sujet bénéficiaire (il peut être *octroyé* à une personne physique ou morale), et ne véhicule aucune valeur fondamentale. Sur cette qualification, V. A. ZOLLINGER, *Droit d'auteur et Droit de l'Homme*, préf. PH. GAUDRAT, PU Juridiques de Poitiers, 2008 ; PH. GAUDRAT, Rép. civ. Dalloz, V° *1° Propriété des créateurs*, *op. cit.*, n° 335.

Toutefois, les lobbies et une partie de la doctrine juridique répètent inlassablement que ces monopoles légaux sont nécessaires pour amortir l'investissement et sert l'intérêt des créateurs et l'intérêt général [1]. Pour cette raison, le monopole n'est justifié que quand il est requis par l'intérêt général, comme le monopole à finalité sécuritaire ou attaché à une fonction publique.

169. Condition d'existence. La propriété du créateur naît du seul fait de l'acte créatif sur le fruit singulier qui est la forme issue de l'esprit, non sur le fruit du travail interchangeable, ni *a fortiori* sur le fruit d'un simple investissement. Le législateur ne la crée pas mais la consacre puisqu'elle est *de droit naturel*. Ainsi, son modèle *rationnel* et *équitable* est dégagé à partir d'une jurisprudence séculaire et consolidée dans un texte voté. En revanche, le monopole légal naît d'un acte juridique (généralement procédural et gracieux) précisé par la loi ; il est alors de *droit positif*. Du fait que le monopole est, d'un côté dérogatoire à l'ordre libéral, et de l'autre indifférent à l'enjeu autour duquel il est construit, l'acte juridique qui le fait naître doit être précis quant aux paramètres définissant le monopole. D'ailleurs, ce modèle étant *artificiel* et *opportuniste*, il nécessite un correctif afin d'atténuer ses effets pervers. Ainsi, les licences légales existent pour protéger l'intérêt général contre l'abus du monopoleur. Enfin, si l'on substitue les intermédiaires (producteur ou exploitant) aux créateurs par transfert de la propriété, on met ces intermédiaires interchangeables en situation du monopole, raison pour laquelle la propriété des créateurs n'est pas transmissible [2] contrairement au monopole.

c. Objet de la propriété et du monopole en propriété littéraire et artistique

170. *L'objet* de propriété et *l'enjeu* du monopole. Comme droit réel (*jus in res*), la propriété a un objet qui peut être un bien corporel ou incorporel ou une forme intellectuelle [3]. Mais le monopole a un objet beaucoup plus complexe ; le marché n'est pas l'objet du monopole, encore moins la clientèle (c'est-à-dire les acceptants potentiels) qui reste libre ; en effet, *l'objet* du monopole n'est pas *l'enjeu* autour duquel il est construit, car l'objet du monopole est construit : il s'agit des opérations réalisées sur un territoire et relatives à un enjeu. Cet enjeu du monopole pourrait être l'invention, puisque le droit de brevet n'est pas un droit réel du créateur technique sur la forme inventive ; aussi, l'enjeu peut être l'interdiction de toute copie (et non le *Work* corporel) dans le système du *copyright*. Dans la même logique, un droit exclusif du producteur d'une forme technique de fixation ne peut avoir comme objet, ni la propriété incorporelle sur la forme créative fixée, ni la forme technique du support de fixation, qui est un bien corporel. En vérité, il ne

---

[1] Le droit commun possède des outils qui protègent l'investissement tout en préservant la concurrence, mais les investisseurs soutiennent toujours que leurs investissements ne peuvent être protégés qu'en supprimant la concurrence *via* l'octroi des monopoles. V. PH. GAUDRAT, Rép. civ. Dalloz, *1° Propriété des créateurs*, *op. cit.*, n° 433 et s.

[2] Selon une partie de la doctrine. V. PH. GAUDRAT, Rép. civ. Dalloz, *1° Propriété des créateurs*, *op. cit.*, n° 320. Nous allons approfondir cette qualité de la propriété des créateurs lors de l'étude de la cession *sui generis* par laquelle le créateur exploite son droit.

[3] « *L'exclusivité dont bénéficient les créateurs sur l'exploitation de la forme qu'ils ont créée n'institue nullement un monopole mais une vraie propriété de la création […] [dont l'objet est] de maîtriser la valeur qu'il apporte à la société sans entraver le jeu du marché* », PH. GAUDRAT, Rép. civ. Dalloz, *1° Propriété des créateurs*, *op. cit.*, n° 320.

peut s'agir que d'un monopole construit dont *l'enjeu* est la forme technique [1] et dont *le véritable objet* est une série d'interdictions des opérations portant sur la forme technique : la production, la distribution etc.

Pour finir, *l'enjeu* du monopole peut être tout et n'importe quoi : il peut s'agir des fruits d'un simple travail, comme le droit *sui generis* du producteur sur le contenu des bases de données, ou encore comme le droit sur le logiciel, qui est le plus souvent le fruit d'un travail compétent non d'un acte créatif. L'enjeu du monopole peut aussi être la propriété d'autrui, ainsi, depuis 1844 l'invention n'est plus l'objet du droit mais l'enjeu d'un monopole attesté par un titre octroyé au déposant.

2. Technique de construction juridique du monopole et de la propriété

171. Les différences entre le monopole et la propriété induisent une opposition dans la construction de leurs prérogatives (**a**) et dans le fonctionnement de ces prérogatives (**b**).

a. Techniques législatives différentes

172. Deux techniques législatives [2]. Le propriétaire jouit et dispose de son bien de *la manière la plus absolue.* Ainsi, les prérogatives propriétaires ne sont pas détaillées ; ce sont les limites de cette exclusivité qui doivent être précisées. Appliqué à la propriété intellectuelle sur la forme, le législateur ne précise que les modalités universelles de l'exploitation à l'occasion desquelles s'exerce le droit de suite du créateur sur la forme : la communication au public de façon indirecte (la reproduction) ou de façon directe (représentation). À l'opposé, les prérogatives monopolistiques (c'est-à-dire les actes interdits par rapport à un enjeu et qui sont soustraits du marché pour être réservés au monopoleur) doivent être listées dans l'acte constitutif. En un mot, la technique législative est *synthétique* dans le modèle propriétaire, qui est le *principe*, et *analytique* dans le modèle monopolistique, qui est *l'exception.*

b. Fonctionnement de l'exclusivité

173. Fonctionnement de l'exclusivité. La modalité de l'action du droit de propriété n'est pas la même que celle du monopole. Le seul régime juridique convenant à la forme créative singulière issue de l'esprit, qu'elle soit une forme inerte ou vivante [3], est celui *du droit réel* [4]. Pour s'en convaincre comparons les deux techniques juridiques : la propriété, étant la maîtrise la plus absolue sur une chose,

---

[1] Il convient de préciser qu'il n'est pas possible de reconnaître un monopole sur toute production d'une forme technique ; pour cela, il est précisé que ce monopole est donné à celui qui réalise la première fixation.

[2] PH. GAUDRAT, Rép. civ. Dalloz, 1° *Propriété des créateurs*, *op. cit.*, n° 325 à n°328.

[3] Tirant toutes les conséquences de la distinction entre travail et création, monopole et propriété, le Professeur PH. GAUDRAT traite séparément, dans son Mini-Traité, la *propriété* des créateurs (auteurs et interprètes) des *droits* des exploitants qu'il les appelle « les droits voisins économiques » et qu'il les considère, à juste titre, comme des pouvoirs concurrents à la propriété des créateurs. V. PH. GAUDRAT, Rép. civ. Dalloz, V° *Propriété littéraire et artistique (2° Droits des exploitants)*, sept. 2007, n° 274 et s.

[4] Non un monopole, encore moins un droit personnel à rémunération.

s'actualise avec son objet et embrasse *tous les actes juridiques* et *matériels* concernant cet objet. À l'opposé, le monopole légal, étant une soustraction temporairement un objet à la concurrence, ne couvre que *les actes précisément visés* par le législateur.

Le droit réel qui grève la forme créative est *le plus légitime* : il n'est pas égoïste, car le créateur puise dans son esprit la substance de la forme qu'il *partage,* donc il enrichit le domaine public. La fonction de ce droit sur la forme singulière consiste, avant le partage, à garantir le secret ; quand le créateur décide le partage, le droit réel permet au propriétaire de jouir d'un *droit de suite* sur son bien : son autorisation doit être accueillie par tout intermédiaire qui assure une communication de la forme à un public. La situation est différente concernant le fonctionnement de l'exclusivité monopolistique. Le modèle est celui d'un « fief économique » [1] selon l'expression du Professeur GAUDRAT : sur le territoire dont le législateur a octroyé le monopole, le monopoleur ne bénéficie pas d'un droit de suite, mais d'une sorte de « délégation de puissance publique » ; le monopoleur dispose de la force publique pour interdire tout acte économique réservé (reproduction, distribution, utilisation etc.) concernant l'enjeu du monopole. Le monopoleur peut choisir de faire sanctionner les actes qui ne respectent pas son monopole (la répression, comme dans l'action en contrefaçon) ; ou négocie avec les acteurs économiques le prélèvement d'une rente (royalties [2]) sur leur travail portant sur l'enjeu réservé. Le monopoleur peut aussi démembrer son monopole ou le céder.

B. L'octroi d'un droit exclusif *autour* de la forme technique intermédiaire

174. Si la singularité de la forme créative induit la propriété du créateur, rien ne justifie que la forme technique, forme issue d'un investissement et d'un travail compétent, fait l'objet d'une *propriété incorporelle* de l'investisseur. En effet, entre les deux modèles juridiques, que l'on a analysés plus haut, le droit ayant la forme technique comme objet ne peut être que de nature monopolistique (**1**), dans la mesure où *l'existence* et le *contenu* de ce droit ne dépendent que de la volonté arbitraire du législateur (**2**).

1. La forme technique intermédiaire comme enjeu de monopole

175. On a vu que les formes techniques de fixation des formes vivantes ont fait apparaître une nouvelle catégorie d'industriels qui fournissent un *produit* à la manière d'un éditeur, et que ces industriels ont une part active dans l'obtention de l'original de la création fixée : ce sont les *producteurs*. La caractéristique essentielle du *produit* que ces industriels fournissent est l'engendrement d'une f*orme technique intermédiaire.* Cette forme externe technique est indispensable dans les deux

---

[1] PH. GAUDRAT, Rép. civ. Dalloz, V° *Propriété littéraire et artistique (1° Propriété des créateurs)*, sept. 2007, n°319 ; *Propriété littéraire et artistique (2° Droit des exploitants)*, sept. 2007, n°474. Selon ce modèle, une personne privée (le seigneur) exerce, sur un territoire et par délégation du Roi, des prérogatives de puissance publique : battre monnaie, lever l'import etc.

[2] Selon le dictionnaire Larousse, Royalties : (de l'anglais), Droits d'auteur, redevance due au propriétaire d'un brevet ou d'une marque ou encore au propriétaire du sol sur lequel sont assurées certaines exploitations - Somme versée à des intermédiaires pour certains services rendus sur le plan commercial.

modalités universelles de l'exploitation de la forme vivante : la reproduction et la représentation.

176. Médiation nécessaire de la forme technique. Le trait commun à toutes les formes techniques est d'être destinées à une machine, contrairement aux formes créatives qui sont communicables au public en l'état. Mais, en introduisant la forme technique, les formes créatives *converties* ne redeviennent perceptibles et communicables que par *lecture* de la forme technique intermédiaire à l'aide d'une machine. Ainsi, les formes techniques sont des *vecteurs* de la forme créative, et leur *utilisation*, tantôt par lecture finale, tantôt par transmission ou fixation intermédiaire, sont les passages obligés des deux modalités universelles de l'exploitation des créations. En conséquence, couplées aux formes créatives, les formes techniques déterminent des objets « voisins » mais de nature différente [1]. Le contrôle juridique de ces objets vise, au final, la maîtrise de l'exploitation des formes créatives fixées qui ne doit revenir qu'aux créateurs.

177. Appréhension juridique des formes techniques. En vérité, les formes techniques, comme nous l'avons démontré, sont des formes *laborieuses*, non des formes créatives ; ainsi, elles ne sont pas *en elles-mêmes* objet de droit [2]. Pourtant, dès qu'elles ont servi de support aux créations expressives, les *revendications corporatistes* d'un droit sur les nouvelles valeurs engendrées ont abouti à définir deux objets de droit : la forme créative fixée objet du droit du créateur et la forme technique intermédiaire objet du droit du producteur. En d'autres mots, les formes techniques, outil de revendication, sont des *utilitaires juridiques*, indissociables des catégories socio-professionnelles qui en ont poussé la reconnaissance dans leur unique intérêt [3].

178. Les remarques précédentes valent pour la forme analogique (**a**) comme pour la forme numérique (**b**).

a. Forme analogique

179. Les formes techniques de première génération. La première génération des formes techniques, définies comme enjeu d'un monopole attribué à leur producteur, fut la forme analogique. La consécration d'un droit exclusif en faveur des producteurs de la forme techniques intermédiaires s'est faite sous la pression des pays de *copyright* dont le système, en ne distinguant pas création et

---

[1] PH. GAUDRAT, Rép. civ. Dalloz, *2° Droits des exploitants*, *op. cit.*, n° 289-n° 290. Ainsi, l'évolution des techniques de fixation et de transmission de la forme vivante a fait apparaitre deux objets de nature distincte toute en étant interdépendants ; cette promiscuité qu'entretiennent la forme et la matière donne un avantage précieux aux investisseurs : la *captation* de l'essentiel de la valeur économique engendrée par l'exploitation des créations fixées (puisqu'ils considèrent les créateurs, auteurs et interprètes, comme des simples éléments dans leur investissement), ou, au moins, le *contrôle* de l'exploitation à travers la maîtrise des supports matériels ou à travers les outils incorporels attachés à la forme numérique (les mesures techniques).

[2] Car elles ne sont pas, en elles-mêmes, objet *direct* d'exploitation, mais des outils au service des formes sensibles exploitées. Ainsi, le Professeur PH. GAUDRAT distingue ces formes techniques intermédiaires de la forme technique de la photographie, qui est un objet direct d'exploitation car elle fait apparaître une forme sensible exploitable. PH. GAUDRAT, Rép. civ. Dalloz, V° *Propriété littéraire et artistique (2° Droits des exploitants)*, sept. 2007, n° 276.

[3] PH. GAUDRAT, Rép. civ. Dalloz, V° *Propriété littéraire et artistique (2° Droits des exploitants)*, sept. 2007, n° 291.

travail, accueille sans problème la qualification des formes techniques comme *work* ; aussi, en raison d'une pression des lobbies de l'industrie phonographique qui présente cette protection indépendante comme indispensable à la protection de l'investissement. Ce fut l'objet de la Convention de Rome 1961 et de Genève1971 ; étape relayée en droit interne et en droit européen. Ainsi, une nouvelle catégorie de droits s'est introduite dans la propriété littéraire et artistique. Mais contrairement à la *propriété intellectuelle* dont la source est l'acte créatif qui engendre naturellement tous les concepts fondamentaux (auteur, originalité, forme et le contenu des droits), les monopoles légaux sont un *artifice juridique*, dont *l'existence* et le *contenu* dépendent de la volonté arbitraire du législateur et non de la nature de l'activité de l'entrepreneur [1]. Il en découle deux conséquences : la première, aucune analogie n'est possible, surtout avec la propriété des créateurs ; la seconde, l'acte juridique établissant le monopole (statut dérogatoire) est d'interprétation stricte. Or, nous constatons une souplesse dans les définitions des titulaires des droits voisins économiques tant dans les textes internationaux que dans la loi française ; cette souplesse se manifeste dans la définition des investisseurs privilégiés [2] et dans la détermination de l'enjeu du monopole, ce qui a permis de qualifier de phonogramme la fixation sous forme numérique [3], alors que cette forme n'était pas connue des rédacteurs des textes fondateurs du monopole du producteur de phonogrammes laquelle ne visait que la forme analogique [4].

b. Forme numérique

180. Traitements dispersés. Le traitement juridique de la forme technique numérique n'est pas passé par la consécration d'un droit voisin à son producteur de façon globale ou sectorielle (comme en matière de forme technique analogique). Ce monopole légal unifié aurait pu éviter la déformation et l'éclatement de la

---

[1] Ainsi, la liste des titulaires du monopole légal sur la forme technique est limitative, mais négociable avec le législateur, dont la volonté arbitraire, non la nature de l'activité de l'entrepreneur, est la source de tous ces droits.

[2] Dans la convention de Rome 1961, le producteur de phonogramme est le premier à fixer les sons ; en droit français l'accent est mis sur l'investissement permettant de concrétiser la fixation ; aussi, en droit français, l'entreprise de communication audiovisuelle n'est définie que par renvoi, alors que la Convention de Rome ne définit pas l'organisme de radiodiffusion. Il résulte de ces définitions des problèmes d'articulation : le producteur de vidéogramme et celui de l'œuvre audiovisuelle, ainsi que la qualité du producteur de l'entreprise de communication audiovisuelle. V. PH. GAUDRAT, Rép. civ. Dalloz, V° *Propriété littéraire et artistique (2° Droits des exploitants)*, sept. 2007, n° 307 et s.

[3] « *Le phonogramme ne consiste en rien d'autre qu'une séquence de sons fixée, quel que soit le mode de fixation, sur un support, quel qu'il soit, [...] il peut donc consister en un fichier numérique sauvegardé sur une mémoire informatique tel qu'un disque dur ou autre* ». V. Cass. 1re civ. 11 sept. 2013, SPEDIDAM c./ SARL iTunes et a. : *CCE* 2013, comm. 100, CH. CARON ; *JCP G* 2013, 1071, note N. BINCTIN ; *D.* 2013, p. 2388, note G. QUERZOLA ; *Juris Art*, 7 nov. 2013, p. 42, obs. J. BRUNET ; *RLID* 2013/98, n° 3238, obs. A. SINGH ET L. BIYAO, *RLDI* 2014/100, n° 3304 ; *Legipresse* 2013, n° 310, p. 604, comm. P. TAFFOREAU.

[4] La Convention de Genève de 1996 (WPPT) dont l'objet était de moderniser la Convention de Rome 1961, a modifié la définition de phonogramme afin d'englober le fichier numérique porteur d'une interprétation ; ainsi, la définition a ajouté à la « fixation des sons provenant d'une interprétation ou exécution ou d'autres sons » la fixation « d'une *représentation* de sons », c'est-à-dire la représentation numérique de sons : (mémorandum, *Dr. D'auteur* 1993, p. 149, no. 19)'

propriété littéraire et artistique [1]. Par plusieurs étapes et sans aucune cohérence, le logiciel fut introduit dans la catégorie des œuvres de l'esprit pour être protégé par le droit d'auteur ; ensuite un droit *sui generis* a été octroyé au producteur des bases de données. Dans les deux cas, le principe de la protection ne gît pas dans la créativité de ce que *traduit* ou *véhicule* la forme numérique, mais seulement dans l'investissement. Concernant la forme de la fixation, la forme numérique a causé la perte de l'avantage induit par la promiscuité qu'entretiennent la forme et la matière du support, ce qui a été compensé par la maîtrise de l'exploitation à travers des outils incorporels : les mesures techniques protégées (MTP) [2]. Ces mesures techniques sont des outils informatiques qui permettent de contrôler l'exploitation des formes créatives véhiculées par une forme numérique ; elles sont aussi susceptibles de contrôler l'accès à la création même dans la sphère intime des amateurs. Comme dans le cas des formes analogiques, la consécration de ce pouvoir des non-créateurs a commencé par les textes internationaux (les deux Traités Internet de 1996 sur le droit d'auteur WTC, et sur certains droits voisins WPPT [3]). Ce modèle est passé par les institutions européennes et fut introduit (et étendu [4]) par la directive de 2001 [5] (la directive société d'information), qui a été transposée par la loi DADVSI de 2006 [6]. Ainsi, la *réservation indirecte* des mesures techniques protégées rejoint la réservation directe par les droits voisins économiques.

2. Construction du monopole sur la forme technique intermédiaire

181. Assiette des prérogatives exclusives. L'octroi d'un droit exclusif sur les vecteurs des créations expressives fut corporatiste et dépendit des lobbies impliqués dans leur négociation. La France, sans y être invitée, a ajouté à la catégorie des droits voisins économiques le droit voisin du producteur de vidéogrammes [7]. Quoi qu'il en soit, tous ces droits partagent la même structure : ils ont pour objet un monopole qui consiste à soustraire à la concurrence certains

---

[1] Si un droit voisin a été octroyé sur la forme numérique, on aurait obtenu une dichotomie entre la propriété des créateurs sur la forme expressive issue d'un acte créatif (œuvre et interprétation) et les monopoles légaux sur les formes techniques (analogique et numérique) issues d'un investissement (financement et travail compétent) : phonogramme, vidéogramme, programme, *logiciel et base de données.*

[2] Sur l'évolution historique de la création des monopoles légaux sur la forme numérique : PH. GAUDRAT, Rép. civ. Dalloz, *2° Droits des exploitants*, *op. cit.*, n° 298 et s.

[3] Auxquels a été ajouté le Traité de Beijing sur les interprétations et exécutions audiovisuelles (WAPT) du 24 juin 2012, en ce qui concerne les droits voisins en matière de l'audiovisuel ; ces droits étaient exclus du Traité de l'OMPI sur les interprétations et exécutions et les phonogrammes (WPPT) du 20 déc. 1996, qui ne traite que le domaine sonore.

[4] Les Mesures Techniques Protégées (MTP) s'étendirent dans le droit européen pour englober tous les titulaires du droit d'auteur, des droits voisins et du droit *sui generis.* Ainsi, ces outils réservataires ne sécurisent pas seulement les créations, mais aussi des objets non créatifs antérieurement protégés au titre de l'investissement (phonogramme et vidéogramme, compilation requérant un investissement … une fois obtenu un droit exclusif (inutile), les investisseurs estiment devoir être traités comme les créateurs ! V. en ce sens le Professeur PH GAUDRAT, « Réflexions dispersées sur l'éradication méthodique du droit d'auteur dans la « société de l'information ». L'inversion du paradigme propriétaire », *RTD com.* P. 285, 2003.

[5] Directive 2001/29/CE du Parlement européen et du Conseil du 22 mai 2001 sur l'harmonisation de certains aspects du droit d'auteur et des droits voisins dans la société de l'information.

[6] Loi n° 2006-961 du 1er août 2006 relative au droit d'auteur et aux droits voisins dans la société de l'information.

[7] Loi n° 85-660 du 3 juil. 1985, article 26 devenu l'article L. 215-1 du Code de la propriété intellectuelle.

actes économiques et à les réserver au titulaire du droit. L'assiette des prérogatives octroyées est le *produit* défini dans les textes ; or, ce produit est déjà le siège de deux sortes de droits : des propriétés corporelles sur les supports et des propriétés incorporelles sur les formes créatives fixées. Que peut-être, alors, l'assiette des prérogatives des investisseurs ? Ce ne sont pas les créations fixées ni les supports matériels [1]. L'assiette à propos de laquelle les prérogatives sont octroyées ne peut être que *la forme technique intermédiaire* [2].

182. La méthodologie juridique de la construction des prérogatives monopolistiques des producteurs de la forme technique (**a**) se base sur les actes susceptibles de porter sur cette forme (**b**).

a. La méthodologie juridique

183. Problématique. Les prérogatives monopolistiques dont la forme technique est l'enjeu devraient normalement porter sur *les actes d'utilisation* portant sur celle-ci ; faire autrement, reviendrait à empiéter sur la propriété des créateurs sur les formes créatives fixées. En effet, les opérations pouvant porter sur une forme technique *en soi* sont quatre : production, transfert, fixation et lecture [3]. La production de la forme technique étant le fait générateur du monopole [4], il reste trois types d'utilisation. Toutefois, ce n'est pas par rapport à ces opérations que les prérogatives des producteurs de la forme technique intermédiaire sont définies, mais par rapport aux concepts concernant l'exploitation des formes créatives fixées. Ainsi, il est octroyé un monopole de reproduction, de communication au public (représentation) et, pour les programmes, un monopole sur la télédiffusion et la communication au public. En conséquence, la communication au public des créations fixées se trouve contrôlée par deux droits différents appartenant à des titulaires différents. D'une part, par la propriété des créateurs sur leurs créations ; d'autre part, par le monopole octroyé aux producteurs des vecteurs sur certains actes d'utilisation.

184. Conciliation. Il faut alors chercher une solution pour concilier les deux droits en se basant sur une distinction nette entre les deux objets et leur finalité. Ainsi, partant de l'idée que l'objet des attributs du monopole est *la première fixation* de la forme technique ou *la première conversion en signal*, les actes subséquents sont

---

[1] La création fixée étant la propriété du créateur et le support étant la propriété corporelle du propriétaire de l'exemplaire, l'objet du droit voisin économique ne peut être qu'une chose incorporelle, c'est-à-dire une forme, car c'est la forme qui transcende la matière, ce qui permet de fonder les prérogatives opposables même aux propriétaires des exemplaires.

[2] Cette forme technique intermédiaire n'est pas seulement la forme technique *analogique* (*contra* PH. GAUDRAT, Rép. civ. Dalloz, V° *Propriété littéraire et artistique (2° Droits des exploitants)*, sept. 2007, n° 341) dans la mesure où la définition actuelle du phonogramme comprend la fixation de « représentation de sons », c'est-à-dire le fichier numérique contenant la séquence de sons : WPPT 1996, art. 2 et en France Cass. 1re civ. 11 sept. 2013, SPEDIDAM c./ SARL iTunes et a.). Par ailleurs, cette forme technique intermédiaire peut s'agit d'une fixation d'une séquence de sons ; d'une séquence d'images sonorisées ou non ; ou de la forme technique du programme converti portée (incorporée) dans les signaux porteurs. En tout cas, il s'agit du vecteur des formes expressives.

[3] Puisque les prérogatives visent à contrôler les utilisations de la forme technique. PH. GAUDRAT, Rép. civ. Dalloz, V° *Propriété littéraire et artistique (2° Droits des exploitants)*, sept. 2007, n° 353 et s.

[4] Les droits voisins sur les formes techniques intermédiaires ne nécessitent ni formalité ni dépôt et ne sont pas attestés par un titre.

des investissements des *diffuseurs* non des *producteurs* ; ainsi ces actes subséquents tombent sous le monopole induit par le premier investissement [1]. Ces actes subséquents sont, soit de même nature (reproductions) soit différents (télédiffusions/communication au public). Ainsi, parmi les actes d'utilisation de la forme technique, *la fixation* et *la transmission* sont des actes monopolisés, alors que *la lecture* de la forme technique y échappe. En d'autres termes, les droits voisins sont opposables aux investisseurs subséquents non au public [2].

b. Prérogatives attachées au monopole sur la forme technique intermédiaire

185. La reproduction, la transmission et la communication au public. Les termes utilisés doivent être entendus de façon différente de leur signification en droit d'auteur. Premièrement, concernant la reproduction, appliquée à un programme télédiffusé, elle s'entend comme *la fixation sur un support vierge*, mais appliquée aux phonogrammes et aux vidéogrammes, la reproduction est *la duplication de ces objets*. Deuxièmement, le monopole de télédiffusion, revêt un sens différent de celui en droit d'auteur : il ne s'agit pas de la représentation en réseau mais, c'est *l'acte technique de télédistribution du premier signal technique transmissible des images et sons constitutifs du programme* (celui qui se borne à relayer le signal n'a pas de droit sur le programme relayé ; le monopole est octroyé juste à celui qui réalise la première production/conversion du signal transmissible). Troisièmement, la communication au public de la forme technique de fixation vise *la lecture en public des supports techniques commercialisés*, ; et quand il s'agit de la communication au public « des programmes », il ne faut pas l'entendre comme la communication au public des créations contenues (objet de la propriété des créateurs), mais comme ce qui permet techniquement cette communication, c'est-à-dire le décodage par un matériel adapté dans un lieu ouvert au public.

186. Droit épuisable de distribution. Le législateur octroie aux producteurs de la forme technique intermédiaire le droit de contrôler la circulation des supports. C'est-à-dire, « la mise à disposition du public par vente, échange et louage » du support matériel. Cet acte de mise à disposition est normalement la suite de l'acte de reproduction. Par ailleurs, le terme « public » ne vise pas ici les amateurs de la forme créative expressive fixés, mais les consommateurs, car les prérogatives des droits voisins économiques portent, comme nous l'avons montré, sur la forme utilitaire non sur la forme communicable.

187. Droits doublons des droits cédés. Si, avant que ne fussent reconnus les droits voisins des producteurs de la forme technique, la jurisprudence avait protégé les investisseurs au titre de la concurrence déloyale [3], force est de constater que les

---

[1] PH. GAUDRAT, Rép. civ. Dalloz, *2° Droits des exploitants*, *op. cit*, n° 356.

[2] PH. GAUDRAT, Rép. civ. Dalloz, *2° Droits des exploitants*, *op. cit*, n° 357. À moins, bien sûr, qu'un membre du public n'agisse pas comme investisseur subséquent et ne réalise pas une fixation (reproduction) ou une transmission (communication) de la forme technique.

[3] Cass. com. 6 mai 1981, n° 79-14.822, Bull. civ. IV, no 211 ; CA Paris, 6 oct. 1978, *RIDA*, avr. 1980, p. 156 ; CA Paris, 5 mai 1969, *JCP* 1970. II. 16383, note PLAISANT ; TGI Paris, 19 mars 1980, *RTD com.* 1980. 348, obs. A. FRANÇON. Les entrepreneurs étant en libre concurrence, ce qui était sanctionné, en l'absence de droit exclusif du producteur, était le caractère déloyal de l'acte du repiquage ou de la piraterie : c'est le fait de parasiter l'investissement du producteur et ainsi de détourner le retour légitimement attendu.

investisseurs étaient protégés à travers la propriété des créateurs. D'un côté ils étaient protégés par la nature de l'objet exploité : la forme singulière met son exploitant à l'abri de la concurrence, dans la mesure où cette forme est non-substituable, donc hors toute concurrence. D'un autre côté, les investisseurs étaient protégés juridiquement à travers la propriété de l'auteur. Cette dernière protection indirecte était due à la centralisation du marché de la communication de l'œuvre : sans l'autorisation de l'auteur, toute communication au public était considérée comme contrefaçon ; ainsi, le marché était filtré par les autorisations, avec possibilité, pour l'exploitant autorisé, d'obtenir une exclusivité contractuelle de l'auteur.

CONCLUSION DU CHAPITRE I

188. La forme technique est indissociable de la forme expressive fixée (œuvre et interprétation), au moins dans la diffusion. Cette situation de *promiscuité* et *l'incorporalité* de la forme technique ont induit une confusion juridique et un risque potentiel d'assimiler les investisseurs aux créateurs. Or, notre analyse a démontré que la forme technique est une forme *laborieuse* n'incluant pas de forme intelligible communicable. Par voie de conséquence, entre les deux modalités de réservation de la valeur économique, la forme technique ne pouvait être que l'enjeu d'un monopole légal, dans la mesure où cet outil juridique dépend de la seule volonté arbitraire du législateur. Ainsi, la cohabitation entre les deux catégories des droits, les propriétés des créateurs et le monopole du producteur, doit se faire en faveur des propriétaires : sans l'autorisation des créateurs, la forme technique, objet du monopole ne peut pas exister. Il en découle qu'un droit exclusif indépendant sur la forme technique intermédiaire n'est pas opposable au créateur [1], mais seulement aux concurrents ; parallèlement, l'exploitant, même investi de son propre droit, reste dépendant de la propriété du créateur puisqu'il doit être son ayant cause [2].

Cette lecture s'impose en droit français, dans la mesure où la propriété littéraire et artistique se base sur une *summa divisio* fondamentale, qui n'est pas connue dans les pays de *copyright* [3] : c'est la distinction entre le *travail* et la *création*. L'acte créatif n'est pas un simple travail, et la forme qui en résulte est une forme singulière objet d'une propriété incorporelle. Quant à l'activité du producteur de la forme technique, il ne s'agit que d'un investissement, en capital et en travail. Toutefois, malgré ces distinctions, l'histoire de la construction de la catégorie des droits voisins montre une prédominance de la logique du *copyright*.

L'action était facilitée au maximum : aucune condition de créativité de la forme fixée ; dès que le producteur montre la copie servile, le droit à réparation était constitué.

[1] Le droit voisin économique est opposable aux créateurs dans sa fonction pécuniaire : les deux titulaires de droits sont traités de la même façon en ce qui concerne la rémunération de la copie privée. V. PH. GAUDRAT, Rép. civ. Dalloz, V° *Propriété littéraire et artistique (2° Droits des exploitants)*, sept. 2007, n° 486.

[2] Étant cessionnaire du créateur, l'exploitant est protégé *via* la propriété de la création, ainsi, le droit exclusif indépendant sur la forme technique n'a d'utilité dans la protection de l'investissement : il ne sert qu'à rompre l'équilibre entre le créateur et l'exploitant dans le modèle traditionnel de l'exploitation qu'instaure la loi de 1957.

[3] Où la forme technique est protégée comme *work (original non-literary written work, such as software, web content and databases; broadcast; sound and music recordings…).*

189. Au terme de notre étude de *l'histoire de l'évolution technique* et de l'apparition des deux objets différents, à savoir la forme vivante fixée et la forme technique de fixation, il convient de se pencher maintenant sur *l'histoire de l'évolution juridique*, et plus précisément, l'évolution de l'appréhension de l'interprétation par le Droit.

CHAPITRE II

APPREHENSION JURIDIQUE DE L'INTERPRETATION : LE TRAVAIL ET LA CREATION

190. La protection du travail de l'artiste-interprète. La condition juridique des artistes-interprètes n'a pas connu de grand changement avant l'avancée technique qui a permis la fixation des séquences de sons et d'images. Jadis, le seul mode d'exploitation des prestations des artistes-interprètes était le spectacle vivant, à l'occasion duquel les interprètes étaient sous dépendance de leur employeur. À partir de 1890, les artistes-interprètes commencèrent à militer pour améliorer leur *condition sociale*, surtout à la suite du problème du chômage qui les affectait dans le domaine de spectacle. Or, pendant longtemps, l'activité artistique fut qualifiée d'incompatible avec un critère essentiel du contrat de travail, lequel est la subordination. Ainsi, il fallut adapter le critère de la subordination juridique afin de qualifier les contrats d'interprétation du contrat de travail, et par voie de conséquence, les faire bénéficier d'une protection sociale.

191. La protection de la forme vivante fixée. La protection de l'interprétation en tant qu'*activité* n'était pas suffisante. En effet, la forme technique de fixation avait permis la naissance d'un objet susceptible d'une exploitation étendue, c'est-à-dire sans besoin de la présence physique des artistes ou d'un public rassemblé dans le lieu du spectacle. Dès lors, la question se posa sur la réservation des valeurs qu'engendre cette exploitation étendue. Au niveau international, un « mariage d'intérêt » a unifié les artistes et les producteurs afin d'obtenir une protection sur ce nouveau produit. Mais, en France, la jurisprudence a tracé ces solutions indépendamment.

Dans la protection de l'interprétation *en tant qu'activité* ou *en tant que bien exploitable*, le législateur français est venu consacrer la jurisprudence, mais cela ne s'est pas fait sans une influence du modèle monopolistique mondialisé.

192. Plan. Nous étudierons les deux aspects de la condition juridique de l'artiste-interprète. Dans un premier temps, nous aborderons la protection de l'interprétation *en tant qu'activité* et la création de la catégorie d'artistes du spectacle (**Section I**), ensuite, nous aborderons la consécration d'un droit de propriété intellectuelle sur l'interprétation *en tant que fruit de l'activité* de l'artiste-interprète (**Section II**).

SECTION I : LA PROTECTION DE L'INTERPRETATION EN TANT QU'ACTIVITE

193. Dans un contexte où le marché de l'interprétation était limité à celui de la représentation, les artistes-interprètes n'avaient pour ambition que d'améliorer les conditions de leur travail. En effet, les contrats d'engagements régulaient ce marché et les cachets étaient le mode normal de la rémunération des artistes. Mais, dès l'apparition des marchés des « utilisations secondaires » des interprétations fixées [1], les voix se sont élevées afin d'obtenir un droit sur ces interprétations à l'égal de celui sur les œuvres de l'esprit. Cependant, la première réponse juridique aux doléances des artistes-interprètes fut, en France [2], une protection sociale, c'est-à-dire, la protection de ce que le Professeur TAFFOREAU appelle « l'interprétation-exécution ». En conséquence, la singularité qu'implique l'acte créatif, qui rend la création non interchangeable et induit un rapport inséparable entre le créateur et le fruit de l'acte créatif, restait sans effet sur l'évolution du statut de l'artiste-interprète avant la reconnaissance d'un droit privatif sur l'interprétation [3]. En définitive, ce qui était visé, d'abord, par la protection était l'interprétation comme *activité* (la prestation) non comme *objet* distinct [4] du travail (la forme vivante fixée).

En effet, cette manière d'instaurer une protection aux artistes-interprètes est due à la manière dont on avait posé le problème : les nouvelles formes d'exploitation des interprétations avaient causé des problèmes socio-économiques dans les professions du spectacle, surtout le chômage et la précarité des interprètes, et l'on avait cherché une solution à ces problèmes sociaux [5] ; ainsi, *la nature créative*

---

[1] Les termes « utilisations secondaires » par opposition à « l'utilisation première » méritent une précision : l'utilisation première est celle qui entre dans l'objet du contrat d'engagement des artistes-interprètes et qui est faite, souvent, par le producteur (ex. la fabrication des exemplaires, la radiodiffusion…) ; tandis que les utilisations secondaires sont toutes les utilisations de la *fixation* faite par les *tiers* ultérieurement. En effet, la notion d'utilisation vise *la fixation* ou l*a forme technique* qui est de nature fonctionnelle : elle s'utilise. En revanche, la forme vivante fixée, elle, ne s'utilise pas mais se communique ; étant donné que cette communication passe par l'utilisation de la forme technique, l'on désigne les deux opérations différentes (utilisation et communication) par les mêmes terminologies, ce qui revient à embrouiller la distinction entre les deux formes et ce qui est le véritable objet de l'exploitation.

[2] En Allemagne, sous l'influence de KHOLER (qui, en 1909, rétracta son opposition à la protection de l'interprétation par le droit d'auteur), une modification de la loi en 1910 a rendu l'interprétation protégée par le droit d'auteur en tant qu'adaptation. En 1965, la nouvelle loi a adopté une position de repli, en créant la catégorie des droits voisins, suivant le modèle de la Convention de Rome 1961. Au niveau mondial, l'Association littéraire et artistique internationale (ALAI), à l'occasion du Congrès de Weimar 1903, avait reconnu la nécessité de protéger les artistes-interprètes contre l'enregistrement et la reproduction non autorisées de leurs prestations ou contre la radiodiffusion ou autre communication au public.

[3] X. DAVERAT, *L'artiste-interprète*, t.1, thèse, Bordeaux I, 1990, p. 258 : « *comment comprendre qu'une évolution jurisprudentielle tendant à faire bénéficier les artistes-interprètes d'une protection sociale ne trouve d'autre solution pour y parvenir que de refuser d'admettre les caractères très spécifiques de l'activité de ceux qu'elle veut protéger ? voilà bien le paradoxe* ». Il convient de nuancer cette remarque, car ces caractères spécifiques de l'activité de l'artiste-interprète ont fait l'objet d'un autre courant jurisprudentiel autour de la question de l'applicabilité du droit d'auteur sur l'interprétation. Ce courant jurisprudentiel fera l'objet de notre section II.

[4] Les termes : création, œuvre et interprétation s'entendent comme le travail, c'est-à-dire l'activité productrice, et comme le résultat de ce travail ou de cette activité. V. G. CORNU, *Le Vocabulaire juridique*, 10e éd., 2014, art. « œuvre » ; S. PESSINA, « Droit des artistes-interprètes - Définition de l'interprétation, objet de droits de propriété intellectuelle - Régime juridique des droits voisins des artistes-interprètes », *J.-Cl., Communication*, fasc. 6121, 2008, n° 4.

[5] Il convient de remarquer que la généralisation du statut de salariat est un choix politique : la crise économique de 1929 (la grande dépression des années 1930s) et les deux guerres mondiales ont eu leurs

de l'activité artistique et *le caractère personnel* du fruit de cette activité n'étaient pas mis en évidence avec la même énergie.

194. Plan. Pour appliquer cette protection sociale, il a fallu relativiser la notion de subordination juridique, qui est un critère essentiel du contrat de travail (**§1.**). Dès que l'application fut assise, le législateur reprit la solution et établit une présomption d'activité salariale par la loi du 26 décembre 1969 [1] en créant la catégorie des artistes du spectacle (**§2.**).

§1. L'EVOLUTION JURISPRUDENTIELLE DE LA PROTECTION SOCIALE DE L'ARTISTE-INTERPRETE

195. Dans l'évolution jurisprudentielle précédant l'intervention du législateur en matière de la protection sociale [2] des artistes-interprètes, deux courants s'opposaient [3]. Il y avait, d'abord, un courant jurisprudentiel majeur qui a pu se détacher de la réalité des caractères spécifiques de la prestation artistique des artistes-interprètes, notamment la liberté artistique, pour établir une dépendance de l'artiste constitutive d'une *subordination juridique* inhérente au contrat de travail. Mais il y avait, aussi, un autre courant qui a mis en valeur l'autonomie dont jouissent les artistes-interprètes ; selon ce deuxième courant, cette liberté artistique se traduit en une *véritable autorité* qui s'impose au cocontractant de l'artiste, d'où cette liberté de l'artiste serait incompatible avec la subordination juridique et la qualification de contrat de travail. Au terme de cette oscillation, la jurisprudence sembla imposer une subordination systématique.

196. Plan. Il convient d'abord de rappeler les différentes conceptions du critère de subordination (**A**) pour étudier ensuite l'assouplissement de ce critère en matière des contrats des artistes-interprètes (**B**).

A. La subordination : l'âme du contrat de travail

197. Conceptions de la subordination. Le contrat de travail se définit par l'existence d'un lien de subordination [4], où le salarié est placé vis-à-vis d'un employeur qui exerce une autorité sur lui. Cette qualification « *ne dépend ni de la volonté exprimée par les parties ni de la dénomination qu'elles ont donnée à leur convention, mais des conditions de fait dans lesquelles est exercée l'activité du travailleur* » [5]. Concernant la signification de cette notion, est subordonné celui qui se trouve soumis à un ordre.

---

effets sur la politique économique et juridique, ainsi, la protection des personnes économiquement faibles était une priorité.

[1] Loi n°69-1186 du 26 décembre 1969 relative à la situation juridique des artistes du spectacle et des mannequins, JORF du 30 décembre 1969 page 12732.

[2] Au sens large du terme, c'est-à-dire la protection du droit du travail et du droit de la sécurité sociale.

[3] Pour une étude exhaustive de ces deux courants, V. X. DAVERAT, *L'artiste-interprète*, t.1, *op. cit.*, p. 261 et s.

[4] Le lien de subordination est l'un des trois éléments caractéristiques du contrat du travail avec la prestation et la rémunération. Dans la mesure où le contrat du travail est qualifié de louage, le lien de subordination apparaît comme le substitut de la dépossession de l'objet de louage. V. A. SUPIOT, *Le droit du travail*, PUF, (Que sais-je ?), 2016, p. 67. Par ailleurs, c'est uniquement cet élément qui permet de distinguer le contrat du travail de tous les autres contrats.

[5] Cass. soc., 19 déc. 2000, *Labbane* ; aussi, Cass. soc., 3 juin 2009, *sté. Glem.*

L'ordre peut être la structure qui identifie une organisation et lui permet de perdurer dans son être. De plus, le terme ordre peut désigner le commandement, l'expression d'une volonté qui s'impose à autrui. Ainsi, deux notions de la subordination s'opposent : la subordination *fonctionnelle* qui se réfère au lien d'appartenance qui résulte de *l'intégration à une organisation*, et la subordination *personnelle* qui se réfère à l'obéissance et qui résulte de la *soumission à autrui* [1]. La première conception met *la dépendance économique* au cœur du phénomène de dépendance ; elle est défendue dans le but d'étendre le champ d'application des assurances sociales à tous les travailleurs économiquement faibles. Toutefois, la Cour de cassation a consacré depuis le premier tiers du XXe siècle le critère de *la dépendance juridique* [2] qui caractérise le salarié par sa soumission personnelle aux ordres et directives de l'employeur. Cette conception restrictive de la dépendance est réaffirmée périodiquement par la Cour de cassation, qui a précisé sa définition de la subordination laquelle se base sur la trilogie : autorité, ordre et sanction. La formule est née de l'arrêt de la chambre sociale de la Cour de cassation du 13 novembre 1996 : « *le lien de subordination est caractérisé par l'exécution d'un travail sous l'autorité de l'employeur qui a le pouvoir de donner des ordres et des directives, d'en contrôler l'exécution et de sanctionner les manquements du subordonné.* » [3]. Selon cette conception, *l'intégration* dans un service organisé ne « *peut constituer [qu'] un indice du lien de subordination lorsque l'employeur détermine unilatéralement les conditions d'exécution du travail* ».

198. Bien qu'établie, la subordination personnelle n'est pas exclusive de celle économique, car depuis l'arrêt de l'assemblée plénière de la Cour de cassation le 18 juin 1976, la notion « d'intégration du travailleur à un service organisé » a permis de déclarer salariés des travailleurs affranchis dans l'exécution de leur prestation de toute immixtion, comme les artistes-interprètes, les sportifs professionnels, les avocats etc. [4] Ainsi, la jurisprudence a fait de la subordination *fonctionnelle (économique)* un indice de la subordination *personnelle (juridique)* [5]. En définitive, le juge recourut à la technique du « faisceau d'indices » pour établir l'existence d'une subordination [6], ce qui participe à confirmer la plasticité de la notion de subordination.

199. Nouvelle conception. Quoi qu'il en soit, les frontières entre le travail subordonné et le travail indépendant s'estompent dans le modèle économique actuel. Ainsi, la subordination juridique, entendue comme la soumission étroite

---

[1] A. SUPIOT, *Le droit du travail*, PUF, (Que sais-je ?), 2016, pp. 69-70.

[2] Cass. civ., 6 juill. 1931, le fameux arrêt *Bardou*. Cet arrêt rejette la dépendance économique car « *la condition juridique d'un travailleur à l'égard de la personne pour laquelle il travaille ne saurait être déterminée par la faiblesse ou la dépendance économique dudit travailleur* ». Ainsi, la Cour de cassation retient la dépendance juridique, puisque ce qui importe est le *lien juridique* qui unit les deux personnes en tant qu'employeur ou salarié, indépendamment du *seul lien économique* qui ne constitue pas le critère déterminant dans la qualification du contrat de travail, mais juste un indice.

[3] Cass. soc., 13 nov. 1996, Bull. civ., n° 386, pourvoi n° 94-13187, (*société générale c/ URSSAF de Haute Garonne*).

[4] A. SUPIOT, *Le droit du travail*, PUF, (Que sais-je ?), 2016, p. 71.

[5] Ce qui a amené aussi le législateur à établir une présomption d'activité salariale à certaines catégories de travailleurs comme les mannequins ou les artistes du spectacle.

[6] Par exemple, l'imposition des horaires et le lieu du travail ; l'imposition des procédures, d'obligation de rendre compte ; le mode de rémunération ; les clauses contractuelles comme l'exclusivité ou de non-concurrence etc.

aux ordres de l'employeur, s'adoucit pour faire place à l'idée de l'intégration dans une organisation dans laquelle les travailleurs sont libres dans la réalisation des *objectifs convenus* par leur contrat du travail, de sorte que ces objectifs préétablis « *constituent des normes impersonnelles d'évaluation qui s'imposent aussi bien aux travailleurs* » qu'aux employeurs [1]. Dans cet état de cause, la nouvelle forme de la subordination est, selon M. SUPIOT, celle de « l'allégeance » qui comporte à la fois le *contrôle* et *l'autonomie.*

En fait, cette relativisation de la notion de subordination a permis de concilier l'indépendance professionnelle avec l'existence d'un contrat de travail [2]. Cependant, la liberté d'expression artistique de l'interprète s'accorde mal avec la notion de dépendance [3], même si cette dépendance est relativisée ; raison pour laquelle la jurisprudence a laissé de côté l'apport intellectuel de l'interprète à tel point qu'elle s'est opposée à la liberté de conception artistique des interprètes comme moyen d'écarter la subordination.

B. Assouplissement du critère de la subordination

200. Un courant jurisprudentiel s'est détaché de la nature créative de la prestation de l'artiste-interprète pour établir l'existence d'une *subordination juridique* au sens du droit de travail (**1**). Mais un autre courant jurisprudentiel [4] est allé plus loin en défendant que l'interprète aurait, au-delà d'une simple liberté intellectuelle, une autorité intellectuelle en vertu de laquelle l'artiste forcerait l'assentiment de son cocontractant, voire imposerait sa volonté (**2**). Enfin, il semble que la jurisprudence tentait à faciliter la démonstration de l'existence d'un lien de subordination dans les contrats des artistes-interprètes, à qui incombe la charge de preuve, en vue de les faire bénéficier de la protection offerte aux salariés (**3**).

1. Subordination de l'interprète et liberté artistique

201. Les premiers arrêts. En l'absence d'un droit intellectuel sur le fruit de son activité créative, la situation de l'artiste-interprète était fragile, ce qui a induit la tendance à étendre la protection du droit de travail pour englober les interprètes en tant que *travailleurs normaux* [5]. Mais il a fallu franchir les difficultés liées à la preuve du lien de subordination, ce que la jurisprudence, dans les premières affaires, avait fait en négligeant la dimension artistique de l'activité interprétative.

---

[1] M. A. SUPIOT constate qu'à l'inverse, « *l'indépendance juridique en droit civil et commercial perd de sa substance* » dans le modèle économique qui soumet les entrepreneurs « *aux règles collectives de réseaux intégrés de production ou de distribution* ». *Le droit du travail*, *op. cit.*, p. 73.

[2] Selon M. L. DRAI, la subordination juridique a été pensée « *pour rendre compte du travail manuel dans l'entreprise de type taylorienne* ». L. DRAI, *Le droit du travail intellectuel*, LGDJ, 2005, p. 17 et s.

[3] Mme BACOUELLE estime que l'artiste-interprète se situe dans une « zone grise » entre le travail indépendant et le travail dépendant, ce que M. PARTHELEMY appelle « para-subordination »., J. BACOUELLE, *op. cit.*, p. 121.

[4] Sur ces deux courants, V. X. DAVERAT, *L'artiste interprète*, t.1, *op. cit.*, p. 261 et s.

[5] Pour aller plus loin dans cette jurisprudence fluctuante qui avait participé à la définition du régime de la protection sociale des artistes-interprètes, avant la présomption légale de salariat : X. DAVERAT, « Droit voisin du droit d'auteur. Histoire des droits voisins », *J.-Cl. Propriété littéraire et artistique*, fasc. 1405, 2008, n° 43 et s.

En effet, pour la jurisprudence de la fin du XIXe siècle, la liberté artistique de l'artiste-interprète dans l'exercice de sa prestation est exclusive du lien de subordination [1] ce qui a amené les juges à apprécier les contrats des artistes-interprètes (et des artistes du spectacle en général) au cas par cas. Dit autrement, le statut de salarié n'était pas le principe [2] et les arrêts de la période qui précédait la loi du 26 décembre 1969 ont oscillé pour ou contre l'existence du lien de subordination [3]. Ainsi, les juges sont allés jusqu'à la *reconnaissance forcée* d'un lien de subordination juridique à partir de faits mineurs établissant une « subordination administrative » [4] comme l'organisation des horaires, la gestion des lieux etc. au risque de négliger la nature créative de l'activité de l'artiste-interprète qui exerce son art. C'est à partir de cette jurisprudence que les éléments liés à la création, tel que la liberté d'expression artistique ou le fait d'être propriétaire de son instrument, furent considérés indifférents à l'existence de la subordination.

202. Chronologiquement, c'est un jugement du Tribunal civil de la Seine le 24 février 1912 (l'affaire *Moulin Rouge*) qui avait, pour la première fois, reconnu la qualité de salariés aux artistes du spectacle [5]. C'est par cette première décision que débute le détachement des caractères essentiels de la prestation artistique qui marquera le courant dominant de la jurisprudence : esquiver toute considération sur la nature artistique de la prestation pour affirmer certains détails d'organisation du travail [6]. Ainsi, la même année que l'affaire précédente, une autre affaire a opposé un artiste lyrique au directeur du Moulin Rouge ; la question de la nature

---

[1] Ainsi, la qualification choisie fut le contrat de louage d'industrie ou le contrat d'entreprise, qui se caractérise par l'exécution indépendante de l'obligation. Donc, l'artiste-interprète était qualifié comme un entrepreneur. Par exemple, Cass. Req., 24 févr. 1864, *Lesage et s. C/ Teissier : D.P.* 1864, I, p. 135. V. J. BACOUELLE, *La condition juridique de l'artiste-interprète*, thèse, Paris I, 2015, p. 35 ; S. PESSINA, *L'artiste-interprète salarié (entre création intellectuelle et protection sociale)*, préf. A. SUPIOT, PUAM, 2006, n° 42, p. 51 ; J. VINCENT, « Droits voisins du droit d'auteur. Les contrats des artistes du spectacle (C. trav., art. L. 7121-1 et s. ; CPI, art. L. 212-1 et s. », *J. Cl. Propriété littéraire et artistique*, 2011, n° 14 (l'artiste-autoentrepreneur) et n° 41 (l'artiste-producteur). Enfin, sur le retour au modèle indépendant et le phénomène d'émancipation des artistes-interprètes grâce à la révolution numérique, V. X. GREFFE, *L'artiste-entreprise*, Dalloz, 2012 : « *L'artiste-entreprise assume alors deux dimensions : le développement d'une créativité artistique qui s'inscrit dans un temps long et le conduit à densifier son art ; la recherche d'une viabilité économique qui s'inscrit dans un temps court et le conduit à redéfinir régulièrement ses conditions de vie* ».

[2] Contrairement à la situation actuelle du fait de la présomption légale instaurée par la loi de 1969. Ainsi le statut d'artiste-interprète indépendant reste l'exception, malgré l'avancée technique qui facilite les opérations de production et de diffusion des créations, surtout en matière musicale. Sur le principe et l'exception de la situation de l'artiste-interprète, V. la thèse de Mme J. BACOUELLE sur *la condition juridique de l'artiste-interprète.*

[3] « *Jusqu'à l'intervention de la loi du 26 décembre 1969, plus de 28 arrêts de la Cour de cassation et 4 arrêts du Conseil d'État se prononcèrent tantôt pour, tantôt contre la subordination des artistes du spectacle* », N. CAZEAU, PH. CLEACH, X. MALET, « Rapports juridiques de l'entreprise de spectacle avec les artistes et les autres intervenants », *J. Cl., Propriété littéraire et artistique*, Fasc. 1490, 2003, n° 3, p. 7. Cité par J. BACOUELLE, *La condition juridique de l'artiste-interprète*, p. 35.

[4] CA Paris, 11 juill. 1958, *Gaz. Pal.* 1958, 2, p. 165. L'avocat général COMBALDIEU distingue trois sortes de subordination : administrative, technique et le contrôle artistique par l'employeur.

[5] Une actrice travaillant pour la société Moulin Rouge avait été mordue, lors du spectacle, par le serpent qu'elle utilisait dans sa prestation. La détermination de la qualité de salarié aux artistes du music-hall était nécessaire pour savoir si les dispositions liées aux accidents du travail s'appliquent. T. Civ. Seine, 24 févr. 1912, *Gaz. Pal.*, 1912, I, 311.

[6] X. DAVERAT, *op. cit.*, pp. 263-264. Ainsi, dans l'affaire de l'artiste mordue par le serpent lors du spectacle, le tribunal a estimé que « *l'artiste avait un rôle déterminé et imaginé et réglé par la direction du Moulin Rouge et que l'artiste était obligée de se soumettre* » et peu importe « *toute initiative laissée à la demoiselle pour le règlement de ses danses et la présentation du serpent* ».

du contrat entre les deux parties était au cœur du débat. Le Tribunal de police de Paris, ainsi que le Tribunal correctionnel de la Seine avaient retenu que « *les artistes doivent être considérés comme des employés appelés à bénéficier des dispositions de la loi* » [1]. Dans le même courant, la Cour de cassation a rendu un arrêt le 29 juin 1922 établissant que « *le contrat conclu entre les artistes lyriques ou dramatiques et les directeurs de théâtre est un contrat de louages de services* » [2]. Enfin, cette tendance a été fixée par un arrêt de la Cour de cassation en 1953 qui affirmait la qualification de louage de service des contrats des artistes au détriment de la nature de leur prestation.

203. L'affaire *Pathé-Marconi*. La clé de voûte de cette jurisprudence fut l'arrêt *Pathé-Marconi* [3]. Désormais, la jurisprudence, dans son désir de vaincre les arguments fondés sur la nature de la prestation des artistes-interprètes, cessa d'éluder la question en développant dans ses motivations la reconnaissance d'une liberté intellectuelle pour mieux la réduire. Dans l'affaire *Pathé-Marconi*, le détachement de la nature créative et artistique de la prestation était flagrant, la chambre sociale de la Cour de cassation a retenu que « *si les artistes étaient libres dans l'expression de leur talent et de leur personnalité, seuls maîtres de leur interprétation à l'instant où, dans un élan de création artistique, ils donnaient à l'exécution des œuvres leur caractère original, ils étaient néanmoins subordonnés au contrôle et aux directives de la société qui leur imposait une discipline, des méthodes et des moyens d'exécution du travail pour assurer les qualités techniques de l'enregistrement* ». La nouveauté de cet arrêt réside dans les développements qui s'attachent, pour la première fois, à la description de la prestation artistique. Selon le Professeur DAVERAT, ce n'était qu'une façon pour clore la controverse liée à la liberté artistique des artistes en prouvant que la nature de la prestation ne leur échappe pas, mais qu'elle est indifférente à la subordination. Cette tendance va être affirmée par une dizaine de décisions jusqu'à la promulgation de la loi d 26 décembre 1969 [4].

204. Il est intéressant de remarquer que cette « jurisprudence de détachement [de la nature de la prestation artistique] », selon les termes du Professeur DAVERAT, a abouti à une distinction entre deux termes : la *contrainte* que les artistes ne doivent pas subir dans l'exercice de leur activité, et *l'autorité* de l'employeur au stade des « modalités de la prestation ». Mais cette reconnaissance relative de la liberté artistique n'avait pas abouti à reconnaître un droit sur le fruit du travail : c'était juste une façon d'exclure les arguments fondés sur la nature de la prestation des artistes-interprètes, pour mieux s'attacher à la matérialité des rapports entre les interprètes et les entrepreneurs ou les producteurs. Pour s'en convaincre, il est intéressant de remarquer que la jurisprudence avait appliqué la même distinction à d'autres activités intellectuelles mais non artistiques (les médecins, les ingénieurs, les chercheurs …).

---

[1] T. Corr. Seine, 31 déc. 1912 et T. Police Paris, 28 mars 1912. Les deux cités par X. DAVERAT, *op. cit.*, p. 265.

[2] Cass. civ., 29 juin 1922, *D.* 1922, I, p. 125.

[3] Cass. soc. 16 mars 1961, *Pathé-Marconi c./ Caisse des Congés Spectacles, Gaz. Pal.* 1961, 2, p. 370 ; *JCP G.* 1961, IV, p. 66 ; *Droit social*, 1961, p. 349, concl. LINDON ; *D.* 1961, somm. 116 ; X. DAVERAT, *op. cit.*, p. 268.

[4] Sur cette jurisprudence, V. X. DAVERAT, *op. cit.*, p. 270 et s. Surtout les deux arrêts qui précisent (et précèdent) les termes de l'arrêt Pathé-Marconi : CA Paris, 4 juill. 1959, *Gaz. Pal.*, 1959, 2, p. 236, et CA Bordeaux, 28 mai 1959, *Gaz. Pal.*, 1959, 2, p. 230.

2. Reconnaissance d'une « autorité intellectuelle » *indifférente* à la qualité de salarié

205. L'autorité intellectuelle et la subordination juridique. Dans son étude sur « le travail intellectuel », M. DRAI constate l'incompatibilité de l'activité artistique, qui est par nature libre, avec la *subordination juridique*. Il écrivait que « *la conception étroite de la subordination juridique reflétait en fait les modes d'organisation du travail imprégné de taylorisme. Ces derniers dissociaient nettement les tâches d'exécution et de conception, les travailleurs salariés étant principalement cantonnés aux premières. Les tâches d'exécution étaient exclusives de toute liberté ou d'initiative personnelle, lesquelles sont propres au travail intellectuel. Ainsi, le travail intellectuel ne pouvait trouver sa place au sein d'une subordination juridique visant exclusivement des activités d'exécution* » [1]. Toutefois, la jurisprudence dès le premier tiers du XXe siècle avait dissocié *l'autorité intellectuelle*, qui trouve son origine dans la force créatrice de l'artiste-interprète, de l'existence d'un lien de subordination. Ainsi, un jugement du Tribunal civil de la Seine du 23 avril 1937 a expressément indiqué que l'interprétation est une *création personnelle* ; de plus, les deux caractères « original » et « personnel » se trouvent dans plusieurs arrêts [2], justifiant une *autorité* quant aux choix relatifs à la divulgation et aux moyens d'exploitation de l'interprétation [3]. De même, l'autorité intellectuelle fut reconnue à l'artiste engagé par un producteur audiovisuel et qui refusait les scénarios proposés, mais cette faculté de refuser les rôles proposés était considérée comme relative, car l'artiste ne devait pas abuser de cette autorité intellectuelle [4].

206. L'artiste-employeur. La reconnaissance d'une autorité intellectuelle dans l'exercice de l'activité de l'artiste-interprète a abouti, dans certaines décisions, à octroyer un *pouvoir d'employeur* à l'artiste. C'est le cas d'un chef d'orchestre qui avait le pouvoir de licencier les musiciens formant l'orchestre. En effet, l'autorité intellectuelle dans la direction de l'orchestre fut assimilée au *pouvoir de direction* d'un employeur [5]. Enfin, l'étude de la jurisprudence montre que la liberté intellectuelle a été *contournée* dans la mesure où elle a été présentée comme *obstacle* à la volonté de protéger l'artiste-interprète par le statut de salarié. Le Professeur DAVERAT constate que « *la jurisprudence qui refusait de prendre en compte la nature créative de la prestation artistique, pour admettre la qualité de salarié des artistes, parle de [la simple] liberté* » dans l'expression du talent de l'artiste. Au contraire, le courant jurisprudentiel qui admettait une *autorité intellectuelle* de l'artiste prend en compte la spécificité de la

---

[1] L. DRAI, *Le droit du travail intellectuel*, LGDJ, 2005, p. 6 et p. 18 ; J. BACOUELLE, *La condition juridique de l'artiste-interprète*, thèse, Paris I, 2015, p. 33 et s.

[2] La description de la nature de la prestation de l'artiste-interprète se limitait au but d'écarter l'absence de subordination à cause de de cette nature. Cependant, certains arrêts ont visé à reconnaître des droits sur le *fruit du travail* de l'artiste-interprète grâce à cette nature artistique et créative comparable à la nature de l'œuvre de l'auteur. Nous analyserons cette jurisprudence dans la section suivante.

[3] *Aff. St. Urania et sté. Thalia c./ consorts Furtwängler :* CA Paris 13 févr. 1957, *JCP*, 1955, 2, 8678, obs. PLAISANT ; *RTD com.* P. 581, obs. DESBOIS. « *L'artiste est le seul juge des moyens et de l'époque de l'exploitation de son interprétation […] et le seul juge de savoir s'il doit, sur le plan commercial, en tirer profit, puisqu'il lui est loisible de se réfugier dans l'abstention* » ; CA Paris, 5 juill. 1978 : *RIDA*, n°97, 1978, *aff. Anne Sylvestre*, quand une société d'enregistrement a produit un disque mélangeant des chansons destinées aux enfants et d'autres destinées à un public d'adulte ; la Cour d'appel condamne la société qui ne respectait pas la distinction entre les deux répertoires destinés à deux publics différents.

[4] T. Civ. Seine, 10 mars, 1939, *Gaz. Pal.*, 1939, 1, p. 990 ; CA Paris, 8 mai 1950. Pour plus d'exemples sur la reconnaissance d'une liberté intellectuelle de l'artiste-interprète, V. X. DAVERAT, *op. cit.*, p. 281 et s.

[5] Cass. soc., 7 juin 1979, *Bull. civ.* V. p. 363, n° 490.

prestation [1]. Cette deuxième tendance va se développer jusqu'à la reconnaissance d'un droit exclusif, d'abord prétorien ensuite légal, de l'artiste-interprète.

3. Indices de la subordination des artistes-interprètes relevés par la jurisprudence antérieure à la loi du 26 décembre 1969

207. Se concentrant sur « l'interprétation-exécution » [2], la jurisprudence dès la fin du XIXe siècle et pendant la première moitié du XXe siècle a procédé à une définition empirique de la subordination, afin de faire entrer les artistes-interprètes dans la protection du droit de travail. Pour ce faire, la jurisprudence, d'une part, ne considérait que certains faits pouvant être interprétés dans le sens de l'existence du lien de subordination entre l'interprète et son employeur, et, d'autre part, appliquait le critère plus moderne de subordination, à savoir l'intégration dans l'organisation de l'entreprise, pour imposer la qualité de salarié [3].

208. Des indices du lien de subordination. Avant la création d'une présomption légale d'activité salariée, les juges ont privilégié certains éléments de fait consistant à affirmer la subordination de l'artiste-interprète. Ces éléments sont liés à *l'exécution* du travail et à son *organisation* ; ils peuvent être regroupés en plusieurs types :

– Les éléments qui impliquent une *subordination administrative*. En effet, puisque le spectacle ou l'enregistrement nécessite un travail d'équipe, ainsi que la mise en œuvre des moyens techniques et matériels et la collaboration de plusieurs artistes et techniciens, les comportements liés à la gestion du travail, comme la détermination des horaires du travail (enregistrements, répétitions etc. [4]) ou le pouvoir disciplinaire, ont été retenus pour définir le lien de subordination [5].

– « La subordination technique » qui consiste en la soumission des artistes aux directives des techniciens du studio (ingénieurs du son, le réalisateur de disque...). Or, il ne s'agit pas ici de se soumettre aux ordres de l'employeur, mais seulement de se soumettre à une *collaboration* avec les participants au même spectacle ou enregistrement.

– Aussi, la jurisprudence accueillit comme indice de subordination le fait que le producteur se réserve la possibilité de faire recommencer l'enregistrement, ce

---

[1] X. DAVERAT, *op. cit.* pp. 285-286.

[2] Sur la distinction entre l'interprétation-exécution et l'interprétation-conception, P. TAFFOREAU, « La notion d'interprétation en droit de la propriété littéraire et artistique », *Propr. Intelle.*, n° 18, 2006.

[3] Le Professeur DAVERAT avait constaté qu'avec ces deux tendances de la jurisprudence, la relativité du lien de subordination a pris une forme d'une véritable « réversibilité des critères », X. DAVERAT, *op. cit.* p. 288.

[4] L'argument des horaires est plus présent dans les cas des contrats de production phonographique et audiovisuelle que dans les cas des spectacles, ce qui s'explique par la diversité des moyens techniques mobilisés pour réaliser l'enregistrement.

[5] Selon le Professeur DAVERAT, il s'agit d'un usage arbitraire de « l'argument horaire » par la jurisprudence. En effet, l'obligation d'horaire convenue ne peut, seule, conditionner l'existence d'un contrat de travail. Sur cet argument, X. DAVERAT, *op. cit.*, p. 292 et s.

qui ressemblerait à un contrôle artistique du résultat obtenu [1], dans la mesure où la société productrice se réservait le droit d'être « seul juge du résultat final » [2].

– De même, la jurisprudence avait retenu, pour établir l'existence d'un lien de subordination, la fourniture par l'employeur des matériels de l'exécution de la prestation [3].

– L'intermédiation de l'artiste principal rémunérant les artistes d'accompagnement. C'était le cas où l'employeur ne contractait pas directement avec tous les artistes participant au spectacle, mais avec un seul artiste qui avait *sous sa propre autorité* d'autres musiciens. La Cour de cassation avait considéré que l'organisateur du spectacle était l'employeur de tous les artistes [4]. Ainsi, si l'artiste principal, qui contractait avec les autres artistes (artistes de l'orchestre par exemple) pour l'exécution du travail convenu, n'était pas inscrit au registre du commerce ou au répertoire des métiers, là tous les artistes seraient considérés comme les salariés de l'entrepreneur qui commande le travail [5].

– Enfin, la modalité des rémunérations. La reconnaissance *forcenée* de la qualité de salarié aux artistes-interprètes fut plus claire dans la jurisprudence qui qualifiait les rémunérations forfaitaires et les royalties, quand elles étaient fonction de l'exploitation de l'enregistrement, comme salaires, en dépassant la difficulté liée à l'exigence de la périodicité du salaire en matière de droit du travail [6].

209. Tous ces éléments de fait montrent bien un glissement de la jurisprudence, avant l'intervention du législateur par la loi du 26 décembre 1969, vers des éléments qui concernent l'exécution du travail, mais qui ne sauraient seuls induire la qualité de salarié. S'il est vrai que ces éléments n'affectent pas l'apport créatif de l'artiste-interprète, la jurisprudence a refusé de prendre en compte cette nature de la prestation des interprètes en focalisant plutôt sur le travail pour offrir aux artistes la protection des salariés.

210. Bilan : Conception jurisprudentielle de la subordination. La fin de l'évolution de la jurisprudence, avant la création de la présomption de contrat de travail, est marquée par la notion d'intégration de l'artiste-interprète dans la structure de l'entreprise du spectacle ou de production phonographique ou audiovisuelle. Mais l'intégration est plus qu'une simple coordination, et implique

---

[1] Or, l'employeur ne saurait avoir un « *droit de regard sur l'émotion, l'intensité qu'exprime l'artiste-interprète* » : J. BACOUELLE, *La condition juridique de l'artiste-interprète*, thèse, Paris I, 2015, p. 37.

[2] Les trois éléments que nous avons évoqués ont été présentés par M. COMBALDIEU, l'avocat général à l'occasion de ses conclusions pour l'arrêt du CA Paris, 11 juill. 1958, et l'argumentation a été reprise par les tribunaux.

[3] Cass. 2e civ., 23 févr. 1956, *D.* 1956, som. P. 95 ; *JCP* 1956, IV, 50. La Cour avait refusé d'admettre l'existence d'un lien de subordination des acteurs qui avaient exécuté leur numéro avec leurs propres matériels (costumes et décors). *Contra* Cass. civ. 2 juill. 1959, *Bull. civ.* 1959, II, p. 549, qui a retenu que la propriété du matériel utilisé qui « *ne fait pas corps avec l'artiste* » n'est pas incompatible avec l'existence d'un lien de subordination. V. X. DAVERAT, *op. cit.*, p. 298, qui critique l'expression « *un matériel qui fait ou non corps avec l'artiste* ».

[4] Cass. crim., 3 juin 1955, Bull. 1955, p. 491 : à propos d'un restaurateur employant un groupe de musiciens dont le chef d'orchestre n'avait pas été qualifié comme l'entrepreneur du spectacle. Cass. crim., 16 oct. 1957, Bull. 1957, p. 1167.

[5] Cass. soc., 16 mars 1961, *Droit social* 1961, p. 353, concl. LINDON, cité par X. DAVERAT, *L'artiste-interprète*, p. 301, note 141.

[6] Par exemple : Cass. 10 janv. 1969, *D.* 1969, II, p. 277 ; et l'affaire de *Jean-Philippe Smet, dit Johnny Halliday :* Cass. 4 oct. 1966, analysée en détail par M. DAVERAT, *op. cit.*, p. 304 et s.

un caractère « fusionnel », selon le Professeur DAVERAT, c'est-à-dire une *incorporation* du salarié dans l'entreprise. En conséquence, la jurisprudence semblait *imposer cette intégration* afin d'obtenir le résultat voulu : qualifier de salarié l'artiste-interprète pour le protéger par le droit du travail. Or, plusieurs facteurs s'opposent à la notion « d'intégration à un service organisé » comme base du lien de subordination dans les contrats des artistes-interprètes.

211. Incompatibilité du critère. *L'autonomie* de l'artiste-interprète dans la *conception intellectuelle* de sa prestation s'oppose à la conception flexible de la subordination qui consiste en l'intégration dans la structure de l'entreprise. En effet, certains arrêts, tout en négligeant de faire référence à la nature créative de l'interprétation, ont mis en avant l'indépendance de l'artiste et son autonomie, jugés incompatibles avec la notion d'intégration à l'entreprise [1]. Par ailleurs, dans le cas des interprètes de notoriété, l'autonomie pourrait se transformer en un *pouvoir*, ce qui exclut la notion d'intégration à l'entreprise de son cocontractant [2]. D'ailleurs, la jurisprudence a reconnu très tôt un *droit moral* au profit des acteurs, comparables à celui de l'auteur. Ainsi, en vertu de ce droit l'on « *ne saurait leur contester le droit de conformer leur jeu à la conception des personnages qu'ils doivent animer* », car « *les meilleurs juges de la situation, avant la première, en sont les auteurs, le directeur et les acteurs, surtout les vedettes, qu'il s'ensuit que le droit moral de l'artiste dramatique est étroitement solidaire de celui de l'auteur et qu'un directeur est tenu à une réalisation scénique satisfaisante* » [3] ; en conséquence, la reconnaissance d'un droit moral de l'interprète que l'on veut qualifier de salarié est incompatible avec la notion d'intégration dans l'entreprise [4].

Quoi qu'il en soit, la jurisprudence antérieure à la loi du 26 décembre 1969 a toujours rejeté l'argument tiré du caractère occasionnel de l'activité de l'artiste-interprète, ainsi que la faculté de remplacement de l'artiste par un autre, pour écarter la qualité de salarié.

212. Enfin de ce panorama jurisprudentiel, nous remarquons qu'il y avait un effort pour offrir aux artistes-interprètes une protection quant à leur *activité artistique*, en jouant sur la relativité de la notion de subordination, *via* une reconnaissance *forcée* d'un lien de subordination ou d'une intégration dans l'entreprise de spectacles ou de production audiovisuelle. Le législateur n'avait qu'à consacrer la conception jurisprudentielle, ce qui a été réalisé par la loi du 26 décembre 1969 laquelle institue une présomption légale d'activité salariée pour les artistes-interprètes et les mannequins.

---

[1] Même si l'employeur pouvait proposer le thème, ce qui ne constituait qu'une simple suggestion. Pour des exemples jurisprudentiels, V. X. DAVERAT, *op. cit.*, p. 314 et s.

[2] Cass. 2e civ., 12 oct. 1960, *Gaz. Pal.*, 1960, II, p. 331 : pour exclure le contrat de travail, la Cour relève que les interprètes « *étaient des artistes de variété de réputation internationale* ». Dans la même veine, l'affaire de *l'actrice Suzanne Grandais*, CA Paris, 24 juill. 1929, *Gaz. Pal.*, 1929, II, 682. En l'espèce, l'actrice était indépendante à tel point qu'elle avait le droit de refuser de participer à l'exécution des scénarios qui ne lui plaisent pas ou même d'exiger des modifications. Aff. citée par M. DAVERAT, *op. cit.*, p. 318-319. « *L'exclusion [de la présomption légale de salariat] reprend tout son sens lorsqu'elle est appliquée aux artistes de grande notoriété* », L. DRAI, *op. cit.*, p. 25.

[3] T. Civ. Seine, 7 juill. 1938, *Gaz. Pal.*, 1938, II, p. 676, concl. COMBOULINES.

[4] Le droit moral ne se limite pas dans sa fonction défensive au stade de l'exploitation de l'interprétation fixée, mais il a son rôle, aussi, lors de la réalisation de la conception artistique ; ainsi, le droit moral atténue forcément le pouvoir de commandement et de surveillance de l'employeur.

§ 2. La CREATION DE LA CATEGORIE DES ARTISTES DU SPECTACLE

213. Plan. La subordination des artistes-interprètes étant *atypique*, la faire admettre ne fut pas chose facile, pour cela, la présomption légale de travail salarié dans les contrats d'engagement des artistes-interprètes a été instaurée (**A**). Ainsi, l'artiste-interprète est présumé être un travailleur salarié atypique : « *un salarié par détermination de la loi* » [1]. Cette présomption est quasi-irréfragable, car une seule limite légale est mentionnée dans la loi, mais d'autres limites extérieures peuvent aussi atténuer sa portée (**B**). Enfin, il importe d'évaluer l'importance de la présomption comme première forme de protection offerte à l'artiste-interprète sur son interprétation, prise dans son versant matériel : la prestation (**C**).

A. Le contenu de la présomption légale

214. La disposition de la loi. Pour finir avec le désordre créé par une jurisprudence imprévisible concernant la preuve de la subordination, le législateur est intervenu par la loi n° 69-1186 du 26 décembre 1969 [2] en établissant une présomption de contrat de travail en faveur des *artistes du spectacle* [3], dont le régime est contenu aujourd'hui dans les articles L. 7121-3 à 7121-8 du Code du travail.

- L. 7121-3 du Code de travail qui dispose que « Tout contrat par lequel une personne s'assure, moyennant rémunération, le concours d'un artiste du spectacle en vue de sa production, est présumé être un contrat de travail dès lors que cet artiste n'exerce pas l'activité qui fait l'objet de ce contrat dans des conditions impliquant son inscription au registre du commerce » ;

- et l'article L. 7121-4 du même Code qui dispose que « La présomption de l'existence d'un contrat de travail subsiste quels que soient le mode et le montant de la rémunération, ainsi que la qualification donnée au contrat par les parties. Cette présomption subsiste même s'il est prouvé que l'artiste conserve la liberté d'expression de son art, qu'il est propriétaire de tout ou partie du matériel utilisé ou qu'il emploie lui-même une ou plusieurs personnes pour le seconder, dès lors qu'il participe personnellement au spectacle ».

215. Effets de la présomption du salariat. Comme toute présomption, la présomption d'activité salariée a pour effet de renverser la charge de preuve en faveur de l'artiste du spectacle. De surcroît, elle joue un rôle important, notamment

---

[1] J. BACOUELLE, *La condition juridique de l'artiste-interprète*, thèse, Paris I, 2015, p. 121.

[2] Loi n°69-1186 du 26 décembre 1969 relative à la situation juridique des artistes du spectacle et des mannequins, JORF du 30 décembre 1969 page 12732. Il convient ici de rappeler que la catégorie d'artiste du spectacle est plus large de la catégorie d'artiste-interprète L. 212-1 du Code de la propriété intellectuelle. Par exemple, il y a certains auteurs qui peuvent être qualifiés d'artiste du spectacle comme les metteurs en scène et les réalisateurs et les chorégraphes (L. 7121-2-10° C. trav.). De surcroit, certains participants au spectacle n'interprètent pas une œuvre au sens du droit voisin de l'artiste-interprète, et sont explicitement exclus de la protection par ce droit voisin. C'est le cas des artistes de complément (L. 7121-2-7° C. trav.). M. TAFFOREAU explique bien que ce que traite le droit du travail est « l'exécution matérielle » alors que « la conception artistique » fait l'objet du droit de la propriété intellectuelle. V. surtout son article, « La notion d'interprétation en droit de la propriété littéraire et artistique », *Propr. Intelle.*, n° 18, 2006.

[3] Sur la notion indépendante d'artiste du spectacle (Code du travail), et surtout le croisement de cette catégorie d'artistes avec celle des artistes-interprètes (Code de la propriété intellectuelle), V. S. PESSINA, « La qualité d'artiste du spectacle une notion dévoyée », *Prop. Intell.*, n° 27, avril 2008, pp. 194-205.

pour déterminer si une convention collective est applicable ; la juridiction compétente ; le débiteur des cotisations sociales ; le privilège du salarié en cas de liquidation judiciaire de l'employeur etc. [1].

216. Si les conditions de l'application de la présomption sont bien déterminées (**2**), son fondement ne fait pas l'unanimité dans la doctrine (**1**).

1. Fondement de la présomption

217. Divergence doctrinale. Le législateur en recourant à la technique de présomption, exprime, selon M. PESSINA un choix « éminemment politique » en faveur d'une catégorie de travailleurs fragiles [2]. En effet, « *quand, à raison des causes qui peuvent varier, les personnes qui concluent un contrat ne sont pas dans une situation égale et que l'inégalité est telle qu'il est à craindre que le plus fort, abusant de sa force, supprime la liberté du plus faible, le devoir impérieux du législateur est de chercher à protéger celui-ci en édictant des règles légales qui s'imposent aux parties* » [3]. Mais, pour le Professeur POLLAUD-DULIAN, la présomption de salariat repose sur une *fiction légale* dans la mesure où « *l'interprète est considéré de lege comme un salarié essentiellement pour lui offrir un statut social et non pas tellement parce qu'il se trouve dans une situation de subordination à l'employeur* », ainsi, cet auteur estime que la présomption est « *artificielle, puisqu'elle fait considérer tout interprète comme un salarié de l'organisateur de spectacles ou du producteur qui l'engage. Or il est clair que l'engagement est ponctuel, que l'employeur change sans cesse et que l'interprète se sent davantage un indépendant que l'employé d'une entreprise de spectacle* » [4]. Toutefois, nous croyons avec M. PESSINA que cette présomption d'activité salariale n'est pas une fiction en ce qu'elle n'aboutit pas à travestir la réalité ; au contraire, elle vise à appréhender des faits difficiles à prouver autrement [5]. Pour s'en convaincre, rappelons le rapport du Sénat sur le projet de la loi relatif aux artistes du spectacle et aux mannequins qui explique que « *le Gouvernement, par le système de la présomption, a voulu réserver le cas d'une catégorie particulière d'artiste du spectacle, artistes de grande notoriété ou vedettes internationales qu'il est difficile de considérer comme simples salariés* ». Il va sans dire que ces artistes ont la possibilité de négocier leur contrat et d'exercer leur activité artistique en tant qu'entrepreneur [6]. Pour n'en dire plus, nous croyons que la présomption aurait été *artificielle* si elle n'était pas générale et irréfragable.

218. Enfin, la finalité de la présomption est sans doute d'offrir aux interprètes, comme aux autres participants *artistiques* aux spectacles, une protection sociale efficace, surtout aux interprètes qui ne bénéficiaient pas, lors de l'institution de la présomption, d'une protection sur l'exploitation de leurs créations par un droit de

---

[1] F. POLLAUD-DULIAN, *Le droit d'auteur*, 2e éd., Economica, 2014, n° 2295, p. 1512.

[2] S. PESSINA, *L'artiste-interprète salarié (entre création intellectuelle et protection sociale)*, préf. A. SUPIOT, PUAM, 2006, p. 237.

[3] CH. LYON-CAEN, « La législation doit-elle s'occuper du contrat de travail ? », *Journal des Économistes*, 1906, p. 83, cité par M. PESSINA, *L'artiste-interprète salarié*, *op. cit.*, n° 414, note 840.

[4] F. POLLAUD-DULIAN, « Propriétés intellectuelles et travail salarié », *RTD com.*, 2000, p. 273 et p. 290 ; dans le même sens, le Professeur DAVERAT dénonce le caractère factice de la présomption, *op. cit.*, p. 385.

[5] La jurisprudence intérieure et la loi du 26 déc. 1969 montre bien cette réalité. S. PESSINA, *op. cit.*, p. 51. De même avis, Mme J. BACOUELLE, *op. cit.*, p. 38. Dans le même sens aussi, M. J. VINCENT qui estime que la précarité de l'emploi n'est en rien antinomique de l'existence d'un lien de subordination, encore moins le fait que l'employeur « change sans cesse ».

[6] J.-B. BLANCHET, Rapp. Sénat, 5 déc. 1968 sur le projet de loi relative aux artistes du spectacle et aux mannequins, p. 3. V. J. BACOUELLE, *op. cit.*, p. 39.

propriété. Mais force est d'admettre que l'activité de l'artiste-interprète est particulière à double titre : d'un côté à cause de la *nature intermittente* de cette activité, et de l'autre, à cause de la *nature artistique* qui implique la liberté de l'interprète. Ces deux caractéristiques, à notre sens, ne s'opposent pas en soi à la subordination juridique à un employeur : le contrat de production audiovisuelle implique la subordination des coauteurs et des interprètes [1], ainsi que le contrat d'engagement d'un journaliste professionnel, qui est aussi présumé être un contrat de travail dès la loi BROCHARD [2] du 29 mars 1935 [3]. Cela dit, la subordination en matière d'activité artistique est *atypique*, ou comme l'appelle M. PARTHELEMY une « para-subordination » [4]. Le problème, croyons-nous, gît dans le risque d'étendre cette dépendance au-delà du cadre du travail à l'exploitation du fruit du « travail créatif » ce qui affecte le droit de propriété incorporelle sur la forme vivante expressive [5].

2. Conditions d'application de la présomption légale de salariat

219. L'application de la présomption légale de salariat concerne les « artistes du spectacle » (**a**), et nécessite l'existence d'un contre « pour la production d'un artiste du spectacle » (**b**).

a. Champ d'application de la présomption de salariat

220. Catégorie d'artistes du spectacle. La présomption de salariat bénéficie aux *artistes du spectacle*, catégorie vaste qui a été encore élargie par loi LCAP du 7 juillet 2016 [6]. L'article L. 7121-2 du Code de travail précise que : « *Sont considérés comme artistes du spectacle, notamment : 1° L'artiste lyrique ; 2° L'artiste dramatique ; 3° L'artiste chorégraphique ; 4° L'artiste de variétés ; 5° Le musicien ; 6° Le chansonnier ; 7° L'artiste de complément ; 8° Le chef d'orchestre ; 9° L'arrangeur-orchestrateur ; 10° Le metteur en scène, le réalisateur et le chorégraphe, pour l'exécution matérielle de leur conception artistique ; 11° L'artiste de cirque ; 12° Le marionnettiste ; 13° Les personnes dont l'activité est reconnue comme un métier d'artiste-interprète par les conventions collectives du spectacle vivant étendues* ».

---

[1] Cette subordination est double : de nature artistique (au réalisateur) et administrative (au directeur représentant l'employeur-producteur). Sur la différence entre ces deux formes de subordination, V. S. PESSINA, *L'artiste-interprète salarié (entre création intellectuelle et protection sociale)*, préf. A. SUPIOT, PUAM, 2006, n° 416, n° 417, p. 239.

[2] Étendue à tous les journalistes pigistes (journalistes rémunérés à la tâche) par la loi CRESSARD du 4 juill. 1974 qui consacre 35 ans de jurisprudence qui chargeait l'employeur de prouver l'absence du lien de subordination de ces journalistes.

[3] Cette présomption de salariat des journalistes professionnels est aujourd'hui codifiée dans l'article L. 7112-1 al. 1er du Code du travail : « *Toute convention par laquelle une entreprise de presse s'assure, moyennant rémunération, le concours d'un journaliste professionnel, est présumée être un contrat de travail* ». Les motifs de cette présomption sont très similaires à ceux de la présomption de salariat des artistes du spectacle ; il s'agissait d'assurer aux journalistes une stabilité et une protection sociale, tout en respectant leur *liberté* et leur *indépendance*. Ainsi, nous voyons que l'indépendance et la liberté du journaliste professionnel ne s'opposent pas à une subordination (aussi atypique) à l'employeur justifiant la qualification du droit de travail.

[4] J. BARTHELEMY, *Évolution du droit social-Une tendance à la contractualisation mais un rôle accru des droits fondamentaux du travailleur*, *Lamy*, 2010, n° 135, p. 148.

[5] D'où l'importance d'une cohabitation harmonieuse entre le droit de la propriété intellectuelle et le droit du travail : à chacun son domaine et son objet et surtout ses objectifs.

[6] Loi n° 2016-925 du 7 juillet 2016 relative à la liberté de la création, à l'architecture et au patrimoine (LCAP).

Une lecture de cet article montre tout de suite la différence avec la catégorie des artistes-interprètes du Code de la propriété intellectuelle [1] : d'abord, si tout artiste-interprète est un artiste du spectacle, l'inverse n'est pas vrai [2]. En effet, les *artistes de complément* ne sont pas bénéficiaires d'un droit voisin dans la mesure où ils ne sont pas créateurs d'une forme vivante expressive comme les interprètes. D'ailleurs, certains auteurs participant au spectacle artistique bénéficient de la présomption dédiée à la catégorie d'artiste du spectacle, comme le metteur en scène et le réalisateur (mais juste pour « l'exécution matérielle de leur conception artistique » selon l'article L. 1712-2-10°). Enfin, la catégorie est ouverte à d'autres participants artistiques au spectacle, ce qui reflète la philosophie protectrice derrière cette présomption [3].

221. Limitations. Si cette catégorie n'est pas bien définie, nous proposons de la déterminer à travers certains éléments inhérents à la nature du spectacle. D'une part, les mannequins et les sportifs se trouvent implicitement exclus [4] ; d'autre part, la catégorie fait référence implicite aux seuls spectacles *artistiques*, c'est-à-dire aux manifestations artistiques ; cela se déduit du fait que la liste des artistes du spectacle ne vise que des artistes (artiste-auteur, artiste-interprète, artiste de complément [5]). Par conséquent, le spectacle artistique se caractérise par la présence de deux éléments : la présence physique d'au moins un artiste et la représentation d'au moins une œuvre de l'esprit. Il importe peu que la prestation soit qualifiée d'interprétation au sens du Code de la propriété intellectuelle [6], ou que ce soit en

---

[1] L. 212-1 du Code de la propriété intellectuelle : « *À l'exclusion de l'artiste de complément, considéré comme tel par les usages professionnels, l'artiste-interprète ou exécutant est la personne qui représente, chante, récite, déclame, joue ou exécute de toute autre manière une œuvre littéraire ou artistique, un numéro de variétés, de cirque ou de marionnettes* ».

[2] Ainsi, l'artiste du spectacle est le genre, l'artiste-interprète est l'espèce. J.-M. BRUGUIERE, note sous Cass. 2e civ., 9 juill. 2015, *Propr. Intell.*, n° 57, oct. 2015, p. 420.

[3] La qualité d'artiste du spectacle a été même reconnue à un simple technicien sonorisateur éclairagiste : Cass. soc., 8 juill. 1999, *Urssaf de Lille c./ Association Le Brueghl et autres*, JuirsData n° 002824 : *D.* 1999, IR, p. 212. Cette qualification n'est pas, à notre avis, convaincante ; en effet, la catégorie de la présomption de l'article L. 7121-3 du Code du travail vise les *artistes* du spectacle non tous les *participants* au spectacle comme les techniciens. Ce qui confirme notre opinion, c'est la mention séparée des « artistes et techniciens du spectacle » dans l'article L. 7122-22 du Code du travail concernant l'organisation de l'activité des entrepreneurs du spectacle.

[4] Les mannequins bénéficient, eux, d'une autre présomption de salariat introduite par la même loi introduisant la présomption du contrat de travail des artistes du spectacle : leur statut est actuellement défini dans les articles L. 7123-1 à 7123-10 du Code du travail. Aussi, la nature artistique du spectacle permet d'exclure les sportifs à moins que la manifestation sportive ne soit pas en même temps artistique. En ce sens, O. BOZZONI, *Le droit d'auteur du chorégraphe*, thèse, Paris II, 1997, n° 116. Toutefois, la jurisprudence semblait plus ouverte à l'égard des sportifs : un boxeur, un cycliste, une joueuse de tennis, un catcheur ont été qualifiés comme artistes du spectacle, bien que cette qualité ait été refusée à certains sportifs à l'égard des dispositions du Code de la sécurité sociale : V. A. LUCAS et *al.*, *Traité de la propriété littéraire et artistique*, 5e éd., 2017, p. 1041, note 45.

[5] Il y a deux catégories qui posaient un problème : les artistes de doublage et les participants aux émissions de la télé-réalité. Les artistes de doublage, après avoir souffert longtemps du refus de les reconnaître la qualité d'artiste-interprète (CA Versailles, 15e ch., 9 oct. 2008, *Randall Garrett c./ sté. First Média Centre* : *Légipresse*, janv.-févr., 2009, n° 258, III, pp. 1-5, P. TAFFOREAU), ont été qualifiés d'interprètes par la Convention Collective dite DAD-R (Droit des Artistes dans leur activité de Doublage-Révisée), mais leur qualité d'artiste du spectacle ne posait jamais de problème. Quant aux participants à la télé-réalité, si la qualité d'artiste-interprète leur a été refusée à juste titre, la doctrine semble favorable à leur reconnaître la qualité d'artiste du spectacle puisque les deux qualités ne sont pas corollaires. Dans ce sens J. BACOUELLE, *op. cit.*, n° 22, p. 33.

[6] Ainsi, la Cour de cassation a retenu que « *la participation artistique n'implique pas nécessairement l'originalité* » : donc, la *participation* d'un artiste du spectacle doit être de nature *artistique*, mais peu importe qu'elle soit ou

présence de spectateurs (spectacle vivant), ou à destination d'un public dispersé (spectacle enregistré) [1].

222. Objet concerné. Les prestations des artistes du spectacle ne sont pas de même nature ; donc ce qui fédère cette catégorie n'est pas lié à la spécificité des créations des auteurs ou des interprètes. En effet, aucun critère qualitatif de la prestation n'est demandé [2], donc, ce qui intéresse le droit du travail c'est la prestation artistique rémunérée objet du contrat : c'est ce qu'explicite l'article L. 7121-2 à propos du metteur en scène et du réalisateur ; ce qui est retenu est « *l'exécution matérielle de leur conception artistique* » ; autrement dit, le travail de réalisation de la forme externe et non pas la forme produite objet du droit de propriété incorporelle de l'auteur ou de l'interprète. En conséquence, ce qui est considéré par le droit du travail n'est pas l'œuvre ou l'interprétation, mais la prestation ou l'acte matériel [3]. Ainsi, il ne faut pas se tromper à la lecture de l'article L. 7121-8 du Code du travail, dont l'objet est la distinction entre les salaires et les redevances, et qui utilise trois termes : *l'interprétation*, *l'exécution* et la *présentation* [4]. Toutefois, nous croyons que ce qui est l'objet du statut social n'est que *l'interprétation-exécution* ou la *prestation*, non pas l'interprétation en tant que chose incorporelle (forme) objet du droit de propriété incorporelle.

Par ailleurs, la prestation concernée est celle qui implique *la présence physique* de l'artiste du spectacle, ainsi, la prestation enregistrée et utilisée dans le spectacle n'entre pas dans le champ de la présomption. En définitive, le droit du travail est

---

non originale. Autrement dit, il doit s'agir simplement d'une prestation plus ou moins artistique. Cass. 2e civ., 14 déc. 2004, inédit, pourvoi n° 03-30387.

[1] M. PESSINA propose une définition de l'artiste du spectacle comme celui « *qui interprète une œuvre dans un spectacle où l'activité artistique est prépondérante et destinée au public* ». Cet auteur focalise sur l'interprétation au sens matériel (la prestation) qui doit porter sur une œuvre pour être qualifiée d'artistique, mais il n'est pas important que cette prestation soit originale (prestation d'artiste de complément). S. PESSINA, « La qualité d'artiste du spectacle une notion dévoyée », *Prop. Intell.*, n° 27, avril 2008, pp. 199-200. La distinction entre « interprétation-exécution » et « interprétation-conception » du Professeur TAFFOREAU semble être très pertinente ici.

[2] Malgré l'absence d'un critère qualifiant la prestation de l'artiste du spectacle, plusieurs arrêts ont retenu des critères propres à la catégorie d'artiste-interprète, c'est-à-dire des critères qui qualifient l'interprétation protégée par le droit voisin de l'artiste-interprète, comme la référence à l'originalité de la prestation, l'expression du talent personnel ou l'interprétation personnelle. Cette application fautive induit une assimilation des deux catégories différentes qui n'ont pas le même objet : l'une porte sur la forme vivante expressive originale et l'autre sur le travail d'exécution ou de réalisation lors du spectacle que ce soit le travail d'un auteur, d'un interprète ou d'un artiste de complément. Par exemple : Cass. 2e civ., 9 juill. 2015, n° 14-19.114, *URSSAF c/ Joël X, Claude Y, Elikia Z* : JurisData n° 2015-016839 (concernant les animateurs présentateurs d'émission de radio qui « *ne se livrent à aucun jeu de scène impliquant une interprétation personnelle* ») : *Légipresse* déc. 2015, n° 333, p. 684, obs. C. ALLEAUME ; *Propr. intell.* oct. 2015, n° 57, p. 420, obs. J.-M. BRUGUIÈRE ; *CCE.* 2015, comm. 9, P. TAFFOREAU ; *JCP E.*, n° 37, 15 sept. 2016, 1481, n° 7, S. SOLEIMAN et A. ZOLLINGER ; aussi Cass. 2e civ., 14 déc. 2004, pourvoi n° 03-30387, inédit (concernant un réalisateur du plateau de télévision, le présentateur de l'émission, les animateurs, les assistants et les comédiens de « voix off ». Cet arrêt exclut seulement le réalisateur du plateau de la catégorie d'artiste du spectacle). Critiquant cette référence aux critères d'accès à la propriété littéraire et artistique : V. S. PESSINA, « La qualité d'artiste du spectacle une notion dévoyée », *Prop. Intell.*, n° 27, avril 2008, pp. 194-205.

[3] M. VIVANT, J.-M. BRUGUIERE, *Droit d'auteur et droits voisins*, 4e éd., 2019, n° 1246, p. 1218 ; P. TAFFOREAU et C. MONNERIE avec la collaboration de CH. KPOLO, Droit de la propriété intellectuelle, Gualino, 4e éd. 2015, p. 252. Le professeur TAFFOREAU avait proposé la distinction entre « interprétation-conception » qui correspond à la « composition » ou l'élaboration de l'interprétation et « l'interprétation-exécution » qui vise le stade de la communication, c'est-à-dire « l'expression ».

[4] « *La rémunération due à l'artiste à l'occasion de la vente ou de l'exploitation de l'enregistrement de son interprétation, exécution ou présentation [...]* ».

« *le droit de l'activité* » alors que le droit de la propriété intellectuelle est « *le droit encadrant l'exploitation des résultats du travail* » [1].

b. Conditions d'application de la présomption

223. Contrat conclu « en vue de la production » d'un artiste du spectacle. Selon l'article L. 7121-3 du Code du travail, la présomption d'activité salariale de l'artiste du spectacle s'applique dès lors qu'une personne physique ou morale s'assure moyennant rémunération, le concours d'un artiste du spectacle *en vue de sa production*. Il convient de préciser l'expression « en vue de sa production » qui suit les deux termes « artiste » et « spectacle ». En effet, la disposition vise la production de l'artiste, autrement dit, *sa présence active et rémunérée*, et non la production du spectacle pour lequel l'artiste a été recruté [2]. Ainsi, la présomption s'applique bien aux artistes qui se contentent de participer aux répétitions sans participer à la scène lors du spectacle (comme dans le domaine de la danse), ou lorsque le spectacle est annulé après plusieurs répétitions travaillées [3]. Par ailleurs, la présomption ne concerne pas l'activité bénévole (amateur) : le défaut de rémunération est exclusif de la qualité d'artiste du spectacle [4].

224. Éléments indifférents. Le Code du travail liste des éléments indifférents à l'application de la présomption de l'activité salariale de l'artiste du spectacle, qui sont retirés des solutions jurisprudentielles antérieures à la loi du 26 décembre 1969. D'abord, le fait que l'artiste (surtout s'agissant des musiciens) travaille avec un matériel fourni par l'employeur (notamment les instruments de musique trop cher ou dont le déplacement est coûteux ou difficile) ou avec son propre matériel, n'affecte pas la présomption de contrat de travail. En effet, les éléments matériels nécessaires au spectacle ou à l'enregistrement, comme la salle de spectacle, le studio et les appareils d'enregistrement les décors etc., appartiennent le plus souvent à l'employeur, mais rien n'empêche que l'artiste salarié utilise son matériel (instrument de musique, costume etc.) pour exercer son activité professionnelle. L'article L. 7121-4 du Code du travail précise aussi que le mode et le montant de la rémunération, ainsi que la qualification donnée au contrat par les parties n'exclut pas la présomption. Ainsi, il a été décidé que si l'organisateur du spectacle n'a pas conclu de contrat directement avec les artistes, ni ne les a rémunérés directement,

---

[1] Sur cette lecture distributive, voir les deux articles de M. S. PESSINA : « La qualité d'artiste du spectacle une notion dévoyée », *Prop. Intell.*, n° 27, avril 2008, pp. 194-205 ; « La qualité d'artiste : une qualité ambivalente », *in Quels droits pour les artistes du spectacle ?* sous la dir. de M. VIVANT, N. MALLET-BOUJOL et J.-M. BRUGUIERE, Dalloz, 2009, surtout p. 28 et s.

[2] D'autant plus que la présomption ne se limite pas au domaine du spectacle vivant, mais s'applique aussi en ce qui concerne les spectacles enregistrés. Ainsi, comme l'explique le Professeur POLLAUD-DULIAN, l'employeur peut être un producteur qui contracte avec l'interprète pour un tournage audiovisuel ou pour une séance d'enregistrement. En bref, l'employeur est la personne physique ou morale qui s'assure le concours personnel d'un artiste, moyennant rémunération. Peu importe que le recrutement soit réalisé par le biais d'un contrat avec un tiers ou avec un agent artistique.

[3] J. VINCENT, « Droits voisins du droit d'auteur. Les contrats des artistes du spectacle (C. trav., art. L. 7121-1 et s. ; CPI, art. L. 212-1 et s. », *J. Cl. Propriété littéraire et artistique*, 2011, n° 10. Cet auteur explique que la présomption s'applique à tous les contrats ayant pour objet *la production de l'artiste*, que ce soit dans un spectacle ou dans une production phonographique ou cinématographique.

[4] Cass. soc., 31 mai 2001, n° 99-21.111. A.-E. KAHN, « artiste-interprète. Un statut hybride », *JAC*, n° 1, 2013, p. 18 ; P. FRONTON, « Le métier de l'artiste-interprète », *JAC.*, n° 1, 2012, p. 23 et s.

n'exclut pas la présomption [1]. Aussi, la Cour de cassation a précisé que la forme sociale de la personne morale qui s'assure le concours de l'artiste du spectacle est indifférente à l'application de la présomption [2], de même en l'absence d'un contrat écrit [3]. En définitive, la présomption semble être *quasi irréfragable* dans la mesure où elle ne peut être renversée que par la preuve d'une activité entrepreneuriale de l'artiste du spectacle, c'est-à-dire quand il exerce son activité « *dans des conditions impliquant son inscription au registre du commerce* » (L. 7121-3), où dans l'hypothèse où la prestation de l'artiste est faite à titre gratuit.

B. Le renversement de la présomption de salariat

225. L'application de la présomption est exclue explicitement concernant l'artiste-entrepreneur (**1**). Mais il existe des limites extérieures (non inhérents à l'activité de la personne engagée) empêchant l'application de la présomption de salariat (**2**).

1. Artiste-entrepreneur

226. La preuve contraire. Dans le domaine du spectacle, il arrive que les artistes principaux se comportent à l'égard des artistes d'accompagnement (musiciens, choristes etc.) comme des co-employeurs. L'article L. 7121-4 du Code du travail prévoit expressément que la présomption subsiste même si l'artiste du spectacle « *emploie lui-même une ou plusieurs personnes pour le seconder, dès lors qu'il participe personnellement au spectacle* ». Toutefois, le fait que cet artiste principal soit considéré comme employeur des artistes d'accompagnement ne change pas la nature de son lien contractuel avec l'organisateur du spectacle à moins, pour ce dernier, de prouver que l'artiste « *a la maîtrise de l'organisation et du déroulement des représentations* » [4]. *In fine*, même si l'article L. 7121-3 prévoit de nombreux obstacles à la preuve contraire, il n'en demeure pas moins qu'il est possible d'écarter la présomption de contrat du travail [5], en ce qui concerne les (rares) artistes qui exercent leur activité artistique sous le régime fiscal et social du travailleur indépendant (surtout les artistes de notoriété internationale et les vedettes de cinéma) inscrit comme tel à l'URSSAF, ou lorsqu'ils exercent leur métier dans des conditions impliquant leur inscription au RCS [6]. Il convient de préciser que peu importe que l'artiste soit

---

[1] Cass. soc., 22 mai 1984 : *Bull. civ.* 1984, V, n° 112. – Cass. soc., 25 janv. 1990 : *Bull. civ.* 1990, V, n° 36.

[2] Par exemple, la présomption a été appliquée à l'égard d'une association à but non lucratif : Cass. soc., 19 mai 1998, n° 96-41.138, n° 96-41.139 : Juris-Data n° 1998-002100.

[3] Cass. soc., 27 juin 1997, n° 94-40.379 : Juris-Data n° 1997-003546.

[4] Cass. soc., 18 janv. 1993 : Juris-Data n° 1993-043749. En fait, s'agissant des groupes d'artistes, il arrive que l'un d'eux (le chanteur par ex.) soit qualifié d'employeur à l'égard des autres (ex. musiciens d'accompagnement), tout en n'étant pas lui-même l'organisateur du spectacle. Tel est le cas lorsqu'un artiste a sur les autres artistes une *autorité dépassant le champ artistique* et qui les place dans un lien de *subordination* à son égard, ou quand un artiste possède le pouvoir de fixer la rémunération de ses collaborateurs ou de les licencier. Cass. soc., 8 juill. 1980 (*Ribeiro*), *Bull. civ.* V, n° 615, p. 460.

[5] Selon les motifs de la loi de 1969, « *il appartiendra au directeur d'une entreprise de spectacles qui contesterait la qualité de salarié à un artiste qu'il aurait engagé, d'apporter la preuve qu'il n'existe entre lui et l'intéressé aucun lien de subordination juridique, l'artiste en cause se comportant comme un véritable entrepreneur de spectacle* ». P. FRONTON, *op. cit.*, p. 23.

[6] La jurisprudence de l'exclusion de la présomption à cause de l'exercice de l'activité dans des conditions impliquant l'inscription au Registre du commerce et des sociétés (RCS) est rare. À titre d'exemple : Cass.

inscrit *effectivement* au Registre du commerce [1] ou qu'il soit titulaire d'une licence d'entrepreneur du spectacle ; ce qui importe est qu'il travaille réellement dans des conditions qui pourraient correspondre à celles d'une activité entrepreneuriale indépendante, ce que M. VINCENT appelle la « zone grise ». Cette zone grise ne doit pas être confondue avec l'activité bénévole, car la présomption de contrat du travail suppose une prestation « moyennant rémunération » selon L. 7121-3 du Code du travail [2]. S'agissant de la « zone grise », l'examen des « conditions dans lesquels l'artiste exerce son activité » semble en définitive être déplacé vers l'examen *des conditions dans lesquelles interviennent les artistes qui organisent le spectacle*. En effet, en dehors de l'hypothèse où les artistes louent et gèrent le lieu du spectacle, et l'hypothèse de spectacles de rue, il y a toujours une personne qui assume la direction des artistes et la gestion du lieu (salle du spectacle) et l'organisation des liens avec le public [3]. Ainsi, le juge recherche qui est l'employeur véritable des artistes du spectacle, en fonction de la maîtrise administrative et économique du spectacle [4].

2. Limites de la présomption

227. Une présomption dans le sens inverse (d'activité non-salariale) peut neutraliser la présomption de salariat de l'article L. 7121-3 du Code du travail (**a**). L'activité artistique des bénévoles non rémunérés (**b**) ou des artistes communautaires (**c**) écarte aussi l'application de la présomption de salariat.

---

soc., 14 nov. 1991, *Bull. civ.* V, n° 506, p. 314. Un artiste coproducteur du spectacle : Cass. soc., 13 mai 1980, (*Sautet*), *Bull. civ.* V, n° 420, p. 319 ; Cass. soc., 31 oct. 1991, *(Gala des étoiles)*, *Bull. civ.* V, n° 470, p. 291, *D.* 1992, p. 490, obs. X. DAVERAT (qualification de société en participation entre un producteur et un artiste qui se comporte en co-entrepreneur de spectacle) ; Cass. soc., 14 oct. 2009, n° 08-42.908 : Juris-Data n° 2009-049891 (concernant un artiste DJ).

[1] F. POLLAUD-DULIAN, *Le droit d'auteur*, 2e éd., Economica, 2014, n° 2297, p. 1513. En effet, l'article vise une des hypothèses où l'on est obligé de s'inscrire dans ce registre ; « *les personnes physiques ayant la qualité de commerçant* » : L. 123-1-1° du Code de commerce. Ainsi, l'artiste-interprète doit avoir la qualité de commerçant, c'est-à-dire, doit exercer « d*es actes de commerce et en [faire son] profession habituelle* » selon L. 121-1 du même code. Le critère d'habitude est important, mais il est apprécié de manière souple généralement. En fait, l'artiste du spectacle commerçant est celui qui *prend l'initiative et la responsabilité entière ou partagée* avec d'autres pour la production d'un spectacle, d'un phonogramme ou d'un vidéogramme. Enfin, il suffit que l'artiste soit entrepreneur (commerçant) pour un seul projet déterminé. CA Rennes, ch. Prud'h., 20 sept. 2001, *JCP G.*, 2002, IV, 1086, p. 1068 : Juris-Data n° 153518 (s'agissant un groupe de musiciens autoproduisant leur CD par les moyens matériels d'une société de production en contrepartie d'une part des royalties à venir).

[2] CA Paris, 21e ch., sect. B, 18 déc. 2008 : Juris-Data n° 2008-373883, concernant une actrice de court-métrage.

[3] J. VINCENT, « Droits voisins du droit d'auteur. Les contrats des artistes du spectacle (C. trav., art. L. 7121-1 et s. ; CPI, art. L. 212-1 et s. », *J. Cl. Propriété littéraire et artistique*, 2011, n° 13.

[4] C'est souvent l'employeur présumé qui tente d'impliquer un ou plusieurs artistes du spectacle dans la production du spectacle vivant ou enregistré. Ainsi, il doit démontrer l'existence d'une société, ce qui implique la nécessité de démontrer ses éléments constitutifs : apport ; participation aux bénéfices et surtout aux pertes et enfin l'important élément *affectio societatis*. Cass. soc., 31 oct. 1991, *De Clausade c./ CAPRICAS* : *D.* 1992, p. 490, note X. DAVERAT ; CA Paris, 29 juin 1990 : *D.* 1992, p. 161, note X. DAVERAT. En matière audiovisuelle, le renoncement par un acteur à son salaire (cachet) ou à sa rémunération proportionnelle, pour être payé par une part des bénéfices ne conduit pas à qualifier l'acteur comme associé d'une société de participation faute d'*affectio societatis*. V. P.-Y. GAUTIER, *Propriété littéraire et artistique*, 11e éd., 2019, n° 713, p. 776.

a. Présomption de non-salariat L. 8221-6 du Code du travail

228. Présomption contraire. Il y a lieu d'écarter la présomption de salariat par l'application d'une *présomption contraire* : celle de l'article L. 8221-6-I-1° du Code du travail (ancien article L. 120-3), qui prévoit dans le premier alinéa qu'il y a une *présomption d'absence de contrat du travail* concernant « *les personnes physique immatriculées au registre du commerce et des sociétés, au répertoire des métiers, au registre des agents commerciaux ou auprès des unions de recouvrement des cotisations de sécurité sociale et d'allocations familiales pour le recouvrement des cotisations d'allocations familiales…* ». En effet, cette situation concerne les vedettes qui préfèrent aux dispositions protectrices d'ordre public du Code du travail ou des conventions collectives profiter de leur notoriété à travers le statut de non-salariat. Pour ce faire, il faut que l'artiste soit immatriculé aux registres cités, sinon la présomption de salariat de l'article L. 7121-3 du Code du travail prime celle de non-salariat L. 8221-6-I-1° du même code, en vertu de l'adage *specialia generalibus derogant* : les dispositions spéciales dérogent aux celles générales [1].

b. Exercice bénévole de l'activité de l'artiste

229. La présomption d'activité salariée, qui donne accès à la protection par le droit du travail et le droit de la sécurité sociale, est conditionnée par l'existence d'une rémunération de la prestation de l'artiste du spectacle. Peu importe le mode et le montant de cette rémunération (7121-4 du Code du travail). Ainsi, les prestations des artistes dans les spectacles (vivants ou enregistrés) sans aucune rémunération, autrement dit les spectacles « amateurs » exclut l'application de la présomption. En effet, le terme « amateur [2] » est utilisé généralement pour désigner l'activité artistique non rémunérée, par opposition à l'exercice professionnel. Or, un artiste-interprète professionnel peut exercer bénévolement dans des spectacles et ne sera pas qualifié d'amateur [3]. C'est la raison pour laquelle il est préférable d'utiliser le terme « bénévole ».

230. Le statut des artistes bénévoles ou « amateurs ». L'article 32 de la loi LCAP du 7 juillet 2016 [4] et son décret d'application du 10 mai 2017 [5] clarifie la condition juridique des pratiques « amateurs », notamment en ce qui concerne ses frontières avec le monde professionnel. Ces artistes non professionnels peuvent participer à un spectacle vivant [6] organisé *dans un cadre lucratif* qui relève des articles L. 7121-3 et L. 7121-4 du Code du travail, à condition qu'ils reçoivent « *une*

---

[1] Pour une étude complète de cette présomption d'absence du rapport salarial de l'article L. 8221-6-I-1° du Code du travail (ancien art. 120-3 al. 1er), V. S. PESSINA, *L'artiste-interprète salarié, op. cit.*, n° 582 à n° 586.

[2] A.-C. NENTWIG, « Amateur(s) : les enjeux sociaux d'une classification », *JAC*, 2015, n°20, p.28.

[3] Nous utilisons le terme « amateurs » pour désigner les membres du public destinataire des créations identitaires ou expressives, et dont la fonction est double : économique et culturelle. V. PH. GAUDRAT, Rép. Civ. Dalloz, *1° Propriété des créateurs, op. cit.*, n° 355 et s.

[4] L'art. 32 définit l'artiste amateur : « *est artiste amateur dans le domaine de la création artistique toute personne qui pratique seule ou en groupe une activité artistique à titre non professionnel et qui n'en tire aucune rémunération* ».

[5] J. VINCENT, « Artiste amateur et travail dissimulé : les frontières mobiles de la loi », *JAC*, 2017, n°47, p.39 ; T. GIRAUD, « La loi LCAP redéfinit les pratiques amateurs », *JAC*, 2017, n°43, p.35.

[6] Ce nouveau cadre ne s'applique que dans le domaine des *spectacles vivants* ; ainsi, les spectacles enregistrés (cinéma, production phonographique, art visuel) ne sont pas concernés. A. TOUBOUL, « Les droits sociaux des professions artistiques », *in Liberté de création, Architecture et Patrimoine, Regards croisés sur la loi du 7 juillet 2016*, sous dir. de PH. MOURON, PUAM, 2018, pp. 89-106, surtout p. 102 et s.

rémunération au moins égale au minimum conventionnel du champ concerné » [1]. Enfin, il faut respecter une limite des participations des amateurs (artistes non-salariés) aux spectacles professionnels : la loi dispose que ces spectacles pourront avoir lieu dans la limite d'un plafond annuel par artiste-amateur et par entrepreneur de spectacles [2].

231. Spectacles promotionnels. Dans le domaine phonographique, il est d'usage d'engager l'artiste-interprète à participer à la promotion de l'album (participation aux émissions de radio ou de télévision, interview, spectacles publics promotionnels…). Ces actions promotionnelles ne doivent pas engendrer aucun bénéfice indépendant au profit du producteur. L'annexe III à la Convention collective nationale de l'édition phonographique du 30 juin 2008 organise le recours à ces spectacles promotionnels, en limitant leur nombre par mois et par année et, surtout, en prévoyant un *salaire minimal* pour chaque participation d'un artiste « principal » (article 2-3-2) ou « secondaire » (article 3-20) [3]. Quoi qu'il en soit, si l'exercice non professionnel écarte la qualité d'artiste du spectacle et la protection sociale y afférent, la qualité d'artiste-interprète au sens du Code de la propriété intellectuelle est indépendante des conditions de la réalisation de l'interprétation. Ainsi, un artiste-bénévole, ou « amateur », peut avoir une protection de son interprétation par le droit voisin de l'artiste-interprète [4].

c. Exclusion des artistes-interprètes communautaires

232. Avant l'arrêt de la Cour de justice dans l'affaire *Barry Banks* [5], les artistes-interprètes étrangers étaient soit salariés de l'entrepreneur de tournées établi en France (titulaire d'une licence), soit salariés de l'entrepreneur de spectacles établi à l'étranger et ils intervenaient en France dans le cadre d'un détachement. Depuis

[1] Cet exercice est l'exception. Les spectacles amateurs en principe sont « dans un cadre non lucratif ». Il est intéressant de remarque que l'article 32 de la loi LCAP 2016 permet dans ce genre de spectacles de recourir à la publicité et à l'utilisation de billetterie payante, ce qui est paradoxal.

[2] Le décret du 10 mai 2017 définit ce plafond par cinq ou huit par entreprise de spectacles selon qu'il s'agit d'amateur(s) présent(s) à titre individuel ou de groupement d'amateurs, et dix par artiste amateur ; 10% supplémentaires en ce qui concerne « les représentations lucratives » à l'étranger. Par ailleurs, au-delà de ce plafond la forme de bénévolat se transforme de plein droit en *travail dissimulé*.

[3] En effet, le titre II de ladite annexe concerne les « interprètes principaux, chefs d'orchestre, chefs de chœur, diseurs, artistes dramatiques, ainsi qu'aux artistes engagés pour la réalisation d'un vidéoclip dont l'interprétation ne fait pas l'objet d'une fixation sonore ». L'article 2.3.1 définit le spectacle vivant promotionnel et limite les représentations à 12 par 30 jours et à 36 par an, à condition que le producteur n'en tire aucune contrepartie financière directe ; l'article 2.3.2 détermine le salaire minimum de la participation des artistes principaux à ces spectacles. De la même façon, le titre III de l'annexe concerne les artistes « secondaires » (musiciens, artistes des chœurs, artistes choristes), et contient l'article 3.20 sur la participation de ces artistes aux spectacles promotionnels et leur salaire minimum.

[4] CA Rennes, ch. Prud'h., 20 sept. 2001, JurisData : n° 153518, aff. *Maquaire c./ SARL Epona production* : JCP 2002, IV, 1086. Il s'agissait d'un groupe de musiciens bénévoles qui se sont produits en utilisant les moyens du studio d'une société qui, en contrepartie, reçoit une part des redevances résultant de l'exploitation.

[5] CJCE, 30 mars 2000, Affaire C 178/97, *Barry Banks et autres c./ Théâtre royal de la monnaie* : Rec. 2000, p. I-2005. Pour une étude complète de tous les épisodes de cette affaire, S. PESSINA, « L'artiste-interprète salarié », in *Créations et inventions de salariés. Rompre avec les schémas reçus…*, Colloque de L'IRPI, LexisNexis, 2010, pp. 123-152 ; S. PESSINA, *L'artiste-interprète salarié*, *op. cit.*, n° 590 et s ; J. VINCENT, « Droits voisins du droit d'auteur. Les contrats des artistes du spectacle », fasc. 1490, *J.-Cl. Civil Annexes, Propriété littéraire et artistique*, nov. 2011, n° 18.

cet arrêt il est devenu possible aux artistes communautaires d'intervenir en France en qualité de *travailleurs non-salariés*. L'arrêt, qui concernait le régime de sécurité sociale belge, a montré qu'il était possible, pour des artistes non-salariés dans un État membre, d'exercer la même activité en cette qualité dans un autre État membre, tout en échappant à son régime de sécurité sociale [1]. Dans le même sens, la France a été condamnée par la Cour de justice dans l'arrêt du 15 juin 2006 [2]. En effet, la présomption de salariat au profit des artistes du spectacle de l'article L. 7121-3 du Code du travail a été considérée comme non conforme au droit de l'Union européenne [3], en ce qu'elle constitue une restriction à la liberté de prestation de services de l'artiste-interprète communautaire. Par conséquent, la portée de la présomption fut limitée, et une réserve a dû être introduite par l'article L. 7121-5 du Code du travail lequel dispose que « *La présomption de salariat prévue à l'article L. 7121-3 ne s'applique pas aux artistes reconnus comme prestataires de services établis dans un État membre de la Communauté européenne ou dans un autre État partie à l'accord sur l'Espace économique européen où ils fournissent habituellement des services analogues et qui viennent exercer leur activité en France, par la voie de la prestation de services, à titre temporaire et indépendant* » [4].

233. Ainsi, la protection de l'interprétation en tant qu'activité montre une autre limite, quand il s'agit d'une prestation d'un artiste-interprète communautaire qui exerce habituellement dans son pays d'origine en qualité d'artiste indépendant. Nous trouvons une application de cette limite dans un arrêt de la chambre criminelle de la Cour de cassation [5] : il écarta l'exception de l'article L. 7121-5 du Code du travail au motif que le chef d'orchestre allemand avait engagé des artistes du spectacle en France sans se conformer à la protection sociale française et sans prouver que les artistes en cause avaient la qualité de travailleurs indépendants dans leur pays d'origine, ce qui constituait un délit de travail dissimulé par dissimulation d'emploi salarié.

---

[1] Des artistes britanniques exerçant leur activité au Royaume-Uni comme travailleurs indépendants se sont produits en Belgique, s'étaient vus retenir des cotisations sociales sur leur cachet en vertu du régime belge de sécurité sociale. La CJCE a considéré que ces artistes, qui ont fourni le certificat E 101 de leur pays d'origine conformément au règlement communautaire, (art. 11bis règlement n° 574/72 sur les modalités d'application du règlement 1408/71 relatif à l'application des régimes de sécurité sociale aux travailleurs salariés et non-salariés et leur famille qui se déplace à l'intérieur de la Communauté), ne sont pas imposés dans la mesure où c'est la loi de leur pays d'origine qui s'applique. Par ailleurs, l'arrêt s'est basé sur le principe de libre circulation de personnes.

[2] Aff. *Commission c/ République française :* CJCE 15 juin 2006, aff. C-2555/04. Pour une analyse de cette affaire : S. PESSINA, « L'artiste-interprète salarié », i*n Créations et inventions de salariés. Rompre avec les schémas reçus…*, Colloque de L'IRPI, LexisNexis, 2010, pp. 123-152 ; J. BACOUELLE, *La condition juridique de l'artiste-interprète*, n° 146 et s., pp. 103-107.

[3] Et cela malgré le caractère simple de la présomption et malgré sa finalité protectrice que, selon le Gouvernement français, justifie la limitation de la liberté de prestation de services du fait de raisons impérieuses d'intérêt général. Ces deux arguments de la France furent écartés.

[4] L'article 7 de la loi n° 2008-89 du 30 janv. 2008 qui modifie l'ancien article 762-1 (L. 7121-3 du Code du travail).

[5] Cass. crim.1é oct. 2010, n° 10-80.283, 5720 : JurisData n° 2010-021345 : J. BACOUELLE, *La condition juridique de l'artiste-interprète*, p. 107.

C. Appréciation de la protection sociale de l'activité interprétative

234. L'importance de la protection sociale de la présomption de salariat ne fait pas l'unanimité dans la doctrine. Une bonne partie de la doctrine considère que la présomption est une protection efficace de l'artiste-interprète ; protection qui peut être en harmonie avec la protection de l'interprétation en tant qu'objet de propriété incorporelle. Mais M. DAVERAT considère, en revanche, que la présomption consacre *l'hégémonie de l'inféodation* de l'artiste-interprète. Nous commençons par l'examen de l'appréciation critique du Professeur DAVERAT (**1**) avant de montrer qu'une articulation harmonieuse entre les deux codes du travail et de la propriété intellectuelle est possible (**2**).

1. La présomption de salariat est-elle l'expression d'une « hégémonie de l'inféodation » de l'artiste-interprète ?

235. Contrairement à la jurisprudence antérieure, la loi de 1969 généralisa la subordination des artistes-interprètes (**a**). Cela a été interprété par une partie minoritaire de la doctrine comme l'expression d'une hégémonie des rapports contractuels (**b**).

a. Généralité de la présomption

236. Autres cadres de l'exercice de l'activité artistique. L'étude de la jurisprudence antérieure à la loi de 1969 montre qu'il s'agissait le plus souvent d'*intermittents* du spectacle, c'est-à-dire de salariés dont l'activité présentait une alternance de périodes travaillées et non travaillées à cause de la nature du secteur : spectacle vivant ou enregistré. En effet, il y a, au moins, deux situations dans lesquelles la présomption d'activité salariée était « inutile » [1]. Il s'agissait des modalités d'engagement des interprètes, qui ne se basaient sur quelque présomption légale que ce fût. Par exemple, la possibilité pour les artistes de s'organiser dans une compagnie dramatique ou une formation musicale sans recours au droit de travail (exercice dans des institutions permanentes ou dans le cadre sociétaire) ; ou les pratiques qui étaient bien établies dans l'industrie phonographique où le contrat d'exclusivité limitait la liberté de l'artiste. Enfin, comme le constate Madame BACOUELLE en matière musicale, il y a une tendance chez les musiciens à s'émanciper par l'autoproduction, en bénéficiant de l'avancé technologique en matière des outils de production et des réseaux de diffusion des créations [2].

---

[1] X. DAVERAT, *op. cit.*, p. 328 et s. Cet auteur expose plusieurs situations où les conditions d'emploi des artistes étaient organisées sans recours au droit du travail.

[2] Sur le régime juridique de l'artiste-interprète indépendant de la musique, J. BACOUELLE, *op. cit.*, p. 108 et s. En effet, la majorité des études en matière de droit voisin de l'artiste-interprète se concentre sur l'artiste-interprète salarié et, par conséquent, sur le régime juridique hybride qui cumule le droit du travail et le droit voisin ; or, qu'il soit salarié ou non, l'artiste-interprète est titulaire d'une propriété incorporelle sur *la forme vivante*, et cette propriété est indifférente à l'existence d'un contrat de travail. La loi LCAP du 7 juillet 2016 a consacré cette indépendance des deux régimes : le nouvel article L. 212-10 du Code de la propriété intellectuelle, identique à L. 111-1 al. 3 du même code, dispose que « *L'existence ou la conclusion d'un contrat de louage d'ouvrage ou de service avec un producteur de phonogrammes n'emporte pas dérogation à la jouissance des droits reconnus à l'artiste-interprète par les articles L. 212-2 et L. 212-3, sous réserve des exceptions prévues au présent code* ».

En conclusion, la présomption de la loi du 26 décembre 1969, intégrée dans le Code du travail, est une « amplification » de l'effort jurisprudentiel qui tendait à démontrer l'existence du contrat de travail dans les rapports contractuels entre les artistes du spectacle et les producteurs ou les organisateurs de spectacle. L'objectif poursuivi par le législateur était de permettre aux artistes *en situation précaire* (les artistes intermittents) de profiter de certains avantages sociaux, dans un contexte où aucun droit n'avait été prévu sur l'interprétation en tant que bien appropriable. Mais l'imposition du statut de salarié aux artistes qui ne sont pas dans une telle situation précaire laisserait penser que la présomption de salariat « couvre une fiction ». C'est l'avis du Professeur DAVERAT, qui estime que la généralisation de la présomption de salariat était une sorte de compensation de l'absence d'un droit réel sur l'interprétation [1].

b. Inféodation de l'ensemble des artistes-interprètes ?

237. Que faut-il comprendre de la généralisation de la présomption de salariat ? Une partie de la doctrine interprète l'imposition de la présomption de salariat à tous les artistes comme l'expression d'une « *inféodation quasiment complète des artistes du spectacle* » [2]. En ce sens, le Professeur DAVERAT tire deux résultats de ce régime de protection de l'activité artistique :

– Le premier concerne « *homogénéité du tissu contractuel* » : par la *force* de la présomption et sa *généralité*, on arrive à une *normalisation* des rapports juridiques, c'est-à-dire à un réseau d'obligations nées de l'activité artistique des artistes-interprètes, et ce dans le but de protéger une corporation en simplifiant son accès à la protection sociale [3].

– Le deuxième est « *l'effet déclaratif de subordination des interprètes* » de la loi du 26 décembre 1969. Nous avons vu que la jurisprudence antérieure à cette loi s'était efforcée d'imposer la subordination tout en neutralisation la nature créative de prestation de l'artiste-interprète. Ainsi, cette présomption est venue renforcer « l'hégémonie de l'inféodation » [4] par la réduction des artistes-interprètes à des *simples travailleurs* en ne visant que leur *prestation matérielle.*

---

[1] X. DAVERAT, *op. cit.*, n° 221, p. 361 et n° 221, p. 363 et s. Pour qui, la présomption quasi irréfragable de salariat est l'expression d'une dérive où « *se réitère le refus de tirer les conséquences de la qualité de créateur de l'interprète. Ames en peine, errant entre une propriété intellectuelle qu'on leur fait expier et le droit du travail qu'on leur fait hanter* ».

[2] X. DAVERAT, *op. cit.*, n° 229 et s. surtout n° 232, p. 380, qui va plus loin en estimant que la présomption est plus qu'un renversement de la charge de preuve, mais plutôt un véritable *interdit*, car elle ne saurait être combattue qu'en *seule hypothèse* trop exceptionnelle *:* si l'artiste exerce son activité objet du contrat dans des conditions impliquant son inscription au registre du commerce (L. 7121-3 C. trav.).

[3] *L'homogénéité* des rapports contractuels des artistes du spectacle est manifeste aussi dans l'article L. 7121-7 du Code du travail, issu de la même loi. Cet article autorise le recours à un *contrat collectif*, alors que le contrat du travail est individuel (*intuitu personae*) et il l'est *a fortiori* dans le domaine artistique. Cet article dispose dans le premier alinéa que « *Le contrat de travail peut être commun à plusieurs artistes lorsqu'il concerne des artistes se produisant dans un même numéro ou des musiciens appartenant au même orchestre* ».

[4] X. DAVERAT, *op. cit.*, n° 234, p. 382. Par ailleurs, ce qui est paradoxal est l'absence de toute volonté d'hégémonie dans la longue construction jurisprudentielle précédant la consécration légale du statut de salarié des artistes-interprètes. La seule dynamique derrière la reconnaissance (parfois forcée) de la subordination des artistes-interprètes réside dans la volonté d'offrir à ces « travailleurs particuliers » la protection sociale des salariés. La situation qui en résulte est paradoxale : « *pauvres acteurs, malheureux*

238. Illusion des deux rémunérations ? Force est d'admettre que la loi du 26 décembre 1969 reconnaît implicitement la situation *hybride* de l'artiste-interprète. En effet, l'article 2 de cette loi établissant la présomption d'activité salariée au profit des artistes du spectacle et des mannequins distingue entre deux sortes de rémunération. Ainsi, il ne saurait s'agir d'un salaire lorsque « *la présence physique de l'artiste ou du mannequin n'est plus requise pour exploiter l'enregistrement, et que cette rémunération n'est en rien fonction de salaire reçu pour la production de son interprétation, exécution ou présentation, mais au contraire fonction du produit de la vente ou de l'exploitation dudit enregistrement* ». Ainsi, les redevances (royalties) rémunérant *l'exploitation* par la vente ou par l'utilisation secondaire des enregistrements ne sont pas des salaires. Toutefois, M. DAVERAT considère que la logique salariale l'emporte : il s'avérerait, en vertu de cet article, que les cas de la qualification de salaire sont le *principe* alors que les cas de rémunération non salariale restent *marginaux* [1]. Ainsi, un arrêt de la Cour de cassation a considéré que les stipulations contractuelles concernant la rémunération de l'exploitation de l'enregistrement ont un caractère *accessoire* du contrat du travail, et que le Conseil de prud'homme était compétent pour trancher les litiges les concernant [2]. De cette façon, en considérant que la partie concernant l'exploitation du fruit de travail (l'interprétation enregistrée) est accessoire, la Cour de cassation visait à franchir le paradoxe qu'on a évoqué : présumer le statut salarial des artistes-interprètes de manière globale tout en admettant la nature non salariale d'une partie de leur rémunération.

239. Bilan. Si la généralité de la présomption d'activité salariée des artistes-interprètes ne fait aucun doute, il serait exagéré d'en déduire un effacement de la nature créative des prestations des artistes-interprètes. La preuve : après son institution, cette présomption n'avait pas empêché la jurisprudence d'instaurer un droit prétorien [3] au profit des artistes-interprètes sur leur interprétation, jusqu'à la consécration légale du droit voisin de l'artiste-interprète par la loi Lang de 1985. En définitive, plus qu'une inféodation des artistes-interprètes, la question est de savoir s'il est possible d'articuler la protection sociale et la protection propriétaire, c'est-à-dire la protection de l'activité et celle de la forme en résultant.

2. L'articulation harmonieuse du droit du travail et le droit de la propriété incorporelle sur la forme

240. Spécificité/dualité de l'objet à protéger. Les craintes du Professeur DAVERAT sont légitimes, mais nous croyons qu'aujourd'hui l'articulation entre le droit du travail et le droit de la propriété intellectuelle peut être harmonieuse, à condition que l'on détermine avec précision le champ d'intervention de chaque droit : la protection sociale et la protection propriétaire. L'une ne chasse pas l'autre

---

musiciens, qui y gagnent en sécurité sociale (stricto sensu) au prix d'un effacement de leur fondation [sic, lire fonction] créatrice, soit en un mot de ce qui fait d'eux des interprètes » (X. DAVERAT, *op. cit.*, p. 383).

[1] Remarquons que la rédaction de l'article L. 7121-8 issu de la loi 1969, en utilisant la forme *négative*, laisse croire que la qualification du *salaire est le principe*, alors que les redevances d'exploitation seraient *l'exception.*

[2] Cass. soc., 29 avril 1976, *D.* 1967, p. 157. Plus loin encore, la Cour d'appel de Paris avait qualifié de salaire la rémunération consistant en un pourcentage sur les fruits de ventes des disques, en l'absence de toute autre rémunération. CA Paris, 18 janv. 1971, *D.* 1971, somm. p. 92, cité par X. DAVERAT, *op. cit.*, p. 386.

[3] Nous allons étudier cette jurisprudence précédant la loi Lang de 1985 dans la section II consacrée à l'étude de l'appréhension de l'interprétation en tant qu'objet non en tant qu'activité.

et les deux, ensemble, rendent compte de la spécificité de la création interprétative : la forme externe de l'interprétation est vivante, son *support de création* est forcément une personne physique (le corps ou ses effets) dans son état *dynamique* [1] ; dit autrement, le *travail physique* n'est pas un simple travail de réalisation, mais est aussi la *substance* de la forme externe de l'interprétation.

241. La protection sociale de l'activité de l'artiste-interprète est importante (**a**) et peut être articulée avec la protection de l'interprétation en tant qu'objet de droit réel (**b**).

a. Protection sociale indéniable de l'activité interprétative

242. Protection sociale au sens large. Selon la majorité de la doctrine [2], la présomption de salariat offre à l'artiste-interprète (comme à d'autres artistes du spectacle) une protection sociale indéniable, qui se justifie par l'intérêt général. La notion de protection sociale doit s'entendre de façon large : d'un côté, elle vise la protection par le droit du travail, que ce soit hors contentieux (par exemple le mode et le montant du salaire, la garantie du paiement etc.) ou en cas de contentieux (la compétence judiciaire, la charge et les moyens de preuve) ; et d'un autre côté, la protection par le droit de la sécurité sociale : l'artiste salarié bénéficie d'un régime d'assurance-chômage qui fait figure d'exception en Europe et d'un régime de sécurité sociale efficace qui permet de prétendre à diverses prestations sociales (assurance maladie, maternité etc.) ; régimes des congés spectacles ; régime de formations professionnelles ; régime de retraite complémentaire [3]. En revanche, malgré le fait que le statut de l'artiste-interprète indépendant est l'exception [4], il y a aujourd'hui une tendance accrue à « *l'harmonisation du statut social des travailleurs salariés et indépendant à propos notamment de l'assurance maladie et de la retraite* » [5]. En bref, nous croyons que la généralisation de la protection sociale du fait de la présomption quasi-irréfragable de salariat doit être bienvenue. Il est intéressant de remarquer que, d'un côté, ce statut est envié par les artistes d'autres pays européens qui aspirent à avoir un tel niveau de protection garantissant une certaine stabilité [6], et, d'un autre côté, les artistes-auteurs réclament depuis des années, sans se lasser, une telle protection sociale [7].

---

[1] Le corps dans son état statique peut être le support de la prestation des mannequins-modèles ; ou même le support d'une œuvre de l'esprit, par ex. un tatou…

[2] S. PESSINA, *op. cit.*, p. 302 et s. ; p. 335. Qui estime que ce régime offre une réelle protection permettant de lutter contre la précarité des professions artistiques ; qui plus est, il bénéficie aux auteurs en protégeant ceux qui participent à la communication de leurs œuvres ; J. BACOUILLE, *op. cit.*, surtout n° 126, p. 93 ; A. DIETZ, *in Protection des auteurs et artistes-interprètes par contrat*, Congrès de l'ALAI (Montebello, Canada 1997), Éd. Yvon Blais, 1998.

[3] Sur les effets de la présomption, S. PESSINA, *L'artiste-interprète salarié*, *op. cit.*, p. 302 et s.

[4] Par exemple, J. BACOUELLE (*La condition juridique de l'artiste-interprète*) qui étudie, d'abord, le statut de l'artiste salarié comme étant le principe et, ensuite, l'artiste indépendant comme étant l'exception ; et l'étude de S. PESSINA (*L'artiste-interprète salarié*, *op. cit.*) qui consacre tout son ouvrage à l'artiste-interprète salarié.

[5] J. BARTHELEMY, « Statut de l'auto-entrepreneur, présomption renforcée d'absence de contrat de travail et développement de la création d'entreprise », *JCP E.*, n° 18, 30 avril 2009, p. 1455.

[6] S. PESSINA, *L'artiste-interprète salarié*, *op. cit.*, n° 301, p. 175.

[7] Depuis les années 2000, des études du système de protection sociale des artistes auteurs ont démontré la nécessité d'une réforme. Cependant, le législateur a raté en 2016 une bonne occasion pour procéder à une refonte de ce système. En conséquence, les artistes des arts visuels se sentent abandonnés alors que les efforts ont été concentrés sur le statut des artistes du spectacle. V. A. TOUBOUL, « Les droits sociaux des

243. Protection efficace de la personne. Cette partie de la doctrine considère que l'intervention du législateur *en amont* pour protéger l'interprétation en tant qu'activité (l'interprétation-exécution) n'affecte pas la protection qui peut être reconnue sur l'exploitation de l'interprétation en tant qu'objet. Ainsi, M. PESSINA distingue dans son étude sur le statut de l'artiste-interprète salarié entre la protection sociale qui a pour objet *la personne* de l'artiste, et la protection par le droit voisin du droit d'auteur qui a pour objet *l'interprétation* [1]. En conséquence, l'efficacité de la protection des artistes-interprètes dépend de la *cohabitation* entre la protection du travail et celle de l'interprétation, c'est-à-dire *l'harmonie* entre le régime du droit du travail et le régime de la propriété intellectuelle.

244. Quant à nous, nous croyons que le droit du travail et le droit de la sécurité sociale peuvent être perçus comme une garantie de l'artiste-interprète lui permettant de vivre de son art. Nous le voyons aujourd'hui avec la pandémie de Covid-19 et l'annulation des rassemblements qui a entraîné des annulations en cascade des festivals et des spectacles de l'été [2]. Les répercussions sont énormes pour les artistes-interprètes, dans la mesure où l'été est généralement la période la plus importante du travail des intermittents. Cette crise met en évidence l'importance de la protection sociale qu'offre le droit français aux artistes salariés. Mais, force est d'admettre que le revenu salarial ne rémunère que l'utilisation première, c'est-à-dire la communication faite lors du spectacle. Ainsi, il faut ne pas négliger les revenus des « utilisations secondaires », c'est-à-dire les communications qui ne nécessitent pas la présence physique de l'artiste-interprète.

b. Articulation du droit du travail et du droit de la propriété intellectuelle

245. Résurgence de la qualité d'artiste. En effet, la présomption de salariat, tout en imposant de manière générale *la dépendance (presque définitive)* des interprètes, n'exclut pas le droit de propriété sur la prestation qui exprime une interprétation originale. Ainsi, l'article 2 de la loi du 26 décembre 1969 (devenu l'article L. 7121-8 du Code du travail) reconnaît la distinction entre les rémunérations salariales et celles provenant de l'exploitation de la création fixée. Donc, cet article distingue entre deux sortes de rémunérations : les salaires et les redevances : « *La rémunération due à l'artiste à l'occasion de la vente ou de l'exploitation de l'enregistrement de son interprétation, exécution ou présentation par l'employeur ou tout autre utilisateur n'est pas considérée comme salaire dès que la présence physique de l'artiste n'est plus requise pour exploiter cet enregistrement et que cette rémunération n'est pas fonction du salaire reçu pour la production de son interprétation, exécution ou présentation, mais est fonction du produit de la vente ou de l'exploitation de cet enregistrement* ». En conséquence, on voit resurgir la qualité d'artiste dans la mesure où *le fondement des rémunérations non salariales* se trouve dans *la nature*

---

professions artistiques », *in Liberté de création, Architecture et Patrimoine, Regards croisés sur la loi du 7 juillet 2016*, sous dir. de PH. MOURON, PUAM, 2018, pp. 91-97.

[1] S. PESSINA, *L'artiste-interprète salarié*, *op. cit.*, p. 176.

[2] EMMANUEL LAURENTIN, « La crise sanitaire va-t-il bouleverser le droit d'auteur ? », *émission de France Culture*, (durée 40m.16), diffusée le 8 déc. 2020, URL : https://www.franceculture.fr/emissions/le-temps-du-debat/le-temps-du-debat-emission-du-mardi-08-decembre-2020, (consulté le 8 déc. 2020).

artistique de la prestation exploitée par les communications au public indépendamment de la présence physique et active de l'artiste.

246. La distinction entre salaire et redevance en Droit du travail. Aujourd'hui, l'on peut être rassuré car l'application de cet article ne pose pas de problème, ce dont témoigne l'accord des chambres sociales et civiles de la Cour de cassation en la matière. Donc, aucune des deux qualifications de la rémunération ne l'emporte sur l'autre [1]. Aussi, la doctrine est unanime sur la distinction et ses critères [2]. En effet, les principes qui se dégagent de l'article L. 7121-8 du Code du travail et des applications jurisprudentielles sont les suivants :

– La rémunération est qualifiée de salaire lorsqu'elle rémunère le travail, donc, la prestation qui nécessite la présence physique et active de l'artiste [3] ;

– En revanche, les sommes qui sont fonction du produit de la vente des enregistrements ou de l'exploitation de la fixation sont considérées des redevances ;

– Si le cachet est une somme forfaitaire très élevée, il peut être qualifié (au moins en partie) comme redevance ;

– Les avances de redevances, en l'absence d'un versement d'un salaire peuvent être qualifiées de salaire [4].

247. La distinction entre salaire et redevance en Droit de la propriété intellectuelle. Le Code de la propriété intellectuelle respecte aussi la distinction

---

[1] La jurisprudence est abondante sur cette question, et la lecture de cette jurisprudence montre que la qualification salariale n'est plus le principe et que la qualification de redevance n'est pas accessoire : par ex. Cass. soc. 21 juin 2004 : *RJS* 10/04, n° 1108, « *les juges du fond ne peuvent décider que la créance constituée par des rémunérations [...] en contrepartie de l'autorisation consentie à un producteur de diffuser les enregistrements d'un spectacle [...] a la nature de salaire sans rechercher si la rémunération due aux artistes-interprètes était fonction du salaire reçu par eux pour la production de leur interprétation [...] au contraire fonction du seul produit de l'exploitation de l'enregistrement* » ; Cass. soc., 25 janv. 2006 : *JCP S.*, 2006, 1208, note T. LAHALLE ; Cass. soc., 17 mai 2006 : *JCP S.*, 2006, 1613, note T. LAHALLE ; Cass. soc., 1er juill. 2009, *aff. Doc Gyneco c./ Virgin France,* Pourvoi n° 07-45.681 : *D.*, 2009, 1894, note J. DALEAU ; *CCE*, 2009, n° 87, note CH. CARON ; *Légipresse*, 2009, III, 187, note S. PESSINA ; *Propr. Intell.*, n° 33, oct. 2009, p. 374, obs. A. LUCAS - Cass. 1re civ., 15 mars 2017 : *D.*, 2017, 645 ; *Propr. Intell.*, n° 64, juill. 2017, p. 76, obs. C. BERNAULT. « *La rémunération due lors de l'exploitation d'un enregistrement phonogramme ne nécessitant pas la présence physique de l'artiste interprète ne peut être incluse dans le salaire de base* » - Cass. 2e civ., 6 juillet 2017, n° 16-20276 - CA Paris 14 avril 2016. RG n° 15/04093 : *JAC.* 2016, n° 37, p.10, note X. AUMERAN. Toutefois, D. PALLANTZA, « La rémunération des artistes-interprètes salariés », *Revue de droit du travail,* 2015, p. 597, qui qualifie l'interprète de « travailleur-hybride » dont la rémunération dépend de deux logiques, celle du droit du travail et celle du droit *d'auteur* [sic] qui l'appelle « rémunération secondaire ».

[2] Nous nous contentons de citer quelques spécialistes du droit voisin de l'artiste-interprète : Mme J. BACOUELLE, *op. cit.*, pp. 41-42 ; M. S. PESSINA, *op. cit.*, p. 397 et s ; M. P. TAFFOREAU, *Le droit voisin de l'interprète d'œuvre musicales en droit français,* thèse, Paris II, 1994, t.1, p. 128 et s ; D. GAUDEL, « Les caractéristiques de la redevance versée aux artistes-interprètes au titre des droits voisins », *in Mélanges en l'honneur du Professeur ANDRE FRANÇON*, Dalloz, 1995, p. 175. *Adde* CH. CARON, « De la distinction entre le cachet et les redevances de l'artiste-interprète », *CCE*, n° 10, oct. 2009, comm. 87.

[3] Le critère de la présence physique de l'artiste ne suffit pas pour qualifier la rémunération de salaire : si, par exemple, une pièce de théâtre, est représentée et retransmise en même temps, il faut distinguer, à notre avis, entre les sommes qui rémunèrent la prestation en salle et celles qui rémunèrent une exploitation étendue, c'est-à-dire une communication à d'autres publics. Donc, la qualification de salaire nécessite d'abord la présence physique de l'artiste, et, en plus, il faut que la somme soit fonction du salaire et ne soit pas fonction des produits de l'exploitation.

[4] « *Doivent être requalifiées en salaire, les avances de redevances dont le versement, d'une part, était conditionné par la présence physique de l'artiste nécessairement présent lors de son entrée en studio et lors de l'achèvement de l'enregistrement d'un album et, d'autre part, n'était fonction ni du produit de la vente, ni du produit de l'exploitation de cet enregistrement* », Cass. soc. 8 juill. 2015, n° 13-25.681 P : *D.* 2015. Actu. 1546 ; *RJS* 10/2015, n° 680.

entre le salaire et les redevances selon les critères énoncés dans l'article L. 7121-8 du Code du travail. Ainsi, l'article L. 212-13 du Code de la propriété intellectuelle (anciennement L. 212-11 al. 1er issu de la loi LCAP 2016) dispose que « *Le contrat conclu entre l'artiste-interprète et le producteur de phonogrammes fixe une rémunération minimale garantie en contrepartie de l'autorisation de fixation, rémunérée sous forme de salaire, de la prestation de l'artiste-interprète* » [1]. La fixation, prérogative du droit patrimonial de l'artiste-interprète, est particulière en ce qu'elle est distincte de la reproduction : cette prérogative ne concerne pas une communication au public, mais l'acte qui fait naître l'interprétation en tant que bien exploitable au-delà du lieu de spectacle. Nous estimons qu'il est logique que la rémunération du travail de l'interprète pour l'enregistrement et avant toute communication au public soit qualifiée de salaire ; qui plus est, cette rémunération n'est pas le prix d'une cession.

248. Enfin, il y a deux articles en matière audiovisuelle concernant la distinction entre redevance et salaire. D'abord, l'article L. 212-6 du Code de la propriété intellectuelle, concernant la rémunération de l'artiste-interprète en matière de production audiovisuelle, qui dispose que « *Les dispositions de l'article L. 762-2 du code du travail* [2] *ne s'appliquent qu'à la fraction de la rémunération versée en application du contrat excédant les bases fixées par la convention collective ou l'accord spécifique* ». Ainsi, les plafonds déterminés dans les barèmes d'une convention collective ou d'un accord spécifique sont les limites de la rémunération salariale ; au-delà de ces sommes, les critères de distinction des deux rémunérations de l'article L. 7121-8 du Code du travail s'appliquent [3]. Par ailleurs, l'article L. 212-7 du Code de la propriété intellectuelle exclut explicitement la qualification salariale de la rémunération de l'artiste-interprète pour l'exploitation, par un mode non prévu, des œuvres audiovisuelles dont le contrat de production est antérieur au 1er janvier 1986 [4].

249. Au terme de cette étude concernant l'évolution jurisprudentielle et légale, nous constatons que la nature réelle de l'activité expressive de l'artiste-interprète a été niée au profit d'une concentration sur la matérialité de cette activité. Le but recherché n'était pas de reconnaître à ces créateurs un droit de propriété sur le

---

[1] Nous soulignons.

[2] L'article L. 762-2 du Code du travail est devenu l'art. L. 7121-8. Nous remarquons que l'ordonnance n° 2021-580 du 12 mai 2021 n'a pas mis à jour cet article contrairement à l'article L. 212-3 du Code de la propriété intellectuelle dont la référence aux Code du travail a été mise à jour.

[3] M. DAVERAT critique, à juste titre à notre avis, le fait de laisser aux parties du contrat et leurs organisations représentatives la ventilation entre salaire et redevance en abandonnant les critères auxquels réfère l'article L. 212-3 al. 2 ; ainsi, peu importe le critère de la présence physique, ou le fait que la somme soit fonction du produit de la vente ou de l'exploitation de l'enregistrement, car ce qui importe est les plafonds déterminés dans les barèmes, et tout ce qui dépasse ces plafonds devrait être considéré comme redevance : X. DAVERAT, *L'artiste-interprète*, thèse, Bordeaux, 1990, t.2, p. 731 ; de même avis J.-F. DEBARNOT, « Pratique contractuelle. De la rémunération de l'artiste-interprète engagé pour la réalisation d'une œuvre audiovisuelle », *CCE*, févr. 2015, n° 2, p. 41 ; *Contra* A. LUCAS et *al.*, *Traité de la propriété littéraire et artistique*, 5e éd., n° 1491, p. 1146, pour qui, les sommes qui excèdent les plafonds (un cachet forfaitaire énorme) ne sont pas forcément des redevances, mais seront soumises aux critères de la distinction de l'article L. 7121-8 du Code du travail (retour au principe). Nous sommes plutôt de l'avis du Professeur LUCAS : l'existence d'un « salaire règlementé » n'exclut pas la qualification salariale aux sommes qui dépassent les plafonds, dans la mesure où ces plafonds sont comme des « rémunérations salariales minimales garanties ».

[4] L. 212-7 du Code de la propriété intellectuelle : « *Les contrats passés antérieurement au 1er janvier 1986 entre un artiste-interprète et un producteur d'œuvre audiovisuelle ou leurs cessionnaires sont soumis aux dispositions qui précèdent, en ce qui concerne les modes d'exploitation qu'ils excluaient. La rémunération correspondante n'a pas le caractère de salaire* », [nous soulignons].

résultat de leur travail créatif, mais d'accorder une protection sociale à une catégorie de « travailleurs particuliers ». En conséquence, l'artiste-créateur s'effaçait pour ne laisser de place qu'à l'artiste-salarié. Mais la logique propriétaire va hanter certaines jurisprudences savantes dans un effort pour *révéler* le droit naturel de propriété littéraire et artistique sur la forme vivante expressive. C'est ce deuxième courant jurisprudentiel, concomitant à l'institution de la présomption de salariat, que le législateur français va consacrer, en l'aménageant sous l'influence de la Convection de Rome du 23 octobre 1961.

SECTION II : LA PROTECTION DE L'INTERPRETATION EN TANT QU'OBJET

250. Nous avons vu que le législateur de 1969 a suivi la jurisprudence en qualifiant de contrat de travail les relations professionnelles des artistes-interprètes avec les entrepreneurs de spectacles ou avec les producteurs. C'était une relégation de la nature inhérente à l'interprétation afin d'offrir une protection sociale à l'artiste. Mais, consciente de nature de la prestation de l'artiste-interprète et de la singularité du résultat de l'acte créatif, un autre courant jurisprudentiel français a appréhendé l'interprétation en tant qu'objet. Si l'interprétation procède d'un acte créatif, c'est la propriété littéraire et artistique qui doit assurer sa protection sur le plan moral et patrimonial. Nous l'avons dit : une application convenable de la théorie de *l'unité de l'art*, c'est-à-dire un traitement égal de toutes les formes créatives identitaires, milite en faveur de ce même résultat.

251. L'opposition des auteurs. Une des raisons qui ont ralenti la reconnaissance d'un droit de propriété au profit des artistes-interprètes gît dans l'opposition des auteurs [1]. En effet, les auteurs des œuvres interprétées, surtout en matière musicale [2], se sont opposés au partage du « gâteau » des revenus de

---

[1] R. DOMMANGE, « La doctrine française en matière de droits dits voisins », *RIDA*, n°8 1955 ; aussi dans *Dr. D'auteur* 1956, p. 27 : « *Les principes qui avaient été fixés par l'Association juridique française pour la protection du droit d'auteur pour être respectés dans une éventuelle convention internationale sur les droits dits « voisins » :*

a. La protection de ces nouveaux droits ne sera imposée par future Convention internationale que si la protection des droits des auteurs est également assurée dans le pays d'origine défini par la convention et dans le pays où la protection sera demandée ;

b. En aucun cas le droit dit voisin reconnu par la Convention ne saurait être plus étendu, plus complet, plus exclusif, que le droit d'auteur lui-même… ;

c. En aucun cas l'exercice d'un droit voisin tel qu'il sera réglé par la Convention ne pourra rendre inopérant ou paralyser l'exercice d'u droit d'auteur ;

d. L'allocation d'une rémunération équitable aux bénéficiaires d'un droit voisin doit éviter que la communication au public d'une œuvre protégée devienne impossible ou que la rémunération de son auteur soi injustement réduite »

[2] L'opposition des auteurs n'est pas seulement d'ordre matériel, mais aussi d'ordre artistique : certains compositeurs s'opposent à la liberté des musiciens interprétant leurs compositions. Par exemple Toscanini et Stravinsky qui ont lancé le slogan « l'exécutant n'a qu'à jouer ce qui est écrit ». V. E. ANSERMET, « la musique et son exécution », *RIDA*, avril 1960. Aussi, sur ce point : R. CAMPOS, « De l'exécution de la musique à son interprétation (1780-1950) », *La Revue du conservatoire* [En ligne], n° 3, Dossier les savoir-faire de l'artiste, (consulté le 11 déc. 2017), URL :
http://larevue.conservatoiredeparis.fr/index.php?id=1082. Cet auteur estime que, malgré l'usage « si banal » du terme *interpréter* pour désigner l'activité des musiciens, « *les musiciens n'interprétaient pas la musique, ils l'exécuteraient* », mais le « *bouleversement, au milieu du XIXe siècle, dans le rôle qu'occupe le musicien est dû à la transformation de l'œuvre qui était une performance (où la partition n'était pas au centre de l'activité musicale) à une œuvre qui est devenue une partition ou un texte musical* ». En vérité, la question de la fidélité à l'œuvre ou la liberté de

l'exploitation des œuvres fixées avec les interprètes [1]. Un paradoxe se manifeste : c'est l'inverse de la situation qui existait sous l'Ancien Régime où les comédiens s'appropriaient les pièces qui « tombaient dans les règles » sous certaines conditions [2] ; car avant la reconnaissance du droit d'auteur sur leurs œuvres, les dramaturges étaient à la merci des comédiens, puisque le privilège accordé par le Roi s'adressa à la Troupe des comédiens du Roi [3]. Le règlement d'administration de la Comédie Française du 23 décembre 1757 organisait les rapports entre les comédiens et les auteurs dramatiques [4]. La part des recettes octroyée à l'auteur était modeste, qui plus est, l'auteur de la pièce risquait d'être dépouillé de sa création si les recettes baissent au-dessous d'une certaine somme. Après la Révolution, les privilèges de la troupe des comédiens du Roi ont été supprimés ; et avec les décrets des 13 janvier et des 19 juillet, 6 août 1791, la propriété de la pièce fut reconnue à son auteur. Le privilège étant renversé, les acteurs dramatiques ont été privés du droit sur la pièce qu'ils représentaient, il ne leur restait que le revenu de leur *travail*, jusqu'à la révolution technique qui permit la réification de l'interprétation, c'est-à-dire l'émergence d'un objet de droit indépendant de l'œuvre interprétée.

252. Contexte international. La question de la protection des *seuls* artistes-interprètes par le droit d'auteur a été soulevée dès la conférence de Rome en 1928 pour la révision de la Convention de Berne [5]. Mais, après la seconde guerre mondiale et la reprise des travaux en la matière, les producteurs ont joint leurs doléances à celles des artistes-interprètes. En effet, les employeurs, producteurs et exploitants des formes techniques de fixation, n'ont pas voulu perdre le contrôle sur ces nouveaux biens. Dès lors, ils ont demandé leur propre droit privatif sur la forme technique, vecteur des formes créatives fixées. Ainsi, la Conférence de Bruxelles en 1948 a pris trois résolutions, dont la première utilise, pour la première fois, l'expression « droits voisins » pour décrire les droits à reconnaître aux interprètes, alors que les deux autres résolutions concernaient les droits à reconnaître aux producteurs de phonogrammes et aux organismes de radiodiffusion, sans leur donner de nom [6]. Les longs travaux au niveau mondial

---

l'interprète n'est pas nouvelle, elle existe déjà en matière de traduction à une particularité près : la traduction est une œuvre qui s'adresse à un nouveau public, c'est-à-dire le public ayant accès à la forme externe conventionnelle que constitue la langue de la traduction. Or, l'interprétation est une forme externe sensible *universelle*, qui n'exclut pas d'autres interprétations, d'où la différence par rapport à la traduction dans la comparaison : les interprétations se comparent entre elles où, souvent, il y a une interprétation de référence ou de tradition ; au contraire, les traductions en langues différentes ne sont comparables que par rapport à l'œuvre dans sa langue d'origine. Dit autrement, l'œuvre traduite reste le pivot de toute appréciation de la fidélité, le respect ou la trahison des traductions, alors que l'œuvre interprétée, même figée dans un texte, ne s'enferme pas dans une seule interprétation.

[1] Rappelons que l'industrie musicale fut la première bénéficiaire des nouvelles formes techniques de fixation et de diffusion, vu que l'exploitation de la musique est mondiale car il n'y a pas la frontière des langues.

[2] P. OLAGNIER, *Le droit des artistes interprètes & exécutants*, préf. A. MESTRE, LGDJ, 1937, p. 59 et s. (sur le droit collectif [de la Troupe] sur l'œuvre) ; R. SAVATIER, *Le Droit de l'Art et des Lettres*, LGDJ, 1953, p. 119 et s.

[3] De même l'auteur-compositeur était sous la dictature des chanteurs lyriques.

[4] R. SAVATIER, *op. cit.* n° 164, p. 119.

[5] Convention de Berne pour la protection des œuvres littéraires et artistiques du 9 septembre 1886.

[6] H. COHEN JEHORAM, « The relationship between copyright and neighboring rights », *RIDA*, 2/1990, p. 93 sur le droit des artistes-interprètes et p. 99 concernant les droits des producteurs et les organismes de radiodiffusion.

sur l'élaboration d'une protection des interprètes (ou exécutants), les producteurs de phonogrammes et les organismes de radiodiffusion ont fini par l'établissement d'une protection *minimale*, qui favorise les exploitants et méconnaît la nature de l'objet du droit de l'artiste-interprète. C'est ainsi que le premier modèle juridique de la protection des artistes-interprètes est né de la Convention de Rome du 26 octobre 1961.

253. Le choix français. MARCEL PLAISANT soutint en 1957 qu'il n'y avait pas lieu de protéger l'interprète par le droit d'auteur en révélant le projet du Comité permanent de Berne pour l'élaboration d'une convention internationale sur les droits voisins [1]. C'était reconnaître *l'autonomie* du droit sur l'interprétation. Le projet est devenu la Convention de Rome dont le modèle de protection minimale s'est propagé dans le monde ; dès lors, les États se sont conformés à ce modèle, y compris ceux qui protégeaient dans leur système l'interprétation comme « œuvre de seconde main ». Mais il y avait un seul État où, pendant 25 ans d'absence de normes, laissa place au développement d'une exégèse jurisprudentielle pour protéger l'interprétation à la lumière des principes séculaires du droit d'auteur : cet État était la France.

254. La consécration. Vingt-quatre ans plus tard, le législateur français intégra les droits voisins dans le système juridique en procédant à la transposition de la protection internationale des producteurs, et en adoptant et prolongeant les tentatives jurisprudentielles en matière de droits des artistes-interprètes. Ainsi, la loi Lang de 1985 [2] consacra dans son titre II les « droits voisins du droit d'auteur », en ajoutant aux titulaires des droits exclusifs de la Convention de Rome le producteur de vidéogramme.

255. Plan. Dans un premier temps, il convient de faire un panorama général de l'évolution de la protection des artistes-interprètes au niveau international (**§1.**), qui a influencé le choix de la France, laquelle, après une lente évolution jurisprudentielle (libre), opta pour la création de la catégorie des droits voisins (**§2.**).

§1. MODELE DE LA CONVENTION DE ROME : « UN MARIAGE D'INTERET ET DE RAISON »

256. En effet, l'exclusion des interprètes du champ du droit d'auteur au niveau international a obligé ces artistes à chercher avec les producteurs de phonogramme et les organismes de radiodiffusion « un mariage d'intérêt et de raison » scellé par la Convention de Rome 1961 [3].

---

[1] À l'occasion de l'arrêt de la Cour d'appel de Paris dans l'affaire Furtwängler, CA Paris, 13 févr. 1957, *JCP*, 1957, II, 9838, LINDON qui cite l'intervention de M. PLAISANT lors du débat autour le projet qui deviendra la loi du 11 mars 1957.

[2] Loi n° 85-660 du 3 juillet 1985 relative aux droits d'auteur et aux droits des artistes-interprètes, des producteurs de phonogrammes et de vidéogrammes et des entreprises de communication audiovisuelle, JO, 4 juill. 1985 : *JCP G.*, 1985, III, 574000.

[3] V. X. DESJEUX, *La Convention de Rome, (10-26 octobre 1961), étude de la protection des artistes-interprètes ou exécutant, des producteurs de phonogrammes et des organismes de radiodiffusion*, LGDJ, 1966, 288 pages.

257. Dès Rome 1928 à Rome 1961. La Convention de Rome [1] est le fruit des longs travaux qui se sont avant poursuivis et après la seconde guerre mondiale. Dès 1928, lors de la conférence de Rome pour la révision de la Convention de Berne, le choix était de ne pas élargir la liste des œuvres, afin d'inclure les interprètes dans le champ du droit d'auteur ; cela a ouvert la voie à l'élaboration d'une convention indépendante. L'Organisation Internationale du Travail (OIT) et l'Unesco se sont intéressés aussi à la question des droits voisins, de façon un peu indépendante quant à l'OIT, avant qu'une fédération des trois protagonistes internationaux (OIT, Unesco et l'OMPI) ne soit formée dans un projet unique, qui va devenir le texte de la convention de Rome en 1961.

258. Voisin éternel (et dérangeant). Faute d'avoir défini l'identité du droit de l'interprète du fait d'un désintérêt pour l'objet de ce droit, et guidé par une conception de « *subsidiarité permanente de l'interprète et de son art* », l'on a choisi d'élaborer un droit *limitrophe* fruit d'une réflexion par analogie. Autrement dit, puisque la majorité des États excluait l'interprétation du champ du droit d'auteur, l'on a inventé l'idée de juxtaposer le droit de l'interprète à celui de l'auteur, ce qui a conduit à éviter d'évoquer un droit *intrinsèque* sur l'interprétation [2]. Pourtant, parmi les titulaires des droits dans la nouvelle catégorie, les interprètes ont reçu le traitement le moins favorable.

259. Plan. Avant d'analyser la protection et son objet dans le texte de la Convention de Rome de 1961 (**B**) et les textes postérieurs (**C**), nous devons comprendre sa genèse et les différentes conceptions qui étaient présentes (**A**).

A. L'objet de protection : entre la conception travailliste et la conception propriétaire

260. Gestation difficile. Par suite des vœux de la conférence de Rome en 1928, un comité d'experts réuni à Samaden en Suisse a élaboré deux avant-projets : l'un sur le droit des interprètes et celui des producteurs de phonogrammes, et l'autre, sur le droit des organismes de radiodiffusion. En même temps, l'Organisation International du Travail (OIT) prévoyait aborder, lors de sa conférence programmée en 1940, la question de la protection des interprètes pour répondre aux problèmes du chômage des artistes et leur précarité. Interrompus par la seconde guerre mondiale, les travaux n'ont pu être repris qu'en 1948, lors d'une autre conférence de révision de la convention de Berne [3]. Le Bureau International du Travail (BIT) et l'Unesco ont rejoint les efforts de l'Union de

---

[1] La Convention internationale sur la protection des artistes interprètes ou exécutants, des producteurs de phonogrammes et des organismes de radiodiffusion, Rome, 26 octobre 1961.

[2] X. DAVERAT, *L'artiste-interprète,* thèse, Bordeaux, t.1, n° 48, p. 87 ; ROBERT HOMBURG a proposé l'appellation « le droit d'interprétation ou le droit d'interprète » dans son ouvrage *Le droit d'interprétation des acteurs et artistes exécutants*, Sirey, Paris, 1920.

[3] La Conférence de Bruxelles en 1948 a créé le Comité permanent de l'Union Internationale pour la Protection des Œuvres Littéraires et Artistique chargé de la question des droits voisins qui, depuis, se réunit annuellement. « Documents de la conférence réunie à Bruxelles du 5 à 26 juin 1948 », *Revue de la réunion internationale pour la protection des œuvres littéraires et artistiques*, 1951, p. 586, les vœux VI, VII, VIII ; le dernier, à propos des artistes-interprètes, est le seul où se trouve l'expression « droits voisins », cela n'explique pas que le sens originel du « voisinage » comme indiquant que l'apport de l'interprète est le seul à rapprocher avec l'objet du droit d'auteur ?

Berne ; ainsi, en novembre 1951, le premier avant-projet de Rome fut adopté par le Comité d'expert et approuvé par l'OIT en février 1952 comme base de travail [1].

261. « Guerre des organisations ». Le processus unitaire s'est rompu. Ainsi, l'OIT acheva son projet [2] à Genève en juillet 1956 ; de leur côté, l'Union de Berne et l'Unesco achevèrent leur projet à Monaco en mars 1957. En réalité, il s'agissait d'un conflit de fond entre deux conceptions qui vont influencer la formation de la matière. Le projet de Genève de l'OIT raisonnait dans une *logique mixte* de droit intellectuel et de droit du travail, alors que le projet de Monaco de l'Union de Berne et de l'Unesco était *plus permissif* ; la logique de la propriété littéraire et artistique était plus faible [3].

262. Synthèse. La divergence entre les projets des différentes organisations montre *la confusion congénitale* qui va être inhérente à toute construction juridique concernant les droits des artistes-interprètes. Quant à la nature de ce droit : l'on est tantôt dans la logique propriétaire (technique du droit exclusif), tantôt dans la logique travailliste ou le simple octroi d'un droit à rémunération. Ensuite, nous constatons l'ignorance de tout droit moral de l'artiste-interprète ; cela résulte, d'un côté, du choix initial consistant à écarter les interprètes hors du champ du droit d'auteur, et de l'autre, de la juxtaposition des demandes de protection des interprètes et des producteurs. En effet, nous constatons que, contrairement à la Convention de Berne, *l'objet* de protection *disparaissait* dans tous les travaux, car ce qui était au centre des intérêts n'était que le *sujet*, à savoir les candidats à la protection. Pour cette raison, les termes utilisés (exécution, prestation) renvoyaient à l'aspect matériel ou au travail de réalisation de l'artiste-interprète, non à la nature d'un objet singulier fruit de l'acte créatif. Dès lors, nous supposons que la logique était monopolistique : il ne s'agissait pas de *révéler* un droit naturel imposé par une nature *immanente* de l'interprétation (comme création intellectuelle), mais *d'octroyer un droit réservataire ou un simple droit à rémunération*. Quoi qu'il en soit, c'est le projet de Monaco qui va prospérer.

B. La réduction de l'objet et du contenu dans la protection *a minima* des artistes-interprètes ou exécutants

263. Après trente ans de négociations internationales, un projet unique fut adopté à l'unanimité en 1960 avec la participation des trois organisations (l'OIT, l'Unesco et l'OMPI). Ce texte a permis la conclusion de la Convention de Rome le 26 octobre 1961. Nous exposerons la situation défavorable des artistes-interprètes à travers deux constats, l'objet (**1**) et le contenu du droit (**2**). Ensuite, le rapport dit « du voisinage au droit d'auteur » qui laisse supposer qu'il s'agit d'une infériorité des droits voisins (voire, seulement celui de l'artiste-interprète) par rapport au droit d'auteur (**3**).

---

[1] X. DAVERAT, *op. cit.*, n° 56 p. 99 et s. En 1955 l'Unesco a été associé aux travaux pour la première fois en même temps de la présence du Copyright Office. Les deux champs se complétaient et la divergence commence.

[2] En présence des observateurs de l'*Américain Fderation of Musicians*. (DAVERAT, *ibid.*).

[3] Pour une comparaison complète des deux projets : X. DAVERAT, *op. cit.*, n° 58 p. 102 et s. « *Le texte de l'OIT se démarquait de celui de Monaco en ce qu'il ne permettait pas d'hypothéquer la protection des artistes-interprètes au profit des autres ayants-droit visés par les projets* ». X. DAVERAT, *op. cit.*, n° 66 p. 114.

1. Oubli de l'objet du droit des artistes-interprètes (ou exécutants)

264. Définitions. L'article 3 de la Convention de Rome ne donne que la définition de deux objets de droit : le *phonogramme* objet du droit du producteur de phonogrammes (article 3, b) ; et *l'émission de radiodiffusion* objet du droit des organismes de radiodiffusion (article 3, f). En revanche, quant aux « artistes-interprètes ou exécutants », l'objet de la faculté de « mettre obstacle » n'est pas défini. Cependant, l'article 7 qui définit « la protection *minima* » des interprètes et exécutants utilise un seul terme : « l'exécution » [1]. Par ailleurs, l'article 3 définit les « artistes interprètes ou exécutants » comme « *les acteurs, chanteurs, musiciens, danseurs et autres personnes qui représentent, chantent, récitent, déclament, jouent ou exécutent de toute autre manière des œuvres littéraires ou artistiques* » (article 3, a). Cette définition recèle deux éléments permettant de définir l'objet du droit :

– La référence à l'œuvre interprétée ou exécutée, qui est une *œuvre littéraire et artistique*, protégée ou dans le domaine public. Cette référence conduit, selon le Guide interprétant la Convention [2], à exclure les figurant du théâtre, et ceux, même artistes, qui n'interprètent ou n'exécutent pas une œuvre, comme les sportifs, les mannequins ou les artistes de cirque (acrobates, équilibristes etc.). Or, l'article 9 laisse aux législateurs nationaux la possibilité d'étendre la protection à des personnes qui n'interprètent pas une œuvre au sens de la Convention de Berne. Enfin, il va de soi que ces personnes exclues implicitement profitent de la protection, si leur prestation « *porte sur des sketchs ou des pantomimes fixés ou non sur un support matériel, et protégé par le droit d'auteur* » [3].

– L'énumération des *personnes physiques* agissant sur l'œuvre. Le texte énumère ceux qui sont classiquement considérés comme artistes-interprètes ou exécutants : *les acteurs, chanteurs, musiciens et danseurs*. Cette énumération étant étroite, la définition continue en décrivant l'activité même d'interpréter ou exécuter, qui s'entend comme *représenter, chanter, réciter, déclamer, jouer*. Il s'avère que cette définition conduit à une sortie de tautologie : les acteurs représentent ou récitent ; les chanteurs chantent ; les musiciens jouent ; les danseurs représentent ! Enfin, essayant de sortir de ce cercle, le texte ouvre la définition en ajoutant « [les autres personnes qui] … *exécutent de toute autre manière* ». Le terme « exécuter » dans ce sens général signifie « accomplir, effectuer » ; dans son sens le plus pertinent il désigne l'action de « *réaliser sous une forme sensible l'objet d'une conception de l'esprit, d'un désir, d'une volonté* ». En effet, toute activité interprétative peut se rapporter à *l'acte de réaliser une conception de l'esprit portant sur la manière de communiquer une œuvre littéraire ou artistique.* Mais cette

[1] C'est le seul terme utilisé : dans l'article 8 sur les « exécutions collectives », l'article 14 sur « la durée *minima* » de la protection, l'article 19 qui limite la disposition de l'article 7 et enfin l'article 20 sur la non-rétroactivité.

[2] *Guide de la Convention de Rome et de la Convention phonogrammes*, OMPI, Genève, 1981, pp. 26-28.

[3] *Guide de la Convention de Rome et de la Convention phonogrammes*, OMPI, Genève, 1981, 3.2, p. 26. La loi française précise que l'activité de l'artiste-interprète porte sur une œuvre littéraire ou artistique ou « un numéro de variétés, de cirque ou de marionnettes » L. 212-1 du Code de la propriété intellectuelle, mais la loi de 1985 ajoute « les tours de cirque et les pantomimes dont la mise en œuvre est fixée par écrit ou autrement » à la liste d'œuvre de l'esprit L. 112-2-4° du même code.

manière à définir le *sujet* de droit en évitant de définir *l'objet* en soi se justifierait par le souci de souplesse du texte, surtout après tant d'années de négociations [1].

265. Artiste-interprète ou artiste-exécutant. Il faut noter que les termes anglais ne posent pas de problème : l'on utilise un seul terme « *performer* » pour désigner le sujet et « *performance* » pour désigner l'objet. En revanche, il a fallu utiliser deux termes en français : « artiste-interprète » et « exécutant ». Cette distinction vient du domaine musical où le terme « exécutant » désigne les musiciens qui interprètent collectivement par opposition au soliste ; néanmoins, la nature de l'activité interprétative reste la même.

266. Dernière remarque. Enfin, il est intéressant de remarquer que le texte de Rome de 1961 sur les droits voisins est intitulé « Convention internationale sur *la protection des artistes-interprètes ou exécutants, des producteurs de phonogrammes et organisme de radiodiffusion* », alors que la Convention de Berne de 1886 sur le droit d'auteur était intitulée « Convention de Berne pour *la protection des œuvres littéraires et artistiques* » : le texte de Rome met en avant le *sujet* du droit, dans la mesure où il se focalise sur la protection des trois titulaires des droits voisins [2] ; en revanche, le texte de Berne se focalisait sur *l'objet* du droit d'auteur et en tirait toutes les conséquences : le critère de protection, la titularité, le droit moral. Ce choix reflète une méthodologie différente dans la construction des droits octroyés : d'un côté, le droit moral n'existe pas (et n'a jamais existé dans les différents projets), et de l'autre, les prérogatives octroyées sont détaillées à la manière de l'approche analytique du *copyright.*

2. Les « droits spécifiques » des artistes-interprètes ou exécutants.

267. « Les parents pauvres » de la Convention de Rome. Contrairement au « droit d'autoriser » reconnu aux producteurs de phonogrammes et aux organismes de radiodiffusion, le terme utilisé à propos du droit des artistes est la possibilité de « mettre obstacle » (*possibilité of preventing*), ce qui laisse entendre que l'utilisation est permise *sauf obstacle juridique mis* par l'artiste-interprète ou exécutant. Le Guide de l'OMPI le dit clairement : « *il convient de souligner, à titre liminaire, que la terminologie utilisée dans la Convention (permettre de mettre obstacle) signifie que les artistes, à la différence des deux autres catégories d'intéressées, ne sont pas investis selon le minimum conventionnel d'un droit exclusif d'autorisation ou d'interdiction. Cela peut sembler paradoxal ou même, selon certains, regrettable et injuste, mais c'est ainsi* » [3]. La justification donnée de cette formulation est de donner une liberté aux législateurs nationaux de fonder la protection sur des conceptions juridiques les plus diverses (droit du travail, droit de la personnalité, enrichissement sans cause etc.). En effet, force est de constater que l'expression employée tient compte de la législation de certains états anglo-

---

[1] *Guide de la Convention de Rome et de la Convention phonogrammes*, OMPI, Genève, 1981, XXI, p. 14. Le rapport général des délibérations précise le terme « exécution » en le donnant, à chaque fois utilisé, un sens général comprenant la récitation et la représentation : le même Guide, p. 28.

[2] L'expression « droits voisins » n'est jamais mentionnée dans le texte de la Convention de Rome. Elle a fait son apparition dès la Conférence de Bruxelles 1948 comme nous l'avons montré. Mais le Guide de l'OMPI utilise systématiquement cette expression.

[3] *Guide de la Convention de Rome et de la Convention phonogrammes*, OMPI, Genève, 1981, 7.3, pp. 41-42 ; H. DESBOIS, A. FRANÇON et A. KEREVER, *Les conventions internationales du droit d'auteur et des droits voisins*, Dalloz, 1976, p. 328.

américains qui n'assuraient la protection des artistes que par des sanctions pénales (le Royaume-Uni par exemple). De surcroît, il a été même dit qu'un droit exclusif au profit des artistes bouleverserait « *la vie du spectacle en général et la transmission de la culture* » [1], tout en n'étant pas profitable à l'artiste, dans la mesure où il lui suffit d'avoir la faculté de contracter ou de ne pas contracter, car il y a, à l'origine de toute prestation, un contrat qui autorise la fixation et détermine la rémunération qui en découle [2].

268. Technique monopolistique. Cette construction n'est pas sans rappeler la technique monopolistique ; nous avons montré que le monopole, étant l'exception à l'ordre du marché, se construit autour d'interdictions, d'où, dans les terminologies juridiques du texte qui le crée, le législateur procède à une énumération des actes interdits (hors concurrence) et réservés au monopoleur. Ainsi, l'artiste-interprète ou exécutant, dans le texte de Rome, peut empêcher certains actes énumérés dans l'article 7. Cette technique analytique rend le texte tributaire de l'évolution technique : à chaque nouveau mode d'exploitation il faut créer une nouvelle prérogative. Ainsi, quelques années après sa conclusion, la question s'est posée de l'adaptation de la Convention de Rome à la câblodistribution [3].

269. Influence des pays anglo-américains. L'étude des négociations difficiles précédentes la Convention de Rome montre la présence des *lobbys* américains lors des négociations précédant la Convention de Rome [4], et que des pays comme le Royaume-Uni protégeait les artistes sur la base du droit pénal [5]. Cela a permis à certains de dire que le texte de Rome est influencé par le *copyright* surtout que l'on cherchait à adopter un texte souple permettant d'intégrer le plus grand nombre d'États [6]. En effet, nous croyons que c'est *l'esprit du copyright* et non celui de la propriété sur la forme qui a influencé la rédaction de la Convention de Rome, d'où la dimension économique patente dans le texte et la structure monopolistique qui consiste à lister les prérogatives limitativement. Par ailleurs, nous ne pouvons pas ignorer cette influence en constatant le succès rapide qu'a

---

[1] *Guide de la Convention de Rome et de la Convention phonogrammes*, *op.cit.*, 7.6, p. 42 et s. De plus, l'on a présenté le droit exclusif des interprètes comme menace aux droits des auteurs et comme charge supplémentaire à la production phonographique ou à l'émission, ce qui perturbe le marché.

[2] Ceux qui ont présenté cet argument soutenaient que la qualité de salarié est incompatible avec le droit exclusif. V. *Guide de la Convention de Rome et de la Convention phonogrammes*, *op.cit.*, 7.7, pp. 42-43.

[3] Projet réalisé par un sous-Comité de l'Union de Berne de dispositions types pour la protection des titulaires des droits voisins en ce qui concerne la distribution par câble le 15 novembre 1982.

[4] La présence des représentants du Copyright Office lors d'une réunion en 1955 ; la présence des observateurs de l'*Américain Fderation of Musicians* lors du projet de l'OIT à Genève en 1956 ; la participation des experts américains (parmi les 32 experts de 16 pays) qui ont rédigé le texte du projet à La Haye qui va devenir le texte de la Convention de Rome, sachant que les États-Unis n'ont jamais signé ou adhéré à la convention de Rome. (En 2020 le nombre des pays contractants est 95 pays contre 176 de la Convention de Berne). Enfin, il convient de constater les pays anglo-saxons ont formulé des propositions annexes non discutées au texte de Rome : sur la « curieuse unanimité » adoptant la Convention, V. M. DAVERAT, *op. cit.*, t. 1, p. 115. Toutefois, M. DAVERAT ne pense pas que c'est l'influence d'un seul État qui a fait sacrifier les droits des artistes sur l'autel des intérêts économiques, *op. cit.*, p. 130.

[5] Dans ces systèmes, les producteurs de phonogrammes sont protégés par un *copyright* (Royaume-Uni ; Irlande ; Nouvelle-Zélande ; Australie ; États-Unis) ce qui est l'une des quatre modalités de protection que suggère la Convention Phonogrammes de 1971.

[6] C'est l'avis de M. J. COBRET, « Les relations internationales dans le domaine des droits voisins », *Revue de Droit Intellectuel, l'Ingénieur-Conseil*, 1978, n° 7/9, p. 193, cité par M. DAVERAT, *op. cit.*, t. 1, p. 129.

remporté la Convention Phonogrammes par rapport à celle de Rome [1] : « *plus rapide et plus éclatant que celui de la Convention de Rome à ses débuts, démontrant que les résistances à cette dernière sont largement liées à l'existence du droit des interprètes* » [2] ; en effet, le *copyright*, de nature monopolistique, est plus accueillant pour les producteurs qui réalisent la première fixation (objet copiable) que pour les artistes qui réalisent une forme externe éphémère (donc non copiable) de leur conception mentale.

270. Les droits spécifiques des artistes-interprètes. La Convention de Rome exige que la protection octroyée aux artistes-interprètes ou exécutants doive leur permettre de mettre obstacle à certains actes déterminés. Cette protection pourrait contenir aussi un droit à rémunération dans le cas de certaines utilisations secondaires.

271. La possibilité de mettre obstacle. L'article 7 contient deux sortes de protection : dans le premier paragraphe est fixé une protection minimale qui consiste en la possibilité de mettre obstacle à trois actions : a) à la radiodiffusion ou la communication au public de leur exécution, « *s'il n'y a pas fixation ou radiodiffusion intermédiaire, c'est-à-dire en cas d'interprétation vivante* » [3] ; b) à la première fixation non consentie de leur exécution ; c) à la reproduction de leur exécution dans trois hypothèses : quand la reproduction est d'une fixation non autorisée ; quand la reproduction est faite en dépassant les finalités consenties et enfin quand la reproduction est faite en dépassant les exceptions déterminées dans l'article 15 [4]. Quant au second paragraphe de l'article 7, il s'agit d'une protection facultative, laissée à chaque législateur, visant certains actes liés à la radiodiffusion : la réémission ; la fixation (et la reproduction de cette fixation) aux fins de radiodiffusion lorsque l'artiste-interprète ou exécutant a consenti à la radiodiffusion. Enfin, l'article 19 vient neutraliser la protection par la faculté « de mettre obstacle » aux actes mentionnés dans l'article 7 lorsqu'il s'agit d'une exécution audiovisuelle ou d'une exécution intégrée dans une « *fixation d'images ou d'images et de sons* ». Cette limitation « *grave, inquiétante et injustifiable* » [5] s'explique par la position des producteurs cinématographiques qui voulaient garder une indépendance totale par rapport à la Convention, rejetant même l'idée d'obtenir un droit voisin sur leurs fixations. Nous allons voir que le législateur français va étendre la catégorie des droits voisins aux producteurs de vidéogrammes, tout en conservant la neutralisation du droit voisin de l'artiste-interprète en matière audiovisuelle [6].

---

[1] Convention pour la protection des producteurs de phonogrammes contre la reproduction non autorisée de leurs phonogrammes, du 29 octobre 1971, visant à protéger les producteurs contre trois actes dits piraterie (duplication, importation et distribution des copies illicites).

[2] X. DAVERAT, « Droit voisins du droit d'auteur – Histoire des droits voisins », fasc. 1405, *J.-Cl. Propriété littéraire et artistique*, juill. 2008, n° 13.

[3] Art. 7.1 L'artiste doit avoir la possibilité de mettre obstacle a) « *à la radiodiffusion et à la communication au public de leur exécution sans leur consentement, sauf lorsque l'exécution utilisée pour la radiodiffusion ou la communication au public est elle-même déjà une exécution radiodiffusée ou est faite à partir d'une fixation* », V. *Guide de la Convention de Rome et de la Convention phonogrammes*, *op.cit.*, 7.14, p. 45.

[4] L'article 15 dans le premier paragraphe contient quatre exceptions à la protection garantie par la Convention : a) l'utilisation privée ; b) les citations ; c) la fixation éphémère et d) la finalité pédagogique.

[5] V. les critiques à cette disposition : X. DAVERAT, *op. cit.*, t. 1, p. 124 et s.

[6] Avec la présomption de cession de l'article L. 212-4 du Code de la propriété intellectuelle. Il convient de dire que tout producteur d'une œuvre audiovisuelle est producteur de vidéogramme, dans la mesure où ce

272. Le droit (facultatif) à rémunération, l'article 12. Cet article dispose que « *Lorsqu'un phonogramme publié à des fins de commerce, ou une reproduction de ce phonogramme, est utilisé directement pour la radiodiffusion ou pour une communication quelconque au public, une rémunération équitable et unique sera versée par l'utilisateur aux artistes interprètes ou exécutants, ou aux producteurs de phonogrammes ou aux deux. La législation nationale peut, faute d'accord entre ces divers intéressés, déterminer les conditions de la répartition de cette rémunération* ».

L'article vise les utilisations secondaires d'un *phonogramme* (toute fixation exclusivement sonore des sons : défini dans l'article 3, b) *publié* (mis à disposition du public en quantité suffisante : définie dans l'article 3, d). Par conséquent, le phonogramme réalisé par les organismes de radiodiffusion pour le besoin de leur émission n'est pas soumis à ce système. Enfin, il faut que la publication soit *à des fins commerciales*. En vertu de cet article, toute utilisation *directe* [1] pour la radiodiffusion ou la communication au public doit donner lieu au paiement d'une rémunération équitable et unique.

L'article laisse aux États la détermination des ayants droit [2]. Ainsi, trois possibilités sont offertes : soit accorder le droit à une rémunération équitable aux seuls artistes ; soit aux seuls producteurs ; soit aux uns et aux autres. Il est étonnant que la Convention laisse la possibilité de moduler la répartition de la rémunération équitable en permettant d'exclure les artistes : cela indique qu'il n'y a pas de principe d'un droit à rémunération des interprètes en cas d'utilisation secondaire [3].

3. Opposition supposée avec le droit d'auteur

273. « La règle de sauvegarde ». L'étude des droits voisins des artistes-interprètes dans la Convention de Rome témoigne d'une situation d'infériorité des artistes et d'une négation de la nature artistique de l'objet de leur droit [4]. En effet, la Convention de Rome se résume, à l'égard des artistes-interprètes, à deux choses : d'une part, *l'exclusion* des artistes-interprètes surtout par rapport aux autres droits voisins, et, de l'autre *l'opposition supposée* du droit de l'interprète à celui de l'auteur [5].

---

producteur prend l'initiative et la responsabilité de la production audiovisuelle qui nécessite la fixation de la séquence audiovisuelle sur un support. En revanche, l'inverse n'est pas vrai.

[1] Le terme « directe » signifie que c'est celui qui utilise effectivement les phonogrammes, qui sera considéré comme l'utilisateur appelé à verser la rémunération ; ainsi, l'utilisation pour la réémission (l'émission simultanée par un organisme de radiodiffusion d'une émission d'un autre organisme, article 3, g) n'est pas comprise dans la licence légale de l'article 12.

[2] Étant le résultat d'un compromis entre les multiples intérêts en présence, l'article 12 est facultatif : il contient le principe qui est susceptible de réserve, selon l'article 16.1.a, quant aux utilisations secondaires concernées ou aux bénéficiaires de la rémunération en résultant.

[3] X. DAVERAT, *op. cit.*, t. 1, p. 132 et s. Qui critique « l'octroi » de ce droit aux producteurs qui « n'exercent pas d'activité artistique ». À vrai dire, ce n'est pas seulement ce droit à rémunération octroyé au producteur de phonogrammes qui ne trouve pas de fondement, mais c'est aussi le droit exclusif octroyé. Toutefois, la distinction qu'opère M. DAVERAT à propos de ce droit à rémunération entre un droit « octroyé ou créé » au producteur et « reconnu » à l'artiste est bienvenue.

[4] Nous consacrerons le dernier titre de notre thèse à l'étude de l'écosystème juridique du droit voisin de l'artiste-interprète, c'est-à-dire ses rapports avec les autres droits dont le droit d'auteur (donc la règle de sauvegarde). Pour l'instant, il suffit de comprendre l'histoire de la formation de ce droit, ainsi que l'origine de certaines confusions, comme la notion de voisinage.

[5] X. DAVERAT, *op. cit.*, t. 1, n° 105, p. 174. Et sur la théorie de gâteau des recettes qui sera partagé avec les nouveaux arrivants V. *Guide de la Convention de Rome et de la Convention phonogrammes*, *op.cit.*, 1.8, p. 20.

En effet, le droit des artistes était conçu comme une menace du droit d'auteur et comme un obstacle à l'exploitation des œuvres fixées ; autrement dit, le droit voisin de l'interprète était mal venu aux yeux des auteurs et des producteurs.

Pour cette raison, l'article premier de la Convention dispose que « *la protection prévue par la présente Convention laisse intacte et n'affecte en aucune façon la protection du droit d'auteur sur les œuvres littéraires et artistiques. En conséquence, aucune disposition de la présente Convention ne pourra être interprétée comme portant atteinte à cette protection* ». Si la hiérarchie des droits n'est pas clairement définie, les terminologies utilisées laissent entendre que les droits voisins (tous) pourraient porter préjudice au droit d'auteur. Mais le fait que d'autres textes internationaux ne contiennent pas une telle disposition (la Convention Phonogramme [1] et la Convention Satellite [2]) montre que son existence dans la Convention de Rome ne vise que le droit des interprètes [3].

Quoi qu'il en soit, nous croyons que la notion des droits voisins n'était qu'un moyen de définir les nouveaux droits en ce qu'ils ne sont pas : ce ne sont pas des droits d'auteur, mais simplement des droits voisins du droit d'auteur. Or, le voisinage va dans les deux sens : le droit d'auteur serait-il voisin du droit de l'interprète ou du producteur ? bien évidemment non. Les rédacteurs de la Convention de Rome n'ont pensé le voisinage que dans un sens. Il y a un centre : le droit d'auteur et il y a des droits prophétiques et inférieurs : les droits voisins.

C. Les textes postérieurs à la convention de Rome

274. Les deux traités de mis à jour. Depuis son adoption, la Convention de Rome n'a jamais fait l'objet d'une révision. Mais, à la suite de l'évolution technologique (surtout le numérique), deux traités [4] ont été adoptés en matière des droits voisins [5] : d'abord le traité de l'OMPI sur les interprétations ou exécutions et les phonogrammes de 1996 [6] ; et le traité de l'OMPI sur les interprétations ou

---

[1] Convention Phonogrammes (de Genève) du 29 oct. 1971 protégeant les producteurs contre les actes dits piraterie.

[2] Convention Satellites (de Bruxelles) du 21 mai 1974 protégeant les organismes de radiodiffusion.

[3] C'est aussi la conclusion du Professeur DAVERAT, *op. cit.*, p. 146.

[4] La possibilité d'une révision de la Convention de Rome a été écartée en préférant l'adoption d'un nouvel instrument. Cependant, l'audiovisuel faisait l'objet de longues négociations et a été, enfin, écarté du traité de Genève de 1996. Enfin, en 2012 un autre instrument a été ajouté, dont l'article 1-3 précise qu'il n'a aucun rapport avec d'autres conventions ou traités que le WPPT. Cette pluralité de textes pose le problème de leur articulation et complique, encore plus, le domaine des droits voisins. La même pluralité s'installe en matière de droit d'auteur avec un nouvel instrument, le traité de l'OMPI sur le droit d'auteur (WCT) 1996, qui constitue un « arrangement particulier » de Berne 1886. V. dans ce sens X. DAVERAT, fasc. 1405, *op. cit.* n° 21.

[5] Nous écartons l'accord multilatéral de l'OMC (ADPIC 1994) qui, dans l'article 14-1 (concernant les droits connexes), utilise une formulation semblable à celle qui définit le droit des artistes dans le texte de Rome (la possibilité d'empêcher). Cependant, les actes réservés dans l'ADPIC sont plus limités : la fixation *sonore* de l'exécution non fixée ; reproduction de cette fixation sonore ; la radiodiffusion et la communication au public des exécutions directes. Nous écartons aussi les textes spécialisés : la Convention phonogrammes et la Convention Satellite, qui ne concernent pas directement les artistes-interprètes.

[6] Signé à Genève en même temps avec la Convention sur le droit d'auteur (*Wipo Copyright Treaty* : WCT) et connu sous le sigle WPPT (*Wipo Performances and Phonograms Treaty*). Ces deux traités sont appelés aussi Traités Internet de l'OMPI. Il convient de dire que l'Union Européenne avait ratifié les deux traités dès le 20 déc. 1996 et a transposé leurs principes dans la directive 2001/29/CE du 22 mai 2001 (JOCE L 167 du 22 juin 2001).

exécutions audiovisuelles de 2012 [1]. Par ailleurs, le législateur européen, soucieux de l'harmonisation des législations des États membres, s'est penché sur la question de la protection des droits voisins en s'inspirant des instruments internationaux tel que l'ADPIC de l'OMC de 1994 ou les traités Internet de l'OMPI de 1996. Sans procéder à une étude complète de ces textes, nous nous contenterons de relever la progression réalisée par rapport au texte de la Convention de Rome en matière de droit sur l'interprétation (ou exécution).

275. Évolution terminologique relative. Les deux traités WPPT et WAPT définissent de la même manière l'artiste-interprète ou exécutant, en ajoutant à la définition du texte de Rome deux choses : premièrement, le verbe « interpréter » a été ajouté à la phrase « exécuter de toute autre manière » ; deuxièmement, la possibilité de protéger la prestation d'une expression du folklore [2]. Comme dans la Convention de Rome, l'objet de droit n'est pas défini, contrairement à celui du producteur de phonogrammes ; mais il est intéressant de remarquer que les deux traités ajoutent le terme « interprétation » au seul terme utilisé dans la Convention de Rome : « exécution ». Cet ajout correspond à la reconnaissance d'un *droit moral*. Est-ce à dire que la Convention de Rome traite seulement de l'interprétation-exécution alors que les traités WPPT et WAPT traitent de deux objets : l'interprétation-exécution et l'interprétation-conception ? Nous ne le pensons pas. En effet, nous ne pouvons pas dire qu'il s'agit de deux objets différents dans la mesure où les deux termes sont utilisés à propos du droit moral et aussi dans les articles qui définissent les droits patrimoniaux (articles 6 à 10). En bref, la structure juridique (monopolistique) continue d'être construite autour du *sujet* (l'artiste-interprète ou exécutant) et de son activité, non autour d'un *objet* de propriété [3].

276. Nouveaux droits. Concernant le droit moral, il a été reconnu par les deux traités dans les mêmes termes [4]. Ce droit contient deux prérogatives : le *droit au nom*, sauf si le mode d'utilisation impose l'omission du nom de l'artiste ; et le *droit au respect* qui ne sanctionne que les atteintes préjudiciables à la réputation de l'artiste. En revanche, concernant les droits patrimoniaux, les deux traités abandonnent les termes de la Convention de Rome (faculté de mettre obstacle) et reconnaissent un « droit exclusif d'autoriser » certains actes [5]. Néanmoins, il faut distinguer entre la fixation sonore (WPPT 1996) et la fixation audiovisuelle (WAPT 2012) :

– En matière sonore, le traité de Genève (WPPT 1996) confère aux artistes-interprètes ou exécutants les droits suivants :

---

[1] Convention de Beijing (*Wipo Audiovisual Performances Treaty* : WAPT) entrée en vigueur en 28 avril 2020.

[2] Article 2-a) dans les deux textes WPPT et WAPT. Il est intéressant de remarquer que le traité WAPT contient une déclaration commune qui précise que la définition des artistes-interprètes ou exécutants englobe aussi les personnes « *qui interprètent ou exécutent une œuvre artistique ou littéraire qui est créée ou fixée pour la première fois au cours* » de l'interprétation ou de l'exécution ; bref, *qui improvisent.*

[3] Même le droit moral reconnu à l'interprète est construit autour du sujet non autour de l'objet : le droit au nom et le droit au respect *conditionné par l'atteinte préjudiciable à la réputation de l'artiste.*

[4] Article 5 dans les deux textes WPPT et WAPT est le même. Toutefois, une réserve supplémentaire a été ajoutée à l'article 5 dans le WAPT s'agissant du droit au respect, qui doit rendre compte « *de la nature des fixations audiovisuelles* ».

[5] Article 6 à 10 dans les deux textes WPPT et WAPT.

Un droit exclusif d'autoriser la *fixation* et la *radiodiffusion* de « leurs interprétations ou exécutions non fixées », sauf dans le cas de réémission (article 6) ;

Un droit de *reproduction* de leurs interprétations ou exécutions fixées sur un phonogramme (article 7) ;

Un droit de distribution des fixations de leurs interprétations ou exécutions fixées sur un support sonore tangible [1], avec la possibilité d'appliquer la théorie de l'épuisement (article 8) ;

Un droit facultatif de *location* qui s'applique seulement aux fixations sonores sur des supports tangibles [2] et qui peut être remplacé par un droit à rémunération équitable (article 9) ;

Enfin un droit de *mettre à disposition* des interprétations ou exécutions fixées.

– En matière audiovisuelle le traité de Beijing (WAPT 2012) confère aux artistes les mêmes droits que ceux reconnus par le traité de Genève en matière sonore, avec deux spécificités :

La première spécificité concerne le droit de *location* qui ne contient pas la possibilité de le remplacer par un droit à rémunération (article 9) ;

La seconde concerne le droit exclusif d'autoriser « la *radiodiffusion et la communication au public* des interprétations ou exécutions fixées sur une fixation audiovisuelle » (article 11). Les États contractants peuvent ne pas reconnaître ce dernier droit ou simplement le remplacer par un droit à rémunération équitable.

277. Même technique monopolistique. Les deux traités de l'OMPI (WPPT et WAPT) partagent la même structure juridique que la Convention de Rome, à savoir la méthodologie analytique qui corresponde à la logique monopolistique des droits octroyés et qui s'inscrit dans l'esprit du *copyright*. Ainsi, les deux textes énumèrent les actes soumis à l'autorisation en prenant en compte l'évolution technique. En conséquence, tout ce qui n'a pas été réservé par une prérogative est libre, contrairement à la logique propriétaire ou toute utilité de l'objet approprié est réservée sauf exception explicite.

278. Dépossession des artistes-interprètes. On se trompe si l'on pense que l'ajout des nouvelles prérogatives améliore la situation des artistes. En effet, corrélativement à la reconnaissance de ces nombreuses prérogatives, les deux textes organisent en fait la dépossession des artistes. Le traité de Beijing de 2012 organise leur dépossession de l'ensemble de leurs droits ; l'article 12 permet aux États d'instaurer une présomption *simple* en vertu de laquelle tous les droits des artistes seront *détenus*, *exercés* ou *cédés* par producteur dès lors que l'artiste a consenti à la fixation de son interprétation ou exécution dans une fixation audiovisuelle. Aussi, le dernier alinéa de cet article permet d'organiser la rémunération des artistes pour les utilisations de la fixation audiovisuelle : soit par le système d'une rémunération équitable, soit par un arrangement contractuel individuel ou collectif. Par ailleurs, en matière sonore le traité de Genève de 2012 reprend dans l'article 15 le système de licence légale de la Convention de Rome, et laisse aux

[1] Cette précision figure dans la déclaration commune concernant cet article.
[2] Cette précision figure dans la déclaration commune concernant cet article.

États la liberté de déterminer les bénéficiaires de la « rémunération équitable et unique », avec la possibilité d'en exclure les artistes-interprètes.

279. Synthèse. Dans les textes étudiés, nous constatons que, même si l'on reconnaît le droit exclusif et que l'on reconnaît des prérogatives morales, la nature de l'interprétation ne joue aucun rôle dans la détermination de la nature et du régime de droit : il n'y a aucun critère qualitatif qui filtre les interprétations protégées ; la titularité des prérogatives ne découle pas de l'acte créatif lequel n'est plus la source des droits ; enfin, il ne s'agit pas d'une propriété sur la forme mais de prérogatives éparpillées octroyées sur mesure par le législateur et susceptibles d'être remplacées par un simple droit à rémunération. C'est un monopole, en concurrence avec les autres monopoles légaux et soumis au droit noble de l'auteur. En fin de compte, cette source normative va influencer la loi française sur les droits voisins. Mais force est d'admettre l'influence de la jurisprudence française antérieure à la loi de 1985 ; cette jurisprudence s'est distinguée en creusant dans la nature de l'objet de droit afin de déterminer si le droit d'auteur s'appliquait ou pas. C'est l'autre piste qui va influencer la loi Lang de 1985 et que nous allons étudier.

§ 2. Le choix de la France : l'interpretation objet d'une propriete litteraire et artistique

280. La loi du 11 mars 1957 sur le droit d'auteur a gardé le silence sur la question de la qualification de l'interprétation comme œuvre et la protection des interprètes par le droit d'auteur, à juste titre selon DESBOIS, à tort selon SAVATIER [1]. Face à ce silence, les juges ont, à plusieurs reprises, examiné la question de la protection des artistes-interprètes par un droit intellectuel à la lumière du seul droit de propriété littéraire et artistique qui existait à l'époque : le droit d'auteur. Ainsi, la question était formulée de savoir si un droit d'auteur pouvait être reconnu aux artistes-interprètes sur leur interprétation. Après hésitations, la Cour de cassation, pour la première fois, a tranché la question de la nature de ce droit dans la fameuse affaire de Furtwängler en 1964, avant que la tendance à une assimilation de l'interprétation à une œuvre ne soit freinée par le nouveau modèle international qu'instaurait la Convention de Rome de 1961 [2]. Enfin, après un quart de siècle de silence, le législateur de 1985, comme celui de 1969, est intervenu pour consacrer les solutions jurisprudentielles : si la première intervention avait appréhendé l'interprétation comme *activité*, cette fois c'était comme *bien meuble incorporel*, objet d'une propriété intellectuelle qu'il l'appréhendait.

281. Plan. D'abord nous étudierons la jurisprudence *praeter legem* [3] qui oscillait entre la propriété littéraire et artistique et le droit commun pour fonder la protection de l'interprétation (**A**) ; pour nous attarder ensuite au choix du

---

[1] H. DEBOIS, « Commentaire sur la loi du 11 mars 1957 », *D.* 1957, chron., p. 165 ; R. SAVATIER, « Commentaire de la loi du 11 mars 1957 », *JCP*, 1957, I, 1398.

[2] M. GAUTREAU, *La musique et les musiciens en droit privé français*, préf. G. CORNU, PUF, 1970, p. 316 et s.

[3] Droit *praeter legem :* signifie au-delà de la loi ; droit établi dans le silence de la loi. S. PESSINA, *op. cit.*, n° 394, citant G. CORNU.

législateur français en 1985 qui s'est inspiré de la jurisprudence antérieure et du modèle de la Convention de Rome (**B**).

A. L'interprétation objet d'un droit prétorien

282. La saga du droit de l'artiste-interprète sur son interprétation a commencé bien avant la Convention de Rome de 1961. Ensuite, contrairement aux autres États qui ont profité de la permissivité du texte de cette convention pour développer leur propre protection des droits voisins, la France a laissé la jurisprudence jouer le rôle, qu'elle avait toujours joué en matière de droit d'auteur, pour élaborer ses solutions [1]. Nous pouvons aborder l'évolution jurisprudentielle en trois temps : le temps de *l'incertitude* (**1**) ; le temps de la *découverte* (**2**) et le temps du *recul* (**3**).

1. Incertitude : la jurisprudence de la première moitié du XXe siècle

283. Oscillation. Tôt au début du siècle dernier, un jugement du Tribunal civil de la Seine a refusé tout droit à l'artiste sur son interprétation ; niant l'apport artistique d'un chanteur, le Tribunal a estimé que l'artiste « *s'était borné à exécuter des morceaux de musique devant des phonographes* » et n'avait pu « *acquérir sur des œuvres émanant de divers compositeurs un droit quelconque de propriété artistique* » [2]. Nous constatons dans cet arrêt le refus catégorique de la reconnaissance d'un droit « quelconque » de propriété intellectuelle en faveur de l'artiste-interprète, mais force est de constater que le jugement se trompe d'objet, dans la mesure où ce qui avait été refusé c'était un droit sur les œuvres interprétées non sur l'interprétation seule. Dans le même sens, le Tribunal civil de la Seine a été saisi par un artiste dramatique qui avait assuré le doublage en français d'un film anglais et dont l'interprétation fut radiodiffusée sans son autorisation. Sa demande en réparation du préjudice sur le fondement d'un droit d'auteur sur l'œuvre personnelle fut refusée en écartant tout droit personnel sur « la bande sonore » [3]. Le Tribunal a commencé par rappeler que « *les droits issus de la propriété littéraire et artistique ne protègent que les auteurs d'une œuvre et non pas les acteurs ou les exécutants* » pour conclure que « *l'artiste qui, en vertu d'un contrat, a synchronisé un film, ne possède aucun droit personnel*

---

[1] M. GAUTREAU, *La musique et les musiciens en droit privé français*, préf. G. CORNU, LGDJ, 1970, p. 316 et s. ; X. DAVERAT, *L'artiste interprète*, t. 1, thèse, Bordeaux I, 1990, pp. 391-471 ; S. PESSINA, *L'artiste-interprète salarié (entre création intellectuelle et protection sociale)*, préf. A. SUPIOT, PUAM, 2006 ; J. BACOUELLE, *La condition juridique de l'artiste-interprète*, thèse, Paris I, 2015. Pour une étude plus synthétique de cette évolution : X. DAVERAT, « Histoire des droits voisins », *J.-Cl. Propriété littéraire et artistique*, fasc. 1405, 2008 ; *Les grands arrêts de la propriété intellectuelle*, sous la dir. de M. VIVANT, Réflexion introductive de PH. JESTAZ, 3e éd. Dalloz, 2019, 712 pages.

[2] T. civ. Seine, 23 juill. 1902 : *Gaz. Pal.*, 1903, I, p. 520. C'était la première fois où la question des droits de l'artiste se posait. Il s'agissait d'un chanteur qui, conjointement avec son producteur, avait assigné en contrefaçon une société reproductrice des cylindres de phonographe sur lesquels étaient enregistrées ces interprétations d'œuvres dont certaines étaient tombées dans le domaine public. Le Tribunal estima qu'il n'y avait pas de droit de propriété sur *l'adaptation* et que l'artiste « *s'est borné à exécuter devant le phonographe des morceaux de musique émanant de divers compositeurs, il n'avait pu, de ce fait, acquérir sur ces morceaux aucun droit de propriété artistique* ».

[3] Nous constatons ici que le juge ne distinguait pas entre la forme vivante expressive (le contenu) et la forme technique de fixation (le contenant).

sur la bande sonore » [1]. Dans cette affaire aussi, nous constatons que les juges ne distinguaient pas encore entre *œuvre* et *interprétation* et, par conséquent, n'envisageaient qu'un seul droit, qui est le droit de l'auteur, sur l'œuvre interprétée. De même, une cour d'appel refusa la demande d'une chanteuse dont l'interprétation avait été diffusée en omettant de l'identifier au motif que l'artiste qui interprète une œuvre « *n'ayant pas participé à l'élaboration de l'œuvre soutiendrait en vain que son interprétation doit être considérée comme une création au sens de la loi sur la propriété littéraire et artistique* » [2]. Nous voyons, là encore, que dans cette période, les demandes des artistes-interprètes d'un droit sur *la forme vivante expressive* n'avaient pas été accueillies par les juridictions qui retenaient une conception étroite de l'œuvre de l'esprit la limitant à la *forme inerte.* Ainsi, selon cette logique, il ne saurait y avoir qu'un seul droit sur un seul objet, et l'artiste-interprète se voyait dépouillé de tout droit intellectuel sur sa création.

284. La protection des intérêts moraux. Dans cet état de cause, l'artiste-interprète n'avait que la protection sociale qui se limitait au travail *d'exécution* de sa conception artistique. Mais la négation d'un droit sur l'interprétation n'a pas empêché de fonder certaines solutions sur les droits de la personnalité, en ce qui concerne les intérêts moraux de l'interprète. L'idée était de permettre aux artistes-interprètes de sanctionner l'atteinte au respect de *leur personnalité*, tout en ne laissant pas émerger de droit spécifique. Ainsi, en 1903 on trouve les véritables racines de la protection de ces intérêts moraux de l'interprète dans un jugement du Tribunal civil de la Seine [3] dont les termes montrent la prise en compte, par la jurisprudence, de la personnalité de l'interprète : « *la reproduction sonore n'appartient qu'à l'artiste exécutant, auquel elle emprunte sa voix qui lui est propre, son accent et, pour ainsi dire, sa personnalité même* » [4]. Le Professeur DAVERAT estime, à juste titre, qu'il s'agit dans l'espèce d'une « conception primitive » de la protection de l'artiste-interprète, dans la mesure où ce qui est visé par le jugement ce sont les attributs de la personnalité (la voix, l'accent), non l'interprétation (la forme vivante interprétative) [5].

285. Série de confusion. En conclusion, la première jurisprudence faisait une confusion soit entre *l'interprétation* et *l'œuvre interprétée*, soit entre *l'interprétation* et *la*

---

[1] T. civ. Seine, 9 nov. 1937 : *Gaz. Pal.* 1938, I, p. 230 ; *Le Droit d'auteur*, 1940, p. 119. La même confusion existe dans un autre arrêt : T. civ. Seine, 19 déc. 1953 : « *il n'y a pas lieu de rechercher si […] celui qui exécute une œuvre musicale peut être considéré comme auteur de l'enregistrement de l'œuvre qu'il a exécuté* ». *Contra* T. civ. Seine, 15 mars 1957, cité par H. DESBOIS, *Le droit d'auteur en France*, 3e éd., Dalloz, 1978, p. 228 : « *l'enregistrement et la reproduction sonore de pièce musicale et de chansons constituent une œuvre originale protégée par les lois des 19-24 juillet 1793* » - T. Correct. Seine, 16 juin 1932. T., 30 sept. 1932 : « *la reproduction sonore qui emprunte la voix de l'artiste […] ne saurait se confondre avec l'édition, elle échappe à la propriété de l'auteur » cité par* M. SAPORTA, *« Les droits dits « connexes » au droit d'auteur »*, *Revue internationale de droit comparé*, vol. 4, n° 1, 1952, p. 53, note 6.

[2] CA Paris, 24 déc. 1940 : *JCP* 1941, II, 1469, obs. H. DESBOIS.

[3] T. civ. Seine, 6 mars 1903 : *Gaz. Pal.* 1903, II, p. 509 ; *S.* 1907, II, p. 114. Commenté par M. X. DAVERAT, *L'artiste-interprète*, t. 1, *op. cit.*, pp. 394-395. L'arrêt fut censuré par CA Paris 1er févr. 1905.

[4] T. civ. Seine, 6 mars 1903 : *Gaz. Pal.* 1903, II, p. 509 ; *S.* 1907, II, p. 114. Même si cet arrêt reconnaît un droit de l'artiste-interprète, mais ce n'est pas sur son interprétation mais sur la reproduction sonore (l'enregistrement).

[5] La référence jurisprudentielle au droit moral a été faite tantôt de façon explicite (T. civ. Seine, 9 nov. 1937, déjà cité, concernant la postsynchronisation où il a été refusé à l'interprète tout droit de propriété littéraire et artistique, selon le jugement « *le droit moral du synchronisateur dont on a reproduit la voix n'est nullement lésé parce que son travail est présenté indépendamment des images qui l'accompagnent au cinéma* ») ; tantôt de façon implicite (*Aff. Frantz et Charny :* CE, 20 nov. 1931, *S.* 1932, II, p. 262, note MESTRE ; *D.* 1932, 3, p. 62). V. X. DAVERAT, *op. cit.*, p. 379 et s.

forme technique de fixation (l'enregistrement ou la bande sonore) [1]. Or, quand la jurisprudence a pu exclure l'œuvre et la fixation de l'objet propre à l'interprète, elle a confondu *l'objet* et le *sujet* : *l'interprétation* résultat de l'activité artistique et *l'activité* humaine qui réalise cette interprétation [2]. Il en résultait deux dérives : l'une était la focalisation sur la protection sociale, du fait de *la contractualisation de la réalisation* de la forme vivante expressive [3] ; et l'autre était la focalisation sur la protection de la personne ou les éléments de la personnalité engagés dans le processus interprétatif : la voix ou l'image. Mais un pas fut franchi vers la définition précise de l'objet du droit de l'interprète par le célèbre arrêt de la Cour de cassation dans l'affaire *Furtwängler*.

2. Découverte : le droit prétorien sur le fondement du droit d'auteur

286. La première décision. Après un temps d'incertitude, la jurisprudence s'engagea dans la voie de la reconnaissance d'un *droit spécifique* de l'artiste-interprète sur son interprétation. Mais avant de procéder à l'étude de cette évolution, force est de constater que *l'émergence d'un droit spécifique* sur l'interprétation remonte à un jugement du Tribunal civil de la Seine le 23 avril 1937 [4]. En l'espèce, il s'agissait d'une sonorisation de la prestation d'un acteur d'un film muet par une voix étrangère ; l'acteur de la prestation visuelle revendiquait « un droit sur son rôle » tout en demandant la réparation du préjudice sur le fondement de la responsabilité civile. Les termes du jugement méritent d'être cités :

> « si, en général et sauf exceptions, les artistes dramatiques ou cinématographiques ne peuvent prétendre à aucun droit sur l'ensemble qui constitue l'œuvre dramatique ou le film, il est équitable, par contre, de leur reconnaître, au même titre qu'aux autres artistes, peintres, sculpteurs, graveurs, architectes, un droit sur leurs créations personnelles, c'est-à-dire en l'espèce sur l'interprétation qu'ils donnent aux rôles qui leur sont confiés et qui constituent la seule manifestation de leur art qui soit perceptible au sens » [5].

C'était la première fois, dans la jurisprudence française, que le droit de l'artiste-interprète était affirmé en indiquant l'origine de ce droit, à savoir, *la création artistique*. Plus encore, le jugement précisait sans équivoque *le critère* qui affirma l'appartenance de ce droit à la propriété littéraire et artistique :

---

[1] À une seule exception près, où l'on protégea l'interprétation en tant que telle : T. civ. Seine 23 avril 1937, *S.* 1938, 2, 57, note A. TOULEMON, concernant la postsynchronisation d'un film par une voix autre que celle de l'acteur ; l'arrêt reconnut aux artistes un « *droit sur leur création personnelle, c'est-à-dire sur l'interprétation qu'ils donnent aux rôles qui leur sont confiés et qui constituent la seule manifestation de leur art qui soit perceptible au sens* » [nous soulignons]. Ce jugement constitue la première trace de la protection de l'interprète : X. DAVERAT, *Droit de la propriété littéraire et artistique*, coll. Lexifac, Bréal, 2011, p. 67.

[2] Sur cette confusion, V. L. LEHMAN, *Le droit de l'artiste sur son interprétation*, LGDJ, 1935, p. 160.

[3] Nous avons étudié, dans la section précédente, le premier courant jurisprudentiel qui abordait l'interprétation-exécution et la protection sociale des interprètes jusqu'à la création de la présomption de salariat, qui constitue un des deux piliers (avec la propriété littéraire et artistique) du régime juridique français de l'artiste-interprète.

[4] T. civ. Seine, 23 avril 1937 : *JCP*, 1937, II, p. 427, concl. RAINBAULT ; *S.* 1938, 2, p. 57, note A. TOULEMON ; *Le Droit d'auteur*, 1938, p. 106. Pour une analyse approfondie de ce jugement, V. X. DAVERAT, *op. cit.*, p., n° 249, p. 400 et s. Toutefois, ce jugement va être contredit vite la même année et par le même Tribunal, par un jugement niant tout droit de propriété littéraire et artistique au profit de l'artiste-interprète : T. civ. Seine, 9 nov. 1937, déjà cité.

[5] Nous soulignons.

« Ce droit ne peut être concédé aux artistes que dans la mesure où leur *œuvre* [sic] présente un caractère *personnel et original*, et constitue dès lors une "création" au sens donné à ce mot lorsqu'il est appliqué aux productions de l'art » [1].

En réalité, aussi important que soit ce jugement, il ne consacre pas véritablement un droit intellectuel sur l'interprétation, dans la mesure où la solution va être contredite par le même tribunal et la même année [2]. C'est avec le fameux arrêt *Furtwängler* de 1964 [3] que le droit intellectuel de l'artiste-interprète a été consacré par la jurisprudence française, c'est-à-dire après la signature de la Convention de Rome de 1961, ce qui révèle la voie que la France a choisie pour construire le droit de l'artiste-interprète, lequel dépasse la protection minimale de la Convention de Rome. Mais, comme cette affaire a duré dix ans, la construction de ce droit n'a pas été faite d'un seul coup, mais au fur et à mesure. Cette affaire importante mérite d'être étudiée dans tous ses épisodes [4].

a. Les premières décisions

287. Les faits. Au cours des hostilités de 1939-1945 les autorités allemandes avaient procédé à l'enregistrement d'œuvres classiques interprétées par des artistes et des chefs d'orchestre renommés pour les besoins de la radiodiffusion d'État. Ainsi, la Troisième Symphonie de Beethoven (appelé *Eroica*) exécutée par l'orchestre Philharmonique de Vienne dirigée par Wilhelm Furtwängler a fait l'objet d'un enregistrement et d'une radiodiffusion par la Radio de Berlin. Conservées dans l'immeuble de la radio allemande, les bandes magnétiques furent séquestrées par les autorités soviétiques lors de la prise de Berlin. Ensuite, ces enregistrements furent cédés à la République démocratique allemande, et en 1952, certains de ces enregistrements, dont celui de la Troisième Symphonie de Beethoven, furent vendus par la République allemande à une société américaine (*Urania Records*), qui procéda à la fabrication et à la commercialisation de disques réalisés à partir des matrices achetées. Des exemplaires furent édités et distribués en France par la société *Thalia*. Ainsi, le chef d'orchestre assigna les deux sociétés en référé, sur le fondement de l'*utilisation non autorisée de son nom*, et demanda la mise sous séquestre des disques litigieux.

288. Le droit au nom. Par une ordonnance, le Tribunal civil de la Seine accueillit favorablement la demande de Furtwängler. En effet, le tribunal a focalisé

---

[1] T. civ. Seine, 23 avril 1937, précité. [Nous soulignons].

[2] « *Les droits issus de la propriété littéraire et artistique ne protègent que les auteurs d'une œuvre et non pas les acteurs ou les exécutants … l'artiste qui, en vertu d'un contrat, a synchronisé un film, ne possède aucun droit personnel sur la bande sonore* » [Nous soulignons] : T. civ. Seine, 9 nov. 1937. Aussi, T. civ. Seine, 19 déc. 1953 : *S.* 1954, II, p. 94 ; *RIDA*, 1954, p. 117 ; *JCP* 1954, II, 8114, note PLAISANT ; *RTD com.*, 1954, p. 639, obs. DESBOIS (la première décision dans l'affaire de Furtwängler) : « *il n'y a pas lieu de rechercher si un chef d'orchestre, ou de manière plus générale, celui qui exécute une œuvre musicale, peut être considéré comme auteur de l'enregistrement de l'œuvre qu'il a exécutée* ».

[3] Cass. 1re civ. 4 janv. 1964 : *D.* 1964, 2, p. 321, note PH. PLUYETTE ; *RIDA*, n° 45, 1965, p. 194 ; *JCP* 1964, II, 13712 ; R. BADINTER, « Le droit de l'artiste sur son interprétation », *JCP* 1964, I, 1844 ; H. DESBOIS, « Le droit des acteurs et des artistes sur leur interprétation », *D.* 1964, chron. 247 ; *RTD com.* 1964, p. 320, note H. DESBOIS ; *Gaz. Pal.* 1964, I, p. 82 ; A. TOULEMON, « Le droit de l'interprète », *RTD com.*, 1964, pp. 245-253 ; R. PLAISANT, *J. Cl. Propriété littéraire et artistique*, fasc. 5, n° 36 ; *Les grands arrêts de la propriété intellectuelle*, (dir.) M. VIVANT, préf. PH. JESTAZ, 2 éd., Dalloz, 2015, n° 26, obs. S. PESSINA.

[4] Pour une étude exhaustive et critique de cette affaire, V. X. DAVERAT, *op. cit.*, t.1, n° 253 et s. pp. 409-428.

le débat sur un seul point en écartant la recherche du droit de l'interprète sur son interprétation :

> « Il n'y a pas lieu de rechercher si un chef d'orchestre, ou de manière plus générale, celui qui exécute une œuvre musicale peut être considéré comme auteur de l'enregistrement de l'œuvre qu'il a exécutée [...] la seule question est de savoir si Furtwängler est fondé à s'opposer à l'usage fait de son nom à l'occasion de la vente de disques litigieux ».

Ainsi, sur le fondement du droit commun, le tribunal jugea que « *toute personne possède un droit exclusif à l'usage de son nom et qu'elle peut s'opposer à ce qu'il en soit fait usage pour la vente d'un produit dans le commerce* » [1]. La Cour d'appel de Paris confirma l'ordonnance en affirmant qu'un « *artiste exécutant a le droit de s'opposer à ce qu'il soit fait usage de son nom sans son autorisation* » [2]. En définitive, à ce stade, la question du droit de l'interprète sur son interprétation n'était pas abordée directement.

289. Première référence à la qualité d'artiste. Après cette double condamnation et l'obligation de supprimer le nom du chef d'orchestre, les sociétés condamnées ont continué de commercialiser les mêmes disques, mais en occultant le nom de Furtwängler. Toutefois, le nom de l'artiste dirigeant la troisième Symphonie enregistrée sur ces disques fut révélé par un journal quotidien. Le chef d'orchestre étant décédé en 1954, ces ayants droit saisirent le Tribunal civil de la Seine pour demander que les disques fussent retirés faute d'autorisation de l'artiste à cette utilisation de son interprétation. C'est ce qu'a été jugé le 4 janviers 1956 : « *l'artiste exécutant est fondé à interdire toute utilisation de son exécution autre que celle qu'il avait autorisée en contractant* » [3]. Toutefois, ce jugement, dont les termes vont être utilisés ultérieurement de manière systématique, n'institue pas un droit spécifique des interprètes sur leur interprétation. Cependant, on y trouve un avancé par la reconnaissance des « *prérogatives innommées au-delà du simple droit au nom* » [4].

290. En réalité, le fondement du droit de l'artiste selon le tribunal était le contrat. Le débat s'était concentré sur le préjudice subi par l'artiste suite au manquement des obligations contractuelles : la radiodiffusion allemande, à l'origine des matrices, n'avait obtenu l'autorisation qu'en vue de la radiodiffusion et non en vue de la commercialisation de disques. Par conséquent, les acquéreurs des disques originaires n'avaient pas de droit à cette nouvelle utilisation [5]. La logique était celle de la responsabilité civile. Selon cette logique, c'était aux sociétés défenderesses de prouver avoir reçu le droit d'utiliser les bandes magnétiques pour la fabrication et la commercialisation des disques. Néanmoins, DESBOIS écrivait que « *si les consorts de Furtwängler entendent mettre à charge de leur adversaire la preuve d'une autorisation que leur cujus aurait donnée d'utiliser les bandes magnétiques pour la fabrication de disques, c'est que les conventions, afférentes à la cession des droits d'auteur, sont interprétées dans*

---

[1] T. civ. Seine, 19 déc. 1953 : *S.* 1954, II, p. 94 ; *JCP* 1954, II, 8114, note R. PLAISANT et J.-B. SIALELLI ; *RTD com.* 1954, p. 637, obs. DESBOIS, qui met, surtout, en exergue l'aspect négatif de l'ordonnance qui nie l'existence d'un droit d'auteur de l'interprète, p. 638.

[2] CA Paris 25 mai 1955, *JCP*. 1955, II, n°8806.

[3] [Nous soulignons] T. 1re civ. Seine 4 janv. 1956, aff. *Consorts Furtwängler c/ sté. Thalia et sté. Urania* : RTD *com.* 1956, pp. 275-279, obs. DESBOIS.

[4] X. DAVERAT, *op. cit.*, t.1, n° 255, p. 413 et s.

[5] *nemo plus ad juris alium transfere poteste quam ipse habet* : personne ne peut transférer à un autre plus de droit qu'il n'en a lui-même.

un esprit restrictif ; l'auteur s'est réservé toutes les prérogatives dont il ne s'est pas dessaisi d'une manière non équivoque, sinon en termes formels » [1]. Plus nuancé, le Professeur XAVIER DAVERAT, a considéré qu'il s'agissait, dans ce jugement, des prérogatives reconnues « *dans un état tellement brut qu'elles demeurent innomées* » [2]. Autrement dit, c'était plus qu'un droit au nom et moins qu'un droit de nature intellectuelle. En définitive, le fondement du droit privatif de l'interprète va être précisé dans deux étapes procédurales suivantes devant la Cour d'appel de Paris puis la Cour de cassation.

b. Reconnaissance d'un droit de propriété littéraire et artistique

291. Décision de la Cour d'appel de Paris. Saisie par les deux sociétés condamnées, la Cour d'appel de Paris confirme la solution du tribunal en précisant le fondement du droit reconnu à l'interprète. La Cour indique de façon claire que ce droit relève de la propriété littéraire et artistique. Cette décision mérite d'être citée :

> « considérant que dans le domaine littéraire et artistique la notoriété est le résultat du talent du travail et des efforts, souvent longs et ardus, soutenus durant toute une carrière ; qu'il s'agit d'un capital le plus souvent en puissance, essentiellement personnel ; que celui qui en jouit est seul juge des moyens et de l'époque de son exploitation ; [...] il est même seul juge de savoir s'il doit, sur le plan commercial, en tirer profit, puisqu'il lui est loisible de se réfugier dans l'abstention. Considérant que dans la matière plus précise de l'exécution musicale, l'artiste, sauf conventions contraires, ne peut être censé avoir fourni une manifestation de son talent que pour un usage déterminé, exclusif de tout autre usage qui serait abusif » [3].

292. Deux lectures. La doctrine commentant cette décision était partagée sur sa portée. Pour les uns, la référence à la notoriété de l'artiste montre que le droit n'avait pas été fondé sur la propriété littéraire et artistique. Ainsi, l'avocat général LINDON s'était basé sur l'enrichissement sans cause, car l'artiste « *ayant traité [...] avec un éditeur de disque de son choix, et selon des conditions financières à sa convenance, [...] un abus de la part d'un éditeur [dans le fait] de s'enrichir de son effort, de son travail, de sa réputation à ses dépens, sans autorisation et en provoquant parallèlement son appauvrissement* » [4]. Une autre partie de la doctrine s'est concentrée, non sur la référence à la notoriété, mais sur la référence au « domaine littéraire et artistique » ; qui plus est le motif de la Cour d'appel de Paris utilisa des termes relevant tantôt du droit moral tantôt au droit patrimonial de l'auteur. En vérité, l'esprit de la propriété littéraire et artistique était fort présent dans les termes utilisés comme : « le capital personnel » ; l'artiste qui est « seul juge des moyens et de l'époque de son exploitation » et « seul juge de savoir s'il doit, sur le plan commercial, en tirer

---

[1] [Nous soulignons] H. DESBOIS, note sous T. 1re civ. Seine 4 janv. 1956 : *RTD com.* 1956, pp.275-279.

[2] X. DAVERAT, *op. cit.*, p. 416.

[3] CA Paris, 1re ch., 13 fév. 1957, aff. *St. Urania et sté. Thalia c./ consorts Furtwängler : JCP* 1957, II, 9838, concl. R. LINDON ; *RTD com.* 1957, 653 et s. obs. DESBOIS. *Adde* H. DESBOIS : « Les droits voisins du droit d'auteur », *in Mélanges offerts à* RENE SAVATIER, Dalloz, 1965, p. 254.

[4] *JCP* G. 1957, II, 9383, concl. R. LINDON dans l'affaire Furtwängler. C'est aussi l'avis de M. P. SEVRE, *La protection des artistes-interprètes et exécutants dans ses rapports avec le droit d'auteur*, thèse, Paris, 1959, pp. 43-44, cité par X. DAVERAT, *op. cit.* p. 418, qui nomme la thèse de l'avocat général : la « célébrité-valeur marchande ».

profit ». Enfin, il est important de remarquer que malgré le fait que les consorts Furtwängler n'ont pas pu présenter le contrat passé entre le chef d'orchestre et la Radio de Berlin, ce qui aurait limité l'enregistrement à la radiodiffusion, la Cour de Paris a tranché *la question de preuve* selon la logique *propriétaire* du droit d'auteur : le propriétaire se réserve toutes les prérogatives qu'il n'a pas cédées.

293. L'arrêt de principe de la Cour de cassation. La Cour de cassation, qui a rejeté le pourvoi contre la décision de la cour d'appel, compléta la solution en précisant le fondement du droit de l'artiste-interprète, que la cour d'appel n'a pas osé poser :

> « La Cour d'appel a décidé à bon droit que "*L'artiste exécutant est fondé à interdire une utilisation de son exécution autre que celle qu'il avait autorisée*", ce motif, abstraction faite des autres motifs critiqués par le pourvoi qui doivent être tenus pour surabondants, suffit à caractériser une atteinte au *droit de l'artiste sur l'œuvre que constitue son interprétation* et, dès lors, à justifier la décision attaquée, qui ne comporte aucune violation des règles de preuve [1] » [2].

Sur ce point, l'arrêt, qui a mis fin à l'incertitude sur la nature du droit des interprètes, a été qualifié de principe [3]. Pourtant, l'arrêt a fait couler beaucoup d'encre sur l'interprétation à donner à la terminologie utilisée. M. BADINTER estimait qu'il n'y avait aucun doute sur la volonté de la Cour de cassation de protéger l'interprétation par le droit d'auteur. Ainsi, l'interprétation devait « *tenir sa place parmi les œuvres de l'esprit* » [4]. En revanche, DESBOIS estimait que la Cour de cassation a évité intentionnellement l'expression « droit d'auteur ». Dès lors, l'utilisation du terme « œuvre » reviendrait seulement à l'affirmation du caractère personnel de l'interprétation [5], en conséquence, la cour n'a reconnu qu'un droit *semblable* qui se justifie par la nature de l'interprétation [6]. Du même avis, M. PLUYETTE qui a considéré que la Cour de cassation a investi « *les artistes exécutants d'un droit véritable assimilable dans une certaine mesure à celui des auteurs sur leur*

---

[1] En affirmant que la solution ne comporte « aucune violation des règles de la preuve », la Cour de cassation écarte le moyen du pourvoi qu'il considéra qu'« il appartenait aux demandeurs d'apporter la preuve de la limitation de l'exploitation lors du contrat autorisant l'enregistrement ». Nous constatons que c'est la logique propriétaire qui s'applique et non celle du droit des contrats.

[2] Cass. 1re civ. 4 janv. 1964 : *D.* 1964, 2, p. 321, note PH. PLUYETTE ; *RIDA*, n° 45, 1965, p. 194 ; *JCP* 1964, II, 13712 ; R. BADINTER, « Le droit de l'artiste sur son interprétation », *JCP* 1964, I, 1844 ; H. DESBOIS, « Le droit des acteurs et des artistes sur leur interprétation », *D.* 1964, chron. 247 ; *RTD com.* 1964, p. 320, note H. DESBOIS ; *Gaz. Pal.* 1964, I, p. 82 ; A. TOULEMON, « Le droit de l'interprète », *RTD com.*, 1964, pp. 245-253 ; R. PLAISANT, *J. Cl. Propriété littéraire et artistique*, fasc. 5, n° 36 ; *Les grands arrêts de la propriété intellectuelle*, (dir.) M. VIVANT, préf. PH. JESTAZ, 2 éd., Dalloz, 2015, n° 26, obs. S. PESSINA. Il convient de rappeler que de la même date, cinq arrêts identiques ont été rendus dans les affaires : *Gieseking* ; *Schlusnus* ; *Fritz Lehmann* ; *Steinkoff* ; *la Philharmonie de Vienne.*

[3] Le Conseiller rapporteur M. PH. PLUYETTE, *op.cit.*, p. 322.

[4] R. BADINTER, *op. cit.* n° 7 et s. C'était une solution défendue par la doctrine avant l'arrêt de la Cour de cassation. Par ex. P. OLAGNIER, *Droits des artistes-interprètes et exécutants*, préf. d'ACHILLE MESTRE, LGDJ, 1937, p. 175 ; A. LE TARNEC, *Manuel juridique et pratique de la propriété littéraire et artistique*, préf. de J. PAUL-BONCOUR, Dalloz, 1956, p. 134.

[5] *RTD com.* 1964, p. 320, note H. DESBOIS. Le même auteur dans son traité considère que l'arrêt du 4 janvier 1964 « *s'explique à la fois par les caractères distinctifs de la prestation des interprètes qui ne peut s'assimiler à une traduction ou à une œuvre dérivée ; et par l'évolution des législations les plus récentes* », *Le droit d'auteur en France*, 3e éd., Dalloz, 1978, p. 220.

[6] H. DESBOIS, « Le droit des acteurs et des artistes sur leur interprétation », *D.* 1964, chron., p. 247.

interprétation ». Enfin, fut rallié à cette doctrine de relativisation M. GAUTREAU qui refusa la qualification d'auteur d'une œuvre dérivée à l'artiste-interprète [1].

294. Référence au droit d'auteur. Comment interpréter le fait que la Cour de cassation n'utilise pas l'expression « droit d'auteur » tout en qualifiant l'interprétation d'œuvre de l'esprit ? En effet, l'absence de l'expression « droit d'auteur » n'affecte pas la lecture donnée par la première doctrine à l'arrêt du 4 janvier 1964, dans la mesure où, il suffisait de qualifier l'interprétation d'œuvre pour appliquer le droit d'auteur [2]. En outre, c'est la qualification de l'objet en tant qu'œuvre qui donne à son créateur la qualité d'auteur et non l'inverse : l'auteur a cette qualité juridique par rapport à une œuvre déterminée. Enfin, le Professeur DAVERAT présente une analyse *sémantique* de la phrase utilisée « l'œuvre que constitue l'interprétation » à la place de « l'interprétation constitue une œuvre » : la Cour de cassation en donnant à sa décision l'aspect d'une simple constatation, « *consacre l'immanence du droit de l'artiste [...] soit un droit fondamental qui existe de manière permanente et foncière sur l'interprétation artistique* » [3].

295. Enfin, l'interprétation de l'arrêt dans son contexte montre que la Cour de cassation a rendu un arrêt « d'incitation » visant à pallier l'insuffisance de la loi. Donc, il n'est pas un arrêt « de provocation » [4]. Mais nous allons voir que la jurisprudence ultérieure va détourner la solution de l'arrêt du 4 janvier 1964, en recourant au droit commun pour fonder des solutions moins favorables aux artistes-interprètes. C'était un pas en arrière, puisqu'on est retourné à la soustraction du domaine de la propriété littéraire et artistique [5].

3. Recul : retour au droit commun comme fondement du droit de l'artiste

296. Commençant par révéler le droit *naturel* sur la création de l'artiste-interprète, la Cour de cassation jugeait les affaires selon les principes de la propriété littéraire et artistique, non ceux du droit commun. En réalité, il s'agit d'une *consécration prétorienne* d'un droit de propriété intellectuelle sur l'interprétation, dans la mesure où l'article 1240 du Code civil (ancien article 1382) n'a pas pour finalité de réserver une valeur qui n'est pas couverte par un droit privatif [6]. Toutefois, la jurisprudence s'est engagée dans une nouvelle voie : admettre le droit de l'artiste-interprète en raison du caractère artistique et personnel de sa prestation, mais en

---

[1] M. GAUTREAU, *La musique et les musiciens en droit privé français*, préf. G. CORNU, PUF, 1970, p. 327.

[2] Entrant dans la catégorie, il est logique d'appliquer son régime. C'est aussi l'interprétation du Professeur X. DAVERAT *op. cit.*, p. 424.

[3] X. DAVERAT, *op. cit.* p. 428.

[4] Ce genre d'arrêt « *dont la solution excessive est vouée à être partiellement abandonnée aussitôt la réforme adoptée* ». V. F. POLLAUD-DULIAN, « L'appel à la réforme législative selon la Cour de cassation. Regard civiliste sur un aspect de la séparation des pouvoirs », *RRJ*, 2002-3, p. 1145, surtout. p. 1156. Cité par M. S. PESSINA, « Droits voisins. Droits des artistes-interprètes : l'émergence des droits », *in Les grands arrêts de la propriété intellectuelle*, (dir.) M. VIVANT, préf. PH. JESTAZ, 2 éd., Dalloz, 2015, p. 375.

[5] Nous rejoignons le Professeur DAVERAT qui explique que cette tendance de *soustraction* est passée d'une « soustraction destinée à réduire » c'est-à-dire à nier tout lien entre l'interprétation et la propriété littéraire et artistique, à une « soustraction destinée à différencier », c'est-à-dire à distinguer le droit d'auteur et le droit de l'interprète.

[6] « *Dès qu'apparît la possibilité d'une exploitation exclusive, les intéressés demandent au législateur de sanctionner l'existence de leur droit* » I. et G. PARLEANI, « 2001, la tentation du Moyen-Âge, L'exemple du parasitisme », *Mélanges en l'honneur de CHRISTIAN GAVALDA*, Dalloz, 2001, n° 2, p. 244, cité par M. PESSINA, *op. cit.*, n° 393, p. 222.

soustrayant ce droit à la logique de la propriété littéraire et artistique pour le fonder sur le droit commun (la responsabilité contractuelle et délictuelle) (**a**) ou sur les droits de la personnalité (**b**).

a. Recours au droit commun : le droit des obligations

297. La jurisprudence de la reconnaissance d'un droit de propriété intellectuelle sur l'interprétation a été déconstruite au fur et à mesure : on est passé de la négation du *droit réel* (la propriété de la loi du 3 mars 1957) à l'affirmation d'un *droit personnel* qui trouve sa source dans le rapport contractuel. Cette dérive va s'installer à travers deux longues affaires qui concernent, toutes les deux, des utilisations secondaires des enregistrements phonographiques : l'affaire *SPEDIDAM c./ ORTF et SNICOP* [1] ; quelques années plus tard, l'affaire *SNICOP c./ ORTF* (ou l'affaire *SNEPA c./ Radio-France*) [2].

1. L'affaire SPEDIDAM et plusieurs artistes c./ ORTF et SNICOP

298. Les faits. En l'espèce, la SPEDIDAM a voulu tirer toutes les conséquences de la reconnaissance jurisprudentielle d'un droit de l'artiste-interprète. Ainsi, en décembre 1970, elle a assigné l'Office de Radiodiffusion Française (ORTF) du fait des utilisations d'enregistrements sans autorisation préalable. Un autre litige va s'ajouter concernant l'utilisation en *play-back* de deux chansons de Dalida, pour remplacer un orchestre qui était en grève. La SPEDIDAM et vingt et un artiste ont assigné l'Office sur le fondement du droit moral, car l'émission a attribué les interprétations à l'orchestre absent [3].

299. Les procédures. Le tribunal de grande instance de Paris a accueilli la demande de la SPEDIDAM, mais en changeant le fondement du droit des interprètes. Par le jugement du 14 décembre 1972, le tribunal écarte l'assimilation des interprètes aux auteurs et exclut la notion de « droits voisins » (répandue depuis la Convention de Rome de 1961) : « *sans qu'il soit besoin de parler de "droits voisins", il est de principe que l'interprétation d'un artiste ne peut recevoir d'autre utilisation que celle qu'il a autorisée* » [4]. Le tribunal affirme le principe du droit de l'interprète, mais change son fondement : ce n'est plus un droit de propriété littéraire et artistique, mais un droit fondé sur le droit commun : « *aussi longtemps […] qu'aucun texte législatif ou réglementaire -non plus qu'aucun protocole d'accord- n'est intervenu, c'est à bon droit que la SPEDIDAME réclame l'interdiction pour l'avenir de toute utilisation secondaire par l'ORTF des phonogrammes de commerce* ». Cet énoncé du principe de droit de l'artiste-

[1] Aff. *SPEDIDAM* (La Société de perception et de distribution des droits des artistes-interprètes, fondée 1959) *c./ ORTF* (Office de Radiodiffusion-Télévision Françaises) : TGI Paris, 14 déc. 1972 ; CA Paris, 30 nov. 1974 ; Cass. 1re civ., 15 mars 1977.

[2] Aff. *SNICOP* (Le Syndicat national de l'industrie et du commerce phonographique, fondé en 1958, devenu SNEPA en 1974, et aujourd'hui SNEP : le syndicat national de l'édition phonographique) *c./ ORTF* : CA Paris, 2 mars 1979 ; Cass. 1re civ., 5 nov. 1980 ; CA Versailles, 23 juin 1982 et enfin, Cass. 1re civ., 25 janv. 1984.

[3] P. TAFFOREAU, *Le droit voisin de l'interprète d'œuvres musicales en droit français*, thèse, Paris II, t.2, 1994, n° 425, p. 449-450, qui analyse cet arrêt à l'aune du droit de divulgation.

[4] [Nous soulignons]. TGI Paris, 14 déc. 1972 : *JCP* 1974, II, 17732, obs. R. PLAISANT ; *RTD com.* 1973, p. 96, obs. H. DESBOIS ; *RIDA* 1973, avril, p. 180.

interprète, dénué de tout fondement propriétaire était le début d'une dérive (une substitution de fondement selon M. DAVERAT) dans la jurisprudence.

300. Dérive : la référence au droit commun de la responsabilité civile. La Cour d'appel de Paris [1] infirme le jugement du tribunal de grande instance en plaçant le débat sur le terrain de la responsabilité civile. D'abord, la Cour relativise la solution de l'arrêt Furtwanglër en fondant le droit reconnu au chef d'orchestre sur le droit commun : « *considérant que Furtwängler, d'ailleurs chef d'orchestre célèbre, qui avait fourni son interprétation pour la réalisation sur bande magnétique en vue d'une utilisation strictement limitée à la radiodiffusion, était fondé à faire valoir que, ces bandes ayant été reproduites sur disque du commerce, il s'agissait là d'une utilisation différente de celle qu'il avait autorisée* ». Ensuite, la Cour explique les modalités selon lesquelles l'artiste-interprète pourrait s'opposer à l'utilisation de ses interprétations : d'une part, dans le rapport avec son cocontractant, il « *est en droit de se plaindre des dépassements ou détournements de son interprétation hors de l'utilisation qu'il a autorisée* » ; d'autre part, à l'égard des tiers, l'interprète peut fonder sa demande « *sur la base de l'article 1382 du Code civil* [2] ». En conséquence, le fondement propriétaire du droit de l'artiste-interprète selon l'arrêt Furtwängler a été remplacé par le fondement obligationnel.

Enfin, la Cour applique ces conclusions en l'espèce : « *Considérant que les exécutants, lorsqu'ils ont contracté avec le producteur ou fourni leur prestation en vue de l'enregistrement de disques du commerce, n'ignoraient pas que l'ORTF utilisait constamment ces disques comme cessionnaire du producteur, sans qu'aucune disposition légale ou conventionnelle imposât à l'un ou l'autre l'obligation à cette occasion d'obtenir des interprètes une autorisation spéciale ou de leur verser une rémunération supplémentaire* ». Le changement du fondement du droit de l'artiste-interprète entraîne une conséquence pratique sur le terrain de la charge de preuve : en matière de droit d'auteur, l'auteur, propriétaire de son œuvre, garde toutes les prérogatives qui ne sont pas cédées, d'où c'est à l'exploitant de prouver avoir acquis par cession la prérogative qui fonde son exploitation. En revanche, selon la décision de la Cour d'appel, l'interprète n'est pas propriétaire de la forme interprétative, mais simplement co-contractant sur une prestation, donc c'est à sa charge de prouver qu'il s'est réservé certaines utilisations de ses enregistrements.

301. Après le changement du fondement du droit de l'artiste-interprète sur son interprétation, la prochaine étape dans la dérive consistera en l'abandon du *principe* même de ce droit. C'est ce que fit l'arrêt de la Cour de cassation [3] qui, après avoir indiqué que les interprètes n'étaient pas protégés par le droit d'auteur, approuva la décision de la Cour d'appel. Elle considéra qu'« *en vertu des règles du droit commun, ces artistes sont fondés à s'opposer à ce que leur interprétation reçoive une autre utilisation que celle par eux autorisée* », mais « *en consentant sans réserve à ce que leur interprétation soit enregistrée pour la fabrication de disques destinés au commerce, qu'ils savaient être utilisés constamment par l'ORTF comme cessionnaire du producteur, les artistes avaient par là même, consenti*

---

[1] CA Paris, 30 nov. 1974 : *RIDA* avril 1975, p. 196, obs. H. DESBOIS ; *JCP* 1976, II, 18336, obs. R. PLAISANT.

[2] Devenu l'article art. 1240 Code civil « *Tout fait quelconque de l'homme, qui cause à autrui un dommage, oblige celui par la faute duquel il est arrivé à le réparer* ».

[3] Cass. 1re civ., 15 mars 1977 : *RIDA* juill. 1977, p. 141 et s., note H. DESBOIS ; *JCP*, 1979, II, 19153, obs. R. PLAISANT ; *RTD com.* 1979, p. 501, obs. H. DESBOIS ; *D.* 1977, *Info. Rap.*, p. 295. *Adde* X. DAVERAT, *op. cit.*, p. 442.

définitivement à la diffusion de ces disques » [1]. En conclusion, on soustrait définitivement le droit de l'artiste-interprète du domaine de la propriété littéraire et artistique.

2. L'affaire SNICOP c./ ORTF (SNEPA c./ Radio-France)

302. Les premières décisions. Cette affaire clôt la période précédant l'adoption de la loi Lang du 3 juillet 1985 sur les droits voisins. En l'espèce, un syndicat de producteurs phonographiques assigna en paiement de dommages et intérêts la société Radio-France qui, après avoir refusé de conclure des nouveaux contrats remplaçant des accords antérieurs passés avec l'ORTF, continua d'utiliser des phonogrammes du commerce. Le syndicat agissait en tant que représentant des producteurs et en tant que cessionnaire des droits des interprètes (le syndicat était mandaté par les deux sociétés des artistes-interprètes). Le tribunal de commerce puis la Cour d'appel de Paris ont rejeté la demande du syndicat. Ensuite, la Cour de cassation par son arrêt du 5 novembre 1980 [2] a cassé l'arrêt d'appel qui s'est contenté d'affirmer que les interprètes ne bénéficiaient pas d'une protection légale spécifique. La Cour de cassation, elle, a considéré qu'« *en se déterminant ainsi, alors que, si les artistes exécutants et interprètes ne bénéficiaient pas de la protection par la loi du 11 mars 1957, ils sont fondés cependant, en vertu des règles du droit commun, à exiger que leurs interprétations ne reçoivent pas une autre utilisation que celle par eux autorisées, et en ne recherchant pas si la diffusion […] avait été autorisée par les interprètes, la Cour d'appel n'a pas donné de base légale à sa décision* » [3]. Ainsi, dans cet arrêt, la Cour consacra un véritable droit privatif mais sur le fondement du droit commun.

303. Suite et fin. La Cour de renvoi [4] a recherché, comme l'y avait invité la Cour de cassation, si les artistes avaient consenti à l'utilisation des enregistrements pour la radiodiffusion ; la réponse était négative : « *à défaut d'accord trouvant sa contrepartie dans le paiement d'une redevance, la société Radio-France a commis une faute…* ». Cette recherche d'une autorisation montre donc certains caractères privatifs du droit des interprètes, alors que Radio-France tentait de faire valoir que le consentement initial des interprètes avait été donné sans réserve. Enfin, la Cour de cassation rejeta le pourvoi introduit contre l'arrêt de la Cour de renvoi qui avait souverainement « *constaté les limites de la cession de droits intervenue entre les artistes et les producteurs* » [5].

b. Recours au droit commun : les droits de la personnalité

304. Pour protéger les intérêts moraux de l'artiste-interprète, il y avait deux possibilités : soit transposer les prérogatives morales de la propriété littéraire et artistique, soit recourir au droit commun, c'est-à-dire les droits de la personnalité. L'affaire de *Maria Calas* est le meilleur exemple qui explique la tendance à rapprocher le droit moral comme prérogative propriétaire et les droits de la

---

[1] Nous soulignons.
[2] Cass. 1re civ., 5 nov. 1980 : *RIDA* avril 1981, p. 158 ; *D.* 1981, *Info. Rap.*, p. 84, obs. C. COLOMBET ; *JCP* 1982, II, 19827.
[3] Souligné par nous.
[4] CA Versailles, 23 juin 1982 : *RTD com.*, 1982, p. 434, note A. FRANÇON.
[5] Cass. 1re civ., 25 janv. 1984 : *RIDA* 1984, juill. p. 148.

personnalité pour protéger les intérêts moraux de l'artiste-interprète avant la consécration des droits voisins.

305. L'affaire Maria Callas. Dans cette affaire, la cantatrice Maria Callas voulait tester sa voix afin de décider si elle quittera définitivement la scène, ainsi, elle procéda à plusieurs séances de travail dans une salle vide du Théâtre des Champs-Élysées. Le directeur de l'établissement, sans aucune autorisation, procéda à l'enregistrement de certaines interprétations de l'artiste. Maria Callas qui s'était retirée de la scène sans s'être produite après ces faits, est décédée l'année suivante. Mais, quelques années plus tard, au cours d'une émission radiophonique, deux extraits de ces enregistrements clandestins ont été radiodiffusés. Les héritiers de l'artiste assignèrent la société Radio-France et le directeur du Théâtre au motif que l'enregistrement au cours des essais constituait « *une intrusion fautive dans l'intimité de la vie artistique de Maria Callas et une atteinte grave à sa mémoire* ». Le Tribunal de grande instance de Paris [1] accueillit cette demande sur un fondement bien connu en droit d'auteur : « *attendu que l'artiste exécutant est fondé à interdire une utilisation de son exécution et qu'il est seul juge des moyens et de l'époque de l'exploitation de son talent* ». Le jugement ajoute un autre motif, en précisant que la voix devait être protégée en tant qu'attribut de la personnalité. Pourquoi les juges ont juxtaposé ces deux motifs ? Le principe est précis : il concerne le droit du créateur de contrôler le partage de sa création (le droit de divulgation), alors que le deuxième motif est général et concerne le droit de tout individu sur les attributs de sa personnalité. En effet, ce « nivellement » des deux logiques, celle de la propriété littéraire et artistique et celle des droits de la personnalité, conduit à l'effacement de l'objet précis du droit de l'interprète : en l'espèce, il s'agit des interprétations artistiques fixées et communiquées sans autorisation (divulgation non autorisée), et non de la voix de l'artiste (attribut de la personnalité).

306. Bilan : entre rattachement et détachement. Contrairement au modèle *séparatiste* de la Convention de Rome qui *détache* le droit de l'artiste-interprète du domaine de la propriété littéraire et artistique, la France a laissé la jurisprudence découvrir *le principe immanent* du droit de l'artiste-interprète. La jurisprudence française a simplement modulé ses solutions à partir de ce principe fondamental qu'impose la nature de chose, la nature de l'interprétation en tant que création intellectuelle. Enfin, l'intervention législative va achever la construction en s'inspirant de deux sources : le modèle de la Convention de Rome (concernant les droits voisins économiques, monopoles légaux) et la jurisprudence antérieure (concernant le droit voisin de l'artiste-interprète, propriété de droit naturel). Le résultat est embarrassant : l'institution de la catégorie hétérogène des droits voisins… du droit d'auteur.

---

[1] TGI Paris, 19 mai 1982 : *D.* 1983, II, p. 147, note LINDON ; *JCP* 1983, II, 19955, obs. GOBIN ; X. DAVERAT, « L'art et la manière – à propos du jugement du TGI de Paris 19 mai 1982 et de la CA Versailles, 23 juin 1982 », *Cahier du Droit, Bordeaux*, T. III, 1984, p. 85 ; P. TAFFOREAU, « Le spectacle lyrique, œuvre de l'esprit? » in *Droit & Opéra*, colloques des 14 déc. et 14 mars 2008, PU Juridiques de Poitiers, *LGDJ* 2008, p. 352.

B. L'interprétation objet d'un droit de propriété littéraire et artistique

307. La loi Lang n° 85-660 du 3 juillet 1985 [1] a deux aspects : un aspect *autonomiste* en traitant séparément le droit d'auteur, les droits voisins et le droit sur le logiciel, et un aspect *novateur* quant à la nouvelle logique qui pénètre la propriété littéraire et artistique. En matière de droits voisins, la loi est la synthèse de deux éléments ; d'un côté, un élément national qui consiste en les deux courants jurisprudentiels que nous avons étudiés et qui traitent l'interprétation en tant qu'activité et en tant que bien (la présomption d'activité salariée et le droit prétorien sur l'interprétation) ; et, d'un autre côté, l'élément international, c'est-à-dire le modèle de la Convention de Rome de 1961 créant la catégorie des droits voisins. Il en résulte un système *doublement hybride* : d'une part, parce que le régime juridique des artistes-interprètes est partagé entre le droit du travail et le droit de la propriété intellectuelle ; d'autre part, à cause de la nature hétéroclite des objets de droits voisins englobant des créateurs et des non-créateurs. Pour cette raison, nous rejoignons la conclusion à laquelle est arrivé le Professeur DAVERAT qui estime que « *les dispositions françaises relatives aux droits voisins n'auraient pas été les mêmes que celles que nous connaissons si elles avaient été élaborées avec la loi du 11 mars 1957* » [2]. Par ailleurs, la codification (*voire la compilation*) de la propriété intellectuelle vient enfoncer le clou de la confusion : les droits voisins (le deuxième livre) et le droit *sui generis* du producteur des bases de données (dans le troisième livre) restent juxtaposés au droit d'auteur (livre premier), tandis que le régime du logiciel est intégré au sein du droit d'auteur. De surcroît, l'ensemble de ses droits sont fédérés sous l'appellation : propriété littéraire et artistique (première partie du Code de la propriété intellectuelle) [3].

308. Précision. Notre étude de la loi du 3 juillet 1985 va se limiter, à ce stade [4], à une analyse globale de la nouvelle logique qui anime la propriété littéraire et artistique, et surtout de la catégorie hétérogène des droits voisins. Cela va nous permettre de comprendre la situation des artistes-interprètes (**1**) et le sens de l'évolution de cette situation (**2**).

---

[1] D. BECOURT, « Réflexions sur la loi du 3 juillet 1985 relative aux droits d'auteurs et aux droits voisins », *JCP E.*, 1986, n° 14722, p. 365 ; C. COLOMBET, « Les droits voisins » *in Droits d'auteur et droits voisins. La loi du 3 juillet 1985*, Coll. 21 et 22 nov. 1985, IRPI, Librairies techniques, 1986, pp. 125-140 ; A. FRANÇON, « La nouvelle loi française sur le droit d'auteur », *Bull. D. A.*, 1985, p. 17 ; R. PLAISANT, « La loi n° 85-660 du 3 juillet 1985 », *JCP*, 1986, I, 3230 ; X. DAVERAT, *L'artiste-interprète*, t 1, *op. cit.*, n° 439 et s. (sur l'aspect « séparatiste » de la loi Lang).

[2] X. DAVERAT, « Droit voisins du droit d'auteur – Histoire des droits voisins », fasc. 1405, *J.-Cl. Propriété littéraire et artistique*, juill. 2008, n° 3.

[3] Pour une approche critique de la codification : V.-L. BENABOU et V. VARET, *La codification de la propriété intellectuelle*, sous la dir. du Professeur A. FRANÇON, La documentation française, 1998, 211 p. ; aussi, sur l'expression « Propriété/s intellectuelle/s » singulier ou le pluriel, V. PH. GAUDRAT, « Propriétés intellectuelles & tradition française : rappels historiques », Conférence inaugurale de l'Association MARCEL PLAISANT, Poitiers, 13 déc. 2018. (En ligne URL : https://plaisant.hypotheses.org/date/2019/07, [consulté le 14 janv. 2020]).

[4] Nous consacrerons notre deuxième partie à l'étude du droit ayant l'interprétation comme objet.

1. La loi n° 85-660 du 3 juillet 1985 : la « loi Lang »

309. Les exploitants qui étaient les simples cessionnaires des créateurs sont devenus titulaires des droits indépendants sur les vecteurs des créations (**a**) ; le déclassement des artistes-interprètes est un des résultats de cette mutation (**b**).

a. Mutation de la propriété littéraire et artistique

310. Triomphe des investisseurs. La logique économique du marché s'est installée dans la propriété littéraire et artistique dès la loi Lang 1985 [1]. Cette loi a modifié, dans le titre premier, la loi du 11 mars 1957 sur le droit d'auteur en étendant la liste des œuvres et en élargissant et le régime de l'œuvre cinématographique à toute œuvre audiovisuelle ; le deuxième titre a créé la catégorie des droits voisins ; et le cinquième titre instaure un droit au profit de l'auteur du logiciel. En bref, même si ces trois domaines (le droit d'auteur, les droits voisins et le droit sur le logiciel) étaient juste juxtaposés, les commentateurs ont pu y voir un glissement vers un ordre économique. Dans cette loi *l'expression artistique* n'est plus le fondement de la protection par la propriété littéraire et artistique, mais c'est *la valeur économique* des produits de l'*effort intellectuel* et de l'*investissement.* Ainsi, créateurs et investisseurs sont mis, presque, à pied d'égalité. Par conséquent, pour les créateurs, il n'est plus question *d'être*, en tant qu'artistes, mais *d'avoir*: la première finalité de leur droit est devenue de garantir une rémunération. Cela veut dire que les créateurs ont été transformés, dans la nouvelle logique, en agents économiques, voire un maillon dans la chaîne de l'industrie culturelle ; les créations ont été envisagées comme des produits « culturels » [2]. L'exemple du sort des créateurs dans les « productions » audiovisuelles permet de mettre en évidence *la greffe du copyright* sur le droit d'auteur personnaliste.

311. De l'œuvre cinématographique au « produit » audiovisuel. En matière de droit d'auteur, la loi Lang généralise le régime dérogatoire de l'œuvre cinématographique à toute « séquence animée d'image ». La définition de cette œuvre se focalise davantage sur l'aspect matériel de la production que sur la création artistique [3]. Ce qui était l'objet d'un régime particulier était un *genre artistique particulier* (l'œuvre cinématographique), dont l'exploitation principale (exploitation en salles de cinéma) était le moyen d'amortir l'investissement du producteur. Or, le législateur de 1985 a métamorphosé cette situation. Désormais, il s'agit d'un régime dérogatoire applicable à toute « œuvre audiovisuelle », entendue comme l'œuvre « *consistant dans des <u>séquences</u> animées d'images sonorisées ou*

---

[1] La finalité exprimée de la nouvelle loi s'agit de « *rattraper le temps perdu en donnant aux ayants droit de la création-auteurs, artistes-interprètes et producteur [sic]-les moyens juridique de dominer les conséquences dommageables ou incertaines des évolutions technologiques moderne* » : Projet, Doc. Ass. Nat., n° 2196, séance du 4 juin 1984. V. sur les groupes de pression comme « forces corruptrices du droit » à l'occasion de l'élaboration de la loi de 1985 : J. LAPOUSTERLE, *L'influence des groupes de pression sur l'élaboration des normes, Illustration à partir du droit de la propriété littéraire et artistique*, préf. P.-Y. GAUTIER, Dalloz, 2009, pp. 207-221.

[2] Dans ce modèle, c'est la valeur économique qui est le moteur de l'évolution. BERNARD EDELMAN l'avait écrit : « *chaque nouveau marché crée son droit* ». N'est-ce pas le modèle monopolistique de réservation propre au *copyright* ? V. dans ce sens B. EDELMAN, *La propriété littéraire et artistique*, PUF, 2008, p. 92.

[3] D. BOUGEROL, *La notion d'œuvre audiovisuelle*, thèse sous la dir. de M. H.-J. LUCAS, Poitiers, 2006, 413 p. ; X. DAVERAT, *op. cit.*, p. 749 et s. (sur les différentes formulations de la définition de l'œuvre audiovisuelle dans les projets de la loi).

non ». Cette œuvre est envisagée en fait comme un produit industriel ; aucune référence n'est faite à la création de forme ; tout se passe comme si le contenant technique est indifférent au contenu créatif. En conséquence, l'exploitation économique (non la communication au public) passe au premier plan.

La traduction juridique de cette situation consiste en la reconnaissance d'une prérogative de propriété intellectuelle au producteur, souvent une personne morale, lui permettant de participer à la décision de l'achèvement de l'œuvre. Ironie de la situation : les artistes-interprètes en sont privés. Par ailleurs, par les présomptions de cession, le producteur concentre entre ses mains tous les droits sur les formes expressives (à part le droit sur la composition musicale et les droits graphiques et théâtraux) qui sont présentés comme obstacle juridique à l'exploitation de ce produit [1].

312. Généralisation et extension de la présomption de cession. Lors du débat sur la loi de 1985, on a justifié la cession présumée en matière d'œuvre audiovisuelle ainsi : « *En contrepartie d'investissement financier important, le producteur doit être libre de commercialiser aisément l'œuvre fixée, tout en assurant aux auteurs et aux artistes les rémunérations adéquates* ». Le Rapporteur au Sénat M. JOLIBOIS a précisé que « *les producteurs français doivent être à même d'affronter la concurrence des producteurs américains* » [2]. Ainsi, la présomption de cession a été généralisée de deux manières : d'un côté elle a été appliquée aux nouveaux droits voisins des interprètes ; de l'autre, elle a été généralisée à tout droit sur l'œuvre ou sur l'interprétation. Désormais, elle s'applique à tout mode d'exploitation, alors que jadis, elle ne visait que l'exploitation principale de l'œuvre cinématographique, c'est-à-dire l'exploitation dans les salles de cinéma [3]. D'ailleurs, parmi les créateurs des formes expressives apportées à l'œuvre audiovisuelle [4], la situation des artistes-interprètes, est le moins favorable : à la différence des auteurs, ils n'ont pas la possibilité de participer à la décision d'achèvement ou de modification de la version définitive de l'œuvre. Les interprètes sont traités, comme le constate M. EDELMAN, en salariés particuliers : il ne reste aucun lien unissant l'artiste à son interprétation, comme s'il s'agissait d'un travailleur n'ayant que le droit d'être rémunéré [5], et comme si la forme

---

[1] « Cette reconnaissance de la dimension de l'entreprise débouche sur la pleine reconnaissance législative de la fonction de producteur qui est la transcription, dans le domaine de la création, de la fonction d'entrepreneur », Intervention de A. RICHARD, J.O., débats Ass. nat., séance des 28-29 juin 1984, p. 3822, col. 2..

[2] Rapp. JOLIBOIS à la Commission spéciale du Sénat, n° 212, 1984-1985, t. II, p. 10.

[3] La présomption de cession des droits des auteurs est prévue dans l'article L. 132-24 du Code de la propriété intellectuelle « *Le contrat qui lie le producteur aux auteurs d'une œuvre audiovisuelle ... emporte, sauf clause contraire... cession au profit du producteur des droits exclusifs d'exploitation de l'œuvre audiovisuelle* ». En matière de droit de l'artiste-interprète, L. 212-4 du même code : « *La signature du contrat conclu entre un artiste-interprète et un producteur pour la réalisation d'une œuvre audiovisuelle vaut autorisation de fixer, reproduire et communiquer au public la prestation de l'artiste-interprète* ». B. EDELMAN interprète ces présomptions généralisées comme un glissement vers le *copyright* où les auteurs (mais aussi les interprètes) s'acheminent vers un régime de « salariés à statut spécial ». « Une loi substantiellement internationale. La loi du 3 juillet 1985 sur les droits d'auteur et droits voisins », *Journal du droit international*, 1987, p. 581 et p. 582.

[4] La substance de cette œuvre est l'ensemble des *formes vivantes expressives enregistrées* dans la séquence : les interprètes n'interprètent pas l'œuvre audiovisuelle, mais *créent sa substance* ; pourtant, leur traitement est le moins favorable. Nous allons développer ce point lors de l'étude de la structure formelle enrichie (par la fixation considérée comme œuvre) de la forme vivante interprétative.

[5] Le même constat est relevé par le Professeur X. DAVERAT, *op. cit.*, n° 510, p. 755.

expressive n'était qu'une forme laborieuse qui se fusionne dans la matière transformée.

b. Les droits voisins du droit d'auteur « cheval de Troie du copyright »

313. Objets hétéroclites. Nous avons expliqué que la base fondamentale du régime juridique français est la distinction entre la création et le travail, qui induit une distinction entre la propriété sur le fruit de l'acte créatif et le monopole légal. Aussi, nous avons distingué entre l'acte créatif source de propriété et l'investissement (travail et capital) qui, au mieux, pourrait faire l'objet d'une réservation indirecte par un artifice légal. Or, toutes ces bases se sont effondrées sous les coups de la loi du 3 juillet 1985. La forme identitaire comme la forme technique sont traitées de la même manière. Ainsi, l'interprétation, le phonogramme, le vidéogramme et le programme des organismes de communication audiovisuelle font l'objet d'un même droit « voisin du droit d'auteur ». Cette disparité s'illustre dans les qualifications que l'on donnait à ces droits (connexe, annexes, semblables, sous-jacents, satellites ou voisins du droit d'auteur) ; ou à ses titulaires, sans distinction (auxiliaires de la création ou intermédiaires de la communication).

314. L'intrusion du *copyright*. L'introduction des droits voisins économiques a rompu l'équilibre fondamental entre le créateur et l'investisseur : le créateur, propriétaire de la création, était en situation de supériorité juridique pour compenser son infériorité économique. Or, en octroyant des droits exclusifs aux exploitants sur les vecteurs techniques, les créateurs ne sont plus maîtres de la diffusion de leurs créations ; ainsi, à égalité juridique, c'est la puissance économique qui l'emporte. Dans cette situation, les œuvres et les interprétations sont absorbées dans l'économie de la « production culturelle », et les créateurs (auteurs et interprètes) sont réduits à l'état de travailleurs ayant droit à une rémunération « appropriée ou adéquate ». Ce système n'est autre que celui du *copyright* qui s'est installé dans notre système juridique peu à peu. En conséquence, EDELMAN a proposé de distinguer deux sortes d'œuvres dans le même système juridique : d'une part, des « œuvres sans producteurs » ressortissant à l'artisanat, dont l'importance économique est limitée, et qui sont soumises au droit d'auteur, et d'autre part des « œuvres avec producteurs » (voire les « produits culturels ») c'est-à-dire *industrialisées*, dont le poids économique est considérable et qui sont soumises au *copyright* [1].

315. Situation particulière des artistes-interprètes. Les dispositions concernant les artistes-interprètes dans la loi du 3 juillet 1985 illustrent l'intégration et l'amplification des mutations dans la propriété littéraire et artistique. Huit articles étaient consacrés à l'artiste-interprète : une définition catégorielle (article 16 devenu L. 212-1) ; le droit moral (article 17 devenu L. 212-2) ; le droit patrimonial (article 18 devenu L. 212-3) ; le droit à rémunération en matière audiovisuelle (article 19 et 20, devenus L. 212-4 et suivant) enfin, la licence légale

[1] B. EDELMAN, *La propriété littéraire et artistique*, PUF, 2008, pp. 95-103 ; « Une loi substantiellement internationale. La loi du 3 juillet 1985 sur les droits d'auteur et droits voisins », *Journal du droit international*, 1987, p. 575-588.

en matière sonore (article 22 à 24 devenu L. 214-1 et suivant). Deux points peuvent résumer le régime propriétaire des artistes-interprètes dans la loi Lang :

– La loi du 3 juillet 1985 organise deux modalités principales de *dépossession* du droit de l'interprète sur sa création : la *licence légale* en matière sonore et *la présomption de cession des droits* en matière audiovisuelle ;

– L'appréhension de l'interprétation en tant qu'activité (prestation) a influencé certaines dispositions de la loi du 3 juillet 1985, notamment en ce qui concerne la fixation et le régime des rémunérations des droits voisins. L'approche *travailliste* renverse les logiques : rappelons que la qualité de salarié n'était qu'un moyen accessoire (et peu convaincant pour certains : MM. DAVERAT et POLLAUD-DULIAN) d'octroyer une couverture sociale ; désormais, l'interférence avec la propriété sur l'interprétation en tant qu'objet, fait inscrire les redevances dans une logique travailliste, dans la mesure où elles sont détachées des réalités de l'exploitation (donc de la communication de la forme expressive) [1].

316. Première (fausse) interprétation de la loi du 3 juillet 1985. La première qualification donnée au droit voisin de l'artiste-interprète fut inscrite dans un jugement du Tribunal de grande instance de Paris le 4 octobre 1988 [2]. Ce jugement a qualifié les artistes-interprètes de « *travailleurs de la création* ». Il a fait une distinction entre les dispositions de la loi sur le droit d'auteur (11 mars 1957) et celles des droits voisins dans la loi Lang (3 juillet 1985), en considérant que « *le contrat des interprètes est un contrat de travail, [et] ne relève pas de la propriété littéraire et artistique* ». Plus encore, les juges parisiens ont retenu que « *les droits voisins [...] ne sauraient a priori, être considérés comme des droits individuels et artistiques* ». En ce faisant, la première interprétation de la loi du 3 juillet 1985 a réduit l'interprétation à une simple activité et l'artiste à un simple travailleur, en ignorant la nature artistique et créative de la forme interprétative qui justifie l'existence du droit moral de l'interprète. Quatre ans plus tard, la codification fusionne la loi du 11 mars 1957 et la loi du 13 juillet 1985 dans la *propriété littéraire et artistique.* Il est vrai qu'on y trouve dans le Code de la propriété intellectuelle des objets non créatifs ou non expressifs, mais au moins, le droit voisin de l'artiste-interprète a *officiellement* intégré le royaume de la propriété littéraire et artistique. Ensuite, la jurisprudence, en matière des droits voisins, va jouer son rôle en faisant le tri de ces droits pour rapprocher le seul qui grève une forme de l'esprit, celui des artistes-interprètes, au droit d'auteur.

---

[1] Nous allons revenir en détail sur ces points lors de l'étude du fonctionnement de la propriété portant sur l'interprétation dans le premier titre de la seconde partie.

[2] TGI Paris, 1re ch., 4 oct. 1988, *D.*, 1990, p. 54, note B. EDELMAN ; X. DAVERAT, « L'impuissance et la gloire. Remarques sur l'évolution contemporaine du droit des artistes-interprètes », *D.* 1991, p. 93 ; X. DAVERAT, « Droits voisins du droit d'auteur. Nature des droits », *J.-Cl. Propriété littéraire et artistique*, fasc. 1410, 2008, n° 40. À ajouter aussi le sort du droit moral de l'interprète dans le premier jugement dans la célèbre affaire *Rostopovitch*, TGI Paris, 10 janv. 1990 : *D.*, 1991, p. 206, note B. EDELMAN ; *RIDA*, 1990, n° 145, p. 318 ; enfin CA Paris 16 juin 1993, *M6 et CSI c./Romand* : *D.*, 1994, somm., p. 279, obs. T. HASSLER ; *RIDA*, n° 159, 1994, p. 363, où l'on inverse les logiques en assujettissant la propriété littéraire et artistique au droit du travail, comme si le statut de salarié est le principe, alors que les règles du droit de travail ne sont que des modalités de mise en œuvre du droit exclusif. V. X. DAVERAT, fasc. 1410, *op. cit.*, n° 41.

317. Rapprochement du droit voisin de l'artiste-interprète et du droit d'auteur. Après une jurisprudence abondante [1], la Cour de cassation a transposé, *sans texte mais par identité de raisons*, dans un arrêt ayant valeur de principe et qui a redonné de l'espoir, certaines solutions du droit d'auteur au droit de l'artiste-interprète [2]. Il s'agit de deux principes fondamentaux : le premier est le principe selon lequel le contrat du travail n'affecte pas la jouissance de la propriété littéraire et artistique du créateur ; et le deuxième est le principe de la spécialité des cessions et l'interprétation stricte du contrat de cession [3]. En l'espèce, les producteurs de phonogrammes et de vidéogrammes soutenaient que l'autorisation initiale fournie par les artistes en signant la *feuille de présence* [4] valait cession aux producteurs des droits sur l'interprétation autorisant toute exploitation secondaire, sous réserve de rémunération complémentaire. La réponse de la Cour de cassation était tranchante : « *mais attendu que la cour d'appel a justement énoncé qu'en vertu de l'article L. 212-3 du Code de la propriété intellectuel [le droit patrimonial de l'interprète], et malgré le renvoi fait aux articles L. 762-1 et L. 762-2 du Code du travail [présomption de salariat], l'existence d'un contrat de travail n'emportant pas dérogation à la jouissance des droits de propriété intellectuelle, l'autorisation de l'artiste-interprète était exigée pour chaque utilisation de sa prestation* ».

318. Recul. Un arrêt de revirement de la Cour de cassation [5] a relativisé la portée de l'important arrêt du 6 mars 2001. En l'espèce, la SPEDIDAM voulait soumettre à l'autorisation des interprètes la commercialisation de « phonogrammes numériques », dans la mesure où l'autorisation s'était limitée à l'enregistrement des interprétations sous forme d'un « phonogramme publié à des fins de commerce », ce qui renvoie, selon la société de gestion, à la fixation sur des supports tangibles. Les juges du fond [6] comme la Cour de cassation ont réfuté

---

[1] Malgré le jugement de TGI Paris du 4 oct. 1988, la tendance dominante a conduit à affirmer le caractère exclusif du droit de l'artiste ; les juges du fond avaient appliqué ce principe en exigeant une autorisation spécifique pour chaque forme d'exploitation (CA Paris, 4e ch., 18 déc. 1989, aff. *Cremer : D.* 1990, somm., p. 353, obs. T. HASSLER ; *D.* 1991, somm., p. 100, obs. C. COLOMBER – CA Paris 16 juin 1993 : *D.* 1994, p. 218, note B. EDELMAN ; *RIDA*, n° 159, 1994, p. 363) et en refusant la cession implicite (CA 23 juin 1994, aff. *Les Caprices de Marianne* : *RIDA*, n° 163, 1995, p. 223 : « *la signature d'une feuille de présence ne vaut autorisation de reproduction ou de communication au public, même si les interprètes auraient eu connaissance de la destination de l'enregistrement* ».

[2] Cass. 1re civ., 6 mars 2001, n° 98-15.502 (n° 374 FS-P). Aff. *SNAM et SPEDIDAM c./ Sony, Canal+ et M6* : *Bull. civ.*, I, n° 58 ; *LPA*, n° 37, 12 avril, 2001, p. 17, note E. DERIEUX ; *D.* 2001, Jurispr. p. 1868, note B. EDELMAN « Le *copyright* désavoué » ; *CCE*, 2001, comm. 44, note CH. CARON ; *JCP G* 2002, II, 10014, note F. POLLAUD-DULIAN.

[3] Ces principes en droit d'auteur sont prévus respectivement dans les articles L. 111-3 al. 3 du Code de la propriété intellectuelle et L. 131-3 du même code.

[4] La feuille de présence est un formulaire écrit distribué par SPEDIDAM qui vaut contrat de travail, elle doit être signée à chaque séance d'enregistrement en plusieurs exemplaires dont l'un est renvoyé à la société de gestion. Ce contrat contient normalement la ou les utilisations primaires (en cochant la case correspondant à « l'utilisation »), donc il est aussi un contrat de cession de droits.

[5] Cass. 1er civ., 11 sept. 2013, aff. *SPEDIDAM c./ SARL iTunes et a.* : *CCE*, 2013, comm. 100, CH. CARON ; *JCP G.*, 2013, 1071, note N. BINCTIN ; *D.*, 2013, p. 2388, note G. QUERZOLA ; *Juris Art*, 7 nov. 2013, p. 42, obs. J. BRUNET ; *RLID* 2013/98, n° 3238, obs. A. SINGH et L. BIYAO ; *RLDI* 2014/100, n° 3304 ; *Legipresse*, 2013, n° 310, p. 604, comm. P. TAFFOREAU ; *LEPI*, 15 nov. 2013, n°10, p.1 ; note D. LEFRANC.

[6] TGI Paris, 3e ch., 2e sect., 15 janv. 2010, n° 06/15891, *Légipresse*, avr. 2010, n° 271, p. 68, obs. D. MARTIN - CA Paris, pôle 5, 1e ch., 7 mars 2012, n° 10/01369, *RLDI*, avr. 2012, n° 81, p. 33 ; P. TAFFOREAU, *CCE*, oct. 2012, chron. 9, n° 4 : « *[cette décision de la Cour d'appel limite] la portée du principe de spécialité des cessions, pourtant admis par la majorité des décisions de juges du fond, dont les siennes propres* » [nous soulignons].

cette demande sur la base d'une notion large de phonogramme : « *la qualification juridique de phonogramme du commerce est indépendante de l'existence ou non d'un support physique* ». Mais la conséquence de cette notion large de phonogramme la limitation du principe de la spécialité des cessions ; ainsi, l'autorisation de commercialiser le phonogramme du commerce englobe, sauf restriction, l'autorisation de commercialisation en ligne sous format numérique. Cette solution a fait fi de la logique propriétaire : tout droit non cédé reste la propriété de l'artiste, ce dont la jurisprudence avait tiré plusieurs conséquences : le refus de la cession implicite et l'interprétation du silence du contrat comme réserve des droits de l'artiste [1]. Quoi qu'il en soit, le législateur va élire les solutions jurisprudentielles qui correspondent à la vraie nature du droit de l'artiste sur son interprétation, et va consacrer ces solutions à l'occasion de la loi LCAP de 2016.

2. Affirmation de la propriété littéraire et artistique sur l'interprétation

319. Les dispositions concernant la propriété littéraire et artistique de l'artiste-interprète ont été complétées par la loi n° 2016-925 du 7 juillet 2016 relative à la liberté de la création, à l'architecture et au patrimoine (loi LCAP) (**a**), et récemment par l'ordonnance n° 2021-580 du 12 mai 2021 transposant les articles 17 à 23 de la directive (UE) 2019/790 du 17 avril 2019 (**b**). Nous exposerons rapidement la nouvelle architecture normative, sans anticiper sur nos développements sur la propriété de l'artiste-interprète et son fonctionnement, qui fera l'objet de notre seconde partie.

a. Loi « LCAP » de 2016

320. La loi LCAP de 2016 [2] a introduit une amélioration à la structure du chapitre II, dédié aux artistes-interprètes, du titre unique du livre II concernant les droits voisins du droit d'auteur. Désormais, ce chapitre se divise, de manière logique, en trois sections [3] :

---

[1] X. DAVERAT, *CCE*, avr. 2010, chron. 4, n° 6 ; *CCE*, avr. 2013, chron. 4, n° 10 et n° 12 ; J. VINCENT, « Édition numérique de phonogrammes du commerce : application erronée par la cour d'appel de Paris des droits de propriété intellectuelle reconnus aux musiciens », *RLDI*, mai 2012, n° 82, p. 11.

[2] Sur l'évolution des travaux précédant la réforme du 7 juillet 2016, V. J. VINCENT, « Le nouveau cadre des relations entre l'artiste-interprète et le producteur de phonogrammes », *in Liberté de création, architecture et patrimoine. Regards croisés sur la loi du 7 juillet 2016*, coll. sous la dir. de PH. MOURON, PUAM, 2018 ; se focalisant sur les dispositions principales concernant l'artiste-interprète, N. MAXIMIN, « Loi n° 2016-925 du 7 juillet 2016 relative à la liberté de la création, à l'architecture et au patrimoine (JO 8 juill.) », *Dalloz IP/IT*, 2016, p. 386.

[3] Il convient de préciser qu'une autre réforme avait modifié la durée du droit exclusif en matière sonore : il s'agissait de transposer la directive qui a porté la durée de protection du droit voisin sur l'interprétation sonore et le droit voisin du producteur de phonogrammes à 70 ans (la loi n° 2015-195 du 20 février 2015, transposant la Directive du 27 sept. 2011 modifiant la directive 2006/116/CE relative à la durée de protection du droit d'auteur et de certains droits voisins). Cette prolongation a entrainé deux droits de l'artiste-interprète : le droit à une « *rémunération annuelle supplémentaire* » : **L. 212-3-3 et L. 212-3-4** [devenu après la dernière réforme du 12 mai 2021 les articles **L. 212-3-7 et L. 212-3-8**] ; et *le droit de résilier le contrat* qui le lie à son producteur : **L. 212-3-1 et L. 212-3-2** [devenu après la dernière réforme du 12 mai 2021 les articles **L. 212-3-5 et L. 212-3-6**].

– Section I contient les « dispositions communes » (la définition de l'artiste-interprète, le droit moral et le droit patrimonial et le principe d'autorisation : respectivement : **L. 212-1, L. 212-2, L. 212-3**).

– Section II traitant les « contrats conclus entre un artiste-interprète et un producteur de vidéogrammes ». Les articles **L. 212-4 à L. 212-9** qui n'ont pas été modifiés.

– Section III enfin traite les « contrats conclus entre un artiste-interprète et un producteur de phonogrammes », contenant les *nouveaux articles* **L. 212-10 à L. 212-15** [1].

321. Discrimination entre le domaine musical et le domaine audiovisuel. La loi du 3 juillet 1985 n'avait pas précisé le régime contractuel de la cession des droits voisins de l'artiste, ce qui a compliqué l'articulation de l'exploitation de la propriété avec le statut présumé de salarié. La réforme de 2016, qui a touché principalement le domaine musical, vient consacrer les solutions que la jurisprudence avait dégagées en s'inspirant du modèle de droit d'auteur. Ainsi, le législateur bâtit un régime juridique, plus ou moins complet, du contrat de production *phonographique.* Quant au domaine audiovisuel, il reste régulé par la présomption de cession les articles L. 212-4 à L. 212-9 du Code de la propriété intellectuelle.

322. Vers un droit « de plus en plus voisin du droit d'auteur ». Les nouvelles dispositions du Code de la propriété intellectuelle intéressant l'artiste-interprète sont inspirées, voire calquées, des dispositions existantes en matière de droit d'auteur. Elles peuvent être résumées en ces points [2] :

– **Affirmation de la propriété littéraire et artistique.** Le nouvel article L. 212-10 du Code de la propriété intellectuelle est copié à la lettre de l'article L. 111-1 alinéa 3. La solution était déjà appliquée par les juridictions et consiste à affirmer que le statut de salarié n'a aucune incidence sur la jouissance de la propriété de l'artiste. Il en résulte, d'abord, que le contrat de travail ne vaut pas cession automatique des droits voisins ; ensuite, la distinction logique entre l'interprétation en tant qu'*activité* (le travail de réalisation ou l'interprétation-exécution) qui est rémunérée par un salaire, et l'interprétation en tant que *forme* résultant de l'acte créatif interprétatif, qui est rémunérée lors de chaque exploitation par la communication de cette forme. Cependant, cette consécration pose, à notre sens, deux problèmes : d'une part, elle renforce la distinction entre le traitement des interprètes du domaine sonore et du domaine audiovisuel, alors que l'arrêt du principe de la Cour de cassation du 6 mars 2001 ne faisait pas de distinction et concernait des contrats d'artistes en matière audiovisuelle. D'autre part, si ce principe dissipe l'équivoque de la référence faite par l'article L. 212-3 du Code de la propriété intellectuelle au Code du travail, il ne résout pas la question des

---

[1] P. TAFFOREAU, « Les dispositions de la loi n° 2016-925 du 7 juill. 2016 « Liberté de la création » en matière de phonogrammes-Contribution à la notion de droits voisins », *Propr. Intell.*, n° 64, 2017, pp. 47-54.

[2] F. POLLAUD-DULIAN, « Dispositions intéressant la propriété intellectuelle de la loi « liberté de la création, architecture et patrimoine », *RTD com.*, 2016, p. 481 ; P. TAFFOREAU, *op. cit.*, *Propr. Intell.*, n° 64, 2017, pp. 47-54 ; du même auteur, « Le droit d'artiste-interprète, un droit de plus en plus voisin du droit d'auteur », *D.*, 2015, p. 2328.

pouvoirs syndicaux en matière de cession des droits voisins [1]. Enfin, on regrette que ce principe important ne soit pas édicté dans la première section contenant les dispositions communes pour qu'il s'applique à tous les contrats de l'artiste-interprète.

– **Principe de la spécialité des cessions.** Transposant le premier alinéa de l'article L. 131-3 Code de la propriété intellectuelle, l'article L. 212-11 dispose dans l'alinéa premier que « *La cession des droits de l'artiste-interprète mentionnés au présent code est subordonnée à la condition que chacun des droits cédés fasse l'objet d'une mention distincte dans le contrat conclu avec le producteur de phonogrammes et que le domaine d'exploitation de ces droits soit délimité quant à son étendue et à sa destination, quant au lieu et quant à la durée* ». Le deuxième alinéa du même article copie l'article 131-6 en matière de droit d'auteur concernant la clause de cession de droit, portant sur une forme d'exploitation « *non prévisible ou non prévue à la date de signature* » [2], qui doit être expresse et stipuler au bénéfice des interprètes « *dont les contrats prévoient le paiement direct par le producteur d'une rémunération proportionnelle aux recettes de l'exploitation, une participation corrélative auxdites recettes* ». Ainsi, le paiement de cette rémunération proportionnelle incombe au producteur cocontractant. Toutefois, il est discutable d'exclure de cette disposition les artistes qui ne bénéficient pas d'une rémunération proportionnelle, c'est-à-dire les artistes d'accompagnement [3]. Par ailleurs, le même article impose l'incessibilité au producteur (à peine de nullité) de la rémunération équitable ou celle compensatoire pour copie privée [4]. Enfin, le principe de spécialité des cessions est appliqué aussi à la cession de droits « *autres que ceux mentionnés au présent code* » et qui doivent faire l'objet d'une mention expresse distincte dans le contrat. Il s'agit de protéger l'artiste qui signe un « contrat 360° » qui contient un faisceau de cessions des droits intellectuels et de certains droits de la personnalité de l'artiste.

– **Abus notoire du producteur phonographique**. Le nouvel article L. 212-12 du Code de la propriété intellectuelle sanctionne « *l'abus notoire dans le non-usage par le producteur des droits d'exploitation qui lui ont été cédés* ». Cette disposition n'instaure pas une obligation légale d'exploitation permanente et suivie comme en matière de contrat d'édition (L. 132-7 CPI). Il s'agit selon le rapport du Sénat d'offrir aux interprètes la possibilité de solliciter le juge, en cas d'inexploitation ou de

---

[1] Un arrêt de la Cour de cassation y répond : le renvoi au Code du travail se limite aux modalités de la cession qui peuvent relever de la négociation collective : Cass. 1re civ., 15 mars 2017, nos 14-29.179, 14-29.408, 14-29.973, 15-10.891, 15-17.450 P, (FS-P+B+I) : *Dalloz IP/IT*, 2017, p. 393, note P. TAFFOREAU ; *Propr. Intell.*, n° 64, 2017, pp.76-81, comm. C. BERNAULT ; C. BERLAUD, *Gaz. pal.*, 28 mars 2017. Cet arrêt annule une disposition de l'annexe III à la Convention collective de l'édition phonographique (art. III.24.1 de l'annexe 3 à la CCNEP 2008) qui rémunère les artistes « non principaux », par la même somme, de la prestation et de la cession des droits voisins. La Cour de renvoi confirme l'annulation de cette disposition incompatible avec l'indépendance des deux statuts de salarié et de propriétaire : CA Versailles, 24 janv. 2019, n° 17/04408 : « Annulation des dispositions de la convention collective du disque », S. LE CAM, *LEPI*, 1er avril 2019 ; P. TAFFOREAU, « La convention collective nationale de l'édition phonographique dans la tourmente judiciaire », *Dalloz IP/IT*, 2019, p. 383.

[2] V. les critiques de M. TAFFOREAU de cette disposition : *op. cit.*, *Propr. Intell.*, n° 64, 2017, p. 50.

[3] *Contra* P. TAFFOREAU qui estime qu'en ce cas la rémunération pour les exploitations imprévisibles est un supplément forfaitaire : *op. cit.*, *Propr. Intell.*, n° 64, 2017, p. 50.

[4] Consacrant la jurisprudence européenne : CJUE, 9 févr. 2012, aff. *C-277/10, Martin Luksan c/ P. van der Let*, *D.*, 2012, p. 2836, obs. P. SIRINELLI ; *RTD com.*, 2012, p. 318, obs. F. POLLAUD-DULIAN ; *Propr. intell.*, oct. 2012, p. 425, obs. V.-L. BENABOU.

l'exploitation insuffisante de leur prestation [1], qui peut « *ordonner toute mesure appropriée* ».

– **Rémunération minimale garantie.** Les deux articles L. 212-13 et L. 212-14 imposent, au profit des interprètes, une garantie de rémunération minimale dans deux cas : le premier article (212-13 alinéa 1) concerne la rémunération en contrepartie de l'autorisation de fixation. Ce qui est intéressant est la qualification *salariale* de cette rémunération, ce qui confirme notre interprétation du droit exclusif de fixation : la fixation n'est pas en soi une exploitation, dans la mesure où elle ne réalise pas une communication de la forme, mais c'est un acte préalable à toute exploitation. C'est l'acte matériel qui accompagne la réalisation de la forme vivante pour la pérenniser dans un objet durable. Le second article (212-14-I) concerne la mise à disposition d'un phonogramme dans le cadre de diffusion en flux interactif (*streaming*). Par ailleurs, l'alinéa 2 de l'article 212-13 dispose que « *chaque mode d'exploitation du phonogramme incorporant la prestation de l'artiste-interprète prévu au contrat fait l'objet d'une rémunération distincte* ». Ensuite l'alinéa 3 précise que la mise à disposition du phonogramme sous une forme physique et sa mise à disposition sous un format électronique constituent des modes d'exploitation distincts.

– **L'obligation de rendre compte.** Le nouvel article L. 212-15 du Code de la propriété intellectuelle impose au producteur phonographique l'obligation de rendre compte semestriellement du calcul de la rémunération due à l'interprète, lorsque le contrat prévoit le paiement direct par le producteur d'une rémunération qui est fonction des recettes de l'exploitation.

– **Élargissement du champ de la licence légale.** Enfin, l'article L. 214-1-3° étend le système de licence légale applicable aux radios hertziennes aux « *simulcasting* » et « *webradios* ». Cependant, sont expressément exclus de ce dispositif les services de radio « *dont le programme principal est dédié majoritairement à un artiste-interprète, à un même auteur, à un même compositeur ou est issu d'un même phonogramme* ». Il convient de préciser que les services ayant mis en place des fonctionnalités interactives (permettant à l'utilisateur d'influencer la lecture du contenu du programme ou de la séquence) restent soumis au droit exclusif (L. 212-13 alinéa 3 et L. 212-14-I du Code de la propriété intellectuelle).

b. Suite : l'ordonnance n° 2021-580 du 12 mai 2021

323. Un mois avant la date limite de sa transposition, la France a transposé par l'ordonnance n° 2021-580 du 12 mai 2021 [2] certaines dispositions de la directive la directive (UE) 2019/790 du 17 avril 2019. En ce qui concerne les artistes-interprètes, il s'agit d'un apport très important. Nous listons les points de cet

---

[1] Ce mécanisme est transposé de la Directive du 27 septembre 2011 qui a prolongé la durée de protection en matière sonore à 70 ans, en disposant l'artiste du droit de résilier unilatéralement son contrat de production phonographique en cas d'inexploitation pendant la période supplémentaire. (Transposé en 2015 et devenu L. 212-3-5 et s.).

[2] N. MAXIMIN, « Transposition de la directive "droit d'auteur, droits voisins à l'ère du numérique" », *Dalloz IP/IT*, 2021, p. 304. « Les principales dispositions de la directive (UE) n° 2019/790 sur le droit d'auteur et les droits voisins, transposées en droit français », *Légipresse*, 2021 p. 251.

apport en laissant leur étude à la seconde partie où nous étudierons le droit ayant l'interprétation comme objet et son fonctionnement.

324. Contexte. Les articles 18 à 23 de la directive de 2019, relatifs à la « juste rémunération des auteurs et des artistes-interprètes ou exécutants dans le cadre des contrats d'exploitation » consacrent plusieurs principes, dont certains sont connus en droit d'auteur. L'article 18 de la directive garantit à tous les créateurs « une rémunération appropriée et proportionnelle » ; l'article 19 concerne la transparence et le partage d'informations suffisantes et précises : l'article 20 institue un mécanisme de révision de la rémunération prévue par le contrat ; et l'article 22 contient le droit de révocation du contrat en cas de non-exploitation.

325. Texte. Les dispositions transposées au droit voisin de l'artiste-interprète sont très proches de celles prévues en droit d'auteur. La spécificité de ces dispositions gît dans le renvoi aux accords collectifs ou professionnels pour préciser les modalités de leur mise en œuvre. De plus, la transposition réaffirme le clivage sectoriel entre le domaine sonore et le domaine audiovisuel, malgré le fait que les quatre nouveaux articles sont insérés dans la section des dispositions communes. Il s'agit de :

L'article 212-3 qui a été complété par deux dispositions concernant la cession, copiées de l'article L. 131-4 en droit d'auteur : d'abord, la cession de droits peut être totale ou partielle ; ensuite, le prix de la cession doit être une rémunération « appropriée » et proportionnelle, sauf les mêmes cas qui existent en droit d'auteur et qui autorisent que la rémunération soit forfaitaire.

Article L. 212-3-1 (qui n'entre en vigueur que le 7 juin 2022) qui instaure une obligation de transparence ;

Article L. 212-3-2 qui institut un mécanisme de réajustement de la rémunération prévue par le contrat si elle était « exagérément faible » ;

L'article L. 212-3-3 offre aux interprètes le droit de résilier le contrat pour défaut d'exploitation, mais seulement en cas de cession exclusive de droits d'exploitation, et à l'exclusion du contrat du domaine audiovisuel ;

L'article L. 212-3-4 précise le caractère d'ordre public des dispositions des articles L. L. 212-3, L. 212-3-1 et L. 212-3-2.

L'article L. 212-14 est modifié : il s'agit de la mise en œuvre de « la garantie de rémunération minimale » prévue au profit des interprètes pour les diffusions en streaming de leurs interprétations. Désormais, la détermination des conditions de cette rémunération n'est pas l'affaire des organisations professionnelles des producteurs et des interprètes, mais aussi les organismes de gestion collective de ces deux parties.

CONCLUSION DU CHAPITRE II

326. Synthèse d'une histoire juridique. Au terme de ce chapitre, nous constatons que l'interprétation a été envisagée de deux manières : en tant qu'activité (*prestatio*) et en tant que bien (*res*). D'abord, faute d'avoir reconnu un droit de propriété (droit d'auteur) sur la forme vivante ayant acquis son autonomie à partir de la personne de l'artiste (le support de création), les artistes ont cherché une protection immédiate du problème du chômage. La jurisprudence avait facilité la qualification en contrat du travail des rapports contractuels des artistes-interprètes avec les organisateurs de spectacles ou avec les producteurs, afin d'ouvrir la voie à une protection sociale des artistes. Cela s'est fait au détriment de la nature artistique de l'activité interprétative. Le législateur a emboîté le pas en consacrant la jurisprudence sociale, par la création de la catégorie des artistes du spectacle : une catégorie de travailleurs particuliers qui fédère des interprètes, des artistes de compléments et des auteurs, présumés salariés dans leurs rapports avec un cocontractant qui assure leur production. Mais le problème dépassait la question sociale, car il y avait aussi la question de la perte de gain des artistes, et de l'enrichissement auquel se livraient les producteurs et les utilisateurs des enregistrements qui captaient toutes les valeurs engendrées. Ainsi, des longs travaux au niveau mondial ont abouti à un instrument indépendant de la convention de Berne : la convention de Rome. Le modèle monopolistique de cette Convention n'a pas cessé de se propager, d'abord à travers les nouveaux instruments en la matière (ADPIC 1994 ; WPPT 1996 et WAPT 2012), ensuite à travers le droit européen qui s'en est fait l'écho à travers ses directives. La France avait choisi une voie singulière : elle n'a pas précipité à la transposition du modèle de la Convention de Rome. Le terrain était ouvert à la jurisprudence qui a pu révéler le droit naturel de l'artiste sur son interprétation. Le législateur est intervenu enfin, en synthétisant deux approches, travailliste et propriétaire, tout en greffant dessus le modèle de la Convention de Rome. Le résultat de cette longue évolution est un régime juridique hybride de l'artiste-interprète, qui combine droit du travail et droit de la propriété littéraire et artistique. De plus, le régime de la propriété littéraire et artistique sur la forme vivante interprétative est parasité par les monopoles légaux des investisseurs producteurs des formes techniques de fixation. Cependant, la jurisprudence a continué de jouer son rôle précurseur en tirant toutes les conséquences de la nature de la forme vivante expressive. Dès lors, elle s'est inspirée du droit d'auteur pour corriger certaines lectures des textes qui réduisent l'artiste-interprète à un simple travailleur. Ces solutions ont permis de concilier le droit du travail et le droit de la propriété littéraire et artistique de manière que l'un ne l'emporte pas sur l'autre ; chacun intervient à propos d'un objet spécifique. Le législateur a fini de consacrer ces solutions en deux temps : par la loi dit « liberté de création » en 2016, et récemment par l'ordonnance du 12 mai 2021.

CONCLUSION DU TITRE I

327. Deux histoires. Nous avons fait l'étude de deux histoires : l'histoire technique et l'histoire juridique. L'étude de l'histoire technique nous explique la *réification* de l'interprétation, c'est-à-dire la transformation de la prestation en un bien (*praestatio / res*) et ses effets sociaux et juridiques. Cette évolution a bouleversé le modèle économique de l'art vivant, dans la mesure où elle a créé en même temps une source de richesse et un problème social. La transformation de la forme vivante, jadis éphémère, en une chose appropriable a suscité une compétition autour de la réservation de la valeur qu'engendre son exploitation. Mais, le seul modèle applicable à une forme créative expressive est le modèle propriétaire tel celui du droit d'auteur. Cependant, ce nouveau bien dépend d'une forme technique de fixation sur laquelle le producteur prétend à un droit, aux fins de participer au partage des valeurs que dégage son exploitation. Cela nous a conduit à approfondir *le principe fondamental*, mais souvent bafoué, du régime juridique français, qui fonde la propriété littéraire et artistique : *le principe de la distinction entre le travail et la création.* Toute création nécessite un travail, mais le travail, fût-il compétent, n'est pas forcément créatif. Il en résulte une distinction juridique entre la forme *laborieuse* et la forme *créative.* La première est appropriée par le propriétaire de la matière transformée, tout en rémunérant le travail transformant. La seconde, car elle est singulière, induit la propriété du créateur. Il en résulte que l'investissement du producteur (capital et travail) ne justifie en rien une propriété littéraire et artistique. Au mieux, le législateur peut faire de la forme technique un *enjeu de monopole* ; cette technique consiste à lister les actes réservés, autour de la forme technique, au profit du monopoleur. Cela a été fait en créant les droits voisins économiques. Toutefois, nous pensons que l'insertion de ces monopoles dans la catégorie de la propriété littéraire et artistique marque une mutation qui n'a cessé de progresser : la création (et les créateurs) qui était *au cœur* de la propriété littéraire et artistique personnaliste, est maintenant *au sein* d'une propriété littéraire et artistique dont le centre de gravité est l'investissement (et les exploitants). Par ailleurs, si nous pensons avec une partie de la doctrine que la cohabitation entre le droit du travail et celui de la propriété littéraire et artistique est possible, nous remarquons aussi que cette situation particulière des interprètes, présumés salariés, est utilisée par les producteurs pour éroder la propriété de ces créateurs et les réduire à de simples travailleurs n'ayant qu'un droit à la rémunération de leur travail. Néanmoins, on doit saluer la résistance jurisprudentielle, qui veille à ce que le statut de salarié, qui offre une protection sociale indéniable aux interprètes, n'empiète pas sur le statut de propriétaire. L'on ne peut pas accepter l'idée que la propriété d'une création soit juste un droit qui garantit un revenu supplémentaire, à moins de trahir tous les principes séculaires de notre système juridique.

328. Ayant distingué *théoriquement* et *juridiquement* le résultat de *l'acte créatif* et celui de *l'acte technique*, et compris l'appréhension juridique de l'interprétation dans ces deux aspects, le travail et le fruit du travail, il convient à présent s'attarder sur l'objet spécifique de la propriété littéraire et artistique de l'artiste-interprète, qui est la forme vivante expressive ou interprétative. C'est l'objet de notre titre II.

TITRE II

L'INTERPRETATION ET SES FORMES : L'ŒUVRE ET LA CREATION

329. Objet à double aspect. Nous avons vu dans le titre précédent que le droit français a fini par appréhender l'interprétation en ses *deux aspects* : *matériel* en tant que travail ou activité, et *intellectuel* en tant que forme résultant de cette activité [1]. Ainsi, le régime de protection de l'artiste-interprète est un régime *hybride* ; il contient deux piliers : un droit *personnel* qui résulte du contrat d'engagement de l'artiste présumé contrat de travail, et le droit *réel* qui naît sans formalité, ni exigence de fixation, du seul fait de l'acte créatif. Si *l'aspect* traité par le Code du travail (la prestation ou l'interprétation-exécution) ne pose pas de problème quant à son identification, ce n'est pas le cas de *l'aspect* traité par le Code de la propriété intellectuelle. En effet, identifier l'interprétation comme objet d'un droit est d'une grande importance ; la qualité d'artiste-interprète dépend de l'existence d'une interprétation donnée [2] ; qui plus est, l'interprétation est ce sur quoi porte le droit de propriété incorporelle ; elle est aussi l'objet sur lequel portent les actes d'exploitation réservés par l'article L. 212-3 et suivants du Code de la propriété intellectuelle ; enfin, les actes de contrefaçon ne portent que sur une interprétation au sens du Code de la propriété intellectuelle [3].

330. Objet, catégorie et critère. En vain, nous chercherions dans les textes les trois clés de la qualification. Tout d'abord, *l'objet du droit*, qui est la construction juridique abstraite faite à partir de la chose réelle considérée, n'est pas défini. Ensuite, *la catégorie* ne nous donne aucun élément de définition sur l'objet, même si l'expression « droits voisins » se réfère à la catégorie auquel il appartient. En

---

[1] Par le terme « aspect » nous voulons mettre l'accent sur la *multiplicité* d'une chose dans le monde de Droit, dans la mesure où les branches de Droit sont des *points de vue,* forcément partiels, sur la chose réelle. Ainsi, pour rendre compte de *la totalité d'un objet*, il faut retenir tous ces aspects sans exclusion.

[2] Pas l'inverse : ce n'est pas la qualité professionnelle de la personne en tant qu'artiste-interprète (chanteur, acteur, musicien etc.) qui qualifie ses prestations d'interprétations au sens du droit de la propriété intellectuelle.

[3] L. 335-4 du Code de la propriété intellectuelle al 1er : « *Est punie de trois ans d'emprisonnement et de 300 000 euros d'amende toute fixation, reproduction, communication ou mise à disposition du public, à titre onéreux ou gratuit, ou toute télédiffusion d'une <u>prestation</u> [...], réalisée sans l'autorisation, lorsqu'elle est exigée, de l'artiste-interprète [...]* » ; L. 335-5 du même code : « *I- Est puni de 3 750 euros d'amende le fait de porter atteinte sciemment, à des fins autres que la recherche, à une mesure technique efficace telle que définie à l'article L. 331-5, afin d'altérer la protection d'une <u>interprétation</u> [...]* ». Nous soulignons.

effet, la doctrine s'accorde sur la nature hétérogène de cette catégorie *fourre-tout* qui englobe des objets de nature différente. Par ailleurs, cette fausse catégorie [1] ne contient aucun *critère* qui filtre les choses pouvant être promues en objet de droit [2]. Enfin, la multiplicité des termes utilisés pour désigner l'objet accentue le problème de son identification.

331. Terminologies. Les textes juridiques que nous avons étudiés attestent de l'absence de définition de l'objet du droit de l'artiste-interprète. Ainsi, dans la Convention de Rome, le seul terme désignant l'objet du droit de l'artiste-interprète ou exécutant est celui d'« exécution ». D'ailleurs, à la place de définir l'objet dont dépend la qualité d'artiste-interprète, ce texte définit le titulaire de droit, et cela de deux façons. D'abord, en listant certaines personnes ayant cette qualité : « *les acteurs, chanteurs, musiciens, danseurs* » ; ensuite, en décrivant certaines activités : « *qui représentent, chantent, récitent, déclament, jouent ou exécutent de toute autre manière des œuvres littéraires ou artistiques* » [3]. Dans les deux autres instruments juridiques de l'OMPI [4], dont la nouveauté est, surtout, l'introduction d'un droit moral de l'artiste-interprète [5] et le renforcement de son droit patrimonial [6], nous trouvons le terme « interprétation » utilisé toujours conjointement avec le terme « exécution ». Cependant, l'on ne définit toujours pas l'objet mais, comme la Convention de Rome, l'on définit le titulaire de droit selon la même méthodologie avec une seule différence : on ajoute aux verbes indiquant les activités interprétatives, le verbe « interpréter » qui concerne désormais, non seulement l'œuvre de l'esprit, mais aussi « les expressions du folklore » [7]. Quant au Droit communautaire, les objets de la catégorie des droits voisins sont désignés par le terme « objets protégés » ou « objets relevant des droits voisins », et on trouve aussi le terme « exécution » ou, rarement, les deux termes « interprétation ou exécution » [8].

---

[1] Elle est une fausse catégorie non seulement à cause de l'absence d'unité des objets y figurant, mais aussi à cause de l'absence d'unité de régime applicable à cette catégorie où deux régimes contradictoires s'appliquent (propriété et monopole).

[2] D'où l'on a eu le problème de savoir si un fichier numérique contenant une représentation de sons est ou non un phonogramme ; aussi, le problème d'articulation du droit du producteur de vidéogrammes et le statut du producteur de l'œuvre audiovisuelle ; enfin, le nouveau droit voisin des agences et éditeurs de presse qui porte sur « la publication » (qui est définie dans l'article L. 218-1 du Code de la propriété intellectuelle comme une « collection composée » de plusieurs éléments dont le principal est « œuvres littéraires de nature journalistique »), or, la publication pourrait être déjà la propriété des créateurs !

[3] Article 3-a) de la Convention de Rome du 26 octobre 1961 sur la définition des artistes-interprètes ou exécutants.

[4] En matière sonore, le Traité de Genève (WPPT) du 20 décembre 1996 et, en matière audiovisuelle, le Traité de Beijing (WAPT) du 24 juin 2012.

[5] Article 5 du WPPT 1996 et article 5 du WAPT 2012

[6] On est passé de la possibilité de mettre obstacle (Rome 1961) au droit exclusif d'autoriser (article 6 du WPPT 1996 et article 6 du WAPT 2012).

[7] Article 2-a) du WPPT 1996 et WAPT 2012 : « artistes interprètes ou exécutants » : « *les acteurs, chanteurs, musiciens, danseurs et autres personnes qui représentent, chantent, récitent, déclament, jouent, interprètent ou exécutent de toute autre manière des œuvres littéraires ou artistiques ou des expressions du folklore* ».

[8] La Directive DADVSI de 2001 utilise le terme générique « les objets protégés » (les articles 3, 5, 6, 7 et 10) et le terme « exécution » (articles 2 et 3) ; de même la Directive de 2006 (prêt et location). D'ailleurs, la Directive du 17 avril 2019 sur le droit d'auteur et les droits voisins dans le marché unique numérique utilise soit le terme générique « objets protégés » (article 18), ou le seul terme « exécution » (article 19 al. 4), ou les deux termes « exécution ou interprétation » (article 19 al. 3 et article 20 al. 1er) pour désigner l'objet du droit de l'artiste-interprète.

332. Terminologies du droit français. Le législateur français utilise plusieurs termes pour désigner l'objet du droit de l'artiste-interprète. Le Professeur TAFFOREAU a mis l'accent sur une différence. D'abord, le terme « interprétation » est utilisé dans la disposition traitant le droit moral de l'artiste-interprète (article L. 212-2 du Code de la propriété intellectuelle), mais le terme « prestation » est omniprésent dans tous les articles qui concernent les prérogatives patrimoniales. Le Code du travail, lui, définit l'artiste du spectacle en s'intéressant au côté matériel, c'est-à-dire au travail d'exécution qui est l'objet du contrat de travail. Ce code utilise, à l'égard de cette vaste catégorie, trois termes : interprétation, exécution et présentation [1]. Enfin, le Code de la propriété intellectuelle suit les textes internationaux en définissant le titulaire de droit. Ainsi, l'article L. 212-1 de ce code dispose que « *À l'exclusion de l'artiste de complément, considéré comme tel par les usages professionnels, l'artiste-interprète ou exécutant est la personne qui représente, chante, récite, déclame, joue ou exécute de toute autre manière une œuvre littéraire ou artistique, un numéro de variétés, de cirque ou de marionnettes* ». Ce texte semble être une copie conforme des textes internationaux ; ce qui en témoigne c'est, d'une part, l'usage du terme « ou exécutant » qui ne figure nulle part dans les autres dispositions, et, d'autre part, les deux méthodologies de la définition : d'abord en indiquant les personnes ayant la qualité d'artiste-interprète (en excluant les artistes de complément selon les usages professionnels), ensuite en décrivant les activités interprétatives.

333. Synthèse. Pourquoi l'objet disparaît de tous ces textes ? La réponse, croyons-nous, gît dans la construction juridique du régime. En effet, cette construction autour des titulaires de droit, en omettant les objets, correspond à l'approche monopolistique où le législateur se concentre sur deux choses : *l'identification du monopoleur* et *les actes qui lui sont réservés* ; ainsi l'objet n'intervient qu'en second lieu, pour délimiter l'enjeu du monopole. Or, en droit français basé sur la distinction entre le travail et la création, où la forme créative est soustraite au droit commun pour faire l'objet d'un régime particulier, l'objet du droit de l'artiste-interprète ne peut être que la forme : abstraction faite du support (propriété corporelle) et de la forme technique de la première fixation (enjeu d'un monopole du producteur de phonogramme ou de vidéogramme ou de programme), il ne reste que la *forme intellectuelle* exprimée par une *forme externe vivante.* Il convient de préciser que la *contractualisation de la réalisation de la forme externe* permet une autre construction juridique. En effet, le Code du travail tire de l'interprétation son objet qui est *l'interprétation-exécution* objet de la prestation du contrat de travail, mais cette construction particulière n'enlève rien de l'objet de la propriété de l'artiste-interprète dans le Code de la propriété intellectuelle.

334. Plan. Il est évident que la catégorie des droits voisins a été conçue comme une *solution globale* pour exclure les intermédiaires, tant techniques qu'artistiques, du champ de droit d'auteur. Or, l'objet du droit de l'artiste-interprète a la même *structure formelle* et la même *nature* que l'objet du droit d'auteur. L'interprétation, comme l'œuvre, procède d'un même *processus créatif* et a la même *finalité expressive.* Ainsi, nous allons aborder la notion d'interprétation en tant qu'objet du droit de l'artiste-interprète, d'abord *à partir de ce que l'on sait* (l'interprétation n'est pas une

---

[1] Article L. 7121-8 du Code du travail : « *La rémunération due à l'artiste à l'occasion de la vente ou de l'exploitation de l'enregistrement de son interprétation, exécution ou présentation [...]* ».

œuvre) ; ensuite, *à partir de ce que l'on croit savoir* (l'interprétation est une création) et enfin, *à partir de ce que l'on doit savoir* (l'interprétation est une création particulière).

Chapitre I : L'interprétation et l'œuvre de l'esprit

Chapitre II : L'interprétation et la création identitaire

CHAPITRE I

L'INTERPRETATION ET L'ŒUVRE DE L'ESPRIT

335. De l'unité de l'art à l'affirmation de l'autonomie de la forme vivante expressive. Systématisée par POUILLET, la théorie de l'unité de l'art a conduit à supprimer la discrimination entre les formes expressives appartenant à l'art « pur » et les formes expressive appartenant à l'art appliqué à l'industrie. Cette théorie consiste à exclure le mérite et la destination de la forme lors de la qualification de l'œuvre. La théorie fut introduite en droit français par la loi de 1902 [1]. Toutefois, la discrimination entre les formes expressives *inertes* et les formes expressives *vivantes* n'a pas été écartée, d'où le caractère limitatif d'une théorie qui revendique l'unification de traitement juridique des formes artistiques : si la théorie se justifiait par l'impossibilité d'opérer une ligne de partage entre l'art pur et l'art appliqué ou, comme l'exprime un auteur, par le fait que « *l'art [...] n'a pas de limite ; il n'a ni commencement, ni fin ; il n'est que l'expression de la création conçue par l'esprit humain [ce qui implique l'égalité de traitement] pour toutes les œuvres qui tiennent à l'art et qui, de près ou de loin, en procèdent* » [2], rien ne semblait fonder l'exclusion de l'art vivant de la qualification d'œuvre de l'esprit. Cette situation conduisit, comme nous l'avons montré, à une hésitation jurisprudentielle, pendant plus qu'un demi-siècle, quant à la protection de l'interprétation (en tant que forme, non en tant qu'activité) par le droit d'auteur. Enfin, l'autonomie de l'interprétation a été affirmée en créant, d'abord, au niveau international, puis français, la catégorie des droits voisins du droit d'auteur.

336. Crise de catégories. La cohérence de la propriété littéraire et artistique dans la loi du 11 mars 1957 a été rompue par la loi « *copyright* » de 1985, ce qui a été affirmé par la codification-compilation de 1992 [3]. L'exemple le plus flagrant de

---

[1] La loi du 11 mars 1902 (qualifiée d'interprétative : V. F. POLLAUD-DULIAN, *op. cit.*, n° 26, p. 37) excluant le mérite et la destination du critère de la protection des œuvres sur la base de la théorie de « l'unité de l'art » qui pose pour principe qu'aucune distinction juridique ne doit être opérée entre les œuvres d'art pur et les œuvres d'art appliqué. V. Y. GAUBIAC, « La théorie de l'unité de l'art », *RIDA*, n° 111, janv. 1982, p. 3 et s ; C. CARREAU, *Mérite et droit d'auteur*, LGDJ, 1981, n° 280 et s., p. 192 et s. ; E. POUILLET, *Traité théorique et pratique de la propriété littéraire et artistique et du droit de représentation*, 3e éd., mis à jour par G. MAILLARD et CH. CLARO, Paris 1908, n° 78 et s., pp. 96-103.

[2] E. POUILLET, *Traité théorique et pratique des dessins et modèles*, 5e éd., Par TAILLEFER et CLARO, Paris 1911, n° 28, p. 49.

[3] « *Il n'est « code » que formellement, non intellectuellement* ». Sur la mutation de la propriété littéraire et artistique dans une perspective historique V. PH. GAUDRAT, *Propriétés intellectuelles & tradition française : rappels historiques*, Conférence inaugurale de l'Association MARCEL PLAISANT, 13 déc. 2018, *op. cit.*

la mutation de la propriété littéraire et artistique personnaliste consiste, en matière de droit d'auteur, en l'insertion du logiciel en tant qu'œuvre, et, en matière des droits voisins du droit d'auteur, dans la protection des investisseurs au même titre que les artistes-interprètes. Dans cet état de choses, la doctrine traite « *les productions primaires du droit pour trouver les clés d'explication les plus générales qui soient ; pour ce faire, elle va retenir les rapports de droit, reproductibles à l'infini, plus que les objets auxquels qu'ils s'appliquent* » [1]. En d'autres termes, la doctrine, face à la multiplicité des « doubles juridiques » des objets réels, tente de transcender cette multiplicité en s'intéressant aux règles spécifiques applicables à chaque objet. Ainsi, en matière de l'interprétation artistique, l'on s'intéresse au droit voisin de l'artiste-interprète et à son articulation avec le droit d'auteur ou avec le droit du travail, plutôt qu'à s'intéresser à l'objet lui-même. Néanmoins, la doctrine peut aussi avoir un rôle actif en essayant de rationnaliser la catégorisation des objets réels. Ainsi, elle pourrait proposer une nouvelle catégorisation plus cohérente, ou transposer certaines solutions d'une catégorie à l'autre.

337. Corrélation évidente. Mais, l'œuvre et l'interprétation entretiennent des relations très étroites. L'interprétation n'existe pas sans une création à interpréter (le plus souvent une œuvre de l'esprit au sens du droit d'auteur) et certaines œuvres ne seraient pas communicables au public sans interprétation qui leur donne vie. Par ailleurs, il existe certaines créations dont la forme externe est par nature vivante, ce qui signifie que l'acte créatif de l'interprétation est en même temps celui qui crée l'œuvre interprétée.

338. Plan. S'il était établi que l'interprétation n'est pas une œuvre au sens du droit d'auteur (**Section I**) il n'en demeure pas moins que l'interprétation tient des rapports très étroits avec l'œuvre de l'esprit (**Section II**).

SECTION I : AUTONOMIE DE L'INTERPRETATION

339. Plan. Comme nous l'avons démontré, dès la réification de l'interprétation, une partie de la doctrine et de la jurisprudence françaises, comme certaines législations germaniques, ont admis l'hypothèse d'une assimilation de l'interprétation à une œuvre au sens du droit d'auteur ; ce à quoi s'est opposée une autre partie de la doctrine et de la jurisprudence, dont la position a été, finalement, consacrée juridiquement. Mais, la base de la controverse n'est pas seulement juridique ou pratique ; elle réside dans une controverse sur la nature de l'interprétation comme *simple intermédiation* ou comme *création dérivée* (**§1.**). La controverse sur l'identité de l'interprétation ayant été tranchée dans les textes juridiques, en créant la catégorie des droits voisins, la doctrine juridique a essayé de *rationnaliser* la catégorisation des objets de droit dans le domaine de *la création littéraire et artistique* (**§2.**)

---

[1] M.-A. HERMITTE, « Le droit est un autre monde », *Enquête*, n° 7, 1999, n° 18, sur *le rôle de la doctrine dans l'étrangeté du droit.*

§1. Controverse autour du rattachement de l'interprétation a la categorie d'œuvre de l'esprit

340. Plan. La question de l'assimilation de l'interprétation à une œuvre est bien connue dans plusieurs domaines et n'est pas séparable de la conception philosophique de *l'auteur*, de *l'œuvre-discours* et du *public-lecteur-spectateur*. Juridiquement, nous croyons que, seul le critère de *l'autonomie du support de création* peut trancher la question en imposant la séparation entre les deux créations. Nous allons étudier l'approche juridique affirmant l'autonomie de l'interprétation (**B**), mais il nous faut, d'abord, faire un bref panorama de l'approche philosophique et artistique de l'interprétation (**A**).

A. Approche philosophique et artistique de l'interprétation : diversité fonctionnelle

341. L'exclusion de l'interprétation de la protection par le droit d'auteur ne se base pas seulement sur un argument juridique ou pragmatique. Il y a aussi un argument d'ordre théorique contre une telle protection, lequel revient à une conception réductrice de la création littéraire et artistique. En effet, cette conception réduit la création identitaire ou culturelle aux seules œuvres de l'esprit. Ainsi, l'interprétation est réduite à une *intermédiation* dans la communication de l'œuvre au public ; elle n'est pas une œuvre donc elle n'est pas une création : d'un côté elle dépend d'une œuvre pour exister, de l'autre, quand elle existe, elle a pour fonction de servir la communication de l'œuvre. Deux séries de réflexion philosophique et artistique montrent la place de l'interprétation dans les domaines littéraires et artistiques ; l'une autour de l'interprétation en général (dans l'herméneutique [1]) (**1**), est l'autre autour de l'interprétation dans une approche artistique de l'acte interprétatif (**2**).

1. L'interprète et l'interprétation dans l'approche philosophique et herméneutique

342. L'herméneutique du grec *hermeneutikè* signifie l'art d'interpréter ; *hermeneuein* signifie parler ou s'exprimer. Le terme vient du nom du dieu grec Hermès qui est messager des dieux et interprète de leurs ordres. L'herméneutique est la théorie de la lecture, de l'interprétation des textes de tout genre et, en général, la réflexion philosophique interprétative. Ainsi, elle embrasse beaucoup de disciplines : la littérature, la musique, le théâtre, la peinture, la théologie, le Droit, la sociologie, l'histoire etc. Il en résulte une pluralité de modèles interprétatifs (**a**) qui partage des caractères communs (**b**).

---

[1] Nous utilisons le terme « herméneutique » sans prendre part du débat autour de sa place. En effet, certains philosophes considèrent qu'il y a une philosophie herméneutique ; d'autres pensent que la philosophie n'est qu'une matière de l'herméneutique, dans la mesure où l'herméneutique est partout : il y a une herméneutique artistique, religieuse, historique etc.

a. Modèles principaux de l'herméneutique

343. L'herméneutique ancienne concernait deux domaines : l'interprétation des textes religieux et l'hermétisme d'une part, et la logique aristotélicienne de l'autre part [1]. Mais aujourd'hui, l'herméneutique se décline en sous-disciplines, dont les plus courantes sont : l'interprétation des textes littéraires (surtout les textes poétiques) ; l'interprétation juridique (des sources des règles juridiques, des jurisprudences et des actes juridiques) ; l'interprétation théologique (interprétation des textes sacrés) ; l'interprétation historique (interprétation des faits, des discours et des témoignages) ; l'interprétation philosophique (qui est l'interprétation en général) et aussi, l'interprétation artistique (musique, cinéma…) [2]. Nous allons analyser les quatre modèles principaux de l'interprétation [3] pour chercher l'élément commun dans l'herméneutique et qui a influencé, nous semble-t-il, l'approche qui existait sur l'interprétation artistique et qui opposait l'interprétation à la création.

1) *L'interprétation philologique.* Il s'agit du modèle le plus fondamental (et ancien) de l'interprétation. L'objet de cette interprétation est à géométrie variable, il peut s'agir d'un mot, d'une phrase, d'un texte etc. l'interprétation dans ce sens est une *intermédiation* ayant pour but de *lever l'obscurité*, de rendre *perceptible* ou *compréhensible.* Dans ce sens, la fonction de l'interprétation est essentielle à la compréhension et donc à la communication. Ce sens n'est pas loin de celui donné par ARISTOTE dans « *Peri hermeneias* » où l'interprétation est un préalable au service de la logique.

2) *L'interprétation artistique.* Bien que connue, cette interprétation est moins fréquemment analysée par les philosophes [4]. Il s'agit spécialement de l'activité interprétative dans les arts vivants comme le théâtre, la danse, la musique… (en anglais on dit *performing arts*- à distinguer de la *performance art*). Ici, on parle difficilement d'une œuvre obscure ou ambiguë qui doit être éclairée (ce qui n'est pas exclu) mais l'interprétation est *inhérente* à la nature de l'objet interprété. L'œuvre interprétable est destinée à être jouée ou mise en scène ; elle existe sous forme muette mais se communique *via* l'interprétation. Cette interprétation nécessite, selon le philosophe JEAN GRONDIN, une certaine « virtuosité artistique » [5] de la part de l'interprète, ce qui nous semble le critère de distinction entre le « lectorat »

---

[1] ARISTOTE avait consacré le deuxième traité de l'Organon à l'interprétation « *Peri hermeneias* » ou « De l'interprétation ». En effet, pour ARISTOTE, l'interprétation est une activité *intermédiaire* et *fonctionnelle* : intermédiaire car il s'agit d'intervenir pour éclairer le sens d'un signifiant et fonctionnelle car l'interprétation a pour mission d'aider à bien fonder des propositions utilisables dans la logique. Dans ce traité, ARISTOTE développe sa théorie du jugement (affirmatif ou négatif, la contradiction et la contrariété). Il part de l'analyse des éléments *sémantiques* : la lettre, le nom, le verbe et la proposition.

[2] On a même soutenu qu'aucun champ n'échapperait à l'herméneutique, ainsi, les discours scientifiques ne sont qu'une interprétation du monde, et leur production ne diffère pas de celle des autres discours. N'est-ce pas ce que visait NIETZSCHE qui énonce qu'« *il n'y a pas de faits, seulement des interprétations* ».

[3] JEAN GRONDIN, « L'interprétation. Qu'est-ce que l'interprétation », *Philopsis*, Revue numérique, URL : http://www.philopsis.fr, pp. 126-131. [Consultation, le 26 juill. 2019].

[4] Néanmoins, H.-G. GADAMER, dans son livre fondateur de l'herméneutique contemporaine, a analysé l'herméneutique artistique en général (l'exécution musicale, l'interprétation littéraire et l'interprétation de l'œuvre d'art) à propos de son analyse globale sur la vérité *et* l'art, ou plutôt, la vérité *dans* l'art par opposition à la vérité scientifique (prétendue universelle) donnée au réel. H.-G. GADAMER, *Vérité et Méthode. Les grandes lignes d'une herméneutique philosophique*, Seuil, 1996, p. 183 et s.

[5] Le terme « virtuosité » est très courant dans le domaine de l'interprétation musicale. Mais ici, ce qui est visé est la simple maîtrise technique qui requiert une aptitude physique et intellectuelle. Le lectorat n'exige pas une telle « virtuosité ».

et « l'interprétariat ». La question de la *vérité* ne se pose pas ici [1] : il n'y a pas une *seule* interprétation de l'œuvre interprétée ; il n'y a pas une *vraie* ou une *fausse* interprétation. Toutefois, il y a lieu de la qualifier *esthétiquement* (ce qui est indifférent en droit de la propriété littéraire et artistique) : il y a une bonne, moins bonne, excellente interprétation d'une œuvre [2]. Enfin, faute de préciser la notion de forme interprétative à l'intérieur de l'interprétation artistique, il serait utile de distinguer l'interprétation artistique ayant une forme vivante (objet du droit voisin de l'artiste-interprète) de l'interprétation-critique qui s'apparente à l'interprétation philologique.

3) *L'interprétation-traduction.* Dans ce type, l'interprétation se rapporte aux deux autres types d'interprétation (philologique et artistique). *L'interprétariat* est la fonction de l'interprète-traducteur qui assure le passage d'une langue à une autre sous forme orale. D'un côté, il ne s'agit pas *essentiellement* de lever l'ambiguïté et, de l'autre, la « virtuosité artistique » n'est pas exclue. Mais en tout cas, il s'agit de s'interposer pour rendre possible une communication (littéraire ou non). L'interprétation orale est le *médium* ou le *vecteur* de transmission. Pour cette raison l'interprète doit être *neutre* [3] et son interprétation peut être *vérifiée* [4]. En effet, nous pourrons dire que cette interprétation est la plus *objective.* Encore une fois, l'on n'est pas loin de la conception fonctionnelle de l'interprétation chez ARISTOTE.

4) *L'interprétation juridique.* Cette interprétation est une variante de celle philologique [5], mais elle est devenue autonome. Elle cherche à cerner le « vrai » dans un texte juridique : elle a pour fonction de dévoiler l'intention du législateur, du juge ou des parties d'un acte juridique. En effet, la finalité de cette activité est de permettre l'application du texte [6], d'où, cette interprétation applique des règles techniques et respecte, plus ou moins, une hiérarchie d'interprétation. Enfin, il convient de remarquer plusieurs points : la place qu'occupe la rhétorique dans cette activité herméneutique ; la pluralité d'interprétations à tous les niveaux (producteurs des textes juridiques, juges, doctrines) et l'enjeu qu'implique la diversité de systèmes et de langues. Ces points rapprochent l'interprétation juridique, d'essence fonctionnelle, de l'interprétation artistique [7].

---

[1] Nous voulons dire que la vérité n'est pas une exigence de l'acte interprétatif artistique. Cependant, rien n'empêche d'envisager la question de la vérité *de* l'art ou *dans* l'art, ce que GADAMER a fait en analysant la vérité dans l'art et la vérité dans la science.

[2] Ce qui se réfèrerait à une autre subjectivité : celle du spectateur ou de l'auditeur. Or, M. GRONDIN estime qu'à propos de la virtuosité, l'on peut parler de la *justesse* : l'œuvre est bien ou mal rendue. Nous nous demandons si ce ne serait parce que la notion de virtuosité concerne la *maîtrise technique* ou *l'habileté*, c'est-à-dire le sens propre à la musique.

[3] D'où cette fonction (l'interprétariat) est assermentée.

[4] La vérification du résultat (non de l'acte interprétatif) par la comparaison avec l'original.

[5] Selon la lecture du juriste et herméneute italien EMILIO BETTI dans son traité *Théorie générale de l'interprétation* paru en 1955. La particularité de cette interprétation est sa finalité pratique.

[6] Pour M. JEAN GRONDIN (philosophe spécialise en la philosophie de KANT, HEIDEGGER et GADAMER) cette interprétation ne cherche pas à étudier un texte pour lui-même ou un texte présentant une obscurité, mais pour trancher un litige actuel. Pourtant, cette conception de l'interprétation juridique exclut les travaux doctrinaux qui s'inscrivent dans la même finalité que celle de l'interprétation philologique (éclairer, expliquer et comprendre) et qui n'a pas pour but de permettre l'application d'une règle de droit.

[7] Cette conception vient du monde Anglo-Saxonne. En effet après le courant *law as literature* (le droit comme littérature) un autre courant est apparu : *law as music* (mieux traduit comme le droit comme art de performance) dont les pères sont J.M. BALKIN, S. LEVINSON. V. la transposition du modèle interprétatif de l'interprétation artistique au domaine juridique : VALERIO NITRATO IZZO, « Interprétation, musique,

5) *L'interprétation ontologique ou « l'interprétation de notre présence au monde ».* NIETZCHE a dit « *il n'y a pas de faits, seulement des interprétations* ». Le terme « interprétation » devient un aspect fondamental de la condition humaine : nous ne vivons pas sans interprétation. C'est le type d'interprétation qui a intéressé le plus les philosophes, et qui remet en question l'idée de vérité et de justesse normative [1]. Si tout est interprétation, comment départager les unes des autres ? JACQUES DERRIDA distingue entre *deux grandes méthodes* inconciliables d'interpréter : l'une cherche à cerner une vérité ou une origine ; l'autre n'est plus tournée vers l'origine et affirme le jeu et l'ordre du signe. Cette dernière correspond à l'affirmation d'un monde sans vérité (absolue) et affirmant la diversité. Si nous prenons ces deux pratiques comme modèles dans le domaine littéraire et artistique, la traduction appartiendrait à la première, car cherchant la justesse, l'origine, la vérité ; alors que l'interprétation d'une œuvre objet du droit voisin affirme la diversité du sens, qui vient non pas de l'origine (l'œuvre de l'esprit), mais de l'interprète exprimant sa personnalité à travers l'interprétation. Dans ce même sens, PAUL RICŒUR distingue entre deux interprétations selon l'attitude de l'interprète [2] que nous pourrions qualifier d'interprétation de soupçon et d'interprétation de confiance.

b. Caractère général de l'activité herméneutique

344. Toute interprétation est une intermédiation. À travers toutes ces formes d'interprétation, il convient de chercher l'élément dominant et commun qui peut fonder une définition globale de l'interprétation. Interpréter un texte, jouer une partition, traduire, appliquer une règle ou poser sa vision du monde, tous ces actes exigent une *médiation* ou une *transmission* : « *L'idée d'interprétation vient toujours exprimer une « prestation intermédiaire » (inter-pretatio), qui présuppose que le sens ne peut être compris ou actualisé sans elle* » [3]. La *compréhension* (surtout dans le cas d'une traduction, d'une interprétation juridique ou philologique) ou le *partage* (surtout dans le cas de l'interprétation artistique) ne se réalisent qu'à travers un intermédiaire interprétant. Cet intermédiaire a un rôle à la fois *passif* par rapport à l'objet à interpréter, et *actif* par rapport à son interprétation, et « le sens » c'est comme un *flux de formes* entrant et sortant à travers les esprits (auteur →

---

droit : performance musicale et exécution de normes juridiques », *Revue interdisciplinaire d'études juridiques*, 1/2007, (Vol. 58), pp. 99-127.

[1] L'interprétation est ainsi un sujet *universel* étant donné que tous les autres sujets peuvent être appréhendés comme une sorte d'interprétation. Mais l'ubiquité de l'interprétation est appréhendée de façon différente : chez GIANNI VATTIMO il n'y a pas une interprétation définitive du réel, ainsi il tire des morales de tolérance et de charité de l'idée qu'il n'y a pas de fait (en transformant le pessimisme de NIETZCHE). HEIDEGGER estimait que l'Homme est un être d'interprétation parce qu'il est confronté à sa finitude et sa mortalité. Son disciple G.-H. GADAMER associe l'universalité de l'interprétation au langage comme (medium) de l'expérience herméneutique : « *l'être qui peut être compris est langage* », ainsi, *inter-pretari* est l'acte de mise en langage du sens.

[2] Il distingue entre l'herméneutique de confiance (GADAMER et RICŒUR) et une herméneutique de soupçon (MARX, FREUD). La première prend *le sens comme il est donné* ; la deuxième *se méfie de ce sens premier.* . GRONDIN, « L'interprétation. Qu'est-ce que l'interprétation », *op. cit.* pp. 126-131.

[3] J. GRONDIN, « L'interprétation. Qu'est-ce que l'interprétation », *op. cit.*. *Adde* I. WEISS, *L'interprétation*, collection Philo-notions, ellipses, 2002, 70 p.

amateur/interprète → amateurs/public : texte → interprétation → communication).

345. ***Sensus non est inferendus, sed efferendus*** **: le sens ne doit pas être introduit mais en être tiré.** Cette approche de l'interprétation se concentre sur la *passivité* de la *compréhension*. L'interprète ne doit pas inventer le sens qui n'existerait pas sans lui, car sa fonction est *subalterne* et consiste à exprimer un sens qui *pourrait subsister sans lui*. « *On dit d'une interprétation qui fait violence au texte ou à l'œuvre qu'il s'agit de rendre quelle est "trop subjective"* ». L'interprétation peut alors remplacer l'œuvre elle-même. « *Il peut s'agir d'une nouvelle création tout à fait géniale, mais l'interprétation qui tend à se substituer à l'œuvre oublie peut-être sa fonction, qui en est une de médiation et de transmission* » [1]. Ainsi, l'interprétation, aussi libre qu'elle soit, doit *naturellement* s'effacer devant l'œuvre, et ne doit pas se faire remarquer. Ainsi, En application de cette conception, la prestation cinématographique ou théâtrale d'un acteur est réussie quand le public croit être en présence du personnage représenté *dans l'œuvre* ; de la même manière, la bonne traduction est celle dans laquelle on ne se rend pas compte qu'elle est une traduction. Certes, cette conception de l'interprétation, plus ou moins globale et objective, qui vient de la philosophie n'est pas exclusive [2], mais force est de constater qu'elle est présente dans le domaine artistique, où s'affirme souvent la conception *objective* selon laquelle l'interprète ne joue pas un rôle créateur, et que l'interprétation n'est qu'une *intermédiation* qui doit exprimer l'œuvre comme telle, sinon c'est la trahison.

346. En effet, la focalisation sur *l'intermédiation* comme caractère commun des modèles herméneutiques affirme leur *aspect fonctionnel* et dilue la spécificité des interprétations *subjectives* (l'interprétation artistique et la traduction littéraire). Tous ces modèles ont des liens variables avec deux choses : l'objet (l'interprété) et le sujet (l'interprète), l'authenticité et la subjectivité, la fidélité et l'originalité. Mais l'interprétation artistique se distingue par le jeu d'équilibre entre deux éléments : l'intermédiation et l'expression, donc le respect de l'œuvre interprétée et l'expression artistique de l'interprète. Toutefois, l'affirmation de l'intermédiation et la relativisation de l'expression sont deux idées présentes dans certaines approches artistiques de l'interprétation.

---

[1] « *On ne peut pas interpréter une œuvre n'importe comment ou selon son bon plaisir. Sinon, ce n'est plus une œuvre que l'on interprète, mais soi-même que l'on offre en spectacle* ». V. J. GRONDIN, « L'interprétation. Qu'est-ce que l'interprétation », *op. cit.*

[2] Car on trouve des herméneutes contemporains qui insistent sur l'idée que l'interprétation est une activité *créatrice* du sens. Cette conception procède de la conception moderne de la subjectivité humaine. Ainsi, le sens est *inferendus :* à introduire dans le monde. La question qui se pose pour les philosophes est celle de savoir d'où vient cette introduction ? de l'esprit (de l'interprète, ce qui affirme la créativité de celui-ci et donne une justification philosophique de sa protection par la propriété littéraire et artistique) ; ou du langage ? de la technique ? d'une idéologie ? etc. Pour aller plus loin, un important ouvrage présente une étude complète de cette question : GISELE BRELET, *L'interprétation créatrice* (*t. 1 : L'exécution et l'œuvre* ; *t. 2 : l'exécution et l'expression*), PUF, 1951, surtout, p. 129 et s. « *Il n'est pas d'exécution sans interprétation … l'exécution musicale est nécessairement originale si elle veut donner vie à l'œuvre l'existence* », p. 93. En d'autres mots, selon cette auteure, la maîtrise technique est nécessaire pour la prestation (lecture), mais la subjectivité est nécessaire pour qu'il y ait une interprétation/création.

2. Une approche artistique de l'interprétation

347. En musique. L'idée selon laquelle l'interprétation n'est pas créatrice d'un sens autre que celui déposé dans l'œuvre interprétée est présente dans le domaine des « arts d'interprétation ». Une partie des musiciens, souvent compositeurs et chefs d'orchestre, soutiennent que l'interprète joue un rôle qui consiste à servir l'œuvre. L'interprétation n'est que *l'exécution* de la partition dépositaire de l'œuvre musicale [1]. Dans cette conception « autoritaire » de l'interprétation musicale, on cite souvent ARTURO TOSCANINI (1867-1957), chef d'orchestre et violoncelliste, et IGOR STRAVINSKY (1882-1971), compositeur et chef d'orchestre, qui s'accordent sur l'idée que « *l'exécutant n'a qu'à jouer ce qui est écrit* ». Plus nuancé, le précepte donné par le musicologue, compositeur et chef d'orchestre ERNEST ANSERMET (1883-1969) selon lequel « *on ne doit jamais jouer « ce qui est écrit » mais on ne doit rien jouer qui ne soit conforme au sens musical du texte* ». Ainsi, selon M. ANSERMET l'interprétation n'est pas soumise au texte mais à ce qu'il appelle le « sens musical » ou la « musicalité » du texte [2]. Toutefois, M. ANSERMET avait proposé que le Droit distingue entre le droit d'auteur du compositeur, le droit de l'interprète et enfin le droit de « l'exécutant collectif ». Ainsi, il distingue entre deux sortes d'interprétation : l'une de l'interprète et l'autre de l'exécutant. Si l'interprétation est soumise à la partition, l'exécution est doublement dépendante : d'un côté à la partition (non en sa globalité car l'exécutant n'exécute pas toute l'œuvre, mais soumis à la partie qu'il exécute) et d'un autre côté à la direction du chef d'orchestre [3]. Ainsi, on passe de la dictature du texte à la dictature du « chef » d'orchestre [4]. D'ailleurs, l'idée que l'interprétation est déterminée (ou, au moins, guidée) dans l'œuvre, ce qui implique à l'égard de l'interprète le devoir de respect, est présente chez des illustres musiciens comme W. FURTWÄNGLER pour qui « *l'interprétation d'une œuvre est semblable au flux d'une rivière et l'interprète à l'homme qui, dans son bateau se laisse porter par le courant. Parfois, l'eau se précipite en torrent vers une gorge étroite, parfois elle repose dans la sérénité d'une large rivière en traversant une terre riche et fertile* » [5]. En bref, l'idée que l'interprète est un *médiateur* qu'il emploie toutes ces forces pour aider le public à mieux *comprendre* est présente en musique, et la *surinterprétation* de l'œuvre musicale est mal vue. Mais, on peut constater cette conception dans d'autres disciplines comme le théâtre ou la critique littéraire. On

---

[1] *Contra* GISELE BRELET, *L'interprétation créatrice* (*t. 1 : L'exécution et l'œuvre* ; *t. 2 : l'exécution et l'expression*), PUF, 1951.

[2] E. ANSERMET, « La musique et son exécution », *RIDA*, avril 1960, pp. 57-71. ESTEBAN BUCH, « Le chef d'orchestre. Pratiques de l'autorité et métaphores politiques », *Annales*, 2002, 57-4, pp. 1001-1028.

[3] D'où la distinction, propre au domaine musical, entre l'interprétation et l'exécution, l'interprète et l'exécutant, le soliste et les musiciens de l'orchestre. Cette distinction a une trace dans la gestion des droits de ces musiciens ainsi que dans la Convention collective nationale de l'édition phonographique du 30 juin 2008 (étendue par arrêté du 20 mars 2009 JORF 28 mars 2009) dont l'annexe III (Dispositions particulières applicables aux artistes interprètes 30 juin 2008) utilise les termes « artistes-interprètes principaux » dans l'article 2 et « artistes musiciens, artistes des chœurs, artistes choristes » dans l'article 3.

[4] E. BUCH, « Le chef d'orchestre. Pratiques de l'autorité et métaphores politiques », *op. cit.* « *L'exemple de ce paradoxe est manifeste chez Toscanini qui était toujours démocrate dans sa vie publique (il s'est opposé à la politique de Mussolini et à celle des nazis), cependant, face à ses musiciens, il manifestait son autocratie !* ».

[5] V. A. PARIS, *Dictionnaire des interprètes et de l'interprétation musicale au XXe siècle*, Robert Lafont, 1995.

peut citer MARCEL PROUST dans *Le côté de Guermantes* où il distingue entre trois sortes de jeu de rôle, que l'on peut prendre comme des *méthodes d'interprétation* [1].

348. Dans l'art dramatique. L'écrivain de *À la recherche du temps perdu* a analysé ce que devrait être le vrai rôle de l'interprète d'une œuvre à travers le cas d'acteur. Il développe trois types d'interprétation :

1) D'abord, PROUST présente le cas où l'artiste exécutant n'a pas su accéder à l'œuvre qu'il interprète, par conséquent, il ne réussit pas à la communiquer mais aboutit à la *trahison* du texte en interposant entre l'auteur et le public une personnalité *obscurcissant* l'œuvre.

> « Ce n'est pas que ces artistes [...] ne cherchassent toujours avec la même intelligence à donner ici à leur voix une inflexion caressante ou une ambiguïté calculée, là à leurs gestes une ampleur tragique ou une douceur suppliante [...]. Mais elle, rebelle, restait extérieure à leur diction, irréductiblement leur voix naturelle, avec ses défauts ou ses charmes matériels, sa vulgarité ou son affectation quotidienne, et étalait ainsi un ensemble de phénomènes acoustiques ou sociaux que n'avait pas altéré le sentiment des vers récités. De même le geste de ces artistes disait à leur bras, à leur péplum : « soyez majestueux ». Mais leurs membres insoumis [...] continuaient à exprimer l'insignifiance de la vie de tous les jours et à mettre en lumière, au lieu des nuances raciniennes, des connexités musculaires » [2].

2) La deuxième sorte de jeu de rôle, ou d'interprétation, est celle d'un interprète qui a pu trouver le sens de l'œuvre, comme s'il était arrivé à *la source d'inspiration* de son auteur. Cet artiste *prolonge* l'œuvre en lui donnant une *nouvelle forme sensible.* Ainsi, PROUST dit en décrivant le jeu d'une actrice interprétant le rôle de Phèdre [3] :

> « Son attitude en scène qu'elle avait lentement constituée, qu'elle modifierait encore, et qui était faite de raisonnements d'une autre profondeur que ceux dont apercevait la trace dans les gestes de ses camarades, mais des raisonnements ayant perdu leur origine volontaire, fondus dans une sorte de rayonnement où ils faisaient palpiter, autour du personnage de Phèdre, des éléments riches et complexes, mais que le spectateur fasciné prenait, non pour une réussite de l'artiste mais pour une donnée de la vie [...] tout cela, voix, attitudes, gestes, voiles, n'étaient, autour de ce corps d'une idée qu'est un vers (corps qui, au contraire des corps humains, n'est pas devant l'âme comme un obstacle opaque qui empêche de l'apercevoir mais comme un vêtement purifié, vivifié où elle se diffuse et où on la retrouve), que des enveloppes supplémentaires qui, au lieu de la cacher, rendaient plus splendidement l'âme qui se les était assimilées et s'y était répandue [...] telle, l'interprétation de l'actrice était autour de l'œuvre une seconde œuvre, vivifiée aussi par le génie » [4].

3) Enfin, PROUST parlait de l'interprétation indépendante qui se détache de l'œuvre pour en tirer une *création presque indépendante.* C'est le cas de l'actrice dans Phèdre dont le jeu *a dépassé* la valeur littéraire plutôt médiocre du rôle. Il a décrit cette interprétation ainsi :

---

[1] M. VIRLOGEUX, « L'enregistrement sonore des œuvres littéraires et artistiques », *Le droit d'auteur*, n° 2, 1964, p. 16.

[2] MARCEL PROUST, *À la recherche du temps perdu, tome VI : Le côté de Guermantes (1)*, éd. Gallimard 1921, p. 55. (M. VIRLOGEUX, *op. cit.*, p. 16).

[3] Il s'agit de l'actrice Sarah Bernhardt que Proust a beaucoup admirée.

[4] M. PROUST, *op. cit.*, p.58, (M. VIRLOGEUX, *op. cit.*, p. 16)..

« Je compris alors que l'œuvre de l'écrivain n'était pour la tragédienne qu'une matière, à peu près indifférente en soi-même, pour la création de son chef-d'œuvre d'interprétation, comme le grand peintre […] Elstir avait trouvé le motif de deux tableaux qui se valent, dans un bâtiment scolaire sans caractère et dans une cathédrale qui est, par elle-même, un chef-d'œuvre […] Mais la Berma faisait entrer les mots, même les vers, même les 'tirades', dans des ensembles plus vastes qu'eux-mêmes […] Ainsi, dans les phrases du dramaturge moderne comme dans les vers de Racine, la Berma savait introduire ces vastes images de douleur, de noblesse, de passion, qui étaient ses chefs-d'œuvre à elle, et où on la reconnaissait comme, dans les portraits qu'il a peints d'après des modèles différents, on reconnaît un peintre... » [1].

349. En analysant la distinction de PROUST, nous trouvons que le critère essentiel qui fait la différence est le *degré* de la manifestation de *la personnalité de l'interprète* dans l'interprétation. Ainsi, dans le premier cas, la personnalité de l'interprète *éclipse* l'œuvre ce qui sort de la première fonction de l'interprétation comme *intermédiation et explication.* C'est une situation comparable à la « trahison » du traducteur qui déforme le texte traduit en lui faisant dire ce qu'il ne contient pas [2]. Dans le deuxième cas, l'interprète *sert* l'œuvre interprétée en respectant au maximum tout indice défini par l'auteur, cet interprète cherche dans son interprétation ce qui est *le plus adéquat.* Dans ce cas, PROUST met en avant le caractère intermédiaire de l'interprétation, c'est la *fidélité* à l'œuvre interprétée qui rend une interprétation « adéquate ». Enfin, dans la troisième méthode (la plus rare), l'interprète prend sa liberté par rapport à l'œuvre, il cherche dans son interprétation *l'originalité* et l'ajout d'une touche personnelle. Dans ce cas, PROUST qualifie cette interprétation d'indépendante de l'œuvre. Elle met en avant la liberté de l'interprète plus que l'œuvre interprétée ; c'est ce que la critique littéraire appelle la « sur-interprétation ».

350. Synthèse. Nous avons relevé de l'herméneutique les aspects différents de l'acte interprétatif : l'interprétation y est traitée comme *fonctionnelle* ou comme *créatrice.* En effet, on interprète pour une des deux raisons :

1). Parce que l'objet interprété (texte, fait, comportement, symbole, phénomène etc.) est *obscur,* que ce soit une *obscurité de fait* (comportement, rêves, lapsus…) ou une *obscurité intentionnelle* (métaphore, mythe, œuvre d'art…). C'est donner à l'interprétation un rôle *au service de la vérité* de l'objet interprété, ou une fonction *pédagogique* destinée à faciliter la communication auprès d'un large public, ou, enfin, destinée à mettre fin au désaccord (com-prendre). L'interprétation est alors une *explication* dont le rôle est *d'arrêter le sens* [3].

---

[1] M. PROUST, *op. cit.*, pp. 61-62, (M. VIRLOGEUX, *op. cit.*, p. 16).

[2] Le traducteur qui dépasse l'œuvre en sa langue d'origine la trahit puisque sa fonction essentielle est la transmission. En effet, sa fonction d'expression se limite à la forme externe conventionnelle qui est la langue de sa traduction, mais elle ne peut pas modifier la forme interne (la conception "thématique") de l'auteur de l'œuvre traduite. Quant à sa propre forme interne elle est plutôt méthodologique que thématique : il n'y a aucun lieu à toute sorte d'improvisation dans la traduction. PROUST dans le premier cas parle d'un interprète qui a failli à *restituer* la forme interne de l'œuvre, par conséquent, sa forme externe vivante trahit l'œuvre et l'obscurcit plus qu'elle l'éclaire. Sur la conception thématique et méthodologique (termes utilisés par le Professeur GAUDRAT).

[3] C'est le sens donné par ARISTOTE à l'interprétation dans l'Organon : *on interprète pour ne plus avoir à interpréter.* Pour lui, les idées dans l'esprit, comme les choses en dehors de nous, sont uniques, mais la diversité (et la mécompréhension, le désaccord etc.) provient des langues ; d'où le rôle fonctionnel de

2). Mais on interprète aussi lorsque l'objet interprété contient *en lui-même* une *richesse de sens* (partition musicale, pièce de théâtre…) ; mieux : quand l'objet interprété appelle à l'interprétation pour qu'il existe. Nous croyons qu'ici nous pouvons identifier l'objet précis du droit voisin de l'artiste-interprète. Dans ce deuxième cas, l'interprétation n'est pas une explication, mais *l'explicitation* d'*un* sens qui n'enlève rien à la richesse de l'objet interprété. SCHLEIERMACHER, (même s'il ne visait pas explicitement l'interprétation artistique), décrit très bien le processus créatif *interprétatif*. Pour lui, dans l'acte interprétatif il y a deux côtés : d'abord, un « travail positif » de *compréhension* [1], qui se fait dans le respect des règles techniques de l'art concerné ; ensuite, il y a le travail d'ordre *psychologique*, car « *tout acte de compréhension est l'inversion d'un acte de discours, la reconstruction d'une construction* » [2].

351. En définitive, dans l'approche artistique, ou celle plus générale de l'herméneutique, l'interprétation *artistique* est en quelque sorte « *un "entre-deux" : entre production et reconnaissance, entre information et communication, entre élucidation et création* » [3], elle existe toujours de manière dépendante, ainsi elle est toujours vérifiable à l'aune de l'objet interprété. En bref, l'on aborde l'interprétation, tout modèle confondu, « par rapport », non en soi. Juridiquement, qu'elle soit une explication levant l'obscurité ou une explicitation d'un sens possible, l'interprétation est une *forme expressive qui procède d'un même processus des mêmes facultés mentales* [4]. Un texte pédagogique, une traduction, un commentaire, une critique, une interprétation musicale ou un jeu de rôle, tous ces produits d'actes interprétatifs sont des formes expressives ; ainsi, la question de la distinction entre l'œuvre et l'interprétation en droit de la propriété littéraire et artistique n'a pas *de justification théorique* [5]. En d'autres termes, l'approche théorique de l'interprétation se concentre sur les *fonctions* (compréhension, explication, traduction, communication, explicitation…), alors que l'approche juridique se concentre sur les *formes*. Ainsi une traduction ou un texte critique sont une interprétation en considération de leurs fonctions, mais une œuvre de l'esprit au regard du Droit ; par conséquent, la distinction entre œuvre de l'esprit et interprétation ne peut être fondée sur les fonctions ou sur la dépendance. En effet, c'est en matière juridique que l'on doit chercher *l'explication* de la distinction (injustifiable théoriquement)

---

l'interprétation pour réduire à l'unité ce qui est équivoque : l'interprétation est un préalable au service de la logique.

[1] « *Il faut comprendre un auteur mieux qu'il ne s'est lui-même compris* ». D'où l'interprète n'est pas un technicien dont le rôle est de révéler, comme un historien, une vérité cachée et préétablie.

[2] Nous soulignons. Cité par GADAMER, *Vérité et Méthode*, *op. cit.*, p. 207. Nous allons analyser le processus créatif interprétatif dans le chapitre suivant ; il suffit à ce stade constater qu'en définissant l'interprétation comme « *reconstruction d'une construction* » qui passe par une « *inversion d'un acte de discours* », SCHLEIERMACHER assimile l'interprétation et l'œuvre, au moins quant au processus créatif qui les produit.

[3] PATRICE DE LA BROISE, « Préface : Élucidation et création : Sortir de l'hermétisme herméneutique », *Études de communication* [En ligne], 24 | 2001, mis en ligne le 18 nov. 2011 [consulté le 03 mai 2019. URL : http://journals.openedition.org/edc/988 ; DOI : 10.4000/edc.988].

[4] Les deux facultés de l'esprit sont engagées, *l'intellect* pour la compréhension et *l'imagination* pour l'expression.

[5] Juridiquement, une des manifestations de cette unité des formes expressives est la théorie de l'unité de l'art, qui se fonde sur cette absence de justification de distinction entre les formes expressives selon le caractère utilitaire de certaines formes artistiques. Dans l'herméneutique, l'unité des modèles d'interprétation n'est cherchée dans les *formes* mais dans les *fonctions*, surtout deux d'entre elles, à savoir la compréhension et la communication.

entre deux objets de droit construits sur ces deux formes expressives : œuvre et interprétation.

B. Approche juridique de l'interprétation : l'autonomie affirmée

352. La distinction entre œuvre et interprétation *ne se justifie pas théoriquement*, mais *s'explique juridiquement* : tantôt en montrant *l'incompatibilité* du rattachement aux catégories d'œuvre de l'esprit (**1**), tantôt en supposant *le fondement* d'une distinction voulue juridiquement (**2**).

1. Rattachements impossibles

353. L'interprétation ne saurait être considérée comme participation à une œuvre de collaboration (**a**), ni comme œuvre composite ou dérivée (**b**).

a. Exclusion de la qualification de participation à une œuvre de collaboration

354. Exclusion. Pour éviter l'appropriation par les interprètes du droit d'auteur sur l'œuvre, il a été proposé de considérer l'œuvre interprétée comme une œuvre de collaboration dont l'auteur et l'interprète seraient des coauteurs. Mais la faiblesse de cette thèse est évidente. En effet, même si la collaboration ne nécessite pas que les apports soient de même nature, il ne peut pas y avoir une collaboration sans une *commune intention* des parties ; cette collaboration n'est pas imaginable dans l'interprétation des œuvres du domaine public. Pour cette raison, DESBOIS, qui était en faveur de l'analyse de l'interprétation en termes de création, a constaté qu'il est erroné de considérer l'interprète comme un coauteur de l'œuvre interprétée dans la mesure où il intervient postérieurement à *l'achèvement* de celle-ci. Or, « *il suffit d'éviter de confondre l'œuvre interprétée avec l'interprétation [pour concevoir que] parallèlement et distinctement l'auteur et l'interprète furent investis de droit d'auteur, l'un se réclamant de l'œuvre, l'autre de l'interprétation* » [1].

355. Nuance. En fait, l'idée de collaboration a été proposée à propos des films où les conditions de la création cinématographique supposent la collaboration entre les participants, et a été soutenue par SAVATIER [2] qui défendait la protection des acteurs du film par le droit d'auteur. En effet, la qualification des acteurs dans l'œuvre cinématographique comme des coauteurs ne manque pas de pertinence, dans la mesure où la *substance* de cette œuvre consiste en une *forme vivante fixée*, dont la matière principale est constituée par les interprétations des acteurs. Si l'on accueille la forme vivante fixée dans la catégorie des œuvres de l'esprit, il serait

---

[1] H. DESBOIS, « Les droits dits "voisin du droit d'auteur" », in *Mélanges* SAVATIER, Paris, 1965, p. 249.

[2] « *C'est un anachronisme que de refuser aux comédiens la propriété de leur création. […]. Eux aussi, les artistes sont au nombre des coauteurs du film* ». « *S'il y a eu des magistrats assez aveugles et sourd ; pour déclarer, le 24 décembre 1940, que, "l'artiste n'ayant pas participé à l'élaboration de l'œuvre soutiendrait en vain que son interprétation doit être considérée comme une création an sens de la loi sur 1a propriété littéraire et artistique", c'est qu'ils n'avaient de l'œuvre qu'une notion singulièrement rétrécie. Sans doute l'arrêtaient-ils à sa forme inerte, sans comprendre que c'est seulement par son incarnation qu'achèvera de se créer la pièce. Infiniment plus ouvert sur le monde actuel s'était montré le tribunal de la Seine, le 6 mars 1903, quand il avait affirmé que "la reproduction sonore n'appartient qu'à l'artiste, auquel elle a emprunté sa voix, qui lui est propre, son accent, et, pour ainsi dire, sa personnalité"* », R. SAVATIER, *Le droit de l'art et des lettres*, LGDJ, 1957, n° 192, p. 138.

raisonnable d'englober les acteurs dans la liste des coauteurs de cette œuvre [1]. Toutefois, le droit positif actuel semble refuser aux acteurs et aux musiciens des œuvres audiovisuelles la qualité de coauteur, même si la liste de l'article L. 113-7 du Code de la propriété intellectuelle n'est pas exhaustive [2].

b. Exclusion de la qualification d'œuvre de remaniement ou composite

356. Inadaptation de la qualification d'œuvre de remaniement. Le choix de la loi allemande du 22 mai 1910 était de qualifier l'interprétation d'œuvre de *remaniement* ou *d'adaptation*. Si le remaniement d'une œuvre consiste à la prendre en respectant son esprit pour lui donner une forme qu'elle ne possédait pas, l'interprétation aussi, est une « *adaptation de l'œuvre originale aux nouvelles techniques* » [3]. Ainsi, un droit d'auteur identique à celui de l'adaptateur avait été proposé pour protéger l'interprétation. Or, comme l'explique Mme LEHMAN, la notion d'adaptation n'est pas semblable à celle de l'interprétation, car celle-ci n'est pas de nature à apporter des changements profonds et à modifier le rapport des éléments qui compose l'œuvre, tandis que le remaniement suppose des modifications non seulement de *forme d'expression* mais de *structure* [4]. L'apport créatif de l'artiste-interprète, selon Mme LEHMAN, est la création *à l'inverse* de celle de l'auteur, car l'auteur puise de sa vie ses éléments de création pour les éterniser, tandis que l'interprète intervient, au contraire, pour animer l'œuvre figée et lui rendre l'élément humain de vie dont elle était dépouillée [5].

357. Inadaptation de la qualification d'œuvre composite. En France, parmi les premières recherches qui ont abordé la question d'un droit protégeant l'interprétation, nous trouvons la thèse de M. ROBERT HOMBURG en 1930 [6]. Cet auteur, qui refusait tant la théorie du domaine public payant que la rémunération des artistes qui y liée, soutenait que la prestation de l'artiste constitue une création identique en nature à la création de l'auteur et donc devrait être protégée par le droit d'auteur. Cet auteur estimait que ce que le droit d'auteur protège est « *l'œuvre personnelle et originale produite par un effort intellectuel* » [7], donc on ne peut opposer à l'artiste-interprète que « *sa prestation ne serait pas le fruit d'un effort intellectuel, car le droit d'auteur n'impose à cet égard aucune condition d'intensité [...] l'artiste crée à son tour en se servant de la matière fournie par l'auteur. Cette création, si différente qu'elle soit de celle de l'auteur par ses éléments, n'en est pas moins une création originale* » [8]. En substance, cet auteur a proposé de protéger l'interprétation comme une œuvre dérivée par un

---

[1] L. LEHMAN, dans son étude, a refusé de considérer l'interprétation comme une œuvre *en soi*, même dans le domaine cinématographique, car la collaboration à la création de l'œuvre « *dépend les circonstances dans lesquelles l'œuvre est créée et ne dépend pas des formes employées* », L. LEHMAN, *Le droit de l'artiste sur son interprétation*, thèse, Paris, LGDJ, 1935, p. 156.

[2] Le Professeur TAFFOREAU est favorable à l'extension de la présomption de la qualité de coauteur en matière audiovisuelle à « *tout interprète qui prête son concour créatif, orignal et personnel spécialement en vue de la production de ladite œuvre* ». P. TAFFOREAU, *Le droit voisin de l'interprète d'œuvres musicales en droit français*, thèse, Paris II, 1992, Tome 1, pp. 95-96. Qui s'appuie aussi sur une doctrine favorable à cette qualification.

[3] L. LEHMAN, *Le droit de l'artiste sur son interprétation*, thèse, Paris, LGDJ, 1935, p. 153.

[4] L. LEHMAN, *op. cit.*, p. 158.

[5] L. LEHMAN, *op. cit.*, p. 159.

[6] R. HOMBURG, *Le droit d'interprétation des acteurs et des artistes exécutants*, thèse, Paris, Sirey, 1930, p. 120.

[7] R. HOMBURG, *op. cit.*, p. 66.

[8] R. HOMBURG, *op. cit.*, pp. 64-65.

droit qu'il avait appelé « droit d'interprétation ». Si cet avis ne manque pas de pertinence, dans la mesure où il se base sur le *processus créatif* de l'œuvre et de l'interprétation, il ne rend pas compte de la spécificité de l'objet de la propriété qui est la forme [1]. Par ailleurs, le droit d'auteur n'est pas le moyen de rémunérer tout résultat d'un « effort intellectuel », mais un droit réel sur la forme créative expressive. En conséquence, il faut chercher le fondement de la distinction dans la nature de la forme. Enfin, nous croyons nécessaire de distinguer entre l'œuvre composite et l'œuvre dérivée : la première est *l'incorporation matérielle* d'une œuvre préexistante dans une nouvelle œuvre, et sans la collaboration de l'auteur de l'œuvre incorporée, comme l'anthologie, les recueils ou les florilèges ; la seconde est une *fusion* qui rend l'œuvre première non individualisable quant à sa forme externe dans l'œuvre nouvelle, et sans la collaboration de l'auteur de l'œuvre fusionnée comme la traduction ou l'adaptation audiovisuelle. Ainsi, l'interprétation ne saurait être une œuvre composite, car il n'y a pas lieu de parler d'une *incorporation matérielle* de la forme *inerte* de l'œuvre interprétée dans la forme externe *sensible* de l'interprétation. Quant à la qualification d'œuvre dérivée, la question est plus délicate [2].

358. Une création dérivée particulière. Pour qu'il y ait une œuvre dérivée, il faut qu'il y ait un changement de forme externe [3] qui implique un acte de conception. Par conséquent, l'interprétation pourrait être qualifiée de *création dérivée,* dans la mesure où il s'agit d'une forme externe *nouvelle* (sensible/vivante) de la forme externe conventionnelle (inerte) *impliquant un acte de conception.* Cependant, cette *création dérivée* n'a pas été consacrée en tant qu'*œuvre dérivée*, car une construction juridique particulière sur l'interprétation a été introduite. La doctrine qui s'est penchée sur la nature de cette construction avait tenté de justifier la distinction entre œuvre dérivée et interprétation. Ainsi, M. LALIGANT, suivi par la doctrine du droit voisin de l'artiste-interprète [4], met l'accent sur le critère de

---

[1] En effet, ce n'est pas « l'intensité de cet effort intellectuel » qui fonde la distinction entre l'œuvre et l'interprétation, mais la nature de l'objet.

[2] L. 113-2 al. 1er du Code de la propriété intellectuelle : « *Est dite composite l'œuvre nouvelle à laquelle est incorporée une œuvre préexistante sans la collaboration de l'auteur de cette dernière* ». V. M. BOUTET, « Le droit d'auteur et les droits dérivés » *in Études sur la propriété industrielle, littéraire, artistique*, Mél. M. PLAISANT, Sirey, 1960, pp. 219-223.

[3] Même si la forme interne intelligible (interne) est la même comme dans la traduction. Concernant la forme externe, si elle est la même dans les deux objets on est en présence d'une reproduction. D'ailleurs, tout changement de forme externe ne donne pas forcément lieu à une œuvre dérivée, il faut que ce changement implique un acte de conception ; ce n'est pas le cas de la traduction automatique, ni le cas de la réalisation tridimensionnel d'un plan architectural [l'œuvre architecturale est une œuvre qui a deux modalités de forme externe, conventionnelle puis sensible], ni le cas du changement d'alphabet dans la même langue (une œuvre écrite en turc avec l'alphabet arabe puis transmise (non traduite) en caractères latins). V. PH. GAUDRAT, « Réflexions sur la forme des œuvres de l'esprit », *in Mél. A. FRANÇON*, Dalloz, 1995, pp. 212-213.

[4] O. LALIGANT, « Fragment d'un discours sur la notion d'œuvre de l'esprit au sens du droit d'auteur : œuvre et interprétation », *RRJ*, n° 3, 1994 ; S. PESSINA, *L'artiste-interprète salarié*, *op. cit.*, n° 311 et n° 312, p. 182 qui estime que le rapport entre l'œuvre et l'interprétation est celui de principal à accessoire ; J. BACOUELLE, *La condition juridique de l'artiste-interprète*, n° 309, p. 230. Bien avant, dans le même sens, M. LINDON dans son commentaire d'un arrêt dans l'affaire Furtwängler soutenait que l'interprétation « *est une sorte de "modulation" de la pensée d'autrui* », qu'il serait « *difficile de distinguer concrètement deux créations dans l'œuvre interprétée* » : CA Paris, 13 janv. 1957, *JCP*, 1957, 9838 ; *adde* R. PLAISANT, note sous TGI Paris, 14 déc. 1972, *op. cit*, qui estime que l'interprète se limite à « *exprime[r] de manière personnelle la création d'autrui et la rend sensible* » ; F. GOTZEN, *Le droit des interprètes et exécutants dans la CEE*, 1977, étude élaborée à la demande de

l'autonomie de l'interprétation *par rapport à l'œuvre interprétée* ; mais nous croyons que c'est ailleurs qu'on doit chercher un critère de distinction : c'est, selon nous, l'autonomie de la forme vivante par rapport à son support de création qui pourrait être la clé expliquant la distinction entre l'interprétation et l'œuvre.

2. Fondement de la distinction

359. Si, *de lege ferenda*, l'interprétation est une *œuvre dérivée*, *de lege lata* la distinction entre l'œuvre et l'interprétation est affirmée. Cette distinction s'explique par le contexte historique imprégné par le pragmatisme de la consécration de la catégorie des droits voisins (**a**). Mais un seul critère permet d'expliquer théoriquement cette distinction, qui est l'autonomie de la forme par rapport à son support de création (**b**).

a. Fondement pragmatique de la distinction œuvre-interprétation

360. Règle de sauvegarde. Comme nous l'avons déjà expliqué dans l'évolution juridique du droit sur l'interprétation, la création de la catégorie des droits voisins était une solution à un problème supposé de concurrence des droits. D'abord, d'un point de vue économique, les craintes des auteurs étaient de voir réduire leurs revenus provenant de la communication du fait de l'octroi d'un droit exclusif aux interprètes. C'est la fameuse « théorie de gâteau » [1] : l'octroi des nouveaux droits allait engendrer des charges, qui affecteraient les redevances des auteurs directement ou qui réduiraient les utilisations des œuvres fixées. Ensuite, d'un point de vue juridique, cela posait le problème de la coexistence de droits multiples de même nature. Pour résoudre ces problèmes, on a intégré ce qu'on appelle « la règle de sauvegarde » [2] dans tous les textes qui traitaient les droits voisins de l'artiste-interprète [3]. Ainsi, le droit de l'artiste-interprète serait un droit moins fort et soumis au droit d'auteur. Dit autrement, l'exclusion définitive des interprétations de la qualification d'œuvre (dérivée) dès la révision de la Convention de Berne était basée sur ces deux fondements pragmatiques (économique et juridique) afin de ne pas affaiblir le droit de l'auteur sur son œuvre. En bref, aussi peu convaincant qu'elle soit, la distinction est affirmée en droit positif. En effet, le droit étant un [autre] *monde de représentation*, les producteurs de

---

la Commission des communautés européennes, disponible en ligne, URL http://aei.pitt.edu/38774/1/A3734.pdf [Consulté le 6 août 2019], surtout n° 23, et n° 16-20 : « *Le droit d'auteur ne protège que cette forme et non pas les idées. Peu importe alors « l'âme » que l'interprète met dans sa prestation. Celle-ci ne s'extériorisera jamais sous une forme dont on pourra dire avec certitude que l'auteur ne l'avait pas lui-même conçue et suggérée. L'interprète ne pourra donc en tant que tel rien faire que reproduire avec plus ou moins de mérite ce qui existait déjà* », [nous soulignons].

[1] X. DAVERAT, *L'artiste-interprète*, t. 1, *op. cit.*, n° 88, p. 140.

[2] Qui traduit un rapport de principal (l'œuvre) à accessoire (l'interprétation) selon M. PESSINA, *op. cit.*, n° 311, p. 182. Ce n'est pas notre interprétation de cette règle : nous proposerons à la fin de notre étude une théorie de voisinage, qui distingue entre hiérarchie essentielle (domaine de la règle de sauvegarde) et la hiérarchie accidentelle entre les propriétés de même nature (des créateurs).

[3] Bizarrement, cette règle ne figure pas dans la Convention Phonogramme du 29 octobre 1971 qui ne concerne que la protection des producteurs, ni dans la Convention Satellite, Bruxelles, 21 mai 1974, concernant la distribution de signaux porteurs de programmes transmis par satellite qui concerne la protection des organismes de radiodiffusion. Comme si la règle de sauvegarde ne visait que les artistes-interprètes.

Droit peuvent construire les objets, même en se détachant [1] de l'existence des objets du monde réel [2].

b. Vrai et faux critère d'autonomie comme fondement théorique de la distinction œuvre-interprétation

361. La doctrine se concentrait sur le défaut de l'autonomie de l'interprétation *par rapport à l'œuvre interprétée* pour justifier le refus de sa qualification d'œuvre dérivée (contrairement aux traductions) (**i**). Pour nous, il s'agit d'un faux critère ; le vrai critère de la distinction œuvre interprétation est l'autonomie de la forme *par rapport à son créateur* (**ii**).

i. Faux critère : l'autonomie par rapport à l'œuvre interprétée

362. M. LALIGANT fut le premier, à notre connaissance, à poser l'autonomie de l'œuvre comme élément de sa définition, ce qui induit l'exclusion de l'interprétation de la qualification d'œuvre [3]. Pour cet auteur, « *l'interprétation ne peut avoir une figure autre que celle de l'œuvre et cela parce qu'elle est, par essence, indissociable de l'œuvre interprétée. L'interprétation [...] fait corps avec l'œuvre interprétée, d'une manière telle qu'elle n'en est jamais dissociable. La forme de l'interprétation est immanente à la forme de l'œuvre* » [4]. Dans le même sens, M. PESSINA distingue entre les « formes-sources » (les œuvres) qui sont des *causes* par rapport aux interprétations, lesquelles sont des « formes-exécution » qui correspondent aux *conséquences* de ces causes. Quant à nous, nous croyons que ce critère est inopérant, dans la mesure où il y a certaines œuvres qui sont dépendantes d'autres œuvres préexistantes, comme la mise en scène ou les traductions ; autrement dit, il y a des œuvres qui ne sont pas autonomes par rapport aux œuvres dont elles dépendent. L'on pourrait nous répondre que la forme de l'interprétation, contrairement à la forme d'une œuvre

---

[1] Le producteur primaire du Droit ne copie pas le réel mais en dégage l'idée pour construire l'objet juridique. D'où le monde du Droit est un monde de représentation, comme celui de l'art (abstraction faite de la musique qui est plus « mystérieuse »). V. ARTHUR SCHOPENHAUER, *Le monde comme volonté et comme représentation*, trad. A. BURDEAU, Paris, Librairie Félix Alcan, 1912 (6e éd.), n° 42 et s. ; sur le point commun entre le monde et la musique (art non représentatif, ou « *la copie d'un modèle qui lui-même ne peut jamais être représenté directement* »), n° 52.

[2] L'animal, qui était un bien meuble, puis un être sensible, deviendra peut-être un sujet « de droit » ; aussi, pense-t-on à reconnaître la personnalité juridique à des objets de la nature (c'est le cas d'un fleuve néo-zélandais) ou industriel (robot). Ainsi, selon un auteur, « *il est question de doter un certain nombre de forêts, de montagnes, de fleuves d'une personnalité juridique afin de pouvoir les défendre contre les agissements écocides de certaines sociétés* » : M. THIERRY PAQUOT, philosophe de l'urbain, Entretient avec Mme ANNABELLE LAURENT pour *Usbek & Rica*. De même, on parle de la nécessité de reconnaître la personnalité juridique au sphinx et aux pyramides pour faire face à la contrefaçon des produits dérivés provenant de la Chine !

[3] Trois éléments de la définition de « l'œuvre en soi » selon cet auteur : la réalisation (œuvre et fabricat), la réalisation de formes (œuvre et forme) et le caractère autonome (œuvre et interprétation).

[4] O. LALIGANT, « Fragment d'un discours sur la notion d'œuvre de l'esprit au sens du droit d'auteur : œuvre et interprétation », *RRJ*, n° 3, 1994, p. 902. *Idem*. T. AZZI, *Recherche sur la loi applicable aux droits voisins du droit d'auteur en droit international privé*, n° 143, p. 94 et s. Pour cet auteur, l'interprétation, comme les « prestations abstraites » des investisseurs (expression utilisée pour distinguer l'objet des droits voisins économiques des supports matériels de la forme technique), n'est pas une création, car elle n'est pas une œuvre dérivée, faute *d'existence autonome*.

dérivée, est *immanente* [1] à la forme de l'œuvre interprétée, d'où « *la forme de l'interprétation est indissociable, inséparable, de la forme de l'œuvre, objet de l'interprétation* » [2]. On pourrait l'admettre si l'on acceptait l'idée d'une *vérité inhérente* déposée dans l'œuvre interprétée, c'est-à-dire l'existence d'une *seule vraie interprétation inhérente à l'œuvre interprétée* que doit dégager chaque interprète ; cela revient à ne justifier la variation des interprétations successives d'une même œuvre que par des éléments extérieurs à la forme. Or, il n'en est rien : premièrement, l'herméneutique qui met l'accent sur la pluralité des sens prend l'interprétation artistique comme exemple ; en revanche, quand on met l'accent sur la « vérité » qui doit être dégagée par l'interprétation, on évoque l'exemple de la traduction (qui pourrait être qualifiée juridiquement d'œuvre). Deuxièmement, toutes les interprétations n'existent qu'en puissance [3] dans la forme interprétée, et l'auteur ne peut pas *arrêter* toutes ses interprétations dans la forme conventionnelle. Enfin, pratiquement, le public peut généralement dissocier, non seulement l'œuvre écrite et son interprétation vivante, mais aussi les interprétations différentes d'une même œuvre. En effet, une autre autonomie, selon nous, permet de distinguer l'œuvre et l'interprétation, c'est celle de *l'objet* par rapport au *sujet*.

ii. Vrai critère : l'autonomie de la forme par rapport à son support de création

363. Réalisation de l'œuvre. Dès le commencement de la réalisation d'une œuvre, la conception de l'auteur se matérialise dans un support, porteur de la forme externe, indépendant du créateur. Ainsi, tout au long du processus de réalisation et jusqu'à l'achèvement, l'œuvre se détache du créateur pour devenir un *objet* indépendant *matériellement* de l'auteur. Cette objectivation qui permet de bien distinguer le *sujet* et l'*objet*, permet d'imaginer que les deux actes de conception et de réalisation soient réalisés par des personnes différentes : le créateur de la forme interne est l'auteur qui extériorise sa conception *via* des ordres et des instructions qu'exécute le réalisateur de la forme externe ; le réalisateur, lui, sauf acte libre de réalisation exprimant une conception personnelle, ne peut être considéré comme coauteur.

364. Supports de l'œuvre. En termes de supports, l'esprit de l'auteur est le support de la forme interne, ainsi, au stade de la conception, le support est inhérent à la personne du créateur. Dès que l'auteur commence à extérioriser sa conception, il transforme une matière qui sert de support à la forme externe. Ce premier support est appelé, nous l'avons dit, « support de création », qui sera la matrice de l'acte matériel d'exploitation (par représentation ou par reproduction d'exemplaires). Quant à l'acte d'exploitation, il résulte du *travail* transformatif

---

[1] Selon son sens premier : ce qui reste intérieur à l'être considéré, ou dans sa nature, et ne peut en être séparé.

[2] O. LALIGANT, « Fragment d'un discours sur la notion d'œuvre de l'esprit au sens du droit d'auteur : œuvre et interprétation », *RRJ*, n° 3, 1994, p. 903.

[3] L'existence en puissance désigne l'état de potentialité par opposition à ce qui existe en acte. ARISTOTE explique l'existence en puissance par l'exemple de la statue pour à la pierre : la forme de la statue représente l'indéterminé ou le possible.

d'autres matières de ce qu'on appelle « supports de commercialisation » [1]. Le support de l'original d'une œuvre comme celui d'exploitation sont matériellement des biens, meubles ou immeubles, corporels. Ces biens font l'objet d'une propriété corporelle indépendante de la propriété de la forme créative expressive fixée, mais leur corporéité est importante pour matérialiser l'œuvre [2]. En effet, la fonction principale du support de création est de permettre le passage de la forme, du monde de l'imaginaire à celui de l'expression : il arrête la forme et garantit son identité.

365. Transposition à l'interprétation. Comme la conception de l'œuvre, la conception de l'interprétation a pour support l'esprit de l'artiste-interprète. L'extériorisation de cette conception se fait *via* la forme externe vivante qui a la personne de l'interprète comme support, ou précisément, son corps en activité. Si le caractère éphémère de la forme externe de l'interprétation a été dépassé grâce à la forme technique de fixation, il n'en reste pas moins que la forme vivante manque d'*autonomie* par rapport à son support de création : la personne de son créateur. En d'autres mots, dans l'interprétation il est difficile de distinguer *le sujet* et *l'objet* ; *l'activité* et la *forme* [3]. En effet, le caractère précaire du support de création ne pose pas de problème même en droit d'auteur, comme dans le cas des créations florales, les coupes de chevaux ou les spectacles de lumières. En revanche, si la forme de l'œuvre se détache de son créateur, la spécificité du support de création de l'interprétation est son inhérence à la personne de l'artiste-interprète. Cette inhérence conduit à considérer que l'interprétation est toujours nouvelle ; autrement dit, elle n'est jamais définitive [4]. Chaque interprétation, (fût-elle du même interprète) est différente, car la forme externe se renouvelle, soit du fait de l'artiste (changement volontaire dans la réalisation de la conception, état psychologique différent à chaque prestation, erreurs, improvisation etc.), soit du fait d'éléments extérieurs (instrument ou acoustique différents, interprétation en studio, en spectacle, dans un lieu fermé ou ouvert, dans un programme de

---

[1] Pour aller plus loin V. O. PIGNATARI, *Le support en droit d'auteur* ; L. BREUKER, *Les rapports de l'œuvre et de son support en droit d'auteur*, thèse, Univ. Montpellier 1, 2002 ; de même auteur, « Le support de création et le support de commercialisation de l'œuvre », *CCE*, n° 1, janv. 2003, chron. 2.

[2] D'où l'on pourrait se tromper en imaginant que l'œuvre, qui n'existe pas sans support, est matérielle. En ce sens : V.-L. BENABOU, « Pourquoi une œuvre est immatérielle », *RLDI*, n° 1, janv. 2005, p. 53.

[3] D'où les textes juridiques, internationaux comme nationaux, définit le sujet, c'est-à-dire l'artiste-interprète titulaire du droit et non pas l'objet, et cela en décrivant ses activités.

[4] Nous ne pouvons pas imaginer un auteur qui réécrit son œuvre à l'identique, un traducteur qui traduit la même œuvre sans aucune modification, un photographe qui prend la même photo sans aucune modification dans l'objet ou dans les choix effectués de paramétrage. Par ailleurs, il y a, à notre sens, deux situations délicates qui sont proches de celle de l'interprétation, c'est-à-dire des créations dont la forme externe est susceptible de se renouveler : le peintre qui réalise la même conception en deux formes externes identiques, il en résulte deux tableaux successifs ; le fait que l'acte de réalisation de la forme externe s'est fait manuellement plaide pour une qualification d'œuvre (réelle) des deux réalisations (deux processus créatifs non pas une création et une reproduction, ce n'est pas le cas des productions plastiques résultant du moulage). En revanche, en ce qui concerne le metteur en scène qui réalise la même mise en scène de la même pièce avec les mêmes acteurs ou avec des acteurs différents, chaque représentation (de la pièce et de la mise en scène) ne saurait être considérée comme une réalisation d'une forme externe *différente* de la conception du metteur en scène. En effet, ce qui se renouvelle est l'ensemble des formes vivantes (les interprétations), ainsi, il s'agit des représentations non des réalisations d'œuvres (mises en scènes) différentes. Nous allons approfondir plus tard le cas de la mise en scène qui est une œuvre particulière comme la création du chef d'orchestre.

télévision, interaction du public présent etc.). En revanche, la forme technique de fixation ne fixe qu'un état précis de la forme externe de l'interprétation qui ne se reproduit jamais à l'identique.

366. Synthèse conclusive. En conclusion, il nous semble qu'il n'y ait pas de *justification théorique* à la distinguer juridiquement l'œuvre et l'interprétation. On a vu que l'herméneutique ne distingue pas entre les fruits des activités interprétatives : la traduction est conçue comme l'interprétation musicale, c'est-à-dire comme intermédiation qui est conditionnée par la compréhension et qui vise la communication. En revanche, il nous semble que la doctrine juridique se trompe sur le fondement qui pourrait expliquer la distinction juridique entre l'œuvre et l'interprétation. Car, selon nous, seule l'autonomie de la forme par rapport à son support de création pourrait *expliquer* cette distinction, et non pas l'inhérence de l'interprétation à l'œuvre interprétée. En définitive, la distinction étant le choix du droit positif, il est temps d'aborder les essais doctrinaux de rationalisation de la catégorisation des objets protégés dans la propriété littéraire et artistique.

§ 2. ESSAIS DOCTRINAUX POUR ELABORER UNE CATEGORISATION COHERENTE

367. L'exclusion de l'interprétation du champ de droit d'auteur, puis la création de la catégorie des droits voisins qui englobe, à côté du droit sur la forme vivante expressive, des droits sur des formes non expressives, et enfin, l'insertion de non-œuvres dans le champ du droit d'auteur, tous ces faits ont poussé la doctrine à proposer une catégorisation rationnelle des objets protégés dans le champ de la propriété littéraire et artistique. En effet, la doctrine, qui doit faire face à la multiplicité des objets juridiques construits à partir du réel, tend à rationaliser leur catégorisation ; pour ce faire, il y a deux choix : soit se concentrer sur les régimes soit se concentrer sur la nature des objets, c'est-à-dire soit focaliser, dans un souci de pragmatisme, sur l'articulation des régimes, soit organiser les objets à partir de leurs caractéristiques inhérentes, non considérées lors de la construction de l'objet juridique.

368. Plan. Nous aborderons la théorisation synthétique qui tend à fédérer les objets candidats à la protection dans une méga catégorie (**A**) ; ensuite, la catégorisation spécifique qui tend, au contraire, à faire des distinctions entre les objets selon des critères différents (**B**).

A. Approche synthétique

369. Théorie générale des droits voisins. Une partie de la doctrine a tenté de fédérer les objets protégés par le droit d'auteur ou par les droits voisins autour de la notion de droits voisins. Dans une thèse sur *la théorie générale des droits voisins*, une lecture originale a été présentée de tous les objets des droits voisins. En vertu de cette théorie, l'interprétation se confond avec d'autres objets dans une approche *pragmatique* qui nous rappelle la logique du *copyright.* L'auteur de cette théorie M.

PIERRE ADDA [1] part d'un postulat selon lequel les droits voisins ne peuvent pas être compris par eux-mêmes comme les autres droits, c'est-à-dire par l'étude de leurs objets ou leurs sujets, mais par un détour qui commence par l'étude du droit d'auteur et de son objet. La démarche de cette étude commence par un constat quant à la communication au public de certaines œuvres, qui nécessitent l'intervention des agents culturels ou financiers ; ces œuvres possèdent deux formes, la première est *l'écrit* et la deuxième est une *forme animée*, sonore ou visuelle. Pour cet auteur, les deux formes constituent des *représentations possibles de l'œuvre*. En d'autres mots, l'écriture constitue la première représentation de la *forme imaginée* ou une *fixation de la mémoire*, tandis que l'interprétation sonore ou visuelle constitue la deuxième représentation ou une *animation de ce qui est fixe*. Par conséquent, l'auteur serait « *le premier interprète de son œuvre, dans la mesure où la forme écrite est la transposition symbolique de l'œuvre* » [2]. En revanche, tous ceux qui interviennent pour la communication de l'œuvre au public, feraient d'autres transpositions en ajoutant l'animation, la durée et l'universalité à l'œuvre. M. ADDA conclut que les interprètes et les fabricants de phonogrammes et les organismes de radiodiffusion font œuvre d'auteur : « *Nous dirons [...] qu'il y a œuvre dans l'interprétation, qu'il y a œuvre dans la fixation de l'interprétation, qu'il y a œuvre dans l'émission de l'interprétation alors que l'œuvre n'existe qu'au second degré dans le texte* » [3]. En effet, dans un reversement de logique, cet auteur estime que l'auteur est le plus éloigné du « *mystère de la création* », car la forme qu'il crée n'est qu'une forme symbolique qui l'éloigne de la forme sensible (communicable), alors que les trois catégories (interprètes et fabricants de phonogrammes et organismes de radiodiffusion) donnent des formes « *plus proches de la création que celle, dépouillées, du texte ou de la partition* » puisque ce sont des formes communicables de façon directe.

370. La forme interprétative et la forme technique comme « méta-objets ». Le résultat de cette lecture globaliste finit par considérer que le droit d'auteur est un droit « lacunaire » puisque son objet est susceptible de métamorphoses [4] lors de son interprétation, puis lors de l'enregistrement ou de la transmission. Cette métamorphose, dont parle M. ADDA, doit s'entendre comme « *le substitut qui vient combler la lacune du mode de présentation de l'œuvre* » ; ainsi, chacun présente une forme de l'œuvre : l'écriture quant à l'auteur, l'interprétation vivante quant à l'interprète, le phonogramme quant au producteur de phonogramme et l'émission quant à l'organisme de radiodiffusion. En conclusion, M. ADDA détermine la nature des droits voisins dans les trois catégories comme étant « *des droits d'auteurs dont l'objet, susceptible d'une métamorphose, est le résultat d'une métamorphose*

---

[1] P. ADDAT, *Théorie générale des droits voisins*, thèse, paris II, 1979, surtout p. 583 et s.

[2] S'il est vrai que l'œuvre de l'esprit n'est pas la forme externe symbolique écrite, mais la forme interne intelligible ; il est erroné de considérer que l'auteur, en externalisant la forme interne, « interprète » son œuvre ! Car l'acte de réalisation de la conception est un élément de l'acte créatif de l'œuvre non de son interprétation. *Contra*, ADDA, son ouvrage précité, p. 591. Cet auteur considère que les droits voisins sont des droits de propriété revêtant un « *caractère spectaculaire* » qui les distingue du droit d'auteur qui « *propose une forme secrète, feutrée, confidentielle de l'œuvre* » : n° 44, p. 615.

[3] P. ADDA, *op. cit.*, surtout pp. 592-593.

[4] Donc il y a l'objet et le « meta-objet » ; l'auteur et les "agents de métamorphose". Ainsi, « *l'objet de droit d'auteur peut se métamorphoser en objet de droit de l'interprète [qui est aussi un droit] lacunaire puisque son objet est susceptible de métamorphose [au cas où l'interprétation a été enregistrée ou transmise]* ». ADDA, *op. cit.*, surtout p. 597.

réelle » [1]. Cette lecture est surprenante en ce qu'elle sépare l'auteur de son œuvre [2] : si l'œuvre est censée être « représentée » par la forme inerte de l'auteur ensuite par la forme vivante de l'interprète et par la forme technique, qu'est-ce qu'une œuvre, et qui serait son créateur ? La réponse de M. ADDA n'est pas moins étonnante, car, pour lui, l'œuvre, qui appartient au monde de l'esprit, est dans *ce qui est conçu* non pas dans ce qui est donné [3] ; cette œuvre est dans le domaine public dès qu'elle est dotée de sa première forme : « *l'œuvre est le résultat que se propose le texte ou l'interprétation chacun selon ses moyens* » [4]. Ainsi, toute forme externe introduite afin de communiquer l'œuvre est une œuvre en soi comme la première forme de réalisation. Par conséquent, le droit voisin lié à chaque intervention lors de la communication au public n'est aucunement inférieur, ni dépendant du droit de l'auteur [5]. En fin de compte, cette théorie générale se base sur une affirmation selon laquelle la transposition symbolique (la réalisation de la conception de l'auteur), l'interprétation, la fixation et l'émission sont des modes *d'appropriation de l'œuvre* qui, par leur nature intellectuelle, appartient à tous [6], et tout droit a pour but de *récompenser* la révélation et la communication de l'œuvre au public.

371. Appréciations critiques. Si le rôle de la doctrine est de démystifier le monde du droit surtout, quant aux objets juridiques, en rationalisant les catégories et en révélant leurs critères ; la soi-disant « théorie générale des droits voisins » confond tout et ajoute une couche de confusion qui rend invisibles les objets réels. Le premier point qui attire l'attention dans cette théorie est la déconstruction des fondements du droit d'auteur personnaliste en effaçant la distinction fondamentale entre le travail et la création. Cela a conduit l'auteur de cette théorie à considérer le droit d'auteur comme un monopole octroyé qui vise à récompenser un travail intellectuel. Aussi, en ce qui concerne les droits voisins, la faiblesse de cette théorie est manifeste. D'une part, la forme technique ne saurait jamais être assimilée à la forme créative, dans la mesure où la première est utilitaire et la deuxième est expressive. D'autre part, il est illogique de considérer la forme de l'œuvre au même degré que les formes de restitution, par conséquent, il est paradoxal de considérer l'auteur comme le premier interprète de son œuvre ; en revanche, la forme interprétative est polyvalente, puisqu'elle est, d'un côté, une restitution de la forme interne de l'œuvre et d'un autre côté, elle est une forme personnelle dans la mesure

---

[1] L'auteur aussi, selon cette théorie, réalise une métamorphose de l'œuvre en lui donnant une forme symbolique, mais, étant le premier à matérialiser l'œuvre, il s'agit d'une métamorphose virtuelle, tandis que les interprètes ou les fabricants de disques ou les organismes de radiodiffusion réalisent une métamorphose réelle de l'objet. ADDA, *op. cit.*, p. 607 et p. 609.

[2] M. ADDA qualifie l'attachement que l'on affirme entre l'auteur et son œuvre d'idéaliste ! (P. 612) et critique le vocable « l'œuvre de l'auteur » (p. 614) ; plus encore, cet auteur considère que la forme donnée par l'auteur pourrait être plus distante de « l'œuvre » que la forme de l'interprète, dans la mesure où, dit-il, la forme vivante pourrait être plus fidèle à l'œuvre que la forme symbolique !

[3] Contrairement à ce que nous soutenons : l'œuvre est la forme interne intelligible (la forme de l'esprit) ; la forme externe, état de la matière du support, peut être réalisée par une autre personne.

[4] P. ADDA, *op. cit.*, p. 611.

[5] En effaçant toute suprématie de l'œuvre et du droit d'auteur, cet auteur finit par la négation du droit moral ! Ainsi, propose-t-il de remplacer la formule « *l'auteur jouit d'un droit moral sur son œuvre » par la formule « l'auteur est le premier gardien d'un devoir moral à l'égal de l'œuvre* ». V. PIERRE ADDA, *Théorie générale des droits voisins*, thèse, paris II, 1979, p. 612.

[6] Aucun ne serait propriétaire [y compris l'auteur] de l'œuvre mais chaque intervenant est le propriétaire de la forme qu'il lui donne : P. ADDA, *op. cit.*, p. 613.

où elle exprime la subjectivité de l'interprète. Enfin, si cette lecture est purement théorique, force est de constater que la codification de 1992 s'inscrit dans la même logique de généralisation, ainsi, on a rassemblé sous l'appellation « propriété littéraire et artistique » des objets disparates sans considération de leur nature, ce qui correspond à la notion d'« objets protégés » utilisés en droit communautaire.

372. Aujourd'hui, la doctrine majoritaire fait le tri des objets et distingue les objets protégés et leur régime.

B. Approches analytiques

373. À défaut de pouvoir assimiler purement et simplement l'interprétation (et *a fortiori* les objets de droits voisins économiques) à une œuvre de l'esprit, ou à réduire l'œuvre de l'esprit à un simple « objet protégé » au même titre que les objets de droits voisins, d'autres lectures doctrinales ont proposé de qualifier l'interprétation en tant qu'objet indépendant de l'objet du droit d'auteur. Ainsi, Mme BUYDENS proposa une refonte générale en remaniant toutes les créations de l'esprit appartenant au domaine des lettres et de l'art (**1**). Mais, il nous semble que la catégorisation la plus cohérente et qui correspond le mieux aux fondements et aux traditions de la propriété littéraire et artistique personnaliste doit se fonder, d'abord, sur la distinction entre la création et le travail et, ensuite, entre les créations selon la nature de leur forme (**2**).

1. L'interprétation dans la catégorie de « quasi-créations »

374. La consécration de la catégorie des droits voisins au niveau international, européen et français, et l'élargissement itératif du champ d'application du droit d'auteur ont créé un problème au sein de la propriété littéraire et artistique, d'où l'idée d'une réorganisation de la matière dans une théorie de la quasi-création développée par Mme MIREILLE BUYDENS. L'idée consiste à distinguer trois *niveaux stratifiés de prestations* selon leur créativité. Il y a, d'un côté, les créations au sens strict, c'est-à-dire les formes originales créées librement et appartenant au domaine culturel ; et d'un autre côté, il y a les « non-créations » qui ne sont pas des créations à cause du défaut d'une activité intellectuelle d'un degré suffisant, ou d'un défaut de mise en forme suffisante ou de prestations n'appartenant pas au domaine culturel ; enfin, entre les deux niveaux, Mme BUYDENS propose l'établissement d'une catégorie qu'elle l'a appelée « la quasi-création » [1] ; par conséquent, il a été proposé de moduler la protection de ces « prestations » en fonction de la nature créative.

375. Notion de quasi-création. Mme BUYDENS distingue la quasi-création, *en amont*, par rapport à la création et, *en aval*, par rapport à la non-création. Tout

[1] Cette proposition se fonde sur l'existence des « zones frontières » où l'application du droit d'auteur est problématique voire forcée. Donc le but est de « réduire l'extension floue » du champ d'application de ce droit. M. BUYDENS, *La protection de la quasi-création (information, publicité, mode, photographies documentaires et esthétique industrielle …) en Droit belge, droit allemand, droit français*, Larcier, 1993, p. 249 et s. ; *contra*, FRANÇOIS PERRET, « La protection des prestations en droit privé suisse », *Revue de droit suisse*, 1977, p. 201 et s., qui refuse l'idée d'une « pyramide des valeurs créatrice » dont la base serait les simples prestations et le sommet serait les créations.

d'abord, le critère qui distingue la quasi-création et la création est *la liberté* qui est accessoire dans la première et fondamentale dans la deuxième. En revanche, ce qui distingue la quasi-création de la non-création est l'exigence d'une prestation de *nature créative* qui se cristallise dans une forme intellectuelle constituant une *entité autonome* [1]. Ainsi, selon cette théorie, « les prestations quasi créatives » partagent la même nature avec la création. D'abord, elles sont des « produits intellectuels » procédant d'un « effort intellectuel », d'où la qualité de prestataire quasi créatif ne saurait être reconnue à une personne morale que par l'effet d'une fiction juridique. Deuxièmement, cette notion consiste dans la production d'une chose nouvelle, car la nouveauté de la forme est un des indices de l'existence d'une prestation créative [2]. Troisièmement, la prestation quasi-créative doit avoir une forme intellectuelle, et cette forme doit être autonome et séparément exploitable de façon qu'elle puisse se cristalliser en une entité considérée comme produit intellectuel. En conséquence, Mme BUYDENS considère l'interprétation comme exemple d'une telle prestation quasi-créative, comme aussi les prestations de réalisation d'un phonogramme ou d'un vidéogramme. Par contre, la quasi-création se distingue de la création par le fait que la liberté nécessaire à la création n'est qu'accessoire par rapport aux contraintes techniques ou hiérarchiques qui s'imposent au prestataire de la quasi-création.

376. L'interprétation comme quasi-créations. En ce qui concerne les interprétations, Mme BUYDENS remarque d'abord l'exclusion des artistes de compléments de la catégorie, ce qui montrerait que l'octroi du droit voisin à l'artiste-interprète est « *soumis à une sorte de condition d'intensité intellectuelle de la prestation* ». D'ailleurs, il serait illogique, selon cette auteure, de distinguer dans le traitement juridique les prestations subordonnées à l'œuvre d'autrui. Autrement dit, distinguer l'interprétation et les autres prestations de seconde main qui sont marquées de la personnalité de celui qui transpose la forme de l'œuvre dans une forme nouvelle. Ainsi, et conformément à sa théorie, Mme BUYDENS ne suit pas la partie de la doctrine qui tendait à qualifier l'interprétation comme œuvre de l'esprit, mais à l'inverse, elle propose d'extraire certaines œuvres de la catégorie d'œuvre de l'esprit. En somme, il s'agirait de « *retirer la qualité d'auteur aux traducteurs, et d'une manière générale à tous les prestataires dont la prestation consiste à transposer l'œuvre d'autrui, c'est-à-dire à tous ceux dont la prestation est étroitement subordonnée à une œuvre existante de telle sorte que leur liberté dans la création est fondamentalement accessoire* » [3]. À la fin de ce processus de tri, on arrive à la mega-catégorie des « *prestations de nature créative appartenant au domaine esthétique ou technique* » et dont l'intensité créative est atténuée par les contraintes techniques ou hiérarchiques. Donc, ignorant la nature

---

[1] M. BUYDENS, *l'ouvrage précité*, p. 277.

[2] Mme BUYDENS évoque d'autres indices qui n'ont rien à voir avec la création intellectuelle tel que le succès commercial, la durée de la recherche ayant mené à la réalisation, les efforts financiers de réalisation ou de promotion etc. V. M. BUYDENS, *l'ouvrage précité*, p. 786.

[3] M. BUYDENS, *La protection de la quasi-création (information, publicité, mode, photographies documentaires et esthétique industrielle ...) en Droit belge, droit allemand, droit français*, Larcier, 1993, p. 532. Ainsi, sur une définition proposée de la quasi-création, p. 788.

de la forme, l'interprétation, comme toute œuvre dérivée et comme certaines formes techniques, serait une « quasi-création » [1].

377. Une entité intellectuelle homogène comme une solution globale. L'auteure de cette thèse considère qu'une théorie générale de la quasi-création aurait l'intérêt de fédérer les objets hétéroclites que l'on a protégé par le même système des droits voisins du droit d'auteur. D'autre part, cette théorie, en englobant les « œuvres polémiques » comme les logiciels ou les photographies, pourrait être un moyen de conserver l'intégrité de la catégorie d'œuvre de l'esprit [2]. En bref, cette solution permettrait de remplacer à la fois le système hétéroclite des droits voisins et le système désigné par la formule magique de droit « *sui generis* », avec d'autres objets, par une entité intellectuelle unique qui les engloberait tous.

378. Appréciations critiques. Si la théorie de la « quasi-création » est proposée comme solution qui tend de « purifier » le droit d'auteur des objets intrus [3], cette catégorie fourre-tout qui englobe tout ce qui ne peut pas accéder à la protection par le droit d'auteur, risque de bouleverser la catégorie des œuvres de l'esprit en excluant les œuvres dérivées ou composites du champ du droit d'auteur [4]. En ce qui concerne l'interprétation, cette catégorie a le même défaut de la catégorie hétéroclite des droits voisins, mais à plus grande échelle ; ainsi, sans aucune cohérence, les interprétations et les œuvres dérivées ou composites [5] se retrouvent dans une même catégorie avec les vecteurs de création, comme les phonogrammes et les vidéogrammes, et avec les logiciels ou les bases de données. Par ailleurs, en réduisant tous les objets rassemblés dans la catégorie proposée à des simples prestations, cette théorie se trompe d'objet dans la mesure où la propriété intellectuelle porte sur les formes issues de l'esprit, non sur les prestations de réalisation. Enfin, cette théorie fait fi d'un principe qui fonde la propriété littéraire et artistique qui est la distinction entre la création (des œuvres et des interprétations) et le travail (technique) et, par suite, entre la forme créative objet de la propriété intellectuelle et la forme laborieuse soumise au droit commun, sauf monopole légal.

2. L'interprétation dans la catégorie des propriétés personnalistes

379. Conformément à la tradition juridique séculaire du droit d'auteur français, fondé sur la distinction fondamentale entre le travail et la création conduisant à une distinction entre la forme laborieuse (soumise au droit commun) et la forme

---

[1] Où précisément, des prestations quasi-créatives. Sur l'objet de protection du régime proposé, voir la grande liste que Mme BUYDEN suggère dans son ouvrage précité, p. 790.

[2] Sur l'ensemble des problématiques liées à la qualification d'œuvre de l'esprit (la qualité de créateur et la personne morale, la protection des idées, l'originalité, le genre et le mérite et les nouvelles formes d'expression etc.) V. *L'œuvre de l'esprit en question(s). Un exercice de qualification*, coll. ss. dir. A. BENSAMOUN, F. LABARTHE et A. TRICOIRE, Mare & Martin, 2015, 252 p.

[3] L'idée est « un champ étroit mais une protection forte ».

[4] Mme BUYDENS assimile l'interprète au traducteur dans la mesure où tous les deux ont une liberté limitée par les exigences résultant de la volonté d'autrui (auteur de la pièce ou du texte à traduire, volonté du metteur en scène), V. M. BUYDENS, *La protection de la quasi-création (information, publicité, mode, photographies documentaires et esthétique industrielle …) en Droit belge, droit allemand, droit français*, Larcier, 1993, pp. 276 - 277.

[5] Cette distinction entre les œuvres traditionnelles et les œuvres de seconde main pourrait être accueillie dans le droit belge qui connait la notion du « degré d'intensité » de la créativité mais ne peut pas être justifiée en droit français.

créative (objet d'une propriété incorporelle), les Professeurs GAUDRAT et MASSE ont proposé d'organiser les catégories (donc les objets) du Code de la propriété intellectuelle [1]. Dans un rapport qui a précédé la loi dite DADVSI de 2006. Les deux Professeurs ont proposé sept modifications formelles et douze modifications de fond, sachant que certaines modifications de forme ont une incidence sur le fond [2]. Ce qui nous intéresse est le plan proposé qui correspond à une *catégorisation cohérente* selon la nature réelle des objets considérés. En effet, les deux auteurs ont proposé de modifier l'intitulé du Code de la propriété intellectuelle en le dénommant « Code des propriétés intellectuelles » tout en distinguant ces propriétés des propriétés incorporelles. Ainsi, les objets juridiques prennent leur place dans l'une ou l'autre catégorie selon des critères cohérents [3] tirés de la nature des choses que l'on veut intégrer au monde du droit.

380. Contenu des catégories proposées. La première distinction fondamentale proposée est la distinction entre *les propriétés intellectuelles* et *les propriétés incorporelles* ; en effet, l'objet des premières propriétés est *la forme issue de l'esprit* qui est forcément incorporelle. Mais, tout objet incorporel n'est pas nécessairement intellectuel. Chacune de ses deux catégories est divisée en sous-catégories :

– D'abord, à l'intérieur des propriétés intellectuelles, il est proposé de distinguer entre *les propriétés personnalistes* sur les œuvres et les interprétations, c'est-à-dire sur les formes expressives, et *la propriété industrielle* sur les créations utilitaires (brevet, dessins et modèles, obtentions végétales et topographies de semi-conducteurs). En même temps, le rapport propose d'isoler les dispositions relatives à la protection des logiciels dans un chapitre à part, comme ce fut le cas dans la loi Lang de 1985 c'est-à-dire avant la codification de 1992 [4].

– En ce qui concerne les propriétés incorporelles, deux sous-catégories sont proposées : d'abord, *les droits exclusifs* sur les objets d'investissements (les droits voisins économiques y compris le droit du producteur de bases de données) qui ont la nature d'un monopole légal, et *les droits de clientèles* (propriété des signes distinctifs, propriété du fonds de commerce ...).

381. Appréciations approbatives. La refonte générale proposée, même si elle n'a pas été retenue, a le mérite de la cohérence qui pourrait se mesurer en confrontant les objets juridiques et les objets réels. L'interprétation donne un bon exemple de cette catégorisation rationnelle : étant une forme de l'esprit, l'interprétation doit faire l'objet d'un droit de propriété incorporelle, et étant de

---

[1] « La titularité des œuvres réalisées dans les liens d'un engagement de création », Rapport des Professeurs GAUDRAT et MASSE à Madame la ministre de la culture, Madame la ministre de la justice et Monsieur le secrétaire d'État à l'industrie, 2000 ; G. VERCKEN, « Rapport des Professeurs PH. GAUDRAT et G. MASSE sur "La titularité des droits sur les œuvres réalisées dans les liens d'un engagement de création" », *CCE*, n° 1, chron. 9, janv. 2002.

[2] Le rapport précité, la troisième partie : « propositions de modifications des textes actuels », n° 115 et s.

[3] Nous entendons par « critère cohérent » l'élément de référence qui permet de filtrer les choses et de déterminer celles qui peuvent être promues en objet juridique, tout en étant conforme à la nature de ces choses (si le critère n'est pas tiré de la nature de l'objet réel, il est artificiel. Par exemple, une chose meuble par nature peut être qualifiée de bien immeuble grâce à un critère artificiel : le rattachement à un bien immeuble). Par exemple, les créations artistiques sont des objets juridiques de la propriété littéraire et artistique dans la mesure où elles sont des *formes expressives originales* ; alors que le critère de la fixation ne permet pas de déterminer les objets de cette catégorie ni d'exclure d'autres objets étrangers.

[4] Les auteurs du rapport proposent de situer ce chapitre soit dans la sous-catégorie de la propriété industrielle, soit dans la sous-catégorie des monopoles légaux sur les objets d'investissement.

nature expressive comme l'œuvre de l'esprit, elle doit être dans la sous-catégorie des propriétés personnalistes. En revanche, les objets des droits voisins économiques étant artificiels [1], il est logique qu'ils soient rassemblés dans une sous-catégorie englobant les monopoles légaux octroyés sur le fondement de l'investissement. Enfin, si cette proposition n'a pas été suivie par le législateur, force est d'admettre sa construction logique qui s'imposerait si l'on reste fidèle aux principes de la propriété littéraire et artistique personnaliste. Heureusement, la loi LCAP de 2016 [2] et l'ordonnance du 12 mai 2021 semblent s'inscrire dans cette philosophie, ce dont témoigne le rapprochement du régime du droit voisin sur l'interprétation et le droit d'auteur sur l'œuvre.

382. Bilan. Le droit positif en matière de droit voisin de l'artiste-interprète montre un décalage entre la nature réelle de l'interprétation en tant que *création dérivée* et celle de l'objet juridique construit ; cela résulte de l'autonomie imposée à l'interprétation et son intégration dans la catégorie hétéroclite des droits voisins du droit d'auteur. Une partie de la doctrine, qui a constaté tôt la mutation de la propriété littéraire et artistique [3], a tenté d'analyser tant la nature de ces droits que celle des objets protégés ; mais une seule doctrine, à notre sens, mérite à être suivie : c'est celle qui tente de rapprocher l'objet réel et l'objet juridique, c'est-à-dire l'analyse qui propose de construire l'objet juridique à partir de la nature réelle de la chose qu'il représente. Ainsi, nous souscrivons à cette doctrine qui qualifie l'interprétation de *création* et l'artiste-interprète de *créateur* [4] ; elle distingue les intermédiaires artistiques des intermédiaires techniques.

---

[1] Nous avons expliqué que la forme laborieuse (procédant d'un simple travail et/ou financement) n'a pas de statut propre, ainsi, le droit commun s'applique : le travailleur n'a pas de droit de suite sur la forme produite, et le propriétaire de la matière transformée doit rémunérer le travail. Mais, le législateur peut soustraire les produits d'un simple travail de la concurrence en octroyant un monopole légal sur ces produits, ce qui est le cas des formes techniques de fixations, enjeu de monopole des producteurs et diffuseurs.

[2] Loi n° 2016-925 du 7 juillet 2016 relative à la liberté de la création, à l'architecture et au patrimoine. V. surtout P. TAFFOREAU, « Le droit d'artiste-interprète, un droit de plus en plus voisin du droit d'auteur », *D.* 2015, p. 2328.

[3] Surtout trois auteurs : X. DAVERAT, *L'artiste-interprète*, t. 2, pp. 745-809 ; B. EDELMAN, *La propriété littéraire et artistique*, Que sais-je ? 4e éd., PUF, 2008, p. 67 et s. et p. 91 et s ; PH. GAUDRAT, « Propriétés intellectuelles & tradition française : rappels historiques », Conférence inaugurale de l'Association Marcel Plaisant, Poitiers, 3 déc. 2018.

[4] C'est la doctrine de deux spécialistes du droit voisin de l'artiste-interprète : P. TAFFOREAU, « La notion d'interprétation en droit de la propriété littéraire et artistique », *Propr. Intell.*, n° 18, 2006, et X. DAVERAT, *L'artiste-interprète*. *Adde* PH. GAUDRAT, Rép. Civ. Dalloz, V° *Propriété littéraire et artistique : (1° la propriété des créateurs)*, 2007. *Contra* une doctrine qui reprend l'expression de DESBOIS « *les auxiliaires de la création littéraires et artistiques* » : F. POLLAUD-DULIAN, *Le droit d'auteur*, 2e éd., 2014, n° 2265, p. 1490 ; A. LUCAS et *al.*, *Traité de la propriété littéraire et artistique*,5e éd., n° 56, p. 74 ; M. VIVANT et J.-M. BRUGUIERE, *Droit d'auteur et droits voisins*, 4e éd., 2019, Dalloz, qui affirment l'autonomie de l'ensemble des droits voisins : « *En bref, le droit voisin est un peu le Canada dry du droit d'auteur. Cela a la couleur du droit d'auteur, le goût du droit d'auteur ... mais ce n'est pas du droit d'auteur* », p. 1168, et sur l'interprétation p. 1217 ; X. LINANT DE BELLEFONDS, *Droit d'auteur et droits voisins*, 2e éd., Delmas,1997 : « *il ne s'agit pas d'un droit d'auteur à profil particulier, mais de monopoles privatifs différenciés ... [qui] ne surgissent pas du fait de la création des œuvres mais du fait de leur mise en circulation* ». Récemment, et plus nuancé : M. S. PESSINA et Mme J. BACOUELLE dans leur ouvrage respectif précité, qui, tout en distinguant l'œuvre et l'interprétation, considèrent l'interprétation comme « recréation ». Quant à nous, nous croyons que l'interprétation est toujours traitée « par rapport » non en soi ; ainsi elle est exclue de la qualification d'œuvre/création pour n'être qu'une « recréation ». Mais cela revient à se baser sur l'absence de l'autonomie (la dépendance) par rapport à l'œuvre interprétée, ce qui ne fonde pas, comme nous l'avons expliqué, la distinction entre les deux créations. Nous revenons dans le chapitre suivant sur le rapport entre

Le rapport entre interprétation et œuvre ne se résume pas à *l'autonomie* des deux objets juridiques : interprétation et œuvre ; car, si l'interprétation est autre chose qu'une œuvre de l'esprit *dans la construction juridique*, elle dépend d'une œuvre dont la forme est interprétable. Ce préalable permet de distinguer deux sortes de forme vivante : l'une est *la forme vivante interprétative* d'une forme interprétable *préexistante* ou *concomitante*, et l'autre est *la forme vivante non expressive* qui se réduit à une simple prestation physique.

SECTION II : DEPENDANCE DE L'INTERPRETATION

383. Si l'interprétation n'est pas une œuvre de l'esprit en droit positif et fait l'objet d'un « simple » droit voisin, il n'en demeure pas moins qu'elle dépend, plus que les autres objets de droits voisins, d'une œuvre de l'esprit [1]. En effet, au sens général, quand on parle d'interprétation, cela implique l'existence d'un *objet interprété*. Dans le cas de l'interprétation artistique, cet objet doit être une *création expressive interprétable* (dont la communication sous forme sensible nécessite l'intermédiation d'une forme vivante expressive). Ainsi, il faut analyser ce sur quoi l'interprétation porte et ses conditions ; cela nous conduit aussi à analyser certains cas particuliers où cet objet interprété fait défaut ou est créé en même temps que son interprétation.

384. Plan. Le principe est que la forme vivante expressive dépend d'une *forme conventionnelle interprétable et préexistante* (**§1.**), mais il y a des cas particuliers où la forme vivante *exprime deux créations concomitantes* (**§2.**).

§1. DEPENDANCE D'UNE ŒUVRE INTERPRETABLE PREEXISTANTE

385. Comme la Convention de Rome de 1961 (article 3-a), l'article L. 212-2 du Code de la propriété intellectuelle qui définit l'objet du droit voisin de l'artiste-interprète en décrivant les activités interprétatives, précise que ces actes portent sur une œuvre : « *[…] l'artiste-interprète ou exécutant est la personne qui représente, chante, récite, déclame, joue ou exécute de toute autre manière une œuvre littéraire ou artistique, un numéro de variétés, de cirque ou de marionnettes* » [2]. Le Traité de Genève de 1996 (WPPT) en matière sonore et celui de Beijing de 2012 (WAPT) en matière audiovisuelle définissent l'objet du droit de l'artiste-interprète de la même manière, c'est-à-dire

---

l'interprétation et la création, c'est-à-dire, ce que l'on croit savoir et sur ce que l'on doit savoir de l'identité de l'interprétation.

[1] Le phonogramme ou le vidéogramme sont définis comme des séquences sonore ou audiovisuelle qui seront objet du monopole de celui qui « *a l'initiative et la responsabilité de la première fixation* ». Le programme aussi ne fait pas référence à son contenu. Seul le nouvel objet de droit voisin des éditeurs et agences de presse définit l'enjeu de leur monopole à partir de certaines utilisations des publications de presse qui doivent contenir une œuvre de nature journalistique, L. 218-1-I du Code de la propriété intellectuelle.

[2] Étant précisé que la liste d'œuvres dans l'article 112-2 du Code de la propriété intellectuelle a été élargie en ajoutant : « *4° Les œuvres chorégraphiques, les numéros et tours de cirque, les pantomimes, dont la mise en œuvre est fixée par écrit ou autrement* » [nous soulignons]. Nous avons dit que, concernant ces œuvres dont la forme externe pourrait être une forme vivante, l'exigence de fixation par écrit est nécessaire pour pouvoir distinguer la forme externe de l'œuvre de celle de l'interprétation.

en décrivant les activités interprétatives, mais en élargissant l'objet de ces activités. Ainsi, l'article 2-a, dans les deux traités, définit les artistes-interprètes ou exécutants comme ceux qui « *[...] représentent, chantent, récitent, déclament, jouent, interprètent ou exécutent de toute autre manière des œuvres littéraires ou artistiques ou des expressions du folklore* ».

386. Plan. L'interprétation dépend d'une œuvre de l'esprit. Mais toute œuvre ne peut pas faire l'objet d'une interprétation. Ce constat est mis en cause par l'art contemporain (**A.**). En revanche, l'existence d'une forme interprétable ne suffit pas, car cette forme doit être divulguée dans ce but. D'autres questions sur les caractéristiques de l'objet interprété se posent : doit-il être toujours protégée, ou il suffit qu'il l'eût été déjà ? doit-il être original ? (**B.**).

A. L'œuvre interprétée

387. Tant dans la nature des choses qu'en droit positif, l'interprétation suppose l'existence d'un *objet interprété* [1]. Il s'agit d'une forme dont la communication nécessite l'intermédiation d'une forme vivante, c'est-à-dire une forme *de nature interprétable* (**1**). Cela a posé un problème lors de la qualification de certaines œuvres non interprétables comme la « performance art » ou encore les recettes de cuisine (**2**).

1. Forme interprétable

388. Du point de vue de l'interprétation, les œuvres de l'esprit peuvent être regroupées en deux catégories. Dans la première, l'activité créative de l'auteur produit une œuvre dont la forme est *permanente* et vivante d'une *vie autonome*, hors l'acte générateur. À l'opposé, les œuvres appartenant à la deuxième catégorie ne sont que des *virtualités* car l'acte créatif dont elles procèdent refuse de se figer en une forme *solitaire*, c'est le cas de la musique, de la danse et des autres *arts du temps* selon l'expression de Mme GISELE BRELET [2]. En d'autres termes, nous pouvons distinguer deux sortes d'œuvres : celles dotées d'une forme *interprétable* (**a**) et celles n'ayant pas une telle forme (**b**). Le rapport de la forme avec l'espace et le temps nous révèle cette distinction.

a. Œuvre à forme de communication directe

389. Conception uniforme et stable et conception ouverte. La forme externe des œuvres communicables directement est soit sensible soit conventionnelle. La forme sensible est la forme dont la restitution dans l'esprit des amateurs est directe par la *perception*, comme c'est le cas dans les œuvres graphiques ou plastiques ; tandis que la forme conventionnelle nécessite, pour sa restitution intellectuelle, en plus de la perception, un *déchiffrage*, comme les œuvres de l'écrit.

---

[1] La doctrine est unanime sur la nécessité d'une œuvre interprétée comme condition du « voisinage », mais sans approfondir la nature de sa forme. V. A. LUCAS, A. LUCAS-SCHLOETTER et C. BERNAULT, *Traité de la propriété littéraire et artistique*, LexisNexis, 2017, n° 1333 ; M. VIVANT et J.-M. BRUGUIERE, *Droit d'auteur et droits voisins*, 4e éd., 2019, Dalloz, n° 1240, p. 1216.

[2] G. BRELET, *L'interprétation créatrice, t. 1 : L'exécution et l'œuvre*, Presses Universitaires de France, 1951, p. 129.

Mais dans les deux cas, la communication se fait *directement entre deux pôles*, auteur-amateur, *via* le support matériel adéquat. Ces œuvres sont une réalité, dans la mesure où elle possède une *existence autonome* et *objective*, puisqu'une fois réalisée, leur forme sera déterminée (arrêtée) dans un *espace* donné, où l'œuvre conserve ses caractérisations *immuables*. Prenons l'exemple d'un tableau, d'un livre ou de n'importe quelle œuvre graphique ou plastique ; nous y trouvons manifestement le support [1] où est figée la forme [2]. En effet, la réalisation dans ce genre d'œuvres est *l'incarnation* de la conception et le *vecteur direct* des idées de l'auteur. Il en résulte que toute réalisation garantissant l'unicité de l'œuvre est en même temps un *appauvrissement* de la conception [3] ; tandis que dans les œuvres interprétables la conception *s'actualise* et *vit dans l'acte d'exécution* non dans une forme/support uniforme et stable. Pour cette raison, Mme GISELE BRELET [4] estime que l'œuvre musicale ne contient en elle-même aucune beauté immédiate, car les notes ne sont que des symboles des sons absents ; donc, toute la *richesse* d'une œuvre en attente d'une interprétation existe dans les possibles auxquels elle donne lieu [5].

390. La conception thématique et méthodologique (premières remarques). La conception dans l'œuvre dont la forme externe est uniforme et stable s'arrête avec l'achèvement. En revanche, l'œuvre interprétable, tout en étant achevée par la réalisation de la forme conventionnelle du fait de l'auteur, n'arrête que la conception *thématique* et reste ouverte quant à la conception *méthodologique* [6]. En effet, la créativité ne s'arrête pas à l'imaginaire (l'irréel), c'est-à-dire à la conception thématique, car il existe une créativité dans *la manière de restituer le réel.* En bref, dans le cas de l'œuvre dont la forme est communicable directement au public, l'auteur assume toutes les fonctions créatrices, sans laisser de place qu'à l'éventuel intermédiaire technique qui n'apporte rien à la forme expressive. Au contraire, si l'œuvre est interprétable, la conception thématique de l'auteur est susceptible (et destinée) à être exprimée par l'intermédiaire d'une forme interprétative qui traduit (au moins) une conception méthodologique.

---

[1] V. V.-L. BENABOU, « Pourquoi une œuvre de l'esprit est immatérielle », *RLDI*, n° 1 janv. 2005, p. 53 et s.

[2] Alors que la forme externe vivante et son support de création (la personne de l'artiste-interprète), sont changeants.

[3] Nous voulons dire par « appauvrissement de la conception par sa réalisation unique » que la forme réalisée arrête cette conception une fois pour toutes, alors que dans l'œuvre interprétable, la conception reste ouverte à tout complément : interprétation (conception méthodologique ajoutée) ou improvisation (conception thématique et conception méthodologique ajoutées).

[4] GISELE BRELET (1915-1973), philosophe en esthétique et musicologue française. Une grande partie de ses travaux étaient concentrés sur l'interprétation musicale. Inspirée de la philosophie de KANT, elle a écrit *Esthétique et création musicale* en 1947 ; s'appuyant sur les philosophies de BREGSON et DE LAVALLE, elle a écrit *Le temps musical* en 1949 ; et enfin son ouvrage magistral qui intéresse le plus notre sujet, *l'interprétation créatrice* (Tome I : L'exécution et l'œuvre - Tome II : L'exécution et l'expression) publié en 1951.

[5] G. BRELET, *L'interprétation créatrice, t. 1 : L'exécution et l'œuvre*, Presses Universitaires de France, 1951, p. 4.

[6] Nous allons développer plus tard les deux notions : conception thématique et méthodologique. Pour l'instant, il suffit de savoir que ces deux *étapes conceptrices* ont un point commun qui est leur origine : l'outil mental. « *La première conception est la thématique que développe l'imagination ; l'autre est la conception méthodologique qui appartient à l'artifice (ou à l'art). Cette dernière permet de plier une technique d'expression à la projection de la conception développée mentalement, c'est-à-dire la conception du thème développée par l'imagination* ». Pour aller plus loin, V. PH. GAUDRAT, Rép. Civ. Dalloz, V° *Propriété littéraire et artistique : (1° la propriété des créateurs)*, 2007, n° 34 et n° 35.

b. Œuvre à forme interprétable

391. Précision. Dans son sens le plus large, l'interprétation désigne toute restitution ou tout dévoilement du sens d'un texte ou d'un phénomène de tout ordre. Dès lors, toute œuvre de l'esprit est une forme interprétable, dans la mesure où elle est prête à la reconstitution par tout récepteur-amateur [1]. Mais, ce que l'on vise ici par le terme « interprétation » est autre chose : ce n'est ni la *compréhension*, ni *l'explication*, mais la forme vivante intermédiaire (à la communication entre les deux pôles auteur-public) et expressive (de la personnalité de l'interprète). Ainsi, selon cette restriction du sens, toute œuvre n'est pas susceptible d'être interprétée. En fait, l'œuvre interprétable se caractérise, en sus de ce que nous avons dit plus haut, par plusieurs caractéristiques inhérentes, que nous pouvons résumer par les points suivants :

i. L'œuvre interprétable est une forme primitive en attente d'une forme intermédiaire

392. Pour être communiquée au public, l'œuvre interprétable nécessite l'intermédiation d'une forme vivante interprétative. En d'autres termes, la forme codée (les indications des mouvements du corps, les notes de la musique, les directives des personnages etc.) n'est que la *forme-source* qui doit être déchiffrée afin que l'œuvre soit communiquée en forme sensible (sonore et/ou visuelle). En effet, l'essence même de cette œuvre est un appel à l'acte, puisque sa vie est une actualisation constante. HEGEL l'avait remarqué en comparant deux formes d'œuvre : l'architecture et la musique ; la première a une permanence *objective et durable*, tandis que la seconde ne l'a pas, ce qui nécessite une *intermédiation sans cesse renouvelée* à chaque nouvelle communication [2]. Cette intermédiation consiste en l'intervention d'une personne physique laquelle met son âme tout entière dans l'œuvre qu'elle interprète [3]. Cela nous conduit à une caractéristique propre aux œuvres interprétables : leur reconstitution est active ; autrement dit, l'interprétation ne laisse pas l'œuvre inchangée, parce qu'elle est un acte créatif qui prolonge l'œuvre et achève sa forme afin qu'elle soit perceptible au public [4].

ii. L'œuvre interprétable est une forme qui ne s'enferme pas dans l'espace

393. L'œuvre interprétable est « *une forme qui n'enferme dans l'espace que sa permanente possibilité d'être retrouvée* » [5]. Dans les œuvres interprétables, la forme conventionnelle n'est que le *noyau formel* à partir duquel fleurissent les autres formes

---

[1] Dit autrement, toute œuvre pourrait faire l'objet d'une interprétation au sens herméneutique large : une traduction de l'œuvre, un discours autour de l'œuvre, une critique, un commentaire etc.

[2] G. W. F. HEGEL, *Esthétique*, t. 3, trad. CHARLES BENARD, édition Germer-Baillière, Paris 1840, p. 151 ; aussi en opposant la musique et la peinture, p. 239.

[3] G. W. F. HEGEL, *Esthétique*, t. 3, trad. CHARLES BENARD, édition Germer-Baillière, Paris 1840, p. 151.

[4] Nous allons voir que l'amateur lui-même fait une reconstitution de la forme interne de l'œuvre, mais son « interprétation » n'est qu'une reconstitution *passive* dont la finalité est *la compréhension/l'imagination* de l'œuvre, contrairement à la finalité sociale qui gît dans *l'expression* de la personnalité dans l'interprétation que *propose* l'artiste-interprète au public.

[5] G. BRELET, *op. cit.*, p. 4.

qui sont les interprétations [1]. Ce n'est pas à dire que sans interprétation, il n'y a pas de réalisation, car sans réalisation matérielle il n'y a pas d'œuvre. En effet, la réalisation de l'œuvre interprétable se fait au travers d'une forme externe *inerte* ; l'interprétation ajoute un autre niveau de forme externe qui est la *forme vivante interprétative*. À l'opposé, l'œuvre qui est réalisée une fois pour toutes, en excluant à jamais les possibles, est une œuvre qui possède une existence *permanente et objective*. Certes, cette œuvre est susceptible d'une reconstitution dans l'esprit des amateurs ; elle peut faire l'objet d'une création de seconde main (par exemple la traduction d'une œuvre littéraire) ; mais sa forme externe inerte possède la particularité de *se suffire à elle-même*. En conclusion, il résulte de la nature ouverte des œuvres interprétables une *distance temporelle* entre une *essence unique* (noyau formel) réalisée par l'auteur, et *la multiplicité d'existences*, c'est-à-dire les réalisations interprétatives [2].

iii. L'œuvre interprétable a une existence dynamique

394. Complément du caractère précédent, l'œuvre interprétable, qui ne s'enferme pas dans l'espace (dans la forme inerte), se caractérise par son existence dynamique (dans le temps). L'œuvre interprétable « *s'offre en participation aux durées personnelles et vivantes* » [3], sans qu'aucune des formes vivantes n'enclore la *vérité* définitive de l'œuvre. Ce caractère s'avère surtout dans l'œuvre musicale, mais il est juste aussi dans toutes les œuvres interprétables, c'est-à-dire celles appartenant à *l'art du temps*. C'est ce caractère qui laisse penser, à tort, que l'œuvre interprétable ne s'achève qu'avec l'interprétation, mais il n'en est rien. En fait, la spécificité de la forme de l'œuvre interprétable réside dans le fait que chaque interprétation représente son existence, c'est pour cette raison que l'on peut dire que le temps, entendu comme la période qui s'écoule entre deux événements, est un élément de sa forme [4].

iv. L'œuvre interprétable existe à travers d'une personne vivante

395. L'œuvre interprétable se caractérise par le fait qu'elle cumule l'expression de deux personnalités : d'abord celle de l'auteur et ensuite celle de l'interprète. L'auteur de l'œuvre interprétable fait, dès la création de son œuvre, appel à la personnalité de l'interprète, à tel point qu'il y a même des œuvres écrites pour un interprète prédéterminé (une chanson, un film ou une pièce de théâtre). En fait, l'œuvre interprétable ne se réduit pas à un simple *texte à lire*, même si elle peut être lue ou étudiée comme un texte littéraire, car elle demeure *par essence* destinée à revêtir une forme vivante et à être *représentée* à un public. Ainsi, surtout en matière

---

[1] Mais, toute forme conventionnelle n'est pas forcément interprétable : le plan d'une œuvre architecturale est une forme externe conventionnelle de cette œuvre ; mais sa réalisation en trois dimensions, tout en étant une forme sensible de cette œuvre, n'est pas une « interprétation » de la forme conventionnelle (le plan) ; ainsi, les réalisations répétées du même plan sont des *reproductions*. (L. 122-3 al. 3 du Code de la propriété intellectuelle : « *Pour les œuvres d'architecture, la reproduction consiste également dans l'exécution répétée d'un plan ou d'un projet type* »).

[2] G. BRELET, *op. cit.*, p. 4.

[3] G. BRELET, *op. cit.*, p. 6.

[4] Sur ce point, Hegel dans *l'Esthétique* compare la forme de l'architecture et celle de la musique [modèle exemplaire de la forme interprétative], une distinction reprise par G. BRELET, *op.cit.* p. 6-7.

de théâtre, de cinéma ou de musique, l'écrit n'est pas seulement le texte à lire (le texte publié), mais aussi *le texte à dire*, car le texte est destiné à la communication orale, sonore ou audiovisuelle [1].

v. L'œuvre interprétable est une forme qui vit dans le temps et les gestes

396. Dans les œuvres non interprétables les gestes de l'auteur n'ont pas d'importance, car ce qui compte c'est le résultat de l'action. En revanche, les œuvres interprétables, tout en étant la production de l'activité créatrice de leur auteur, ont besoin d'une *présence physique qui combine les gestes et le temps réel* ; autrement dit, *les gestes vivants* [2]. Ces gestes dans les œuvres interprétables, même si leur existence est en puissance, ainsi que le temps où s'effectuent ces gestes, font partie de la forme externe interprétative [3].

397. Typologie des œuvres interprétables. L'œuvre interprétable, qui se traduit en forme vivante, est une *création de temps*, *une création de mouvement et de gestes*. Les gestes vivants comportent deux aspects entre lesquels l'interprète fait la liaison. C'est *l'aspect temporel* et *l'aspect spatial* : les gestes s'inscrivent dans un temps et dans un espace qui font partie de la forme interprétative. Cependant, le rapport entre ces deux aspects n'est pas le même dans les interprétations des différents domaines [4].

1° En matière de danse (art de mouvements et de temps) les *gestes* ont une existence objective dans le monde visible ; ce sont ces gestes qui sont communiqués.

2° En ce qui concerne la musique (art de sons et de temps), les gestes ne sont que les *moyens*, puisqu'ils sont au service de la *sonorité* (les mouvements des mains ou du corps du pianiste ou du violoniste n'ont pas d'importance en soi).

3° Enfin, en matière d'art dramatique (théâtre, cinéma etc.), ce qui est communiqué cumule l'aspect gestuel, sonore ou audiovisuel, et temporel (le temps fictif qui s'inscrit dans le temps réel du spectacle).

---

[1] « *Mais peut-être ne faudrait-il pas oublier que la matérialité du théâtre est d'abord et avant tout celle de la voix et du geste, donc tout entière enclose en un acteur, lui-même mis au service d'une œuvre pré-écrite* », CHRISTINE HEMMET, « théâtre », *in Dictionnaire encyclopédique du théâtre*, ss. dir. MICHEL CORVIN, Larousse, 2003, p. 1613.

[2] En synthèse, la forme vivante est un ensemble de comportements corporels qui déroulent dans un temps vécu par l'artiste et qui s'inscrivent dans le temps réel (de la communication).

[3] Concernant le temps réel, Mme G. BRELET, dans *L'interprétation créatrice*, fait la différence entre le temps théâtral d'un côté, et le temps dans la danse et la musique de l'autre. Effectivement, le temps dans le théâtre est *imaginaire et fictif* car il est *construit*, et le travail de l'acteur est de faire croire qu'il est un temps réel. Ainsi, la règle des trois unités n'est qu'un essai pour rapprocher les deux temps fictif et réel. D'un autre côté, le temps dans la musique et la danse n'a rien de fictif dans la mesure où le temps représenté dans l'interprétation ne diffère pas du temps réel. Nous prolongeons cette idée pour exclure les prestations de participants de la « télé réalité » de la qualification d'interprétation artistique : ces prestations ne s'inscrivent pas dans un temps imaginaire et fictif comme c'est le cas des prestations dramatiques. Ainsi, être soi-même dans un enregistrement ne donne pas lieu à une interprétation.

[4] Les textes juridiques en matière de droit voisin de l'artiste-interprète se concentrent sur les activités interprétatives ce qui permet d'en tirer une typologie des œuvres interprétables : en définissant l'artiste-interprète comme la personne qui « *représente, chante, récite, déclame, joue ou exécute de toute autre manière une œuvre littéraire ou artistique* », la référence est faite aux créations de mouvements/gestes et de temps. Seulement le mot « représenter » est un peu ambigu, car il désigne à la fois *l'acte de porter à la scène* et *l'acte de rendre présent à la vue ou exposer*, ainsi ce deuxième sens peut désigner la simple exposition d'une forme inerte. Néanmoins, l'objet concerné (l'interprétation) expliqué par ce verbe dissipe l'équivoque : le verbe représenter est pris dans son sens qui réfère à l'art de la scène.

2. Cas polémique : « *performance art* »

398. Œuvre interprétable et art contemporain. L'art contemporain a toujours posé des questions qui remettaient en cause des principes établis, non seulement en matière de droit d'auteur, mais aussi en matière d'interprétation. C'est le cas de la « performance artistique » [1] basée sur une œuvre d'une forme non interprétable, comme la forme sensible, dont la communication est directe et sans intermédiaire. Par exemple, une performance qui se rapporte à un tableau ou à une œuvre plastique. La question se pose alors de la qualification de cette « performance » [2] en tant qu'interprétation, puisqu'il s'agit d'une action ou d'une série d'actions, ce qui laisse à penser que l'on est passé d'une création *spatiale* à une création *temporelle*, c'est-à-dire à une interprétation [3].

399. Exemples. Dans une affaire polémique, une artiste performeuse luxembourgeoise a exhibé en 2014 son sexe devant le tableau de COURBET « l'origine du monde » qui représente un sexe de femme. L'artiste qui portait une robe dorée, faisant référence au cadre du tableau, a intitulé sa performance *Miroir de l'Origine*, et a accompagné cette prestation par sa voix préenregistrée comme un fond sonore [4]. Elle a déclaré, suite à l'accusation d'exhibitionnisme, que son action « très pensée » est une « œuvre d'art réfléchie » ; alors que « *l'exhibitionnisme est un geste impulsif et n'est pas un acte de création* ». Selon l'artiste c'est « *une réflexion artistique à l'œuvre à travers son corps nu, en questionnant les rapports masculin/féminin et les projections*

---

[1] Pour une définition de « l'art-performance », V. GERARD MAYEN, « Qu'est-ce que la performance ? », Centre Pompidou, Dossier en ligne [URL : http://mediation.centrepompidou.fr/education/ressources/ENS-Performance/index.html. Consulté le 19 juin 2020]. « *L'art-performance désignera la pratique d'un artiste se concentrant radicalement sur l'effectuation d'une action, et sur l'immédiateté de son pouvoir signifiant. Cela au mépris des conventions de la représentation. Un mépris déjà traduit dans le renoncement à la mise en forme d'un objet, d'une pièce d'art. La performance ne cherche surtout pas à constituer une œuvre, ni même parfois à laisser la moindre trace* » [nous soulignons]. Deux éléments nous intéressent : la performance est une action qui n'est pas mise au service de l'œuvre (désigné plutôt par le terme objet) ou à sa représentation ; par ailleurs, la performance est un « renoncement à sa mise en forme », ce qui pose un problème quant aux fondements du droit d'auteur, car le processus créatif est à la fois *conceptrice* et *productrice* d'une forme.

[2] La question de la qualification des « performances » est récente ; la jurisprudence a fini par qualifier certaines d'entre elles d'œuvres de l'esprit. La première décision est celle de la Cour d'appel de Paris (CA Paris, 3 déc. 2004, *D.* 2005. 1237, note E. TREPPOZ), à propos de la performance réalisée devant *La Joconde*, photographiée par un professionnel. La question se posait sur la qualité d'œuvre de la performance et si le photographe pouvait être considéré comme coauteur. En effet, dans ce genre d'art contemporain, la réalisation de la performance implique normalement qu'elle soit enregistrée ou photographiée. Aussi, le jugement du TGI Paris, 13e ch., 2e sect., 3 déc. 2010, aff. *M. Abramovic c./ sté. Regard Productions et al.*, n° 08/08953 : *D.* 2011, p. 2164, obs. P. SIRINELLI. Enfin, cette question n'est pas traitée par la doctrine du droit voisin de l'artiste-interprète, mais seulement par la doctrine intéressée par la protection de l'art contemporain par le droit d'auteur. V. N. WALRAVENS, *L'œuvre d'art en droit d'auteur, forme et originalité des œuvres d'art contemporain*, Economica, 2005, qui analyse les performances d'YVES KLEIN et CLAES OLDENBURG, n° 93 et s. ; A. TRICOIRE, *La définition de l'œuvre*, thèse, Paris I, 2012, qui admet la qualification d'œuvre, p. 164, et p. 305 ; M. VIVANT et J.-M. BRUGUIERE, *op. cit.*, n° 141, p. 168 et surtout n° 231, pp. 266-267, qui rangent les performances dans les « œuvres fuyantes » sans catégorie.

[3] L'interprétation appartient à l'art du temps, car en essence elle est une *séquence* de *gestes* et de *mouvements* (les deux aspects spatial et temporel de sa forme). Comme nous l'avons expliqué, si ces gestes et mouvements s'inscrivent dans un temps fictif, il s'agit de l'art dramatique ou chorégraphique, si, au contraire, ils sont réels mais producteurs d'un effet sonore, c'est l'art musical.

[4] La voix préenregistrée de l'artiste répétait tout au long de la performance les mots : « *Je suis l'origine / Je suis toutes les femmes / Tu ne m'as pas vue / Je veux que tu me reconnaisses / Vierge comme l'eau / Créatrice du sperme* ».

sur le sexe féminin en explosant le cadre et en donnant vie à L'Origine du Monde ... » [1]. La même artiste, qui est plasticienne et performeuse, s'est dénudée au musée d'Orsay à Paris lors de l'exposition « Splendeurs et misères, images de la prostitution 1850-1910 » au début de 2016. L'artiste s'est allongée nue en bas du tableau de MANET intitulé « Olympia » qui représente lui-même une femme nue allongée, accoudée sur son bras droit en regardant le spectateur. L'artiste avait fixé une caméra pour capter les réactions du public. La question qui intéresse notre sujet est de savoir si la forme sensible inerte ne peut être interprétable. En effet, dans les *arts de l'espace*, il existe une correspondance entre l'œuvre et sa représentation, où l'auteur s'adresse *directement* au public ; par conséquent, *le temps ne s'inscrit pas dans la forme* de l'œuvre. Autrement dit, l'œuvre n'a pas besoin d'être *actualisée* pour qu'elle soit communiquée au public, donc elle n'est pas interprétable. Dans l'œuvre de forme spatiale, la forme s'est arrêtée et a acquis son autonome existence. En conséquence, sans aborder la qualification jurisprudentielle d'œuvre de l'esprit [2], la performance ne saurait pas, à notre sens, être qualifiée d'interprétation d'une œuvre comparable à la chorégraphie.

400. Performance et forme vivante interprétative. Il convient de préciser que la qualité « vivante » revient à *l'objet* non au *sujet*, c'est-à-dire à la forme de l'interprétation non à son créateur. Il va de soi que l'auteur, comme l'artiste-interprète, est forcément une personne physique, mais cela n'induit pas que la forme externe de l'œuvre de l'esprit est une forme vivante. Ainsi, ce qui donne la qualité « vivante » à la forme n'est que ce dynamisme, cette structure de la forme qui combine les gestes et le temps vécu de l'artiste-interprète (le temps de la création) [3]. Ainsi, la prestation physique dans une « performance artistique » ne saurait être considérée comme interprétation, soit faute d'une œuvre interprétable, soit faute de cette forme vivante interprétative, puisque la prestation physique de la performance ne consiste souvent que dans une position critique, soudaine et inattendue qui tend à présenter autrement une réalité à la manière des « œuvres » *ready-made* [4]. Toutefois, MM. VIVANT et BRUGUIERE, semblent être favorables à rapprocher la performance à la chorégraphie, s'il y a une composition et une mise en scène du sujet, car « *un artiste qui procède à une performance se met bien en scène à partir de poses, de tenues, et ceci à partir d'un univers particulier (La Joconde)* ».

---

[1] « Une scène devant mon sexe et devant mes yeux », *L'essentiel*, 5 juin 2014 ; « Nue devant L'Origine du Monde : les explications de l'artiste », Le Figaro, 5 juin 2014.

[2] Cette qualification pose déjà un problème surtout faute de production d'une forme dans certaines performances, comme le fait de poser en imitant la posture d'une sculpture ou d'un personnage représenté dans un tableau, ou le fait de marcher nu dans une exposition dont le thème est la nudité etc. Cependant, le fait que la performance soit photographiée ou enregistrée a facilité cette qualification. V. M. VIVANT et J.-M. BRUGUIERE, *op. cit.*, n° 231, pp. 267-268.

[3] Ce qui implique aussi que le support de création de cette forme vivante est un support vivant : la personne de l'artiste-interprète.

[4] Sans entrer dans le débat de la protection des productions d'art contemporain, nous rappelons que le premier manifeste de l'art conceptuel écrit par SOLOMON LEWITT (*Sentences on Conceptual art* en 1967 : Alinéas sur l'art conceptuel) précise que *la conception idéelle* d'une œuvre est *au moins équivalente à la réalisation formelle*, et que l'idée qui sous-tend l'œuvre n'est pas forcément logique ni complexe et que « l'apparence d'une œuvre reste secondaire ». Sur l'acception large de l'œuvre de l'esprit V. L'ouvrage précité de NADIA WALRAVENS.

B. Les conditions de l'œuvre interprétée

401. La forme interprétée doit répondre à certains critères (**1**), mais certains éléments restent indifférents (**2**).

1. Éléments nécessaires

402. Divulgation et autorisation. Comme pour n'importe quelle création dérivée, l'œuvre sur laquelle se base l'interprétation doit être divulguée. L'auteur de l'œuvre interprétée dispose sur cette œuvre d'un droit moral de divulgation en vertu de l'article L. 121-2 al. 1er du Code de la propriété intellectuelle ; ce droit comprend le droit de *décider le moment de cette divulgation*, lequel détermine l'état achevé de son œuvre, mais aussi il comprend le droit de *déterminer le procédé et les conditions de cette divulgation*. Par ailleurs, sans entrer dans le débat doctrinal sur la question de l'épuisement de ce droit (l'exercice unique ou répété de ce droit), le droit de divulgation doit être compris comme l'expression de la volonté du partage. Cette expression de volonté est souvent imbriquée dans le cadre contractuel de la cession, ainsi la cession paramétrée par l'auteur de l'œuvre interprétée inclut une divulgation déterminée (le champ de la cession est le champ divulgataire).

403. Une question se pose sur l'étendue du droit de divulgation de l'œuvre, dit autrement, la question de savoir si un auteur peut utiliser son droit de divulgation afin d'imposer le choix des interprètes de son œuvre (acteurs, musiciens ou d'autres interprètes). Nous pensons que la réponse ne peut être affirmative que dans le cas où ce choix relève du processus créatif de l'œuvre. Généralement, l'œuvre interprétée est achevée par son auteur (compositeur, dramaturge, scénariste, chorégraphe ...) dans sa forme conventionnelle. Après une divulgation donnée, sauf arrangement contractuel, la nature ouverte de l'œuvre implique qu'elle soit ouverte à une multiplicité d'interprétations (il n'y a pas d'interprétation juste exclusive d'autres qui seraient fausses). Certes, l'auteur peut s'opposer à une interprétation qui porte atteinte à son œuvre, mais le choix des interprètes relève de la créativité d'un autre auteur : le réalisateur, le metteur en scène ou le chef d'orchestre, dans la mesure où l'apport créatif de ces auteurs consiste en la réalisation de leur *conception méthodologique* par l'organisation de l'ensemble des éléments, créatifs ou non, dans un seul ensemble [1].

2. Éléments indifférents

404. Œuvre tombée dans le domaine public. Il importe peu que l'œuvre interprétée soit toujours protégée sur le terrain patrimonial [2]. Il suffit qu'il y ait une œuvre de l'esprit interprétée. Il va de soi que la protection des interprétations est indépendante de celle de l'œuvre ; ainsi, si cette œuvre est dans le domaine public, la protection de l'artiste-interprète n'implique pas une prolongation de la

---

[1] Quant à la distribution des rôles qui relève de la fonction du metteur en scène, il a été jugé qu'utiliser un casting féminin pour mettre en scène la pièce de BECKETT « *En attendant Godot* » où est prévu des personnages masculins méconnait le droit moral de l'auteur de la pièce : TGI Paris 15 oct. 1992, *RIDA*, n° 155, 1993, p. 225.

[2] DESBOIS, FRANÇON, KEREVER, *Les conventions internationales du droit d'auteur et des droits voisins*, Dalloz, 1976, n° 270. La doctrine semble unanime sur cette question.

protection de l'œuvre, car l'objet de son droit est son interprétation non pas l'œuvre interprétée. De même, une interprétation d'une œuvre tombée dans le domaine public n'est pas exclusive de la protection d'autres interprétations d'autres artistes.

405. Originalité de l'œuvre interprétée. Une question se pose de l'originalité de l'œuvre interprétée. Une partie de la doctrine estime que la notion d'œuvre de l'esprit au sens du droit d'auteur implique que cette œuvre soit protégée, c'est-à-dire originale [1]. Une autre partie de la doctrine estime, au contraire, qu'il importe peu que l'œuvre interprétée soit originale [2]. En effet, s'il est vrai que l'originalité de l'œuvre interprétée pourrait participer à l'identification de l'originalité de l'interprétation [3], les deux objets restent différents. Ainsi, nous croyons que la protégeabilité de l'interprétation n'est pas conditionnée par l'originalité de l'œuvre interprétée, dans la mesure où cette condition n'est pas prévue par l'article L. 212-1 du Code de la propriété intellectuelle ; par conséquent, l'imposer serait ajouté à la loi une exigence qu'elle ne comporte pas. En conséquence, le demandeur dans le procès de contrefaçon d'une interprétation n'est pas contraint de prouver l'originalité de l'œuvre interprétée. La Cour d'appel de Nancy l'avait dit clairement à propos d'un artiste ayant créé un personnage médiéval, exécute un numéro de jonglage et d'autre tours de cirque. La Cour a rappelé que la loi ne dit pas que l'artiste-interprète doit interpréter une œuvre protégée par le droit d'auteur, mais seulement une œuvre [4].

406. Genre, mérite et destination de l'œuvre interprétée. Enfin, le genre de l'œuvre son mérite ou sa destination sont des éléments indifférents à la protection de l'interprétation de cette œuvre [5]. Ainsi, l'interprétation est protégée qu'elle soit d'une œuvre dans le cadre publicitaire ou cinématographique, ou qu'elle soit d'une œuvre de nature pédagogique ou artistique.

---

[1] CH. CARON, *Droit d'auteur et droits voisins*, 6e éd., LexisNexis, 2020, n° 603, p. 618, qui estime, en revanche, qu'aucun critère ne conditionne la protection de l'interprétation, ainsi « *une interprétation banale ou remarquable, pourrait être susceptible d'être protégée. Le droit voisin de l'artiste-interprète n'est donc absolument pas élitiste* ».

[2] M. VIVANT et J.-M. BRUGUIERE, *op. cit.*, n° 1241, p. 1216 ; A.-E. KAHN, « Droits voisins du droit d'auteur. Droits des artistes-interprètes. Définition de l'artiste-interprète (art. L. 212-1) », *J.-Cl., Propriété littéraire et artistique*, fasc. 1425, 2010, n° 15 ; X. LINANT DE BELLEFONDS, *Droit d'auteur et droits voisins*, 2e éd., Delmas,1997, p. 239 ; F. POLLAUD-DULIAN, *op. cit.*, n° 2282, p. 1502 ; S. PESSINA, « Droits des artistes-interprètes. Fondements de la protection et définition de la qualité d'artiste-interprète », *J.-Cl. Communication*, fasc. 6120, 2008, n° 89.

[3] Comme dans le cas des traductions et les autres œuvres composites.

[4] CA Nancy 1re ch., 8 sept. 2005, (aff. *Association Gérardmer Fantastic Arts c./ Marc Lambert*), Juris-Data n° 307645 : *Propr. Intell.*, juill. 2007, p. 329, obs. A. LUCAS ; *Contra* CA Paris, 4e ch. B, 10 oct. 2003 : *Propr. Intell.*, n° 10, janv. 2004, chron. p. 560, obs. A. LUCAS, (à propos d'une prestation qui consiste à lire « un texte purement technique », où la Cour met l'accent sur l'existence d'une œuvre originale avant d'aborder la question du caractère personnel de la prestation).

[5] Parallèlement, le *genre*, le *mérite* et la *destination* de l'interprétation sont des éléments indifférents à la protection. Ainsi, une interprétation secondaire dans un « vidéoclip » est protégée (Cass. 1re civ., 6 juill. 1999, (aff. *Debrane*) : *Bull. civ.*, I, n° 230, p. 148 ; *D. aff.*, 2000, p. 209, concl. J. SAINTE-ROSE. De même, une interprétation dans une œuvre publicitaire (Cass. soc., 10 févr. 1998, (aff. *Coccinelle*) : *Bull. civ.*, V, n° 82, p. 59 ; *Légipresse*, juill.-août 1999, II, 101, obs. L. VEYSSIERE). Aussi, l'instrument utilisé par l'artiste-interprète pour réaliser son interprétation (instrument à musique, platine de mixage, synthétiseur, marionnette etc.) importe peu ; le lieu de l'interprétation, dans un studio, dans la rue, ou même dans la sphère privée, n'affecte pas la qualification juridique non plus.

§ 2. ABSENCE D'ŒUVRE INTERPRETABLE PREEXISTANTE

407. Plan. Nous pouvons imaginer deux situations dans lesquelles la forme vivante ne dépend pas d'une création préexistante à interpréter : la première, quand il s'agit d'une *création concomitante de l'interprétation et de l'objet interprété* (que cet objet soit une œuvre improvisée, ou une expression du folklore interprétable qui évolue constamment à travers les interprétations) (**A**) ; la seconde est le cas où *la forme vivante est déliée de toute expression* et, par suite, n'est pas interprétative ou n'a pas la qualité d'interprétation protégeable (**B**).

A. Forme vivante interprétative créatrice d'une œuvre

408. Si le principe est que l'interprétation est subséquente à l'œuvre interprétée, il y a des cas exceptionnels où l'œuvre achevée, lors de son interprétation, s'enrichit d'un ajout créatif. Ainsi, l'interprétation pourrait *dépasser l'œuvre-source* en *la complétant* quand l'œuvre est *intentionnellement lacunaire*, c'est-à-dire contenant un espace de liberté laissé à l'interprète (théâtre d'improvisation ou certains genres musicaux comme le jazz), ou *en ajoutant à l'œuvre complète* au moment de la présentation un supplément créatif (**1**). Par ailleurs, les *expressions folkloriques interprétables* (verbales ou chorégraphiques) pourraient faire l'objet d'une interprétation qui dépasse la simple exécution. Autrement dit, le patrimoine folklorique peut servir de matière première à une interprétation portant l'empreinte de la personnalité de l'interprète plus que celle de l'identité de la communauté héritière de ce folklore (**2**).

1. L'interprétation créatrice

409. L'artiste-interprète peut créer simultanément à son interprétation une œuvre de l'esprit. Ainsi, l'improvisation est une forme vivante qui sert de forme externe à l'œuvre et à l'interprétation (**a**). L'animateur musical et scénique, ou le DJ (*disc-jockey*), qui sélectionne, diffuse et mixe de la musique (ou d'autre contenu) dans un spectacle (à l'occasion d'un évènement, ou dans une discothèque) ou pour une émission radiophonique, a la qualité d'artiste du spectacle au sens du droit du travail, et pourrait avoir la qualité d'artiste-interprète quant à son interprétation (**b**).

a. L'improvisation

410. Œuvre résultant d'une interprétation. Rien n'empêche que l'artiste-interprète soit l'auteur de l'œuvre interprétée quand cette œuvre préexiste l'interprétation. De même, le cumul de la qualité d'auteur et d'interprète ne pose pas de problème dans le cas de l'improvisation. En effet, les deux objets juridiques restent différents, l'ambiguïté vient seulement du fait que la même forme vivante est à la fois la forme externe de l'œuvre et de l'interprétation. Il convient de rappeler que l'improvisation est une pratique ancienne et bien connue dans la musique et le théâtre. En musique, l'interprète, lors de la période baroque, disposait d'une grande liberté reconnue par la partition. Cette tradition persiste dans la musique d'orgue ou la musique dite « aléatoire » qui combine la notation musicale et l'improvisation, et surtout la musique du jazz, qui est le domaine d'improvisation par excellence. Par ailleurs, l'art dramatique connaît l'improvisation depuis la *Comedia dell'Arte* et la *Comédia all'improvviso* qui est fondée sur les improvisations des comédiens ; de même, aujourd'hui dans le théâtre contemporain, l'improvisation joue un rôle important [1].

i. Évolution jurisprudentielle du statut de l'improvisateur

Après une hésitation jurisprudentielle quant à la qualification de l'improvisation, la qualification d'œuvre de l'esprit a été reconnue. Dans un premier temps, la jurisprudence était divisée entre la seule qualification d'interprétation [2] ou la qualification d'œuvre de l'esprit [3]. En matière de théâtre et de cinéma, les tribunaux avaient, d'abord, tendance à rejeter systématiquement la qualité de coauteur de l'acteur improvisateur, si son rôle était précisé dans le scénario. Mais, une autre jurisprudence était favorable à la reconnaissance du cumul de la qualité d'auteur et d'interprète. Enfin, l'arrêt le plus important en matière d'improvisation est celui de la Cour de cassation dans l'affaire *Manitas de Plata* [4]. La Cour a admis la qualité d'artiste-interprète ainsi que la qualité d'auteur à un guitariste qui a réalisé des arrangements improvisés de mélodies populaires de flamenco et a créé ses propres accompagnements. La Cour a retenu que « *l'œuvre de Manitas de Plata, traitée par son auteur suivant son tempérament et son style propre qui en font un compositeur véritable, présentait un caractère original* ». Depuis cet arrêt de la Cour de cassation, les juridictions sont restées fidèles à la solution du cumul de deux qualités et d'auteur et d'interprète en cas d'improvisation [5], sans distinction entre musiciens et comédiens. De même, la doctrine est unanime sur ce cumul [6]. Ainsi,

---

[1] A.-E. KAHN, « Droits voisins du droit d'auteur. Droits des artistes-interprètes. Définition de l'artiste-interprète (art. L. 212-1) », *J.-Cl., Propriété littéraire et artistique*, fasc. 1425, 2010, n° 24 et s. Sur l'improvisation et la notation dans la danse : BRUNO COUDERC, *L'improvisation en danse : une présence à l'instant*, thèse, Renne II, 2009.

[2] Sur les improvisations des musiciens : Cass. 1re civ., 3 nov. 1988, (*Verante c/ 3 Plus Prod.*) : *Cah. dr. Auteur*, 1989, n° 12, p. 14 - CA Paris, 30 nov. 1974 : *JCP G* 1976, II, 18336, note R. PLAISANT - TGI Paris, 3e ch., 5 févr. 1981 : *RIDA* févr. 1981, p. 229. Sur les improvisations des comédiens : T. corr. Seine, 9 mars 1960 : *RIDA* 1960, n° 27, p. 125 - TGI Paris, 22 mars 1968 : *D.* 1968, somm. p. 118 - TGI Seine, 3e ch., sect. 1, 8 mars 1960, (aff. *F. Blanche c/ P. Colline*) : rejet de la demande d'un interprète qui prétendait avoir la qualité de coauteur du fait de sa participation à la modification du texte du livret d'une opérette.

[3] T. corr. Seine, 9 févr. 1957 : *JCP G* 1957, II, 10031, concernant un numéro de music-hall - TGI Paris, réf., 4 oct. 1967 et 3 janv. 1968 : *RIDA*, févr. 1968, p. 125. Cités par A.-E. KAHN, fasc. 1425, *op. cit.*, n° 25.

[4] Cass. 1re civ., 1er juill. 1970, (aff. *Manitas de Plata*) : *Bull. civ.* I, n° 228, p. 185 ; *D.* 1970, jurispr. p. 734, obs. B. EDELMAN ; *RIDA*, n° LXVIII, 1971, p. 210, note B. EDELMAN ; A. GOBIN, « Les interprètes, collecteurs et éditeurs de musique folklorique », *RIDA*, févr. 1985, p. 105.

[5] Cass. 1re civ., 4 oct. 1988, (aff. *Jean-Luc Ponty*) : *D.* 1989, somm. p. 50, obs. C. COLOMBET ; Cass. crim., 13 déc. 1995 (aff. *Mademoiselle chante le blues*) : *RIDA* mars 1996, p. 279 ; *D.* 1997, jurispr. p. 196, obs. B. EDELMAN ; T. corr. Paris, 23 avr. 1992, JurisData n° 1992-045788 : concernant une improvisation d'un trompettiste qui a improvisé des solos de trompette sur une chanson composée par un tiers. Concernent un comédien improvisant : CA Paris, 30 janv. 1998, JurisData n° 1998-021993.

[6] S. PESSINA, fasc. 6120, *op. cit.*, n° 106 ; A.-E. KAHN, fasc. 1425, *op. cit.*, n° 25 et s. ; J.-M. GUEGUEN, *Les droits des artistes-interprètes sur leurs prestations en droit français*, thèse, Paris II, LGDJ, 1986, p. 443 et s. ; P. TAFFOREAU et C. MONNERIE, *Droit de la propriété intellectuelle*, n° 272, pp. 253-254 (qui donnent l'exemple de la réalisation d'une *basse chiffrée d'une musique baroque*, où l'interprète improvise une large part de la musique qu'il joue, ainsi il est aussi auteur d'une œuvre composite) ; F. POLLAUD-DULIAN, *Le droit d'auteur*, 2e éd., n° 197, p. 179 ; CH. CARON, *Droit d'auteur et droits voisins*, 6e éd., n° 54, p. 64, qui parle des *créations spontanées* ; P.-Y. GAUTIER, *Propriété littéraire et artistique*, 11e éd., PUF, 2019, n° 79, p. 100 ; C. HUGON, *Le régime juridique de l'œuvre audiovisuelle*, préf. J. RAYNARD, Litec, 1993, n° 269 et s.

l'improvisation étant reconnue comme œuvre, elle peut faire l'objet, comme toute œuvre interprétable, d'une nouvelle interprétation par d'autres artistes-interprètes qui n'auront, eux, que la qualité d'artiste-interprète (à moins de créer leur propre improvisation originale). Enfin, l'improvisation soulève deux problèmes : celui de la preuve de l'improvisation, c'est-à-dire le moyen qui permet de distinguer l'œuvre interprétée de l'œuvre d'improvisation ; ensuite, la question de l'originalité de l'improvisation, spécialement lorsque l'improvisation puise dans un fonds commun traditionnel et se soumet à des règles encadrant l'improvisation. Il n'est pas question que ces deux éléments de fait relèvent du pouvoir souverain d'appréciation du juge.

411. L'improvisation dans un contexte international. Les experts de l'OMPI ont affirmé la qualification d'œuvre pour les improvisations musicales dans le principe MW5 selon lequel : « *les improvisations musicales peuvent, à condition de revêtir un caractère original, en tant qu'adaptations ou en tant qu'œuvres indépendantes, selon leur degré de dépendance à l'égard d'œuvres préexistantes, être protégées. La protection de ces improvisations peut être subordonnée à leur fixation* » [1]. De même, le principe MW6 à propos de la musique aléatoire affirme que les contributions des artistes-interprètes peuvent être protégées en tant qu'œuvres *d'adaptation* ou en tant que *contributions* à une œuvre de collaboration, en ouvrant la possibilité de conditionner cette protection à l'exigence d'une fixation. En définitive, nous croyons pertinent d'exiger une fixation écrite à l'instar des œuvres dont la forme externe pourrait être une forme vivante [2]. Ainsi, l'écrit, même postérieur à la création, permettra de distinguer, d'un côté l'œuvre et l'interprétation (même s'il s'agit de deux créations du même artiste), et d'un autre côté l'œuvre primaire (interprétée) et l'œuvre composite (improvisée).

ii. Typologie

412. L'improvisation peut être partielle, c'est-à-dire en complément ou en « remplissage » de l'œuvre interprétée. Elle peut aussi être totale, c'est-à-dire indépendante de toute œuvre interprétée préexistante [3].

– L'improvisation partielle : une œuvre composite. Si, à l'occasion d'une interprétation d'une œuvre, l'artiste-interprète réalise une improvisation originale, celle-ci sera protégée en tant qu'*œuvre composite* au sens de l'article L. 113-2, alinéa 2 du Code de propriété intellectuelle, dans la mesure où l'interprète agit sur la

---

[1] Document préparatoire pour le Comité d'experts gouvernementaux : *Dr. auteur*, 1987, p. 210. V. A.-E. KAHN, fasc. 1425, *op. cit.*, n° 27.

[2] Ce qui n'est pas inconnu dans notre code : l'article L. 112-2- 4° considère comme œuvre « *Les œuvres chorégraphiques, les numéros et tours de cirque, les pantomimes, dont la mise en œuvre est fixée par écrit ou autrement* ». Pourtant, la fixation autre que l'écrit (audiovisuelle) ne permet pas de distinguer l'œuvre, l'interprétation et l'improvisation.

[3] Cette distinction entre totale et partielle dépend du degré de l'improvisation. Par ailleurs, l'improvisation pourrait être *d'une forme libre* c'est-à-dire *sans modèle* ou, au contraire, *restreinte* comme la variation en musique qui transforme la structure. Aussi, selon la profondeur, elle pourrait être *rationnelle* (dépendant d'un ordre de réflexion) ou bien le contraire, c'est-à-dire une improvisation *émotive* (spontanée, liée au réflexe, comme les conversations médiatiques). Mais cette classification n'est pas exclusive. En fait, il est difficile de classer l'improvisation. Ainsi, JEAN-FRANÇOIS RAYMOND propose une typologie ouverte de l'improvisation selon sept critères différents : le temps ; le type de conduite de l'agent ; le mode ; la finalité etc. JEAN-FRANÇOIS RAYMOND, *L'improvisation*, Paris, Libraire Philosophique J. Vrin, 1982, pp. 208-210.

structure de l'œuvre interprétée sans la collaboration de son auteur lequel n'a aucune idée du résultat final [1]. En revanche, l'auteur de l'œuvre interprétée qui laisse intentionnellement un espace libre à remplir par l'interprète ne saurait être considéré comme coauteur, car les options laissées au libre arbitre de l'interprète ne sont que des idées non protégeables [2].

– **L'improvisation totale : œuvre indépendante.** L'artiste-interprète peut créer purement et simplement une œuvre nouvelle. Il s'agit d'une forme de composition, où, sans interpréter aucune œuvre préexistante, l'artiste improvise (peut-être à partir d'un thème) et crée en même temps l'œuvre et son interprétation [3]. Ainsi, le résultat de la créativité de l'artiste est double : une interprétation et une œuvre de l'esprit, non pas dérivée mais primaire. Enfin, on doit préciser que, dans cette hypothèse, la distinction entre l'œuvre improvisée et l'interprétation n'est possible que par une fixation écrite. La preuve : la notation non autorisée de l'œuvre d'improvisation constitue une atteinte au droit d'auteur seulement ; en revanche, une fixation audiovisuelle de l'improvisation contrevient aux droits de l'improvisateur en ses deux qualités d'auteur et d'interprète [4].

b. Prestations dans le domaine de la musique électroacoustique

413. Le *disc-jockey* : interprète ou auteur ? S'il n'y a aucun problème à reconnaître à un animateur musical et scénique, ou un disc-jockey (DJ) ou encore un *platiniste* [5], la qualité d'artiste de spectacle [6], dans la mesure où cette qualité est indépendante de l'existence d'une création originale (œuvre ou interprétation), la question se pose de la qualification de ses prestations à l'aune de la propriété littéraire et artistique. S'agit-il de la création d'une œuvre nouvelle ? ou bien s'agit-il d'une interprétation des œuvres préenregistrées représentées ? [7]. En effet, les

---

[1] Par exemple, dans la musique instrumentale de XVIIe et XVIIIe siècles, surtout les violons, dans les mouvements lents où c'est à l'interprète *d'enrichir* la mélodie de base qui figure dans la partition : ce que l'on appelle *agréments* (une formule d'ornementation mélodique qui s'ajoute à la note écrite et s'exprime par des signes spéciaux), *variantes*, *ornements* etc. ou la *cadence* (une partie qui est laissée à la libre interprétation du soliste, autrement dit, c'est la partie d'improvisation du soliste prévue dans le *concerto*. Cependant, le soliste n'est pas *obligé* d'improviser, il peut aussi reprendre une improvisation qui est devenue classique ou une note écrite par le compositeur en tant qu'une partie optionnelle.) des *concertos* qui n'est devenue écrite qu'après Beethoven. JEAN-FRANÇOIS RAYMOND, *L'improvisation*, *op. cit.*

[2] A.-E. KAHN, *Le droit des musiciens dans l'environnement numérique*, thèse, Dijon, 1998, n° 424 et s.

[3] En fait, cette improvisation n'est pas totalement indépendante de toute *conception antérieure*. Les spécialistes nous expliquent que cette improvisation se construit à partir d'un *thème* (variation) ou à partir d'un *sujet* donné (fugue, toccata, sonate etc.). Par ailleurs, l'improvisation est un art que les musiciens *étudient*, car même libre, l'improvisation doit répondre à *un schéma formel qui se développe mentalement immédiatement avant l'exécution.*

[4] Dans le même sens, PH. GAUDRAT, « Objet du droit d'auteur. Œuvres protégées. Notion d'œuvre (CPI, art. L. 111-1, L. 112-1 et L. 112-2) », *J.-Cl. Propriété littéraire et artistique*, fasc. 1134, oct. 2008, n° 75.

[5] « *Artiste qui combine différentes sources sonores, particulièrement des disques en vinyle ou compacts, en vue de produire une création originale* ». Le Journal Officiel, *Vocabulaire de la culture et de la communication (liste de termes, expressions et définitions adoptés)*, JORF n° 0241, 16 octobre 2011 p. 17524, texte n° 28.

[6] Cass. soc., 14 oct. 2009, n° 08-42.908, JurisData n° 2009-049891, qui reconnaît la qualité d'artiste du spectacle à un DJ, ce qui induit l'application de la présomption de salariat de l'article L. 7121-3 du Code du travail. Concernant la qualité artistique créative des prestations des « DJ », il convient de remarquer que ces artistes ont été reconnus par la SACEM comme des créateurs.

[7] C. COLOMBET, *Propriété littéraire et artistique*, Dalloz, 9e éd., 1999, n° 79 ; CH. CARON, son ouvrage précité, n° 145, p. 137, qui distingue entre deux possibilités : une création originale ou un simple savoir-faire.

deux situations sont concevables. C'est l'analyse de l'activité du *disc-jockey* et de la forme qui en résulte qui permet de qualifier le produit et, par suite, de déterminer le régime juridique applicable.

– **Le *disc-jockey* (DJ) comme auteur d'une œuvre dérivée ou composite.** À l'origine le DJ est un animateur de soirée dont le rôle consiste à sélectionner, mixer, manipuler et modifier des enregistrements musicaux pour prolonger leur représentation en public. Mais ce rôle s'est développé, surtout grâce aux développements techniques (surtout l'informatique musicale), pour revêtir une nature artistique. Ainsi, le DJ n'est plus un simple technicien, car il utilise les *matières sonores* pour créer une nouvelle œuvre musicale. En effet, en modifiant *la structure formelle* des œuvres musicales qu'il utilise, le DJ crée, au fur et à mesure, une œuvre dérivée protégeable si elle est originale [1]. Mais la création dérivée du DJ ne peut être protégée qu'à la condition que les autorisations nécessaires soient obtenues ; c'est-à-dire l'autorisation des auteurs et des interprètes des œuvres musicales utilisées [2]. Par ailleurs, si le DJ est qualifié comme auteur d'une œuvre dérivée, il a aussi la qualité d'artiste-interprète dans la mesure où il interprète cette œuvre. Enfin, concernant la première fixation de la compilation faite par le DJ, cette fixation peut donner lieu à un droit voisin au producteur dans les conditions de l'article L. 213-1 du Code de la propriété intellectuelle.

– **Le disc-jockey (DJ) comme artiste-interprète d'une « interprétation de seconde main ».** Dans la mesure où le DJ *représente* des œuvres musicales préenregistrées, sa prestation intermédiaire est de nature interprétative. Mais force est de constater que cette interprétation serait une interprétation particulière, dans la mesure où il s'agit de représenter des œuvres *déjà interprétées et enregistrées*. Ainsi, il s'agit d'une sorte *d'interprétation dérivée* [3]. Enfin, la définition de l'artiste-interprète étant accueillante, la prestation du disc-jockey pourrait s'inscrire dans l'activité de « représenter » ou d'« exécuter de toute autre manière » (L. 212-1 Code de la propriété intellectuelle), d'autant plus que le matériel utilisé pour réaliser l'interprétation est indifférent : peu importe que l'on qualifie ou non la platine ou la table de mixage ou le synthétiseur d'instrument de musique.

---

[1] La conception du DJ est naturellement *méthodologique* (sauf s'il improvise où il développe une conception thématique) ; quant à la forme externe, elle est la forme vivante éphémère qui pourrait faire l'objet d'une fixation. Sur la création dans l'improvisation : *Dictionnaire de la Musique*, Larousse, ss. dir. MARC VIGNAL, éd. 2001, p. 485. Sur la qualification juridique, A.-E. KAHN, fasc. 1425, *op. cit.*, n° 29, et pour un développement complet, A.-E. KAHN, *Le droit des musiciens dans l'environnement numérique*, thèse, Dijon, 1998, n° 445 et s.

[2] Cette obtention d'autorisations nécessaires est appelée en musique « *Clearance* ». D'ailleurs, le consentement des auteurs ne pourrait pratiquement passer que par le contrat général de la SACEM. Le problème est que celle-ci n'est pas titulature du droit d'adaptation. V. P.-Y. GAUTIER, *Propriété littéraire et artistique*, n° 78 et n° 79, p. 99, note 2.

[3] Le « remixeur » des interprétations préenregistrées est un interprète, non un simple technicien, si sa représentation de ces interprétations était originale. Dans ce cas, cet interprète, par analogie avec le régime des œuvres composites (L. 113-2), est un interprète *d'interprétation dérivée ou composite*, et devrait demander l'autorisation de « mixer », non seulement à l'auteur des œuvres mixées, mais également aux interprètes des interprétations premières. V. S. PESSINA, « Droit des artistes-interprètes - Définition de l'interprétation, objet de droits de propriété intellectuelle - Régime juridique des droits voisins des artistes-interprètes », *J.-Cl., Communication*, fasc. 6121, 2008, n° 86.

2. Interprétation créatrice d'une « œuvre folklorique »

414. Sources juridiques. La définition de l'artiste-interprète dans la Convention de Rome de 1961 n'évoque que les activités interprétatives portant sur « *des œuvres littéraires ou artistiques* » (art. 3-a), tout en laissant aux États la possibilité de protéger les artistes qui « *n'exécutent pas des œuvres littéraires ou artistiques* » (art. 9). Les deux autres instruments internationaux en la matière (Genève de 1996 en matière sonore et Beijing de 2012 en matière audiovisuelle) reprennent mot pour mot la même définition en englobant expressément les « *expressions de folklore* » (art. 2-a dans les deux textes). En droit français, la définition du titulaire de droit fait référence à la personne qui interprète « *une œuvre littéraire ou artistique, un numéro de variété, de cirque ou de marionnettes* » (212-1 du Code de la propriété intellectuelle). La question se pose de savoir si l'interprétation d'une expression de folklore interprétable (musicale, verbale ou chorégraphique) peut faire l'objet d'un droit voisin du droit d'auteur (**b**). Pour répondre à cette question, il faut aborder d'abord deux notions : les expressions du folklore et les œuvres folkloriques (**a**)

a. Expressions du folklore et œuvres folkloriques

415. Expressions du folklore (expressions culturelles traditionnelles). Le terme « expressions » a été toujours employé pour éviter la confusion avec les œuvres de l'esprit [1]. La convention de l'Unesco sur la protection et la promotion de la diversité des expressions culturelles, adoptée le 20 octobre 2005 emploie le terme « les expressions culturelles » qui sont définies dans l'article 4 comme « *les expressions qui résultent de la créativité des individus, des groupes et des sociétés, et qui ont un contenu culturel* ». Le même article précise ce contenu culturel en expliquant qu'il renvoie au sens symbolique, « *à la dimension artistique et aux valeurs culturelles qui ont pour origine ou expriment des identités culturelles* ». Ces expressions ayant un contenu culturel porteur d'une identité collective, constituent bien ce que l'on a toujours appelé « les expressions de folklore, ou simplement le folklore, ou bien les expressions culturelles traditionnelles » [2]. En bref, les caractéristiques des expressions de folklore qui ont été mises en évidence dans les travaux de l'OMPI sont les suivantes [3] :

> « *a) elles sont le fruit d'une création intellectuelle ; b) elles se transmettent oralement ou par imitation ; c) elles reflètent l'identité culturelle et sociale d'une communauté ; d) elles sont constituées des éléments du patrimoine artistique d'une communauté ; e) leurs auteurs sont inconnus ou sont reconnus par la communauté comme en ayant le droit ou la permission ; f) elles évoluent et se développent constamment au sein de la communauté* ».

---

[1] V. Dispositions types OMPI-UNESCO de législation nationale sur la protection des expressions du folklore contre leur exploitation illicite et autres actions dommageables de 1982 (dispositions types de 1982).

[2] A. LUCAS-SCHOETTER, « Protection juridique du folklore », *J.-Cl. Propriété littéraire et artistique*, fasc. 1962, 2009, n° 7.

[3] WIPO/GRTKF/IC/6/3, n° 50 ; WIPO/GRTKF/IC/13/4(b) Rev. Cités par A. LUCAS-SCHOETTER, fasc. 1962, *op. cit.*

416. Typologies. Il est possible de distinguer juridiquement entre trois objets différents : le folklore *stricto sensu* ; les œuvres de l'esprit inspirées du folklore [1] ; et les activités auxiliaires au folklore, c'est-à-dire les activités des collecteurs (recueils) et des interprètes (interprétation folklorique). Quant au folklore *stricto sensu*, il peut être classé en quatre catégories : les *expressions folkloriques verbales* (les contes, les poèmes populaires, les mythes…) ; *les expressions folkloriques musicales* (les chansons ou la musique populaire…) ; *les expressions folkloriques concernant le corps humain* (soit des formes inertes comme certains tatouages traditionnels, ou les formes vivantes comme la danse, les arts martiaux, le yoga, les carnavals, les spectacles populaires ou les jeux rituels) et enfin *les expressions folkloriques tangibles* (les objets en terre cuite, la mosaïque…) [2]. Concernant notre sujet, on peut diviser ces expressions en deux catégories : les expressions folkloriques interprétables, et les autres non interprétables.

417. Protection spéciale. La protection des expressions folkloriques est liée à la préservation du patrimoine culturel ; elles ont fait l'objet d'un traitement particulier auprès de l'OMPI dont l'objectif est de les protéger contre les appropriations abusives [3]. En effet, le droit d'auteur a semblé inadapté pour protéger ces expressions pour plus qu'une raison. Parmi ces raisons, il y a surtout la nature de l'objet de protection : le droit d'auteur protège la forme qui porte l'empreinte de la personnalité de son auteur, tandis que les expressions folkloriques sont les résultats d'un constant et lent processus *impersonnel*. Par ailleurs, quant au créateur, les expressions du folklore sont, soit la création de personnes inconnues, soit de personnes connues, mais qui sont généralement décédées depuis plus de 70 ans [4]. Quoi qu'il en soit, il a été proposé d'instaurer une protection *sui generis*, ou un domaine public payant, ou encore, l'instauration d'un droit moral collectif, ou un simple système de responsabilité dans le cas d'usage abusif [5]. Il n'en demeure pas moins que la propriété intellectuelle peut protéger *indirectement* ces formes

---

[1] À ne pas confondre avec *l'œuvre folklorique* qui est une œuvre de l'esprit d'un auteur constituant en même temps une expression du folklore, dans la mesure où elle exprime l'identité culturelle et sociale de la communauté de l'auteur. *L'œuvre inspirée du folklore* est une œuvre dérivée ou composite, qui emprunte certains éléments aux expressions du folklore, sans exprimer l'identité collective de la communauté dont procèdent les éléments utilisés, donc sans s'intégrer dans le patrimoine de cette communauté.

[2] C. MASOUYE, « La protection des expressions du folklore », *RIDA*, N° 115, janv. 1983, p. 17 ; P.-A. COLLOT, « La protection des savoirs traditionnels, du droit international de la propriété intellectuelle au système de protection *sui generis* », *Droit et culture*, N° 53, 2007, p.181-209.

[3] C. BERNAULT et J.-P. CLAVIER, *Dictionnaire de droit de la propriété intellectuelle*, ellipses, 2008, p. 204 et s. ; S. VON LEWINSKI, « Le folklore, les savoirs traditionnels et les ressources génétiques : sujet débattu dans le contexte de la propriété intellectuelle », *Propr. Intell.*, n° 14, 2005, p. 22 ; H.-P. SAMBUC, *La protection internationale des savoirs traditionnels, la nouvelle frontière de la propriété intellectuelle*, L'Harmattan, 2003.

[4] L'article 15-4 de la Convention de Berne prévoit que pour « *les œuvres non publiées dont l'identité de leur auteur est inconnue, mais pour lesquelles il y a tout lieu de présumer que cet auteur est ressortissant d'un pays de l'Union, il est réservé à la législation la faculté de désigner l'autorité compétente représentant cet auteur et fondée à sauvegarder et à faire valoir les droits de celui-ci dans les pays de l'Union* ». Le Professeur GAUTIER évoque la possibilité de considérer que les œuvres folkloriques « *n'étant point réellement divulguées (même pour les touristes ?), le délai n'aurait pas commencé à courir* », solution « *qui pourrait alors être étendue à l'archéologie, œuvres enfouies* », P.-Y. GAUTIER, *Propriété littéraire et artistique*, 11e éd., n° 74.

[5] Deux conditions de protégeabilité des expressions du folklore : *l'authenticité de l'expression* par rapport à une communauté, ensuite *le consensus de cette communauté* sur la paternité de l'expression en cause. D'ailleurs, il y une condition complémentaire qui ne fait pas l'unanimité, c'est *l'appartenance de l'expression au patrimoine artistique*, non aux croyances religieuses, aux avis scientifiques, ou aux d'autres traditions pratiques.

d'expressions culturelles [1]. Le droit d'auteur pourrait protéger les *œuvres inspirées* des expressions du folklore (comme *l'adaptation* d'une expression folklorique ou les *recueils* de ces expressions) sous condition d'originalité de la forme dérivée créée [2]. La question est moins évidente concernant les interprétations de ces expressions.

b. Interprétation liée aux expressions du folklore

418. Interprétations des œuvres inspirées du folklore et interprétations des expressions du folklore. Nous pouvons distinguer deux situations : l'œuvre interprétable inspirée des expressions du folklore, et les expressions interprétables du folklore. Dans le premier cas, l'interprétation n'est pas différente de n'importe quelle interprétation d'une œuvre de l'esprit (par exemple, l'interprétation théâtrale d'un conte adapté pour la scène). Dans le second cas, c'est-à-dire l'interprétation *directe* d'une expression folklorique verbale, musicale ou chorégraphique, l'état actuel des textes internationaux permet de protéger de telles interprétations. La solution ne devrait pas être différente en droit français [3] ; mais nous croyons qu'une précision s'impose : si la permanence du folklore nécessite que ces expressions soient toujours vivantes dans la communauté, il faut que ces expressions restent toujours *authentiques*, ce qui pourrait être une restriction à l'interprétation des expressions folkloriques. En effet, nous pensons qu'il y a deux sortes d'interprétations des expressions du folklore : les premières sont celles réalisées par les membres de la communauté et sont souvent effectuées dans un *contexte coutumier ou traditionnel* et porte l'empreinte de *l'identité collective* plus que la personnalité individuelle de l'interprète ; les secondes interprétations de ces expressions sont celles indépendantes de ce contexte et sont des expressions *personnelles*. En définitive, ce sont ces dernières interprétations ne s'intègrant pas au *processus évolutif* du folklore, qui constituent la propriété de leur créateur. L'arrêt de la Cour de cassation dans l'affaire *Manitas de Plata* semble s'inscrire dans cette analyse : il a été décidé que l'interprétation qui contient une improvisation à partir des *airs populaires* donne lieu à la protection par le droit d'auteur [4].

---

[1] Les systèmes de propriété intellectuelle pourraient protéger indirectement le folklore, les marques ou les autres signes distinctifs (surtout les signes géographiques) qui peuvent garantir *l'authenticité* de la forme folklorique. Bien évidemment, il ne s'agit pas du même objet de protection, mais le folklore se trouve protégé *via* les créations dans lesquelles il est incorporé, interprété ou utilisé. V. PIERRE-ALAIN COLLOT, « La protection des savoirs traditionnels, du droit international de la propriété intellectuelle au système de protection sui generis », *Droit et culture*, N° 53, 2007, p.181-209.

[2] Il faut préciser que la simple *découverte* ne peut pas faire l'objet d'un droit d'auteur (c'est pareil en cas de découverte archéologique). Mais le collecteur qui procède à une création dans la sélection et l'organisation raisonnée de certaines expressions folkloriques peut profiter d'une protection par le droit d'auteur si son œuvre est originale.

[3] Il s'agit des « œuvres du folklore » selon le Professeur ANDRE LUCAS : A. LUCAS et *alii.*, *Traité de la propriété littéraire et artistique*, 5e éd., n° 1333, p. 1040 ; ou, selon les termes du Professeur GAUTIER, des « œuvres des cultures traditionnelles » : P.-Y. GAUTIER, *Propriété littéraire et artistique*, 11e éd., n° 74, p. 92 ; A. GOBIN, « Les interprètes, collecteur et éditeur de musique folklorique », RIDA, avril 1985, pp. 105-137.

[4] Cass. 1re civ., 1er juill. 1970, (Aff. *Manitas de Plata*) : *D.* 1970, jurispr., p. 734, note B. EDELMAN ; *RIDA* 1971, n° LXVIII, p. 210, note B. EDELMAN ; A. GOBIN, *op.cit.*

B. La forme vivante non-interprétative

419. Il y a des cas où la forme vivante n'exprime rien pour l'une de ces deux raisons : soit, à défaut d'une création interprétée (prestation à partir de non-œuvre), soit parce qu'elle se réduit à une simple prestation physique. En réalité, certaines formes vivantes non expressives sont proches des formes vivantes de l'art dramatique (télé-réalité, documentaire, reportage, jeu télévisé et interview) du fait de la *théâtralisation de la réalité* (**1**) ; d'autres sont proches des formes vivantes chorégraphiques (prestations des sportifs, ou des mannequins) du fait de l'importance de la *performance corporelle* (**2**). Mais, dans les deux cas, la forme vivante produite est dénuée de toute *expressivité artistique intentionnelle.*

1. Prestations non expressives s'imputant sur une œuvre

420. Quand il n'y a pas de création interprétée *préexistante* ou *concomitante*, protégée par droit d'auteur ou non, il n'y a pas d'interprétation protégeable. C'est le cas de certaines prestations qui sont bien des formes vivantes mais ne sont pas *interprétatives* (donc *non expressive*) [1]. En effet, il s'agit de prestations de personnes physiques dans le domaine de l'audiovisuel [2], dont les productions *reflètent la réalité* (les documentaires et les reportages) (**a**) ou *saisissent une réalité reflétée* (télé-réalité, jeu télévisé, *talk-show* et interview) (**b**).

a. Participation aux œuvres reflétant la réalité : documentaires, reportages et interviews

421. Participation aux documentaires ou aux reportages. Une affaire très médiatisée, concernant la participation filmée à une œuvre audiovisuelle documentaire, nous montre la différence entre *la simple forme vivante* et *la forme vivante interprétative.* En l'espèce, un instituteur avait accepté d'être filmé dans l'exercice de sa profession avec ses élèves dans le cadre d'un film documentaire. Le documentaire ayant reçu un grand succès, l'instituteur revendiqua des droits, en deux qualités : en tant qu'auteur de son cours et en tant qu'interprète d'une œuvre de l'esprit. Sa demande ne fut pas accueillie. En effet, les juges du fond ont considéré que « *le seul fait d'être filmé ne confère pas à celui qui l'a été la qualité d'artiste-interprète [...], ces données, qui reflètent un exercice professionnel et un statut social, relèvent du fait documentaire qui, de par son rapport au réel, tel qu'il est conçu dans les arts cinématographiques, exclut la notion d'interprétation* » [3]. Ainsi, les commentateurs [4] se

---

[1] Nous avons précisé que la qualité « vivante » revient à l'objet (la forme) non au sujet. La forme vivante a pour *support* la personne même de son créateur, et sa substance consiste en des *gestes vivants* (la combinaison de deux aspects, spatial et temporel), c'est-à-dire l'ensemble de *comportements corporels* qui s'effectuent dans un *temps de création.* La forme vivante *interprétative* a, de plus, la spécificité que la forme vivante *s'inscrit dans un temps de création imaginaire (qui le rend expressive)* tout en s'inscrivant dans un *temps réel.* Le théâtre est l'exemple parfait qui montre l'articulation de ces deux temps dans l'interprétation.

[2] V. dans ce sens M. SERNA, « Espace juridique de l'artiste-interprète au sein de l'espace audiovisuel », *D.*, 2005, p. 575.

[3] Nous soulignons.

[4] Comp. Le Professeur P. TAFFOREAU commentant une autre décision sur le même documentaire « Être et Avoir ». Dans ce nouveau litige, des parents ont réclamé des droits sur le film au nom de leurs enfants et pour eux-mêmes. Le TGI de Paris (22 nov. 2006) rejette les demandes. Selon le jugement, les élèves et leurs parents ne sont en rien coauteurs du film, à défaut d'avoir participé à sa conception intellectuelle. Sur ce point, M. TAFFOREAU distingue entre *la partie purement documentaire* et *les scènes travaillées* où il estime

sont concentrés sur un critère que la Cour d'appel [1] a utilisé, qui était l'absence d'une œuvre (de fiction) interprétée. Dans la suite, la Cour de cassation confirma la solution en disposant qu'« *ayant ainsi relevé que l'instituteur apparaissait exclusivement dans la réalité de son activité sans interpréter, pour autant, au service de l'œuvre, un rôle qui ne serait pas le sien, la cour d'appel a décidé à bon droit que la qualité d'interprète ne pouvait lui être reconnue, s'agissant d'un simple documentaire excluant comme tel toute interprétation* » [2].

Si le documentaire est une œuvre audiovisuelle, rien n'empêche que cette œuvre soit réalisée sans le concours d'artistes-interprètes, c'est-à-dire sans acteurs. En effet, dans ce genre d'œuvre, on cherche le maximum *d'authenticité* par rapport au réel [3]. Ainsi, comme dans l'affaire de l'instituteur filmé, il ne s'agit pas d'interpréter un rôle dans l'œuvre mais simplement de prêter son image et ses actions. Si la spontanéité n'exclut pas la création (comme dans l'improvisation), elle ne procède pas, en l'espèce, d'un processus créatif, c'est-à-dire d'une réalisation formelle d'une conception imaginaire ; elle procède du réel, à savoir de l'exercice des fonctions quotidiennes de l'instituteur. Enfin, en termes de forme, la prestation de l'instituteur est bien une forme vivante, mais il ne s'agit pas d'une forme vivante *interprétative.* Au mieux, cette forme pourrait être la forme externe de l'œuvre orale qui est le cours, mais ce cours n'était pas qualifié d'œuvre faute d'originalité.

422. Nuance : la fiction ajoutée. Le genre documentaire n'exclut pas l'existence d'interprétations [4]. Ainsi, les participants à un documentaire peuvent avoir la qualité d'artiste-interprète de leur « rôle » dans cette œuvre audiovisuelle [5]. Par exemple, dans le « *docufiction* » ou le « documentaire-fiction », il s'agit d'une véritable œuvre cinématographique, télévisuelle ou encore radiophonique où l'on mélange le documentaire (représentation du réel) et la fiction (jeux de rôles scénarisés). De même dans un autre genre que l'on appelle « *docudrama* » ou « faux documentaire », l'œuvre consiste à partir d'éléments factuels ou historiques pour les reproduire *postérieurement* en les *dramatisant* avec des *acteurs.* Ainsi, il s'agit en ce cas d'une adaptation du réel avec tous les éléments de la cinématographie

---

possible de reconnaître aux élèves la qualité d'artistes-interprètes. P. TAFFOREAU, « L'être et l'avoir ou la patrimonialisation de l'image des personnes », *CCE*, n° 5, mai 2007, étude 9.

[1] CA Paris, 29 mars 2006, *G. Lopez c/ Philibert et al.* (Aff. *Être et avoir*), JurisData n° 2006-297713 : *CCE*, 2006, comm. 77, note CH. CARON ; *Propr. intell.*, 2006, p. 52, P. TAFFOREAU. Cette décision confirme le jugement du TGI Paris, 3e ch., 1re sect., 27 sept. 2004, JurisData n° 2004-254455 (qui oppose réalité et fiction) ; *CCE*, 2004, comm. 153, note CH. CARON ; *D.*, 2005, p. 92, note B. EDELMAN ; *RTD com.*, 2005, p. 76, obs. F. POLLAUD-DULIAN : *JCP E.*, 2004, 1898, obs. A. LALLEMANT.

[2] Nous soulignons. Cass. 1e civ., 13 nov. 2008, *Lopez c./ Philibert et al.*, (aff. *Être et avoir*), JurisData n° 2008-045785 : *Bull.* n° 259 ; *RTD com.*, 2009, p. 128, obs. F. POLLAUD-DULIAN ; *CCE*, 2009, comm. 2, note CH. CARON ; *CCE*, 2009, chron. 6, « un an de droit de l'audiovisuel », B. MONTEL, n° 4 ; *Propr. Intell.*, avr. 2009, p. 172, obs. A. LUCAS ; *Légipresse*, 2009, n° 258, II, p. 12, obs. L. MARINO ; *RLDI*, mars 2009, n° 1533, note. A. ROBIN ; *RLDI*, janv. 2009, n° 1501, note M. SCHAFFNER, A. ABELLO et G. SROUSSI.

[3] De même dans les reportages qui sont tributaires de leur *nature journalistique* qui, par déontologie, doit puiser à la réalité rapportée comme telle. PH. GAUDRAT, « Objet du droit d'auteur. Œuvres protégées. Notion d'œuvre (CPI, art. L. 111-1, L. 112-1 et L. 112-2) », *J.-Cl. Propriété littéraire et artistique*, fasc. 1134, oct. 2008, n° 90.

[4] CA Paris, 4e ch. B, 10 oct. 2003 : *Propr. intell.*, n° 10, janv. 2004, p. 560, chron. A. LUCAS. Il s'agissait de déterminer si le *lecteur d'un documentaire technique audiovisuel* sur la Porsche 911 pouvait revendiquer la qualité d'artiste-interprète, ce qui lui a été reconnu.

[5] Sur la différence entre fiction et documentaire, MURIEL HANOT, *Télévision, réalité ou réalisme ? Introduction à l'analyse semio-pragmatique des discours télévisuels*, INA, De Boeck Université, p. 12 : « *il y a fiction quand le spectateur refuse de construire un je-origine […] alors que le documentaire domine quand celui-là perçoit plutôt un je-origine réel. Il n'est donc plus question de réalité (ou de non-réalité) du représenté, mais de réalité (ou de non-réalité) de l'énonciateur* ».

(réalisation, décors, acteurs, scénario, effets spéciaux et sonores etc.). Il en va de même concernant des documentaires fictionnalisés, comme le documentaire comique ou satirique (qui reproduit *postérieurement* des événements réels dans un récit fictionnel de nature comique), ou le documentaire scientifique fictionnalisé. Dans tous ces cas, l'œuvre interprétée ne manque pas, ce qui permet de passer à la deuxième étape qui détermine la protégeabilité de la forme vivante interprétative, c'est-à-dire son originalité.

423. Les participants aux émissions de talk-show et aux interviews. La qualité de coauteur a été refusée à une personne filmée dans une *interview* [1]. Dans une espèce, un champion olympique avait signé un contrat en qualité d'« acteur-enseignant » avec un producteur de vidéogrammes. Ces enregistrements fixaient des leçons sportives données par le champion. Celui-ci intenta une action judiciaire contre le producteur afin de se voir reconnaître la qualité de coauteur desdites œuvres audiovisuelles. La Cour d'appel [2] écarta cette demande en relevant que le sportif « *n'était pas sorti du rôle décrit dans son contrat d'engagement [et qu'il avait été] dirigé pendant le tournage par le réalisateur qui lui posait des questions et lui donnait des instructions sur le contenu et la forme de son intervention ainsi que sur la manière de se positionner devant la caméra* ». En conséquence, à défaut d'œuvre interprétée, la qualité d'artiste-interprète ne pouvait pas être reconnue à l'*interviewé.* Dans le même sens, la *mise en scène théâtralisée* qu'exigent certains programmes télévisuels (les talk-shows ou les interviews), ne suffit pas à reconnaître la qualité d'interprète aux personnes y participant ; la solution ne devrait pas être différente de celle de l'affaire « Être et avoir » où l'instituteur n'a été reconnu ni comme coauteur de l'œuvre documentaire, ni comme interprète dans cette œuvre.

Mais si l'interviewé (spécialiste, homme politique, sportif ou artiste) n'est pas considéré comme artiste-interprète dans sa prestation filmée, la question se pose de la rémunération d'un artiste-interprète qui s'engage, dans le cadre d'un contrat d'enregistrement, à participer à des émissions de radio, de télévision, interviews etc. Ces participations promotionnelles devraient être rémunérées et cette rémunération ne peut avoir que la nature d'un salaire : l'artiste-interprète n'a cette qualité que par *rapport à ses interprétations*, alors que ses *prestations accessoires*, qui n'impliquent pas l'interprétation d'une œuvre de l'esprit (entretien, séance de photos ou de dédicaces etc.), ne donnent pas lieu à un droit voisin, faute d'objet de ce droit.

b. Participation aux œuvres de la réalité reflétée : télé-réalité et jeu télévisé

424. Les rapports fiction-réalité se multiplient en matière d'audiovisuel [3]. Si l'art documentaire peut procéder à une « fictionnalisation » du réel, la télé-réalité est,

---

[1] M. LAVAL, « L'interview à la confluence des droits », *Légipresse* 1990, n° 76, II, p. 65 ; Cass. 1re civ. 5 févr. 2002 : *D.* 2002, Jur. p. 2253, note B. EDELMAN ; Y. REBOUL, « Le régime juridique de l'interview », *RIDA*, 1987, n° 131, pp. 55-179, qui évoque la possibilité d'avoir la réalisation d'une œuvre [audiovisuelle] entre l'interviewé et l'interviewer comme objet de l'interview : p. 79.

[2] CA Paris 18 juin 2003 : *D.* 2003, Somm. p. 2757, obs. P. SIRINELLI ; *LPA*, 16 août 2004, n° 163, p. 8, note X. DAVERAT.

[3] CAROLINE HUPPERT, « Fiction : L'imaginaire a-t-il encore un avenir ? », SACD, 2004, cité par M. SERNA, « Espace juridique de l'artiste-interprète au sein de l'espace audiovisuel », *D.*, 2005, p. 575.

au contraire, centrée sur une *réalité reflétée.* Classiquement, l'artiste-interprète dans l'art dramatique s'inscrit dans une construction de fiction (narration imaginaire), même s'il existe des éléments empruntés à la réalité [1]. Cependant, les émissions de la télé-réalité ou des jeux-compétitions ont imposé un nouveau contenu audiovisuel où les intervenants *n'incarnent pas de personnages, mais sont eux-mêmes* [2]. La question de leur qualification au sein de la production audiovisuelle a été posée. Si la qualité d'artiste du spectacle au sens du droit du travail (L. 7121-1 à 7121-8) a été accordée aux participants à ces émissions [3], la qualité d'artiste-interprète au sens du Code de la propriété intellectuelle a été écartée. La série d'arrêts à propos de l'émission *L'île de la tentation* explique bien les motifs de cette exclusion, qui ont été réutilisés à l'occasion d'autres affaires.

425. Les « tentateurs » ne sont pas acteurs. À propos de l'émission de télé-réalité « L'île de la tentation », la Cour d'appel de Paris a justifié son refus de reconnaître la qualité d'artiste-interprète à un participant en relevant que cette personne « *n'a pas été engagée en qualité d'artiste dramatique, lyrique, chorégraphique ou de variété, chansonnier, cascadeur, marionnettiste ou artiste de chœur* », mais a été engagée « *au regard de ses qualités notamment physiques et de sa réactivité* ». Par conséquent, le participant « *n'a pas eu à interpréter une œuvre littéraire ou artistique pour la réalisation du programme de télé-réalité à laquelle elle a participé* ». En effet, le premier argument est inopérant, car ce n'est pas la qualification donnée dans le contrat d'engagement qui importe, puisque la qualité d'artiste-interprète est relative à une interprétation donnée. Quant à l'absence d'œuvre interprétée, cela n'exclut pas l'hypothèse d'une improvisation. En effet, la qualité d'artiste-interprète ne peut pas être reconnue aux participants des émissions de télé-réalité dans la mesure où il n'y a pas de forme vivante interprétative. La cour l'avait démontré en constatant que la « *participation consistant simplement à exprimer <u>ses propres sentiments</u> et à s'impliquer dans des relations interpersonnelles <u>générées naturellement</u> par une vie communautaire entre couples et célibataires* » [4], ne saurait être qualifiée d'interprétation, même si la conduite du participant a été guidée ou s'il y a eu des répétitions pour certaines scènes. La Cour

---

[1] B. EDELMAN, note sous TGI Paris, 3e ch., 27 sept. 2004, *D.* 2005, Jur. p. 92. « *L'œuvre de fiction ne prétend pas reproduire, en soi, la réalité et il en résulte logiquement que les comédiens qui interprètent les personnages sont, juridiquement, des artistes-interprètes* ».

[2] B. EDELMAN, « Quatre pattes, oui ; deux pattes, non. Loft story- une nouvelle fonction-auteur », *D.*, 2001, chron. P. 2763.

[3] Sur la qualité de salariés des participants à une émission de télé-réalité : Dans l'affaire *L'île de la tentation*, Cons. Prud'h. Paris, 30 nov. 2005, *D.* 2006. I.R., p. 1128, P. MORVAN, « Télé-réalité et contrat de travail ». Rappelons que cette qualité n'est pas subordonnée à l'existence d'une interprétation personnelle. En appel, il y a eu trois arrêts de la CA Paris, 18e ch. D, 12 févr. 2008, JurisData n° 2008-355147 et s. (aff. *L'île de la tentation*) ; ensuite en cassation : Cass. soc., 3 juin 2009 (aff. *L'île de la tentation 1*), (pourvoi n° 08-40981 à 08-40.983 / 08-41.712 à 08-41.714), *D.* 2009, p. 1530, obs. M. SERNA et p. 2517, obs. B. EDELMAN ; *RTD com.*, 2009, p. 723, obs. F. POLLAUD-DULIAN. Sur la qualification du contrat de travail, la Cour de cassation relève que « *la prestation consistait pour les participants, pendant un temps et dans un lieu sans rapport avec le déroulement habituel de leur vie personnelle, à prendre part à des activités imposées et à exprimer des réactions attendues* » ; B. EDELMAN, « Quand "L'Ile de la tentation" ne séduit pas le droit », *D.*, 2009, p. 2517. Sur la qualité de salariés des participants à une émission de jeu (aff. *Koh-Lanta*) : Cass. soc., 25 juin 2013, n° 12-17660. Les juges ont décidé que la signature du « règlement candidats » de la société *Adventure Line Productions* (ALP) pour participer à l'émission *Koh-Lanta* constituait un contrat de travail.

[4] Nous soulignons. CA Paris, 18e ch., 12 févr. 2008, JurisData n° 2008-355147. Pour la même émission, CA Paris, 18e ch., 12 févr. 2008, 2 aff. : JurisData n° 2008-355148 et JurisData n° 2008-355149. *Adde* CA Versailles, 6e ch., 5 avril 2011, n° 10/02624.

de cassation a tranché la question dans le même sens et avec des termes similaires : les participants à l'émission de télé-réalité « *n'avaient aucun rôle à jouer ni aucun texte à dire, il ne leur était demandé que d'être eux-mêmes et d'exprimer leurs réactions face aux situations auxquelles ils étaient confrontés et [...] le caractère artificiel de ces situations et de leur enchaînement ne suffisait pas à leur donner la qualité d'acteurs [...] leur prestation n'impliquait aucune interprétation* » [1].

426. Réalité fictionnalisée et réalité juridique. Les juges ne se trompent pas : la solution en matière de télé-réalité s'impose en matière de jeux télévisés. L'interprétation est une intermédiation, ce qui suppose préalablement l'existence d'une forme interprétée et une distance entre le *représentant* et le *représenté*. En conséquence, sans parler de l'originalité de la prestation, être soi-même ce n'est pas interpréter quoi que ce soit. La jurisprudence semble établie sur ce point ; ainsi, les participants aux émissions « Greg le millionnaire » et « Marjolaine et les millionnaires » [2], ainsi que les participants à l'émission « Koh Lanta » [3] (reconnus dans toutes ces affaires comme salariés sur le plan social), ne peuvent avoir la qualité d'artiste-interprète, car leur prestation n'implique aucune interprétation. En effet, les arguments qui peuvent être invoqués en faveur de la qualification d'artiste-interprète, comme « *l'incarnation d'un rôle ; [...] jeux de physionomie ; [...] interaction avec leurs partenaires [...] interprétation de leur propre personnage ; [ou encore un] jeu d'improvisation guidé [...] suivant un schéma narratif et une trame scénaristique imposée* », n'ont pas emporté la conviction. Ainsi, en 2014, la Cour de cassation a confirmé sa jurisprudence antérieure en mettant l'accent sur l'absence de rôle à jouer ou de texte à dire, et sur « *le caractère artificiel de situations filmées et de leur enchaînement* ». De fin, un nouvel argument a été utilisé dans un des arrêts de 2014, mais que nous trouvons inopérant. Il s'agissait de souligner la non-appartenance des participants à la profession d'artiste-interprète. En réalité, la qualité de professionnel ou d'amateur n'a pas d'incidence sur la qualification d'artiste-interprète, laquelle ne découle que de l'existence d'une interprétation originale.

2. Prestations purement physiques s'imputant sur des non-œuvres

427. Ni la forme vivante qui résulte de la simple mise en œuvre de la *force physique et de la technique* (**a**), ni celle qui met en valeur *l'apparence* (**b**) ne sont des formes vivantes *interprétatives*. Il manque à ces prestations physiques *l'expressivité (l'acte d'expression intentionnel)*, ce qui fait la différence avec la forme vivante chorégraphique.

---

[1] Nous soulignons. Cass. 1re civ., 24 avril 2013, pourvois n° 11-19091 à 11-19168, (aff. *L'île de la tentation 2*) : *JCP G.*, 2013, n° 731, note X. DAVERAT, *CCE*, 2013, n° 75, note CH. CARON, *Propr. Intell.*, 2013, p. 291, obs. J.-M. BRUGUIERE ; S. PRIEUR, « Le participant à un jeu de « télé-réalité » n'est pas un artiste-interprète mais un salarié », *Gaz. Pal.*, n° 157, 6 juin 2013, p.13. Rejet des pourvois contre CA Versailles, 6e ch., 5 avril 2011, n° 10/02624 : *CCE*, 2011, chron. 9, n° 2, obs. P. TAFFOREAU ; *CCE*, n° 6, juin 2011, étude 12, « Retour sur une "fiction sociale" : la télé-réalité », X. DAVERAT ; *RLDI*, 2011, n° 71, p. 26, obs. L. COSTES. *Adde* À propos de la même émission : Cass. soc., 19 févr. 2014, (aff. *L'île de la tentation 3*), Pourvois : n° 12-25257, n° 12-25258, n° 12-25259, n° 12-25260, n° 12-25261.

[2] Cass. 1re civ. 22 janv. 2014 : le premier arrêt, pourvoi n° 12-13966, (aff. *Marjolaine et les millionnaires*), et le second arrêt, pourvoi n° 12-13970, (aff. *Greg le millionnaire*). Contre Versailles, 13 décembre 2011, RG N°10/01824 et 10/01826 : *LDPI*, avril 2014, n° 4, P. 3, note S. LE CAM.

[3] Cass. soc., 25 juin 2013, n° 12-17660, (aff. *Koh-Lanta*).

a. Prestations sportives

428. Il est de principe que les sportifs n'ont pas la qualité d'artiste-interprète et que leurs prestations sportives ne sauraient être considérées comme des interprétations, car il n'y pas d'œuvre à interpréter (**i**) [1]. Mais ce principe n'est pas sans exceptions : certaines prestations sportives sont très proches des *interprétations artistiques*, spécialement, des interprétations chorégraphiques qui exigent une performance physique (**ii**).

i. Principe : l'activité sportive et la forme qui en résulte

– Au regard du Code de la propriété intellectuelle. Les sportifs ne peuvent pas avoir un droit intellectuel sur leur prestation sportive, ni sur le spectacle sportif.

429. Prestation sportive. La prestation sportive se déroule dans un contexte de *compétition arbitrée*, où la forme vivante doit respecter des *règles précises*, par conséquent, le match ou la rencontre sportive donne lieu à des situations imprévisibles. S'il est vrai qu'il ne s'agit pas d'une prestation purement physique, les mouvements du sportif sont produits grâce à ses réflexes et selon de techniques acquises au cours de l'entraînement. En définitive, il ne peut s'agir que d'une *performance physique* non artistique pour deux raisons : d'un côté, le sportif n'interprète pas une œuvre littéraire ou artistique en vue de sa communication, d'un autre côté, le sportif n'exprime pas sa personnalité.

430. Spectacle sportif. Pour les mêmes raisons, le spectacle sportif ne saurait être qualifié d'œuvre de l'esprit dont les coauteurs seraient les sportifs participants. La spontanéité des actions des sportifs et le hasard de situations qu'ils vivent, l'encadrement par des règles du jeu, l'esprit de compétition et la nature non expressive des formes vivantes excluent ce genre de spectacles de la catégorie d'œuvre de l'esprit [2]. Mais il reste une question délicate à trancher : la prestation sportive dans un sport qui constitue un élément du patrimoine culturel immatériel, comme les arts martiaux. La question s'est posée à propos de trois sportifs se produisant lors d'un festival d'arts martiaux. Leur prestation ayant fait l'objet d'un enregistrement non autorisé sur un vidéogramme, les sportifs ont agi en justice contre le producteur de l'enregistrement en revendiquant leur qualité d'artistes-

---

[1] B. EDELMAN, *Droit d'auteur droits voisins. Droit d'auteur et marché*, Dalloz, 1993, n° 291, p. 206 ; A. LUCAS et *al.*, *Traité de la propriété littéraire et artistique*, 5e éd., n° 57, p. 77 ; F. POLLAUD-DULIAN, Le droit d'auteur, 2e éd., n° 2286.2, p.1506 ; C. COLOMBET, *Propriété littéraire et artistique*, *op. cit.*, n° 480 ; H. DESBOIS, A. FRANÇON, A. KEREVER, *op. cit.*, n° 270 ; A.-E. KAHN, fasc. 1425, *op. cit.*, n° 34 et s. ; S. PESSINA, fasc. 1620, n° 78. Qui est aussi la position de l'OMPI à travers le *Guide de la Convention de Rome et de la Convention Phonogramme*, OMPI, 1981, n° 3.2, p. 26.

[2] Dans ce sens, la CJUE dans l'arrêt *Premier League* a précisé que « *les rencontres sportives ne sauraient être considérées comme des créations intellectuelles qualifiables d'œuvres de l'esprit* ». CJUE [Grande chambre], 24 oct. 2011, (aff. C-403/08 et C-429108 : *Football Association Premier League Ltd e.a. c/ QC Leisure*) *(aff. Karen Murphy c/ Media Protection Services Ltd)* : *Propr. Intell.*, 2012, n° 42, p. 51, obs. V.-L. BENABOU ; *CCE*, 2011, comm. 110, note CH. CARON ; *JCP G.*, 2011, 1296, note BUY et RODA. *Contra* CA Paris, 1re ch., pôle 5, 21 sept. 2011 (aff. *F. de Kersauson c/ Sté Promovoile*), qui prononce pour la première fois sur la qualification d'œuvre d'une manifestation sportive (course de voile : *La Route de Rhum*) : *Propr. intell.*, 2012, n° 42, p. 18, obs. J.-M. BRUGUIERE ; *RLDI*, 2011/76, 2504, obs. L. COSTES. Pourvoi rejeté par Cass. com., 8 oct. 2013, n° 11-27.516 : *CCE*, 2013, comm. 121, note CH. CARON ; *CCE*. 2014, chron. 10, n° 9, obs. G. R. Par ailleurs, certains sports peuvent appartenir au patrimoine culturel d'un peuple, ce qui est le cas de certains arts martiaux classés au Japon comme patrimoine culturel immatériel.

interprètes. À leurs yeux, leur interprétation du spectacle ne se réduit pas à une simple prestation sportive ; ils ont évoqué le fait qu'il n'y avait pas de compétition dans le festival. La réponse du tribunal de grande instance fut défavorable à cette demande. Pour le tribunal, les trois sportifs ne pouvaient pas prétendre à la qualité d'artistes-interprètes, dans la mesure où ils n'avaient pas démontré « *avoir exécuté une œuvre littéraire ou artistique créée par eux ou autrui, par exemple une chorégraphie, étant relevé qu'une démonstration d'art martial, qui constitue une prestation sportive, ne saurait être assimilée à un numéro de variété ou de cirque* » [1].

431. Manifestation sportive comme objet d'un monopole. Exclues du royaume de la propriété littéraire et artistique, les manifestations sportives peuvent faire l'objet de monopoles légaux construits, à l'image des droits voisins économiques. Ainsi, le Code du sport accorde aux *fédérations sportives* et à *l'organisateur de manifestations sportives* un monopole sur l'exploitation des *compétitions* et des *manifestations sportives* qu'ils organisent [2]. N'étant pas une propriété sur une forme créative, mais un monopole octroyé arbitrairement par le législateur, la nature de l'objet importe peu. Par conséquent, il ne s'agissait pas de construire un droit exclusif sur la prestation des sportifs comparable au droit de propriété sur la forme vivante interprétative ; contrairement au droit dit « d'arène » (*O direito de Arena*) que le législateur brésilien reconnaît aux footballeurs (il y a une récente proposition d'englober les arbitres) en les considérant comme créateur d'œuvre d'art.

432. *O direito de Arena*. Le Brésil a reconnu le « *droit d'arène* » [3] à certains athlètes (principalement les footballeurs). Ainsi, ces sportifs se voient assimilés aux créateurs d'œuvre d'art. Pour certains, ce droit revient à faire un amalgame entre deux droits différents : le droit de propriété littéraire et artistique sur une forme

---

[1] TGI Paris, 3e ch., 10 mai 2006, n° 04/00533, cité par A.-E. KHAN, fasc. 1425, *op. cit.*, n° 35. Pour qui, « *la porte du droit voisin de l'artiste-interprète n'est pas totalement fermée, à charge pour le sportif d'apporter la preuve de l'existence d'une œuvre à interpréter* » ; Mais cela ne suffit pas, encore faut-il que le sportif prouve l'existence d'une interprétation personnelle de cette œuvre qui dépasse la performance athlétique. *Adde* F. POLLAUD-DULIAN, *Le droit d'auteur*, 2e éd., n° 2286.2, note 6.

[2] Art. L. 331-1 al.1er du Code du sport : « *Les fédérations sportives, ainsi que les organisateurs de manifestations sportives mentionnés à l'article L. 331-5, sont propriétaires du droit d'exploitation des manifestations ou compétitions sportives qu'ils organisent* » [nous soulignons]. Il convient de rappeler que le droit exclusif de l'organisateur des manifestations sportives est la consécration des pratiques contractuelles et d'une jurisprudence antérieure sur la base de la responsabilité civile (démarche comparable à celle de la consécration du droit voisin de l'artiste-interprète. Sur la nature de ce droit MM. GAUTIER et BRUGUIERE estiment que ce droit a la nature d'un droit de propriété intellectuelle *sui generis*, or, le seul objet *intellectuel* est la forme issue de l'esprit (incorporel n'est pas synonyme d'intellectuel) : J.-M. BRUGUIERE, « Les droits voisins de la propriété littéraire et artistique », *Propr. Intell.*, n° 43, avril, 2012, pp. 161-172 ; P.-Y. GAUTIER, « Débattre d'exclusivité sur l'image sportive, c'est faire œuvre de qualification », *in Coupe du monde de football et propriété intellectuelle*, Dalloz Aff., 1998, p. 881 et s. surtout 889.

[3] Ce droit a été instauré par la loi n° 5.988, 14 déc. 1973, article 100 (abrogée). Il est intégré dans la loi Pelé (Pelé, ancien footballeur, a fait passer la loi quand il était ministre du sport) : loi n° 9.615/98 du 24 mars 1998, mais n'entre en vigueur qu'en mars 2001 (l'article 42 a été légèrement modifié par la loi : lei 12.395 de 2011). Sur ce droit et sa nature juridique (surtout la différence entre le droit d'arène et le droit à l'image), V. JORGE PINHEIRO CASTELO, « Direito de arena do jogador e do árbitro de futebol : natureza jurídica, pagamento, mora e outros enfoques », *Revista legislação do trabalho (LTr)*, São Paulo, V. 79, n° 4, abr. 2015, p. 439-452 ; CARLOS MIGUEL CASTEX AIDAR, ALEXANDRE RAMALHO MIRANDA, « Direito de imagem e direito de arena : aspectos controvertidos », *Revista Síntese direito desportivo*, São Paulo, V. 1, n° 6, abr./maio 2012, pp. 9-24 : URL
http://www.sintese.com/doutrina_integra.asp?id=1230 [consulté le 28 août 2020].

créative expressive et les droits de la personnalité [1]. Mais la doctrine juridique brésilienne affirme que ce droit est différent du droit à l'image dont dispose toute personne. En effet, cette doctrine affirme que le droit d'arène n'a pas comme finalité d'indemniser le sportif pour un usage de son image ; c'est un *droit à rémunération* due au footballeur *professionnel*, du fait de *sa participation à un spectacle sportif*, dont les droits de transmission sont négociés entre les clubs et les tiers. En vérité, ce droit vise à garantir au footballeur professionnel *la juste participation aux valeurs obtenues* par l'entité sportive à l'occasion de l'autorisation de « *la captation, la fixation, l'émission, la transmission, la retransmission ou la reproduction des images, par tout moyen ou procédé, du spectacle sportif* » [2]. Enfin, même si nous croyons que ce droit, non connu en France, découle d'un principe d'équité, dans la mesure où ce sont les sportifs professionnels qui sont à l'origine des valeurs créées, il n'en reste pas moins que ce *droit à rémunération*, comme le monopole octroyé à l'organisateur des manifestations sportives, n'a pas pour objet la *forme vivante interprétative.* La prestation du sportif, comme celle de l'organisateur, n'est qu'un travail (compétent) qui devrait être soumis aux règles du droit commun (contrat, responsabilité, concurrence etc.).

– Au regard du Code du travail et du Code de la sécurité sociale. L'intégration à la catégorie d'artiste du spectacle n'est pas systématique.

433. Pour faire bénéficier les sportifs salariés qui exercent leur sport individuellement [3] des dispositions du droit du travail et du droit de la sécurité sociale, une jurisprudence s'est montrée favorable à la qualification de ces sportifs en artistes du spectacle [4]. En effet, la catégorie des artistes du spectacle est plus accueillante que celle des artistes-interprètes. La finalité de la première catégorie, on l'a vu, est de protéger certains salariés, dont la prestation est liée à la production

---

[1] A.-E. KHAN, fasc. 1425, *op. cit.*, n° 35. *Adde* S. PESSINA, fasc. 1620, n° 80. Une décision a été interprétée comme ayant admis *implicitement* le droit d'arène en France : TGI Paris, 21 févr. 1990 : *RIDA*, avr. 1990, p. 307 s. : A. CHAVES, « Le droit d'arène », *RIDA*, janv.,1983, p. 27 ; F. VOUILLOZ, « Prestations sportives, chorégraphies et droit d'auteur », *Revue suisse de la propriété intellectuelle*, janv. 1996, p. 7 ; P. BURNEL, « À propos de quelques problèmes posés par la protection des manifestations sportives », *Les cahiers du droit de l'association nationale des licenciés en droit*, 1984, t. IV : Droit d'auteur, droits voisins, communication audiovisuelle, p. 162.

[2] Art. 42 de la loi n° 9.615/98 modifiée. [Nous traduisons]. Au début du mois d'août 2021, un projet de loi (*Projeto de Lei 3196/15*) a été déposé, visant réserver 0,5% de la recette du droit d'arène aux organismes représentants les arbitres.

[3] Les sportifs non-salariés (indépendants) ou ceux qui exercent dans une équipe (sport collectif) sont exclus. Pour une joueuse de tennis indépendante parrainée par une marque d'eau de source : CA Paris, 18e ch. D, 16 janv. 1995, (*CPAM des Hauts-de-Seine c/ Société générale des grandes sources et autres*) : *D.*, 1996, somm. p. 32, obs. J.-P. KARAQUILLO ; *JCP E.*, 1995, I, 494, n° 5, p. 391. Aussi, pour un coureur motocycliste professionnel : Cass. soc., 22 juill. 1993 : *Bull. civ.* 1993, V, n° 215, *JCP G.*, 1993, IV, p. 294. Les deux exemples sont cités par S. PESSINA, fasc. 1620, *op. cit.*, n° 78.Refus de la qualité d'artiste du spectacle à des footballeurs professionnels, donc qui exercent un sport collectif en équipe : CE, 11 janv. 1984 : *D.* 1985, Inf. Rap., p. 48. Sur les régimes de sécurité sociale des sportifs : X. AUMERAN, *La protection sociale du sportif salarié*, LGDJ, 2017, 512 p.

[4] Cass. soc., 6 mars 2003, (*Sté AB stars productions*), JurisData n° 2003-018236 ; *D.* 2003, p. 2109, note de J.-P. KARAQUILLO ; CA Paris, 8e A, 4 avr. 1995 (un boxeur participant à une exhibition) : *D.* 1995, I.R., p. 123 ; CE, 8 juill. 1988, (un critérium cycliste relève plus d'une exhibition et de l'art du spectacle que d'une compétition) : *D.* 1990, somm. p. 394, obs. J.-L. LENCLOS ; CA Paris, 22 juin 1983 : *D.* 1984, inf. rap., p. 490, note G. BARON, « *les toréadors sont assimilés à des artistes du spectacle car ces spectacles ne visent pas à l'amélioration physique ou morale des participants, mais plutôt au divertissement des spectateurs* » [nous soulignons]. La solution est identique pour les écuyers qui exécutent un numéro de cirque [même arrêt], cité par. A.-E. KHAN, fasc. 1425, *op. cit.*, n° 36.

d'un spectacle, alors que la seconde catégorie protège la propriété des artistes créateurs d'une forme vivante expressive. Mais, encore faut-il, pour que le sportif soit qualifié d'artiste du spectacle, que sa prestation dépasse le domaine athlétique compétitif pour revêtir les caractéristiques d'une activité artistique (le *divertissement* et *la mise en scène*).

ii. Exception : une activité à double dimension, sportive et artistique

434. Cas spéciaux. L'existence de certaines activités aux frontières de l'art et du sport appelle à nuancer le principe de rejet de la qualification d'interprétation aux prestations sportives. En effet, certaines activités sportives comportent une forme visuelle qui relève de l'art ; par exemple, le patinage artistique (individuel, en couple, danse sur glace etc.), la gymnastique rythmique ou acrobatique, le cyclisme artistique, l'escrime artistique, le ski acrobatique, le dressage artistique, le parachutisme artistique ou la natation synchronisée etc. [1]. La question se pose alors de la possibilité de qualifier certaines formes vivantes sportives d'interprétatives, donc de les considérer comme objets d'un droit intellectuel qui serait un droit voisin de l'artiste-interprète.

435. Rapprochement avec les danseurs. La forme vivante qui résulte d'une prestation sportive est très proche de celle qui résulte de l'activité artistique des interprètes des œuvres chorégraphiques. Le point commun entre la chorégraphie et les *sports artistiques* gît dans l'importance du *rythme* et de *la performance corporelle* qui nécessite de l'entraînement et de la préparation physique. Mais *l'élément intellectuel* est aussi important, dans la mesure où les danseurs et les sportifs de ces sports font appel à leur créativité pour constituer, dans leur esprit, la conception *méthodologique* qui leur permet de plier la technique d'expression corporelle à la projection de la conception *thématique* de l'œuvre interprétée. En bref, nous rejoignons le Professeur POLLAUD-DULIAN qui a mis trois conditions pour qualifier une prestation sportive d'interprétation artistique [2] : d'abord, il faut identifier l'œuvre interprétée (le numéro doit être qualifié comme chorégraphie originale) ; ensuite, le sportif doit interpréter de façon personnelle cette œuvre ; enfin, l'interprétation doit dépasser la simple performance athlétique.

436. Conditions de la qualification. La première condition concerne l'œuvre chorégraphique. La loi exige que cette œuvre soit fixée « par l'écrit ou autrement » (L. 112-2-4° CPI). Si l'on entend cette exigence comme la fixation *préalable* à l'interprétation, les sportifs ne sauraient jamais être assimilés à des interprètes d'une œuvre chorégraphique, car il est impossible de prévoir à l'avance tous les mouvements et les figures. Mais, il semble que l'exigence de fixation serait remplie si elle intervenait au moment de la création de l'œuvre qui est interprétée en même

---

[1] V. *Le spectacle sportif*, coll. ss. dir. F. ALAPHILIPPE et J.P. KARAQUILLO, PUF, 1981, 330 pages.

[2] Mme A.-E. KHAN semble être plus ouverte à l'idée de protéger les sportifs des sports artistiques par un droit voisin (fasc. 1425, *op. cit.*, n° 39 et n° 40). De son côté, M. PESSINA semble être, au contraire, contre cette idée qu'elle pourrait aboutir à l'accentuation de « *la dilution des notions d'œuvre et d'auteur, d'une part, et d'artiste-interprète et d'interprétation, d'autre part* » (fasc. 1620, *op. cit.*, n° 81.). Quant à nous, nous adhérons aux strictes conditions que M. F. POLLAUD-DULIAN (*Le droit d'auteur*, 2e éd., p. 1506, note 6) a mis pour qualifier un sportif comme artiste-interprète, c'est-à-dire pour qualifier une prestation sportive comme l'interprétation d'une œuvre littéraire ou artistique.

temps. Dans ce cas, le sportif pourrait avoir deux qualités : *auteur* et *interprète de la chorégraphie*. Cette possibilité étant ouverte, encore faut-il que *l'enchaînement des figures et des mouvements* constitue une œuvre portant l'empreinte de la personnalité de son auteur. En vérité, cette qualification ne relève pas de l'évidence, mais force est de constater que les éléments de l'écriture chorégraphique sont présents, car les figures à réaliser lors des épreuves (auxquelles s'ajoute un programme libre de danse) sont parfois codifiées ; des règlements décrivent ces figures et les genres musicaux et les tempos exigés [1]. La deuxième condition concerne la prestation sportive qui doit exprimer la personnalité de l'athlète-artiste, ce qui semble être moins difficile, puisque cette prestation et la forme vivante qui en résulte expriment les compétences (physique et intellectuelle) du sportif. Enfin, la dernière condition est un peu délicate ; la doctrine est divisée sur l'incidence de l'esprit de compétition sur la qualification. Une partie de la doctrine [2] estime que le fait que la prestation est destinée au jury (non au public) où l'esprit compétition domine enlève tout caractère artistique ; mais nous croyons, avec l'autre partie de la doctrine [3], que l'activité artistique de l'artiste-interprète peut être exercée dans le cadre d'un concours, qui n'enlève aucun caractère artistique à l'interprétation [4].

b. Prestations des mannequins

437. Similarité et différence. Dans le domaine publicitaire, des artistes-interprètes (comédiens, danseurs, musiciens) comme des mannequins sont employés par des agences de publicité. La question se pose de la qualification de ces intervenants sur le plan social et artistique En effet, l'activité des mannequins, comme celle des artistes-interprètes, repose sur l'exploitation d'une partie de leur personnalité ; mais la nature de chaque prestation reste différente, car la *création* n'est pas un simple *travail*. Toutefois, sur le plan social, la loi n° 69-1186 du 26 décembre 1969, relative à la situation juridique des artistes du spectacle et des mannequins, a appliqué un *régime identique* [5] aux artistes du spectacle et aux

---

[1] Par exemple, en patinage artistique, l'Union International de Patinage (UIP) a codifié les figures de base (programme imposé) dont un nombre sera obligatoire dans chaque sorte de patinage (individuel, en couple, danse sur glace, piste courte ou de vitesse). Par exemple : la combinaison de sauts et de saltos, les levés par-dessus la tête, les sauts jetés etc. Le programme libre s'ajoute à ces figures obligatoires et est laissé avec sa musique à l'athlète. Enfin, l'on peut considérer le programme libre comme un espace d'improvisation.

[2] F. GOTZEN, « Le droit des interprètes et exécutants dans la Communauté Économique Européenne », Étude élaborée à la demande de la Commission des Communautés européennes, 1977, n° 10, p. 14, « *les prestations sportives dominées par un esprit de compétition qui exclut le service de l'art pour l'art* » ; X. DESJEUX, *La protection des auxiliaires de la création littéraire et artistique selon la Convention de Rome du 26 octobre 1961*, LGDJ, 1966, p. 108.

[3] A.-E. KHAN, fasc. 1425, *op. cit.*, n° 40, « *Le critère de la compétition peut difficilement être un critère décisif* ».

[4] Si l'athlète est qualifié comme auteur d'une chorégraphie et comme interprète dans une prestation sportive, M. PESSINA estime que le régime applicable serait celui de l'œuvre audiovisuelle (S. PESSINA, fasc. 1620, *op. cit.*, n° 82). Cela signifie que le droit d'auteur (132-24 CPI) et le droit de l'interprète (212-4 CPI) sont présumés être cédés au producteur. Nous ne partageons pas cette conclusion. L'application de ces deux présomptions nécessite la conclusion d'un contrat pour la réalisation d'une œuvre audiovisuelle.

[5] Présomption quasi irréfragable de salariat (L. 7121-3 et s. du Code du travail concernant les artistes du spectacle, L. 7123-3 et s. du même code concernant les mannequins), distinction entre salaire et redevance selon les mêmes critères, surtout le critère de la présence physique pour l'exploitation de l'enregistrement contenant la prestation. (L. 7121-8 du Code du travail concernant les artistes du spectacle, L. 7123-6 du même code concernant les mannequins).

mannequins, tout en les séparant dans la définition. En revanche, sur le plan artistique, si les deux protagonistes font recours à une partie de leur personnalité, « *on remarque pour un artiste-interprète que l'exploitation de son image est importante mais accessoire alors qu'elle constitue l'élément principal de l'activité d'un mannequin* » [1].

438. Critère de distinction. Une position censurée avait focalisé sur la finalité publicitaire de l'œuvre interprétée pour justifier la généralisation du statut du mannequinat à tous les participants au tournage d'un film publicitaire [2]. Or, le vrai critère de la distinction entre l'artiste-interprète et le mannequin découle logiquement de la distinction entre la *création* et le *travail.* En effet, ce qui donne la qualité d'artiste-interprète est *l'interprétation personnelle* d'une œuvre de l'esprit, même si celle-ci est de nature publicitaire. La propriété de la forme vivante créée découle de la nature de l'activité créative. En revanche, la simple prestation consistant en la *présentation* d'un objet, d'un service ou d'un message publicitaire à travers l'image de la personne est un simple travail qui devrait relever du droit commun (droit du travail, droit à l'image des personnes). En d'autres termes, l'intermédiation de l'artiste-interprète n'empêche pas *l'expression de sa personnalité* à travers l'interprétation de l'œuvre interprétée, alors que l'intermédiation du mannequin n'implique pas l'expression *active* de sa personnalité, dans la mesure où ce qui est adressé au public se limite à un seul message : à savoir l'invitation à l'achat et non pas l'expression de la conception d'un créateur [3]. En définitive, les termes utilisés révèlent le critère de la distinction entre l'artiste-interprète et le mannequin ; l'article L. 7123-2 du Code du travail qui définit l'activité du mannequin fait référence à la « *présentation au public… par reproduction de son image* », et l'article 7123-6 du même code distingue entre le salaire qui rémunère le travail et le revenu qui procède de l'exploitation de « *l'enregistrement de la présentation* ». Ainsi, la distinction est claire entre l'interprétation personnelle qui résulte d'un acte créatif et la présentation qui résulte d'un simple travail.

439. Application. La jurisprudence admet la possibilité de qualifier certaines prestations dans le film publicitaire comme interprétation protégée par le droit intellectuel de l'artiste-interprète ; le critère de cette qualification est la *nature* de la

---

[1] P.-M. BOUVERY, *Les contrats de la musique*, Irma, 6e éd. 2018, n° 243, p. 195 et s. qui évoque, à juste titre, la définition du mannequin dans L. 7123-2 du Code du travail qui ne fait référence qu'à un élément de la personnalité : l'image de la personne. Selon cette définition, est considérée comme exerçant une activité de mannequin toute personne qui, 1° soit « *présente au public, directement ou indirectement par reproduction de son image sur tout support visuel ou audiovisuel, un produit, un service ou un message publicitaire* » ou, 2° qui « *pose comme modèle, avec ou sans utilisation ultérieure de son image* ». [Nous soulignons].

[2] Deux circulaires (censurés) du ministre du travail (DRT n° 93-17 : BO Travail 1993, n° 17 et DRT n° 95-2 : BO Travail 1995, n° 4) avaient généralisé le statut des mannequins aux artistes-comédiens qui participent aux films publicitaires, selon l'idée que la prestation fournie dans un film publicitaire ne peut être artistique. Mais le Conseil d'État a annulé ces circulaires en précisant que « *lorsqu'un artiste-interprète se livre, dans le cadre du tournage d'un film publicitaire, à une prestation répondant à cette définition [celle de L. 212-2 du Code de la propriété intellectuelle], il ne se produit pas en qualité de mannequin au sens des dispositions de l'article L. 7123-2 du Code du travail* ». CE, 17 mars 1997, (*Syndicat des Producteurs Indépendants*), JurisData n° 1997-050385, *D.*, 1997, jurispr., p. 467, concl. C. MAUGÜÉ ; CE, 23 févr. 1998, JurisData n° 1998-050027, *JCP E.*, 1998, II, p. 544. Dans le même sens, une réponse du ministère de la Culture a affirmé que la nature publicitaire de l'œuvre interprétée n'enlève rien des prérogatives reconnues à l'artiste-interprète par le Code de la propriété intellectuelle (question écrite d'un parlementaire, Quest. n° 8063, 13 oct. 1994 : JOAN Q, 29 déc. 1994, p. 3079).

[3] La doctrine s'accorde sur ce point : A.-E. KHAN, fasc. 1425, *op. cit.*, n° 78 ; S. PESSINA, fasc. 1620, *op. cit.*, n° 77.

prestation sans considération de sa *finalité*. Ainsi, un important arrêt de la chambre sociale de la Cour de cassation a bien précisé ce critère en retenant que « *l'artiste du spectacle participant à un film publicitaire se distingue du mannequin en ce qu'il ne se limite pas à prêter son image pour la présentation d'un produit au public, mais qu'il se livre par la voix ou le geste à un jeu de scène impliquant une interprétation personnelle et relevant de l'activité du spectacle* » [1]. La solution nous semble logique à un détail près : tout artiste du spectacle n'est pas forcément un artiste-interprète créateur d'une interprétation, car l'artiste de complément est aussi qualifié comme artiste du spectacle sans créer une interprétation personnelle. Ainsi, le critère qui se base sur la nature créative de la prestation (interprétation/simple présentation) se limite au domaine artistique, c'est-à-dire qu'il sert à la distinction entre l'artiste-interprète (pas l'artiste du spectacle) et le mannequin [2]. Enfin, même si la doctrine [3] n'est pas unanime sur l'efficacité de ce critère, la jurisprudence l'utilise dans les deux sens : pour affirmer la qualité d'interprète d'un mannequin qui réalise une interprétation personnelle, ou pour nier cette qualité à un artiste qui exploite sa notoriété et se limite à la présentation d'un message publicitaire au public en prêtant son image [4].

CONCLUSION DU CHAPITRE I

440. Ces deux rapports, entre interprétation et œuvre de l'esprit, qui ont été étudiés (1° l'autonomie de ces objets juridiques, 2° la dépendance de l'existence de

---

[1] [Nous soulignons]. Cass. soc., 10 fév. 1998, n° 95-43510 (aff. *Mme Chaudat c./ Sté. Coccinelle*) : *Bull. civ.*, V, n° 82 ; *D.*, 1998, I.R., n° 73 ; *Les grands arrêts de la propriété intellectuelle*, 2e éd., Dalloz, 2015, p. 372 et s., obs. S. PESSINA, p. 198, affirmant la solution de la Cour d'appel de Paris selon laquelle « *la finalité publicitaire d'un message ne permet de qualifier de mannequin la personne qui s'y prête qu'autant que cette personne n'assure qu'une présentation directe ou indirecte* » : CA Paris, 27 janv. 1995, (aff. *Coccinelle*), JurisData n° 1995-021941 : *Légipresse*, 1995, n° 126, III, p. 154. Par ailleurs, il va sans dire que le juge n'est pas lié par la qualification donnée par les contractants, et peut, s'il y a une interprétation personnelle de l'intervenant, le requalifier en artiste-interprète et le faire bénéficier des droits voisins : CA Paris 2e ch., 5e pôle, 16 oct. 2009, JurisData n° 2009-018287, n° RG : 09/14550.

[2] Il reste la question de la distinction entre l'artiste de complément et le mannequin, mais nous croyons que la distinction n'a pas de grande importance pour deux raisons : 1° tous les deux n'ont pas de droit intellectuel sur le résultat de leur travail ; 2° sur le plan social, le régime juridique est le même (présomption de salariat, distinction entre salaire et redevance etc.).

[3] L. VEYSSIERE, « Statut juridique des comédiens et mannequins de films publicitaires », *Gaz. Pal.*, 1996, n° 3, doctrine, p. 528 ; *Contra* M. VIVANT et J.-M. BRUGUIERE, *op. cit.*, n° 1264, p. 1230, qui trouve que ce critère de distinction (présentation / interprétation) est « simpliste » ; de même, F. CORONE, « La définition du mannequin. Méli-mélo drame en quête d'interprétation », *Légicom*, 1995, N° 9, p. 3-10, qui critique la solution de l'arrêt « Coccinelle » ; M. SICAKYUZ, « sois belle et tait-toi ! Le mannequin selon la loi et la jurisprudence », *Gaz. Pal.*, 24-26, janv.1999, 1, doctrine, p. 164, pour qui « *il n'y a pas de distinction, dans les textes, selon que l'image est mise en scène ou non, avec des gestes et des paroles ou non* ».

[4] Refusant la qualité d'artiste-interprète à celui qui se limite à la présentation d'un message en prêter son image : CA Paris, 4e ch. B, 21 janv. 2005, JurisData n° 2005-262731 - Cass. 2e civ., 13 déc. 2005, JurisData n° 2005-031293 ; *RJS* 2006, n° 284, p. 169. En l'espèce, un artiste célèbre, Johnny Hallyday, avait été embauché *en tant que mannequin* pour vanter une marque de cafés dans une publicité. Cependant, son contrat précise qu'« *aucun matériel publicitaire portant le nom, l'image ou la voix de Johnny Hallyday* » ne pouvait être communiqué au public « sans son accord préalable », ce qui rappelle le droit d'autoriser de l'interprète sur son interprétation. Mais il ne peut s'agir d'un droit voisin, mais d'une simple *stipulation contractuelle*, car l'artiste n'interprétait pas une œuvre. V. aussi, J.-M. BRUGUIERE et L. CARRIE, « Rémunération de l'image des mannequins : rétribution du travail et/ou exploitation de la notoriété ? », *CCE*, n° 1, janv. 2014, pp. 9-15.

l'interprétation à l'existence d'une forme interprétable préexistante ou concomitante) déterminent *ce que l'on sait* de la définition de l'interprétation objet du droit voisin de l'artiste-interprète. Ainsi, la construction juridique distingue entre deux objets *de droit* (interprétation et œuvre), mais les objets *réels* restent de même nature : il s'agit dans les deux cas de formes expressives. Maintenant, pour avancer dans notre recherche, nous devons poursuivre notre étude à l'aune de ce que l'on *croit savoir* et de ce que l'on *doit savoir*.

CHAPITRE II

L'INTERPRETATION ET LA CREATION IDENTITAIRE

441. L'objet en ce qu'il n'est pas. La création de la catégorie des droits voisins était une solution pour assurer une protection à des objets divers qui ne sauraient être qualifiés d'œuvre de l'esprit. Mais tous ces objets sont considérés *en ce qu'ils ne sont pas*, non en ce qu'ils sont. C'est-à-dire que la nouvelle catégorie est un fourre-tout qui ne contient pas de critères filtrant ses objets ; d'où le caractère ouvert de la catégorie ou, au moins, des droits voisins économiques. En ce qui concerne l'interprétation, nous avons vu qu'il s'agit d'une *création dérivée* sur lequel le législateur a fini par construire un *objet juridique distinct* de l'objet propre du droit d'auteur. Or, s'ils sont distincts *juridiquement* (car il s'agit de deux objets juridiques différents), les *objets réels* sont de la même famille : l'œuvre et l'interprétation artistique sont des *formes issues de l'esprit* ; elles sont les fruits d'un acte créatif et elles *portent l'empreinte de la personnalité* de leur créateur, d'où leur caractère expressif. L'étape prochaine de la détermination de notre objet sera l'interprétation *en ce qu'elle est*, ce qui implique d'étudier l'interprétation en ce que *l'on croit savoir* et en ce que *l'on doit savoir*.

442. L'objet en ce qu'il est. Notre objet est une forme créative expressive ; mais pas n'importe laquelle. Pour l'identifier, l'essence de l'interprétation artistique peut être abordée selon deux approches : d'un côté, l'interprétation en tant qu'*acte créatif*, c'est-à-dire comme réalisation formelle d'une conception mentale ; et d'un autre côté, l'interprétation en tant que *forme particulière* appartenant à la famille de créations *expressives ou identitaires*. Enfin, la structure formelle de l'interprétation peut être enrichie par une autre « couche » de forme : *la forme technique* (la forme vivante fixée : l'œuvre audiovisuelle) ou une variété de *forme symbolique* (la mise en scène et la création du chef d'orchestre).

443. Plan. Dans un premier temps, nous allons étudier l'acte créatif interprétatif, son résultat et les conditions de la protection de ce résultat qui est la forme vivante interprétative (**Section I**), dans un deuxième temps, nous nous attarderons sur la structure formelle enrichie de l'interprétation soit par une forme technique de fixation soit par une forme symbolique (**Section II**).

SECTION I : STRUCTURE FORMELLE *INHERENTE* DE L'INTERPRETATION

444. Voici un objet du monde réel, qui est la forme créative expressive, se démultipliant dans le monde du Droit en plusieurs objets juridiques, en l'occurrence la forme objet d'un droit d'auteur ou objet d'un droit voisin du droit d'auteur. En effet, si l'interprétation n'est pas une œuvre de l'esprit au sens du droit d'auteur, force est d'admettre qu'elle est, comme l'œuvre, une forme expressive qui procède d'un acte créatif. Ainsi, il est impératif d'étudier l'interprétation par rapport à la création expressive ou identitaire, ce qui implique d'analyser l'interprétation et la création, d'abord *en tant qu'actes* (l'acte créatif interprétatif), ensuite *en tant que résultats* d'un acte créatif (les formes).

445. Plan. Le Code de la propriété intellectuelle donne une définition de l'acte créatif expressif *en soi* (L. 111-2 et L. 111-3), avant de *spécifier* les *formes expressives protégeables* par le droit d'auteur (L. 112-1 à L. 112-4) et celle *protégeable* par un droit voisin de l'artiste-interprète (L. 212-1 et suivant) (**§1.**). Mais pour qu'elle soit effectivement *protégée*, la forme expressive produite doit répondre à la condition de l'originalité, ce qui découle de la définition de l'acte créatif (**§2.**).

§1. L'ACTE CREATIF INTERPRETATIF

446. Perdue dans la catégorie hétéroclite des droits voisins, l'interprétation n'est définie, ni en tant *qu'objet*, ni en tant *qu'acte créatif*. Seulement, l'article L. 212-3 du Code de la propriété intellectuelle détermine le titulaire du droit en deux temps : d'abord en se référant aux usages professionnels pour exclure les artistes de compléments, ensuite en listant les actes qui se rapportent à une œuvre et qui décrivent l'activité de l'artiste-interprète (celui qui « représente, chante, récite, déclame, joue ou exécute de toute autre manière » une œuvre). Ainsi, la doctrine qui s'intéresse à la détermination de l'objet du droit voisin de l'artiste-interprète, à laquelle nous souscrivons, procède à un raisonnement par analogie avec le droit d'auteur qui donne les clés de la définition de *l'acte créatif* et détermine *l'objet spécifique* de la propriété littéraire et artistique.

447. Plan. Nous trouvons dans les premières dispositions du Code de la propriété intellectuelle la théorie générale de l'acte créatif, qui est centrée sur l'œuvre de l'esprit pour des raisons historiques, mais elle est extensible à l'interprétation (**A**). Nous y trouvons aussi la détermination de l'objet spécifique de la propriété littéraire et artistique, la forme de l'œuvre ou de l'interprétation (**B**).

A. L'acte créatif expressif en soi

448. Comme le travail, la création se manifeste dans des champs distincts. La première manifestation est le champ *utilitaire* où l'acte créatif vise à résoudre les problèmes matériels de façon innovante pour maîtriser matière et l'assujettir aux besoins de l'Homme. La seconde manifestation de la créativité est dans le champ *expressif*, dont la nécessité pour l'Homme n'est pas matérielle mais sociale et psychologique. En effet, le processus expressif permet, d'abord, au créateur de s'identifier, c'est-à-dire de « *prendre conscience de lui-même et [ensuite] de se faire connaître pour ce qu'il a de particulier* ». La réception de cette expression par ses semblables (consommation de la communication) déclenche, par réponse, une autre opération d'identification : par « *l'adhésion ou le rejet du public, en fédérant le groupe pour ou contre, [la communication de l'expression] engendre un sentiment d'appartenance collective d'où se dégage une identité partagée, sans laquelle il n'existe ni société, ni civilisation* » [1]. Dans ces deux champs, utilitaire et expressif (identitaire), l'acte créatif est le même [2], mais la finalité de la création produite n'est pas la même. L'interprétation, objet d'un droit voisin, appartient au champ créatif expressif, c'est-à-dire à celui de la propriété littéraire et artistique. Mais, l'acte générateur n'est défini qu'à propos de l'œuvre de l'esprit, objet du droit d'auteur. Néanmoins, cette définition est extensible à la création interprétative qui procède du même processus créatif.

449. Méthodologie législative. La démarche du législateur consiste à définir l'acte créatif, producteur de la chose incorporelle assiette de la propriété (art. L. 111-2 CPI) ; ensuite, par soustraction de ce qui sort de l'objet de la propriété incorporelle (la matière du support, art. L. 111-3 al. 1er CPI). Les articles suivants déterminent l'objet spécifique de la propriété littéraire et artistique, à savoir la forme. Ainsi, l'article L. 111-2 du Code de la propriété intellectuelle définit synthétiquement l'acte créatif en disposant que « *l'œuvre est réputée créée, indépendamment de toute divulgation publique, du seul fait de la réalisation, même inachevée, de la conception de l'auteur* ». Il en ressort trois éléments clés : la *réalisation* qui décrit la dimension productive de la création (la réalisation d'une chose) ; ensuite les deux éléments liés, la *divulgation* et la *conception*. Le premier élément est indifférent à la création alors que le second est, au contraire, discriminant, du fait qu'il décrit la dimension expressive de la création [3]. En bref, l'acte créatif est défini comme l'acte d'expression de la conception (**2**) à travers la réalisation d'une chose (**1**).

1. Acte de production

450. Substance de l'acte productif. Tout acte créatif suppose un *travail productif*, mais, comme nous l'avons démontré, la création ne se réduit pas à cette opération. D'ailleurs, il n'y a pas d'acte productif sans une *substance travaillée*. Cela est vrai tant pour la création d'une œuvre de l'esprit que pour la création de

---

[1] PH. GAUDRAT, « La création et le Droit : Balade dans l'espace et dans le temps », *in La création entre Droit, philosophie et religion*, *op. cit.*, p. 26.

[2] C'est-à-dire l'acte créatif au sens large (abstraction faite de la Création *ex nihilo*) comme acte *productif* dont le résultat se distingue des produits d'un simple travail par la *singularité* (utilitaire : rupture avec les solutions antérieures ; identitaire : expression de la personnalité du créateur) qu'induit la faculté créative de l'esprit. C'est cette singularité qui justifie la propriété de la *forme* donnée à la matière (droit spécial), contrairement aux formes produites par un simple travail qui sont appropriées par le propriétaire de la matière transformée (droit commun).

[3] Sur cette définition, V. PH. GAUDRAT, Rép. Civ. Dalloz, V° *Propriété littéraire et artistique : (1° la propriété des créateurs)*, 2007, n° 15 et s. ; *adde* « L'objet du droit d'auteur. Œuvres protégées. Notion d'œuvre. CPI, art. L. 111-1, L. 112-1 et L. 112-2 », *J.-Cl. Propriété littéraire et artistique*, fasc.1134 oct. 2008. Transposant les éléments de cette définition à l'interprétation, V. aussi en matière d'interprétation artistique : P. TAFFOREAU, « La notion d'interprétation en droit de la propriété littéraire et artistique », *Propr. Intell.*, n° 18, 2006. Cet auteur applique la même méthodologie pour définir l'objet du droit de l'artiste-interprète.

l'interprétation [1]. En effet, il n'est pas nécessaire que la substance ouvrée soit une matière *inerte* et *extérieure à la personne du créateur* ; ainsi, l'acte productif peut se baser sur la corporéité d'un être vivant, comme dans le cas de l'interprétation où l'interprète impose à son corps des formes visuelles ou sonores. Nous avons soutenu l'idée que le support de création (l'original) de l'interprétation n'est autre chose que la personne de l'artiste-interprète, d'où la nature éphémère de cette création ; par conséquent, la première fixation n'est, selon nous, qu'un acte de « reproduction » de l'interprétation [2]. Il résulte de cette spécificité une confusion : l'acte matériel et ultérieur de fixation (qui est un simple travail comme nous l'avons démontré) se confond, à tort, avec le processus créatif de la création interprétative, alors qu'il s'agit de deux actes distincts (production/reproduction) et de nature différente (création/travail) qui engendre des formes différentes (forme vivante expressive/forme technique) [3].

451. Transformation par l'acte productif. La production d'une chose suppose une *transformation*, c'est-à-dire un changement de forme de la matière ouvrée. Il en ressort deux notions : la *nouveauté* et la *forme*. Concernant la nouveauté, il s'agit de la différence entre la forme première et la forme produite [4] ; concernant la forme, il s'agit de donner une nouvelle forme à une matière : si cette forme existe déjà, ce n'est que de la reproduction, s'il s'agit d'une forme non connue, il y a, alors, une nouveauté externe, c'est-à-dire une nouveauté par rapport à toutes les formes extérieures à l'opération de la production. Mais la *création* en droit d'auteur français ne se réduit pas à la *production*. En revanche, dans le système du *copyright*, la nouveauté externe est déterminante, d'où l'on reconnaît la qualité d'« *author* » au producteur de la forme nouvelle et la titularité du droit (*copyright owner*) à celui qui paye le *travail productif* [5]. En définitive, l'acte créatif nécessite un travail productif, mais cette dimension productive, que régule le contrat du travail ou le louage d'ouvrage, n'est pas l'élément essentiel qui engendre la valeur ; cette valeur n'est due qu'à la *singularité* de la forme qu'induit *l'expression* de la personnalité du créateur.

---

[1] Cette dimension productive est plus claire à propos de l'œuvre car, le plus souvent, il s'agit d'une transformation d'une *substance inerte et extérieure à la personne du créateur*, ce qui rend la production prend la figure d'une fabrication. Dans ce sens : PH. GAUDRAT, Rép. Civ. Dalloz, V° *Propriété littéraire et artistique : (1° la propriété des créateurs)*, 2007, n° 18.

[2] La première fixation, pour nous, serait un acte de *reproduction* de l'interprétation, mais, d'un point de vue matériel, c'est un acte de *production* de *l'objet matériel* que l'on appelle la *matrice*. Il convient de dire que la première reproduction (la fixation) *n'est pas un acte d'exploitation en soi*, mais un simple acte préparatoire à l'exploitation (entendue comme la communication au public). Ainsi, nous croyons cohérente la disposition qui impose de rémunérer l'autorisation de fixation par une « rémunération minimale garantie » qui a la nature d'un *salaire* (L. 212-13 du Code de la propriété intellectuelle).

[3] Par voie de conséquence, le seul acte qui induit le droit exclusif sur le fruit qui en résulte est celui de l'interprète, non l'acte du producteur de la forme technique.

[4] Pour cette raison, M. GAUDRAT qualifie cette nouveauté *d'interne* à l'opération de la production, c'est-à-dire elle ne résulte pas d'une comparaison avec d'autres produits existants, mais d'une différence entre la matière avant et après l'opération transformatrice. Rép. Civ. Dalloz, *op. cit.*, n° 24 et n° 25

[5] Sur l'auteur en *copyright* anglais : *Copyright, Designs and Patents Act, 1988, section 9*. Sur le « *work made for hire* » en *copyright* américain : *US Copyright Act 1976, section 201,b (Works Made for Hire)*. V. PH. GAUDRAT, « Les démêlés intemporels d'un couple à succès : le créateur et l'investisseur », *RIDA*, N° 190, oct. 2001.

2. Acte d'expression

452. Produire une chose, même si la forme produite est nouvelle, n'implique pas forcément l'existence d'une création. L'article L. 111-2 du Code de la propriété intellectuelle révèle l'élément discriminant : *l'expression* ou « *la réalisation de la conception de l'auteur* ». L'expression, action d'exprimer ou de s'exprimer, c'est rendre manifeste quelque chose d'intérieure (sentiment, jugement, pensée etc.) par un moyen (parole, écrit, comportement etc.). Ainsi, l'expression est une *extériorisation* de ce qui a été en amont *conçu* mentalement. Bref, l'expression est le passage d'une conception mentale (**a**) à sa formalisation objective (**b**).

a. Conception

453. La conception est une production mentale ; son *support* et sa *substance* ne sont autres que la « matière grise » du concepteur [1]. Le fruit de cette production est une forme interne (à l'esprit de son producteur). Chronologiquement, le processus créatif, chez l'interprète comme chez l'auteur, commence par une conception qui vaut gestation de la création [2]. SAVATIER l'avait qualifiée comme la phase « *égoïste [... où l'auteur] travaille en lui-même et pour lui-même* » [3]. Cependant, la gestation de la création interprétative est *plus externalisée* (répétitions, entraînement etc.) que celle de la création de l'œuvre, ce qui n'enlève pas le caractère intime et premier de la conception dans le processus créatif de l'interprète. En effet, si la conception de l'auteur d'une œuvre est d'essence *introvertie*, la conception de l'interprète commence par mettre en jeu sa fonction intellectuelle de *compréhension* : en recevant l'œuvre à interpréter, l'artiste-interprète (comme tout amateur de l'œuvre) doit reconstituer la forme interne de l'œuvre avant de commencer à créer sa propre conception [4]. Enfin, nous constatons que toute production mentale n'est pas nécessairement conception d'une création (œuvre ou interprétation). Il faut en faire le tri pour déterminer la conception de l'interprétation.

454. Productions mentales et conception. Les formes mentales *automatiquement produites* ne sont pas des conceptions ; ainsi, les représentations mentales issues de la perception, les sentiments et les souvenirs ne sauraient être considérés comme « conçus » par le sujet. De même, comme nous l'avons vu concernant la télé-réalité, vivre sa vie ne saurait être qualifié de création (d'une

---

[1] O. PIGNATARI, *Le support en droit d'auteur*, préf. PH. GAUDRAT, Larcier, 2013, p. 44 et s. Qui propose d'appeler le support de la conception « le support cérébral », p.51. *Adde* « Droits des auteurs. Droits moraux. Droit de divulgation (CPI, art. L. 121-1 à L. 121-9) », *J.-Cl. Propriété littéraire et artistique*, n° 18 : « *tous les éléments constitutifs de la personnalité (sens, mémoires, savoirs, culture, sensations, désirs, corps, etc.) participent dynamiquement [au processus créatif]* ».

[2] Conception : 1° Action de former un enfant ; 2° l'action de concevoir, l'acte de l'intelligence, de la pensée, s'appliquant à un objet. Étymologiquement, le terme est emprunté au latin classique *conceptio* « action de contenir, de renfermer » d'où « conception », puis « idée, pensée » en latin chrétien. *Trésor de la Langue Française Informatisé* (TLFI), V. « Conception ».

[3] R. SAVATIER, *Le droit de l'art et des lettres. Les travaux des Muses dans les balances de la justice*, LGDJ, 1953., n° 17, p. 21. Dans le même sens : PH. GAUDRAT, fasc. 1211, *op. cit.*, n° 18 : « *l'œuvre accède à l'existence à l'intérieur de la sphère personnelle. Il en résulte que le statut personnel absorbe, occulte dans un premier temps le statut réel* ».

[4] Le Professeur TAFFOREAU l'explique bien en détaillant les trois étapes du travail interprétatif (à propos du musicien) : l'artiste se pénètre du texte pour le déchiffrer et l'apprendre ; ensuite, la compréhension et l'analyse enfin la constitution de la conception personnelle. P. TAFFOREAU, « La notion d'interprétation en droit de la propriété littéraire et artistique », n° 18, janv. 2006, p. 53.

œuvre ou d'une interprétation) ; encore moins le fait de communiquer des informations sur sa vie pour alimenter une œuvre biographique. Toutes ces productions mentales ne sont pas *artificielles* mais *réelles* [1]. Les idées sont aussi des productions mentales, mais elles ne sont pas des simples réactions automatiques à un objet perçu ; malgré cela, la spontanéité de la constitution des idées exclut *l'artifice* et leur donne un caractère rudimentaire [2].

455. Conception de la création expressive ou utilitaire. Si le processus créatif dans les créations identitaires et utilitaires est le même, il y a une différence de nature relative à leurs conceptions respectives. Quant aux créations identitaires ou expressives, la conception est construite autour d'un *thème* nourri par une substance qui puise dans la *personnalité* du créateur : souvenirs personnels, expériences, émotions, etc. ce qui induit la singularité [3]. En revanche, si les facultés de l'esprit travaillent sur des *concepts abstraits*, le produit est exclusivement conceptuel. La première conception est propre aux créations expressives, alors que la seconde produit les créations utilitaires : théories scientifiques ou créations techniques.

456. Conception thématique et la conception méthodologique. Dans la création expressive, les deux étapes successives, conception puis réalisation, ne sont pas déconnectées. La réalisation de la conception n'est pas dépouillée d'un aspect mental corrélatif : la réalisation n'est pas un simple travail transformatif de la matière du support, dans la mesure où la technique et la méthodologie de la réalisation sont de nature mentale. Cette dimension mentale dans la réalisation appartient à la conception par *sa nature*, mais *par chronologie*, elle appartient à la réalisation. Le Professeur GAUDRAT appelle cette variété de conception « la conception méthodologique » : elle n'intervient pas sur le *thème* (ce qui est à exprimer), mais sur la *façon* de le réaliser (la manière). En définitive, les deux étapes conceptrices sont forcément successives : la première est fruit de l'imagination, appelée « conception thématique » ; la seconde qui appartient à l'artifice ou à l'art tout court, appelée « conception méthodologique » [4].

457. Conception de l'interprétation : conception méthodologique. La créativité expressive ne se limite pas à sa dimension *imaginaire* ; elle existe aussi dans *la manière* de restituer le réel. Dans cette mesure, l'artiste-interprète est un créateur et l'interprétation est une création à part entière [5]. Ainsi, « *un argument (une nature morte) développé sans recherche (un banal scénario de vaudeville), qui ne témoigne d'aucun effort d'imagination, peut tout de même donner lieu à création à travers la conception*

---

[1] PH. GAUDRAT, Rép. Civ. Dalloz, *op. cit.*, n° 29 et s.

[2] PH. GAUDRAT, Rép. Civ. Dalloz, *op. cit.*, n° 3. Sur l'exclusion des idées de l'objet du droit d'auteur, V. IVAN CHERPILLOD, *L'objet du droit d'auteur*, Cedidac, Lausanne, 1985, surtout pp. 61-69 et pp. 73-76.

[3] Dans ce sens, PH. GAUDRAT, « Les démêlés intemporels d'un couple à succès : le créateur et l'investisseur », *op. cit.*, p. 137.

[4] PH. GAUDRAT, Rép. Civ. Dalloz, *op. cit.*, n° 34 à n° 36. Mais « *il n'est pas rare que la conception thématique s'affine ou évolue avec la conception méthodologique* », surtout (mais pas que) dans le cas de l'improvisation.

[5] Notre conclusion rejoint la partie de la doctrine qui utilise les terminologies « créateur, création » à l'égard de la création de l'artiste-interprète (MM. GAUDRAT et TAFFOREAU), alors qu'une autre partie préfère nuancer en utilisant le terme « recréation » (M. PESSINA et Mme BACOUELLE) afin de distinguer auteur et interprète ; enfin, certains spécialistes du droit d'auteur font une distinction nette entre l'auteur (seul créateur) et l'artiste-interprète (auxiliaire ou intermédiaire à la communication de l'œuvre).

méthodologique » [1]. En effet, sans conception méthodologique, le thème reste une production mentale ou une virtualité. Quoi qu'il en soit, le droit ne s'intéresse pas au thème, ni à l'état d'âme du créateur ou à son sentiment esthétique. Ainsi, nous croyons avec le Professeur GAUDRAT que la conception que mentionne l'article L. 111-2 du Code de la propriété intellectuelle est la conception méthodologique « *qui inscrit son fruit dans un objet réalisé [car] de l'existence de cette phase dépend l'objectivation de la conception thématique* » [2]. Conformément à cette lecture, la conception de l'interprétation est forcément une conception méthodologique assujettie à la conception thématique de l'auteur de l'œuvre interprétée (à l'exception du cas de l'improvisation). Donc, la créativité de l'interprète gît dans *la façon d'utiliser une technique d'expression* (corporelle, gestuelle, vocale) pour projeter *la conception thématique de l'œuvre interprétée* dans une *forme externe vivante.*

Certes, l'œuvre interprétée est *réalisée* dans une forme *externe*, ce qui signifie que les conceptions thématique et méthodologique sont assumées par l'auteur, mais la forme externe donnée n'est qu'une forme *conventionnelle* et *inerte.* L'interprète, par sa conception méthodologique propre, projette l'œuvre dans une forme externe *vivante* ; il s'agit d'une *autre manière d'exprimer la conception thématique de l'œuvre.* L'analyse d'une éminente musicologue du rapport entre la partition et l'interprétation confirme notre conclusion : Mme BRELET estime que « *tout le problème de l'exécution musicale tient en ce paradoxe que l'œuvre existe déjà, vivante et pourtant endormie, secrète et presque inaccessible, derrière cette partition qui à la fois la révèle et la dissimule* » [3]. Donc, le rôle de l'interprète est de « *réalise[r] ce que le compositeur a conçu, et l'œuvre musicale n'existe en définitive que selon le mode d'existence qu'elle reçoit en son exécution* » [4]. Cela explique comment la multiplicité des réalisations interprétatives procède d'une unicité ou d'un noyau formel : c'est un rapport du thème à ses variations.

b. Réalisation

458. Notion. « Réaliser » c'est traduire en acte ce qui est en puissance (un rêve, un projet) ; donner forme à ce qui est abstrait ; matérialiser. Dans le processus créatif, c'est le passage de la sphère intime de l'esprit du créateur au monde objectif ; de l'individuel au social. Réaliser la conception du créateur revient alors *à extérioriser* sa conception en utilisant *l'objectivité de la matière.* Mais les œuvres interprétables renferment en elles-mêmes une infinité de réalisations. En effet, la réalisation *primaire* de l'auteur d'une œuvre interprétable donne bien une existence objective à sa conception, mais *l'essence de cette existence*, comme le dit HEGEL à

---

[1] PH. GAUDRAT, Rép. Civ. Dalloz, *op. cit.*, n° 35. Cela confirme notre avis favorable à la protection de l'interprétation d'une œuvre non originale ou d'une expression du folklore interprétable, dès qu'il y a une conception méthodologique dans la manière de réaliser la forme interprétée.

[2] PH. GAUDRAT, Rép. Civ. Dalloz, *op. cit.*, n° 35.

[3] G. BRELET, *L'interprétation créatrice, t. 1 : L'exécution et l'œuvre*, Presses Universitaires de France, 1951, p. 2 et s. « Il y a une vérité de l'œuvre, que la diversité des points de vue enrichit au lieu de détruire », *idem.* p. 13.

[4] G. BRELET, *op. cit.*, p. 29, aussi p. 65 « *l'œuvre musicale ne possède sur la partition que l'existence idéale ; or, l'exécution doit donner à l'œuvre une existence sensible et incarnée, c'est-à-dire convertir son existence idéale en existence réelle* ». Cette existence idéale est « *un thème que le créateur propose à l'activité esthétique d'un contemplateur, d'un interprète* », p. 70.

propos de l'œuvre musicale, est « *un appel permanent à l'acte* », c'est-à-dire à l'interprétation [1].

459. Fonctions : arrêter et manifester la forme interne. La réalisation de la conception d'une œuvre (son objectivation), n'est possible que grâce à un *objet extérieur au sujet.* C'est le rôle du support de la forme externe qui permet d'obtenir une *entité physique perceptible.* En conséquence, la réalisation consiste dans la *fixation* qui marque *l'achèvement* de la création ; elle permet aussi de *conserver* la forme interne dans une matière qui sert de *mémoire* stable et durable.

460. L'œuvre interprétable est un appel permanent à l'acte. L'œuvre interprétable existe sous deux formes externes : la première est celle qui *arrête* la conception *thématique* (silencieuse) dans le support *inerte* ; la deuxième est celle qui donne vie à l'œuvre *via* le support *vivant.* L'auteur en réalisant l'œuvre à destination des interprètes, exprime sa « volonté d'indétermination » [2]. De son côté, l'interprète ne s'attache pas à expliquer, dans la forme vivante qu'il réalise, ce que *signifie* l'œuvre interprétée ; il représente comment l'œuvre produit ses effets. La formule célèbre de PAUL KLEE explique bien notre propos : « *l'art ne reproduit pas le visible, il rend visible* ». Cela veut dire que l'interprète n'est pas un simple intermédiaire qui révèle quelque chose qui existe préalablement et indépendamment de son expression ; mais son rôle est de rendre visible par son interprétation une *suggestion* ou une *expression personnelle* : « *toute exécution au sens plein est créatrice d'une réalité de l'œuvre où se justifie la subjectivité de son point de vue* » [3].

461. Réalisation sous une forme vivante. Parce que la réalisation de l'interprétation est la réalisation d'une *possibilité* de forme externe conventionnelle de l'œuvre, on aurait pu penser que l'interprète *complète* l'œuvre ou *participe* à sa création. Mais, si l'interprétation réalise une possibilité de l'œuvre interprétée, cette possibilité *n'est pas antérieure* à l'acte interprétatif car elle est de nature subjective. Autrement dit, la réalisation de la forme vivante de l'interprète *s'ajoute* à l'œuvre, sans se confondre avec elle, ni avec d'autre forme vivante (antérieure ou postérieure) de la même œuvre. Ainsi, chaque interprétation relaie l'expression de l'auteur de l'œuvre interprétée, tout en exprimant la personnalité de l'interprète.

462. Respect ou fidélité : interprétation et traduction. L'interprétation est toujours comparée à la traduction [4], toutes les deux étant des créations dérivées. Le processus créatif des deux créations est le même : réalisation d'une conception méthodologique qui se greffe sur la conception thématique de l'œuvre traduite/interprétée. Comme on l'a vu avec l'interprétation, la forme externe que réalise le traducteur ne se confond, ni avec la forme de l'œuvre traduite, ni avec celle d'autres traductions de la même œuvre. Mais le point qui distingue les deux

---

[1] Il en résulte un paradoxe : seule la liberté créatrice de l'interprète permet de respecter l'œuvre, dans la mesure où elle respecte en l'œuvre cette *exigence* d'une réalisation qui lui donne *l'être* et en la portant au-delà d'elle-même. En ce sens Mme G. BRELET s'appuyant sur les pensées d'HEGEL (à propos de la musique qui n'existe en définitive qu'à travers de l'interprétation), *op. cit.*, p. 43. Le respect de l'œuvre interprétée c'est le respect « de *l'invariant* de l'œuvre » : G. BRELET, *op. cit.*, p. 114 et s. Il est vrai que cet invariant est difficile à mesurer, mais l'œuvre doit être toujours identifiable dans toutes ses interprétations.

[2] G. BRELET, *op. cit.*, p. 77.

[3] G. BRELET, *op. cit.*, p. 97. On a vu que l'œuvre n'exprime pas une vérité à révéler : il n'est pas question d'une seule interprétation vraie excluant les autres qui seraient fausses. Nous ajoutons aussi que les possibilités ne sont pas antérieures et objectives : il y a tant d'interprétations que d'interprètes.

[4] Sous forme vivante (orale), le traducteur est interprète.

créations, à notre avis, gît dans le rapport qu'elles entretiennent avec l'œuvre primaire. Dans l'interprétation, il n'est pas question de *fidélité*, mais de *respect* de l'œuvre interprétée ; par conséquent, les interprétations se comparent entre elles plutôt par référence à l'œuvre interprétée [1]. En revanche, les traductions ne se comparent pas entre elles (même celles de même langue), mais par rapport à l'œuvre traduite, d'où, au-delà du respect, la question de la fidélité à cette œuvre l'emporte sur la subjectivité du traducteur.

463. Dynamisme de la forme [2]. Dans la création d'une œuvre sous forme immobile ou inerte, nous n'assistons pas à la créativité au moment où elle s'exerce. La forme nous est présentée comme résultat final. Au contraire, la spécificité de la réalisation de l'interprétation est que l'activité créatrice est vivante : l'artiste-interprète ne nous fait pas seulement assister à la création de l'œuvre (sous une nouvelle forme), mais aussi au déroulement du processus créatif de son interprétation. Il résulte une difficulté propre à la création interprétative, qui a posé un problème à sa protégeabilité par un droit de propriété : dans l'interprétation la *forme* se confond avec *l'activité* et la *personne* qui en est le support [3]. Sans changer d'essence, la forme technique de fixation facilite l'appropriation de la forme vivante expressive, parce qu'elle permet d*e séparer objet et sujet.*

B. La structure formelle de l'interprétation

464. *L'acte créatif interprétatif* ayant été analysé, il nous appartient maintenant d'entrer dans l'étude de son *résultat* : la forme vivante produite (**1**) et ses niveaux ; autrement dit, la *structure formelle* de l'interprétation (**2**).

1. Objet incorporel

465. Dualité support-forme. En matière de droit d'auteur, l'acte créatif produit un objet tangible vecteur de la forme externe de l'œuvre. Le support est distinct *intellectuellement et juridiquement* de la forme qui, seule, fait l'objet de la propriété incorporelle. En effet, l'article L. 111-3 du Code de la propriété intellectuelle [4], en distinguant la propriété corporelle du support de celle incorporelle de l'œuvre, détermine indirectement l'objet spécifique de la propriété incorporelle de l'auteur : en soustrayant la matière il ne reste que la forme. En matière de droit voisin de l'artiste-interprète, il n'y a pas d'équivalent à cet article.

---

[1] L'œuvre interprétée, qui ne limite pas les possibilités de sa réalisation sous forme vivante, ne pose pas le problème de la *fidélité* (même si la référence est faite souvent à une interprétation favorisée, archétype, indicative, historique, etc.), mais ce qui se pose par rapport à l'œuvre interprétée c'est plutôt le *respect* de l'œuvre. En conséquence, la subjectivité de l'interprète gît dans la nouvelle possibilité qu'il propose, alors que la subjectivité du traducteur est soumise à une *vérité*, d'où elle est *vérifiable.*

[2] Un corps vivant peut servir de support inerte à une œuvre (tatouage) ; la forme ne devient pas vivante. L'interprétation est une forme vivante car le support vivant est dynamique ou actif : c'est une forme qui inscrit un temps de création dans un temps réel.

[3] Rapp. P. CATALA, « La transformation du patrimoine dans le droit civil moderne », *RTD civ.* 1966, p. 202, qui évoque la complexité de certains biens immatériels du fait que *la personne et l'activité de leur titulaire en constituent le support.*

[4] L. 111-3 al. 1er : « *La propriété incorporelle définie par l'article L. 111-1 est indépendante de la propriété de l'objet matériel* ».

La loi LCAP de 2016 qui a transposé certaines dispositions du droit d'auteur au droit de voisin de l'artiste-interprète ne l'a pas fait concernant l'article L. 111-3 du Code de la propriété intellectuelle. Mais la solution s'impose : *mutatis mutandis*, l'acte créatif interprétatif aboutit à une forme vivante expressive. Le travail (préparatoire ou réalisateur de la forme finale ou le travail technique de fixation) peut faire l'objet d'un rapport contractuel, mais il est en dehors de l'assiette de la propriété incorporelle. Aussi, le support humain de la forme est-il rétif à toute opération commerciale. Il ne reste que la *forme vivante interprétative* objet du droit incorporel. En conclusion, l'objet incorporel de la propriété littéraire et artistique est la forme créative expressive (d'une œuvre ou d'une interprétation), qui est tributaire d'un support (matériel, vivant, technique) lequel fait l'objet d'une propriété corporelle (le support vivant mis à part).

2. Structure formelle de l'objet incorporel

466. La forme, objet de la propriété littéraire et artistique, peut être décomposée en suivant la décomposition du processus créatif qui l'a produite. L'étape *conceptrice* produit une *forme interne* (**a**) et l'étape *réalisatrice* produit une *forme externe* (**b**) [1].

a. Unité de la forme interne des créations expressives ou identitaires

467. Forme intelligible. En général, la forme est la *qualité d'une substance* résultant d'une *organisation interne.* En matière de créations intellectuelles, *la forme interne* est celle qui affecte *la substance mentale.* C'est ce que le Code de la propriété intellectuelle appelle la *conception.* Sans revenir sur la conception, sa substance, son support et ses types, ce qui nous intéresse ici ce sont les caractéristiques de la forme interne qui sont les mêmes dans toute création identitaire ou expressive. En effet, la première caractéristique de cette forme est sa nature *occulte*, car elle est interne tant à l'esprit du créateur qu'à la forme externe qui la symbolise. Ensuite, cette forme est de nature *intellectuelle*, d'un côté à cause de sa substance et, de l'autre, à cause de sa communication au public qui implique la fonction *cognitive* des amateurs, lesquels restituent la forme interne dans leur esprit. Enfin, la forme interne de toutes les créations expressives est nécessairement une forme *intelligible*, dans la mesure où cette forme est destinée à un public ; cela revient à dire qu'elle est exploitable par une communication en tant que forme *dépositaire de l'expressivité.* À l'opposé, les créations utilitaires ont bien aussi une forme interne intelligible, mais elles ne sont pas exploitables par la communication de cette forme [2] ; elles ne le sont que par *l'utilisation* de la forme *externe dépositaire de la fonctionnalité.*

---

[1] Sur la théorie des formes en propriété littéraire et artistique V. PH. GAUDRAT, « Réflexions sur la forme des œuvres de l'esprit », *in Mélanges en l'honneur d'ANDRE FRANÇON*, 1995, Dalloz, p. 195 et s. ; et pour un complément de cette théorie appliquée à l'ensemble des propriétés intellectuelles : « Formes & propriétés intellectuelles », (à paraitre). *Adde* sur d'autres théories de la forme empruntées de l'Esthétique : IVAN CHERPILLOD, *L'objet du droit d'auteur*, Cedidac, Lausanne, 1985, 197 p.

[2] Cette forme interne peut même rester *secrète.* Dans le cas du brevet, la divulgation d'une description (forme externe conventionnelle) de la forme interne intelligible de l'invention est nécessaire pour le dépôt à l'INPI, mais les destinataires de cette publication ne sont pas les utilisateurs mais les hommes de l'art. Les

468. Forme intelligible de l'interprétation. Concernant la forme interne de l'interprétation, il n'y a rien de particulier à signaler : comme toute création identitaire, la forme interne de l'interprétation a deux caractères : elle est une forme *intelligible* et *exploitable en tant que telle.* L'intelligibilité de la forme interne de la création interprétative ne pose pas de problème, dans la mesure où la forme vivante est une forme externe sensible, c'est-à-dire une forme *qui délivre directement la forme interne qu'elle représente* : la vue ou l'ouïe sont suffisantes pour accéder à la forme interne, contrairement aux formes externes conventionnelles dont la forme interne représentée nécessite pour qu'elle soit restituée, au-delà de la perception, un déchiffrage de la forme externe (connaissance de la langue, la notation, la lecture etc.) [1]. Concernant le deuxième caractère, la forme interne de l'interprétation est exploitée en tant que telle (en tant que forme intelligible), car l'acte final pour une création expressive est un acte de cognition (restitution de la forme interne dans l'esprit des amateurs), tandis que pour une création utilitaire, l'acte final est l'utilisation qui porte sur la forme externe.

469. Forme imaginative (renvoi). Dans la forme intelligible exploitée en tant que telle, les éléments du « fond » ne sont pas protégeables ; ce qui est protégeable c'est seulement la forme issue de *l'imagination* [2]. Ainsi, l'idée ou la théorie exprimées dans une œuvre, ou le style ou la technique de jeu d'une interprétation, tous ces éléments ne sont pas protégeables. Ce qui est protégé par le droit intellectuel procède de *l'imagination personnelle*, alors que les éléments mentaux qui procèdent de *l'intellect* sont impersonnels, objectifs et collectifs. En application de cette exclusion, nous renvoyons à nos développements précédents concernant la question des formes vivantes non-interprétatives et qui relèvent du *réel*, comme les prestations purement physiques (sportives) ou les formes reflétant la réalité (participation aux œuvres documentaires) ou les formes de la réalité reflétée (la participation aux jeux télévisés, télé-réalité, interview). Il suffit à ce stade de rappeler que la doctrine juridique utilise le même argument pour exclure ces prestations de la protection par le droit voisin de l'artiste-interprète : l'absence d'une œuvre interprétée. Nous ajoutons un autre argument en faveur de l'exclusion de ces formes vivantes produites : l'absence d'une forme imaginative.

b. Diversité des formes externes des créations expressives ou identitaires

470. Forme sensible et forme conventionnelle. Comme nous l'avons dit, la forme est un *ordre* ou une *organisation interne affectant une substance.* Quand cette substance organisée est une matière, il s'agit d'une forme *externe au sujet.* S'agissant des créations identitaires, la forme externe est celle qui affecte la matière du support. Cette forme peut être une forme *sensible* ou une forme *conventionnelle.* La première est la forme perçue au travers des sens, d'où elle est *le premier niveau* de forme qui se présente à l'esprit. Elle permet d'accéder directement à la forme

---

utilisateurs ne s'intéressent pas à comprendre la forme interne intelligible de l'invention, mais aux fonctions de la forme externe.

[1] « *Un français ne peut pas accéder à une œuvre écrite en arabe s'il ne connaît pas la langue arabe [forme conventionnelle], mais il peut en tout cas accéder à l'œuvre musicale appartenant à la musique arabe [quand elle est interprétée, car la forme vivante est sensible]* ». V. PH. GAUDRAT, « Réflexions sur la forme des œuvres de l'esprit », *op. cit.*, p. 207 et s.

[2] PH. GAUDRAT, « Réflexions sur la forme des œuvres de l'esprit », *op. cit.*, p. 213 et s.

interne qu'elle représente (forme sonore, visuelle, tridimensionnelle). Quant à la forme externe conventionnelle, elle sert à noter une forme interne non dotée d'une forme sensible, c'est-à-dire une forme interne dont la communication ne se fait pas par la simple perception.

471. Forme externe vivante. La forme externe de l'interprétation est une variété de forme sensible ; sa spécificité gît dans son caractère *vivant* qui résulte, d'un côté, du support de cette forme (la personne physique) et, d'un autre côté, de son aspect *dynamique* puisque cette forme consiste en des gestes vivants [1]. Le fait que cette forme externe serve à la communication de l'œuvre interprétée n'en fait pas une forme fonctionnelle, dans la mesure où elle exprime aussi la personnalité de l'artiste-interprète.

472. Interprétation-conception et interprétation-exécution. Appréciations critiques. Les deux composants du processus créatif interprétatif, à savoir la conception méthodologique et la forme vivante, correspondent à la lecture séquentielle du processus créatif de l'interprétation du Professeur TAFFOREAU. Néanmoins, il y a certaines ambiguïtés que nous devons clarifier. Selon la thèse de M. TAFFOREAU, il y a deux objets dans l'interprétation : « *l'interprétation-conception qui vise le stade de la composition de celle-ci au sens du droit d'auteur* », ensuite « *l'interprétation-exécution, qui vise le stade l'expression* ». Ainsi, il y a un élément intellectuel précédant un élément matériel. En effet, la distinction entre ces deux éléments, à notre avis, ne pourrait être que pédagogique ; la distinction explique, comme en matière de droit d'auteur, le processus créatif productif de la forme, autrement dit, le fait générateur de l'objet incorporel objet de la propriété. Mais les expressions utilisées par le Professeur TAFFOREAU, qui ont été adoptées par une partie de la doctrine [2], laissent entendre qu'il y a deux objets de droit intellectuel : il y a une interprétation purement intellectuelle et une autre vivante. C'est ce qu'explique M. TAFFOREAU en disant que l'élément intellectuel « *peut se manifester séparément, oralement comme par écrit* », et l'élément matériel « *englobe le premier et manifeste ainsi de façon unitaire un phénomène en réalité dualiste* » [3]. Par conséquent, toujours selon cette lecture, « *l'interprétation-conception pourrait être considérée comme une œuvre au moins dérivée, mais elle se fond trop dans l'exécution pour qu'on puisse, sans difficulté d'application, la faire entrer dans le domaine du droit d'auteur. Elle donne prise à un droit voisin du seul fait de sa création même si elle n'est pas suivie d'exécution, pourvu qu'elle soit exprimée par écrit ou oralement. […]* » [4]. Nous n'irons pas jusque-là : la conception méthodologique de

---

[1] Le corps vivant peut servir de support *inerte* d'une œuvre (tatouage), dans ce cas, la forme n'est pas vivante. En revanche, l'interprétation se distingue par le dynamisme du support : les gestes vivants supposent que le corps est actif.

[2] S. PESSINA, « Droit des artistes-interprètes - Définition de l'interprétation, objet de droits de propriété intellectuelle - Régime juridique des droits voisins des artistes-interprètes », *J.-Cl., Communication*, fasc. 6121, 2008, n° 4 (opposant l'interprétions en tant qu'activité et en tant que résultat). *Contra* MM. M. VIVANT et J.-M. BRUGUIERE, *Droit d'auteur et droits voisins*, 4e éd. n° 1246, p. 1218, pour qui, « *il n'est pas possible d'opposer de manière aussi radicale l'interprétation de la prestation même s'il est vrai que le droit du travail appréhende plus la dimension matérielle […] et le droit voisin la dimension créatrice […]* ».

[3] P. TAFFOREAU, *Le droit voisin de l'interprète d'œuvres musicale en droit français*, Paris 2, 1994, p. 97 et s. Cette lecture dans le domaine musical a été généralisée à toute interprétation dans un article du même auteur : « La notion d'interprétation en droit de la propriété littéraire et artistique », *Propr. Intell.*, n° 18, 2006. Il convient de préciser que, selon cette lecture, l'élément intellectuel peut être prépondérant chez certains interprètes (le chef d'orchestre), alors que l'élément matériel sera prépondérant chez d'autres (exécutants).

[4] [Nous soulignons]. P. TAFFOREAU, *Le droit voisin de l'interprète d'œuvres musicales en droit français*, *op. cit.*, p. 98.

l'interprète (la manière), comme la conception thématique de l'auteur (le thème exprimé), n'atteignent pas au statut de bien tant qu'elles n'ont pas été réalisées. Ainsi, concernant l'œuvre de l'esprit, il n'y a pas lieu de distinguer une œuvre-conception et une œuvre-réalisation. Par ailleurs, l'interprétation-conception (la conception tout court), n'a qu'une forme unique d'expression qui est la *forme vivante.* Si l'interprétation pouvait être symbolisée (écrite), elle deviendrait une œuvre de l'esprit (dérivée) comme la composition musicale. Enfin, il est intéressant de remarquer que la lecture du Professeur TAFFOREAU a été illustrée par l'exemple du chef d'orchestre, que nous croyons « auteur » de sa conception *méthodologique* réalisée dans une forme externe *symbolique*, non dans une forme vivante sonore. Nous y reviendrons dans la section suivante.

473. Après avoir étudié l'interprétation en tant *qu'acte créatif* (le processus créatif) et en tant que *résultat de cet acte* (forme vivante interprétative), il nous faut maintenant passer au critère de la protection de l'interprétation par la propriété intellectuelle.

§ 2. LA FORME VIVANTE INTERPRETATIVE PROTEGEE

474. Artiste-interprète et artiste de complément. Les activités interprétatives que mentionne l'article L. 212-1 Code de la propriété intellectuelle produisent une forme vivante expressive. Aucune référence n'est faite expressément à une *condition qualitative de protégeabilité.* Mais la jurisprudence exige tantôt *le caractère personnel*, tantôt *l'originalité* pour que la forme vivante soit protégée [1] ; ou précisément, pour appliquer la distinction que fait la loi entre l'artiste-interprète et l'artiste de complément [2].

475. Création expressive et originalité. La définition de l'acte créatif dans la propriété littéraire et artistique induit les caractères qualitatifs de l'objet incorporel. Pour cette raison, une partie de la doctrine estime que le critère de la création suffit comme filtre des objets incorporels protégés [3]. Quoi qu'il en soit, l'originalité est définie classiquement comme *l'empreinte de la personnalité du créateur.* Dans toutes ses variantes, il y a deux notions qui sont constamment visées : la *personnalité* et *sa trace*

---

[1] L'amateur qui *chante* produit une *forme vivante protégeable* ; mais étant dans son *rôle passif de réception* (la restitution intellectuelle de la forme communiquée) non dans un rôle actif d'expression, il n'exprime pas forcément sa personnalité : sa forme vivante n'est pas *protégée.* Nous reprenons ici la distinction qu'opère M. O. LALIGANT entre l'œuvre *protégeable* [l'œuvre en soi] et l'œuvre *protégée* [qui passe au filtre de l'originalité]. O. LALIGANT, « Fragment d'un discours sur la notion d'œuvre de l'esprit au sens du droit d'auteur : œuvre et interprétation », *RRJ*, n° 3, 1994.

[2] L. 212-1 du Code de la propriété intellectuelle « *À l'exclusion de l'artiste de complément, considéré comme tel par les usages professionnels, l'artiste-interprète ou exécutant est la personne qui…* ».

[3] En matière de droit d'auteur : O. LALIGANT, *La véritable condition d'application du droit d'auteur originalité ou création*, PUAM, 1999, 441 p. Cet auteur consacre la première partie à critiquer la pertinence de l'originalité comme critère d'application du droit d'auteur, donc de détermination des œuvres protégées, et propose, dans la seconde partie, de se limiter au critère de la création ; en matière de droit voisin de l'artiste-interprète, P. TAFFOREAU et C. MONNERIE, *Droit de la propriété intellectuelle*, 4e éd., p. 258 : « *Il nous semble, toutefois, que l'important, pour accorder ou non la protection, n'est pas de vérifier une prétendue condition d'originalité, mais de rechercher s'il y a bien une activité créative* ». Le professeur GAUDRAT, lui, estime que l'originalité est « *une synthèse érigée en critère [qui] explique la logique de la propriété mieux qu'elle ne sert à reconnaître les créations protégées* ». PH. GAUDRAT, Rép. Civ. Dalloz, V° *Propriété littéraire et artistique : (1° la propriété des créateurs)*, 2007, n° 99.

(empreinte, marque, miroir, ton, sceau, reflet etc.). Si la personne physique est forcément engagée dans la forme vivante interprétative, la question se pose de savoir si la protégeabilité nécessite, au-delà de ce caractère personnel, l'originalité de la forme.

476. Plan. Le législateur n'exige pas expressément l'originalité de l'interprétation pour qu'elle soit protégée. Mais la jurisprudence utilise des termes renvoyant à l'originalité de façon *explicite* ou *implicite.* La doctrine semble partagée entre trois tendances : exiger un simple « caractère personnel » ; exiger « l'originalité » comme en droit d'auteur ; ou enfin *nier tout critère discriminant* à part ceux que reconnaissent les usages professionnels qui définissent l'artiste de complément. Dès lors, il nous faut analyser tout indice dans les textes ou dans les applications jurisprudentielles afin de dégager le véritable critère de protection de la forme vivante interprétative (**A**), Par ailleurs, il nous faut aussi comparer les critères dégagés avec celui de l'originalité et écarter tout critère impertinent (**B**).

A. À la recherche du véritable critère de la protection de l'interprétation

477. Énoncé du problème. L'originalité est une notion aussi ancienne que l'idée de propriété de la création émanant de la personnalité du créateur, contrairement à un avis qui en attribue la paternité à DESBOIS [1]. Malgré son enracinement dans les traditions juridiques du droit d'auteur français, cette notion est souvent *critiquée* (voire malmenée [2]) en droit d'auteur et *niée* en droit voisin de l'artiste-interprète. Peut-être est-ce dû à la complexité de cette notion hautement subjective. M. SIRINELLI l'a dit : « *la vérité oblige à dire que l'on ne sait pas exactement en quoi consiste l'originalité* » [3]. Or, l'originalité n'est pas un simple critère surajouté, mais une synthèse explicative de la propriété de la forme créative [4]. En vérité, la *singularité* de la forme créative qui induit la propriété se manifeste dans les créations expressives à travers *l'expression de la personnalité du créateur dans la forme* [5]. En

---

[1] A. LUCAS et *al.*, *Traité de la propriété littéraire et artistique*, 5e éd., n° 105 et p. 126. « *Il a fallu attendre Desbois. Avant lui, les auteurs ne soufflent mot de l'originalité* ». *Contra* L. PFISTER qui cite un arrêt de la Cour d'appel de Paris le 10 avril 1862 : L. PFISTER, « Le tournant du XXe siècle berceau des droits contemporains de l'œuvre d'art », *in L'art en mouvement, Regards de droit privé*, Mare & Martin, 2013, p. 15 et s. De même auteur, « L'œuvre, une forme originale. Naissance d'une définition juridique, XVIII-XIXe siècle », *Cahier du Centre lyonnais d'histoire du droit et de la pensée politique*, n° 2, 2005, p. 245 et s. *Adde* PH. GAUDRAT qui cite des auteurs qui évoquent clairement la notion d'originalité : « *Écrivant : "Le manuscrit est une partie de sa substance que l'écrivain produit dehors", Linguet ne dit pas autre chose. Et Le Chapelier résume les idées de son temps en s'exclamant devant l'Assemblée : "L'œuvre est le miroir de la personnalité"* », PH. GAUDRAT, Rép. Civ. Dalloz, *op. cit.*, n° 101. Enfin, sur l'évolution de l'originalité, « le sommeil, le réveil et l'harmonisation », V. L. MARINO, « L'œuvre de l'esprit : l'originalité, critère discriminant ? », *in L'œuvre de l'esprit en question(s). Un exercice de qualification*, ss. dir. A. BENSAMOUN, F. LABARTHE et A. TRICOIRE, Mare & Martin, 2015, surtout pp. 106-107

[2] Sur la saga du critère de l'originalité appliqué à « l'œuvre-logiciel », PH. GAUDRAT, « Originalité des logiciels : le Graal du numérique », *RTD com*, avril 2020, p.849. (CA Lyon, 26 sept. 2019, n° 16/08625 ; CA Paris, pôle 5, ch. 2, 28 juin 2019, n° 17/01776) ». *Adde* PH. GAUDRAT, obs. sous CA Douai : *JCP E.*, 2019, 1418, n° 2.

[3] P. SIRINELLI, chron., *RIDA*, janv., 2008, p. 267.

[4] PH. GAUDRAT, Rép. Civ. Dalloz, *op. cit.*, n° 99.

[5] La *singularité* de la forme créative, *source de la valeur*, gît dans *l'expression* de la personnalité dans la forme en ce qui concerne les créations identitaires et gît, en ce qui concerne les créations utilitaires, dans la *nouveauté* de la fonction qu'assure la forme. Cette singularité induit la propriété du créateur de la création expressive

conséquence, forme et originalité sont les deux piliers de la propriété incorporelle du créateur, raison pour laquelle la destruction du système passe par la négation de l'un ou de l'autre.

Le Professeur PIERRE SIRINELLI demande : en quoi consiste l'originalité ? Les expressions utilisées qui font référence à la *personnalité* et à *l'empreinte* définissent bien cette consistance. D'un côté la personnalité est à *l'origine du processus créatif*, et de l'autre, en s'exprimant à destination d'autrui, la personnalité *se reflète dans la forme.* En ce qui concerne l'artiste-interprète, un autre élément renforce l'originalité : *le support de création* de la forme vivante interprétative n'est autre que la personne même de l'interprète. SAVATIER visait cette spécificité de la forme vivante interprétative dans une affirmation qui mérite d'être citée :

« L'art du comédien, de l'interprète vivant d'une œuvre inerte, n'est pas moins grand que les autres. Il est, peut-être, le plus humain de tous, car aucun art ne s'incarne au même point dans la personne. De telle sorte que si vraiment la propriété artistique a sa source dans le caractère personnel de la création, c'est la création de l'artiste dramatique ou lyrique qui, plus que toutes autre, devrait faire l'objet d'une propriété » [1].

478. Nous analysons l'originalité et ses éléments (**1**), pour l'appliquer à la création de l'artiste-interprète (**2**).

1. Originalité : la personne, la personnalité et l'empreinte

479. Deux notions constantes dans tout essai de définition de l'originalité, l'une fait référence à la *cause* (**a**) et l'autre à *l'effet* (**b**) : la *personnalité* du créateur et *l'empreinte* déposée dans la forme.

a. Personnalité du créateur

480. Notions. « Personnalité » signifie « *ce qui constitue la personne ; qui la rend psychiquement, intellectuellement et moralement distincte de toutes les autres* ». Ainsi, le terme ne renvoie pas à la personne au sens général (*sujet de droit* [2]), mais à la *personne en tant qu'individualité humaine ou une* identité. Ainsi, l'incapacité juridique d'un créateur n'affecte pas l'originalité de ses créations. Cette incapacité n'affecte pas la *jouissance* mais seulement *l'exercice* des droits [3], par conséquent, l'interprète mineur ne peut exercer son droit voisin que par le moyen d'un représentant qui doit assurer *l'assistance non la suppléance* [4]. De la même façon, la personnalité juridique d'une personne morale ne signifie pas que cette personne juridique peut être « créateur » au sens du droit d'auteur. Donc, si la référence, en propriété littéraire et artistique,

---

(depuis la fameuse plaidoirie de Marion en 1586) et du créateur de la création utilitaire (solution antérieure à 1844 où le privilège fit son retour lors de la seconde Restauration).

[1] R. SAVATIER, *Le droit de l'art et des lettres*, LGDJ, 1953, n° 190, p. 137.

[2] La notion de « personnalité juridique », qui détermine une aptitude à jouir ou à exercer des droits, est étrangère au sens retenu en droit de la propriété littéraire et artistique, c'est-à-dire à la personnalité qui laisse son empreinte dans la forme.

[3] Cela « *sous réserve du droit moral* » : PH. GAUDRAT, Rép. Civ. Dalloz, 1° Propriété des créateurs, *op. cit.*, n° 105. Antérieurement à la loi du 11 mars 1957, POUILLET soutenait que l'incapacité n'avait pas d'incidence sur la *jouissance* du droit d'auteur mais seulement sur *son exercice* soumis aux règles de représentation légale. Cité par F. POLLAUD-DULIAN, *Le droit d'auteur*, 2e éd., *op. cit.*, n° 733, p. 554.

[4] F. POLLAUD-DULIAN, *Le droit d'auteur*, 2e éd., *op. cit.*, n° 734, p. 554

à la personnalité ne concerne pas la « personnalité juridique », il ne reste que la personne comme « un complexe psychosomatique » [1], lequel dépasse le domaine du droit. La personnalité ainsi entendue est un complexe : elle est constituée d'éléments plus ou moins *fixes*, *physiques* (physionomie, voix, image, corps etc.) ou *comportementaux* (caractères de la personnalité) ; et d'éléments *évolutifs* (le récit de soi [2], ou l'histoire personnelle, l'appartenance à toute idée ou idéologie etc.) ; et par appartenance à un milieu social (religieux, familial, professionnel etc.), la personnalité acquiert une *image sociale* (réputation). On peut dire que la personnalité est *la synthèse des éléments individuels et sociaux qui singularisent une personne et l'identifient.* En pratique, le Professeur GAUDRAT distingue, à juste titre, entre deux aspects de la personnalité. Le premier est *dynamique* : « *la personnalité inspire tant les actions du sujet que ses interactions avec autrui, [ainsi elle] suscite des actes et des faits juridiques* » qui la rendent *source* de droits. Le second aspect est *patient* : la personnalité « détermine autour du sujet une *sphère de non-empiètement* ; elle est pour ce faire *objet de droits* » [3].

481. Deux aspects et deux traitements juridiques de la personnalité. Les deux aspects, *patient* et *dynamique,* de la personnalité correspondent à deux traitements juridiques : comme *objet* des droits de la personnalité et comme *source* des droits intellectuels. Concernant les droits de la personnalité, les attributs de la personnalité font l'objet des droits qui ne sont pas détachables du sujet. Ces droits sont *défensifs et discrétionnaires*, mais il n'est pas interdit qu'ils fassent l'objet de conventions ; dans ce cas, la convention n'est pas un transfert (une cession) du droit de la personnalité, mais une simple autorisation. Ces droits s'attachent soit à la défense de *l'intégrité physique*, soit à la défense d'un *reflet de la personnalité dans un objet* extérieur au sujet, soit enfin à la protection de la *vie privée* en tant qu'espace d'expression [4]. Concernant les droits intellectuels, ils traitent la dimension dynamique de la personnalité, c'est-à-dire la personnalité comme *source de l'acte créatif.* Il en résulte que le droit protège la personnalité à travers la création [5].

482. La personne et la personnalité de l'artiste-interprète. Nous avons relevé une des spécificités de la création de l'artiste-interprète : il nous fait assister à *la créativité en action* non seulement au résultat final d'une créativité arrêtée. Ainsi, l'engagement de la *personne* du créateur ne s'arrête pas au moment précédant la communication ; qui plus est, la forme vivante interprétative a pour *support de création* la personne physique de l'interprète. Il résulte de ces deux constats qu'en sus de la *personnalité*, source de l'acte créatif interprétatif, la *personne physique*, support de la forme, renforce la singularité de cette création : non seulement la forme porte l'empreinte de sa personnalité, mais elle a aussi pour vecteur la personne physique de l'interprète. En définitive, cette analyse donne raison à SAVATIER qui estimait (à propos du comédien) que l'art de l'interprète est le plus humain des arts [6].

---

[1] Psychosomatique : du grec ancien : *psyché*, l'esprit et *soma*, le corps. V. PH. GAUDRAT, Rép. Civ. Dalloz, *op. cit.*, n° 106 et n° 107.

[2] ANNE STRASSER, « Quand le récit de soi révèle la fonction élucidante de l'écriture », *Temporalités* [En ligne], 17, 2013 : DOI : http://doi.org/10.4000/temporalites.2419 (consulté le 17 juin 2020).

[3] PH. GAUDRAT, Rép. Civ. Dalloz, 1° Propriété des créateurs, *op. cit.*, n° 107.

[4] PH. GAUDRAT, Rép. Civ. Dalloz, 1° Propriété des créateurs, *op. cit.*, n° 106 et n° 108 à n° 111.

[5] PH. GAUDRAT, Rép. Civ. Dalloz, 1° Propriété des créateurs, *op. cit.*, n° 113.

[6] R. SAVATIER, *Le droit de l'art et des lettres*, LGDJ, 1953, n° 190, p. 137.

b. Empreinte de la personnalité du créateur

483. L'aspect dynamique de la personnalité s'exprime, en matière de créations identitaires, par l'acte créatif et par l'empreinte déposée dans son résultat (la forme). On a vu qu'une partie de la doctrine s'arrête à l'exigence d'une création. Or, tout résultat d'un acte créatif ne porte pas forcément l'empreinte de la personnalité : la personnalité est toujours la source de la création, mais c'est dans les créations identitaires (L. 111-2 du Code de la propriété intellectuelle) que la personnalité imprime sa marque. Donc, la question de l'originalité, entendue comme l'empreinte de la personnalité, reste entière. La notion d'empreinte implique un *transfert intentionnel* entre « *un sujet actif (le créateur) et un objet passif (la forme), comme le sceau imprime sa marque dans le cachet* » [1]. La *cause* de l'empreinte est, on a vu, la personnalité en tant qu'identité individuelle ; maintenant il nous faut chercher à en savoir plus sur *l'effet* : l'empreinte, son siège et ses caractères.

484. *Forme interne* siège de l'empreinte de la personnalité. En faisant le tri entre les éléments non personnels et ceux qui sont personnels dans la conception (la forme interne), nous pouvons déterminer le siège de l'empreinte de la personnalité. En effet, les idées, le style, le thème, la technique de jeu, les choix techniques de réalisation, le choix du support et tous les autres éléments qui sont utilisés mais qui ne sont pas créés par le créateur, ne peuvent pas porter l'empreinte de la personnalité. C'est pour cette raison que ces éléments sortent de l'assiette de la propriété. En conséquence, le siège de l'originalité ne peut être que la forme interne issue d'un *processus volontaire d'expression* ; sachant que l'empreinte n'est déposée que lors de la *réalisation* de la forme externe [2]. Concernant la forme externe, la forme symbolique (notation musicale ou chorégraphique) ne peut être protégée que si l'objet symbolisé est protégé [3]. Quant au support, qui donne son objectivité à la forme, il ne saurait être le siège de l'empreinte du fait qu'il est étranger à la forme. Enfin, l'empreinte emprunte deux caractères à la forme interne : d'un côté, elle *n'est pas quantifiable* ; par conséquent, elle existe ou elle n'existe pas ; il n'y a pas lieu de dire qu'une création est plus originale (donc plus protégée) qu'une autre, ni de parler de « l'intensité » de l'originalité. D'un autre côté, l'empreinte de la personnalité est *subjective* comme la forme interne. Pour certains, c'est un point de faiblesse, qui justifie son remplacement par un critère

---

[1] O. PIGNATARI, *Le support en droit d'auteur*, n° 74 et s., p. 58 et s. ; PH. GAUDRAT, Rép. Civ. Dalloz, *op. cit.*, n° 115 et s.

[2] Pour cette raison, le réalisateur, quand il est une autre personne que le concepteur, peut être considéré comme coauteur si, à l'occasion de la réalisation, a déposé sa propre empreinte de la personnalité. Aff. *Renoir c./ Guino* Cass. 1re civ., 13 nov. 1973 (*considérant le concepteur (Renoir) et le réalisateur (Guino) comme coauteurs*) : *D.* 1974, p. 533, note C. COLOMBET. Sur CA Paris 3e ch., 11 janv. 1971 : *RIDA*, avr. 1973, p. 160. V. surtout P. TAFFOREAU, *Le droit voisin de l'interprète d'œuvres musicales en droit français*, t. 1, p. 86 et s. Transposant la solution à la création du chef d'orchestre.

[3] Comme un plan d'œuvre architecturale ; de même, la cour de Paris a écarté l'originalité d'un formulaire d'huissier : CA Paris, 10 févr. 1986, JurisData, n° 21375, cité par PH. GAUDRAT, Rép. Civ. Dalloz, *op. cit.*, n° 121.

objectif (qui serait inspiré du *copyright* : *skill and labour*) [1], pour d'autres, le charme de l'originalité gît dans sa souplesse [2].

485. *Forme externe* siège du caractère personnel. La création interprétative se distingue d'une chose : l'empreinte de la personnalité dans la forme interne est renforcée par le caractère personnel de la forme externe à cause du support humain de cette forme. Nous croyons que ce « caractère personnel » n'est pas exclusif de l'empreinte de la personnalité, ni suffisant à lui seul pour déterminer la protection d'une forme vivante interprétative. En effet, toute forme vivante, interprétative ou non, dispose d'un caractère personnel, dans la mesure où le support de cette forme est toujours une personne physique : la prestation sportive, celle d'un modèle ou d'un mannequin disposent d'un caractère personnel singulier. Ce caractère ne définit donc pas la créativité de l'artiste-interprète, même s'il renforce l'empreinte de la personnalité. Nous croyons qu'en ce qui concerne les interprétations, la raison pour laquelle l'on réduit l'originalité au caractère personnel gît dans le fait que la créativité (donc l'empreinte de la personnalité) de l'interprète réside plutôt dans *l'exécution*, contrairement à la majorité des œuvres de l'esprit où la créativité réside au niveau de la *conception* et moins de la réalisation [3]. Cela résulte du fait que la conception de l'artiste-interprète est une conception méthodologique.

2. Application du critère de l'empreinte de la personnalité à l'interprétation

486. La jurisprudence antérieure à la loi Lang de 1985 faisait référence à la personnalité de l'artiste-interprète (**a**). Aujourd'hui, l'empreinte de la personnalité comme critère de protection découle d'une analyse textuelle et jurisprudentielle (**b**).

a. Référence à la personnalité dans la jurisprudence antérieure à la loi du 3 juillet 1985

487. Dès les premières décisions portant sur la protection des interprètes relativement à leurs interprétations, la place de l'expression de la personnalité était mise en évidence. Ainsi, très tôt, dans un jugement du tribunal civil de la Seine le 6 mars 1903, la protection fut octroyée au motif que « *la reproduction sonore n'appartient qu'à l'artiste exécutant, auquel elle emprunte sa voix qui lui est propre, son accent*

---

[1] Sur l'objectivation de l'originalité, V. A. LUCAS et *alii.*, *Traité de la propriété littéraire et artistique*, n°108 et s., p.127 et s., surtout, n° 118, p. 139, sur les limites de la distinction entre originalité et nouveauté, et n° 119, p. 141 sur l'impuissance de la conception subjective « *limitée aux œuvres de caractère esthétique* », qui nécessite de « *cesser de s'abriter derrière le rideau des mots* », et « *d'accepter de s'aligner sur la définition de l'originalité retenue dans les systèmes de copyright pour la dédire de l'absence de copie, sauf à exiger un minimum de créativité* » (A. LUCAS et al., 5e éd., *op. cit.*, p. 145). *Contra* PH. GAUDRAT, Rép. Civ. Dalloz, *op. cit.*, n° 134, qui constate, au contraire, la faiblesse du seul critère objectif de nouveauté (comparatif) en droit du brevet : la nouveauté « *n'établit pas infailliblement la créativité ; il fallut introduire l'activité inventive* ».

[2] L. MARINO, « L'œuvre de l'esprit : l'originalité, critère discriminant ? », article précité, p. 111. *Adde* PH. GAUDRAT, Rép. Civ. Dalloz, *op. cit.*, n° 135. Cet auteur explique que « *si la créativité était quantifiable et constatable dans les produits, … elle se résumerait à une recette répétable, à une compétence… elle serait, comme le travail, industrialisable et programmable… ce qui enlèverait la valeur concurrentielle issue la singularité. Ainsi, les œuvres seraient entre elles, comme des produits, dans la concurrence (marché des œuvres)* ».

[3] « *Mais il arrive aussi que l'exécution, la réalisation, appelle un apport personnel* », R. LINDON, concl. sous Cass. 1re civ., 14 juin 1971 : *D.* 1971, jurispr., p. 490. Rapproche : O. PIGNATARI, *Le support en droit d'auteur*, n° 74 et n° 75, pp. 58-59.

et, pour ainsi dire, sa personnalité même » [1]. Dans le même sens, le même tribunal a jugé que « *si, en général et sauf exceptions, les artistes dramatiques ou cinématographiques ne peuvent prétendre à aucun droit sur l'ensemble que constitue l'œuvre dramatique ou le film, il est équitable, par contre, de leur reconnaître, au même titre qu'aux autres artistes, peintres, sculpteurs, graveurs, architectes, un droit sur leurs créations personnelles, c'est-à-dire en l'espèce sur l'interprétation qu'ils donnent aux rôles qui leur sont confiés et qui constituent la seule manifestation de leur art qui soit perceptible au sens* » [2]. Aussi, dans la longue et célèbre affaire *Furtwängler*, la décision de la Cour d'appel en 1957 a mis l'accent sur « le capital le plus souvent en puissance, essentiellement personnel » de l'interprète [3]. Enfin, la décision de la chambre sociale de la Cour de cassation dans l'affaire *Pathé-Marconi* est exemplaire en ce qu'il met l'accent sur la nature artistique de l'interprétation, non pour reconnaître des droits intellectuels aux interprètes, mais pour clore la controverse qui existait sur l'exclusion du lien de subordination dans les contrats des interprètes du fait de leur liberté d'expression. Les termes descriptifs de l'interprétation sont assez clairs : « *si les artistes étaient libres dans l'expression de leur talent et de leur personnalité, seuls maîtres de leur interprétation à l'instant où, dans un élan de création artistique, ils donnaient à l'exécution des œuvres leur caractère original, ils étaient néanmoins subordonnés au contrôle et aux directives de la société qui leur imposait une discipline, des méthodes et des moyens d'exécution du travail pour assurer les qualités techniques de l'enregistrement* » [4].

488. « *Talent, accents, tempérament, style des interprètes, manifestation de leur art, valeur intrinsèque de leur prestation, etc.* », le fondement de la protection des interprètes était toujours la nature *créative* et *artistique* de leur prestation ; autrement dit, selon le Professeur DAVERAT, le *caractère esthétique* de leur activité, qui a été atténué du fait du glissement de la loi du 3 juillet 1985 laque protège des « objets purement industriels » [5].

b. Critère qualitatif dans la loi du 3 juillet 1985

489. La loi du 3 juillet 1985. Comme en droit d'auteur, la référence à un critère de protection de l'interprétation *n'est pas directe.* Mais il est possible, selon nous, de *déduire* un critère qualitatif de l'interprétation protégée par le croisement de la catégorie des artistes-interprètes avec, d'un côté, la catégorie des artistes du spectacle du Code du travail (L. 7121-2) et, d'un autre côté, les artistes de complément dont la définition est laissée aux usages professionnels (**i**).

---

[1] [Nous soulignons] T. civ. Seine, 6 mars 1903 : *Gaz. Pal.*, 1903, 1, p. 520. Toutefois, la Cour d'appel a censuré ce jugement : CA Paris, 1er févr. 1905.

[2] [Nous soulignons] Concernant la postsynchronisation d'un film muet en sonorisant l'interprétation visuelle d'un acteur par la voix d'une autre personne : T. civ. Seine, 23 avr. 1937 (Aff. *« Rigault », dit Marnay*) : *JCP* 1937, II, 247, concl. RAIMBAULT, obs. R. D ; *S.* 1938, 2, p. 57, note TOULEMON ; *Dr. auteur*, 1938, p. 106 ; X. DAVERAT, *L'artiste-interprète*, t. 2, n° 546, p 798, qui étudie le jugement esthétique comme critère d'accès des artistes à une protection de leurs interprétations.

[3] CA Paris, 13 févr. 1957, (*op. cit.*, dans l'affaire *Furtwängler*).

[4] [Nous soulignons] Cass. soc. 16 mars 1961, aff. *Pathé-Marconi c./ Caisse des Congés Spectacles* (déjà cité) *: Gaz. Pal.* 1961, 2, p. 370 ; *JCP G.* 1961, IV, p. 66 ; *Droit social*, 1961, p. 349, concl. LINDON ; *D.* 1961, somm. 116 ; X. DAVERAT, *op. cit.*, p. 268, et surtout p. 802. Trois ans plus tard, la chambre civile de la Cour de cassation va aller plus loin en assimilant l'interprétation à une œuvre dans la fameuse affaire *Furtwängler* 1964 (précitée).

[5] X. DAVERAT, *L'artiste-interprète*, t. 2, n° 548, p. 804.

L'application jurisprudentielle peut aider à déterminer le critère de la protection de l'interprétation (**ii**).

i. Artiste-interprète, l'artiste du spectacle et artiste de complément

490. Assimilation erronée. Nous avons étudié la différence entre les deux catégories des artistes-interprètes et des artistes du spectacle, qui traitent d'objets juridiques différents. Nous avons remarqué que la jurisprudence réduit parfois la catégorie des artistes du spectacle en appliquant un critère qualitatif qui relève de la propriété littéraire et artistique [1]. La formule qui se répète dans cette jurisprudence exige une « interprétation personnelle » pour la qualification d'artiste du spectacle, alors que cette catégorie englobe des participants au spectacle artistique qui n'interprètent pas une œuvre : les artistes de complément. En effet, nous croyons que le recours au critère d'« interprétation personnelle » pour qualifier la prestation d'artiste du spectacle était un moyen de tempérer le recours abusif au statut d'artiste du spectacle salarié [2]. Cette catégorie du Code du travail a pour objet des prestations qui se rapportent à un spectacle artistique, qu'elles soient des interprétations au sens du Code de la propriété intellectuelle, ou non [3]. En revanche, le Code de la propriété intellectuelle, plus sélectif, traite séparément le résultat d'un acte créatif : la forme vivante interprétative, c'est-à-dire la forme issue de la créativité de l'interprète.

491. L'artiste de complément. La définition de l'artiste-interprète dans l'article L. 212-1 du Code de la propriété intellectuelle commence par l'exclusion des artistes de complément « *considéré comme tel par les usages professionnels* ». Il convient de remarquer, d'abord, que le domaine de la catégorie des artistes de complément est *le théâtre et l'audiovisuel* (cinéma et télévision) ; la distinction entre artiste-interprète et artiste de complément n'existe pas dans la musique ou la danse. Le droit positif ne nous donne qu'un seul élément : l'artiste de complément, comme l'artiste-interprète, est considéré dans le Code du travail comme un artiste du spectacle. Mais si du point de vue *matériel* la prestation de l'artiste de complément a le même traitement que celle de l'artiste-interprète, le Code de la propriété intellectuelle, ne reconnaît de droit intellectuel qu'aux artistes-interprètes. Les travaux préparatoires de la loi du 3 juillet 1985 peuvent expliquer

---

[1] S. PESSINA, « La qualité d'artiste du spectacle : une notion dévoyée », *Propr. Intell.*, 2008, p. 194. Par exemple, Cass. 2e civ., 9 juill. 2015, n° 14-19.114, JurisData n° 2015-016839 (à propos d'animateurs de radio) : *JCP E*, n° 37, 15 sept. 2016, chron., 1481, note S. SOLEIMAN et A. ZOLLINGER ; *Propr. Intell.*, oct. 2015, n° 57, p. 420, obs. J.-M. BRUGUIERE. *Adde* Cass. 2e civ., 14 déc. 2004, n° 03-30.387, JurisData n° 2004-026319 : *Légipresse*, 2006, n° 232, III, p. 121 (sur CA Versailles 5e ch. A, 4 avril 2003, JurisData n°2003-294029, à propos de présentateurs, animateurs et réalisateurs d'une émission de télévision).

[2] L'employeur des artistes du spectacle bénéficie d'une cotisation sociale réduite, d'où son intérêt à faire entrer ses salariés dans cette qualification. Ainsi, suite au redressement par l'URSSAF, les litiges portent sur la qualité d'artiste du spectacle de ces salariés. En effet, cette catégorie est très vaste et englobe des créateurs (auteurs et interprètes) et des non-créateurs dont les prestations se rapportent à un spectacle artistique. En revanche, la catégorie des artistes-interprètes, propriétaires de leurs interprétations, est plus étroite. Sur le recours abusif au statut d'artiste du spectacle salarié et l'application erronée du critère d'interprétation personnelle pour écarter la qualité d'artiste du spectacle, V. S. PESSINA, *L'artiste-interprète salarié*, *op. cit.*, n° 163 et s., pp. 112-115.

[3] Quand il s'agit d'une interprétation ou d'une œuvre, le Code du travail n'appréhende que l'aspect matériel : *l'exécution de la conception*, c'est-à-dire le *travail réalisateur*. En revanche, le Code de la propriété intellectuelle protège la création qui résulte de l'acte créatif.

la distinction entre les deux catégories. Le Rapport RICHARD à l'Assemblée Nationale [1] précise que ceux visés par l'exclusion de la qualité d'artiste-interprète sont les *figurants*, « *c'est-à-dire les artistes dont le rôle a un caractère anonyme car ils sont perdus dans la foule et les artistes de complément dont le rôle est tout à fait secondaire* ». Le rapport JOLIBOIS au nom de la commission spéciale du Sénat [2] reprend l'explication dans une déclaration écrite du ministre de la Culture :

> « *Au théâtre et au cinéma, on ne fait plus de distinction entre un artiste figurant et un artiste de complément, la qualification d'artiste de complément tend, en fait à se substituer à celle de figurant. En tout état de cause, le rôle dévolu à ces artistes ne dépasse pas treize lignes de texte. Au cirque et au music-hall, le terme assistant est préféré* ».

En bref, il n'y a que les usages professionnels qui permettent de cerner la notion d'artiste de complément. Mais le terme « artiste » reste source de confusion.

492. Source conventionnelle. C'est dans les dispositions conventionnelles que l'on doit chercher la définition de la notion d'artiste de complément (*figurant, silhouette, doubleur d'image ou de lumière*). D'abord, la convention collective nationale des acteurs et des acteurs de complément de la production cinématographique du 1er septembre 1967 (non étendue), utilise un critère matériel. Son avenant « salaires (acteurs de complément) » du 10 juillet 2006 applicable aux artistes de complément contient quatre catégories d'« ensemble de figuration » [3]. Il s'agit dans tous les cas de figurants n'ayant pas de rôle ; mais, dès que l'artiste de complément aura à parler jusqu'à cinq mots, ou lorsqu'il doit danser ou chanter, une majoration de salaire s'applique. C'est un peu différent dans la convention collective nationale des artistes-interprètes engagés pour des émissions de télévision du 30 décembre 1992 [4], qui définit dans le premier article les artistes-interprètes concernés en excluant les « *artistes de complément (même s'ils sont appelés à réciter ou à chanter collectivement un texte connu), silhouettes (artistes de complément dont le personnage doit, pour la nécessité de la mise en scène, ressortir dans le champ de la caméra), doubleurs lumières et des artistes musiciens* ». Enfin, plus récent et précis, la convention collective nationale de la production cinématographique du 19 janvier 2012 [5] qui consacre son titre III aux artistes-interprètes en distinguant ces artistes des « *acteurs de complément (même s'ils sont appelés à réciter ou à chanter collectivement un texte connu)* ». Le sous-titre II précise la catégorie d'acteur de complément en visant :

> « – Le figurant : acteur de complément engagé pour figurer à l'image une présence qui revêt un caractère complémentaire à l'histoire, inscrit ou non au scénario.
>
> – La silhouette : l'acteur de complément apportant un vrai savoir-faire précis et spécifique et engagés comme tels.
>
> – La silhouette parlante qui a à parler jusqu'à cinq mots. – La doubleur lumière : l'acteur de complément dont l'intervention est nécessaire pour une mise en place et un réglage

[1] Rapp. RICHARD, Ass. Nat., n° 2235, p. 39.
[2] Rapp. JOLIBOIS au nom de la commission spéciale du Sénat : Document n° 212, t. 2, p. 85.
[3] Cette catégorisation n'a pas changé dans tous les accords lors de la renégociation : l'accord salaire du 31 janv. 2008 et celui du 31 mars 2009.
[4] Étendue par arrêté du 24 janv. 1994, JOFR du 4 févr. 1994.
[5] Étendue par arrêté du 31 mars 2015, JORF du 10 avril 2015.

spécifique de la lumière, des cadrages ou de la prise de son mais n'est pas requis pendant les prises de vues. Il n'apparaît donc pas à l'image.

– Le doubleur image : l'acteur de complément qui remplace occasionnellement un artiste-interprète avec son accord à l'image lors du tournage de scènes particulières ou nécessairement nécessitant un savoir-faire artistique [sic : c'est plutôt le savoir-faire physique ou sportif qui est visé] spécifique que ne maîtrise pas l'artiste-interprète ».

493. Appréciation critique. En vérité, la catégorie des artistes de complément (inexistante dans les textes internationaux) n'est pas mentionnée dans le Code de la propriété intellectuelle pour soi, mais à rebours comme un élément aidant à la détermination de la catégorie des artistes-interprètes. Si le Code du travail ne s'intéresse pas à cette distinction, c'est parce qu'il ne se fonde pas sur un critère qualitatif. Il en résulte que la distinction qu'opère le Code de la propriété intellectuelle ne revient qu'à une *dimension expressive* de l'activité interprétative. Dans cet état de cause, nous nous demandons s'il n'était pas plus simple de mentionner explicitement le critère qualifiant de l'interprétation protégée, qui s'attache l'expression de la personnalité, à la place d'une exclusion des prestations dénuée de cette expressivité (laissée aux usages professionnels). Enfin, la jurisprudence a dégagé certains critères et indices qui facilitent la qualification.

ii. Critères jurisprudentiels

494. Dans une série de décisions, surtout en matière d'œuvres publicitaires, la jurisprudence a clarifié la notion d'artiste de complément. L'appréciation de cette qualification *in concreto* a permis de dégager certains critères et indices.

495. Critères de la première jurisprudence. La première décision concernant la qualification des artistes de complément est celle de la Cour d'appel de Paris [1] à propos d'un acteur ayant participé à un film publicitaire. La cour a distingué entre l'artiste-interprète (titulaire d'un droit intellectuel) et l'artiste de complément (simple travailleur) en ces termes :

> « *l'artiste de complément se distingue de l'artiste-interprète […] non seulement par le caractère complémentaire, accessoire de son rôle, mais surtout par le fait que sa personnalité ne transparaît pas dans sa prestation, à la différence de l'artiste-interprète qui s'investit plus complètement et rend ainsi son interprétation originale, […] il s'ensuit que l'acteur de complément est interchangeable, le plus souvent non identifiable et qu'il ne se distingue pas d'une manière certaine des autres acteurs de complément lorsque l'exécution est collective* ».

Il y a *trois critères* qui se dégagent de cette décision. Le premier concerne *l'importance du rôle* [2] : l'artiste de complément tient un *rôle accessoire et complémentaire.* Le second gît dans *l'expression de la personnalité* : la personnalité de l'artiste de complément ne transparaît pas dans sa prestation, autrement dit, il n'y a pas d'empreinte de la personnalité dans la simple figuration. Enfin, le troisième critère

---

[1] [Nous soulignons]. CA Paris 18e ch. 18 févr. 1993, JurisData n° 020690 : (aff. *Ambruster c/ Sté. Téléma*) : *D.* 1993, Jurispr., p.397, note I. WEKSTEIN-STEG ; *RIDA*, avr. 1993, p. 214.

[2] V. aussi CA Paris 11 mai 1994, (aff. *SA Baxter Music c./ sté française des produits Orangina et autres*) à propos d'une séquence audiovisuelle de parrainage publicitaire « Socadanse » : « *Les danseurs et particulièrement les mannequins engagés à cet effet, comme Mlle. C., occupent dans la partie visuelle de l'œuvre un rôle important qui doit faire reconnaître la qualité d'artistes-interprètes […]* » : *D.* 1995, p.185, note J. RAVANAS.

utilisé est la nature *interchangeable* et *non identifiable* de l'artiste de complément. À vrai dire, ce critère n'est autre le caractère du simple travail, par opposition à la création : le travail est *interchangeable* et les travailleurs sont *substituables* [1]. Donc, si la « *lecture par un autre comédien n'avait pu aboutir au même résultat* » [2], c'est qu'il est fort probable qu'il y a une empreinte de la personnalité qui *singularise* l'interprétation. Ces mêmes critères se dégagent aussi des deux importants arrêts de la Cour de cassation, rendus le 6 juillet 1999. Dans la première espèce (*M. Debrane*) [3], la Cour de cassation a cassé l'arrêt d'une cour d'appel en considérant que les critères de « subtilité » et de « caractère secondaire » étaient inopérants, dès qu'il y avait interprétation. Dans la seconde espèce (*Mme Leclaire*) [4], la Cour de cassation, en rejetant les pourvois, apportait de la précision à ces critères : « *malgré la brièveté de son texte [le film publicitaire est naturellement court], Mme Leclaire qui tenait un second rôle, apportait au film une contribution originale et personnelle en qualité d'actrice, caractérisant ainsi sa qualité d'artiste-interprète au sens de L.212 Code de la propriété intellectuelle* » [5].

496. Jurisprudence plus récente : la référence au seul caractère personnel. Quelques années plus tard, la Cour de cassation limitera ses exigences en énonçant que « *la participation artistique n'implique pas nécessairement l'originalité et que les intéressés, en l'espèce, se livraient par la voix ou le geste à un jeu de scène impliquant une interprétation personnelle* » [6]. Cette tendance à n'exiger que le « caractère personnel » sans ajouter la condition d'originalité semble prévaloir [7]. Ainsi, l'interprétation

---

[1] Dans le même sens, B. EDELMAN, « Enquête sur le droit moral des artistes-interprètes », *D.* 1999, chron., n° 6, p. 241.

[2] CA Paris, 4e ch. B, 10 oct. 2003, inédit : *Propr. Intell.*, n° 10, janv. 2004, p. 560, note A. LUCAS ; *RIDA*, avr. 2004, p. 324, et obs. A. KEREVER, p. 263 ; P. TAFFOREAU, « La notion d'interprétation artistique en droit de la propriété intellectuelle », *Propr. Intelle.*, janv. 2006, p. 54 ; S. PESSINA, *L'artiste-interprète salarié*, *op. cit.*, n° 186, pp. 121-122.

[3] Cass. 1er civ., 6 juillet 1999, (1re espèce : *M. Debrane c./ Sté. Telema*) : *D. aff.*, 2000, Jurispr, p. 209 ; *Les grands arrêts de la propriété intellectuelle*, ss. dir. M. VIVANT, *op. cit.*, obs. S. PESSINA. M. Debrane avait participé à une vidéomusique qui a été commercialisée après sa diffusion sous forme de vidéogramme ; il a prétendu la qualité d'artiste-interprète pour se prévaloir d'un contrat de production audiovisuelle qui doit fixer une rémunération distincte pour chaque mode d'exploitation (L. 212-4 CPI). De son côté, le producteur lui a opposé la qualité d'artiste de complément un simple travailleur ayant droit à un salaire).

[4] Cass. 1re civ., 6 juill. 1999, (2e espèce : *Sté. Telema c./ Mme/ Leclaire*) : *D. aff.*, 2000, Jurispr., p.209, note J. SAINTE-ROSE. Mme Leclaire avait participé à une œuvre audiovisuelle de nature publicitaire. Son rôle était court, mais la cour d'appel a relevé une « contribution originale et personnelle » ; solution confirmée par la Cour de cassation.

[5] Nous soulignons.

[6] [Nous soulignons] Cass. 2e civ., 14 déc. 2004, n° 03-30.387 : *Légipresse*, n° 232, III, 2006, p. 121 ; S. PESSINA, « La qualité d'artiste du spectacle : une notion dévoyée », *Propr. Intelle.*, n° 27, 2008, p. 194. Aussi : CA Paris, 25 sept 2009 : JurisData n° 2009-013210 « *[les prestations des] musiciens précités, au-delà de leur caractère accessoire par rapport à celle de la chanteuse Barbara, présentaient un caractère personnel, étant observé que l'originalité d'une interprétation n'est pas une condition de sa protection par les articles L. 212-1 et suivants du CPI, seul importe son caractère personnel* ». [Nous soulignons].

[7] Par exemple, les deux arrêts de la Cour de cassation en 2013 et 2015 : Cass. 1re civ., 24 avr. 2013, n° 11-20.900, JurisData n° 2013-007959 : *CCE*, 2013, comm. 75, note CH. CARON ; *Légipresse*, n° 307, III, 2013, p. 418, comm. G. QUEREZOLA. *Adde* P. TAFFOREAU, *CCE*, n° 10, oct. 2013, chron. 9, n° 7. Cass. 2e civ., 9 juill. 2015, n° 14-19.114, (aff. *URSSAF c/ Joël X, Claude Y, Elikia Z*), JurisData n° 2015-016839 : *Légipresse*, déc. 2015, n° 333, p. 684, obs. C. ALLEAUME ; *Propr. Intell.*, n° 57, oct. 2015, p. 420, obs. J.-M. BRUGUIÈRE ; *CCE*, 2015, comm. 9, note P. TAFFOREAU. En l'espèce la Cour de cassation considérait comme *artiste du spectacle* « *les personnes participant à une manifestation destinée à un public et faisant appel à leur talent personnel* », pour ensuite dénier cette qualité au réalisateur de plateau, simple exécutant, et la reconnaître aux autres professionnels en cause qui « *se livraient par la voix ou le geste à un jeu de scène impliquant une interprétation personnelle* ». S. SOLEIMAN et A. ZOLLINGER, *JCP E.*, n° 37, 15 sept. 2016.

protégée par le droit voisin de l'artiste-interprète est conditionnée par *le seul caractère personnel*, sans qu'il soit nécessaire que l'interprétation soit originale. Ces terminologies différentes posent la question de savoir si le « caractère personnel » est synonyme de « l'originalité » connue en droit d'auteur, ou s'il renvoie à un degré moindre à l'empreinte de la personnalité.

B. Caractère personnel et/ou original

497. La doctrine ne s'accorde pas sur la portée du critère du « caractère personnel », même si la majorité des auteurs font la distinction entre le caractère personnel et le caractère original (**1**). Mais, il nous semble que l'originalité est un *critère universel* en matière de créations identitaires et que ce critère n'est pas quantifiable. Aussi, nous semble-t-il que certains critères utilisés par les juridictions ne sont pas pertinents (**2**).

1. Cacophonie doctrinale

498. Controverse autour du caractère personnel ou original de la prestation. Une petite partie de la doctrine estime qu'aucun critère qualitatif ne conditionne la protection de l'interprétation. Ainsi, le Professeur CHRISTOPHE CARON estime que « *contrairement au droit d'auteur, il n'était pas exigé que l'interprétation soit originale pour être protégée. Elle ne doit pas davantage être nouvelle ou avoir une qualité particulière. […]. Le droit voisin de l'artiste-interprète n'est donc absolument pas élitiste* » [1]. En effet, l'on pourrait soutenir que l'interprétation englobe, selon l'article L. 212-1 du Code de la propriété intellectuelle, l'exécution d'une œuvre « *de toute autre manière* », ce qui montrerait l'ouverture du droit voisin de l'artiste-interprète [2]. Mais cette lecture n'est pas acceptable. La raison d'être du droit, surtout du droit moral, de l'artiste-interprète est l'expression de la personnalité. De plus, écarter tout critère qualitatif revient à nier la distinction entre l'artiste-interprète et l'artiste de complément. Par ailleurs, la majorité de la doctrine s'accorde à dire que l'originalité est le critère de protection des œuvres de l'esprit, qui ne saurait pas être transposé au droit voisin de l'artiste-interprète [3]. Certains estiment que l'originalité de l'interprétation pourrait aller à l'encontre du respect de l'œuvre, car « *le bon interprète est celui qui ne dénature pas l'œuvre par une prestation trop originale car l'interprétation doit être*

---

[1] CH. CARON, *Droit d'auteur et droits voisins*, 6e éd., n° 603, pp. 617-618. De même avis, T. AZZI, *Recherche sur la loi applicable aux droits voisins du droit d'auteur en droit international privé*, n° 199 et s. (surtout n° 203, p. 140), qui estime que l'originalité caractérise l'œuvre protégeable et n'est pas opérante en matière de droits voisins.

[2] *Contra* S. PESSINA qui trouve dans cette formulation un « *signe de la reconnaissance du rôle primordial dévolu à la personnalité de l'artiste-interprète* ». *L'artiste-interprète salarié*, *op. cit.*, n° 216, p. 137.

[3] F. POLLAUD-DULIAN, *Le droit d'auteur*, 2e éd., n° 2284, p. 1504 : « *Il n'est pas requis aucun degré particulier d'originalité* ». Le même auteur considère que l'originalité ou le caractère personnel sont « *deux épithètes …interchangeables* », n° 2283, p. 1502, note 5. *Adde* M. VIVANT et J.-M. BRUGUIERE, *Droit d'auteur et droits voisins*, 4e éd., 2019, n° 1254, pp. 1222-1223, qui estiment qu'exiger le caractère original de l'interprétation « *risque de susciter l'idée que l'interprétation personnelle de l'artiste-interprète serait en même temps une œuvre de l'esprit* » ; P. TAFFOREAU, « La notion d'interprétation en droit de la propriété littéraire et artistique », *op. cit.*, p. 54. . I. WEKSTEIN-STEG, note sous CA Paris, 18e ch., 18 févr. 1993, Ambruster c/ Sté Téléma ; J. SAINTE-ROSE, concl. sous Cass. 1re civ., 6 juill. 1999 (précité).

une exécution et non une nouvelle création » [1]. En revanche, la doctrine qui écarte l'originalité au sens du droit d'auteur se divise sur le critère à appliquer à l'interprétation. Pour une partie, *le caractère personnel* de l'interprétation est suffisant [2] ; ce caractère s'entend comme l'expression artistique originale et n'est pas synonyme de l'originalité [3]. Mais pour une autre partie de la doctrine, le caractère personnel de l'interprétation se manifesterait souvent dans l'implication physique de la personne de l'artiste-interprète [4]. L'approche du Professeur TAFFOREAU est à ce stade singulière. Pour cet auteur « *la personnalité de l'artiste-interprète se manifeste toujours dans son interprétation [dans la mesure où l'interprète] prête à son art sa voix, son visage, tout son corps* » [5]. Dès lors, la seule exigence pour la protection par le droit voisin est l'existence d'une activité créative. Cet avis n'est pas sans nous rappeler la théorie proposée par M. OLIVIER LALIGANT en matière de droit d'auteur, à savoir, remplacer la condition d'originalité par la seule exigence de création. La citation suivante résume parfaitement cette proposition :

> « L'absence d'utilité réelle de la notion d'originalité éclate aux yeux lorsqu'on s'aperçoit que la condition dite d'originalité n'est que l'expression d'une réalité autre, globale, parfaitement appropriée à tous points de vue, et dont il existe depuis longtemps déjà des affleurements en doctrine et en jurisprudence, à savoir celle de "création", au sens second et véritable du mot [comme résultat non comme acte] » [6].

Mais si l'on se limite à la condition de création au sens du fruit d'un acte créatif, comment peut-on distinguer les produits de cet acte. Nous croyons que c'est la raison pour laquelle le Professeur TAFFOREAU propose une autre condition à celle de la création : pour lui, « *sans doute, faudrait-il ajouter aux conditions de la protection le caractère artistique (comme en droit des dessins et modèles) de la prestation* » [7]. Cette condition permettrait de distinguer l'interprétation des prestations non artistiques, comme celles des mannequins ou celles des journalistes. De même, M. LALIGANT explique que la notion de création contient deux éléments constitutifs : « l'individualité

---

[1] V. A.-E. KHAN, fasc. 1425, *op. cit.*, n° 49. *Adde* A. LUCAS et *al.*, *Traité de la propriété littéraire et artistique*, 5e éd., 2017, n° 1334, p. 1042 : « *faut-il maintenir l'exigence à un niveau assez bas pour ne pas avoir à entrer dans des jugements de valeur […] Il s'agit seulement de vérifier que la prestation est directement au service de la création littéraire et artistique* ».

[2] M. VIVANT et J.-M. BRUGUIERE, *Droit d'auteur et droits voisins*, 4e éd., 2019, n° 1254, p. 1223 : « *le caractère personnel de l'interprétation devrait suffire à faire le départ entre les interprétations exécutions et les interprétations créations* ». *Adde* A. LUCAS et *al.*, *Traité de la propriété littéraire et artistique*, 5e éd., 2017, n° 1334, p. 1041. Aussi Mme A.-E. KHAN estime qu'« il faut comprendre cette référence au caractère original de la prestation comme renforçant le caractère personnel de celle-ci », V. fasc. 1425, *op. cit.*, n° 49.

[3] S. PESSINA, *L'artiste-interprète salarié*, *op. cit.*, n° 225, p. 143. Pour cet auteur (comme pour le Professeur POLLAUD-DULIAN) « *il faut admettre qu'une expression artistique originale est synonyme d'une interprétation personnelle. C'est en ce sens seulement, que l'on peut admettre le recours à la notion d'originalité* ».

[4] P. TAFFOREAU et C. MONNERIE, *Droit de la propriété intellectuelle*, 4e éd., 2015, p. 258 : « *l'interprétation ne saurait être qu'originale* » ; *Adde* F. POLLAUD-DULIAN, *Le droit d'auteur*, n° 2284, p. 1504.

[5] P. TAFFOREAU, « La notion d'interprétation en droit de la propriété littéraire et artistique », *op. cit.*, p. 54 ; du même auteur, *CCE*, n° 10, oct. 2013, chron. 9, n° 7, note sous Cass. 1re civ., 24 avr. 2013, n° 11-20.900, (*SARL Du Jamais Vu c./ X., 2e esp.*) : JurisData n° 2013-007959.

[6] O. LALIGANT, *La véritable condition d'application du droit d'auteur originalité ou création*, PUAM, 1999, p. 135. POUILLET est appelé en renfort, il a écrit que « *la création est la cause efficiente de la propriété littéraire et artistique … l'absence de création entraine l'absence de droit* ». EUGENE POUILLET, *Traité théorique e pratique de la propriété littéraire et artistique*, 2e éd., 1894, n° 12.

[7] P. TAFFOREAU, « La notion d'interprétation en droit de la propriété littéraire et artistique », *op. cit.*, p. 54.

suffisante » et « la facture personnelle » [1]. Les deux opinions, en droit d'auteur comme en droit voisin de l'artiste-interprète, tendent, nous semble-t-il, à remplacer le terme d'originalité à cause de sa nature subjective par une terminologie voisine. Concernant M. LALIGANT, les termes qu'il propose « facture » et « individualité », ne sont-ils pas synonymes des termes « empreinte » et « personnalité » ? D'ailleurs, le « caractère artistique » de la prestation, qui servirait à distinguer l'interprétation des autres prestations matérielles, ne revient-il pas à affirmer la nature expressive de l'interprétation, c'est-à-dire affirmer la place de la personnalité et son empreinte dans la forme ? Quant à nous, nous rejoignons la doctrine qui affirme l'universalité de la condition de l'originalité dans le domaine des créations identitaires ou expressives.

2. Généralité du critère de l'originalité

499. « Le caractère personnel », « le caractère original », « l'interprétation personnelle » et « la personnalité qui transparaît dans la prestation », sont des critères jurisprudentiels qui confirment l'universalité du *critère de l'originalité* (**b**). En revanche, d'autres éléments utilisés par la jurisprudence semblent être, soit étrangers à la propriété littéraire et artistique (comme la notoriété de l'artiste ou la durée de la prestation), soit inutiles (comme le caractère « interchangeable », l'absence d'« identification » de l'artiste et le caractère « complémentaire et accessoire » du rôle) (**a**).

a. Appréciations critiques des critères utilisés par la jurisprudence

500. Certains éléments sont à écarter absolument de la propriété littéraire et artistique : ils ne peuvent servir ni de critères, ni d'indices ; comme la durée de la participation de l'artiste ou sa notoriété.

501. La durée de la prestation. Concernant la durée de la prestation, il est certain qu'une simple présence physique ne suffit pas la qualifier d'interprétation. L'arrêt de la Cour de cassation du 6 juillet 1999 [2] a écarté la durée de la prestation comme critère de protection. En l'espèce, une artiste avait participé à une séquence audiovisuelle de nature publicitaire où son rôle était court. La cour d'appel écarte l'application d'un usage professionnel, selon lequel lorsque le rôle ne dépasse pas treize lignes, la personne qui l'exécute est un artiste de complément. Or, la nature courte de l'œuvre publicitaire est incompatible avec cet usage. La Cour de cassation donne raison à la cour d'appel : « *après avoir justement écarté l'usage invoqué […], tiré de la brièveté du texte […], la cour d'appel a souverainement retenu que [… la défenderesse] apportait au film une contribution originale et personnelle en qualité d'actrice […]* ». En effet, le critère *objectif* tiré de la durée ne saurait être suffisant à lui seul, ni même un indice indiquant l'existence ou l'intensité de l'expression de la personnalité de l'artiste. Ainsi, les usages professionnels auxquels renvoie l'article L. 212-1 du Code de la propriété intellectuelle ne doivent pas priver les juges de leur pouvoir d'appréciation pour déterminer *in concreto* si interprétation originale il y a.

---

[1] O. LALIGANT, *La véritable condition d'application du droit d'auteur originalité ou création*, *op. cit.*, pp. 192-209.

[2] Cass. 1re civ., 6 juill. 1999, (2e espèce : *Sté. Telema c./ Mme/ Leclaire*) : *D. aff.*, 2000, Jurispr., p.209, note J. SAINTE-ROSE.

502. La notoriété de l'artiste. Comme en droit d'auteur, le *mérite*, le *talent*, la *valeur artistique* ou la *notoriété*, sont des éléments indifférents à la protection de l'artiste-interprète ; sans nier le fait que la renommée de l'artiste joue un rôle dans la réussite d'une œuvre [1]. Quelques décisions des juridictions du fond ont fait référence parfois à la notoriété de l'artiste à l'appui de la qualification d'interprète. À titre d'exemple, un arrêt de la Cour d'appel de Versailles a qualifié une jeune comédienne qui avait interprété le rôle de la rose dans le Petit Prince d'artiste-interprète. Les juges versaillais ont retenu que bien que le rôle soit secondaire et de courte durée, « l*e choix de cette artiste dont la contribution est originale et personnelle était justifié par son timbre de voix et sa renommée* » [2]. Aussi dans la fameuse affaire d'un célèbre violoncelliste [3], il a été fait référence à la notoriété de l'artiste : « *il doit être tenu compte, outre la notoriété mondiale de Rostropovitch, de l'importance de sa contribution à la réalisation du film* ». En définitive, comme le soutient l'ensemble des commentateurs de ces affaires, ainsi que les spécialistes du droit d'auteur et des droits voisins, la notoriété est absolument étrangère à la propriété littéraire et artistique.

503. Le caractère interchangeable de l'artiste. Le critère d'interchangeabilité de l'artiste a été utilisé par la jurisprudence dans l'appréciation du caractère personnel de l'interprétation [4]. Nous avons dit que ce caractère qualifie le « travail » par opposition à la « création » où les créateurs ne sont pas substituables. Or, le Professeur TAFFOREAU constate, à juste titre, que ce critère est critiquable car son appréciation est subjective. Qui plus est, dans le domaine où les interprètes « *se produisent en groupes ou ensemble parfois très nombreux, comme les orchestres, les chœurs et les ballets, on ne peut raisonnablement pas dire que les musiciens, chanteurs et danseurs ne sont pas artistes-interprètes pour la seule raison qu'ils peuvent être remplacés* ». Nous rejoignons cette opinion quant à l'inefficacité de ce critère de l'interprétation protégée, sans, pour autant, nier la distinction entre le travail substituable et la création non substituable. En effet, si un interprète peut être remplacé par un autre dans une interprétation collective, il n'en demeure pas moins que la création résultante ne serait pas identique (même si les différences étaient imperceptibles) [5] Ce qui est substituable c'est la faculté d'interpréter non pas le résultat qui est toujours singulier. Enfin, comme le caractère interchangeable, le caractère identifiable de l'artiste n'est pas déterminant dans tous les cas. Ce critère, selon le Professeur TAFFOREAU, est absurde dans une interprétation qui se fond dans une interprétation collective.

---

[1] A.-E. KHAN, fasc. 1425, *op. cit.*, n° 50. *Adde* S. PESSINA, *L'artiste-interprète salarié*, *op. cit.*, n° 228, p. 145.

[2] CA Versailles, 9 avr. 1998, JurisData n° 1998-055506 : *Gaz. Pal.*, 25-26, nov. 1998, somm., p. 21, cité par A.-E. KHAN, fasc. 1425, *op. cit.*, n° 50.

[3] TGI Paris, 10 janv. 1990, (aff. *Rostropovitch*) : *D.* 1991, Jurispr., p. 206, note B. EDELMAN ; *RIDA*, mars 1990, p. 368.

[4] CA Paris, 18e ch., 18 févr. 1993, n° 92/31724, JurisData n° 1993-020690, *op. cit. Adde* Cass. 1re civ, 24 avr. 2013, n° 11-20.900, *op. cit.*, surtout, note P. TAFFOREAU, CCE, n° 10 , chron. 9, comm. n° 7, oct. 2013.

[5] À rapprocher avec l'exemple de deux peintres de DESBOIS : deux peintres dessinent le même paysage en choisissant les mêmes matériaux, angle, lumière etc., les deux résultats, qui peuvent être presque identiques, sont bien des œuvres de l'esprit : il y a dans cet exemple deux processus créatifs et deux œuvres, donc deux créateurs.

b. Caractère personnel et caractère original

504. Proposition d'articulation des deux critères. Parmi les critères utilisés par les juridictions, deux semblent les plus à même de rendre compte de la nature de la forme vivante interprétative comme création expressive. Contrairement à l'avis qui trouve dans la formulation « interprétation originale et personnelle » une tautologie, ou l'avis qui trouve que le terme originalité n'est pas à sa place en droit voisin, nous croyons que les deux expressions « caractère personnel, caractère original » sont complémentaires. Le premier serait un *critère générique* de la prestation de *l'artiste du spectacle*, alors que le second serait le *critère spécifique* à l'interprétation de *l'artiste-interprète*. Par conséquent, le caractère personnel, qui n'est pas synonyme de l'originalité, concerne la forme externe de la prestation. En revanche, l'originalité est le critère de protection de toute création identitaire, œuvre et interprétation, et a pour siège la forme interne.

505. Le *caractère personnel* se déduit de l'implication physique de *l'artiste du spectacle*. Ayant comme forme externe la forme vivante dont le support est la personne physique de l'interprète, l'interprétation a forcément un caractère personnel. En ce sens, toute prestation contenant une implication physique est dotée du caractère personnel (prestation des interprètes, des sportifs et des mannequins). C'est la raison pour laquelle nous croyons que cet élément n'est pas suffisant à lui seul [1]. Il convient de préciser que les juridictions utilisent souvent le terme « caractère personnel » ou « interprétation personnelle » lors de la qualification de la prestation des artistes du spectacle (article L. 7121-2 du Code du travail). Ainsi, cet usage ne devrait pas être compris comme exigence d'une interprétation au sens du Code de la propriété intellectuelle. Si tout artiste-interprète est un artiste du spectacle, l'inverse n'est pas vrai. Ce que retient le Code du travail est la prestation qui doit impliquer *la participation personnelle au spectacle artistique*, que cette prestation soit une interprétation originale protégée par le droit voisin, ou non [2]. Cette exigence de la présence physique des artistes du spectacle salariés (d'où découle l'exigence du caractère personnel de la prestation), se déduit de la distinction entre le salaire et la redevance : le premier nécessite la présence physique de l'artiste du spectacle, alors que dès que la présence physique n'est plus requise pour exploiter l'enregistrement, la rémunération qui n'est pas fonction du salaire a la nature d'une redevance (L. 7121-8 du Code du travail).

506. Généralité du critère d'originalité. Très tôt, DESBOIS écrivait « *l'interprétation constitue le miroir de la personnalité à un moment* » de la vie de l'artiste et « *aucune interprétation ne peut être la répétition mécanique et servile d'aucune autre, chacune d'elles émanant de moyens d'expression personnels et essentiellement variables* » [3]. Même si cet auteur tendait à distinguer l'œuvre et l'interprétation, force est d'admettre que la distinction ne se manifeste pas au niveau de la condition de l'originalité mais au

---

[1] Pour cette raison aussi, le Professeur TAFFOREAU propose la condition complémentaire de la nature artistique de la prestation.

[2] S. PESSINA, « La qualité d'artiste du spectacle : une notion dévoyée », *Propr. Intell.*, 2008, surtout p. 204. Qui interprète pertinemment les deux termes « artiste » et « spectacle », ce qui réfère à la nature artistique et à l'importance de la participation personnelle au spectacle. Évidemment, la qualification plus exigeante du Code de la propriété intellectuelle (l'interprétation) n'est pas une condition requise dans la prestation.

[3] H. DESBOIS, note sous CA Paris du 24 déc. 1940 : *JCP G.*, 1941, II, 1649, note DESBOIS ; *adde Gaz. Pal.* 1941, I, p. 44.

niveau de la forme. Dans le même sens, le Professeur DAVERAT exprime explicitement la généralité de ce critère : « *la protection de la prestation d'un artiste-interprète ne peut dépendre, pour se développer dans le cadre de la propriété littéraire et artistique, que d'une originalité de celle-ci, [...] c'est dire qu'il faut justifier du caractère éminemment personnel de l'interprétation des artistes* » [1]. Plus précis encore, M. EDELMAN qui estime que la transposition du critère du droit d'auteur au droit de l'artiste-interprète est une transposition judicieuse « *de même qu'une œuvre est banale lorsqu'elle ne porte pas l'empreinte de la personnalité, de même une prestation est banale lorsque l'artiste ne s'est pas investi, et qu'elle est interchangeable faute d'originalité* » [2]. L'on ne saurait être plus clair. Le Professeur GAUDRAT, lui, estime que l'originalité n'est pas tant le critère de la création que celui du type de création, autrement dit, il s'agit du critère des créations « doublement personnelles », d'abord au titre de *l'acte créatif*, dans la mesure où il est attaché à une aptitude éminemment personnelle ; ensuite, au titre de la nature expressive du *résultat de l'acte créatif*. C'est pour cela que nous croyons que le caractère original de l'œuvre et de l'interprétation a son siège dans la *conception* (thématique dans la première, méthodologique dans la seconde), où l'intimité du créateur est projetée dans la forme. L'originalité est, donc, ce qui spécifie les créations identitaires protégées par la propriété littéraire et artistique. Si la forme a pour support une autre forme antérieure, l'originalité de chaque forme s'apprécie séparément (œuvre et son interprétation, œuvre primaire et traduction). Ainsi, nous avons vu que l'originalité de l'œuvre interprétée ne conditionne pas la protégeabilité de l'interprétation [3].

507. Évaluation. Enfin, la méthodologie de l'évaluation de l'originalité d'une interprétation n'est pas différente de celle que l'on doit appliquer en droit d'auteur : elle consiste à vérifier, d'abord, l'existence d'un *acte créatif* (réalisation formelle d'une conception mentale), et vérifier, ensuite, si cet acte était de nature à laisser l'empreinte de la personnalité dans la forme. La première vérification, croyons-nous, concerne la preuve de l'existence d'une *création protégeable* (s'il n'y a pas de création, on est dispensé de la deuxième vérification). La seconde vérification détermine si la *création est protégée*. En vérité, cette recherche est plus simple en matière d'interprétation qu'en matière d'œuvres de l'esprit, d'un côté, à cause de la diversité des formes externes des œuvres, et de l'autre, du fait de la nature inhérente de la forme vivante interprétative dont le support est la personne de l'artiste.

508. Synthèse. « *L'interprétation constitue le miroir de la personnalité à un moment* », dit DESBOIS. Dès lors, il ne s'agit pas de *l'implication de la personne dans la réalisation (la forme externe)*, mais aussi de *l'implication de la personnalité dans la conception (la forme interne)*, même si toute la créativité de l'interprète se concentre au moment de l'exécution. En conséquence, c'est lors de la réalisation de l'interprétation que *la personne et la personnalité* sont engagées en même temps, ce qui témoigne une spécificité de la création de l'artiste-interprète : la conception et la réalisation ne

---

1 X. DAVERAT, *L'artiste-interprète*, t. 1, *op. cit.*, n° 31, p. 53.

2 B. EDELMAN, « Enquête sur le droit moral des artistes-interprètes », *D.* 1999, chron., p. 240.

3 *Contra* PH. GAUDRAT, Rép. Civ. Dalloz, *op. cit.*, n° 122, qui estime que « *l'originalité du niveau antérieur peut être requise pour que se développe - indépendamment - l'originalité du niveau postérieur (interprétation et œuvres dérivées par rassemblement)* ». La majorité de la doctrine du droit voisin de l'artiste-interprète n'exige pas l'originalité de l'œuvre interprétée, même s'il s'agit des cas rares, comme l'interprétation des expressions du folklore.

peuvent pas être assumées par deux personnes différentes. Une conséquence de ce constat montre une différence avec l'œuvre de l'esprit : il est difficile d'imaginer une interprétation comme plagiat d'une autre. Le caractère personnel de la forme externe l'empêche : la voix, l'apparence et l'image et même la gestuelle ne sont pas appropriables. Néanmoins, il y a deux cas qui sont proches de la conception du plagiat : l'imitation et le sosie [1].

509. Après l'étude de l'acte créatif interprétatif et la *structure formelle inhérente* de son résultat, il nous reste, pour compléter l'étude de notre objet, d'analyser la structure formelle particulière de l'interprétation. Il s'agit d'une forme vivante interprétative qui s'enrichit par un autre niveau de forme qui induit un changement de qualification juridique.

SECTION II : STRUCTURE FORMELLE *ENRICHIE* DE L'INTERPRETATION

510. Ce que l'on doit savoir. Nous avons étudié ce que l'on croit savoir sur l'interprétation : il s'agit, selon nous, d'une forme créative expressive *jumelle* de la forme de l'œuvre de l'esprit, dont la protection est soumise à la même condition d'originalité. Maintenant, nous progressons dans notre recherche en quêtant ce que l'on doit savoir de l'interprétation. Nous croyons que l'on doit prendre en compte certains éléments qui *s'ajoutent* à la forme vivante interprétative et qui font naître un *nouvel objet de droit.* L'interprétation ne s'efface pas, elle *s'enrichit* d'une autre forme externe.

511. Enrichissement formel. La structure formelle que nous avons étudiée dans la section précédente peut être enrichie d'une forme adventice. En effet, il y a deux cas où un élément extérieur à l'interprétation vient enrichir la structure formelle simple de l'interprétation. Dans le premier cas, l'intervention d'une forme technique de fixation audiovisuelle des interprétations fait naître l'œuvre audiovisuelle. Dans le second cas, des formes vivantes interprétatives sont organisées dans un ensemble structuré ; cette organisation, qui réalise concrètement une conception méthodologique, est symbolisée par une forme conventionnelle particulière : nous visons, ici, la mise en scène théâtrale et la création hybride du chef d'orchestre.

512. Plan. Certaines formes vivantes interprétatives sont *fixées pour constituer la substance* d'une œuvre de l'esprit pleinement déployée : c'est le cas de certaines œuvres audiovisuelles ou radiophoniques (**§1.**). Par ailleurs, certaines formes

---

[1] Une ancienne jurisprudence française a sanctionné une imitation de l'artiste Aristide Bruant. Pour le tribunal il s'agissait d'une « contrefaçon de la personnalité » (T. Com. Seine, 19 déc. 1986 : *DP* 1898, II, p. 504). Aussi, le TGI de Paris a sanctionné l'imitation de la voix d'un acteur pour le besoin d'une séquence publicitaire, mais le fondement dans cette affaire fut les droits de la personnalité (TGI Paris, 3 déc. 1975 : *D.*, 1977, p. 211, note LINDON ; *JCP G.*, II, 19002, obs. DANIEL BECOURT). Enfin, le recours à un sosie de Gérard Depardieu afin de réaliser un film publicitaire concernant une marque de chocolat, et sans l'accord de l'acteur, fut sanctionné sur le fondement des droits de la personnalité (TGI Paris, 17 oct. 1984, *D.* 1985, IR, p. 324, obs. LINDON). Sur l'exclusion du plagiat en matière de l'interprétation V. T. AZZI, *Recherche sur la loi applicable aux droits voisins du droit d'auteur en droit international privé*, n° 207 et n° 208, pp. 142-143. Même si cet auteur refuse le critère de l'originalité pour de la protection de l'interprétation (*idem.* p. 138).

vivantes interprétatives sont *symbolisées*, ce qui les place aux frontières fuyantes entre l'œuvre et l'interprétation (**§2.**).

§1. LES FORMES INTERPRETATIVES *FIXEES* COMME SUBSTANCE D'UNE ŒUVRE DE L'ESPRIT

513. Forme technique de fixation et œuvre de l'esprit. Nous avons vu dans notre étude de l'histoire de la forme technique de fixation que cette avancée technique a élargi le champ d'expression et de diffusion des créations. Ainsi, une fixation d'images ou de séquence d'images (qu'elle soit linéaire, interactive, sonorisée ou non) est protégée dès qu'elle répond à la condition d'originalité. D'un côté, la forme technique de fixation, sonore et audiovisuelle, a permis de *saisir cette créativité dont la forme était éphémère* (les arts interprétatifs) et, d'un autre côté, la forme technique a permis « d'intégrer » *l'expression de l'artiste visuel* dont la créativité gît « *dans la manière de saisir le réel, sans nécessairement exiger de sa part une réalisation manuelle de la forme* » [1]. En revanche, contrairement au droit d'auteur français, le *copyright* américain, qui ne connaît pas la distinction entre travail et création, assimile la simple fixation à une création, d'où le producteur devient « auteur » d'un simple enregistrement. En France, la fixation d'image (la photographie) a été soumise très tôt à la condition d'expression de la personnalité de l'auteur [2] ; et le film, qui peut fixer une œuvre interprétée ou une simple séquence non expressive, s'est très vite concentré sur la créativité de *la fiction filmique* [3]. En effet, si l'œuvre cinématographique consiste en *ce qui est filmé* (l'œuvre dans sa forme interprétée ou vivante), l'œuvre audiovisuelle englobe aussi la créativité que l'on peut déployer dans la *manière* de saisir le réel (œuvre audiovisuelle documentaire, œuvre télévisuelle). Dans les deux cas, la protégeabilité est conditionnée par l'originalité.

514. Mutation. La loi du 3 juillet 1985 a introduit une mutation dans la propriété littéraire et artistique en s'intéressant à des *productions* dont le contenu expressif s'efface au profit d'une technique de réalisation [4]. Dès son premier article, la loi Lang modifie l'article 3 de la loi du 11 mars 1957 (L. 112-2 du Code de la propriété intellectuelle) en ajoutant à la liste non exhaustive des œuvres, « l'œuvre audiovisuelle ». Cette œuvre se distingue en ce qu'elle fait l'objet d'une *définition légale* et de *règles particulières* [5], dont la présomption de qualité d'auteur (L. 113-7 du Code de la propriété intellectuelle) et la notion d'achèvement de la version définitive (L. 121-5 du Code de la propriété intellectuelle). Dans cette

---

[1] PH. GAUDRAt et F. SARDAIN, Traité de droit civil du numérique, *op. cit.*, n° 23, p. 34.

[2] Dès l'arrêt de la Cour de cassation du 28 nov. 1862 : *D.* 1863, 1, p. 54, puis jamais remis en cause. Cité par PH. GAUDRAt et F. SARDAIN, *op. cit.*, p. 33, note 72.

[3] PH. GAUDRAt et F. SARDAIN, Traité de droit civil du numérique, *op. cit.*, n° 22, p. 33. Sur l'évolution de la protection des œuvres cinématographiques, dès l'assimilation avec les œuvres phonographiques à l'émancipation, V. D. BOUGEROL, *La notion d'œuvre audiovisuelle*, thèse, Poitiers, 2006, p. 64 et s.

[4] X. DAVERAT, L'artiste-interprète, t. 2, *op. cit.*, n° 502, p. 747 ; B. EDELMAN, *La propriété littéraire et artistique*, puf, 2008, p. 66.

[5] D. BOUGEROL, *La notion d'œuvre audiovisuelle*, Poitiers, 2006, 413 p. (qui critique d'une part la définition légale de l'œuvre audiovisuelle, et d'autre part, la qualification séduisante (mais forcée) d'œuvre de collaboration, p. 117 et s.). *Adde* CH. HUGON, *Le régime juridique de l'œuvre audiovisuelle*, pré. J. RAYNARD, Litec, 1993, 538 p.

œuvre, tributaire de la forme technique, l'on a pu constater que « *la notion d'œuvre personnelle se dilue peu à peu : il n'y a plus, à proprement parler, un ou des auteurs, mais un processus collectif de création, à telle enseigne qu'on se rapproche ainsi de "l'entreprise auteur"* » [1]. Ce qui nous intéresse ici, est la place de l'interprétation au sein de l'œuvre audiovisuelle, dans la mesure où, quand des artistes-interprètes sont appelés à collaborer à la réalisation d'une telle œuvre, la forme vivante constitue la *substance* de la « séquence animée d'images sonorisées ou non ». Mais, en dépit de l'importance de ce rôle, la situation des artistes-interprètes dans le domaine audiovisuel est la moins avantageuse que celle des auteurs et même que du producteur.

515. Plan. Dans un premier temps, il nous faut analyser la notion *juridique* et *matérielle* d'œuvre audiovisuelle pour bien placer l'interprétation à l'intérieur de cette œuvre (**A**), ensuite, dans un second temps, nous étudierons le traitement de l'interprétation dans l'œuvre audiovisuelle sans, pour autant, anticiper sur le régime du droit voisin de l'artiste-interprète qui fera l'objet des développements ultérieurs (**B**).

A. Notion objective d'œuvre audiovisuelle

516. Modification textuelle. La rédaction de la loi du 11 mars 1957 visait dans l'article 3 : « *Les œuvres cinématographiques et celles obtenues par un procédé analogue à la cinématographie* ». En revanche, la rédaction issue de la modification de 1985 de L. 112-2-6° mentionne : « *Les œuvres cinématographiques et autres œuvres consistant dans des séquences animées d'images, sonorisées ou non, dénommées ensemble œuvres audiovisuelles* » [2]. Ainsi, nous constatons un changement dans l'appréhension juridique de cette œuvre, dépendante d'une forme technique de fixation (**1**). Par ailleurs, l'œuvre audiovisuelle (ou radiophonique) peut consister en une fixation des œuvres et des interprétations coordonnées dans un ensemble organisé, ce qui appelle à une analyse matérielle du rapport entre l'œuvre audiovisuelle et les interprétations y intégrées (**2**).

1. Analyse juridique de l'œuvre audiovisuelle

517. Ce qui était réservé à l'œuvre cinématographique a été généralisé à toute séquence audiovisuelle (**a**). Aujourd'hui la séquence est le genre et la cinématographie est une espèce (**b**).

a. De l'œuvre cinématographique à la séquence audiovisuelle ?

518. « Consistance » de l'œuvre audiovisuelle. La loi du 11 mars 1957, en utilisant les termes « *obtenues par un procédé analogue à la cinématographie* » pour définir les œuvres cinématographiques, interdisait d'étendre la protection aux émissions de télévision. Il ne s'agissait pas de remettre en cause le principe de non-discrimination selon le procédé de réalisation, mais de déterminer quelles œuvres

---

[1] B. EDELMAN, *La propriété littéraire et artistique*, *op. cit.*, p. 69.

[2] Nous soulignons.

font l'objet de règles spécifiques. Or, dans le projet de la loi 1985 [1], le terme utilisé est devenu plus accueillant : « exprimées » [2]. Mieux, le projet indiquait que la nature du support était indifférente à la qualification de l'œuvre audiovisuelle. Selon le Professeur DAVERAT, le projet de loi s'inscrivait dans la logique qui rend la forme, non le fond, objet du droit d'auteur [3]. Enfin, la nouvelle loi a abandonné toute référence à l'expression, ce qui revient à remplacer *l'acte créatif* comme base de la protection de cette œuvre, par *l'acte matériel* de production de la séquence. Ainsi, l'œuvre n'est plus « *exprimée* par », mais « *consistant dans* des séquences animées d'images sonorisées ou non » : la consistance de l'œuvre audiovisuelle est la séquence produite [4], non l'expression fixée audiovisuellement [5]. M. EDELMAN pose, pertinemment, la question de savoir à quoi renvoie l'animation dans l'expression « séquence *animées* d'images » ; est-ce à dire que tout mouvement est une animation, comme le simple passage d'une image à l'autre ou d'une ligne à l'autre ? [6] Au contraire, M. DAVERAT pose le problème du risque d'exclusion de certaines formes d'expression de la notion d'œuvre audiovisuelle, du fait de l'abandon de la référence à l'expression [7]. Il résulte de la nouvelle définition de l'œuvre audiovisuelle qu'il s'agit d'une conception purement *matérielle* ou *objective* de cette œuvre.

b. L'œuvre cinématographique et la séquence audiovisuelle

519. Absence d'une définition réelle de l'œuvre audiovisuelle. Sans plonger davantage dans un débat sur la définition de l'œuvre audiovisuelle, une lecture, non sans pertinence, distingue entre deux choses : l'œuvre cinématographique et la séquence audiovisuelle. Dans ce sens M. DOMINIQUE BOUGEROL propose une définition dite *terminologique* de cette œuvre, en lisant la définition légale comme suit : « *Les œuvres cinématographiques / et / autres œuvres consistant dans des séquences animées d'images, sonorisées ou non, / dénommées ensemble œuvres audiovisuelle* ». Alors que la doctrine s'entend à lire la définition ainsi : « *Les œuvres*

---

[1] Projet de la loi relatif aux droits d'auteur et aux droits des artistes-interprètes, des producteurs de phonogrammes et des vidéogrammes et des entreprises de communication audiovisuelle. Doc. Ass. Nat. N° 2169, seconde session ordinaire 1983-1984, p. 11.

[2] « *Les œuvres cinématographiques et celles exprimées d'une manière analogie à la cinématographie, quels que soient le procédé de fixation, la nature du support et la première destination de la fixation* ».

[3] X. DAVERAT, L'artiste-interprète, t. 2, *op. cit.*, n° 506, p. 750. Pour aller plus loin dans l'analyse du projet et du texte final, V. D. BOUGEROL, *La notion d'œuvre audiovisuelle, op. cit.*, pp. 132-144.

[4] La séquence est la forme technique fixée sur un support adéquat permettant un déroulement linéaire des images ou des sons. L'interactivité n'est pas inhérente à la notion de séquence, mais c'est une qualité extérieure qui peut s'ajouter.

[5] Selon cette lecture de la définition légale, l'œuvre audiovisuelle serait le genre et l'œuvre cinématographique serait une espèce. Loi n° 82-652 du 29 juillet 1982 sur la communication audiovisuelle distinguait entre l'œuvre cinématographique qui est « *l'œuvre audiovisuelle destinée principalement à une représentation publique en salle de spectacle* » et l'œuvre audiovisuelle qui est « *toutes séquences d'images ou d'images et de sons* ».

[6] M. D. BOUGEROL prolonge le débat en évoquant l'exemple du « livre animé » ou le « flip-book ». Pour résoudre le problème cet auteur interprète le mot « images » constituant la séquence comme les images *non imprimées*. D'autres auteurs font l'opposition entre « séquence *animées* d'images » et « séquence d'images *fixes* » pour exclure les diaporamas ; d'autres interprètent le mot « séquence » comme la séquence *linéaire* ce qui exclut les œuvres multimédias où la séquence est interactive. D. BOUGEROL, *La notion d'œuvre audiovisuelle, op. cit.*, p. 123.

[7] Sur les deux critiques, V. X. DAVERAT, L'artiste-interprète, *op. cit.*, t. 2, n° 507, p. 751.

cinématographiques et autres œuvres / consistant dans des séquences animées d'images, sonorisées ou non, / dénommées ensemble œuvre audiovisuelle » [1]. Selon cette lecture, le *cœur* de la définition de l'œuvre audiovisuelle serait l'œuvre cinématographique, alors que les séquences animées d'images seraient *adjointes* à cette œuvre.

520. Création et production : du compromis au déséquilibre. Que l'on considère, avec la majorité de la doctrine, la définition légale de l'œuvre audiovisuelle comme reflétant la réalité de cette œuvre (objective), ou que l'on la considère comme simple définition terminologique qui « *ne présente pas plus (mais pas moins) d'intérêt* » que celle des autres œuvres [2], force est d'admettre que l'élargissement du champ de l'audiovisuel marque un changement de paradigme. Le législateur de 1957 avait introduit le régime de l'œuvre cinématographique comme *compromis* entre les acteurs du secteur de la production de films de fiction cinématographique [3], tandis que le législateur de 1985, lui, a introduit la notion d'œuvre audiovisuelle, qui rapproche deux concepts : l'œuvre cinématographique et la production télévisuelle [4] ; son but était de rendre possible le développement d'un secteur qui était nouveau. Ainsi, le souci du législateur de 1985 s'est réduit à « *chercher à éviter toute situation de blocage susceptible de nuire à son développement* » [5]. Le régime des œuvres audiovisuelles (dont l'objet ne répond pas à une véritable définition) reprend en grande partie des dispositions *conçues pour les œuvres cinématographiques* (la définition du producteur audiovisuel L. 132-23 du Code de la propriété intellectuelle ; la présomption de cession L. 123-24 du même code [qui a été étendue] ; la présomption de cotitularité L. 113-7 ; le gel du droit moral des coauteurs L. 121-5 ; la décision de l'achèvement de l'œuvre L. 121-5). Par conséquent, la distinction entre la *création* et la *production* y devient délicate. En effet, on est passé du compromis entre la création et la production dans le cinéma, à un système centré sur la production audiovisuelle ; ce qui en témoigne est le fait que les intérêts du producteur ne sont plus bornés par les termes de ce compromis professionnel [6]. En bref, du fait de la confusion entre la création et la production, la propriété littéraire et artistique s'identifierait à un droit des industries culturelles,

---

[1] D. BOUGEROL, *La notion d'œuvre audiovisuelle*, *op. cit.*, n° 89, p. 127 et s. surtout n° 101-102, pp. 141-143.

[2] D. BOUGEROL, *La notion d'œuvre audiovisuelle*, *op. cit.*, n° 142, p. 185.

[3] Ce compromis consiste à prendre en compte les intérêts du producteur, en établissant une sorte de copropriété, fût-elle artificielle, pour éviter la qualification d'œuvre collective ou du producteur-auteur unique.

[4] Le modèle de la production télévisuel était influencé par le monopole de l'État ce qui a empêché l'émergence d'un secteur économique autonome sur le modèle du cinéma. Sur la différence entre les deux modèles, V. D. BOUGEROL, *La notion d'œuvre audiovisuelle*, *op. cit.*, surtout, p. 237 et s. qui mentionne comme spécificité du modèle télévisuel, par exemple, l'effacement du rôle du diffuseur contrairement au rôle du producteur de film, et le rôle prépondérant du réalisateur de télévision qui est le maître d'œuvre du projet, mais qui ne peut réclamer le statut du producteur. Il convient de dire que la rivalité entre le cinéma et la télévision induisait la divergence des régimes, avant de généraliser le statut d'œuvre cinématographique à l'ensemble des œuvres audiovisuelles avec certaines adaptations, ce qui a été pensé en 1982 (avant-projet de loi sur la communication audiovisuelle) et adoptée officiellement avec la loi du 3 juillet 1985.

[5] D. BOUGEROL, *La notion d'œuvre audiovisuelle*, *op. cit.*, n° 188, p. 252.

[6] La place du producteur cinématographique se justifiait par sa nature professionnelle, mais trouvait une limitation au secteur particulier pour lequel le compromis avait été adopté. Ainsi, ce producteur ne pouvait revendiquer des droits d'exploitation télévisuelle ou vidéographique, car ces domaines étaient hors « le compromis légal » réduit à la seule exploitation cinématographique selon les usages professionnels. Dans Ce sens, X. DAVERAT, L'artiste-interprète, t. 2, *op. cit.* ; D. BOUGEROL, *La notion d'œuvre audiovisuelle*, *op. cit.*, n° 189, p. 253 et s.

et les créateurs deviendraient des maillons dans la chaîne de production audiovisuelle. Les grands perdants de cette conception sont les créateurs, qui, lorsque l'on fait appel à eux, apportent la substance des créations audiovisuelles fixées.

2. Analyse matérielle de l'œuvre audiovisuelle

521. Montage et achèvement : caractéristiques des œuvres audiovisuelles. L'analyse matérielle de l'œuvre audiovisuelle montre que cette œuvre contient par nature des composants formels différents : des éléments visuels (graphiques ou photographiques), des éléments littéraires (dialogue, sous-titrage) et des éléments sonores (bande sonore comportant des bruits, voix humaine, musique etc.). Ces éléments, tous fixés grâce à des formes techniques adéquates, nécessitent ultérieurement un traitement *technique* et *artistique* dans une étape importante : le *montage*. Cette étape détermine la forme *séquentielle*, où les formes contenues déjà réalisées sont coordonnées afin d'obtenir la version qui sera soumise à la décision de l'achèvement.

522. Coréalisateurs reconnus et d'autres ignorés. Si la collaboration est entendue comme l'action impliquant « *des efforts créateurs, animés par une inspiration commune et menés de concert en vue de la réalisation d'une œuvre de l'esprit* », l'élément essentiel de la collaboration est « la communauté d'inspiration » [1]. La collaboration n'est pas conditionnée par la *simultanéité de réalisation* des apports créatifs ; elle requiert que les réalisations soient toutes *concertées et conduites en commun.* La multiplicité des participations qui se réalisent *séparément* nécessite un travail ultérieur, technique et artistique, qui consiste, d'une part, à donner un *ordre* (une forme) à ces éléments et, d'autre part, à donner un *rythme* à l'œuvre (le choix de l'ordre et de la durée des séquences etc.) [2]. Ainsi, le montage représente « *l'architecture séquentielle de la création visuelle* » [3]. Concrètement, les modes d'élaboration des œuvres audiovisuelles sont variables. Le législateur a, cependant, généralisé à l'ensemble des œuvres audiovisuelles le régime de l'œuvre de collaboration [4]. En ce qui concerne l'apport des artistes-interprètes, nous pouvons

---

[1] H. DESBOIS, *Le droit d'auteur. Droit français. Convention de Berne révisée*, Dalloz, 1950, n° 170, p. 203. *Adde* PH. GAUDRAT, Rép. Civ. Dalloz, *op. cit.*, n° 199 : « *Les actes de réalisation formalisant les étapes intermédiaires d'une création, dès lors qu'ils sont bien tous tournés vers un but final et commun, répondent à l'exigence de « collaboration » mentionnée par la loi* ».

[2] Ce qui constitue la conception méthodologie du réalisateur de l'œuvre.

[3] PH. GAUDRAT, obs. sous CA Versailles, ch. Réunie, 19 déc. 1994, *JCP E.*, 1996, I, 580, p. 243, n° 8. (Cité par M. BOUGEROL, *La notion d'œuvre audiovisuelle*, *op. cit.*, p. 105).

[4] La doctrine est divisée entre deux opinions, la majorité de la doctrine estime que le législateur a donné une *qualification légale* d'œuvre de collaboration à toute œuvre audiovisuelle ; l'autre partie de la doctrine estime qu'il s'agit d'une *présomption simple*, ce qui n'empêche pas la qualification d'œuvre collective dans certains cas (C. HUGON, *Le régime juridique de l'œuvre audiovisuelle*, pré. J. RAYNARD, Litec, 1993, n° 96 et n° 113 et s. *Adde* X. LINANT DE BELLEFONDS, note sous l'arrêt *Ramdam* : CA Paris 4e ch., A, 16 mai 1994 : *JCP* 1995, II, 22375). Pour une approche critique de cette qualification, V. D. BOUGEROL, *La notion d'œuvre audiovisuelle*, *op. cit.*, p. 171 et s. Cet auteur estime que cette qualification est une *fiction légale non justifiable*, et que l'objectif de cette fiction était d'empêcher le retour au système du producteur-auteur unique du film. *Contra*, le Professeur GAUDRAT, lui, estime que la qualification de l'œuvre audiovisuelle est une illustration explicite de la catégorie des œuvres de collaboration : PH. GAUDRAT, Rép. Civ. Dalloz, *op. cit.*, n° 199. Dans ce même sens, T. PETELIN, *La création plurale en droit d'auteur. Contribution à l'étude de l'indivision*, préf. PH. GAUDRAT, PU Juridiques de Poitiers, 2020, n° 50, p. 72. Cette auteure considère que le législateur a

distinguer deux cas. Dans le premier cas, l'interprétation est *créée spécialement pour* la réalisation de la création audiovisuelle ; dans le second, il s'agit de *l'incorporation* d'une interprétation préexistante : l'artiste-interprète dans le premier cas, contribue à la réalisation de l'œuvre audiovisuelle, tandis que dans le second cas, il se limite à autoriser l'utilisation de son interprétation dans l'œuvre, sans participer à sa création intellectuelle. Enfin, la particularité de l'œuvre audiovisuelle (cinématographique ou non) ayant comme *contenu* des formes vivantes interprétatives, réside dans le fait qu'elle *dépend* de ces formes vivantes : les interprètes n'interprètent pas l'œuvre audiovisuelle ; ils interprètent *dans et pour* l'œuvre audiovisuelle. Autrement dit, l'œuvre audiovisuelle n'est pas l'œuvre interprétée qui pourrait justifier une dépendance infériorisant la contribution des interprètes. Ce qu'interprètent les artistes est la forme inerte d'un apport créatif à la même œuvre audiovisuelle : le scénario ou la musique écrite. Pourtant, tous les composants créatifs de l'œuvre audiovisuelle ne sont pas traités de la même manière.

Selon ce régime particulier, appliqué aussi aux œuvres radiophoniques [1], il suffit pour qu'il y ait une collaboration que les interventions soient réalisées *dans un but commun*, même si elles ne sont pas simultanées mais successives, même si les apports ne sont pas égaux en termes de durée ou d'importance [2]. Il importe peu, aussi, que la contribution soit identifiable ou visible, ou qu'elle soit divisible [3]. Néanmoins, le législateur (de 1985 comme celui de 1957) a élu certains apports qualifiant leur créateur de coauteur, en excluant ceux qui apportent la *substance* de la forme séquentielle, c'est-à-dire les formes vivantes interprétatives. Ainsi, l'article L. 113-7 du Code de la propriété intellectuelle commence par rappeler que l'auteur de l'œuvre audiovisuelle est « *la ou les personnes physiques qui réalisent la création intellectuelle de cette œuvre* » [4]. À elle seule, cette règle qui reprend le principe général du fait créatif générateur de la propriété incorporelle du créateur (L. 111-2 du Code de la propriété intellectuelle) est neutre et ne distingue aucunement entre les

---

établi une *présomption légale irréfragable* d'œuvre de collaboration, ce qui est une application des principes personnalistes à l'œuvre cinématographique, même si le législateur a accordé aux producteurs certaines concessions (n° 65-66, pp. 92-94). Il semble que cette auteure fasse allusion à la décision *Ramdam* de la Cour d'appel de Paris (précitée) où les juges ont estimé que le législateur avait bien imposé à l'œuvre audiovisuelle la qualification d'œuvre de collaboration car « *le législateur s'inspirant de la tradition humaniste qui avait présidé à l'élaboration de la loi du 11 mars 197 a entendu signifier que l'œuvre audiovisuelle ne pourrait jamais être une œuvre collective* ». *Adde* Mme C. BERNAULT, « Objet du droit d'auteur. Titularité du droit d'auteur. Règles générales (CPI, art. L. 113-1 à L. 113-7) », *J.-Cl., Propriété littéraire et artistique*, fasc. 1185, 2009, n° 66.

[1] L'article L. 113-8 du Code de la propriété intellectuelle « *Ont la qualité d'auteur d'une œuvre radiophonique la ou les personnes physiques qui assurent la création intellectuelle de cette œuvre. Les dispositions du dernier alinéa de l'article L. 113-7 et celle de l'article L. 121-6 sont applicables aux œuvres radiophoniques* ».

[2] Cass. 1re civ., 2 avr. 1996, n° 94-1420 : *Bull. civ.* I, n° 165 ; *JCP* 1996, IV, 1283 : « *L'œuvre de collaboration est la propriété commune des coauteurs, indépendamment de l'importance ou du mérite de leurs apports respectifs* ».

[3] Ainsi, le cuisinier qui participe à un film documentaire « dans l'exercice de son art » ne peut pas prétendre à la qualité de coauteur de l'œuvre audiovisuelle que s'il intervient dans « *les opérations intellectuelles de conception, tournage et montage de l'œuvre audiovisuelle elle-même* ». Cass. 1re civ., 5 févr. 2002 : *D.*, 2002, p. 2253, note B. EDELMAN ; *CCE*, 2002, comm. 35, note CH. CARON ; *JCP E.*, 2002, 1334, n° 3, obs. D. BOUGEROL. Sur le sens de la concertation et de la communauté d'inspiration, V. C. BERNAULT, « Objet du droit d'auteur. Titularité du droit d'auteur. Règles générales (CPI, art. L. 113-1 à L. 113-7) », *J.-Cl., Propriété littéraire et artistique*, fasc. 1185, 2009, n° 29 et s.

[4] Une des critiques adressées à la qualification généralisée d'œuvre de collaboration des œuvres audiovisuelles consiste à s'interroger : comment peut-on imaginer une « collaboration » au sein d'une œuvre à auteur unique ?

véritables créateurs de l'œuvre audiovisuelle (auteurs ou interprètes). Mais l'évolution historique de ce régime et la suite de l'article empêchent toute tentative de surinterprétation pour qualifier les artistes-interprètes comme coauteurs. Le deuxième alinéa de l'article L. 113-7 établit une *présomption simple* de coautorat en faveur de certains participants à partir des fonctions classiques dans une œuvre cinématographique :

> « 1° L'auteur du scénario ; 2° L'auteur de l'adaptation ; 3° L'auteur du texte parlé ; 4° L'auteur des compositions musicales avec ou sans paroles spécialement réalisées pour l'œuvre ; 5° Le réalisateur ».

Cette présomption peut être renversée par la preuve de la non-participation à la création intellectuelle de l'œuvre [1], ainsi le réalisateur dont le concours « *ne constitue pas une création intellectuelle propre, mais est réduite à la banale prestation de services techniques* » ne saurait prétendre à des droits d'auteur [2]. En outre, cet article énonce que :

> « Lorsque l'œuvre audiovisuelle est tirée d'une œuvre ou d'un scénario préexistant encore protégés, les auteurs de l'œuvre originaire sont assimilés aux auteurs de l'œuvre nouvelle ».

Ce dernier alinéa établit une présomption *irréfragable* de coautorat de l'œuvre audiovisuelle à l'auteur d'une œuvre encore protégée, lorsqu'il y a une « filiation » entre l'œuvre primaire et l'adaptation audiovisuelle, donc sans exiger une collaboration véritable à la création de l'œuvre audiovisuelle. Enfin, l'analyse matérielle de l'œuvre audiovisuelle montre l'écart entre le régime juridique particulier de l'œuvre audiovisuelle et la réalité de l'élaboration ainsi que l'importance des apports créatifs. Autrement dit, l'écart entre *l'objet juridique* construit par le législateur et *l'objet réel* : c'est-à-dire l'œuvre audiovisuelle en tant que création identitaire objet d'une propriété commune des créateurs.

B. Forme vivante interprétative dans l'œuvre audiovisuelle

523. *De lege lata*, il s'avère que l'interprétation occupe un rang inférieur par rapport aux autres apports créatifs constitutifs de l'œuvre audiovisuelle (**1**). Mais, *de lege ferenda*, si l'on se place dans la logique personnaliste de la propriété littéraire et artistique, tous les créateurs des formes artistiques, sans distinction, formant l'œuvre audiovisuelle doivent être considérés comme coauteurs (**2**). En effet, l'artiste-interprète entretient deux sortes de rapport : la première, *à l'égard de l'œuvre interprétée* où il a un droit voisin sur son interprétation ; la seconde, *à l'égard de l'œuvre*

---

[1] Par exemple, cette qualité a été refusée à un réalisateur de vidéogrammes dès lors qu'il était un simple exécutant de la volonté du producteur : CA Poitiers, 7 déc. 1999 : *CCE*, n° 7-8, juill. 2001, comm. 72, CH. CARON ; *JCP E*, 2000, p. 1375, obs. L. BROCHARD. Ce qui est curieux, car l'on reconnaît une œuvre audiovisuelle sans réalisateur. Pourtant, la solution n'était pas nouvelle, car il a été décidé que « *le réalisateur technicien de production, collaborateur salarié engagé par un producteur avec un lien de subordination* » ne saurait être considéré comme auteur : Cass. 1re civ., 29 nov. 1962 : *D.*, 1963, jurispr., p. 205, note G. LYON-CÆN. Pour plus d'exemples V. F. POLLAUD-DULIAN, « Les auteurs d'œuvre audiovisuelle », *RIDA*, n° 169, 1996, p. 51 et s.

[2] CA Paris, 4 mars 1987 : *D.*, 1988, somm., p. 204, note C. COLOMBET. Pourvoi rejeté par Cass. 1re civ., 29 mars 1989, *RIDA*, n° 141, 1989, p. 262.

audiovisuelle, où l'interprète apporte, comme tout autre participant, son apport créatif. Le législateur a opté pour limiter le droit des interprètes dans l'œuvre audiovisuelle, en ne retentant que le rapport de l'interprétation avec l'œuvre interprétée.

1. *De lege lata* : déclassement de l'interprétation dans l'œuvre audiovisuelle

524. Le régime particulier et dérogatoire de l'œuvre cinématographique était, sous la loi du 11 mars 1957, un compromis professionnel ayant pour objectif d'assurer un fonctionnement harmonieux dans le secteur de la production cinématographique. Mais la loi du 3 juillet 1985, en généralisant ce régime et en élargissant son étendue, a rompu l'équilibre qui était au cœur du régime de 1957 : « *le créateur devient le rouage indispensable et néanmoins secondaire d'une entreprise -l'œuvre audiovisuelle- dont il n'est plus le maître* » [1]. Ce changement de paradigme peut être illustré à travers la situation des artistes-interprètes. Plusieurs indices témoignent d'un *déclassement* de la situation des artistes-interprètes, donc de l'interprétation, dans l'œuvre audiovisuelle [2]. Le premier indice concerne la qualité de coauteur de l'œuvre audiovisuelle qui n'est reconnue qu'aux créateurs dont la contribution se concrétisant dans une forme inerte (**a**) ; le second concerne le refus opposé aux interprètes de participer à la décision d'achèvement concernant la version définitive de l'œuvre audiovisuelle (**b**) ; enfin, le troisième indice est la généralisation de la technique de la présomption de droits (**c**).

a. Exclusion des interprètes de la qualité de coauteur de l'œuvre audiovisuelle

525. La création plurale induit logiquement une « propriété commune » [3], c'est-à-dire l'appropriation de *la chose commune* par les co-créateurs [4]. Ainsi, logiquement,

---

[1] B. EDELMAN, *Droit d'auteur et droits voisins. Droit d'auteur et marché*, Dalloz, 1993, n° 2, p. 3.

[2] X. DAVERAT, *L'artiste-interprète*, t. 2, *op. cit.*, n° 508, p. 753. Qui constate, à côté de ce déclassement, « l'oubli des artistes-interprètes » dans une autre œuvre introduite par la loi du 3 juillet 1985 : l'œuvre de commande pour la publicité (*Ibid.* n° 515, p. 763). En effet, l'article L. 132-31 CPI ne traite que le sort des droits des auteurs de cette œuvre, qui sont présumés cédés au producteur, sauf clause contraire, à condition de préciser la rémunération distincte de chaque mode d'exploitation en fonction, notamment, de la zone géographique, de la durée de l'exploitation, de l'importance du tirage et de la nature du support.

[3] L. 113-3 1er alinéa du Code de la propriété intellectuelle « *L'œuvre de collaboration est la propriété commune des coauteurs* ». Le terme « propriété commune » s'entend selon certains comme *la chose commune*, et selon d'autres comme *le droit unique* sur la chose commune. V. GERALDINE SALORD, « Propriété collective et exclusivité : proposition d'une conciliation des contraires » *in Les modèle propriétaire*, LGDJ, 2012, p 193 et s. Surtout pp. 200-203, qui justifie l'unité de droit sur l'œuvre de collaboration par *l'unité de la source de l'objet* : la source collective de l'œuvre qu'elle repose sur la communauté d'inspiration et la mutuelle coopération. *Contra* T. PETELIN, *op. cit.*, n° 234, p. 261.

[4] Deux modèles de l'indivision, ou de l'appropriation plurale, ont été proposés : le premier est le modèle du Code civil, ou le modèle individualiste de l'indivision, où les indivisaires ont *des droits identiques* qui ne diffèrent ni quantitativement ni qualitativement du droit de la propriété, et qui portent tous sur la chose indivise. Le second modèle est celui *d'un droit unique de propriété collective* où la propriété est reconnue à une collectivité de personnes non personnifiée. Le premier est le principe, en droit français contemporain, tandis que le second est l'exception. V. T. PETELIN, *op. cit.*, n° 234, p. 261, qui estime que rien ne justifie le recours au concept exceptionnel de propriété collective et que la notion individualiste de l'indivision doit s'appliquer (*Idem.* p. 338 et s.) Sachant que c'est la position de la doctrine classique (H. DESBOIS, *Le droit d'auteur en France*, 3e éd., 1978, *op. cit.*, 130, pour qui c'est une indivision spéciale car définitive, du fait,

tous ceux qui coréalisent *dans* et *pour* l'œuvre audiovisuelle doivent être reconnus comme coauteurs de cette œuvre. Nous avons avancé l'idée que les interprètes dans l'œuvre audiovisuelle n'interprètent pas cette œuvre, mais interprètent les formes inertes apportées par les auteurs. De plus, chronologiquement, il y a trois phases dans la réalisation de la création audiovisuelle qui correspondent à trois sortes d'apport créatif. D'abord, la réalisation des formes inertes adressées aux interprètes (synopsis, scénario, adaptation, musique avec ou sans parole, dialogue etc.) ; ensuite, la réalisation des formes vivantes interprétatives qui seront fixées pour constituer les séquences à monter ; enfin, l'apport du réalisateur qui accompagne les interprètes lors de la fixation de leurs interprétations (le tournage), mais qui joue aussi le rôle de coordinateur et d'arbitre dans le montage et la finalisation de la réalisation. Néanmoins, juridiquement, le régime de l'œuvre audiovisuelle passe sous silence les étapes intermédiaires de la réalisation de la création audiovisuelle, en ne visant que les apports concrétisés dans une forme inerte et l'apport qui formalise l'ensemble. Enfin, il est surprenant de remarquer, en sus de la discrimination entre les créateurs de la même œuvre, la place exorbitante donnée au producteur, lequel ne participe pas à la réalisation intellectuelle de l'œuvre ; surtout quant à la décision de l'achèvement de l'œuvre.

b. Exclusion des interprètes de l'accord sur l'achèvement de la « version définitive » de l'œuvre audiovisuelle

526. L'article L. 121-5 du Code de la propriété intellectuelle aménage le droit moral sur l'œuvre audiovisuelle [1]. Il dispose que :

« L'œuvre audiovisuelle est réputée achevée lorsque la version définitive a été établie d'un commun accord entre, d'une part, le réalisateur ou, éventuellement, les coauteurs et, d'autre part, le producteur.

Il est interdit de détruire la matrice de cette version.

Toute modification de cette version par addition, suppression ou changement d'un élément quelconque exige l'accord des personnes mentionnées au premier alinéa.

Tout transfert de l'œuvre audiovisuelle sur un autre type de support en vue d'un autre mode d'exploitation doit être précédé de la consultation du réalisateur.

Les droits propres des auteurs, tels qu'ils sont définis à l'article L. 121-1, ne peuvent être exercés par eux que sur l'œuvre audiovisuelle achevée ».

Contrairement au principe général qui ne conditionne pas la naissance de la propriété incorporelle sur la forme expressive à l'achèvement de la réalisation, le

---

surtout, de l'absence de la faculté de demander le partage). *Contra* G. SALORD, *La propriété collective des œuvres, Contribution du modèle de droit d'auteur au droit commun*, thèse Paris II, 2007, qui opte pour la qualification d'un droit unique de propriété collective sur l'œuvre de collaboration, en se basant, surtout, de la source unifiée de la production de l'objet de la propriété : la création collective qui se fonde sur la communauté d'inspiration. À vrai dire, les prérogatives du droit d'auteur s'adaptent mal avec la notion de propriété collective, en revanche, rien ne s'oppose à l'idée de l'existence des droits d'auteurs individuels des coauteurs (et des interprètes) gérés collectivement où limités par la présence d'un intérêt commun.

[1] Les apports créatifs ayant une forme inerte sont bien achevés et divulgués à l'intention des interprètes et du réalisateur de l'œuvre audiovisuelle qui, elle, n'est réputée achevée que lorsque l'accord est établi entre les personnes que mentionne l'article L. 121-5 du Code de la propriété intellectuelle.

premier alinéa de cet article soumet l'achèvement de la « version définitive » [1] à l'accord entre les coauteurs d'une part et le producteur d'autre part. Le troisième alinéa soumet au même accord toute modification de cette version définitive. Si l'accord des créateurs se comprend, car ils sont les *réalisateurs de la création intellectuelle* de l'œuvre (chaque créateur réalise une conception), le producteur « *qui prend l'initiative et la responsabilité de la réalisation de l'œuvre* » [2], lui, ne réalise pas la création mais *la forme technique* fixant les créations. Le terme « réalisation » n'a pas le même sens. En conséquence, rien ne justifie d'inviter le producteur, non-créateur, à se prononcer sur *l'achèvement du processus créatif*, alors que les artistes-interprètes qui réalisent la forme vivante interprétative fixée n'en ont mot à dire. En effet, l'achèvement n'est pas simplement la fin du processus productif ; il constate l'adéquation de la forme réalisée à la forme conçue [3]. En revanche, la réception de l'ouvrage par le producteur commanditaire est autre chose ; elle intervient après l'achèvement de l'ouvrage (la création). De ce point de vue, le producteur n'aurait, en cas d'insatisfaction, que la possibilité d'engager la responsabilité des créateurs en cas de faute (défaut de conformité etc.). C'est la seule façon de préserver la sphère de création créative [4].

c. Généralisation de la technique de la présomption de cession des droits

527. La loi du 3 juillet 1985 est allée plus loin encore en *généralisant* la présomption de cession des droits et en *étendant son champ* d'application. En fait, il ne s'agit pas simplement d'une extension de ce régime, instauré en faveur des producteurs cinématographiques, à toutes les œuvres audiovisuelles, mais de la nature et de la portée de la présomption qui a subi un changement. Sous la loi du 11 mars 1957, la présomption de cession se limitait aux droits d'exploitation d'un film en salles de cinéma, alors que le nouveau texte, qui s'applique à toutes les œuvres audiovisuelles, a élargi le champ de la présomption pour englober *toutes les exploitations* [5] (diffusion télévisuelle, commercialisation des supports, location des vidéogrammes). Au final, si le producteur participe à la décision d'achèvement de l'œuvre audiovisuelle, et que, par cessions présumées, il reçoit l'ensemble des droits des créateurs (auteurs et interprètes), l'on n'arrive plus à distinguer la propriété littéraire et artistique du *copyright* où le producteur est le *titulaire* des droits. En effet, nous constatons que la loi du 3 juillet 1985 a opéré un déclassement général des principes personnalistes de la propriété littéraire et artistique. Le professeur DAVERAT en conclut que « *si l'apport artistique, en tant qu'expression intellectuelle, se*

---

[1] La loi du 11 mars 1957 utilise le terme « première copie standard », terme qui ne s'utilise que pour le cinéma, ainsi, la loi du 3 juillet 1985 a dû utiliser un terme générique pour englober toutes les œuvres audiovisuelles, qui est « la version définitive ».

[2] L. 132-23 du Code de la propriété intellectuelle.

[3] PH. GAUDRAT, Rép. Civ. Dalloz, (1° La propriété des créateurs), *op. cit.*, n° 467 à n° 469. *Adde* X. DAVERAT, *L'artiste-interprète*, *op. cit.*, t. 2, n° 509, p. 754.

[4] Sur la confusion entre l'achèvement et la réception, V. PH. GAUDRAT, Rép. Civ. Dalloz, (1° La propriété des créateurs), *op. cit.*, n° 469.

[5] La formulation qu'utilise l'article L. 132-24 du Code de la propriété intellectuelle est la cession au profit du producteur « des droits exclusifs *d'exploitation de l'œuvre audiovisuelle* », alors qu'une proposition utilisait l'expression « les droits exclusifs *d'exploitation audiovisuelle de l'œuvre* ». (Rapport RICHARD n° 2235 *op. cit.* p. 34).

trouve globalement déclassé, du point de vue même de l'activité des auteurs, l'apport spécifique des interprètes ne peut qu'en être encore moins considéré, puisque l'interprétation artistique, se développant autour d'une œuvre, est l'expression d'une expression » [1]. La situation des musiciens par rapport aux compositeurs qui participent à une œuvre audiovisuelle valide le propos du professeur DAVERAT : les droits des compositeurs n'entrent pas dans le champ de la cession présumée [2], ce qui oblige le producteur à obtenir l'autorisation nécessaire contractuellement auprès des compositeurs ou de leurs sociétés de gestion. Quant aux interprètes-musiciens, la doctrine est partagée sur l'interprétation musicale intégrée à l'œuvre audiovisuelle. Deux conceptions s'opposent, la première considère que l'interprétation musicale ne relève pas du genre cinématographique et audiovisuel puisque les musiciens n'apparaissent pas à l'écran contrairement aux acteurs ; par conséquent, l'interprétation musicale est une forme séparable de l'œuvre audiovisuelle. Il en résulte, selon cette doctrine, majoritaire, que la présomption de cession du droit voisin prévue dans l'article L. 212-4 du Code de la propriété intellectuelle (équivalent de l'article L. 132-24 du même code en matière de droit d'auteur) ne s'applique pas à leur égard [3]. La deuxième conception considère, au contraire, que l'interprétation musicale *destinée à* sonoriser l'œuvre audiovisuelle est une partie composante de cette œuvre et, par conséquent, la présomption de cession du droit voisin de l'interprète doit s'appliquer [4]. En jurisprudence, l'hésitation a été tranchée par une décision de l'assemblée plénière de la Cour de cassation [5], qui opte pour la deuxième conception, alors que la solution de la Cour de cassation en 2013 était en faveur de la distinction entre la contribution purement musicale et les contributions audiovisuelles à l'égard desquelles s'applique la présomption de cession du droit

[1] X. DAVERAT, *L'artiste-interprète*, *op. cit.*, t. 2, n° 510, pp. 757-758.
[2] Deux exclusions du champ de la présomption de cession des droits sont prévues dans l'article L. 132-24 du Code de la propriété intellectuelle : les droits de « *l'auteur de la composition musicale avec ou sans paroles* » et « *les droits graphiques et théâtraux sur l'œuvre* ». CAROLINE BESSE-GUENNETEAU, « La musique dans les œuvres audiovisuelles », *Légicom*, N° 13, 1997, spécialement p. 17 (le compositeur) et p. 22 (l'interprète-musicien).
[3] A. LUCAS et al., *Traité de la propriété littéraire et artistique*, 5e éd., n° 1482, pp. 1140-1141 ; A.-E. KAHN, « *Droits voisins du droit d'auteur. Droits patrimoniaux de l'artiste-interprète. Contrats d'exploitation des droits patrimoniaux (CPI, art. L. 212-4)* », fasc. 1437, *J.-Cl. Propriété littéraire et artistique*, 2015, n° 38 ; F. POLLAUD-DULIAN, 2e éd., *op. cit.*, 2014, n° 2359, p. 1550 ; P. TAFFOREAU, *CCE*, 2011, Un an de droits voisins, chron. n° 9, § 16 ; G. QUEREZOLA, *D.*, 2013, p. 1870 : pour tous ces auteurs la présomption ne doit s'appliquer qu'à l'égard des prestations de genre audiovisuel et cinématographique, ce qui exclut les prestations musicales. M. TAFFOREAU précise que la présomption s'applique aux chanteurs et danseurs d'un opéra filmé ou d'une comédie musicale, puisque la prestation musicale dans ces cas entre dans la nature de l'œuvre audiovisuelle.
[4] M. VIVANT et J.-M. BRUGUIERE, 4e éd. *op. cit.*, 2019, n° 1330, pp. 1278-1280, pour qui la seule exclusion de la présomption de cession des droits des auteurs et des interprètes au producteur de l'œuvre audiovisuelle concerne les auteurs de la composition musicale (L. 132-24 CPI) et il n'y a pas d'exclusion explicite des interprètes musiciens (212-4 du CPI).
[5] Cass. Ass. plén., 16 févr. 2018, n° 16-14.292 : *D.*, 2018, p. 415 ; *CCE*, n° 10, oct. 2018, chron. 11, §. 9, obs. P. TAFFOREAU ; P. LEGER, « Revirement jurisprudentielle sur l'application de l'article L. 212-4 du CPI à l'interprétation de la musique d'une œuvre audiovisuelle », *Dalloz IP/IT*, 2018, p. 303 ; *Gaz. Pal.*, 27 févr. 2018, n° 8 ; *D.*, 1er mars 2018, n° 8, p. 36 ; *JCP E.*, 8 mars 2018, N° 10, p.13 ; « Portée de la présomption de cession au producteur audiovisuel des droits de l'artiste-interprète », avril 2018, n° 111, p. 1, A. LUCAS ; CH. BIGOT, « Présomption de cession des droits de l'artiste interprète en matière audiovisuelle : l'assemblée plénière vide le débat », *Légipresse*, n° 358, mars 2018, p. 143 ; « L'enregistrement d'une bande sonore d'une œuvre audiovisuelle est soumis à la présomption de cession des droits des artistes-interprètes », *Légipresse*, n° 358, mars 2018, p.131. Affirmant l'arrêt de la cour de renvoi : CA Lyon, 1re ch. civ. B, 16 févr. 2016, n° 13/06290 : *CCE*. 2016. Chron. 11, n° 8, obs. P. TAFFOREAU.

voisin de l'artiste-interprète [1]. Cette différence de traitement entre les compositeurs et les musiciens qui apportent leur création pour la réalisation d'une œuvre audiovisuelle, montre bien la place *inférieure* de ces derniers dans le régime particulier de l'œuvre audiovisuelle.

528. Les trois indices que nous avons présentés attestent d'un *déclassement* de la forme vivante interprétative. Or, la forme technique qui a permis l'émergence des nouvelles œuvres consistant en des formes vivantes fixées, aurait dû permettre *l'enrichissement* de la forme vivante en promouvant le statut de l'artiste-interprète au statut de coauteur. C'est, à notre sens, la solution *de lege ferenda.*

2. *De lege ferenda* : l'artiste-interprète comme coauteur de l'œuvre audiovisuelle

529. Doctrine favorable. Sans revenir sur les arguments que nous avons présentés lors de l'analyse matérielle de l'œuvre audiovisuelle, l'idée que les créateurs des interprétations constitutives de l'œuvre audiovisuelle devraient être reconnus comme coauteurs de cette œuvre, a été défendue par la majorité de la doctrine en ce qui concerne les « artistes, les acteurs et les vedettes de film » [2]. En réalité, la réalisation de l'œuvre audiovisuelle (à l'exclusion de celle qui ne se base pas sur une œuvre interprétée) s'impute sur l'ensemble des apports vivants qui actualisent les apports inertes, par conséquent, c'est l'œuvre audiovisuelle qui est dépendante des interprétations non les interprétations qui dépendent de l'œuvre audiovisuelle. Dit autrement, l'œuvre audiovisuelle ne s'interprète pas, mais se construit autour des interprétations, car le scénario, le dialogue et la partition ne sont pas le film, mais la base des formes vivantes qui constituent la substance (les sons et les images animées) de la séquence audiovisuelle. Par ailleurs, il est intéressant de remarquer l'argument pragmatique pour justifier l'exclusion des interprètes de la qualité de coauteur de l'œuvre audiovisuelle. Cet argument consiste à justifier l'interprétation stricte de la qualité de coauteur de l'œuvre audiovisuelle par les difficultés que pourrait susciter une « explosion » du nombre de titulaires de droits, notamment quant à l'exploitation de l'œuvre [3].

---

[1] Cass. 1e civ., 29 mai 2013, n° 12-16.583 (n° 547 FS-P+B+I), aff. *Le bourgeois gentilhomme : Bull. civ.* I, n° 113 ; *D.* 2013, p. 1870, obs. G. QUERZOLA ; *Propr. Intell.* 2013, n° 48, pp. 301-302, obs. A. LUCAS ; *CCE*, 2013, comm. 87, note CH. CARON ; *RIDA*, 2013, n° 237, p. 261, chron. P. SIRINELLI ; *LPA*, 2013, n° 255, p. 5, note X. DAVERAT. Cassant l'arrêt de CA Paris, 1re ch., pôle 5, 18 janv. 2012, n° 09/29162 : *RLDI*, 2012, n° 2626, obs. M. TREZEGUET, qui avait la même position du TGI Créteil, 1re civ., 12 sept. 2006, n° 04/05592, en donnant tort à la SPEDIDAM.

[2] H. DESBOIS, *Le droit d'auteur en France*, 3e éd., Dalloz, 1978, n° 156, p. 186 ; A. FRANÇON, *Cours de propriété littéraire, artistique et industrielle*, Les cours de droits, Paris V, 1985-1986, pp. 251-252 ; C. COLOMBET, *Propriété littéraire et artistique*, Dalloz, 2e éd., 1980, n° 100, p. 94 ; A. LE TARNEC, *Manuel de la propriété littéraire et artistique*, 2e éd. Dalloz, 1966, p. 257 et s. ; R. DUMAS, *La propriété littéraire et artistique*, PUF, 1987, p. 102 ; G. LYON-CAEN et P. LAVIGNE, *Traité théorique et pratique de droit du cinéma*, LGDJ, 1957, n° 268 ; SARRAUTE et GORLINE, *Le Droit de la cinématographie*, n° 131. *Adde* Plus récent : P. TAFFOREAU, *Le droit voisin de l'interprète d'œuvres musicales en droit français*, t. 1, n° 92, p. 95. S'interprétant aussi dans ce sens, PH. GAUDRAT, Rép. Civ. Dalloz, (1° La propriété des créateurs), *op. cit.*, n° 76. Enfin, nous croyons qu'il ne serait pas possible de distinguer les acteurs principaux ou vedettes et les acteurs non principaux (équivalents aux « simples exécutants » en matière de la musique) car cela reviendrait à juger la valeur et le mérite, ce qui est contraire aux principes de la propriété littéraire et artistique (L. 112-1 du CPI).

[3] Ce même argument a été évoqué à propos de la qualification de l'œuvre multimédia en tant qu'œuvre de collaboration. V. C. BERNAULT, *La propriété littéraire et artistique appliquée à l'audiovisuel*, LGDJ, 2003.

530. Œuvre musicale et œuvre audiovisuelle : pas d'analogie. Pour fonder la distinction entre l'œuvre et l'interprétation, on serait tenté de comparer l'œuvre audiovisuelle à l'œuvre musicale qui naît sous forme inerte avant de passer à la forme sonore ou vivante. Mais la comparaison n'est pas possible, dans la mesure où l'œuvre musicale existe bien avant telle ou telle interprétation. Certes, la musique n'est pas l'écrit mais la séquence de sons, mais l'œuvre musicale préexiste à ses interprétations, sous forme conventionnelle dont le seul créateur est le compositeur ; cette forme conventionnelle sert à reproduire la séquence de sons. En revanche, l'œuvre audiovisuelle ne préexiste pas aux interprétations : c'est une œuvre complexe qui requiert l'existence des interprétations fixées et qui fédère beaucoup d'éléments de nature différente. En effet, l'œuvre audiovisuelle, comme l'indique son nom, se réfère au son et à l'image ; ce sont les interprétations des acteurs qui donnent les éléments constituant la forme externe de l'œuvre. Ainsi, nous croyons que, dans l'œuvre audiovisuelle, l'artiste-interprète, qu'il soit acteur d'un film ou d'une autre œuvre télévisuelle, musicien ou chanteur dans une œuvre audiovisuelle dramatico-musicale, devrait avoir la qualité de coauteur. Il résulte de cette qualité de co-créateur de l'œuvre audiovisuelle que l'interprète devrait avoir son mot à dire en ce qui concerne la réalisation de la version définitive (choix des rushs, coupure etc.), sauf à ce que la conception méthodologique de l'ensemble des éléments de l'œuvre audiovisuelle relève de la création du réalisateur ; celui-ci étant le coordinateur des interprétations serait le seul arbitre des plans à retenir [1].

531. Applications. Si *de lege ferenda* les interprètes qui participent à une œuvre audiovisuelle doivent avoir la qualité de coauteurs de cette œuvre, force est de constater que les participations des interprètes ne sont pas toute de même nature. Par exemple, dans les films lyriques on peut distinguer deux types d'interprètes : ceux qui sont *filmés* (qui apparaissent à l'écran) et ceux qui se contentent de jouer ou chanter une œuvre musicale *en vue du tournage*. Les premiers sont les acteurs qui participent à la création intellectuelle de l'œuvre audiovisuelle, tandis que les seconds, comme les musiciens, n'apparaissent pas à l'écran, et leur situation est plus délicate. Serait-il possible de privilégier les interprétations visuelles et exclure les interprétations sonores de la qualification d'œuvre de collaboration ? Nous ne le pensons pas [2]. Le Professeur TAFFOREAU évoque l'exemple d'un acteur qui interprète visuellement un rôle dans un film lyrique sans être l'interprète de la musique, mais qui emprunte la voix d'un autre artiste grâce à la postsynchronisation ; l'un comme l'autre concourt à la création intellectuelle de l'œuvre audiovisuelle. En effet, comme le suggère le Professeur TAFFOREAU, le critère qualifiant l'interprétation, qui justifierait la qualité de coauteur de l'œuvre

---

[1] Sous réserve du droit au respect de l'interprétation : le réalisateur ne peut pas dénaturer l'apport artistique de l'artiste-interprète, mais la preuve d'une telle dénaturation est quasiment impossible, dans la mesure où l'on démontre la dénaturation par comparaison, ce qui n'est pas possible. PH. GAUDRAT, Rép. Civ. Dalloz, (1° La propriété des créateurs), *op. cit.*, n° 78.

[2] On ne saurait privilégier l'élément visuel sur l'élément sonore ou l'inverse. En effet, dans les dessins animés, l'élément interprétatif est le sonore non le visuel, et cette interprétation sonore importe tout particulièrement dans ces œuvres. De même, les voix narratives d'un documentaire se contentent de prêter leur voix sans apparaitre à l'écran. Aussi, les chanteurs dans un opéra enregistré n'apparaissent pas à l'écran car des acteurs interprètent visuellement leur rôle.

audiovisuelle, ne peut être que la création *en vue de la réalisation* de cette œuvre [1]. Ainsi, toute interprétation *préexistante* qui n'a pas été créée spécifiquement pour l'œuvre audiovisuelle ne donne lieu qu'à un droit voisin [2]. Certes pour être utilisée dans une œuvre audiovisuelle l'autorisation de l'artiste-interprète doit être obtenue, mais la collaboration à l'élaboration de l'œuvre audiovisuelle est exclue. De même l'interprétation *postérieure* à l'achèvement de l'œuvre audiovisuelle, comme le doublage postérieur, exclut la participation à la création intellectuelle de l'œuvre. Les artistes de doublage sont bien des interprètes de la traduction du scénario ou du dialogue, mais ils ne sont pas des coauteurs de l'œuvre audiovisuelle puisque la forme vivante qu'ils créent est postérieure à l'achèvement de l'œuvre audiovisuelle ; et cette œuvre dans sa version postsynchronisée n'est pas une nouvelle œuvre à laquelle les artistes de doublage seraient des coauteurs.

532. Bilan. L'œuvre audiovisuelle est un ensemble complexe d'apports créatifs dont la forme vivante interprétative. La structure formelle de l'interprétation se trouve enrichie par une forme technique de fixation qui permet l'émergence d'une œuvre de collaboration. Nous avons démontré l'absence de pertinence de l'éviction des interprètes de la qualité de coauteur de cette œuvre laquelle, sans reconnaître l'apport vivant créatif des interprètes, n'est vivant que par le mouvement de la séquence. Maintenant, nous allons aborder une autre situation où la structure formelle de la création interprétative s'enrichit d'une forme externe détachée de la personne du créateur, ce qui milite pour la qualification d'œuvre de l'esprit de la forme indépendante produite. C'est le cas de la création du *chef d'orchestre* ou du *metteur en scène.*

§ 2. LES FORMES INTERPRETATIVES *SYMBOLISEES* COMME ŒUVRES DE L'ESPRIT

533. L'art de temps et des gestes vivants et « l'art de l'ordre et de l'agencement ». La nature de l'interprétation suppose l'existence d'une *forme externe vivante* dans *un état actif ou dynamique.* Pour cela, nous avons résumé cette nature par la combinaison de deux aspects : l'un *spatial* (les gestes ou les mouvements) et l'autre *temporel* (le temps de création). Il n'y a pas d'interprétation sans *gestes vivants* inscrits dans un *temps de création.* Mais les gestes vivants ne sont pas forcément la forme externe communiquée : les gestes du chef d'orchestre s'adressent aux interprètes ; l'image sonore qui résulte de l'ensemble des formes vivantes interprétatives réalise la conception intellectuelle du chef d'orchestre. Par ailleurs, le temps de la création qui s'inscrit dans le temps réel, c'est-à-dire dans le temps de la communication (directe ou non), n'est pas forcément le temps de

---

[1] P. TAFFOREAU, *Le droit voisin de l'interprète d'œuvres musicales en droit français*, t. 1, n° 94, p. 96, qui s'inspire de l'article L. 113-7-4° du Code de la propriété intellectuelle qui présume la qualité de coauteur du compositeur de la musique dès que la composition est « *spécialement réalisée pour l'œuvre [audiovisuelle]* ». Cet auteur propose d'ajouter à cet article la formule suivante : « *est [aussi] coauteur de l'œuvre audiovisuelle tout interprète qui prête son concour créatif, original et personnel spécialement en vue de la production de ladite œuvre* ».

[2] Il serait fort étrange de considérer un interprète mort ou dont l'interprétation est tombée dans le domaine public, comme coauteur d'une œuvre ultérieure, et par la suite, prolonger la durée de protection de l'interprétation intégrée.

l'acte : le metteur en scène n'a pas de rôle dès que le rideau se lève avec le commencement du spectacle théâtral.

534. En vérité, la prestation du chef d'orchestre ou du metteur en scène a plus d'affinité avec celle de l'interprète qu'avec celle de l'auteur. Mais, comme nous l'avons démontré, le vrai critère de la distinction entre l'œuvre et l'interprétation s'efface dès que la forme vivante s'enrichit et acquiert son indépendance à partir du support de création. Malheureusement, la reconnaissance de la qualité d'œuvre à la forme vivante fixée (l'œuvre audiovisuelle) n'a pas abouti à qualifier l'artiste-interprète comme coauteur. Dans le cas du chef d'orchestre ou du metteur en scène, la symbolisation de la forme vivante permet de l'enrichir et de lui donner son indépendance par rapport à son support de création. La qualification d'œuvre de l'esprit semble être plus acceptée dans ces deux cas. Il reste cependant la question de savoir si ces créations sont interprétables par d'autres personnes que leur concepteur.

535. Plan. Si l'interprétation (forme vivante expressive) relève de *l'art de temps et des gestes vivants*, nous pouvons dire que la mise en scène et la direction orchestrale appartiennent à *l'art de l'ordre et de l'agencement ;* c'est-à-dire, un art qui *coordonne la dynamique d'un ensemble de formes vivantes interprétatives.* La spécificité de cet art réside dans la transcendance de la forme organisatrice par rapport aux formes vivantes organisées. Nous étudierons d'abord la création hybride du chef d'orchestre (**A**), et ensuite la création du metteur en scène (**B**).

A. La création hybride du chef d'orchestre ou de chœur

536. En musique, il y a des cas où la qualification d'œuvre ou d'interprétation semble très délicate [1] ; c'est entre autres le cas de la création du chef d'orchestre (ou de chœur). L'analyse de cette création doit se faire sous *l'angle matériel* et sous *l'angle juridique* (**1**) ; cette analyse permettra de dégager la nature des formes produites et de les rattacher à la catégorie œuvre ou interprétation (**2**).

1. Identification des formes dans la prestation du chef d'orchestre

537. Il nous faut comprendre l'objet réel de la création du chef d'orchestre ou de chœur (**a**) avant d'analyser la structure formelle de cette création (**b**).

a. Analyse matérielle de la prestation du chef d'orchestre

538. *Faire interpréter* l'œuvre musicale et *faire réaliser* une conception. L'activité du chef d'orchestre consiste principalement à coordonner le jeu des musiciens de l'orchestre et à garantir la cohérence et l'harmonie de l'ensemble dans l'interprétation d'une œuvre musicale. Ainsi, le chef d'orchestre *n'interprète pas directement* l'œuvre musicale, mais *fait interpréter* cette œuvre en orientant les

---

[1] Il y a même des cas peu connus dont le Professeur P. TAFFOREAU a analysé et dégagé la forme ; ces cas montrent une complexité qui pourrait les rapprocher tantôt de la catégorie œuvres, tantôt de la catégorie interprétations. Il s'agit de certaines activités musicales comme *la réalisation de basse chiffrée ; l'accompagnement à vue d'une mélodie ; l'instrumentation ; la registration ; la paléographie musicale ; le déchiffrage à vue* etc. V. P. TAFFOREAU, *Le droit voisin de l'interprète d'œuvres musicales en droit français*, t. 1, n° 69 et s., p. 72 et s.

interprétations de ses composants vers *la réalisation de la conception* qu'il a développée sur l'œuvre symphonique dans sa globalité [1]. En conséquence, cette activité est de nature intermédiaire et particulière en même temps. Techniquement, la main (ou la baguette) droite donne le tempo, la mesure et les dynamiques, la gauche transmet l'émotion et les couleurs. Mais il y a aussi les expressions corporelles et faciales du chef d'orchestre (il saute, fait une grimace, ferme les yeux etc.) qui extériorisent sa conception, et qui s'adressent aux musiciens en vue de la réalisation d'une forme sensible. Nous serions tentés de dire que les musiciens lisent en même temps l'œuvre écrite et les signaux du chef d'orchestre. Ils interprètent, certes, l'œuvre musicale écrite, mais ils traduisent en même temps la forme conventionnelle que leur transmet le chef d'orchestre. Il convient de préciser que cette forme conventionnelle est particulière en ce qu'elle a un côté personnel et non objectif (contrairement à la nature d'une forme conventionnelle qui doit être objective : langue, codes etc.) ; c'est la raison pour laquelle les répétitions sont nécessaires afin de permettre au chef d'orchestre d'ajuster la traduction de ses signes. Nous concluons que l'essence de l'activité du chef d'orchestre consiste à « faire faire » : faire interpréter *la partie de la partition* concernant chaque musicien, et *traduire les signes* qu'il adresse afin d'inscrire chaque composante à sa place dans la vision d'ensemble. Il nous faut maintenant tirer les formes de cette activité artistique particulière.

b. Structure formelle de la création du chef d'orchestre

539. Toute création identitaire possède la même structure : la conception d'une forme interne (**i**) et la réalisation d'une forme externe (**ii**).

i. La forme interne de la création du chef d'orchestre

1°). Forme interne méthodologique dans l'activité principale du chef d'orchestre

540. Dans la mesure où l'activité du chef d'orchestre est de nature *herméneutique*, et traite la partition pour construire une vision personnelle, sa conception ne peut être thématique mais méthodologique [2]. Le Professeur TAFFOREAU exprime cette même idée :

> « Le chef d'orchestre doit savoir lire et entendre intérieurement une partition appelée conducteur ou partition d'orchestre rassemblant les parties de chaque groupe d'instruments. Là où les violonistes lisent une portée, le chef doit suivre sur une dizaine

[1] Symphonique du grec : Syn (avec) et phônê (voix ou son), le terme désigne la consonance des sons. Les instruments jouent par groupe ou seuls ; ils réalisent un dialogue qui nécessite de la part des interprètes non seulement une maîtrise de leur propre interprétation mais aussi la capacité de suivre celles des autres membres de l'orchestre à travers les gestes et les indications du chef d'orchestre.

[2] Nous rappelons que la conception thématique et la conception méthodologique sont deux étapes conceptrices ayant l'outil mental comme origine ; la première donne le thème (ce qui est à exprimer) que produit l'imagination ; la seconde appartient à l'artifice et concerne la manière d'exprimer le thème. Sur cette distinction, V. PH. GAUDRAT, Rép. Civ. Dalloz, *op. cit.*, 1re partie, n° 34 et n° 35. Sur son application sur les créations interprétatives, V. nos développements sur la structure formelle de l'interprétation dans la section précédente.

de lignes ou davantage. Ainsi, mentalement, il est contraint d'opérer une sorte de réduction [qui] représente un exercice intimement lié à la direction d'orchestre » [1].

En effet, la *réduction* dont parle le Professeur TAFFOREAU est le moyen de concevoir une *anticipation mentale* de la forme sonore de l'œuvre musicale ; c'est la conception de la méthode qui produira son effet à partir de l'ensemble d'interprétations. Est-ce à dire qu'il y a une collaboration dans la constitution de cette conception méthodologique entre le chef d'orchestre et les musiciens ? nous ne le pensons pas. Certes chaque interprétation d'une partie de la partition nécessite une conception personnelle du musicien (sinon il s'agit d'une simple lecture ou d'un déchiffrage à vue, ce qui est exclu dans une interprétation collective précédée par plusieurs répétitions) ; mais le propre de la conception du chef d'orchestre gît, d'un côté, dans sa vision d'ensemble de la partition et, de l'autre, dans le fait que cette conception méthodologique n'exprime pas *directement* par une forme sonore. Par conséquent, il convient de séparer les deux conceptions méthodologiques : celle de chaque interprète et celle du chef d'orchestre [2].

2°). Forme interne méthodologique des activités annexes à la composition et assumées par le chef d'orchestre

541. Instrumentation et orchestration. L'activité du chef d'orchestre ne se limite pas à diriger de l'orchestre, car certaines activités qui lui incombent relèvent de la composition. C'est le cas de *l'instrumentation* ou de *l'orchestration*. La première opération désigne l'ensemble des choix liés à la représentation de la partition : le dispositif, l'effectif, la nature des répartitions des instruments dans l'ensemble orchestral. Quant à l'orchestration, il s'agit d'une activité à part, qui décrit les règles de distribution aux instruments des parties ou des voix à exécuter, dans la mesure où plusieurs orchestrations d'une même partition peuvent être proposées ; le compositeur pourrait consciemment ne pas avoir distribué sa musique aux instruments. De plus, quand il s'agit de jouer une partition ancienne, il y aurait un travail *scientifique* quant à la sonorité et aux caractères des anciens et des nouveaux instruments, afin *d'adapter* la musique au monde actuel des interprètes qu'ils l'exécutent [3]. En bref, ces deux opérations annexes à la composition musicale sont

[1] P. TAFFOREAU, *Le droit voisin de l'interprète d'œuvres musicales en droit français*, thèse, Paris II, 1992, t. 1, n° 82, p. 86. Qui estime aussi que l'activité du chef de chœur est moins exigeante mais du même ordre. *Adde* A. PARIS, « La direction d'orchestre » *in Dictionnaire des interprètes et de l'interprétation musicale au XXe siècle*, dir. ALAIN PARIS, ROBERT LAFONT, 1995, pp. 66-73.

[2] Il convient d'ajouter que beaucoup de chefs d'orchestre sont des interprètes (chef d'orchestre pianiste comme Gustav Mahler ou Daniel Barenboïm ou chef d'orchestre violoniste comme André Rieu). De même, des compositeurs dirigeaient certaines de leurs œuvres (Mozart ou Beethoven). La situation la plus complexe est celle où la même personne assume les trois rôles de composer, diriger l'orchestre et interpréter une partie composante (Yanni). Enfin, il y a des chefs d'orchestre qui se sont exclusivement consacrés à la direction (comme Karajan). Par ailleurs, les chefs d'orchestre peuvent cumuler plusieurs activités créatrices comme le rôle d'orchestrateur ou d'arrangeur. V. MARTINE CADIEU, « L'interprète et la musique aujourd'hui », *in Dictionnaire des interprètes et de l'interprétation musicale au XXe siècle*, dir. ALAIN PARIS, ROBERT LAFONT, 1995, p. 102.

[3] Ce travail scientifique peut être doublé d'un autre travail historique qui est *la redécouverte* musicologique et *l'établissement du texte*. Ce travail *préalable* a pour finalité d'offrir à l'interprète un texte définitif permettant de délivrer la musique de façon historiquement authentique. Ce travail est comparable à la restauration de tableaux. V. PIERRE FLINOS, « Musicologie et interprétation » *in Dictionnaire des interprètes et de l'interprétation*

bien créatrices d'une *œuvre nouvelle* qui mérite d'être protégée par le droit d'auteur, à condition d'être originale, puisque l'article L. 112-3 du Code de la propriété intellectuelle mentionne l'arrangement comme étant une œuvre dérivée au même titre que les adaptations ou les traductions.

542. Transcription et réduction. La situation inverse de l'orchestration est la *réduction*, qui est une sorte de *transcription*. Il s'agit d'une *adaptation* de l'œuvre musicale préexistante à un ou plusieurs instruments différents de ceux pour lesquels l'œuvre a été écrite. Si la transcription consiste à réduire l'œuvre orchestrale à un nombre limité d'instruments c'est une réduction. Cette opération peut être faite par le compositeur lui-même ou par une autre personne, qui pourrait être l'interprète de l'œuvre. Par exemple, jouer une œuvre de Bach écrite pour l'orgue ou le clavecin sur un piano moderne ; ou la réduction au piano d'une œuvre écrite pour un groupe d'instruments ou même pour un orchestre. C'est alors une *adaptation* de l'œuvre préexistante. La transcription ou la réduction, qu'elles soient notées ou non, sont des œuvres composites protégées par le droit d'auteur à condition d'être originales [1].

ii. Les formes externes de la création du chef d'orchestre

543. Deux formes externes de la conception intellectuelle du chef d'orchestre se succèdent. La première est la *forme symbolisée ou conventionnelle* qui s'adresse aux interprètes-musiciens ; la deuxième est la *forme sensible ou sonore* que produit l'orchestre dirigé et qui s'adresse au public.

1°). Forme externe symbolisée

544. La première forme externe matérialisant la conception du chef d'orchestre est une forme *symbolique*. Par conséquent, ce qui distingue la forme externe de la création du chef d'orchestre de celle des interprétations est son *autonomie* dans la personne du créateur ; d'où, lors de la représentation, le chef d'orchestre peut être remplacé par son assistant. En effet, le chef d'orchestre exprime sa conception personnelle *via* ses *annotations* sur la partition et *via ses formes gestuelles et verbales* qui ont pour rôle de transmettre ses pensées aux musiciens [2]. Cette forme externe

---

musicale au XXe siècle, dir. ALAIN PARIS, ROBERT LAFONT, 1995, p. 108 et s. En ce qui concerne la distinction entre l'œuvre musicale (interprétable) et *l'œuvre musicologique* (œuvre littéraire), le Professeur TAFFOREAU l'explique parfaitement à travers l'analyse du contenu de l'ouvrage de Marcel Dupré qui « *a entièrement doigté, annoté (et registré) l'œuvre pour orgue de Jean-Sébastien Bach* » ; cet ouvrage contient des apports de nature diverse : annotation technique d'interprétation, œuvre phonique (registration) etc. P. TAFFOREAU, *Le droit voisin de l'interprète d'œuvres musicales en droit français*, t. 1, p. 80 et s. Toutefois, à l'égard des annotations contenant une « interprétation-conception », il nous semble impossible d'y voir une interprétation *exprimée par écrit*, car l'interprétation ne peut être qu'une *forme vivante ;* contrairement à ce que soutient le Professeur TAFFOREAU pour qui l'interprétation-conception pourrait s'exprimer non seulement par une exécution mais aussi par l'écrit (le même ouvrage, pp. 98-99). D'ailleurs, M. TAFFOREAU distingue entre le cas où l'intervention vise à déchiffrer les signes incompréhensibles pour les traduire en signes actuels (ce qui est tout à fait comparable à la traduction) et le cas où le paléographe ajoute au texte des signes d'interprétation, ce qui est comparable à la réalisation de la basse chiffrée des partitions de la période baroque.

[1] P. TAFFOREAU, *Le droit voisin de l'interprète d'œuvres musicales en droit français*, t. 1, p. 85.

[2] Pour certains, le geste est le mouvement qui dessine chaque son, pour d'autres, il est suggestif. Mais ce qui est certain est que le geste transmet, au moins en partie, la conception du chef d'orchestre. Il s'agit

symbolique est *déchiffrée* par les musiciens qui la traduisent en une forme sonore. Par ailleurs, parce qu'elle est indépendante, cette forme est *exécutable* par un autre chef d'orchestre (ou assistant) qui peut, sans créer sa propre conception, reproduire la même forme en l'exécutant avec le même orchestre. Il en résulte que la prestation du chef d'orchestre ne se limite pas à l'exécution lors du concert.

2°). Forme externe sonore

545. La conception méthodologique du chef d'orchestre est exprimée par la notation, la parole et les gestes ; mais la forme communiquée au public n'est que *la forme sonore synthétique* des interprétations des musiciens de l'orchestre. Une précision s'impose : cette forme externe sonore est la *synthèse* de l'ensemble des interprétations ; elle s'étend donc à tout le temps de la représentation. En revanche, la forme vivante de chaque interprétation est limitée à une simple partie temporelle, car chaque forme interprétative n'empiète pas sur les autres.

2. Qualification des formes de la prestation du chef d'orchestre

546. Position du problème. Notre analyse de la structure formelle de la prestation du chef d'orchestre a permis de dégager plusieurs formes : forme interne méthodologique, forme externe symbolique et forme externe sonore et synthétique. Il convient d'étudier la qualification juridique de ces formes : œuvre ou interprétation ? Du point de vue de certains compositeurs et chefs d'orchestre, la question n'est pas tranchée : comme certains metteurs en scène qui renoncent au statut d'auteur et se réclament « interprètes », beaucoup de chefs d'orchestre utilisent le terme « interprétation » pour qualifier leur activité ; et l'on parle même d'un « chef-interprète » [1]. Cela pourrait être expliqué par le fait que l'œuvre musicale se réfère habituellement à l'écrit (voire à ce que fixe la partition) et le terme « auteur », au compositeur ; qui plus est, utiliser le terme « interprétation » implique la multiplicité sous-jacente dans l'œuvre interprétée ; en revanche, le terme « œuvre » pose le problème de l'identification de l'œuvre. En effet, cette difficulté pourrait être surmontée, dans la mesure où le perfectionnement de l'écriture musicale permet au chef d'orchestre de superposer ses propres *notes de lecture* de la partition ; ainsi le chef *exécute* ses notes fonctionnelles lors du concert. En bref, la multiplicité des formes complique beaucoup la qualification : *une forme externe symbolique inerte (l'écrit) et vivante (les gestes) qui est exécutée lors du concert où naît la forme sonore* ; qui plus est, le chef d'orchestre joue un rôle actif (il est présent physiquement) lors de la représentation, contrairement au metteur en scène. Le Professeur TAFFOREAU a raison en parlant d'un « hybride de la propriété littéraire et artistique » [2] ; mais ce n'est pas le seul cas où l'œuvre et l'interprétation se mêlent : l'improvisation est un autre exemple. Il nous faut définir la forme d'œuvre

---

d'une forme conventionnelle à « décoder » par les musiciens. MICHEL TABACHNIK, « À quoi sert un chef d'orchestre », *Medium*, n° 9, 4e trimestre 2006.

[1] Dans un bagad (un ensemble orchestral interprétant des airs liés souvent au répertoire traditionnel breton) on parle d'un chef sonneur « penn-soner ».

[2] P. TAFFOREAU, « Un hybride de la propriété littéraire et artistique : le droit du chef d'orchestre sur son interprétation », *Juris art etc.*, 2017, n° 48, p. 27.

(**a**) et la forme d'interprétation (**b**) que produit l'activité créative du chef d'orchestre.

a. La forme d'œuvre dans la création du chef d'orchestre

547. Nous avons étudié l'arrêt Furtwängler [1] avant la création de la catégorie des droits voisins, où la Cour de cassation avait reconnu un droit du chef d'orchestre « sur l'œuvre que constitue son interprétation ». Cette formulation permet d'imaginer une situation où les deux qualifications d'œuvre et d'interprétation se superposent à propos d'une même prestation. Toutefois, il y a deux formes produites et la forme de l'œuvre est distincte de celle de l'interprétation. Tout d'abord, le caractère intermédiaire de la forme n'empêche pas sa qualification d'œuvre de l'esprit. Ainsi, le chef d'orchestre comme le metteur en scène, créent une forme méthodologique qui s'exprime à travers les interprétations (des musiciens ou des comédiens) [2] ; même si la jurisprudence et la majorité de la doctrine qualifient le chef d'orchestre comme un interprète et non comme un auteur ; en revanche, il est admis, aujourd'hui, dans la jurisprudence, la doctrine et la pratique des sociétés de gestion collective, que le metteur en scène est qualifié comme auteur d'une œuvre de l'esprit (la mise en scène) [3]. Dans les deux cas, l'auteur de l'œuvre première (le dramaturge ou le compositeur) n'a souvent aucun rapport avec les interprètes : c'est le metteur en scène ou le chef d'orchestre qui est en rapport avec eux, ce qui implique dans sa créativité un ensemble d'élections, de choix et de pistes d'interprétation. Mais encore faut-il identifier la forme de l'œuvre du chef d'orchestre. Elle existe bien en deux manifestations : l'une est la fixation écrite *via* les notes de lecture, et l'autre est gestuelle et verbale qui se raffine tout au long des répétitions. Ces formes de réalisation de la conception du chef d'orchestre sont comparables aux « didascalies » du dramaturge ou au « livret de conduite » du metteur en scène [4]. Ainsi, il serait illogique de « *régir par deux droits différents des prestations semblables. Ou*

---

[1] Cass. 1re civ., 4 janv. 1964, *op. cit.*

[2] PH. LE CHEVALIER, « Pour une protection des mises en scène théâtrales par le droit d'auteur », *RIDA*, oct. 1990, pp. 19-121. De plus, le traitement du code de travail est identique : le metteur en scène et le chef d'orchestre sont considérés des artistes du spectacle (Code du travail L. 7121-2-8° le chef d'orchestre ; 10° le metteur en scène pour l'exécution matérielle de sa conception artistique). Même si le texte ne le précise pas à l'égard du chef d'orchestre, le statut d'artiste du spectacle ne concerne que le travail (l'exécution matérielle) alors que la « conception artistique » du chef d'orchestre comme celle du metteur en scène est l'objet du droit intellectuel, donc relève du Code de la propriété intellectuelle.

[3] Tandis que les droits intellectuels du chef d'orchestre sont gérés par les sociétés gérant les droits des artistes-interprètes (ADAMI qui représente les artistes-interprètes principaux, et SAI une société des artistes-interprètes fondée en 2016 par la ADAMI et la SPEDIDAM pour gérer les rémunérations internationales). Les metteurs en scène, eux, sont en majorité membres de la SACD depuis 1987.

[4] « Didascalies musicales » selon le Professeur TAFFOREAU. Sur cette qualification V. P. TAFFOREAU, « Un hybride de la propriété littéraire et artistique : le droit du chef d'orchestre sur son interprétation », *Juris art etc.*, 2017, n° 48, p. 27 ; *adde Le droit voisin de l'interprète d'œuvres musicales en droit français* du même auteur, t. 1, n° 82 et s., pp. 85-92. Soutenant cette qualification aussi : A. TROLLER, « Les droits prétendument "voisins" », *Bull. Dr. d'auteur*, mai 1956, pp. 21-22 (première partie) et juin 1956 pp. 29-35 (deuxième partie). Cet auteur pensait qu'il n'est pas correct de rassembler tous les artistes exécutants en un seul et même groupe et proposait de distinguer d'un côté les *simples exécutants* qui se fondent dans un groupe, comme les artistes d'orchestre ou de chœur, et d'un autre côté les solistes et les chefs d'orchestre. Dans le même sens, ERNEST ANSERET, « La musique et son exécution », *RIDA*, avril 1960, pp. 57-71 ; HENRI GIL-MARCHEX, « De l'interprétation », *La revue musicale*, avril, 1926, pp. 26-32.

bien l'on refuse par principe tout droit d'auteur à l'un comme à l'autre, ou bien tous deux méritent d'entrer dans le cercle des auteurs dès lors que leur œuvre est originale et personnelle » [1].

548. Nature de l'œuvre du chef d'orchestre : une œuvre interprétable ? L'œuvre du chef d'orchestre s'exécute et peut se répéter à chaque représentation de la même œuvre musicale. Est-ce à dire que le chef d'orchestre est l'interprète de son œuvre ? Les musiciens interprètent-ils en même temps la partition et l'œuvre du chef d'orchestre qui les dirigent ? Nous ne le pensons pas : la forme vivante (gestuelle et verbale) que fournit le chef d'orchestre lors du concert n'est pas interprétative ; il s'agit d'une forme externe de son œuvre dont le développement commence dès les répétitions. Par ailleurs, la forme vivante interprétative en matière de musique a pour substance *le temps et les sons* ; donc les gestes vivants ne sont pas considérés en soi, car c'est l'effet sonore qui constitue l'interprétation (peu importent les gestes corporels d'un violoniste ou d'un pianiste ; leur interprétation est sonore et non pas corporelle comme l'interprétation chorégraphique ou dramatique). Quant aux musiciens, ils n'interprètent pas non plus l'œuvre du chef d'orchestre, de même que les acteurs et comédiens n'interprètent pas l'œuvre du réalisateur ou du metteur en scène. Les musiciens de l'orchestre interprètent leur partie respective dans la partition, et la synthèse des formes sonores constitue une autre forme externe de l'œuvre du chef d'orchestre.

b. La forme interprétative dans la création du chef d'orchestre

549. Si nous rejoignons la doctrine (minoritaire) qui qualifie d'auteur le chef d'orchestre, force est d'admettre que la prestation du chef d'orchestre renvoie aussi à l'interprétation, sachant qu'à la différence du metteur en scène le chef d'orchestre est présent sur scène lors de la représentation. Mais encore faut-il identifier *l'œuvre interprétée* et *la forme vivante interprétative* [2]. En effet, nous avons dit que le chef d'orchestre n'interprète pas sa propre œuvre lors de la représentation, car la forme gestuelle et verbale participe à la forme externe de son œuvre composite. Dès lors, l'œuvre interprétée ne serait que l'œuvre musicale. Par conséquent, le chef d'orchestre serait *co-interprète* de l'interprétation collective de l'œuvre musicale avec les musiciens de l'orchestre. Mais le problème se pose de la nature de la forme interprétative de l'apport du chef d'orchestre. En fait, la prestation du chef d'orchestre est *muette* et ne correspond à aucune des activités interprétatives que mentionne l'article L. 212-1 du Code de la propriété intellectuelle : il ne représente, chante, récite, déclame, joue ou exécute *lui-même* l'œuvre musicale écrite ; il *dirige et oriente* ceux qui vont jouer ou chanter les parties composant l'œuvre musicale. En effet, *la forme sonore synthétique* de tous les éléments sonores correspond à la forme vivante interprétative du chef d'orchestre, même si le chef d'orchestre ne produit personnellement aucun élément sonore ; il « utilise » les interprètes afin de réaliser son interprétation de l'œuvre musicale en sa totalité.

---

[1] P. TAFFOREAU, *Le droit voisin de l'interprète d'œuvres musicales en droit français*, t. 1, p. 90.

[2] Au sens général de l'herméneutique, toute création dérivée est interprétative de l'œuvre source : la traduction, l'adaptation etc. Dans ce sens, le chef d'orchestre est interprète de la partition. Mais nous cherchons l'interprétation au sens du droit voisin de l'artiste-interprète, c'est-à-dire la forme vivante interprétative.

550. Ainsi, le chef d'orchestre possède deux droits : un droit d'auteur sur son œuvre composite réalisée sous forme écrite et gestuelle ; et un droit voisin s'il dirige personnellement l'orchestre lors de la représentation. Ainsi, remplacer le chef d'orchestre avant la représentation nécessite son autorisation au titre du droit d'auteur (droit de représentation), non au titre du droit voisin ; et celui qui le remplace serait un co-interprète de l'œuvre musicale avec les interprètes de l'orchestre [1].

551. Maintenant, nous allons étudier un autre cas où l'enrichissement de la forme vivante se fait grâce à une forme symbolique, c'est la mise en scène théâtrale.

B. La mise en scène théâtrale ou la création scénique

552. La mise en scène (théâtrale ou lyrique) était partagée entre deux qualifications juridiques : certains ont soutenu que le seul auteur est celui qui a écrit l'œuvre dramatique, c'est-à-dire le dramaturge ; le metteur en scène ne serait qu'un serviteur de la pièce mise en scène. Ainsi, aussi originale qu'elle soit, la mise en scène n'aurait pu être qu'une interprétation de l'œuvre, sachant que l'auteur détermine souvent la scénographie, les mouvements etc. *via* les *didascalies* qui doivent être respectées comme le texte de la pièce du théâtre. Mais le metteur en scène a fini par être reconnu par la jurisprudence et une partie de la doctrine en tant que créateur de sa mise en scène. Nous étudierons, d'abord, la question de la forme créée par le metteur en scène dans la création scénique (**1**), pour aborder, ensuite, la question de *la qualification juridique* de cette forme (**2**).

1. Identification des formes dans la création scénique

553. Les rôles dans la création scénique sont, dans certains cas, interférés. Car le dramaturge ne se limite pas à la création de la pièce de théâtre, mais il ajoute ses indications liées à la façon dont la pièce doit être mise en scène. Ces indications fixent des contraintes à la conception méthodologique du metteur en scène, car celui-ci a le devoir du respecter, non seulement la pièce, mais aussi les indications fonctionnelles que l'on appelle *didascalies* (**a**). La question se pose alors sur *la forme scénique* et son créateur : est-ce la création du metteur en scène, même en respectant scrupuleusement les didascalies de l'auteur ; ou est-ce la création du dramaturge, ce qui signifie que le metteur en scène n'est qu'un interprète de la pièce de théâtre et/ou de ses didascalies ? (**b**).

---

[1] Dans ce sens, M. TAFFOREAU utilise l'analogie avec la réalisation des œuvres d'art plastique pour expliquer cette idée à travers l'affaire *Renoir c/ Guino* (Cass. 1er civ., 13 nov. 1973, *D.* 1974, 533, note C. COLOMBET). Dans notre cas, le travail orchestral ne peut s'effectuer sans collaboration entre le chef et l'orchestre, mais cette collaboration ne produit pas une œuvre mais l'interprétation de l'œuvre interprétée. V. M. TAFFOREAU, *Le droit voisin de l'interprète d'œuvres musicales en droit français,* surtout p. 87 et s. V. aussi P. TAFFOREAU, « Un hybride de la propriété littéraire et artistique : le droit du chef d'orchestre sur son interprétation », *op. cit.*

a. Les notations scéniques ou les didascalies : une interprétation écrite ?

554. Notions. Les indications fonctionnelles que l'on appelle « didascalies » [1] dans le texte d'une pièce de théâtre (ou même dans le scénario d'un film ou le livret d'un opéra ou d'une comédie musicale), sont des notes contenant des *indications scéniques*, destinées à la manière de représenter : elles donnent des *renseignements sur le jeu des personnages* (sur leurs gestes, leurs déplacements, les mimiques etc.), *ou concernent le contexte de la représentation* (le décor, le lieu, l'époque de la scène etc.). Il en découle que puisqu'il s'agit de la représentation scénique de l'œuvre dramatique, on peut trouver un rapport entre la longueur des didascalies et la liberté laissée par le dramaturge aux acteurs et au metteur en scène [2].

555. Typologies. Il existe plusieurs types de didascalies ; selon leurs fonctions, nous citons notamment :

– Les *didascalies initiales* au début d'une pièce et qui présentent la liste de personnages, leurs conditions, leur développement et leu rapports etc. ;

– Les *didascalies énonciatives* qui déterminent les conditions de la parole ;

– Les *didascalies mélodiques* qui concernent la tonalité ;

– Les didascalies locatives qui désignent le lieu de l'action ;

– Les *didascalies kinésiques* qui indiquent les mouvements et les gestes etc.

En définitive, les indications scéniques marquent l'extension de la créativité de l'auteur de la pièce à la mise en scène qui est le champ ouvert à la créativité des comédiens et du metteur en scène. Par conséquent, la question de la relation entre la pièce (création dramatique) et la mise en scène (création scénique) se complique. Il existe dans le milieu théâtral trois courants sur cette relation : le premier défend un *respect scrupuleux* des textes (la pièce et didascalies), tant au niveau de la forme que de l'esprit, d'où on parle d'un « respect religieux et absolu » [3]. Un deuxième courant fait prévaloir le respect de l'art du théâtre en général et revendique une *liberté totale du metteur en scène* par rapport au texte de la pièce. Enfin, le troisième courant assimile le théâtre à un « *instrument esthétique au service d'une idéologie politique* », par conséquent, ce qui compte est la *liberté du spectateur* non celle du dramaturge, ni celle du metteur en scène [4]. En résumé, les didascalies sont des indications scéniques qui concernent la manière dont l'œuvre dramatique devra être représentée ; ces notations constituent une sorte *d'interprétation écrite* de l'œuvre théâtrale. Dès lors, la question qui se pose est de savoir s'il peut y avoir une création scénique au-delà des didascalies, ; autrement dit, y a-t-il une liberté de création pour le metteur en scène ?

---

[1] Didascalie vient du grec (*didascalia*) : « enseignement, instruction ».

[2] Certains auteurs ne fournissent aucune *didascalie*, tandis que d'autres en donnent beaucoup. Historiquement, dans le théâtre grec, ces indications étaient destinées aux acteurs, en revanche, dans le théâtre moderne, les « indications scéniques », sont utiles au lecteur du texte pour l'aider à imaginer l'action et les personnages.

[3] C'est l'opinion de FIRMIN GEMIER, ou de LOUIS JOUVET qui considère la mise en scène comme une « prière », aussi GEORGE PITOËFF pour qui le rôle du metteur en scène est de « *sacrifier tout le côté décoratif pour préserver le verbe* » : V. ANDRE VEINSTEIN, *La mise en scène théâtrale et sa condition esthétique*, éd. Flammarion, 1955, p. 294.

[4] Comme Bertolt Brecht (qui est aussi un théoricien du théâtre) dont le style rompt avec l'illusion et pousse le spectateur à un rôle plus actif pour se constituer un avis critique. V. ALAIN VIALA et DANIEL MESGUICJ, *Le théâtre*, Que sais-je, PUF, 2011, p. 90.

b. Entre liberté de création scénique et fidélité à l'œuvre

556. Respect de l'œuvre dramatique. Le metteur en scène, qu'il soit considéré comme un interprète ou comme un auteur, doit respecter l'œuvre dramatique, c'est-à-dire ne pas porter atteinte par sa mise en scène à *l'intégrité* et à *l'esprit* de l'œuvre. Ce respect s'étend à toutes les notations fonctionnelles (les didascalies) [1]. En conséquence, la question de la nature juridique de la mise en scène est indépendante de celle du respect des didascalies ou de la liberté créatrice du metteur en scène. Mme SOPHIE PROUST explique que ni le respect de l'œuvre dramatique, ni l'originalité de la mise en scène ne se mesurent en fonction des didascalies écrites par le dramaturge. En effet, le respect des indications scéniques de l'auteur de la pièce ne signifie pas forcément que la mise en scène respecte l'œuvre dramatique ou son esprit. De même, ce respect n'affaiblit aucunement l'originalité de la mise en scène, et surtout, ne change pas la nature de la création scénique, même si les didascalies réduisent les choix du metteur en scène [2]. Donc, l'idée que le metteur en scène est interprète dès qu'il travaille selon les contraintes des didascalies du dramaturge n'est pas acceptable. La bonne question est celle de savoir où l'on trouve une conception intellectuelle à la base de l'œuvre ou de l'interprétation : si le respect des didascalies précises écrites par l'auteur écarte toute conception originale du metteur en scène, ce dernier ne sera ni auteur ni interprète [3] ; à l'opposé, dès qu'il y a une conception originale dans la mise en scène, il y a une création scénique. La question de sa qualification en œuvre ou en interprétation se pose, selon nous, uniquement par rapport à la forme externe.

557. Mise en scène comme création herméneutique. Force est de constater que le travail du metteur en scène nécessite une *démarche herméneutique préalable*, et que les didascalies aident le metteur en scène dans cette démarche d'interprétation (au sens large). Mais cette *interprétation préalable* à la conception du metteur en scène n'est qu'une sorte de « proposition de réalisation scénique » qui *n'est pas inhérente* au texte. Il ne s'agit pas de trouver « les signifiés scéniques uniques » que l'auteur aurait pu déposer dans la pièce. Autrement dit, la réalisation scénique, champ de création du metteur en scène, n'est pas déterminée par l'auteur une fois pour toutes dans la pièce ou dans les didascalies [4]. Le respect de l'œuvre dramatique n'est pas synonyme de fidélité absolue aux didascalies, ni d'intangibilité absolue de l'œuvre [5].

---

[1] CH. CARON, « Les garants du respect de l'œuvre », *in Mise en scène et droits d'auteur. Liberté de création scénique et respect de l'œuvre dramatique*, ss. dir. de S. PROUST, L'ENRETEMPS, 2012, pp. 57-63.

[2] S. PROUST, « Le metteur en scène du texte à la scène : œuvre d'auteur, d'interprète ou d'adaptateur ? », *in Mise en scène et droits d'auteur. Liberté de création scénique et respect de l'œuvre dramatique*, ss. dir. de S. PROUST, L'ENRETEMPS, 2012, p. 103.

[3] En revanche, la qualité d'artiste du spectacle reste intacte car elle n'est pas conditionnée par l'existence d'une conception originale. Cette qualification ne concerne que l'exécution matérielle (L. 7121-2-10° du code de travail).

[4] PATRICE PAVIS, cité par S. PROUST, « Le metteur en scène du texte à la scène : œuvre d'auteur, d'interprète ou d'adaptateur ? », *op. cit.*, p. 108.

[5] « Chacun doit mettre de l'eau dans son vin », le dramaturge ne peut imposer une fidélité absolue et une exécution mécanique de l'œuvre en ignorant que la nature de cette œuvre est destinée à la mise en scène non la représentation directe au sens de l'exposition, « sauf à mettre en scène lui-même sa pièce ». De plus, « *Volenti non fit injuria* : on ne fait pas tort à qui consent », l'auteur ayant autorisé la mise en scène il doit admettre certaine liberté du metteur en scène. Mais, le metteur en scène ne doit pas utiliser sans limite cette liberté, car sa créativité est dépendante de l'œuvre préexistante : il est serviteur de l'œuvre. En conséquence,

Enfin, même pour les metteurs en scène qui se revendiquent interprètes et pas auteurs, le respect des didascalies n'est pas une condition *sine qua non* du respect de l'œuvre. La mise en scène est « *le résultat de la projection d'un imaginaire sur un autre imaginaire* », c'est-à-dire qu'elle partage avec l'œuvre dramatique la même source créatrice, donc la même nature [1].

558. Structure formelle de la mise en scène. Ni le respect scrupuleux de l'œuvre et de ses didascalies, ni la liberté créatrice du metteur en scène ne tranchent la question de la qualification de la mise en scène. Il faut, croyons-nous, analyser la structure formelle de la création scénique. Cette création est la réalisation formelle d'une conception intellectuelle, c'est-à-dire une forme externe dévoilant une forme interne. La forme interne de la mise en scène est issue d'une *conception méthodologique* qui concerne la représentation et ne touche pas le thème fixé dans la pièce par le dramaturge. La nature de cette conception ne suffit pas à déterminer la nature de la création ; c'est la forme externe qui permet de définir cette nature. Si la forme externe de l'œuvre de l'esprit recèle une grande diversité, l'interprétation, elle, est *exclusivement* une forme vivante (la combinaison de temps et de geste vivants). Le metteur en scène extériorise certainement sa conception par une forme vivante verbale ou corporelle, mais ces formes sont *extérieures* à l'interprétation représentant l'œuvre, c'est-à-dire ne constituent pas sa forme sensible communiquée au public [2]. D'ailleurs, quand cette extériorisation se fait par une forme inerte (livret de conduite), il serait impossible de parler d'une interprétation. La situation est proche de celle de la chorégraphie qui note les mouvements, le rythme, la musique, les costumes etc. Donc la forme scénique

---

la relation entre les créateurs doit être imprégnée du respect réciproque, V. CH. CARON, « Les garants du respect de l'œuvre », *op. cit.*

[1] Sur le rapport problématique entre la liberté créatrice du metteur en scène et le respect dû à l'œuvre dramatique quatre affaires peuvent être citées : TGI Paris, 27 nov. 1985 : *RIDA*, n° 129, 1986, p. 166, note A. FRANÇON (affaire *Zorine c./ Lucernaire*) : qui pose le droit moral au respect de la pièce comme une limite à la liberté du metteur en scène ; TGI Paris, 12 oct. 1992 : *RIDA* 1993, n° 155, p. 225 ; *RTD com.* 1993, p. 99, obs. A. FRANÇON (affaire *Lindon et SACD c./ compagnie Brut de Béton et Boussagol*) : une représentation d'« En attendant Godot » à Avignon mise en scène par Bruno Boussagol avec une distribution féminine avait été sanctionnée. Le juge a précisé que le respect dû à l'œuvre dramatique dépasse le texte de la pièce aux notations scéniques qui l'accompagnent (distribution des rôles) ; CA Paris, 27 sept. 1996, où la cour rappelle que l'autorisation donnée par l'auteur de la pièce ne dispense pas le metteur en scène de respecter le droit moral. Enfin, récemment, la longue affaire *Dialogue des carmélites*, mise en scène par Dimitri Tcherniakov pour l'Opéra de Munich avec un changement de la fin de l'œuvre, Cass. 1er civ., 22 juin 2017 : *D.* 2017, p. 1955, note PH. MALAURIE ; *Dalloz IP/IT*, 2017, p. 536, obs. J. DALEAU ; *Propr. Inell.*, oct. 2017, p. 60, obs. A. LUCAS ; *CCE*, 2017, n° 69, obs. CH. CARON ; *RTD com.*, 2017, p. 891, obs. F. POLLAUD-DULIAN ; *JCP G.*, n° 36, 4 sept. 2017, note X. DAVERAT. En l'espèce, deux analyses des juges du fond s'opposent : en première instance, le TGI de Paris (13 mars 2014) a jugé qu'il y avait un décalage entre l'œuvre première et la mise en scène, mais ce décalage n'était pas suffisant pour établir la violation du droit d'auteur de la pièce ; la Cour d'appel de Paris (13 oct. 2015) a décidé que l'œuvre avait été dénaturée et que la liberté de création du metteur en scène, ayant pour limite le respect de l'intégrité et de l'esprit de l'œuvre dramatique, ne justifie pas l'atteinte litigieuse. En dernier épisode, la Cour de cassation infirme l'arrêt de la cour d'appel faute d'avoir examiné « *en quoi la recherche d'un juste équilibre entre la liberté de création du metteur en scène et la protection du droit moral du compositeur et de l'auteur du livret, justifiait la mesure d'interdiction qu'elle ordonnait* » [souligné par nous]. La Cour de renvoi opte, elle, pour la liberté de l'auteur de l'adaptation (le metteur en scène). L'affaire a donné lieu à beaucoup de commentaires divergents.

[2] Comme dans le cas du chef d'orchestre, les formes produites (sensibles -verbale et gestuelle- ou conventionnelles -notation scénique) s'adressent aux comédiens et même aux participants qu'ils soient créateurs (créateurs de décors et costumes etc.) ou techniciens. Tout est au service de la réalisation d'une conception méthodologique de coordination et d'organisation.

s'exprime sous plusieurs formes : *vivante et inerte* durant les répétitions, et dans la *forme synthétique des formes vivantes coordonnées* lors de la représentation. Dans cet état de cause, la question se pose de savoir qui en est le créateur ? nous croyons qu'il y a deux hypothèses. Dans la première, l'œuvre ne contient pas de didascalies, d'où la création scénique est assumée totalement par le metteur en scène. Dans la seconde, l'auteur précise avec ces notations fonctionnelles (didascalies) des éléments à respecter lors de la mise en scène, et le metteur en scène applique ces instructions lors de la réalisation de sa conception intellectuelle ; dans ce cas, il serait soit co-créateur de la création scénique (s'il y a une coopération), soit créateur d'une œuvre scénique composite.

2. La qualification de la mise en scène théâtrale

559. La qualification de la mise en scène est controversée. Mais l'exclusion de certaines qualifications (**a**) nous permettra déterminer celle la plus conforme à la nature de la création scénique (**b**).

a. Qualifications impossibles

560. La mise en scène ne peut être qualifiée juridiquement d'interprétation (**i**), ni être assimilée à la réalisation de l'œuvre audiovisuelle (**ii**).

i. La mise en scène n'est pas une interprétation

561. L'article L. 212-1 du Code de la propriété intellectuelle définit l'artiste-interprète par référence aux activités interprétatives (représenter, chanter, réciter, déclamer, jouer ou exécuter de toute autre manière une œuvre littéraire ou artistique). Ainsi, la seule façon pour rattacher le metteur en scène à la catégorie d'artistes-interprètes est de considérer que le metteur en scène exécute d'une autre manière l'œuvre dramatique. Par conséquent, le metteur en scène exécute l'œuvre non personnellement mais à travers les interprètes qui matérialisent la forme sensible communicable au public. Or, à supposer que le metteur en scène soit interprète, la question se pose de l'œuvre qu'il interprète : est-ce le texte de la pièce ou ses didascalies (s'il y en a) ? En effet, le metteur en scène n'interprète ni la pièce, ni les indications scéniques.

1°). La mise en scène n'est pas l'interprétation de la pièce

562. Si un travail herméneutique est indispensable à la mise en scène, on constate que la nature de l'interprétation n'est pas totalement compatible avec la mise en scène. Car, si le metteur en scène et les comédiens fournissent une prestation justifiant leur statut d'artistes du spectacle [1], la nature de l'objet issu de chaque prestation est différente. Les comédiens interprètent un rôle en lui donnant une forme vivante. En revanche, le metteur en scène, n'ayant pas de rôle à représenter, n'interprète rien dans la pièce. On pourrait même évoquer le critère

---

[1] L. 7121-2 C. trav. Tous les deux sont liés avec un employeur (le théâtre) par un contrat de travail, et sont rémunérés par un salaire en ce qui concerne le travail d'exécution matérielle.

de la présence physique sur la scène pour exclure la qualification d'interprète du metteur en scène. En fait, l'on peut décrire l'activité du metteur en scène comme la gestion des interprétations des acteurs (mouvements, tonalité, entrée et sortie etc.) et de l'ensemble des créations liées (musique, décors, costumes etc.) afin de réaliser sa conception scénique de l'œuvre dramatique. Cette conception est de nature méthodologique et ressemble à celle que l'on avait vue concernant le chef d'orchestre.

2°). La mise en scène n'est pas l'interprétation des didascalies

563. Mais, serait-il possible de dire que le metteur en scène est l'interprète des didascalies écrites par le dramaturge ? Nous ne le pensons pas non plus. D'abord parce que toute pièce ne contient pas forcément des indications scéniques ; ensuite, même si ces indications existaient, elles ne sauraient être une œuvre interprétable. En effet, la première fonction de l'interprétation est de communiquer l'œuvre en la transformant en une forme sensible vivante. Or, d'un côté le dramaturge n'adresse pas les didascalies au public mais au metteur en scène et, d'un autre côté, les didascalies n'entrent pas directement dans la forme communiquée au public, car elles sont des notations fonctionnelles exécutables.

564. La nature spécifique de la forme externe de la mise en scène. La mise en scène n'est pas une interprétation de la pièce, ni une interprétation des didascalies. La conception du metteur en scène s'extériorise *via* plusieurs formes externes : lors de la pénétration de la pièce, le metteur en scène développe sa *version scénique* et la matérialise dans une *forme inerte* (le livret de conduite comparable à la partition du chef d'orchestre). Aussi, le metteur en scène réalise sa conception en une *forme vivante* durant les répétitions, et surtout lors de la représentation, qui se déroule indépendamment de sa participation. Cette forme vivante est une *forme synthétique* de l'ensemble des apports créatifs dans la création scénique. En bref, comme le chef d'orchestre, le metteur en scène fait interpréter la pièce et réalise ainsi sa conception scénique.

ii. La mise en scène n'est pas comparable à la réalisation audiovisuelle

565. Convergence et divergence. Souvent, la doctrine rapproche le metteur en scène du réalisateur de l'œuvre audiovisuelle. Néanmoins, si le rôle du réalisateur et du metteur en scène est très similaire [1], ainsi que la nature des formes produites, force est de constater une différence essentielle entre la réalisation audiovisuelle et la réalisation théâtrale. La scène cinématographique est filmée, c'est-à-dire fixée sur un support technique permettant l'existence d'un bien contenant les participations créatives (œuvres et interprétations) dans un

[1] Raison pour laquelle le Code du travail traite de la même façon le travail du metteur en scène et du réalisateur : tous les deux sont des artistes du spectacle, mais seulement pour « l'exécution matérielle de leur conception artistique » (L. 7121-2-10° du Code du travail), et bénéficient, donc, de la présomption de salariat qui garantit aux artistes du spectacle une rémunération salariale pour leur travail distinct de la rémunération qui est fonction du produit de l'exploitation de leurs créations enregistrées (L. 7121-8 du Code du travail).

ensemble. En revanche, le spectacle théâtral [1], qui est de nature éphémère, n'est pas considéré comme œuvre [2]. Mais une précision s'impose : la mise en scène peut être séparée du spectacle théâtral où des créations y participant, dans la mesure où une fixation écrite (le livret de conduite) de la création scénique est possible. Ainsi, aujourd'hui le syndicat national des metteurs en scène (SNMS) encourage les metteurs en scène à déposer leur mise en scène à des fins probatoires [3]. Enfin, il résulte de la fixation technique inhérente à l'œuvre audiovisuelle que dans la réalisation audiovisuelle le travail postérieur (le montage) est une extension du champ créatif du réalisateur. Or, ce travail postérieur n'existe pas dans la mise en scène, étant donné que la création scénique théâtrale se communique directement au public.

b. La mise en scène comme œuvre de l'esprit

566. Écriture dramatique et écriture scénique. Un théoricien du théâtre a assimilé la mise en scène à une sorte d'écriture en opposant l'écriture dramatique à l'écriture scénique. Cette écriture scénique « *a une responsabilité égale à l'écriture dramatique et, en définitive, un mouvement sur une scène, le choix d'une couleur, d'un décor, d'un costume, etc., engage une responsabilité complète. L'écriture scénique est totalement responsable, de la même façon qu'est responsable l'écriture en soi, je veux dire l'écriture d'un roman ou l'écriture d'une pièce* » [4]. Juridiquement, sans conditionner la protection de la mise en scène à une fixation écrite (à l'image de la chorégraphie), la jurisprudence a fini par reconnaître la qualité d'œuvre à la création scénique. Une partie de la doctrine semble aussi favorable à cette qualification [5].

---

[1] M. PH. LE CHEVALIER estime que la forme de la mise en scène consiste en le spectacle théâtral. Pour nous, il s'agit d'une des formes externes de la mise en scène (la forme vivante synthétique), mais il y a aussi la forme inerte. PH. LE CHEVALIER, « Pour une protection des mises en scène théâtrales par le droit d'auteur » [compte rendu de sa thèse], *RIDA*, oct. 1990.

[2] Les représentations théâtrales deviennent de plus en plus *télédiffusées* ou *fixées* sur des vidéogrammes. Le genre artistique est toujours le même, mais en produisant une « séquence animée sonorisée ou non » (L. 112-2-6° du Code de la propriété intellectuelle), l'on se retrouve en présence d'une œuvre audiovisuelle. Dans ce cas, croyons-nous, le spectacle théâtral devient une œuvre audiovisuelle, et l'on applique l'article L. 113-7 du Code de la propriété intellectuelle pour déterminer la qualité de coauteur de cette œuvre. Dans cette œuvre de collaboration, le metteur en scène devrait avoir la qualité de coauteur, mais le réalisateur technique de la fixation audiovisuelle ne peut pas avoir cette qualité en tant que réalisateur, puisqu'il ne crée pas au niveau scénique ce que le metteur en scène ou le réalisateur de l'œuvre audiovisuelle créent. En effet, le rôle du réalisateur technique est purement fonctionnel, sachant que tout est prédéterminé par les créateurs de cette œuvre : metteur en scène, auteur de décor, auteur de la musique et des effets sonores etc.

[3] Ce dépôt est différent de la déclaration de l'œuvre qui est à effectuer auprès la SCAD. Le dépôt est un moyen de preuve en cas de litige : www.snms.info/index.htm.

[4] EMILE COPFERMANN, *Planchon*, La Cité, Lausanne, 1969, p. 123. Qui explique que Roger Planchon (1931-2009, un directeur de théâtre, metteur en scène, dramaturge, cinéaste et acteur français) était le premier à utiliser l'expression « écriture scénique ».

[5] P.-Y. GAUTIER, *Propriété littéraire et artistique*, 11 éd., 2019, n° 76 ; A. LUCAS et al., *Traité de la propriété littéraire et artistique*, 5e éd., 2017, n° 56 et n° 138 ; P. TAFFOREAU, *Le droit voisin de l'interprète d'œuvres musicales en droit français*, n° 85 et s. (qui assimile le metteur en scène et le chef d'orchestre) ; M. VIVANT et J.-M. BRUGUIERE, *Droit d'auteur et droits voisins*, 4e éd., 2019, n° 204, p. 239 et s. *Contra* H. DESBOIS, *Le droit d'auteur en France*, 3e éd., n° 184 et n° 186 bis. Aussi F. POLLAUD-DULIAN, *Le droit d'auteur*, 2e éd., n° 2288 et 2289 : pour cet auteur le metteur en scène, sauf adaptation de l'œuvre dramatique, n'est pas créateur mais « auxiliaire de la création ». De même, le chef d'orchestre qui ne serait auteur qu'en cas d'arrangement de l'œuvre musicale.

567. Consécration jurisprudentielle. Trois périodes marquent l'évolution de la jurisprudence en matière de mise en scène. Dans la première, la mise en scène fut protégée par le droit d'auteur ; dans la deuxième, des réticences ont été formulées ; enfin, dans la troisième période, la qualification d'œuvre a été consacrée. Plusieurs affaires illustrent ces périodes. D'abord, un arrêt de cour d'appel en 1898 a retenu que « *la mise en scène comprenant les costumes et le groupement des personnages, dont le plan général et la conception, le plus souvent réglés par un livret manuscrit ou imprimé, sont une œuvre de l'esprit susceptible d'être protégée par la loi* ». En 1958 dans un arrêt de la Cour d'appel de Paris, dans l'affaire *La belle de Cadix*, les juges parisiens ont estimé à l'inverse que Poggi, le metteur en scène d'une opérette, n'avait aucun droit de propriété littéraire et artistique. Ainsi, après avoir énoncé que « *l'élément scénique d'un spectacle ne doit pas être pris en considération* », la cour a précisé qu'il « *existe des spectacles où l'apport fourni par la mise en scène modifie profondément une pièce au point d'en amenuiser considérablement l'importance d'un texte et qu'on comprend facilement que, dans ce genre de spectacle, le metteur en scène puisse bénéficier d'un droit patrimonial d'auteur, [mais] la situation est toute autre dans les spectacles d'opérette* » où, selon les juges, la création originale est assez exceptionnelle [1]. L'affaire qui concernait la contrefaçon a été portée ensuite devant le tribunal correctionnel de la Seine en 1961. Le juge pénal n'a pas effectué de distinction entre les spectacles théâtraux en estimant que « *comme tout metteur en scène, reçu des auteurs, avec des annotations à l'appui, un sujet préparé dont le point de départ, l'enchaînement des situations et le caractère des personnages lui étaient imposés, il avait disposé dans le cadre ainsi tracé d'une liberté entière d'appréciation dans le choix des moyens à mettre en œuvre* » [2]. Toutefois, en appel, l'arrêt du 1er avril 1963 a adopté la solution excluant le metteur en scène du bénéfice du droit d'auteur. Enfin, inaugurant la troisième période, la consécration claire du droit d'auteur sur la mise en scène a été prononcée à l'occasion de la fameuse affaire *Darnel*, où l'arrêt de la Cour d'appel de Paris du 8 juillet 1971 a retenu que « *la mise en scène d'un spectacle bénéfice de la protection de la loi dès lors que le metteur en scène, tout en respectant les annotations de l'auteur [...] fait œuvre originale dans les instructions qu'il donne notamment sur la composition des divers tableaux, la nature des décors, le choix et l'emplacement des accessoires et également sur l'entrée, la sortie et le comportement des interprètes, ainsi que sur le ton et le rythme des paroles qu'ils ont à prononcer* » [3]. Cette qualification a été bien établie dans la jurisprudence qui va ensuite appliquer la solution à toute sorte de mise en scène. Par exemple, on cite la formulation intéressante d'un arrêt de la Cour d'appel d'Orléans du 11 décembre 2003 qui a précisé l'apport du metteur en scène en ces termes : « *par mise en scène de théâtre, il convient d'entendre toute réalisation scénique de la pièce qui ne se limite pas au choix d'un accessoire [...] ainsi qu'à celui du nombre de personnages. [...] Le metteur en scène est un auteur, s'il fait tout en respectant les annotations de l'adaptateur de la pièce une œuvre originale dans les instructions qu'il donne, dans les choix des intérêts, dans*

[1] [Souligné par nous]. V. S. JUSTINE et I. MEUNIER-BESIN, « Introduction aux droits d'auteurs et gestion des droits des metteurs en scène à la SACD », *in Mise en scène et droits d'auteur. Liberté de création scénique et respect de l'œuvre dramatique*, *op. cit.*, 2012, p. 37.
[2] S. JUSTINE et I. MEUNIER-BESIN, *op. cit.*, p. 37.
[3] [Souligné par nous]. X. DESJEUX, « La mise en scène de théâtre, est-elle une œuvre de l'esprit ? », *RIDA*, janv. 1971, pp. 43-83 ; PH. LE CHEVALIER, « Pour une protection des mises en scène théâtrales par le droit d'auteur », *RIDA*, oct. 1990, p. 95 et s.

leur jeu de scène ainsi que dans le ton et le rythme des paroles » [1]. Récemment, dans une affaire qui a fait couler beaucoup d'encre, la Cour de cassation en 2017, et surtout la Cour de renvoi en 2018, ont tranché de façon nette en faveur de la qualification de la mise en scène comme œuvre. La Cour de Versailles a énoncé que « *la mise en scène, qu'elle soit qualifiée d'œuvre composite ou d'œuvre dérivée, est protégée par le droit d'auteur, dès lors qu'elle est originale [...] elle consiste à trouver, sans dénaturer le caractère de l'œuvre adaptée, une expression nouvelle de la substance de l'œuvre* » [2]. Enfin, la qualification d'œuvre implique l'existence de ces deux éléments : la réalisation formelle et l'originalité.

1°). Pour une exigence de fixation de la forme de la réalisation scénique

568. La création scénique doit, pour qu'elle soit protégée, être réalisée dans une forme. Le point de faiblesse de la qualification d'œuvre réside, à notre sens, dans l'absence d'exigence d'une *fixation écrite*, à l'instar de celle qui existe en matière des créations chorégraphiques. Nous savons que l'article L. 112-2-4° du Code de la propriété intellectuelle dispose que sont considérées comme œuvre de l'esprit « les œuvres chorégraphiques, les numéros et tours de cirque, les pantomimes, dont *la mise en œuvre* est fixée par écrit ou autrement » [3]. Cette fixation est nécessaire dans la mesure où « la mise en œuvre » de ces créations n'est possible qu'à travers l'interprétation ; ainsi, une autre existence est nécessaire pour que l'œuvre soit distinguée de ses interprétations. Par conséquent, si une simple représentation théâtrale constitue bien une mise en forme et que le Code de la propriété intellectuelle n'excluant pas la forme éphémère de la protection par le droit d'auteur, la fixation sur un support inerte joue le même rôle probatoire que celui de la fixation de l'œuvre chorégraphique, les pantomimes, les numéros ou tours de cirque [4]. Ainsi, le syndicat national des metteurs en scène (CNMS) et certains

---

[1] S. JUSTINE et I. MEUNIER-BESIN, *op. cit.*, p. 38. Par ailleurs, la qualité d'auteur des metteurs en scène a été confirmée dans la pratique dès 1986 par une convention entre le SNMS (syndicat national des metteurs en scène) et le syndicat représentant les directeurs et tourneurs du théâtre privé ce qui a permis l'entrée des metteurs en scène à la SACD en 1987.

[2] Cass. 1re civ., 22 juin 2017, n° 15-28.467 (n° 788 FS-P+B), Aff. *Dialogues des carmélites* : *D.* 2017, p. 1955, note PH. MALAURIE ; *Dalloz IP/IT*, 2017, p. 536, note J. DALEAU. Sur renvoi : CA Versailles, 30 nov. 2018, n° 17/08754 : *Dalloz IP/IT*, 2019, p. 101, note Y.-J. GAUTIER. L'arrêt de la Cour de cassation a cassé un arrêt d'appel (CA Paris, 13 oct. 2015, n° 14/08900 : *D.* 2015, Jurispr., p. 2548) qui avait condamné une mise en scène pour dénaturation de la pièce en changeant la scène de fin. La Cour de cassation a considéré que la dénaturation n'a pas été démontrée et que la Cour d'appel n'avait pas cherché le juste équilibre entre la liberté de création du metteur en scène et la protection du droit moral de l'auteur de « l'œuvre première ». La Cour de Versailles, elle, était plus directe sur la qualification et a écarté toute atteinte à l'intégrité ou à l'esprit de l'œuvre par la mise en scène, en exerçant un contrôle de proportionnalité.

[3] Par ailleurs, l'article L. 112-2-4° du Code de la propriété intellectuelle évoque *l'écrit* comme exemple des moyens de fixation : « dont la mise en œuvre est fixée par écrit ou autrement ». En effet, la fixation audiovisuelle des créations qui existent à travers d'une interprétation ne permet pas de distinguer l'œuvre et l'interprétation. En conséquence, nous croyons que seulement la forme conventionnelle (l'écrit ou les dessins) permet d'identifier ces œuvres isolement, sachant que cette forme conventionnelle a été évoluée et a attendu un degré de précision suffisante. V. sur l'écriture en matière de danse la thèse de Mme A. VINANT DEPARDIEU, *Droit et politiques de la danse*, thèse, Bordeaux, 2015.

[4] Dans la pratique, la Convention de 1946 prévoyait la constitution de « dossiers de mise en scène » déposés à la bibliothèque de l'ART (association de la régie théâtrale). Ce dossier doit comprendre plusieurs éléments : le manuscrit de la pièce annoté en langage clair ; indications de jeu ; caractères des personnages et de leurs mouvements scéniques ; le minutage de chaque scène ; le placement des décors ; le plan

auteurs conseillent aux metteurs en scène de matérialiser leur mise en scène en conservant tous les documents et notes de mise en scène. Enfin, les écrits, comme le spectacle vivant, ne sont que des formes externes de la forme interne créée par le metteur en scène : la mise en scène comme l'œuvre musicale, ne sont pas la partition, le livret de conduite ou les didascalies, car la substance de l'œuvre musicale est la forme sonore, et la substance de la mise en scène est la forme scénique. Tous les deux existent de deux façons : *muette* dans les écrits et *vivantes via* les interprétations ou le spectacle théâtral.

2°). L'originalité

569. La conception du metteur en scène se manifeste à travers l'ensemble que constitue le spectacle théâtral. Mais encore faut-il que cette forme complexe soit originale [1]. Cette originalité devrait s'apprécier dans *la transposition scénique* de la pièce, c'est-à-dire *son identité sonore et visuelle* donnée par le metteur en scène. Mais la transposition scénique s'exprime dans deux formes écrites et vivante ; ainsi, la question est de savoir où il faut rechercher l'originalité : dans le spectacle (la forme vivante synthétique) ou dans le livret de conduite où le metteur en scène aurait consigné tout ou partie de sa création ? Nous croyons que c'est dans *les deux formes externes* exprimant la conception. Mais l'appréciation ne doit pas tenir compte du *mérite*, ni de la *nouveauté* de la mise en scène. Ce qui compte c'est l'empreinte de la personnalité du metteur en scène.

570. Mise en scène comme adaptation. Si la mise en scène est un œuvre de l'esprit, elle est une œuvre composite, c'est-à-dire une adaptation. Le metteur en scène réalise une transposition ou une transformation de l'état inerte à l'état vivant. L'œuvre composite est définie comme « *l'œuvre nouvelle à laquelle est incorporée une œuvre préexistante sans la collaboration de l'auteur de cette dernière* » (L. 113-2 al. 2 du Code de la propriété intellectuelle). Mme PROUST estime que le metteur en scène est un *adaptateur* puisqu'il s'approprie le texte pour l'adapter à la scène. Il crée une seconde œuvre à partir de la première. Mais s'il est adaptateur, c'est par rapport au texte de la pièce, même si celle-ci contient des didascalies [2].

571. L'écriture scénique en collaboration ? L'indépendance entre les deux œuvres, la pièce et la mise en scène n'exclut pas la collaboration. Toutefois, l'on ne peut pas généraliser en disant que toute mise en scène d'une œuvre dramatique *du vivant de son auteur* est une création scénique de collaboration [3]. En fait, on peut imaginer la collaboration entre le metteur en scène et le dramaturge, mais nous ne croyons pas que les didascalies, à elles seules, présument une collaboration dans la

---

conducteur de l'éclairage, et si possible des photos des décors et des costumes et enfin, la musique et le bruitage. Cependant, ce n'est pas toujours le cas. Enfin, l'enregistrement audiovisuel pourrait aussi être un moyen de preuve efficace, mais il ne faut pas oublier qu'il s'agit d'une reproduction de l'œuvre dramatique et une fixation des interprétations, ce qui nécessite d'obtenir les autorisations des titulaires des droits.

[1] S. RAIMOND, « Le critère d'originalité comme fondement du statut d'auteur chez le metteur en scène », *in Mise en scène et droits d'auteur. Liberté de création scénique et respect de l'œuvre dramatique*, *op. cit.*, pp. 112-124 ; PH. LE CHEVALIER, « Pour une protection des mises en scène théâtrales par le droit d'auteur », *RIDA*, oct. 1990, p. 51 et s.

[2] S. PROUST, « Le metteur en scène du texte à la scène : œuvre d'auteur, d'interprète ou d'adaptateur ? », *in Mise en scène et droits d'auteur. Liberté de création scénique et respect de l'œuvre dramatique*, *op. cit.*, p. 102.

[3] J. MATTHYSSENS, « Metteurs en scène et droit d'auteur », *RIDA*, janv. 1956, p. 47.

mise en scène. Ainsi, il faut analyser la participation du dramaturge à une mise en scène déterminée pour savoir s'il y a eu ou non collaboration. D'ailleurs, l'indépendance entre les deux œuvres de l'esprit (texte et mise en scène) n'exclut pas non plus la collaboration dans l'écriture de la pièce. Il pourrait y avoir un metteur en scène qui, lors de la conception de sa mise en scène, propose au dramaturge des modifications ou d'enrichissements (ajout de personnage, de scène, dialogue etc.), ce qui permet de lui donner la qualité de coauteur de la pièce ainsi modifiée. Ce qui est essentiel à cette qualification d'œuvre de collaboration, que ce soit dans la mise en scène ou dans l'écriture dramatique, c'est *l'intimité spirituelle* ou la *communauté d'inspiration* [1]

CONCLUSION DU CHAPITRE II

572. Nous concluons que la structure formelle de la création identitaire (œuvre ou interprétation) est la même. Seulement, la forme externe de l'interprétation lui donne une spécificité : c'est une forme vivante qui combine les gestes corporels inscrits dans un temps de création. Néanmoins, l'on doit savoir que la forme vivante interprétative pourrait ou devrait, dans certains cas, être qualifiée d'œuvre de l'esprit. C'est ce que nous appelons l'enrichissement formel de l'interprétation. C'est le cas de la forme vivante fixée grâce à une forme technique lorsque cette fixation fait naître une œuvre de l'esprit (l'interprétation dans l'œuvre audiovisuelle ou radiophonique) ; ou quand la forme vivante s'enrichit d'une symbolisation qui permet la coordination d'un ensemble d'apports dans une forme synthétique (la création du chef d'orchestre ou du metteur en scène).

CONCLUSION DU TITRE II

573. Dans le premier chapitre, nous avons étudié l'interprétation par rapport à l'œuvre de l'esprit, ce qui nous révèle deux éléments participant à la détermination de l'interprétation objet du droit voisin de l'artiste-interprète. Le premier est la distinction juridique entre l'œuvre et l'interprétation. Si la controverse du rattachement de l'interprétation à la catégorie d'œuvres de l'esprit a été tranchée par la création de la catégorie hétéroclite des droits voisins, la doctrine a tenté de proposer une réorganisation des objets juridiques différents selon des critères qui rendent les catégories juridiques plus cohérentes. Mais la seule catégorisation que nous croyons fidèle à l'histoire et aux principes de la propriété littéraire et artistique personnaliste est celle qui se base sur deux principes : la distinction entre la création et le travail et, à l'intérieure de la catégorie des fruits de la création, la distinction entre les formes en fonction de leur finalité (sous-catégorie des formes expressives, sous-catégorie des formes utilitaires). Le second élément qui ressort de l'étude du rapport entre

---

[1] Il y a des décisions qui ont refusé la qualité de *coauteur* de l'œuvre dramatique à l'auteur de décors ou de costumes. V. S. RAIMOND, « Le critère d'originalité comme fondement du statut d'auteur chez le metteur en scène », *op. cit.*, pp. 112-124 ; PH. LE CHEVALIER, « Pour une protection des mises en scène théâtrales par le droit d'auteur », *RIDA*, oct. 1990, p.117.

l'interprétation et l'œuvre est la corrélation entre ces deux objets, puisque l'interprétation dépend d'une *création interprétée* (souvent une œuvre de l'esprit) préexistante ou concomitante.

574. Dans le second chapitre, nous avons étudié l'acte créatif interprétatif et démontré que cet acte produit une création expressive ayant une structure formelle identique de celle de l'œuvre de l'esprit. Nous avons analysé cette structure formelle et expliqué la spécificité de l'interprétation : il s'agit de sa forme externe particulière qui combine deux éléments : le temps et les gestes vivants. Ensuite, parce que l'interprétation est une création expressive, son caractère original (en plus de son caractère personnel) est une condition de sa protection. Enfin, nous avons analysé deux cas d'enrichissement de cette structure formelle de l'interprétation : soit quand elle est fixée (l'œuvre audiovisuelle), soit quand elle est symbolisée (mise en scène et création du chef d'orchestre).

575. En synthèse, nous avons essayé de déterminer l'interprétation *à partir de ce que l'on sait*, c'est-à-dire *en ce qu'elle n'est pas* : l'interprétation n'est pas une œuvre de l'esprit au sens du droit d'auteur, mais elle dépend dans son existence d'une création interprétable. Ensuite, nous avons défini l'interprétation objet d'un droit voisin du droit d'auteur *en ce qu'elle est*, c'est-à-dire, selon deux approches : la première *à partir de ce que l'on croit savoir*, c'est-à-dire l'interprétation en tant que résultat d'un acte créatif ; la seconde *à partir de ce que l'on doit savoir*, c'est-à-dire la forme vivante interprétative comme une création particulière.

CONCLUSION DE LA PREMIERE PARTIE

576. Tri d'objets. À l'issu de notre étude de l'histoire technique et de l'histoire juridique, nous avons compris comment l'interprétation a été réifiée, c'est-à-dire transformée d'une simple *prestation éphémère* qui n'avait d'enjeu hors le rapport contractuel de travail, à un *bien exploitable* et source de valeurs complexes. En conséquence, les effets socio-économiques ont déterminé la construction juridique des nouveaux objets. Du côté des *producteurs*, la forme technique a fait l'enjeu d'un monopole légal et, du côté des *artistes-interprètes*, l'interprétation a été traitée de deux manières : en tant que *prestation* objet d'une obligation contractuelle et en tant que *création artistique*. Dit autrement, la forme interprétative a été appréhendée d'abord comme simple *forme laborieuse*, objet d'un droit *personnel*, avant d'être reconnue comme *forme créative* objet d'un droit *réel incorporel*.

577. Catégorisation. Nous avons démontré la complexité de la construction du droit incorporel sur l'interprétation à raison de deux rapports. D'une part, le droit incorporel portant sur l'interprétation doit *cohabiter* avec les monopoles légaux sur les vecteurs techniques (dans la catégorie des droits voisins), et, d'autre part, il doit *s'articuler* avec la protection sociale (dans le Code du travail).

Concernant le premier rapport, nous avons proposé une *catégorisation rationnelle* des objets figurant dans la propriété littéraire et artistique : les *créations identitaires* (œuvres et interprétations) d'un côté, et les *non-créations* (outils ou vecteurs des créations) d'un autre. C'est la seule façon qui rend compte de la *Summa divisio* que fonde le système juridique, non seulement de la propriété littéraire et artistique personnaliste, mais l'ordre juridique tout entier, à savoir la distinction entre le travail et la création et entre le monopole (exception à la concurrence) et la propriété (outil indispensable de la concurrence).

Concernant le second rapport, nous avons soutenu que l'articulation entre la protection sociale (du Code du travail et autres dispositions sociales) et celle propriétaire (du Code de la propriété intellectuelle) est possible, à condition de bien déterminer l'objets spécifique de chaque catégorie : le travail ou la forme vivante interprétative.

578. Schémas. Les schémas ci-après éclairent nos propositions :

• Schéma 1° & 2° montrent la multiplicité des objets au sein de la propriété littéraire et artistique et les droits qui les grèvent dans une hiérarchie cohérente.

• Schéma 3° montre les valeurs complexes des objets de la propriété littéraire et artistique et les deux outils réservataires : la propriété bifonctionnelle et le monopole.

Schéma 1&2 : La multiplicité des droits et des objets en propriété littéraire et artistique
Deux schémas représentant la multiplicité des droits portant sur des objets imbriqués et dont la communication actualise la valeur de double nature (économique et culturelle). Les droits *consacrés* des créateurs ou *octroyés* aux investisseurs sont le moyen de réservation de ces valeurs (de façon directe ou indirecte)

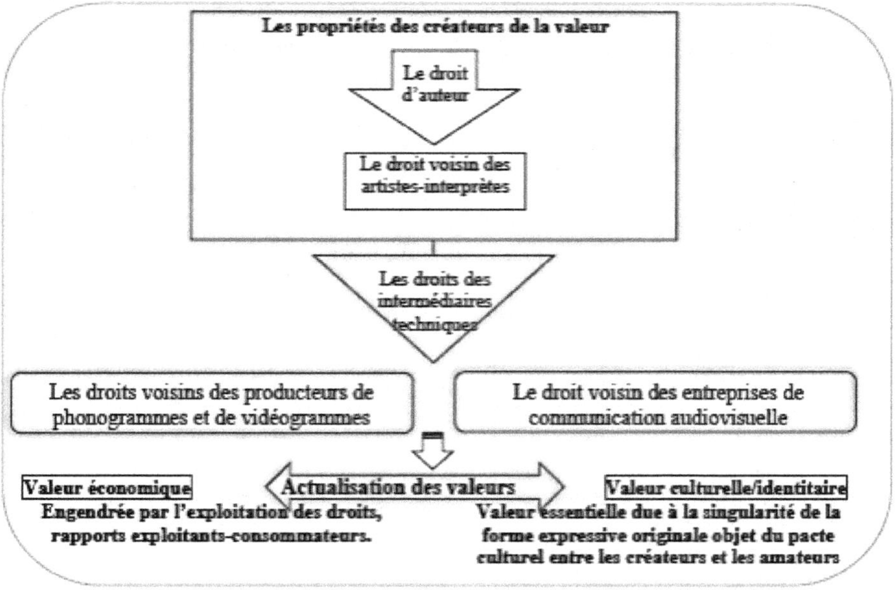

Schéma 3 : La réservation de la valeur actualisée par la communication au public.
Les formes successives et leurs valeurs engendrées/actualisées.

Forme créative	Œuvre de l'esprit	
Valeurs créées	*Valeur culturelle ou identitaire*	*Valeur économique*
Réservation directe par les prérogatives morales et patrimoniales qui composent la propriété intellectuelle	Droit moral de l'auteur garantissant les intérêts moraux objets du pacte culturel entre le créateur et les amateurs	Droit patrimonial de l'auteur visant à réserver la valeur économique engendrée en la canalisant vers le créateur
Forme créative dépendante	**Interprétation**	
Valeurs actualisées et ajoutées	*Valeur culturelle actualisée et doublée par la valeur culturelle gisant dans l'apport artistique personnel de la forme interprétative*	*Valeur économique actualisée par la forme vivante communicable au public*
Réservation directe par des prérogatives propriétaires	Droit moral de l'interprète (avec moins de prérogatives)	Droit patrimonial réservant les deux modes universels de la communication (la reproduction et la représentation)
Vecteurs techniques des créations	**Formes intermédiaires techniques (de fixation ou de diffusion) (analogique ou numérique)**	
Rôle des investisseurs	–	*Actualisation* de la valeur économique des œuvres et des interprétations fixées
Réservation indirecte	–	Monopole octroyé dont l'objet est l'ensemble des opérations portant sur la forme technique (l'enjeu du monopole). En vertu du monopole, les investisseurs, en sus de leur qualité de cessionnaires des droits des créateurs, sont investis des droits exclusifs indépendants, garantissant une part de la valeur engendrée.

579. De l'objet à son régime. L'objet spécifique du droit de l'artiste-interprète, c'est-à-dire la forme vivante interprétative, ayant été déterminé, nous pouvons maintenant avancer notre recherche : la nature, le fonctionnement et les rapports du droit portant sur la forme vivante interprétative feront l'objet de notre seconde partie.

SECONDE PARTIE

LE DROIT AYANT L'INTERPRETATION ARTISTIQUE COMME OBJET

« Les musiciens sont au carrefour du prolétariat et des professions libérales. Leur situation illustre bien la difficulté de définir nettement le travail intellectuel et de la distinguer du travail manuel » [1].

580. Des objets réels à l'objet juridique. Dans notre première partie, nous avons fait le tri des objets juridiques (forme créative expressive et forme technique ; objet de propriété et enjeu de monopole), et avons synthétisé les objets réels que l'on appelle « interprétations artistiques » (interprétation musicale, chorégraphique, dramatique…) en un seul objet juridique [2], à savoir la forme vivante interprétative [3]. Classiquement, l'étude d'un objet de droit est suivie par l'étude de son régime. Car, la qualification qui filtre les objets constituant l'enveloppe juridique (ou la catégorie juridique), n'a d'intérêt que parce que cette qualification permet de déterminer le corps de dispositions applicables. Ainsi, la nature des objets d'une catégorie détermine la nature des dispositions à appliquer. En ce qui concerne notre sujet, la nature de la forme vivante interprétative se détermine par deux éléments : d'une part *sa source*, c'est-à-dire l'acte créatif expressif et, d'autre part, *sa structure*, c'est-à-dire la forme externe vivante qui exprime une forme interne intelligible. Il résulte de ces deux éléments une forte *symétrie* [4] entre l'interprétation et l'œuvre de l'esprit et, par voie de conséquence, une symétrie dans le contenu et le fonctionnement du droit portant sur la forme vivante interprétative avec le contenu et le fonctionnement du droit portant sur une œuvre de l'esprit.

---

[1] WILLIAM MARTIN, Enquête relative aux conditions de vie et de travail des musiciens présentée à la Société des Nations. Cité par JEAN-YVES BRAS, « L'interprète dans la société du XXe siècle », *in* Dictionnaire des interprètes, *op. cit.*, p.113.

[2] F. VERN, *Les objets juridiques. Recherche en droit des biens*, préf. PH. JACQUES, Dalloz, 2020, 878 p. Sur la « transformation » de la réalité du monde par la représentation juriridquе, V. A. RABAGNY, *L'image juridique du monde*, *op. cit.*

[3] Le terme « vivante » référant à la nature particulière de la forme externe de l'interprétation dont le support n'est que la personne même de l'artiste, et le terme « interprétative » référant à la forme interne, c'est-à-dire à la conception interprétative (méthodologique) construite à partir d'une création interprétée.

[4] Nous avons soutenu que c'est la nature de la forme externe de l'interprétation qui exclut sa qualification d'œuvre, et non pas la dépendance d'une œuvre interprétée, car il y a plein d'œuvres dépendant d'une œuvre préexistante.

581. Difficultés. La catégorie des droits voisins souffre d'une *anomalie* : tous ses objets ne sont pas des formes créatives ; tous les droits y figurant ne sont pas des propriétés. Par conséquent, la nature des droits voisins et leur fonctionnement ne sont pas les mêmes. Sans revenir sur les séries de distinction que nous avons présentées, surtout entre la forme créative et la forme laborieuse (dont la forme technique) et entre l'objet de propriété et l'enjeu de monopole, il convient à ce stade de notre recherche d'étudier le droit ayant la forme vivante interprétative comme objet, et ce dans les deux catégories dont elle relève : la grande catégorie de la propriété littéraire et artistique et la sous-catégorie des droits voisins. Cette étude que nous proposons du droit voisin de l'artiste-interprète va suivre deux approches, *statique* et *dynamique*. Statique en ce qu'elle analyse le droit portant sur l'interprétation *en soi* (son contenu) ; et dynamique en ce qu'on doit analyser son *fonctionnement* dans son *écosystème* juridique, c'est-à-dire dans ses rapports avec les autres droits exclusifs au sein de la propriété littéraire et artistique.

582. Plan. Dans un premier temps, il nous faut analyser le droit ayant l'interprétation comme objet *en soi*, c'est-à-dire analyser son *contenu* et son *fonctionnement*. Dans un deuxième temps, nous nous attarderons sur les *rapports* qu'entretient ce droit incorporel avec les autres droits : d'un côté, avec les droits exclusifs sur les vecteurs des créations, et de l'autre, avec les droits de propriété incorporelle sur d'autres créations (œuvres ou interprétations).

Titre I : Analyse de la propriété incorporelle portant sur la forme vivante interprétative.

Titre II : Écosystème juridique de la propriété incorporelle portant sur la forme vivante interprétative.

TITRE I

ANALYSE DE LA PROPRIETE INCORPORELLE PORTANT SUR LA FORME VIVANTE INTERPRETATIVE

583. Propriété corporelle et propriété incorporelle. Distincte de son support de fixation, objet d'une propriété corporelle [1], la forme vivante interprétative est l'objet d'un droit de propriété incorporelle qui naît du seul fait de sa création [2]. Puisque la *forme* grevée est un objet *ubiquiste* et *destiné au partage*, la propriété comme outil réservataire des valeurs ne peut prendre que la forme d'une propriété *intellectuelle*, dont le seul modèle existant et complet est celui du droit d'auteur [3].

584. Approche statique : le contenu de la propriété intellectuelle. Le modèle du droit d'auteur est une propriété incorporelle *bifonctionnelle*, c'est-à-dire une propriété comportant des prérogatives morales et patrimoniales. Selon ce modèle spécial, la réservation des valeurs que contient ou engendre l'objet grevé (la forme), n'est pas réalisée par la *maîtrise égoïste* d'un objet *localisé*, mais par une *maîtrise juridique* d'un objet *ubiquiste*. Ainsi, la valeur à double dimension, culturelle et économique, est réservée au créateur *via* une série de prérogatives que synthétise la propriété. Par ailleurs, la propriété d'une forme créative expressive (donc

---

[1] Malgré le fait qu'il n'y a pas d'équivalent à l'article L. 111-3 al. 1er du Code de la propriété intellectuelle qui distingue la propriété corporelle du support de celle incorporelle de l'auteur. La solution s'impose logiquement en droit voisin de l'artiste-interprète. V. O. PIGNATARI, *Le support en droit d'auteur*, n° 496, p. 336, qui cite en droit comparé la loi belge qui dispose, concernant l'artiste-interprète, que « la cession de l'objet qui incorpore une fixation de la prestation n'emporte pas le droit d'exploiter celle-ci » (l'article 35 §. 2, al. 2 de la loi belge sur le droit d'auteur).

[2] À titre de rappel, trois raisons imposent la qualification propriétaire du droit sur l'interprétation : 1° le lien éminemment personnel entre le sujet et l'objet ne peut être traduit juridiquement que par un rapport propriétaire ; 2° si le travail fonde la propriété corporelle de la matière transformée, *a fortiori* la création fonde la propriété de la forme créative, qui ne soustrait rien au fonds commun, au contraire elle l'enrichit ; 3° la valeur de la création n'est due qu'à la singularité de la forme créative, non à la matière du support ni au travail transformant cette matière, par conséquent, un droit réservant cette valeur doit être reconnu au créateur.

[3] Nous croyons qu'il importe peu l'appellation qu'on donne à ce droit de propriété portant sur l'interprétation : droit d'interprète (à l'instar du droit d'auteur), droit d'interprétation (HAMBURG, *Le droit d'interprétation des acteurs et artistes exécutants*, Sirey, Paris, 1920), droit d'auteur sur l'interprétation (débat précédant la loi de 1985), ou droit voisin du droit d'auteur. Ce qui importe est le contenu de ce droit et ses prérogatives ainsi que son exploitation. De même avis, X. DAVERAT, *L'artiste-interprète*, t. 1, p. 88, qui constate, quand-même, que définir un droit *voisin* à la place d'un droit *intrinsèque* témoigne d'une quête presque impossible de l'autonomie du droit de l'artiste-interprète.

destinée à la communication) concilie deux caractères opposés : l'exclusivité et le partage. Dans ce modèle, l'exclusivité n'est pas *contre* le partage, mais *dans* le partage car elle l'organise : la diffusion de la forme est sous un contrôle juridique permettant de canaliser les valeurs engendrées vers le créateur-propriétaire.

585. Approche dynamique : l'exploitation de la propriété intellectuelle. La communication au public ne peut être source de valeur économique que si elle est maîtrisée, ce qui nécessite, souvent, l'intermédiation d'un exploitant professionnel. En effet, le fait que l'objet soit *ubiquiste* fait dissiper la valeur ; donc, il faut une *rareté juridique* pour faire sortir la valeur. Ainsi, la valeur économique n'est pas engendrée par le jeu du marché comme dans la propriété civiliste qui gère une *rareté de fait*. En définitive, l'exploitation n'est qu'une communication au public maîtrisée. Cette maîtrise matérielle de l'opération par un exploitant n'est licite qu'à la base d'une *autorisation donnée par* le créateur.

586. Droit à rémunération. Si le schéma précédent correspond à l'exploitation de toute propriété littéraire et artistique et devrait s'appliquer au droit de l'artiste-interprète, force est de constater que certaines exploitations de l'interprétation échappent à ce modèle. Ce sont les cas où le droit l'artiste-interprète se transforme en un droit à rémunération.

587. Plan. Il sera logique de commencer notre étude par l'analyse du contenu de la propriété portant sur la forme vivante interprétative, avant de nous pencher sur le fonctionnement de cette propriété lors de son exploitation.

Chapitre I : Prérogatives propriétaires bifonctionnelles.

Chapitre II : Exploitation de la propriété incorporelle portant sur la forme vivante interprétative.

CHAPITRE I

PREROGATIVES PROPRIETAIRES BIFONCTIONNELLES

588. Essence de la propriété portant sur l'interprétation. Nous avons adhéré à la doctrine qui défend la pluralité des modèles propriétaires, et qui estime que *l'essence* de la propriété transcende ses modèles et gît dans *la maîtrise absolue (la plus absolue)* de la chose appropriée. En conséquence, dans le modèle intellectuel, la propriété implique une maîtrise absolue du créateur sur la forme. La *forme interne* étant *fugitive*, la maîtrise porte sur *la forme externe* qui s'appuie sur les caractéristiques de la matière du support : la forme externe devient un bien *localisable* et, donc, *maîtrisable*. Le but de la maîtrise absolue n'est pas *d'empêcher* le partage, car la valeur ne s'actualise que par la communication au public. Seulement, la maîtrise *organise* le partage pour permettre la réservation de la valeur en sa double dimension culturelle et économique. En conséquence, la propriété intellectuelle de la forme expressive contient les prérogatives nécessaires à la réservation de ces valeurs. Concrètement, le droit d'auteur sur une œuvre de l'esprit est l'exemple parfait de cette propriété, ce qui explique qu'il soit la *source d'inspiration* pour compléter le droit voisin de l'artiste-interprète sur son interprétation.

589. Exclusivité propriétaire. Si tous les droits voisins sont définis comme des droits exclusifs, leur exclusivité n'est pas la même. Le droit voisin de l'artiste-interprète étant une propriété, son exclusivité découle de l'absolutisme : elle est *l'effet de la propriété*. En revanche, les droits voisins économiques sont des monopoles octroyés ; l'exclusivité de ces droits est *l'objet même du monopole*. De ce constat nous remarquons l'unité artificielle de la catégorie des droits voisins ; unité qui s'explique par l'évolution historique de la catégorie, comme nous l'avons déjà expliqué. Pour cette raison, il faut faire attention à l'identité trompeuse des terminologies désignant les prérogatives patrimoniales des titulaires des droits voisins, à savoir la reproduction et la communication au public.

590. Propriété unique, fonctionnellement duelle. À l'instar de la propriété de l'auteur, la propriété de l'artiste-interprète lui confère un pouvoir exclusif sur la communication au public et sur les différents intérêts qu'implique cette communication : d'une part, les prérogatives morales protègent ses intérêts moraux et, d'autre part, les prérogatives patrimoniales protègent ses intérêts pécuniaires. Cette dualité n'est que la conséquence de la *fonction* qu'assume la même propriété, donc elle est une *dualité fonctionnelle* au sein de la même propriété [1].

591. Plan. Nous aborderons, pour commencer, le premier composant de la propriété incorporelle portant sur la forme vivante interprétative : les prérogatives morales (**Section I**). Ensuite, nous étudierons le second composant de cette propriété : les prérogatives patrimoniales (**Section II**).

SECTION I : PREROGATIVES MORALES

592. Évolution historique (rappel). Au niveau international, le droit moral est très récent ; la Convention de Rome du 26 octobre 1961 ignore totalement le droit moral, et cela s'explique par les longues et difficiles négociations pour concilier les conceptions divergentes en matière des droits voisins. Ultérieurement, le droit moral de l'artiste-interprète a été introduit pour la première fois dans le « Traité de l'OMPI sur les interprétations et exécution et les phonogrammes » du 20 décembre 1996, et de la même manière dans le « Traité de l'OMPI sur les interprétations et exécutions audiovisuelles » du 24 juin 2012 [2]. En France, le fondement de la protection de l'artiste-interprète était le droit commun, donc, concernant les intérêts moraux, la protection était assurée à travers les règles de la responsabilité et les droits de la personnalité [3]. Cette solution en France s'imposait,

---

[1] *Contra* P. TAFFOREAU, Rép. IP/IT et Communication Dalloz, V° *Droits voisins du droit d'auteur*, 2019, n° 30 ; P. TAFFOREAU et C. MONNIERIE, coll. de CH. KPOLO, *Droit de la propriété intellectuelle*, 4e éd., Gualino, 2015, n° 140, p. 120 : « *Les droits des auteurs se décomposent en deux séries de prérogatives qui ressortissent à des catégories juridiques très distinctes, voire antagonistes [...]. Les prérogatives du droit moral appartiennent à la catégorie des droits de la personnalité [...]. Les prérogatives du droit patrimonial appartiennent à la catégorie des droits réels. [...]* », ce schéma est transposé, chez ces auteurs, au droit de l'artiste-interprète ; A. LUCAS et *alii.*, 5e éd., *op. cit.*, n° 536, p. 477, qui distinguent entre le droit moral et le monopole d'exploitation ; CH. CARON, *Droit d'auteur et droits voisins*, 6 éd., LexisNexis, p. 238, pour qui le droit moral est un droit spécial de la personnalité : « *le droit moral permet de protéger [la] personnalité qui existe dans l'œuvre* » ; M. VIVANT et J.-M. BRUGUIERE, *Droit d'auteur et droits voisins*, 4e éd., 2019, n° 456, p. 468 ; J. RAYNARD, *Droit d'auteur et conflits de lois. Essai sur la nature juridique du droit d'auteur*, Litec, 1990, n° 347. Pour cet auteur, le droit moral (accessoire au droit patrimonial et une sorte de correctif) n'est qu'un « *ensemble de règles légales qui dérogent, dans des hypothèses ponctuelles, aux conséquences normales que le droit attache à la reconnaissance dans l'œuvre d'un bien, c'est-à-dire une valeur économique* » : *idem.*, n°. 349 ; T. AZZI, *Recherche sur la loi applicable aux droits voisins du droit d'auteur en droit international privé*, pp. 186-190, pour qui le dualisme du droit d'auteur n'est pas transposable au droit de l'artiste-interprète, dans la mesure où « *l'intégralité de son droit [est] fondée sur les droits de la personnalité* ». Les Professeurs GAUTIER et GAUDRAT expliquent la nature exacte, croyons-nous, de la propriété de l'auteur par l'expression « monisme modéré » ou une « dualité tempérée ».

[2] Article 5 des deux textes, écrits de manière identique. Selon cette disposition, l'artiste-interprète ou exécutant dispose d'un droit à la paternité sauf « *lorsque le mode d'utilisation de l'interprétation ou exécution impose l'omission de cette mention* » ; et d'un droit au respect de son interprétation, c'est-à-dire s'opposer à toute « *déformation, mutilation ou autre modification, préjudiciables à sa réputation* ». En matière audiovisuelle, le droit au respect tient compte de « *la nature des fixations audiovisuelles* ». Ce droit moral persiste après la mort de l'artiste « *au moins jusqu'à l'extinction des droits patrimoniaux* ». Concernant les États dont la législation ne contient pas, au moment de la ratification de ces Traités, de dispositions assurant la protection du droit moral après la mort de l'artiste, les deux Traités laissent à ces États la faculté de ne pas maintenir le droit moral après la mort de l'artiste. Enfin, conditionner la protection du droit au respect par la preuve d'un préjudice à la réputation de l'artiste rend ce droit plus proche aux mécanismes de la responsabilité civile qu'à un véritable droit subjectif. V. T. AZZI, *Recherche sur la loi applicable aux droits voisins du droit d'auteur en droit international privé*, *op. cit.*, n° 169, p. 114.

[3] Démarche comparable à celle en droit d'auteur : la jurisprudence du XIXe siècle s'est basée sur l'article art. 1240 du Code civil (ancien art. 1382), faute de droit privatif, pour protéger les intérêts

car, faute de base légale, l'on ne distinguait pas assez bien *l'objet* et le *sujet* : la personnalité dans son *état passif* (les éléments de la personnalité que met en œuvre l'art interprétatif) et la personnalité dans son *état actif* (ses produits qui la manifestent). Enfin, le législateur de 1985 a consacré le droit de l'artiste-interprète sur son interprétation, en s'inspirant du modèle du droit d'auteur, c'est-à-dire en intégrant le droit moral au droit voisin de l'artiste-interprète dans l'article L. 212-2 du Code de la propriété intellectuelle.

593. Droit moral complet et droit moral incomplet. Une comparaison s'impose entre le droit moral de l'auteur et celui de l'artiste-interprète. Le premier alinéa de l'article L. 111-1 du Code de la propriété intellectuelle explique la naissance de la propriété de l'auteur du seul fait de la création ; le deuxième alinéa du même article précise que cette même propriété « *comporte des attributs d'ordre intellectuel et moral ainsi que des attributs d'ordre patrimonial* ». Ces prérogatives morales sont quartes en nombre : le droit à la paternité ; le droit au respect (L. 121-1) ; le droit de divulgation (L. 121-2) et le droit de retrait et de repentir (L. 121-4). Le texte précise que ce droit moral est attaché à la personne du créateur, et se caractérise par la perpétuité, l'inaliénabilité, l'imprescriptibilité et la transmissibilité à cause de mort. Concernant l'artiste-interprète, l'examen de l'article L. 212-2 du Code de la propriété intellectuelle, qui n'a pas connu de changement dès sa rédaction en 1985, montre qu'il consacre moins de prérogatives morales. Ainsi, « *l'artiste-interprète a le droit au respect de son nom, de sa qualité et de son interprétation* ». De plus, le texte ne mentionne pas tous les caractères du droit moral que l'on connaît en droit d'auteur ; car la loi se contente de préciser que le droit moral de l'artiste-interprète est inaliénable, imprescriptible et attaché à la personne de l'artiste-interprète.

594. Primauté du droit moral. Contrairement au droit patrimonial qui ne protège que *les intérêts pécuniaires privés*, le droit moral, lui, protège *l'intérêt général culturel* à travers la protection du couple culturel créateur/amateurs [1]. Cette fonction montre la primauté du droit moral et justifie son caractère *discrétionnaire* quand il est exercé par le créateur [2]. Aussi, c'est la raison pour laquelle le texte traite le droit moral (de l'auteur et de l'interprète) préalablement au droit patrimonial. En effet, la primauté du droit moral revient en grande partie au *droit de divulgation* qui synthétise la propriété avant son exercice, dans la mesure où aucune autre prérogative, morale ou patrimoniale, ne peut être *activée* avant la divulgation. Or, le

---

extrapatrimoniaux de l'auteur. Par conséquent, il était nécessaire d'établir les trois éléments classiques de la responsabilité délictuelle. Ainsi, au fil des affaires, les prérogatives morales de la propriété ont été déconstruites comme effets de la propriété non comme droits distincts.

[1] En attribuant à la propriété du créateur la fonction de la protection de *l'intérêt culturel*, que partagent le créateur et les amateurs (membres du public), ce droit naturel du créateur a fait naître le droit moral : toute la théorie du droit moral est fondée sur l'idée d'un *pacte culturel* que scelle le créateur avec son public à l'occasion de la divulgation. Par ailleurs, si le versant patrimonial est frappé de prescription contrairement au droit moral, la propriété reste une : elle ne s'éclate, ni ne disparaît : les *attributs pécuniaires* sont *temporaires* car protégeant l'intérêt privé ; les *attributs moraux* sont *perpétuels* car protégeant l'intérêt général.

[2] PH. GAUDRAT, « L'abus du droit moral », *in Le droit moral au 21ème siècle*, (Congrès international de l'ALAI, Bruxelles, 17-20 sept. 2014), Larcier, 2015, p. 90 et s.

droit moral de l'artiste-interprète ne contient pas cette prérogative, ce qui risque de ruiner la qualification propriétaire de ce droit voisin [1].

595. Exclusion : les droits de la personnalité. Nous limitons notre étude du droit moral de l'artiste-interprète aux prérogatives liées à la forme vivante interprétative. Ainsi, les droits liés au *support de création* de cette forme, c'est-à-dire à l'artiste-interprète, ne seront pas étudiés. Il suffit de rappeler que, comme toute personne, l'interprète a des *droits de la personnalité* qui protègent les éléments de sa personnalité dans leur *état passif* (la voix et l'image surtout), donc indépendamment des créations qui en procèdent [2]. Toutefois, le fait que la personne de l'artiste-interprète sert de support à la création interprétative, ainsi que le « *merchandising* » ou le « *sponsoring* » [3] qui implique l'exploitation des droits « dérivés », dont les droits de la personnalité, laisse infiltrer les droits de la personnalité dans le régime du droit voisin de l'artiste-interprète. En conséquence, la loi LCAP de 2016 a étendu le principe de la spécialité des cessions aux droits de la personnalité, spécialement le droit à l'image et à la voix [4]. Toutefois, la distinction entre *le sujet* et *l'objet* induit forcément la distinction entre les droits de la personnalité et le droit moral sur l'interprétation [5].

596. Plan. Notre étude va commencer par les prérogatives morales absentes, à tort ou à raison (**§1**) ; ensuite, les prérogatives morales consacrées (**§2**) ; et enfin, les caractéristiques du droit moral de l'artiste-interprète (**§3**)

§1. PREROGATIVES ABSENTES

597. Comparaison. La comparaison entre la propriété de l'auteur et celle de l'interprète montre une différence dans leur contenu, quant aux prérogatives

---

[1] Le droit de divulgation est qualifié « d'épine dorsale » de la propriété. V. PH. GAUDRAT, « La référence propriétaire dans la Loi du 11 mars 1957 », *RIDA*, n° 221, juill. 2009, p. 3 et s. ; « Les créations et le droit : balade dans l'espace et dans le temps », *op. cit.*, p. 44.

[2] L'affaire de l'actrice Marion Cotillard est exemplaire en la matière (CA Versailles, 1re ch., 1re sect., 21 janv. 2016, n° 13/00226 : JurisData n° 2016002305 ; *CCE*, 2016, chron. 11, n° 10, obs. P. TAFFOREAU ; *RLDI*, 2016, n° 3937, note X. PRES ; *JCP E.*, n° 35, 2017, p. 1457, note 4, D. BOUGEROL). Il s'agissait des photographies de l'artiste commercialisées sans autorisation ; la distinction a été faite entre les photographies réalisées dans la sphère intime de l'artiste (lors de la pause) et celles réalisées pendant le déroulement de la scène et fixant des éléments de l'interprétation : les premières portent atteinte au droit au respect de la vie privée, tandis que les secondes portent atteinte au droit voisin de l'artiste-interprète. Récemment : Cass. 1er civ., 2 juin 2021, n° 2°-13.753 : *Légipresse*, 2021, p. 319 (photographies non autorisées d'un acteur sur une plage dans un moment de loisir).

[3] Dans le contrat appelé « Contrat 360° » ou le contrat « à droits multiples » en matière de production phonographique, le contrat de cession comprend les droits intellectuels ainsi que des droits sur les attributs de la personnalité de l'artiste (comme l'image), et parfois, le droit des marques lorsque le nom de l'artiste ou du groupe ou un logo est déposé comme marque. V. PIERRE-MARIE BOUVERY, *Les contrats 360°, pour une explication es contrats à droits multiples*, édition Irma, 2011, p. 17 et s. *Adde* PIERRE-MARIE BOUVERY, *Les contrats de la musique*, 6e éd., Irma, 2018, p. 155.

[4] L. 212-11, al. 4 du Code de la propriété intellectuelle dispose que « *la cession au producteur de phonogrammes de droits de l'artiste-interprète, autres que ceux mentionnés au présent code, est subordonnée à la condition que chacun des droits cédés fasse l'objet d'une mention expresse distincte dans le contrat* » [Nous soulignons].

[5] Sauf pour T. AZZI, *Recherche sur la loi applicable aux droits voisins du droit d'auteur en droit international privé*, qui défend une assimilation *complète* du droit voisin de l'artiste-interprète aux droits de la personnalité « à vocation professionnelle », pp. 187-190.

morales. Il s'agit du droit de divulgation (L. 121-2 du Code de la propriété intellectuelle) et du droit de repentir ou de retrait (L. 121-4 du même code).

598. Plan. Deux prérogatives morales sont absentes dans le droit moral de l'artiste-interprète. L'absence de la première pourrait être justifiée (**A**) ; mais l'absence de la seconde, risque de ruiner la structure propriétaire du droit voisin de l'artiste-interprète (**B**).

A. Absence justifiée : le droit de retrait ou de repentir

599. Il nous faut comprendre cette prérogative en droit d'auteur (**1**), afin de comprendre la raison de son exclusion du droit moral de l'artiste-interprète (**2**).

1. Notion du droit de retrait ou de repentir

600. L'article L. 121-4 du Code de la propriété intellectuelle dispose : « *nonobstant la cession de son droit d'exploitation, l'auteur, même postérieurement à la publication de son œuvre, jouit d'un droit de repentir ou de retrait vis-à-vis du cessionnaire* » [1]. Cet article consacre le droit « de repentir ou de retrait » au profit de l'auteur d'une œuvre de l'esprit. Pour comprendre cette expression il faut étudier *l'objet* (**a**) et le *régime* (**b**) de cette prérogative.

a. Objet de la prérogative

601. Terminologie. Le droit de repentir ou de retrait consacre la reconnaissance de *la continuité de la maîtrise intellectuelle* sur la création. Pour cette raison, cet attribut se distingue des autres attributs moraux par son exercice réservé au créateur. Ainsi, ce droit disparaît à la mort du créateur. Mais l'expression « droit de repentir ou de retrait » nécessite de préciser sa signification. DESBOIS considérait qu'il s'agissait d'un attribut unique envisagé soit avant la publication (repentir) ou après la publication (retrait) [2]. Or, la doctrine majoritaire s'accorde à dire que les deux termes concerneraient deux objets : le repentir viserait *la forme* de l'œuvre, et le retrait viserait *l'effet translatif de la cession* du droit d'exploitation [3]. En bref, l'auteur peut *modifier* la forme de son œuvre ou, plus radicalement, peut *retirer* son œuvre et dans les deux cas, malgré la publication. Cependant, le régime applicable au repentir et au retrait reste le même.

---

[1] Une partie de la doctrine estime que cet attribut est une invention du législateur de 1957 (H. DESBOIS, *op. cit.*, 394). Or, des traces jurisprudentielles peuvent être constatées, comme dans l'affaire *Lecocq* (Cass. civ., 25 juin 1902) et l'affaire *Canal* (Cass. civ., 14 mai 1945), même si le repentir ne s'exerçait pas à l'encontre d'un cessionnaire et à condition que son exercice ne soit pas dans un but de vexation. Plus claire, l'affaire qu'opposait Anatole France à son éditeur : l'auteur réclama la restitution de son manuscrit car il estima que son ouvrage « Histoire de France » avait vieilli, à quoi fit droit le Tribunal civil (T. civ. Seine, 4 déc. 1911), cité par PH. GAUDRAT, Rép. Civ. Dalloz, V° *Propriété littéraire et artistique (1° Propriété des créateurs)*, 2007, n° 633. Enfin, l'attribut de divulgation et celui de repentir ou de retrait gouvernent ensemble la *formation* du pacte culturel entre l'auteur et les amateurs, tandis que les autres prérogatives morales protègent *l'authenticité* de ce pacte.

[2] H. DESBOIS, *Le droit d'auteur en France*, 3e éd., n° 398.

[3] PH. GAUDRAT, « Propriété littéraire et artistique. Droits des auteurs. Droits moraux. Le droit de retrait et de repentir (CPI, art. L. 121-1 à L. 121-9) », *J.-Cl., propriété littéraire et artistique*, fasc., 1212, 2001, n° 1.

602. Finalité. Les attributs de repentir et de retrait se justifient par la nécessité de garantir une *maîtrise intellectuelle continue* de la création par le créateur, et ce même après une cession d'un droit d'exploitation voire d'une publication. L'œuvre comme élément identitaire de la personnalité du créateur doit accompagner l'évolution de cette personnalité. Autrement dit, la cession d'un droit d'exploitation ou la publication de l'œuvre ne change pas le fait que la création est une émanation de la personnalité. Chronologiquement, l'auteur qui estime que la forme réalisée est conforme à la forme conçue, considère que son œuvre est achevée ; il pourrait la divulguer pour lui donner une existence publique (la publication). Or, tant que l'auteur est vivant, sa personnalité évolue et s'enrichit. En conséquence, tant que le *lien ombilical* entre l'auteur et son œuvre existe, le droit doit rendre compte de *l'interaction* entre la personnalité de l'auteur et l'état de la création. Pour ces raisons, l'auteur qui pourrait, à moment donné, considérer que son œuvre n'exprime plus sa personnalité, ou qu'elle doit être modifiée ou corrigée, dispose du droit de retirer son œuvre de la circulation ou simplement, introduire des modifications à cette œuvre.

603. Portée. Une question se pose sur l'opposabilité du droit de repentir ou de retrait. Ces droits sont-ils opposables au seul cessionnaire d'un droit d'exploitation ou bien sont opposables à toute personne investie d'un droit d'exploiter ? Une doctrine avisée considère que l'interprétation littérale du texte est réductrice. Ainsi, cette prérogative discrétionnaire est opposable non seulement à un cessionnaire, mais aussi à toute personne investie d'un droit d'exploiter qu'il ait reçu directement de l'auteur par une cession, ou non (comme le *sous-cessionnaire* ou le *coordinateur-ensemblier* d'une œuvre collective [1]). En revanche, si les deux attributs sont opposables au *commanditaire* d'un contrat de commande [2], ils ne le sont pas à l'encontre de *l'acquéreur* d'une œuvre réelle (d'une originale ou d'un exemplaire) [3]. En effet, la propriété corporelle du support est indépendante de celle incorporelle de l'œuvre. De plus, le droit de repentir ne vise à contrarier que la mise en œuvre du *droit d'exploitation* par un titulaire régulier. Enfin, le droit de repentir ou de retrait n'a aucun effet sur les *amateurs* [4] ; les effets n'affectent que les *consommateurs* qui ne pourront plus acquérir d'exemplaires de l'œuvre.

---

[1] Une œuvre collective (art. L.113-2 al. 3 du CPI) est une œuvre créée à l'initiative d'une personne physique ou morale (le coordinateur-ensemblier) qui la divulgue sous son nom et à laquelle plusieurs auteurs participent. L'apport de chaque auteur se fond dans l'ensemble, sans qu'il soit possible d'attribuer à chacun un droit distinct sur *l'ensemble.* Ainsi, le coordinateur-ensemblier est titulaire des *droits de l'auteur* sur cette œuvre sans cession.

[2] Les contrats de commande sont aussi translatifs de droit patrimonial au titre de la cession qu'ils comportent (par ex. contrat de production audiovisuelle). *Contra* PH. GAUDRAT, Rép. Civ. Dalloz, 1°, *op. cit.*, n° 639.

[3] *Contra* R. SAVATIER, « La loi du 11 mars 1957 sur la propriété littéraire et artistique », *JCP G* 1957, I, 1398, n° 39 et 71. Plus nuancé, le Professeur GAUDRAT donne une présentation intéressante et distributive de l'exercice du droit de retrait ou de l'exercice du droit de repentir (la retouche) concernant l'exemplaire ou l'original. Pour aller plus loin, V. le fasc. 1212, *op. cit.*, n° 10.

[4] Ayant accès licite sur l'œuvre, l'amateur peut jouir intellectuellement de l'œuvre malgré le retrait. D'une part il a une propriété corporelle sur son exemplaire, et d'autre part il bénéficie de l'acte de divulgation précédant le retrait. Cela signifie que le retrait *n'est pas une inversion (révocation) de la divulgation.*

b. Exercice de la prérogative

604. La suite de l'article L. 121-4 précise les modalités de l'exercice du droit de repentir ou de retrait : « *il ne peut toutefois exercer ce droit qu'à charge d'indemniser préalablement le cessionnaire du préjudice que ce repentir ou ce retrait peut lui causer. Lorsque, postérieurement à l'exercice de son droit de repentir ou de retrait, l'auteur décide de faire publier son œuvre, il est tenu d'offrir par priorité ses droits d'exploitation au cessionnaire qu'il avait originairement choisi et aux conditions originairement déterminées* ». Mais le texte se limite à régler le rapport entre l'auteur et un exploitant (**i**), et n'aborde pas le rapport entre les coauteurs d'une œuvre plurale (**ii**).

i. Rapport avec l'exploitant-cessionnaire

605. Prérogatives discrétionnaires. Puisque fondé sur le scrupule de l'auteur, il n'y a que lui qui peut apprécier le divorce entre ses considérations morales ou artistiques et l'œuvre réalisée. Cela signifie que ces attributs sont discrétionnaires et ne peuvent faire l'objet d'un contrôle judiciaire [1]. Cependant, une partie de la doctrine propose de soumettre ces attributs au contrôle de l'abus de droit. En effet, nous croyons avec la première partie de la doctrine que ces prérogatives morales ne peuvent être que discrétionnaires. Elles ne peuvent être invoquées que pour défendre un scrupule du créateur, et non pas pour imposer une révision de la rémunération de l'exploitation [2]. Toutefois, il a été jugé que l'auteur doit exposer les motifs d'ordre intellectuel et moral de l'exercice de son droit de retrait [3].

606. Indemnisation. Étant conçu comme une exception à l'effet obligatoire des contrats, l'exercice du droit de retrait et de repentir est soumis à des conditions qui constituent des *garanties* pour le cessionnaire. La première condition de l'exercice de ces attributs moraux est *l'obligation d'indemnisation préalable.* Cette condition a suscité la critique d'une partie de la doctrine [4]. Le problème se pose en pratique de l'évaluation du préjudice de l'exercice du droit de repentir ou de retrait [5]. En tout cas, l'auteur qui retire le droit d'exploitation qu'il avait octroyé à l'exploitant doit assumer les frais de la vérification des comptes. Enfin, il convient de préciser que le créancier de l'indemnité est le cessionnaire de l'auteur. En revanche, les tiers qui peuvent être affectés par le retrait ou le repentir ont la possibilité d'agir contre leur propre contractant seulement.

---

[1] H. DESBOIS, *Le droit d'auteur en France*, 3e éd., 396 et s.

[2] Pour la révision, il faut invoquer le bon fondement juridique et non le droit de repentir ou de retrait. Comme l'article L. 131-5 du Code de la propriété intellectuelle qui prévoit la révision pour lésion de plus de sept douzièmes quand le prix de la cession est forfaitaire. V. J. MATTHYSSENS, « Sanctions de la lésion dans les contrats relatifs aux droits d'auteur », *RIDA*, oct. 1959, p. 73 et s.

[3] CA Paris, 4e ch., A, 13 janv. 1993 : Juris-Data n° 1993-020603. Sur ce point, le Professeur GAUDRAT estime que « *le droit est discrétionnaire, non parce que l'on peut l'invoquer à tort et à travers, sans justification ni explicitation permettant un contrôle minimum de la base légale, mais parce que, lorsque l'auteur met en avant un scrupule d'ordre moral, la pertinence de ce scrupule n'est pas susceptible de contrôle* ».

[4] « *Cette disposition, dérogatoire au droit commun, par le caractère préalable de la réparation, ne se justifie pas, à notre avis, car elle rend extrêmement difficile l'exercice du droit de retrait, surtout pour de jeunes auteurs* » : A. IONASCO, « Le droit de repentir de l'auteur », *RIDA*, janv. 1975, p. 45. Aussi, C. COLOMBET, *Propriété littéraire et artistique et droits voisins*, Dalloz, 8e éd. 1996, n° 167. *Contra* P. SIRINELLI, *Le droit moral de l'auteur et le droit commun des contrats*, thèse, Univ. Paris II, 1985, n° 616.

[5] L'Internet facilite l'exercice de ces droits moraux si l'exploitation est en ligne.

607. Préférence. Une autre garantie de l'exploitant consiste à le faire bénéficier d'une *priorité* si l'auteur décide de publier son œuvre après l'avoir modifiée ou retirée. Cette solution empêche d'exercer ce droit moral dans un but pécuniaire. Maintenant, la question se pose de l'application de cette solution à la même œuvre ou à l'œuvre retouchée. Il serait logique d'appliquer la solution à l'œuvre modifiée, car si l'on permet à l'auteur de choisir un autre exploitant pour exploiter son œuvre modifiée, la loi devrait fixer l'étendue des modifications libératoires, ce qui n'est pas évident.

ii. Rapport entre les coauteurs

608. Quand l'œuvre est plurale, la difficulté dans l'exercice du droit de repentir et de retrait apparaît, car chaque auteur dispose des mêmes prérogatives. D'abord, si l'œuvre est de collaboration [1], la question se pose de savoir si *l'unanimité* des coauteurs est nécessaire pour tout exercice du droit de repentir ou de retrait. En effet, considérer que ces attributs moraux sont indivis conduit à limiter leur importance en pratique. En revanche, si chaque coauteur peut exercer individuellement son droit de repentir ou de retrait, cet exercice affecte l'exploitation de la contribution des autres coauteurs (par exemple, le retrait du scénario d'une œuvre cinématographique), sachant que la loi ne prévoit que la réparation du préjudice subi par le cessionnaire. M. SIRINELLI opte pour la deuxième lecture : « *tout coauteur peut exercer son droit de repentir. En pratique, cet exercice sera extrêmement rare en raison de son caractère ruineux* » [2]. Au contraire, le Professeur GAUDRAT estime que l'attribut de repentir ou de retrait est un « *attribut de créateur à exploitant* » non un « *attribut de créateur à créateur* », ainsi, le retrayant ne peut pas priver ses coauteurs des fruits de l'exploitation de leur création par l'exercice unilatéral de cette prérogative morale.

609. Dans l'œuvre collective [3], il va de soi que le coordinateur-ensemblier (souvent une personne morale) ne dispose pas de ce droit moral, dans la mesure où ce droit est éminemment personnel et lié à l'acte créatif, autrement dit, il est réservé au créateur. Ainsi, MM. SIRINELLI et GAUDRAT estiment que ces droits peuvent être exercés par les véritables créateurs, ce qui peut être considéré comme retour au principe de la propriété du créateur de seul fait de l'acte créatif. La difficulté gît dans l'absence d'une cession, ce qui est contraire à la lecture majoritaire de l'article L. 121-4 du Code de la propriété intellectuelle qui limite son application au rapport auteur-cessionnaire.

610. Concernant, enfin, l'œuvre dérivée [4], le droit de repentir s'exerce sans problème. Puisqu'il s'agit de deux œuvres distinctes, objets de droits d'auteur distincts et revenant à deux titulaires qui sont tous les deux créateurs. L'auteur de

---

[1] L. 113-2, 1er al. CPI « *Est dite de collaboration l'œuvre à la création de laquelle ont concouru plusieurs personnes physiques* ».

[2] P. SIRINELLI, *Propriété littéraire et artistique et droits voisins*, Dalloz 1992, p. 61.

[3] L. 113-2, 3e al. CPI « *Est dite collective l'œuvre créée sur l'initiative d'une personne physique ou morale qui l'édite, la publie et la divulgue sous sa direction et son nom et dans laquelle la contribution personnelle des divers auteurs participant à son élaboration se fond dans l'ensemble en vue duquel elle est conçue, sans qu'il soit possible d'attribuer à chacun d'eux un droit distinct sur l'ensemble réalisé* ». L'exemple de ses œuvres : les encyclopédies, les dictionnaires etc.

[4] L. 113-2, 3e al. CPI « *Est dite composite l'œuvre nouvelle à laquelle est incorporée une œuvre préexistante sans la collaboration de l'auteur de cette dernière* ».

l'œuvre primaire peut modifier son œuvre mais ne peut pas l'imposer à l'auteur de l'œuvre seconde. Quant à l'exercice du droit de retrait, la solution est la même : « *que l'auteur prenne en horreur son œuvre et exerce son droit de retrait ne semble pas impliquer le retrait de l'œuvre dérivée qui a une forme distincte et qui est exploitée en vertu de contrats distincts* » [1].

2. Exclusion du droit de retrait ou de repentir

611. L'exclusion du droit de retrait ou de repentir pourrait être justifiée (**a**). Mais ce choix pourrait avoir des tempéraments (**b**).

a. Exclusion justifiée

612. À part une doctrine minoritaire, la jurisprudence [2] et la majorité des auteurs *justifient* l'exclusion de la prérogative de repentir et de retrait du droit moral de l'artiste-interprète. Nous classons en deux séries les raisonnements qui plaident pour cette option : l'une est factuelle (**i**) et l'autre est juridique (**ii**).

i. Réalité de la création interprétative

613. Création répétitive. La création interprétative se distingue de la création des œuvres par l'inscription de l'acte créatif dans le temps. Nous avons expliqué que l'interprétation est l'art de temps (et de gestes) dans le sens où *le* temps de création s'inscrit dans *un* temps réel. En conséquence, l'interprétation d'une même œuvre peut se renouveler en d'autres temps. En termes plus simples, l'interprète qui souhaite modifier son interprétation d'une œuvre peut simplement *recréer* cette interprétation (interprétation en spectacle, en studio, avec d'autres techniques d'enregistrement (*remix*) etc.). Certes il s'agit à chaque fois d'une autre propriété, mais cette spécificité de l'interprétation lui donne un avantage par rapport à l'auteur.

ii. Complexité juridique

614. De *lege lata*, étant dérogatoires au principe de la force obligatoire des contrats, les prérogatives de retrait ou de repentir ne peuvent être reconnues sans texte explicite. Cependant, de *lege ferenda*, MM. GAUDRAT et TAFFOREAU [3]

---

[1] PH. GAUDRAT, fasc., 1212, *op. cit.*, n° 32.

[2] La Cour d'appel de Paris avait rejeté la demande d'un acteur qui prétendait faire interdire l'exploitation d'une œuvre audiovisuelle au motif que sa prestation ne correspondait plus à sa personnalité. CA Paris, 6 nov. 1984, *Aldo Maccione* : *D.* 1985, jurispr. p. 187, note T. HASSLER. Après la loi Lang 1985, la solution n'a pas changé : le TGI de Paris a jugé que l'actrice devenue chanteuse ne pouvait interdire l'exploitation de ses films pornographiques : TGI Paris, 7 mars 1986, *Catherine Ringer* : *D.* 1987, somm., p. 367, note T. HASSLER.

[3] Les Professeurs GAUDRAT et TAFFOREAU soutiennent expressément la nécessité de la reconnaissance d'un droit de repentir ou de retrait à l'artiste-interprète. V. PH. GAUDRAT, Rép. Civ. Dalloz, *Propriété littéraire et artistique 1° Propriété des créateurs*, n° 646 : « *le droit de repentir et de retrait est un attribut, aussi caractéristique que nécessaire, du droit de la création. Il n'y a aucune raison de principe pour qu'il soit refusé à l'interprète* ». Aussi. P. TAFFOREAU, *Le droit voisin de l'interprète d'œuvres musicales en droit français*, p. 481 « *de lege ferenda, il paraît souhaitable et possible d'instituer au profit de l'artiste-interprète un droit de retrait ou de repentir, soumis comme les autres droits voisins à la règle de prééminence du droit d'auteur ; quitte à en aménager strictement l'exercice pour éviter tout dommage*

plaident pour la reconnaissance de ces prérogatives à l'interprète. Or, même si ces prérogatives étaient reconnues à l'artiste-interprète, leur mise une œuvre serait tellement complexe qu'elles seraient théoriques. En effet, la création interprétative est souvent *collective* ; de plus, l'exercice de ces prérogatives se heurte certainement avec le droit moral de l'auteur de l'œuvre interprétée ; enfin, l'indemnisation du cessionnaire qui conditionne l'exercice de ces prérogatives serait dissuasive pour l'interprète surtout s'il est obligé de dédommager les autres créateurs.

b. Atténuations

615. Alternatives. À la place d'une prérogative propriétaire radicale, nous proposons une alternative : obliger l'exploitant à insérer un avertissement sur les supports de fixation ou sur le générique de l'œuvre audiovisuelle ; ou indiquer *via* une annonce préalable, que l'artiste-interprète désapprouve la communication de son interprétation ou qu'il la renie, la jugeant indigne de lui [1]. Aussi, rien n'interdit aux parties de prévoir une clause qui garantit la faculté de repentir ou de retrait à l'artiste-interprète (sous forme d'une clause de dédit) [2]. Enfin, nous croyons que le droit dont dispose l'artiste-interprète de retirer son interprétation du répertoire d'un organisme de gestion collective [3] (peut-être pour apporter une autre version), a les mêmes effets qu'un droit moral de retrait. Certes il y a une grande différence : l'organisme de gestion n'est pas un exploitant-cessionnaire, et il s'agit d'une révocation du mandat fait à cet organisme. Néanmoins, le résultat est semblable au retrait par l'exercice du droit moral : les utilisateurs secondaires ne peuvent plus avoir accès à la création retirée du répertoire.

616. Droits de la personnalité. Dans la jurisprudence, nous trouvons des applications qui semblent résoudre le problème de repentir ou de retrait d'une interprétation, mais *via* les droits de la personnalité de l'artiste-interprète. Sur ce fondement, une actrice a pu obtenir l'obligation de supprimer des scènes qu'elle avait tournées et dans lesquelles elle apparaissait nue [4]. Aussi, une actrice a pu faire sanctionner une anthologie de scènes pornographiques qu'elle avait tournées avant d'accéder à la notoriété [5]. Mais ce fondement reste limité : dans une affaire concernant l'exploitation des photographies pornographiques d'une actrice, le tribunal a distingué entre les photographies prises dans la sphère intime de l'actrice

---

aux auteurs comme à l'industrie phonographique, vidéographique ou audiovisuelle ». *Contra* T. AZZI, « Le droit moral de l'artiste-interprète. Retour sur les silences troublants du législateur », *Propr. intell.* 2008, p. 286.

[1] P. TAFFOREAU, *Le droit voisin de l'interprète d'œuvres musicales en droit français*, n. 559, p. 483, qui inspire cette solution de la solution de l'affaire Rostropovitch que nous allons analyser plus tard.

[2] F. POLLAUD-DULIAN, *op. cit.*, n° 2316-2, p. 1526 ; P. TAFFOREAU, Rép. IP/IT et Communication Dalloz, V° *Droits voisins du droit d'auteur*, 2019, n° 43. Dans ce sens, une décision avait permis à Jean-Paul Belmondo de ne pas participer à un tournage malgré son engagement contractuel, mais c'était l'application d'une clause soumettant expressément sa participation au fait que Jean-Luc Godard réaliserait le film (TGI Paris, 17 nov. 1967 : *D.* 1968, p. 407, note G. LYON-CAEN). Certes, la solution ne s'apparente pas à l'exercice d'un droit de retrait car l'interprétation *n'était pas encore créée.* Mais une telle clause peut jouer si, par exemple, le réalisateur du film a été changé au cours du tournage après la fixation d'une partie des interprétations de l'acteur.

[3] L'artiste-interprète peut se retirer totalement ou partiellement (par rapport à certaines créations ou certaines utilisations) de l'organisme de gestion collective (quand celle-ci n'est pas obligatoire).

[4] TGI Paris, réf., 14 mai 1974, *Carole Laure c/ sté. V. M. Productions Dusan Makavejev* : *RIDA*, mars 1975, p. 145, note M. GAUTREAU ; *D.* 1974, p. 766, note R. LINDON.

[5] Cass. civ., 1er mars 1982, *C. Beccarie* : *Bull. civ.*, I, n° 99; *Gaz. Pal.*, II, 1982, p. 249.

et celle prises lors du tournage [1]. Pour les premières photographies la sanction a été fondée sur *l'atteinte à la vie privée* ; pour les secondes le tribunal a considéré que l'actrice avait consenti à tourner nue dans certains films et que la reproduction d'images extraites de ces films ne constituait pas une atteinte à la vie privée ni une atteinte au droit moral [2].

617. Donc, la prérogative de retrait ou de repentir ne fait pas partie des prérogatives propriétaires de l'artiste-interprète et *cela est à raison*. La question est plus délicate concernant la prérogative primordiale de la divulgation.

B. Absence injustifiée : le droit de divulgation

618. Le droit de divulgation d'une création expressive n'existe qu'en droit d'auteur, ce qui nous oblige de l'étudier (**1**) pour comprendre si son absence en droit de l'artiste-interprète est justifiée ou non (**2**).

1. Notion et fonction du droit de divulgation

619. Reconnu par la jurisprudence dès le début du XIXe siècle [3], le législateur de la loi de 1957 consacre le droit de divulgation de l'auteur. Aujourd'hui, l'article L. 121-2 al. 1er du Code de la propriété intellectuelle dispose : « *l'auteur a seul le droit de divulguer son œuvre. [...] il détermine le procédé de divulgation et fixe les conditions de celle-ci* ». L'approfondissement de l'étude montre que la notion de la divulgation est plus ancienne (**a**), ce qui s'explique par le *rôle naturel* qu'il joue (**b**).

a. Émergence du droit de divulgation

620. Petite généalogie de la divulgation [4]. Aussi ancienne que la propriété de l'auteur, l'on trouve dès le XVIe siècle dans la plaidoirie de l'avocat SIMON MARION (baron de Druy) les traces de la notion de divulgation (**i**). Ces traces vont être la matrice de l'élaboration doctrinale et jurisprudentielle jusqu'à la consécration légale de la divulgation comme élément de la propriété incorporelle bifonctionnelle (**ii**).

---

[1] TGI Nanterre, 7 déc. 1999, arrêt cité par M. KEREVER dans la chronique dans la *RIDA*, juill. 2000, n° 185, p. 345.

[2] Toutefois, l'actrice a obtenu gain de cause sur le fondement du droit patrimonial de l'artiste-interprète (L. 212-3 CPI). V. T. AZZI, *Recherche sur la loi applicable aux droits voisins du droit d'auteur en droit international privé*, n° 71, p. 56.

[3] PH. GAUDRAT, « Propriété littéraire et artistique. Droits des auteurs. Droits moraux. Droit de divulgation (CPI, art. L. 121-1 à L. 121-9) », *J.-Cl. Propriété littéraire et artistique*, fasc. 1211, 2001. Du même auteur, Rép. Civ. Dalloz, V° *Propriété littéraire et artistique (1° Propriété des créateurs), op. cit.*, n° 578 et s. CA Paris, 11 janv. 1828, Rép. Méth. 1857, Dalloz, t, 38, *Propriété littéraire et artistique*, n° 319, p. 492. CA Lyon, 17 juill. 1845, DP, 1845, 2, 128.

[4] Nous utilisons sans distinction les termes « divulgation » et « droit de divulgation ». En effet, comme l'explique M. GAUDRAT, « le *droit de divulgation* est l'ombre portée de la propriété incorporelle sur *l'acte de divulgation* ; autrement dit, "l'exercice de la propriété appliqué à la divulgation" ».

i. Panorama historique

621. Sans plonger dans l'histoire, nous présenterons les étapes cruciales de l'évolution du droit de divulgation en matière de droit d'auteur.

622. Première trace : Marion. Défendant le droit de l'auteur sur son œuvre, et la maîtrise que ce droit devrait assurer, l'avocat MARION décrivit, dans sa plaidoirie en 1586, les choix dont dispose un l'auteur sur son œuvre [1] : l'auteur peut choisir de *retenir son ouvrage* ou de *le divulguer*, et cette divulgation peut être *sans privilège*, ou en *se réservant un droit de patronage*. « *C'était, très précisément, ce pouvoir d'affranchir, avec ou sans réserve, que Marion, dans ses conclusions, appelait divulgation ; non le premier choix entre garder l'œuvre secrète ou la révéler* » [2].

623. Date de la naissance (théorique) du droit de divulgation : Le Chapelier. Lors de sa première intervention à l'Assemblée, LE CHAPELIER estima que l'auteur, par *la première communication* de son œuvre, transférait sa propriété au public ! La propriété, dans cette conception, se serait réduite *au premier et dernier droit de divulgation* ; même si, pour récompenser le travail créatif de l'auteur, le législateur lui reconnaissait un monopole légal temporaire. Heureusement, LE CHAPELIER corrigea cette idée deux mois plus tard [3]. Trente-sept ans plus tard, la jurisprudence consacre cette prérogative propriétaire : les magistrats parisiens exhumèrent le concept de divulgation par un arrêt le 11 janvier 1828 [4].

624. Monisme monopolistique et monisme personnaliste. La propriété a été malmenée par deux courants monistes, l'un monopolistique l'autre, à l'inverse, personnaliste. Au XIXe siècle, RENOUARD ouvrit le feu sur la propriété des auteurs. Il inventa l'expression « droit d'auteur » pour éviter la référence à la propriété. Pour lui, le droit dont dispose l'auteur n'est qu'un *monopole temporaire compensatoire* octroyé par le législateur. L'œuvre ne serait qu'une transformation des idées puisées dans le fonds commun, non pas la création originale. Dans le sens inverse de RENOUARD, les personnalistes voyaient dans le droit d'auteur un droit *purement moral*. L'un des défenseurs de la conception personnaliste et moniste du droit d'auteur a mis l'accent sur la divulgation qui synthétise le droit sur l'œuvre : MORILLOT écrivit « *l'auteur exerce sur son œuvre une pleine souveraineté morale, non seulement avant mais après la publication* » : avant, l'auteur « *est le maître absolu de son œuvre [et son droit est] si intime qu'il se confond vraiment avec sa faculté de penser* » ; après, « *en exprimant son œuvre sous des traits qui la rendent sensible aux regards du public et, plus encore,*

---

[1] Pour une analyse complète des enseignements de la plaidoirie de MARION, V. PH. GAUDRAT, « Les créations et le droit : balade dans l'espace et dans le temps », *La création, entre droit, philosophie et religion*, *op. cit.*, surtout pp. 32-35.

[2] V. PH. GAUDRAT, « Souple cession », *op. cit.*, n° 9 et s. Comparant l'ouvrage à un esclave, MARION expliqua que l'auteur peut choisir entre garder son œuvre pour lui, ou la divulguer, soit par une émancipation pure et simple, soit par une émancipation avec « un droit de patronage ».

[3] Le CHAPELIER comme LAKANAL considèrent que le droit de l'auteur est une propriété sur la création non une régulation économique (monopole supprimant le marché de la communication de l'œuvre). Pour eux, il y a un principe supérieur, incontestable et de droit naturel, qui fait du créateur le propriétaire de sa création.

[4] CA Paris, 11 janv. 1828, Rép. Méth., Dalloz, 1857, t. 38, propriété littéraire et artistique, n° 319, p. 492.

en la publiant, l'auteur prolonge en quelque sorte sa personnalité et la rend susceptible d'agression qu'elle ne comportait pas auparavant » [1].

625. Synthèse propriétaire. L'analyse du droit d'auteur comme un simple monopole d'exploitation ou, à l'inverse, comme un simple droit de la personnalité, était réductrice. Ainsi, la synthèse de deux siècles d'évolution développa la propriété incorporelle en articulant en son sein toutes ses prérogatives fonctionnelles. Autrement dit, on est arrivé à une *propriété incorporelle* de l'auteur sur son œuvre, qui rassemble *tous les attributs assurant les deux fonctions* : la protection des *intérêts moraux* et *pécuniaires du créateur.*

ii. Le droit de divulgation dans la loi du 11 mars 1957

626. Distinction : divulgation et révélation. La divulgation n'est ni la *révélation* d'un secret (fait matériel) ni la *publication* (acte matériel). C'est précisément l'acte juridique unilatéral qui cadre le processus du partage de la forme : le moment, le procédé et les conditions. En effet, la révélation n'est que le fait matériel de dévoilement d'un secret. Or, la divulgation est un acte de volonté qui s'adresse au public d'amateurs. La première notion est propre au droit des brevets [2]. En revanche, en matière de créations expressives, la révélation ne change rien du statut de la forme : la simple révélation de l'œuvre ne vaut pas divulgation publique ; mais la divulgation implique logiquement la révélation. En effet, puisque la création expressive s'exploite par la communication au public, cette exploitation, lorsqu'elle est réalisée par un tiers, n'est licite que sur le fondement d'un acte de volonté visant le partage.

627. Distinction : divulgation et publication. La publication d'une œuvre est un *acte matériel.* Elle peut résulter d'une simple révélation de l'œuvre à un nombre limité d'amateurs mais sans divulgation ; aussi, peut-elle résulter de la divulgation. En conséquence, la publication ne vaut pas systématiquement divulgation. Par exemple, vendre ou offrir le support d'une œuvre implique la révélation de l'œuvre (elle n'est plus secrète) mais pas sa divulgation au public.

b. Fonctions du droit de divulgation au sein de la propriété

628. Le *contenu* du droit de divulgation couvre *les deux fonctions* qu'il assume au sein de la propriété. Nous comprenons ces fonctions en distinguant *deux effets* de la divulgation : *la licéité de la révélation* de la création au public (**i**) et *la patrimonialisation de la forme externe* (**ii**) [3].

---

[1] ANDRE MORILLOT, *De la protection accordée aux œuvres d'art aux photographies, aux dessins et modèles industriels, et aux brevets d'invention dans l'Empire d'Allemagne*, Éditions Cotillon ; Puttkammer & Muhlbrecht, Paris-Berlin 1878.

[2] Révélée, l'invention entre dans l'état de la technique et n'est plus nouvelle pour faire l'objet d'une demande de brevet (L. 611-11 CPI : « L'état de la technique est constitué par tout ce qui a été rendu accessible au public avant la date de dépôt de la demande de brevet… »).

[3] Les deux fonctions de la divulgation sont indépendantes : le professeur qui divulgue à ses étudiants ses cours révèle ses créations mais ne les patrimonialise pas ; par conséquent, le champ divulgataire ne peut dépasser le public d'étudiants. (Les cours de Barthes, TGI, 20 nov. 1991 : *RIDA*, janv. 1991, p. 344).

i. Pacte culturel

629. Divulgation et pacte culturel. La loi consacre le droit de divulgation en le distinguant du droit patrimonial. Ainsi, le droit de divulgation ne peut pas être le doublon du droit patrimonial [1]. L'articulation des deux actes de divulgation et d'exploitation l'explique. En effet, la divulgation est un *acte juridique unilatéral* qui s'adresse à un *groupe ouvert d'amateurs* (le public) ; *l'intérêt protégé* par l'auteur et le public n'est que celui *culturel* qu'implique le partage intellectuel. Dès lors, l'objet de la divulgation est une *autorisation* donnée par l'auteur au public ; cette autorisation *lève l'interdiction sur la révélation* de la création. En un mot, l'auteur *offre* par divulgation ce que le public *s'approprie* par restitution intellectuelle : la communication est consommée, et le pacte culturel de ce couple est formé [2].

630. Divulgation et exploitation. Si l'auteur n'assume pas lui-même la diffusion de la forme, il faut bien l'intermédiation d'un tiers. Il en résulte la nécessité d'organiser un *rapport bilatéral* entre l'auteur et ce tiers-exploitant. C'est le rôle du droit patrimonial. En définitive, l'acte d'exploitation est *l'acte juridique bilatéral* (auteur-exploitant), qui suit un *acte préalable de divulgation* (acte unilatéral exprimant la volonté de partage intellectuel avec les amateurs), afin d'organiser l'exploitation découlant de l'acte de divulgation. L'organisation de l'exploitation n'est qu'un *effet* de la volonté de partage intellectuel ; en conséquence, outre la révélation (premier attribut), la divulgation patrimonialise la forme (second attribut).

ii. Patrimonialisation de la forme

631. Chronologie de l'émergence des prérogatives propriétaire [3]. Contrairement à la doctrine qui soutient que les prérogatives de la propriété naissent simultanément dès la création, nous croyons, avec une autre partie de la doctrine [4], que la propriété est synthétisée dans une seule prérogative : le droit de divulgation. L'exercice de la divulgation déploie *tous les attributs*, car c'est cette

[1] Très tôt, en 1586 l'avocat MARION distingua habilement (et pour la première fois) entre *la sphère de la création* centrée sur la forme créée (le domaine éminent), et *la sphère de l'exploitation* centrée, elle, sur le travail et la matière (la propriété corporelle et l'organisation des métiers par le privilège collectif et individuel).

[2] La vie culturelle d'une société est constituée alors des *réseaux de pactes culturels* fédérateurs des citoyens : garantie de la liberté d'exprimer et de penser, les pactes culturels sont l'élément principal de *l'espace public* qui doit être, et rester, libre. Cela est difficile dans une époque de marchandisation et où la culture est regardée comme une industrie et les créations expressives comme des produits.

[3] PH. GAUDRAT, « Non-épuisement du droit de divulgation (par donation du support) », *RTD Com.*, 2019, p.127 : Commentaire sur l'arrêt de Cass.1er civ., 10 oct. 2018, n° 17-18.237, aff. *Frandsen de Schomberg Gervasi c/ Clapton*, inédit.

[4] Deux courants doctrinaux sur ce point : la doctrine *classique* de la propriété littéraire et artistique considère le droit de divulgation comme l'origine de toute prérogative patrimoniale, c'est l'avis de H. DESBOIS, *Le droit d'auteur en France*, Dalloz 1978, n° 388, p. 473 ; A. FRANÇON, *Cours de propriété littéraire artistique et industrielle, 1996/97*, Les cours du Droit, p. 214 ; C. COLOMBET, *Propriété littéraire et artistique*, 8e éd., n° 136, p. 117 ; P. SIRINELLI, *Propriété littéraire et artistique et droits voisins*, 2e éd., 2003, Dalloz, Mémento, p. 53. *Contra*, certains considèrent que toutes les prérogatives naissent en même temps du fait créatif, en refusant toute hiérarchie entre elles : surtout A. LUCAS et *alii*, 5e éd., *op.cit.*, n° 569 : « *La divulgation de l'œuvre ne conditionne en réalité ni l'existence du monopole, ni même véritablement son exercice* » ; C. CARON, *Droit d'auteur et droits voisins*, 6e éd., 2020, n°, p. 231, qui défend le dualisme où le droit moral coexiste avec le droit patrimonial ; M. VIVANT et J.-M. BRUGUIERE, *Droit d'auteur et droits voisins*, 4e éd., 2019, n° 451, p. 485.

décision qui fait de l'œuvre un bien dans le commerce [1]. C'est exactement cette *émergence séquentielle* des prérogatives propriétaires que visait le législateur de la loi de 1957, ce qu'attestent les travaux de la Commission de la propriété intellectuelle à l'origine de cette loi. M. FRANÇOIS HEPP, son président, a écrit :

> « On a constaté en outre que le prétendu droit "pécuniaire" découlait en réalité d'un contrat d'exploitation et non directement de la loi ; et que le droit exclusif d'exploitation en vertu duquel l'auteur conclut un tel contrat était lui-même dans une étroite dépendance du droit de divulgation, qui constitue l'élément essentiel du "droit moral" et le premier, dans l'ordre logique, des attributs positifs du droit incorporel de propriété littéraire et artistique » [2].

En bref, sans divulgation l'œuvre reste dans la sphère intime du créateur. En conséquence, les autres prérogatives morales restent dormantes [3], et la valeur économique reste en puissance car l'œuvre est hors du commerce juridique.

632. Exercice contracté. L'acte de la divulgation et celui de l'exploitation sont, par nature, *emboîtés*, mais leur superposition n'implique nullement leur confusion. L'exploitation, n'est possible que sur le fondement d'une divulgation : sans divulgation il n'y a pas de public [4] et sans public il ne peut pas y avoir de clientèle de l'exploitant. Chaque exploitation doit se fonder sur une divulgation correspondant à son champ [5], sinon elle est illicite. Si l'œuvre n'était jamais divulguée, la contrefaçon serait encore plus radicale.

633. Décomposition. Un seul acte de volonté implique beaucoup de chose. L'acte juridique unilatéral de divulgation remplit simultanément deux fonctions : il vaut autorisation d'accès intellectuelle à la forme en même temps qu'il permet la conclusion du contrat d'exploitation. Ainsi, cet acte de volonté sert *simultanément* deux finalités *emboîtées* en ciblant, tour à tour, deux protagonistes différents : les amateurs (membres du public) et l'exploitant.

634. Unité, déploiement, perpétuité. Dès la création, le droit de divulgation exprime *l'unité* de la propriété incorporelle du créateur. Par son exercice, la

---

[1] MONIQUE CONTAMINE-RAYNAUD, « De l'existence du droit moral des artistes mariés sous le régime de la communauté », *D.*, 1971, p. 251. SALEILLES écrit que la divulgation de la création « *ne vaut pas dire à coup sûr qu'il [le créateur] s'en soit dessaisi, cela veut dire qu'il entend en tirer des bénéfices* ».

[2] F. HEPP, *in Travaux de la Commission de la propriété intellectuelle* [Décret du 28 août 1944 et du 5 mai 1945], Paris, France, Office Professionnel des Industries et Métiers d'Art et de Création - Office Professionnel des Industries, Arts et Commerces du Livre, 1945, p.35. Ou encore, « *le droit d'exploitation duquel découlera le contrat d'exploitation pécuniaire n'est qu'une des conséquences du droit de divulgation, comme le sont, dans l'ordre intellectuel ou moral, le droit pour l'auteur de veiller à l'intégrité de son œuvre, les droits de repentir et de retrait … le droit de divulgation apparaît bien comme l'un des attributs le plus élevé du droit incorporel que possède l'auteur* » : Rapport de MARCEL BOUTET, *in Travaux de la Commission de la propriété intellectuelle (1944-1945)*, p. 9.

[3] Avant la divulgation, il n'y a qu'une seule atteinte à la propriété : celle au droit de divulgation.

[4] La divulgation donne un public à l'œuvre et non pas « donne l'œuvre au public ».

[5] D'où le droit de divulgation n'est pas épuisable (il ne s'exerce pas une fois pour toutes). Pour un exposé de la problématique V. A. FRANÇON qui avait ouvert ce débat dans un article paru en 1973 sous le titre « L'auteur d'une œuvre de l'esprit épuise-t-il son droit de divulgation par le premier usage qu'il en fait ? », *GRUR.-Int.*,1973, p. 264 ; pour un état de lieu de la doctrine concernant cette problématique V. F. POLLAUD-DULIAN, « Multiples facettes du droit de divulgation », *Propr. Intell.*, n° 37, oct. 2020, p. 955 et s. ; pour une critique de cette théorie, V. PH. GAUDRAT, « Reprographie et épuisement… du droit de divulgation ou des gardiens du Temple ? », note sous Cass. 1re Civ., 11 déc. 2013, *RTD Com.*, 3/2014, p. 613 ; et plus récent, V. PH. GAUDRAT, « Non épuisement du droit de divulgation (par donation du support) », note sous Cass. 1re civ., 10 oct. 2018, n° 17-18.237 (aff. *Frandsen de Schomberg Gervasi c./ Clapton*), inédit, *RTD Com.*, 1/2019, p.127.

propriété *déploie* ses attributs fonctionnels moraux ou patrimoniaux. Enfin, à l'expiration du droit patrimonial, le droit moral exprime la *perpétuité* de la propriété.

2. Absence du droit de divulgation sur la forme vivante interprétative

635. Constat. L'article L. 212-2 du Code de la propriété intellectuelle ne prononce mot sur le droit de divulgation. Comment une *propriété incorporelle* sur une *forme expressive* (donc communicable au public) peut exister sans la prérogative de la divulgation ? Précisément, qu'est-ce qui naît de l'acte créatif si ce n'est pas le *droit-racine* de divulgation ? Pour nous, comme pour la doctrine fidèle à la conception personnaliste de la propriété littéraire et artistique, il y a un problème (**a**) auquel il faut trouver la solution (**b**).

a. Problème

636. La doctrine est divisée sur l'existence d'un droit de divulgation dans le silence de l'article L. 212-2 du Code de la propriété intellectuelle. Une partie de la doctrine estime que ce droit existe au travers du « droit d'autoriser » dans l'article L. 212-3 du Code de la propriété intellectuelle qui concerne le droit patrimonial. La jurisprudence était fluctuante sur la question (**i**) avant l'arrêt tranchant de la Cour de cassation qui refusa explicitement l'existence d'une telle prérogative dans la propriété de l'artiste-interprète (**ii**).

i. « L'arlésienne » du droit moral de l'artiste-interprète

637. Position du problème. L'absence de la prérogative de divulgation dans la propriété de l'artiste-interprète pose un grand problème : nier l'existence de cette prérogative essentielle *ruine la qualification propriétaire* du droit de l'artiste-interprète. Si l'interprète ne dispose pas de ce droit, son droit exclusif se trouverait réduit à deux choses : *dans un premier temps*, à la faculté de conclure ou de ne pas conclure un contrat pour la fixation de son interprétation ; et, *dans un deuxième temps*, à la faculté de négocier les rémunérations une fois que l'interprétation est fixée. En conséquence, l'interprète n'aura plus aucun lien avec le public. Il ne lui restera que le droit patrimonial en vertu duquel il contracte avec le producteur ou l'exploitant. Le public, partenaire culturel de l'artiste-interprète, se trouve perdant aussi : sans le droit de divulgation le public n'aura que le rapport avec l'exploitant en tant que clientèle. Ainsi, comme consommateurs, les amateurs perdent une garantie des libertés qu'ouvre l'acte de divulgation [1].

---

[1] Par l'acte de la divulgation le créateur scelle avec le public un pacte culturel. Ce pacte engendre des *prérogatives croisées* au bénéfice des deux parties, de manière à garantir l'équilibre d'intérêts. Pour le public, la divulgation induit *directement* la *limitation* de la propriété (L. 122-5 1° et 2° CPI en droit d'auteur et 211-3-1° et 2° CPI en droits voisins : jouissance libre dans la sphère intime de la copie privée et de la représentation dans le cercle de la famille) et permet *indirectement* de bénéficier des *exceptions* (mêmes articles, al. 3° et s.). Pour l'auteur, le pacte culturel qui résulte de la divulgation permet à l'auteur de protéger l'intérêt culturel par les prérogatives morales et de bénéficier des prérogatives patrimoniales lors de l'exploitation.

638. Doctrine divisée. La majorité de la doctrine s'est efforcée de prouver l'existence d'un droit de divulgation de l'artiste-interprète [1]. Cette doctrine considère que le droit de divulgation de l'artiste-interprète interprète se trouve « en creux » dans l'article L. 212-3 du Code de la propriété intellectuelle qui traite du droit patrimonial [2]. Or, la doctrine qui s'oppose à la reconnaissance de ce droit [3], évoque, surtout, deux arguments pour donner au silence textuel la valeur d'une non-reconnaissance explicite du droit de divulgation de l'artiste-interprète. *Le premier argument* est tiré de l'article L. 211-1 du Code de la propriété intellectuelle qui inclut « la règle de sauvegarde du droit d'auteur ». Cet article dispose que « *les droits voisins ne portent pas atteinte aux droits des auteurs. En conséquence, aucune disposition du présent titre ne doit être interprétée de manière à limiter l'exercice du droit d'auteur par ses titulaires* ». Dans sa thèse, Mme BACOUELLE a insisté sur cet argument. Pour elle, « *dans une approche réaliste, les droits de l'artiste-interprète sont conçus de manière à éviter les conflits avec l'auteur et de bloquer de ce fait l'achèvement et la diffusion des œuvres* » [4]. Le second argument consiste à faire une distinction nette entre l'article 212-2 et l'article 212-3 du Code de la propriété intellectuelle. Le premier concernerait les attributs du droit moral, alors que le second concernerait le droit patrimonial (le droit d'autorisation). Dès lors, selon cette doctrine, aucun emprunt ne peut se faire pour ajouter une prérogative aussi forte que le droit de divulgation au droit moral de l'artiste-interprète [5]. Enfin, certains auteurs limitent l'importance d'un tel attribut qui serait « théorique ». Ainsi, Mme KHAN estime que « *même s'il a [l'interprète], en théorie, la possibilité de décider de la divulgation et des conditions d'utilisation de sa prestation, l'artiste ne sera généralement pas maître des modalités de cette divulgation et ne pourra pas s'opposer, une fois son interprétation enregistrée, à sa divulgation, ce qui constitue justement tout l'intérêt d'un véritable droit de divulgation* » [6].

---

[1] X. DAVERAT, *L'artiste-interprète*, p. 737 ; P. TAFFOREAU, *Le droit voisin de l'interprète d'œuvres musicales en droit français*, t. 2, n° 551, p. 474 (pour la reconnaissance de cette prérogative de *lege ferenda*) ; B. EDELMAN, note sous TGI Paris, 10 janv. 1990 : *D.* 1991, p. 206, et « Enquête sur le droit moral de l'artiste-interprète », *D.*, 1999, chron. 243, et « Nouvelles enquêtes sur le droit moral des artistes-interprètes », *D.* 2006, p. 1168 ; PH. GAUDRAT, Rép. Civ. Dalloz, 1ère Partie, *op. cit.*, n°616 et s. ; F. POLLAUD-DULIAN, *Le droit d'auteur*, 2e éd., n° 1527 (pour la reconnaissance de cette prérogative de *lege ferenda*) ; X. LINANT DE BELLEFONDS, *Droit d'auteur et droits voisins*, Dalloz, 2002, n° 956 ; C. COLOMBET, *op. cit.*, n° 403, p. 287 ; A. COUILLAUD, *JCP E*, n° 40, chron., oct. 2009, p. 1918, §8. Parmi les commentateurs de la loi de 3 juill. 1985 : R. PLAISANT, « La loi n° 85-660 du 3 juill. 1985 », *JCP E.*, 1986, I, p. 3230, n° 54 ; D. BECOURT, « Réflexion sur la loi du 3 juill. 1985 », *op. cit.*, n° 63.

[2] L. 212-3 1er al. CPI : « *Sont soumises à l'autorisation écrite de l'artiste-interprète la fixation de sa prestation, sa reproduction et sa communication au public, ainsi que toute utilisation séparée du son et de l'image de la prestation lorsque celle-ci a été fixée à la fois pour le son et l'image* ». [Nous soulignons].

[3] J.-M. BRUGUIERE et M. VIVANT, *Droit d'auteur et droits voisins*, 3e éd., n° 1280, p. 1241 ; CH. CARON, *Droit d'auteur et droits voisins*, 6e éd., n° 614, p. 625 ; P.-Y. GAUTIER, *Propriété littéraire et artistique*, 11e éd., n° 147, p. 159 « *car leur droit patrimonial leur suffit amplement* » ; A. LUCAS et *alii.*, *Traité de la propriété littéraire et artistique*, 5e éd., n° 1386, p. 1078 ; J. BACOUELLE, *La condition juridique de l'artiste-interprète*, thèse, Paris I, 2015, p. 202 : citant A-E. KAHN, « *l'artiste-interprète conserve son droit de première autorisation car il lui appartient de décider du moment de la divulgation de sa prestation* » ; T. AZZI, *Recherche sur la loi applicable aux droits voisins du droit d'auteur en droit international privé*, *op. cit.*, n° 53, p. 45 et s. qui estime que l'*usus* propriétaire fait défaut dans le droit voisin de l'artiste-interprète, car il n'y a pas de droit de divulgation ou de repentir ou de retrait.

[4] J. BACOUELLE, *La condition juridique de l'artiste-interprète*, thèse, Paris I, 2015, n° 278, p. 202.

[5] P.-Y. GAUTIER, *op. cit.*, 11e éd., 2019, n° 147 ; A. LUCAS et *alii.*, *op. cit*, 5e éd., 2017, n° 1386 ; M. VIVANT ET J.-M. BRUGUIERE, *op. cit*, 4e éd., 2019, n° 1280 ; S. PESSINA, *L'artiste-interprète salarié (entre création intellectuelle et protection sociale)*, *op. cit.*, n° 366.

[6] A.-E. KAHN, « Droits voisins du droit d'auteur. Droits patrimoniaux de l'artiste-interprète. Contenu des droits patrimoniaux (CPI, art. L. 212-3) », *J.-Cl. Propriété littéraire et artistique*, fasc. 1435, 2020, n° 14.

639. Jurisprudence hésitante. Certaines décisions avaient semblé reconnaître *implicitement* le droit de divulgation des artistes-interprètes en sanctionnant le fait d'utiliser leur prestation sans autorisation [1]. Les juges du fond étaient plus clairs en reconnaissant un droit de divulgation au profit des artistes-interprètes [2]. La décision la plus claire en ce sens est celle de la Cour d'appel de Paris, rendue le 16 juin 1993 : le droit exclusif d'autoriser la fixation s'analyse « en quelque sorte » comme un droit de divulgation, et constituerait le « corollaire du quasi-droit moral [*sic*] qui lui est reconnu » par l'article 212-2. La solution est, croyons-nous, très précise : d'un côté, en ce qu'elle reconnaît l'existence d'une prérogative de divulgation sous l'égide de l'article L. 212-3 du Code de la propriété intellectuelle, et, d'un autre côté, en constatant que l'article 212-2 du même code ne contient qu'un droit moral *incomplet*. En conséquence les magistrats parisiens étaient conscients du rôle constructif qu'ils jouaient, surtout en utilisant l'approximation à travers la formulation « en quelque sorte » [3]. Cependant, cette construction fragile [4] va être détruite par un arrêt de principe de la Cour de cassation en 2008.

ii. Refus

640. Rideau sur le droit de divulgation de l'artiste-interprète. Dans une affaire relative à la commercialisation *post mortem* d'enregistrements du pianiste Michel Petrucciani, la Cour de cassation a mis fin, par un arrêt de principe [5], aux hésitations jurisprudentielles, en refusant *avec force* tout droit de divulgation aux artistes-interprètes. En enfermant le débat sur le terrain de l'article 212-2 du Code de la propriété intellectuelle, les magistrats du Quai de l'horloge ont affirmé que :

> « Les dispositions de l'article L. 212-2 du Code de la propriété intellectuelle limitent les prérogatives de l'artiste-interprète au seul respect de son nom, de sa qualité et de son

---

[1] Cass. 1re civ., 16 juill. 1992, n° 90-19.20 : JurisData n° 1992-00168 : *RIDA*, 1993, p. 177 ; *D.*, 1992, IR. p. 241 ; *Gaz. Pal.* Rec. 1992, 2, pan. p. 303 ; *D.*, 1993, jurispr., p. 220, note X. DAVERAT ; *D.*, 1994, somm. p. 94, obs. C. COLOMBET.

[2] CA Paris, 4e ch., sect. A, 16 juin 1993, n° 92/003343 et 92/04258 : *RIDA*, janv. 1994, p. 363 ; *D.*, 1994, jurispr., p. 218, note B. EDELMAN. - CA Paris, 29 avril 1998 : *RIDA*, oct. 263 - CA Paris, 4e ch, sect. A, 7 juin 2000 : *D.*, 2001, somm., p. 2555, obs. P. SIRINELLI – TGI Paris, 14 févr. 2003 : *LPA*, 19 janv. 2004, p. 13, obs. X. DAVERAT - CA Paris, 4e ch., sect. A, 2 mars 2005. *Petrucciani c/ SA Francis Dreyfus Music* : JurisData n° 2005-269778 (cassé par Cass. 1re civ., 27 nov. 2008 : pourvoi n° 07-12.109) : *Propr. Intell.*, 2005, n° 16, p. 346, obs. A. LUCAS - TGI Paris, 3e ch., 3e sect., 4 juin 2008, *Mia Frye c/ Sony BMG Music Entertainment France et a.* : *Légipresse*, 2008, n° 257, III, p. 233, note J.-M. BRUGUIERE ; *CCE*. 2009, chron. 4, obs. X. DAVERAT : L'utilisation d'une danse exécutée pour un clip dans une publicité pour un jeu, le tribunal a sanctionné une atteinte au droit moral en retenant que l'artiste restant « maître de son droit d'apprécier l'exploitation de ses productions ».

[3] Moins clair en faisant référence à l'article L. 212-2 : CA Paris, pôle 5, 27 oct. 2010, n° 08/19661 : *CCE*, 2011. Chron. 9, n° 8, obs. P. TAFFOREAU : « *Considérant que toute exploitation faite à l'insu de l'artiste-interprète viole le droit moral qui lui est conféré par l'article L. 212-2 du code de la propriété intellectuelle* ». Or, la base d'un éventuel droit de divulgation ne pourrait être que l'article L. 212-3.

[4] Car la position contraire a été aussi défendue par certaines juridictions de fond : CA Paris, 10 nov. 1992 : *D.*, 1993, 2, p. 418, note B. EDELMAN – TGI Paris, 28 sept. 2001 : *RIDA*, avr. 2002, p. 452 – TGI Paris, 3e ch., 2 oct. 2001 : *Légipresse.*, 2002-I-23 ; *Propr. Intell.*, 2002, p. 55, note A. LUCAS – CA Paris 4e ch. A, 1er oct. 2003.

[5] Cass. 1re civ., 27 nov. 2008 : pourvoi n° 07-12.109, aff. *Petrucciani c/ SA Francis Dreyfus Music* : JurisData n° 2008-045980 : *Bull. civ.*, I, n° 274 ; *RIDA*, avril 2009, p. 421 ; *CCE*, n° 2, févr. 2009, comm. 13, note CH. CARON, et *CCE*, n°4, chron. n° 2, obs. X. DAVERAT ; *Propr. Intell.*, avr. 2009, p. 173, obs. J.-M. BRUGUIÈRE ; *RTD com.* 2009, p. 318, obs. F. POLLAUD-DULIAN ; *RLDI*, n° 45, 2009, 1482.

interprétation, et celles transmises à ses héritiers à la seule protection de cette interprétation et de la mémoire du défunt ; le moyen qui tend à reconnaître tant à l'artiste qu'à son héritier un droit moral de divulgation sur les interprétations réalisées n'est donc pas fondé ».

b. Solution

641. Plusieurs solutions doivent être écartées (**i**), car rien ne remplace le droit de divulgation (**ii**).

i. Remèdes inutiles

642. Solution contractuelle ? Le Professeur POLLAUD-DULIAN estime que l'on peut faire appel au droit des contrats : les parties du contrat de production pourraient inclure à leur contrat une clause donnant le pouvoir de divulgation à l'artiste-interprète [1]. Le problème est qu'un tel pouvoir ne serait pas opposable aux tiers. De plus, l'interprète peut déjà maîtriser la destination de son interprétation, mais le droit de divulgation cible le public et non seulement l'exploitant autorisé. Enfin, logiquement une telle clause n'est pas possible, car ça revient à renverser les choses : comment un contrat d'exploitation pourrait-il être l'origine d'une prérogative morale, alors que, naturellement, la prérogative patrimoniale, qui fonde l'exploitation, naît de l'acte de divulgation ?

643. Droit au respect ? Il a été soutenu aussi que le droit au respect peut être invoqué pour critiquer une utilisation qui ne respecterait pas les conditions de la divulgation [2], comme dans la jurisprudence en matière de compilation [3]. Or, la finalité de cette prérogative morale n'est pas la même que celle du droit de divulgation : le droit au respect garantit *l'authenticité* du pacte culturel entre le créateur et le public. En revanche, la divulgation est la prérogative morale qui forme ce pacte. Autrement dit, la divulgation *régule le partage et dessine le champ divulgataire* à l'intérieur duquel les autres prérogatives morales, dont le droit au respect, fonctionnent. Enfin, si le droit au respect remplit la fonction du droit de divulgation, pourquoi le droit d'auteur contient les deux prérogatives ?

644. Recours aux droits de la personnalité ? Les Professeurs TAFFOREAU et POLLAUD-DULIAN, proposent comme remède à l'absence de droit de divulgation le recours aux droits de la personnalité, comme le faisait la jurisprudence antérieure à la loi de 1985 [4]. L'affaire de *Maria Callas* est la référence sur ce point. La célèbre cantatrice voulait, à la fin de sa carrière, tester l'état de sa

---

[1] F. POLLAUD-DULIAN, *Le droit d'auteur*, 2e éd., n° 2319, p. 1529.

[2] Les attendus qui flirtent avec la divulgation : « *Il appartient à l'artiste-interprète de déterminer les conditions dans lesquelles il entend que son interprétation soit exploitée sans que l'utilisateur puisse se substituer à lui dans l'appréciation de ces conditions* ». TGI Paris, 3e ch., 14 févr. 2003, R*aguet c/ Théâtre Fontaine et Sté Spectra Conseil* : *LPA* 19 janv. 2004, p. 13, obs. X. DAVERAT.

[3] Nous allons approfondir cette jurisprudence lors de l'étude du droit au respect.

[4] F. POLLAUD-DULIAN, *Le droit d'auteur*, 2e éd., n° 2319, p. 1529 ; P. TAFFOREAU & CEDERICE MONNERIE (collab. CHRISTIAN KPOLO), 4e éd., *op. cit.*, p. 265. Pour des exemples jurisprudentiels : P. TAFFOREAU, *Le droit voisin de l'interprète d'œuvres musicales en droit français*, t. 2, pp. 442-451 : les affaires *Francined* (T. Civ., Seine, 3e ch., 19 févr. 1955 : *JCP*, 1955, II, p. 8678, obs. PLAISANT) ; *Carole Laure* (TGI Paris, réf., 14 mai 1974 : *D.*, 1974, jurispr., p. 767, note B. EDELMAN) ; *Léon Zitrone* (TGI Paris, réf., 11 juill. 1977 : *D.*, 1977, p. 700, note R.L.) et l'affaire de *Maria Callas* (V. ci-après).

voix afin de se décider sur la continuité de son activité artistique. Elle procéda à plusieurs séances de test au théâtre des Champs Élysées, à titre privé. Or, clandestinement, quelques enregistrements ont été réalisés sans son autorisation. À la suite de ces essais, la cantatrice renonça à monter sur scène jusqu'à sa mort en septembre 1977. Quatre ans après, Radio France (France musique) diffusa des interprétations enregistrées au cours de ces séances privées. Par la suite, les héritiers de la cantatrice firent condamner l'organisme de radiodiffusion. Le tribunal releva que : « *l'artiste exécutant est fondé à interdire une utilisation de son exécution et il est seul juge des moyens et de l'époque de l'exploitation de son talent [...] en outre que la voix est l'attribut de la personnalité [...] dont la diffusion sans autorisation expresse et spéciale est fautive [...] l'enregistrement était le résultat d'un comportement lié à la seule vie privée, dans la mesure où Maria Callas voulait [...] connaître l'état de sa voix* » [1]. Toutefois, la protection qu'assurent les droits de la personnalité reste limitée à la personnalité dans l'état *passif*, c'est-à-dire aux éléments de la personnalité envisagés en eux-mêmes plutôt qu'à leurs produits. Ainsi, nous pensons que la solution de l'affaire *Callas* demeure valide aujourd'hui, mais seulement à propos des enregistrements clandestins qui constituent une atteinte à la vie privée. En revanche, la diffusion de cet enregistrement constitue une *exploitation non autorisée*, donc une contrefaçon. L'atteinte serait double : atteinte au droit patrimonial de fixation et de communication au public, et surtout atteinte au droit de divulgation *latent* dans le droit d'autoriser.

ii. De lege lata et de lege ferenda

645. *De lege lata.* En désamorçant l'effort jurisprudentiel, la Cour de cassation a mis fin au fondement prétorien de l'attribut de divulgation de l'artiste-interprète. Or, force est d'admettre que rien ne peut compenser l'absence de cette prérogative. Cela tient au rôle primordial de la divulgation, qui est la *cheville ouvrière* de la propriété. Ainsi, l'alternative est la suivante : ou bien il y a une *propriété incorporelle* sur la forme vivante interprétative, ou bien il n'y a qu'un *monopole légal* contenant un faisceau de prérogatives arbitraires sans aucune structuration logique. Malheureusement, la loi LCAP de 2016 n'a rien changé concernant le droit de divulgation. Seulement, en modifiant l'architecture du droit voisin de l'artiste-interprète, cette loi a transposé au droit de l'artiste-interprète le principe de la spécialité de cession (212-11) [2], donc, nous restons bel et bien dans le champ du droit patrimonial.

646. Divulgation imposée. N'oublions pas aussi que l'artiste-interprète se trouve exproprié par les techniques de *licences légales* ou de *présomption de cession*. Dans ces cas, que nous allons étudier plus tard, le droit exclusif d'autoriser est remplacé

---

[1] TGI Paris, 1er ch., 1re sec., 19 mai 1982, aff. *Maria Callas* : *JCP G.*, 1983, II, p. 19955, obs. ALAIN GOBIN ; *RIDA*, oct. 1982, p. 198. Sur le même fondement, CA Paris, 27 sept. 1976 : *RIDA*, avril 1977, p. 156.

[2] Ce principe renforce l'interprétation restrictive de l'autorisation, en exigeant la mention distincte et bien déterminée des droits cédés. Il en résulte, pour l'artiste-interprète, la faculté de paramétrer le champ de l'exploitation. Cependant, le droit de divulgation régule, lui, le champ divulgataire et le rapport avec le public.

par un simple droit à rémunération. En conséquence, tout débat sur le droit de divulgation, dans ces cas, serait théorique [1].

647. Propriété de droit naturel. Malgré tout, l'on peut s'étonner de la solution de la Cour de cassation pour une *propriété de droit naturel* que le législateur lui-même *n'institue pas*, mais *consacre*. Ainsi, de *lege ferenda* l'attribut de divulgation devrait être reconnu à l'artiste-interprète. En vérité, le droit voisin de l'artiste-interprète est une propriété de droit naturel qui naît *spontanément* du seul fait de l'acte créatif. Cette propriété incorporelle est *synthétisée* dans le *droit-racine* de divulgation, et *déploie* ses prérogatives par son exercice. Dans cette situation d'impasse, nous essayerons de chercher le droit de divulgation de l'artiste-interprète et le mécanisme de son exercice pour arriver à notre proposition sur cette question.

648. La problématique de la divulgation en matière d'interprétation tient à la *chronologie* de trois actes : *créer*, *divulguer* et *exploiter* [2]. Il y a deux hypothèses : l'interprétation lors du spectacle et l'interprétation fixée :

1° Contraction. Lorsque l'interprète joue dans un spectacle, il réalise la forme conçue et la divulgue simultanément. Il n'y a pas d'écart entre la réalisation et l'exploitation ; la décision de divulgation est prise avant de monter sur scène.

2° Interprétation fixée. L'acte de fixation pourrait venir séparer *la sphère de la création* et *la sphère de l'exploitation*. D'abord, nous mettons le principe que l'autorisation de fixation, qui précède la réalisation de l'interprétation, ne constitue pas en soi une divulgation. Au mieux, autoriser le producteur à réaliser une fixation constitue une *promesse de divulgation*. En effet, cette autorisation préalable à l'exploitation ne s'adresse qu'au producteur et vise à *réifier* (pérenniser) l'interprétation. En conséquence, toute communication directe ou indirecte nécessite une autre autorisation bien paramétrée. Dans la pratique, force est d'admettre que l'exercice du droit de divulgation (acte juridique unilatéral) se fond dans l'exercice du droit d'autoriser [3]. Ainsi, le Professeur TAFFOREAU a expliqué dans sa thèse « *l'aspect moral du droit d'autoriser* », en affirmant que l'autorisation de l'article L. 212-3 est donnée *erga omnes* [4]. En effet, l'autorisation est *spéciale et personnelle*, mais l'expression de la volonté de partage qu'implique l'autorisation ne peut être *que générale et impersonnelle*. Autrement dit, par l'autorisation l'artiste s'adresse aussi bien au *public* qu'à *l'exploitant*. Cela dit, nous ne suivons pas M. TAFFOREAU en ce qu'il défend l'épuisement : pour cet auteur, la divulgation ne se

---

[1] M. COLOMBET indiquait, à propos des auteurs, que « *c'est bien la liberté individuelle du créateur qui se trouverait atteinte si l'auteur pouvait se voir imposer une divulgation* ». C. COLOMBET, *D.* 1991, somm. p. 87 et 95.

[2] La chronologie classique est la suivante : *création* (parfois précédée par un engagement de création) → *achèvement* → *divulgation* (acte juridique, parfois précédé par une promesse de divulgation dans le contrat d'engagement) → *exploitation* (acte matériel de publication). M. LALIGANT estime que la communication au public peut être, antérieure, concomitante ou postérieure à la divulgation. O. LALIGANT, *La divulgation des œuvres artistiques, littéraires et musicales en droit positif français*, avant-propos, P. KAYSER, préf. G. LAMBERT, LGDJ, 1983, 658 p.

[3] La majorité des auteurs favorable au droit de divulgation de l'artiste-interprète, fondent ce droit sur le droit d'autorisation (L. 212-3 CPI). V. surtout trois auteurs : P. TAFFOREAU, *Le droit voisin de l'interprète d'œuvres musicales en droit français*, t. 2, p.419 et s. ; PH. GAUDRAT, Rép. Civ. Dalloz, 1re partie, *op. cit.*, n° 616 et s. ; X. DAVERAT, *L'artiste-interprète*, p. 737 ; *adde* X. DAVERAT, « Droits voisins du droit d'auteur. Droits de l'artiste-interprète. Droit moral L. 212-1 à 212-10 CPI », *J.-Cl. Propriété littéraire et artistique*, fasc. 1430, 2019, n° 25, qui évoque le caractère mixte de l'acte d'autoriser.

[4] P. TAFFOREAU, *Le droit voisin de l'interprète d'œuvres musicales en droit français*, t. 2, pp. 430-431.

superpose qu'à la première autorisation, car il ne saurait y avoir autant de divulgation que d'actes d'exploitation [1].

649. Proposition. Pour pallier les difficultés liées au droit de divulgation de l'artiste-interprète, et neutraliser les craintes de blocage dans les contrats de production, nous proposons de prévoir ce droit avec une *présomption réfragable et limitée* de divulgation dans ces contrats. Donc, nous proposons un nouvel article qui pourrait être rédigé ainsi :

> « L'artiste-interprète a seul le droit de divulguer son interprétation. Il détermine le procédé et les conditions de cette divulgation.
>
> Lorsque l'interprétation est réalisée dans le cadre contractuel, la fixation est présumée, sauf preuve contraire, valoir exercice du droit de divulgation. L'étendue de cette divulgation présumée couvre l'activité du producteur expressément entrée dans le champ contractuel.
>
> Toute extension de l'étendue de la divulgation présumée nécessite un exercice exprès du droit de divulgation ».

650. L'attribut de formation du pacte culturel ayant été étudié, maintenant, nous étudierons les attributs qui garantissent son authenticité.

§ 2. PREROGATIVES RECONNUES

651. Plan. L'article L. 212-2 du Code de la propriété intellectuelle qui traite le droit moral de l'artiste-interprète dispose que « *l'artiste-interprète a le droit au respect de son nom, de sa qualité et de son interprétation* ». Cela correspond à deux prérogatives morales qui existent aussi en droit d'auteur et qui garantissent *l'authenticité* du pacte culturel : le créateur et le public ont un intérêt commun à ce que la création soit communiquée dans *l'état authentique* à celui dans lequel il a été réalisé. Cela qui implique deux choses : que la création soit attribuée à son véritable créateur (**A**), et que la création ne soit pas déformée ni modifiée (**B**).

A. Le droit d'attribution

652. Contenu. Le droit d'attribution [2] est attaché à la dimension *identitaire* du pacte culturel. Il contient deux attributs : le *respect de la qualité de créateur* (**1**) et le *droit au nom* (**2**).

1. Respect de la qualité de créateur

653. Le Professeur TAFFOREAU pense que « le droit au respect de la qualité » dépend de la subjectivité de l'artiste, dans la mesure où certains tiendront à ce que

---

[1] *Contra* PH. GAUDRAT, Rép. Civ. Dalloz, 1re partie, n° 623 : « *L. 212-3 contient des éléments nets contre l'épuisement* ».

[2] L'expression de « droit à la paternité » ou « droit de paternité » pourrait paraitre sexiste, d'où les Professeurs TAFFOREAU, VIVANT et BRUGUIERE préfèrent utiliser l'expression « droit d'attribution » que nous reprenons aussi.

leurs prix internationaux (César, Oscar etc.) ou autres récompenses et distinctions soient mentionnées à l'occasion de l'exploitation de leur prestation ; d'autres n'y prêteront aucune attention [1]. Or, la qualité que vise le texte est la qualité *de créateur* non pas les titres ou les prix. Ce droit est le plus élémentaire, ce qui explique qu'il existe aussi en matière industrielle et scientifique. Mais dans les créations identitaires ou expressives, la qualité de créateur a une grande importance : le public d'amateurs a intérêt à identifier l'empreinte de la personnalité et à connaître celui qui est à l'origine de la création. La question est d'autant plus importante en matière de création collective. De même pour le créateur, la reconnaissance de sa qualité de créateur est une manière de le responsabiliser : la qualité de créateur induit une responsabilité sociale et culturelle. Enfin, il est vrai que l'anonymat cache l'identité du créateur. Cela n'empêche pas la formation du pacte culturel avec le public qui serait conscient de l'anonymat.

654. Artistes principaux et artistes d'ensemble. L'existence d'une interprétation donne la qualité d'artiste-interprète. La qualité de créateur doit être respectée sans distinction entre les artistes en fonction de l'ampleur de leur participation. Pourtant, dans la pratique professionnelle de l'industrie phonographique, il y a une distinction entre les artistes principaux et ceux d'ensemble. Les premiers signent un contrat d'enregistrement (contrat d'artiste, souvent avec exclusivité : chanteur, soliste), et les seconds signent un contrat d'engagement (à chaque séance, ils signent une feuille de présence SPEDIDAM qui vaut contrat de travail : musiciens d'orchestre, choristes…). Dans la pratique, le nom et la qualité de ces derniers n'apparaissent pas si les circonstances l'empêchent : par exemple, dans la diffusion à la radio, l'on mentionne le soliste ou le chanteur ou le chef d'orchestre, mais pas tous les interprètes d'accompagnement. En revanche, les supports numériques permettent d'intégrer l'ensemble des noms des artistes.

2. Droit au nom

655. Le créateur qui a le droit d'être reconnu *comme créateur*, a droit aussi à l'associer à un *élément identifiant*. Cet identifiant n'est pas forcément son identité civile. La fonction de ce nom est double : d'une part il *relie chaque création au créateur*, et d'autre part il *relie les créations du même artiste entre elles*. Les applications de ce droit sont multiples (**a**), surtout sa patrimonialisation (**b**).

a. Applications

656. Il s'agit de l'absence de mention ou de la mention erronée (**i**) ; du pseudonyme ou de l'anonymat (**ii**) ; du nom collectif (**iii**) et enfin, de l'exception au droit au nom (**iv**).

i. Absence de mention ou la mention erronée

657. Défaut d'attribution., En vertu du droit au respect de son nom, l'interprète peut faire sanctionner toute imperfection dans l'attribution : *manque*

---

[1] P. TAFFOREAU, Rép. IP/IT et Communication Dalloz, V° *Droits voisins du droit d'auteur*, 2019, n° 40.

total ou partiel de mention ou *attribution fautive*. Partant, a été sanctionnée *l'absence* d'identification [1], ainsi que *l'altération* de cette identification [2]. Aussi, a été sanctionné le fait de dénier à un participant à une interprétation sa qualité d'artiste [3], ou de modifier le nom d'un artiste [4], ou de commercialiser un disque d'un groupe en omettant le nom d'un de ses membres [5]. Par ailleurs, la mention doit permettre de remplir la fonction de l'identification. Ainsi, dans un générique d'une œuvre audiovisuelle, les noms des artistes devraient passer de façon à permettre leur lecture [6].

658. Fausse attribution. La question inverse se pose : attribuer à un artiste-interprète une interprétation qui n'est pas la sienne. Le professeur GAUTIER et Mme BACOUELLE pensent que le droit moral de l'artiste-interprète est en cause, et qu'il s'agit d'une sorte de « paternité négative ». Or, nous croyons avec le Professeur POLLAUD-DULIAN que, dans ce cas, ce sont les droits de la personnalité qui sont en jeu, car la qualité d'artiste-interprète n'existe que par rapport à une interprétation déterminée [7]. En conséquence, le droit d'attribution protège le nom et la qualité de créateur en rapport avec une interprétation donnée non pas de façon abstraite [8].

ii. Pseudonyme et anonymat

659. L'article L. 113-6 du Code de la propriété intellectuelle évoque l'œuvre pseudonyme ou anonyme en matière de droit d'auteur., mais il n'y a pas, en droit

---

[1] La mention doit être respectée sur tous les supports : le nom de l'interprète doit figurer, non seulement sur le générique du film, mais aussi sur la pochette des vidéocassettes : CA Paris, 27 janv. 1992 : JurisData n° 020330.

[2] CA Paris, 4e ch., 10 oct. 2003 : *RIDA*, n° 200, avr. 2004 ; *Propr. Intell.*, n° 10, janv. 2004, p. 560, n° 7, obs. A. LUCAS : Condamnation d'un producteur d'un documentaire technique sur un modèle d'automobile pour violation du droit d'attribution du lecteur de la voix-off, en raison d'une *erreur matérielle* dans la retranscription du nom de l'interprète au générique de la cassette, ainsi qu'en raison d'une véritable *confusion de nom* dans le fascicule qui accompagne le support.

[3] CA Paris, 4e ch., 10 oct. 2003, n° 2001/22082, *Boulet-Despales c/ Sté Sam Vidéo et a.* : JurisData n° 2003-226242 : *RIDA*, avr. 2004, p. 324.

[4] CA Versailles, 4 avr. 2002 : *RIDA*, avr. 2003, p. 217, obs. A. KEREVER.

[5] TGI Nanterre, 19 avr. 2000 : *Légipresse*, 2000, n° 173, I, p. 83. De même le fait de ne pas mentionner le nom d'un interprète sur aucun des supports liés à un spectacle (affiches, programmes, billets…) : TGI Paris, 3e ch., 14 févr. 2003, *Raguet c/ Théâtre Fontaine et Sté Spectra Conseil* : *LPA*, 19 janv. 2004, p. 13, obs. X. DAVERAT. Aussi l'omission du nom et de la qualité d'un comédien dans un dossier de presse : TGI Paris, 1er juin 1987 : *Images juridiques* 1987, n° 8.

[6] CA Paris, 4 avr. 2007, *Propr. Intell.* 2007, n° 24, p. 315, note J.-M. BRUGUIÈRE. La question de l'échantillonnage pos un problème quant à l'*identification de la source* des séquences utilisées. V. Les solutions proposées par le Professeur TAFFOREAU, *Le droit voisin de l'interprète d'œuvres musicales en droit français*, t. 2, p. 414. Aussi, V. la question du *Play-back* (*idem*. p.407).

[7] F. POLLAUD-DULIAN, « Droit moral et droits de la personnalité », *JCP G.*, 1994, I, 3780. *Contra* P.-Y. GAUTIER, *Propriété littéraire et artistique*, PUF, 7e éd, 211, n 193 et J. BACOUELLE, n° 253, p. 184. V. Aussi l'affaire de *Pierre Perret* : CA Paris, 4e ch., sect. B, 23 janv. 2004 - Cass. 1re civ., 7 nov. 2006 : *D.*, 2007, p. 417, note P. ALLAEYS ; *JCP*, 2006, II, 10000, note T. AZZI ; *JCP E.*, 2007, p. 1085, note C. ALLEAUME ; *CCE*, 2006, n° 152, note CH. CARON ; *Propr. Intell.*, 2007, p. 8, obs. A. LUCAS ; *Légipresse*, 2007, II, p. 48, note G. HENRY.

[8] La fausse attribution sur la jaquette de CD, V. L'aff. *Pierre Perret* : Cass. 1re civ., 7 nov. 2006 : *Bull. civ.*, I, n° 642, p. 389 ; *D.*, p. 417, obs. A. ALLAEYS ; *JCP G.*, 2007, II, 10000, obs. T. AZZI ; *RIDA*, janv., 2007, p. 319 ; *Propr. Intell.*, 2007, p. 85, obs. A. LUCAS ; *JCP E.*, 2007, p. 1085, obs. C. ALLEAUME ; *CCE*, 2006, n° 152, obs. CH. CARON ; *RTD com.*, 2007, p. 96 et 105, obs. F. POLLAUD-DULIAN.

de l'artiste-interprète, de disposition équivalente. Cependant, rien ne justifie un traitement différent. Ainsi, a été sanctionné, pour atteinte au droit au respect du nom de l'interprète, le fait d'exploiter une interprétation sous l'identité réelle de l'interprète et non sous son pseudonyme [1].

iii. Nom collectif

660. Dans le domaine musical, il est fréquent qu'un groupe d'artistes utilise un nom collectif. Pour une partie de la doctrine, cette dénomination collective ne relève pas du droit moral de l'artiste-interprète. Selon cette doctrine, le nom protégé est celui du créateur, c'est-à-dire d'une personne physique ; or, le nom du groupe désigne *l'entité* non les membres du groupe [2]. En effet, nous croyons avec l'autre partie de la doctrine que le droit d'attribution ne se limite pas au nom *individuel* mais couvre aussi le nom *collectif*. D'un côté il s'agit d'une forme de *pseudonyme*, de l'autre, rien n'oblige à ce que le nom de l'interprète soit celui de l'identité civile (le nom d'usage ou le nom de la famille). En tout cas, la question se pose sur le sort du nom collectif après la séparation des membres du groupe. Deux affaires en la matière donnent quelques éléments de solution [3]. D'abord, il a été jugé que le nom collectif est une *propriété indivise* entre les membres. Par conséquent, comme l'objet indivis ne peut être partagé entre les membres, le membre évincé peut interdire aux autres d'utiliser, individuellement ou collectivement, le nom collectif ; de même, ce membre évincé ne peut pas continuer à l'utiliser [4]. Mais selon la jurisprudence établie en la matière, « *les membres demeurant dans le groupe d'origine, et qui assurent la permanence du projet artistique* », peuvent continuer à utiliser le nom collectif, et ce même si de nouveaux membres s'y intègrent (affaire *Gipsy Kings* 2000). Cette solution a été réitérée dans un arrêt qui a reconnu au musicien fondateur d'un groupe chilien le droit d'utiliser le nom du groupe (affaire *Quilapayhum* 2009). Enfin, des questions restent en suspens, comme l'hypothèse d'une scission du groupe, ou l'hypothèse où la dénomination collective est aussi le nom propre d'un des musiciens (le quatuor X, le trio Y etc.) [5]. Quoi qu'il en soit, nous croyons que toute solution doit prendre en compte la fonction du nom collectif et droit permettre d'éviter la confusion d'identification des créations appartenant à des projets artistiques de différents artistes.

---

[1] CA Paris, pôle 5, 2 juin 2015, n° 13/22149 : *Propr. Intell.* 2015, n° 57, p. 421, obs. J.-M. BRUGUIÈRE.

[2] CH. CARON, *Droit d'auteur et droits voisins*, 6e éd., 2020, n° 612, p. 624 ; *adde* M. VIVANT et J.-M. BRUGUIERE, *Droit d'auteur et droits voisins*, 4e éd. 2019, n° 1276, p.1237. Ces auteurs estiment que le nom collectif relève plus du droit *des signes distinctifs* que du droit des œuvres de l'esprit. Or, l'intérêt culturel des amateurs à l'identification de la création, n'est pas celui des consommateurs à l'identification de l'origine d'un produit !

[3] Deux affaires sur cette question. L'aff. *Gipsy Kings* : Cass. 1re civ., 25 janv. 2000, (pourvoi n° 95-16.267) : JurisData n° 2000-000254 : *D.*, 2000, jurispr., p. 299, concl. J. SAINTE-ROSE ; *Bull. civ.*, I, n° 22, p. 14 ; *JCP* 2000, IV, p. 1451. Aussi l'aff. *Quilapayhum* : Cass. 1re civ., 11 juin 2009 (pourvoi n° 08-12063) : JurisData n° 2009-048472 : *Bull. civ.*, I, n° 126. *CCE*, 2010, chron. 4, obs. X. DAVERAT ; *Légipresse*, 2009, n° 264, I, p. 130.

[4] L'interdiction d'utilisation s'impose à l'éditeur de disques, sauf à contracter avec tous les membres du groupe : CA Paris, 20 janv. 1993, *Sony c/ Pappolla* : *D.* 1993, IR p. 117.

[5] Selon le Professeur DAVERAT, la solution serait de reconnaître à celui qui donne son nom au groupe le droit de continuer de l'utiliser dans son activité artistique. V. X. DAVERAT, « Droits voisins du droit d'auteur. Droits de l'artiste-interprète. Droit moral (CPI, L. 212-1 à L. 212-10) », *J.-Cl. Propriété littéraire et artistique*, fasc. 1430, 2019, n° 15.

iv. Exception au droit au nom

661. Si la Convention de Rome 1961 ignore le droit moral de l'artiste-interprète, les deux traités de l'OMPI, à savoir celui de Genève de 1996 en matière sonore (WPPT) et celui de Pékin de 2012 en matière audiovisuelle (WAPT), reconnaissent un droit moral de l'artiste-interprète. L'article 5 des deux traités, rédigés de façon identique, atténue le droit de l'artiste-interprète ou exécutant « *d'être mentionné comme tel* » si « *le mode d'utilisation de l'interprétation ou exécution impose l'omission de cette mention* ».

662. Dans la pratique, le droit au nom est moins étendu concernant les artistes d'accompagnement (les musiciens d'ensemble qui forment l'orchestre). D'ailleurs, souvent, les artistes de renommée stipulent contractuellement la manière dont leur nom doit être mentionné (par exemple dans le cinéma, le contrat peut contenir une précision sur les conditions de la mention du nom au générique [1]). Enfin, cette différence de traitement est fonction de la renommée de l'artiste, et a été utilisée pour départager la compétence entre la SPEDIDAM et l'ADAMI : la première société de gestion collective gère les droits des artistes dont le nom ne figure pas sur les supports des phonogrammes ou au générique des films ; la seconde gère généralement les artistes de renommée ou ceux qui signent des contrats d'artiste [2].

b. Patrimonialisation du nom

663. Créateur, amateurs et admirateurs. La prérogative d'attribution du droit moral de l'artiste-interprète se limite au droit au respect du nom et de la qualité *de créateur*. Ainsi, tout ce qui résulte de la patrimonialisation des éléments de la personnalité ne relève pas du droit moral, mais des droits de la personnalité. En effet, il faut distinguer le *rapport créateur-amateurs* et le rapport *célébrité-admirateurs*. Le droit moral protège la *formation* et *l'authenticité* du *pacte culturel*, lequel se forme autour d'une création donnée, entre un créateur et les amateurs membres du public. La création, enjeu de ce pacte culturel, est source de *valeurs à double dimension* (économique et culturelle). En revanche, la *notoriété* [3] est source d'une valeur à

---

[1] Par exemple, la Convention collective nationale des artistes-interprètes engagés pour des émissions de télévision du 30 décembre 1992, dans l'article 4,10 prévoit que « *le nom de l'artiste-interprète figure au générique de l'émission. Des conditions particulières peuvent être négociées à cet égard par les interprètes des rôles principaux* ». V. aussi l'article 6.8 de la Convention collective nationale de la production cinématographique du 19 janvier 2012.

[2] Parmi d'autres clés de répartition de compétence : décision d'arbitrage du 11 juillet 1987, cité par M. X. DAVERAT, *L'artiste-interprète*, t. 2, n° 303, p. 497.

[3] Défendant la notoriété comme source de patrimonialisation (réification) de certains éléments de la personnalité : CLAUDE-ALBERIC A MAETZ, *La notoriété. Essai sur l'appropriation d'une valeur économique*, PUAM, 2010, 610 p. Dans ce sens aussi, M. LOISEAU distingue entre les droits de la personnalité de toute personne (droits extrapatrimoniaux) et les droits patrimonialisés, objet de monopole d'exploitation, des personnalités notoires. En conséquence, c'est la notoriété qui détache les attributs de la personne pour les patrimonialiser. La notoriété est la source de la valeur : G. LOISEAU, « Des droits patrimoniaux de la personnalité en droit français », *McGill law journal*, 1997, vol. 42, p. 319. De même auteur, *Le nom, objet d'un contrat*, LGDJ, 1997. MARIE SERNA, *L'image des personnes physiques et des biens*, Economica, 1997. V. Aussi P. TAFFOREAU, « L'être et l'avoir ou la patrimonialisation de l'image des personnes », *CCE*, 2007, étude 9 ; J. BACOUELLE, *La condition juridique de l'artiste-interprète*, n° 233 et s. qui distingue, à juste titre, entre l'exploitation des attributs de la personnalité de l'artiste et l'exploitation des droits patrimoniaux. Contre la patrimonialisation du fait de la notoriété : JEREMY ANTIPPAS, « Propos dissidents sur les droits dits « patrimoniaux » de la personnalité, *RTD com.*, 2012, pp. 35-54 ; *adde* « Le droit de la personne sur son image face à la liberté artistique : plaidoyer pour une résistance », *Revue de la recherche juridique-Droit prospectif*,

dimension unique (purement économique). Les producteurs-exploitants ne manquent pas de mettre à profit cette valeur. Ainsi, les contrats d'artistes englobent souvent certains droits de la personnalité (sur l'image et le nom surtout) soit par une *cession d'un monopole d'exploitation* [1] (exploitation par le producteur des droits de la personnalité de l'artiste : contrat 360°), soit par une sorte d'*inféodation* (sans obligation d'exploitation de ces droits annexes, le producteur obtient un droit d'un pourcentage prélevé de la recette d'exploitation des droits de la personnalité de l'artiste : contrat 360° passif [2]).

664. Protection des droits de la personnalité. La nature patrimoniale de l'image ou de la voix d'un artiste lui permet de s'opposer à tout comportement parasitaire d'un tiers, ainsi que d'exploiter ces attributs. Ainsi, si l'imitation à des fins humoristiques est licite, la recherche, dans une œuvre publicitaire, de nature à occasionner une confusion chez le public est sanctionnée [3]. De même, l'utilisation, par le producteur, de l'image de l'artiste comme couverture d'un album de compilation est sanctionnée sur le terrain du droit à l'image [4]. De même encore l'utilisation de l'image ou du nom de l'artiste sur des « produits dérivés » même si le marché de ces produits ne relève pas du champ de l'exploitation des interprétations de cet artiste, ou le dépôt du nom de l'artiste comme marque [5]

665. Régime de cession. Dans le rapport avec le producteur-exploitant, l'exploitation de l'interprétation et des certains attributs de la personnalité de l'artiste fait l'objet du même contrat. Pour cette raison, la loi LCAP ajoute l'article L. 212-11 CPI qui dispose dans son quatrième alinéa que « *la cession au producteur de phonogrammes de droits de l'artiste-interprète autres que ceux mentionnés au présent code est subordonnée à la condition que chacun des droits cédés fasse l'objet d'une mention expresse distincte dans le contrat* ». C'est-à-dire, l'on applique le principe de la spécialité de

---

2010/2, p. 735-754. Enfin, nous rappelons que certains auteurs évoquent la notion de « droits voisins des droits voisins » (X. DAVERAT) ou « les droits voisins de la propriété littéraire et artistique » (J.-M. BRUGUIERE), pour désigner des droits *incorporels* qui ne figurent pas dans le Code de la propriété intellectuelle. Or, nous avons démontré qu'*incorporel n'est pas synonyme d'intellectuel* ; le voisinage, une notion propre au Code de la propriété intellectuelle ne concerne, à nos yeux, que le rapport de similitude entre le droit sur l'interprétation et le droit sur l'œuvre. Les droits voisins économiques, eux, seraient, dans notre classification, des droits voisins de la propriété littéraire et artistique : ce sont des monopoles non des propriétés « littéraires et artistiques ». Nous allons exposer notre théorie du voisinage et la distinction entre deux degrés de ce voisinage (exprimant une hiérarchie essentielle et accidentelle) dans notre denier chapitre.

[1] Les attributs de la personnalité n'étant pas transmissibles, l'artiste-interprète transmet un *droit construit* (une *autorisation* levant une interdiction) à son exploitant. Technique similaire de ce côté de la cession d'un droit d'exploitation sur une création qui est, par nature, indisponible. Cette similarité a induit de généraliser le principe de la spécialité de cession pour englober l'exploitation des droits de la personnalité : article L. 212-11 CPI.

[2] Contrats 360° sont des contrats qui permettent aux maisons de disques de valoriser toutes les sphères de l'artiste. Ces contrats auraient été inventés pour permettre aux producteurs de faire face à la crise de disque à partir de 2000.

[3] TGI Paris, 3 déc. 1975 (*Cl. Piéplu*) : *JCP G.*, 1978, II, 19002, note D. BECOURT ; *D.* 1977, jurispr., p. 211, note R. LINDON.

[4] L'affaire *Salvador* : Cass. 1re civ., 24 sept. 2009 (pourvoi n° 08-11.112), arrêt n° 899 F-P+B : *D.*, 2009, AJ 2486, obs. J. DALEAU ; *RTD com.* 2010, p. 129, obs. F. POLLAUD-DULIAN. Et l'affaire *Aznavour* : Cass. 1re civ., 9 juill. 2009, (pourvoi n° 07-19.758) : *JCP G.*, 2009, n° 37, p. 29 ; *CCE*, 2009, comm. n° 91, note A. LEPAGE.

[5] Un dépôt frauduleux comme marque du pseudonyme d'un artiste-interprète par le producteur : Cass. com., 25 avril 2006, Aff. *Joliton c/ Capdevielle et Pendragon* : *Bull. civ.*, IV, n° 100, p. 97, *PIBD*, 2006, n° 833-III-471 ; *RTD com.*, 2006, p. 599, obs. F. POLLAUD-DULIAN ; *D.* 2006, AJ, p. 1371, obs. J. DALEAU.

cession aux droits de la personnalité que l'exploitant désire exploiter. Ainsi, dans les contrats appelés contrat 360° (contrat tous azimuts), une mention spécifique doit préciser les droits de la personnalité qui entre dans le champ d'exploitation. Et même si le quatrième alinéa de cet article ne l'évoque pas, cette mention doit répondre aux mêmes limitations que celles de la cession des droits voisins. Donc, le domaine d'exploitation doit être « délimité quant à son étendue et à sa destination, quant au lieu et quant à la durée ».

B. Le droit au respect

666. Sources. Le droit au *respect de l'interprétation* a fini par être reconnu dans les traités internationaux de l'OMPI (Genève : WPPT 1996 et Pékin : WAPT 2012), mais avec une limitation : la « déformation, mutilation ou autre modification » doit être « préjudiciable à [la] réputation » de l'artiste (article 5 des deux textes) [1]. De plus, l'exercice de ce droit doit tenir compte « de la nature des fixations audiovisuelles » (article 5.ii du WAPT 2012). En droit français, l'article L. 212-2 dispose que « *l'artiste-interprète a le droit au respect de son nom, de sa qualité et de son interprétation* ».

667. Objets et fonction. Cet attribut du droit moral garantit *l'authenticité du pacte culturel.* Car, comme l'auteur, l'interprète doit être l'arbitre du devenir social de l'empreinte de la personnalité déposée dans une forme [2]. L'objet concerné se détermine selon la *structure formelle* de l'interprétation : le respect est dû à la *forme interne* et à la *forme externe* [3] comme en droit d'auteur.

668. Atteintes. La grande majorité de la jurisprudence en matière de droit moral de l'artiste-interprète concerne le droit au respect de l'interprétation. Ainsi, la jurisprudence a eu l'occasion de préciser le régime de cet attribut du droit moral, en utilisant des termes qui font référence à la forme *interne* et *externe* : le respect est dû à *l'intégrité* (**1**) et à *l'esprit* (**2**) de l'interprétation. Ainsi, le tiers doit s'abstenir de tout acte qui altère *durablement* le support ou qui altère *temporairement* les conditions de la communication. Ces deux altérations empêchent une *communication authentique* de la forme exprimée, c'est-à-dire une communication dans les *conditions voulues* par le créateur. Enfin, nous remarquons une *interférence* entre le droit au respect et le droit (éclipsé) de divulgation.

1. Respect de la forme externe : intégrité de l'interprétation

669. Appréciation. L'atteinte à l'intégrité est une *atteinte objective* : la comparaison entre la forme externe délivrée au public et la forme litigieuse permet

---

[1] Nous croyons que les traités de l'OMPI protègent *la personne de l'artiste* dans l'interprétation non pas *la personnalité de l'artiste* dans l'interprétation. *Idem.* Berne, art. 6 bis.

[2] PH. GAUDRAT, « Propriété littéraire et artistique. Droit des auteurs. Droits moraux. Théorie générale du droit moral (CPI L. 121-1 à 121-9) », *J.-Cl. Civil Annexes, propriété littéraire et artistique*, fasc. 1210, 2001.

[3] L'intérêt culturel étant la valeur supérieure protégée, l'objet de l'attribut du respect est la forme interne : c'est cette forme que *conçoit* l'artiste et que *restituent* les amateurs. La forme externe bénéficie de cette protection aussi, dans la mesure où elle est le véhicule du transfert de la forme entre les deux pôles de la communication.

de constater l'existence d'une atteinte [1]. Ainsi, la jurisprudence précise que l'artiste-interprète peut s'opposer à toute « utilisation, diffusion, adaptation, retraits, coupures [2], adjonctions [3] ou autres changements qui déforment ou mutilent sa prestation [4] ». Ces *actes matériels* sont souvent liés aux utilisations à des fins publicitaires d'une interprétation fixée [5], ou à un autre changement de destination qui nécessite de modifier l'interprétation « utilisée ». Ainsi, l'utilisation de chansons à l'occasion de défilés de mode a été sanctionnée car celles-ci ont été « *significativement tronquées, l'effet de crescendo propre au genre de la musique électronique étant anéanti* ». Cependant, dans cette affaire, la cour ne retient pas *le changement de destination* de l'œuvre comme atteinte au droit moral [6]. En conclusion, le changement de destination peut porter atteinte au respect de *l'intégrité* et de *l'esprit* de l'interprétation en même temps. Mais la première atteinte est plus facile à démontrer.

670. Pratiques professionnelles : modifications prévisibles. Dans certains domaines comme le cinéma, les pratiques professionnelles permettent d'éviter les litiges liés au droit moral de respect de l'interprétation. Ainsi, certains accords collectifs organisent les *modifications usuelles* dans l'élaboration des créations. Par exemple, la Convention collective nationale de la production cinématographique du 19 janvier 2012 prévoit qu'« *en cas de coupure très importante de son rôle au montage, l'artiste-interprète devra en être préalablement averti avant l'exploitation du film et aura la faculté de demander la suppression de son nom du générique et de toute publicité* » [7]. Cela veut dire que l'acteur ne peut imposer l'utilisation de l'intégralité de son interprétation fixée : il n'y a pas de droit à la divulgation ; qui plus est, le montage est une question qui relève du champ créatif du réalisateur du film.

671. Publication en l'état sans « mastérisation ». L'affaire Henri Salvador est assez intéressante et riche d'enseignements. En l'espèce, une compilation

---

[1] « *Toute différence entre la forme externe divulguée et la forme externe mise à disposition du consommateur constitue une atteinte qui, sans débat, mérite sanction* » : PH. GAUDRAT, Rép. Civ. Dalloz, première partie, n° 664.

[2] TGI Paris, 3e ch., 14 févr. 2003 (aff. *Raguet c/ Théâtre Fontaine et Sté Spectra Conseil*) : *RIDA*, juill. 2003, p. 311 ; *LPA*, 19 janv. 2004, p. 13, obs. X. DAVERAT.

[3] La superposition des bruits à la musique d'un film a été considérée comme dénaturante en ce qu'ils « égarent l'attention du spectateur » et « dénaturent l'appréciation de l'œuvre interprétée par Rostropovitch ». En revanche, le tribunal a écarté l'atteinte à cause des variations du volume sonore qu'imposent « les exigences du cinéma » : TGI Paris, 10 janv. 1990, aff. *Rostropovitch* : *D.* 1991, p. 206, obs. B. EDELMAN ; *D.* 1991, somm. p. 99, obs. C. COLOMBET ; *RIDA*, juill. 1990, p. 318 ; X. DAVERAT, « L'impuissance et la gloire. Remarques sur l'évolution contemporaine du droit des artistes-interprètes », *D.* 1991, chron. p. 93. Rapprocher : TGI Paris, 3e ch., 3e sect., 22 mars 2006, *Michèle Mercier c/ Sté Universal Music* : *CCE*, 2007, chron. 7, obs. X. DAVERAT ; *Légipresse*, 2006, n° 233, I, p. 102 (ajout de sons parasitaires).

[4] CA Paris, pôle 5, 1e ch., 21 juin 2016, n° 15/00612, *CCE*, 2017, chron. 11, n° 6, obs. P. TAFFOREAU - Cass. soc., 10 juill. 2002 (premier arrêt dans l'affaire *J. Ferrat* : V. ci-après la question de la compilation).

[5] CA Paris, 28 avril 2003 : JurisData n° 215499, (aff. *Veuve Ventura c./ C. Lelouch, Ford auto et alii.*) : *CCE*, sept. 2003, n° 83, comm. 9, obs. CH. CARON (il s'agissait d'une utilisation d'extraits de l'interprétation d'un film pour publicité avec modification des dialogues et sans l'autorisation des ayants droit). Refusant l'existence d'une atteinte : TGI Paris, 23 avr. 1997 (aff. *Bernard Blier*) : *LPA*, 22 avril 1998, n° 48, p. 20, note X. DAVERAT ; *RIDA*, juill. 1997, p. 366. (Il s'agissait de montage d'images extraites et retravaillées et colorées pour le besoin d'une compagne publicitaire. Le TGI a écarté la dénaturation).

[6] [Nous soulignons] CA Paris, 21 juin 2016, pôle 5, 1re ch., (n° 15/00612), Aff. *Benjamin B. dit Cosmo Vitelli et a. c/ Sté Barbara Bui* : *CCE*, 2017, chron. 4, § 6, obs. X. DAVERAT ; *CCE*, 2016, chron. 11, § 6, obs. P. TAFFOREAU.

[7] Pour d'autres exemples, V. X. DAVERAT, fasc. 1430, 2019, *op. cit.*, n° 23.

d'interprétations dans le domaine public du même artiste a été commercialisée à bas prix (vente de 1 euro). Le producteur voulait rééditer les enregistrements d'origine, qui sont d'une qualité sonore médiocre, sans supporter le coût de « mastérisation » pour améliorer cette qualité. La Cour de cassation vient valider les juges du fond qui ont donné raison à la veuve de l'artiste et condamné l'exploitation du producteur pour atteinte au droit moral. Selon la Cour de cassation, « *la commercialisation d'une compilation d'une qualité sonore de grande médiocrité, vendue au prix dérisoire d'un euro, sans commune proportion au prix du marché, et comme un produit de promotion de la grande distribution, étranger à la sphère artistique, était de nature à déprécier l'œuvre qui y était reproduite et portait atteinte à la considération de l'auteur et à son droit moral* » [1]. L'on peut tirer plusieurs conclusions de cet arrêt. Tout d'abord, l'affirmation des caractéristiques du droit moral (le caractère inaliénable et transmissible (L. 212-2) et perpétuel). Ensuite, quant au droit au respect, l'on conclut que ce droit ne se limite pas aux actes d'altération [2], car « *l'atteinte s'apprécie au regard de l'écoulement du temps* » [3]. Enfin, nous croyons que l'atteinte au droit au respect dans cette affaire résulterait plutôt des *conditions de la commercialisation* (vente promotionnelle) non des celles *de la communication* (sans amélioration de la qualité sonore) [4]. En effet, il est difficile de parler d'une atteinte au droit au respect *par altération de la forme* : la publication était fidèle à l'état d'origine des enregistrements. Or, c'est plutôt le droit de divulgation, croyons-nous, qui aurait pu être en cause (s'il existait).

2. Respect de la forme interne : l'esprit de l'interprétation

672. Même avant la loi de 1957, la jurisprudence a émis le principe que la création ne doit être altérée ni dans sa *forme* ni dans son *esprit* [5]. Quand l'atteinte touche la forme interne ou l'esprit de la création, l'on parle plutôt d'une « dénaturation » (**a**). Dans la pratique, la dénaturation résulte souvent d'un *changement du contexte* de l'interprétation, ce qui pose un problème dans le cas des compilations (mono-artiste ou multi-artistes) ; la jurisprudence a donné ses solutions (**b**).

---

[1] [Nous soulignons] Cass. 1re civ. 24 sept. 2009, (n° 08-11.112) : JurisData n° 2009-049655. Aff. *Henri Salvador* : *Légipresse*, 2009, n° 267, II, p. 171, obs. C. ALLEAUME ; *D.* 2012, p. 1466, note T. AZZI ; *Propr. intell.* 2010, n° 34, p. 639, obs. J.-M. BRUGUIERE ; *CCE*, 2009, comm. 98, note CH. CARON ; *Légipresse* 2010, n° 268, III, p. 11, note X. DAVERAT ; *CCE*, 2010, chron. 7, obs. X. DAVERAT ; *Gaz. Pal.*, 17 févr. 2012, p. 17, obs. L. MARINO ; *RIDA* avr. 2009, p. 415 ; *RIDA* avr. 2009, p. 311, obs. P. SIRINELLI - CA Paris, 4e, 14 nov. 2007, n° 07/00168. JurisData n° 2007-349990 : *CCE*, févr. 2008, n° 18, obs. CH. CARON ; *CCE*, 2008, chron. 7, obs. X. DAVERAT ; *Légipresse*, 2007, n° 247, I, p. 171).

[2] D'où la critique de certains auteurs qui y voient une sorte d'un nouveau droit patrimonial « droit à la mastérisation », alors même que les interprétations rééditées sont dans le domaine public. Aussi, ces auteurs y sentent « un parfum du droit de divulgation » inexistant pour l'artiste-interprète. V. M. VIVANT et J.-M. BRUGUIERE, *Droit d'auteur et droits voisins*, 4e éd., n° 1278, p. 1239.

[3] X. DAVERAT, fasc.1430, *op. cit.*, n° 17.

[4] Aussi, dans l'affaire *Dalida*, a été considérée comme attentatoire au droit moral, la « *vocation purement mercantile* » de l'usage des enregistrements (réalisé pour l'ORTF les années 70 et 80) comme bonus à l'occasion de la sortie d'un film en DVD : CA Paris, 4e ch., 3 mai 2006, n° 05/00476 : *CCE*, 2007, chron. 4, obs. X. DAVERAT ; *RIDA*, oct. 2006, p. 378.

[5] CA Paris, 28 juill. 1932, *DP* 1932, II, 139, note LEPOINTE.

a. Dénaturations

673. Transposant une formule utilisée en droit d'auteur, le second arrêt de la Cour de cassation dans l'affaire de *Jean Ferrat* a considéré comme attentatoire au droit au respect « toute altération *ou* dénaturation ». On comprend de cette formulation une distinction entre le respect de *l'intégrité* (forme externe) et le respect du *sens* (la forme interne) de l'interprétation. Ainsi, le non-respect du sens, ou de la forme interne, de l'interprétation est une dénaturation. Cette dénaturation pourrait résulter d'une *dérivation* par un autre créateur, ou du fait d'un tiers *sans dérivation.*

674. Applications. Le changement du contexte pour lequel la création a été créée, comme, par exemple, l'incorporation d'une musique religieuse dans un film publicitaire, change le message artistique du créateur [1]. Sur le terrain du droit d'auteur, ce changement de contexte constitue une atteinte au droit de divulgation, tandis qu'en droit de l'artiste-interprète, il n'y a que le droit au respect qui puisse être invoqué [2]. Par exemple, a été sanctionné le fait de rassembler des images extraites des scènes érotiques d'une actrice, pour les publier hors de leur contexte dans des articles de la presse à scandale [3]. Ou encore, l'usage d'une interprétation dans un but électoral [4].

b. Cas des compilations musicales

675. Saga de la compilation. La jurisprudence a précisé le régime des albums issus d'une compilation dans des affaires marquantes : l'affaire de *Jean Ferrat* de 2002 puis 2006, l'affaire de *Pierre Perret* de 2006, l'affaire d'*Henri Salvador-I* de 2009, et l'affaire d'*Henri Salvador-II* de 2018. Il s'agit des solutions données en matière de droit d'auteur et de droit de l'artiste-interprète, par les chambres sociale et civile de la Cour de cassation, et concernant les compilations mono-artiste et multi-artistes. La question posée était de savoir si l'exploitation sous forme de compilation est attentatoire au droit au respect (sans parler du droit de divulgation) *par nature* ou seulement *selon les conditions* de cette exploitation, sachant que l'exploitation sous forme de compilation est souvent incluse dans le contrat de production phonographique [5]. En définitive, deux solutions se dégagent de la jurisprudence : de la chambre sociale (**i**) et de la chambre civile (**ii**) de la Cour de cassation.

---

[1] Sanctionnant une utilisation non autorisée d'une chanson à des fins publicitaires : CA Paris, 4e ch., B, 27 sept. 1996 : JurisData n° 1996-023503 - TGI Paris, 15 mai 1991 : *JCP* 1992, II, 21919, note X. DAVERAT ; *RIDA*, avril 1992, p. 209.

[2] TGI Paris, 23 avril 1997, aff. *Bernard Blier* : *RIDA*, juill. 1997, p. 366, (écartant l'atteinte au droit de respect).

[3] TGI Paris, 11 mai 1998 : *D.* 1999, som. Com. 120, obs. T. HASSLER.

[4] CA Paris, 4e ch., 25 mars 2005, (n° 04/03331) : JurisData n° 2005-269259 : *Propr. Intell.* 2005, p. 346, obs. A. LUCAS. Pour plus d'exemple : V. X. DAVERAT, fasc.1430, *op. cit.*, n° 18.

[5] Par exemple, cette clause que contenait le contrat de Jean Ferrat : « *les enregistrements originaux ayant servi à la réalisation des disques resteront la propriété exclusive de la compagnie qui se réserve le droit de les utiliser et de les reproduire par tous les moyens, sous quelque forme ou quelque marque que ce soit, sans avoir à en référer à quiconque et qu'également l'artiste cède à la compagnie la pleine propriété des exécutions prévues plus haut, avec tous les droits présents ou futurs s'y rattachant* ». Force est de constater que cette clause ne remplit pas les conditions que pose, aujourd'hui, l'article L.212-11 CPI : le principe de la spécialité de cession introduit par la loi LCAP de 2016.

i. Solution de la chambre sociale de la Cour de cassation : protection absolue

676. Affaire *Jean Ferrat* (sur le terrain du droit voisin). Jean Ferrat avait reproché à son producteur la commercialisation de deux compilations ; la première était consacrée à ses interprétations (compilation mono-artiste) et l'autre mêlant des interprétations de plusieurs interprètes (compilation multi-artistes). M. Ferrat considérait que la première compilation nuisait à la *cohérence artistique*, et que la seconde *avilissait et dévalorisait ses chansons* du fait de les juxtaposer avec d'autres chansons d'autres interprètes. La Cour d'appel de Paris avait refusé d'y voir une atteinte au droit moral au respect, car l'exploitation avait été autorisée de façon générale laissant au producteur une liberté quant à l'exploitation et à la stratégie commerciale. La Cour de cassation a censuré l'arrêt faute d'autorisation spéciale de l'exploitation litigieuse [1]. La Cour de renvoi, elle, rejeta les demandes de l'artiste : concernant la compilation mono-artiste, elle considéra qu'il n'y avait pas d'atteinte à la « *cohérence artistique ou thématique* » du fait du rassemblement des interprétations réalisées à plusieurs époques ; concernant la compilation multi-artistes, elle écarta aussi l'atteinte, car la juxtaposition des interprétations appartenant à des artistes différents n'implique pas de « *thème dégradant ou susceptible de heurter des convictions* » de l'artiste (Jean Ferrat évoquait la présence d'un chanteur et d'une chanteuse ayant eu une position condamnable lors de l'occupation) [2]. En dernier épisode, la chambre sociale a cassé, sans renvoi, l'arrêt de la Cour de Versailles par un *arrêt ayant la valeur de principe* :

> « Attendu que le respect dû à l'interprétation de l'artiste en interdit toute altération ou dénaturation qu'une exploitation sous forme de compilation avec des œuvres [sic] d'autres interprètes étant de nature à en altérer le sens ne pouvait relever de l'appréciation exclusive du cessionnaire et requérait une autorisation spéciale de l'artiste » [3].

Le principe posé par la chambre sociale de la Cour de cassation est tranchant : toute *compilation multi-artistes* est, *par nature*, attentatoire au droit moral de l'artiste-interprète dont l'interprétation est intégrée.

---

[1] Cass. soc., 10 juill. 2002, (n° 99-44.224), aff. *J. Ferrat c/ Sté Universal Music* : JurisData n° 2002-015183 : *RIDA*, janv. 2003, p. 339, obs. A. KÉRÉVER ; *CCE*, 2002, comm. 11, note CH. CARON ; *D.*, 2002, p. 2679, obs. J. DALEAU ; *Légipresse*, 2002, n° 195, III, p. 174, note A. MAFFRE-BAUGE ; *Grands arrêts de la propriété intellectuelle,* Dalloz, 2e éd., 2015, n° 27, comm. S. PESSINA ; *RTD com.*, 2004, p. 735, obs. F. POLLAUD-DULIAN ; *Propr. Intell.*, 2002, n° 6, p. 50, obs. P. SIRINELLI.

[2] CA Versailles, ch. réunies, 7 avr. 2004, (n° 02/03070) : JurisData n° 2004-244043 : *CCE*, 2004, comm. 9, note CH. CARON ; *Propr. Intell.*, 2004, n° 13, p. 927, obs. A LUCAS ; *RTD com.*, 2004, p. 735, obs. F. POLLAUD-DULIAN ; *D.* 2005, p. 1487, obs. P. SIRINELLI.

[3] Cass. soc., 8 févr. 2006 (n° 04-45.203), Aff. *Jean Ferrat 2*, JurisData n° 2006-032093 : *Bul. Civ.*, V, n° 64, p. 57 : *D.*, 2006, p. 1172, obs. P. ALLAEYS ; *CCE*, 2006, comm. 4, note CH. CARON ; *Légipresse*, 2006, n° 232-III, p. 101, obs. P. TAFFOREAU ; *RTD com.*, 2006, p. 374, obs. F. POLLAUD-DULIAN ; *RLDI*, 2006, n° 16, p. 13, note S. PESSINA ; *D.*, 2006, p. 3000, obs. P. SIRINELLI ; *D.*, 2006, p. 579, obs. J. DALEAU ; *D.*, 2006, p. 1168, obs. B. EDELMAN ; *JCP E.*, 2006, 1654, note C. ALLEAUME ; *JCP G.*, 2006, II, 10078, note T. AZZI ; *CCE*, 2007, chron. 4, obs. X. DAVERAT ; *D.*, 2006, p. 1172, note A. TRICOIRE. *Adde* M. BOURDAROT, « Le droit moral de l'artiste-interprète et les déboires de la compilation (à propos de l'affaire Jean Ferrat et de l'arrêt de la Cour de cassation du 8 février 2006) », *CCE*, 2006, comm. 4.

ii. Solution de la chambre civile de la Cour de cassation : solution atténuée

677. Affaire *Pierre Perret* (sur le terrain du droit d'auteur). Quelques mois après l'arrêt Ferrat, la première chambre civile de la Cour de cassation est intervenue en matière de droit d'auteur sur la question de la compilation [1]. Contrairement à la solution de la chambre sociale qui considéré la compilation comme attentatoire *par nature* au respect de l'interprétation, la chambre civile a posé une condition à l'exercice du droit moral pour s'opposer à une compilation : l'artiste doit prouver *une altération de l'œuvre* [2].

678. Atténuation en matière de droit voisin de l'artiste-interprète. La solution retenue en droit d'auteur a été étendue au droit voisin de l'artiste-interprète. La Cour de cassation a décidé en 2018 que l'exploitation des interprétations d'un artiste dans une compilation « *n'est pas en elle-même de nature à caractériser une atteinte au respect dû à ses interprétations* » [3]. De même, des juridictions du fond ont adopté la même solution, comme la Cour d'appel de Paris qui a débouté, en 2015, un artiste qui n'a pas démontré en quoi le choix d'autres interprétations d'autres artistes dévalorisait ses propres interprétations apparaissant dans la même compilation [4].

679. Bilan. Après des différences, d'une part entre la solution de la chambre sociale et celle de la chambre civile, et d'autre part entre les compilations mono-artiste et celles multi-artistes, il semble que la jurisprudence se stabilise. La solution actuelle se focalise, semble-t-il, sur l'exercice dit « équilibré » du droit au respect, tant en droit d'auteur qu'en droit voisin de l'artiste-interprète. Il a été dit qu'il ne faut pas présumer l'atteinte au droit moral pour une forme d'exploitation très répandue dans le domaine de l'industrie musicale. Aussi, au nom de la conciliation des intérêts, l'on a soutenu la solution qui conditionne l'exercice du droit moral contre l'insertion d'une interprétation dans une compilation par la preuve d'une altération. En vérité, la jurisprudence en matière de compilation musicale semble affaiblir le droit au respect de l'œuvre ou de l'interprétation, en mettant en cause *le caractère discrétionnaire* de cet attribut moral. Or, nous croyons avec le Professeur POLLAUD-DULIAN, qui approuve la solution de l'affaire de Jean Ferrat, que l'interprète devrait être comme l'auteur qui peut interdire l'utilisation de son œuvre dans une œuvre dérivée (anthologie). La matière musicale et les pratiques professionnelles ne sauraient pas déroger au droit moral qui protège *l'intérêt général.* Qui plus est, le droit moral (toute prérogative confondue) est *discrétionnaire* [5] et

---

[1] Cass. 1re civ., 7 nov. 2006, (n° 04-13.454), aff. *Sté Warner Chappel Music France c/ Perret* : JurisData n° 2006-035764 : *RTD com.*, 2007, p. 97, obs. F. POLLIAUD-DULIAN ; *RIDA*, 2007, p. 225 et 319, obs. P. SIRINELLI ; *JCP E.*, 2007, 1085, note C. ALLEAUME ; *JCP G.*, 2007, II, 10000, note T. AZZI ; *CCE*, 2006, comm. 152, note CH. CARON ; *CCE*, 2007, chron. 4, § 4, obs. X. DAVERAT ; *D.*, 2007, p. 417, note P. ALLAEYS ; *Légipresse* 2007, n° 238, III, p. 48, note G. HENRY ; *Propr. Intell.*, 2007, n° 22, p. 95, obs. A. LUCAS.

[2] J. DALEAU « Une première : l'artiste-interprète mieux traité que l'auteur », *D.* 2007, p. 417.

[3] Cass. 1re civ., 31 janv. 2018, « Henri Salvador II » (pourvoi n° 16-23.591) : *CCE*, 2019, chron. 4, § 6, 14 et 23, obs. X. DAVERAT ; *LEPI*, avr. 2018, p. 3, obs. A.-E. KAHN ; *CCE*, 2018, chron. 11, § 4, obs. P. TAFFOREAU ; *JCP*, 2018. 734, note N. BINCTIN ; *RLDI*, 2018, n° 146, p. 14, obs. L. COSTES.

[4] CA Paris, pôle 5, 1re ch., 2 juin 2015, n° 13/22149, aff. *Daniel L. c/ Stés Bastien Music et Pomme Musice.*

[5] « *L'exercice de son droit moral par l'auteur de l'œuvre originale revêt un caractère discrétionnaire, de sorte que l'appréciation de la légitimité de cet exercice échappe au juge* » [nous soulignons] : Cass. 1re civ., 5 juin 1984, pourvoi n° 83-11.639 : *Bul. Civ.*, I, n° 184 ; *D.*, 1985, IR, p. 312, obs. C. COLOMBET.

d'ordre public, car il protège *l'intérêt culturel* du public : d'une part l'intérêt à une *libre formation* du pacte culturel, d'autre part, l'intérêt à *l'authenticité* de ce pacte.

680. Ayant étudié les attributs moraux de l'artiste-interprète, il nous faut à présent analyser leurs caractéristiques propres, qui sont aussi les caractéristiques de la propriété.

§ 3. Caracteristiques des prerogatives morales

681. Comparaison. L'article L. 212-2 du Code de la propriété intellectuelle évoque dans le deuxième et le troisième alinéa les caractéristiques du droit moral de l'artiste-interprète. « *Ce droit inaliénable et imprescriptible est attaché à sa personne / Il est transmissible à ses héritiers pour la protection de l'interprétation et de la mémoire du défunt* ». En matière de droit d'auteur, l'article L. 121-1 du même code évoque les caractéristiques du droit moral de l'auteur qui est « *attaché à sa personne / Il est perpétuel, inaliénable et imprescriptible / Il est transmissible à cause de mort aux héritiers de l'auteur / L'exercice peut être conféré à un tiers en vertu de dispositions testamentaires* ».

682. Plan. La comparaison entre les caractéristiques du droit moral de l'auteur et celles du droit moral de l'artiste-interprète montre des différences. L'on peut étudier ces caractéristiques à l'aune de la titularité (**A**), et en considération du temps (**B**).

A. Caractéristiques liées au titulaire

683. Puisqu'il trouve sa raison d'être dans l'empreinte de la personnalité déposée dans la forme, le droit moral est attaché à la personne du créateur (**1**) ; il est pour la même raison inaliénable (**2**). Cependant, la question de son exercice discrétionnaire ne fait pas l'unanimité (**3**).

1. Droit attaché à la personne du créateur

684. Nature personnelle à double titre. La création expressive, œuvre ou interprétation, est de nature personnelle puisque la forme créée porte l'empreinte de la personnalité du créateur. Mais la création interprétative, qui a pour support de création, comme nous avons démontré, la personne physique de l'interprète, est la plus personnelle des créations expressives [1]. Il résulte de cette nature de la création que le droit qui le grève est de nature personnel.

685. Un droit de la personnalité ? La majorité doctrinale interprète l'expression « attaché à la personne [*du créateur*] » comme désignant l'appartenance du droit moral à la catégorie des droits de la personnalité [2]. Mais si l'on gagne une

---

[1] *Contra* P. SIRINELLI pour qui « *on ne peut que constater que la relation entre l'artiste-interprète et sa prestation est moins personnelle [...] tout simplement parce que l'accès à la protection ne passe pas par l'exigence de l'originalité [...] même si la jurisprudence tend à rechercher cette marque pourtant non exigée par le CPI* » : *Propr. Intell.*, janv. 2003, p. 51.

[2] « *[...] "attaché à la personne" il s'agit donc d'un véritable droit de la personnalité qui en a les caractères essentiels* ». CH. CARON, *Droit d'auteur et droits voisins*, 6e éd., 2020, n° 611, p. 623 ; M. VIVANT et J.-M. BRUGUIERE, *Droit d'auteur et droits voisins*, 4e éd., n° 1272 ; F. POLLAUD-DULIAN, *Le droit d'auteur*, 2e éd., n° 2307, p. 1520 « *mais un droit de la personnalité bien spécifique qui défend des expressions particulières de la personnalité de l'artiste : ses*

chose par cette qualification, à savoir éviter le contrôle au nom de l'abus de droit, l'on risque tout perdre : la patrimonialisation (voire la commercialisation) des droits de la personnalité [1] ; qui plus est, ces droits ne sont pas perpétuels. En effet, l'analyse de la *propriété incorporelle* portant sur une forme expressive, ainsi que *la fonction du droit moral*, nous permettent d'interpréter *l'attachement à la personne du créateur* comme se référant à deux choses : la première chose est le principe que l'attribution du droit moral est nécessairement déterminée par *l'acte créatif* ; la seconde chose est l'explication de *l'indisponibilité* du droit moral. Enfin, rappelons que les travaux préparatoires révèlent que le projet initial prévoyait que « *l'artiste-interprète a le droit inaliénable et imprescriptible de s'opposer à toute altération de la prestation, préjudiciable à son honneur et à sa réputation. Ce droit persiste au profit de ses héritiers* » [2]. Le Sénat, à l'origine de la modification de cet article, a estimé que la rédaction originelle faisait un amalgame entre le droit moral et les droits généraux de la personnalité et que le terme altération est trop compréhensif par rapport à celui de dénaturation ce qui ouvrirait la voie à de multiples contestations [3].

686. Rappel. Propriété bifonctionnelle. Le droit moral, dans notre conception, n'est pas un simple *droit de la personnalité*. Il n'appartient pas à une catégorie distincte de celle du *droit réel incorporel* portant sur la forme. Nous avons soutenu que la propriété du créateur d'une création expressive est *une*, mais fonctionnellement *duale*. En conséquence, le droit moral n'est qu'une *prérogative propriétaire* qui assume une fonction précise au sein de la propriété. Dans la même veine, le Professeur XAVIER DAVERAT insiste sur la différence *d'objet* entre le droit moral et les droits de la personnalité et estime, à juste titre, que le droit moral « *à la manière d'un droit réel est opposable à tous* » [4]. Le droit moral défend la personnalité dans la chose (la forme), alors que les droits de la personnalité la défendent dans la personne ou dans la sphère intime. Nous ajoutons que la présence du droit moral comme composante de la propriété intellectuelle justifie de la qualifier de *personnaliste*. En revanche, toute personne dispose des droits de la personnalité ;

---

interprétations d'œuvre ». PH. GAUDRAT, Rép. Civ. Dalloz, n° 574, qui utilisa cette qualification pour faire échapper l'exercice du droit moral à tout contrôle au nom de l'abus de droit (*idem.* n° 502) ; CH. CARON, *Abus de droit et droit d'auteur*, IRPI, vol. 17, Litec, 1998, n° 128 et s. T. AZZI, qui qualifie le droit voisin de l'artiste-interprète comme un droit de la personnalité : *Recherche sur la loi applicable aux droits voisins du droit d'auteur en droit international privé*, n° 365 et s. H. DESBOIS, *Le droit d'auteur en France*, Dalloz 1978, n° 81 ; C. COLOMBET, *Propriété littéraire et artistique et droits voisins*, Dalloz, 7e éd., n° 127 ; SILZ « La notion juridique de droit moral de l'auteur », *RTD civ.*, 1933, p. 331 ; M. GAUTREAU, *La musique et les musiciens en droit privé français contemporain*, PUF, 1970, p. 35 ; F. POLLAUD-DULIAN, « Le droit moral en France à travers la jurisprudence récente », *RIDA*, juill. 1990, p. 127. Plus nuancée : AGNES LUCAS-SCHLOETTER, *Droit moral et droits de la personnalité. Étude de droit comparé français et allemand*, PUAM, 2002.

[1] *Contra* Le Professeur F. POLLAUD-DULIAN, « Droit moral et droits de la personnalité », *JCP G.*, 1994, I, 3780 et le Professeur PH. GAUDRAT, « Propriété littéraire et artistique. Droits des auteurs. Théorie générale du droit moral (CPI, art. L. 121-1 à L. 121-9) », *J.-Cl. Propriété littéraire et artistique*, fasc. 1210, 2001 : « *Il est indubitable que le droit moral a une spécificité à l'intérieur des droits de la personnalité [...]. La catégorie des droits de la personnalité ne nous semble pas constituer un péril pour le droit moral, mais un terreau* ». Sur la *différence* entre le champ du droit moral et le champ des droits de la personnalité, V. X. DAVERAT, fasc. 1430, 2019, *op. cit.*, n° 57-65.

[2] Nous soulignons. Nous constatons que la formulation du projet est très proche de celle qu'utilisent les traités de l'OMPI à propos du droit moral de l'interprète.

[3] Rapport JOLIBOIS, Doc. Sénat, n° 212, t. 2, p. 87. Aussi : Rapp. AN, Jolibois, 17 juin 1985, t. II, p. 88.

[4] TGI Paris, 8 mars 1968, *Le Saint*, *D.* 1968, 2, jurispr. p. 742. Pour le Professeur DAVERAT l'expression « attaché à la personne » désigne le caractère individuel de ce droit contrairement au droit d'autoriser qui est susceptible d'exercice collectif : fasc. 1430, 2019, *op. cit.*, n° 40.

cela ne permet pas de qualifier tous les droits d'une personne physique comme des droits personnalistes.

687. Rappel. Fonction du droit moral. Contrairement aux droits de la personnalité, le droit moral ne protège pas seulement un intérêt privé du créateur, mais protège surtout *l'intérêt culturel* du public. Le droit moral est un *mécanisme de défense* qui impose de respecter le processus spontané de *formation de la culture*. Le créateur est le seul arbitre à qui est confiée cette protection.

2. Inaliénabilité

688. Le principe de l'inaliénabilité du droit moral de l'artiste-interprète (**a**) n'empêche pas les aménagements contractuels préalables (**b**).

a. Principe

689. DESBOIS disait « *l'auteur ne peut renoncer à la défense de sa personnalité, sous peine de commettre un suicide moral* » [1]. Comme le droit moral de l'auteur, le droit moral de l'interprète est inaliénable. Cela signifie que ce droit n'est pas cessible et que le titulaire ne peut renoncer par avance à son exercice [2]. De même, une clause contractuelle qui restreint l'exercice du droit moral de l'artiste est nulle [3]. L'arrêt de principe de la chambre sociale de la Cour de cassation dans l'affaire de *Jean Ferrat* a relevé explicitement ce caractère : « *que l'inaliénabilité du droit au respect, principe d'ordre public, s'oppose à ce que l'artiste abandonne au cessionnaire, de façon préalable et générale, l'appréciation exclusive des utilisations, diffusion, adaptation, retrait, adjonction et changement qu'il déciderait de réaliser* » [4].

b. Atténuation

690. Autorisation spéciale. Si le premier arrêt de la Cour de cassation dans l'affaire Ferrat (10 juillet 2002) affirme le principe d'inaliénabilité du droit moral de l'artiste-interprète, le second arrêt dans la même affaire (8 février 2006) ouvre au producteur la possibilité de se conformer au droit moral de l'artiste. Ainsi, si le producteur veut procéder licitement à l'exploitation sous forme de compilation, il doit obtenir une autorisation *spéciale*. Le terme « autorisation spéciale » nous permet de comprendre le raisonnement de la Cour de cassation : il s'agit d'opposer *le principe d'inaliénabilité* à des clauses contractuelles *de portée générales* qui aboutiraient à une *renonciation préalable* à l'exercice du droit moral. Le professeur DAVERAT justifie une telle autorisation spéciale « *dans la mesure où une exploitation consentie en pleine conscience des conditions inhabituelles qui sont les siennes constitue un exercice du droit moral et non un renoncement à celui-ci* ». Cette atténuation du principe de l'inaliénabilité

---

[1] H. DESBOIS, *Le droit d'auteur en France*, 3e éd., n° 382.

[2] BERNARD PARISOT, « L'inaliénabilité du droit moral », *D.*, 1972, jurispr. p. 75.

[3] CA Aix-en-Provence, 23 févr. 1965 : *D.*, 1966, jurispr. p. 166, note R. SAVATIER - CA Nîmes, 4 juill. 1966 : *JCP G.*, 1967, II, 14691 - CA Paris, 15 nov. 1966 : *Gaz. Pal. Rec.*, 1967, I, jurispr. p. 17, note SARRAUTE - Cass. civ., 13 janv. 1970 : *D.*, 1970, jurispr. p. 483.

[4] Cass. soc., 10 juill. 2002, (n° 99-44.224), aff. *J. Ferrat c/ Sté Universal Music* : JurisData n° 2002-015183. *Op. cit.* (Le premier arrêt dans cette affaire). Même solution en droit d'auteur : Cass. 1re civ., 28 janv. 2003, n° 00-20.014 : JurisData n° 2003-017443 : *D.*, 2003, p. 559, note J. DALEAU.

est acceptée par la chambre civile en matière de droit d'auteur [1]. En définitive, l'atténuation du principe de l'inaliénabilité du droit moral de l'auteur ou de l'interprète est maintenant admise. Récemment, la Cour d'appel de paris, a clairement indiqué que le caractère inaliénable du droit moral de l'artiste-interprète « *n'interdit pas de stipuler librement dans un contrat une autorisation spéciale de l'artiste-interprète* » [2].

3. Absolutisme ?

691. Relativisation. Le caractère absolu du droit moral de l'artiste-interprète n'est pas évident. Nous avons évoqué la pratique professionnelle dans le domaine musical où le droit au nom n'est pas étendu à propos des musiciens d'accompagnement. De même, en matière de la prérogative du respect de l'interprétation, la jurisprudence a laissé entendre que l'artiste n'a pas à motiver son exercice et qu'il peut interdire « toute altération ou dénaturation ». Cependant, nous avons présenté la jurisprudence en matière de compilation musicale qui est venue tempérer le caractère discrétionnaire du droit au respect. Par ailleurs, le caractère absolu du droit moral de l'artiste-interprète ou de l'auteur est lié à son caractère discrétionnaire et à l'applicabilité de la théorie de l'abus de droit. Les deux questions divisent la doctrine [3]. En vérité, la théorie de l'abus du droit n'est qu'une dernière chance « *de paralyser un attribut que l'on risque de se voir opposer sans jamais pouvoir se l'approprier* » [4]. En revanche, l'exercice du droit moral par les héritiers peut être soumis au contrôle de l'abus dans la mesure où leur droit-fonction que devient le droit moral est finalisé.

692. Liberté de (ré)création ? La loi LCAP de 2016 s'ouvre par un article qui dispose que « *la création artistique est libre* ». Un courant jurisprudentiel, précédant cette loi, a consacré un principe selon lequel il faut procéder à une « balance des intérêts », c'est-à-dire s'assurer d'un « juste équilibre » entre, d'une part, l'exercice d'un droit de propriété intellectuelle et, d'autre part, la liberté d'expression et la liberté de création [5]. Le Professeur DAVERAT estime que la position de la Cour de cassation est *a fortiori* transposable en cas d'exercice du droit moral des artistes-interprètes : une balance des intérêts pour trouver un juste équilibre entre la liberté

---

[1] Cass. 1re civ., 28 janv. 2003, (pourvoi n° 00-20.014) : JurisData n° 2003-017443 : *JCP E.*, 2003, p. 588, note CH. CARON ; *CCE*, 2003, comm. 21, note CH. CARON ; *Propr. Intell.*, 2003, n° 7, p. 165, obs. P. SIRINELLI.

[2] CA Paris, 2 juin 2015, n° 13/22149 : *LEPI* 10/2015. 3, obs. C. BERNAULT.

[3] PH. GAUDRAT, « Propriété littéraire et artistique. Droits des auteurs. Droits moraux. Le droit de retrait et de repentir (CPI, art. L. 121-1 à L. 121-9) », *J.-Cl., propriété littéraire et artistique*, fasc., 1212, 2001, n° 61.

[4] PH. GAUDRAT, Rép. Civ. Dalloz, *Propriété littéraire et artistique, 1°, op. cit.*, n° 501.

[5] Il s'agit de deux arrêts importants de la Cour de cassation. L'affaire *Klasen* : Cass. 1re civ., 15 mai 2015, n° 13-27.391 : JurisData n° 2015-011061 : *CCE*, 2015, comm. 55, note CH. CARON ; *JCP G.*, 2015, 967, note CH. GEIGER ; *Propr. Intell.*, 2015, n° 56, p. 281, note A. LUCAS ; *RTD com.*, 2015, p. 515, obs. F. POLLAUD-DULIAN ; *Propr. Intell.* 2016, n° 58, p. 89, note M. VIVANT et CH. GEIGER. « *Qu'en se déterminant ainsi, sans expliquer de façon concrète en quoi la recherche d'un juste équilibre entre les droits en présence commandait la condamnation qu'elle prononçait, la cour d'appel a privé sa décision de base légale au regard de [10§2 CEDH]* ». Aussi l'affaire *Le dialogue des carmélites* : Cass. 1re civ., 22 juin 2017, n° 15-28.467 et 16-11.759 : JurisData n° 2017-012338 : *CCE*, 2017, comm. 69, note CH. CARON ; *JCP G.*, 2017, 890, note X. DAVERAT ; *CCE*, 2019, chron. 4, § 1, obs. X. DAVERAT ; *Propr. Intell.* 2017, n° 65, p. 60, obs. A. Lucas ; *D.*, 2017, p. 1955, note PH. MALAURIE ; *Légipresse*, 2017, p. 438, note E. TREPPOZ. Sur la relativisation du droit moral de l'artiste-interprète : X. DAVERAT, fasc. 1430, 2019, *op. cit.*, n° 51.

artistique dans une création seconde et la protection du droit moral de l'artiste-interprète.

B. Indifférence à l'écoulement du temps

693. Le droit moral de l'auteur est *perpétuel*, mais rien n'est dit à propos du droit moral de l'artiste-interprète (**3**). Mais ce qui est sûr est le caractère *transmissible* (**1**) et *imprescriptible* (**2**) qui sont mentionnés dans l'article L. 212-2 du Code de la propriété intellectuelle.

1. Transmissibilité

694. Le droit moral est « *transmissible à cause de mort aux héritiers de l'auteur* », mais quand il s'agit du droit moral de l'artiste-interprète, une précision s'ajoute : sa transmission n'est pas seulement pour la protection de l'interprétation, mais aussi pour la protection « *de la mémoire du défunt* ». Si la transmission du droit moral aux héritiers est, dans les deux cas, nécessaire pour la continuité de la protection du pacte culturel, la référence à la mémoire du défunt relève du droit à la dignité. Un commentateur a écrit « *pourquoi avoir réuni ces deux éléments, totalement distincts par nature, en une condition à double détente ? Mieux eût valu faire usage d'une conjonction alternative plutôt que copulative, pour autoriser une transmission dans l'un ou l'autre cas* » [1]. Par ailleurs, une différence existe entre la transmissibilité du droit moral de l'auteur et celui de l'artiste-interprète : le texte ajoute à propos du droit d'auteur que « l'exercice peut être conféré à un tiers en vertu de dispositions testamentaires ». En revanche, concernant les artistes-interprètes, la transmissibilité ne vise que les héritiers de l'artiste. Le Professeur TAFFOREAU estime que le terme « héritiers » doit être entendu au sens large de successeurs, tant *ab intestat* que testamentaires [2].

2. Imprescriptibilité

695. Le droit moral de l'artiste-interprète, comme celui de l'auteur, est imprescriptible. Mais l'action en paiement des créances résultant d'une atteinte au droit moral ou au droit patrimonial est soumise au droit commun. Dans une récente affaire, un artiste avait participé en 1979 à l'enregistrement d'une bande musicale d'un film, mais son nom n'était mentionné ni au générique du film ni sur les pochettes des supports physiques commercialisés. La Cour d'appel de Versailles a admis l'action sur le fondement de l'imprescriptibilité du droit moral (212-1 du Code de la propriété intellectuelle), mais la première chambre civile a cassé cette décision en limitant l'imprescriptibilité au droit moral. Selon la Cour de cassation : « *si le droit moral de l'artiste-interprète est imprescriptible [...], les actions en paiement des créances nées des atteintes [...] sont soumises à la prescription du droit commun* »[3].

---

[1] D. BECOURT, « Réflexions sur la loi du 3 juillet 1985 relative aux droits d'auteur et aux droits voisins », *JCP G.*, 1986, II, 14722, n° 63.

[2] P. TAFFOREAU, Rép. IP/IT et Communication Dalloz, V° *Droits voisins du droit d'auteur*, 2019, n° 35.

[3] Cass. 1re civ., 3 juill. 2013, pourvoi n° 10-27.043, aff. *Perez c/ Sté Trinacra* : JurisData n° 2013-013838 ; *CCE*, 2013, comm. 113, note C. CARON ; *Propr. Intell.*, 2013, n° 49, p. 396, obs. A. LUCAS ; *CCE*, 2014, chron. 4, § 1, obs. X. DAVERAT ; *RIDA*, 2013, n° 237, p. 351 et 299, note P. SIRINELLI.

3. Perpétuité

696. Avis doctrinaux. Si elle est mentionnée à propos du droit moral de l'auteur, la perpétuité est la grande absente des caractéristiques du droit moral de l'artiste-interprète. Nous pouvons présenter les avis de la doctrine sur cette question en trois courants. Le premier courant, minoritaire, estime que le droit moral de l'artiste-interprète n'est pas perpétuel. Le second courant, plus précis, estime que le droit moral de l'artiste-interprète, « *sans être perpétuel, s'exerce jusqu'au terme de la durée des droits patrimoniaux* » [1]. Enfin, la doctrine majoritaire estime que le droit moral de l'artiste-interprète est perpétuel [2].

697. Pour la perpétuité du droit moral de l'artiste-interprète. Quant à nous, nous croyons que rien ne justifie de distinguer entre le droit moral de l'auteur et celui de l'artiste-interprète, puisqu'ils sont de *la même nature* et assument *la même fonction* de protection de l'intérêt général. De plus, nous avons soutenu que le droit moral est une *prérogative propriétaire* et non pas un droit de la personnalité, ce qui soutient aussi l'idée de la perpétuité. Il convient de préciser enfin que *la perpétuité* ne veut pas dire *l'éternité* : simplement, ce caractère du droit moral signifie que le droit moral dure autant que la forme (de l'œuvre ou de l'interprétation), ce qui est logique vu la fonction culturelle qu'il remplit. Enfin, force est de constater que la question de la perpétuité est d'une grande importance. En effet, si l'on considère le droit moral comme temporaire, à l'instar du droit patrimonial, la qualification propriétaire du droit voisin de l'artiste-interprète est anéantie. Par conséquent, il ne reste que la qualification monopolistique, ce qui est exclu car l'acte créatif, à l'origine du droit sur la création, n'est pas un *acte d'occupation.* Au contraire, la perpétuité du droit moral est la raison qui donne à la qualification propriétaire deux de ces caractéristiques essentielles : c'est une propriété *personnelle* et *indisponible.*

698. Bilan. Le droit moral de l'artiste-interprète est une prérogative propriétaire qui forme, avec la prérogative patrimoniale *la* propriété incorporelle sur l'interprétation. Ce droit assume une fonction d'intérêt général, dans la mesure où il protège la libre formation et l'authenticité du pacte culturel.

699. Pour compléter notre étude du contenu de la propriété de l'artiste-interprète, il nous faut maintenant analyser les prérogatives patrimoniales.

SECTION II : PREROGATIVES PATRIMONIALES

700. Prérogatives permettant l'exploitation de la propriété. Au-delà du contrat de travail, l'enjeu économique de la forme vivante interprétative n'apparaît

---

[1] X. LINANT DE BELLEFONDS, *Droit d'auteur et droits voisins*, Dalloz, 2002, n° 1291 ; X. DAVERAT, fasc. 1430, 2019, *op. cit.*, n° 45. Ce qui est permis par le traité de Genève de 1996 et le traité de Pékin de 2012 ; T. AZZI, *Recherche sur la loi applicable aux droits voisins du droit d'auteur en droit international privé*, pp. 84-85.

[2] S. PESSINA, *L'artiste-interprète salarié*, *op. cit.*, n° 358 p. 203 ; P.-Y. GAUTIER, *Propriété littéraire et artistique*, 11e éd., *op. cit.*, n° 147 ; A. LUCAS et *alii.*, 5e éd., 2017, *op. cit.*, n° 1461 ; F. POLLAUD-DULIAN, Le droit d'auteur, *op. cit.*, n° 2324 ; M. VIVANT et J.-M. BRUGUIERE, *Droit d'auteur et droits voisins*, 4e éd., *op. cit.*, n° 1273 ; P. TAFFOREAU et C. MONNERIE, *Droit de la propriété intellectuelle*, *op. cit.*, n° 304 ; PH. GAUDRAT, Rép. Civ. Dalloz, première partie, *op. cit.*, n° 486 ; D. BECOURT, *op. cit.*, n° 61. *Contra* T. AZZI, « Le droit moral de l'artiste-interprète, retour sur les silences troublants du législateur », Propr. Intell., 2008, n° 28, p. 278 ; CH. CARON, *Droit d'auteur et droits voisins*, 6e éd., *op. cit.*, n° 616.

qu'en la *réifiant*, d'où l'importance de la *fixation*. Ce n'est pas à dire que la propriété naît de l'acte matériel de fixation [1] ; l'acte créatif reste l'origine de cette propriété. En conséquence, nous avons soutenu que la première fixation (la matrice) est un *support d'exploitation* non un *support de création*. En effet, en se délivrant de son support de création (la personne de l'artiste-interprète), l'interprétation acquiert une extension qui ne peut être maîtrisée que par un droit exclusif de suite, c'est-à-dire une propriété, sur la forme vivante fixée. En vertu de ce droit, tout acte communiquant la forme à un public est un acte d'exploitation de la propriété qui nécessite l'autorisation du propriétaire. Cette communication a deux modes universels, direct (la représentation) et indirect (la reproduction). En somme, l'artiste-interprète dispose d'un droit d'autoriser la fixation, la représentation et la reproduction (L. 212-3 du Code de la propriété intellectuelle).

701. Émergence des prérogatives patrimoniales. Un rayon de lumière que diffracte le prisme en un faisceau de rayons colorés, c'est ainsi le droit unique de propriété du créateur, que diffracte l'acte de divulgation en un faisceau des prérogatives fonctionnelles. L'intégralité des prérogatives existe, bel et bien, dès la création, mais sans divulgation, elles restent *en puissance*. D'où, l'absence du droit de divulgation de l'artiste-interprète est une faiblesse de la construction propriétaire de son droit ; ce qui oblige à interpréter l'expression de volonté par laquelle l'artiste autorise une exploitation, comme ouvrant un champ divulgataire correspondant à cette exploitation.

702. Plan. La catégorie *hétéroclite* des droits voisins contient des droits exclusifs de nature différente, ce qui nous oblige de distinguer entre deux techniques juridiques de construction des prérogatives : l'une est *synthétique* car *propriétaire* et l'autre est *analytique* car *monopolistique* (**§1**). Cette distinction va nous permettre, ensuite, d'analyser les prérogatives patrimoniales de la propriété incorporelle portant sur la forme vivante interprétative (**§2**).

§1. Opposition entre structure synthetique et structure analytique

703. Rappel. Une autre conséquence est à tirer des distinctions que nous avons expliquées au début de notre recherche, à savoir la distinction entre la propriété et le monopole et entre la création et le travail : cette conséquence est la technique juridique de la construction de droit exclusif. En effet, l'exclusivité n'est pas le critère de la propriété : quand elle est *l'objet construit* du droit, c'est le monopole ; quand elle est *l'effet naturel* du droit, c'est la propriété.

704. Structures différentes. L'étude de la *structure* d'un droit exclusif doit rendre compte de sa *nature*. *Propriétaire*, les prérogatives sont la *synthèse* de la *maîtrise absolue* sur la chose ; *monopolistiques*, les prérogatives sont la *traduction juridique* des *actes réservés* au monopoleur. Dans la première structure, le législateur *constate et consacre* les prérogatives, dans la seconde, il les *crée*.

---

[1] *Contra* N. BINCTIN, *Droit de la propriété intellectuelle*, 6e éd. LGDJ, 2020, n° 221, p. 188 : « *Ce droit de fixation est spécifique à la matière, il ne se trouve pas en droit d'auteur, où du seul fait de la création, l'auteur est titulaire de ses droits. La captation est le fait générateur du droit de propriété* ».

705. Plan. La structure propriétaire est *naturellement* synthétique, dans la mesure où les prérogatives découlent du plein pouvoir du propriétaire sur l'objet de la propriété. À l'opposé, la structure d'un monopole légal est *nécessairement* analytique, dans la mesure où il s'agit d'un artifice légal (**A**). Appliquées à la catégorie des droits voisins, nous distinguons entre *les droits voisins économiques* qui répondent à la logique analytique d'un monopole, et *le droit voisin de l'artiste-interprète* qui répond à la logique synthétique d'une propriété sur la forme. Ainsi, il est indispensable de procéder à des distinctions terminologiques avant l'étude du contenu du droit voisin de l'artiste-interprète (**B**).

A. Structures juridiques différentes, synthétique et analytique

706. Le monopole n'a pas la même structure juridique que la propriété (**1**) ; et le *copyright* anglo-américain n'est pas synonyme de droit d'auteur lequel est le modèle complet de la propriété littéraire et artistique (**2**).

1. Structures opposées

707. Monopole et propriété (rappel). Sans revenir sur nos développements concernant la propriété et le monopole [1], il suffit de rappeler les caractéristiques de ces deux outils juridiques réservataires qui induisent la distinction entre *deux méthodologies juridiques de construction du droit.* La propriété est un *droit réel* (*jus in res*) qui réserve *directement* au propriétaire *toutes* les valeurs de la chose appropriée. En revanche, le monopole est un *artifice* ou un mur d'interdictions qui entourent un enjeu pour réserver *indirectement certaines* valeurs au monopoleur. De cette opposition résulte une différence dans la méthodologie de leur construction.

708. Deux méthodologies de construction du droit exclusif. La propriété et la chose incorporelle, qui constitue son objet (œuvre ou interprétation), naissent simultanément de l'acte créatif (L. 111-1 alinéa premier du CPI). Le législateur *consacre* cette propriété de droit naturel et *ne la crée pas*. Le *contenu* de cette propriété est déterminé par sa *fonction.* Comme outil réservant une valeur à double dimension, culturelle et économique, la propriété contient les prérogatives patrimoniales et morales en vertu desquelles le créateur maîtrise toute communication de la forme (tous les *paramètres qualitatifs* et *quantitatifs*). La structure des prérogatives propriétaires est à la fois *synthétique* et *intégrée.* Synthétique car la propriété assure au propriétaire tous les pouvoirs sur l'objet de la propriété, sans qu'il y ait besoin de détailler les prérogatives dont il dispose [2]. Ensuite la structure

[1] Pour une présentation synthétique du monopole et de la propriété et leur opposition.

[2] La majorité de la doctrine ne distingue pas le monopole et la propriété ; ainsi, le droit d'auteur serait un monopole, ou une propriété d'un monopole doublé d'un droit de la personnalité de nature particulière. Mais tout en utilisant le terme « monopole » pour désigner la propriété du créateur, la doctrine constate la structure synthétique de ce droit et la considère comme un choix d'une technique législative (par opposition à la technique analytique), par ex. A. BENSAMOUN, *Essai sur le dialogue entre le législateur et le juge en droit d'auteur*, préf. P. SIRINELLI, PUAM, 2008, n° 566 et s., p. 434 et s. Dans le même sens, F. POLLAUD-DULIAN, *Le droit d'auteur*, 2e éd., *op. cit.*, n° 938, cet auteur qui utilise le terme « monopole d'exploitation » justifie sa structure synthétique par des raisons « *à la fois historiques et fondamentales* ». Les raisons historiques désignent l'origine du droit d'auteur où il y avait les deux droits : le droit d'édition (en matière de livres) et le droit de représentation (en matière de théâtre). En revanche, M. POLLAUD-DULIAN n'explique pas les

est intégrée car le fait créatif donne naissance à un droit d'exclure qui désigne *simultanément* son bénéficiaire et *érige* l'objet en bien. En conséquence, *l'exclusivité* joue simultanément sur le terrain de *l'objet* et sur le terrain du *titulaire* de la propriété : seul une personne, le créateur, peut se prévaloir des prérogatives propriétaires pour contrôler l'exploitation de la création dans sa double dimension culturelle et économique.

709. À l'opposé, le monopole est un artifice légal créé de toutes pièces. Le législateur le crée en détaillant précisément les prérogatives qui constituent son *contenu*, et désigne son *titulaire*. En conséquence, la structure des prérogatives monopolistiques est *analytique* et *dissociée*. Analytique car le monopole n'investit le titulaire que des actes qui lui sont réservés à propos d'un enjeu déterminé et sur le territoire où le législateur exerce sa compétence. Ensuite, la structure des prérogatives monopolistiques est dissociée, comme dans le modèle du brevet où il y a deux niveaux dissociés d'exclusivité. D'abord, le fait générateur de la réservation est la procédure (pas la création) qui permet à l'office compétent d'établir le lien entre ce monopole d'exploitation et l'enjeu demandé par le déposant, ce que matérialise un titre. Ensuite, le second niveau d'exclusivité est la propriété de ce titre qui permet de désigner la personne qui, seule, en jouit [1]. Toutefois, le modèle des droits voisins économiques ne contient pas de procédures ni de titre [2]. Il n'en demeure pas moins qu'il s'agit des monopoles octroyés dont l'enjeu est la forme technique de fixation ou de diffusion.

2. Application : l'opposition entre le *copyright* et le droit d'auteur

710. Petite histoire comparative. La propriété des créateurs (dans le domaine expressif et technique) fut affirmée par les deux lois révolutionnaires de 1791, après l'abolition des privilèges par la Révolution de 1789. En 1844 la propriété de l'inventeur fut remplacée par un monopole du déposant ; un remplacement qui n'a pas réussi en ce qui concerne la propriété de l'auteur. Seulement, l'on a réussi à insérer l'expression neutre « droit d'auteur » pour cacher la nature propriétaire de ce droit [3]. En somme, il ne reste, en France, qu'une propriété sur la forme créative : celle de l'auteur. Après une lente construction jurisprudentielle et doctrinale, la propriété de l'auteur du seul fait de l'acte créatif a été consacrée par l'article premier de la loi du 11 mars 1957 : rupture nette et historique entre la propriété du créateur et le monopole de l'investisseur (dont l'outil juridique était le privilège). Sans rupture, de l'autre côté de la Manche, l'Angleterre continuait d'appliquer leur

---

« raisons fondamentales » de la structure synthétique. En réalité, il ne s'agit que de la nature *propriétaire* du droit d'auteur ; ce droit est l'outil d'une maîtrise absolue sur un objet : la forme. Pour cette raison, nous croyons que l'expression « monopole d'exploitation » n'est pas pertinente : le monopole ne peut être que de structure analytique ; la propriété ne peut être que de structure synthétique.

[1] La propriété du titre/brevet peut être louée, vendue, démembrée, expropriée etc. comme toute propriété corporelle, sans que le monopole défini ne soit affecté par ces opérations juridiques. Les deux niveaux sont dissociés.

[2] D'où la pertinence de l'expression « fief en l'air » ou « fief économique » qu'utilise le Professeur GAUDRAT. Dans le droit de l'Ancien Régime, cette expression désigna tout fief non constitué sur un fonds de terre. Pour une étude historique : *Deux cours de doctorat en propriété littéraire et artistique*, (Premier cours : Introduction à l'histoire de la propriété littéraire et artistique), à paraitre !

[3] L'expression « droit d'auteur » est l'invention du RENOUARD qui ne voyait dans ce droit qu'un monopole légal compensatoire du « travail » de l'auteur.

système de *copyright* et de *patents* inspirés des privilèges. Ce système fut adopté par les États-Unis au XIXe siècle à raison de la communauté de langue.

711. Dérapage. À la fin de la seconde guerre mondiale, le modèle anglo-américain de *copyright* a commencé de l'emporter sur le modèle européen continental du droit d'auteur. L'hégémonie américaine cherchait à universaliser son modèle, d'autant plus que le monopole est un outil de captation de la richesse. Au terme d'une longue évolution, la catégorie des droits voisins fut créée au niveau international. Vingt-cinq ans après, la France l'introduit dans la propriété littéraire et artistique. « Cheval de Troie » du *copyright*, la loi Lang de 1985 octroie des monopoles légaux à certains investisseurs de l'industrie audiovisuelle et les intègre dans la propriété littéraire et artistique. Imbroglio inextricable, l'expression « droit d'auteur » commence d'être utilisée comme synonyme du terme « *copyright* ». Or, le droit d'auteur et le *copyright* désignent des droits et des systèmes de nature et de philosophie qui n'ont rien à voir.

712. Structure du droit d'auteur et du *copyright*. Le droit d'auteur et de l'interprète est un droit d'un créateur sur sa création. C'est une propriété qui comporte deux versants, droit moral et droit patrimonial, qui appréhendent chacun un aspect différent de la valeur réservée. En plus de cette spécialisation en deux droits complémentaires, chacun de ces droits se spécialise à son tour en un faisceau d'attributs destinés à garantir au mieux l'intérêt protégé (moral ou pécuniaire). L'exploitation de la création expressive se réalise par sa communication au public, d'où le droit patrimonial englobe les *deux modes universels* de cette communication : la reproduction et la représentation. Point besoin de détailler plus sur le procédé ou sur la technique utilisée dans cette communication. À l'opposé de ce système logique et synthétique, le *copyright* énumère une liste des actes que le titulaire (*copyright owner*) seul peut exercer. La liste est *ouverte* et doit être mise à jour avec chaque évolution technique. En conclusion, les deux structures, synthétique et analytique, n'ont pas la même stabilité.

713. Constance. La propriété littéraire et artistique est un outil juridique *invariant* et *d'application constante*, par exemple, rien ne justifie que l'œuvre orale soit traitée de manière différente de la création fixée, ou que la forme vivante soit distinguée de la forme inerte. La raison est simple : la propriété de droit naturel, qu'on connaît en France, naît de l'acte créatif de la forme ; la technique de la réalisation de la création n'affecte pas le droit et ne nécessite pas d'intervention législative afin de l'enrichir ou de la compléter. Autrement dit, la propriété, étant de structure synthétique, englobe naturellement tout acte d'exploitation, même l'exploitation que pourrait permettre une avancée technique.

714. Instabilité. Au contraire, le copyright est un outil juridique *mutable* et d'application *variable* [1]. Car monopolistique donc analytique, le *copyright* doit se réinventer à chaque évolution technique pour *inclure* (compléter) dans le monopole les nouveaux modes d'exploitation [2]. *Arbitraire* et *de droit positif*, le copyright est une

---

[1] Le copyright américain, anglais, australien ou canadien n'est pas le même. Plus encore, le copyright n'a pas le même contenu car il est *modulable* selon l'enjeu : la liste d'actes réservés n'est pas la même, la situation de la musique n'est pas celle de l'audiovisuel ou de l'édition.

[2] Le Professeur GAUDRAT enseignait que le *copyright* est né de l'imprimerie [de la reproduction : la copie N.D.L.R.]. Or, le droit d'auteur, lui, « *est né au moment de la Renaissance ; non, à cause de l'imprimerie, mais à cause de l'évolution que le droit romain, redécouvert à la fin du moyen-âge, avait dû subir du fait du droit médiéval. […] annonçant*

terre fertile des lobbies qui visent, avidement, à élargir l'enjeu de leurs monopoles. Ainsi, nous trouvons aux États-Unis des réformes à chaque mutation technique (audiovisuel, numérique).

B. Distinctions terminologiques dans la catégorie des droits voisins

715. L'unité d'une catégorie juridique devient trompeuse quand aucun *élément fédérateur* n'unit les objets qui y figurent et quand *le régime* qui s'applique à ces objets n'est pas le même (**1**). C'est le cas de la catégorie des droits voisins. Des distinctions terminologies sont alors indispensables (**2**).

1. Fausse unité

716. Objets différents. Nous avons distingué, dès le début de notre étude, les objets des droits voisins selon leur nature : la forme *contenant* (le vecteur technique) et la forme *contenue* (la forme vivante interprétative). L'interprétation est une création éphémère par nature ; elle ne dépend pas pour exister d'un vecteur technique : d'une part, l'interprétation procède d'un *acte créatif* non d'un acte technique de fixation ; d'autre part, elle possède une *structure formelle* comparable à la structure formelle de l'œuvre de l'esprit. Nous avons démontré que l'interprétation a une forme interne intelligible exprimée en une forme externe vivante. L'acte de fixation donne naissance à un bien tangible susceptible d'exploitation répétitive et étendue. En revanche, la forme technique n'est qu'un *outil utilisable* au service de la *forme communicable fixée*.

717. Droits exclusifs différents. L'acte créatif interprétatif fait naître la chose incorporelle (interprétation) et le droit qui la grève (la propriété incorporelle). Le droit exclusif de l'artiste-interprète est un droit de nature propriétaire qui réserve au propriétaire les valeurs engendrées à l'occasion de l'exploitation de la forme externe. En revanche, la forme technique n'est pas considérée *en soi* comme *objet de droit* : toute fixation ne donne pas lieu à une exclusivité. Le législateur a élu une fixation : *la première fixation* qui résulte de l'investissement du producteur. La nature de l'objet et la technique de la réservation montrent qu'il s'agit d'un monopole légal non d'une propriété incorporelle [1].

718. Caractère ouvert et caractère fermé. Le caractère *ouvert* des droits voisins économiques se manifeste à deux niveaux [2] : d'un côté, le législateur peut instituer des *nouveaux droits voisins économiques*, dans la mesure où il s'agit d'un monopole, outil maniable [3], d'un autre côté, le législateur peut créer des nouveaux

---

les Lumières, un courant de pensée préparait, en marge des privilèges, la naissance de la propriété de l'auteur». PH. GAUDRAT, *Deux cours de doctorat en propriété littéraire et artistique*, (Premier cours : Introduction à l'histoire de la propriété littéraire et artistique), à paraitre !

[1] *Contra* T. AZZI, *Recherche sur la loi applicable aux droits voisins du droit d'auteur en droit international privé*, LGDJ, 2005, pp. 33-88. Qui considère les objets des droits voisins comme « le reflet du travail » ou « la prestation abstraite » des auxiliaires de la création.

[2] Sur le caractère ouvert de la catégorie des droits voisins, V. l'exemple du droit à l'image : CECILE DESCHANEL, *Le droit patrimonial à l'image : émergence d'un nouveau droit voisin du droit d'auteur*, thèse, Univ. Avignon, 2017, 547 p.

[3] Par ex. le nouveau droit voisin des éditeurs et agences de presse (L. 218-1 et s. du CPI) ; sans oublier les monopoles octroyés sur des enjeux incorporels : le monopole des fédérations sportives et des organisateurs

droits exclusifs au profit du monopoleur (droit de distribution par exemple). En parallèle, le caractère *fermé* de la propriété de l'artiste-interprète se manifeste au niveau de son *objet unique* (l'interprétation) ; et au niveau des *prérogatives propriétaires* qui sont synthétisées dans le droit moral et le droit patrimonial. En conclusion, il est erroné de parler *d'une* catégorie ouverte des droits voisins (du droit d'auteur). Pour nous, il y en a deux : *la catégorie fermée du véritable droit voisin du droit d'auteur*, c'est-à-dire le droit de propriété de l'artiste-interprète sur son interprétation ; et la catégorie ouverte *des droits voisins de la propriété littéraire et artistique*, c'est-à-dire les monopoles économiques que nous avons appelés les droits voisins économiques.

719. Terminologies trompeuses. Malgré toutes les différences que nous avons présentées, le législateur utilise des terminologies identiques pour désigner des prérogatives patrimoniales des titulaires des droits voisins, sans distinction entre *propriété* et *monopole*, ou entre un *objet communicable et un objet utilisable* [1]. Il s'agit des termes « reproduction » et « communication au public ». Toutefois, la distinction s'impose naturellement selon l'objet concerné.

2. Distinctions nécessaires

720. Fidélité. La fidélité aux principes séculaire de la propriété littéraire et artistique *personnaliste* [2] nous oblige à faire des distinctions terminologiques avant d'analyser le contenu des prérogatives patrimoniales de l'artiste-interprète. Le fondement de ces distinctions est la base sur laquelle le législateur édicte les prérogatives des titulaires des droits voisins. Concernant les artistes-interprètes, cette base est *la notion de communication au public* de la forme expressive (**a**). Concernant les investisseurs, cette base consiste dans *les actes d'utilisation de la forme technique* (**b**).

a. La place centrale de la communication au public de la forme expressive

721. Parallélisme. Les prérogatives patrimoniales de l'artiste-interprète sont, à l'instar des celle de l'auteur, construites autour de la notion de communication au public. De fait de leur nature propriétaire, les prérogatives patrimoniales de

---

des manifestations sportives (L.333-1 Code du sport) ; enfin, il y a aussi « les droits voisins innomés » comme le droit à l'image.

[1] En matière de droit voisin de l'artiste-interprète : L. 212-3, I du CPI : « *Sont soumises à l'autorisation écrite de l'artiste-interprète la fixation de sa prestation, sa reproduction et sa communication au public, ainsi que toute utilisation séparée du son et de l'image de la prestation lorsque celle-ci a été fixée à la fois pour le son et l'image* ».

Le droit voisin du producteur de phonogrammes : L. 213-1 al. 2 du CPI : « *L'autorisation du producteur de phonogrammes est requise avant toute reproduction, mise à la disposition du public par la vente, l'échange ou le louage, ou communication au public de son phonogramme autres que celles mentionnées à l'article L. 214-1* ».

Le droit voisin du producteur de vidéogrammes : L. 215-1 al. 2 CPI : « *L'autorisation du producteur de vidéogrammes est requise avant toute reproduction, mise à la disposition du public par la vente, l'échange ou le louage, ou communication au public de son vidéogramme* ».

Le droit voisin des entreprises de communication audiovisuelle : L. 216-1 al. 2 CPI : « *Sont soumises à l'autorisation de l'entreprise de communication audiovisuelle la reproduction de ses programmes, ainsi que leur mise à la disposition du public par vente, louage ou échange, leur télédiffusion et leur communication au public dans un lieu accessible à celui-ci moyennant paiement d'un droit d'entrée* ». [Nous avons souligné tous ces textes].

[2] Encore une fois, la propriété littéraire et artistique est une propriété *personnaliste* car elle se distingue, surtout, par ses prérogatives morales indisponibles. Les droits exclusifs des investisseurs, eux, ne sont *ni propriétaires ni personnalistes*.

l'artiste-interprète doivent être interprétées de façon large conformément à l'approche synthétique [1]. Partant, la reproduction et la communication au public (la représentation) désignent la communication au public de l'interprétation, indirecte dans le premier cas et directe dans le second cas. Autrement dit, l'artiste-interprète maîtrise *via* ses prérogatives tous les actes d'exploitation de la forme externe. En conséquence, les prérogatives qu'inventent les normes internationales ou les directives européennes sont comprises (et à découvrir) dans les deux prérogatives du droit patrimonial de l'artiste-interprète.

b. La place centrale des actes d'utilisation de la forme technique

722. Utilisations de la forme technique. La forme technique ne se communique pas mais *s'utilise*. En conséquence, la notion de communication au public est inopérante pour définir l'étendue du monopole des producteurs de la forme technique. En effet, ce sont *les utilisations de la forme technique* (enjeu du monopole) qui guident le législateur à définir les prérogatives monopolistiques des titulaires des droits voisins économiques. La forme technique peut faire l'objet de quatre opérations : *production*, *transmission*, *stockage* et *lecture* [2]. La production est le fait générateur de la forme technique, donc, il reste trois opérations techniques. En conséquence, le monopole octroyé au producteur de la première fixation réserve au monopoleur les actes techniques subséquents sur la forme technique : sa *reproduction* et sa *transmission*, sauf la *lecture* de la forme technique qu'échappe au monopole [3].

723. En définitive, considérer que la « reproduction » et « la communication au public » d'une forme technique comme la communication directe ou indirecte de la forme fixée, reviendrait à *parasiter* la propriété des créateurs sur leurs créations, voire les *dépouiller* cette propriété. En d'autres termes, le droit voisin économique sur le vecteur technique deviendrait le *doublon* du droit de propriété sur la création fixée. Ce rapport parasitaire va faire l'objet d'une analyse approfondie quand nous aborderons le rapport entre le droit voisin de l'artiste-interprète et les droits voisins économiques.

724. Bilan. L'approche *synthétique* est celle qui correspond à la nature *propriétaire* du droit sur la forme vivante interprétative. Maintenant, après cette précision, nous

---

[1] Pour une approche synthétique : F. POLLAUD-DULIAN, *Le droit d'auteur*, 2e éd., n° 2337 ; *Contra* A. LUCAS et *alii.*, *Traité de la propriété littéraire et artistique*, 5e éd., n° 1037 (sur l'émiettement du droit exclusif) ; *adde* J. BACOUELLE, *La condition juridique de l'artiste-interprète*, n° 186, et n° 244 « *il n'est pas évident de plaider en faveur d'une interprétation large [des prérogatives patrimoniales de l'interprète] et partant, d'une extension de l'approche synthétique du droit d'auteur* ». Ainsi, cette auteure estime que l'étendue « *du monopole d'exploitation de l'artiste-interprète* » peut être éclairci « *au regard des normes européennes et internationales* » (qui sont, rappelons-le, de structure analytique et monopolistique). Plus nuancé, le Professeur TAFFOREAU estime que la structure du droit patrimonial de l'artiste-interprète est entre celle synthétique du droit d'auteur et celle analytique des autres droits voisins : *Dalloz IP/IT*, 2018, n° 44.

[2] PH. GAUDRAT, Rép. Civ. Dalloz, V° *Propriété littéraire et artistique (2° Droits des exploitants)*, 2007, n° 353 et s.

[3] La lecture de la forme technique (inversion de la forme technique en une forme sensible indispensable pour accéder au contenu fixé) échappe au monopole du producteur, car c'est un acte libre des utilisateurs. Cependant, nous croyons que l'utilisation des mesures techniques de protection n'est qu'un moyen matériel de monopoliser la lecture (l'utilisation) des consommateurs.

pouvons développer l'analyse de la propriété portant sur l'interprétation et étudier chaque prérogative patrimoniale.

§ 2. CONTENU DES PREROGATIVES PATRIMONIALES

725. Versant *pécuniaire* de la propriété de l'artiste-interprète, les prérogatives patrimoniales expriment le pouvoir de décider et de contrôler toutes les exploitations de la forme, autrement dit, toutes les communications au public de la forme. En effet, la forme expressive étant de nature *ubiquiste*, la communication *libre* de la forme dissipe la valeur économique ; par conséquent, le droit exclusif d'exploitation permet de *verrouiller* le partage et de *canaliser* les valeurs vers la source de la création : le créateur. En bref, l'ensemble des prérogatives patrimoniales forment ce que la loi appelle « le droit d'exploitation » [1]. Suivant la méthodologie synthétique, le droit d'exploitation comprend deux modalités *exhaustives* et *complémentaires* de l'exploitation de la forme expressive : la représentation et la reproduction. Enfin, en matière de droit voisin de l'artiste-interprète, le droit patrimonial comprend une prérogative autonome : la fixation [2].

726. Plan. Le droit voisin de l'artiste-interprète est une propriété qui naît du seul fait de l'acte créatif. Or, la nature éphémère de la création interprétative et la nécessité de l'intervention d'un tiers, dans la majorité de cas, pour réaliser la fixation qui pérennise l'interprétation impliquent la distinction entre la *production* et la *reproduction* (**A**). À cette spécificité près, les deux prérogatives patrimoniales correspondent aux deux modes universels de la communication au public : directe (**B**) et indirecte (**C**). Enfin, l'artiste-interprète dispose d'un droit d'autoriser l'utilisation séparée d'un élément de la forme vivante interprétative (**D**).

A. Droit de fixation

727. Nous avons expliqué que l'interprétation se réalise sous forme *éphémère* et que son support premier (support de création / de réalisation) est la personne physique de l'interprète. Ainsi, la fixation est l'acte technique qui détache la forme vivante interprétative de son *support de création* pour lui donner l'autonomie matérielle grâce à un *support technique d'exploitation*. En conséquence, chronologiquement et logiquement, la première prérogative de l'artiste-interprète est celle dont l'objet est *l'autorisation de la réification* de l'interprétation. Il résulte de cette chronologie que la fixation est une *reproduction* de l'interprétation [3]. Dès lors,

---

[1] L. 122-2 du CPI : « *Le droit d'exploitation appartenant à l'auteur comprend le droit de représentation et le droit de reproduction* ».

[2] L'article L. 212-3, I du CPI énumère ses droits : la fixation, la reproduction et la communication au public (la représentation en droit d'auteur). Enfin il y a une quatrième prérogative : « *toute utilisation séparée du son et de l'image de la prestation lorsque celle-ci a été fixée à la fois pour le son et l'image* ». Il ne s'agit pas d'une nouvelle prérogative ; cette formulation fait double emploi, comme nous allons voir, avec le droit de reproduction et le droit de communication au public.

[3] Au *sens matériel* du terme « reproduction » : incorporation dans un support ; la fixation n'est pas la réalisation de l'interprétation, mais la reproduction de l'interprétation réalisée (produite) sous forme vivante.

la question se pose sur le sens à donner à cette prérogative ; est-elle distincte de la prérogative de reproduction, ou constitue-t-elle une première reproduction ? Deux conceptions s'opposent dans la doctrine et dans la jurisprudence (**1**). La Cour de cassation a dit son mot par l'arrêt du 12 septembre 2018 dans l'affaire « *Colucci* » (**2**).

1. Prérogative autonome

728. Comparaison avec le droit d'auteur. Le droit patrimonial de l'artiste-interprète contient quatre prérogatives parmi lesquelles on trouve la fixation et la reproduction. En revanche, en droit d'auteur, il n'y a que deux pôles du droit d'exploitation : la reproduction et la représentation ; qui plus est, la reproduction y est définie comme « *la fixation matérielle de l'œuvre par tous procédés qui permettent de la communiquer au public d'une manière indirecte* » [1]. Aussi, est-il donné comme exemples de la reproduction de l'œuvre le « moulage » et « l'enregistrement mécanique, cinématographique ou magnétique ». La comparaison entre le droit d'auteur et le droit de l'interprète évoque beaucoup de questions. D'abord, si la fixation est comprise dans la reproduction en droit d'auteur, pourquoi l'on distingue ces deux prérogatives en droit de l'artiste-interprète ? Ne serait-il pas possible d'ignorer les « enregistrements bruts » et de considérer le *master* (fruit de long processus de montage) comme le moule en matière de sculpture ou aux épreuves ayant fait l'objet d'un bon à tirer en matière d'édition ? Au contraire, s'il faut distinguer la fixation de l'interprétation et sa reproduction, quel est le sens à donner à cette fixation ? faut-il considérer la fixation de l'interprétation comme toute incorporation dans un support, ce qui englobe les enregistrements primitifs ? ou, à l'inverse, ne soumettre à l'autorisation au titre de droit de fixation que le produit final (le *master*) ?

729. Incertitudes. Dès la Convention de Rome [2], les textes en matière de droit voisin de l'artiste-interprète distinguent entre la fixation et la reproduction. Mais on ne trouve pas de définition dans le Code de la propriété intellectuelle de la fixation, alors que les traités de l'OMPI (WPPT de 1996, WAPT de 2012) définissent la fixation de manière identique : « *l'incorporation de sons, ou des représentations de ceux-ci, dans un support qui permette de les percevoir, de les reproduire ou de les communiquer à l'aide d'un dispositif* » [3]. Quant au droit communautaire, la directive 2001/29/CE du 22 mai 2001 ne vise que le droit exclusif de reproduction pour « *les fixations de leurs exécutions* » [4]. En revanche, la directive 92/100/CE du

---

[1] L. 122-3 du Code de la propriété intellectuelle.

[2] Sans définir la fixation, la Convention de Rome reconnaît à l'artiste-interprète ou exécutant la faculté de mettre obstacle à « *la fixation sans leur consentement sur un support matériel de leur exécution non fixée* » (art. 7-1-b). Une formule similaire se trouve dans l'accord sur les ADPIC de 15 avril 1994 (Annexe 1C de l'accord instituant l'OMC, Marrakech 1994).

[3] « L'incorporation de sons » se réfère à la fixation sur un support analogique ; l'incorporation « des représentations de ceux-ci » se réfère à la fixation sur un support numérique. Article 2-c. du WPPT et article 2-b du WAPT.

[4] La directive « société de l'information » de 2001 ne consacre pas le droit de fixation et définit le droit de reproduction comme le droit d'autoriser ou d'interdire la reproduction des fixations des exécutions (art. 2).

19 novembre 1992 (sa version codifiée dir. 2006/115) prévoit ce droit dans l'article 6 avant le droit de reproduction prévu dans l'article 7 [1].

730. Doctrine divisée. Plusieurs auteurs considèrent la distinction faite en droit de l'artiste-interprète entre la fixation et la reproduction comme *artificielle* [2]. Pour ces auteurs, la fixation serait la première reproduction, tandis que la reproduction serait « une fixation d'une fixation ». Un autre paradigme est présenté par le Professeur NICOLAS BINCTIN qui estime que le droit patrimonial de l'artiste-interprète « *ne s'analyse pas par opposition entre reproduction et représentation [comme en droit d'auteur], mais par distinction entre la captation et la communication au public, la reproduction étant un moyen de cette communication* » [3]. Enfin, le Professeur PHILIPPE GAUDRAT estime que « *quoique requise et distincte, [la fixation] n'a pas lieu d'être rémunérée séparément car elle n'est pas une "reproduction", mais la condition de licéité de réalisation de la matrice* » [4].

731. Autonomie. Nous croyons que la fixation doit être distinguée *matériellement* et *juridiquement* de la reproduction et doit être rémunérée *séparément.* En effet, la fixation est la *première étape* qui précède toute exploitation par reproduction ou par représentation. Cela ne veut pas dire que la fixation est le fait générateur de la propriété [5] ; la fixation ne crée pas l'interprétation, il lui donne une autre vie autonome, dans la mesure où elle permet son exploitation au-delà du lieu de spectacle. Ainsi, l'artiste-interprète doit autoriser cette pérennisation de son interprétation. D'ailleurs, contrairement à ce que défend le Professeur GAUDRAT, la fixation doit être rémunérée séparément de la reproduction, non comme exploitation de la propriété de l'artiste (car la fixation n'implique pas forcément une communication), mais par une *rémunération salariale* [6]. C'est ce que le nouvel article L. 212-13 du Code de la propriété intellectuelle vient prescrire : « *le contrat*

---

[1] Le 5e considérant distingue clairement entre le droit de fixation et le droit de reproduction. L'article 6 évoque « *le droit exclusif d'autoriser ou d'interdire la fixation de leurs exécutions* » et l'article 7 évoque « *le droit exclusif d'autoriser ou d'interdire la reproduction directe ou indirecte des fixations de leurs exécutions* ».

[2] CH. CARON, *Droit d'auteur et droits voisins*, 6e éd., 2020, *op. cit.*, n° 618, p. 620 « *la distinction est tout de même un peu artificielle* » ; A.-E. KAHN, « Droits voisins du droit d'auteur. Droits patrimoniaux de l'artiste-interprète. Contenu des droits patrimoniaux (CPI, art. L. 212-3) », *J.-Cl. Propriété littéraire et artistique*, fasc. 1435, 2020, n° 30 « *Mais cette distinction est très artificielle car la fixation constitue également une reproduction* » ; A. LUCAS et *alii.*, *Traité de la propriété littéraire et artistique*, 5e éd., *op. cit.*, n° 1372 ; M. VIVANT et J.-M. BRUGUIERE, *Droit d'auteur et droits voisins*, 4e éd., *op. cit.*, n° 1285 ; J. BACOUELLE, *La condition juridique de l'artiste-interprète*, n° 186-n° 188 (la fixation est la reproduction initiale) ; S. PESSINA, *L'artiste-interprète salarié*, *op. cit.*, n° 372 p. 210 ; P. TAFFOREAU et C. MONNERIE, *Droit de la propriété intellectuelle*, 4e éd., *op. cit.*, n° 295 « *La reproduction consiste en la fixation d'une fixation* ». Toutefois, le Professeur TAFFOREAU semble distinguer les deux prérogatives de l'artiste-interprète, en définissant la fixation comme l'incorporation de l'interprétation dans un support quelconque. P. TAFFOREAU, *Petit lexique Droit de la propriété intellectuelle*, Gualino, 2e éd., 2016-2017, v° Fixation. Adde P. TAFFOREAU, « La fixation d'une prestation d'artiste-interprète s'entend de la première incorporation de celle-ci dans un support », *D.*, 2019, p. 1155, approuvant l'arrêt de la Cour de cassation que nous allons aborder plus tard.

[3] La captation selon cet auteur est « *l'opération par laquelle l'interprétation va être enregistrée, quelles que soient la forme de l'enregistrement et les modalités techniques de celui-ci* ». N. BINCTIN, 6e éd., *op. cit.*, n° 221, p. 188.

[4] PH. GAUDRAT, Rép. Civ. Dalloz, V° *2° Droits des exploitants*, *op. cit.*, n° 98.

[5] *Contra* N. BINCTIN, *Droit de la propriété intellectuelle*, 6e éd., *op. cit.*, n° 221, p. 188 « *la captation est le fait générateur du droit de propriété* ». Plus nuancé : S. PESSINA, *L'artiste-interprète salarié*, *op. cit.*, n° 373, pp. 210-211 : « *la notion de fixation reflète bien l'événement qui fait de l'interprétation un bien meuble incorporel susceptible de reproduction, car la fixation pérennise une chose qui était par nature fugace et spatialement limitée. La fixation permet donc de conserver ce qui était, auparavant, éphémère. Avec l'exploitation simultanée d'une interprétation par radiodiffusion ou télédiffusion, elle constitue le fait générateur de la logique de propriété intellectuelle* », [nous soulignons].

[6] Nous sommes de l'avis du Professeur TAFFOREAU qui considère que la rémunération salariale de l'autorisation de fixer est distincte du salaire de la prestation lors de la séance d'enregistrement.

conclu entre l'artiste-interprète et le producteur de phonogrammes fixe une rémunération minimale garantie en contrepartie de l'autorisation de fixation, rémunérée sous forme de salaire, de la prestation de l'artiste-interprète ». L'on peut regretter que cet article soit placé dans la section qui concerne les contrats avec le producteur de phonogrammes, tandis qu'en matière de contrats de production audiovisuelle, la présomption prévue dans l'article L. 212-4 du Code de la propriété intellectuelle au profit du producteur audiovisuel englobe l'acte « *de fixer, reproduire et communiquer au public la prestation de l'artiste-interprète* », tout en limitant, dans le second alinéa, la « rémunération distincte » à « chaque mode *d'exploitation* de l'œuvre » ; or, la fixation est distincte de l'exploitation et doit être rémunérée par un salaire.

732. Enfin, une question n'est pas tranchée : quelle est la place de la communication au public, cœur des droits d'exploitation, dans cette prérogative autonome ?

2. Prérogative matérielle

733. Les prérogatives propriétaires dans une propriété incorporelle portant sur une forme expressive contrôlent les communications au public, directe (représentation) ou indirecte (reproduction). Or, si la prérogative de fixation est distincte de celle de reproduction, qu'est-ce qui justifie que cette prérogative soit une prérogative propriétaire ?

734. Opposition entre deux conceptions. Deux conceptions s'opposent : *économique* et *matérielle ou technique*. La première conception intègre à la définition de la fixation la notion d'exploitation ou de communication au public ; par conséquent, la fixation soumise à l'autorisation écrite de l'artiste-interprète serait la fixation qui permet l'exploitation : c'est uniquement la *matrice* à l'exclusion des *enregistrements bruts*. Au contraire, la seconde conception définit la fixation comme le premier acte technique d'incorporation de la forme vivante dans un support. Dans l'affaire *Colucci*, les juges du fond ont adhéré à la première conception, ce que n'a pas approuvé la Cour de cassation [1].

735. Affaire *Colucci*. Dans l'affaire *Colucci* (dit Coluche), c'était la première fois que la question se posait *uniquement* sur la prérogative de fixation. En effet, un contentieux naît rarement à propos d'une fixation non suivie par une exploitation par reproduction ou par communication. Ainsi, dans l'affaire qui opposait les consorts de Colucci à son producteur, la question se posait de savoir, à propos de certains phonogrammes reproduisant des sketches de l'artiste, si leur date de fixation était celle de l'enregistrement des interprétations lors des spectacles (ce que soutenaient les ayants droit), ou bien celle de l'établissement de la bande mère (*master*) permettant la publication des phonogrammes [2] (ce que soutenait le

---

[1] Civ. 1re, 12 sept. 2018, (n° 17-19.490) P+B : JurisData n° 2018-015585, aff. *Consorts Colucci c/ Soc. PPL* : *Dalloz IP/IT*, janv. 2019, p. 43, note G. QUERZOLA ; *CCE*, 2019, chron. 6, n° 9, obs. X. DAVERAT ; *JCP G.*, 2019, p. 559, obs. N. BINCTIN ; *Légipresse*, 2018, n° 366, p. 656, obs. C. ALLEAUME ; *Lexbase Hebdo. Aff.*, 2018, p. 567 ; *Propr. Intell.*, janv., 2019, p. 36, note J.-M. BRUGUIÈRE ; *D.*, 2019, p. 1155, note P. TAFFOREAU ; *JCP E.*, n° 7-8, 13 févr. 2020, 1069, obs. S. SOLEIMAN.

[2] Dans le processus de production phonographique, l'opération technique commence par des « prises » (séquences brutes), qui seront produites, dans un deuxième temps, sur une matrice (*master*). Cette matrice va être traitée au mixage pour produire le « *master de mixage* » ; enfin, à partir de ce dernier résultat, l'on fabrique « le *master de mastering* » qui sera passé au presseur. Le mot « matrice » ne convient qu'à cet ultime

producteur). En conséquence, deux conceptions de la fixation étaient évoquées : économique (**a**) et matérielle (**b**).

a. Conception exclue

736. Conception économique. La Cour d'appel, en reprenant la doctrine du tribunal de grande instance de Paris, a retenu que la fixation soumise à l'autorisation de l'artiste-interprète au sens de l'article L. 212-3 ne prend date que lors de l'établissement de la bande-mère (*master*) car la fixation « *doit permettre la communication de l'œuvre [sic] au public dans la mesure où ce qui déclenche l'application du droit est un acte d'exploitation* ». En conséquence, selon la Cour, « *la simple captation du son ne constitue pas une fixation dès lors que ce son doit être ensuite travaillé en vue de l'établissement du master permettant la reproduction en nombre* ». Enfin, la Cour donne sa définition de la fixation en intégrant la notion d'exploitation : « *la fixation se définit comme l'acte d'exploitation qui marque le terme des opérations de production, entendues comme un processus de mise en forme technique et artistique impliquant diverses opérations sur divers enregistrements* » [1].

737. Critique. En effet, les juges de fond, en intégrant « la communication au public » et « l'acte d'exploitation » à leur définition de la fixation, s'inspirent du droit d'auteur qui ne connaît que deux prérogatives correspondant à l'exploitation de l'œuvre par sa communication directe ou indirecte, et qui définit la reproduction comme « la fixation matérielle de l'œuvre par tous procédés qui *permettent de la communiquer au public* d'une manière indirecte ». Or, la loi distingue expressément entre la fixation et la reproduction. Qui plus est, la fonction de la fixation est *indépendante de l'exploitation* : l'autorisation de fixation ne vaut ni divulgation ni cession d'un droit d'exploitation ; la fixation est l'étape intermédiaire entre l'état éphémère et l'état fixé de la forme : la fixation est *neutre* par rapport à la divulgation ou à l'exploitation. C'est pour ces raisons que la Cour de cassation a censuré l'arrêt de la Cour d'appel.

b. Conception retenue

738. Conception matérielle. Déjà défendue par une partie minoritaire de la doctrine [2], la fixation dans la *conception technique* ou *matérielle* est entendue comme l'incorporation de la forme vivante dans un support (tangible ou numérique). Selon cette doctrine, la fixation ne saurait être définie comme « reproduction initiale » et la reproduction ne saurait être définie comme « fixation d'une fixation ». « *Il n'y a en effet qu'une seule "fixation" [...]. La réalisation d'un enregistrement à partir de séquences de sons déjà fixées n'est pas une fixation mais une "reproduction" de phonogramme* » [3]. La Cour de cassation casse la décision d'appel au visa de l'article L. 212-3 du Code de la

---

master. J.-N. BIGOTTI, *Je monte mon label*, IRMA, 2006, p. 69 ; L. GOMBERT et A. PICHEVIN, *Autoproduire son disque*, IRMA, 2006, p. 63. *Adde* P. TAFFOREAU, *D.*, 2019, p. 1155.

[1] TGI Paris, 3e ch., 2e sect., 13 févr. 2010, n° 98/20696 - CA Paris, pôle 5-1, 14 févr. 2017, n° 14/18838 : *Propr. Intell.* 2017, n° 64, p. 75, obs. J.-M. BRUGUIERE. [Nous soulignons].

[2] X. LINANT-BELLEFONDS, *Droit d'auteur et droits voisins*, 2e éd., Dalloz, 2004, p. 374, « *la fixation correspond à l'opération d'enregistrement elle-même* ».

[3] J. VINCENT, « Droits voisins du droit d'auteur. Droits des producteurs de phonogrammes (CPI, art. L. 213-1) », *J.-Cl., Propriété littéraire et artistique*, fasc. 1440, 2014, n° 1.

propriété intellectuelle, car « *selon l'alinéa 1er de ce texte, sont soumises à l'autorisation écrite de l'artiste-interprète la fixation de sa prestation […] ; la fixation est constituée par la première incorporation de la prestation de l'artiste dans un support* ». La cour de renvoi [1] retient la même définition de la fixation que la Cour de cassation, et ajoute une précision quant à la matrice (*master*) : « *la réalisation d'un master constitue en elle-même un acte de reproduction, même modifié, de l'enregistrement original* ». Il résulte de cette *conception neutre* de la fixation, pour le public, l'interdiction de fixer clandestinement l'interprétation réalisée dans un spectacle vivant. Il en résulte aussi, pour le producteur, l'obligation de se faire autoriser à titre de fixation et de la première exploitation de la fixation. De plus, le producteur doit rémunérer l'artiste pour les deux autorisations : la fixation et l'exploitation de la fixation. La première rémunération a la nature d'un salaire, car la fixation nécessite la présence physique de l'artiste ; la seconde a la nature d'une redevance, car elle rémunère l'exploitation des fixations.

739. Si la prérogative de fixation est *neutre* par rapport à la notion d'exploitation (communication au public), la reproduction et la représentation ne s'entendent que comme modalités d'exploitation de la forme vivante fixée. En effet, comme en droit d'auteur, ces deux droits se construisent naturellement autour de la notion de la communication au public. Dans les deux cas, un support intervient dans l'exploitation, mais de manière différente : dans la représentation comme *moyen* de la prestation de l'exploitant ; dans la reproduction comme *objet* de la prestation de l'exploitant. Par conséquent, l'accès à la forme externe est *direct* dans la représentation (salle de spectacle), tandis que cet accès est *indirect* dans la reproduction (*via* un exemplaire).

B. Droit de reproduction

740. La prérogative propriétaire de reproduction en droit voisin de l'artiste-interprète est identique [2] à celle du droit d'auteur, dans la mesure où l'objet de l'exploitation n'est que la forme. Dès lors, le modèle de cette prérogative est prévu dans l'article L. 122-3 du Code de la propriété intellectuelle, qui donne deux éléments de la reproduction : *la fixation matérielle par tous procédés* qui *permettent la communication au public* de manière indirecte [3]. Nous étudierons d'abord la définition de la reproduction dans le droit voisin de l'artiste-interprète (**1**) ; la question de la reproduction « provisoire » (**2**) ; la portée du droit de reproduction (**3**) et enfin, la limite inhérente à ce droit (**4**).

1. Définition du droit de reproduction

741. Notion. Comme en matière de droit d'auteur, la reproduction de l'interprétation fixée peut se réaliser par tous les procédés qui permettent de la communiquer au public de manière indirecte [4]. L'opération n'est pas seulement

[1] CA Versailles, 1re ch., 1re sect., 26 nov. 2019, n° 19/00999 : JurisData n° 2019-021769.
[2] Soustraction faite de la prérogative de la fixation de l'interprétation.
[3] F. POLLAUD-DULIAN, *Le droit d'auteur*, 2e éd., *op. cit.*, n° 960, p. 712.
[4] L. 122-3 al. 1er : « *La reproduction consiste dans la fixation matérielle de l'œuvre par tous procédés qui permettent de la communiquer au public d'une manière indirecte* ».

technique (fixation sur un support) ; elle consiste, d'abord, en la *réitération* de la fixation (par exemple la fabrication d'exemplaires) et, ensuite, en la *distribution* des exemplaires grâce à un réseau commercial. La vente de ces exemplaires aux amateurs leur fournit le moyen de *s'autocommuniquer* la création contenue. La prestation de l'exploitant en reproduction est la commercialisation d'exemplaires qu'il produit ou fait produire. Cette approche *synthétique et intégrée* s'applique au droit voisin de l'artiste-interprète, mais ne peut pas être étendue aux droits voisins économiques. Ces derniers répondent à la conception analytique du monopole, comme dans le système de *copyright*.

742. *Copyright.* Si dans le système propriétaire, celui de la propriété littéraire et artistique, la reproduction s'entend comme la *communication de la forme* réalisée par le truchement des *supports commercialisés*, le copyright, système monopolistique, est un simple « droit de copie ». L'objet de droit dans le *système propriétaire* est la *forme*. En revanche, l'objet de *copyright* est la *copie* (l'exemplaire) [1]. En conséquence, dans le *copyright* le « *right of reproduction* », réserve le droit de faire des copies, non la communication de la forme fixée. De même, le « *right of adaptation* » réserve le droit de faire des copies modifiées, et le « *right of distribution* » réserve le droit de les mettre en circulation (sujet à épuisement après la première vente) [2].

743. Reproduction numérique. La nature du support de fixation importe peu. Analogique comme numérique, le support de la reproduction doit permettre la restitution de la forme sensible pour assurer la communication au public [3]. Ainsi, la *numérisation* (production d'une forme numérique, c'est-à-dire conversion d'un signal analogique en un signal numérique représenté en séries de 0 et de 1) n'est qu'*une partie de la reproduction*, car la forme numérique doit être *recomposable* (*convertissable*) en une forme sensible communicable grâce à une *interface* [4]. Cette lecture, conforme à la reproduction comme *prérogative propriétaire* appliquée à une *forme communicable*, empêche toute réduction de la reproduction à une simple fixation. En revanche, en ce qui concerne les outils informatiques, la reproduction est la fixation. En mémoire vivante (reproduction provisoire) ou en mémoire morte (reproduction permanente), la fixation permet de stocker les instructions adressées à un processeur afin d'utiliser l'outil informatique. En résumé, le modèle de l'article L. 122-3 du Code de la propriété intellectuelle s'applique aux créations expressives (œuvres et interprétations) ; tandis que le modèle de l'article L. 122-6-1° du même code définit la reproduction appliquée aux œuvres-logiciels [5] et

---

[1] Par exemple, dans le copyright américain, l'article art. 101 USCA : « *A work is "created" when it is fixed in a copy or phonorecord for the first time; where a work is prepared over a period of time, the portion of it that has been fixed at any particular time constitutes the work as of that time, and where the work has been prepared in different versions, each version constitutes a separate work* ».

[2] Pour n'en dire plus, le *copyright* est construit comme un faisceau d'attributs qui réservent l'objet matériel et sa circulation, qui plus est, le « *right of display* » saisit des situations où l'exemplaire est montré sans circuler.

[3] CA Pau, ch. corr., 18 oct. 2012, n° 11/01117 : JurisData n° 2012-027948 : est une atteinte le fait « *de la reproduction et de la diffusion non autorisée de vidéogrammes et phonogrammes par la création d'un site internet mettant à disposition des internautes le streaming et le téléchargement d'œuvres musicales et cinématographiques protégées sans autorisation* ».

[4] La forme numérique brute (0.1) s'adresse à la machine non à l'humain. Seule la forme sensible, que traduit l'interface, se communique. V. PH. GAUDRAT, Rép. Civ. Dalloz, Première partie, *op. cit.*, n° 729.

[5] L. 122-6-1° l'auteur du logiciel a le droit d'autoriser « *La reproduction permanente ou provisoire d'un logiciel en tout ou partie par tout moyen et sous toute forme. Dans la mesure où le chargement, l'affichage, l'exécution, la transmission ou le stockage de ce logiciel nécessitent une reproduction, ces actes ne sont possibles qu'avec l'autorisation de l'auteur* ». [Nous

s'applique naturellement aux vecteurs techniques (phonogrammes, vidéogrammes et programmes).

2. Faux problème de la reproduction provisoire

744. Énoncé du problème. L'exception de copie technique provisoire, qu'impose la directive du 11 mai 2001 (DADVSI), est indispensable au fonctionnement des réseaux numériques, mais *seulement si* l'on intègre le *droit de reproduction provisoire* dans le champ du droit de reproduction. C'est le cas dans le système du *copyright*, mais pas en droit de propriété littéraire et artistique personnaliste.

745. Contexte. La circulation des contenus numériques sur les réseaux nécessite des copies provisoires dans l'acheminement des données, au niveau des différents intermédiaires (serveurs) comme au niveau des utilisateurs (ordinateurs des internautes). Ces fixations transitoires facilitent la *transmission* des données et la *consultation* des pages pouvant contenir des œuvres ou des interprétations. La question se pose sur le statut juridique de ces fixations eu égard du droit de reproduction. En droit d'auteur (et en droit de l'artiste-interprète), la fixation n'est qu'un *élément de la reproduction* dont le critère est *la communication au public* de la forme. D'où, la seule fixation sans communication (ou intention de communication) au public ne détermine pas une atteinte au droit exclusif de reproduction. Par conséquent, les fixations techniques provisoires (dans la mémoire vive) sont insignifiantes en droit d'auteur. Par ailleurs, ces copies transitoires posent un problème dans le système de *copyright* : soit elles tombent dans le champ du monopole de copie et nécessitent alors l'autorisation du titulaire de *copyright* ; soit elles sont des fixations techniques accessoires qui nécessitent une exception légale pour échapper au monopole [1].

746. Droit européen. Le législateur de l'Union européenne, qui raisonne en termes de *copyright*, a adopté une définition large du droit de reproduction qui englobe *toute forme de fixation*, même provisoire, sans considération de la communication au public [2]. Ainsi, il était indispensable d'insérer une exception particulière portant sur les « *reproductions transitoires ou accessoires et constituant une partie intégrante et essentielle d'un procédé technique* », n'ayant pas de « *signification économique indépendante* » [3] pour tenir compte de la réalité technique de la circulation en ligne.

---

soulignons]. Dans ce modèle, *la reproduction est la fixation*, permanente ou provisoire, qui est nécessaire au fonctionnement des utilités de l'outil : exécution, affichage etc. Étant un outil, il n'y a pas de lieu à la notion de communication au public.

[1] O. GISELA GRAÇA, *La déconstruction du droit d'auteur sous prétexte de technologie numérique*, thèse, Poitiers, 2012, n° 21 et s. p. 45.

[2] Article 2 de la directive DADVSI (dir. 2001/29/CE, 22 mai 2001) concernant la reproduction : « *Les États membres prévoient le droit exclusif d'autoriser ou d'interdire la reproduction directe ou indirecte, provisoire ou permanente, par quelque moyen et sous quelque forme que ce soit* ». [Nous soulignons].

[3] Article 5.1 de la directive DADVSI (dite directive sur la société de l'information), 2001/29/CE, 22 mai 2001. L'exception ne joue que si la reproduction provisoire a pour finalité : 1° une transmission dans un réseau entre tiers par un intermédiaire ; 2° une utilisation licite. V. aussi le considérant 33 qui cite le *browsing* et le *caching*. Enfin, *l'exception* « reproduction provisoire » n'efface pas *l'attribut* « reproduction provisoire » : l'autorisation reste nécessaire dans certains cas, comme dans le cas de copie permanente (sur un disque dur) d'une œuvre ou d'une interprétation à partir d'une copie provisoire.

747. Transposition nécessaire ou inutile ? Le prétendu problème du numérique dans le système propriétaire (le droit d'auteur français) est inexistant. S'il existe dans le système du *copyright*, rien ne justifie de transposer des solutions à un problème qui ne se pose pas dans notre système juridique, à moins d'imposer un changement radical du paradigme. En effet, la transposition de la notion de « reproduction provisoire » aux œuvres et aux interprétations du seul fait de leur numérisation n'est pas pertinente [1]. Judicieusement, le législateur français n'a pas modifié sa définition de la reproduction de l'article L. 122-3, et n'a pas appliqué la notion large de reproduction de la directive du 22 mai 2001 (entendue comme simple fixation détachée de la communication) aux créations expressives simplement numérisées [2].

748. Enjeux de la confusion. Comme l'explique le Professeur GAUDRAT, la transposition du « droit de reproduction provisoire » aurait abouti à ce que *l'acte de réception*, qui était toujours libre, passe sous monopole. Or, la communication des créations étant le cœur de l'exploitation, « *on ne voit pas à quel titre elle pourrait être contrôlée par les deux extrémités [l'émission et la réception] et rémunérée deux fois* » [3]. De même, la reproduction provisoire étant une simple fixation, comment pourrait-elle être contrefaisante si elle n'est pas une reproduction (impliquant une communication au public) selon l'article L. 122-3 du Code de la propriété intellectuelle. Le stratagème s'explique : parce qu'elle donne la possibilité de contrôler les actes d'accès aux créations dans la sphère privée, les exploitants y voient une opportunité d'étendre leur droit d'exploitation au-delà de la communication au public, c'est-à-dire aux actes privés visant la jouissance intellectuelle non le partage. Or, ce schéma ne peut être justifié qu'à propos des outils numériques (logiciels), car l'utilisation privée, comme publique, tombe sous le monopole de l'exploitant.

749. Reproduction provisoire en droits voisins. Comme en droit d'auteur, le concept de reproduction (fixation) provisoire ne pose pas de problème en droit voisin de l'artiste-interprète : l'exception n'a pas de sens car l'acte exempté est naturellement libre et n'entre pas dans le champ du droit de reproduction. En conséquence, La *fixation provisoire* d'une création expressive sur une mémoire vive n'est qu'une fixation nécessaire apparentant à la seule *sphère privée de la réception.* En revanche, si la *fixation est permanente* (téléchargement fait sur disque dur), l'acte n'est pas une reproduction non plus : il s'agit d'une copie privée. Cependant, s'il y a une

---

[1] *Contra* A.-E. KAHN, fasc. 1435, 2020, *op. cit.*, n° 40 ; F. POLLAUD-DULIAN, *Le droit d'auteur*, 2e éd., 2014, n° 1155 et s. ; A. LUCAS et *alii.*, *Traité de la propriété littéraire et artistique*, 5e éd., *op. cit.*, n° 384 et s. et n° 1417 : « *L'exception se justifie par des raisons pratiques évidentes* », car les reproductions transitoires entrent dans le droit exclusif, « *il faut bien "corriger le tir" et admettre que l'autorisation de "circuler" sur les réseaux numériques emporte l'autorisation de reproduire aux fins de la circulation* » (*idem.* n° 384, p. 379).

[2] Si l'attribut de « reproduction provisoire » n'a pas été transposé, *l'exception de reproduction technique provisoire* l'a été, car sa transposition était *obligatoire* (L. 122-5-6° en droit d'auteur et L. 211-3-5° en droits voisins). Pour une critique approfondie de *l'attribut* et de *l'exception* de « reproduction provisoire » V. PH. GAUDRAT, « Le droit d'auteur au lendemain de la transposition », *RTD com.*, 2006, p. 814, n° 18 et s. : « *le concept même de reproduction provisoire, qui détache la fixation de la communication, fait entièrement voler en éclat la conception synthétique du droit d'exploitation. L'introduire eut signifié beaucoup plus qu'ajouter un attribut ; c'était renoncer à notre conception séculaire du droit d'auteur. Sortant d'une logique propriétaire de droit naturel pour endosser le concept d'un pur monopole légal octroyé par un législateur opportuniste à des titulaires récompensés* ». *Adde* O. GISELA GRAÇA, *La déconstruction du droit d'auteur sous prétexte de technologie numérique*, *op. cit.*

[3] PH. GAUDRAT, Rép. Civ. Dalloz, Première partie, *op. cit.*, n° 731.

mise en ligne, cet acte sera bien un acte de communication au public, dans la mesure où la *sphère de réception* devient une *sphère d'émission* [1]. Dans cet état de cause, l'exception de reproduction provisoire dans la catégorie des droits voisins (L. 211-3-5°) ne concerne que les monopoles des producteurs de la forme technique et vise à neutraliser leur monopole de reproduction dans la sphère de réception.

3. Portée du droit de reproduction

750. Constat. La doctrine constate l'écart qui existe entre, d'une part, le droit international et le droit européen qui consacrent des nouveaux attributs à l'interprète (comme à l'auteur) et, d'autre part, le droit français dont l'article L. 212-3 (sur le droit patrimonial de l'artiste-interprète) n'a pas changé depuis la création de la catégorie des droits voisins [2]. Il s'agit concrètement de trois attributs absents : la *distribution*, la *location* et le *prêt*. Une partie de la doctrine a évoqué la possibilité d'application directe des directives européennes par le juge français. Une autre partie, plus créative, a inventé un droit prolongeant le droit de reproduction pour justifier l'existence des attributs non mentionnés explicitement dans le droit d'auteur ou le droit de l'artiste-interprète.

751. Débat. Comme en droit d'auteur, il y a un débat en droit voisin de l'artiste-interprète sur la *portée* du droit de reproduction, et plus généralement sur la *construction* du droit exclusif. Nous résumons ce débat en deux questions. La première est de savoir s'il existe un *numerus clausus* des droits de l'artiste-interprète, c'est-à-dire si l'on peut identifier des droits autres que ceux prévus dans le Code de la propriété intellectuelle (comme le droit de distribution) (**b**). La seconde est sur l'interprétation *lato sensu* ou l'interprétation extensive des droits prévus, donc sur l'existence d'un « droit de destination » dans le giron du droit de reproduction (**a**).

a. Théorie du « droit de destination »

752. Il convient d'exposer, d'abord, cette doctrine (**i**), afin d'apprécier, ensuite, sa pertinence (**ii**).

i. Exposé de la doctrine du droit de destination

753. Notion et fondement. Pour éviter l'éclatement du droit d'exploitation des auteurs et des interprètes, la doctrine utilise *la théorie du droit de destination* [3] pour englober des nouvelles prérogatives dans l'une ou l'autre des deux attributs

---

[1] *Contra* le Professeur TAFFOREAU qui estime que « *le téléchargement est en lui-même une reproduction, qu'il soit ascendant (uploading ou téléversement) ou descendant (downloading)* » : Rép. IP/IT et Communication Dalloz, *op. cit.*, n° 47. Comp. PH. GAUDRAT et A. ZOLLINGER, Fasc. 1242 « Droits des auteurs. Règles générales. Droit de représentation (CPI, art. L. 122-2 et L. 132-20) », *J.-Cl., Propriété littéraire et artistique*, févr. 2020, n° 96.

[2] La récente réforme par l'ordonnance du 12 mai 2021 a ajouté à cet article un alinéa (II) comportant des dispositions générales sur la cession, ainsi que le principe de la rémunération proportionnelle.

[3] Le droit de destination est une invention doctrinale. D'abord, cette doctrine a été construite en Belgique par F. GOTZEN à partir du droit belge et français, ensuite, la théorie a été relayée en France, surtout par le Professeur POLLAUD-DULIAN. V. F. POLLAUD-DULIAN, *Le droit de destination. Le sort des exemplaires en droit d'auteur*, LGDJ, 1989. *Adde* S. DUSOLIER, « Le droit de destination : une espèce franco-belge vouée à la disparition », *Propr. Intell.*, 2006, n° 20, p. 281.

propriétaires (la reproduction ou la représentation) largement conçus [1]. La propriété de l'interprète sur son interprétation, comme celle de l'auteur sur son œuvre, est un droit de suite sur la forme et sa communication. Dans cette conception *large et synthétique*, la prérogative de reproduction couvrirait, non seulement la confection d'exemplaires, mais aussi toute communication qui serait le prolongement de la fixation ; autrement dit, « *tous les actes qui se situent dans la continuité de l'acte de reproduction* » [2]. Les communications qui résultent de la reproduction directement et indirectement constituent alors *la conception large du droit de reproduction* ; par exemple, la mise en circulation des exemplaires produits ; la location ou le prêt de ces exemplaires ; les utilisations à des fins différentes (changement de destination) [3]. Comme l'explique le Professeur POLLAUD-DULIAN, cette approche synthétique se traduit logiquement, en droit français, par la faculté du créateur « *de finaliser les autorisations d'exploitation qu'il accorde* ». En vérité, la doctrine utilise l'expression « droit de destination » en s'inspirant de l'article L. 131-3 du Code de la propriété intellectuelle (le principe de la spécialité de cession [4]) qui conditionne la cession par la délimitation des droits cédés quant à l'étendue, la destination, le lieu et la durée [5].

754. Avantages ? La doctrine du droit de destination estime que ce droit qui résulte de la conception large du droit de reproduction résout des problèmes liés à l'absence de certaines prérogatives du droit d'auteur et du droit voisins de l'artiste-interprète. Les deux exemples utilisés pour montrer l'utilité de cette théorie concernent le droit de *distribution* et les droits de *location et de prêt.* On sait que le législateur français n'a pas transposé ces nouvelles prérogatives au droit voisin de l'artiste-interprète. Toutefois, concernant la location, le législateur a octroyé cet attribut aux titulaires des droits voisins économiques [6]. Aussi, concernant le droit de distribution, la loi DADVSI de 2006, transposant la

---

[1] Le Professeur GAUTIER, lui, au contraire, propose une *fusion* des deux attributs sous un droit générique : le « *droit de mise à disposition* » auprès du public, qui ne distinguerait plus selon le procédé communication, et « *aurait le mérite d'englober l'Internet* ». P.-Y. GAUTIER, *Propriété littéraire et artistique*, 11e éd., *op. cit.*, n° 243, p. 374.

[2] F. POLLAUD-DULIAN, *Le droit d'auteur*, 2e éd., 2014, n° 980 ; P.-Y. GAUTIER, *Propriété littéraire et artistique*, 11e éd., *op. cit.*, n° 258.

[3] À titre d'exemple, l'arrêt de la Cour de cassation (1re civ., 27 avril 2004 : *Bul. Civ.*, I, n° 117 ; *CCE*, 2004, comm. 34, p. 23, note CH. CARON ; *Propr. Intelle.*, n° 12, juill. 2004, chron., P. SIRINELLI) : « *le droit de location, qui procède de la faculté reconnue à l'auteur et à ses ayants droit de n'autoriser la reproduction de son œuvre qu'à des fins précises, constitue une prérogative du droit d'exploitation* ».

[4] Le principe de spécialité de cession a été consacré par la loi LCAP de 2016, en matière de contrats de production phonographique, dans l'alinéa premier de l'article L. 212-11 du Code de la propriété intellectuelle. Nous allons analyser ce principe lors de l'étude du mécanisme de la cession.

[5] H. DESBOIS, *Le droit d'auteur en France*, 3e éd., *op.cit.*, n° 288 : « *la notion de destination couvre l'usage que feront les acquéreurs des volumes ou des disques édités : le prêt ou la location ne leur sont pas permis d seul fait que les exemplaires de l'édition muette ou sonore sont mis en vente [...] En un mot, selon la lettre de l'article [131-1] la destination est intégrée dans l'orbite du droit de reproduction* ». Dans le même sens : P.-Y. GAUTIER, *Propriété littéraire et artistique*, 11e éd., *op. cit.*, n° 258 « *la faculté de vendre un livre ou un DVD ou un CD, n'implique pas celle de les louer [...] ou même de les prêter au public [...] Ni de les utiliser publiquement. C'est ici que l'on peut reprendre l'idée de la "destination" des supports qui incorporent les œuvres* ».

[6] Les articles L. 213-1 2e al. (Producteur de phonogrammes) ; L. 215-1 2e al. (Producteur de vidéogrammes) et L. 216-1 1er al. (Entreprises de communication audiovisuelle) contiennent la même formulation : le droit de « mise à la disposition du public par la vente, l'échange ou le louage ». Rien n'est mentionné dans l'article L. 212-3 qui concerne l'artiste-interprète. V. AUDREY LEBOIS, *Le droit de location des auteurs et des titulaires de droits voisins*, préf. A. LUCAS, LGDJ, 2004, 320 p.

directive « la société de l'information » de 2001, a transposé la règle de l'épuisement en matière de droits voisins en général, mais sans définir la prérogative épuisée [1], sachant que l'attribut de distribution n'a pas été transposé que pour les titulaires des droits voisins économiques [2]. Dans cet état de cause, le droit de destination qui résulte d'une « interprétation extensive » du droit de reproduction permettrait, selon une partie de la doctrine, de reconnaître le droit de distribution, de location et de prêt à l'auteur et à l'artiste-interprète [3].

ii. Appréciations critiques

755. Démembrement du droit de reproduction ? La doctrine du droit de destination nous dit que le fondement de ce droit se trouve dans les articles qui cadrent la destination de l'œuvre dans le Code de la propriété intellectuelle. Il s'agit principalement de l'article L. 122-7 dans le quatrième alinéa qui prévoit que « *lorsqu'un contrat comporte cession totale de l'un des deux droits visés au présent article [reproduction et représentation], la portée en est limitée aux modes d'exploitation prévus au contrat* ». Il s'agit aussi de l'article L. 131-3, qui est encore plus minutieux en exigeant que « *le domaine d'exploitation des droits cédés soit délimité quant à son étendue et à sa destination, quant au lieu et quant à la durée* ». En vérité, ce que la doctrine appelle « droit de destination » n'est qu'un *outil explicatif* qui tend à rapprocher les *deux prérogatives propriétaires* (qui correspondent aux deux modes universels de la communication des créations au public : directe et indirecte), aux *multiples droits exclusifs* qui s'ajoutent à chaque évolution technique. Or, ce rapprochement n'est *ni nécessaire ni possible* : il n'est pas nécessaire car les correctifs des monopoles légaux (épuisement, exception de copies techniques provisoires) sont inutiles dans le système propriétaire ; et il n'est pas possible car la structure synthétique de la propriété est *complète et fermée*, tandis que, dans le cas des monopoles, la structure du droit exclusif est *ouverte* à tout ajout d'une nouvelle prérogative.

---

[1] L. 211-6 du Code de la propriété intellectuelle « *Dès lors que la première vente d'un ou des exemplaires matériels d'une fixation protégée par un droit voisin a été autorisée par le titulaire du droit ou ses ayants droit sur le territoire d'un État membre de la Communauté européenne ou d'un autre État partie à l'accord sur l'Espace économique européen, la vente de ces exemplaires de cette fixation ne peut plus être interdite dans les États membres de la Communauté européenne et les États parties à l'accord sur l'Espace économique européen* ». Identique en ces termes à la règle de l'épuisement en droit d'auteur, prévue dans l'article L. 122-3-1. Les deux articles ont été transposés par la Loi n° 2006-961 du 1er août 2006, art. 4.

[2] Critiquant cette méthode (transposer la règle de l'épuisement sans la prérogative épuisée) : A. LUCAS, « Le droit de distribution et son épuisement », *CCE*, n° 11, étude 25, nov. 2006 ; A.-E. KAHN, fasc. 1435, *op. cit.*, n° 67.

[3] F. POLLAUD-DULIAN, *Le droit d'auteur*, 2e éd., *op. cit.*, pp. 728-733 ; A. FRANÇON, « Commentaire de la loi de 1985 », *RTD com.*, 1986, p. 97 ; P. SIRINELLI, *Propriété littéraire et artistique*, Mementos, Dalloz, 3e éd., 2016, p. 93 et p. 273 ; A.-E. KAHN, fasc. 1435, 2020, n° 64 ; P. TAFFOREAU et C. MONNERIE, *Droit de la propriété intellectuelle*, 4e éd., *op. cit.*, n° 295 ; J. BACOUELLE, *La condition juridique de l'artiste-interprète*, pp. 140-145. *Contra* M. VIVANT et J.-M. BRUGUIERE, *Droit d'auteur et droits voisins*, 4e éd., *op. cit.*, n° 541 et n° 1289 ; A. LUCAS et *alii.*, *Traité de propriété la littéraire et artistique*,5e éd., *op. cit.*, n° 294 (en droit d'auteur) et n° 1376 et n° 1377 (en droits voisins) : pour ces auteurs, le droit de destination est devenu inutile depuis que ses principales applications (distribution, location, prêt) ont été consacrées par le législateur européen et ont été transposées à certains titulaires de droit dans le Code de la propriété intellectuelle. *Adde* AUDREY LEBOIS, « Le droit de location et la structure des droits patrimoniaux : la théorie du droit de destination bousculée », *D.*, 2002, chron., p. 2322. Enfin, M. PESSINA évoque une sérieuse difficulté de l'interprétation extensive du droit exclusif ; il s'agit de l'application des dispositions pénales qui sont, normalement, d'interprétation restrictive : S. PESSINA, *L'artiste-interprète salarié*, *op. cit.*, n° 388.

756. Une périphrase. Le Professeur PHILIPPE GAUDRAT a mis en évidence la nature *artificielle et inutile* du droit de destination : « *le droit de destination n'est qu'une périphrase qui désigne le pouvoir de l'auteur d'exclure, à l'occasion de la cession du droit de reproduction, certains groupes de consommateurs finaux ; autrement dit, il fait sortir du champ de l'autorisation certaines ventes finales au consommateur, à raison d'une qualité propre à celui-ci* » [1]. Autrement dit, le créateur (auteur et interprète) quand il divulgue et détermine le champ d'exploitation par une cession paramétrée, reste le maître de l'exploitation de sa propriété. Les acquéreurs des exemplaires ne peuvent pas élargir le champ divulgataire / le champ d'exploitation, car ils n'ont pas de droit sur la forme. La location ou le prêt des exemplaires, ou la revente des exemplaires faite par un professionnel [2] relèvent du plein droit de propriété du créateur (sauf exception légale qui neutralise le droit exclusif).

757. Conclusion. Cette théorie est *inutile* et *incompatible* avec une *application saine et orthodoxe* de la théorie classique du droit d'exploitation des créations expressives, qui est construite sur la notion de communication au public directe ou indirecte. La vraie question qui se pose n'est pas celle de savoir si tel ou tel droit est transposé des directives européennes au droit d'auteur ou au droit de l'artiste-interprète. La vraie question est de déterminer s'il y a, ou pas, une nouvelle communication au public : chaque communication à un public est une exploitation qui nécessite l'autorisation du propriétaire (par exemple : la location, le prêt [3], la distribution des exemplaires dans un *second circuit commercial*). Enfin, force est de constater le chaos qui existe dans la propriété littéraire et artistique du fait de la confusion entre les propriétés des créateurs et les monopoles des investisseurs. L'exemple du droit de distribution et son épuisement montre, encore une fois, notre constat.

b. Droit de distribution ?

758. Comme la location et le prêt, la distribution est un droit qui a été « découvert » au niveau international et européen [4]. Ce droit n'a fait l'objet que

---

[1] PH. GAUDRAT, « Le droit d'auteur au lendemain de la transposition : titre 1er de la loi du 1er août 2006 », *RTD Com.*, 2006, p. 814, n° 36.

[2] L'amateur qui vend son exemplaire n'exploite pas, dans la mesure où il ne réalise pas une communication de la forme au *public*. En revanche, le bouquiniste, le brocanteur et le professionnel de la vente d'occasion (second marché) qui revendent des exemplaires ou des enregistrements déjà commercialisés (premier marché), réalisent une exploitation ; dans la mesure où ils communiquent la création à un autre public et élargissent le champ divulgataire.

[3] M. GAUDRAT explique que le droit de destination risque de faire double emploi dans certains cas : « *exiger une autorisation pour l'achat puis une autre pour la mise à disposition de l'exemplaire, quand l'achat n'est destiné qu'à la mise à disposition, c'est demander deux autorisations pour une même exploitation [...] faute d'avoir tiré toutes les conséquences juridiques de la communication distincte et directe que réalise la bibliothèque, le droit de destination a prospéré* ». PH. GAUDRAT, « Le droit d'auteur au lendemain de la transposition », *RTD Com.*, 2006, p. 814, n° 37.

[4] Le droit de distribution et son épuisement sont prévus au profit des titulaires de droit d'auteur et de droits voisins, dans l'article 9 de la directive Dir. 2006/115/CE, du 12 déc. 2006, relative au droit de location et de prêt et à certains droits voisins du droit d'auteur dans le domaine de la propriété intellectuelle (Codifiant la Dir. 92/100/CEE, du 19 nov. 1992). Le droit de distribution a été réaffirmé par la directive « société de l'information » de 2001 dans l'article 4 (que pour les auteurs). Au niveau international, les deux traités de l'OMPI en matière sonore (WPPT 1996) et en matière audiovisuelle (WAPT 2012) prévoient un droit de distribution à l'artiste-interprète (art. 8 des deux traités). De même, le producteur de phonogrammes bénéficie de ce droit (WPPT art. 12) tandis que le producteur « de la fixation audiovisuelle » bénéficie d'une présomption de cession (WAPT art. 12).

d'une *transposition partielle* en France à certains titulaires de droit : aux monopoles des investisseurs (le producteur de phonogramme L. 213-1, le producteur de vidéogramme 215-1, les entreprises de communication audiovisuelle 216-1, le droit d'auteur sur un logiciel L. 121-6-3° [1]). La question se pose de savoir si un tel droit est reconnu aux auteurs et aux interprètes, sachant que le législateur a opté pour transposer la règle de l'épuisement dans l'article L. 122-3-1 en droit d'auteur et l'article L. 211-6 en droits voisins [2].

759. Est-ce qu'il existe un droit de distribution (même sous le nom de droit d destination) dont l'on doit *corriger les effets* par un *correctif* : l'épuisement ? Avant d'analyser l'épuisement prévu en droit d'auteur et en droits voisins, il faut comprendre l'histoire et la philosophie de ce droit qui nous vient, à travers les directives européennes, des pays de *copyright.* Nous allons démontrer deux choses. La première chose est que la théorie classique du droit d'exploitation comme partie de la propriété bifonctionnelle est complète ; elle ne nécessite de mise à jour par l'ajout d'aucune nouvelle prérogative patrimoniale. La seconde chose est que le débat sur l'épuisement est faux, comme le débat sur le droit de « reproduction provisoire » que l'on doit neutraliser par l'exception de la reproduction provisoire transitoire ou accessoire.

760. La justification de la théorie de l'épuisement (**i**) s'épuise dans le système de la propriété littéraire et artistique personnaliste (**ii**).

i. Justification de l'épuisement

761. Le *copyright* : monopole ouvert. Le monopole légal se construit analytiquement par un faisceau d'attributs (le *copyright* ou le droit de brevet). La prérogative de la reproduction, réduite à la simple fixation (la copie), est *prolongée* par une prérogative de distribution qui donne au monopoleur le moyen de contrôler toutes les opérations de *vente* et de *revente* des exemplaires fabriqués. Or, une fois ces produits/copies mis sur le marché, il serait abusif que le monopoleur interdise aux propriétaires, qui ont acquis licitement leurs exemplaires, la revente de leur propriété, alors qu'ils n'opèrent pas en dehors du territoire autorisé [3]. C'est ainsi que l'épuisement (*exhaustion rule*) après la première mise sur le marché a été introduit comme *correctif de la prérogative monopolistique de distribution.* Du coup, le monopole de distribution est *suspendu* et ne peut être activé qu'à l'extérieur de la zone de la première vente/distribution, ou pour contrôler les usages non autorisés

---

[1] Aussi, l'article L. 342-4 CPI (instauré par la loi n° 98-536 du 1er juill. 1998 qui transpose dans le CPI la directive 96/9/ CE du 11 mars 1996, concernant la protection juridique des bases de données). Selon cet article, la première vente d'une copie *matérielle* d'une base de données dans un État de l'UE ou de l'espace économique européen épuise le droit de contrôler la *revente* de cette copie matérielle dans tous les États membres.

[2] « *Dès lors que la première vente d'un ou des exemplaires matériels d'une fixation protégée par un droit voisin a été autorisée par le titulaire du droit ou ses ayants droit sur le territoire d'un État membre de la Communauté européenne ou d'un autre État partie à l'accord sur l'Espace économique européen, la vente de ces exemplaires de cette fixation ne peut plus être interdite dans les États membres de la Communauté européenne et les États parties à l'accord sur l'Espace économique européen* » [Nous soulignons]. Identique à L. 122-3-1 qui vise les exemplaires matériels d'une œuvre.

[3] PH. GAUDRAT, « Le droit d'auteur au lendemain de la transposition », *RTD Com.*, 2006, p. 814, n° 34 et n° 35.

de l'exemplaire (comme la location ou le prêt qui ne sont pas affectés par l'épuisement).

762. La propriété littéraire et artistique : propriété complète. Le droit des créateurs (artistes-interprètes compris), comme défini dans le modèle de la loi de 1957, est une propriété plénière du créateur sur la forme. Dans son versant patrimonial, l'article L. 122 du Code de la propriété intellectuelle énonce que « *le droit d'exploitation appartenant à l'auteur comprend le droit de représentation et le droit de reproduction* ». Ces deux prérogatives étant respectivement définies comme la communication directe (L. 122-2 CPI) ou indirecte (L. 122-3 CPI) de la création au public. Si le droit d'exploitation d'une création appartient au créateur, c'est qu'il est l'application de *l'effet exclusif de la propriété* à cette exploitation. L'exploitation n'est, en vérité, que la mise en valeur culturelle et économique, par la communication directe ou indirecte, de la forme. En conclusion, le droit d'exploitation n'est pas une liste d'attributs autonomes octroyés (monopoles) par un législateur interventionniste à des fins économiques. Cette propriété *plénière* des créateurs (un droit réel sur la forme / *jus in re incorporale*) existe en dehors de toute intervention, par le seul fait de l'acte créatif : elle est de droit naturel. Enfin, ne conférant pas au propriétaire de pouvoir de contrôle des intermédiaires concourant à la même communication autorisée par la cession, le droit d'exploitation n'appelle à aucun tempérament par « l'épuisement du droit de distribution » ou par « l'exception de la reproduction provisoire ».

ii. Épuisement de la justification

763. *First sale doctrine* dans son milieu juridique naturel. Dès que la mise sur le marché des produits / exemplaires protégés est autorisée par le monopoleur, le monopole de la distribution est dit *épuisé*. En revanche, si la mise sur le marché n'est pas consentie par le titulaire, ou si l'usage qui est fait de l'exemplaire n'est pas celui initialement prévu (prêt ou location par exemple), le monopole revient à sa fonction pour s'opposer à ces actes. L'épuisement est ainsi un *ajustement nécessaire* pour permettre le fonctionnement de la chaîne de distribution.

764. Inutilité [1] en droit français. Le droit de reproduction des créateurs (auteurs et interprètes) en droit français est défini comme la communication indirecte de la forme au public. Ce droit n'est pas composé de deux prérogatives : la fabrication de copies et leur distribution. Qui plus est, nous avons démontré que le droit de destination, qu'utilise une partie de la doctrine pour affirmer l'existence des nouvelles prérogatives communautaires, est une invention inutile dans notre système juridique propriétaire. Dans notre système juridique, le droit d'exploitation est construit synthétiquement en deux prérogatives complémentaires (la reproduction et la représentation). En conséquence, à défaut d'un « droit de distribution », l'épuisement en matière de propriétés des créateurs n'a pas d'objet à saisir.

---

[1] Nous visons le droit des créateurs, c'est-à-dire les propriétés littéraires et artistiques, non les monopoles légaux des investisseurs. Ces monopoles (droits voisins économiques) sont construits analytiquement comme le *copyright* ; ainsi, ils ont les mêmes problèmes, ce qui permet d'appliquer les mêmes solutions sans problème.

Serait-ce un épuisement de la prérogative de reproduction [1] tout entière ? La réponse ne peut être que négative, sinon l'épuisement aurait la valeur d'une exception. En effet, une application de la théorie de l'exploitation permet d'atteindre l'effet voulu sans avoir besoin de la théorie de l'épuisement.

765. Application de la théorie de l'exploitation. Concernant la communication/exploitation autorisée (primaire), le droit du créateur ne peut empêcher la distribution faite par les intermédiaires :

Créateur → producteur/exploitant-cessionnaire → grossiste → détaillant → consommateurs/amateurs

Dans cette hypothèse, la chaîne d'opérations s'inscrit dans le même circuit d'exploitation/communication. Les ventes successives n'ont pas à être autorisées séparément tant que la communication est autorisée. Concernant les exploitations *secondaires* (reventes), il s'agit d'une autre communication/exploitation qui nécessite, en principe, l'autorisation du créateur :

Première exploitation/communication [premier marché] → exploitant d'occasion → consommateurs/amateurs [second marché].

Dans cette hypothèse, il s'agit d'un second circuit (exploitation dérivée) qui suit le premier circuit autorisé directement par les créateurs. L'application de l'épuisement à la vente d'occasion (second marché) prive les créateurs du revenu d'une autre communication de leur création [2].

766. Bilan. La théorie de l'épuisement est un correctif du monopole. Il s'agit d'une solution à un problème qui ne se pose pas en droit français, à condition de respecter deux choses. D'abord, la structure synthétique et propriétaire du droit de l'auteur et de l'interprète, et, ensuite, l'application saine de la théorie de l'exploitation.

4. Limite inhérente au droit de reproduction

767. La copie privée : limite inhérente ou exception ? Théoriquement, l'acte de fixation est un acte *neutre* ; il n'implique pas forcément une communication au public (une exploitation). Est-ce à dire que la copie privée des créations divulguées et encore protégées est libre ? Il est vrai que la copie privée permet au propriétaire de la copie l'accès à la forme interne. Or, il s'agit là d'une communication *individuelle* non d'une communication *au public*. C'est la raison pour laquelle nous croyons, avec une partie de la doctrine, que la copie privée est une

---

[1] La distribution était incluse dans le droit de reproduction largement conçu dans loi des 19-24 juillet 1793 consacrant le droit d'édition en ces termes : article 1er « *Les auteurs d'écrits en tout genre, les compositeurs de musique, les peintres et dessinateurs […] jouiront durant leur vie entière du droit exclusif de vendre, faire vendre, distribuer leur ouvrage dans le territoire de la République […]* ». Cité par M. F. POLLAUD-DULIAN, *Le droit d'auteur*, 2e éd., *op. cit.*, n° 958.

[2] Comme l'explique M. GAUDRAT, l'épuisement ne peut pas libérer les exploitants des exemplaires déjà commercialisés, car ces exploitants réalisent une autre communication au public. N'oublions pas aussi le droit de divulgation qui encadre le champ divulgataire. Si la théorie de l'épuisement est *inutile* concernant le droit patrimonial, elle devient *dangereuse* quand elle s'applique à la prérogative de divulgation qui est la clé de voûte de la propriété. Cet auteur explique que si l'épuisement *suspend* l'attribut patrimonial qu'il affecte, il *éteint* le droit de divulgation purement et simplement. De plus, quand l'épuisement s'applique à un *monopole* de distribution pour permettre la libre circulation dans la zone autorisée, il s'applique à un attribut *qui retient.* Or, la divulgation est un attribut *propriétaire* qui *offre* et *libère.* L'absurdité de la théorie de l'épuisement du droit de divulgation est flagrante.

limite inhérente au droit de reproduction. Autrement dit, la copie privée n'est pas une *exploitation tolérée* [1]. Toutefois, en 1985, une nouvelle conception du droit de reproduction a été introduite : la reproduction dans cette loi est envisagée comme le « *right of reproduction* » dans le *copyright* : un monopole sur l'acte de fixation (la copie) qui appartient au *copyright owner.*

768. La copie privée : « exploitation tolérée moyennant une rémunération compensatoire ». Dans cette nouvelle conception, le droit de reproduction des créateurs s'entend comme toute fixation sur un support même dans la sphère privée de l'amateur (sans considération de la communication au public). Dès lors, le législateur intervient pour « tolérer » [2] la copie privée, mais tout en imposant le paiement d'une rémunération déliée de l'exploitation effective. La justification principale de cette rémunération (dont l'assiette est constituée par la taxation des supports vierges [3]) est *le manque à gagner* du fait de la multiplication de moyens d'enregistrement et, par suite, de ces *micro-exploitations.* En effet, les amateurs (membre du public) sont regardés comme exploitants concurrents des titulaires de droits, ce qui laisse à penser que la copie privée est une sorte de *licence légale* qui remplace le droit exclusif par un *droit à rémunération* [4].

769. Appréciations critiques. Dans la théorie de l'exploitation des créations expressives, la communication au public joue le rôle central. Cette communication implique *deux pôles distincts* : actif (communicant) et passif (communicataire). Ainsi, la copie privée qui ne sort pas de la sphère privée de l'amateur (dans son cercle de famille), ne peut pas être considérée comme exploitation de la création copiée entre deux pôles distincts. En revanche, si la copie circule hors de la sphère privée, dans ce cas elle sert de support à une communication au public, donc à une exploitation. Toutefois, ce schéma logique pose deux problèmes. D'une part, si, qualitativement, la copie privée n'affecte pas, à elle seule, la valeur économique de l'exploitation, elle est, quantitativement, préjudiciable à l'exploitation. D'autre part, les moyens techniques de copie rendent presque impossible le contrôle afin de faire respecter le cadre légal de la copie privée. Ainsi, on a pu justifier la *rémunération indirecte* qui n'est pas liée à l'exploitation effective, à travers le prélèvement sur le prix d'achat des supports vierges.

770. L'exploitation insaisissable justifie, nous dit-on, le prélèvement à titre de *compensation.* Mais, la répartition des sommes perçues pose un problème. L'exploitation supposée échapper au contrôle est celle des créations copiées. Or, les producteurs s'invitent au partage de la recette de la copie privée avec les créateurs. En sus de leur monopole légal (droit voisin économique), ils captent une

---

[1] Sur cette question, F. SARDAIN et PH. GAUDRAT, « De la copie privée et du cercle de famille », *CCE*, n° 11, nov. 2005, chron. 37.

[2] Une nouvelle condition a été ajoutée : depuis la loi n° 2011-1898 du 20 déc. 2011 relative à la rémunération pour copie privée, le CPI exige que la source de la copie soit licite. Critiquant cette condition : PH. GAUDRAT, Rép. Civ. Dalloz, Première partie, *op. cit.* , n° 414.

[3] L. 311-1 à L. 311-8 du Code de la propriété intellectuelle. Les débiteurs sont le fabricant ou l'importateur de supports d'enregistrement utilisables pour la reproduction à usage privé, ainsi que l'éditeur d'un service de radio ou de télévision ou son distributeur.

[4] Traitant la copie privée comme licence légale : F. POLLAUD-DULIAN, « L'exception de copie privée », *in Les exceptions au droit d'auteur*, ss. dir. A. LUCAS, P. SIRINELLI et A. BENSAMOUN, Dalloz, 2012, p. 79 et s. ; CH. CARON, *Droit d'auteur et droits voisins*, 6e éd., *op. cit.*, n° 367 ; P. TAFFOREAU et C. MONNERIE, *Droit de la propriété intellectuelle*, 4e éd., *op. cit.*, n° 195 et n° 301 (droits voisins).

part des sommes perçues des ventes des supports vierges. En outre, comment des investisseurs (les producteurs de phonogramme ou de vidéogrammes) prélèvent de l'investissement d'autres agents économiques (les débiteurs de la rémunération, à savoir les fabricants et les importateurs des supports vierges) sans travail ni investissement ? Cette forme d'inféodation est dangereuse à un double titre : ces producteurs parasitent la propriété des créateurs dont les créations sont les seuls objets d'exploitation/communication ; de plus, les producteurs seraient tentés, en permanence, d'augmenter le prélèvement, ou d'étendre le mécanisme à d'autres domaines, ce qui est contre l'intérêt du public [1].

C. Droit de communication au public

771. Sources légales. L'article L. 212-3 du Code de la propriété intellectuelle reconnaît à l'artiste-interprète le droit de « communication au public » de son interprétation, que la doctrine s'accorde à dire qu'il est l'équivalent du droit de *représentation* de l'auteur [2]. En droit international, la Convention de Rome reconnaît la faculté « de mettre obstacle à » la « *radiodiffusion et à la communication au public [...] sauf lorsque l'exécution utilisée pour la radiodiffusion ou la communication au public est elle-même déjà une exécution radiodiffusée ou est faite à partir d'une fixation* » (article 7-1-a) [3]. C'est parce qu'un système de licence légale est prévu dans l'article 12 concernant la communication et la radiodiffusion à partir d'un phonogramme publié à des fins de commerce. Dans le même sens, l'on trouve cette restriction dans le traité de l'OMPI de 1996, qui concerne le domaine sonore (WPPT, article 6-i), pour la même raison : la licence légale (article 15). En revanche, le traité de l'OMPI en matière audiovisuelle (WAPT de 2012) reconnaît aux artistes-interprètes le « *droit exclusif d'autoriser la radiodiffusion et la communication au public de leurs interprétations ou exécutions fixées sur fixations audiovisuelles* » (article 11-1), en ouvrant aux États la possibilité de prévoir un système de licence légale comme en matière sonore. Il convient d'ajouter que les deux traités de l'OMPI, en matière sonore et audiovisuelle, prévoient un « *droit exclusif d'autoriser la mise à la disposition du public, par fil ou sans fil, de leurs interprétations ou exécutions fixées [...] de manière que chacun puisse y avoir accès de l'endroit et au moment qu'il choisit individuellement* » [4]. Enfin, en droit communautaire, la directive du 12 décembre 2006 (codifiant la directive 92/100/CEE du Conseil du 19 novembre 1992) reconnaît aux interprètes dans l'article 8 le droit exclusif « *d'autoriser ou d'interdire la radiodiffusion par le moyen des ondes radioélectriques et la communication au public de leurs exécutions, sauf lorsque l'exécution est elle-même déjà une exécution radiodiffusée ou faite à partir d'une fixation* ». Le deuxième

---

[1] Dans ce sens, PH. GAUDRAT, Rép. Civ. Dalloz, 2° Droits des exploitants, *op. cit.* , n° 474 et s. qui parle d'une « anomalie du traitement assimilé [des créateurs-propriétaires et des investisseurs titulaires d'un droit voisin] ».

[2] X. DAVERAT, *L'artiste-interprète*, p. 43 ; A.-E. KAHN, fasc. 1435, *op. cit.*, n° 48.

[3] [Nous soulignons]. La même formulation se trouve dans l'accord de l'OMC appelé ADPIC : art. 14-1 : les interprètes « *doivent aussi avoir la possibilité d'empêcher la radiodiffusion non autorisée par le moyen des ondes radioélectriques et la communication au public de leur exécution directe* [Nous soulignons] », ce droit étant limité à la communication des *prestations directes*, l'utilisation des fixations dans la communication au public est exclue.

[4] L'article 10 du WPPT en matière de phonogramme et l'article 10 du WAPT en matière de fixation audiovisuelle.

alinéa de cet article prévoit une « *rémunération équitable et unique versée par l'utilisateur lorsqu'un phonogramme publié à des fins de commerce, ou une reproduction de ce phonogramme, est utilisé pour une radiodiffusion par le moyen des ondes radioélectriques ou pour une communication quelconque au public* ». Et la directive « société de l'information » de 2001 complète ce droit en reconnaissant un droit « de mise à disposition au public » à l'artiste-interprète [1].

772. Nous aborderons, d'abord, la notion du droit de communication au public « de manière directe » (**1**) ; ensuite, nous nous penchons sur les droits de location et de prêt (**2**) et enfin, nous terminons avec la limite inhérente au droit de communication au public (**3**).

1. Droit de communication au public de manière directe

773. Équivalent du droit de *représentation* de l'auteur, le droit de communication au public de l'artiste-interprète doit être défini de la même manière. En effet, l'article L. 122 du Code de la propriété intellectuelle définit le droit de représentation de l'auteur ainsi :

> « La représentation consiste dans la communication de l'œuvre au public par un procédé quelconque, et notamment 1° Par récitation publique, exécution lyrique, représentation dramatique, présentation publique, projection publique et transmission dans un lieu public de l'œuvre télédiffusée ; 2° Par télédiffusion.
>
> La télédiffusion s'entend de la diffusion par tout procédé de télécommunication de sons, d'images, de documents, de données et de messages de toute nature.
>
> Est assimilée à une représentation l'émission d'une œuvre vers un satellite ».

774. Évolution de la définition. La représentation était définie, avant la modification de 1985, comme la *communication directe* de l'œuvre, par opposition à la reproduction, définie comme la *communication indirecte.* La définition a été modifiée en supprimant le terme « directe » et en ajoutant la formulation « par un procédé quelconque ». Ce changement a été critiqué [2], dans la mesure où le terme « directe » ne comportait et n'impliquait aucune référence à un procédé, ce qui permettait d'appliquer la définition aux nouvelles techniques. Qui plus est, la nouvelle formulation embrouille la distinction entre la communication indirecte *via* un support (la reproduction) et la communication « par un procédé quelconque » (la représentation). Il n'en demeure pas moins que l'ajout de la télédiffusion (deuxième alinéa) et l'injection spatiale (troisième alinéa) sont utiles.

775. Première lecture : modes classiques de représentation. Selon la théorie de l'exploitation en droit français, la représentation est la communication

---

[1] La directive « société de l'information » de 2001 reconnaît à l'auteur le droit exclusif de « toute communication au public » [terme utilisé dans le droit européen pour désigner la représentation] et la « mise à disposition au public » de leurs œuvres (art. 3-1) ; mais le même article se contente de reconnaître le droit de « mise à disposition au public » « d'autres objets protégés » (art. 3-2). CJUE, 31 mai 2016, aff. *C-117/15*, *Dalloz IP/IT*, 2016. 420, obs. V.-L. BENABOU « La CJUE unifie les critères de définition de l'acte de communication au public en droit d'auteur et en droits voisins » ; *Propr. Intell.*, 2016, p. 433, obs. J.-M. BRUGUIÈRE ; *RLDI*, 2016, no 130. 4059, obs. PH. MOURON.

[2] PH. GAUDRAT et A. ZOLLINGER, fasc. 1242 « Droits des auteurs. Règles générales. Droit de représentation (CPI, art. L. 122-2 et L. 132-20) », *J.-Cl., Propriété littéraire et artistique*, févr. 2020, n° 21.

directe des créations expressives par opposition à la reproduction qui est la communication indirecte. L'intervention d'un support dans la communication directe ne transforme pas la représentation en une reproduction. Ainsi, il y a différents modes de représentation que l'article L. 122-2 énumère sans exhaustivité. La première série d'exemples vise *les modes classiques*. D'un côté, nous trouvons l'art de la scène ou l'art interprétatif (la récitation publique, l'exécution lyrique et la représentation dramatique) ; il s'agit d'une représentation de la forme interprétée et de la forme vivante de l'interprétation. D'un autre côté, nous trouvons la présentation qui vise surtout l'art graphique et plastique et aussi l'œuvre architecturale (la présentation publique [l'exposition]). La seconde série d'exemples vise, elle, *les modes modernes* de la représentation, et s'applique aussi à l'œuvre et à l'interprétation. Il s'agit d'abord de l'art cinématographique (la projection publique [les salles de cinéma]), et de la communication relayée d'une création télédiffusée (la transmission dans un lieu public de l'œuvre télédiffusée). Il est intéressant de remarquer que le dernier exemple ne mentionne que la diffusion *dans un lieu public* [1] *à partir d'une télédiffusion*, mais cela n'empêche pas de considérer comme représentation la diffusion dans un lieu public *à partir d'un exemplaire*. Ainsi, la loi considère comme représentation la communication dans un lieu public des interprétations *fixées sur un phonogramme du commerce*, même si elle soumet cette représentation à la licence légale dans l'article L. 214-1 du Code de la propriété intellectuelle.

776. Première lecture : modes modernes de représentation. La représentation par télédiffusion est mentionnée dans 2° du deuxième alinéa de l'article L. 122-2. Le troisième alinéa définit la télédiffusion comme « *la diffusion par tout procédé de télécommunication de sons, d'images, de documents, de données et de messages de toute nature* ». Cette figure englobe tous les procédés techniques de *délivrance de la forme à distance* : les réseaux *filaires* ou *hertziens*, *analogique* ou *numérique*. En conséquence, le terme « télédiffusion » réfère à une catégorie générique de représentation. Cette catégorie, introduite par la loi Lang de 1985, comprend la *radiodiffusion*, la *télédiffusion*, la *câblodistribution*, la *retransmission spatiale* et la mise en ligne sur les *réseaux numériques (webdiffusion)*. Nous voyons clairement la pertinence de l'approche synthétique et propriétaire du droit d'exploitation. La théorie générale de l'exploitation, centrée sur la notion de communication directe ou indirecte de la forme, dispense de tout ajout d'une quelconque prérogative indépendante [2]. À l'opposé, l'approche analytique (monopolistique) a nécessité l'introduction d'un nouveau droit pour faire face à la communication sur les réseaux numériques. Ce nouveau droit, qu'on trouve dans les textes internationaux et dans les directives, est « la mise à disposition du public de l'œuvre [ou d'un objet

---

[1] Deux lectures sont possibles du « lieu public » : la première est en fonction de *sa nature* (lieu privé/lieu public), or un lieu privé peut accueillir un public. Ainsi, la seconde lecture s'impose : le lieu public s'entend en fonction de l'*existence d'un groupe* qui s'y réunit. En conséquence, la « transmission dans un lieu public » doit s'entendre comme la transmission dans un lieu « accessible au public » (expression utilisée aussi dans L. 132-20-1°). En application de cette lecture, les chambres d'un hôtel sont bien des lieux *à usage privé (assimilable au domicile)*, mais restent bien des lieux *accessibles* à un public (d'occupants successifs). Cass. 1re civ., 6 avr. 1994 : *RIDA* 3/1994, p. 367, note A. KEREVER ; *JCP G*, 1994, II, 22273, note J.-CH. GALLOUX ; *D.*, 1994, p. 450, note P.-Y. GAUTIER (affaire Sté *Câble News Network [CNN]c/ Novotel [hôtel parisien]*).

[2] PH. GAUDRAT et A. ZOLLINGER, fasc. 1242, *op. cit.* ; PH. GAUDRAT, Rép. Civ. Dalloz, Première partie, *op. cit.*, n° 705.

protégé] de manière que chacun puisse y avoir accès de l'endroit et au moment qu'il choisit individuellement »[1].

777. Nécessaire distinction entre représentation et reproduction. Parfois, il est difficile de distinguer les deux modes universels de la communication / exploitation de l'interprétation à cause de l'intervention d'une forme technique (exemple de l'Internet). Mais cette distinction est nécessaire. D'une part les limites et exceptions appliquées à chaque prérogative ne sont pas toujours les mêmes ; d'autre part, le principe de la spécialité de cession oblige à bien déterminer les droits cédés et le domaine d'exploitation autorisé[2]. Concernant la dépendance d'une forme technique, force est de constater qu'à part le cas du spectacle vivant (représentation immédiate), la création interprétative ne s'exploite que grâce à une forme technique de fixation ou de transmission. Par conséquent, le seul fait de l'existence d'une forme technique ne signifie pas que l'exploitation est toujours réalisée par reproduction. En définitive, dans la reproduction, le support technique de fixation est *l'outil de dissémination* de la forme ; chaque amateur ayant acquis un support peut *s'autocommuniquer* l'interprétation fixée. En revanche, dans la représentation indirecte / médiate (télédiffusion), la forme technique est l'outil de *délivrance ouverte* de la forme seule. Dans la reproduction, l'exploitation se réalise par aliénation des supports fabriqués par *l'exploitant cessionnaire* ; dans la représentation, l'exploitation se réalise par délivrance de la forme par *l'exploitant autorisé*, sans transfert d'aucun droit réel sur le support.

778. Communication à un public localisé / délocalisé. La représentation est le premier droit consacré historiquement à l'auteur. Dans sa forme classique, le public est *présent physiquement* dans le lieu du spectacle ; le partage ne découle pas de la *multiplication des supports* de fixation (modèle de reproduction), mais résulte de la *multiplication des amateurs (membres du public)*. Depuis le début du XXe siècle, une autre forme a été développée : la télédiffusion. Dans cette forme de la représentation, la communication se réalise à destination d'un public *dispersé* ; ce qui unit les membres de ce public serait les moyens techniques de diffusion, analogique ou interactif[3]. Dans les deux formes de représentation, l'exploitant à un rôle à jouer. Son acte se borne à laisser le public accéder à la création : soit en préparant l'infrastructure de la représentation et de l'accueil du public, soit en émettant la forme technique (analogique ou numérique) contenant l'interprétation.

779. Interactivité. Quand la représentation est indirecte (s'adressant à un public délocalisé grâce à une forme technique intermédiaire) et interactive, le public accède à la forme dans le lieu et au moment de son choix. Cela a poussé le Professeur GAUTIER à en conclure que la *summa divisio* représentation /

---

[1] Le « droit de mettre à disposition des interprétations ou exécutions fixées » a été consacré dans l'article 10 des deux traités de l'OMPI (WPPT 1996 et WAPT 2012). De même dans l'article 3-2 de la directive « société de l'information » de 2001.

[2] « *Dès lors que les exploitations ne sont plus parallèles mais enchaînées, la tendance naturelle, pour ceux qui y ont intérêt, est de jouer de la confusion qui en résulte pour échapper à l'autorisation et à la rémunération* » : par exemple, quand l'œuvre ou l'interprétation est télévisée, la cession du droit de représentation ne couvre pas la communication subséquente dans un lieu public (placer le récepteur dans un bar ou un salon de coiffure). PH. GAUDRAT et A. ZOLLINGER, fasc. 1242, *op. cit.*, n° 28 à n° 35.

[3] PH. GAUDRAT et A. ZOLLINGER, fasc. 1242, *op. cit.*, qui distingue deux hypothèses : le déplacement du public vers l'œuvre (le lieu du spectacle) ou l'émission de l'œuvre vers le public.

reproduction s'efface [1]. Nous sommes plutôt de l'avis des MM. GAUDRAT et ZOLLINGER, qui estiment que le critère de la distinction reste valide : le support reste à l'extérieur de l'opération (contrairement au rôle du support dans la reproduction) ; ce qui est délivré à l'occasion de la télédiffusion interactive est *la forme seule*. Le public ne reçoit pas d'exemplaire, mais il doit se connecter à chaque fois pour se faire communiquer. L'interface (propriété du communicataire) ne réalise pas non plus une fixation de la forme ; seulement, elle révèle la forme codée transmise [2], « *on est bien dans une hypothèse de représentation : (étymologiquement : rendre présent, manifester)* » [3].

780. Les différents modes de Webdiffusion [4]. La communication *via* Internet (en ligne) est une forme particulière de télédiffusion qui nécessite une fixation sur un serveur pour permettre la délivrance de la forme aux internautes. MM. GAUDRAT et ZOLLINGER considèrent qu'il s'agit d'une figure de représentation des œuvres et des interprétations télédiffusées, dans la mesure où le « téléchargement ascendant [*uploading*] » du fichier numérique contenant l'œuvre ou l'interprétation sur le serveur n'est que le moyen technique de la diffusion. En outre, même si, du côté de l'internaute, il faut qu'une copie technique soit réalisée sur le mémoire vive de l'ordinateur, cela ne change rien de la nature de la télédiffusion [5]. Nous adhérons à cette lecture qui qualifie la communication par le réseau de l'Internet comme acte de représentation, même s'il semble que le droit positif ait tranché pour la qualification en reproduction de certains actes, comme les téléchargements, les numérisations et les mises en lignes [6].

---

[1] Le professeur GAUTIER propose le « droit de mise à disposition » auprès du public, qui ne distinguerait plus selon le procédé communication, et « aurait le mérite d'englober l'Internet ». P.-Y. GAUTIER, *Propriété littéraire et artistique*, 11e éd., *op. cit.*, n° 243, p. 374.

[2] Ce qui n'exclut pas que l'internaute réalise une copie privée sur son disque dur. Cela rend sa consultation de cette copie une représentation soumise à autorisation ? bien sûr que non.

[3] PH. GAUDRAT, Rép. Civ. Dalloz, Première partie, *op. cit.*, n° 700 ; PH. GAUDRAT et A. ZOLLINGER, fasc. 1242, *op. cit.*, n° 27 « *Le terme "transmission" désigne à proprement parler l'acheminement d'un signal plutôt que la délivrance finale d'une forme ; mais il est unanimement interprété comme visant plutôt la délivrance finale de la forme aux amateurs ou consommateurs présents* ».

[4] La diffusion sur les réseaux numériques englobe plusieurs formes : *Podcasting* (diffusion par internet pour baladeur, le terme est forgé de *broadcasting* [radiodiffusion] et iPod) ; *webradio* et *webtélévision* (radio et télévision diffusant leurs programmes sur internet) ; *simulcasting* (diffusion des programmes de radios ou de télévisions en simultané) ; *streaming* (flux continu sans stockage et souvent interactif) ; *VOD* (*video on demand* : diffusion sans stockage [en *streaming*] où le payement de la prestation est par écoute ou par vue) ; mise à disposition sur *cloud* : enregistrement de contenus diffusés sur des serveurs ouverts à des utilisateurs ou abonnés [modèle de plateformes ou certains fournisseurs d'accès à Internet], il s'agit d'une seconde télédiffusion qui étend le public de la diffusion principale ou modifie la diffusion (*time shifting* : contrôle du direct).

[5] PH. GAUDRAT et A. ZOLLINGER, fasc. 1242, *op. cit.*, n° 96 : « *même lorsqu'il nécessite un téléchargement, cet acte de l'utilisateur ne saurait mettre en cause le droit de reproduction ; tout au plus pourrait-il constituer une copie privée [numérique]* ». Dans le même sens, A. LUCAS et *alii.*, *Traité de la propriété littéraire et artistique*, 5e éd., *op. cit.*, n° 264, p. 277 : « *dès lors que la communication de l'œuvre au public donne prise en elle-même au droit d'auteur, ce qui est le cas bien sûr pour la diffusion sur les réseaux numériques, il est inutile et dangereux de segmenter artificiellement le processus, pour prétendre identifier des actes distincts de reproduction, afin de soumettre au contrôle de l'auteur ou de son ayant droit toutes les fixations provisoires permettant d'acheminer les informations et, en aval, toute visualisation d'une œuvre sur l'écran de l'utilisateur* [nous soulignons]».

[6] À propos de l'échange des fichiers numériques en utilisation un logiciel P2P : TGI Pontoise, 6e ch., 2 févr. 2005 : JurisData n° 2005-262938 : *Propr. Intell.*, 2005, p. 168, 2e esp., obs. P. SIRINELLI, qui estime qu'il s'agit d'une *reproduction* (l'œuvre est *numérisée* et *copiée* pour être *stockée* sur le disque dur de l'internaute qui réceptionne le fichier) et d'un acte de *représentation* (télédiffusion à d'autres utilisateurs) : chaque

781. Jusqu'à là, la théorie de l'exploitation, dessinée par le législateur de 1957 en matière de droit d'auteur et transposable *naturellement* au droit voisin de l'artiste-interprète, a permis d'intégrer les modes techniques d'exploitation dans le schéma général. Cette théorie générale et cohérente de l'exploitation, dit M. GAUDRAT, garantit la prévisibilité du droit et assure l'équilibre des intérêts différents : des créateurs, des exploitants et du public. Or, la pression des lobbies a toujours visé à faire éclater le droit d'exploitation afin de soustraire certains secteurs à son emprise. La location et le prêt sont le dernier exemple.

2. La location et le prêt comme représentation atypique

782. La location et le prêt d'exemplaires (des œuvres ou des interprétations) posent un problème de qualification, car, dans notre système juridique, toute exploitation doit entrer dans l'une ou l'autre des deux catégories : la représentation ou la reproduction. Or, dans les textes internationaux et européens, où règne l'approche analytique, des prérogatives indépendantes ont été créées pour réserver aux auteurs et aux interprètes ces exploitations particulières.

783. Sources légales. Au niveau international, les deux traités de l'OMPI en matière sonore (WPPT de 1996) et audiovisuelle (WAPT de 2012) octroient à l'artiste-interprète ou exécutant le « *droit exclusif d'autoriser la location commerciale au public de l'original et de copies de leurs interprétations ou exécutions fixées* » [1]. Une différence existe entre les deux traités : en matière sonore, il est permis aux États de maintenir leur système de rémunération équitable [2]. En revanche, le droit exclusif de location en matière audiovisuelle n'est pas obligatoire, car les États peuvent ne pas le transposer « *à moins que la location commerciale n'ait mené à la réalisation largement répandue de copies de ces fixations, qui compromette de manière substantielle le droit exclusif de reproduction des artistes interprètes ou exécutants* » [3]. En droit européen, la directive 2006/115/CE du 12 décembre 2006 (codifiant la directive 92/100/CEE du 19 novembre 1992, relative au droit de location et de prêt et à certains droits voisins du droit d'auteur dans le domaine de la propriété intellectuelle), prévoit dans l'article premier le droit de location et de prêt aux auteurs, interprètes et producteurs [4]. Enfin, le droit de location et le droit de prêt ne sont pas sujets à épuisement par l'effet de la vente ou autres actes de diffusion des supports (article 1-2).

784. Droit français. Le droit de location a été transposé aux droits voisins économiques (producteurs de phonogrammes et vidéogrammes et entreprises de communication audiovisuelle). Cela ne heurte pas la logique synthétique de la propriété littéraire et artistique, dans la mesure où ces droits voisins ont la nature

---

téléchargement descendant implique la participation de l'internaute à des téléchargements ascendants ultérieurs au profit d'autres utilisateurs. Toutefois, un jugement avait distingué les deux opérations : la première n'est pas une contrefaçon (téléchargement descendant), alors que la réémission (partage) l'est bien. TGI Bayonne, 15 nov. 2005, n° 1613/2005 : *RLDI*, 2005, n° 11.

[1] Article 9 des deux traités.

[2] « *À condition que la location commerciale de phonogrammes ne compromette pas de manière substantielle les droits exclusifs de reproduction des artistes interprètes* », art. 9-2 du traité de Genève 1996 (WPPT).

[3] Art. 9-2 du traité de Pékin 2012 (WAPT). Mais cette possibilité n'existe pas en matière sonore.

[4] La directive est moins exigeante en ce qui concerne le droit de prêt, car selon l'article 6, il est permis de ne pas prévoir le droit exclusif de prêt public, à condition de prévoir une rémunération équitable aux moins aux auteurs.

d'un monopole légal. En revanche, fidèle à la construction synthétique et propriétaire du droit d'auteur et du droit de l'artiste-interprète, le législateur français n'a pas transposé le droit de location et de prêt au droit des créateurs, jusqu'au 18 juin 2003. Une loi sur le prêt public a été adoptée en 2003 (qui ne se présente pas comme loi de transposition) [1]. Elle a institué un système particulier (et hybride [2]) de licence légale qui remplace le droit exclusif de l'auteur par un droit à rémunération. Il est intéressant de remarquer que ce système ne concerne que le prêt de livres. SOFIA, une société de gestion collective créée en 1999, gère ce droit pour le compte des auteurs de l'écrit.

785. Doctrine française. Le Professeur POLLAUD-DULIAN analyse la location et le prêt comme applications du droit de destination, qui constitue un démembrement (un prolongement selon DESBOIS) du droit de reproduction [3]. En revanche, le Professeur GAUTIER considère que les prérogatives reconnues par la directive sur la location et le prêt s'imposent en droit interne en raison du principe de *primauté du droit communautaire* [4]. À l'opposé, une doctrine considère que la structure du droit voisin de l'artiste-interprète est analytique, par conséquent, il y a un obstacle à reconnaître à l'artiste-interprète un véritable droit de destination à l'instar des auteurs. Qui plus est, le législateur a reconnu le droit exclusif de locations aux investisseurs (L. 213-1, L. 215-1 et 216-1 du CPI) [5]. Le législateur aurait instauré le droit de location et de prêt explicitement aux investisseurs, implicitement aux auteurs, mais aurait refusé ces droits aux interprètes ? « Comprenne qui pourra ! », dit le Professeur GAUTIER.

786. Qualification de l'exploitation par location ou prêt d'exemplaire. De prime abord, l'on pourrait penser que, du fait de l'intervention d'un exemplaire, la location ou le prêt seraient un prolongement du droit de reproduction. C'est l'avis de la doctrine précitée qui utilise la théorie du droit de destination pour prouver l'existence de ces prérogatives au sein du droit de reproduction largement conçu. Or, il n'en est rien : beaucoup d'acte de représentation porte sur le support de l'orignal ou d'une copie, comme l'exposition d'une œuvre plastique. De même, toute communication au public d'une interprétation fixée passe nécessairement par un vecteur technique. En définitive, le public d'exploitation dans la location ou le prêt est constitué par *la succession des amateurs* qui entrent en possession du support de fixation (l'exemplaire) pour s'autocommuniquer la forme interne. Ce

---

[1] Loi n° 2003-517 du 18 juin 2003 relative à la rémunération au titre du prêt en bibliothèque et renforçant la protection sociale des auteurs. Codifiée dans les articles L. 133-1 à L. 133-4 Code de la propriété intellectuelle.

[2] Ce système de rémunération est hybride car l'assiette de la rémunération tient pour partie du droit d'auteur, et pour partie d'une subvention à caractère sociale de l'État. V. PH. GAUDRAT, « Prêt public et location : l'art et la manière », *RTD com.*, 2004, p. 486 ; P.-Y. GAUTIER, « "Le prêt public de nos livres" : loi du 18 juin 2003 relative à la rémunération au titre du prêt en bibliothèque », *D.*, 2003, p. 1747.

[3] F. POLLAUD-DULIAN, *Le droit d'auteur*, 2e éd., *op. cit.*, n° 991 et s. ; P. TAFFOREAU et C. MONNERIE, *Droit de propriété intellectuelle*, 4e éd., *op. cit.*, p. 185 et p. 267.

[4] P.-Y. GAUTIER, *Propriété littéraire et artistique*, 11e éd., *op. cit.*, n° 259.

[5] A. LEBOIS, « Le droit de location et la structure des droits patrimoniaux : la théorie du droit de destination basculée », *D.*, 2002, chron., p. 2322. *Adde* S. PESSINA, *L'artiste-interprète salarié*, *op. cit.*, n° 388.

public d'exploitation est différent du public d'exploitation que vise la fabrication d'exemplaires [1].

787. Bilan. Le rattachement de la location et du prêt au droit de reproduction (à travers la doctrine du droit de destination) avait l'agrément des éditeurs et des producteurs qui fabriquent les exemplaires. En conséquence, ils se présentent comme ayants droit à côté des créateurs. En effet, le droit de destination, qui a été bricolé pour échapper à l'éclatement du droit d'exploitation, finit par affaiblir la *summa divisio* du droit d'exploitation (reproduction / représentation). Finalement, on arrive à *l'émiettement* du droit d'exploitation et à *l'effacement* de la distinction entre la propriété des créateurs (de structure synthétique) et les monopoles des investisseurs (de structure analytique). En conclusion, comme toutes les situations que nous avons évoquées (reproduction provisoire, distribution, mise à disposition sur Internent), l'application stricte de la théorie du droit d'exploitation permet de mettre chaque acte d'exploitation dans la sous-catégorie qui lui convient. La *structure propriétaire* du droit de *l'auteur* et de *l'interprète* synthétise toutes les exploitations selon *la nature de la communication* directe ou indirecte. Le *copyright*, lui, est un assemblage d'attributs, où chaque attribut donne une solution isolée à un problème. À part l'utilité économique, le *copyright* ne révèle pas de structure cohérente comme celle de la propriété incorporelle portant sur les créations expressives. Cette différence profonde montre la pertinence de la position du législateur français qui *transpose sélectivement* les nouvelles prérogatives aux monopoles légaux tout en laissant intact les propriétés des créateurs (droit d'auteur et droits voisins de l'artiste-interprète). C'est une application fidèle aux principes séculaires de la propriété littéraire et artistique, que le reste de la doctrine ne semble pas comprendre.

3. Limite inhérente au droit de communication au public

788. Comme le droit de reproduction, le droit de représentation n'est pas absolu. Le droit de représentation de l'interprétation (de communication au public dans les termes de l'article L. 212-3) réserve à l'interprète toute communication directe au public de son interprétation. Dès lors, ce droit ne peut pas s'appliquer quand le public fait défaut. Ainsi, le cercle de la famille présente une *limite inhérente* à ce droit exclusif. Comme en droit d'auteur, à l'intérieur de ce cercle, toute représentation échappe au droit exclusif.

789. Notion du cercle de famille. La notion de cercle de famille découle de la distinction fondamentale entre les deux fonctions qu'assume le public : la fonction *culturelle* (amateurs : communicataires du créateur) et la fonction *économique* (consommateurs : clients de l'exploitant). Le cercle de famille est la sphère privée de l'amateur où s'exerce la fonction culturelle. Il ne se limite pas à son domicile, mais comprend l'intimité de sa vie privée. Il en résulte une conséquence d'une grande importance : le cercle de famille et à l'abri du droit de l'exploitant ; il est

---

[1] En ce sens, PH. GAUDRAT, Rép. Civ. Dalloz, Première partie, *op. cit.*, n° 714, « *la reproduction repose sur une multiplication des formes externes par réalisation d'exemplaires distincts dont l'accès est strictement réservé aux propriétaires [...] Le procédé est inverse dans le cas du prêt et de la location : à partir d'une seule forme externe sont engendrées de multiples formes internes dans l'esprit des détendeurs successifs de l'exemplaire* ».

protégé *par la propriété du créateur* dans la mesure où cette liberté se fonde sur l'acte de divulgation.

790. Fonction du cercle de famille. Historiquement, la notion du cercle de famille est née de la télédiffusion, car dans ce modèle d'exploitation, la sphère du consommateur se mêle à la sphère intime de l'amateur (sphère de réception). Dans les anciens modes d'exploitation, la sphère intime de réception était toujours séparée de la sphère publique de quête de délivrance de la forme (acte de consommation) ; or, dans la télédiffusion, l'acte de délivrance de la forme pénètre techniquement la sphère intime, par conséquent, le risque était de considérer le propriétaire d'un récepteur comme exploitant au sein de sa propre sphère privée [1]. C'est ainsi que la notion de cercle de famille vint séparer les deux sphères et protéger les amateurs dans leur sphère intime de réception. Le cercle de famille se présente comme un « consommateur unique », peu importe le nombre d'amateurs dans ce cercle. En conséquence, l'exploitant n'a qu'un partenaire (client) et n'intervient pas à l'intérieur du cercle de famille. De leur côté, les amateurs doivent respecter cette limite : toute communication qui sort du cercle de famille est une communication / exploitation ; sans autorisation, elle sera une contrefaçon. En d'autres termes, la *sphère de réception* ne doit pas devenir une *sphère d'émission*. De même, les membres d'un même cercle de famille redeviennent des consommateurs individuels en dehors de leur sphère intime : l'on ne paie pas une seule place au cinéma pour toute la famille ! les amateurs ne sont fédérés dans un cercle de famille considéré comme consommateur unique que dans la sphère intime.

791. Portée générale du cercle de famille. Le traitement juridique de la notion de cercle de famille se limite au droit de représentation. Cela s'explique par le contexte historique de l'émergence de la notion. Or, la véritable portée de la notion est plus générale. En effet, cette notion n'est pas une réponse juridique à l'effet d'une forme technique particulière (la télédiffusion), mais un paramètre de la structure du public, pôle passif de la communication. En conséquence, le cercle de famille affecte aussi le droit de reproduction et le régime des exemplaires, et ce, même si l'exemplaire est une copie privée [2]. L'exemplaire peut circuler librement à l'intérieur du cercle de famille même si cette circulation enfermée achève une communication individuelle à un autre amateur (par exemple, la lecture d'un même livre ou le visionnage d'un film à partir d'un même DVD par les membres de famille) [3].

792. Conditions. L'article L. 122-5 du Code de la propriété intellectuelle dispose que « *lorsque l'œuvre a été divulguée, l'auteur ne peut interdire : 1° Les représentations privées et gratuites effectuées exclusivement dans un cercle de famille* ». L'article jumeau en droits voisins est L. 211-3 du même code, qui dispose que « *les bénéficiaires des droits ouverts au présent titre [les droits voisins du droit d'auteur] ne peuvent interdire : 1° Les*

---

[1] Pour aller plus lois, V. PH. GAUDRAT, Rép. Civ. Dalloz, Première partie, *op. cit.*, n° 392 et s.

[2] PH. GAUDRAT, Rép. Civ. Dalloz, Première partie, *op. cit.*, n° 394.

[3] En revanche, l'utilisateur d'un logiciel P2P, même dans son domicile, qui échange des fichiers avec d'autres utilisateurs en pair-à-pair, réalise un acte d'exploitation en dehors du cercle de famille. CA Aix-en-Provence, 5e ch. corr., 5 sept. 2007 : JurisData n° 2007-341445 : *CCE*, 2007, comm. 130, note CH. CARON ; *CCE*, 2008, chron. 4, n° 15, obs. X. DAVERAT ; *Propr. Intell.* 2008, n° 26, p. 110 ; *RIDA*, janv. 2008, p. 229, chron. V.-L. BENABOU.

représentations privées et gratuites effectuées exclusivement dans un cercle de famille » [1]. La seule différence entre les deux textes gît dans la référence au droit de divulgation en ce qui concerne la limite de représentation privée et gratuite en droit d'auteur. En tout cas, la limite de représentation privée et gratuite s'applique à tous les titulaires des droits voisins, et selon les mêmes conditions cumulatives : il doit s'agir d'une communication privée ; gratuite et réalisée dans le cercle de famille. En vérité, les deux conditions de gratuité et de caractère privé sont redondantes : elles découlent de la nature du cercle de famille. Il n'en demeure pas moins que la communication peut être privée en dehors du cercle de famille ; ce qui a été sanctionné par une jurisprudence constante. Par exemple, la représentation dans une association (le cercle privé n'est pas forcément un cercle de famille) [2] ; la représentation dans un *home* d'enfant [3] ; ou la représentation dans une cinémathèque universitaire [4] ; ou dans une soirée festive d'une société de luxe [5]. Enfin, il est évident que le cercle de famille ne se définit pas géographiquement (le foyer), mais par les rapports d'un degré d'intimité (familial ou quasi familial) [6].

D. Droit d'autoriser l'utilisation séparée d'un élément de la forme vivante interprétative

793. Prérogative autonome ou répétition inutile ? En vertu de l'article L. 212-3 du Code de la propriété intellectuelle, l'autorisation écrite préalable de l'artiste-interprète est obligatoire pour « *toute utilisation séparée du son et de l'image de la prestation lorsque celle-ci a été fixée à la fois pour le son et l'image* ». L'utilisation séparée d'un élément de la forme vivante interprétative constitue, d'une part, un changement de destination de l'exploitation, et d'autre part, elle pourrait constituer une atteinte au droit moral de l'artiste-interprète. La jurisprudence a déjà eu l'occasion d'appliquer cette prérogative [7]. Ainsi, il a été décidé que les musiciens de la bande musicale d'un film ont le droit de s'opposer à l'utilisation de cette

---

[1] L'on remarque l'utilisation du terme « représentation » à la place du terme « droit de communication au public » utilisé en droits voisins. Cela évite d'évoquer « la communication au public privée et gratuite ». V. P. TAFFOREAU, « Droits voisins du droit d'auteur. Exceptions aux droits voisins (CPI, art. L. 211-3, art. L. 211-3-1, art. L. 212-3-5, art. L. 216-2 et art. L. 331-4 ; L. n° 86-1067 relative à la liberté de communication, art. 49 ; C. patr., art. L. 132-5 ; C. sport, art. L. 333-7) », *J.-CL. Propriété littéraire et artistique*, fasc. 1417, 2020, n° 21 à n° 27.

[2] CA Douala, 3 mars 1967 : *RIDA*, juill. 1968, p. 164 – l'affaire de l'« Amicale des trains de plaisir » ou la représentation était réservée aux adhérants : Cass. 1re civ., 14 juin 1972 : *D.* 1972, p. 659 ; *RTD com.*, 1973, p. 262, note H. DESBOIS.

[3] CA Grenoble, 26 févr. 1968 : *RIDA*, juill. 1968, n° 57, p. 166, note H. DESBOIS ; *RTD com.*, 1968, p. 349, obs. H. DESBOIS. « Le cercle de famille vise l'intimité du cercle familial ou d'amis, constitué par la réunion de parents, d'alliés ou de personnes ayant des relations habituelles ».

[4] CA Paris, 13e ch., sect. B, 16 sept. 1994 : JurisData n° 1994-022587.

[5] CA Paris, 1re ch., pôle 5, 8 févr. 2012, (n° 10/13304) : JurisData n° 2012-003354 : *RTD com.*, 2012, p. 332, obs. F. POLLAUD-DULIAN.

[6] Ce qui exclut les rapports fondés sur le lien professionnel ou syndical, ou les rapports impliquant des intérêts partagés électoraux ou sportifs ou liés à une activité humanitaire.

[7] CA Paris, 6 mai 1994 : *D.*, 1994, p. 219, obs. B. EDELMAN – TGI Paris, 1er juin 1988, *Cahier droit d'auteur*, sept., 1988, p. 24 - CA Paris, 21 ch., sect. A, 10 nov. 1992 : JurisData n° 1992-023773 : *D.* 1993, jurispr. p. 418, note B. EDELMAN (Publicités reprenant des images d'un film avec des paroles nouvelles) ; *RIDA* 1994, p. 223 - CA Paris, 27 févr. 1990, (n° 88/01421) : JurisData n° 1990-023056 ; *D.*, 1990, IR, p. 79.

bande sous forme d'un phonogramme du commerce [1]. De même, la Cour d'appel a condamné l'utilisation séparée et non autorisée des images de la prestation audiovisuelle d'un artiste sur la jaquette de cassette et dans des ouvrages [2]. Une partie de la doctrine estime que la distinction entre cette prérogative et les prérogatives de reproduction et de communication au public est « inutile », car l'utilisation séparée d'un élément de l'interprétation relève de l'une ou de l'autre des prérogatives générales [3]. D'autres estiment que cette mention séparée n'est pas à sa place [4]. En effet, plutôt qu'une prérogative autonome, cette mention n'est qu'un *tempérament* de la présomption de cession des droits de l'artiste-interprète dans le contrat de reproduction audiovisuelle (L. 212-4 du Code de la propriété intellectuelle). L'hypothèse est, notamment, celle où le producteur audiovisuel entendrait exploiter la bande-son du film sous forme de phonogramme, ou exploiter un élément visuel de l'interprétation d'un acteur dans une édition graphique. Dans ces cas, les nouvelles exploitations d'un élément séparé de l'interprétation audiovisuelle n'entrent pas dans la cession présumée au profit du producteur, et nécessitent donc une autorisation distincte selon *le principe* du droit exclusif de l'artiste-interprète.

794. Le cas de l'échantillonnage numérique (*sampling*). Le numérique a permis de passer d'un signal analogique *continu* à un signal numérique *discontinu*, ce qui permet une infinité de manipulations quantitatives et qualitatives. Surtout dans la musique, il s'agit d'une technique d'une grande richesse [5]. Autres les banques de sons (et d'effets sonores), l'échantillonnage permet d'enregistrer des séquences sonores pour les utiliser comme *matière sonore première* dans des créations nouvelles. De point de vue juridique, cette technique a suscité un problème concernant le respect des droits des auteurs et des interprètes, quand les emprunts (*samples*) sont prélevés depuis leurs créations protégées (œuvres et interprétations musicales). Il y a deux hypothèses. Dans la première hypothèse, où il s'agit *d'extraits* repris sans modification, la solution est simple. L'identification des extraits facilite l'application du régime juridique des créations dérivées sans problème [6]. Dans la seconde hypothèse, l'emprunte se limite à des *fragments modifiés* de l'interprétation échantillonnée. La doctrine fonde la solution sur le critère de l'identification : si la source de l'emprunte (*sample*) reste reconnaissable malgré la modification, le droit exclusif du créateur de la création-source trouve à s'appliquer [7]. En revanche, si la

[1] CA Versailles, 1re ch., sect. A, 24 févr. 2000, (n° 726-97) : JurisData n° 2000-143815 - CA Paris, 4e ch., 27 févr. 1990 : *D.*, 1991, p. 300, note I. WEKSTEIN (édition séparée de la musique d'un film).

[2] CA Paris, 4e ch., sect. B, 3 juill. 1998, (n° 94/09134) : JurisData n° 1998-022787 – CA Versailles, 1re ch., 21 janv. 2016 : *Propr. Intell.*, 2016, p. 232, obs. A. LUCAS ; *CCE*, 2016, chron. 11, n° 3, note P. TAFFOREAU (exploitation séparée des photographies prises lors du tournage).

[3] A.-E. KAHN, fasc. 1435, *op. cit.*, n° 60, « *cette prérogative fait double emploi avec la reproduction et la communication au public* » ; S. PESSINA, *L'artiste-interprète salarié*, *op. cit.*, n° 384.

[4] A. LUCAS et *alii.*, 5e éd., *op. cit.*, n° 1378. Cette mention intéresse seulement « *l'étendue de la cession et n'a donc pas sa place dans un alinéa consacré à la portée du monopole lui-même* ».

[5] Sur les effets de l'échantillonnage numérique sur la création musicale, V. A.-E. KAHN, *Le droit des musiciens dans l'environnement numérique*, *op. cit.*, p. 78 et s. et sur la qualité de compositeur-interprète et interprète-créateur pp. 141-148.

[6] TGI Paris, 3e ch., 2 déc. 1993. CAMILLE MADI, « Le *sample*, entre liberté de création et droit d'interdire » : *Entertainment & Law*, 3/2019, p. 156 et s.

[7] Dans ce sens, A. LATREILLE, *Les mécanismes de réservation et les créations multimédias*, thèse, Paris XI, 1995, n° 986. *Adde* A.-E. KAHN, *Le droit des musiciens dans l'environnement numérique*, thèse, Dijon, 1998, n° 1075. *Contra*

source de l'emprunt « *n'est plus reconnaissable à l'issue des traitements informatiques* » [1], l'on se trouve souvent dans l'impossibilité de prouver la réalité de l'emprunte. Mais en cas de conflit, c'est le critère de l'identification de la source qui s'applique. C'est le critère adopté dans une récente affaire qui concernait une séquence rythmique de 2 secondes empruntée à un phonogramme par la CJUE [2]. Ainsi, la Cour a écarté l'atteinte au droit de reproduction du producteur phonographique.

CONCLUSION DU CHAPITRE I

795. Dans ce chapitre, nous avons analysé la structure synthétique de la propriété bifonctionnelle ayant la forme vivante interprétative comme objet. À quelques différences près, le droit sur l'interprétation et le droit sur l'œuvre de l'esprit sont quasi identiques. Cela ne nous étonne pas, puisque l'objet dans les deux cas est une forme expressive issue d'un acte créatif. Maintenant, il nous faut étudier l'exploitation de la propriété incorporelle de l'artiste-interprète ; nous aborderons, d'un côté, le mécanisme qui constitue le principe et, d'autre côté, les mécanismes qui constituent l'exception.

A. LUCAS et *alii.*, 5e éd., *op. cit.*, n° 1373 : ces auteurs estime que l'on peut appliquer le critère de la reconnaissance de l'œuvre-source dans l'emprunt en droit d'auteur, mais pas en droits voisins de l'interprète.

[1] TGI Paris, 5 juill. 2000, (n° 97/24872), JurisData n° 2000-130310 : *CCE*, 2001, comm. 23, obs. CH. CARON - CA Toulouse, ch. corr., 16 mars 2000, (n° 99/01098), JurisData n° 2000-120716 : *CCE*, 2000, comm. 113, obs. CH. CARON.

[2] CJUE, 29 juill. 2019, aff. *C-476/17, Pelham et a. c/* R. *Hütter* : JurisData n° 2019-014723 : *CCE*, 2019, comm. 75, obs. CH. CARON ; *JCP G.*, 2019, II, 1725, obs. J.-M. BRUGUIÈRE ; *RLDI*, 2019, n° 162, n° 5552, p. 21, note L. COSTES.

CHAPITRE II

EXPLOITATION DE LA PROPRIETE PORTANT SUR LA FORME VIVANTE INTERPRETATIVE

796. Exploitation de la *création* et exploitation de la *propriété*. L'exploitation est la mise en valeur d'un objet, c'est-à-dire l'action d'en tirer profit. En matière de créations identitaires ou expressives, il faut distinguer *l'exploitation de la forme* et *l'exploitation de la propriété* qui la grève [1]. On entend par l'exploitation de la forme sa communication au public, c'est-à-dire le processus de partage, avec ou sans exploitation de la propriété. Cette communication est déclenchée par *l'acte juridique unilatéral de divulgation en amont* ; elle est achevée, *en aval*, par *l'acte cognitif*, miroir de l'acte créatif, des amateurs qui restituent la forme interne individuellement dans leur esprit. En revanche, l'exploitation *de la propriété incorporelle* sur la forme s'entend par la mise en valeur du droit par les actes juridiques bilatéraux. Par ces actes, le créateur *donne autorisation* aux exploitants pour faire une communication déterminée et réaliser des profits en transformant le public en une clientèle consommateur de la forme externe.

797. Articulations : droit moral et droit patrimonial ; divulgation et exploitation ; public et clientèle. Nous soutenons que l'acte juridique de l'artiste-interprète s'adresse en même temps à deux destinataires, mais de façon différente. D'abord, *au public* que l'artiste invite, par la *divulgation*, à entrer en un *pacte culturel*, qui s'achève par l'accès effectif des amateurs [2] à la *forme interne*. Ensuite, à un *exploitant*, à qui l'artiste confie la commercialisation de la *forme externe*, en vue d'engendrer de la valeur économique. En somme, l'artiste divulgue sa création, mais conditionne l'accès à la forme interne par un *acte consommateur* de la forme externe : le public du créateur devient une clientèle pour l'exploitant.

798. Moyen d'exploitation de la *propriété*. Exploiter la propriété n'est pas, pour le propriétaire, un acte de disposition par lequel il transfère son droit : le droit moral, une partie inséparable et inaliénable de la propriété, n'est pas disponible ; le

---

[1] Dans le cas des créations utilitaires, la forme interne intelligible se communique aussi, mais cette communication qui s'adresse aux hommes de métier, est déliée de l'exploitation de la création. Ainsi, *l'acte de consommation* n'est pas suivi par un *acte cognitif*, car l'objet est destiné à l'utilisation non à l'accès à la forme interne. Comme utilisateur, le consommateur s'intéresse à « comment ça marche », non à « comment il est ».

[2] Nous rappelons que nous utilisons le terme « amateurs » pour désigner les membres du public, c'est-à-dire le pôle passif de la communication.

droit patrimonial ne devrait pas l'être non plus. Étant une, la propriété du créateur n'est pas disponible. Si la loi Lang de 1985 a utilisé le terme « autorisation » [1] ; il n'était pas question pour la jurisprudence d'une cession d'un droit, ce qu'a été confirmé par la loi LCAP en 2016 ; laquelle a introduit le terme « cession » dans la section dédiée aux contrats entre l'artiste-interprète et le producteur de phonogramme. La question se pose alors de saisir ce mécanisme particulier qui fait déjà une controverse en droit d'auteur quant à sa nature.

799. Expropriation. Comme en matière de droit d'auteur, la production audiovisuelle impose l'adaptation des règles concernant l'exercice du droit de l'artiste-interprète. Par ailleurs, la particularité de certaines interprétations dont l'exploitation est massive a induit la transformation du *droit réel* de l'artiste-interprète sur son interprétation en un *droit personnel* à rémunération. C'est le cas des licences légales *explicites* ou *déguisées*.

800. Plan. L'exploitation de la propriété de l'artiste-interprète, comme celle de l'auteur, ne connaît qu'un seul mécanisme : la *cession* d'un *droit d'exploiter* (**Section I**). Néanmoins, la propriété de l'artiste-interprète est paralysée dans certains cas d'expropriation (**Section II**).

SECTION I : UNIQUE MECANISME D'EXPLOITATION

801. Les prérogatives exploitées. Parce que la propriété est *une* mais fonctionnellement *duale*, l'exploitation de la propriété rend compte de cette nature : les prérogatives morales de cette propriété ne s'exploitent pas, l'on exploite les prérogatives patrimoniales. Ces prérogatives patrimoniales s'exploitent par un acte juridique par lequel le propriétaire (l'artiste-interprète) octroie à un exploitant *un droit*, en vertu duquel il peut réaliser une communication de la création au public et, par suite, convertir de puissance en acte la valeur dont la création est porteuse.

802. Contrat de travail et exploitation de la propriété. Le plus souvent, la réalisation de la forme vivante interprétative fait l'objet d'un *contrat de travail*. En principe [2], cette contractualisation de la réalisation de la forme externe n'affecte pas la jouissance du droit de propriété incorporelle sur la création. Ainsi, l'employeur (producteur ou organisateur de spectacle) ne peut exploiter le *fruit du travail créatif* [3] des interprètes sans *clause de cession* qui lui transmette l'autorisation pour une exploitation déterminée. En bref, le contrat de travail de l'artiste-interprète *n'est pas en soi* un contrat d'exploitation de la propriété sur la création qui résulte de ce travail.

---

[1] L. 212-3 (al. 1er : Sont soumises à *l'autorisation* écrite de l'artiste-interprète [...] ; al. 2 : Cette autorisation et les rémunérations auxquelles elle donne lieu [...]), et 212-4 (La signature du contrat conclu entre un artiste-interprète et un producteur pour la réalisation d'une œuvre audiovisuelle vaut *autorisation* [...]). Nous soulignons.

[2] L'exception à ce principe ne manque pas : L. 212-4 du Code de la propriété intellectuelle dispose que « *la signature du contrat conclu entre un artiste-interprète et un producteur pour la réalisation d'une œuvre audiovisuelle vaut autorisation de fixer, reproduire et communiquer au public la prestation de l'artiste-interprète* » [nous soulignons].

[3] Par opposition aux fruits d'un simple travail (répétitif et interchangeable, que ce soit artisanal ou intellectuel).

803. Modalité d'exploitation de la propriété incorporelle portant sur la forme expressive. La controverse sur *l'objet* du droit d'auteur, l'œuvre [1] ou le monopole d'exploitation [2], influence le *mécanisme d'exploitation* du droit d'auteur. Notre doctrine s'aligne sur celle de la pluralité des modèles propriétaires, qui voit dans le droit d'auteur une propriété sur une chose incorporelle. Ainsi, l'exploitation de cette chose doit être distinguée de l'exploitation du droit qui la grève [3]. L'interprétation étant comme l'œuvre en nature, et le droit de l'artiste-interprète étant comme celui de l'auteur en sa composition fonctionnelle, le fonctionnement de ces deux propriétés incorporelles devrait être le même. Mais une difficulté de taille nous confronte : la confusion terminologique [4].

804. Confusion terminologique et position d'un problème. Alors qu'en droit d'auteur le terme utilisé pour décrire l'exploitation de la propriété est celui de *cession* (articles L. 131-1 et s. CPI), le terme omniprésent dans les dispositions concernant l'artiste-interprète est celui *d'autorisation* (surtout L. 212-3 et L. 212-4 CPI). Cette opposition doit être nuancée : l'on utilise aussi le terme autorisation en droit d'auteur, surtout dans la section traitant le contrat de représentation (autorisation gratuite d'exécution L. 131-2 ; autorisation de télédiffuser l'œuvre L. 132-20 ; autorisation de retransmission L. 132-20-2). En revanche, le terme cession était utilisé dans la jurisprudence concernant le droit voisin de l'artiste-interprète, et a été introduit par la loi LCAP de 2016 dans la section traitant le contrat entre l'artiste-interprète et un producteur de phonogramme (seulement dans l'article L. 212-11 CPI sur le principe de la spécialité de cession). Récemment, l'ordonnance n° 2021-580 du 12 mai 2021 a transposé au droit voisin certaines dispositions du régime de la cession du droit d'auteur ; l'article L. 212-3, II dispose que « *la cession par l'artiste-interprète de ses droits sur sa prestation peut être totale ou partielle* ».

Il résulte de cette présentation rapide une question primordiale : y a-t-il deux mécanismes d'exploitation de la propriété de l'artiste-interprète, qui seraient la *cession* dans un cas et la *simple autorisation* dans l'autre ? Ou bien le terme autorisation

---

[1] « *On n'est pas propriétaire d'un droit d'auteur, mais l'auteur est propriétaire d'une œuvre dont il faut alors saisir en quoi elle constitue, en tant que telle, un bien* » W. DROSS, *Droit des biens*, LGDJ, 2021, n° 429, pp. 371-372.

[2] V. A. BOISSON, « Cession et licence en droit d'auteur », *Légicom*, n° 53, 2014, pp. 59-68 ; F. SIIRIAINEN, « Des "démembrements" du droit d'auteur : de la théorie à la théorie, par le détour de la pratique », *Revue internationale de droit économique*, 2014/3 t. XXVIII, pp. 387-399 ; J. RAYNARD, « Entre brevet et droit d'auteur. Les quatre points cardinaux de la propriété intellectuelle », *JCP E.*, n° 14, 1er avril 2013, doctr. 399. Sur la confusion entre la chose et le droit de propriété V. F. ZENATI-CASTAING, « La propriété, mécanisme fondamental du droit », *RTD. civ.*, 2006, 445.

[3] Encore une fois, la création identitaire (œuvre ou interprétation) peut être exploitée sans exploitation de la propriété : la création peut être communiquée sans cession d'un droit-autorisation (communication faite par le créateur lui-même : le créateur ne se fait pas céder un droit !). En revanche, la mise en œuvre de la propriété (par cession/octroi d'une autorisation) n'est pas une fin en soi, c'est le seul moyen par lequel *un tiers* (qui devient exploitant) a titre à communiquer la création d'autrui.

[4] Une autre confusion non moins gênante : les droits voisins n'ont pas la même nature ; celui de l'artiste-interprète est une propriété incorporelle dont l'exploitation devrait se faire selon les mêmes modalités que celles du droit d'auteur, tandis que les droits voisins économiques sont des monopoles légaux non titrés. Ces monopoles s'exploitent selon les modalités du droit commun ou celles du droit de brevet (qui n'est pas un droit du créateur) : le monopole se vend (cession), se démembre (cession partielle), se loue (licence), fait l'objet d'un apport en société, et surtout peut faire l'objet d'une régulation économique par licences légales (retour au principe en levant une ou plus des interdictions qu'implique le monopole légal). Malgré cette différence essentielle, le législateur a opté pour englober les artistes-interprètes dans le mécanisme de licences légales en matière de phonogramme de commerce (L. 214-1 Code de la propriété intellectuelle).

se réfère-t-il au *droit d'autoriser* ou à *l'effet de l'exercice du droit exclusif*, et, par conséquent, ce terme a-t-il une valeur générique ?

805. Plan. Nous commencerons notre étude par démontrer que la modalité *unique* de l'exploitation d'une propriété incorporelle sur une forme expressive est *la cession sui generis*, dont le modèle complet existe en droit d'auteur (**§1**) ; ensuite, appliquée au droit voisin de l'artiste-interprète, il va falloir étudier la question de la qualification des rémunérations des artistes-interprètes (**§2**).

§1. Mecanisme de la cession *sui generis*

806. Âpre controverse en droit d'auteur. La nature du contrat d'exploitation en droit d'auteur est controversée. Cette controverse existe aussi en droit voisin de l'artiste-interprète. La source des divergences en la matière remonte à l'absence de fondement théorique sur *l'objet de droit* et sur *l'objet de l'opération juridique* par laquelle le titulaire exploite son droit. Par ailleurs, le paradigme adopté joue un rôle dans la qualification du contrat d'exploitation de droit intellectuel. Ainsi, la qualification donnée par ceux qui défendent *l'unité* de la propriété intellectuelle est différente de la qualification donnée par ceux qui défendent la *pluralité* des propriétés intellectuelles. En définitive, la question de *la nature* et de *l'objet* du contrat d'exploitation divise la doctrine et constitue l'une des questions les plus controversées dans la propriété littéraire et artistique.

807. Plan. Dans un premier temps, nous étudierons les qualifications proposées du contrat d'exploitation de la propriété incorporelle portant sur la forme, avant de présenter la nôtre (**A**). Ensuite, nous étudierons l'évolution normative en la matière : d'abord l'apport de la loi LCAP de 2016, ensuite l'apport de l'ordonnance du 12 mai 2021, qui confirment notre analyse (**B**).

A. Cession ou licence ?

808. Terminologies du droit d'auteur. En droit d'auteur, le terme « cession » est omniprésent dans les dispositions générales concernant l'exploitation des droits (L. 131-1 et suivants du Code de la propriété intellectuelle), et surtout dans les dispositions qui régissent le contrat d'édition (surtout L. 132-17-1 à 132-17-7 CPI), ou la présomption de cession des droits dans le contrat de production audiovisuelle (L. 132-24 CPI). En revanche, ce n'est pas le terme « cession » mais le terme « autorisation » qui est utilisé dans les dispositions concernant le contrat de représentation (L. 132-20 CPI).

809. Terminologies des droits voisins du droit d'auteur. Sans distinction, selon les dispositions du livre II du Code de la propriété intellectuelle, les titulaires de droits voisins ont le droit exclusif de soumettre les actes d'exploitation à leur « autorisation » [1]. Mais le terme cession a été introduit dans un contexte restreint en 2016 : le contrat entre l'artiste-interprète et le producteur de phonogramme, et dans les dispositions communes du droit de l'artiste-interprète en 2021. Or, en

[1] Sauf dans le 3e alinéa de l'article L. 215-1 qui interdit au producteur de vidéogramme la « cession séparée » de son droit voisin ou des droits dont il est cessionnaire sur l'œuvre et l'interprétation fixées.

matière audiovisuelle, la loi instaure une *présomption d'autorisation* non une présomption de cession des droits de l'artiste-interprète au profit du producteur. Enfin, les nouveaux droits voisins des éditeurs et agences de presse qui résulte de l'article L. 218-2 du Code de la propriété intellectuelle « *peuvent être cédés ou faire l'objet d'une licence* » [1]. De même, les droits *sui generis* du producteur de bases de données « *peuvent être transmis ou cédés ou faire l'objet d'une licence* » (L. 342-1 CPI [2]).

810. Comment interpréter ces dispositions ? Quel sens donner aux différents termes utilisés ? La doctrine ne s'entend pas, hélas, sur la nature, ni sur l'objet du contrat d'exploitation des propriétés des créations expressives. Nous exposerons la nature du contrat d'exploitation de la propriété des créateurs (**2**) après l'établissement d'un état des lieux de la controverse doctrinale (**1**).

1. État des lieux de la controverse

811. En synthèse, le débat doctrinal peut être analysé en trois courants : le courant d'assimilation de la propriété littéraire et artistique à la propriété industrielle en acceptant les deux qualifications de licence et de cession ; le courant de la qualification unique de concession ; et enfin, le courant de la qualification *sui generis*. En somme, la qualification est distributive (**a**) ou unitaire (**b**).

a. Qualification distributive

812. Doctrine majoritaire : licence *et* cession. La doctrine majoritaire de la propriété littéraire et artistique [3] s'inspire de la propriété industrielle pour transposer ses deux modalités d'exploitation de monopole : la *cession* et la *licence*. Ces deux modalités correspondent à deux opérations juridiques classiques du droit civil : la *vente* et la *location*. De plus, cette distinction prolonge la *summa divisio* de *droit réel* et *droit personnel*. En conséquence, selon cette doctrine, la cession faite par tout titulaire de droit (sans distinction aucune) est un *transfert du droit* : l'acquéreur devient propriétaire et le cédant se dépouille de sa propriété. En revanche, la licence n'investit le licencié que d'un *droit personnel* contre le donneur de la licence

---

[1] L. 218-2 du Code de la propriété intellectuelle. Créé par Loi n° 2019-775 du 24 juillet 2019, art. 4.

[2] Créé par Loi n° 98-536 du 1er juillet 1998, art. 5. JORF 2 juillet 1998 en vigueur le 1er janvier 1998.

[3] CH. CARON, *Droit d'auteur et droits voisins*, 6e éd., *op. cit.*, n°. 412, pp. 411-412 (qui traite la cession comme vente et la licence comme louage [si l'acte est à titre onéreux] ou prêt [si l'acte est à titre gratuit]) ; N. BINCTIN, *Droit de la propriété intellectuelle*, 6e éd., *op. cit.*, qui traite la cession et la concession comme modèles d'exploitation de tous les "biens intellectuels" (la cession, p. 752, la concession p. 795) ; M. VIVANT et J.-M. BRUGUIERE, *Droit d'auteur et droits voisins*, 4e éd., *op. cit.*, p. 705 (la cession est un abandon de droits, la licence ou concession est une permission) ; H. DESBOIS, *Le droit d'auteur en France*, 3e éd., *op. cit.* 491-492 ; A. BOISSON, « Cession et licence en droit d'auteur », *op. cit.* ; F. SIIRIAINEN, « Des "démembrements" du droit d'auteur : de la théorie à la théorie, par le détour de la pratique », *op. cit.* ; A. BOISSON, *La licence du droit d'auteur*, LexisNexis, 2013. En matière des droits voisins : P. TAFFOREAU, *Le droit voisin de l'interprète d'œuvres musicales en droit français*, t. 1, p. 254 ; A.-E. KAHN, « Droits voisins du droit d'auteur. Droits patrimoniaux de l'artiste-interprète. Contrats d'exploitation des droits patrimoniaux (CPI, art. L. 212-4) », *J.-Cl., Propriété littéraire et artistique*, fasc. 1437, févr. 2021, n° 2 ; P. TAFFOREAU et C. MONNERIE, *Droit de la propriété intellectuelle*, 4e éd., p. 279. En fin T. AZZI, *Recherche sur la loi applicable aux droits voisins du droit d'auteur en droit international privé*, p. 214, qui utilise comme argument la règle de sauvegarde du droit d'auteur : les titulaires des droits voisins ne peuvent pas être mieux traités que l'auteur. Ce dernier peut être dessaisi de son droit par cession, donc les droits voisins aussi doivent pouvoir faire l'objet d'une cession, non seulement des licences.

(créance de jouissance) ; la licence étant la permission d'un acte d'exploitation déterminé. N'étant pas une aliénation, le titulaire du droit peut conférer d'autres licences à d'autres personnes, sauf exclusivité consentie qui s'analyse comme une obligation de ne pas faire. En somme, selon la doctrine majoritaire de la propriété littéraire et artistique, les deux opérations sont possibles : le transfert du *droit d'autoriser* (droit réel) (**i**) et la simple *autorisation* (droit personnel) (**ii**).

i. Transfert

813. Appliquée aux droits des créateurs, la cession permettrait à l'auteur ou à l'interprète de *transférer* son droit. Le droit moral étant indisponible, le transfert aurait pour objet le droit pécuniaire. Le droit transféré serait, selon cette doctrine, le « monopole d'exploitation » ou un démembrement de ce monopole ; autrement dit, le droit d'autoriser dans son intégralité, ou le droit de reproduction ou de représentation, ou encore un autre droit paramétré (selon un mode d'exploitation, une durée ou un territoire). Dans ce sens, et s'appuyant sur la dernière jurisprudence de la Cour de cassation [1], le Professeur NICOLAS BINCTIN estime que « *l'objet du contrat peut aussi prendre la forme d'un droit réel conventionnel, temporaire ou perpétuel* ».

ii. Autorisation

814. Selon la doctrine majoritaire, et comme en propriété industrielle, l'alternative pour l'auteur ou pour l'interprète serait de garder son droit et de conférer une simple autorisation limitée à une exploitation particulière. Ainsi, l'autorisant reste propriétaire, ce qui lui permet de conférer d'autres autorisations sur d'autres exploitations [2]. La directive 2019/790 du 17 avril 2019 sur le droit d'auteur et les droits voisins dans le marché unique numérique a affirmé l'existence de la licence à côté de la cession dans la catégorie de propriété littéraire et artistique. Ainsi, l'article 18-1 qui concerne le « principe de rémunération appropriée et proportionnelle » [3] dispose que « *lorsque les auteurs et les artistes interprètes ou exécutants octroient sous licence ou transfèrent leurs droits exclusifs pour l'exploitation de leurs œuvres ou autres objets protégés, ils [ont] le droit de percevoir une rémunération appropriée et proportionnelle* ». Selon M. BINCTIN, le régime de la licence serait, sous réserve de l'absence de transfert de propriété, *mutatis mutandis*, le régime de la cession. Ainsi,

---

[1] Par deux arrêts, la Cour de cassation a écarté la théorie du *numerus clausus* des droits réels. Cass. 3e civ., 23 mai 2012 (pourvoi 11-13202), JurisData : n° 2012-10886 : *Bull. civ.*, III, n° 84 ; *RTD civ.*, 2012, p. 553, note TH. REVET « Un nouveau cas de propriété divisée » ; *JCP G.*, 2012, p. 930, note W. DROSS - Cass. 3e civ., 31 oct. 2012 (pourvoi : 11-16304), JurisData : n° 2012-24285 : *Bull. civ.*, III, n° 159 ; F.-X. TESTU, « L'autonomie de la volonté, source de droits réels principaux », *JCP G.*, 2012, p. 1400. *Adde* L. PFISTER, « Les particuliers peuvent-ils au gré de leur volonté créer des droits réels ? Retour sur la controverse doctrinale au XIXe siècle », *RDC*, 4/2013, p. 1261.

[2] CH. CARON, « Les contrats », *RIDA*, n° 256, 2018, p. 170 : « *malgré une absence de reconnaissance officielle, le droit d'auteur connait, à l'instar de ce qui existe en droit de la propriété industrielle, de véritables licences qui sont autant d'autorisations de faire usage d'une œuvre de l'esprit sans, pour autant, en acquérir les droits* ».

[3] Dans le Chapitre 3 qui concerne la « Juste rémunération des auteurs et des artistes interprètes ou exécutants dans le cadre des contrats d'exploitation ».

la licence exclusive [1] se rapproche d'une cession. En matière de droit voisin de l'artiste-interprète, le Professeur TAFFOREAU explique que l'interprète « *a le loisir de céder, c'est-à-dire de vendre son droit d'autoriser* » et que le nouveau propriétaire peut « *revendre à un sous-acquéreur, et ainsi de suite* » ; aussi, l'interprète peut créer un « *droit personnel aussi bien sur la seule utilisation de la prestation que sur le droit d'autoriser* » [2].

815. L'objet de la cession et de la licence. Transfert ou autorisation, la question se pose sur l'objet de ces opérations. Pour M. BINCTIN, il s'agit du « bien intellectuel » ; pour le professeur TAFFOREAU, il s'agit du droit non de l'œuvre ou de l'interprétation. De leur côté, MM. VIVANT et BRUGUIERE évoquent la question de la double référence à l'œuvre et aux droits comme objet de l'opération juridique d'exploitation. Ils estiment que la question n'est pas importante : « *à quoi faut-il s'arrêter ? [...] c'est bien l'œuvre que le droit d'auteur appréhende [...] le pouvoir qu'a le propriétaire sur une chose, œuvre ou autre, n'est jamais qu'un ensemble de prérogatives. En conséquence, un contrat qui porte sur une chose « mobilise » toujours des droits et ce n'est qu'une commodité de langage de parler par exemple de vente d'une chose car la vérité est que même un tel contrat a pour objet un droit (la propriété) qui appréhende une chose* » [3].

b. Qualification unitaire

816. Une partie de la doctrine de la propriété littéraire et artistique préfère de dépasser la question de la distinction licence/cession. Cette doctrine focalise sur ce qu'elle estime être *l'essence* de l'opération juridique d'exploitation du droit de l'auteur ou des titulaires des droits voisins. Cette essence serait l'existence ou non de l'exclusivité dans le droit conféré à l'exploitant (**i**). Pour certains auteurs, cette essence montre la spécificité de la cession dans la propriété littéraire et artistique (**ii**).

i. Concession

817. Qualification unique : la concession. Les coauteurs du *traité de la propriété littéraire et artistique* [4] soutiennent que la distinction entre licence et cession est « *trop artificielle pour être admise* » malgré « *le confort intellectuelle* » qu'elle procure. En effet, on ne saurait « *ériger en principe que la cession a un caractère plus définitif, car elle peut être limitée dans le temps, ni que les droits qu'elle confère sont plus complets puisqu'il est parfaitement possible d'en cantonner les effets à certains modes d'exploitation et à un territoire donné* ». Ces auteurs concluent que ce qui importe n'est pas l'appellation du contrat, mais le caractère exclusif ou non exclusif du droit cédé ou concédé. Ainsi, ils

---

[1] L'exclusivité dans la licence a pour but de limiter l'effet de l'ubiquité du bien intellectuel : N. BINCTIN, 6e éd., *op. cit.*, n° 1199.

[2] M. TAFFOREAU distingue entre deux catégories de contrats d'exploitation du droit voisin de l'artiste-interprète, autres que le contrat de travail. Sur les contrats *translatifs* : *Le droit voisin de l'interprète d'œuvres musicales en droit français*, t. 1, p. 250 et s. et sur les contrats *non-translatifs*, *idem.*, p 246 et s.

[3] M. VIVANT et J.-M. BRUGUIERE, *Droit d'auteur et droits voisins*, 4e éd., *op. cit.*, p. 729.

[4] A. LUCAS, A. LUCAS-SCHLOETTER, C. BERNAULT, *Traité de la propriété littéraire et artistique*, 5e éd., *op. cit.*, pp. 608-909 (qui critiquent la distinction entre cession et licence, pour ces auteurs, la vraie question est l'existence d'un caractère exclusif de l'autorisation. La cession doit être entendue au sens général et son objet est un démembrement du monopole de l'auteur : p. 613) ; sur l'exploitation du droit de l'artiste-interprète, le terme « autorisation » montre bien que le seul modèle d'exploitation du droit est la concession, p. 1131.

utilisent le terme « cession » juste pour respect de la tradition législative française, mais en y incluant ce que la pratique dénomme « licence ». À la fin de leur critique, ces auteurs préconisent de mettre l'accent sur l'idée que le droit d'auteur est un monopole susceptible d'être démembré « à volonté » ; selon ces auteurs, c'est cette qualification qui fait du système de *copyright* « plus apte » à rendre compte de la spécificité de la propriété intellectuelle [1].

ii. Qualification sui generis

818. Troisième voie : qualification *sui generis*. Deux auteurs défendent l'idée que la cession dans la propriété littéraire et artistique a un caractère spécifique. Le Professeur POLLAUD-DULIAN refuse de donner au terme cession le même sens qu'il a en droit commun [2]. En effet, aussi étendue que la cession soit, l'auteur garde son droit moral. Qui plus est, l'auteur reste lié économiquement à l'exploitant qui doit verser les rémunérations proportionnelles aux fruits de l'exploitation (non un prix définitif). En bref, on est loin du modèle de la vente. La cession, selon cet auteur, couvre toutes les formes d'autorisation d'exploiter, dont l'étendue est très variable, d'où la cession est une catégorie de contrats *sui generis*.

Dans le même sens, Le Professeur GAUTIER met l'accent sur le *caractère fiduciaire* de la cession en propriété littéraire et artistique. Ce caractère explique que, en dépit du transfert, le cessionnaire de droit (l'exploitant) ne peut en faire ce qu'il veut. En effet cette limitation du pouvoir du cessionnaire s'explique par l'intérêt fondamental que conserve le créateur dans la communication de sa création au public [3].

819. Appréciations critiques. Deux critiques valent pour toutes ces propositions : la non-distinction des propriétés et des monopoles [4] ; et l'absence de développements sur l'objet spécifique de la propriété des créateurs et sur la nature de la propriété littéraire et artistique. En effet, contrairement au monopole, la propriété *bifonctionnelle* des créateurs n'est *ni aliénable ni démembrable*. Les prérogatives morales et patrimoniales, nous l'avons dit, sont des « *qualificatifs utilisés pour spécifier la propriété en fonction des intérêts mis en cause par [la communication au public]* » [5]. Ainsi, le droit moral empêche que la propriété soit objet d'une cession totale ou partielle ou d'un bail. Concernant la cession, si l'auteur (ou l'interprète) transmettait une prérogative propriétaire (le droit patrimonial ou un fragment déterminé du droit réel), il perdrait le pouvoir correspondant. Or, la cession peut être non exclusive, ce qui permet de réitérer l'opération. D'ailleurs, si la cession

---

[1] *Idem.*, n° 727, p. 612 ; et transposant la même lecture aux droits voisins : p. 1130. Toujours en raisonnant en termes de monopole, ces auteurs estiment que « *les deux types de monopoles (le droit d'auteur et les droits voisins) se prêtent en effet aux mêmes démembrements, à ceci près que la structure analytique des droits voisins rend encore plus naturelle l'idée même du démembrement* ».

[2] F. POLLAUD-DULIAN, *Le droit d'auteur*, 2e éd., *op. cit.*, n° 1346.

[3] P.-Y. GAUTIER, *Propriété littéraire et artistique*, 11e éd., *op. cit.*, n° 473.

[4] J. RAYNARD, « Entre brevet et droit d'auteur. Les quatre points cardinaux de la propriété intellectuelle », *JCP E.*, n° 14, doctr. 399, 1er avril 2013.

[5] PH. GAUDRAT et A. ZOLLINGER : « La cession en propriété littéraire et artistique, le modèle du droit d'auteur », *in Les recodifications du droit de la vente en France et en Europe*, ss. dir. É. SAVAUX, R-N. SCHÜTZ, H. BOUCART et J. LETE, collab. R. PAZOS, PU Juridiques de Poitiers, 2020, *à paraître.*

était une vente du droit réel, à quel titre le prix de la cession serait-il une *rémunération proportionnelle aux recettes* de l'exploitation ? Concernant le bail, il est vrai que l'on contourne l'inaliénabilité de la propriété. Mais comment le créateur-bailleur pourrait-il contrôler l'exploitation ? Qui plus est le preneur ne peut jouir de la forme comme il voudrait.

820. Recentrage : position du problème en termes d'objet. Après ce panorama sur la doctrine de la propriété littéraire et artistique et sur sa position concernant l'opération juridique par laquelle le créateur *exploite sa propriété*, il nous semble que la divergence en la matière ramène vers la vision que l'on retient de l'objet. En considérant le *monopole* comme l'objet du droit, on arrive à niveler le droit des créateurs (auteurs et interprètes) et les monopoles des investisseurs (droits voisins économiques, monopoles de la propriété industrielle et *copyright*). Par conséquent, les opérations juridiques du droit commun s'appliquent sans considération d'aucune spécificité de la forme créative expressive : un monopole peut se vendre, se louer, se démembrer etc. Par ailleurs, ceux qui considèrent la chose comme l'objet du contrat d'exploitation ignorent la véritable nature de cet objet : il ne s'agit pas d'un des « biens intellectuels », mais d'une *forme* qui porte *l'empreinte de la personnalité* du créateur. Cette forme est la chose incorporelle que réserve la propriété bifonctionnelle au créateur. Étant *une*, cette propriété est *indisponible* à raison de ses prérogatives morales ; en conséquence, son exploitation se réalise par une opération juridique *originale* et *complexe*. C'est ce que nous allons démontrer.

2. Contrat complexe et sui generis

821. Distinction. Pour nous, et selon les distinctions qui fondent notre étude, la qualification du contrat d'exploitation d'une *propriété incorporelle* portant sur la *forme créative expressive* (œuvre ou interprétation) ne peut être la même que celle des contrats d'exploitation d'un *monopole légal*. En conséquence, les modèles de l'exploitation de la propriété industrielle (cession/vente et licence/louage) ne peuvent pas être appliqués à l'exploitation du droit de propriété des créateurs. Cependant, rien n'empêche d'appliquer ces modèles aux monopoles des producteurs et diffuseurs. Étant des monopoles légaux, les droits voisins économiques peuvent s'exploiter comme le droit de brevet, et faire l'objet des opérations juridiques du droit commun (vente, location, démembrement, apport en société etc.). La solution n'a pas d'inconvénients : étant des parties fortes, le principe de l'autonomie de la volonté prend une large place ; il n'y a pas de raison de déroger au droit commun pour protéger les entrepreneurs qui sont des professionnels.

822. Assimilation. Le modèle *sui generis* du contrat d'exploitation de la propriété de l'auteur doit s'appliquer au droit voisin de l'artiste-interprète. L'assimilation s'explique : dans les deux cas, il s'agit d'un droit de propriété incorporelle bifonctionnelle sur une forme de l'esprit. Le versant patrimonial constitue avec le versant moral la propriété du créateur. L'existence du droit moral donne deux caractéristiques à cette propriété incorporelle : sa *perpétuité* et son *indisponibilité*. Or, si toute la propriété est indisponible, comment le créateur peut-il exploiter sa propriété ? Le législateur de 1957 a inventé un modèle original de cession qui articule *l'autorisation* et la *cession* ; la *divulgation* et le *droit patrimonial* ; la *communication* et *l'exploitation*. C'est le modèle *unique* de l'exploitation des véritables propriétés littéraires et artistiques.

823. Deux questions. Il faut d'abord articuler deux termes qui existent en droit voisin de l'artiste-interprète (et en droit d'auteur), à savoir « autorisation » et « cession ». Ces deux termes ne réfèrent pas, selon nous, à deux opérations différentes, mais s'articulent dans une même opération complexe et originale. Cela nécessite, d'abord, de bien définir l'objet de l'autorisation et l'objet de la cession (**a**), et, ensuite, de comprendre le rôle de la cession au sein de l'opération finale : la communication au public de la création (**b**).

a. Articulation de l'autorisation et de la cession

824. Notions. Le terme « autorisation » évoque l'opposition entre deux actes : autoriser et interdire. « Autoriser » est rendre quelque chose possible juridiquement ; à l'opposé, « interdire » est mettre un obstacle juridique à une possibilité. Ainsi, l'autorisation est un acte *permissif* et l'interdiction est un acte *répressif* [1]. Cependant, l'autorisation est liée à l'interdiction : on ne saurait autoriser ce qui est permis, mais ce qui est interdit. L'autorisation est un *acte permissif* qui *lève un obstacle juridique* à l'accomplissement d'un acte ou à l'exercice d'une activité. Donc, deux caractéristiques peuvent être dégagées : l'acte d'autorisation *lève une interdiction préalable* et *octroie une faculté* à l'autorisé.

825. Acte permissif octroyant une faculté. L'autorisation rend possible et licite ce qui ne l'était pas auparavant. Mais l'acte permissif n'est pas une simple *tolérance* [2]. En effet, la tolérance évoque l'idée d'une atteinte ou d'une violation du droit ou de la norme ; d'où, la tolérance rend licite l'acte attentatoire, mais ne modifie pas l'interdiction (l'activité demeure interdite). En revanche, si la tolérance est un *fait juridique*, l'autorisation, elle, est un *acte juridique unilatéral,* qui lève l'obstacle juridique, afin de permettre l'accomplissement d'un acte ou l'exercice d'une activité. En outre, l'autorisation confère à l'autorisé une *faculté* et n'implique ni devoir ni obligation [3]. En bref, l'autorisation est un acte juridique unilatéral qui *permet sans obliger.*

826. Structure *générale* de l'autorisation. Mme THULLIER explique que l'acte d'autoriser s'inscrit dans un mécanisme restrictif de la liberté, de l'autonomie de celui qu'il assujettit : ce mécanisme l'empêche d'exercer une *prérogative préexistante.* L'assujetti est titulaire d'une prérogative, mais il ne peut pas l'exercer sans autorisation. Le système d'autorisation ne touche pas *l'existence* de la prérogative mais son *exercice.* Enfin, le système de l'autorisation a pour finalité la protection de certains intérêts, de l'autorisé ou de l'autorisant. Cette structure générale de l'autorisation en droit civil est transposable aux droits voisins économiques. Le droit exclusif d'autoriser des producteurs s'inscrit dans un mécanisme restrictif de

---

[1] Entre les deux actes d'interdire et d'autoriser, nous pouvons, croyons-nous, mettre le pouvoir de *régulation* ou de *contrôle.*

[2] BEATRICE THULLIER, *L'autorisation. Étude en droit privé*, préf. ALAIN BENABENT, LGDJ, 1996, p. 27 et s.

[3] B. THULLIER, *L'autorisation, op. cit.*, p. 59 et s. l'autorisation est l'acte permissif qui octroie exclusivement une *faculté* (qui peut être une liberté, un droit potestatif ou une possibilité d'exercice, ce qui implique la possibilité de choix) et qui n'implique pas de devoir ou d'obligation. Toutefois, si l'autorisation est à titre onéreux, l'acte d'autorisation pourrait créer des obligations (accessoires).

la liberté de la concurrence. Cette liberté se trouve entravée (voire supprimée) par les interdictions qui constituent le monopole. L'exercice du droit d'autoriser par le monopoleur lève l'interdiction et permet à l'autorisé d'exercer une activité d'exploitation. Ce schéma n'est pas le même en ce qui concerne les propriétés des créateurs.

827. Spécificité de l'autorisation de l'auteur ou de l'interprète. L'absence de droit est un obstacle juridique. Dès lors, l'autorisation *crée un droit* à l'autorisé, ce qui lève l'empêchement juridique. Concrètement, le producteur (ou les exploitants secondaires [1]) n'a aucun droit sur la forme, même s'il a une maîtrise matérielle ou juridique sur le support. Là gît la spécificité de l'autorisation des propriétaires : l'autorisation ne lève pas une *interdiction d'exercice* d'une *prérogative préexistante* de l'exploitant, mais *octroie* un droit que « l'autorisant » crée de toutes pièces. Ainsi, l'autorisation, que visent les textes concernant l'auteur ou l'interprète, est un *acte juridique unilatéral de création d'un droit-autorisation.* Partant de cette analyse, il serait réducteur, croyons-nous, de considérer que l'autorisation (L. 212-3 [2]) résume les contrats d'exploitation de la propriété de l'interprète : l'autorisation est un acte juridique *unilatéral* ; le contrat d'exploitation est un acte juridique *bilatéral.* En conséquence, deux actes de volonté se superposent : l'acte juridique de *création d'un droit-autorisation* (l'autorisation) et l'acte juridique de *transfert de ce droit* à l'exploitant (la cession).

828. Spécificité de l'autorisation de l'artiste-interprète (bis). Une autre spécificité de l'autorisation de l'interprète réside dans le fait que cet acte juridique unilatéral s'adresse à deux destinataires : d'une part au public et d'autre part à l'exploitant. Par conséquent, le premier aspect de l'autorisation n'est autre chose que la *divulgation* [3] ; le second aspect n'est qu'une partie intégrante de l'opération juridique de l'exploitation, c'est-à-dire l'étape de la création d'un *droit-autorisation* qui sera l'objet de la cession [4].

829. Objet de la cession. Dans cette opération *complexe* [5] (création d'un droit-autorisation → cession de ce droit-autorisation), la distinction entre l'autorisation et la cession est *théorique* : il n'y a pas d'intervalle qui sépare les deux opérations.

---

1 Et même le public n'a pas de droit sur la forme. Ainsi, l'autorisation du créateur ne lève pas une interdiction d'exercice d'une prérogative ou d'une liberté préexistante. L'autorisation (la divulgation) ouvre la possibilité de jouissance intellectuelle aux amateurs, et rend possible l'exercice des libertés dans la sphère privée (la copie et la représentation privées dans le cercle de famille). En vérité, le droit à l'information n'est pas entravé par le droit d'auteur ou le droit de l'interprète, pour dire que l'autorisation lève une interdiction. Le droit des créateurs porte sur leurs créations non sur des informations de libre circulation. Encore une fois, l'autorisation des créateurs *crée une faculté aux amateurs* et ne lève pas une interdiction à l'exercice d'un droit préexistant.

2 Il découle de notre analyse que le législateur, dans l'article L. 212-3 CPI, ne précise pas le contrat par lequel l'interprète exploite sa propriété (malgré la référence à l'écrit) ; mais seulement énonce le contenu du versant patrimonial de sa propriété, après avoir énoncé le contenu du versant moral dans l'article précédent.

3 Notre analyse confirme alors l'analyse des Professeurs DAVERAT et TAFFOREAU, qui défendent l'idée que le droit d'autoriser de l'artiste-interprète (L. 212-3 CPI), contient un aspect moral correspondant à un droit de divulgation.

4 PH. GAUDRAT, Rép. Civ. Dalloz, V° *Propriété littéraire et artistique (2° Droits des exploitants)*, 2007, n° 12 à n° 34 ; PH. GAUDRAT, « Souple cession », *in Liber amicorum*, ss. dir. FLORENCE GAULLIER, éd. Vercken-Gaullier, 2017, p.115 et s. ; PH. GAUDRAT et A. ZOLLINGER, *op. cit.* ; PH. GAUDRAT, « Contrats translatifs de droits d'auteurs : le formalisme des sous-contrats… », *RTD com.*, 2021, p. 123.

5 Cette « souple cession », dit le Professeur GAUDRAT, est *moins qu'une vente*, et *plus qu'un bail.*

L'auteur ou l'interprète *crée un droit-autorisation* pour le *transférer* à un exploitant. Parce qu'il s'agit d'un *contrat d'exploitation* du droit de l'auteur, l'on ignore l'acte juridique unilatéral (l'autorisation) et focalise sur l'acte juridique bilatéral : la cession. En revanche, parce que l'artiste-interprète est déjà lié par un contrat de travail dès la création de son interprétation [1], l'on ignore le second contrat (la cession) et focalise sur l'autorisation comme la levée d'une interdiction à l'employeur d'exploiter le fruit du travail.

830. Nature du « droit-autorisation » objet de la cession. Une partie de la doctrine estime que l'auteur peut démembrer son droit réel et même créer des *droits réels conventionnels* pour les transférer à l'exploitant [2]. Quant à nous, nous rejoignons la doctrine du législateur de 1957 [3], suivi par certains auteurs [4] qui continuent à voir dans la cession un transfert d'un *droit de créance* (autorisation paramétrée correspondant à un domaine d'exploitation déterminé). L'auteur ou l'interprète, en tant que propriétaires de leur création respective, s'engagent envers leur cocontractant à ne pas invoquer leur propriété pour interdire l'exploitation définie. Selon MM. GAUDRAT et ZOLLINGER c'est une obligation de *ne pas faire* donc de *résultat*. En synthèse, l'artiste-interprète, *en autorisant* un exploitant à réaliser une communication au public, *cède* quelque chose : ce n'est pas sa propriété, ni le droit patrimonial ou un fragment de ce droit, mais un *droit personnel* créé sur mesure pour couvrir le champ d'exploitation / communication convenu. N'est-ce pas ce qu'implique la formule « l'artiste *donne* son *autorisation* » qui rend compte des deux opérations contractées : autorisation→cession ?

831. En tant que *cessionnaire*, le cocontractant du créateur doit payer le *prix* de la cession [5]. En tant *qu'exploitant* il doit réaliser un *ouvrage* : la communication au public de la création. En réalité, la cession n'est que le contrat *instrumental* (contrat

---

[1] Dans la majorité de cas, l'artiste-interprète exerce son activité dans un cadre contractuel, et ce contrat est présumé un contrat de travail comme nous l'avons vu.

[2] N. BINCTIN, *Droit de la propriété intellectuelle*, 6e éd., *op. cit.*, n° 1133 ; A. LUCAS et *alii.*, *Traité de la propriété littéraire et artistique*, 5e éd., *op. cit.*, n° 727 (le démembrement d'un droit crée possède le même caractère de droit réel que le droit d'auteur lui-même). *Adde* PH. GAUDRAT, Rép. Civ. Dalloz, Seconde partie, *op. cit.*, qui distingue entre le droit réel sur l'œuvre et le droit réel conventionnel sur le domaine d'exploitation. V. n° 23 : « *Le droit constitué par l'auteur sur l'exploitation délimitée est plus consistant [d'une simple créance] : il s'agit d'un droit sur un objet incorporel (l'exploitation paramétrée de l'œuvre)* ». « *Même propriétaire d'une exploitation [sic], l'exploitant n'est jamais propriétaire de la création* ». (*Idem.* n° 27 et surtout n° 28). Toutefois, Comp. PH. GAUDRAT et A. ZOLLINGER, *op. cit.*, n° 45.

[3] Solution choisie par le législateur selon l'un des rédacteurs de la loi de 1957, M. FRANÇOIS HEPP : « *c'est en vertu du droit naturel que l'auteur d'une œuvre de l'esprit s'approprie cette œuvre, du seul fait qu'il en est créateur. De cette appropriation résulte un droit de disposition exclusive de l'œuvre sous toutes formes quelconques, droit au sein duquel se synthétisent tous les éléments épars de ce que, depuis longtemps, on appelle communément le « droit moral ». C'est un droit réel à opposabilité absolue qui appartient à la catégorie des droits de propriété incorporelle. À proprement parler, c'est là le droit d'auteur qu'on appelle propriété littéraire et artistique et dont l'exercice peut consister dans des autorisations d'utilisations gratuites aussi bien que la conclusion de contrats de représentation, d'exécution publique ou de reproduction et d'édition. Et c'est de tels contrats que naissent les droits d'auteur, droits de créance contractuels du type courant c'est-à-dire droits personnels et de nature mobilière. Il s'agit alors en effet d'un phénomène d'exploitation commerciale dont la loi limite la durée tandis qu'elle déclare perpétuel le droit réel de disposition en vertu duquel cette exploitation est née. Telle est la doctrine de la loi* ». [Souligné par nous]. F. HEPP : « Le droit d'auteur, propriété incorporelle ? », *RIDA*, n° 19, avril 1958, pp. 189 et 191.

[4] PH. GAUDRAT et A. ZOLLINGER, *op. cit.*, n° 45 à 47. « *L'auteur a la faculté de créer autant de droits personnels que de besoin* ».

[5] Nous étudierons plus tard la question des rémunérations de l'artiste-interprète, et la distinction entre le salaire et les redevances (prix des cessions).

servant) tandis que l'exploitation est le contrat *final*. Il faut voir maintenant comment s'articulent la cession qui autorise l'exploitation et le contrat d'exploitation qui s'analyse comme un contrat de louage d'ouvrage.

b. Articulation de la cession et de l'ouvrage

832. Effet translatif de la cession. Concernant les exploitations secondaires des interprétations, c'est-à-dire les exploitations faites par les utilisateurs d'enregistrements, l'effet translatif de la cession ne pose pas de problème [1]. Mais en ce qui concerne *l'exploitation primaire* (l'exploitation du producteur), il y a une subtilité. Le contrat de production précède la création de l'interprétation, la divulgation et la cession. Faute d'objet de propriété, la divulgation et l'effet translatif de la cession sont *en attente*. Si l'objet de la cession (le droit à transférer et la rémunération qui correspond au prix) est bien déterminé, il n'y a pas de problème. En effet, le contrat de production (phonographique ou audiovisuelle) s'analyse comme un *contrat de travail*, mais l'exploitation du fruit de la création nécessite une *clause de cession*. Ainsi, dans la pratique musicale [2], le *contrat d'artiste* ou la *feuille de présence* (feuille SPEDIDAM) [3] constituent le même *instrumentum* de deux contrats (*negotia*) [4] : un contrat de travail et un contrat de cession.

833. Complexe contractuel : cession-contrat d'exploitation. La cession se prolonge par un contrat d'exploitation. Tous les contrats d'exploitations s'analysent comme des variétés de *louage d'ouvrage de droit commun* [5]. Néanmoins, il y a quelques spécificités de ce louage d'ouvrage ; dans ce contrat, l'exploitant tient le rôle de *locateur* (maître d'œuvre) ; l'auteur, lui, tient le rôle de *commanditaire* (maître d'ouvrage) ; l'ouvrage objet du contrat est *la communication au public*. La spécificité de ce contrat gît dans le fait que l'ouvrage est tourné vers *des tiers*, le public, non vers le maître de l'ouvrage. Précisément, il s'agit d'un public déterminé : celui qu'a

---

[1] Pour une étude complète des effets obligationnels de la cession en propriété littéraire et artistique, V. PH. GAUDRAT et A. ZOLLINGER, *op. cit.*, n° 66.

[2] De même dans le domaine audiovisuel où, malgré la présomption de cession (L. 212-4 et s. CPI), le contrat de production doit préciser les rémunérations (prix de cession) de chaque mode d'exploitation.

[3] En matière musicale, le contrat d'artiste est signé par les artistes de renommée et est géré soit par un agent artistique soit par l'ADAMI. En revanche, la « feuille de présence » est un formulaire distribué par la société de gestion SPEDIDAM lors de chaque séance d'enregistrement. Elle est destinée aux artistes d'accompagnement. Il est bien établi, dans la pratique et dans la jurisprudence, de qualifier cet imprimé de contrat de travail, mais pas seulement. En effet, sur cette feuille il y a une *clause de cession* qui prend la forme d'une liste de cases à cocher ; chaque case correspond à une destination (par exemple, la fabrication d'un phonogramme, une bande-son d'un film, etc.). Le producteur coche une des cases pour se faire céder un droit qui couvre son exploitation. Toutes les autres destinations entrent dans la gestion de la SPEDIDAM : pour faire une autre exploitation, il faut obtenir l'autorisation auprès de cette société de gestion (mandataire des artistes). Cette pratique est plus ancienne que la loi de 1985 ; elle est pragmatique et conforme au mécanisme de cession *sui generis*. Sur la qualification de contrat de travail de la feuille de présence : TGI Paris, 15 janv. 2010, n° 06.15891, aff. *SPÉDIDAM c/ Fnac Direct* : *Propr. Intell.*, 2010, n° 35, p. 719, obs. J.-M. BRUGUIERE ; *Légipresse*, 2010, n° 271, III, p. 68, note D. MARTIN - Cass. 1re civ., 19 févr. 2013, n° 11-21.310, JurisData : n° 2013-002624, (Podium) : *JCP G.*, 2013, p. 336, note CH. CARON ; *Propr. Intell.*, 2013, p. 203, obs. J.-M. BRUGUIERE ; *Légipresse*, 2013, p. 294, note N. BINCTIN ; *D.*, 2013, p. 809, note G. QUERZOLA ; *RTD com.*, 2013, p. 303, obs. F. POLLAUD-DULIAN.

[4] Sur ce caractère duel, V. P. TAFFOREAU, Rép. IP/IT et Communication Dalloz, *op. cit.*, n° 58.

[5] PH. GAUDRAT et A. ZOLLINGER, *op. cit.*, n° 71. Ces auteurs distinguent entre deux cas de figure : la cession prolongée par un contrat d'exploitation ; le contrat de commande suivi par une cession (après l'achèvement).

ouvert l'acte de divulgation. Ainsi, si l'ouvrage a été détourné pour atteindre un public plus large (par exemple, en exploitant un mode d'exploitation non compris par l'objet cédé), l'exploitant sera contrefacteur.

834. Obligations croisées des parties. Le complexe contractuel cession-exploitation engendre des obligations croisées à la charge des cocontractants. Il s'agit de *payer* et de *prester* un service.

1). Obligations croisées de payer. L'exploitant doit *payer le prix de la cession* qui rend licite son exploitation (s'il n'est pas cessionnaire, il sera contrefacteur). Le créateur doit *payer l'ouvrage* commandé et réalisé par l'exploitant (la communication au public de sa création). Une autre spécificité se présente à ce stade : le créateur ne rémunère pas l'ouvrage directement mais *indirectement*. Comment ? Il permet au locateur de se faire rémunérer des « *revenus qu'il tire de la clientèle que la cession l'autorise à tailler dans le public ouvert par la divulgation* » [1]. Dans ce montage équilibré, les créateurs et les exploitants partagent les profits de manière juste et équitable [2].

2). Prestations réciproques. Le créateur, en sa qualité de *cédant*, transmet une autorisation au cessionnaire. En sa qualité de *commanditaire*, il paie l'ouvrage indirectement comme nous l'avons dit ; pour ce faire, le créateur est tenu de collaborer avec son cocontractant afin de rendre possible sa mission. Du côté de l'exploitant-cessionnaire, il doit respecter le champ de la cession et réaliser un ouvrage conforme et sans défaut (quantitativement : nombre d'exemplaires, et qualitativement : qualité sonore, publicité etc.). Nous avons dit que l'ouvrage est tourné vers des tiers (le public), d'où l'exploitant délivre l'ouvrage au public. Cela se fait en permettant aux membres du public de se procurer la forme externe (acheter un exemplaire, un billet, s'abonner à une plateforme etc.).

835. Interdépendance. Les deux contrats sont interdépendants [3]. Le contrat de cession est un contrat *instrumental*, s'il est annulé, il rend l'exploitation annulable faute d'objet licite (sans cession, la communication devient une contrefaçon). En revanche, si l'ouvrage n'est pas réalisé (l'exploitant n'exploite pas) il ne pourra payer le prix de la cession, ce qui justifie sa résolution. MM. GAUDRAT et ZOLLINGER expliquent que dans le cas de la résolution de la cession, le droit cédé (l'autorisation créée) est éteint ; il ne s'agit pas de « récupérer son droit ».

836. Bilan. La Convention de Rome a reconnu à l'artiste-interprète un droit « de mettre obstacle » à certains actes d'exploitation de ses prestations. En France, la loi Lang de 1985, elle, reconnut à l'artiste-interprète le droit de soumettre les

---

[1] PH. GAUDRAT et A. ZOLLINGER, *op. cit.*, n° 73.

[2] Mais la loi permet d'autres manières à atteindre cet équilibre : dans le *contrat de production*, l'exploitant assume tous les risques économiques, y compris le risque de la création (qu'assume normalement le créateur). En revanche, si le créateur assume seul tous les risques, il devient exploitant (le contrat est à compte d'auteur). Enfin, si le créateur partage avec l'exploitant les risques de l'exploitation, c'est un contrat de société (contrat à compte et demi).

[3] V. SUZANNE LEQUETTE, *Le contrat-coopération. Contribution à la théorie générale du contrat*, préf. C. BERNNER, Economica, 2012. Qui propose une distinction intéressante : si dans le « contrat-permutation » il y a un équilibre causal : transfert réciproque et équilibré avant et après le contrat ; et si dans le « contrat-concentration » il y a une unification ou concentration des valeurs autour d'un projet commun ; les contrats d'exploitation des créations expressives répondent à ce que cette auteure appelle le « contrat-coopération ». Il s'agit d'un des contrats à intérêts communs. Sa causalité est complexe : l'obligation de l'un est une *prestation instrumentale* (moyen pour l'autre) et l'autre est la *prestation finale* (la cession par rapport à l'exploitation). La cause se mesure plutôt par rapport à l'ensemble des obligations (la cause du contrat) ; ce serait dans le contrat d'exploitation, la commercialisation/communication de la création.

actes d'exploitation de ses prestations à son « autorisation ». Entre « mettre obstacle [interdire] » et « autoriser », il y a une grande différence. Dans le premier cas, le statut de propriétaire de l'artiste-interprète n'existe pas : le producteur, en tant qu'employeur, paye le travail de l'artiste et est considéré libre d'exploiter les prestations des artistes (comme n'importe quel fruit de travail), sauf « obstacle juridique » l'obligeant à payer une sorte de « complément de salaire ». Dans le second cas, la loi de 1985 affirme le statut de propriétaire : le producteur n'est pas censé avoir de droit sur l'exploitation sans autorisation écrite et déterminée. Toutefois, l'esprit de la Convention de Rome poussait toujours à écarter l'application des dispositions d'ordre public en matière de cession de droit d'auteur. Nous avons articulé « l'autorisation » de l'article L. 212-3 du Code de la propriété intellectuelle avec le seul mécanisme d'exploitation d'une propriété *indisponible* sur la forme : la cession *sui generis* définie en droit d'auteur. Ainsi, « autorisation » et « cession » ne s'opposent pas, mais sont des étapes dans une même opération juridique : l'exploitation de la propriété. L'apport de la loi LCAP de 2016 nous donne raison en rapprochant, relativement, le droit voisin de l'artiste-interprète du droit d'auteur en matière de cession. L'ordonnance n° 2021-580 du 12 mai 2021 achève ce rapprochement comme nous allons voir.

B. Confirmation législative

837. Confirmation législative limitée : loi LCAP de 2016. La loi n° 2016-925 du 7 juillet 2016 relative à la liberté de la création, à l'architecture et au patrimoine (loi LCAP), a réformé largement le droit voisin de l'artiste-interprète. Nous avons présenté rapidement son apport dans notre première partie [1]. À ce stade de notre étude, nous analyserons les dispositions qui portent sur le régime de la cession du droit voisin de l'artiste-interprète. Plusieurs dispositions sont à la fois la consécration de la jurisprudence antérieure et une « copie servile » des

[1] À titre de rappel, la loi LCAP a restructuré le chapitre II qui concerne les artistes-interprètes (du titre unique du livre II qui traite la catégorie des droits voisins du droit d'auteur). Le chapitre du droit voisin de l'artiste-interprète est divisé maintenant en trois sections : les dispositions communes (L. 212-1 à L. 212-3-10 [quatre nouveaux articles ont été insérés par l'ordonnance du 12 mai 2021]) ; le rapport contractuel avec le producteur de vidéogrammes (L. 212-4 à L. 212-9) ; et le rapport contractuel avec le producteur de phonogrammes (L. 212-10 à L. 212-15). En dehors de ce chapitre, l'artiste-interprète est concerné par d'autres dispositions. Le nouvel article L. 213-2 dans le chapitre III, qui concerne le producteur de phonogrammes, traite le rapport entre ce producteur et les éditeurs des plateformes de diffusion. Dans le chapitre IV qui concerne les licences légales, les articles L. 214-1 et s. ont été complétés ; de plus, l'article 214-6 a instauré le médiateur de la musique. Sur le contexte historique de ces dispositions, V. J. VINCENT, « Le nouveau cadre des relations entre l'artiste-interprète et le producteur de phonogramme », *in Liberté de création, architecture et patrimoine. Regards croisés sur la loi du 7 juillet 2016*, ss. dir. PH. MOURON, PUAM, 2018, pp. 71-87 ; P. TAFFOREAU, « Les dispositions de la loi n° 2016-925 du 7 juillet 2016 « Liberté de la création » en matière de phonogrammes. Contribution à la notion de droits voisins », *Propr. Intell.*, 2017, n° 64, p. 47 ; le même auteur, « Le droit de l'artiste-interprète, un droit de plus en plus voisin du droit d'auteur », *D.* 2015, p. 2328 ; CH. CARON, « Loi « liberté de création » et propriété intellectuelle (5/5) : les droits voisins », *CCE*, 2017, comm. 40 ; V. VARET et S. MAURY, « Les contrats de production phonographique à l'aune de la loi « Création et patrimoine » du 7 juillet 2016 », *Légipresse*, 2016, p. 523 ; S. LE CAM, « Artistes-interprètes du secteur de la musique : de la reconnaissance d'une titularité initiale à l'évolution du formalisme contractuel », *JAC*, n°43, 2017, p. 24 ; T. AZZI, « Les apports de la loi en matière de droits voisins du droit d'auteur », *Dalloz IP/IT*, 2017, p .206 ; P.-Y. GAUTIER, *Propriété littéraire et artistique*, 11e éd., *op. cit.*, n° 149.

dispositions qui existent déjà en droit d'auteur. Toutefois, la portée de ces dispositions se trouve limitée, du fait de leur place dans la section traitant le contrat de production phonographique (troisième section : L. 212-10 et s. CPI) et non pas la section contenant les dispositions communes (la première section : L. 212-1 et s. CPI). Nous allons voir qu'en dépit de cette structure maladroite, ces solutions restent de portée générale. Les nouvelles dispositions qui précisent le régime de la cession sont l'expression des conditions de *la formation du contrat* de la cession. Par exemple, le principe de la spécialité des cessions n'est que la traduction de la nécessité de déterminer *l'objet cédé* selon la théorie générale des contrats. De même, la séparation entre le champ d'application du code du travail et du Code de la propriété intellectuelle n'est qu'une application saine du principe fondamental de la distinction entre le travail et la création.

838. Suite de la confirmation : ordonnance du 12 mai 2021. Peu avant la date limite pour la transposition de certaines dispositions de la directive du 17 avril 2019 (directive DAMUN (UE) 2019/790), le législateur français s'est inspiré (encore une fois) du modèle du droit d'auteur, pour mettre le droit voisin de l'artiste-interprète en conformité avec les principes imposés par la directive. Il s'agit de la rémunération « appropriée et proportionnelle » des artistes-interprètes (article 18) ; l'obligation de transparence (article 19) ; le mécanisme d'adaptation du contrat, c'est-à-dire la révision de la rémunération prévue au contrat (article 20) et, enfin, la révocation du contrat à défaut d'exploitation (article 22). Cette transposition a été faite par l'ordonnance n° 2021-580 du 12 mai 2021, qui a ajouté quatre nouveaux articles au chapitre concernant les artistes-interprètes, mais cette fois, dans la section des « dispositions communes ».

839. Nous étudierons les apports de la réforme de 2016 (**1**) et ceux de la réforme de 2021 (**2**), qui confirment la nature propriétaire du droit voisin de l'artiste-interprète.

1. Apports de la loi LCAP du 7 juillet 2016

840. Nous avons eu l'occasion d'expliquer que la réforme de 2016 en matière de droit voisin de l'artiste-interprète est, d'abord, formelle (modifier l'architecture du chapitre concernant les artistes-interprètes) ; ensuite, cette réforme précise le régime des contrats de l'artiste-interprète dans *le domaine phonographique* (les nouveaux articles L. 212-10 à 212-15 formant la troisième section). Ces apports sont principalement : l'indépendance des deux statuts de salarié et de propriétaire (**a**) ; le principe de la spécialité des cessions (**b**) ; l'imprévision (**c**) et, enfin, certaines obligations du producteur phonographique (**d**). Concernant l'apport de cette loi en matière de rémunérations, il sera étudié lors de l'étude de la question des rémunérations des artistes-interprètes.

a. Contrat de travail et cession

841. Reproduisant l'article L. 111-1 alinéa 3 en droit d'auteur, la jurisprudence a eu l'occasion, avant la loi LCAP de 2016, d'affirmer la règle selon laquelle le contrat de travail de l'artiste-interprète n'emporte pas dérogation à son droit de propriété sur son interprétation. Le législateur de 2016 a consacré cette solution de bon sens dans l'article L. 212-10 du Code de la propriété intellectuelle : « *l'existence ou la conclusion d'un contrat de louage d'ouvrage ou de service avec un producteur de phonogrammes n'emporte pas dérogation à la jouissance [du droit de propriété de l'artiste-interprète]* ». Le « louage d'ouvrage » correspond au contrat de commande et le « louage de service » correspond au contrat de travail. Concernant l'artiste-interprète, le rapport juridique le plus répandu est le rapport salarial, dans la mesure où le contrat d'engagement d'un artiste-interprète est présumé être un contrat de travail. Selon le principe consacré, la *présomption de salariat* (L. 7121-3 du Code du travail) *ne vaut pas présomption de cession* à l'employeur. Il découle de cette règle trois conséquences qui étaient déjà présentes dans la jurisprudence antérieure.

1). La cession doit être expresse. L'article L. 212-3 du Code de la propriété intellectuelle, qui pose le principe du droit exclusif de l'artiste-interprète, précise la modalité d'exercice de ce droit et s'applique à tout contrat d'exploitation. Selon cet article, l'autorisation d'exploitation (la cession) doit être *écrite*. Ainsi, la cession doit être *expresse* et ne se déduit pas automatiquement de l'existence d'un contrat de travail [1]. La solution s'impose même sans texte comparable à celui de l'article L. 111-1 alinéa 3 : la création n'est pas le travail ; si *la réalisation de la création interprétative* se fait dans le cadre d'un contrat de travail, *l'exploitation de la propriété* qui naît du seul fait de l'acte créatif reste indépendante. Le contrat de travail a pour objet l'activité de l'artiste-interprète (la prestation), tandis que le contrat de cession a pour objet une autorisation d'exploitation du fruit de la création (la forme vivante fixée). En conclusion, la charge de la preuve incombe à celui qui se prévaut du consentement de l'artiste ; c'est-à-dire à celui qui prétend être son cessionnaire, et non à l'artiste-interprète [2].

2). Absence de cession implicite. Il découle de la première conséquence l'interdiction de cessions implicites. Ainsi, la cession ne se présume pas d'*un simple fait* et ne résulte pas d'*une autorisation globale*, comme nous avons vu dans la jurisprudence relative aux compilations musicales. La jurisprudence antérieure à la loi de 2016 est abondante sur cette question. Ainsi, il a été jugé que la constatation que les interprètes n'ignoraient pas la destination lors de l'enregistrement de leur prestation ne suffit pas à justifier l'existence d'une cession [3]. Par ailleurs, dans la

---

[1] Dans *une série d'arrêts de principe* de 2001 il a été affirmé que « *l'existence d'un contrat de travail n'emportant pas dérogation à la jouissance des droits de propriété intellectuelle, l'autorisation de l'artiste-interprète était exigée pour chaque utilisation de sa prestation* » : Cass. 1re civ., 6 mars 2001, n° 98-15.502 : JurisData n° 2001-008562 : *Bull. civ.*, I, n° 58 ; *LPA*, n° 37, 12 avril 2001, p. 17, note E. DERIEUX ; *CCE*, 2001, comm. 5, note CH. CARON ; *Légipresse*, 2001, n° 181, III, p. 84 ; *JCP G.*, 2002, II, 10014, note F. POLLAUD-DULIAN ; *D.*, 2001, jurispr., p. 1868, note B. EDELMAN « le *copyright* désavoué » ; *JCP E.*, 2001, p. 1050, n° 25, note CH. CARON. Dans cette affaire, les producteurs soutenaient que l'autorisation des artistes, sous la forme de signature d'une feuille de présence, *valait cession aux producteurs de leurs droits* autorisant toute exploitation secondaire de la prestation fixée, sous réserve de rémunération complémentaire. La Cour de cassation a écarté cet argument et fait application du principe de l'article L. 111-1 al. 3 qui préside le livre premier du CPI traitant le droit d'auteur.

[2] CA Aix-en-Provence, 2e ch., 25 juin 1992, n° 90.1930 : JurisData n° 1992-043727.

[3] CA Paris, pôle 5, 1re ch., 29 mai 2013, n° 10.24790, *M. Aston Barrett dir Aston « Familyman » Barret et a. c/ SAS Universal Music* : *CCE*, 2013, chron. 9, P. TAFFOREAU ; *Propr. Intell.*, 2013, p. 397, obs. A. LUCAS : « *la cession de ses droits par l'artiste-interprète doit être expresse et ne peut être présumée ; qu'elle est par là-même soumise au principe de spécialité en sorte que l'autorisation de fixation ne vaut pas autorisation de reproduction ni de communication au public* ». *Adde* CA Paris, pôle 5, 1re ch., 24 mai 2016, n° 14.03154, (*Maryse W. épse P. c/ M. Rémi G. et a.*) : *CCE*, 2016, chron. 11, n° 7, obs. P. TAFFOREAU : « *l'exigence d'un contrat écrit n'a qu'une valeur probatoire instaurée pour protéger l'artiste-interprète : [ad probationem, in favorem interpretis]. La charge de cette preuve incombe « à celui qui se*

pratique de la SPEDIDAM, la feuille de présence, qui vaut contrat de travail assorti d'une clause de cession, matérialise le principe de la spécialité des cessions et exclut la cession implicite. L'artiste musicien signe cette feuille avant la séance d'enregistrement au studio et choisit une seule destination (utilisation) de l'enregistrement, exclusive de toutes les autres utilisations [1]. Enfin, une convention collective ne peut organiser une cession des droits patrimoniaux de l'artiste-interprète au bénéfice du producteur. En conséquence, l'autorisation écrite et déterminée de l'artiste reste nécessaire, même si une annexe de la Convention collective nationale de l'édition phonographique (Annexe III, CCNEP du 30 juin 2008) comporte un article regroupant plusieurs modes d'exploitation rémunérés par la même somme qui rémunère le travail [2].

3). Interprétation stricte du contrat / clause de cession. La jurisprudence avait déjà admis ce principe dans l'affaire Furtwängler : « *l'artiste, sauf conventions contraires, ne peut être censé avoir fourni une manifestation de son talent que pour un usage déterminé, exclusif de tout autre usage qui serait abusif* » [3]. Cette règle résulte de l'interdiction de la cession implicite et de l'exigence d'un écrit. D'ailleurs, l'interprétation stricte de l'acte de cession résulte du principe de la spécialité des cessions que la jurisprudence a transposé au droit voisin de l'artiste-interprète avant que le législateur ne l'ait repris dans l'article L. 212-11.

842. Bilan. La contractualisation de la réalisation de la forme vivante interprétative n'affecte pas la propriété de l'interprète qui naît spontanément du seul fait de l'acte créatif. Ainsi, le contrat de travail (ou le louage d'ouvrage) n'emporte pas, à lui seul, cession des droits sur l'interprétation. Malgré l'évidence de cette distinction fondamentale, les producteurs et leurs organisations professionnelles avaient toujours soutenu que les droits reconnus à l'artiste-interprète devraient s'exercer « dans le cadre du contrat de travail », en interprétant la référence au Code du travail dans l'article L. 212-3 CPI comme limite à la libre jouissance de la propriété intellectuelle [4]. La chambre civile de la Cour de cassation

---

prévaut du consentement de ce dernier » - CA Paris, 1re ch. Sect. B, 2 avr. 1993, n° 91.23097 et n° 91.24433 : JurisData n° 1993-021385. (L'autorisation de fixer une prestation ne vaut pas autorisation de la reproduire ou de la communiquer) – CA Poitiers, 25 janv. 2006, n° 02.01827 : JurisData n° 2006-301576. *Contra* une décision isolée de la Cour d'appel d'Aix-en-Provence : CA Aix-en-Provence, 2e ch., 29 juin 2004, n° 01/02013 : JurisData n° 2004-251648. Dans cette affaire, le contrat de cession d'enregistrement vocal stipule qu'une chanteuse « déclare céder l'enregistrement vocal » emporte *cession implicite de la totalité de ses droits* d'interprète. (A.-E. KAHN, fasc. 1435, 2020, n° 9).

[1] CA Paris, 1re ch., 19 sept. 2000, n° 1999/11839 : JurisData n° 2000-138925. *L'autorisation mentionnée sur la feuille de présence visait la diffusion radiophonique ou télévisée de l'enregistrement de la prestation. En conséquence, l'autorisation écrite préalable des interprètes est nécessaire pour la réalisation d'un phonogramme* - Cass. 1re civ., 19 juin 2013, n° 12-16.314, *Royal Show Productions c/ SPEDIDAM* : JurisData n° 2013-012597 - Cass. 1re civ., 19 févr. 2013, n° 11-21.310, JurisData : n° 2013-002624, (Podium), *op. cit.*

[2] Cass. 1re civ., 15 mars 2017, n° 14-29.179 ; 14-29.408 ; 14-29.973 ; 15-10.891 et 15-17.450 : JurisData n° 2017-008575 : *Propr. Intell.*, 2017, n° 64, p. 76, obs. C. BERNAULT ; *CCE*, 2017, chron. 11, n° 5, obs. P. TAFFOREAU ; *RTD com.*, 2019, p. 115, obs. F. POLLAUD-DULIAN. *Adde* « Le nouveau cadre des relations entre l'artiste-interprète et le producteur de phonogramme », *op. cit.*, p. 77. Nous revenons sur cette affaire lors de l'étude des rémunérations des artistes-interprètes.

[3] CA Paris, 1re ch., 13 févr. 1957, affaire *Furtwängler, op. cit.* ; Cass. 1re civ., 4 janv. 1964, affaire *Furtwängler* aussi, *op. cit. Adde*, TGI Paris, 3e ch., 17 oct. 1970 : *RIDA*, janvier 1970, p. 187, note D. GAUDEL.

[4] Après le premier alinéa de L. 212-3 qui énumère les prérogatives patrimoniales de l'artiste-interprète, le second alinéa fait une référence au Code du travail, laquelle a toujours embrouillé le statut propriétaire de l'artiste-interprète. Selon cet alinéa « *Cette autorisation et les rémunérations auxquelles elle donne lieu sont régies par les dispositions des articles L. 7121-2 à L. 7121-4, L. 7121-6, L. 7121-7 et L. 7121-8 du code du travail…* ».

a tranché cette question dans son arrêt de principe du 6 mars 2001. Enfin, la consécration législative de cette jurisprudence prépondérante des juges de fond comme de la Cour de cassation est bienvenue à un détail près. En effet, contrairement à la jurisprudence de la Cour de cassation qui était de valeur générale, le législateur de 2016 a inséré l'article L. 212-11 (copié de l'article L. 111-1 alinéa 3 en droit d'auteur) dans la troisième section qui traite les contrats conclus entre l'artiste-interprète et le producteur de phonogrammes. Or, la généralité de ce principe plaide en faveur de ce qu'il soit placé dans la première section contenant les dispositions communes.

b. Principe de la spécialité des cessions

843. Contexte. En novembre 2013, le rapport de M. CHRISTIAN PHELINE, magistrat à la Cour des comptes, sur la « musique en ligne et partage de la valeur » a été publié. Il avait préconisé plusieurs mesures législatives dont les mesures qui visent à « *assurer aux droits des artistes-interprètes des protections comparables à celles reconnues aux auteurs* ». La publication de ce rapport a provoqué beaucoup de critiques des organisations professionnelles des producteurs [1]. Enfin, la loi LCAP de 2016 a repris la plupart des propositions de ce rapport, dont le principe de la spécialité des cessions.

844. Énoncé du principe. Le premier alinéa du nouvel article L. 212-11 du Code de la propriété intellectuelle est un « copier/coller » de l'article L. 131-3 du même code qui pose le principe de spécialité des cessions en droit d'auteur. Malheureusement, cet article est placé dans la section traitant le contrat conclu entre l'artiste-interprète et le producteur phonographique. Or, cet article méritait d'être placé parmi les dispositions communes pour s'appliquer à tous les contrats de l'artiste-interprète. Selon le premier alinéa de cet article, la cession des droits d'exploitation des artistes-interprètes : « *est subordonnée à la condition que chacun des droits cédés fasse l'objet d'une mention distincte dans le contrat conclu avec le producteur de phonogrammes et que le domaine d'exploitation de ces droits soit délimité quant à son étendue et à sa destination, quant au lieu et quant à la durée* ». En somme, toute cession des droits de l'artiste-interprète faite au producteur de phonogrammes doit être déterminée de deux manières. D'abord, il faut préciser le droit cédé, qui exprime *le mode* d'exploitation autorisé (reproduction, représentation, utilisation séparée d'un élément de l'interprétation). Ensuite, il faut déterminer le *champ de l'exploitation* selon quatre paramètres : l'étendue, la destination, la zone et la durée.

845. Pratique. M. JEAN VINCENT relativise l'importance de la consécration du principe de spécialité des cessions. Pour lui, dans le domaine phonographique, les artistes *principaux* signent des contrats d'exclusivité (25 à 35 pages) qui précisent toujours de manière détaillée les différents modes d'exploitations. De même, les artistes *non-principaux* signent des contrats d'adhésion (la feuille de présence SPEDIDAM) entraînant l'application des accords collectifs. En effet, en matière musicale, l'annexe III à la Convention collective nationale de l'édition

---

[1] L'analyse publiée en 2014 par la SNEP (Syndicat national des éditeurs phonographiques) critique « l*es omissions, le parti-pris, les erreurs, les approximations et l'indigence des solutions proposées* » du rapport. J. VINCENT, « Le nouveau cadre des relations entre l'artiste-interprète et le producteur de phonogramme », *op. cit.*, p. 75.

phonographique (CCNEP du 30 juin 2008) détaille les modes d'exploitation des interprétations fixées sur des phonogrammes. Ainsi, dans son article 3-22, elle établit une « nomenclature des modes d'exploitation » pour appliquer les barèmes de rémunérations minimales. Chaque mode (de A à F) se décline en sous modes d'exploitation. M. VINCENT estime que « *limiter dans le temps et territorialement la cession des droits des interprètes de phonogrammes ne semble pas réaliste* », sauf en matière des utilisations secondaires [1]. Nous ne partageons pas cette appréciation du texte. En effet, la détermination précise des droits cédés n'est que l'application de la théorie du contrat ; précisément, les conditions de la formation du contrat qui concernent son objet. En outre, nous allons voir qu'une disposition de l'annexe III à la CCNEP a été annulée à cause de non-respect du principe de la spécialité et de son pendant : la rémunération distincte pour chaque mode d'exploitation.

846. La jurisprudence antérieure. Les juridictions n'ont pas attendu l'intervention du législateur pour exiger une mention distincte pour chaque droit cédé, et ce sur le fondement de l'article L. 212-3. La majorité de ces décisions concerne des cas de changement de destination de l'enregistrement. Toutefois, la consécration légale est plus précise en transcrivant le principe de spécialité des cessions tel qu'il est dans l'article L. 131-3 en droit d'auteur [2], c'est-à-dire en exigeant la détermination de l'objet cédé quant au mode d'exploitation et au champ d'exploitation qui se détermine par l'étendue, la destination, la durée et la zone.

847. Cession des droits de la personnalité. L'article L. 212-11 *in fine* étend le principe de la spécialité des cessions aux droits « autres que ceux mentionnés au présent code ». Les droits visés sont, sans doute, les droits de la personnalité qui peuvent faire l'objet d'une patrimonialisation [3]. Il convient de remarquer que la jurisprudence antérieure a distingué entre les droits voisins de l'artiste-interprète et ses droits de la personnalité. Ainsi, il a été refusé d'appliquer le principe de la

---

[1] J. VINCENT, « Le nouveau cadre des relations entre l'artiste-interprète et le producteur de phonogramme », *op. cit.*, p. 80.

[2] Applications : Cass. 1re civ., 6 mars 2001, n° 98-15.502 : JurisData n° 2001-008562 (arrêt de principe précité) qui fonde la spécialité sur L. 212-3 CPI - CA Paris, pôle 5, 1re ch., 24 mai 2016, n° 14/03154, (*Maryse W. épse P. c/ M. Rémi G. et a.*) : *CCE*, 2016, chron. 11, n° 7, obs. P. TAFFOREAU : « *l'autorisation donnée par [l'artiste] pour la reproduction et la commercialisation de ses interprétations en 2004 ne peut faire présumer une autorisation générale et implicite pour toute autre reproduction et commercialisation dans l'avenir de ces interprétations* » - Cass. 1re civ., 13 nov. 2014, n° 10-28.023 : *Propr. Intell.*, 2015, n° 54, p. 65, obs. A. LUCAS (concerts enregistrés pour l'ORTF commercialisés ensuite sous forme de vidéogrammes) - CA Paris, pôle 5, 1re ch., 29 mai 2013, n° 10/24790, (*M. Aston Barrett dir Aston « Familyman » Barret et a. c/ SAS Universal Music*) : *CCE*, 2013, chron. 9, note P. TAFFOREAU ; *Propr. Intell.*, 2013, p. 397, obs. A. LUCAS - CA Paris, 9 mai 2005, (*SPEDIDAM et SNAM c/ Epithete Films, France 3 et Canal+*) : *RTD com.*, 2006, p. 376, obs. F. POLLAUD-DULIAN - TGI Toulouse, 1re ch., 15 juin 2000, n° 1997/01522 : JurisData n° 2000-177795 : *CCE*, 2002, comm. 96, note CH. CARON, « *l'interprétation d'un artiste ne peut recevoir d'autre utilisation que celle qui a été autorisée* » (la formulation classique instaurant le droit prétorien de l'artiste-interprète avant la loi Lang de 1985). Récemment, les importants arrêts : Cass. 1re civ., 15 mars 2017, n° 14-29.179 et 14-29.408 : JurisData n° 2017-008575 : *Propr. Intell.*, 2017, n° 64, p. 76, obs. C. BERNAULT ; *CCE*, 2017, chron. 11, n° 5, obs. P. TAFFOREAU ; *RTD com.* 2019, p. 115, obs. F. POLLAUD-DULIAN. Pour d'autres exemples, A.-E. KAHN, fasc. 1435, 2020, n° 10 à n° 12.

[3] Il va sans dire que l'objet de la cession ne sera pas l'attribut de la personnalité (indisponible), mais une autorisation d'exploitation ; c'est comme la propriété indisponible des créateurs qui s'exploite par la cession d'une autorisation.

spécialité aux cessions de droit à l'image [1]. Avec cet alinéa, le producteur de phonogramme qui voudrait exploiter les éléments de la personnalité de l'artiste-interprète doit obtenir une autorisation distincte et précise (L. 212-11 alinéa 5). Cette disposition est importante en ce qu'elle régule la pratique contractuelle dans le contrat dit « 360° actif ou passif », où le producteur de phonogrammes se réserve la gestion de l'exploitation de l'image de l'artiste ou son nom. Enfin, concernant le producteur de vidéogramme qui bénéficie d'une présomption de cession des droits sur l'interprétation audiovisuelle, il doit obtenir une autorisation écrite de toute « utilisation séparée du son et de l'image » (L. 212-3 al. 2). Cette prérogative qui sort du champ de la présomption montre que le principe de la spécialité des cessions a une valeur générale.

848. Fondement civiliste du principe. Le principe de la spécialité des cessions est synonyme de la détermination de l'objet de contrat de la cession. Conformément au contrat de la vente, l'objet du contrat doit être précisé. L'objet de la cession est l'objet cédé (le droit-autorisation) et le prix de la cession (la redevance). La chose transférée, on l'a vu, n'est pas la création (œuvre ou interprétation), mais une autorisation [2] à une communication déterminée. Cet objet de contrat doit être déterminé. La détermination de cet objet se réalise par la délimitation de l'exploitation par son *mode* et son *domaine*. D'ailleurs, comme l'explique M. GAUDRAT, la détermination requise de *l'exploitation* est en même temps une délimitation du *champ divulgataire*. En conséquence, l'article L. 131-3 Code de la propriété intellectuelle (cœur du régime de la cession), exige que l'exploitation/communication soit délimitée d'une part par le mode (l'attribut) et, d'autre part, par le domaine qui lui est affecté (ce domaine est paramétré par la durée, la zone, la destination). Sans la définition du mode d'exploitation ou sans le paramétrage du domaine d'exploitation, la chose (autorisation) objet de la cession serait indéterminée ce qui entraîne la *nullité* de la cession. Enfin, la question se pose de la sanction de l'indétermination de l'autorisation objet de la cession. Nous pensons que la nullité doit être *absolue*, puisqu'une condition de formation du contrat fait défaut. Cependant, la doctrine majoritaire estime que la nullité du non-respect du principe de la spécialité des cessions est la nullité relative, car il s'agit d'une disposition qui vise à protéger l'auteur / l'interprète [3].

---

[1] Cass. 1re civ., 11 déc. 2008, n° 07-19.494 : JurisData n° 2008-046194 : *CCE*, 2009, comm. 12, note CH. CARON ; *RLDI*, janv. 2009, n° 1487 - CA Paris, 4e ch., 10 sept. 2008, 2 arrêts : *Propr. Intell.*, 2009, p. 60, obs. A. LUCAS.

[2] L'engagement unilatéral de l'auteur de ne pas faire : ne pas mettre aucun obstacle, *juridique* (utiliser le droit moral non pour défendre un intérêt moral mais pour entraver l'exploitation) ou *matériel* (ne pas dénigrer sa création par exemple) *direct* (s'interdire de tout comportement personnel contre l'exploitant) ou *indirect* (ne pas provoquer une action ultérieure d'un tiers contre le cessionnaire, par exemple ne pas violer les droits de la personnalité d'une personne dans la création objet de l'exploitation). V. PH. GAUDRAT et A. ZOLLINGER, *op. cit.*, n° 54.

[3] D'où cette doctrine limite l'application de L. 131-3 aux seules cessions conclues par l'auteur, qui sera seul à pouvoir invoquer la nullité. Pour une critique approfondie : PH. GAUDRAT « Contrats translatifs de droits d'auteurs : le formalisme des sous-contrats… », *RTD com.*, 2021, p. 123.

c. Imprévision

849. Clause concernant une forme d'exploitation « non prévisible ou non prévue ». Le deuxième alinéa du nouvel article L. 212-11 dispose que « *toute clause qui tend à conférer le droit d'exploiter la prestation de l'artiste-interprète sous une forme non prévisible ou non prévue à la date de signature est expresse et stipule, au bénéfice des artistes-interprètes dont les contrats prévoient le paiement direct par le producteur d'une rémunération proportionnelle aux recettes de l'exploitation, une participation corrélative auxdites recettes* » [1]. Cette règle est inspirée de l'article L. 131-6 du Code de la propriété intellectuelle régissant la même question en droit d'auteur. Cette règle est critiquée déjà en droit d'auteur en ce qu'elle permettrait de contourner les exigences de la spécialité des cessions : si l'article L. 131-3 (et son pendant en droit voisin de l'artiste-interprète L. 212-11 al.1er) exige une détermination précise de l'objet de la cession, comment une clause pourrait-elle respecter cette exigence concernant un mode non prévisible ou non prévu ? Dans ce sens, le Professeur PATRICK TAFFOREAU se demande comment les parties au contrat pourraient prévoir l'imprévisible pour déterminer le domaine d'exploitation ? M. TAFFOREAU propose d'articuler cet article avec le nouvel article 1195 du Code civil [2] qui permet, en cas d'imprévision, la *renégociation* du contrat ou sa *révision* par le juge. Ainsi, cet auteur évoque la renégociation (une clause de réexamen) comme « la meilleure solution ».

850. Discrimination. En ce qui concerne la rémunération des formes d'exploitation imprévisibles ou imprévues, le texte ne vise que les artistes-interprètes qui sont rémunérés proportionnellement. Or, ce n'est pas le cas en droit d'auteur, car l'article L. 131-6 rend *obligatoire et générale* l'obligation d'une « *participation corrélative aux profits d'exploitation* [sous une forme non prévisible ou non prévue à la date du contrat] ». En effet, si la rémunération « corrélative aux recettes » se limite aux contrats qui prévoient initialement une rémunération proportionnelle selon la rédaction de l'article L. 212-11 al. 2., les seuls pouvant prétendre à cette rémunération supplémentaire seraient les artistes dit « principaux ». Or, nous avons déjà dit que la distinction, dans le domaine musical [3], entre les artistes-interprètes « principaux » [4] et « non principaux » ne signifie pas qu'il y a deux degrés de propriété sur la forme vivante interprétative. Enfin, dans la pratique, les interprètes « non principaux » peuvent bénéficier d'une « rémunération complémentaire *proportionnelle* », selon l'article 3-24-3 de l'Annexe III de la Convention collective du 30 juin 2008 (CCNEP), mais seulement *en cas de*

---

[1] Nous soulignons.

[2] Art. 1195 C. Civ : « *Si un changement de circonstances imprévisible lors de la conclusion du contrat rend l'exécution excessivement onéreuse pour une partie qui n'avait pas accepté d'en assumer le risque, celle-ci peut demander une renégociation du contrat à son cocontractant. Elle continue à exécuter ses obligations durant la renégociation. / En cas de refus ou d'échec de la renégociation, les parties peuvent convenir de la résolution du contrat, à la date et aux conditions qu'elles déterminent, ou demander d'un commun accord au juge de procéder à son adaptation. A défaut d'accord dans un délai raisonnable, le juge peut, à la demande d'une partie, réviser le contrat ou y mettre fin, à la date et aux conditions qu'il fixe* ».

[3] Rappelons que le terme « exécutant » et « exécution » sont propres au domaine musical et désignent les musiciens d'accompagnement ou les musiciens d'ensemble (d'un orchestre ou d'un chœur), mais n'expriment pas un statut juridique distinct du statut des artistes-interprètes.

[4] Définis dans l'article premier de l'annexe III à la Convention CCNEP comme ceux : « *signataires d'un contrat d'exclusivité avec l'employeur ou ceux dont l'absence est de nature à rendre impossible l'ensemble de la fixation prévue par l'employeur, à l'exception des chefs d'orchestre* ».

gestion collective[1]. Dans cette hypothèse, il devient possible aux artistes « non principaux » de percevoir une « participation corrélative » aux recettes de l'exploitation sous forme non prévisible ou non prévue à la date de signature de la feuille de présence.

d. Obligations du producteur-cessionnaire

851. Introuvable obligation d'exploiter dans la loi LCAP. La loi LCAP n'a pas suivi le rapport PHELINE qui a proposé en 2013 d'instaurer une obligation d'exploiter au producteur de phonogrammes. On sait que le contrat d'édition en droit d'auteur, qui sert de modèle au contrat d'enregistrement exclusif, emporte une obligation d'exploitation. Seulement, l'article L. 212-12 du Code de la propriété intellectuelle, issu de la loi LCAP 2016, traite la question de « l'abus notoire » du producteur phonographique « *dans le non-usage [...] des droits d'exploitation qui lui ont été cédés, [auquel cas] la juridiction civile compétente peut ordonner toute mesure appropriée* »[2]. Par conséquent, il incombe à l'artiste-interprète de prouver « l'abus notoire » dans le non-usage des droits cédés. Il semble de cette rédaction que l'obligation du producteur est une *obligation de moyen* non une obligation de résultat[3], ce qui est critiquable. Comment le producteur peut payer le prix de la cession s'il n'exploite pas ? Qui plus est, en s'abstenant d'exploiter, le producteur entrave la divulgation qu'implique l'autorisation, ce qui pénalise le public. Enfin, la transposition de la directive DAMUN était l'occasion d'instaurer une véritable obligation d'exploiter comme nous allons voir.

852. Obligation de reddition de comptes dans la loi LCAP. La loi LCAP a ajouté l'article L. 212-15 du Code de la propriété intellectuelle qui instaure une

---

[1] Dans le titre III de l'annexe susvisé concernant les artistes non principaux, après avoir établi le principe de « rémunérations complémentaires *forfaitaires* » (3-24-2), l'article suivant permet d'appliquer des « rémunérations complémentaires *proportionnelles* », « lorsqu'un artiste-interprète a autorisé l'exploitation de sa prestation (...) *et que les employeurs ont confié la gestion d'une exploitation incluse dans ce mode aux sociétés de perception et de répartition de droits de producteurs de phonogrammes suivantes* [société civile des producteurs phonographiques (SCPP) ou société civile des producteurs de phonogrammes en France (SPPF)] (...) l'artiste interprète perçoit, outre la ou les rémunérations forfaitaires complémentaires visées à l'article 3.24.2 ci-dessus (...), *une rémunération complémentaire proportionnelle* » [nous soulignons]. Cela nous étonne : on laisse au producteur le choix de rémunérer les artistes non principaux pour l'exploitation sous forme non prévisible ou non prévue, car c'est lui qui décide s'il gère personnellement les droits ou s'il les confie à une société de gestion de droits des producteurs. Toutefois, le Professeur F. POLLAUD-DULIAN n'y voit pas une condition potestative (*RTD com.* 2019, p. 115). Enfin, le Professeur TAFFOREAU estime que même si la rémunération est forfaitaire, « *la stipulation d'une participation corrélative aux profits d'exploitation [...] demeure facultative* » et que ce « *supplément peut, lui aussi, être forfaitaire* » : *Propr. Intell.*, n° 64, *op. cit.*, p. 50. Nous rejoignons cet avis comme pis-aller.

[2] M. TAFFOREAU constate qu'il s'agit d'un choix « *entre l'obligation de moyens d'exploiter et l'absence d'obligation d'exploiter* » : *Propr. Intelle.*, n° 64, juill. 2017, *op. cit.*, p. 51. F. POLLAUD-DULIAN, « Dispositions intéressant la propriété intellectuelle de la loi "liberté de la création, architecture et patrimoine" », *RTD com.*, 2016, p. 481, (qui parle de *voie hybride*).

[3] L'obligation d'exploiter existe dans un contexte précis. L'article L. 212-3-1, I° (devenu après l'ordonnance du 12 mai 2021 l'article L. 212-3-5, I°) permet à l'artiste de *notifier son intention de résilier l'autorisation*, si le producteur *n'exploite pas pendant les vingt ans supplémentaires* qui ont été ajoutés à la durée de protection du droit voisin de l'artiste-interprète sur *les interprétations sonores*. Le droit de résiliation de l'autorisation peut être exercé à l'expiration de douze mois après la notification. L'artiste-interprète ne peut renoncer à ce droit (L. 212-3-1, II° : devenu l'article L. 212-3-5, II°).

obligation de rendre compte semestriellement [1] « *de façon explicite et transparente* » à la charge du producteur phonographique dans un contexte déterminé : « *lorsque le contrat [...] prévoit le paiement direct par le producteur d'une rémunération qui est fonction des recettes de l'exploitation* ». Il paraîtrait logique de lier cette obligation aux contrats qui stipulent une rémunération proportionnelle aux recettes de l'exploitation. Cela est le cas des artistes dits « principaux » qui signent des contrats d'enregistrement exclusif ou des contrats d'artistes. Il s'agit des solistes, chanteurs, musiciens de musique de chambre etc. En revanche, les artistes « non-principaux » qui signent la feuille de présence SPEDIDAM [2] sont rémunérés forfaitairement par référence aux barèmes établis collectivement (l'annexe III à la CCNEP que nous avons évoquée plus haut). Cette distinction entre deux sortes d'artistes-interprètes nous semble injustifiable. Nous ne pouvons pas distinguer entre les interprètes selon le contrat qu'ils signent ou selon leur renommée ou encore selon l'importance de leur participation. Tout artiste-interprète est propriétaire de sa prestation, d'où la logique propriétaire doit être appliquée quant à la rémunération *proportionnelle* et quant à *l'obligation de rendre compte.*

L'obligation de rendre compte semestriellement est renforcée dans le second alinéa de l'article 212-15, qui impose au producteur, à la demande de l'artiste, de fournir « *à un expert-comptable mandaté par l'artiste-interprète toutes justifications propres à établir l'exactitude de ses comptes* ». Si l'instauration d'une obligation de reddition de compte a été saluée par la doctrine, certains auteurs doutent de son effectivité. Selon eux, la mise en œuvre de cette obligation pourrait être coûteuse, même si cette obligation concerne des artistes rémunérés proportionnellement, c'est-à-dire ceux qui vivent le mieux de leur activité. Enfin, nous remarquons que les modalités de mise en œuvre de cette obligation ne sont pas déterminées, contrairement à l'obligation de rendre compte dans le contrat d'édition de livres (L. 132-17-3 CPI). Heureusement, l'ordonnance du 12 mai 2021 va généraliser cette obligation et préciser les conditions de sa mise en œuvre dans le nouvel article L. 212-3-1 CPI.

853. Bilan. Il n'y a pas de doute que loi LCAP marque une étape très importante dans le développement du droit voisin de l'artiste-interprète, même si son apport était limité au champ contractuel dans le domaine phonographique. Néanmoins, le régime de la cession (*sui generis*) est, selon nous, le seul mécanisme d'exploitation de toute propriété littéraire et artistique. C'est la raison pour laquelle l'on peut se réjouir de l'ordonnance n° 2021-580 du 12 mai 2021, transposant la directive de 2019 ; elle va accomplir l'édifice législatif, cette fois, dans les dispositions communes applicables à tous les contrats de l'artiste-interprète.

---

[1] L'obligation de rendre compte du producteur de phonogrammes est inspirée de l'obligation de rendre compte qui incombe aux éditeurs (L. 132-17-3 CPI). Il s'agit, pour les créateurs, dans les deux cas, d'une *créance portable* et non d'une *créance quérable.* Ainsi, l'éditeur comme le producteur de phonogrammes doivent exécuteur spontanément cette obligation sans attendre la demande de l'auteur ou de l'interprète.

[2] La feuille de présence est un contrat de travail assorti d'une clause de cession de la première destination de l'enregistrement et donnant mandat à la SPEDIDAM de gérer les autorisations des autres utilisations dites « secondaires ».

2. Apports de l'ordonnance n° 2021-580 du 12 mai 2021

854. Le législateur français a profité de l'occasion de la transposition de certaines dispositions de la directive du 17 avril 2019 sur le droit d'auteur et les droits voisins dans le marché unique numérique (directive DAMUN) pour affirmer son choix : rapprocher les deux droits de propriété littéraire et artistique des deux créateurs, l'artiste-interprète et l'auteur. Ainsi, l'ordonnance n° 2021-580 du 12 mai 2021 [1] a instauré, dans les dispositions communes du chapitre II concernant l'artiste-interprète, une obligation générale de rendre compte L. 212-3-1 du Code de la propriété intellectuelle (**a**) et une obligation d'exploitation des droits cédés exclusivement L. 212-3-3 du Code de la propriété intellectuelle (**b**). Nous précisons enfin que l'apport de cette réforme en ce qui concerne la rémunération de l'artiste-interprète (la rémunération proportionnelle L. 212-3-II° et le mécanisme de réajustement de cette rémunération L. 212-3-2) va être étudié lors de l'étude des rémunérations des artistes-interprètes.

a. Obligation de reddition de comptes

855. Obligation générale de reddition des comptes. Jusqu'à présent, il n'y avait, en droit voisin de l'artiste-interprète, que l'article 212-15 du Code de la propriété intellectuelle qui imposait au *producteur phonographique* l'obligation de rendre compte trimestriellement aux artistes-interprètes dont la rémunération est *proportionnelle* aux recettes de l'exploitation. L'ordonnance du 12 mai 2021 a généralisé cette obligation et précisé son contenu et les modalités de sa mise en œuvre. Ainsi, dans la section contenant les dispositions communes, le nouvel article L. 212-3-1 du Code de la propriété intellectuelle [2] institue l'obligation de reddition de compte qui est d'ordre public et n'entre en vigueur que le 7 juin 2022. Cette obligation s'applique à tous les contrats de l'artiste-interprète, même si la rémunération prévue au contrat est forfaitaire. Concernant ses conditions, il s'agit d'un envoi ou d'une mise à disposition par voie électronique, au moins une fois par an, « *des informations explicites et transparentes sur l'ensemble des revenus générés par l'exploitation* » ; ces informations doivent distinguer les différents modes d'exploitation et la rémunération due à l'artiste pour chaque mode.

856. Modalité d'application. Sous réserve de l'obligation spéciale de reddition de comptes trimestrielle en matière phonographique (L. 212-15 CPI), le nouvel article prévoit que les conditions d'exercice de l'obligation de reddition de comptes, surtout quant à « *sa fréquence et le délai dans lequel l'envoi par voie électronique s'effectue, peuvent être précisées par un accord professionnel conclu pour chaque secteur d'activité* ». Cet accord peut prévoir des conditions particulières de l'exercice de cette obligation concernant les artistes-interprètes « *dont la contribution n'est pas*

[1] P. KAMINA « Commentaire de l'ordonnance n° 2021-580 du 12 mai 2021 portant transposition partielle de la directive 2019/790 du 17 avril 2019 », étude 12, *CCE*, n° 7-8, juill.- août, 2021.

[2] Transposant l'article 19 de la directive DAMUN du 17 avril 2019 sur l'obligation de transparence. De même, en droit d'auteur, le nouvel article L. 131-5-1 instaure l'obligation générale de rendre compte sauf en ce qui concerne le droit d'auteur sur le logiciel. L'obligation de rendre compte, en droit d'auteur et en droit voisin, est d'ordre public et n'entre en vigueur que le 7 juin 2022. Enfin, il faut préciser que l'obligation *spéciale* de rendre compte dans certains contrats d'auteur (édition de livres, audiovisuel) n'est pas affectée par cette obligation générale.

significative ». En cas d'absence d'accord, le contrat d'exploitation doit préciser les modalités et la date de la reddition des comptes.

857. Obligation de sous-cessionnaire. Le même article prévoit dans le point II° les conditions d'exercice de l'obligation de rendre compte, lorsque les informations « explicites et transparentes sur l'ensemble des revenus générés par l'exploitation » sont détenues par un sous-cessionnaire. Dans ce cas, un accord professionnel conclu entre, d'une part, les organismes professionnels ou les organismes de gestion collective des artistes-interprètes, et, d'autre part, les organisations représentatives des cessionnaires dans le secteur concerné, précise les conditions dans lesquelles l'artiste-interprète peut obtenir les informations mentionnées au premier alinéa du I. À défaut d'accord après douze mois à compter de la publication de l'ordonnance, les conditions d'application de cet article sont fixées par décret du Conseil d'État.

b. Obligation d'exploitation

858. Obligation d'exploitation en cas de cession exclusive. Transposant l'article 22 de la directive DAMUN de 2019, l'ordonnance du 12 mai 2021 instaure un droit de résiliation au profit de l'auteur (L. 131-5-2 CPI) et au profit de l'interprète (L. 212-3-3 CPI) pour défaut d'exploitation de leur création. Ce droit ne s'applique pas au domaine audiovisuel et n'affecte pas l'application de l'article L. 212-12 du Code de la propriété intellectuelle dans le domaine phonographique. Nous avons vu que l'article L. 212-12 du Code de la propriété intellectuelle issu de loi LCAP permet à l'artiste de saisir le juge en cas d'abus notoire dans le non-usage par un producteur phonographique des droits cédés. Mais le nouvel article L. 212-3-3 du Code de la propriété intellectuelle est plus tranchant : lorsque l'artiste-interprète cède *à titre exclusif* tout ou partie de ses droits d'exploitation à un exploitant, il a le droit, en *l'absence de toute exploitation* de son interprétation, de « *résilier de plein droit la transmission de tout ou partie de ces droits* ». On peut interpréter cet article comme source d'une obligation légale d'exploiter : en cas d'exclusivité, l'exploitant est unique ; il est logique qu'il soit obligé d'exploiter. En effet, nous croyons que l'obligation d'exploiter découle naturellement du mécanisme de la cession *sui generis* : puisque le prix de la cession est une rémunération proportionnelle aux recettes de l'exploitation, le cessionnaire doit exploiter pour verser cette rémunération. Ainsi, nous croyons que l'obligation d'exploiter est d'origine contractuelle.

859. Modalité d'exercice du droit de résiliation. Quand il s'agit d'une *création plurale*, le droit de révocation s'exerce d'un commun accord ; « *en cas de désaccord, il appartient à la juridiction civile de statuer* ». Concernant les modalités d'exercice de ce droit, elles sont fixées par un accord collectif ou un accord professionnel conclu entre, d'une part, les organismes professionnels ou les organismes de gestion collective des artistes-interprètes, et, d'autre part, les organismes représentatifs des exploitants dans le secteur concerné (L. 212-3-II° CPI). À défaut d'accord après douze mois à compter de la publication de l'ordonnance, ces modalités sont fixées par un décret du Conseil d'État (L. 212-3-III° CPI).

860. L'apport de la loi LCAP du 7 juillet 2016 et de l'ordonnance n° 2021-580 du 12 mai 2021 ne se limite pas aux points que nous avons étudiés. Les deux réformes marquent une grande évolution en matière de rémunérations des artistes-interprètes.

§ 2. Remunerations

861. Double statut, rémunération de double nature. Le double statut de l'artiste-interprète, de *salarié* et de *propriétaire*, rend importante la question de la qualification de ses rémunérations. D'un côté tout travail mérite un *salaire* ; de l'autre, toute cession d'un droit d'exploiter exige un *prix de la cession*. En effet, la contractualisation de la réalisation de la forme vivante interprétative, c'est-à-dire, le fait que l'artiste-interprète crée (le plus souvent) dans le cadre d'un contrat de travail, influence la qualification de ses rémunérations. C'est ce qui en témoigne la référence faite par le Code de la propriété intellectuelle au Code du travail quant à « *l'autorisation et les rémunérations auxquelles elle donne lieu* » (L. 212-3 al. 2 CPI).

862. Plan. Le principe de l'indifférence de l'existence d'un contrat de travail à la jouissance de la propriété intellectuelle sur l'interprétation (L. 212-10 CPI) trouve son pendant dans le Code du travail qui donne les critères de la distinction entre le salaire et les redevances (**A**). L'application de ces critères a été précisée, surtout par la loi LCAP en 2016 et par l'ordonnance n° 2021-580 du 12 mai 2021 (**B**).

A. Principes de la distinction

863. Sources légales. Le premier alinéa de l'article L. 212-3 du Code de la propriété intellectuelle soumet à l'autorisation écrite de l'artiste-interprète tout acte de *fixation*, *reproduction*, *communication au public* ou *utilisation séparée d'un élément de l'interprétation*. Quant à son exercice, le second alinéa précise que « *l'autorisation et les rémunérations auxquelles elle donne lieu sont régies par les dispositions des articles L. 7121-2 à L. 7121-4, L. 7121-6, L. 7121-7 et L. 7121-8 du code du travail* ». Concernant la nature de la rémunération de l'artiste-interprète *salarié*, l'article L. 7121-8 du Code du travail dispose que :

> « la rémunération due à l'artiste à l'occasion de la vente ou de l'exploitation de l'enregistrement de son interprétation, exécution ou présentation par l'employeur ou tout autre utilisateur n'est pas considérée comme salaire dès lors que la présence physique de l'artiste n'est plus requise pour exploiter cet enregistrement et que cette rémunération n'est pas fonction du salaire reçu pour la production de son interprétation, exécution ou présentation, mais est fonction du produit de la vente ou de l'exploitation de cet enregistrement ».

864. Trois principes fondamentaux. L'artiste-interprète entretient deux rapports de nature différente : un *rapport obligationnel* avec son employeur ; et un *rapport direct* sur la chose incorporelle dont il est propriétaire. Ces deux rapports sont sources de revenus variables. Puisqu'aucun rapport n'absorbe l'autre, la qualification de ces revenus ne saurait être unifiée. Le rapport de travail implique l'existence d'une rémunération salariale ; l'exploitation de la propriété, par cession des droits d'exploitation dans un domaine d'exploitation déterminé, donne lieu à un prix de cession que nous appelons « redevance ». En conséquence, il est logique qu'il existe *un salaire* pour le travail, et *autant de redevances que d'exploitations*. Enfin, si la rémunération salariale est prise en charge par l'employeur [1], les redevances résultent des fruits de la communication au public de la forme, d'où elles devraient être proportionnelles aux recettes de cette communication. En bref, les trois principes fondamentaux de la qualification des rémunérations de l'artiste-interprète sont : la distinction entre le salaire et les redevances (**1**) ; la multiplicité des redevances (**2**) ; la proportionnalité des redevances (**3**).

1. Principe de la distinction entre salaire et redevances

865. Contexte d'application. Tout d'abord, il est évident que toutes les rémunérations d'un artiste-interprète n'ayant pas la qualité d'*artiste du spectacle* au sens du Code du travail (qui n'est pas salarié) sont des redevances. Lorsque la présomption de salariat trouve à s'appliquer, une distinction s'impose entre le salaire et les redevances et ce, sans considération du débiteur des rémunérations : l'employeur ou l'utilisateur [2]. Pour les distinguer, l'article L. 7121-8 du Code du travail définit la rémunération qui « n'est pas considérée comme salaire », comme si la qualification salariale était le principe. Avant de tirer les critères de distinction posés par cet article, il convient de préciser que la distinction est faite dans un contexte précis : 1° il doit s'agir d'un enregistrement de l'interprétation ; 2° la rémunération est versée à l'occasion de la vente ou de l'exploitation de l'enregistrement ; 3° la présence physique de l'artiste-interprète n'est pas requise pour l'exploitation. Si les trois conditions sont réunies, la rémunération peut être qualifiée *de salaire ou de redevance* [3] :

1) La rémunération n'est pas un salaire si deux conditions sont remplies : d'abord, la rémunération n'est pas fonction du salaire *initial* (celui reçu pour la production de l'interprétation lors des séances d'enregistrement ou lors du tournage) ; ensuite, elle est fonction du produit de la vente ou de l'exploitation de l'enregistrement.

2) *A contrario*, si la rémunération qui résulte de la vente ou de l'exploitation de l'enregistrement s'ajoute au salaire *initial* payé pour la production de l'interprétation, elle est bien un salaire. Nous voyons clairement le caractère spécifique de cette *partie du salaire* qui ne nécessite pas la présence physique de l'artiste, c'est-à-dire qui n'est pas lié au « travail effectif » [4], mais est lié au produit de la vente ou de l'exploitation de l'enregistrement [5].

---

[1] Nous allons voir plus bas que, dans certaines conditions, les sommes payées par *un tiers* (*l'utilisateur* de l'enregistrement) peuvent être qualifiées de salaires. C'est une particularité du statut hybride de l'artiste-interprète.

[2] D. GAUDEL, « Les caractéristiques de la redevance versée aux artistes-interprètes au titre des droits voisins », *in Mélanges en l'honneur de* A. FRANÇON, Dalloz, 1995, surtout pp. 182-193.

[3] « *On aboutit ainsi à un paradoxe que la rémunération d'un même acte puisse recevoir alternativement et parfois simultanément deux qualifications différentes* ». F. POLLAUD-DULIAN, *Le droit d'auteur*, 2e éd., *op. cit.*, n° 2382.

[4] Définit dans l'annexe III susvisée comme « *le temps pendant lequel le salarié est à la disposition de l'employeur et doit se conformer à ses directives …* » (article 1.3).

[5] *Contra* M. VIVANT et J.-M. BRUGUIERE, *Droit d'auteur et droits voisins*,4e éd., *op. cit.*, n° 1318. Qui qualifient de non salariale toute rémunération procédant de la vente ou de l'exploitation de l'enregistrement et ne nécessitant la présence physique de l'artiste. En effet, c'est une interprétation *réductrice* du texte. L'article L. 7121-8 ne se contente pas de dire que « n'est pas considérée comme salaire [la rémunération procédant de

866. Synthèse. En conclusion, si la rémunération n'a rien à voir avec la communication au public mais est liée au *travail* de la production, il s'agit d'un salaire (initial). Le seul critère de la présence physique de l'artiste-interprète suffit à qualifier la somme perçue comme salaire. En revanche, concernant les rémunérations perçues à l'occasion de la vente et de l'exploitation de l'enregistrement d'une interprétation, elles peuvent être rattachées au salaire initial ou, au contraire, être qualifiées de redevance. Dans ce cas, l'indifférence de la présence physique de l'artiste ne suffit pas à trancher la question de la qualification ; car cela dépend du fait que la rémunération est fonction du salaire ou du produit de la vente ou de l'exploitation.

867. Intérêt de la distinction. La distinction est importante car elle détermine le régime fiscal et, social à appliquer [1]. Aussi, le salaire pourrait profiter d'un superprivilège. D'ailleurs, avant la réforme de la prescription civile en 2008, l'action qui porte sur le salaire était prescrite au bout de cinq ans, tandis que l'action qui porte sur les redevances était soumise à la prescription trentenaire. Aujourd'hui, l'action qui porte sur les deux rémunérations est soumise à la prescription quinquennale [2]. Enfin, l'intérêt de la distinction s'avère à l'occasion d'une rupture abusive du contrat d'enregistrement (un contrat de travail dit CDD d'usage) où l'assiette des dommages et intérêts prend en compte les salaires que l'artiste aurait perçus jusqu'au terme du contrat [3]. Cependant, la Cour d'appel de Paris a pris en compte les redevances dans le calcul des dommages et intérêts à la suite d'une rupture abusive d'un contrat de travail. En effet, la Cour a considéré, à juste titre, que l'artiste a droit à être indemnisé de *la perte de la chance* de percevoir des diverses sommes liées à la vente et à l'exploitation des albums non produits [4].

---

la vente ou de l'exploitation de l'enregistrement] dès que la présence physique de l'artiste n'est plus requise ». La suite de la phrase ajoute *le critère décisif* : encore faut-il que la rémunération ne soit pas « fonction du salaire reçu pour la production [de la prestation] mais fonction du produit de la vente ou de l'exploitation de l'enregistrement ». Dans ce sens, F. POLLAUD-DULIAN, *Le droit d'auteur*, 2e éd., *op. cit.*, n° 2382 ; D. GAUDEL, *op. cit.*, p. 183. Donc, *a contrario*, est qualifiable de (partie de) salaire la rémunération provenant d'une vente ou d'une exploitation de l'enregistrement dès lors qu'elle est fonction du salaire et non pas fonction de la vente ou de l'exploitation de l'enregistrement. Encore plus clair sur ce point : P. TAFFOREAU et C. MONNERIE, *Droit de la propriété intellectuelle*, 4e éd., pp. 268-269. « *Une partie de la rémunération des autorisations correspondant à un minimum déterminé par convention ou accord collectif, est partie de salaire. Au-delà c'est une redevance, sauf si : 1° la présence physique de l'artiste-interprète est nécessaire pour exploiter l'enregistrement (play-back) ; 2° le complément de la rémunération est calculé proportionnellement au salaire initial* » [art. 3.26 de l'annexe III de CCNEP précise que la rémunération complémentaire proportionnelle n'est pas un salaire N.D.L.R.].

[1] Sans doute il n'est pas dans l'intérêt du producteur de voir qualifier toutes les rémunérations comme salaires soumis aux contestations sociales. De même, l'artiste-interprète a intérêt à ce qu'une partie seulement de ses rémunérations soit soumise à l'impôt sur les revenus, et à ce que les redevances soient soumises à l'imposition en tant que BNC.

[2] Art. 2224 C. Civ. « *Les actions personnelles ou mobilières se prescrivent par cinq ans à compter du jour où le titulaire d'un droit a connu ou aurait dû connaître les faits lui permettant de l'exercer* ».

[3] Cass. soc., 1er juill. 2009 : S. PESSINA, « Rupture abusive d'un contrat d'enregistrement exclusif : quelle assiette de calcul des dommages et intérêts ? », *Légipresse*, oct. 2009, n° 265, p. 187.

[4] CA Paris, pôle 6, 11e ch., 6 févr. 2018, n° 16/05956, Patrice F. c/ SAS Universal Music France Division Polydor : *CCE*, oct. 2018, chron. 10, n°10, obs. P. TAFFOREAU ; *CCE*, avril 2019, chron. 6, n°15, X. DAVERAT ; *JCP E*, n° 37, 12 Sept. 2019, 1418, n° 9, obs. S. SOLEIMAN.

2. Principe de la rémunération distincte pour chaque exploitation

868. Principe. Comme dans la vente, la cession d'un droit induit le paiement d'un prix. Chaque cession doit avoir un prix distinct. Nous avons vu que la cession doit être écrite et doit préciser l'objet cédé : mode et domaine d'exploitation. Mais l'objet de la cession comprend aussi le prix qui doit être déterminé ou déterminable. En bref, chaque communication au public par un tiers nécessite une autorisation, qui est le plus souvent consentie à titre onéreux. Il en résulte que le propriétaire perçoit autant de rémunérations qu'il cède d'autorisations.

869. Rémunération distincte pour chaque mode d'exploitation en matière audiovisuelle. L'article L. 212-4 du Code de la propriété intellectuelle contient une présomption légale de cession des autorisations des artistes-interprètes au producteur audiovisuel du fait de la signature d'un contrat de production audiovisuelle. Le second alinéa de cet article pose la condition d'une « rémunération distincte pour chaque mode d'exploitation de l'œuvre ». Les articles suivants organisent les modalités de fixation de ces rémunérations et leur qualification, ce que nous allons analyser lors de l'étude de la présomption de cession en matière audiovisuelle.

870. Rémunération distincte pour chaque mode d'exploitation en matière de phonogramme. Avant la loi LCAP, la pratique dans le domaine musical ne respectait pas totalement le principe de rémunération distincte pour chaque cession. Les artistes dits « principaux » signaient des *contrats d'artiste* (contrat d'exclusivité ou contrat 360°) qui sont hyper détaillés (25 à 35 pages), y compris sur les formes d'exploitation et les rémunérations y correspondant [1]. En revanche, les artistes « non principaux » signaient des *contrats types* (feuille de présence SPEDIDAM [2]) établis en application de la Convention collective nationale de l'édition phonographique [3] et son annexe qui concerne les artistes-interprètes. C'est concernant cette catégorie d'artistes-interprètes que le principe de rémunération distincte pour chaque exploitation n'était pas respecté. En effet, une pratique *contra legem* était restée dix ans en application avant l'annulation prononcée par la Cour d'appel de Versailles en 2019. Il faut analyser cette pratique et la modification qui a été réalisée suite à la loi LCAP et à la jurisprudence récente.

871. Dix ans de pratique *contra legem*. Dès sa signature en juin 2008, la Convention collective nationale de l'édition phonographique régula *via* son annexe III° la question des rémunérations des artistes-interprètes. Le titre II de

---

[1] S. PESSINA, « Les contrats entre les artistes de la musique et les producteurs : contrat d'enregistrement exclusif et contrat collectif », *in Pratique de la propriété littéraire et artistique*, ouvrage collectif sous la direction du Professeur P. TAFFOREAU, LexisNexis, coll. Droit 360°, 2013, spéc. p. 257 et s. (surtout pp. 271-276). *Adde* B. EDELMAN, « Autopsie des contrats de production phonographique État des lieux et perspectives », *D.* 2007, p. 2890.

[2] Ce contrat est né d'une pratique qui précède la loi Lang de 1985 sur les droits voisins. La SPEDIDAM utilisait la feuille de présence *pour limiter la cession des droits* des artistes d'accompagnement à la première destination, et *se réserver la gestion des autorisations* pour toutes les autres utilisations de la fixation. En revanche, contre la pratique de la SPEDIDAM, les producteurs ont élaboré un « contrat de cession » ou « contrat UPFI » pour se faire céder d'un seul coup l'ensemble des droits des artistes, sauf que ce contrat ne donnait lieu qu'à une rémunération forfaitaire contrairement au contrat d'artiste des solistes.

[3] CCNEP du 30 juin 2008 signée par, d'une part, deux organisations syndicales de producteurs (le syndicat national de l'édition phonographique (SNEP) et l'Union des producteurs phonographiques français indépendants (UPFI) et, d'autre part, treize syndicats d'artistes-interprètes. Elle a été étendue à l'ensemble du secteur par arrêté le 20 mars 2009.

cette annexe traitait la *rémunération salariale* des artistes « principaux » qui pouvaient négocier leurs redevances dans leurs contrats d'artiste. En revanche, le titre III, plus détaillé, concernait les artistes-interprètes les plus nombreux : les artistes-interprètes dits « non-principaux » ou les artistes d'ensemble ou d'accompagnement [1]. Dans ce titre, nous trouvons des dispositions qui traitent, non seulement du *salaire minimum* rémunérant la prestation (le travail), mais aussi des *rémunérations des autorisations* au titre des droits voisins. En effet, l'article 3.22.2 contient une liste des modes d'exploitation dit « nomenclature des modes d'exploitation », dont l'objet est « *de déterminer les montants minimaux de rémunération dus à l'artiste interprète au titre des modes d'exploitation de la fixation de sa prestation qu'il est susceptible d'autoriser* ». Ces modes sont classés en six catégories, (A) à (F) :

> Mode (A) désigne l'exploitation de phonogrammes par voie de mise à la disposition du public, y inclus : la mise à disposition sous forme matérielle d'exemplaires, sauf par location ; et la mise à disposition sous forme immatérielle de phonogrammes communiqués à la demande par un service de communication électronique (notamment par voie de téléchargement ou de flux continu interactif [*streaming*]) ;
>
> Mode (B) désigne la mise à disposition du public sous forme matérielle d'exemplaires de phonogramme par la location ;
>
> Mode (C) désigne l'exploitation de phonogrammes par des services de communication électronique, de façon incorporée à des programmes qui n'entrent pas dans le champ de la licence légale (par exemple, les publicités radiophoniques) ;
>
> Mode (D) désigne l'exploitation de phonogrammes non couverte par un autre mode d'exploitation visé à la nomenclature (par exemple, la réalisation pour la sonorisation de spectacles, pour les attentes ou les messageries musicales téléphoniques, etc.) ;
>
> Mode (E) concerne exploitation par l'incorporation dans des vidéogrammes (par exemple, les vidéomusiques, films cinématographiques, publicités audiovisuelles, autres vidéogrammes)
>
> Mode (F) désigne l'exploitation de phonogrammes incorporés dans des produits multimédias (jeux vidéo, sites web etc.).

Dès juin 2008 et jusqu'à l'entrée en vigueur de son annulation en octobre 2019 [2] l'article 3.24.1 confondait dans *une seule somme*, intitulée « salaire de base » (dénommé aussi cachet de base : CB), la rémunération du travail, la rémunération de l'autorisation de fixation et la rémunération de l'exploitation selon les utilisations mentionnées dans le mode d'exploitation de la catégorie (A). Selon cet article :

> Le salaire minimum, tel que déterminé aux articles 3.2 à 3.4 et 3.19 du présent titre, selon le mode d'engagement, a pour objet de rémunérer, *outre la prestation de travail liée à l'enregistrement, l'autorisation de fixer la prestation de l'artiste interprète ainsi que l'autorisation d'exploiter, directement ou indirectement, la fixation de la prestation selon les exploitations visées au*

[1] Ce sont « les artistes musiciens, c'est-à-dire les artistes interprètes instrumentistes de la musique non-signataires d'un contrat d'exclusivité avec l'employeur et dont l'absence n'est pas de nature à rendre impossible la fixation prévue par l'employeur », comme les artistes des chœurs (ensemble vocal) et les artistes choristes (artistes d'accompagnement vocal de la prestation d'un artiste-interprète).

[2] Les effets de l'annulation prononcée par la Cour d'appel de Versailles ont été reportés au 1er octobre 2019, ce qui a été critiqué par la SPEDIDAM.

(A) de la nomenclature des modes d'exploitation telle que définie à l'article 3.22 du présent titre. [Nous soulignons].

872. Après des années de lutte pour obtenir un *droit de propriété* sur leur interprétation, et des années d'acquis jurisprudentiels, les producteurs ont obtenu par convention collective ce dont ils rêvaient depuis toujours : imposer une cession globale, un transfert pur et simple, des droits des artistes-interprètes. En d'autres mots, réduire les artistes-interprètes à de simples travailleurs et capter toute la valeur qu'engendrent leurs créations. La SPEDIDAM, soutenue par des milliers d'artistes [1], a pu faire face à cet empiétement sur la propriété des artistes fait par leurs syndicats et leurs producteurs. Par la suite, la Cour de cassation a affirmé les principes fondamentaux de l'articulation entre le Code de la propriété intellectuelle et le Code du travail et ses mécanismes.

873. Sur les dispositions évoquées plus haut, un arrêt important de la Cour de cassation [2] a affirmé plusieurs principes que nous avons étudiés : en premier lieu, le principe de l'indifférence du contrat de travail sur la jouissance des droits de propriété intellectuelle de l'artiste. Ainsi, la signature d'un contrat de travail n'emporte pas, à lui seul, cession au producteur des droits sur l'interprétation. En deuxième lieu, la Cour ajoute que la convention collective et son annexe n'affectent pas ce principe : la convention collective (CCNEP et l'annexe 3°) ne vaut pas cession des droits [3], et la nomenclature des modes d'exploitation (article 3.22.2 de l'annexe 3°) n'a qu'une *valeur indicative* [4]. Par conséquent, un consentement exprès reste nécessaire pour chaque exploitation (principe de la spécialité des cessions, affirmé par la loi LCAP dans L. 212-11). Enfin, en troisième lieu, la Cour de cassation annule l'article 3.24.1 de l'annexe 3° qui englobait sous une somme unique le salaire du travail (lors de la séance d'enregistrement nécessitant la présence physique de l'artiste) et la rémunération des droits patrimoniaux de l'artiste (autorisation de fixation et autorisation d'exploitation selon les utilisations du mode (A) de la nomenclature).

874. Confirmation. La Cour de renvoi s'est conformée à la décision de la Cour de cassation. Ainsi, par l'arrêt du 24 janvier 2019 [5], la Cour d'appel de Versailles a annulé l'article 3.24.1 de l'annexe III à la CCNEP, qui confond dans une seule

---

[1] M. PESSINA rapporte que plus de 17400 artistes-interprètes ont exprimé par écrit, lors d'un référendum, leur opposition à ce que des organisations syndicales traitent leurs droits de propriété intellectuelle. Sur la critique de l'annexe 3° et son traitement des « artistes non principaux », S. PESSINA, *in Pratique de la propriété littéraire et artistique*, *op. cit.*, n° 608, p. 281.

[2] Cass. 1re civ., 15 mars 2017, (n° 14-29.179, 14-29.408, 14-29.973, 15-10.891 et 15-17.450), FS-P+B+I, JurisData : n° 2017-008575 : *JAC*, 2017, n° 46, p. 17, obs. J. VINCENT ; *Propr. Intell.*, 2017, n° 64, p. 76, obs. C. BERNAULT ; *CCE*, 2017, chron. 11, n° 5, obs. P. TAFFOREAU ; *RTD com.*, 2019, p. 115, obs. F. POLLAUD-DULIAN. *Adde* P. TAFFOREAU, « La validité et l'interprétation de l'annexe n° 3 à la convention collective nationale de l'édition phonographique du 30 juin 2008 soumises à la sagacité de la Cour de cassation », *Dalloz IP/IT*, 2017, p. 393 (Observations sous Cass. 1re civ., 15 mars 2017).

[3] Cela va de soi, car comment des syndicats seraient habilités à donner des autorisations d'exploiter la propriété des travailleurs dont ils protègent les intérêts sociaux ?

[4] En vérité, il sera difficile à un artiste-interprète d'imposer des cessions plus favorables que la nomenclature de l'annexe n° 3 à la CCNEP.

[5] CA Versailles, 6e ch., 24 janv. 2019, n° 17/04408 : JurisData n° 2019-001350 : *LEPI*, avril 2019, p. 4, obs. S. LE CAM ; *Propr. Intell.*, 2019, n° 71, p. 45, obs. C. BERNAULT. *Adde* P. TAFFOREAU, « La convention collective nationale de l'édition phonographique dans la tourmente judiciaire », *Dalloz IP/IT*, 2019, p. 383 (Observations sous CA Versailles, 24 janv. 2019, n° 17/04408).

somme, le cachet de base, la rémunération de prestation de travail et celle de cession de droits voisins. La Cour a décidé de reporter les effets de cette annulation au 1er octobre 2019 [1]. La solution de la Cour de cassation et de la cour de renvoi n'étonne pas, surtout à la lumière de la loi LCAP de 2016, qui est intervenue quelques mois avant l'arrêt de cassation. Le principe d'une rémunération distincte a été consacré dans le deuxième alinéa du nouvel article L. 212-13 selon lequel « *chaque mode d'exploitation du phonogramme incorporant la prestation de l'artiste-interprète prévu au contrat fait l'objet d'une rémunération distincte* ». De plus, cet article précise *in fine* que « *sont regardées comme des modes d'exploitation distincts la mise à disposition du phonogramme sous une forme physique et sa mise à disposition par voie électronique* ».

875. Correction. Les dispositions de la loi LCAP et l'annulation prononcée de l'article 3.24.1 de l'annexe 3° à la CCNEP, ont imposé aux parties à cette convention collective de réviser le titre en cause « *pour assurer sa parfaite effectivité et pour tenir compte des nouvelles dispositions du Code de la propriété intellectuelle suite à la loi n° 2016/925 du 7 juillet 2016* ». Ainsi, un accord a été signé le 30 septembre 2019 pour modifier le titre III de l'annexe 3°. Désormais, l'article 3.2 décompose le « cachet de base (CB) ou le salaire minimal » en trois sommes : la première rémunère la prestation (dénommée rémunération de service RDS) ; la deuxième rémunère l'autorisation de fixation et, enfin, la troisième rémunère l'autorisation d'exploitation selon le mode (A) de la nomenclature, et qui est divisée en deux moitiés pour rémunérer la mise à disposition sous forme matérielle ou immatérielle [2]. Enfin, concernant la rémunération des autres modes d'exploitation (B, C, D, E, F), l'article 2.24.2 a été modifié pour se conformer aux principes. En effet, cet article prévoit une *rémunération complémentaire forfaitaire* qui a la nature d'un *salaire* [3]. La modification opérée a ajouté une précision : « *les rémunérations pour chaque mode d'exploitation sont réparties comme suit : -50 % pour la mise à disposition sous forme matérielle ; - 50 % pour la mise à disposition sous forme immatérielle* ». Enfin, ce complément de salaire est cumulable avec la *rémunération proportionnelle* qui peut être appliquée dans certains cas [4], comme nous allons voir.

---

[1] Le Syndicat national des éditeurs phonographiques (SNEP) a formé un pourvoi incident relativement à la compétence de la Cour de Versailles. Un éventuel accueil de ce moyen conduirait à rendre définitive la décision du tribunal de grande instance de Paris du 26 mars 2013. Ce jugement avait rejeté la demande d'annulation.

[2] Concrètement, le *cachet de base* est composé ainsi : la *rémunération de service* (d'enregistrement) dit RDS + la *rémunération* de *l'autorisation de fixation* 50 % de la RDS + la *rémunération de l'exploitation de la fixation* selon le mode (A) de la nomenclature de l'annexe, cette dernière rémunération égale à 100 % de la RDS. À titre d'exemple, pour un service de 3 heures donnant prise à un enregistrement de 20 minutes, le cachet de base égale à : RDS (66,45€) + 50 % de la RDS (33,23€) + 100 % de la RDS (66,45€) : le total est 166,13 €. Il convient de préciser que, pour un artiste, trois services au maximum peuvent être programmés dans une journée. Cependant, l'employeur peut engager l'artiste à la journée, auquel cas l'engagement doit inclure au moins trois journées sur une suite de sept jours consécutifs. Dans un tel engagement le cachet de base possède les mêmes composantes : RDS + rémunération de l'autorisation de fixation + rémunération de l'autorisation d'exploitation de la fixation selon les modes (A). À titre d'exemple, si la journée contient trois séances d'enregistrement, trois cachets unitaires de 128,47 € bruts par jour doivent être payés. (L'article 3.4 de l'annexe III à CCNEP).

[3] Ce « complément de salaire » est déterminé selon l'article 3.25.

[4] Les articles 3.24.3 ; 3.26 et 3.27 de l'annexe 3° à la Convention CCNEP.

3. Principe de la rémunération proportionnelle ?

876. Absence de principe *avant l'ordonnance du 12 mai 2021*. L'article L. 131-4 du Code de la propriété intellectuelle pose le principe de la rémunération proportionnelle [1] et liste les cas où la rémunération peut être forfaitaire. Rien n'est comparable en droit voisin de l'artiste-interprète. Juste l'article L. 212-4 en matière audiovisuelle et l'article L. 212-13 en matière phonographique posent le principe d'une rémunération distincte pour chaque mode d'exploitation. Il semble que la rémunération des artistes-interprètes peut être forfaitaire ou proportionnelle, ce dont témoignent les deux articles L. 212-3-3 et L. 212-3-4 (L. 212-3-7 et L. 212-3-8 selon la nouvelle numérotation après l'ordonnance du 12 mai 2021) qui donnent les modalités de détermination de la « rémunération supplémentaire annuelle » [2] pour chaque année complète au-delà des cinquante premières années du délai de soixante-dix ans. On sait que la durée de protection a été prolongée en matière sonore et qu'une obligation d'exploiter incombe au producteur phonographique pendant les vingt ans supplémentaires. Si la rémunération prévue dans le contrat d'exploitation était forfaitaire, le montant de cette rémunération annuelle est fixé à 20 % de l'ensemble des recettes perçues par le producteur durant l'année précédant celle du paiement.

877. Pratiques. Dans la pratique, les artistes qui signent des contrats d'exclusivité sont en mesure de négocier les modalités de leur rémunération. En revanche, concernant les artistes « non principaux » qui signent le contrat type (feuille de présence), l'annexe 3° à la Convention CCNEP permet au producteur de rémunérer l'artiste de deux façons qui peuvent se cumuler. Si le cachet de base rémunère l'exploitation selon les actes d'exploitation du mode (A) de la nomenclature de l'annexe 3° à CCNEP, les articles 3.24.2 et 3.25 fixent les modalités de calcul de la rémunération complémentaire *forfaitaire* qui rémunère les modes d'exploitation (B) à (F). Enfin, dans le cas d'une gestion collective confiée par le producteur à une des deux sociétés de gestion des droits de producteurs (SCPP, SPPF), l'article 3.24.3 permet aux artistes-interprètes de percevoir une rémunération complémentaire proportionnelle à taux de 6 % ou 20 % (article 3.26) ou 30 % (article 3.27) [3].

---

[1] L. 131-4, 1er al. « *La cession par l'auteur de ses droits sur son œuvre peut être totale ou partielle. Elle doit comporter au profit de l'auteur la participation proportionnelle aux recettes provenant de la vente ou de l'exploitation* ».

[2] Loi n° 2015-195 du 20 février 2015 portant diverses dispositions d'adaptation au droit de l'Union européenne dans les domaines de la propriété littéraire et artistique et du patrimoine culturel. Cette loi est la transposition (tardive) de la directive du 27 septembre 2011 (modifiant la directive 2006/116/CE relative à la durée de protection du droit d'auteur et de certains droits voisins et visant à porter de 50 à 70 ans la durée de protection des droits voisins dans le secteur musical). Le prolongement a été justifié par « l'allongement de l'espérance de vie » qui a fait que les « *droits voisins des artistes interprètes viennent dorénavant à échéance du vivant de ces artistes, et à une période où ils n'ont généralement plus d'activité professionnelle* ». Sur ces justifications, V. Étude d'impact : (*Commission staff working document accompanying the Proposal for a Council directive amending Council Directive 2006/116/EC as regards the term of protection of copyright and related rights - Impact assessment on the legal and economic situation of performers and record producers in the european union – COM (2008) 464 final*) – 16 juillet 2008.

[3] Critiquant la tendance, dans la CCNEP, à qualifier les rémunérations des artistes-interprètes comme des salaires, V. S. PESSINA, *in Pratique de la propriété littéraire et artistique*, *op. cit.*, n° 613.

B. Évolution normative

878. Outre les trois principes que nous avons étudiés, la loi « liberté de création » (LCAP) de 2016 a apporté quelques précisions sur les rémunérations des artistes-interprètes (**1**). D'ailleurs, la directive 2019/790 du 17 avril 2019 sur le droit d'auteur et les droits voisins dans le marché unique numérique a développé le régime des rémunérations des artistes-interprètes en imposant le principe d'une « rémunération appropriée et proportionnelle » (article 18-1). La France a transposé cette disposition par l'ordonnance n° 2021-580 du 12 mai 2021 (**2**).

1. Apports de la loi LCAP du 7 juillet 2016

879. Nous avons déjà dit que la loi LCAP précise le régime du contrat conclu entre l'artiste-interprète et le producteur de phonogrammes (L. 212-10 à L. 212-15 formant la nouvelle section III), alors qu'elle ne change rien au régime du contrat conclu entre l'artiste-interprète et le producteur audiovisuel (L. 212-4 à L. 212-9 section II). Cette séparation entre les deux domaines sonore et audiovisuel [1] s'explique par le régime de la présomption de cession de droits des créateurs (auteurs et interprètes) en matière audiovisuelle, que nous allons étudier plus tard. En matière sonore (musical), la loi LCAP renforce la situation des artistes-interprètes en affirmant, surtout, le principe de spécialité des cessions et le principe de rémunération distincte pour chaque exploitation. Maintenant nous étudierons les autres apports qui concernent deux garanties de rémunération minimale (**a**) et le régime des avances sur redevances (**b**). Ces deux systèmes visent à permettre aux interprètes de percevoir des sommes sans avoir à attendre un cycle d'exploitation afin de se faire rémunérer.

a. Deux garanties de rémunération minimale

880. Rémunération de l'autorisation de fixation. Le premier alinéa de l'article L. 212-13 du Code de la propriété intellectuelle impose une rémunération spéciale pour l'autorisation de fixation. Selon cet alinéa « *le contrat conclu entre l'artiste-interprète et le producteur de phonogrammes fixe une rémunération minimale garantie en contrepartie de l'autorisation de fixation, rémunérée sous forme de salaire, de la prestation de l'artiste-interprète* ». Deux points attirent notre attention : en premier lieu, ce principe de *rémunération minimale garantie* est distinct du principe de rémunération distincte pour chaque mode d'exploitation que pose le deuxième alinéa du même article. En second lieu, la loi détermine *la nature salariale* de la rémunération en contrepartie de l'autorisation de fixation. Ces deux points s'expliquent. Ne réalisant pas une

---

[1] Cette séparation s'affirme depuis trentaines d'année où, au niveau international, le traité de Genève (WPPT 1996) visant à mettre à jour la Convention de Rome, a écarté le domaine audiovisuel. À cause des difficiles négociations dues aux grandes divergences entre la conception américaine et la conception européenne, les parties ont préféré de traiter le domaine audiovisuel dans un instrument à part, ce qui n'a été réalisé qu'en 2012 par le traité de Pékin (WAPT). Sur les points de divergence et les longues négociations V. SILKE VON LEWINSKI, « International Protection for Audiovisual Performers : A Never-Ending Story ? A Resume of the WIPO Diplomatic Conference 2000 », *RIDA*, n° 189, 2001, pp. 3-64. *Adde* : *Étude de l'OMPI sur le transfert des droits des artistes interprètes aux producteurs de fixations audiovisuelles : instruments multilatéraux ; États-Unis d'Amérique ; France*, réalisée par MM. JANE C. GINSBURG et ANDRE LUCAS, OMPI, document : AVP/IM/03/4, *30 avril* 2003.

communication au public, la fixation n'est pas *en soi* une exploitation. La fixation, selon la jurisprudence, est entendue comme la première incorporation dans un support qui pérennise l'interprétation. Ainsi, n'étant pas liée à une exploitation, la rémunération ne peut être qu'un salaire. En conséquence, l'artiste-interprète a droit à deux salaires cumulatifs : le salaire de la prestation (en studio ou en public) et le salaire rémunérant l'autorisation de fixation. Enfin, cette rémunération sera déterminée contractuellement, et nous avons expliqué que la modification de l'annexe 3° à CCNEP a divisé le « cachet de base » en plusieurs sommes dont le salaire de la prestation qui nécessite la présence physique de l'artiste (rémunération de service : RDS) et la rémunération de l'autorisation de fixation (50 % de RDS).

881. Appréciation critique. Une partie de la doctrine s'étonne que ce minimum garanti ait été imposé « *alors même qu'il n'est pas possible de savoir, au jour du contrat, si l'exploitation sera génératrice de recette pour le producteur* » [1]. Autrement dit, à quel titre le producteur devrait rémunérer l'autorisation de fixation qui ne vaut pas autorisation d'exploitation ? Nous ne partageons pas l'avis de ces auteurs. La cause de cette rémunération ne se trouve pas dans une exploitation attendue par le producteur. En effet, sans autorisation de fixation le producteur ne sera pas en mesure de produire la matrice (la première fixation) et, par conséquent, son droit voisin n'existera pas. Sans anticiper sur notre second titre (où nous allons analyser profondément le rapport entre le droit voisin de l'artiste-interprète et les droits voisins des producteurs), nous voyons déjà comment le statut de *monopoleur* du producteur est soumis au statut de *cessionnaire*. En définitive, nous pensons que la rémunération de l'autorisation de fixation est justifiée, et elle n'est pas conditionnée par une exploitation future de la fixation.

882. Rémunération minimale des diffusions en flux. L'article L. 212-3 du Code de la propriété intellectuelle donne, en dernier alinéa, une application du principe de spécialité des cessions : « *sont regardées comme des modes d'exploitation distincts, la mise à disposition du phonogramme sous une forme physique et sa mise à disposition par voie électronique* ». L'article L. 212-14 va plus loin en imposant une *garantie de rémunération minimale* dans le cas d'une mise à disposition par voie électronique déterminée : la diffusion en flux (le *streaming*) qui est devenu aujourd'hui un mode principal de diffusion de la musique. Selon le premier alinéa, la mise à disposition de la prestation de l'artiste-interprète « *dans le cadre des diffusions en flux, fait l'objet d'une garantie de rémunération minimale* ». Les alinéas suivants précisent les modalités de détermination de cette garantie en recourant à des accords collectifs (et à défaut, par une commission paritaire L. 212-14-II et III) [2]. Ce mécanisme n'est pas nouveau, car il est utilisé en matière audiovisuelle pour déterminer la rémunération distincte pour chaque mode d'exploitation de l'œuvre audiovisuelle (L. 212-5 et suivants du CPI). En conclusion, les contrats de productions phonographiques doivent désormais stipuler une *avance minimale garantie* pour couvrir l'exploitation

---

[1] A.-E. KAHN, fasc. *1437, op. cit.*, n° 71 ; P.-Y. GAUTIER, *Propriété littéraire et artistique*, 11e éd., *op. cit.*, n° 151 ; V. VARET et S. MAURY, « Les contrats de production phonographique à l'aune de la loi « Création et patrimoine » du 7 juillet 2016 », *Légipresse*, 2016, p. 523.

[2] À la date limite fixée pour la conclusion de ces accords, les organisations professionnelles (SNEP et UPFI du côté des producteurs, et SNAM, SFA, SNACOPVA et SNM-FO du côté des artistes-interprètes) sont parvenues le 7 juillet 2017 à un « protocole d'accord relatif à la garantie de rémunération minimale de l'article L. 212-14 CPI ».

sous forme de « *streaming* ». Cette somme ne devrait pas, à notre avis, avoir la qualification d'un salaire, même si elle est déterminée collectivement [1]. Mais un problème persiste : l'assiette de calcul de la rémunération pour l'exploitation en streaming doit se situer au niveau des *éditeurs de services en ligne* non pas au niveau de producteur. En conséquence, il y a un sérieux risque d'évasion de recettes.

883. L'ordonnance du 12 mai 2021 a modifié légèrement les modalités de détermination de cette rémunération minimale garantie. Désormais, cette rémunération est déterminée par des accords spécifiques conclus, non seulement entre les organismes professionnels représentatifs des artistes-interprètes et ceux représentatifs des producteurs, mais aussi les organismes de gestion des droits des interprètes et des producteurs doivent être intégrés à ce mécanisme (212-14-II CPI). En outre, l'ordonnance a ajouté une précision importante à cet article : la garantie de rémunération minimale pour la mise à disposition dans le cadre de *streaming* « *est proportionnelle à la valeur économique des droits* », mais elle peut être fixée forfaitairement dans les cas exceptionnels prévus à l'article L. 212-3-II du Code de la propriété intellectuelle.

b. Régime des avances sur redevances

884. La loi LCAP encadre une pratique contractuelle récurrente dans le domaine musical afin d'assurer une meilleure protection aux artistes-interprètes. En fait, il est habituel dans les contrats conclus par des artistes-interprètes avec un producteur de phonogrammes que l'interprète cède à son producteur une créance, afin de lui permettre de se faire rembourser les avances qu'il verse avant l'exploitation. Cette créance permettait au producteur de récupérer les avances directement auprès de l'ADAMI (la société qui gère les droits voisins des artistes principaux). La loi LCAP rompt avec cette pratique [2] qui privait les artistes de toute rémunération jusqu'à remboursement de la créance. Ainsi, le troisième alinéa de l'article 212-11 du Code de la propriété intellectuelle encadre les avances sur redevances et empêche le producteur de les récupérer de la *rémunération équitable* issue de la licence légale (L. 214-1 CPI) ou de la *rémunération pour la copie privée* (L. 311-1 CPI). En conséquence, la nouvelle disposition confirme l'incessibilité de ces deux rémunérations [3]. Cela est logique dans la mesure où les deux rémunérations ne résultent pas d'une exploitation du producteur, alors que les avances sont versées sur les redevances de l'exploitation à venir.

---

[1] Cependant : A.-E. KAHN, fasc. *1437, op. cit.*, n° 74, qui estime que les partenaires sociaux peuvent, dans l'accord collectif de travail, qualifier cette rémunération de salaire ou de redevance. Critiquant l'exclusion des sociétés de gestion collective J. VINCENT, *op. cit.*, p. 87.

[2] La loi LCAP reprend une des propositions du rapport PHELINE qui préconisait d'encadrer « *les clauses de prélèvement sur des ressources des artistes-interprètes extérieures à l'exploitation phonographique et les assortir à de contreparties réelles* ».

[3] Il est regrettable que cette disposition ne soit pas placée dans la section des dispositions communes, car selon un auteur, il serait possible qu'un organisateur de spectacles ou un producteur audiovisuel récupère les avances versées des rémunérations issues des articles L. 311-1 et L. 214-1 du Code de la propriété intellectuelle : D. EL SAYEGH, « La musique à l'épreuve de la loi « création et patrimoine » du 7 juillet 2016 », *RIDA*, janv. 2017, p. 89 ; J. VINCENT, *op. cit.*, p. 80.

2. Apports de l'ordonnance n° 2021-580 du 12 mai 2021

885. La réforme de 2021 a introduit au droit voisin de l'artiste-interprète le principe de rémunération « appropriée et proportionnelle » (**a**). Elle a aussi transposé le mécanisme de révision de la rémunération (**b**).

a. Principe de rémunération appropriée et proportionnelle

886. Principe général de rémunération proportionnelle. La directive 2019/790 du 17 avril 2019 (directive DAMUN) affirme « le principe de rémunération appropriée et proportionnelle » pour les auteurs et pour les interprètes. L'article 18 prévoit que les États veillent à ce que les auteurs et les artistes interprètes qui exploitent leurs droits exclusifs « *aient le droit de percevoir une rémunération appropriée et proportionnelle* ». Pour la mise en œuvre de cette rémunération, le deuxième alinéa ajoute qu'il est possible aux États « *de recourir à différents mécanismes et tiennent compte du principe de la liberté contractuelle et d'un juste équilibre des droits et des intérêts* ». Le considérant 73 de cette directive précise que la rémunération est proportionnelle « *à la valeur économique réelle ou potentielle des droits octroyés* », non aux recettes de l'exploitation. En outre, de manière aussi ambiguë, ce considérant explique qu'un « *montant forfaitaire peut également constituer une rémunération proportionnelle, mais cela ne devrait pas être la règle* ». Enfin, ce même considérant autorise le recours à une négociation collective pour la détermination de cette rémunération « appropriée et proportionnelle ».

887. Transposition. L'ordonnance n° 2021-580 du 12 mai 2021 modifie l'article L. 212-3 du Code de la propriété intellectuelle. En substance, l'article est réécrit en ajoutant un point II° contenant le principe de la rémunération appropriée et proportionnelle. Les nouvelles dispositions reprennent celles de l'article L. 131-4 du Code de la propriété intellectuelle en droit d'auteur. La première phrase du point II prévoit que « *la cession par l'artiste-interprète de ses droits sur sa prestation peut être totale ou partielle* ». Ainsi, nous comprenons que le point I° énumère les actes soumis à « l'autorisation » ; autrement dit, il liste les prérogatives patrimoniales. Ensuite, le point II° du même article précise le mécanisme d'exploitation de ces prérogatives : la cession (*sui generis*) comme en droit d'auteur, qui peut être totale ou partielle.

Le même point II° précise après que la cession « *doit comporter une rémunération appropriée et proportionnelle à la valeur économique réelle ou potentielle des droits cédés* ». La différence avec l'article L. 131-4 CPI concernant la rémunération de l'auteur est regrettable : dans le cas de l'artiste-interprète, la rémunération est proportionnelle *à la valeur économique réelle ou potentielle des droits cédés*, tandis que la rémunération de l'auteur est proportionnelle *aux recettes de la vente ou de l'exploitation.*

La nouvelle disposition donne des repères aidant à déterminer cette rémunération « appropriée et proportionnelle » ; il s'agit de rendre compte de « *la contribution de l'artiste-interprète à l'ensemble de l'œuvre et compte tenu de toutes les autres circonstances de l'espèce, telles que les pratiques de marché ou <u>l'exploitation réelle de la prestation</u>* » (212-3 II CPI). Ainsi l'exploitation réelle n'est qu'une des éléments à prendre en compte.

Le deuxième alinéa du point II° transpose les cinq cas prévus à l'article L. 131-4 du Code de la propriété intellectuelle où la rémunération de l'auteur peut être forfaitaire. Il s'agit des cas d'impossibilité d'application du principe. La spécificité de la rémunération de l'artiste-interprète réside dans la référence aux conventions collectives et accords spécifiques satisfaisant aux conditions de l'article L. 212-3 du Code de la propriété intellectuelle ; ces conventions et accords « *peuvent déterminer, en tenant compte des spécificités de chaque secteur, les conditions de mise en œuvre des dispositions du présent article* ».

Enfin, ce point II° précise qu'il est possible, comme en droit d'auteur, que les parties procèdent à la « *conversion, à la demande de l'artiste-interprète, des droits provenant des contrats en vigueur en annuités forfaitaires pour des durées à déterminer entre les parties* ».

b. Révision des rémunérations

888. Révision de la rémunération de l'auteur. L'ordonnance du 12 mai 2021 transpose le « mécanisme d'adaptation des contrats » prévu à l'article 20 de la directive de 2019. En droit d'auteur, l'article L. 131-5 du Code de la propriété intellectuelle contient déjà un mécanisme de révision de la rémunération, en cas de *lésion de sept douzièmes* dans les contrats de cession moyennant une *rémunération forfaitaire*. La nouvelle disposition ajoutée dans le point II° de cet article crée un mécanisme comparable de révision ; elle donne à l'auteur le droit d'une rémunération supplémentaire « *lorsque la rémunération proportionnelle initialement prévue dans le contrat d'exploitation se révèle exagérément faible par rapport à l'ensemble des revenus ultérieurement tirés de l'exploitation par le cessionnaire* ». Enfin, ce nouveau droit est d'ordre public et s'applique sans préjudice des autres règles spécifiques (L. 132-17-7 du Code de la propriété intellectuelle sur la clause de réexamen de la cession des droits d'exploitation du livre sous forme numérique), ni des règles du droit commun des obligations [1].

889. Révision de la rémunération de l'artiste-interprète. La transposition du « mécanisme d'adaptation des contrats » en droit voisin de l'artiste-interprète est faite par la création de l'article L. 212-3-2 dans la section des « dispositions communes ». Selon cet article, l'artiste-interprète « *a droit d'une rémunération supplémentaire lorsque la rémunération initialement prévue dans le contrat d'exploitation se révèle exagérément faible par rapport à l'ensemble des revenus ultérieurement tirés de l'exploitation par le cessionnaire* ». Ainsi, en droit voisin de l'artiste-interprète il y a un *seul mécanisme de révision de la rémunération*, que ce soit proportionnelle ou forfaitaire. En revanche, en droit d'auteur il y a deux mécanismes de révision : l'un s'applique à la cession moyennant une rémunération forfaitaire (lésion 7/12) et l'autre s'applique à la cession moyennant une rémunération proportionnelle (nouvelle disposition L. 131-5-II CPI). Enfin, on peut se réjouir que l'évaluation de la situation de l'artiste-interprète se fasse par rapport aux recettes qu'engendre l'exploitation, ce qui permet de corriger l'éventuel décalage entre la rémunération « appropriée et proportionnelle » à la valeur économique des droits, et l'exploitation réelle de l'interprétation.

---

[1] Sur les éventuelles difficultés dans l'application de ce texte : P. KAMINA « Commentaire de l'ordonnance n° 2021-580 du 12 mai 2021 portant transposition partielle de la directive 2019/790 du 17 avril 2019 », étude 12, *CCE*, n° 7-8, juill.- août, 2021, n° 29 et n° 30.

890. Bilan. La cession *sui generis* est le seul mécanisme d'exploitation du droit de propriété incorporelle des créateurs (auteurs ou interprètes). Cette propriété de l'auteur et de l'interprète étant une propriété *indisponible* du fait de son versant moral, son exploitation se réalise *via le transfert des autorisations* aux exploitants, non par le transfert pure et simple d'un droit réel. Cette autorisation doit définir le *mode* et le *champ* de l'exploitation. Dans la pratique, les artistes-interprètes dits « non principaux » ne peuvent pas négocier *individuellement* leurs contrats (gérer les autorisations et négocier les rémunérations), d'où l'importance des *négociations collectives* des barèmes de rémunérations correspondant à chaque exploitation. Quoi qu'il en soit, les cas de jeu normal du droit exclusif sont amoindris du fait de l'existence des mécanismes d'« expropriation » qui fait passer le droit voisin de l'artiste-interprète de l'état de droit réel (propriété) à celui de droit personnel (droit à rémunération).

SECTION II : MULTIPLES MECANISMES D'EXPROPRIATION

891. *Transformation* du droit. Il n'est plus possible de parler de l'exercice de droit de propriété, quand le droit d'autoriser disparaît, pour ne laisser place qu'à un droit à rémunération. C'est le cas des licences légales en matière de phonogramme « publié à des fins de commerce », qui effacent le droit d'autoriser de l'artiste-interprète dans certains cas. Autrement dit, dans certaines conditions, le *droit réel* se transforme en un *droit personnel*, *collectivement géré*. Certes, le droit moral reste intact, et le droit d'autoriser reste le principe, par conséquent, la propriété ne disparaît pas complètement. La question se pose alors de savoir si la propriété *mue naturellement* pour s'adapter au contexte des utilisations dites « secondaires », ou s'il s'agit d'une véritable *expropriation*.

892. *Paralysie* du droit voisin. Comme en droit d'auteur, l'industrie audiovisuelle impose, en matière de droit voisin de l'artiste-interprète, ses exigences pour éviter « le risque de blocage de l'exploitation » que pourraient causer les droits exclusifs et leur exercice individuel. En conséquence, postulant que les interprètes ne puissent être mieux traités que les coauteurs, l'idée de paralyser leurs droits est présentée comme une nécessité. Le mécanisme utilisé est le même qu'en droit d'auteur : une *présomption légale de cession* de certains droits sur la création audiovisuelle. Néanmoins, il y a beaucoup de questions qui résultent de la comparaison entre les deux présomptions.

893. Paralysie du droit (bis). Les licences légales (en matière sonore) [1] et la présomption de cession (en matière audiovisuelle) [2] ne sont pas les seuls mécanismes qui dérogent au principe de droit exclusif d'exercice individuel de l'artiste-interprète. Il y a aussi, le mécanisme juridique qui aide l'INA [3] à assumer

---

[1] Articles L. 214-1 et s. du Code de la propriété intellectuelle.

[2] Articles L. 212-4 à L. 212-9 du Code de la propriété intellectuelle.

[3] L'Institut national de l'audiovisuel (INA : lois de 1974, 1982, 1986, 2000 et 2006) est un établissement public à caractère industriel et commercial. Il est chargé notamment de la conservation et de la valorisation des archives audiovisuelles. Pour ce faire, il peut produire, éditer, céder des contenus audiovisuels et multimédias à destination des professionnels ou des particuliers et pour tous les écrans. Sur le début de

sa mission d'intérêt général en vue de *conserver* et de *mettre en valeur* le patrimoine audiovisuel national [1]. Enfin, il y a la gestion collective obligatoire qui, au final, rejoint la licence légale en transformant le droit réel en un droit à rémunération.

894. Plan. Nous proposons d'étudier, d'abord, le régime des licences légales en matière sonore (**§1**), ensuite, le régime de la présomption de cession en matière audiovisuelle (**§2**), et enfin, nous étudierons les cas spécifiques qui ont pour effet de paralyser le droit de l'artiste-interprète (**§3**).

§ 1. Licences legales en matiere sonore

895. Droit interne. Pour la première fois de l'histoire de la propriété littéraire et artistique, le mécanisme de la licence légale fut adopté par la loi Lang de 1985, en même temps que la création de la catégorie des droits voisins [2]. L'approche globalisante des droits voisins s'est imposée à travers l'application d'une licence légale à la propriété de l'interprète comme au monopole du producteur de phonogramme. Ainsi, au sein du titre unique traitant les droits voisins, le chapitre IV est consacré aux dispositions communes aux artistes-interprètes et au producteur de phonogrammes. L'article L. 214-1 du Code de la propriété intellectuelle détermine le champ et les conditions d'application de la licence légale, et les articles L. 214-2 à L. 214-5 concernent les modalités de détermination et de distribution de la rémunération équitable.

896. Droit international et européen. Ce mécanisme trouve son origine dans la Convention de Rome de 1961, dont l'article 12 prévoyait que « *lorsqu'un phonogramme publié à des fins de commerce, ou une reproduction de ce phonogramme, est utilisé directement pour la radiodiffusion ou pour une communication quelconque au public, une rémunération équitable et unique sera versée par l'utilisateur aux artistes-interprètes ou exécutants, ou aux producteurs de phonogrammes ou aux deux* ». La lecture de ce texte peut étonner, dans la mesure où il est possible qu'un État n'attribue la rémunération équitable qu'au producteur de phonogramme [3]. De la même manière, le mécanisme de la licence légale est prévu dans l'article 15 du traité de l'OMPI sur les interprétations et les phonogrammes (WPPT 1996). Dans le droit communautaire, la licence légale est connue dès la directive 92/100/CEE du 19 novembre 1992 (codifiée par la directive de 115/CE du 12 décembre 2006) qui consacre les droits exclusifs des artistes-interprètes et des producteurs. L'article 8-

---

l'archivage de l'ORTF à l'INA, V. Christian Castellani, « INA, Archives audiovisuelles : objectifs et missions », *Gazette des archives*, n° 111, 1980, pp. 335-354.

[1] Art. 49, II, al. 3 de la loi n° 86-1067 du 30 septembre 1986 relative à la liberté de communication, dans sa dernière version issue de la loi n° 2006-961 du 1er août 2006.

[2] Il est intéressant de remarquer que la licence légale fut un moyen utilisé par les groupes de pression afin de faire accepter les nouveaux droits voisins. Sur le conflit d'intérêts entre les auteurs/utilisateurs, d'une part, et les interprètes/producteurs, d'autre part, et le rôle de la licence légale, V. J. Lapousterle, *L'influence des groupes de pression sur l'élaboration des normes. Illustration à partir du droit de la propriété littéraire et artistique*, Dalloz, 2009, p. 258.

[3] Sur les circonstances de l'adoption de cette convention et les conflits d'intérêts autour de la licence légale, V. X. Desjeux, *La Convention de Rome (10-26 octobre 1961), étude de la protection des artistes, interprètes ou exécutants, des producteurs de phonogrammes et des organismes de radiodiffusion*, Préface de H. Desbois, LGDJ, 1966, p. 169-173, qui constate *l'alliance contre-nature* entre deux opposants de la licence légale : les auteurs des œuvres interprétées et les utilisateurs.

2 de cette directive dispose que « *les États membres prévoient un droit pour assurer qu'une rémunération équitable et unique est versée par l'utilisateur lorsqu'un phonogramme publié à des fins de commerce, ou une reproduction de ce phonogramme, est utilisé pour une radiodiffusion par le moyen des ondes radioélectriques ou pour une communication quelconque au public, et pour assurer que cette rémunération est partagée entre les artistes interprètes ou exécutants et les producteurs de phonogrammes concernés* ». Enfin, dans le secteur de la musique, la directive 2014/26/UE du 4 février 2014, prévoit des licences plus générales, car incluant le droit d'auteur, les droits voisins et les éditeurs de musique qui s'étaient déjà engagés dans la conclusion d'accords pour des licences multiterritoriales (paneuropéennes) [1].

897. Plan. Dès la publication d'un phonogramme du commerce, le droit exclusif du producteur et celui de l'artiste-interprète, concernant la radiodiffusion et la communication dans un lieu public, sont neutralisés et transformés en un droit à rémunération « équitable ». Dans un premier temps, nous nous attardons sur la théorie de la licence légale et ces conditions (**A**). Ensuite, nous aborderons la contrepartie de la licence légale : la rémunération équitable (**B**).

A. Théorie de la licence légale

898. Exception généralisée. La licence légale en matière sonore (essentiellement musicale [2]) pourrait être présentée comme *limitation des prérogatives* des titulaires de droits, ou comme *liberté d'usage* des phonogrammes du commerce moyennant le versement d'une rémunération. L'ubiquité de la musique enregistrée et les utilisations de masse des phonogrammes s'adaptent mal avec le principe du droit exclusif. Rappelons que, selon ce principe, il est nécessaire d'obtenir les autorisations préalables des titulaires de droits avant tout *usage* du phonogramme aboutissant à une *communication* au public des créations enregistrées. Ainsi, le contexte de massification de l'utilisation a imposé l'idée d'une exception aux droits exclusifs, pour accompagner une pratique établie en matière de radiodiffusion ou de communication dans des lieux publics. Le *pragmatisme* de ce mécanisme *malléable* a joué un rôle dans sa popularité. Ainsi, la « licence globale » fut prônée par certains pour réguler les échanges de contenus sur Internet. Il a été soutenu que le modèle de l'article L. 214-1 est un modèle *socialement intégré*. On se souvient surtout du

---

[1] Directive sur la gestion collective des droits et sur l'octroi de licences multiterritoriales pour les utilisations des œuvres de musique en ligne. X. DAVERAT, *CCE*, 2014, chron. 4, n° 28.

[2] En dehors de la licence légale dans le domaine musical, le mécanisme de gestion collective *obligatoire* de certaines exploitations (reprographie L. 122-10 ; certaines distributions par câble 132-20 et L. 217-1 ; prêt public L. 133-1) ou de certaines exceptions (enseignement L. 122-5-3°-e) aboutit au même résultat, c'est-à-dire réduire le droit exclusif à un simple droit à rémunération. Ainsi, la licence légale existe bel et bien en droit d'auteur sous d'autres formes juridiques. D'ailleurs, beaucoup de spécialistes considèrent *la rémunération pour la copie privée* ou *la présomption de cession des droits* en matière audiovisuelle (L. 132-24 et L. 212-4) ou en matière d'œuvre de commande utilisée pour publicité (L. 132-31), comme mécanismes de licence légale. Un auteur évoque « *"l'esprit de licence" qui prône par principe la continuité de l'exploitation moyennant rémunération au détriment de l'exercice des monopoles* ». X. DAVERAT, « Droits voisins du droit d'auteur. Dispositions communes aux artistes-interprètes et aux producteurs de phonogrammes. Licence légale et rémunération équitable (CPI, art. L. 214-1 à L. 214-5) », *J.-Cl. Propriété littéraire et artistique*, fasc. 1450, déc. 2020, n° 79. *Adde* T. AZZI, *Recherche sur la loi applicable aux droits voisins du droit d'auteur en droit international privé*, pp. 120-122 : « *il semble que demain, les licences involontaires doublées de mesures techniques de protection vont se multiplier, s'agissant au moins des modes d'exploitations informatiques des œuvres/prestations* ».

débat parlementaire lors de l'adoption de la loi DADVSI de 2006, où l'on discutait sur la possible généralisation de la licence légale au téléchargement sur Internet. En conséquence, un débat existe sur la place de ce mécanisme, exceptionnel à la base, au sein de la propriété littéraire et artistique. En effet, la licence légale s'inscrit dans un *phénomène de dégénération* des droits exclusifs en des simples mécanismes compensatoires. Le Professeur XAVIER DAVERAT parle d'un « esprit de licence » qui décrit l'évolution de la propriété littéraire et artistique vue comme droit de l'investissement culturel. Or, cette « évolution » fait fi des différences primordiales entre la création et le travail, et entre la propriété de droit naturel, qui naît de l'acte créatif sans intervention législative, et le monopole, artifice légal et opportuniste. En somme, nous pouvons constater dans l'application généralisée de la licence légale une *dépersonnalisation* de la propriété littéraire et artistique. Le droit de propriété de l'artiste-interprète deviendrait un simple *outil rémunérateur* ou un *monopole* octroyé tantôt sous forme de droit exclusif, tantôt sous forme de droit à rémunération. C'est ce que RENOUARD a prôné au XIXe siècle en attaquant la propriété de l'auteur et en présentant le droit de l'auteur comme une compensation sociale d'un travail intellectuel.

899. Double tranchant. Malgré son *unité*, la licence légale en droits visions du droit d'auteur doit s'analyser à l'aune des droits qu'elle grève. Ainsi, elle peut être vue comme un *outil correcteur* des effets négatifs du monopole légal de producteur. À l'opposé, elle peut être vue comme *expropriation* du droit de propriété de l'artiste-interprète. Dit autrement, la licence légale pourrait être un *moyen de régulation* si elle *affecte* les monopoles légaux, ou, au contraire, une *intervention antilibérale* si elle *attaque* la propriété la plus légitime des créateurs. Malheureusement, cette réalité échappe au législateur qui n'a pas cessé d'étendre le champ d'application de la licence légale, appliquée sans distinction à la propriété de l'interprète comme au monopole du producteur de phonogrammes. Nous commencerons par l'étude de la philosophie de ce mécanisme (**1**), pour étudier, ensuite, son application (**2**).

1. Philosophie du mécanisme

900. Principe du fonctionnement. Le mécanisme de la licence légale consiste à exonérer les utilisateurs des phonogrammes du commerce de solliciter les autorisations des titulaires de droits, afin de pouvoir réaliser la communication au public des créations fixées. En contrepartie, l'utilisateur paye une rémunération unique déterminée collectivement, qui sera distribuée aux titulaires de droits. Dès lors, ce mécanisme est une dérogation au principe d'autorisation préalable de l'artiste-interprète pour tout acte d'exploitation (L. 212-3 CPI) et d'autorisation du producteur de phonogramme (L. 213-1 CPI). En bref, ce qui importe dans ce mécanisme est *l'autorisation initiale* et la *publication* du phonogramme, non l'autorisation individualisée.

901. Justification : corriger les monopoles. Lors de l'adoption de la loi Lang de 1985, la licence légale a été justifiée par des motifs pragmatiques : « *il a paru normal de ne pas soumettre à autorisation de chaque artiste l'utilisation de sa prestation par la* *radio, ce qui soumettrait les radiodiffuseurs à de lourdes contraintes* »[1]. Mais si cette justification est vraie, pourquoi l'on n'applique pas la licence légale aux auteurs ? Le Professeur GAUDRAT y répond : l'application de la licence légale au droit voisin des artistes-interprètes est imputable à la présence du monopole de producteur. La licence légale étant indispensable pour atténuer les effets pervers du monopole sur certains marchés de communication, les droits des interprètes entrent dans le champ de cette licence du fait de leur assimilation (fautive) aux droits voisins économiques. Donc, le droit d'auteur sort du champ de la licence légale, car il échappe à la confusion entre propriété et monopole qu'induit la fausse catégorie des droits voisins.

Mais une autre question se pose : si la licence légale est inhérente à la catégorie des droits voisins (entendus, sans distinction, comme des monopoles), pourquoi ne s'applique-t-elle pas au vidéogramme ? Pour y répondre, il suffit de constater la différence entre la modalité d'exploitation du vidéogramme et du phonogramme. Dans le cas du vidéogramme, les droits sur les créations audiovisuelles fixées sont concentrés entre les mains du producteur [2]. En revanche, si l'interprète et le producteur de phonogramme conservent leur droit exclusif, cela entrave l'exploitation de l'œuvre. Pour n'en dire plus, la présomption de cession des droits en matière audiovisuelle produit l'effet attendu de la licence légale en matière sonore.

902. Limite de la justification : altération de la propriété. Si la licence légale est un *correctif* au monopole légal, elle est incompatible avec la propriété intellectuelle de droit naturel des créateurs. Les effets négatifs des monopoles légaux, qui suppriment le marché autour d'un produit, nécessitent des mécanismes correcteurs. En effet, contrairement à la propriété de droit naturel des créateurs qui sert l'intérêt général, le monopole légal ne sert que les intérêts privés du monopoleur. Un exploitant investi d'un monopole n'exploite pas pour enrichir les créateurs, ni pour assurer une meilleure diffusion au meilleur coût, mais juste pour ses propres intérêts. Étant à l'abri de la concurrence, l'exploitant est le seul maître de jeu : il peut retarder la diffusion ou la contrôler quantitativement ou qualitativement dans un seul but économique. Les créations n'étant pour lui que des produits de consommation, la culture sera manipulée. Face à cette nature, le législateur utilise des moyens de régulation comme *l'épuisement* du droit de distribution ou comme les *licences légales*. Ainsi, la licence légale neutralise le monopole en contrepartie d'une rémunération. Appliquée à la propriété des créateurs, la licence légale s'apparente à une *expropriation* [3]. Le créateur a, certes, un

---

[1] Rapport RICHARD, Sénat, n° 2235, p. 47. *Adde*, AN, 20 mai 1985 : JOAN CR, 21 mai 1985, p. 835, intervention RICHARD.

[2] Cette concentration est le résultat des deux présomptions de cession des droits au producteur : L. 132-24 en droit d'auteur et L. 212-4 en droit de l'artiste-interprète.

[3] Dans ce sens P.-Y. GAUTIER, *Propriété littéraire et artistique*, 11e éd., *op. cit.*, n° 158 qui évoque l'expropriation avec indemnité comparable à ce qui est connu à l'égard de la propriété de droit commun art. 545 C. Civ. *Contra* P. TAFFOREAU, qui défend l'idée qu'il ne s'agit pas d'une expropriation, car l'artiste reste maitre de son interprétation et n'est pas évincé de son bien ; qui plus est, la rémunération exclut l'idée de préjudice. Ainsi, cet auteur évoque deux idées : la présomption irréfragable, ou l'éviction contre indemnité comme s'il s'agissait d'une « servitude d'utilité publique ». Enfin, M. TAFFOREAU opine pour la qualification de « présomption irréfragable d'autorisation contre rémunération » dans les cas couverts par la licence légale : P. TAFFOREAU, *Le droit voisin de l'interprète d'œuvres musicales en droit français*, t. 2, p. 196.

intérêt personnel (pécuniaire et moral) dans le partage, mais cet intérêt n'est pas contre celui du public. La convergence des intérêts du créateur et du public est manifeste dans la fonction du droit moral qui protège le pacte culturel : il garantit l'identification et l'authenticité de la forme communiquée. Si l'on neutralise le droit du créateur (au nom d'un épuisement du droit de divulgation ou par la licence légale) l'on anéantit le *mécanisme interne* de la propriété du créateur qui régule, *via* ses attributs bifonctionnels, les rapports avec les diffuseurs et avec le public [1]. En définitive, la licence légale est un procédé correcteur des effets néfastes du monopole légal, mais, appliquée à la propriété de droit naturel des créateurs, la licence légale est un procédé interventionniste contraire à l'ordre libéral, qui n'affecte pas seulement le droit d'autoriser, mais aussi le droit moral [2].

903. Sans licence légale ? L'on pourrait nous dire, sans licence légale, le jeu du droit exclusif de l'artiste-interprète entraverait la diffusion des œuvres et des interprétations. De plus, il ne serait pas réaliste de soumettre systématiquement les utilisations de masse des phonogrammes du commerce à l'autorisation préalable des artistes. Plus radicalement, l'on pourrait invoquer les intérêts du public pour affirmer la nécessité de la licence légale : le dynamisme de l'espace public nécessite une circulation fluide des œuvres comme des informations [3]. Or, ces arguments ne tiennent pas. Le droit d'auteur ne fait pas obstacle à l'omniprésence de la musique enregistrée ; le mécanisme utilisé en matière de droit d'auteur est aussi efficace que la licence légale, et, surtout, plus compatible avec la nature de la propriété littéraire et artistique. Ainsi, une gestion collective efficace pourrait gérer les propriétés des interprètes efficacement à travers des contrats types négociés avec les utilisateurs ou leurs organisations. N'est-ce pas le cas en droit d'auteur, où la pratique contractuelle des sociétés de gestion collective (à travers le contrat général de représentation) a induit le « refoulement des licences obligatoires » [4] ?

904. Force est de constater que cette solution est profitable tant aux créateurs qu'aux utilisateurs. En premier lieu, concernant le créateur, le recours au

---

[1] PH. GAUDRAT, Rép. Civ. Dalloz, V° *Propriété littéraire et artistique* (2° Droits des exploitants), 2007, *op. cit.*, n° 110, qui considère que l'application de la licence légale à la propriété de l'interprète est une « *dégradation utilitaire des créations devenant des objets de consommation disponibles pour les commerçants à condition de payer un droit d'usage* » ce qui, selon cet auteur, n'est ni dans l'intérêt du créateur ni dans celui du public. *Contra* N. BINCTIN et D. BISMUTH, « L'application de l'article L. 214-1 du Code de la propriété intellectuelle aux diffusions télévisuelles », *Légipresse*, 2004, II, n° 209, p. 23. (Pour une approche large de la licence légale).

[2] « *Le droit pécuniaire sans le droit moral serait très proche du copyright* », R. PLAISANT, « Propriété littéraire et artistique. Exercice du droit des auteurs. Définition et nature », J.-*Cl. Propriété littéraire et artistique*, ancien fasc. 301. *Adde*, B. EDELMAN : « *on n'est plus très éloigné du système du copyright* » (en évoquant la présomption de cession des droits au producteur : B. EDELMAN, « Commentaire de la loi n° 85-660 du 3 juillet 1985 relative au droit d'auteur et aux droits voisins », *Actualités Législatives Dalloz (ALD)*, 1986, p. 20.

[3] « *Le public lui-même semble avoir une sorte de droit acquis à cette diffusion. Tout se passe comme si la loi lui reconnaissait un droit à la culture, de même qu'en matière de brevet il existe un droit au progrès* », B. EDELMAN, *Droit d'auteur, droits voisins : Droit d'auteur et marché*, Dalloz 1993, p. 184, n° 253. Il est curieux de voir un mécanisme dont la finalité est purement commerciale présenté comme garantie de l'accès à la culture ou au savoir. Dans ce sens, X. DAVERAT, fasc. 1450, *op. cit.*, n° 25.

[4] Évoquant l'activité contractuelle des sociétés de gestion collective comme alternative aux licences non volontaires : F. SIIRIAINEN, « Théorie générale de la gestion collective. Logique de droit exclusif de la gestion collective », *J.-Cl. Propriété littéraire et artistique*, fasc., 1550, 2006, n° 45 et n° 46. *Adde* F. SIIRIAINEN, fasc. 1550, mars 2018 (MAJ juin 2020), n° 14 : « *la doctrine s'accorde ainsi pour affirmer que les licences non volontaires ont été instituées par les législateurs en raison de l'absence d'organismes de gestion collective structurés, à même d'imposer des conditions d'autorisation sous forme de contrats-cadres ou de contrats types négociés avec les utilisateurs* ».

mécanisme contractuel de l'organisme de gestion collective renforce le principe du droit exclusif, dans la mesure où ces contrats imposent aux utilisateurs de respecter le droit exclusif en requérant l'autorisation. De plus, les contrats-cadres de l'organisme de gestion sont négociés collectivement, ce qui participe, avec les modèles types de contrats, à la « standardisation des conditions d'exercice du droit ». Enfin, les accords négociés avec les utilisateurs garantissent la concurrence loyale dans chaque secteur. En second lieu, concernant les utilisateurs, le recours au mécanisme contractuel pour gérer les autorisations des utilisations massives est plus avantageux. Si la licence légale est d'interprétation stricte et ne s'applique qu'à l'égard des phonogrammes du commerce, le mécanisme contractuel ouvre aux utilisateurs l'accès à l'ensemble du répertoire de l'organisme de gestion. Autrement dit, le système de la licence légale est limité à certains phonogrammes et à certaines utilisations, tandis que le système contractuel est plus ouvert, car centré sur la notion du répertoire. Qui plus est, l'outil contractuel assure une meilleure sécurité juridique [1].

905. Quoi qu'il en soit, le législateur a opté, dans l'article L. 214-1 du Code de la propriété intellectuelle, pour un traitement identique du monopole du producteur de phonogrammes et de la propriété des interprètes. Ainsi, la licence légale « obligatoire / non volontaire » est le moyen qui permet les utilisations de masse d'un phonogramme du commerce. En revanche, en droit d'auteur, les autorisations sont délivrées *via* des mécanismes contractuels que négocient les organismes de gestion collective avec les utilisateurs [2]. Maintenant, il faut étudier le champ d'application de la licence légale en droits voisins.

2. Application du mécanisme

906. Caractère dérogatoire. Étant une exception au principe du droit exclusif, la licence légale est d'interprétation stricte [3]. Toutefois, le législateur ne cesse pas

---

[1] Le *contrat général de représentation* (L. 123-18 CPI) est un outil efficace pour répondre aux *demandes d'utilisations de masse*. Il donne accès au répertoire entier de l'organisme de gestion. Par exemple, les théâtres, les télédiffuseurs, les discothèques, les cafés etc. qui se conforment au droit d'auteur à travers ce mode de délivrance globale des autorisations. F. SIIRIAINEN, fasc. 1550, 2006, *op. cit.*, n° 49.

[2] Les relations contractuelles de l'organisme de gestion avec les utilisateurs sont multiples, il y a les accords individuels (avec un seul utilisateur) dit « au coup par coup » ou « œuvre par œuvre », ou le contrat général de représentation (plus adapté aux utilisations de masse). Il y a aussi les accords collectifs comme les protocoles d'accord généraux (contrats-cadres) négociés collectivement entre l'organisme de gestion et les organisations professionnelles des utilisateurs.

[3] La jurisprudence est abondante sur *l'interprétation stricte* de la disposition de L. 214-1 CPI. Par exemple, il a été jugé que « *par les dispositions claires et précises des articles L. 212-3 et L. 213-1 […], le législateur de 1985 a adopté, à titre de principe, un système d'autorisation préalable jugé plus protecteur des intérêts des artistes-interprètes et des producteurs que le simple système de rémunération légale institué, pour toute communication au public de phonogrammes du commerce, à titre de protection minimale, par la Convention de Rome de 1961* », CA Paris, 4e ch., sect. A, 9 mai 2001, (n° 1996/86054 et n° 1996/88959), aff. *Stés Canal + et M6 c/ SPEDIDAM, ADAMI et a.* : JurisData n° 2001-147981 : *CCE*, 2001, comm. 86, note CH. CARON ; *RIDA*, janv. 2002, p. 288. C'est aussi la doctrine de la Cour de cassation. Par exemple dans trois arrêts de principe rendus le même jour le 16 novembre en 2004, la Cour a retenu que l'article L. 214-1 ne s'applique que *dans des cas limitativement énumérés*, et que cet article constitue une *dérogation* au principe, donc, comme toute exception, il est *d'interprétation stricte*. Cass. 1re civ., 16 nov. 2004, (n° 02-13.051), aff. *TF1, SPEDIDAM et SNAM c/ Universal Music* - Cass. 1re civ., 16 nov. 2004, (n° 02-17.568), aff. *SPEDIDAM et SNAM c/ M6 et a.* - Cass. 1re civ., 16 nov. 2004, (n° 01-11.911), aff. *SPEDIDAM et SNAM c/ Sté Canal + et a.* : JurisData n° 2004-025627 : *D.*, 2005, p. 144, obs. PH. ALLAEYS ; *Légipresse*, n° 219, III, 2005, p. 19, note CH. ALLEAUME ; *CCE*, 2005, comm. 8, note CH.

d'étendre son champ d'application, ce qui a été fait par la loi DADVSI en 2006 et dix ans plus tard par la loi LCAP en 2016. En tout cas, le champ d'application de la licence légale de l'article L. 214-1 se détermine de deux manières : par l'objet concerné : le phonogramme publié à des fins de commerce (**a**) et par les utilisations secondaires couvertes : les trois cas énumérés dans L. 214-1 CPI (**b**).

a. Phonogramme publié à des fins de commerce

907. Phonogramme. Le Code de la propriété intellectuelle ne définit pas le phonogramme [1], mais nous avons vu que les droits voisins économiques ont pour enjeu la *forme technique* vecteur des créations. Ainsi, le support de la forme technique importe peu, même si le terme « phonogramme » peut être lié aux supports analogiques. La Cour d'appel a eu l'occasion de définir le phonogramme en ces termes : il s'agit de la « *séquence de sons fixée, quel que soit le mode de fixation, sur un support, quel qu'il soit* » [2]. La Cour de cassation est allée dans le même sens en affirmant que « *la qualification juridique de phonogramme est indépendante de l'existence ou non d'un support tangible* » [3].

908. Contenu du phonogramme. Il importe peu que la création fixée sur le phonogramme soit dans le domaine public ou soit une création encore protégée. De même, il importe peu le régime sous lequel la création est divulguée. Ainsi, le régime de la licence légale s'applique à la musique dite « libre de droits » ou publiée sous la licence *Creative Commons.* À ce propos, la jurisprudence a affirmé le caractère *impératif* de la disposition de la licence légale. La Cour d'appel de Paris a énoncé que « *les dispositions de l'article L. 214-1 sont d'ordre public de sorte que l'utilisateur ne peut s'y soustraire et l'artiste renoncer à s'en prévaloir* » [4].

909. Publication du phonogramme. Les actes que couvre la licence légale ne portent que sur un seul phonogramme : le *phonogramme publié à des fins de commerce.* L'utilisation du terme « publication » est bienvenue, dans la mesure où le critère de

---

CARON ; *RLDI*, janv. 2005, n° 10, p. 20, obs. L. COSTES ; *LPA*, 6 déc. 2005, n° 242, p. 19, obs. X. DAVERAT ; *RIDA*, 2005, n° 204, p. 251, obs. A. KÉRÉVER ; *RTD com.*, 2005, p. 87, obs. F. POLLAUD-DULIAN ; *Propr. Intell.*, n° 15, 2005, p. 176, obs. P. SIRINELLI ; *D.*, 2005, p. 1493, obs. P. SIRINELLI. *Adde* I. WEKSTEIN, « Que reste-t-il du champ d'application de la rémunération équitable ? », *Légipresse*, n° 219, I, 2005, p. 39.

[1] La Convention de Rome de 1961 définit le phonogramme comme « *toute fixation exclusivement sonore des sons provenant d'une exécution ou d'autres sons* ». Le texte de WPPT de 1996 ajoute à la fixation des sons la phrase « *ou d'une représentation de sons* » pour englober les fixations sous forme numérique.

[2] CA Paris, pôle 5, 1re ch., 7 mars 2012, (n° 10/01369), aff. *SPEDIDAM c/ FNAC Direct et a.* : *CCE*, chron. 4, n° 10, 2013, obs. X. DAVERAT ; *CCE*, chron. 9, n° 4, 2012, obs. P. TAFFOREAU ; *RLDI*, n° 2734, mai 2012, obs. J. VINCENT. (Confirmant TGI Paris, 15 janv. 2010, n° 06/15891).

[3] Cass. 1re civ., 11 sept. 2013, (pourvoi n° 12-17.794), FS-P+B+I, aff. *SPEDIDAM c/ Sté. iTunes et a.* : JurisData n° 2013-018957 : *CCE*, 2014, chron. 4, n° 7, obs. X. DAVERAT ; *Légipresse*, 2013, n° 310, p. 604, note P. TAFFOREAU ; *JCP E.*, n° 42, 14 oct. 2013, p. 1071, note N. BINCTIN ; *CCE*, n° 10, oct. 2013, comm. 100, obs. CH. CARON. *Adde* P.-Y. GAUTIER, *Propriété littéraire et artistique*, 11e éd., *op. cit.*, n° 151, « *le mot "phonogramme" est un peu vieillot* ».

[4] CA Paris, pôle 5, 2e ch., 6 avr. 2018, (n° 17/01312), aff. *Sté. Storever France et al. c/ Sté. Tapis Saint-Maclou, SPRÉ et al.* : *JCP G.*, 2018, p. 858, note J. HUET ; *Dalloz IP/IT*, 2018, p. 632, obs. P. TAFFOREAU ; *LEPI*, n° 9, oct. 2018, p. 4, obs. A.-E. KAHN ; *Propr. Intell.*, 2018, n° 69, p. 45, obs. C. BERNAULT ; *CCE*, chron. 11, 2018, § 6 ; *JCP E*, n° 6, févr. 2019, p. 1063, §6, obs. V. BEZIER - Pourvoi rejeté par Cass. 1re civ., 11 déc. 2019, (n° 18-21.211) : JurisData n° 2019-022604 : *LEPI*, févr. 2020, p. 4, obs. S. CARRE ; *Propr. Intell.*, n° 75, 2020, p. 102, obs. J.-M. BRUGUIÈRE ; *JCP E*, 2020, 1326, n° 8, obs. S. NÉRISSON ; *Dalloz IP/IT*, 2020, p. 363, obs. P. TAFFOREAU.

l'objet concerné par la licence doit s'appliquer à deux objets différents : l'interprétation fixée et le vecteur technique. Par conséquent, la publication n'est pas synonyme de la divulgation. Par ailleurs, le texte précise la nature de la publication qui fait entrer le phonogramme dans l'empire de la licence légale. Il doit s'agir d'une publication « à des fins de commerce ». Cette publication est définie dans la Convention de Rome comme « *la mise à disposition du public d'exemplaires d'un phonogramme en quantité suffisante* ». Le Traité de l'OMPI sur les interprétations et les phonogrammes précise, en ce qui concerne les phonogrammes numériques, que s'ils sont « *mis à la disposition du public, par fil ou sans fil, de manière que chacun puisse y avoir accès de l'endroit et au moment qu'il choisit individuellement [ils] sont réputés avoir été publiés à des fins de commerce* » (article 15 du WPPT, 1996). Dès lors, il s'agit toujours des phonogrammes mis en vente sur le marché. En revanche, les phonogrammes « non commerciaux » sortent du champ de la licence légale, comme, par exemple, les fixations brutes ou les enregistrements privés.

910. Exclusion : phonogramme incorporé dans un autre produit. Pour utiliser le phonogramme à la télévision, il faut passer par sa synchronisation avec la séquence d'images et son incorporation dans un vidéogramme. Or, l'article L. 214-1-2° ne visait, dans sa rédaction antérieure à la loi DADVSI de 2006, que l'acte de radiodiffusion (et sa câblodistribution simultanée et intégrale). La jurisprudence, fidèle à sa doctrine d'interprétation stricte de la licence légale, a déterminé le régime juridique de ces incorporations d'un phonogramme du commerce. Dans plusieurs affaires, les juridictions du fond ont appliqué *l'interprétation restrictive* de la licence légale. Par exemple, à propos d'une *vidéomusique virtuelle*, la Cour d'appel de Paris a considéré que l'utilisation du phonogramme du commerce pour réaliser un « duo virtuel » et réunir deux interprètes à l'antenne restait hors licence. Selon la Cour, cette utilisation, « *ne correspond pas à la diffusion pure et simple des phonogrammes aux fins de commerce qui le composent, et résulte des manipulations et modifications […], [et] ne saurait relever du régime institué par l'article L. 214-1 du Code de la propriété intellectuelle, lequel ne concerne que la diffusion telle quelle des phonogrammes aux fins de commerce* » [1]. Dans ce sens, la Cour de cassation a écarté du champ de la licence légale l'utilisation d'un phonogramme pour sonoriser un *générique* (ce qui implique son incorporation dans un vidéogramme), car « *cette utilisation ne figurait pas au nombre des dérogations apportées par l'article L. 214-1 du Code*

---

[1] CA Paris, 4e ch. A, 16 janv. 2002, aff. *Sté Europe 2 c/ Sté Universal Music* : JurisData n° 2002-167469 : *CCE*, 2002, comm. 69, note CH. CARON ; *RIDA*, n° 193, juill. 2002, p. 421, obs. A. KEREVER ; *Légipresse*, n° 191, III, 2002, p. 72, note M.-A. ROUX. Dans le même sens, est hors licence la sonorisation de bandes-annonces de programmes télévisés : CA Versailles, 12e ch., 17 janv. 2002, *TF1 c/ Universal Music* : *Légipresse*, III, 2002, p. 48, note CH. ALLEAUME ; *JCP E*, 2003, chron. 1508, obs. M. KOUKI - CA Paris, 26 oct. 1999, *France 2 c/ Emi Records* : *Légipresse*, n° 168, III, 2000, p. 13, note CH. ALLEAUME ; *RIDA*, avr. 2000, p. 352 (sonorisation d'un générique télévisé) - CA Paris, 7 avr. 1994 : *RIDA*, avr. 1995, p. 354 et 285, obs. A. KEREVER, (la reproduction précédant la radiodiffusion doit être autorisée). En revanche, une des *rares décisions* dans le sens inverse : CA Versailles, 1re ch., 28 sept. 2000, aff. *TF1 c/ Johnny Clegg* : *Légipresse*, n° 178, III, 2001, p. 1, note A. VALLETTE ; le jugement dans la même espèce : TGI Nanterre, 5 nov. 1997 : *Légipresse*, n° 149, III, 1998, p. 26. Ces deux décisions ont admis l'application de la licence légale même si « l*a confection d'un programme audiovisuel destiné à la télévision entraîne l'association de séquences visuelles et sonores qui donnent lieu à reproduction dans une œuvre nouvelle* ».

de la propriété intellectuelle au principe d'autorisation du producteur » [1]. La même solution a été adoptée à propos de l'intégration des phonogrammes du commerce dans des *bases de données* destinées à sonoriser des lieux publics ne relève pas du champ de la licence légale, faute de leur « communication *directe* » dans ces lieux publics. Enfin, l'utilisation des phonogrammes du commerce pour réaliser des *attentes musicales téléphoniques*, ou pour réaliser des publicités sonores est soumise au principe du droit exclusif non à la licence légale [2]. En somme, la tendance jurisprudentielle était conforme à la nature exceptionnelle de la licence légale. Ainsi, le changement de support, surtout l'incorporation dans un support audiovisuel (base de données, vidéomusique, publicité audiovisuelle, atteinte téléphonique, générique télévisé etc.) [3], pour les besoins d'une diffusion quelconque, était soumise à l'autorisation de l'artiste-interprète au double titre de son droit de reproduction et de communication au public.

911. Premier élargissement du champ de la licence légale. L'interprétation jurisprudentielle stricte de l'article L. 214-1 avait conduit à exclure la télévision du champ d'application de la licence légale [4]. La loi DADVSI [5] a fait évoluer les choses : contre la jurisprudence constante des juridictions du fond comme celle de la Cour de cassation, le législateur a élargi le champ d'application de la licence légale. Désormais, 2° de l'article L. 214-1 du Code de la propriété intellectuelle ne se limite pas seulement à la « radiodiffusion et à sa câblodistribution simultanée et intégrale », mais aussi à la « reproduction [donc l'incorporation] strictement réservée à ces fins, effectuée par ou pour le compte d'entreprises de communication audiovisuelle en vue de sonoriser leurs programmes propres diffusés sur leur antenne ainsi que sur celles des entreprises de communication audiovisuelle qui acquittent la rémunération équitable ». Cette extension rend la disposition française conforme à la licence légale au sens des directives européennes [6], ainsi qu'au sens des textes internationaux, qui vise le phonogramme ou une reproduction de phonogramme [7].

---

[1] Cass. 1re civ., 29 janv. 2002, n° 00-10.788, aff. *France 2 c/ EMI* : JurisData n° 2002-012763 : *Légipresse*, n° 190, III, 2002, p. 47, note CH. ALLEAUME ; *CCE*, 2002, comm. 3, note CH. CARON ; *JCP E*, 2003, p. 278, obs. H.-J. LUCAS ; *RTD com.*, 2003, p. 154, obs. N. MOLFESSIS ; *D.*, 2002, p. 1279, note B. POISSOn ; *RIDA*, juill. 2002, p. 359 [Arrêt déféré, CA Paris, 26 oct. 1999, *op. cit.*]. Aussi, Cass. 1re civ., 16 nov. 2004, n° 01-11.911, *op. cit.* [Arrêt déféré, CA Versailles, 12e ch., 17 janv. 2002, *op. cit.*] – Cass. 1re civ., 6 mars 2001, (n° 98-15.502), aff. *SNEP, SCPP et PolyGram c/ SNAM et SPEDIDAM* : JurisData n° 2001-008562, (la réalisation d'un vidéogramme à partir d'un phonogramme nécessite l'autorisation des artistes) arrêt précité à propos du principe de la spécialité des cessions.

[2] Cass. 1re civ., 15 mars 2017 (plusieurs arrêts : n° 14-29.179 ; 14-29.408 ; 14-29.973 ; 15-10.891 et 15-17.450) [*op. cit.*].

[3] CJUE, 18 nov. 2020, aff. C-147/19, *Atresmedia* : *LEPI*, janv. 2011, p. 1, obs. A. LUCAS : « *la rémunération équitable visée par ce texte [article 8-2 de la directive 2006/115] n'est pas due par l'utilisateur qui effectue une communication au public d'un enregistrement contenant la fixation d'une œuvre audiovisuelle incorporant le phonogramme du commerce* ».

[4] MICHAËL MAJSTER, « La licence légale à la télévision : un régime mort-né », *RLDI*, n° 2, févr. 2005, p. 13 et s. (commentaire des trois arrêts de principe de la Cour de cassation rendus le même jour le 16 nov. 2004 (n° 01-11.911 FS-P+B ; n° 02-17.568 FS- D ; n° 02-13.051 FS- D).

[5] Loi n° 2006-961 du 1er août 2006 relative au droit d'auteur et aux droits voisins dans la société de l'information. Transposant la directive « société d'information » du 22 mai 2001.

[6] L'article 8-2 de la directive n° 92/100 du 19 novembre 1992 (devenu la directive n° 115 du 12 décembre 2006), et l'article 5-2-d) de la directive « société d'information » 2001/29/CE du 22 mai 2001.

[7] La Convention de Rome de 1961 vise dans l'article 12 « phonogramme publié à des fins de commerce, ou une reproduction de ce phonogramme ». De même, l'article 15 du traité de l'OMPI sur les interprétations et les phonogrammes de 1996 (WPPT) évoque le phonogramme du commerce utilisé

b. Utilisations secondaires couvertes par la licence légale

912. L'article L. 214-1 du Code de la propriété intellectuelle dans sa dernière rédaction mentionne trois cas de l'application de la licence légale. Selon cet article,

> « Lorsqu'un phonogramme a été publié à des fins de commerce, l'artiste-interprète et le producteur ne peuvent s'opposer :
>
> 1° La communication directe dans un lieu public sauf l'utilisation dans un spectacle ;
>
> 2° La radiodiffusion et à sa câblodistribution simultanée et intégrale, ainsi que la reproduction strictement réservée à ces fins, effectuée par ou pour le compte d'entreprises de communication audiovisuelle en vue de sonoriser leurs programmes propres diffusés sur leur antenne ainsi que sur celles des entreprises de communication audiovisuelle qui acquittent la rémunération équitable ;
>
> 3° La communication au public par un service de radio, au sens de l'article 2 de la loi n° 86-1067 du 30 septembre 1986 relative à la liberté de communication, à l'exclusion des services de radio dont le programme principal est dédié majoritairement à un artiste-interprète, à un même auteur, à un même compositeur ou est issu d'un même phonogramme ».

913. 1° La communication *directe* dans un lieu public. La communication au public des interprétations fixées sur un phonogramme du commerce dans un lieu public n'est pas soumise à l'autorisation, mais au versement d'une rémunération équitable. La solution est dictée par le *pragmatisme* et par la nécessité d'accompagner une *pratique sociale*, à savoir l'omniprésence de la musique enregistrée dans les lieux publics. Concrètement, il suffit de verser la rémunération déterminée, pour pouvoir diffuser librement la musique fixée sur un phonogramme du commerce dans une boutique, un bar, un restaurant, un café, une discothèque, le hall d'une gare ou d'un hôtel etc. La Cour de Justice de l'Union européenne a eu l'occasion de préciser la notion de communication au public dans un lieu public. Dans deux arrêts du 15 mars 2012, la Cour européenne a retenu des critères comme le caractère lucratif de la communication ou le caractère réceptif ou non du public. Dans la première espèce, la diffusion des créations dans les chambres d'hôtel où les occupants disposent de postes de télévision ou de radio a été assujettie à la rémunération équitable [1]. Dans la seconde espèce, il a été décidé que ne constitue pas une communication au public la diffusion gratuite de musique dans une salle d'attente d'un dentiste, au bénéfice d'une clientèle qui en jouit indépendamment de sa volonté [2]. Il convient de préciser que l'objet de la

---

« directement ou indirectement pour la radiodiffusion ou pour une communication quelconque au public ». L'utilisation *indirecte* du phonogramme vise sûrement le passage par des opérations intermédiaires dont la reproduction ou l'incorporation dans un autre support. X. DAVERAT, fasc. 1450, *op. cit.*, n° 10.

[1] CJUE, 15 mars 2012, (aff. C-135/10), *SCF c/ Morco del Corso* : *RTD com.*, 2012, p. 325, F. POLLAUD-DULIAN.

[2] CJUE, 3e ch., 15 mars 2012, (aff. C-162/10), PPL (Irlande) Ldt. c/ Irlande : JurisData n° 2012-026108 : *Légipresse*, 2012, n° 300, synthèse p. 720, n° 8, obs. CH. ALLEAUME ; *Propr. Intell.*, 2012, n° 45, p. 429, obs. V.-L. BENABOU ; *CCE*, 2012, comm. 48, note CH. CARON ; *LPA*, 2013, n° 21, p. 18, obs. X. DAVERAT ; *CCE*, 2013, chron. 4, n° 13, obs. X. DAVERAT ; *Europe*, 2012, comm. 217, note L. IDOT ; *LEPI*, mai 2012, p. 3, obs. A. LEBOIS ; *RTD com.*, 2012, p. 322, obs. F. POLLAUD-DULIAN ; *RIDA*, avr. 2012, p. 417, chron. P. SIRINELLI ; *RLDI*, avr. 2012, n° 2704, obs. M.T. ; *CCE*, 2012, chron. 9, n° 8, obs. P. TAFFOREAU ; *Légipresse*, 2012, n° 293, p. 210. *Adde* F. POLLAUD-DULIAN, « Construction ou déconstruction du droit de communication au public », *Auteurs et médias*, 2012/5, p. 403.

communication est la création fixée, non le phonogramme qui est *utilisable*. De plus, le public visé n'est pas l'ensemble des consommateurs mais l'ensemble des *amateurs*. En conséquence, la licence légale vise les actes d'utilisations d'un phonogramme du commerce *aboutissant à une communication des créations fixées au public*. Dans cet état de cause, nous croyons que seuls les titulaires des droits sur l'objet communiqué auraient droit à la rémunération équitable.

914. La référence à une communication « directe » peut surprendre. La communication des créations fixées sur le phonogramme est forcément *indirecte* car elle passe par le support. En fait, nous croyons que le texte vise « l'utilisation directe » du phonogramme. C'est-à-dire sans passer par une opération technique intermédiaire (reproduction, numérisation etc.). Cela restreint considérablement la licence légale en matière de communication dans un lieu public. Car, si le propriétaire d'un bar ou d'une boutique ne peut pas réaliser une base de données d'une sélection d'albums ou de titres, il sera obligé de manipuler les disques directement pour profiter de la licence légale, ce qui n'est pas logique. D'où, le Professeur TAFFOREAU avait proposé de supprimer le terme « directe ».

915. Sauf l'utilisation dans un spectacle. L'utilisation d'un phonogramme dans un spectacle (sonorisation d'une pièce de théâtre, play-back dans un concert etc.) est exclue expressément de la licence légale. Dans la pratique, en application du droit d'autorisation, un régime conventionnel s'applique. Un accord collectif a été signé le 16 mai 1995 [1] entre, d'une part, le SNAM (Syndicat national des artistes musiciens) et la SPEDIDAM et, d'autre part, le SYNDEAC (Syndicat des directeurs d'entreprises artistiques et culturelles) et le Syndicat des directeurs de théâtres privés. Cet accord détermine un barème de rémunérations pour l'utilisation des phonogrammes du commerce pour la sonorisation de spectacles.

916. 2° La télédiffusion. Après la réforme de la loi DADVSI de 2006, est soumis à la licence légale l'acte de *radiodiffusion* du phonogramme du commerce, sa *câblodistribution simultanée et intégrale* et la *reproduction* nécessaire à réaliser ces actes. La Cour de cassation assimile la *retransmission par satellite* à la câblodistribution, et sous les mêmes conditions : il doit s'agir d'une retransmission simultanée et intégrale de la radiodiffusion [2]. Enfin, nous croyons que le terme « radiodiffusion » est limité et ne couvre pas tous les actes concernés. Ainsi, nous proposons de le remplacer par le terme générique de « télédiffusion ».

917. 3° *Webradios*. La loi LCAP de 2016 a consacré une jurisprudence [3] qui avait tempéré l'interprétation restrictive de la licence légale, en admettant

---

[1] Accord du 16 mai 1995 relatif aux enregistrements sonores : https://www.legifrance.gouv.fr/conv_coll/id/KALICONT000005635499

[2] Deux arrêts : Cass. 1re civ., 14 juin 2005, (n° 02-17.196), *SPPF c/ Sté Multiradio* : JurisData n° 2005-028910 - Cass. 1re civ., 14 juin 2005, (n° 02-19.833), *SNEP et SCPP c/ SPEDIDAM et a.* : JurisData n° 2005-028912. Toutefois, l'article L. 214-1 ne s'applique pas si le signal n'est pas destiné à être capté individuellement et directement par le public : Cass. 1re civ., 14 déc. 2016, (n° 15-21.396) : JurisData n° 2016-026985 : *RTD com.*, 2017, p. 98, obs. F. POLLAUD-DULIAN.

[3] Cass. 1re civ., 14 juin 2005, (n° 02-17.196), aff. *SPPF c/ Sté Multiradio* : JurisData n° 2005-028910 : *JCP G*, 2006, II, p. 10009, note T. AZZI. *Adde* Cass. 1re civ., 14 juin 2005, (n° 02-19.833), aff. *SNEP et SCPP c/ SPEDIDAM et a.* : JurisData n° 2005-028912 : *RIDA*, 2005, p. 1035, note N. BOUCHE ; *CCE*, 2005, comm. 132, note CH. CARON ; *JCP G*, 2006, I, 103, § 2, obs. CH. CARON ; *RLDI*, n° 186, juill.-août 2005, obs. L. COSTES ; *JCP E*, 2006, p. 2178, § 7, obs. M. KOUKI ; *Propr. Intell.*, n° 17, 2005, p. 438, obs. A. LUCAS ; *D.*, 2005, p. 1853, concl. J. SAINTE-ROSE. – *Adde* M. MAJSTER, « La licence légale sauvée du naufrage », *RLDI*, 2005, n° 210, p. 12.

l'application de la licence légale aux chaînes de *radio en ligne*, même si elles réalisent une numérisation du phonogramme. Ainsi, le 3° de l'article 214-1 issu de la loi du 7 juillet 2016 institue une licence légale pour la diffusion numérique *linéaire* et *non interactive* réalisée par les *webradios*. Cependant, cette diffusion ne doit pas être « *dédiée majoritairement à un artiste-interprète, à un même auteur, à un même compositeur ou est issue d'un même phonogramme* » [1].

B. Application de la rémunération équitable

918. Contrepartie. Le public (encore moins les utilisateurs) n'acquiert pas de droit sur l'interprétation fixée sur un phonogramme commercialisé [2]. En effet, même si nous parlons d'une « dépossession » ou d'une « expropriation », le mécanisme de licence légale n'opère pas un transfert forcé de la propriété de l'interprète. Il s'agit d'une sorte de « servitude légale » grevant la propriété des créateurs, c'est-à-dire une neutralisation du fonctionnement du droit exclusif en forçant les autorisations de certaines utilisations secondaires de l'enregistrement. En contrepartie, une rémunération dite « équitable » doit être versée à l'artiste-interprète et au producteur de phonogramme. La notion, héritée de la Convention de Rome, de « rémunération équitable » n'est pas une véritable *indemnité* mais une *redevance* [3]. En effet, la *rémunération* qualifiée *d'équitable* se réfère à deux idées qui expriment l'essence de ce système : l'idée d'une *compensation* et l'idée d'un *équilibre général* ou le rapport donnant-donnant (libre usage en échange d'une contrepartie financière).

919. *Débiteurs* et *bénéficiaires* de la rémunération équitable. En contrepartie de ces autorisations forcées, l'article L. 214-1 exige une rémunération « versée par les personnes qui utilisent les phonogrammes publiés à des fins de commerce », qui sera assise sur « les recettes de l'exploitation ou, à défaut, évaluée forfaitairement dans les cas prévus à l'article L. 131-4 ». Ce même article détermine la part de chaque titulaire de la rémunération équitable. Cette-ci doit être répartie « par moitié entre les artistes-interprètes et les producteurs de phonogrammes ». Il est intéressant de remarquer que la loi fait référence au principe de rémunération proportionnelle en droit d'auteur [4]. Si cela pouvait être justifié à propos de la propriété de l'artiste-interprète, ça ne l'est pas à propos du monopole du producteur. Le prélèvement du créateur sur la recette de l'exploitation s'impose,

---

[1] Sur la constitutionnalité de la nouvelle disposition : Cons. const., 4 août 2017, n° 2017-649 QPC : JurisData n° 2017-017158 : *Propr. Intell.*, 2017, n° 65, p. 70, obs. J.-M. BRUGUIÈRE ; *Dalloz IP/IT*, 2017, p. 591, obs. T. AZZI ; *CCE*, 2017, chron. 11, n° 9, obs. P. TAFFOREAU.

[2] *Contra* B. EDELMAN, *Droit d'auteur, droits voisins : Droit d'auteur et marché*, Dalloz 1993, p. 184, n° 253, « *le public lui-même semble avoir une sorte de droit acquis à cette diffusion [en application de la licence légale]. Tout se passe comme si la loi lui reconnaissait un droit à la culture, de même qu'en matière de brevet il existe un droit au progrès* ».

[3] P. TAFFOREAU, *Le droit voisin de l'interprète d'œuvres musicales en droit français*, t. 1, n° 215 qui évoque la qualification d'une présomption irréfragable d'autorisation contre rémunération. *Contra* X. DAVERAT, fasc. 1450, *op. cit.*, n° 73, qui insiste sur la conception indemnitaire qui se généralise dans la propriété littéraire et artistique : copie privée, prêt public, reprographie etc. (*idem.* 72).

[4] Certains barèmes se fondent sur des *recettes d'exploitation* (radiodiffusion, discothèques), d'autres *sur des montants versés au titre du droit d'auteur* (établissements et lieux sonorisés). Pour une analyse détaillée des réglementations tarifaires de la rémunération équitable des différents établissements, V. X. DAVERAT, fasc. 1450, *op. cit.*, n° 50 et s.

car c'est sa propriété qui se communique au public et qui engendre les valeurs. En revanche, il est insensé de permettre au producteur de prélever *sans travail ni investissement au prorata* sur l'investissement d'un autre agent économique. Certes, le producteur a investi pour la production du phonogramme du commerce utilisé, mais son investissement est amorti par le premier marché : celui des exemplaires commercialisés.

920. Phonogramme fixé à l'étranger. Peu importe le lieu de fixation du phonogramme, la rémunération équitable est due dès qu'il y a utilisation du phonogramme sur le territoire français, selon les cas que mentionne l'article L. 214-1 du Code de la propriété intellectuelle [1]. Il y a une seule spécificité : celle qui concerne la répartition de la rémunération équitable issue des utilisations des phonogrammes fixés à l'étranger. D'abord, on applique le principe du traitement national dans la Convention de Rome. Mais dans l'impossibilité, on applique l'article L. 324-17, 2° (ancien article 321-9, 2°) du Code de la propriété intellectuelle, selon lequel les sommes perçues au titre de la licence légale qui ne peuvent pas être réparties à l'issue d'un délai de cinq ans à compter de la date de leur perception, sont utilisées « *à des actions d'aide à la création, à la diffusion du spectacle vivant, au développement de l'éducation artistique et culturelle et à des actions de formation des artistes* ».

921. Modalités de fixation de la rémunération équitable : accords spécifiques à chaque secteur d'activité. Non seulement L'artiste-interprète est privé de l'exercice individuel de son droit d'autoriser, mais la fixation de la rémunération équitable lui échappe. En effet, cette rémunération relève d'instances mises en place par le législateur. Par principe, les barèmes de rémunération équitable sont déterminés par voie d'accords entre des organisations représentatives des protagonistes concernés : les titulaires des droits (les artistes-interprètes et les producteurs de phonogrammes) et les utilisateurs (L. 214-3, premier alinéa). Le ministre chargé de la Culture peut rendre ces accords obligatoires pour l'ensemble des intéressés (L. 214-3, troisième alinéa).

922. Modalité de fixation de la rémunération équitable : commission spéciale paritaire. En cas d'échec dans la négociation des accords spécifiques, l'article L. 214-4 du Code de la propriété intellectuelle prévoit le recours à une commission paritaire. Cette commission est présidée par un magistrat de l'ordre judiciaire et composée : d'un membre du Conseil d'État, d'une personnalité qualifiée désignée par le ministre chargé de la Culture, à parité avec des membres désignés par les organisations représentant les bénéficiaires et les débiteurs de la rémunération. La possibilité de recourir à un tel mécanisme est ouverte par tous les textes internationaux. Par exemple, la Convention de Rome prévoit dans l'article 12 qu'à défaut d'accord entre les divers intéressés, la législation nationale peut déterminer les conditions de la répartition de la rémunération équitable.

923. Gestion collective. La rémunération équitable est gérée par un organisme de gestion collective (l'article L. 214-5 CPI). Pour cette raison, la SPRÉ, ou la Société pour la perception de la rémunération équitable de la communication au public des phonogrammes du commerce, a été constituée en 1985. Puisque la

---

[1] CA Paris, 2 avr. 1996, *Sté JYD La Cabane Bambou* : RIDA, janv. 1997, p. 328. - CA Angers, 1re ch. A, 29 janv. 1996, *JYD c/ SPRE* : JurisData n° 1996-048498.

rémunération équitable est unique, l'organisme qui la gère englobe les deux bénéficiaires : les artistes-interprètes et les producteurs [1]. La SPRE perçoit la rémunération équitable de deux manières : directement auprès des organismes de radiodiffusion ; ou indirectement en recourant à la SACEM (Société civile des auteurs, compositeurs et éditeurs de musique) qui gère les droits des auteurs. Cette dernière manière concerne la communication au public des phonogrammes (L. 214-1-1° CPI). En effet, la SPRE a conclu le 2 juillet 1990 une convention générale de mandat avec la SACEM. En conséquence, pour la perception de la rémunération équitable auprès des lieux publics sonorisés par les phonogrammes du commerce, la SPRE bénéficie de l'intervention du réseau d'agents de la SACEM au sein des délégations régionales. Enfin, et dans un deuxième temps, la SPRE reverse les sommes perçues aux sociétés d'interprètes (ADAMI et SPEDIDAM) et aux sociétés de producteurs de phonogrammes (SCPP et SPPF), qui procèdent aux répartitions à leurs ayants droit.

924. Bilan. Avec la licence légale, la propriété littéraire et artistique *perd ce qui fait sa singularité* : le personnalisme. De l'autorisation initiale de l'artiste-interprète (et la publication réalisée par le producteur), le droit réel sur la forme s'efface pour ne laisser qu'un droit de créance. Certes, il ne s'agit pas d'une expropriation de la forme vivante fixée par les utilisateurs du phonogramme, mais il y a bien une *expropriation du droit d'autoriser*. Du coup, il ne subsiste qu'un droit pécuniaire. En somme, « *la rémunération est normalement la contrepartie de l'autorisation donnée par le titulaire des droits. Ici, la rémunération court-circuite l'autorisation et devient l'élément principal* » [2].

§ 2. PRESOMPTION DE CESSION DES DROITS EN MATIERE AUDIO-VISUELLE

925. Source textuelle. Selon la nouvelle architecture du Code de la propriété intellectuelle qui résulte de la loi LCAP de 2016, les dispositions qui concernent le domaine audiovisuel (et qui restent inchangées depuis 1985) sont regroupées dans la deuxième section du chapitre qui traite du droit voisin de l'artiste-interprète. Les articles L. 212-4 à L. 212-9 composent la section qui traite les « contrats conclus entre un artiste-interprète et un producteur de vidéogrammes ».

926. Plan. Comme en matière de droit d'auteur, la loi organise une *présomption de cession* des droits des artistes-interprètes sur leur interprétation audiovisuelle au profit du producteur de l'œuvre audiovisuelle. En effet, les artistes-interprètes ne peuvent pas être mieux traités que les auteurs. Ainsi, l'article L. 212-4 du Code de la propriété intellectuelle prévoit une « présomption d'autorisation » dont la nature et la portée ne font pas l'unanimité dans la doctrine (**A**). D'ailleurs, le droit exclusif

---

[1] Le capital social est divisé en parts réparties entre : l'ADAMI (Société pour l'administration des droits des artistes et musiciens-interprètes), la SPEDIDAM (Société de perception et de distribution des droits des artistes-interprètes de la musique et de la danse), la SCPP (Société civile pour l'exercice des droits des producteurs phonographiques) et la SPPF (Société civile des producteurs de phonogrammes en France).
[2] X. DAVERAT, fasc. 1450, *op. cit.*, n° 71.

étant ainsi paralysé, voire limité à la volonté initiale (la signature du contrat), il ne reste qu'un droit à rémunération, comme en matière de licence légale (**B**).

A. Nature et portée de la présomption de l'article L. 212-4 du Code de la propriété intellectuelle

927. Mutation. Nous savons qu'avec la loi Lang de 1985, l'*œuvre cinématographique* est devenue une des *œuvres audiovisuelles*. La première expression se réfère à une création expressive spécifique (les créations de l'art cinématographique) ; la seconde, elle, définit la catégorie plus générale des œuvres « *consistant dans des séquences animées d'images, sonorisées ou non* » (L. 112-2-6° CPI). Plusieurs auteurs [1] ont remarqué l'enjeu fondamental derrière la terminologie utilisée : l'œuvre audiovisuelle est définie comme *produit industriel fini* et non par référence aux créations qui constitue sa *substance* (les œuvres et les interprétations audiovisuelles). Par conséquent, suivant cette appréhension purement *objective* de l'œuvre audiovisuelle, il n'est pas étonnant de voir le *producteur*, et non les créateurs, *au cœur du régime juridique* de cette œuvre. Cela dit, les droits des créateurs (auteurs et interprètes) sont *au sein du* régime de l'œuvre audiovisuelle, comme s'il s'agissait de simples maillons dans le processus de la production [2].

928. Répercussion. L'essence de l'art cinématographique, puis l'essence de l'art interprétatif, est absorbée dans la conception matérielle de l'œuvre audiovisuelle. Il en découle forcément un « déclassement » de la propriété littéraire et artistique au profit d'un droit de nature économique. Certes, le législateur ne nie pas le droit des créateurs, mais force est de constater que tout se passe comme si les créations audiovisuelles, et surtout les interprétations audiovisuelles, n'étaient considérées que comme des simples apports à la production. Ainsi, le droit des auteurs et des interprètes ne serait qu'une ligne dans le budget de la production, c'est-à-dire la rémunération d'un simple travail.

---

[1] Surtout trois auteurs : B. EDELMAN, « Commentaire de la loin° 85-660 du 3 juillet 1985 relative a droit d'auteur et aux droits voisins », *ALD*, 1986, p. 26 ; « Une loi substantiellement internationale. La loi du 3 juillet 1985 sur le droit d'auteur et les droits voisins », *Journal du droit international*, 1987, n° 29, p. 576. *Adde* X. DAVERAT, *L'artiste-interprète*, t. 2, pp. 750-753 ; D. BOUGEROL, *La notion d'œuvre audiovisuelle*, surtout p. 130 et s. et sur la nature artificielle de la qualification d'œuvre audiovisuelle, p. 144 et s. Nous n'allons pas revenir sur ce que nous avons développé dans la première partie concernant la « forme vivante enrichie ». Il suffit de rappeler que nous avons soutenu l'idée que la substance de l'œuvre audiovisuelle est la synthèse des *formes vivantes interprétatives* qui constituent le *contenu de la séquence*. Ainsi, nous avons mis l'accent sur l'injustice du fait de déclassement des artistes-interprètes dans le régime de l'œuvre audiovisuelle, et que ces artistes mériteraient d'être qualifiés de co-auteurs de cette œuvre.

[2] La logique commerciale de l'œuvre audiovisuelle s'est imposée aussi au niveau international. Après l'échec des négociations en 1996, le domaine audiovisuel s'est séparé du domaine sonore (musical). Les longues négociations n'ont abouti à un instrument indépendant sur les interprétations et exécutions audiovisuelles qu'en 2012 (Pékin, 24 juin 2012, WAPT). L'article 12 de ce traité dispose que « *1) Une Partie contractante peut prévoir dans sa législation nationale que, dès lors qu'un artiste interprète ou exécutant a consenti à la fixation de son interprétation ou exécution dans une fixation audiovisuelle, les droits exclusifs d'autorisation prévus aux articles 7 à 11 du présent traité sont détenus ou exercés par le producteur de la fixation audiovisuelle ou cédés au producteur, sauf contrat stipulant le contraire [...]* ». *Idem* l'article 19 de la Convention de Rome.

929. Avant et après [1]. Le régime de l'œuvre cinématographique, dans l'esprit du législateur de 1957, était raisonné : la loi du 11 mars 1957 sur le droit d'auteur avait pris acte du fait que l'exploitation principale de l'œuvre cinématographique était celle des salles de cinéma [2]. Ainsi, la présomption de cession des droits des auteurs était limitée quant *aux droits* et *au mode d'exploitation* concernés. Mais, la loi de 3 juillet 1985 généralise la présomption dont la portée englobe, désormais, *toute exploitation* de « l'œuvre audiovisuelle ». En définitive, à cause de cette *logique commerciale* qui s'est implantée dans notre système juridique, les frontières entre le *copyright* et la propriété littéraire et artistique personnaliste ne sont, presque, plus visibles.

Pour comprendre de la présomption de l'article L. 212-4 du Code de la propriété intellectuelle, il faut étudier sa nature (**1**) et sa portée (**2**).

1. Nature de la présomption

930. Teneur des deux textes prévoyant présomption de cession au producteur audiovisuel. En droit d'auteur, l'article L. 132-24 du Code de la propriété intellectuelle prévoit que « *le contrat qui lie le producteur aux auteurs d'une œuvre audiovisuelle, autres que l'auteur de la composition musicale avec ou sans paroles, emporte, sauf clause contraire et sans préjudice des droits reconnus à l'auteur [...], cession au profit du producteur des droits exclusifs d'exploitation de l'œuvre audiovisuelle* ». En droit voisin de l'artiste-interprète, l'article L. 212-4 du même code dispose que « *la signature du contrat conclu entre un artiste-interprète et un producteur pour la réalisation d'une œuvre audiovisuelle vaut autorisation de fixer, reproduire et communiquer au public la prestation de l'artiste-interprète* » [3]. La différence entre les deux présomptions est visible. La question qui divise la doctrine porte sur la nature de la présomption en matière de droit voisin de l'artiste-interprète. S'agit-il d'une présomption réfragable, comme la présomption en droit d'auteur, ou irréfragable ? D'ailleurs, le Professeur PATRICK TAFFOREAU se distingue de la doctrine majoritaire en lisant dans l'article L. 212-4 une présomption d'autorisation non une présomption de cession des droits.

931. Présomption irréfragable. Une partie de la doctrine estime que la présomption de cession des droits des interprètes en matière audiovisuelle est

---

[1] J. LAPOUSTERLE, *L'influence des groupes de pression sur l'élaboration des normes. Illustration à partir du droit de la propriété littéraire et artistique*, Dalloz, 2009, pp. 205-215. Qui explique que les producteurs étaient contre l'idée de reconnaissance des droits exclusifs aux artistes-interprètes et même contre le principe de versement d'une rémunération complémentaire, au moins tant que l'œuvre audiovisuelle n'avait pas été amortie.

[2] La jurisprudence avait interprété l'exploitation cinématographique comme l'exploitation dans les salles de cinéma. Cela correspond à la nature exceptionnelle du mécanisme de la présomption de cession, comme s'il s'agissait d'une licence légale. Cass. 1re civ., 29 juin 1982 : *D.*, 1983, 2, p. 33, note B. EDELMAN ; *RTD com.*, 1983, p. 435, obs. A. FRANÇON ; *D.*, Inf. Rap., 1983, p. 99, obs. C. COLOMBET. *Adde* D. BECOURT, « Le régime des présomptions dans les textes relatifs au droit d'auteur et aux droits voisins » (étude livrée en deux parties), *LPA*, 1996, n° 123, p. 4 et n° 124, p. 10. B. PARISOT, « La présomption de cession des droits d'auteur dans le contrat de production audiovisuelle : réalité ou mythe ? », *D.*, 1992, chron. p. 7.

[3] Les deux textes sont soulignés par nous. D'ailleurs, dans le droit européen, la directive 2006/115/CE du 16 décembre 2006 relative au droit de location et de prêt prévoit, dans l'article 3.4, une présomption simple de cession du droit de location au producteur de film. De même, l'article 7 permet aux États membres de généraliser la présomption à tous les droits reconnus à l'artiste-interprète.

simple. M. EDELMAN a écrit que « *nous ne sommes pas, en l'occurrence, en présence d'une présomption fondée sur l'ordre public […] mais en présence d'une présomption qui peut souffrir la preuve contraire, ne serait-ce que par l'aveu et le serment* » [1]. Au contraire, la majorité doctrinale estime qu'il s'agit d'une présomption irréfragable, ce dont témoigne l'absence de toute référence à une clause contraire, contrairement à la présomption en droit d'auteur [2]. Plus encore, M. ROBERT PLAISANT a interprété la présomption des droits des interprètes en matière audiovisuelle comme une licence légale comparable à la licence légale en matière sonore (le phonogramme du commerce). En effet, comme l'explique clairement le Professeur DAVERAT, il est indéniable qu'il s'agit d'une *présomption irréfragable* [3] : outre l'absence de la possibilité d'une clause contraire, et l'utilisation du verbe « valoir » à l'indicatif (qui exprime l'impératif), la meilleure preuve réside dans le fait que la réserve de la clause contraire était prévue dans le projet de loi (article 17), mais a été finalement disparu dans le texte définitif. En revanche, la clause contraire a été maintenue en faveur des auteurs (L. 132-24 CPI).

932. Présomption de cession ou d'autorisation ? La doctrine majoritaire estime que l'objet de la présomption porte sur les prérogatives du droit patrimonial que mentionne expressément l'article L. 212-4, à savoir le droit « *de fixer, reproduire et communiquer au public la prestation de l'artiste-interprète* ». Il sort de cette présomption le droit d'autoriser « *l'utilisation séparée du son et de l'image de la prestation* » que mentionne l'article L. 212-3 du Code de la propriété intellectuelle. Le professeur TAFFOREAU, lui, estime qu'à la différence de la présomption *de cession* des droits des coauteurs de l'œuvre audiovisuelle (L. 132-24 CPI), l'article L. 212-4 dispose que la signature du contrat de production audiovisuelle « vaut autorisation » et pas cession du droit patrimonial. Ainsi, l'objet de la présomption serait l'autorisation de certains actes, non la cession des droits patrimoniaux [4].

933. Présomption de cession (*sui generis*). La question évoquée plus haut ne se pose pas pour nous. En effet, pour nous, il s'agit bel et bien d'une *présomption de cession*, mais cette cession, comme nous l'avons expliqué, n'est pas une vente de la propriété du créateur. La propriété de l'auteur et de l'interprète étant *indisponible*, la cession est un contrat *sui generis* : le créateur transfère à son cocontractant une *autorisation paramétrée*. En conséquence, ce qui est forcé dans la présomption de cession de l'article L. 132-24 et de l'article L. 212-4 est cette autorisation d'exploitation de l'œuvre audiovisuelle. En réalité, l'artiste-interprète ne perd pas ses droits patrimoniaux, mais l'exercice du droit d'autoriser est paralysé comme

---

[1] B. EDELMAN, « Commentaire de la loin° 85-660 du 3 juillet 1985 relative a droit d'auteur et aux droits voisins », *ALD*, 1986, p. 182. C'est aussi l'avis de M. F. POLLAUD-DULIAN, 2e éd., *op. cit.*, n° 2356.

[2] P. TAFFOREAU, *Le droit voisin de l'interprète d'œuvres musicales en droit français*, t 1, n° 333 ; M. VIVANT et J.-M. BRUGUIERE, *Droit d'auteur et droits voisins*, 4e éd., *op. cit.*, n° 1329 ; T. AZZI, *Recherche sur la loi applicable aux droits voisins du droit d'auteur en droit international privé*, *op. cit.*, n° 107 ; A. LUCAS et *alii.*, *Traité de propriété littéraire et artistique*, *op. cit.*, n° 1481 (qui évoque le caractère théorique du débat) ; CH. CARON, *Droit d'auteur et droits voisins*, 6e éd., *op. cit.*, n° 635 ; P.-Y. GAUTIER, *Propriété littéraire et artistique*, 11e éd., *op. cit.*, n° 159 : (le verbe « valoir » à l'indicatif exprime l'impératif) ; P. TAFFOREAU et C. MONNERIE, *Droit de la propriété intellectuelle*, 4e éd., *op. cit.*, n° 315.

[3] X. DAVERAT, *L'artiste-interprète*, t. 2, *op. cit.*, p. 689. *Adde* A.-E. KAHN, fasc. 1437, *op. cit.*, n° 37.

[4] Pour M. TAFFOREAU, la cession est un transfert du droit réel, or, l'artiste-interprète reste propriétaire de son droit voisin. Ainsi, la présomption n'est pas un transfert du droit patrimonial mais conférant certaines autorisations (licences). *Le droit voisin de l'interprète d'œuvres musicales en droit français*, t 1, *op. cit.*, n° 334.

dans la licence légale. Dans les deux cas, l'expropriation ne porte pas sur la forme (objet de la propriété), mais sur le droit d'autoriser qui est remplacé par un droit à rémunération.

2. Portée de la présomption

934. Portée large. La portée de la présomption de cession des droits des artistes-interprètes est large. En effet, la présomption ne se limite pas aux films, mais touche toutes les créations du domaine audiovisuel, comme les œuvres publicitaires ou les programmes de télévision. Concernant la durée de la cession présumée, les parties au contrat peuvent limiter la cession dans le temps. À défaut de limitation temporelle, « *l'autorisation dure autant que les droits conférés* » selon M. TAFFOREAU [1]. Enfin, concernant les droits présumés cédés au producteur audiovisuel, la présomption doit être interprétée *restrictivement*, dans la mesure où il s'agit d'une exception. Ainsi, si le producteur veut exploiter une interprétation au-delà de l'exploitation de l'œuvre audiovisuelle (par exemple, exploitation sous forme de phonogramme de commerce ; sous forme d'œuvre publicitaire [2] ; exploitation d'un élément séparé de l'interprétation comme l'image d'un acteur… [3]), le producteur doit se conformer au principe du droit exclusif.

935. Bénéficiaire de la présomption. La présomption ne profite qu'au producteur d'une œuvre audiovisuelle [4]. En effet, bien que la section II traite des contrats conclus entre l'artiste-interprète et *le producteur de vidéogrammes*, l'article L. 212-4, qui préside à cette section et qui instaure la présomption de cession, ne vise que le producteur de l'œuvre audiovisuelle. Ainsi, le producteur d'une vidéomusique incorporant un phonogramme du commerce doit obtenir l'autorisation de l'artiste-interprète, non seulement pour réaliser cette incorporation, mais aussi pour chaque exploitation de ce vidéogramme.

936. Régime des interprétations musicales intégrant l'œuvre audiovisuelle. La présomption de cession des droits des coauteurs de l'œuvre audiovisuelle exclut expressément le droit d'auteur sur « la composition musicale avec ou sans parole » (L. 132-24 CPI) [5]. En revanche, la présomption de cession des droits des artistes-interprètes n'opère pas de distinction entre l'interprétation audiovisuelle et l'interprétation musicale intégrée à l'œuvre audiovisuelle (la bande sonore musicale). Deux opinions s'opposent : selon la première, l'interprétation de nature musicale ne relève pas du domaine audiovisuel et doit, donc, être exclue du champ de la présomption. En conséquence, le producteur doit obtenir une

---

[1] CA Versailles, 1re ch., 15 avr. 2010, (n° 09/01274) : JurisData n° 2010-030329. Contrat limitant la présomption d'autorisation d'exploitation à deux ans. *Adde* P. TAFFOREAU, *Le droit voisin de l'interprète d'œuvres musicales en droit français*, t 1, n° 341.

[2] CA Paris, 1re ch., 28 avr. 2003, (n° 2001/06736), aff. *Lino Ventura* : JurisData n° 2003-215499 : *CCE*, 2003, comm, 83, note CH. CARON.

[3] La présomption de cession ne comprend pas l'exploitation sous une nouvelle forme. Par exemple, la diffusion des épisodes d'un téléfilm tirés d'un film. CA Paris, 4e ch. Sect. A, 18 déc. 1989 : JurisData n° 1989-026556 : *JCP G.*, 1990, I, 3478, obs. B. EDELMAN. *Adde* CA Paris, 4e ch., 16 juin 1993 : JurisData n° 1993-022619 : *RIDA*, janv. 1994, p. 363 ; *D.*, 1994, jurispr. p. 218, note B. EDELMAN.

[4] La présomption ne s'applique pas si le contrat est passé entre le producteur de l'œuvre audiovisuelle et l'entrepreneur de spectacle, « *sans qu'il soit démontré que les artistes-interprètes y aient été parties ou représentés* » : Cass. 1re civ., 16 juill. 1992, (n° 90-19.207), *SNAM c/ Antenne 2* : JurisData n° 1992-001688.

[5] Le producteur peut obtenir ce droit auprès de la SACEM.

autorisation des musiciens pour exploiter leurs prestations intégrées. La seconde opinion défend une interprétation large de la présomption. Ainsi, aucune distinction ne doit être opérée entre les artistes-interprètes participant à l'œuvre audiovisuelle selon la nature de leur prestation.

937. Hésitation jurisprudentielle. La jurisprudence des juridictions du fond était partagée entre les deux conceptions : appliquer la présomption de cession (212-4 CPI) à tous les interprètes signant un contrat « *pour* la réalisation d'une œuvre audiovisuelle » [1]. Ou appliquer le principe du droit exclusif (L. 212-3 CPI) et obliger le producteur à se faire céder une autorisation pour chaque exploitation [2]. Les arguments de la première jurisprudence se basent sur la lecture littérale du texte légal : tout contrat « pour » la réalisation de l'œuvre audiovisuelle entre dans le champ de L. 212-4. Qui plus est, la loi n'opère pas de distinction entre les interprètes qui apparaissent à l'écran et les autres dont la prestation est juste sonore. Enfin, l'accompagnement musical créé pour sonoriser la séquence animée d'image constituerait une partie inséparable de l'œuvre audiovisuelle. Les arguments de la seconde jurisprudence focalisent sur l'indépendance de la création musicale qui se rattache souvent ultérieurement à l'œuvre audiovisuelle. De plus, la distinction selon la nature de la contribution existe en droit d'auteur où le droit du compositeur de la musique n'est pas présumé cédé au producteur de l'œuvre audiovisuel.

938. Affaire « Le Bourgeois gentilhomme ». Il s'agissait d'une représentation télévisée d'une œuvre audiovisuelle intitulée « Le Bourgeois gentilhomme » produite et diffusée en 1968 par l'ORTF. L'INA, qui exploite les archives audiovisuelles, avait procédé à l'exploitation de ladite œuvre sous forme de vidéogramme. La SPEDIDAM considérait qu'une rémunération devait être versée aux *musiciens* ayant participé à la bande sonore, pour cette *nouvelle exploitation* de leurs prestations. Contrairement aux juges du fond, la Cour de cassation a décidé que les prestations des musiciens n'entraient pas dans le champ de l'article L. 212-4 (la présomption de cession), au motif que « *ne constitue pas un contrat conclu pour la réalisation d'une œuvre audiovisuelle le contrat souscrit par chacun des interprètes d'une composition musicale destinée à figurer dans la bande sonore de l'œuvre audiovisuelle* » [3]. La Cour de renvoi insiste sur la position des juges du fond [4]. Enfin, l'assemblée

---

[1] CA Paris, 4e ch. A, 18 janv. 2000, (n° 1998/20436) : JurisData n° 2000-121617 - CA Paris, 4e ch., 26 févr. 2003, (n° 2001/02474) : JurisData n° 2003-216180. - CA Paris, 18 juin 2010, (n° 09/13188), *SAS Universal Music France c/ K. Spearman Jr. et L. Salaam-Clarke* : JurisData n° 2010-014917 : *Propr. Intell.*, 2010, n° 37, p. 980, obs. A. LUCAS ; *CCE*, 2011, chron. 4, obs. X. DAVERAT ; *LEPI*, nov. 2010, n° 6, p. 3, obs. S. PESSINA. - CA Paris, pôle 5, 1re ch., 15 févr. 2012, (n° 10/06787). - CA Paris, pôle 5, 1re ch., 18 janv. 2012, (n° 04/05592) : JurisData n° 2012-000981 : *CCE*, 2012, chron. 9, n° 11, P. TAFFOREAU.

[2] CA Paris, 21e ch. A, 10 nov. 1992, (n° 33388/92), (n° 33368/92) : JurisData n° 1992-023773 : *D.*, 1993, jurispr. p. 418, note B. EDELMAN ; *RIDA*, avril 1994, p. 223. - CA Versailles, 1re ch., 24 févr. 2000, (n° 726/97) : JurisData n° 2000-143815. - CA Paris, 9 mai 2005, aff. *SPEDIDAM et SNAM c/ Epithete Films, France 3 et Canal Plus* : *RTD com.*, 2006, p. 376, obs. F. POLLAUD-DULIAN. - CA Paris, 4e ch. Sect. B, 19 janv. 2007, (n° 05/19007) : *CCE*, 2008, chron. 4, obs. X. DAVERAT ; *Propr. Intell.*, 2007, n° 23, p. 223, obs. A. LUCAS. - CA Paris, 4e ch., 26 janv. 2000, (n° 1997/05970) : JurisData n° 2000-116714.

[3] Cass. 1re civ., 29 mai 2013, (n° 12-16.583), *SPEDIDAM c/ Ina* : JurisData n° 2013-010966 : *RIDA*, oct. 2013, p. 341 et 261, obs. P. SIRINELLI ; *CCE*, 2013, comm. 87, CH. CARON ; *D.*, 2013, p. 1870, note G. QUERZOLA ; CCE, 2013, chron. 9, n° 14, P. TAFFOREAU ; *CCE*, 2014, chron. 4, X. DAVERAT ; *Légipresse*, III, 2013, p. 543, note S. PESSINA et V. VARET ; *Propr. Intell.*, 2013, n° 48, p. 301, obs. A. LUCAS.

[4] CA Lyon, 1re ch. civ. B, 16 févr. 2016, (n° 13/06290), *Ina c/ SPEDIDAM*.

plénière de la Cour de cassation, tranche la controverse en opérant un revirement de jurisprudence et en jugeant que les *interprétations uniquement sonores entrent bien dans le champ de la présomption de l'article L. 212-4* du Code de la propriété intellectuelle [1]. Il résulte de cette solution que la feuille de présence que distribue la SPEDIDAM vaut « contrat pour la réalisation d'une œuvre audiovisuelle » dès que l'enregistrement est destiné à être utilisé pour sonoriser une œuvre audiovisuelle. En conséquence, contrairement à la pratique de la SPEDIDAM, la cession ne se limitait pas à la première destination cochée sur la feuille mais comprenait toutes les exploitations de la prestation au sein de l'œuvre audiovisuelle.

B. Rémunération distincte pour chaque mode d'exploitation

939. Le second alinéa de l'article L. 212-4 du Code de la propriété intellectuelle prévoit que le contrat doit fixer « *une rémunération distincte pour chaque mode d'exploitation de l'œuvre* ». À défaut de cette détermination dans le contrat, les modalités de fixation de ces rémunérations distinctes sont déterminées par la loi (**1**), mais la question de la qualification des sommes perçues pose un problème (**2**).

1. Modalités de fixation de la rémunération

940. Rémunération distincte de chaque mode d'exploitation. La clause stipulant une rémunération globale est nulle, mais cette nullité n'affecte pas le contrat [2]. Chaque mode d'exploitation de l'œuvre audiovisuelle doit être rémunéré par une rémunération distincte (diffusion à la télévision, location des vidéogrammes etc.). D'ailleurs, la ventilation de la rémunération pour chaque mode d'exploitation n'empêchait pas de recourir à une rémunération forfaitaire, à condition de distinguer le salaire (la prestation) et la part de rémunération pour chaque mode d'exploitation [3]. Mais aujourd'hui, le principe d'une « rémunération appropriée et proportionnelle » est consacré par l'ordonnance du 12 mai 2021 ; le recours à une rémunération forfaitaire est limité à certains cas (L. 212-3-II, 1° à 5° CPI). C'est la raison pour laquelle une réserve est faite des conventions collectives et des accords spécifiques « satisfaisant aux conditions prévues [à l'article L. 212-3] » ; ces conventions et accords « *peuvent déterminer, en tenant compte des spécificités de chaque secteur, les conditions de mise en œuvre des dispositions [de l'article L. 212-3]* ». Par ailleurs, nous savons que la directive de 2019 (le considérant 73) considère qu'un montant forfaitaire peut constituer une « rémunération appropriée et proportionnelle à la valeur économique réelle ou potentielle des droits ». Quoi qu'il en soit, le nouveau droit à révision des rémunérations (L. 212-3-2 CPI) permet aux

---

[1] Cass. Ass. Plén., 16 févr. 2018, (n° 16-14.292) : JurisData n° 2018-001930 : *CCE*, 2018, chron. 11, n° 9, obs. P. TAFFOREAU ; *LEPI*, avril 2018, p. 1, obs. A. LUCAS ; *JCP G.*, 2018, 417, note A. LUCAS ; *Propr. Intell.*, 2018, n° 68, p. 72, obs. J.-M. BRUGUIÈRE ; *Dalloz IP/IT*, 2018, p. 303, obs. P. LÉGER ; *RTD com.*, 2018, p. 349, obs. F. POLLAUD-DULIAN ; *JCP E*, 2018, 1406, n° 6, obs. D. BOUGEROL.

[2] A.-E. KAHN, fasc. 1437, *op. cit.*, n° 44.

[3] Deux arrêts en la matière : Cass. soc., 13 janv. 2009, (n° 07-42.240) : JurisData n° 2009-046613 : *RTD com.*, 2009, p. 320, obs. F. POLLAUD-DULIAN - Et sur nouveau pourvoi, Cass. soc., 18 déc. 2013, (n° 12-20.682) : *CCE*, 2014, chron. 9, n° 10 ; *LEPI*, mars 2014, n° 025, obs. S. LE CAM. Comme en matière de phonogramme, la rémunération forfaitaire est possible : Cass. 1re civ., 15 mars 2017, (n° 14-29.179) : JurisData n° 2017-008575, *op. cit.*

artistes-interprètes d'obtenir une *rémunération supplémentaire* lorsque la rémunération « pour chaque mode d'exploitation de l'œuvre audiovisuelle » se révèle « exagérément faible » par rapport à l'ensemble des recettes tirées de l'exploitation par le producteur.

941. Accords spécifiques. Si la rémunération d'un mode d'exploitation n'est pas fixée par le contrat ou par une convention collective, les parties appliquent les barèmes que déterminent les accords spécifiques. En effet, l'article L. 212-5 du Code de la propriété intellectuelle prévoit que « *lorsque ni le contrat, ni une convention collective ne mentionnent de rémunération pour un ou plusieurs modes d'exploitation, le niveau de celle-ci est fixé par référence à des barèmes établis par voie d'accords spécifiques conclus, dans chaque secteur d'activité, entre les organisations de salariés et d'employeurs représentatives de la profession* ». Le principe est donc la liberté contractuelle. Les parties déterminent la rémunération de chaque mode d'exploitation à travers leur contrat ou une convention collective. C'est le cas par exemple de la Convention collective des artistes-interprètes engagés pour des émissions de la télévision du 30 décembre 1992 et ses annexes (conclue entre l'Union syndicale des producteurs de programmes audiovisuels (USPA) et les syndicats d'artistes-interprètes). Aussi, la Convention collective nationale de la production cinématographique du 19 janvier 2012 (étendu le 31 mars 2015). À défaut d'une détermination de la rémunération pour un mode d'exploitation, l'accord spécifique au secteur s'applique. Il s'agit d'une « procédure extérieure au droit du travail ». En effet, même si les artistes-interprètes sont considérés comme des salariés, contrairement à l'extension des conventions collectives qui passe par un arrêté du ministre du Travail, (C. trav., art. L. 2261-15), les accords spécifiques relèvent d'un arrêté du ministre de la Culture [1]. Plusieurs exemples existent de ces accords spécifiques, le plus récent par exemple est l'accord collectif du 11 janvier 2016 pour les rediffusions des émissions de télévision sur les chaînes de la TNT gratuite. Enfin, comme l'explique Mme KAHN, la méthode, quant aux accords spécifiques, n'est pas distincte de celle prévue pour la licence légale : « *ces deux mécanismes limitant ou entravant l'exercice du droit exclusif* ».

942. La commission de l'article L. 212-9. Si un accord spécifique n'existe pas concernant un mode d'exploitation de l'œuvre audiovisuelle, la solution de l'article L. 212-9 s'applique. Il s'agit de recourir à une commission pour fixer « *les modes et les bases de rémunération des artistes-interprètes* » pour chaque secteur d'activité. Selon cet article, la commission « *est présidée par un magistrat de l'ordre judiciaire désigné par le premier président de la Cour de cassation et composée, en outre, d'un membre du Conseil d'État [...], d'une personnalité qualifiée désignée par le ministre chargé de la Culture et, en nombre égal, de représentants des organisations de salariés et de représentants des organisations d'employeurs* ». Cette procédure n'est pas sans rappeler celle de l'article L. 214-4 du Code de la propriété intellectuelle en matière de licence légale. Enfin, il convient de préciser qu'un accord tardif peut remplacer la décision de la commission, ce qui encourage la concertation [2].

---

[1] Rapp. JOLIBOIS, n° 212, t. 2, p. 101-102 ; *adde* A. RICHARD : JOAN 20 mai 1985, p. 832.
[2] La première décision rendue le 26 mars 1986 (JO 21 mai 1986), remplacée par un accord le 7 juin 1990 entre les organisations de producteurs de films et les syndicats d'artistes-interprètes, mis à jour depuis.

2. Nature de la rémunération

943. Compromis. Lors de l'élaboration de la loi Lang de 1985, les syndicats des artistes-interprètes ont réclamé que l'ensemble des rémunérations perçues par les interprètes soit qualifié de salaire. Le but était d'obtenir le maximum de droits sociaux attachés au contrat de travail. Lors de la première lecture du projet de la loi, un des parlementaires a défendu cette idée : « *on ferait perdre aux artistes ses droits à la sécurité sociale, aux congés payés, aux retraites et aux Assedic ; qu'ils ont acquis les uns après les autres après combien de difficultés* » [1]. À l'opposé, les producteurs audiovisuels, ainsi que les sociétés de programme, s'opposaient aux revendications des interprètes et réclamaient que la rémunération supplémentaire qui s'ajouterait au salaire ne soit pas versée qu'après l'amortissement de l'investissement de la production. En conséquence, deux finalités ont été prises en compte [2] : d'une part, ne pas alourdir les charges sociales pesant sur les producteurs-employeurs des artistes ; et d'autre part, renforcer la protection sociale des artistes-interprètes. Ainsi, la négociation entre les parties a été favorisée. Par conséquent, n'a le caractère de salaire qu'une partie de la rémunération de l'artiste-interprète. Le montant de cette partie est fixé selon les plafonds prévus par la convention collective ou l'accord spécifique.

944. Critique. La solution est consacrée dans l'article L. 212-6 du Code de la propriété intellectuelle qui dispose que « *les dispositions de l'article L. 762-2 (devenu L. 7121-8) du code du travail ne s'appliquent qu'à la fraction de la rémunération versée en application du contrat excédant les bases fixées par la convention collective ou l'accord spécifique* ». L'incertitude n'est pas pour autant levée : au-delà des plafonds, le reste des sommes perçues sera soumis à l'article L. 7121-8 du Code du travail. Or, cet article donne d'autres critères pour distinguer entre le salaire et la redevance. Est-ce à dire qu'au-delà des plafonds qui définissent le salaire de l'artiste-interprète dans le domaine audiovisuel, le reste pourrait avoir à nouveau le caractère d'un salaire ?

Le Professeur DAVERAT critique, à juste titre à notre avis, le fait de laisser aux parties aux contrats et à leurs organisations représentatives la ventilation entre salaire et redevance en abandonnant les critères auxquels se réfère l'article L. 212-3 I alinéa 2. Pour cet auteur, peu importe le critère de la présence physique ou le fait que la somme soit fonction du produit de la vente ou de l'exploitation de l'enregistrement car ce qui importe est les plafonds déterminés dans les barèmes. Au-delà des plafonds déterminés, les sommes devraient être considérés comme des redevances [3]. Néanmoins, nous sommes plutôt de l'avis du Professeur LUCAS : l'existence d'un « salaire réglementé » n'exclut pas la qualification salariale des sommes qui dépassent les plafonds, dans la mesure où ces plafonds sont comme des « *rémunérations salariales minimales garanties* » [4].

---

[1] 2ème séance du 28 juin 1984, JO 29/06/1984, p. 3834, intervention de M. BRUNCHES, qui défendait la qualification salariale de toutes « *les rémunérations des utilisations secondaires au même titre que celles perçues pour le travail direct* ».

[2] À ne pas oublier la volonté du Gouvernement qui était hostile à la qualification systématique des rémunérations des artistes-interprètes comme salaires.

[3] X. DAVERAT, *L'artiste-interprète*, t. 2, *op. cit.*, p. 731.

[4] A. LUCAS et *al.*, *Traité de la propriété littéraire et artistique*, 5e éd., *op. cit.*, n° 1491, p. 1146, pour qui, les sommes qui excèdent les plafonds (un cachet forfaitaire énorme) ne sont pas forcément des redevances, mais seront soumises aux critères de la distinction de l'article L. 7121-8 du Code du travail (retour au principe).

945. Bilan. Comme en matière de licence légale, la présomption irréfragable participe à réduire le champ du droit exclusif de l'artiste-interprète. Il ne s'agit pas de nier le droit de l'artiste-interprète sur son interprétation, mais il faut admettre la transformation de la nature de ce droit. Tout se passe comme si l'artiste-interprète avait un simple droit à rémunération. L'exercice individuel du droit exclusif se limite à un choix précédant l'exploitation : conclure ou ne pas conclure un contrat avec le producteur du phonogramme ou de l'œuvre audiovisuelle. En effet, dès la publication du phonogramme du commerce et dès la signature du contrat de réalisation d'une œuvre audiovisuelle, l'artiste-interprète ne garde qu'un droit à rémunération supplémentaire qui s'ajoute à son salaire. Il s'agit, comme l'a démontré le Professeur DAVERAT, d'une consécration de la suprématie de l'ordre économique sur l'ordre culturel. *Quid* du droit moral de l'artiste-interprète protégeant un intérêt général : l'intérêt culturel partagé entre les créateurs et le public ? les mécanismes d'expropriation du droit de l'artiste-interprète ne touchent, certes, pas le droit moral ; l'artiste-interprète reste le propriétaire de la forme. Mais, le droit de divulgation, qui se fond dans le droit d'autoriser, n'est plus qu'une « virtualité ». Le droit moral de l'artiste-interprète ne conserve sa force qu'un instant « *tant que ce droit demeure en expectative* » [1].

§ 3. CAS SPECIFIQUES D'EXPROPRIATION

946. Plan. Il y a deux cas spécifiques d'expropriation du droit voisin de l'artiste-interprète. L'une consiste dans la gestion collective obligatoire (**A**) ; l'autre concerne le régime de l'INA (**B**).

A. La gestion collective obligatoire

947. Retransmission par câble. L'article L. 217-2 du Code de la propriété intellectuelle soumet à une *gestion collective obligatoire* le droit d'autoriser la *retransmission par câble « simultanée, intégrale et sans changement, sur le territoire national, de la prestation d'un artiste-interprète, d'un phonogramme ou d'un vidéogramme télédiffusé à partir d'un État membre de la Communauté européenne »*. Dans cette hypothèse, l'artiste-interprète perd l'exercice du droit d'autoriser l'exploitation de son interprétation. Il s'agit d'une exploitation précisément déterminée : la retransmission par câble d'une télédiffusion de l'interprétation de l'artiste-interprète ou d'une fixation sur phonogramme ou vidéogramme. Il est logique qu'il faille que cette *télédiffusion initiale* soit autorisée par les ayants droit. Il faut aussi qu'il s'agisse d'une télédiffusion à partir d'un État membre de la Communauté européenne. Enfin, la retransmission doit être simultanée, intégrale et sans changement.

948. Alternative. L'article L. 217-2-II du Code de la propriété intellectuelle permet à l'artiste-interprète de céder son droit à propos de cette exploitation à une entreprise de communication audiovisuelle qui ne sera pas soumise à la gestion collective obligatoire.

---

[1] X. DAVERAT, *L'artiste-interprète*, t. 2, *op. cit.*, p. 739.

B. Le régime dérogatoire de l'INA

949. L'INA bénéficie d'un régime qui facilite sa mission (**1**) et qui a été longtemps qualifié, par une partie de la doctrine, comme une *licence légale particulière.* D'autres l'ont qualifié comme *présomption irréfragable.* Récemment, le régime particulier de l'INA a été clarifié (**2**).

1. Régime particulier

950. Source légale. L'institut national de l'audiovisuel (INA) est un établissement public chargé de *conserver* et de *diffuser* les archives des programmes d'entreprises du service public de la télévision et de la radio. La mission de l'INA dépasse la simple conservation du patrimoine audiovisuel. En effet, la loi octroie à l'INA un *droit d'exploiter* : selon l'article 49-I [1], l'INA « *assure la conservation des archives audiovisuelles des sociétés nationales de programme et contribue à leur exploitation* ». Pour faciliter sa mission, le législateur a adopté en 2006 une disposition (le long article 49, II, al. 3, modifié de la loi n° 86-1067 du 30 septembre 1986) qui vise à établir un *régime simplifié d'autorisation de l'exploitation* des prestations des artistes-interprètes au profit de cet organisme [2]. Ce régime prévoit des rémunérations fixées notamment par voie d'accord collectif de travail avec des syndicats représentatifs de salariés. Selon ce régime, l'INA n'est pas obligé de produire une autorisation écrite de l'artiste-interprète (art. L. 212-3 CPI) ou un contrat de production audiovisuelle (emportant autorisation d'exploitation des droits voisins aux producteurs L. 212-4 du CPI).

951. Controverse. À l'occasion d'un long procès ayant opposé un artiste (le batteur de jazz Kenny Clarke), ses ayants droit et la SPEDIDAM à l'INA. Les juridictions ont donné des interprétations diverses à l'article 49-II, de la loi du 30 septembre 1986. Selon la solution adoptée par la Cour d'appel de Paris, la dérogation instituée à l'article 49-II, de la loi du 30 septembre 1986 sur la liberté de communication « *ne trouve à s'appliquer que pour autant que l'artiste-interprète a autorisé la fixation et la première destination de son interprétation, auquel cas l'INA peut s'affranchir de solliciter son autorisation* » [3]. Donc, l'INA doit se conformer aux dispositions du Code de la propriété intellectuelle et prouver : d'une part, l'autorisation écrite de la première exploitation des prestations figurant dans ses archives, et d'autre part, apporter les contrats de production audiovisuelle qui permettent d'appliquer la présomption de cession des droits au producteur. La Cour de cassation casse cette décision [4] et la Cour de renvoi reprend le même raisonnement que la Cour de cassation : « *en subordonnant l'applicabilité du régime dérogatoire institué au profit de l'INA*

---

[1] Loi n° 86-1067 du 30 septembre 1986 relative à la liberté de communication (Loi Léotard).

[2] Pour une analyse détaillée du régime de l'INA, V. P. TAFFOREAU, « Création prétorienne d'une présomption simple d'autorisation par les artistes-interprètes au profit de l'INA », *Dalloz IP/IT*, 2021 p. 25. *Adde* J.-F. DEBARNOT, « La triple validation jurisprudentielle du régime d'exploitation par l'INA des programmes de son fonds intégrant des prestations d'artistes-interprètes », *CCE*, 2020, étude 6. Qui explique les justifications et les finalités du régime de l'INA.

[3] CA Paris, pôle 5, 1re ch., 11 juin 2014, n° 14/138.

[4] Cass. 1er civ., 14 oct. 2015, n° 14-19.917 (n° 1092 FS-P+B+I).

à la preuve de l'autorisation par l'artiste-interprète de la première exploitation de sa prestation, la cour d'appel, a ajouté à la loi une condition qu'elle ne comporte pas » [1].

Sur second pourvoi, la Cour de cassation a posé une question préjudicielle la Cour de justice de l'Union européenne pour savoir si le régime qu'instaure le droit français au profit de l'INA se heurte aux dispositions des directives en matière des droits voisins de l'artiste-interprète. En effet, la Cour de cassation a posé la question de savoir *si la présomption simple d'autorisation au profit d'un organisme tel que l'INA était conforme à la directive 2001/29/CE dite « directive société de l'information »*. De son côté, la CJUE étudia la question controversée de savoir *si ladite dérogation légale devait être qualifiée « d'exception ou limitation »*, au sens de l'article 5 de la directive de 2001. La réponse de la Cour européenne fut claire sur cette question. L'article 49-II est conforme à la directive 2001/29/CE, dont l'article 5 dresse une liste exhaustive (donc limitative) des « exceptions et limitations » aux droits exclusifs. Par conséquent, le régime de l'INA dans le droit français n'est pas constitutif d'une nouvelle exception [2].

2. Qualification du régime particulier de l'INA

952. Présomption simple. Au bout de cette longue affaire et de ses nombreuses décisions, la dérogation que constitue le régime particulier de l'INA a finalement été qualifié de *présomption réfragable d'autorisation de l'artiste-interprète* [3]. Ainsi, la participation de ce musicien à plusieurs émissions télévisées et radiophoniques, *en connaissance de leur finalité*, suffisait à établir le consentement à la fixation et à l'exploitation de ses interprétations. Néanmoins, il n'est pas précisé si l'exploitation supposée autorisée correspond bien aux exploitations effectuées par l'INA.

953. Appréciation critique. Cette présomption étant qualifiée de *réfragable*, on s'interroge sur la façon dont les artistes peuvent la renverser, tant *avant* qu'à *après* l'entrée en vigueur de la loi du 3 juillet 1985.

– Concernant la première période, force est d'admettre qu'un tel renversement paraît illusoire, voire impossible. En effet, le droit voisin des interprètes n'était pas encore consacré, comment l'artiste (ou ses ayants droit) pourraient-ils rétrospectivement démontrer l'absence de consentement à l'enregistrement et à l'exploitation d'une interprétation radiodiffusée. Sans doute, la présomption se

---

[1] CA Versailles (renvoi), 1er ch., 1er sect., 10 mars 2017, n° 15/07483, *EPIC Ina c/ K. Spearman et L. Salaam-Clarke* : JurisData n° 2017-007708 : *CCE*, 2017, chron. 11, n° 7, obs. P. TAFFOREAU.

[2] CJUE, 5e ch., 4 nov. 2019, aff. *C-484/18* : *Europe*, n° 1, janv. 2020, comm. n° 26, note M. ABENHAÏM ; *Légipresse*, n° 377, 2019, p. 669 ; *JCP G.*, n° 12, 23 mars 2020, 360, p. 603, §. 45, obs. N. BINCTIN ; *Légipresse*, 2019, n° 377, p. 669 ; *LEPI*, janv. 2020, p. 4, obs. A.-E. KAHN ; *Lexbase Quotidien*, 21 nov. 2019, obs. V. TÉCHENÉ ; *Propr. intell.*, n° 74, janv. 2020, p. 66, obs. A. LUCAS ; *Rev. Contrats*, n° 1, mars 2020, p. 75, comm. J. PASSA ; *RLDI*, n° 166, janv. 2020, 5626, p. 8, note P. NOUAL.

[3] Cass. 1re civ., 22 janv. 2020, (n° 17-18.177), FS-P+B+R+I : JurisData n° 2020-000702 : *CCE*, n° 3, mars 2020, Étude n° 6, J.-F. DEBARNOT ; *CCE* n° 4, avril 2020, chron. 5, §. 11, obs. X. DAVERAT ; *Dalloz Actualité*, 12 févr. 2020, note J. DALEAU ; *Europe*, n° 10, chron. n° 3, §. 12, obs. A.-S. CHONE-GRIMALDI ; *Gaz. Pal.* n° 5, 4 févr. 2020, p. 40, obs. C. BERNAUD ; *JCP G*, n° 12, mars 2020, doctr. 360, §. 45, obs. N. BINCTIN ; *La lettre juridique Lexbase*, n° 811, 30 janv. 2020, obs. V. TÉCHÉNÉ et n° 814, 27 févr. 2020, comm. F. FAJGENBAUM et T. LACHACINSKI ; *LEPI*, n° 4, avril 2020, p. 4, obs. A.-E. KAHN ; *Rev. Contrats*, n° 1, mars 2020, p. 75, comm. J. PASSA ; *Propr. intell.*, n° 75, avril 2020, p. 101, obs. A. LUCAS ; *RLDI*, n° 167, févr. 2020, 5647, p. 19 ; *JCP E*, n° 5, 4 févr. 2021, p. 1067, §4, obs. D. BOUGEROL et S. SOLEIMAN.

justifie par son utilité pratique : dispenser l'INA de l'obligation de produire un contrat écrit d'un artiste-interprète à une époque où ces documents étaient rarement archivés avec soin.

– Concernant la seconde période, où une autorisation écrite (une cession du droit voisin) ou un contrat de production audiovisuelle devait être établi et conservé par les sociétés nationales de programmes, l'incertitude persistait sur les moyens de renverser la présomption. Serait-il imaginable une restriction contractuelle de l'autorisation par un artiste-interprète pour combattre cette présomption ? Ou serait-il possible qu'un artiste informe l'INA de sa volonté de ne pas/plus l'autoriser à exploiter une archive contenant sa prestation ?

Conclusion du Chapitre II

954. Nous avons vu que le droit voisin de l'artiste-interprète est une propriété *indisponible* (du fait de ses prérogatives morales) qui s'exploite par une cession *sui generis*. L'article L. 212-3 du Code de la propriété intellectuelle, réécrit par l'ordonnance n° 2021-580 du 12 mai 2021, combine aujourd'hui deux termes : « autorisation » et « cession (totale ou partielle) ». Nous avons démontré qu'il n'y a pas de contradiction entre les deux termes : il ne s'agit pas de deux mécanismes d'exploitation de la propriété de l'artiste-interprète, qui seraient l'autorisation (licence conférant au licencié un *droit personnel*) ou la cession (transfert du *droit réel* au cessionnaire). Nous avons articulé ces deux actes dans un seul mécanisme : la cession *sui generis*. Selon notre lecture, le point I° de l'article L. 212-3 du Code de la propriété intellectuelle se contente d'énumérer les actes d'exploitation soumis à l'autorisation écrite de l'artiste-interprète ; il traite de la question des prérogatives patrimoniales de la propriété de l'artiste-interprète. Le point II° de cet article précise le mécanisme par lequel ces prérogatives peuvent être exploitées : une cession totale ou partielle. L'objet de la cession ne peut être la forme, ni le droit réel incorporel, mais simplement une *droit-autorisation d'exploiter*. Tout comme en droit d'auteur, le prix de cette cession est une rémunération proportionnelle (L. 212-3-II CPI). Nous regrettons que la référence de cette rémunération soit « *la valeur économique réelle ou potentielle des droits cédés* » ; cependant, le mécanisme correctif de la révision (L. 212-3-2 CPI) permet de relier la rémunération de l'interprète aux recettes réelles de l'exploitation.

955. La reconnaissance d'un droit de propriété littéraire et artistique à l'interprète se trouve en difficulté. Il est même, selon l'expression du Professeur DAVERAT, ruiné par les mécanismes de dépossession en matière sonore et audiovisuelle. Il ne s'agit pas de nier radicalement le droit exclusif, mais d'affirmer que ce droit doit être « *circonscrit aux exigences d'une économie de marché* ». Dans ce nouveau paradigme, le droit voisin de l'artiste-interprète se transforme, d'un droit réel incorporel portant sur la forme vivante interprétative à un simple droit personnel : doit à rémunération.

Conclusion du Titre I

956. Malgré ses *imperfections*, le droit voisin de l'artiste-interprète est *un droit de propriété incorporelle*, qui forme avec le droit d'auteur la véritable propriété intellectuelle dans le domaine littéraire et artistique.

957. 1° Un droit de propriété incorporelle portant sur l'interprétation. Au terme de notre étude de la propriété de l'artiste-interprète sur son interprétation, deux conclusions peuvent être dégagées. La première sur la nature du droit : le droit voisin de l'artiste-interprète est une propriété qui s'inscrit, *en nature* et *en composition*, dans le modèle du droit d'auteur. En nature car il s'agit d'une propriété incorporelle portant sur une forme créative expressive ; en composition car cette propriété est bifonctionnelle, c'est-à-dire elle comporte deux séries de prérogatives fonctionnelles, morales et patrimoniales. La seconde conclusion concerne le fonctionnement du droit de l'artiste-interprète. D'une part, étant *une* mais *fonctionnellement double*, cette propriété *éminemment personnelle* est *intégralement indisponible*, non seulement en son versant moral. D'autre part, l'exploitation de cette propriété rend compte de cette nature particulière du droit : les prérogatives morales *s'exercent* alors que les prérogatives patrimoniales *s'exploitent*. Cette exploitation ne passe pas par un transfert, pur et simple, de la propriété ou d'une partie d'elle ou encore d'un démembrement créé sur mesure. Sans surprise, et comme en droit d'auteur, la modalité d'exploitation de la propriété de la création interprétative passe par une *cession sui generis* : un *transfert* d'une *autorisation* spécifique à l'exploitant.

958. 2° Imperfections de la construction du droit voisin de l'artiste-interprète. La construction décrite plus haut souffre de deux points de faiblesse. Le premier point concerne le *droit moral* de l'artiste-interprète. En effet, l'article consacré au droit moral de l'artiste-interprète [1] ignore totalement le droit de divulgation. Pour cette raison, nous avons proposé, pour préserver la *nature* du droit et garantir, le plus possible, la cohérence de la *construction*, de voir dans le droit exclusif d'autoriser [2] un versant moral correspondant au droit de divulgation. En effet, nous avons soutenu que l'artiste *autorise* (acte juridique *unilatéral* correspondant à la *divulgation*) et *octroie son autorisation paramétrée* à l'exploitant (acte juridique *bilatéral* : contrat de cession). Le second point de faiblesse concerne les mécanismes d'expropriation qui réduisent le droit de l'artiste-interprète à un *droit à rémunération*, comme si l'on avait toujours dans l'esprit l'idée que le droit de l'artiste-interprète n'était qu'une sorte d'un droit à une indemnisation de chômage ou un droit à un supplément du salaire et non pas un droit de propriété sur la création [3].

959. 3° Propriété intellectuelle *stricto sensu*. Sur un plan plus large, notre étude de la structure de la propriété de l'artiste-interprète sur la forme vivante interprétative, a démontré que, contrairement à l'idée soutenue par une partie

---

[1] L. 212-2 du Code de la propriété intellectuelle, consacré au droit moral de l'artiste-interprète.

[2] L'article L. 212-3 du Code de la propriété intellectuelle, consacré au droit patrimonial de l'artiste-interprète.

[3] Nous allons voir qu'à la place de la généralisation des licences légales, le système de gestion collective (non obligatoire) est *la seule solution* qui peut conserver la nature propriétaire du droit voisin de l'artiste-interprète et répondre aux contraintes liées à certains modes d'exploitation « de masse ».

importante de la doctrine, il n'y a pas une seule propriété : celle de structure triptyque du Code civil (art. 544). En effet, le Code de la propriété intellectuelle contient une grande variété de droits ; tous ne sont pas des propriétés [1] ; tous ne sont pas intellectuels [2]. Un seul droit répond strictement à l'appellation « propriété intellectuelle » : c'est le droit des créateurs sur les formes créatives ; autrement dit, le droit d'auteur sur son œuvre et le droit de l'interprète sur son interprétation ; ce sont la véritable propriété intellectuelle en matière littéraire et artistique.

960. Maintenant, la question suivante qui s'impose naturellement est celle des rapports entre le droit de propriété incorporelle de l'artiste-interprète sur son interprétation et les autres droits : d'un côté, le droit de propriété incorporelle des autres créateurs (auteurs ou interprètes), et, de l'autre, les droits exclusifs monopolistiques des partenaires économiques de l'artiste-interprète. C'est l'objet de notre second titre.

---

[1] Car *l'exclusivité* n'est pas synonyme de la *propriété* : les monopoles légaux (les droits voisins économiques par exemple) sont aussi des droits exclusifs.

[2] Car *l'incorporel* n'est pas synonyme de *l'intellectuel*. N'est intellectuel que le produit de l'esprit : la forme.

Titre II

Écosysteme juridique de la propriete incorporelle portant sur la forme vivante interpretative

961. Imbrication d'objets de droit. La forme vivante interprétative dans son état éphémère implique une complexité : outre qu'elle est une forme externe de la création interprétative de l'artiste-interprète, cette interprétation est une représentation sous forme externe vivante de l'œuvre interprétée. Autrement dit, l'interprétation est un *support d'exploitation* de l'œuvre interprétée. Lorsque l'interprétation fait l'objet d'une fixation, la complexité s'intensifie. La forme technique est une forme *contenant* des formes expressives *contenues* (l'œuvre et l'interprétation) et fait l'objet d'un droit exclusif appelé aussi « droit voisin du droit d'auteur ». En conséquence, trois objets distincts sont emboîtés.

962. Imbrication de droits exclusifs. Dans cet environnement, la forme vivante interprétative est au carrefour de rapports complexes : le rapport avec les producteurs et diffuseurs et le rapport avec des créateurs. Or, tout droit exclusif n'est pas une propriété. Par conséquent, d'un côté, la propriété incorporelle sur l'interprétation entretient un *rapport vertical par nature* avec des droits *hétérogènes* : les monopoles des producteurs de la forme technique réifiant la forme vivante. D'un autre côté, cette propriété entretient un *rapport égalitaire* avec le droit d'auteur sur l'œuvre interprétée ou sur l'œuvre intégrant une interprétation préexistante. En conséquence, il faut distinguer entre une *hiérarchie essentielle* (propriété-monopole) et une *hiérarchie accidentelle* (propriétés de même nature).

963. Autres partenaires. Les partenaires de l'artiste-interprète ne sont pas seulement des partenaires culturels (les auteurs et les autres interprètes) ou économiques (exploitants : producteurs ou utilisateurs). Il y a aussi un partenaire important dont le rôle est *hybride* : l'intermédiaire-gestionnaire, c'est-à-dire les organismes de gestion collective. Néanmoins, le rapport entre l'artiste-interprète propriétaire et l'organisme gestionnaire de la propriété est plus proche des rapports hiérarchiques, dans la mesure où l'activité de l'organisme de gestion dépend de l'apport du créateur.

964. Plan. Après avoir défini l'objet du droit voisin de l'artiste-interprète, la nature et le contenu de ce droit, il nous appartient maintenant d'aborder la question des rapports du droit voisin portant sur la forme vivante interprétative de concert avec les autres droits. Si le droit de l'artiste-interprète appartient à la catégorie des « droits voisins du droit d'auteur », une *hiérarchie* doit être faite entre son droit voisin et les droits voisins économiques. Par ailleurs, le rapport de « voisinage » avec le droit d'auteur n'est pas uniforme : la nature juridique du droit de l'artiste-interprète et du droit d'auteur est de même nature : il s'agit dans les deux cas d'une propriété intellectuelle sur une forme de l'esprit. Ainsi, nous proposons de distinguer les rapports du droit de l'artiste-interprète en deux sortes : rapports *hiérarchiques* et rapports *égalitaires*.

Chapitre I : Rapports hiérarchiques.

Chapitre II : Rapports égalitaires.

CHAPITRE I

RAPPORTS HIERARCHIQUES

965. Partenaires économiques de l'artiste-interprète. N'ayant pas accès direct au marché, ou faute d'efficacité dans la gestion de sa propriété, l'artiste-interprète confie l'exploitation de sa propriété à un partenaire professionnel. Ce professionnel est soit *le producteur* de la forme technique de fixation ou du spectacle (concernant la première destination de la fixation), soit un *organisme de gestion* (concernant les « utilisations secondaires »).

966. Le premier partenaire forme avec l'artiste-interprète un *couple économique* qui vise à engendrer et à partager les profits qu'engendre l'exploitation. Puisque l'exploitation n'est possible que grâce à un contrat de cession, ce partenaire est forcément un *cessionnaire* de l'interprète. Or, le droit voisin économique sur la forme technique pose un problème : s'il est considéré comme indépendant de la propriété de l'artiste-interprète, le droit exclusif du producteur-exploitant rompt l'équilibre contractuel entre l'artiste propriétaire et le producteur cessionnaire.

967. Le second partenaire de l'artiste-interprète est un organisme de gestion collective, qui joue le rôle d'intermédiaire dans le processus d'autorisation des communications au public, qui sortent du champ du contrat entre l'artiste-interprète et le producteur. Dans le langage habituel l'on parle des « utilisations secondaires » des enregistrements, que gère l'organisme de gestion collective, par opposition à « l'utilisation première » qui correspond à la première destination de l'enregistrement. En effet, le producteur n'est exploitant que de la première destination qui fait l'objet d'une clause de cession dans le contrat d'artiste ou le contrat d'engagement [1] (par exemple, la production d'un phonogramme de commerce). En revanche, le rapport entre l'artiste-interprète et l'organisme de gestion collective est encadré par le contrat par lequel l'artiste fait apport de ses droits à l'organisme gestionnaire. En définitive, les deux rapports évoqués sont des *rapports hiérarchiques*, dans la mesure où le partenaire de l'artiste (producteur ou

[1] Le *contrat d'enregistrement* phonographique, (ou *contrat d'artiste*), est un contrat conclu entre l'artiste-interprète et un producteur (souvent en exclusivité), qui prend en charge l'enregistrement, l'édition et la commercialisation de l'interprétation fixée. Généralement, ces contrats ne concernent que les solistes (chanteur, groupe, musicien soliste), tandis que les artistes d'accompagnement (musiciens d'orchestre, choriste etc.) signent un *contrat d'engagement* pour collaborer à l'enregistrement du phonogramme d'un autre artiste. *L'instrumentum* du contrat d'engagement est la *feuille de présence SPEDIDAM* qui vaut un contrat de travail assorti d'une clause de cession concernant la première destination de l'enregistrement.

organisme de gestion) ne peut exercer son activité que *sur le fondement de la propriété sur l'interprétation.* Toute indépendance de l'activité de l'exploitant ou de l'organisme de gestion (gestion collective obligatoire), affaiblit la qualification propriétaire du droit de l'artiste sur son interprétation.

968. Rapport hiérarchique exclu. Nous avons déjà dit que malgré le fait qu'il n'y ait pas d'équivalent à l'article 111-3 al. 1er du Code de la propriété intellectuelle qui dispose, en droit d'auteur, que « *la propriété incorporelle définie par l'article L. 111-1 est indépendante de la propriété de l'objet matériel* », cette distinction s'impose *naturellement* en droits voisins. Ainsi, le droit de propriété de l'artiste-interprète sur la forme vivante fixée est distinct du droit de propriété corporelle sur les supports (matrice et exemplaires). Le rapport entre les deux propriétés n'appelle pas d'autres développements et sera exclu du champ de notre étude. Seulement, nous croyons que ce rapport est hiérarchique dans la mesure où la propriété incorporelle de l'artiste-interprète (et celle de l'auteur) limite la propriété corporelle du propriétaire de l'exemplaire : toute utilisation du support qui induit une communication au public des créations fixées et sans autorisation des créateurs est une contrefaçon.

969. Plan. Dans un premier temps, nous étudierons les droits voisins économiques qui *parasitent* le droit voisin de l'artiste-interprète (**Section I**). Ensuite, nous étudierons le rapport *particulier* entre l'artiste-interprète et l'organisme de gestion collective, sous l'angle de l'apport en société qui cadre ce rapport (**Section II**).

SECTION I : LE RAPPORT AVEC LES TITULAIRES DES DROITS VOISINS ECONOMIQUES

970. Statut *naturel* : l'exploitant cessionnaire. Il découle de la distinction que nous avons fait entre la forme expressive et la forme technique, que ce que nous appelons « *utilisations* primaires ou secondaires » ne sont, en réalité, que *des communications au public* des formes expressives. Nous avons déjà relevé que la forme expressive *se communique* et *ne s'utilise pas*, tandis que la forme technique, elle, *ne se communique pas* mais *s'utilise.* Il en résulte que la valeur qu'engendre l'exploitation n'est tributaire que des créations communicables non des *vecteurs techniques utilisables.* Dans cet état de cause, l'activité de l'exploitant ne fait *qu'actualiser* la valeur gisant dans les créations, raison pour laquelle il doit se faire céder le droit légitimant son exploitation. En bref, l'économie du rapport du *couple économique* (créateur/exploitant) de la loi de 11 mars 1957 est transposable au droit de l'artiste-interprète et au rapport interprète/producteur. Ce rapport garantit un *équilibre équitable* et conforme aux principes fondateurs de l'ordre économique et juridique que nous avons présenté, à savoir, l'ordre libéral classique fondé sur la distinction entre la propriété et le monopole, et sur la liberté de concurrence en matière des fruits du simple travail.

971. Statut *parasitaire* : l'exploitant titulaire d'un droit exclusif. Le schéma décrit ci-dessus ne pose pas de problème dans le rapport entre l'artiste-interprète et les *utilisateurs* de la fixation de son interprétation : tout utilisateur de l'enregistrement doit se faire autoriser par l'artiste (ou l'organisme gestionnaire) pour pouvoir communiquer l'interprétation fixée au public (sauf licence légale). Le problème se pose à l'égard d'un exploitant particulier : *le premier exploitant*, c'est-à-dire le producteur. Le producteur cumule la qualité *d'employeur* des artistes et la qualité de *cessionnaire* pour l'exploitation de la création fixée. Le problème ne provient pas de la contractualisation de la réalisation de la création interprétative [1], mais du fait que l'exploitant participe *en amont* à la production de la fixation de l'interprétation. Cela a induit une confusion dangereuse, qui a déformé la conception *personnaliste* de la propriété littéraire et artistique. Selon cette nouvelle conception, les créations des artistes ne seraient que des maillons (à côté du travail financé par le producteur) dans la *production culturelle* ; il en résulte que la distinction fondatrice entre le travail et la création s'efface, et que l'on justifie l'octroi des droits exclusifs au producteur sur le seul fondement de *l'investissement*. En bref, dans ce nouveau paradigme, le *rapport équilibré* du schéma classique de la loi du 11 mars 1957 est remplacé par un *rapport parasitaire d'inféodation*.

972. Plan. Les droits voisins économiques posent un problème qui nécessite d'analyser leur *essence* et le leur *fondement* (**§1**). Mais au-delà de ce *monopole légal*, inopposable aux créateurs, l'hégémonie contractuelle instaure, *via* un faisceau de clauses, un *monopole contractuel démesuré* qui fragilise l'édifice propriétaire du droit de l'artiste-interprète (**§2**).

§1. MONOPOLES PARASITAIRES DE LA PROPRIETE DES CREATEURS

973. Rappel. Nous avons étudié les objets des droits voisins en distinguant le travail et la création ; la forme technique et la forme créative. Aussi, nous avons tiré une première conséquence de ces distinctions en opposant le droit exclusif propriétaire *sur* la forme créative et le droit exclusif monopolistique *autour de* la forme technique. Ainsi, à ce stade de notre recherche, il n'est pas question de revenir sur ces distinctions, mais l'analyse va avancer vers la coexistence et les rapports entre ces droits exclusifs hétérogènes que le législateur a choisi d'englober dans une même catégorie juridique.

974. Plan. Contrairement à la forme créative, la *forme laborieuse* n'a pas de statut juridique propre. Ainsi, normalement, le travail et ses résultats sont dans la concurrence, sauf monopole légal. Or, le législateur a opté pour un renforcement des règles du droit commun (la responsabilité civile et les règles de la concurrence) en octroyant à certains producteurs et diffuseurs un droit exclusif. Ainsi, il convient d'étudier l'utilité de ces droits à la lumière de leur fondement (**A**). La présence des monopoles au sein de la propriété intellectuelle n'est pas indifférente aux notions les plus établies. D'abord, ces droits monopolistiques au sein du système propriétaire diluent la notion de propriété en tant que *jus in re*, c'est-à-dire un droit subjectif sur une chose corporelle ou incorporelle. Aussi, la généralisation de ce modèle à des objets *non créatifs* neutralise la référence à la créativité (sous-

---

[1] Le principe est bien connu en droit d'auteur où l'article L. 111-1 al.3 dispose que « *l'existence ou la conclusion d'un contrat de louage d'ouvrage ou de service par l'auteur d'une œuvre de l'esprit n'emporte pas dérogation à la jouissance du droit reconnu par le premier alinéa, sous réserve des exceptions prévues par le présent code* ». La loi LCAP de 2016 a transposé ce principe, mais seulement en ce qui concerne les contrats avec le producteur de phonogramme : L. 212-10 « *l'existence ou la conclusion d'un contrat de louage d'ouvrage ou de service avec un producteur de phonogrammes n'emporte pas dérogation à la jouissance des droits reconnus à l'artiste-interprète par les articles L. 212-2 et L. 212-3, sous réserve des exceptions prévues au présent code* ».

entendu dans l'adjectif intellectuel). Par conséquent, intellectuel devient synonyme d'incorporel, et la création, source du droit exclusif, s'affaiblit pour laisser place à d'autres notions comme l'investissement ou l'effort créatif. Dans cet état de cause, il est légitime de s'interroger sur l'effet parasitaire de ces monopoles sur le droit des créateurs dans la mesure où les producteurs et diffuseurs de créations cumulent deux statuts : cessionnaire de droits *sur* le contenu et titulaire d'un droit *autour* du contenant (**B**).

A. Intrusion des droits voisins économiques

975. L'étude de l'évolution historique des droits voisins économiques explique *les fondements réels* de ces droits (**1**), mais aussi pose la question de leur *utilité* (**2**).

1. Fondement des droits voisins économiques

976. Phénomène d'expansion. Plusieurs auteurs ont souligné l'expansion des régimes de droits exclusifs dits, parfois improprement, intellectuels. Ces droits privatifs dérogeant, plus ou moins, au droit commun, ont un indéniable « pouvoir de séduction » [1]. Or, si la consécration de ces droits est à saluer concernant les créateurs, il est à déplorer concernant les producteurs. Nous n'entendons pas revenir sur ce que nous avons analysé, surtout le caractère artificiel des monopoles par rapport à la propriété de droit naturel sur le fruit de l'acte créatif. Mais nous voulons insister sur les *fondements réels* des droits voisins économiques. Cela se dégage de la comparaison entre la situation des producteurs avant (**a**) et après (**b**) la loi Lang de 1985 instituant la catégorie des droits voisins.

a. Avant la loi Lang. Les règles du droit commun

977. Droit prétorien des artistes-interprètes (rappel). Nous avons étudié l'évolution historique du droit voisin de l'artiste-interprète sur son interprétation. Dans un premier temps, la jurisprudence s'est fondée sur le socle que constituait le seul modèle propriétaire sur une forme expressive : le droit d'auteur. Dans un deuxième temps, le mouvement a été freiné par le retour aux fondements tirés du droit commun, tout en faisant référence à la solution de la Cour de cassation dans l'affaire *Furtwängler* de 1964. Il s'agissait d'une *consécration prétorienne* d'un *droit d'autoriser*, qui se justifie difficilement sur le terrain de la responsabilité civile (nouvel art. 1240 C. Civ.). L'intervention législative était attendue pour mettre fin à cette lacune *praeter legem* [2].

978. Protection de l'investissement par le droit commun. La jurisprudence antérieure à la loi du 3 juillet 1985 se fondait sur le droit commun, c'est-à-dire sur la

---

[1] Sur « l'irrésistible ascension » des droits de propriété intellectuelle, M. VIVANT et PH. GAUDRAT, « Marchandisation », *in Propriété intellectuelle et mondialisation, La propriété intellectuelle est-elle une marchandise ?* Dalloz, Actes, 2004, p. 34. *Adde* S. PESSINA, « Les attraits du droit de la propriété intellectuelle au regard du droit commun, à la lumière des droits des artistes-interprètes », *op. cit.*, p 80.

[2] La lacune *praeter legem* est une lacune que fait le législateur *involontairement* et qu'il devra combler par l'adoption d'une loi modificatrice. On oppose cette lacune à celle *intra legem* que fait le législateur volontairement, en s'abstenant de préciser par omission ou en faisant appel à des notions floues : *Juridictionnaire*, J. PICOTTE, Centre de traduction et de terminologie juridiques (CTTJ), Faculté de droit, Université de Moncton-Canada, 2018, p. 1186.

responsabilité et la concurrence déloyale, pour protéger les producteurs et les diffuseurs. Par exemple, la Cour d'appel de Paris a condamné une société de production de disques pour contrefaçon et concurrence déloyale pour avoir commercialisé les disques produits par une autre société [1]. De même, quelques années avant la loi Lang, le Tribunal de grande instance de Paris a condamné des producteurs pirates de phonogrammes. La motivation de son jugement est très éclairante : « *les agissements des trois défendeurs ont eu pour but de proposer, au public des enregistrements réalisés en faisant une économie très importante sur leur frais de réalisation, et pour conséquence de porter un grave préjudice à la société Sonodisc, en mettant sur le marché à bas prix des cassettes semblables à celles distribuées par ladite société et en faussant ainsi le jeu normal de la concurrence, avec pour résultat un détournement de clientèle* » [2]. Ces fondements ne concernaient pas seulement la reproduction non autorisée par des concurrents, mais aussi la diffusion non autorisée des prestations fixées sur phonogramme. Ainsi, dans l'affaire qui opposait SNEPA à la Radio France [3], le producteur, cessionnaire des artistes-interprètes, reprochait à Radio France d'avoir utilisé ses phonogrammes pour diffuser les prestations dont il a acquis les droits. Cette diffusion non autorisée constituait une faute au sens de l'ancien article 1382 du Code civil [4]. S'agissant des organismes de communication audiovisuelle, les conflits sont moins nombreux du fait du monopole de la radio et de la télévision de l'État (RTF puis ORTF) jusqu'à 1982. Depuis cette date, l'activité de communication audiovisuelle a été ouverte au secteur privé. Ainsi, le monopole public n'a pas été remplacé par des monopoles privés, ce qui impliquait logiquement l'application du droit commun et surtout les règles de la concurrence déloyale.

979. En conclusion, en l'absence d'un droit privatif, tous les auxiliaires de la création étaient protégés par le droit commun de la responsabilité civile. Mais dès le début du XXe siècle, l'ascension des droits de « propriété intellectuelle » dans les pays industrialisés a touché l'industrie (surtout américaine) de l'*Entertainment*. Sans parler du problème du chômage des artistes au début de ce siècle, les producteurs et les diffuseurs ont exprimé leur besoin d'une protection efficace contre la piraterie, surtout avec les avancés techniques qui facilitaient de plus en plus la copie. Le moteur de « *ce besoin de réservation [était] la volonté de protéger tout ce qui peut donner accès au marché. Et une fois cette protection obtenue, une tendance du cloisonnement et à la protection se développe, qui aboutit à une critiquable cristallisation des marchés ainsi ouverts* » [5]. Mais si les doléances des artistes-interprètes se justifient (ils sont créateurs d'une forme expressive comme les auteurs), celles des investisseurs sont critiquables. Ainsi, sur un plan plus large, des auteurs ont écrit qu'« *en France, on ne peut qu'être frappé par le nombre et la variété des revendications d'espèces de non-concurrence, d'exclusivité, voire de "propriété" [...]. Dès qu'apparaît la possibilité d'une exploitation*

---

[1] CA Paris, 5 mai 1969, aff. *Sté. Vogue Productions Internationales Phonographiques c/ sté. French Music et a.* : *JCP G.*, 1970, II, 16386, note R. PLAISANT.

[2] TGI Paris, 19 mars 1980 : RIDA, oct. 1980, p. 132. Pour plus d'exemples jurisprudentiels, V. T. AZZI, *Recherche sur la loi applicable aux droits voisins du droit d'auteur en droit international privé*, n° 337.

[3] Cass. 1re civ., 5 nov. 1980, aff. *SNEPA c/ Radio France* (*op. cit.*) - deuxième arrêt de cassation dans la même affaire Cass. 1re civ., 25 janv. 1984 (*op. cit.*).

[4] CA Versailles, 23 juin 1982 (sur renvoi), aff. *SNEPA c/ Radio France* (*op. cit.*).

[5] S. PESSINA, *L'artiste-interprète salarié*, *op. cit.*, n° 392, pp. 220-221. Citant sur ce phénomène Mme ISABELLE et M. GILBERT PARLEANI, « 2001, la tentation du Moyen Âge. L'exemple du parasitisme », *in Mélanges CHRISTIAN GAVALDA*, Dalloz, 2001, surtout, pp. 245-247 ; A. LUCAS, *Droit d'auteur et numérique*, Litec, 1998, n° 161, p. 76.

exclusive, les intéressés demandent au législateur de sanctionner l'existence de leur droit » [1]. On ne saurait mieux décrire ce phénomène d'octroi des droits exclusifs sur la seule base de l'investissement.

b. Depuis la loi Lang. Le droit exclusif

980. Consécration de la propriété de droit naturel (rappel). Concernant les artistes-interprètes, la loi Lang, comme nous l'avons dit, est une synthèse de deux courants, interne et externe ; jurisprudentiel et international. Le droit voisin de l'artiste-interprète est un droit de propriété sur la forme vivante interprétative, c'est-à-dire un droit qui réserve à l'artiste les valeurs (culturelles et économiques) que génère la communication au public de l'interprétation grâce à la circulation de la forme externe. Il ne s'agit point de *créer* un monopole égoïste, mais bien d'une *reconnaissance* d'un droit qu'impose la nature des choses : la nature du fruit de l'acte créatif expressif.

981. Transformation. Relativement juste, l'analyse du Professeur TRISTAN AZZI révèle parfaitement le fondement réel des droits voisins. Il s'agit d'une transformation de l'action de la responsabilité en un droit subjectif [2]. C'est-à-dire un simple *renforcement des solutions du droit commun*. Cela n'est pas une nouveauté, dans la mesure où la tendance est déjà présente à transformer les actions de responsabilité en droit subjectif. Le fondement de la responsabilité civile de droit commun nécessite de prouver la faute, le préjudice et le lien de causalité entre les deux. M. AZZI explique que l'évolution technologique a poussé les tribunaux à « *assouplir les règles de preuve dans un souci de protection de la victime : la faute était alors constituée par la simple absence d'autorisation, et le préjudice [...] était très facile à déterminer* » [3]. Le demandeur était affranchi de toute preuve, ce qui donnerait à penser qu'il existait déjà des droits subjectifs voisins du droit d'auteur. Mais sur le plan pénal, l'absence de consécration légale des droits subjectifs empêchait la protection pénale (principe de la légalité des délits et des peines).

982. Droits voisins économiques et concurrence déloyale. Le fondement de la protection des auxiliaires de la création ne change pas par l'octroi des droits subjectifs [4]. En effet, le droit subjectif vient faciliter la preuve et renforcer les sanctions. Les débats qui accompagnaient l'adoption de la loi Lang montrent très bien ce fondement : « *qui pourrait ignorer, de nos jours, la dimension économique de la culture ?* » [5]. « *Ainsi, en contrepartie d'investissements financiers importants, le producteur doit être libre de commercialiser aisément l'œuvre fixée [...]. Face au développement technique de reproduction et de diffusion, il est apparu nécessaire d'ouvrir de tels droits à ceux qui prennent les*

---

[1] I et G. PARLEANI, « 2001, la tentation du Moyen Âge. L'exemple du parasitisme », *op. cit.*, p. 244.

[2] L'étude de l'histoire de la consécration du droit au respect de la vie privée (la réforme du 17 juillet 1970 créant l'article art. 9 C. Civ.) est un bon exemple. Cet exemple a été repris comme outil explicatif, dans la thèse de M. AZZI, de la transformation des actions de responsabilité en des droits subjectifs. T. AZZI, *Recherche sur la loi applicable aux droits voisins du droit d'auteur en droit international privé*, n° 232.

[3] T. AZZI, *Recherche sur la loi applicable aux droits voisins du droit d'auteur en droit international privé*, p. 172.

[4] Selon M. AZZI, même si le fondement des droits voisins est la concurrence déloyale, les régimes des deux institutions demeurent différents.

[5] Intervention de M. TAITTINGER, JO Sénat, séance du 3 avril 1985, p. 73 : T. AZZI, *Recherche sur la loi applicable aux droits voisins du droit d'auteur en droit international privé*, p.196.

risques financiers de la création artistique » [1]. Les termes comme « entreprise », « marché », « investissement », « risques financiers » etc. permettent de penser à la fameuse thèse de PAUL ROUBIER : le droit de clientèle [2]. Cette thèse confirme la distinction que nous avons établie au début de notre recherche entre la propriété et les monopoles légaux. En effet, selon la théorie de ROUBIER, il y a une différence entre, d'une part, le droit de propriété et les droits de créance qui assurent un revenu déterminé, et, d'autre part, les « droits de clientèle » qui engendrent de la valeur *indirectement* en permettant *la conquête d'une clientèle* [3]. Cela est vrai concernant les droits voisins économiques, mais non pas concernant les droits de propriété des créateurs. Les monopoles des investisseurs sont des droits de clientèle en ce qu'ils « *n'atteignent pas un objet stable et défini, mais une production à venir et indéfinie. Ils sont du droit en mouvement* » [4].

983. Parasitisme. Le fondement de la concurrence déloyale pourrait être restrictif, dans la mesure où la faute constitutive d'un acte de concurrence déloyale s'entend comme une *confusion*, un *dénigrement* ou une *désorganisation* d'une entreprise rivale [5]. Or, les atteintes aux droits voisins économiques n'entrent pas forcément dans ces cas. En conséquence, M. AZZI estime que les droits voisins (économiques) ont pour fondement la théorie du parasitisme, c'est-à-dire une conception large de la concurrence déloyale et de la faute [6]. Selon la théorie du parasitisme, le contexte qui entoure l'acte d'utilisation de la prestation importe peu ; toute utilisation sans autorisation du titulaire de droit voisin est constitutive d'un comportement parasitaire. Dans ce sens, M. HUET avait écrit que la théorie de l'agissement parasitaire « *pourrait servir de point de départ à une prohibition généralisée de s'approprier le savoir-faire ou le fruit du travail intellectuel d'autrui, en quelque circonstance que ce soit* » [7].

984. Si tels sont les fondements des droits voisins économiques, y avait-il vraiment une nécessité d'octroyer ces droits exclusifs « voisin du droit d'auteur » ?

---

[1] Projet de loi n° 2169, Documents Ass. Nat., annexé au procès-verbal de la séance du 4 juin 1984, p. 4. et p. 8.

[2] P. ROUBIER, « Droits intellectuels et droits de clientèle », *RTD civ.*, 1935, p. 251.

[3] Nous ne suivons pas ROUBIER en ce qu'il ne distingue pas les créateurs et les investisseurs. Pour lui, le droit d'auteur ne diffère pas des droits de la propriété industrielle : tous sont des droits de clientèle. Nous avons présenté notre avis : l'acte créatif est source d'une propriété de droit naturel, et pas un monopole compensatoire octroyé.

[4] V. T. AZZI, *Recherche sur la loi applicable aux droits voisins du droit d'auteur en droit international privé*, p. 198.

[5] P. ROUBIER, *Le droit de la propriété industrielle*, t. 1, Sirey 1952, n° 119 et s. Cette classification a été reprise par d'autres auteurs.

[6] « *Le parasitisme économique se définit comme l'ensemble des comportements par lesquels un agent économique s'immisce dans le sillage d'un autre afin de tirer profit, sans rien dépenser, de ses efforts et de son savoir -aire* », Cass. com., 26 janv. 1999, n° 96-22.457 : *D.*, 2000, p. 87, note Y. SERRA ; *D. aff.*, 1999, p. 508, obs. C. EMERY. Il convient d'ajouter qu'il existe deux formes du parasitisme : la *concurrence parasitaire* (lors de l'existence d'un rapport concurrentiel), et les *agissements parasitaires* (en l'absence d'un tel rapport). Quoi qu'il en soit, le parasitisme se caractérise toujours par *l'exploitation du travail, des idées, du savoir-faire, des investissements, de la publicité ou de la notoriété d'autrui*, dans le but d'utiliser, pour son propre profit et sans bourse délier, le succès commercial et industriel d'un autre agent économique.

[7] J. HUET, « La modification du droit sous l'influence de l'informatique », *JCP G.*, 1983, I, 2095, n° 18.

2. Utilité des droits voisins économiques

985. Rappel. Pour mettre l'accent sur le contraste entre le droit de l'interprète et celui des investisseurs, rappelons que la propriété des créateurs réserve une valeur complexe, essentiellement *qualitative*. L'originalité de l'œuvre ou de l'interprétation est la source de la valeur essentielle qui rend la forme *singulière*, *non interchangeable*. Le Professeur GAUDRAT enseignait que l'exploitant régulier (cessionnaire) ne fait que transformer cette valeur qualitative en une valeur quantitative. Autrement dit, l'exploitant *actualise* (pas engendre) la valeur économique existant en puissance dans la forme singulière.

986. Rappel (bis). Le travail d'un investisseur est interchangeable. Le créateur élit un investisseur pour l'exploitation de sa création. Ce *travail* et *l'investissement* de l'opération de la communication au public doivent être rémunérés. C'est en tant que cessionnaire des créateurs que l'exploitant se fait rémunérer des fruits qu'engendre l'exploitation/communication. Ce schéma n'est que l'application des principes fondateurs de l'ordre libéral qu'a instauré la Révolution. Or, le monopole déroge à ces principes. Le monopole, on l'a vu, crée de zéro la valeur économique. Dès qu'un enjeu est grevé d'un monopole légal, il acquiert une valeur. C'est ainsi que le monopole des producteurs réserve des valeurs économiques en contrôlant *les utilisations* du vecteur technique, et ce en superposant la communication des créations qui est, seule, la source réelle de la valeur.

987. Deux caractères. L'étude comparative de la situation avant et après la création des droits voisins économiques montre deux choses : *l'inutilité* de ces monopoles cumulée au *danger* qu'ils représentent pour la propriété littéraire et artistique personnaliste et pour la concurrence [1]. En premier lieu, les droits voisins économiques sont *inutiles*, car avant la loi du 3 juillet 1985, les investisseurs n'étaient pas privés de protection ; cette protection, fondée sur le droit commun, s'est montrée suffisante face aux pratiques anticoncurrentielles. Qui plus est, les producteurs-cessionnaires étaient protégés *via* la propriété des créateurs, qui fonde leurs autorisations [2]. En conséquence, le droit exclusif opposable *erga omnes* vient doubler une protection déjà assurée par le droit commun : la responsabilité et le contrat. En second lieu, ces monopoles légaux sont *dangereux*, car la titularité d'un

---

[1] M. S. PESSINA a exprimé cette idée d'inutilité des droits voisins économiques dans sa thèse, (*L'artiste-interprète salarié*, *op. cit.*, p. 63, note 168) : « *nous ne comprenons pas pourquoi le législateur a admis que les producteurs de phonogrammes et de vidéogrammes ainsi que les entreprises de communication audiovisuelle bénéficient aussi de cette qualification de droits voisins [...], cette qualification est donc fort maladroite à notre sens* ». Néanmoins, dans une étude traitant l'insuffisance du droit commun (des biens ou des obligations) à protéger les artistes-interprètes, cet auteur a écrit que « *la concurrence entraine structurellement une dissipation de profit. La concurrence en aval détruit les profits en amont et c'est pour cette raison que l'entreprise en amont a un intérêt à exclure ses concurrents* ». S. PESSINA, « Les attraits du droit de la propriété intellectuelle au regard du droit commun, à la lumière des droits des artistes-interprètes », *op. cit.*, p. 99. Concernant le caractère *dangereux* de ces monopoles, M. B. EDELMAN avait mis l'accent sur la dérive qu'a introduit la loi Lang du 3 juillet 1985 en la qualifiant de « cheval de Troie » du copyright dans la propriété littéraire et artistique personnaliste (*La propriété littéraire et artistique*, *op. cit.*, p. 97). De même M. X. DAVERAT qui critique les dérives dans la propriété littéraire et artistique dans son étude du développement historique des droits voisins jusqu'à leur consécration en droit français (*L'artiste-interprète*, t. 1).

[2] La propriété des créateurs organise le marché de la communication ; elle protège l'exploitant d'une concurrence débridée. Ainsi, la protection maximale de l'exploitant résulte d'une clause d'exclusivité : l'exploitant profitant d'une exclusivité contractuelle peut éliminer toute concurrence.

droit voisin économique s'ajoute à la qualité de cessionnaire. Il en résulte un dysfonctionnement du *marché de la diffusion* [1].

988. Danger du double statut de titulaire et de cessionnaire. Parce qu'il est cessionnaire, l'exploitant est dépendant du créateur. Or, ayant son propre droit exclusif, l'exploitant se libère du créateur, et, plus encore, parasite sa propriété [2]. En d'autres termes, le principe est que le créateur peut contrôler toute exploitation/communication de sa création à travers le paramétrage de la cession. Mais l'exploitant, devenu titulaire d'un droit exclusif (car il produit le vecteur de la création), exerce ses prérogatives sur les *utilisations* de la *forme technique* et sur sa *circulation*, ce qui aboutit à avoir un pouvoir réel sur la création fixée. En bref, l'exploitant mis sur un pied d'égalité avec les créateurs, se comporte comme producteur de la valeur économique ; qui plus est, sa maîtrise matérielle de l'exploitation (donc de la communication) se renforce par une maîtrise juridique. Enfin, ayant son propre droit, présenté habilement comme compensation des risques de l'investissement, le producteur serait tenté de présenter l'autorisation des créateurs, qui reste toujours exigée, comme obstacle l'empêchant de jouir de son droit ! absurde inversion du schéma rationnel que le législateur de 1957 avait consacré.

989. Rappel à l'ordre. La qualité de titulaire d'un droit voisin économique n'affecte pas la qualité de cessionnaire ; au contraire, elle en dépend. En effet, le droit voisin du producteur ne peut naître que sous condition de double cession : l'autorisation de l'auteur et l'autorisation de l'artiste-interprète. Sans ces deux autorisations, la fixation est une contrefaçon [3]. Il en résulte une conséquence d'une grande importance : les monopoles des producteurs sont *inopposables aux propriétés des créateurs* [4]. Néanmoins, la situation de l'artiste-interprète est inquiétante. Son autorisation est présumée en matière audiovisuelle, et neutralisé en matière sonore quand il s'agit de certaines utilisations d'un phonogramme du commerce. On

---

[1] Le Professeur GAUDRAT distingue entre deux marchés : le *marché imparfait de la création* et le *marché de la diffusion*. Le premier est imparfait car il lui manque un élément essentiel du marché : la concurrence. Le fait que l'auteur seul peut offrir la création aux amateurs (membres du public) ne veut pas dire qu'il est monopoleur du marché de la communication ; il est propriétaire de sa création. Concernant le marché de la diffusion, c'est un marché concurrentiel : la négociation entre les créateurs et les exploitants est libre (à part l'interdiction de l'article L. 131-3 CPI). La négociation collective menée par les organismes de gestion (non par les syndicats) renforce le fonctionnement de ce marché. Rien n'est antilibéral ; mais l'introduction des monopoles des producteurs (parce qu'ils produisent le vecteur de la création) rompt l'équilibre contractuel. Pour aller plus loin, V. PH. GAUDRAT, Rép. Civ. Dalloz, V° *Propriété littéraire et artistique (2° Droits des exploitants), op. cit.*, n° 436 et s. (sur le marché de la création) et n° 445 et s. (sur le marché des droits).

[2] PH. GAUDRAT, « Propriétés intellectuelles & tradition française : rappels historiques », *op. cit.* ; *adde* PH. GAUDRAT, « Reprographie et épuisement… du droit de divulgation ou des gardiens du temple ? », *RTD com.*, 2014, p. 613. Cet auteur explique la stratégie des investisseurs qui a été appliquée : la première étape était de se faire reconnaître un « droit concurrent » à celui des créateurs, et la deuxième consiste à faire oublier leur qualité d'ayants cause (cessionnaires) des créateurs lesquels sont dégradés à des simples travailleurs, sinon à des créanciers d'une « rémunération appropriée ».

[3] Ainsi, les droits voisins économiques ne naissent pas *spontanément* d'un acte matériel (la première fixation de celui qui prend l'initiative et la responsabilité), ils ne peuvent exister que sur la base d'une cession des propriétaires de créations fixées. Sauf, bien sûr, dans l'hypothèse où l'exploitation des objets fixés n'est pas soumise à autorisation (fixation des créations dans le domaine public ou des non-créations).

[4] En effet, les droits voisins économiques sont *opposables aux créateurs* en leur *fonction pécuniaire*, c'est-à-dire en ce qui concerne le droit à émarger sur la recette de la rémunération pour la copie privée. Il s'agit d'une rente sans exploitation que partagent les créateurs et les exploitants. PH. GAUDRAT, Rép. Civ. Dalloz, *2° Droits des exploitants, op. cit.*, n° 463 et s. surtout n° 480.

arrive à une situation où le producteur est libéré définitivement de la propriété de l'artiste et à ce que cette propriété se transforme en un droit à rémunération « équitable » ou « appropriée ».

990. Nouvelle lecture du « voisinage ». Si le monopole des producteurs de la forme technique [1] est soumis à la propriété de l'auteur et de l'interprète, nous pouvons conclure que le voisinage des droits voisin économiques se définit par rapport *à la propriété littéraire et artistique.* En conséquence, seul le droit voisin de l'artiste-interprète est un droit voisin *du droit d'auteur* (par son objet et par sa nature propriétaire). Cette distinction entre droits voisins *de la propriété littéraire et artistique* et droit voisin *du droit d'auteur* n'est pas sans conséquence sur l'interprétation de la règle de sauvegarde du droit d'auteur L. 211-1 CPI, comme nous allons voir quand nous exposerons notre théorie du voisinage des droits exclusifs dans la propriété littéraire et artistique.

B. Perturbations profondes

991. Risques géminés. La présence des droits exclusifs sur *les contenants* à côté des droits réels sur *les contenus* exprime un parasitisme économique et juridique, dont les effets n'affectent pas seulement la propriété littéraire et artistique (**2**), mais aussi l'ensemble de l'ordre juridique civiliste (**1**) [2].

1. Dérives dans le système juridique romano-civiliste

992. « Propriété intellectuelle » travestie. La catégorie juridique des droits voisins, englobant des objets disparates, risque d'introduire une *confusion conceptuelle générale.* Nous avons expliqué que la Révolution a instauré une distinction juridique entre la propriété et le monopole, miroir de la distinction fondamentale entre la création et le travail. Or, la généralisation du terme de propriété intellectuelle dilue la notion de propriété en tant que *jus in re*, et neutralise la référence à la créativité et son critère : l'originalité. En conséquence, la propriété sera réduite à l'effet économique de réservation ; et l'adjectif « intellectuelle » sera réduit au caractère incorporel de l'objet réservé.

– Propriété et *property*. Le concept de propriété dans le système juridique civiliste désigne un droit réel sur une chose corporelle on incorporelle. Ce n'est pas synonyme du concept anglo-saxon de *property*. En effet, la *common law* ne connaît pas la *summa divisio* droit réel / droit personnel ; la *property* y est réduite au simple effet économique, c'est-à-dire la réservation [3]. Si la propriété est réduite à son effet économique, il n'y a

---

[1] Les entreprises de communication audiovisuelle sont des producteurs d'une forme technique : le signal porteur des programmes. Les producteurs de phonogrammes ou vidéogrammes sont des producteurs de la forme technique de fixation.

[2] Pour une analyse complète de l'évolution historique de la propriété intellectuelle, V. PH. GAUDRAT, *Deux cours de doctorat en propriété littéraire et artistique*, (Premier cours : Introduction à la propriété littéraire et artistique), à paraitre !

[3] La propriété dans le *common law* est un droit « relationnel ». Elle est définie comme « un ensemble des relations sociales entre personnes relativement à des choses » (*property is best seen as social relations among persons with respect to things*). V. YAËLL EMERICH, « Regard civiliste sur le droit des biens de la *common law* : pour une conception transsystémique de la propriété », *Revue général de droit*, Vol. 38, n° 2, 2008, pp. 339–377 (surtout n° 25, p. 355), URL : https://doi.org/10.7202/1027040ar (consulté le 13 mars 2021).

plus de raison de la distinguer du monopole. Ainsi l'intrusion des monopoles des producteurs dans la propriété littéraire et artistique s'inscrit dans un phénomène général d'utilisation excessive de la « propriété intellectuelle » pour désigner la simple réservation des objets non créatifs. Cette *globalisation terminologique*, dit le Professeur GAUDRAT, est l'expression d'une *colonisation idéologique*.

– **Intellectuel et incorporel.** Tout objet incorporel n'est pas forcément intellectuel, d'où la propriété incorporelle n'est pas systématiquement intellectuelle. La généralisation de l'utilisation de la notion de propriété intellectuelle ou de celle de la propriété littéraire et artistique, dilue cette distinction. L'intellectuel devient l'incorporel ; la création devient l'investissement. En conséquence, les principes libéraux révolutionnaires volent en éclats.

993. La qualification de droit de l'Homme. La qualification de droit de l'Homme ne peut s'appliquer qu'aux véritables propriétés. Les nombreux monopoles légaux, dont le titulaire est souvent une personne morale, ne peuvent pas avoir cette qualification [1]. Un droit de l'Homme est un *droit subjectif fondamental*. Subjectif, car inhérent au sujet, personne humaine, d'où il est de droit naturel. Fondamental, car il implique des valeurs fondatrices que le législateur ne peut renier sans remettre en cause sa propre légitimité. Le monopole ne peut pas être un droit de l'homme : il n'est pas inhérent au sujet bénéficiaire, car il s'agit d'un outil artificiel et opportuniste ; il ne véhicule pas de valeur fondamentale (au contraire, le monopole est contraire à une valeur fondamentale : la libre concurrence) [2]. Or, le Conseil constitutionnel est allé dans le sens de la généralisation de la qualification propriétaire (donc la qualification de droit de l'Homme) à tous les droits voisins, sans distinguer la propriété de l'interprète et les monopoles des investisseurs. C'est ce qu'on peut lire dans la décision n° 2006-540 DC du 27 juillet 2006 :

> « 15. Considérant que les finalités et les conditions d'exercice du droit de propriété ont subi depuis 1789 une évolution caractérisée par une extension de son champ d'application à des domaines nouveaux ; que, parmi ces derniers, figurent les droits de propriété intellectuelle et notamment le droit d'auteur et les droits voisins » [3].

Il s'agit d'un syllogisme imparfait : la propriété est un droit de l'Homme. La propriété littéraire et artistique est donc un droit de l'Homme [4]. Or, tous les droits figurant dans la propriété littéraire et artistique ne sont pas des véritables propriétés. Enfin, l'enjeu qui s'attache à une qualification correcte de droit de l'Homme est important : la hiérarchie entre la propriété de droit naturel et le monopole de droit positif s'affirme.

---

[1] Sur cette question, v. A. ZOLLINGER, *Droits d'auteur et droits de l'Homme*, préf. PH. GAUDRAT, PU Juridiques de Poitiers, 2008, 478 p.

[2] PH. GAUDRAT, Rép. Civ. Dalloz, *1° Propriété des créateurs, op. cit.*, n° 335 et s.

[3] Cons. const., 27 juill. 2006, décision n° 2006-540 DC (publié dans le site du Conseil constitutionnel) : *Propr. Intell.*, n° 20, obs. A. LUCAS et P. SIRINELLI. Aussi Cons. const., 10 juin 2009, décision n° 2009-580 DC : « *que la propriété est au nombre des droits de l'Homme consacrés par les articles 2 et 17 de la Déclaration de 1789* » et que le domaine de la propriété s'est étendu au droit d'auteur et aux droits voisins.

[4] *Contra* P. TAFFOREAU et C. MONNERIE, 4e éd., *op. cit.*, p. 54 : « *La propriété est un droit de l'Homme. La propriété intellectuelle est donc un droit de l'Homme* ». « *Les droits de propriété intellectuelle [...] constituent de véritables propriétés incorporelles relevant [...] des articles 543 et suivants du Code civil* ».

2. Parasitisme dans la propriété littéraire et artistique

994. Sagesse révolutionnaire. Nous avons expliqué que la Révolution a instauré un nouvel ordre économique, juridique et politique basé sur la *liberté*. Il en découle le *libéralisme économique* fondé sur la *libre entreprise* et la *libre concurrence* ; et le *libéralisme juridique* consacrant la *propriété individuelle*. Les révolutionnaires ont appliqué ce modèle sur le rapport entre les auteurs et les diffuseurs. Les théâtres puis les éditeurs furent mis en concurrence par LE CHAPELIER et LAKANAL. Si les exploitants veulent acquérir un avantage concurrentiel, ils ne peuvent l'avoir que par le contrat : l'exclusivité contractuelle consentie par le créateur. En résumé, les investisseurs ne peuvent avoir qu'un monopole (si le législateur l'estime nécessaire) ; jamais une « propriété intellectuelle ». La propriété intellectuelle personnaliste, portant sur la forme issue de l'esprit (la forme intelligible exprimée), ne peut revenir qu'au *producteur intellectuel* de cette chose incorporelle. Le libéralisme économique interdit que de simples entrepreneurs soient en position de monopole ; sinon, tout entrepreneur peut solliciter un monopole sur le fruit de son travail et investissement.

995. Propriété littéraire et artistique tourmentée. Les perturbations les plus profondes peuvent être constatées dans la propriété littéraire et artistique. Les confusions que nous avons décrites aboutissent à deux résultats : d'une part, l'institution des monopoles légaux concurrents la propriété des créateurs ; d'autre part, l'assimilation de la propriété des créateurs aux monopoles cessibles. En bref, nous revenons au point de départ : les privilèges de l'Ancien Régime.

§ 2. HEGEMONIE CONTRACTUELLE

996. Hégémonie consacrée légalement. En matière de créations audiovisuelles, le contrat de production implique des cessions présumées, au profit du producteur, des droits des coauteurs (L. 132-24 CPI) et de ceux des interprètes (L. 212-4 CPI). De plus, le producteur dispose d'une prérogative dont on a privé les interprètes : la participation à la décision qui concerne l'achèvement de « la version définitive » de l'œuvre audiovisuelle, ainsi que « toute modification de cette version par addition, suppression ou changement » (L. 122-5 CPI). Dans le domaine audiovisuel, l'hégémonie contractuelle est consacrée légalement dans une perspective économique.

997. Hégémonie imposée contractuellement. Conscients de leur dépendance de la propriété des créateurs malgré le droit voisin qui leur a été octroyé, les producteurs en matière sonore imposent contractuellement leurs hégémonies, pour neutraliser cette dépendance. L'étude des clauses contractuelles en matière de contrats de production phonographique montre cette triste réalité.

998. Plan. Nous commencerons par l'analyse des pratiques contractuelles (**A**), afin d'en apprécier les effets sur la propriété des artistes-interprètes (**B**).

A. Pratiques contractuelles

999. La relation contractuelle entre l'artiste-interprète et le producteur phonographique est *ponctuelle* dans le cas des artistes d'ensemble ou d'accompagnement (**1**). En revanche, le contrat d'artiste, que signent les chanteurs ou les solistes (parfois les musiciens d'ensemble, comme dans la musique classique) *s'inscrit dans la durée* (**2**) [1].

1. Contrats d'engagement des artistes d'ensemble ou d'accompagnement

1000. Situation avant et après la loi Lang de 1985. Un protocole d'accord avait été conclu le 1er mars 1969 entre, d'une part, le SNAM et SAMUP [2] du côté des artistes, et, d'autre part, le SNICOP (devenu SNEP) [3] du côté des producteurs. Les artistes d'ensemble n'accordaient au producteur que le droit d'exploiter l'enregistrement sous forme de phonogramme du commerce. Pour exploiter l'enregistrement autrement, le protocole prévoyait que des accords spéciaux devaient fixer les conditions des utilisations secondaires. Après la reconnaissance des droits voisins à tous les artistes-interprètes, le SNAM et la SPEDIDAM d'un côté, et le SNEP de l'autre, se sont opposés sur l'interprétation des stipulations de ce protocole à la lumière de la nouvelle loi. Par la suite, le protocole a été dénoncé en 1993 par le SNEP [4]. Ainsi, deux pratiques s'opposaient : la pratique de la SPEDIDAM et celle des producteurs. La SPEDIDAM, a réformé ses statuts en 1994 pour inciter les interprètes à lui faire *apport en propriété* de leurs droits patrimoniaux, et afin de les inciter à signer la feuille de présence SPEDIDAM. Les producteurs visaient, eux, à faire signer aux artistes des contrats d'enregistrement dit « contrats de cession ou contrats UPFI ».

1001. Feuille de présence SPEDIDAM. Après 1993, la SPEDIDAM a maintenu la feuille de présence (ou de séance). Les artistes d'ensemble signent la feuille SPEDIDAM, qui vaut contrat de travail assorti d'une clause de cession du droit d'exploitation de l'enregistrement *pour une seule destination* (par exemple, la fabrication d'un phonogramme du commerce, réalisation d'une bande sonore d'un film etc.). La SPEDIDAM gère toutes les autres destinations en raison de l'apport statuaire. Ainsi, le producteur doit obtenir l'autorisation auprès de la SPEDIDAM pour toute utilisation de l'enregistrement autre que celle choisie dans ladite feuille. Cela ne convenait pas aux producteurs qui ont élaboré leur modèle contractuel : le contrat UPFI [5].

---

[1] S. PESSINA, « Les contrats entre les artistes de la musique et les producteurs : contrat d'enregistrement exclusif et contrat collectif », *op. cit.*, p. 261. P.-M. BOUVERY, *Les contrats de la musique*, 6e éd., *op. cit.*, p. 167 et s. et p. 102 et s.

[2] SNAM : Syndicat National des Artistes Musiciens. SAMUP : Syndicat des artistes-interprètes et enseignants de la musique, de la danse, des arts dramatiques, et autres métiers connexes du spectacle.

[3] SNEP : Syndicat National de l'Édition Phonographique (fondé en 1941, devenu SNICOP en 1958 puis SNEPA en 1974 et enfin devenu SNEP en 1982. En 2019, le SNEP regroupe 69 membres dont les trois majors mondiales : Universal, Sony et Warner : 75% du marché de disque en France).

[4] Le protocole n'était pas un accord collectif étendu, donc il n'avait de valeur contraignante qu'à égard des membres du SNEP. Après la dénonciation par le SNEP, les producteurs-employeurs commencèrent de payer le *smic horaire* à la place du *cachet de base* qui était fixé dans le protocole pour chaque « service » de trois heures ; ainsi, on est passé de 15,93 € cachet d'un service de trois heures d'enregistrement, à un smic de trois heures qui égalait à 5,31€. V. P.-M. BOUVERY, *Les contrats de la musique*, 6e éd., *op. cit.*, p. 170.

[5] UPFI, Union des Producteurs phonographiques Français Indépendants.

1002. Contrat UPFI. Comme dans les contrats d'artistes (des solistes), les producteurs ont élaboré un contrat de cession de la totalité des droits patrimoniaux au producteur en contrepartie d'un salaire *forfaitaire et définitif*, contrairement aux solistes qui touchaient une rémunération proportionnelle. Il est stipulé dans ce contrat que :

> « En contrepartie de son interprétation, de la fixation de ladite interprétation et des autorisations consenties au A/de l'article II, l'Artiste-interprète percevra une rémunération BRUTE globale de : … »

Sans doute, une telle clause est nulle aujourd'hui, dans la mesure où l'article L. 212-11 du Code de la propriété intellectuelle a consacré le principe de la spécialité des cessions, et l'article L. 212-13 du même code qui pose le principe d'une rémunération distincte de chaque mode d'exploitation. En revanche, la pratique de la SPEDIDAM demeure conforme aux nouvelles dispositions de la cession des droits voisins de l'artiste-interprète.

1003. Entre syndicats et société de gestion. En dernier épisode de cette opposition, un désaccord est né dans le camp des artistes-interprètes entre un *syndicat* et une *société de gestion de droits*. D'un côté, le syndicat SNAM a favorisé la renégociation d'un nouvel accord collectif avec les organisations des producteurs pour réguler la question des droits voisins des artistes-interprètes ; d'un autre côté, et à l'opposé, la société de gestion SPEDIDAM (avec certains syndicats dont SAMUP) a maintenu sa stratégie de défense des droits des artistes-interprètes *via* des multiples contentieux. Par la suite, le SNAM et les syndicats principaux des artistes-interprètes ont mené des longues négociations qui ont conduit à la conclusion d'une Convention collective le 30 juin 2008 (CCNEP) et son annexe III concernant, surtout, les barèmes de rémunérations des artistes d'ensemble (que nous avons évoqué lors de l'étude des rémunérations des artistes-interprètes). La Convention a été étendue le 20 mars 2009 et est devenue applicable à tout producteur phonographique. Enfin, force est de constater *l'empiétement* de la compétence des organisations syndicales sur le terrain de la propriété des artistes. Or, la gestion de la propriété devrait relever de la compétence des organismes de gestion collective. Cela est d'autant plus critiquable que l'annexe III à la Convention de l'édition phonographique est plus large que le protocole qu'il remplace. En effet, le protocole d'accord de 1969 ne traitait que *les conditions de travail* des artistes (à une époque où les droits voisins n'existaient pas). Or, l'annexe III traite la question des droits voisins des artistes d'ensemble ou d'accompagnement (article 3.21 sur l'exercice du droit d'autoriser) et prévoit le mode de calcul de rémunérations au titre de la cession de droits voisins (article 3.24.1 sur le salaire de base ; 3.24.2 sur la rémunération complémentaire forfaitaire et 3.24.3 la rémunération complémentaire proportionnelle qui est limitée au cas de gestion collective confiée par le producteur aux organismes de gestion des producteurs [la SPPF ou la SCPP]).

1004. En tout état de cause, force est d'admettre l'importance du rôle de l'organisme de gestion collective des droits des interprètes, qui assure, tant que faire se peut, l'équilibre contractuel. Ainsi, comme nous l'avons présenté, la SPEDIDAM a tenté plusieurs contentieux afin de contester les dispositions concernant les droits voisins dans l'annexe III à la Convention de 2008. Ces efforts ont abouti à l'annulation de certaines dispositions [1] et ont obligé les parties signataires de cette annexe à la modifier, surtout pour se conformer à la loi LCAP de 2016.

2. Contrats d'artiste

1005. L'hégémonie contractuelle est plus claire dans les contrats d'artistes qui s'inscrivent dans la durée et qui contiennent des clauses usuelles qui se combinent souvent (**a**). D'ailleurs, la pratique de la stratégie dite « 360° » et ses variétés sont aussi un autre exemple de cette hégémonie (**b**).

a. Clauses usuelles dans le contrat d'artiste

1006. Le contrat d'artiste est un contrat signé généralement par les solistes ou les chanteurs (et certains musiciens d'ensemble). Ce contrat comporte souvent *deux sortes de clauses*, les unes concernent le *contrat de travail*, les autres concernent le *contrat de cession*. Il s'agit principalement de quatre clauses : la clause d'exclusivité (**i**) ; la clause catalogue (**ii**) ; la clause *back catalogue* (**iii**) et la clause de préférence (**iv**).

i. Clause d'exclusivité

1007. Monopole contractuel. Le contrat d'artiste [2] est souvent conclu avec *clause d'exclusivité* [3]. En vertu de cette clause, l'artiste s'engage à ne pas conclure d'autre contrat de même type avec un autre producteur pendant *la durée de l'exclusivité*. Cette clause présente un grand intérêt économique au producteur en lui réservant la créativité d'un artiste. La contrepartie consisterait pour l'artiste, nous dit-on, en la « garantie d'un minimum d'enregistrements » que le producteur s'engage à réaliser durant le contrat exclusif. Dès lors, l'équilibre contractuel se traduirait en une équation : durée d'exclusivité/nombre minimum d'enregistrements [4].

1008. Délimitations. La clause d'exclusivité doit être délimitée quant au *territoire géographique*, à sa *durée* et à son *domaine*. Souvent, cette clause est stipulée pour *le monde entier* [5], ce qui se comprend mieux dans la musique (d'exploitation mondiale) que dans le contrat d'édition des œuvres littéraires (d'exploitation

---

[1] Cass. 1re civ., 15 mars 2017, (n° 14-29.179, 14-29.408, 14-29.973, 15-10.891 et 15-17.450), FS-P+B+I, JurisData : n° 2017-008575 (*op. cit.*). Sur renvoi CA Versailles, 6e ch., 24 janv. 2019, n° 17/04408 : JurisData n° 2019-001350 (*op. cit.*). *Adde* P. TAFFOREAU, « La validité et l'interprétation de l'annexe n° 3 à la convention collective nationale de l'édition phonographique du 30 juin 2008 soumises à la sagacité de la Cour de cassation », *Dalloz IP/IT*, 2017, p. 393. P.-M. BOUVERY, *Les contrats de la musique*, 6e éd., *op. cit.*, p. 171.

[2] Cette clause n'est pas stipulée dans les contrats des artistes d'accompagnement (la feuille de présence ou de séance), ce qui se comprend. Ces artistes « non-principaux » peuvent contracter avec plusieurs employeurs (studios) et accompagner plusieurs artistes en même temps sans poser un problème de concurrence.

[3] Ce n'est pas toujours le cas. Par exemple, dans la *musique classique*, le producteur et les interprètes limitent leur relation à une œuvre déterminée, d'où la clause d'exclusivité ne se justifie pas : la durée du contrat est celle de l'enregistrement. En revanche, une clause d'exclusivité peut être stipulée dans le domaine du spectacle. Ainsi, le théâtre peut interdire aux artistes engagés d'accepter, au cours d'une même saison, des productions scéniques dans des théâtres concurrents. V. J. BACOUELLE, *La condition juridique de l'artiste-interprète*, n° 58.

[4] Sont souvent exclus de ce minimum d'enregistrements : les enregistrements lors des concerts (*lives*) ; les bandes-son de films ; les interprétations en d'autres langues ; les remix ; les compilations mono-artiste (*best of*). P.-M. BOUVERY, *Les contrats de la musique*, 6e éd., *op. cit.*, p. 104.

[5] Parfois, des mentions exagérées sont utilisées comme « pour tout ou partie de l'univers habité par l'homme », ce qui imite la mention « *for the solar system* » dans les contrats anglo-saxons !

morcelée du fait de la barrière de langues). Concernant son domaine, l'exclusivité ne réserve que le domaine discographique : *l'activité d'enregistrement musical* de l'artiste-interprète. Ainsi, les activités accessoires (enseignement de la musique) ou scénique (théâtre ou cinéma) ou parallèle (danseur, compositeur, etc.) sont exclues. Enfin, concernant la durée de l'exclusivité, elle est différente de la durée de l'exploitation de l'enregistrement (la durée de la cession).

1009. Exemple :

> « L'artiste qui se déclare libre de tout engagement similaire, concède à la Société, pour la durée du contrat, l'exclusivité de la fixation de ses interprétations d'œuvres musicales en toutes langues en vue de leur reproduction par tous procédés actuels ou à venir pour leur publication et leur diffusion par quelque procédé que ce soit » [1].

1010. Durée de l'exclusivité. L'exclusivité vise à réserver au producteur la créativité de l'artiste-interprète afin de produire un nombre déterminé d'enregistrements. Ainsi, sa durée dépend du *travail nécessaire* à la réalisation de cet objectif, non de la cession des droits voisins (dans la majorité des contrats, la durée de la cession est celle de la protection des droits voisins). Donc, la durée de la clause d'exclusivité est celle du contrat de travail. Ce contrat répond à la nature *intermittente* de l'activité de l'artiste-interprète. En effet, le premier alinéa de l'article L. 1221-2 du Code du travail prévoit que le contrat de travail est conclu, en principe, sans détermination de durée. Le second alinéa tempère ce principe en permettant la conclusion d'un contrat de travail à durée déterminée, soit en comportant un terme précis (contrat « date à date »), soit en faisant référence à la réalisation de l'objet du contrat.

• **Durée déterminée.** À la fin de l'âge d'or du disque, il est devenu rare que le contrat d'artiste soit conclu à durée déterminée avec un terme précis. Mais rien n'empêche le producteur à conclure avec le même artiste des contrats à durée déterminée successifs, sans risque de requalification de la relation contractuelle en un contrat à durée indéterminée [2].

• **Durée déterminable.** Le contrat d'exclusivité conclu sans comporter un terme précis, mais faisant référence à la réalisation de son objet, doit remplir deux conditions. Cela résulte du troisième alinéa de l'article 1242-7 *in fine* du Code du travail, qui exige que le contrat doive fixer une *durée minimale* et *avoir pour terme la réalisation de l'objet* pour lequel il a été conclu [3]. Dans ce cas, l'exclusivité du contrat d'artiste peut être avec ou

---

[1] P.-M. BOUVERY, *Les contrats de la musique*, 6e éd., *op. cit.*, p. 111.

[2] Le principe est posé dans l'article L. 1243-11 du Code du travail : « *lorsque la relation contractuelle de travail se poursuit après l'échéance du terme du contrat à durée déterminée, celui-ci devient un contrat à durée indéterminée* ». Cependant, le contrat d'artiste entre dans l'une des exceptions prévues dans l'article L. 1244-1 du même code. Il s'agit selon 3° de cet article des cas où « *il est d'usage constant de ne pas recourir au contrat de travail à durée indéterminée en raison de la nature de l'activité exercée et du caractère par nature temporaire de ces emplois* ». Ainsi, le contrat d'artiste est un contrat à durée déterminée d'usage (CDDU), qui peut se renouveler sans limitation.

[3] Cass. soc., 4 févr. 2009 : RJS 4/09, n° 320. Par exemple, « *le contrat est conclu pour une période de X ans à compter de sa signature et en tout état de cause pour la durée nécessaire à la réalisation du minimum d'enregistrement prévus à l'article […]. Chaque titre/album sera enregistré dans un délai compris entre un minimum de X mois et un maximum de Y mois, suivant la date de sortie commerciale du titre/album précédant* ». Le problème de comptabilisation précise de la durée d'exclusivité se pose. On connaît trois dates : la date de la signature du contrat, la date de fin de X mois après la sortie commerciale de l'enregistrement, et la durée nécessaire à l'enregistrement de chaque titre ou album. Or, on ne connaît pas avec précision la date de sortie commerciale de l'enregistrement, ou le délai maximum qui la sépare de la fin de l'enregistrement. V. P.-M. BOUVERY, *Les contrats de la musique*, 6e éd., *op. cit.*, p. 108. D'ailleurs, la question de la requalification du contrat en un

sans option (choix que s'octroie le producteur de poursuivre ou non la relation contractuelle, après un délai de l'exploitation [la sortie] d'un enregistrement).

1011. Extension de l'exclusivité : la clause d'option. La clause d'option est une clause stipulée au profit du producteur, lui permettant de poursuivre ou non sa relation contractuelle avec l'artiste, après un certain délai de l'exploitation d'un enregistrement. Cette clause permet au producteur d'adapter la durée du contrat d'artiste en fonction du succès commercial des enregistrements réalisés. Ainsi, cette clause est utilisée dans les contrats avec les jeunes artistes lors de la première signature : un *EP* [1] ou un album ferme puis plusieurs albums en option. Il convient de distinguer cette clause de la *clause de préférence*, qui s'exerce au terme du contrat et donne au producteur la possibilité de reprendre l'offre d'enregistrement proposée par un autre producteur. Enfin, la succession d'options pose le problème de la *pérennisation* du contrat d'artiste, qui est un *contrat à durée déterminée d'usage* (CDDU) [2]. C'est la raison pour laquelle certaines juridictions ont requalifié le contrat d'artiste structuré en *successions optionnelles* en un contrat à durée indéterminée [3]. Selon cette jurisprudence, la clause d'option a pour conséquence de lier à terme indéterminable l'artiste à son producteur (si ce dernier le souhaite [4]). Ainsi, la requalification permet à l'artiste de se libérer en démissionnant, ou d'obtenir des dommages-intérêts pour licenciement sans cause réelle et sérieuse, si le producteur ne veut plus l'enregistrer. La Cour de cassation semble avoir mis fin à cette jurisprudence de requalification, presque systématique, des contrats à raison de la présence d'une option conférant en soi au contrat une durée indéterminée [5]. La solution de la Cour de cassation distingue entre deux hypothèses :

---

contrat à durée indéterminée est au cœur du débat : V. J.-Y. KERBOURC'H et J. VINCENT, « Validité et effets de la clause d'option stipulée dans un contrat d'artiste », *RLDI*, n° 31, oct. 2007.

[1] *EP* (*extended play*), est un format d'enregistrement musical qui comporte plus de pistes qu'un *single* et moins de pistes qu'un *album*. En revanche, le *single* contient un ou deux titres en « face A » (*A-side*), souvent accompagnés d'un ou plusieurs titres « face B » (*B-side*) ; la face A du disque contient les titres principaux, la face B contient des titres secondaires (autre version de la chanson, remix etc.).

[2] J.-Y. KERBOURC'H et J. VINCENT, « Validité et effets de la clause d'option stipulée dans un contrat d'artiste », *RLDI*, n° 31, oct. 2007, p. 60.

[3] Cons. Prud'h. Paris, 7 déc. 2000, aff. *Terry Moïse c/ Virgin*, RG n° F 00/02007. Aussi CA Versailles, 27 sept. 2005, aff. *Larussi c/ Emi Music France* : « *La durée de la relation contractuelle était rendue indéterminable du fait de l'option réservée à l'employeur quant à la poursuite, selon les mêmes conditions, de la relation de travail* ». *Contra* un arrêt refusant la requalification dans une affaire similaire et optant pour l'annulation de l'option (considérée comme clause de résiliation unilatérale au bénéfice du producteur) : CA Paris, 18e ch., 11 avril 2002, n° 01-35540, *J.-P. Capdevielle c/ C. Joliton dite Emma Shapplin*, JurisData n° 2002-176648.

[4] La doctrine se demande aussi si la clause d'option ne pourrait pas être remise en cause à raison de son caractère *potestatif*. M. G. BLANC-JOUVAN écarte cette possibilité si le critère prévu pour faire jouer l'option est purement objectif (la vente de disque). En revanche, si l'option ne dépend que la volonté du producteur, cet auteur estime que la clause potestative sera entre les mains du *créancier*, tandis que la condition potestative prohibée est celle qui dépend de la volonté du débiteur (nouvel art. 1304-2 C. Civ.). V. G. BLANC-JOUVAN, *Droit de la propriété intellectuelle, Théorie et pratique*, Vuibert, 2011, p. 123.

[5] Cass. soc., 13 juin 2007, aff. *Larusso cl Emi Music France* : *Bull. civ.*, 2007, V, n° 97. Le juge du fond aurait dû « *vérifier si, au moment de la levée d'option décidée par la société Emi Music France, un second contrat à durée déterminée avait été conclu par un écrit conforme aux prescriptions de l'article L.122-3-1 du Code du travail* ». V. J.-M. GUILLOUX, « Vers une exécution équitable du contrat d'artiste ? », *RLDI*, n° 31, oct. 2007, p. 53 et s. surtout p. 59

– Soit il s'agit d'une simple prolongation du terme du contrat d'artiste, d'où il serait possible de requalifier le contrat [1], sinon d'annuler la clause d'option [2] ;

– Soit il s'agit de la conclusion d'un nouveau contrat pour chaque levée d'option. En effet, contrairement au contrat à durée déterminée de « droit commun » (renouvelable une seule fois), le contrat à durée déterminée d'usage peut se répéter à durée déterminée.

1012. Exclusivité et autoproduction. La loi sur l'initiative économique du 1er août 2003 comporte une disposition qui favorise la création d'entreprise et le passage du statut de salarié au statut d'entrepreneur [3]. Ainsi, l'artiste-interprète lié avec un producteur par un contrat d'exclusivité peut créer son entreprise de production phonographique. Néanmoins, l'artiste reste tenu par la loyauté à l'égard de son cocontractant. En conséquence, si l'artiste lié par une exclusivité peut exercer son activité créative en autoproduction, il ne peut pas réenregistrer les mêmes titres enregistrés avec son ex-employeur. Si l'artiste ne respecte pas cette obligation ou la « clause catalogue », il peut être sanctionné en concurrence déloyale [4].

ii. « Clause catalogue »

1013. Clause de non-concurrence. Nous avons expliqué que l'art interprétatif est un art de temps. Par conséquent, le temps de création interprétative peut se répéter, contrairement à l'œuvre qui se réalise une fois pour toutes : l'écrivain ne réécrit pas le même livre une deuxième fois, ce serait une reproduction ; en revanche, l'interprète peut re-créer ses interprétations d'une même œuvre, car le temps *participe à la forme* et la rend *nouvelle* à chaque fois. Sur le terrain de l'exploitation de l'interprétation, cela pose un problème : si l'artiste réenregistre une interprétation d'une même œuvre, il mettra ses interprétations en concurrence. Pour éviter ce risque, le contrat d'artiste stipule une clause de non-concurrence qui s'appelle la « clause catalogue ». Cette clause tend à renforcer la cession des droits sur une interprétation donnée, lorsque le contrat de travail prend fin. En vertu de cette clause, l'interprète s'interdit de réenregistrer les interprétations enregistrées

---

[1] *Requalification-interprétation* qui consiste à donner à la convention sa vraie qualification eu égard de la commune intention des parties, par opposition à la *requalification-sanction* qui sanctionne le non-respect, par un employeur, des règles du contrat à durée déterminée. Sur l'ensemble des problématiques liées à la durée des contrats des interprètes, V. R. STORA, *Les contrats de l'artiste-interprète en France*, thèse, Nancy, 2009, p. 66 et s.

[2] Dans ce cas, le contrat demeure à durée déterminée (ayant pour objet la réalisation de plusieurs enregistrements), mais la clause d'option qui ouvre au producteur la possibilité de ne pas poursuivre la relation contractuelle après le premier enregistrement est nulle. En effet, il s'agit d'une *clause de rupture anticipée* contraire à L. 1243-1 qui limite cette rupture dans le contrat à durée déterminée à la faute grave, la force majeure ou l'inaptitude constatée par le médecin du travail. Dans ce sens : J.-Y. KERBOURC'H et J. VINCENT, *RLDI*, n° 31, oct. 2007, *op. cit.*

[3] Codifié dans L. 1222-5 1er al. C. trav. « *L'employeur ne peut opposer aucune clause d'exclusivité pendant une durée d'un an au salarié qui crée ou reprend une entreprise, même en présence de stipulation contractuelle ou conventionnelle contraire.* ». L'alinéa 3 du même article dispose que « *le salarié reste soumis à l'obligation de loyauté à l'égard de son employeur* ».

[4] S. PESSINA, « Les contrats entre les artistes de la musique et les producteurs : contrat d'enregistrement exclusif et contrat collectif », *op. cit.*, n° 573, p. 263.

pour un producteur et qui figurent dans son catalogue [1] et ce pendant une durée qui peut être entre cinq à dix ans.

1014. Monopole contractuel renforcé. En réalité, la clause « catalogue » prolonge le monopole contractuel, mais uniquement concernant les œuvres déjà interprétées et enregistrées. Ainsi, le producteur sécurise son exploitation et empêche l'artiste de s'auto-concurrencer. Qui plus est, cette clause permet de gérer la rareté des interprétations d'une même œuvre [2]. Toutefois, dans le cas d'enregistrements d'un album, il peut arriver que des titres soient écartés, ce qui pénaliserait l'artiste s'il lui était interdit de les réenregistrer et publier ailleurs. Pour cette raison, il serait mieux pour l'artiste de limiter l'application de la clause catalogue aux seuls enregistrements *publiés*.

1015. Distinction. La clause d'exclusivité porte sur « l'activité discographique » de l'artiste : le producteur se réserve l'activité créative *pendant* la durée du contrat. En revanche, la clause catalogue est une clause *post-contractuelle*, qui assure l'exploitation paisible qu'ouvre la cession après la fin du contrat d'enregistrement ou la date de la publication de chaque fixation.

1016. Exemple :

> « L'artiste s'engage à ne pas réenregistrer, aux fins de publication, les œuvres qu'il a ou aura enregistrées pour le compte de la société, ni pour lui-même ni pour qui que ce soit d'autre que la société, et ce, pendant X ans, à compter de la date de la publication des enregistrements, de la date d'expiration du présent contrat ou de son renouvellement » [3].

iii. Clause « back catalogue »

1017. Propriété des matrices et droits cédés. Dans la quasi-totalité des contrats d'artiste, la cession des droits voisins sur l'interprétation est pour la durée de protection de ces droits. Ainsi, lorsque le contrat d'enregistrement (le contrat de travail) prend fin, la cession continue à produire ses effets : le producteur, propriétaire des *masters* (propriété corporelle), demeure cessionnaire des droits voisins sur les prestations enregistrées ; il continue d'exploiter les enregistrements et reste tenu de verser les redevances aux interprètes. La clause « *back catalogue* » vise à préserver les droits que le producteur s'est fait céder sur les enregistrements réalisés pendant la période d'exclusivité.

1018. Clause catalogue et clause *back catalogue*. Si la « clause catalogue » interdit à l'artiste-interprète de réenregistrer les titres qui figurent dans le catalogue de son producteur, la clause « *back catalogue* » concerne les cessions des droits voisins sur ces titres enregistrés et figurant dans ce catalogue. Ainsi, ces deux clauses sont considérées comme *complémentaires*. Il convient de préciser que cette clause, malgré sa formulation, n'est pas une clause post-contractuelle. Elle *confirme la cession* qui produit ses effets au-delà du contrat de travail. En définitive, la *clause catalogue* donne de la force à la cession

---

[1] La clause catalogue donne une autre prérogative au producteur : la faculté de *faire figurer ou de retirer*, à sa convenance, les œuvres dans son catalogue, *ou de les republier*. B. EDELMAN, « Autopsie des contrats de production phonographique. État des lieux et perspectives », *D.*, 2007, p. 2890.

[2] S. PESSINA, « Les contrats entre les artistes de la musique et les producteurs : contrat d'enregistrement exclusif et contrat collectif », *op. cit.*, n° 582, p. 270

[3] P.-M. BOUVERY, *Les contrats de la musique*, 6e éd., *op. cit.*, p. 115.

des droits sur l'enregistrement, en empêchant la concurrence d'autres enregistrements faits par le même artiste des mêmes œuvres. En revanche, la clause « *back catalogue* », qui n'est pas une autre cession, n'est, croyons-nous, qu'une redondance ; elle rappelle la continuation des effets de la cession. Nous nous interrogeons alors sur l'utilité de l'affirmation qu'après l'expiration du contrat de travail, le producteur reste cessionnaire « définitif » : ou bien il y a une cession dont la durée est bien déterminée dans le temps, ou il n'y a pas [1]. Nous craignons que cette clause ne vise, en réalité, à lier la propriété des supports aux droits d'exploitation ; un subterfuge pour donner à la cession des droits le caractère « perpétuel » de la propriété corporelle des supports.

1019. Exemple :

> « Nonobstant l'expiration du contrat, la Société demeure propriétaire des biens meubles que constituent les matrices d'enregistrement et des droits d'exploitation y afférents » [2].

1020. Cette clause sécurise le contrat d'exploitation même en cas de résiliation. Ainsi, dans les affaires *J. Hallyday* et *G. Patti*, la chambre sociale et la chambre civile de la Cour de cassation n'ont pas fait droit aux demandes des artistes, dans la mesure où la rupture de leur contrat d'artiste a été qualifiée de résiliation. Dans un tel cas, la rupture du contrat n'a d'effet que pour l'avenir et n'a pas « *pour effet d'anéantir rétroactivement les cessions antérieurement intervenues sur les enregistrements réalisés au cours du contrat* » [3]. En revanche, la résolution, qui consiste en *l'effacement rétroactif* des obligations contractuelles, atteint la cession et affecte les clauses [4].

iv. Clause de préférence.

1021. Exemple :

> « Dans un délai de X mois à compter de l'expiration du contrat l'artiste s'oblige à adresser à la Société, dans leur forme originale et définitive, les offres qu'il pourrait recevoir des personnes physiques ou morales ayant un objet similaire ou présent contrat.
>
> À conditions égales, l'artiste s'engage à accorder la préférence à la Société si celle-ci en réclame le bénéfice par lettre recommandée dans les X jours de la communication desdites offres » [5].

---

[1] *Contra* R. NACCACH, « La clause de *back catalogue* sur le devant de la scène », *D.*, 2006, jurispr. p. 2404, pour qui « la *clause catalogue* n'a aucun sens sans la clause *back catalogue* ».

[2] P.-M. BOUVERY, *Les contrats de la musique*, 6e éd., *op. cit.*, p. 128.

[3] Pour un exemple de la jurisprudence : Cass. soc., 20 déc. 2006, (n° 05-43.057) : JurisData n° 2006-036667, aff. *Johnny Hallyday c/ Universal* : *Bull. civ.*, 2006, V, n° 409, p. 395 ; *CCE*, 2007, comm. 35, p. 28, obs. CH. CARON. « *Sauf disposition contraire résultant de l'accord des parties, la résiliation, d'un commun accord, du contrat d'enregistrement exclusif, n'y met fin que pour l'avenir [...]. Elle n'a pas non plus pour effet d'anéantir les clauses destinées à régir les relations entre l'artiste-interprète et le producteur après la période contractuelle de réalisation des enregistrements. Il s'ensuit que l'arrêt a exactement décidé que le producteur était resté cessionnaire des droits voisins de l'artiste-interprète sur les enregistrements réalisés, et qu'il a en conséquence à bon droit rejeté la demande de restitution des bandes mères et décidé que la clause relative à la durée de l'exclusivité ainsi que la clause catalogue devaient recevoir application* ». Aussi, Cass. 1re civ., 5 juill. 2006, aff. *G. Patti*, *D.*, 2006, jurispr. p. 2404, note R. NACCACH.

[4] Cass. soc., 21 juin 2004, aff. *Universal Music d Mc Solaar* : *Bull. civ.*, 2004, V, n° 172, p. 162 ; *Légipresse*, déc. 2004, n° 217, comm. I. WEKSTEIN.

[5] P.-M. BOUVERY, *Les contrats de la musique*, 6e éd., *op. cit.*, p. 116.

1022. Clause post-contractuelle. À l'issue de la période d'exclusivité, le producteur peut avoir une *priorité* en vertu d'une clause de préférence (appelée aussi « droit de première option »). Cette clause, concerne les offres émanant d'autres producteurs. Souvent, la durée de cette clause est d'un an, et le producteur dispose d'un délai pour faire son choix. Sur la justification de cette clause, il est dit qu'un producteur devrait pouvoir continuer à profiter des investissements qu'il a mis dans la promotion et le développement de la carrière de l'artiste [1]. En tout état de cause, si l'ancien producteur souhaite continuer sa relation contractuelle avec l'artiste, ce sera selon les conditions du nouveau contrat ; les termes « conditions égales » dans la formulation de cette clause comprennent, surtout, la durée du contrat, les conditions financières et le minimum d'enregistrement à réaliser.

b. Contrat à droits multiples (Contrats 360°)

1023. Apparition. Depuis le début du XXIe siècle, les maisons de disques ont inventé une forme contractuelle assez large, pour faire face à la chute de ventes des supports physiques. Leur stratégie consiste en la diversification des sources de revenus [2]. Ainsi, les contrats à 360° (ou contrats à droits multiples [3]) ont été utilisés, dans un premier temps, dans le rapport des majors avec des artistes de renommée internationale. Désormais, ce modèle contractuel s'est généralisé et s'est développé en plusieurs types. Cependant, l'idée centrale reste la même : appréhender les *diverses sources de revenus* de l'artiste (disque, spectacle, édition et droits dérivés). En effet, ce « tour complet » exprime la faculté pour un sujet (le producteur) d'embrasser l'intégralité de ce qui l'entoure (vision panoramique, 360°). L'objet de l'observation pour le producteur est la source de la valeur : l'artiste même et ses activités. Ainsi, ce contrat à droit multiple appréhende les quatre domaines d'activité d'un artiste de la musique : la production phonographique (et parfois même la production audiovisuelle : les vidéoclips et la télédiffusion de spectacles) ; l'édition musicale (l'auteur-compositeur-interprète) ; le spectacle vivant et les droits dérivés comme le *marchandising* (vente des produits reproduisant le nom, l'image ou le logo de l'artiste etc.) et le *sponsoring/ endorsement* (associer des produits à l'artiste pour illustrer une marque, ce qui est inspiré du monde du sport).

1024. Formulations. Des longues clauses sont stipulées dans les contrats d'artiste pour appréhender des domaines voisins ou accessoires à l'activité artistique de l'artiste-interprète. Par exemple, cette clause sur le « *marchandising électronique* » :

> « L'artiste concède à la Société le droit exclusif d'exploitation de son "marchandising Électronique". Par "Merchandising Électronique", les parties entendent le droit d'exploiter et/ou faire exploiter les reproductions de photographie, images fixes ou animées le représentant, son nom ou pseudonyme, son logo et plus largement tous

---

[1] Cette clause prémunit le producteur « *contre le danger d'être frustré des fruits de ses efforts par un concurrent, à l'heure même où l'interprète, dont ses sacrifices ont soutenu la carrière, réussit à atteindre une grande notoriété* » : CA Paris, 22 mars 1968, aff. *J. Brel c/ Disques Philips* : *RIDA* oct. 1969, n° 62, p. 121.

[2] Pour une étude complète de ce contrat, V. P.-M. BOUVERY, *Les contrats 360° : pour une explication des contrats à droits multiples*, Irma, 2011.

[3] MRD : *Multiple Rights Deals.*

signes distinctifs y attachés, ses enregistrements vocaux, etc. sur supports et/ou fichiers numériques ou par l'intermédiaire de réseaux de transport de données avec ou sans fil [...] et produire du contenu sonore ou audiovisuel en vue de son exploitation sous les différentes formes prévues ci-avant [...] » [1].

Ou encore, cette clause sur le *marchandising physique* :

« [...] s'agissant des attributs de la Personnalité, la Société versera à l'artiste :

- en cas d'exploitation par la Société de produits finis une rémunération proportionnelle fonction du produit de l'exploitation fixée à X % du Chiffre d'affaires.

- en cas de licence desdits droits à un tiers, une rémunération proportionnelle fonction du produit de l'exploitation fixée à X % des sommes nettes HT encaissées à ce titre par la Société [...] » [2].

Concernant la clause portant sur le *sponsoring* et l'*endorsement*, elle peut être rédigée ainsi :

« L'artiste concède à la Société, pour le monde entier, le droit d'utiliser ainsi que d'exploiter et d'autoriser un tiers quelconque à exploiter, sous toutes formes et par tous moyens, à des fins commerciales et/ou promotionnelles et/ou publicitaires, de façon gratuite ou payante, sa notoriété, son nom, son pseudonyme, sa voix, son image, logo, etc. et de manière générale les traits, caractéristiques et attributs de sa personnalité sous toutes formes, à titre exclusif, et ce pour les destinations suivantes : pour toute exploitation dans le cadre de partenariat de type endorsement (soutien) ou sponsoring (parrainage) ou plus généralement d'opérations promotionnelles et/ou publicitaires et/ou commerciales ayant pour objet l'association avec de marques, produits ou services de tiers [...] » [3].

Enfin, il y a une question qui se pose de l'activité *d'édition musicale* dans le contrat 360°. Cette activité ne peut pas porter sur l'édition de la partition ou des chansons, car ces deux objets sont la propriété intellectuelle de leurs auteurs respectifs (compositeur et parolier) et constituent un marché marginal et indépendant. En effet, quand il y a un mélange des genres (droit voisin/droit d'auteur) dans un même contrat (production phonographique/édition musicale), il n'est pas exclu que ce contrat soit qualifié globalement comme contrat d'édition [4]. Ainsi, deux contrats distincts du même groupe répondent mieux à la réalité d'indépendance de l'activité éditoriale et celle de production phonographique.

(Schéma comparatif entre la stratégie distributive classique (quatre entités et quatre contrats) et la stratégie de concentration du contrat 360° (une entité, un contrat). Source : M. BOUVERY, *Les contrats 360° : pour une explication des contrats à droits multiples*, précité.)

---

[1] P.-M. BOUVERY, *Les contrats de la musique*, 6e éd., *op. cit.*, p. 156.

[2] P.-M. BOUVERY, *Les contrats de la musique*, 6e éd., *op. cit.*, p. 157.

[3] P.-M. BOUVERY, *Les contrats de la musique*, 6e éd., *op. cit.*, p. 159.

[4] P.-M. BOUVERY, *Les contrats 360° : pour une explication des contrats à droits multiples*, *op. cit.*, pp. 29-30. Cependant, des auteurs interprètent l'édition musicale au sein du contrat de 360° comme un contrat de gestion d'affaire : « Interrogations sur la validité / licéité juridique des actuels contrats de production phonographique, dits contrats "360°" », étude en deux parties, réalisée par JURILIP : *RLDI*, n° 85, 2012, pp.96-104 ; *RLDI*, n° 86, 2012, pp. 73-85. Sur l'édition musicale, V° la seconde partie de l'étude, p. 85.

1025. Typologies. Le contrat à droit multiple s'apparente à une *enveloppe à contenu variable.* Ainsi, selon les droits acquis par le producteur, les stratégies 360° varient entre un simple contrat d'exclusivité (90°), un contrat d'exclusivité avec cession des droits dérivés (180°), un contrat d'exclusivité englobant les droits dérivés et les droits d'édition musicale (270°) et enfin, le contrat d'exclusivité englobant les droits dérivés, les droits d'édition musicale et l'activité de spectacle vivant (360°). Par ailleurs, il y a la stratégie « super 360° » qui élargit l'exclusivité au-delà de l'activité discographique. Nous savons que le domaine réservé par le contrat d'enregistrement exclusif est normalement celui de l'enregistrement phonographique, mais cette dernière stratégie permet au producteur de réserver tout enregistrement *sonore ou audiovisuel*, dans le domaine *musical ou non* (cinéma). De plus, la spécificité de cette stratégie réside dans *l'absence de minimum d'enregistrements* (donc l'absence de contrepartie au profit de l'artiste), ce qui rend une telle clause de non-concurrence nulle, comme nous allons voir.

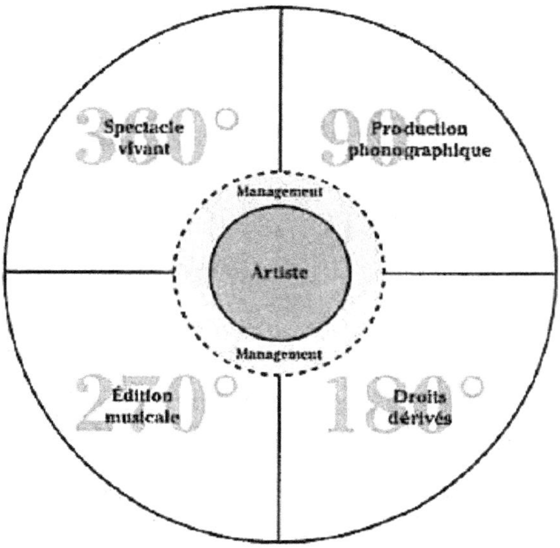

(Schéma des stratégies du contrat 360°. Source : M. BOUVERY, Les contrats 360° : pour une explication des contrats à droits multiples, précité.)

1026. Techniques contractuelles. La technique contractuelle pour gérer cette enveloppe de droits peut prendre plusieurs formes. M. PIERRE-MARIE POUVERY distingue entre deux conceptions : il y a le *360° actif*, le *360° passif* et il y a une formule *mixte* entre les deux premières. Dans la version du contrat 360° actif, le cocontractant de l'artiste assume lui-même *toutes les fonctions*, (*via* une structure ou plusieurs structures différentes composant son entreprise). Donc, il est producteur de disques, producteur de spectacles, éditeur de musique (dans le cas d'auteur-compositeur-interprète) et *marchandiseur* (mise en valeur des droits de la personnalité, ventes des produits dérivés, gestion du site internet et des réseaux sociaux, *sponsoring*, *marchandising*). Techniquement, cette stratégie se réalise à travers des *multiples contrats* (cession et licences) considérés comme indissociables et conclus simultanément, pour l'exploitation « de la carrière et de la notoriété de l'artiste ». Au contraire, dans la version du contrat 360° passif, le cocontractant de l'artiste exige une quote-part des valeurs économiques générées des activités accessoires sans y intervenir. Il s'agit d'une sorte de *récupération des avances* versées à l'artiste *sur d'autres recettes* que la seule exploitation des droits voisins sur les enregistrements. Cette formule prend la forme d'une clause, selon laquelle l'artiste s'engage à reverser au producteur un pourcentage des revenus générés par ses autres activités professionnelles (exploitation des attributs de la personnalité, logo etc.). On essayerait de justifier ces « taxes privés » par « *les investissements, notamment promotionnels, consacrés par le producteur et contribuant à la notoriété de l'artiste* », mais nous nous interrogeons sur la cause d'une telle obligation dans la mesure où le producteur ne prend pas de risques, puisqu'il n'investit que dans son domaine (la production phonographique). Enfin, si un montage contractuel permet d'imaginer la conception active de ce contrat (élargir l'exclusivité et insérer le producteur dans toutes les activités professionnelles de l'artiste-interprète), la conception passive ne pourrait pas se justifier. Les « commissions » imposées à l'artiste ne correspondent pas à un investissement réel, et viennent parasiter l'investissement d'autres partenaires économiques de l'artiste (dans le secteur du spectacle, de publicité, de *marchandising* etc.).

En tout état de cause, en France, le principe de la spécialité des cessions, qui s'applique non seulement aux droits voisins de l'artiste-interprète, mais aussi à ces droits de la personnalité, oblige le producteur à se faire céder le droit nécessaire à chaque acte d'exploitation et l'oblige aussi à rémunérer distinctement chaque exploitation (les alinéas premier et quatrième de l'article L. 212-11 CPI). D'ailleurs, concernant la récupération des avances, le Code de la propriété intellectuelle interdit au producteur de prélever sur la rémunération pour la copie privée ou de la rémunération équitable (alinéa 3 de l'"article L. 212-11 CPI). Cependant, même s'il n'y a pas d'interdiction légale de stipuler dans le contrat d'artiste un reversement d'une quote-part sur des recettes d'autres activités, afin de permettre au producteur de récupérer des avances versées à l'artiste, il serait illogique de permettre au producteur d'amortir son investissement en prélevant sur la recette d'autres investissements d'autres partenaires de l'artiste.

B. Appréciations critiques

1027. Nos appréciations critiques des pratiques contractuelles pourraient être faites en trois points : la pratique de la SPEDIDAM concernant les artistes d'ensemble ou d'accompagnement (**1**) ; l'annexe III à la convention collective de l'édition phonographique de 2008 (**2**) ; et enfin, les clauses contractuelles dans les contrats d'enregistrement exclusif (**3**).

1028. Distinction. Dans la pratique contractuelle, on distingue entre les artistes dits « non principaux » (artiste d'accompagnement ou d'ensemble) et les artistes « principaux ». Les artistes de ces deux catégories disposent des droits voisins sur leurs interprétations artistiques. Dans la pratique, les droits des premiers sont gérés par la SPEDIDAM ; les droits des seconds sont gérés par l'ADAMI. Les premiers signent, le plus souvent, un contrat type (la feuille de présence ou de séance) ; les seconds signent des contrats d'exclusivité.

1029. Problématiques. Contrairement au *monopole légal* sur les vecteurs techniques des créations expressives qui ne se justifie pas sur le plan théorique, le *monopole obtenu contractuellement* se justifie puisqu'il se fonde sur la propriété des créateurs. Seul le créateur (propriétaire) peut octroyer à un exploitant un *avantage concurrentiel* sur le *marché de la communication* de sa création. Néanmoins, sur le plan contractuel, nous remarquons que le producteur est en mesure de dépouiller l'artiste-interprète de sa propriété par le jeu des multiples clauses contractuelles. Par ailleurs, concernant les artistes d'accompagnement, la pratique finit par réduire la propriété des interprètes à un droit de créance (complément de salaire) négocié collectivement.

1. Importance de la feuille de présence SPEDIDAM

1030. Le contrat type que distribue la SPEDIDAM est important dans la mesure où il permet de dessiner une ligne de partage entre le contrat de travail et la cession [1]. Ainsi, la propriété incorporelle des artistes d'accompagnement (dont la situation est plus fragile que celle des artistes principaux dans le rapport avec le producteur) peut être préservée. Nous allons voir que la gestion collective du droit de propriété de l'artiste-interprète ne heurte pas le caractère exclusif de la propriété ; au contraire, cette gestion garantit le respect de cette propriété et assure son effectivité. Cela dit, une seule problématique persiste : trouver l'équilibre entre l'approche *travailliste* et l'approche *propriétaire*, entre *l'intervention syndicale* et la *gestion collective*.

2. Incertitudes de l'annexe III à la Convention collective nationale de l'édition phonographique

1031. La négociation collective des barèmes des rémunérations minimales est profitable aux artistes, qui ne peuvent pas, seuls, négocier des meilleures rémunérations avec leurs employeurs ou les exploitants de leur propriété. Toutefois, la SPEDIDAM a toujours reproché aux syndicats des artistes (surtout les signataires de la Convention collective de 2008 dont le SNAM) d'avoir outrepassé leur compétence. Deux points méritent d'être soulignés ; le premier concerne l'exercice du droit d'autoriser (**a**), le second concerne les modalités de la rémunération (**b**).

a. L'exercice du droit d'autoriser

1032. L'article 3.21 de l'annexe III portant sur « l'exercice du droit d'autoriser » *neutralise l'action* de la SPEDIDAM, ou précisément, *limite son action* à la perception et la distribution des rémunérations. En effet, les *autorisations* et les *modalités de fixation de rémunérations* sont déterminées collectivement dans une convention qui

[1] Ce contrat type vaut à la fois *contrat de travail*, *contrat de cession* (de l'exploitation selon la seule destination choisie) et *mandat de gestion* à la SPEDIDAM pour la gestion des autorisations de toute exploitation secondaire.

s'impose à tous les producteurs (la convention collective est étendue depuis le 20 mars 2009). Selon ledit article :

> « Aux fins de la présente convention, les stipulations du contrat de travail ayant pour objet d'autoriser le producteur de phonogrammes à fixer et exploiter la prestation de l'artiste interprète valent autorisation écrite préalable au sens de l'article L. 212-3 CPI, à la condition que celles-ci déterminent par écrit avec précision le domaine de l'autorisation quant à sa destination, quant à son territoire et quant à sa durée.
>
> « Le contrat de travail détermine, en outre, les modalités et conditions de la rémunération due à l'artiste interprète au titre de chaque mode d'exploitation de la fixation de sa prestation qu'il a consenti à autoriser, sans que la rémunération d'une autorisation déterminée puisse être inférieure au montant minimum correspondant tel que fixé aux articles 3.2 à 3.4 et 3.19 ainsi que, le cas échéant, aux articles 3.24.2, 3.24.3 et 3.27 à 3.28 du présent titre » [1].

Les frontières entre ce qui relève du Code de la propriété intellectuelle et de ce qui relève du Code du travail ne sont plus visibles. Ce n'est pas seulement la critique de la SPEDIDAM, mais aussi de certains syndicats. M. JEAN-LUC BERNARD, secrétaire général du Syndicat national des musiciens (SNM-FO), a exprimé cette idée à la suite de la signature de la convention de 2008 : « *comment les syndicats peuvent-ils céder les droits dans une convention collective alors que ces droits ne leur appartiennent pas ?* » [2]. L'article L. 2221-2 du Code du travail détermine l'objet des conventions et des accords collectifs de travail : « *La convention collective a vocation à traiter de l'ensemble des matières mentionnées à l'article L. 2221-1 [conditions d'emploi, de formation professionnelle et de travail ainsi que de leurs garanties sociales], pour toutes les catégories professionnelles intéressées. / L'accord collectif traite un ou plusieurs sujets déterminés dans cet ensemble* ». Ainsi, il est étonnant qu'une convention collective de travail organise les cessions des droits et leurs rémunérations ; comment les partenaires sociaux réglementent collectivement des droits individuels portant sur une chose (la forme objet de la propriété incorporelle) qui ne se confond pas avec la prestation de travail ? [3]. En tout état de cause, les dispositions de la Convention collective et son annexe III s'appliquent sauf stipulations plus favorables dans le contrat de travail (L. 2254-1 Code du travail).

Enfin, le Professeur PATRICK TAFFOREAU indique que la référence au « contrat de travail », dans l'annexe, ne vise que l'*instrumentum* qui contient deux contrats : le contrat de travail et le contrat de cession. En vérité, nous croyons que l'idée qui anime ladite annexe est celle de travail, pour s'en convaincre, il suffit de constater que la base de calcul des rémunérations est le salaire minimal (cachet de base : rémunération d'un service de trois heures), et que ces sommes sont considérées comme *compléments* de salaire.

---

[1] Nous soulignons.

[2] MATTIAS MILLIARD, « Convention collective de l'édition phonographique : de sa négociation à sa signature », dossier de l'IRMA, 5 mai 2009, disponible sur le site d'IRMA, URL : https://www.irma.asso.fr/CONVENTION-COLLECTIVE-DE-L-EDITION [consulté le 21 mars 2021].

[3] Dans le même sens, S. PESSINA, « Les contrats entre les artistes de la musique et les producteurs : contrat d'enregistrement exclusif et contrat collectif », *op. cit.*, n° 611.

b. Les modalités de la rémunération

1033. Nous n'entendons pas revenir sur la question des rémunérations de l'artiste-interprète. Mais seulement analyser les modalités de la fixation de ces rémunérations en ce qu'elles affectent la nature propriétaire du droit de l'artiste-interprète. Nous remarquons que le principe de la rémunération des artistes d'accompagnement ou d'ensemble est la rémunération forfaitaire (article 3.24.2), et que la rémunération proportionnelle ne semble être qu'exceptionnelle (article 3.24.3 et 3.27 à 3.28 concernant la rémunération proportionnelle spéciale). Dans les deux cas les rémunérations sont qualifiées de « complémentaires » au salaire. Qui plus est, la rémunération complémentaire forfaitaire est qualifiée comme salaire, et celle proportionnelle est qualifiée de redevance.

Il est légitime de s'interroger sur l'effet de la récente consécration du principe de rémunération appropriée et proportionnelle [1] sur l'annexe III à la Convention collective de l'édition phonographique (CCNEP). Le terme « appropriée » ajouté au terme plus objectif « proportionnelle » laisse perplexe. Une rémunération proportionnelle *aux recettes de l'exploitation* est naturellement « appropriée ». Sauf que l'article L. 212-3-II° du Code de la propriété intellectuelle consacre le principe d'une rémunération « proportionnelle *à la valeur économique réelle ou potentielle* des droits cédés ». Pour la détermination de cette rémunération, la nouvelle disposition permet de considérer certaines circonstances, notamment « les pratiques de marché ou l'exploitation réelle de la prestation ». Cette rédaction va laisser, croyons-nous, une marge de manœuvre aux parties de la CCNEP pour se conformer à la nouvelle disposition. En effet, il est prévu dans le même article que :

> « Sous réserve des conventions collectives et accords spécifiques satisfaisant aux conditions prévues au présent article, les conventions et accords collectifs peuvent déterminer, en tenant compte des spécificités de chaque secteur, les conditions de mise en œuvre des dispositions du présent article ».

Nous savons que le SNAM, partie signataire de CCNEP, a souhaité que les rémunérations proportionnelles concernent toutes les utilisations secondaires, avant d'arriver à un « compromis ». Aujourd'hui, avec la nouvelle rédaction de l'article L. 212-3-II° du Code de la propriété intellectuelle, nous croyons que les choses doivent changer (s'inverser), et que le principe doit être la rémunération proportionnelle alors que la rémunération forfaitaire reste exceptionnelle. Il est probable que la SPEDIDAM ne manquera pas l'occasion pour contester, à nouveau, (et pour des bonnes raisons) les modalités de fixation des rémunérations des artistes-interprètes « non principaux ».

3. Validité des clauses du contrat d'artiste

1034. Clauses de non-concurrence. La doctrine estime que les clauses traditionnelles du contrat d'artistes, que nous avons étudiées, sont des *clauses de*

---

[1] Ordonnance n° 2021-580 du 12 mai 2021 portant transposition du 6 de l'article 2 et des articles 17 à 23 de la directive 2019/790 du Parlement européen et du Conseil du 17 avril 2019 sur le droit d'auteur et les droits voisins dans le marché unique numérique et modifiant les directives 96/9/CE et 2001/29/CE.

non-concurrence [1]. En conséquence, ces clauses doivent remplir les conditions de validité des clauses de non-concurrence, que la jurisprudence avait dégagées. Il s'agit de trois conditions cumulatives : la clause doit être indispensable à la *protection des intérêts légitimes de l'entreprise* [2] ; limitée *dans le temps* et *dans l'espace*, et *quant au travail prohibé* (sauf à mettre le salarié dans l'impossibilité absolue d'exercer son activité professionnelle) [3] ; elle doit comporter l'obligation pour l'employeur de verser au salarié une *contrepartie financière non dérisoire* [4]. Quoi qu'il en soit, les clauses usuelles du contrat d'artiste ont un point commun : elles sont toutes stipulées dans le seul intérêt du producteur [5]. En synthèse, la *clause d'exclusivité* interdit à l'artiste de contracter avec un autre producteur pendant l'exécution du contrat ; la *clause catalogue* lui fait défense de réenregistrer les mêmes interprétations à la fin du contrat ; la *clause back catalogue* confirme les droits sur les matrices et sur les créations fixées, acquis par le producteur pendant la période de l'exclusivité ; la *clause de préférence* et *la clause d'option* permettent au producteur de moduler la durée de sa relation contractuelle avec l'artiste [6], en prolongeant le contrat dans le premier cas (pour enregistrer d'autres albums) et, dans le second cas, en reprenant la proposition d'enregistrement faite par un autre producteur après la fin de l'ancien contrat. En bref, du côté du producteur, ces clauses créent un monopole démesuré sur *l'activité artistique* de l'artiste (et pas seulement sur la communication d'une prestation donnée) ; du côté de l'artiste, ces clauses imprègnent le contrat d'exclusivité d'un aléa important, surtout la clause d'option.

1035. Clause d'option et clause « minimum d'enregistrements ». La clause d'option a suscité beaucoup de critiques, dans la mesure où elle créerait un déséquilibre entre les parties au contrat d'artiste. Ce déséquilibre résulte de son objectif « *d'engager fermement l'artiste sur plusieurs albums et de laisser au producteur la possibilité de mettre fin au contrat de travail de façon unilatérale sans aucune justification objective*

---

[1] S. PESSINA, « Les contrats entre les artistes de la musique et les producteurs : contrat d'enregistrement exclusif et contrat collectif », *op. cit.*, n° 586 ; J. BACOUELLE, *La condition juridique de l'artiste-interprète*, n° 71 ; P.-M. BOUVERY, *Les contrats de la musique*, 6e éd., *op. cit.*, p. 115 ; J.-M. GUILLOUX, commentaire de l'affaire Hallyday c/ Universal, *RLDI*, juin 2005, p. 22. *Adde* pour une étude plus complète GUILLAUME BLANC-JOUVAN, *L'après-contrat : étude à partir du droit de la propriété littéraire et artistique*, Préface P.-Y. GAUTIER, PUAM, 2003, 388 p. ; G. BLANC-JOUVAN, *Droit de la propriété intellectuelle, op.cit.*, p.122 et s. (sur la clause d'option et la clause de préférence).

[2] Cass. soc., 14 mai 1992 : *D.*, 1992, 350, note Y. SERRA.

[3] Cass. soc., 28 oct. 1997 : *Bull. civ.*, 1997, V, n° 342 - Cass. soc., 10 juill. 2002 (ci-après). Concernant la limitation temporelle de la clause catalogue : CA Paris, 28 janvier 1963, aff. *Cziffra* : *RIDA*, avril 1968, 110 - TGI Paris, 12 juillet 1975, aff. *Guy Béart* : *RIDA*, janvier 1976, 134.

[4] Cass. soc., 10 juill. 2002, (trois arrêts) : *Bull. civ.*, 2002, V, n° 239, p. 234 ; *JCP G*, 2002, II, p. 10162, note F. Petit ; *D.*, 2002, p. 2491, note Y. SERRA ; *D.*, 2002, p. 3111, obs. J. PELISSIER ; *JCP E*, 2002, p. 1511, note D. CORRIGNAN-CARSIN ; *D.*, 2003, somm. p. 1222, obs. B. THULLIER ; *JCP E*, 2003, n° 12, p. 508, obs. P. MORVAN & n°15, p. 654, obs. CHR. MASQUEFA. - Cass. soc., 15 nov. 2006 : *Bull. civ.*, 2006, V, n° 341.

[5] B. EDELMAN, « Autopsie des contrats de production phonographique État des lieux et perspectives », *D.*, 2007, p. 2890 :« *il s'agit, pour le producteur, de s'assurer, par tous les moyens, de l'exclusivité des enregistrements passés et présents ; mieux encore, dans la mesure du possible, il s'agit, pour lui, d'empêcher que ces enregistrements puissent faire l'objet d'une concurrence* ».

[6] Les deux dernières clauses sont les plus remises en cause par le SFA : V. ROMAIN BIGAY, « Le contrat d'artiste en question(s) ? Le SFA fait son contrat », 2 juillet 2014, dossier d'IRMA, URL : https://www.irma.asso.fr/LE-CONTRAT-D-ARTISTE-EN-QUESTION-S [consulté 22 avril 2021].

avant la réalisation de chacun des albums » [1]. Dit autrement, la décision de lever ou non une option sur un nouvel album dépend de la seule volonté du producteur [2] ; ainsi, la durée totale de la relation contractuelle est déterminée discrétionnairement par le producteur [3].

1036. Clause catalogue. Outre la rentabilisation de ses investissements, le producteur vise par la *clause catalogue* et la clause *back catalogue* à être le maître de la « mémoire artistique » des interprètes qui enrichissent son catalogue. Il s'agit pour lui d'un *gisement de valeurs*. Dans cette logique, comme l'explique parfaitement M. EDELMAN, « *tout se passe [...] comme si le producteur voulait aliéner l'artiste dans le « produit » de son travail ou [...] comme si les enregistrements se détachaient de la personne de l'artiste, s'autonomisaient, en quelque sorte, pour devenir sa propriété exclusive* » [4].

1037. Un monde à l'envers. Un auteur estime que la cause des clauses post-contractuelles réside dans le contrat ; il en découlerait que la contrepartie de ces clauses doit être recherchée dans l'exécution du contrat. Appliquant ce postulat aux contrats de la propriété littéraire et artistique, cet auteur pense que les clauses d'exclusivité trouvent leur contrepartie en amont dans les investissements du producteur. En conséquence, ces clauses auraient pour objet de *restaurer l'équilibre au profit du producteur*, car c'est lui qui a besoin de protection durant la période post-contractuelle [5]. Cette lecture nous étonne. Nous avons montré que le producteur n'investit que pour exploiter la création. Pour ce faire, il engage l'artiste pour produire, et pouvoir se faire céder un droit pour exploiter. Les obligations des deux parties se croisent. D'une part, l'artiste s'engage à créer et le producteur à enregistrer. D'autre part, le fruit de cette *coopération*, l'enregistrement, s'exploite selon la clause de cession : l'employeur-cessionnaire exploite et se fait payer de la recette de l'exploitation ; l'artiste perçoit le prix de la cession sous forme de redevance. L'équilibre est *interne.* Toute clause qui étend le monopole de l'exploitant au-delà de ce cadre intérieur, doit donner lieu à une rémunération

---

[1] J.-M. GUILLOUX, « Vers une exécution équitable du contrat d'artiste ? », *RLDI*, n° 31, oct. 2007, p. 53. J.-Y. KERBOURC'H et J. VINCENT, « Illégalité du contrat à durée déterminée unique prévoyant l'enregistrement successif de plusieurs albums phonographiques » (commentaire de CA Paris, 18e ch. D., 20 nov. 2007, aff. *Sté Universal Music France c/ M. Gardinier (dit Gérald de Palmas)*, n° 07/043043, cassé par Cass. soc., 4 févr. 2009, n 08-40.184 - Cass. soc., 23 janv. 2008, pourvoi n° 06-43.040, (F-P+B+R), *RLDI*, n° 35, févr. 2008, p. 38 et s. J. VINCENT, « Réflexions sur la loyauté et la bonne foi à l'occasion de la résiliation des contrats d'enregistrement », *RLDI*, n° 35, févr. 2008, p. 45 et s.

[2] L'option ne sera pas remise en cause à raison de son caractère potestatif. En effet, la condition potestative qu'interdit le Code civil est celle qui ne dépend que de la volonté du débiteur, or l'option dépend de la volonté du créancier, le producteur.

[3] D. FELIX, « Le contrat de travail de l'artiste-interprète : un cadre à (ré)inventer », *Légicom*, n° 32, 3/2004, p. 68 (aff. *Sardou/Tréma op. cit.*).

[4] B. EDELMAN, « Autopsie des contrats de production phonographique État des lieux et perspectives », *op. cit. Adde* : É. MILLE, « Qui a les droits ? Ou l'avenir du catalogue suite à la rupture du contrat conclu entre un artiste et son producteur », *Propr. Intell.*, n° 18, janv. 2006, p. 35. P. TAFFOREAU, « La Cour de cassation précise la nature et le régime du contrat d'enregistrement exclusif », *Légipresse*, n° 241, mai 2007 (note sous Cass. soc., 20 déc. 2006, aff. *Universal music c/ Johnny Hallyday*). S. PESSINA, « Rupture abusive d'un contrat d'enregistrement exclusif : quelle assiette de calcul des dommages-intérêts ? », *Légipresse*, n° 265, oct. 2009.

[5] GUILLAUME BLANC-JOUVAN, *L'après-contrat*, *op. cit.*, n° 89 – *adde* du même auteur, *Droit de la propriété intellectuelle*, *op.cit.*, p. 124 : « *la stipulation vient compenser le risque pris par le producteur en engageant un artiste lorsqu'il n'est pas encore connu* ». De plus, cet auteur estime que la clause de préférence limite la liberté du producteur car elle l'oblige à s'aligner sur la proposition émanant d'un concurrent.

différente de la rémunération du travail (le salaire payé sous forme de cachets) ou du prix de la cession (les redevances).

1038. Schéma d'un « contrat-coopération ». Le contrat de production de l'artiste-interprète n'est pas un simple « contrat-permutation » qui consiste en le simple échange des valeurs. Ce n'est pas non plus un « contrat-concertation » dans la mesure où les intérêts de l'artiste sont, plus ou moins, différents de ceux du producteur (les intérêts de l'artiste sont d'ordre moral et patrimonial et prennent en considération l'intérêt général du public). En effet, ce contrat est une sorte de « contrat-coopération » : il y a bien un projet économique que partagent l'artiste et le producteur ; mais cette communauté économique ne remplit pas la fonction de concertation comme dans le contrat de société. Le producteur et l'artiste assument *différemment* les risques et périls. Il est erroné de considérer que le producteur assume *seul* les risques de la production et que l'artiste ne risque que de ne pas être rémunéré proportionnellement [1]. Les *risques de l'investissement* découlent de la nature même de l'activité professionnelle de l'entreprise ; qui plus est, cette activité professionnelle n'est pas limitée à la production d'un seul artiste. En revanche, l'artiste assume *seul* les *risques de la création* sur le plan moral et patrimonial ; ce qui est en jeu n'est pas une partie de son activité professionnelle, mais toute sa carrière artistique. En bref, nous croyons que les clauses qui étendent le monopole contractuel *sécurisent bien l'investissement* du producteur, mais *fragilise injustement* la situation économique de l'artiste-interprète.

1039. Contrepartie des clauses du contrat d'artiste. « *L'exigence d'une contrepartie financière à la clause de non-concurrence répond à la nécessité impérieuse d'assurer la sauvegarde de la liberté fondamentale d'exercer une activité professionnelle* », précise la Cour de cassation [2]. Rien ne justifie de déroger à ce principe en matière de contrats d'artiste, qui combinent souvent plusieurs clauses d'exclusivité s'étendant de la période d'exécution du contrat à la période post-contractuelle.

En effet, toutes les clauses évoquées sont structurées autour de *l'exclusivité* (empêchant l'artiste de contracter avec un autre producteur, d'exploiter une captation de ses concerts, de réenregistrer des titres anciens, de s'autoproduire…). Cela crée un *monopole contractuel démesuré* au bénéfice du producteur sur l'activité professionnelle et sur « la mémoire artistique » de l'artiste. La contrepartie de ce monopole ne peut pas être comprise dans les redevances de l'exploitation : les redevances sont le prix de la cession. La contrepartie ne peut pas se limiter à une contrepartie autre que financière (obligation d'exploitation) [3], car nous avons expliqué que le producteur *doit exploiter* pour payer *proportionnellement* le prix de la cession et pour se faire payer le prix de son ouvrage. Nous croyons que ces clauses, comme toute clause de non-concurrence, doivent donner droit à une « contrepartie financière et non dérisoire », qui devrait être proportionnée à l'importance de l'atteinte à la liberté de l'activité artistique de l'artiste-interprète.

---

[1] S. LEQUETTE, *Le contrat-coopération. Contribution à la théorie générale du contrat*, *op. cit.*, pp. 94-95, (à propos du contrat d'édition).

[2] Cass. soc., 17 déc. 2004, *D.*, 2005. IR, p. 110, obs. P. GUIOMARD.

[3] *Contra* « Interrogations sur la licéité juridique des actuels contrats de production phonographique, dits contrats "360°" », deuxième partie de l'étude réalisée par JURILIP : *RLDI*, n° 86, oct. 2012, p. 78 ; aussi. J. BACOUELLE, *La condition juridique de l'artiste-interprète*, p. 64. C'est « *l'engagement ferme du producteur en termes de production et de promotion* ».

Le producteur ne doit pas avoir le pouvoir de « geler *ad vitam aeternam* » le « capital artistique » de l'artiste-interprète [1]. Cette contrepartie devrait être négociée par les partenaires sociaux et doit intégrer à la Convention collective de l'édition phonographique qui détermine *les conditions de travail* de l'artiste-interprète.

1040. Sanction. Il est établi que l'absence d'une contrepartie sérieuse entraîne *la nullité de la clause de non-concurrence.* De plus, concernant l'absence d'exploitation, la récente réforme introduite par l'ordonnance n° 2021-580 du 21 mai 2021 vient rééquilibrer (relativement) le rapport contractuel entre l'artiste-interprète et son producteur, en donnant à l'artiste le droit de résilier la *cession exclusive* en cas de *non-exploitation* : le nouvel article L. 212-3-3-I° prévoit que « *lorsque l'artiste-interprète a transmis à titre exclusif tout ou partie de ses droits, il peut, en l'absence de toute exploitation de son interprétation, résilier de plein droit la transmission de tout ou partie de ces droits* » [2]. Enfin, l'article L. 212-12 du Code de la propriété intellectuelle, issu de la loi LCAP de 2016, donne à l'artiste-interprète la possibilité de saisir le juge en cas « d'abus notoire dans le non-usage » des droits cédés ; la juridiction compétente « peut ordonner toute mesure appropriée ».

1041. Bilan. Le monopole légal sur la forme technique (le droit voisin économique) ne naît pas d'un simple investissement ou d'un acte matériel de fixation ; pour bénéficier de ce droit il faut que le producteur se base sur la cession des droits sur les créations fixées. Le résultat est logique : le droit voisin économique est soumis à la propriété incorporelle de l'auteur et de l'interprète sur les formes fixées. Ce monopole n'est opposable qu'au tiers et jamais aux créateurs-propriétaires. Pour éluder à cette dépendance rationnelle, les producteurs imposent leur hégémonie contractuellement. Ainsi, le monopole contractuel démesuré prend le relais : les artistes-interprètes seraient démunis ; il ne leur reste qu'une liberté : signer ou ne pas signer.

1042. La combinaison du monopole légal (le droit voisin économique) avec le monopole contractuel démesuré (l'exclusivité débridée), risque de ruiner l'édifice propriétaire du droit voisin de l'artiste-interprète. Pourtant, un partenaire des artistes-interprètes vient au secours : les organismes de gestion collective.

SECTION II : LE RAPPORT AVEC LES ORGANISMES DE GESTION COLLECTIVE

1043. Exploitation gérée individuellement ou collectivement. Le contrat de production, grâce auquel la forme vivante interprétative est réifiée, garantit au producteur *l'exploitation primaire* de l'interprétation fixée [3]. Mais au-delà de cette

---

[1] B. EDELMAN, « Autopsie des contrats de production phonographique État des lieux et perspectives », *op. cit.*

[2] Nous ajoutons que l'absence d'exploitation entraine la nullité de la cession : l'objet de la cession *sui generis* par laquelle la propriété littéraire et artistique est exploitée est *l'autorisation moyennant la rémunération proportionnelle.* Ainsi, l'absence d'exploitation empêche cette rémunération proportionnelle, ce qui affecte l'objet de la cession ; faute d'objet le contrat instrumental (la cession) est nul. Cette solution de droit commun s'ajoute à la solution spéciale du Code de la propriété intellectuelle (le droit de résilier).

[3] Le contrat de production est un contrat de travail quant à la réalisation de l'interprétation, et un contrat de cession (grâce à une clause) qui détermine l'exploitation autorisée de la fixation, c'est-à-dire sa première destination.

exploitation, la fixation peut faire l'objet d'autres exploitations qui n'étaient pas forcément envisagées ou prévues par l'artiste-interprète ou le producteur. Ces exploitations « secondaires » doivent être autorisées par les titulaires des droits sur la fixation et sur le contenu fixé : l'auteur, l'artiste-interprète et le producteur réalisant la première fixation. En ce qui concerne l'artiste-interprète, les exploitations secondaires doivent être autorisées à double titre : d'une part, au titre du droit moral, car ces exploitations dépassent *le champ divulgataire* correspondant à l'exploitation que couvre le contrat de production ; d'autre part, au titre du droit patrimonial, car ces exploitations consistent en des communications au public de l'interprétation, c'est-à-dire en une mise en valeur de l'interprétation. Or, les licences légales d'un côté, et la nature de certaines modes d'exploitation rendent difficile le recours au mécanisme classique d'autorisation individuelle. Pour pallier ces contraintes, le mécanisme de gestion collective est un outil indispensable [1].

1044. Gestion collective et caractère exclusif du droit géré. La gestion collective pose le problème de la contradiction entre la nature du droit de l'artiste-interprète (droit *exclusif* d'exercice *individuel* comme toute propriété) et le pouvoir de l'organisme de gestion collective. Raison pour laquelle l'on doit comprendre le cadre juridique du rapport entre l'artiste-interprète et l'organisme de gestion collective, c'est-à-dire le contrat d'adhésion/d'apport des droits. Par ailleurs, il est intéressant de remarquer que ce n'est pas *le caractère exclusif* des droits gérés qui pourrait poser le problème d'incompatibilité avec la théorie de la gestion collective. Effectivement, c'est *la nature* de certains droits exclusifs : la propriété *bifonctionnelle* et *indisponible* des créateurs. En effet, les droits *exclusifs* des producteurs, étant des monopoles légaux, peuvent être gérés collectivement [2] par un organisme de gestion mandaté, ou être cédés à un tel organisme, ou encore être apportés en propriété ou en simple jouissance etc., et cela sans problème [3]. Or, le droit exclusif

---

[1] Cet outil est aussi ancien que le droit d'auteur : dès la fin du XVIIIe siècle, les auteurs dramatiques se sont regroupés dans un organisme qui négocie les contrats des auteurs et suit les exploitations de leurs œuvres, (qui est une question difficile par nature, car les représentations sont successives et dispersées). Ainsi, en 1777 la SACD fut créée, ce qui a ouvert la porte à d'autres sociétés spécialisées de gestion de droits. En matière d'interprétations, des sociétés de gestion (on parle aujourd'hui des organismes de gestion) distinctes des syndicats, ont été créées avant la consécration du droit voisin de l'artiste-interprète, même si la SPEDIDAM (fondée en 1959, 4 ans après la fondation de l'ADAMI) s'est basée sur des raisonnements d'ordre social (compensation d'un préjudice à cause des utilisations secondaires ou la perte d'emploi) V. X. DAVERAT, *L'artiste-interprète*, t. 1, p. 65.

[2] La SCPP (Société Civile pour l'exercice des droits des Producteurs Phonographiques) créée en juillet 1985 pour assurer la gestion et la protection des droits des producteurs de phonogrammes et de vidéogrammes. Elle représente les multinationales de l'industrie phonographique (les majors) et certains indépendants. Elle gère 80 % des droits des producteurs français et possède un répertoire de 7 millions de titres enregistrés et 75000 de vidéomusiques. [URL : https://www.scpp.fr/fr/Pages/presentation-scpp.aspx]. La SPPF (Société des Producteurs de Phonogrammes) a été créée en 1986 par 12 producteurs indépendants. Aujourd'hui elle compte près de 1500 membres et gère un répertoire d'un peu moins de deux millions de titres enregistrés et de 18000 vidéomusiques. Elle participe à la gestion des rémunérations (celle de la copie privée sonore et audiovisuelle et celle de la rémunération équitable). [URL : http://www.sppf.com]. Il y a d'autres sociétés filiales spécialisées, comme la SCPA (Société Civile des Producteurs Associés) spécialisée en la gestion des droits des producteurs en matière d'utilisation spécifique qui est l'attente téléphonique [URL : https://www.lascpa.org].

[3] Si le droit commun semble applicable sans problème, c'est parce que la distinction entre les deux apports (en pleine propriété ou en jouissance) est conçue pour le *travail* et pour la *propriété de droit commun*, ce qui n'empêche de l'appliquer aux monopoles légaux (au brevet ou aux droits voisins économiques).

de l'artiste-interprète est une *propriété incorporelle* sur une forme expressive [1], qui ne s'exploite que par une *cession sui generis* à un *exploitant* (selon le schéma que nous avons étudié). C'est cette nature qu'impose une analyse plus profonde du rapport entre l'artiste-interprète et l'organisme de gestion collective, d'autant plus que, quand il s'agit d'une gestion obligatoire ou d'une licence obligatoire, l'on passe de la collectivité de *l'exercice* des propriétés individuelles à une véritable *captation à la source*.

1045. Position du problème. « Mal nécessaire » ou « moindre mal », la gestion collective constitue, pour certains, un *effacement du caractère exclusif* du droit du créateur ; d'autres y voient, au contraire, une *préservation de ce caractère* qui serait théorique sans ce mode de gestion dans certains cas [2]. Pour en connaître la réalité, il nous faut analyser l'acte juridique par lequel le créateur investit la société de ces droits : cet acte est la clé de voûte du *système contractuel triangulaire* (artiste-société de gestion-exploitant/utilisateur) de la gestion collective.

1046. Plan. Le cœur de la théorie de la gestion collective des droits est le contrat par lequel les artistes apportent leurs droits. Nous étudierons d'abord la nature de l'apport de droit voisin de l'artiste-interprète (**§1**), pour bien comprendre les fonctions de l'organisme de gestion collective au sein du système propriétaire (**§2**).

§1. Nature de l'apport des droits

1047. Acte unitaire ? La qualité de membre d'une société de gestion collective [3] et la mise à la disposition de cette société des droits à gérer, sont deux choses étroitement liées. L'apport des droits est présenté comme *effet de l'adhésion* [4]. À première vue, un même acte juridique semble être à la fois *adhésion* à la société de gestion collective et introduction des droits à gérer dans le répertoire de la société [5]. Cependant, ce répertoire n'est pas seulement constitué des créations déclarées lors de l'adhésion, mais aussi des créations futures de l'adhérent qui relèvent de la même catégorie [6]. Ainsi, nous pouvons distinguer juridiquement

---

[1] Une propriété *personnalissime* implique naturellement une gestion strictement individuelle, par conséquent, la gestion collective pourrait paraitre, *de prime abord*, incompatible avec cette nature, surtout à cause du composant moral de la propriété.

[2] F. SIIRIAINEN, fasc. 1550, mars 2018 (MAJ juin 2020), *op. cit.*, n° 9.

[3] Avant l'Ordonnance n° 2016-1823 du 22 décembre 2016, la forme de *société civile* était la seule forme juridique de l'organisme de gestion collective des droits. Depuis cette ordonnance, ces organismes peuvent avoir d'autre forme juridique (association ou société commerciale). Ainsi, nous utiliserons SPRD (Société de perception et de répartition des droits) et OGC (Organisme de gestion collective). Il convient de préciser que tous les organismes de gestion des droits des artistes-interprètes ont la forme d'une société civile : l'ADAMI, la SPEIDIDAM et la nouvelle SAI. Défendant la nature civile (et coopérative) de ces sociétés, V. L. BALSAN, *Les sociétés de gestion collective : contribution à l'étude du lien entre sociétés et auteurs ou artistes-interprètes adhérents*, thèse, Lyon 3, 2007, n° 149.

[4] L'article 2 du statut de la SPEDIDAM sur « l'effet de l'adhésion » ; et l'article 6 du statut de l'ADAMI sur « l'effet de l'admission ».

[5] G. KEMJE BATE TAZEFACK, *Gestion collective du droit d'auteur et des droits voisins et pouvoirs publics*, thèse, Université de Potiers, 2015, n° 386.

[6] L'article L. 322-3 précise que le titulaire des droits détermine l'étendue de son autorisation de gestion. « *L'étendue de cette autorisation est précisée dans un document auquel le titulaire de droits a donné son consentement* ». Mais

entre *l'adhésion* (acte momentané) et *l'apport des droits* (acte à effet automatique et évolutif).

1048. Plan. Avant de présenter notre qualification de l'apport des droits des artistes-interprètes à l'organisme de gestion collective (**B**), il faut d'abord analyser les statuts des deux organismes de gestion collective en la matière, sachant qu'ils ont la forme de société civile (**A**).

A. Statuts des organismes de gestion collectives des droits des artistes-interprètes

1049. État des lieux. Les deux organismes de gestion collective des droits des artistes-interprètes ont la forme d'une *société civile* [1]. Il s'agit de l'ADAMI (Société civile pour l'administration des droits des artistes et musiciens interprètes) et de la SPEDIDAM (Société de perception et de distribution des droits des artistes-interprètes [2]). Depuis le 11 juillet 1987, une décision d'arbitrage fixe le champ de compétence de chacune des deux sociétés. L'ADAMI gère les droits des artistes dont les noms sont mentionnés sur les étiquettes des supports ou aux génériques des programmes, et la SPEDIDAM gère les droits des autres artistes-interprètes. En général, l'ADAMI gère les droits des artistes « principaux » et les solistes de tous secteurs, qui signent le plus souvent des contrats d'exclusivité (contrats d'artiste). La SPEDIDAM, elle, gère les droits des artistes de la musique et de la danse faisant partie des ensembles, qui signent des contrats d'engagement, surtout le contrat type que distribue la SPEDIDAM (feuille de présence ou de séance).

1050. Évolution. Les deux sociétés gestionnaires des droits des artistes-interprètes se sont rapprochées et fondé la Société des artistes-interprètes (SAI). Cette nouvelle société fondée par l'ADAMI et la SPEDIDAM en octobre 2016 vise à renforcer la gestion des droits des artistes-interprètes et « anticiper l'évolution internationale de ces droits ». Elle a pour mission la gestion de deux rémunérations déterminées : la rémunération supplémentaire annuelle de 20 % (L.

---

l'alinéa second ajoute que l'organisme peut définir « *les cas dans lesquels un apport de droits indissociables peut être imposé* ».

[1] L'ordonnance n° 2016-1823 du 22 décembre 2016 portant transposition de la directive 2014/26/UE du 26 février 2014 (concernant la gestion collective du droit d'auteur et des droits voisins et l'octroi de licences multiterritoriales de droits sur des œuvres musicales en vue de leur utilisation en ligne dans le marché intérieur) a modifié l'article L. 321-1 CPI qui permet, désormais, que les organismes de gestion collective soient constitués sous toute forme juridique, et ils peuvent poursuivre un but lucratif à condition que leur activité soit contrôlée par les membres titulaires de droits. Une autre nouveauté dans la gestion collective consiste à permettre la constitution d'« organisme de gestion indépendante » qui est « *une personne morale à but lucratif dont l'objet principal consiste à gérer le droit d'auteur ou les droits voisins de celui-ci pour le compte de plusieurs titulaires de droits, au profit collectif de ces derniers, qui n'est pas contrôlée, directement ou indirectement, par ces titulaires de droits* », L. 321-6 CPI.

[2] Une précision s'impose : la SPEDIDAM s'appelait « Société de perception et de distribution des droits des artistes interprètes *de la musique et de la danse* », mais elle a changé son nom en supprimant les termes « de la musique et de la danse ». Cela est intervenu suite à un conflit avec l'ADAMI sur la répartition de la recette de la rémunération pour copie privée. En effet, l'ADAMI voulait facturer certaines sommes perçues par la SPEDIDAM pour des artistes qui ne relèvent pas de sa gestion. Il semble que la SPEDIDAM ait modifié son nom pour tenter d'accueillir et de gérer les droits des artistes principaux, y compris des comédiens. Cette position de la SPEDIDAM a causé l'arrêt des discussions sur le rapprochement des deux sociétés en 2010, avant que les deux sociétés ne trouvent une solution et créent la SAI.

212-3-7 CPI [1]), et les rémunérations provenant de l'étranger. Par ailleurs, il est prévu en 2023 que cette société assume la répartition commune de la recette de deux rémunérations : la rémunération équitable (licence légale) et celle pour copie privée, ce qui était la pomme de discorde entre les deux sociétés.

1051. Les statuts de l'ADAMI et de la SPEDIDAM distinguent entre deux sortes d'apport de droit : l'*apport en gérance* et l'*apport en propriété.*

1052. ADAMI. L'article 6 des statuts de l'ADAMI traite les « effets de l'admission », c'est-à-dire de l'adhésion, d'un artiste. L'article 6.1 traite les « apports en gérance » et l'article 6.2 traite les « apports en propriété ».

« **6.1 - Apports en gérance**

6.1.1 - Tout associé fait apport en gérance à la société, à titre exclusif, du fait même de son admission, des rémunérations ci-après aux fins de leur détermination, de leur perception, et de leur répartition :

6.1.1.1 - la rémunération équitable, la rémunération pour copie privée, et toute autre rémunération due dans le cadre d'une quelconque licence légale ;

6.1.1.2 - les rémunérations qui lui sont dues en application d'accords collectifs, conventions collectives ou accords spécifiques ;

6.1.1.3 - les rémunérations qui lui sont dues à l'occasion de l'utilisation de ses prestations enregistrées dans le cadre d'un spectacle ;

6.1.1.4 - les rémunérations qui lui sont dues en application d'accords passés par la société avec des tiers ;

6.1.1.5 - les redevances ou rémunérations perçues par des organismes étrangers ;

6.1.1.6 - les rémunérations qui lui sont dues au titre des droits exclusifs dont le Code de la propriété intellectuelle prévoit ou vient à prévoir la gestion collective obligatoire.

6.1.2 – L'apport en gérance peut, à la demande de l'associé, porter sur la perception, le versement et le contrôle des rémunérations dues en application des contrats qu'il a conclus et, d'une manière générale, la négociation et la conclusion avec des tiers de contrats relatifs à l'exercice de ses droits patrimoniaux.

6.2 - Apports en propriété

« 6.2.1 - Tout associé, fait apport en propriété à la société, à titre exclusif, du fait même de son admission :

6.2.1.1 - du droit de location et de prêt de phonogrammes ou de vidéogrammes.

6.2.1.2 - du droit de reproduction à la demande, intégralement ou par extraits, sur un support numérique, indépendant ou intégré à un ordinateur, permettant d'effectuer la reproduction.

6.2.1.3 - du droit de mise à disposition du public à la demande de ses prestations fixées, intégralement ou par extraits.

6.2.1.4 - du droit de retransmission par câble de ses prestations.

---

[1] Rappelons que cette rémunération supplémentaire résulte de l'allongement de la durée des droits voisins dans le domaine sonore, portée de 50 à 70 ans par la directive européenne « durée des droits » de 2011, transposée en droit français par la loi du 20 février 2015.

6.2.1.5 - des droits exclusifs dont le Code de la propriété intellectuelle prévoit ou vient à prévoir la gestion collective obligatoire.

6.2.2 – L'apport en propriété emporte cession à la société des droits patrimoniaux visés au 6.2.1, tels qu'ils sont prévus par le Code de la propriété intellectuelle et les conventions internationales, tant dans leurs dispositions actuelles que futures.

6.2.3 - En raison de la nature des droits apportés, l'apport en propriété ne concourt pas à la formation du capital social. ».

1053. SPEDIDAM. L'article 2 des statuts de la SPEDIDAM traite les effets de l'adhésion. On y lit les termes « apport des droits » et « cession » comme principe, et le terme « mandat exclusif » dans un cas spécifique.

« **Article 2 Effets de l'adhésion**

Tout artiste-interprète admis à adhérer aux présents statuts fait apport à la Société, du fait même de cette adhésion, pour la durée de la Société, à titre exclusif et pour tous pays, du droit d'autoriser et d'interdire la reproduction, et la communication au public de sa prestation, ainsi que du droit d'autoriser la location, le prêt ou la distribution sous une forme quelconque des fixations de sa prestation ; et ce quels que soient les procédés techniques utilisés pour ces différentes exploitations.

Il fait également apport de ses droits sur la fixation de sa prestation dès lors que cette fixation n'a pas fait l'objet, initialement, de l'autorisation écrite de l'artiste-interprète.

Cet apport vaut cession des droits patrimoniaux reconnus à l'artiste-interprète par le Code de la Propriété Intellectuelle et par toute disposition nationale, communautaire ou internationale. En raison de la nature des droits apportés, cet apport ne concourt pas à la formation du capital social […]

Les associés conservent le droit d'autoriser ou d'interdire à leur employeur, sur le fondement du Code de la Propriété Intellectuelle, la première destination de leur prestation, par dérogation aux alinéas 1, 2 et 3 du présent article.

Par première destination, il faut entendre le premier mode d'exploitation de la prestation de l'artiste-interprète, strictement limité au regard des usages …

Au titre des droits cédés à des tiers par un artiste-interprète avant son adhésion à la Société, l'adhésion entraîne uniquement mandat exclusif à la Société, en tout pays et pour la durée de son adhésion, de contrôler le respect des droits ainsi cédés et d'intervenir sur le fondement de tous les droits qui lui sont reconnus tels que définis ci-dessus, ainsi que d'administrer ces droits dans les limites de son objet social … »

1054. Première remarque : différence. Il faut d'abord garder à l'esprit le partage de compétence entre l'ADAMI et la SPEDIDAM : la première société gère des artistes dits « principaux », c'est-à-dire les artistes de renommée, les solistes, les chanteurs etc. qui signent des contrats d'artiste (d'exclusivité). Ces artistes sont souvent assistés par un agent artistique ou par des avocats spécialisés. En revanche, la SPEDIDAM gère les droits et défend les intérêts des artistes d'ensemble ou d'accompagnement qui signent (souvent) le contrat type distribué par la SPEDIDAM (la feuille de présence). Ces artistes sont plus faibles et moins indépendants que les artistes gérés par l'ADAMI. Il en résulte que la gestion de l'ADAMI est plus « libérale » que la gestion de la SPEDIDAM. En réalité, les contrats d'artistes (jusqu'à 30 pages) sont quasi exhaustifs, ce qui cantonne le rôle de l'ADAMI à l'administration, le contrôle et le suivi des contrats de ses associés. Concernant la SPEDIDAM, la pratique constante, même avant la loi Lang de 1985, de la feuille de présence articule bien la gestion individuelle et la gestion collective. Ce partage est fait autour de la notion de la première destination de l'enregistrement par opposition aux utilisations secondaires.

1055. Seconde remarque : cession ou mandat. À la lecture des statuts des deux sociétés gestionnaires des droits des artistes-interprètes, deux modèles peuvent en être dégagés : le *mandat exclusif* et la *cession* des droits. Dans les mécanismes de l'ADAMI, il semble que l'apport en gérance est le principe. En effet, l'article 6 des statuts prévoit deux sortes de gérance de droits : *automatique* du seul fait de l'adhésion ou *facultatif*. La gérance automatique concerne toutes les rémunérations [1] ; notamment la rémunération équitable, la rémunération pour copie privée, les rémunérations dues en application des accords collectifs dans le domaine de l'audiovisuel et la rémunération perçue à l'étrangère. Concernant la gérance facultative, elle concerne les rémunérations qui sont dues en application du contrat signé par l'artiste, c'est-à-dire le contrat d'exclusivité. Dans cette hypothèse, l'ADAMI intervient pour assurer la bonne exécution du contrat, surtout quant à la perception des rémunérations, au contrôle et à la surveillance. Par ailleurs, l'apport en propriété se limite, chez l'ADAMI, à certains droits comme le droit de prêt et de location et les droits que la loi soumet à la gestion obligatoire (comme le droit d'autoriser la câblodistribution « simultanée, intégrale et sans changement, sur le territoire national, de la prestation … télédiffusée à partir d'un État membre de la Communauté européenne » : L. 217-2-I CPI). Du côté de la SPEDIDAM, les choses sont inversées : le principe semble être l'apport en propriété (la cession) et l'exception est le mandat exclusif (apport en gérance). En effet, l'article 2 des statuts évoque de manière claire l'apport/cession des droits patrimoniaux reconnus à l'interprète par les dispositions nationales, communautaires ou internationales comme effet de l'adhésion. À la fin de cet article, il est précisé que l'artiste-interprète garde son droit d'autoriser ou d'interdire dans la conclusion du contrat de production. Nous savons que le contrat type de la SPEDIDAM vaut contrat de travail ; nous savons aussi que la clause de cession dans ce contrat de travail se limite à *la première destination*, c'est-à-dire l'exploitation que vise le producteur de l'enregistrement. Cela veut dire que la SPEDIDAM permet à ces adhérents d'exercer *individuellement* leur droit dans le cadre de leur contrat de travail, c'est-à-dire concernant l'exploitation de l'employeur. Ainsi, la SPEDIDAM se réserve l'exercice du droit exclusif en ce qui concerne *toutes les utilisations secondaires* de l'enregistrement. Enfin, l'article 2 des statuts de la SPEDIDAM évoque la seule hypothèse où l'apport est considéré comme mandat exclusif ; il s'agit de l'hypothèse où le rôle de la SPEDIDAM se

---

[1] La formulation des statuts est étonnante en ce qui concerne la rémunération équitable et la rémunération pour copie privée. La gestion de ces deux rémunérations ne découle pas de l'adhésion à l'ADAMI ou à la SPEDIDAM, mais de la loi. Ainsi, la gestion de ces deux rémunérations englobe tous les artistes-interprètes même ceux qui ne sont pas adhérents.

limite à la perception et distribution des rémunérations des cessions antérieures à l'adhésion [1].

1056. Spécificité de l'apport-cession. Les statuts des deux sociétés de gestion des droits des artistes-interprètes qualifient l'apport en propriété comme *cession* à la société des droits patrimoniaux. Cependant, les deux statuts précisent que les droits ainsi cédés *ne concourent pas à la formation du capital social* en raison de leur nature.

1057. Comparaison avec la gestion du droit d'auteur. En matière de droit d'auteur, nous trouvons les deux sortes d'apport *en gérance* ou *en propriété*. Ainsi, la SACD distingue entre *l'apport de la gérance* et *l'apport du droit d'autoriser*. Dans ses statuts l'article premier prévoit que « *II- [l'auteur adhérent] fait apport à la Société, du fait même de cette adhésion, en tous pays et pour la durée de la Société : 1) de la gérance du droit d'adaptation et de représentation dramatiques de ses œuvres ; 2) du droit d'autoriser ou d'interdire la communication au public de ses œuvres par un procédé quelconque, autre que la représentation dramatique, leur reproduction par tous procédés, ainsi que leur utilisation à des fins publicitaires ou commerciales ; 3) de la gestion de son droit à percevoir toute rémunération […]* ». Quant à la SACEM, le deuxième article de ces statuts prévoit que du seul fait de l'adhésion, le membre apporte, à titre exclusif, pour le monde entier et pour la durée de la société « *le droit d'autoriser ou d'interdire la reproduction mécanique de leurs œuvres telles que définies à l'article 1er ci-dessus, par tous moyens connus ou à découvrir* ».

1058. Comment comprendre l'acte juridique par lequel le créateur fait apport de ses droits à une société de gestion collective ? comment concilier cet acte juridique avec la *nature indisponible* de la propriété littéraire et artistique sur la création expressive ? la question est controversée tant en droit d'auteur qu'en droit voisin de l'artiste-interprète.

B. Controverse sur la qualification de l'apport des droits

1059. Nature de l'apport. Au sens strict du droit des sociétés, le terme « apport » désigne le bien mis à disposition de la société par l'associé ; il désigne aussi l'affectation ou l'opération juridique par laquelle l'associé affecte un bien à l'activité sociale en contrepartie de droits sociaux [2]. Une controverse est née de la terminologie utilisée dans les statuts des sociétés de gestion collective. On parle d'un « apport ; apport des droits ; apport en propriété ; apport en gérance », mais la doctrine semble unanime pour refuser la qualification *d'apport en société* au sens de l'article 1832 du Code civil. Les arguments présentés à l'appui de ce refus sont trois en nombre : les droits apportés ne s'incorporent pas au capital social et ne font pas l'objet d'une évaluation [3] ; les adhérents ne reçoivent pas de parts sociales

---

[1] Il y a aussi l'hypothèse où la SPEDIDAM est mandataire d'un artiste qui n'est pas adhéré. En effet, la signature de la feuille de présence vaut mandat de l'artiste non-membre à la société surtout « d'ester en justice en cas de violation des droits sur les titres enregistrés ».

[2] Selon la classification de l'alinéa premier de l'art. 1843-3 du C. Civ., l'apport peut être en nature en numéraire ou en industrie. L'apport en nature peut être en propriété ou en jouissance (alinéa 2 du même article).

[3] Tout apport en nature doit être évalué par un commissaire aux apports, dès lors, comment l'apport *in futurum* (concernant les droits sur des créations futures) peut-il être évalué ? Pour M. GAUTIER, cela s'explique : il n'y a pas de répartition des bénéfices entre les associés proportionnellement à leurs apports,

en contrepartie des droits apportés ; enfin, les adhérents n'ont pas vocation à percevoir des bénéfices [1]. En conséquence, une partie de la doctrine présente la théorie de « quasi-apport » en nature pour mettre l'accent sur la spécificité de l'apport de l'auteur à une société de gestion collective, et pour contourner la difficile transposition pure et simple des mécanismes du droit des sociétés [2].

1060. Mécanisme de l'apport. La question suivante à celle de *l'existence et la nature de l'apport*, est celle de *l'opération juridique* dans laquelle s'inscrit cet apport. La qualification de cet acte est très délicate. La directive n° 2014/26/UE du 26 février 2014 s'est abstenue de donner une qualification en se contentant de définir l'organisme de gestion collective comme celui qui « est autorisé par la loi ou *par voie de cession, de licence ou de tout autre accord contractuel* » à gérer le droit d'auteur ou les droits voisins. En France, l'ordonnance du 22 décembre 2016 qui transpose ladite directive [3] utilise l'expression « autorisation de gestion des droits ». La plupart des SPRD [4] en France utilisent le terme « apport » pour désigner l'acte par lequel le titulaire du droit investit la société de ses droits à gérer. Quant à la jurisprudence, elle se tourne vers les statuts des SPRD pour définir le lien contractuel entre les sociétés à leurs adhérents. Enfin, pour expliquer l'acte juridique par lequel le titulaire apporte ses droits, et les pouvoirs de la société de gestion collective, la doctrine recourt à deux outils explicatifs, le mandat et la cession, tout en constatant leur caractère particulier. Ainsi, il y des qualifications *unitaires* de l'apport comme *acte juridique* (**1**) ; mais, pour nous, seulement une qualification *distributive* peut rendre mieux compte de l'essence du mécanisme de gestion collective et de ses effets (**2**).

1. Qualifications exclues

1061. Un « puzzle juridique ». La nature de l'apport fait par l'auteur ou l'interprète à la société de gestion collective détermine les pouvoirs dont dispose cette société. En général, la doctrine aborde la question de la nature de l'apport à l'aune des opérations juridiques classiques : le mandat (**a**) ; la cession et la fiducie (**b**).

---

contrairement au droit commun. P.-Y. GAUTIER, *Propriété littéraire et artistique*, 11e éd., *op. cit.*, n° 718, p. 782 (note 4).

[1] Pour aller plus loin, V. F. FOUILLAND, *L'apport en société et le droit d'auteur*, thèse, Lyon 3, 2006, 418 p. ; C. REGNAUT-MOUTIER, *La notion d'apport en jouissance*, préf. J. PRIEUR, LGDJ, 1994, 348 p.

[2] M. VIVANT et J.-M. BRUGUIERE, *Droit d'auteur et droits voisins*, 4e éd., *op. cit.*, n° 910, qui utilisent le terme « quasi-apport » en nature ; MIRENE GENINET, « Les quasi-apports en société », *Rév. Sociétés*, 1987, p. 25 ; C. REGNAUT-MOUTIER, *op. cit. Contra* F. FOUILLAND, « L'apport d'auteur à une société de gestion collective », *CCE*, n° 1, janv. 2008, étude 2, qui défend la qualification d'apport en société *au sens classique* de l'article 1832 du Code civil.

[3] C. BERNAULT, « Commentaire de l'ordonnance du 22 décembre 2016 », *Propr. Intell.*, n° 63, 2017, p. 52.

[4] Nous utilisons dans notre recherche deux acronymes : SPRD pour « sociétés de perception et de répartition des droits », et OGC pour « Organismes de gestion collective » que le Code de la propriété intellectuelle utilise, après la transposition de la directive de 2014 sur la gestion collective par l'ordonnance du 22 déc. 2016.

a. Apport en gérance : le mandat

1062. L'article art. 1984 du Code civil définit, dans le premier alinéa, le mandat ou la procuration comme l'acte « *par lequel une personne donne à une autre le pouvoir de faire quelque chose pour le mandant et en son nom* ». La doctrine, la jurisprudence et la pratique s'accordent généralement à qualifier « l'apport en gérance » [1] comme une sorte de mandat. Dans cette situation, les associés de la société de gestion collective ont une double qualité : *associés* et *mandants*. Ainsi, dans cette figure de représentation, d'une part la société exerce les prérogatives du droit apporté dans les limites des pouvoirs conférés ; d'autre part, l'associé peut toujours exercer ses droits en parallèle de l'activité du mandataire. Par ailleurs, la qualification de l'acte de l'apport comme mandat permet d'échapper aux règles d'ordre public dont la prohibition de la cession globale des œuvres futures [2]. Pour toutes ces raisons, la doctrine considère que le mandat est la qualification qui convient le plus à la nature du rapport entre le titulaire de droit et l'organisme de gestion [3] ; qui plus est le mandat permet d'individualiser la gestion collective.

1063. Spécificité. L'apport en gérance est considéré comme un mandat très particulier « à la frontière de l'acte de disposition ». Nous avons dit que le *mandant* est en même temps *l'associé* de la société mandataire, par conséquent, le mandat ne pourrait prendre fin que par le *retrait* ou par la *dissolution* de la société, contrairement à la révocation du mandat par le mandant selon l'article 2004 du Code civil [4]. Cette spécificité a été soulignée par la Cour d'appel de Paris en 1997 en matière de droit d'auteur et a été reprise en matière de droit voisin de l'artiste-interprète par la même juridiction en ces termes : « *l'adhésion de l'artiste-interprète s'analyse non pas comme une cession emportant aliénation de ses droits puisqu'il ne s'en dépossède pas, mais comme un apport en gestion de ceux-ci [...] que l'apport singulier que l'artiste-interprète réalise en adhérant aux statuts n'est d'ailleurs pas un acte de disposition mais un acte d'administration ; que cependant, il ne s'agit pas d'un mandat tel qu'énoncé à l'article 2004 du Code civil donné par l'artiste à la société de perception dans la mesure où notamment son apport est consenti pour la durée de la société* » [5].

---

[1] Utilisé surtout dans les statuts de la SACD en droit d'auteur (article premier, II, 2 et 3) et dans ceux de l'ADAMI (article 6-1, 1 à 6, précité). La SPEDIDAM dans l'article 2 évoque le « mandat exclusif » en ce qui concerne la gestion des rémunérations provenant des cessions antérieures à l'adhésion. Les deux sociétés des producteurs phonographiques (SCPP et SPPF) sont plus directes en évoquant un large éventail de mandats.

[2] Article L. 131-1 : « *La cession globale des œuvres futures est nulle* ». Ce principe n'a pas d'équivalent en matière de droit voisin de l'artiste-interprète.

[3] Le mandat, dit M. SIIRIAINEN, convient à *certaines exploitations* dans lesquelles l'exercice des droits s'accommode d'une intervention individuelle du titulaire de droit, surtout en raison du droit moral, par exemple « les grands droits », c'est-à-dire l'adaptation et la représentation des œuvres dramatiques : F. SIIRIAINEN, « Gestion des droits d'auteur et des droits voisins par un organisme. Chapitres I à III du Titre II du Livre III de la Partie I du Code de la propriété intellectuelle (CPI, art. L. 321-1 à L. 323-15) », *J.-Cl. Propriété littéraire et artistique*, fasc. 1550, mars 2018 (MAJ juin 2020), n° 49.

[4] Art. 2004 C. Civ. « *Le mandant peut révoquer sa procuration quand bon lui semble [...]* ». Refusant la révocabilité du mandat à une société de gestion : CA Paris, 4e ch., 11 juin 1997 : *RIDA*, oct. 1997, p. 223 et p. 255, chron. A. KEREVER. Plus ancien : CA Paris, 6 mars 1933, aff. *Hugo* : *Gaz. Pal.*, 1933, I, jurispr., p. 260 ; S. 1935, I, p. 116, note F. GENY : « *il ne peut toutefois être révoqué les mandants étant en même temps membres de la société* ».

[5] CA Paris, 25 sept. 2009, *Propr. Intell.*, 2010, n° 34, p. 633, obs. A. LUCAS.

1064. Révocation. L'inconvénient de la qualification de l'adhésion et de la mise en gestion des droits comme *mandat simple* gît dans la révocabilité de l'apport. En effet, même si l'on analyse l'apport des droits comme mandat spécial pour éviter la révocabilité, le nouvel article 322-5 du Code de la propriété intellectuelle, issu de l'Ordonnance du 22 décembre 2016, dispose qu'« *un titulaire de droits peut résilier à tout moment, en tout ou partie [...] l'autorisation qu'il a donnée à l'organisme de gestion collective de gérer ses droits patrimoniaux* » [1]. Il est vrai que ce principe est atténué par l'existence d'un préavis qui ne peut excéder six mois (L. 322-6 CPI), ou par le report de la résiliation à la fin de l'exercice social en cours. En conséquence, les sociétés de gestion collective ne sont pas favorables à une telle qualification, dans la mesure où elle risque de précariser leur mission. De plus, ces sociétés ont tendance à s'autonomiser dans l'exercice de leur action et à se contenter d'un consentement préalable et global lors de l'adhésion, ainsi, on ne s'étonne pas de lire dans leurs statuts que l'apport est un effet de l'adhésion.

1065. En tout état de cause, si le mandat à titre onéreux est le contrat référent en ce qui concerne le rapport contractuel entre l'artiste-interprète et son *agent artistique* ou *l'imprésario* [2], la qualification en mandat, fut-il un mandat « très particulier », ne suffit pas pour décrire le rapport contractuel entre l'artiste-interprète et la société de gestion [3]. En effet, à côté de l'apport en gérance, une autre forme d'apport est prévue dans les statuts des organismes de gestion : l'apport-cession. Le premier apport concerne souvent les cas où le droit exclusif s'efface et ne reste qu'un droit à rémunération. Ainsi, l'organisme de gestion collective (mandaté ou chargé légalement) se limite à la mission de percevoir et répartir la rémunération. En revanche, dans le cas de l'apport-cession, l'organisme exerce le droit exclusif en octroyant les autorisations à ses usagers et se charge ensuite de la perception et la répartition des rémunérations.

b. Apport en propriété : l'apport-cession

1066. L'apport en propriété est couramment utilisé dans les sociétés qui gèrent les droits de l'auteur, mais aussi dans celles qui gèrent le droit voisin exclusif de l'artiste-interprète (hors les cas de droit à rémunération). Les statuts des sociétés de gestion collective qui utilisent le terme « cession » précisent que cette cession n'implique pas l'intégration des droits cédés au capital social en raison de leur nature (**i**). Pour cette raison, une partie de la doctrine qualifie cette cession de *fiduciaire* (**ii**).

---

[1] Article 8 des statuts de l'ADAMI sur « la démission » et article 14 des statuts de la SPEDIDAM « départ de l'associé » par démission ou retrait.

[2] P.-Y. GAUTIER, « Le mandat en droit d'auteur », *in Mélanges en l'honneur d'ANDRE FRANÇON*, Dalloz, 1995, p. 230.

[3] A. BERTRAND, *Droit d'auteurs*, Dalloz action 2011/2012, 3e éd., Dalloz, 2010, p. 424. Qui semble généraliser la qualification de mandat même à l'égard de la SACEM/SDRM, même si les statuts de la SACEM utilisent une formule plus proche au mécanisme de la cession « apport du droit d'autoriser ou d'interdire, pour la durée de la société... ». La jurisprudence admet la qualification de mandat dans certains cas : CA Versailles, 8 sept. 2011 : *CCE*, 2012, chron. 6, n° 10, note B. MONTELS – CA Paris, 27 sept. 2007 : *CCE*, 2008, chron. 6, n° 9, note B. MONTELS – distinguant cession et mandat : Cass. 1re civ., 6 déc. 1988 : *RIDA*, avril 1989, p. 228.

i. Cession simple ?

1067. Apport du droit d'autoriser, apport en propriété. Déjà présente dans certaines décisions [1], l'idée de la cession-transfert des droits à l'organisme de gestion est présente dans les statuts de la SPEDIDAM et l'ADAMI (et la SACEM en droit d'auteur). Néanmoins, ces statuts précisent que la nature des droits apportés empêche de les intégrer au capital social qui, en en tout état de cause, n'a pas beaucoup d'importance dans les sociétés civiles. Cette qualification induit la qualité de cessionnaire / titulaire de la SPEDIDAM ou de l'ADAMI concernant l'apport en propriété. En conséquence, l'artiste cédant ne pourra plus, en principe, exercer son droit individuellement en parallèle avec l'exercice de la société cessionnaire. Pour cette raison, il a été dit que cette qualification « protège les membres contre eux-mêmes » en renforçant la position de l'organisme de gestion, car l'organisme se trouve en meilleure situation pour négocier avec les utilisateurs. De plus, dépossédé de son droit transféré, l'artiste perd son droit à ester en justice pour la défense de ces droits patrimoniaux apportés *sauf carence* de l'organisme de gestion [2]. Dans le cas de la carence de l'organisme de gestion collective, l'artiste peut exercer *l'action oblique* puisque l'organisme est son débiteur [3]. Mais nous croyons que le créateur étant toujours propriétaire de sa création, il doit pouvoir agir en son nom [4]. Sans doute, une telle qualification est favorable à l'action des SPRD : en concentrant les droits, le cessionnaire est en position de force dans la négociation des conditions d'utilisation avec les utilisateurs [5].

1068. Dessaisissement de l'artiste. L'idée de transfert et de dessaisissement de l'artiste est exprimée de manière nette dans l'article 20 des statuts de la SPEDIDAM : « *la Société ayant seule le droit de décider de contracter, il est interdit à tout associé de céder les droits dont il a déjà investi la Société. Toute autorisation donnée par un associé à l'encontre de cette prohibition est radicalement nulle* ». De même, les statuts de l'ADAMI prévoient, dans l'article 18 détaillant les obligations des « membres », que « *8° […] il est interdit à tout associé de céder les droits de propriété intellectuelle dont il a déjà investi la société* ». Toutefois, un courant jurisprudentiel atténue le dessaisissement résultant de l'apport-cession. En effet, sur la question de la qualité à agir en contrefaçon de l'adhérent ayant cédé ses droits à un organisme de gestion collective, certaines

---

[1] La jurisprudence a accepté l'opération de « cession-vente » ou de « cession à titre onéreux » dans certaines décisions. Voir les exemples donnés par M. F. SIIRIAINEN, fasc. 1550, mars 2018 (MAJ juin 2020), *op. cit.*, n° 52.

[2] Cass. 1re civ., 13 nov. 2014, n° 13-22401, aff. *Chapman et Mpondo c/ TF1*: CH. CARON, *CCE*, n° 1, janv. 2015, comm. 2 ; *RLDI*, déc. 2014, n° 3628, obs. L. C ; *D.* 2015, p. 410. Solution confirmée récemment : Cass. 1re civ., 1er mars 2017, n° 12-25.755 : *Propr. Intell.*, 2017, n° 64, p. 81, comm. A. LUCAS : « [l'auteur qui] a fait apport à [la SACEM] de l'exercice de ses droits patrimoniaux, est irrecevable, sauf carence de cette société, à agir personnellement en défense de ceux-ci ». Il convient de préciser que cette jurisprudence concerne l'apport-cession à la SACEM, mais peut être transposée à l'ADAMI ou à la SPEDIDAM lorsque l'apport de l'interprète à ces deux sociétés « emporte / vaut cession des droits patrimoniaux ».

[3] F. SIIRIAINEN, *Le caractère exclusif du droit d'auteur a l'épreuve de la gestion collective*, p. 236 ; ainsi que fasc. 1550, 2018 (MAJ juin 2020), *op. cit.*, n° 30 et n° 31.

[4] L'exploitant est bien client de la société de gestion collective, mais il est le cessionnaire d'un droit d'autoriser qui s'adosse à la propriété du créateur. Nous allons expliquer plus tard ce rapport triangulaire (artiste, société, utilisateur).

[5] G. KARNELL, « Droits individuels dans un commerce de gros », *RIDA*, juill. 1981, pp. 2-49.

décisions ont pu requalifier l'apport en un simple acte de gestion (d'administration) non de disposition [1].

1069. Spécificité. La cession pure et simple est un transfert de droit. Or, on s'accorde sur la nature particulière de l'apport-cession [2]. En effet, la doctrine constate un malaise à tirer toutes les conséquences de la qualification du mécanisme de l'apport comme cession. Premièrement, l'associé conserve toujours le droit de retirer son apport [3] ; par conséquent, la société de gestion ne peut disposer des droits apportés puisqu'elle est tenue de les restituer aux adhérents en cas de retrait. Deuxièmement, la jurisprudence a eu l'occasion de préciser que l'apport n'est pas un acte de disposition, et que l'OGC a pour objet social « *d'exercer et administrer les droits relatifs à l'utilisation des œuvres, notamment en percevant et répartissant les redevances provenant de l'exercice de ces droits* » [4]. Troisièmement, le problème de l'apport-cession est la contradiction avec deux principes d'ordre public, à savoir le principe de la prohibition de la cession globale des œuvres futures (L. 131-1 CPI) et le principe de la spécialité des cessions (L. 131-3 CPI). Quatrièmement, la cession des droits à l'organisme de gestion interdirait à ses adhérents de créer pour le compte d'autrui des créations de commande, sans oublier aussi la contradiction avec la cession présumée au producteur de l'œuvre audiovisuelle. Nous ajoutons, enfin, que l'organisme de gestion n'étant pas *exploitant* des créations, d'où, il n'a pas à se faire céder des droits sur ces créations. De plus, la cession par laquelle le créateur (auteur et interprète) exploite sa propriété incorporelle, est une cession *sui generis*, comme nous l'avons présentée. Le créateur, qui demeure propriétaire tout en cédant un droit-autorisation à un exploitant, reste *a fortiori* propriétaire en confiant la gestion de sa propriété à un organisme de gestion collective.

1070. Contre les termes abrupts des statuts des SPRD qui évoquent la « cession des droits patrimoniaux », et contre une doctrine minoritaire qui défendent l'apport comme cession avec charge de gestion (obligation *propter rem*), une unanimité se forme dans la doctrine autour de l'idée que l'apport-cession est d'essence fiduciaire [5].

---

[1] Surtout Cass. 1re civ., 4 avril 1991, (n° 89-20.232), aff. *Picasso* : *Bull. civ.*, 1991, I, n° 115 ; *D.*, 1992, p. 261, note P.-Y. GAUTIER. En matière de droit voisin de l'artiste-interprète : CA Paris, 25 sept. 2009, n° 08/04612, *SAS Europe 1 Télécompagnie et a. c/ Spedidam* : JurisData n° 2009-013210 : *Propr. Intell.*, 2010, n° 34, p. 633, obs. A. LUCAS. Aussi, de manière claire : CA Versailles, 13e ch., 28 sept. 1995, *TF1 c/ Sony Music entertainement France* : *RIDA*, oct. 1996, p. 254 – Confirmée par Cass. 1re civ., 24 févr. 1998, (n° 95-22.282), *TF1 c/ Sony Music Entertainment France et P. Richeux* : JurisData n° 1998-000820 : *Bull. civ.*, 1998, n° 75 ; *D.*, 1998, IR, p. 82 ; *D.*, 1998, jurispr., p. 471, note A. FRANÇON ; *RIDA*, juill. 1998, p. 213, p. 189, chron. A. KEREVER, et p. 219, note A. KEREVER. (Ce qui est transféré à la SACEM est l'administration du droit). Plus récent, à propos de l'adhésion à la SACEM aussi, CA Paris, pôle 5, 1re ch., 13 oct. 2010, n° 09/12236 : JurisData n° 2010-018671.

[2] Une cession mais « avec charge [de gestion] » qui s'analyse comme une obligation *propter rem* selon une auteure, V. OLGA GRECHOWICZ, *Le contrat de gestion collective des droits d'auteurs : contribution à l'étude de la nature du droit géré collectivement*, thèse, Univ. Avignon, 2017, n° 341 et s. En revanche, la doctrine quasi unanime qualifie cette cession de *fiduciaire* pour atténuer son effet translatif (V. ci-après sur la fiducie).

[3] L. 322-5 CPI sur la réalisation de l'autorisation donnée à l'organisme de gestion. De même, l'article 14 des statuts de la SPEDIDAM sur le droit de retirer l'apport ou la démission, et l'article 8 sur la démission du membre.

[4] Cass. 1re civ., 4 avril 1991, (n° 89-20.232), aff. *Picasso*, *op. cit.*

[5] P.-Y. GAUTIER, *Propriété littéraire et artistique*, 11e éd., *op. cit.*, n° 719 ; F. POLLAUD-DULIAN, *Le droit d'auteur*, 2e éd., *op. cit.*, n° 1663 ; A. LUCAS et *alii.*, *Traité de propriété littéraire et artistique*, 5e éd., *op. cit.*, n° 1049 ; M. VIVANT et J.-M. BRUGUIERE, *Droit d'auteur et droits voisins*, 4e éd., *op. cit.*, n° 916 ; F. SIIRIAINEN, *Le caractère*

ii. Cession fiduciaire ?

1071. Finalité de l'apport des droits et rôle de l'OGC. La jurisprudence avait tendance à prendre en compte la nature de l'activité des organismes de gestion collective et la finalité de l'apport. Ainsi, dans la fameuse affaire *Picasso*, la Cour d'appel a retenu que l'apport à une société de gestion collective « *n'a d'autre finalité que d'en assurer la gestion par ladite société ; si [...] on a pu qualifier ces apports de cession pour souligner que le mandat donné aux sociétés de perception devait leur conférer le pouvoir d'agir en justice, ce terme est impropre dès lors qu'il est appliqué à une opération par laquelle le titulaire des droits ne les vend pas, mais ne se dépossède que de leur gestion en se réservant le profit qui en sera tiré, et sans perdre le pouvoir [...] de reprendre même l'exploitation des droits* » [1]. Par la suite, la Cour de cassation a adopté la même solution en affirmant que l'objet social de la société de gestion était *l'administration* des droits et que les adhérents pouvaient, à tout moment, user leur faculté de retrait [2]. En doctrine, la majorité des auteurs interprètent cette spécificité de la cession, qui n'est pas un transfert, comme une *fiducie*.

1072. Cession fiduciaire. En 2007 la fiducie fut introduite dans le Code civil [3]. Ce code définit la fiducie dans l'article art. 2011 comme : « *l'opération par laquelle un ou plusieurs constituants transfèrent des biens, des droits ou des sûretés, ou un ensemble de biens, de droits ou de sûretés, présents ou futurs, à un ou plusieurs fiduciaires qui, les tenant séparés de leur patrimoine propre, agissent dans un but déterminé au profit d'un ou plusieurs bénéficiaires* ». La doctrine qui qualifie l'apport des droits à un organisme de gestion collectif comme *cession fiduciaire* identifie un transfert de ces droits à l'organisme. Mais l'organisme, qui joue le rôle du *fiduciaire*, aura l'obligation de gérer ces droits dans l'intérêt des *fiduciants* (les titulaires des droits). Dans ce sens, l'article L. 321-1, I du Code de la propriété intellectuelle dispose que les organismes de gestion collective ont pour objet principal la gestion du droit d'auteur et des droits voisins « pour le compte de plusieurs titulaires de ces droits », et qu'ils « agissent au mieux des intérêts des titulaires de droits qu'ils représentent ».

1073. Les avantages de la qualification. Comme dans la fiducie, les droits sont transférés mais retournent dans le patrimoine du cédant. C'est ce qui explique, selon cette doctrine, que l'organisme de gestion collective exploite les apports *pour le compte des cédants*, et qu'il *ne peut pas disposer* de ces droits apportés. Aussi, cette qualification trouve un appui dans l'article L. 322-5 du Code de la propriété intellectuelle qui confirme le *droit de retrait de l'apport* (la résiliation de l'autorisation

---

exclusif du droit d'auteur à l'épreuve de la gestion collective, thèse, Nice, 1999, p. 91 et s. ; F. SIIRIAINEN, fasc. 1550, 2018 (MAJ 2020), *op. cit.*, n° 57 ; X. LINANT DE BELLEFONDS, *Droit d'auteur et droits voisins*, Dalloz, 2e éd., n° 1019 ; L. BALSAN, *Les sociétés de gestion collective*, thèse, Lyon 3, 2007, n°438 ; N. BOUCHE, « Sociétés civiles de perception et de répartition des droits d'auteur et des droits voisins », *Rép. Sociétés Dalloz*, juin 2016 (actualisation : avril 2020), n° 91. *Adde* plus nuancé CH. CARON, *Droit d'auteur et droits voisins*, 6e éd., *op. cit.*, n°505 et n° 506, qui met des réserves sur la qualification en fiducie et n'écarte ni la cession simple (si prévue dans les statuts), ni le mandat. *Contra* G. KEMJE BATE TAZEFACK, *Gestion collective du droit d'auteur et des droits voisins et pouvoirs publics*, *op. cit.*, n° 395 ; F. FOUILLAND, « L'apport d'auteur à une société de gestion collective », *op. cit.*, et du même auteur, « L'apport de droit d'auteur à une société de gestion collective », *JCP E*, 2007, 2464.

[1] CA Paris, 22 nov. 1990 : *JCP G.*, 1991, II, 21736, note M. GAUTREAU. Plus encore, CA Paris, pôle 5, 2e ch., 25 nov. 2011, n° 08/23965 (évoquant la qualification *doctrinale d'apport fiduciaire*).

[2] Cass. 1re civ., 4 avril 1991, (n° 89-20.232) : *Bull. Civ.*, I, n° 115, p. 77 ; *D.* 1992, jurispr., p. 261, note P.-Y. GAUTIER ; *RIDA*, oct. 1991, p. 127 ; *RTD civ.*, 1992, p.160, obs. PATARIN ; *JCP*, 1991, IV, p. 214.

[3] Loi n° 2007-211 du 19 févr. 2007. Articles art. 2011 à art. 2031 du Code civil.

de gestion confiée à un OGC). Par ailleurs, cette qualification aurait le mérite d'éviter la prohibition de la cession globale des œuvres futures (L. 131-1 CPI) [1]. Enfin, dans la même veine, M. SIIRIAINEN tire argument de la contrepartie de l'apport qui pèse sur la société ; cette contrepartie est *l'obligation de gestion*, c'est-à-dire la prestation dont la modalité est définie dans les statuts (généralement, octroyer des autorisations, percevoir le prix des exploitations et les répartir entre les titulaires des droits) [2].

1074. Qualification impossible. Plusieurs arguments militent contre la qualification fiduciaire de l'apport-cession des droits de l'auteur ou de l'interprète à un organisme de gestion collective. Les plus décisifs sont ceux tirés des textes. En effet, le législateur français encadre fortement la fiducie (inspirée du *Trust* de *Common law*). D'abord, l'article 2012 du Code civil exige que la fiducie, établie par la loi ou par le contrat, soit expresse, et surtout quant aux mentions obligatoires déterminées par l'article 2018 et l'article 2020 du même code. Ensuite, l'article 2015 du Code civil assigne à la fiducie un champ bien déterminé qui n'inclut pas les organismes de gestion collective [3]. Enfin, l'article 2019 du Code civil exige, à peine de nullité, que le contrat de fiducie et ses avenants soient enregistrés au Registre national des fiducies [4]. En vérité, la doctrine n'utilise cette qualification que pour atténuer l'effet translatif et définitif de la cession, ce qui ne peut se faire sans heurter la réglementation stricte de la fiducie.

1075. Recentrage. Aucune des qualifications unitaires présentées ne rend compte de la totalité du mécanisme de la gestion collective. Pourtant, force est d'admettre que chaque qualification apporte un élément plus ou moins utile. Du mandat, il y a l'idée de la *représentation* ; de la cession, il y a *l'effet translatif* qui justifie les pouvoirs permettant à l'organisme de gestion collective d'octroyer les autorisations d'exploitation et d'ester en justice pour défendre les droits apportés ; enfin, de la fiducie, il y a *la limitation de l'effet translatif* de l'apport-cession. En définitive, pour l'explication du mécanisme de la gestion collective et de la nature de l'apport il faut retenir, selon nous, une qualification distributive.

2. Qualification retenue

1076. Nous proposons de distinguer deux sortes d'apport : *l'apport au sens strict* qui figure dans le capital social et donne la qualité d'associé (**a**) ; et *l'apport des droits* qui est un apport *sui generis* permettant de réaliser l'objet social (la gestion des

---

[1] F. SIIRIAINEN, fasc. 1550, 2018 (MAJ juin 2020), *op. cit.*, n° 72. Qui explique que la gestion collective permet l'intégration des œuvres et prestations futures au répertoire au fur et à mesure de leur « création ou fixation ». En effet, la propriété, qui naît bien de l'acte créatif, se synthétise dans l'acte de divulgation ; sans cette divulgation, l'œuvre n'est pas dans le commerce. Ainsi, c'est la divulgation, non la création ni la fixation, qui permet d'intégrer une œuvre au répertoire de l'ORPD.

[2] F. SIIRIAINEN, fasc. 1550, 2018 (MAJ juin 2020), *op. cit.*, n° 56.

[3] Ne peut avoir la qualité de fiduciaire que certains établissements limitativement énumérés dans l'article 2015 du C. Civ.

[4] Pour aller plus loin sur la qualification de l'apport des droits à l'organisme de gestion collective comme fiducie et les critiques de cette qualification, V. O. GRECHOWICZ, *Le contrat de gestion collective des droits d'auteurs*, *op. cit.*, n° 307, pp. 182-188.

droits) (**b**). Les deux modalités juridiques de ces deux apports *complémentaires* sont différentes mais *indissociables* [1].

a. Apport au sens strict : apport en numéraire

1077. L'apport *stricto sensu*. Il existe bien dans les sociétés de gestion collective un apport au sens strict, c'est-à-dire au sens du droit des sociétés. Il s'agit d'un *apport en numéraire* appelé « droit d'entrée », qui s'incorpore au capital social [2], induit l'attribution d'une unique part sociale et donne à l'adhérent sa qualité d'associé. Les statuts des deux sociétés gestionnaires des droits des artistes-interprètes sont similaires à cet égard [3] :

> Article 11 des statuts de l'ADAMI dispose que « 1- Le capital social est variable. Il est constitué d'apports en numéraire représentant le montant des valeurs nominales des parts sociales souscrites par les associés ».
>
> Article 7 des statuts de la SPEDIDAM dispose que « Ce capital social est constitué par les droits d'entrée versés par les artistes-interprètes en contrepartie de leur adhésion à la Société. […] ».

1078. Mais cet apport est *dérisoire*. Par exemple, cet apport en numéraire est de 1,52 € chez l'ADAMI (article 11 des statuts) et de 16 € chez la SPEDIDAM (article 7 des statuts). Par ailleurs, les artistes membres d'une société de gestion collective ont, en sus de leur qualité *d'associés*, la qualité de *créanciers* [4]. Cette qualité procède d'une *convention particulière* par lequel les artistes *apportent/confient* leurs droits à gérer à la société de gestion collective, et l'investissent de certains pouvoirs [5]. L'organisme est débiteur de la gestion des droits en « *respectent le principe d'égalité de traitement dans la gestion des droits patrimoniaux de l'ensemble des titulaires de droits qu'ils représentent* » (L. 324-2 CPI).

b. Apport sui generis : apport des droits

1079. Si *l'apport en numéraire* ne pose pas de problème quant à sa nature ni quant à l'opération dans laquelle il s'inscrit, la question de la nature de *l'apport des droits* et

---

[1] Dans ce sens, N. BOUCHE, *Rép. Sociétés Dalloz*, juin 2016, *op. cit.*, n° 97.

[2] Le capital des SPRD est souvent variable car il augmente ou diminue selon les adhésions nouvelles ou les retraits d'associés. Pour cette raison, les OGC sont tenus à publier des informations actualisées, parmi lesquelles la liste des membres (L. 326-2, 2e al. CPI).

[3] Aussi, le capital social de la SACEM « est formé par les sommes provenant du droit d'entrée des membres … », (article 6 des statuts). De même, le capital social de la SACD « est variable. Il est formé par les droits d'entrée », (article 4 des statuts).

[4] Les apporteurs sont créanciers d'une contrepartie qui est *la prestation de la société de gestion collective* et non le reversement des redevances. En effet, ces redevances sont la contrepartie de l'autorisation d'exploitation, c'est-à-dire, ce sont les prix des cessions données aux exploitants. Dans ce sens, F. SIIRIAINEN, fasc. 1550, 2018 (MAJ juin 2020), *op. cit.*, n° 56 « *L'organisme de gestion collective ne fait pas siennes les sommes perçues en contrepartie des autorisations* ». *Contra* C. REGNAUT-MOUTIER, *op. cit.*, n° 246 pour qui les associés sont créanciers des *reversements*.

[5] L'apport des droits à la société a une réserve concernant les autorisations des utilisations non commerciales : L. 324-4 CPI « *Les statuts ou le règlement général fixent les conditions dans lesquelles les titulaires de droits peuvent octroyer à des tiers des autorisations d'exploitation pour des utilisations non commerciales de droits ou catégories de droits dont ils ont confié la gestion à l'organisme, portant sur certains types d'œuvres ou d'autres objets protégés de leur choix* ».

l'acte de mise en gestion de ces droits restent entière. En réalité, l'apport des droits est indispensable au fonctionnement de l'organisme de gestion collective. C'est grâce aux apports des titulaires de droits que l'organisme mène ses activités : l'octroi des autorisations d'exploitation aux utilisateurs, le contrôle des utilisations, la perception et la répartition des rémunérations, et la protection des droits gérés dans le cadre de l'action en contrefaçon. Si les statuts des sociétés de gestion des droits des artistes-interprètes abordent l'apport des droits comme *effet de l'adhésion*, il faut comprendre qu'il s'agit de *deux conventions indissociables*. Maintenant, il faut déterminer la nature de cet apport (**i**) et le contrat par lequel il se réalise (la mise en gestion) (**ii**).

i. La nature de l'apport des droits

1080. Une partie de la doctrine estime que l'apport des droits à gérer n'est pas un apport au sens classique, mais constitue un « quasi-apport ». Selon cette doctrine, le véritable apport en société se caractérise par deux éléments : il s'incorpore au capital social et induit l'attribution de droits sociaux. C'est le cas de l'apport en numéraire appelé « droit d'entrée », mais pas l'apport des droits. À l'opposé, M. FREDERIC FOUILLAND critique cette idée [1] et affirme l'existence d'un apport au sens de l'article 1832 du Code civil. Cet apport consiste en la mise en commun de la gestion des droits pour profiter des économies qui en résultent. Les associés ont vocation à profiter, non des bénéfices sociaux, mais des économies résultant de *la gestion mutualiste* de leurs droits [2]. Concernant l'incorporation de l'apport au capital social, cet élément n'est pas décisif dans la mesure où il y a des sociétés sans capital mais non sans apport. En effet, « *la notion d'apport en capital est plus restreinte que celle d'apport en société* » [3]. En somme, le critère décisif de la qualification d'apport est la contrepartie qui consiste en la remise des droits sociaux. Or, si deux apports il y a (en numéraire : le droit d'entrée, et en nature : les droits à gérer), l'artiste devrait recevoir, dès l'adhésion, deux parts sociales, mais ce n'est pas le cas.

1081. Apport composé. Nous croyons qu'il y a *un apport en société*, qui serait divisé en *deux éléments complémentaires, fixe et variable*. L'élément fixe correspond à un apport au sens classique. C'est l'apport en numéraire (le droit d'entrée) qui s'incorpore au capital social et est représenté par une part sociale. C'est ce qui donne à l'adhérent sa qualité d'associé et induit l'attribution des droits sociaux. En revanche, l'élément variable [4] est ce que les statuts visent en parlant d'apport des droits patrimoniaux. En vérité, il ne s'agit pas d'un apport *des droits,* mais d'un

---

[1] F. FOUILLAND, *L'apport en société et le droit d'auteur*, thèse, Lyon 3, 2006, 418 p.

[2] Les sommes versées par la société de gestion collective sont les rémunérations des exploitations autorisées et ne sont pas des bénéfices sociaux.

[3] S. DANA-DEMARET, *Le capital social*, préf. Y. REINHARD, Litec, 1989, n° 23 : V. F. FOUILLAND, « L'apport d'auteur à une société de gestion collective », *CCE*, n° 1, janv. 2008, étude 2.

[4] La variabilité résulte de la faculté du titulaire des droits de déterminer « dans un document » l'étendue de son apport : L. 322-3, 1er al. « *L'autorisation de gestion des droits par l'organisme de gestion collective porte, au choix du titulaire, sur tout ou partie des droits, catégories de droits, types d'œuvres ou autres objets protégés et territoires définis par les statuts ou le règlement général de l'organisme. […]* ». L'exception suit le principe : l'alinéa 2 dispose que l'organisme peut imposer un apport de droits indissociables « *en vue d'en garantir une gestion efficiente* ». De plus, la variabilité est due à la faculté de résilier partiellement l'autorisation de gestion L. 322-5 CPI.

apport de *la gestion des droits*. Cet *apport-gestion*, complément de l'apport au sens stricte, a pour fonction de permettre la réalisation de l'objet social. Il résulte de notre lecture deux conséquences :

– L'apport en numéraire étant dérisoire (et donc fictif), l'artiste ne saurait être associé à la société de gestion collective sans apport-gestion. Pour cela, les statuts considèrent l'apport des droits comme effets découlant de l'adhésion ;

– L'artiste peut moduler son apport des droits : il peut retirer un droit géré ou retirer une création ou une catégorie de créations du répertoire de l'OGC, mais n'en reste pas moins associé [1]. Il ne cesse d'être associé que s'il retire son apport tout entier.

1082. Mais n'y a pas-t-il de contradiction entre cette qualification de l'apport des droits, entendu comme l'apport de leur gestion, et les statuts de la SPEDIDAM qui disposent que l'apport vaut « cession des droits patrimoniaux » (article 2 alinéa 3), et les statuts de l'ADAMI qui disposent que « tout associé fait apport en propriété à la société, à titre exclusif, du fait même de son admission [de certains droits exclusifs] » (article 6-2-1) ? Nous ne le pensons pas, à condition de comprendre l'opération juridique de mise en gestion des droits, indissociable de l'acte de l'adhésion.

ii. Le contrat de l'apport des droits

1083. Encore une distinction. Malgré la généralité des dispositions traitant la gestion collective dans le titre II du livre III du Code de la propriété intellectuelle, nous croyons que le régime de la gestion collective doit s'accommoder de la nature des droits gérés. Ainsi, nous tirons une nouvelle conséquence de notre dichotomie entre la propriété des créateurs et les monopoles légaux de certains investisseurs. L'apport du droit de l'auteur ou de l'interprète à un organisme de gestion collective n'a pas la même nature que celle de l'apport d'un monopole légal à un tel organisme [2]. Sans surprise, ni difficulté, les monopoles légaux répondent au droit commun des apports : les titulaires peuvent bien transférer leur monopole à une société de gestion collective ; ou simplement le démembrer pour n'apporter qu'un fragment ; ou encore faire un apport en jouissance du monopole. Les monopoleurs peuvent aussi mandater l'organisme de gestion collective et l'habiliter à exercer certains pouvoirs. C'est cette dernière forme juridique qui se dégage de l'examen des statuts des deux sociétés de gestion des droits des producteurs phonographiques : la SCPP (incluant les majors de l'industrie phonographique) et la SPPF (les producteurs indépendants).

> **Statuts de la SCPP.** L'article cinq traite la question des *mandats* que les membres peuvent donner à la société. Il s'agit de trois catégories de mandat : catégorie 1, à caractère statuaire, dont la révocation (retrait total ou partiel) entraîne *ipso facto* la démission de l'associé (le mandat de gestion des rémunérations et de la gestion collective obligatoire : les articles L. 214-1, 217-1, 311-1). Ensuite, il y a le mandat de la catégorie 2, à caractère statuaire, dont la révocation (retrait total ou partiel) n'entraîne pas *ipso facto* la démission de l'associé (il concerne certains droits énumérés). Enfin, il y

---

[1] L. 322-5 et suivant du CPI sur la résiliation totale ou partielle de l'autorisation de gestion.

[2] *Contra* N. BINCTIN qui estime que « *le régime d'appropriation d'un bien intellectuel n'a aucun impact en la matière [la gestion collective]* ». *Droit de la propriété intellectuelle*, *op. cit.*, n° 1308.

a le mandat de la catégorie 3, à caractère facultatif non statuaire, que l'associé est libre de confier ou non à la SCPP, et dont le retrait n'est soumis qu'au respect d'un préavis déterminé.

Statuts de la SPPF. L'article quatre traite la question des *mandats*, leur portée et le retrait partiel ou total. Ainsi, l'article 4.4 distingue entre les mandats obligatoires qui concernent les droits à rémunération (les mandats A, B, I), et les mandats facultatifs (les mandats C, D, G, H, K) qui se distinguent selon le droit exercé collectivement concernant un phonogramme ou un vidéogramme.

1084. Apport des droits patrimoniaux ? Concernant les créateurs, nous devons ne pas perdre de vue la nature *indisponible* de la propriété incorporelle portant sur les formes expressives (les œuvres et les interprétations). L'apport ne peut pas porter sur les *créations* objet du droit de l'auteur ou de l'interprète, ni sur les *propriétés*, c'est-à-dire le droit réel incorporel portant sur la forme. En conséquence, ce qui est apporté n'est pas le droit réel mais un droit personnel : un droit-autorisation de gestion. Dans ce sens, l'ordonnance du 22 décembre 2016 portant transposition de la directive du 26 février 2014 a introduit massivement l'expression « autorisation de gestion des droits ». Ainsi, l'article L. 322-3 du Code de la propriété intellectuelle porte sur « les conditions et les effets de l'autorisation de gestion des droits » ; de même, l'article L. 322-5 du même code porte sur la « résiliation de l'autorisation de gestion des droits ».

1085. Montage. Le cadre du contrat d'apport devrait être *plus qu'un simple mandat* et *moins qu'une pure cession*. Ce serait une cession *sui generis* (encore une !) d'un droit spécial (autorisation de gestion des droits L. 322-3 et s. CPI) à laquelle s'ajouterait un mandat pour la délimitation des autorisations d'exploitation octroyées aux usagers. Il s'agit d'une « *cession-cadre augmentée d'un mandat* » [1]. Parce que c'est une cession-cadre, l'apport échappe à l'interdiction de L. 131-1 CPI.

1086. Parallélisme. Comme nous avons vu, le créateur cède quelque chose à son exploitant, qui n'est pas la création, ni le droit réel la grevant ; ce que cède le créateur à l'exploitant est un *droit-autorisation d'exploiter*. De même, le créateur fait apport de quelque chose à la société de gestion, qui ne saurait être la création, ni le droit réel la grevant ; ce qu'apporte le créateur est un *droit-autorisation de gérer*. Dans les deux cas, il s'agit d'un *droit personnel* qui s'adosse à la propriété. Le créateur, auteur ou interprète, est, et doit rester, le propriétaire de sa création. Ainsi, il n'y a pas de contradiction entre la gestion collective et le caractère exclusif des droits exclusifs des créateurs.

1087. Le rôle de la société de gestion collective n'est que *l'intermédiation* pour la conclusion des cessions entre les créateurs et les exploitants qui réalisent la communication au public. Mais au-delà de cette mission principale, les sociétés de gestion collective qui gèrent le droit voisin des artistes-interprètes ont une mission d'intérêt général.

---

[1] PH. GAUDRAT, « Souple cession », *op. cit.*, qui articule une *cession-cadre* et le *mandat* qui finalise les cessions précises finales (les autorisations données par la société aux utilisateurs qui exploitent les créations). Pas loin de cette analyse V. F. FOUILLAND, « L'apport d'auteur à une société de gestion collective », *op. cit.*, qui articule, lui, le mandat comme contrat référant de l'apport-gestion et l'opération plus vaste d'apport en société, (n° 26 et s.). *Adde* PH. GAUDRAT « Contrats translatifs des droits d'auteur : le formalisme des sous-contrats… », *RTD com.* 2021, p. 123 et s., n° 25, qui estime que les droits apportés existent *en puissance* et ne sont créés qu'après la conclusion des cessions avec les utilisateurs-exploitants.

§ 2. FONCTIONS DE LA GESTION COLLECTIVE

1088. Fonction *dépendante* du droit exclusif. Quand le droit exclusif n'est pas neutralisé par la licence légale [1], la gestion collective se nourrit du caractère exclusif des droits gérés. Ce caractère justifie (et impose) les mécanismes contractuels du système : en amont, c'est par contrat que la société est *investie* de l'autorisation de gestion des droits ; en aval, c'est par contrat que la société *exerce* les droits en octroyant des autorisations aux utilisateurs. En d'autres termes, *l'exclusivité des droits gérés* impose *le mécanisme contractuel*, qui se fonde sur le principe de *l'autonomie de la volonté*, par opposition aux *techniques des licences autoritaires.*

1089. Fonction *indépendante* d'intérêt général. L'acronyme SPRD désigne les sociétés de *perception et répartition des droits* et se focalise sur une seule fonction : la perception et la répartition des rémunérations. Or, cette fonction de ces personnes morales n'est pas la seule. D'un côté, l'organisme de gestion exerce les droits dont il a la charge de gestion en octroyant des autorisations à ses clients-utilisateurs tout en respectent le principe d'égalité de traitement, d'où l'on remarque l'existence d'un *rôle régulateur* du marché. D'un autre côté, l'organisme de gestion collective joue un *rôle politique* en ce qui concerne certains engagements d'ordre social ou culturel.

1090. Plan. Le rapport entre les artistes-interprètes et les sociétés de gestion collective est *essentiellement hiérarchique* dans la mesure où l'activité de cette dernière se fonde sur la propriété des premières. Ainsi compris, le mécanisme de gestion ne neutralise pas le caractère exclusif des propriétés gérées (**A**). Par ailleurs, force est d'admettre que, dans certaines fonctions, la hiérarchie laisse place à *l'indépendance* des sociétés de gestion collective. C'est le cas lorsque ces organismes assument un rôle régulateur et une mission d'intérêt général (**B**).

A. Gestion collective et exercice du droit exclusif

1091. Exclusion : gestion des rémunérations. Quand le titulaire perd son droit exclusif et ne lui reste qu'un droit de créance (droit à rémunération : rémunération équitable des licences légales, gestion collective obligatoire), ou quand il s'agit de partager une recette déliée de toute exploitation (rémunération pour copie privée), la gestion collective s'avère un simple élément du rouage administratif. Dans ces cas, l'organisme de gestion assume une mission légale, et n'exerce pas de pouvoir fondé sur l'apport et le mandat des associés. Pour cette raison, les sociétés de gestion des droits des artistes-interprètes gèrent le droit à rémunération de tous les artistes-interprètes, même de ceux qui ne sont pas de leurs adhérents, français et étrangers.

---

[1] Dans le cas du simple droit à rémunération, ni l'organisme de gestion ni les artistes ne disposent d'un pouvoir pour fixer les conditions des utilisations. Le rôle de l'organisme de gestion se limite à percevoir et à répartir la recette des utilisations. Dans la gestion collective du droit à rémunération, il s'agit d'une « *gestion collective non volontaire, non complémentaire à une gestion individuelle, et centrée sur une procédure de perception-répartition dans lequel l'organisme de gestion collective n'est qu'un rouage, certes essentiel* ». V. F. SIIRIAINEN, fasc. 1550, 2018 (MAJ juin 2020), *op. cit.*, n° 3. Quand il s'agit d'une gestion collective obligatoire (par exemple L. 217-1 CPI) le droit exclusif est aussi neutralisé comme dans les licences non volontaires ; s'il persiste un pouvoir de négociation, il appartient à l'organisme chargé de la gestion collective obligatoire.

1092. SAI 2023. Nous avons parlé du rapprochement entre les deux sociétés gestionnaires des droits des artistes-interprètes. En 2016, l'ADAMI et la SPEDIDAM ont créé la société des artistes-interprètes : la SAI. Les deux missions actuelles de cette société sont la gestion des rémunérations provenant de l'étranger, et la gestion de la rémunération annuelle supplémentaire de 20 % en matière musicale (L. 212-3-7, IV CPI). En 2023, la SAI devra assumer une nouvelle mission : la gestion commune de toutes les rémunérations de tous les artistes-interprètes ; c'est-à-dire, la rémunération équitable, la rémunération pour copie privée et la rémunération supplémentaire.

1093. Gestion des droits exclusifs. Excluant la gestion des droits à rémunération, deux questions restent à étudier à propos de la mission principale des organismes de gestion collective. La première question concerne la place du mécanisme de gestion au sein de l'opération originale d'exploitation des propriétés indisponibles des créateurs (c'est-à-dire la cession *sui generis* que nous avons étudiée) (**1**). La deuxième question concerne l'articulation de la gestion collective avec l'exercice du droit moral des créateurs associés (**2**).

1. Gestion collective et exploitation du droit patrimonial

1094. En théorie, la gestion collective volontaire n'efface pas l'exclusivité du droit voisin de l'artiste-interprète mais l'*aménage*. En pratique, la société de gestion collective s'insère sans problème dans le mécanisme de l'exploitation de la propriété que nous avons étudié, c'est-à-dire dans l'opération de la cession *sui generis* d'un droit-autorisation d'exploiter.

1095. Exclusivité aménagée. L'adhésion à la société de gestion collective, quand elle procède de la volonté de l'artiste (non celle du législateur) à confier ses droits à l'exercice collectif, n'est qu'une application du principe de la liberté contractuelle. Certes, le caractère collectif *affecte* les droits individuels gérés, dans la mesure où la personne morale exprime, théoriquement, une volonté distincte de celle de chaque membre. Mais nous sommes de l'avis du Professeur SIIRIAINEN qui estime qu'il s'agit d'un *aménagement* du droit exclusif : la volonté de l'artiste associé subit certaines contraintes sociales et adaptations au sein de l'ordre collectif. Par exemple, lorsque les statuts imposent d'inclure aux droits apportés des « droits indissociables » en vue d'en garantir une gestion efficiente, ce qui est permis par l'article L. 322-3 du Code de la propriété intellectuelle. Aussi lorsque le retrait partiel ou total de l'apport est conditionné par le respect d'un délai de préavis. De même, quand l'organisme de gestion réserve l'exercice du droit en prohibant au membre de contracter, comme dans l'article 20 des statuts de la SPEDIDAM : « il est interdit à tout associé de céder les droits dont il a déjà investi la Société ». Toutes ces contraintes sont dans l'intérêt du titulaire du droit et dans l'intérêt de l'ensemble de la collectivité. En effet, la gestion collective aboutit à une « *dissociation entre l'exercice du droit, qui est collectivisé dans une mesure variable, et sa jouissance restée individuelle* » [1]. Ainsi, la gestion collective réalise un équilibre entre l'individuel et le collectif ; « *le particularisme des organismes de gestion collective vient de ce que l'ordre collectif est mis au service des droits exclusifs de leurs membres et des titulaires de droits qu'ils*

---

[1] F. SIIRIAINEN, fasc. 1550, 2018 (MAJ juin 2020), *op. cit.*, n° 68.

représentent » [1]. En définitive, *la collectivisation de l'exercice* du droit de l'artiste-interprète n'affecte pas la nature propriétaire du droit sur l'interprétation. Car, lorsque la gestion collective n'est pas imposée, elle se fonde sur une base individualiste et volontariste. Autrement dit, *le contrat d'adhésion et d'apport* (autorisation de gestion des droits) est le *prolongement du caractère exclusif.*

1096. Intermédiation de l'OGC dans le mécanisme de cession *sui generis*. Dans le rapport contractuel triangulaire (artiste→société de gestion collective→exploitant), la *gestion* est une *fonction préalable et différente* de *l'exploitation* : la gestion est l'intermédiation facilitant la conclusion des contrats d'exploitation, tandis que l'exploitation est la communication de la création fondée sur une cession d'un droit-autorisation. En conséquence, la société de gestion collective n'est pas un exploitant mais un intermédiaire, parfois indispensable, pour la sécurisation et la rationalisation de l'exploitation des créations. Mais si les usagers sont des cessionnaires, qui serait le cédant ? Est-il possible de dire que la société « achète les droits-autorisations pour les revendre aux usagers » ? la réponse est négative.

1097. Intermédiation simple. La société de gestion collective peut n'intervenir que pour représenter l'artiste ou l'assister dans la négociation de son contrat ou encore garantir la bonne exécution du contrat en gérant les rémunérations. Dans ce cas, l'intervention de la société est *extérieure à la cession.* C'est le cas de l'ADAMI en ce qui concerne l'apport facultatif en gérance :

> « 6.1.2 – L'apport en gérance peut, à la demande de l'associé, porter sur la perception, le versement et le contrôle des rémunérations dues en application des contrats qu'il a conclus et, d'une manière générale, la négociation et la conclusion avec des tiers de contrats relatifs à l'exercice de ses droits patrimoniaux ».

Enfin, le terme « gestion » au sens strict porte sur le *suivi de l'exécution des contrats*, d'où l'on désignait les organismes de gestion collective comme « sociétés de perception et de répartition des droits (des rémunérations) ». Mais la gestion collective couvre aussi une hypothèse plus complexe qui couvre *la conclusion* des contrats d'exploitation et *leur suivi.*

1098. Intermédiation complexe : double cession. Plus complexe, la société peut intervenir *en amont* dans *l'exploitation de la propriété* de l'artiste (dans la cession) que nécessite toute *exploitation de la création.* Dans cette hypothèse, la société s'interpose entre le propriétaire et les exploitants, entre l'auteur ou l'interprète et les usagers de son répertoire contenant les créations. Dès lors, le processus de l'exploitation se divise en deux opérations, l'une donne une base juridique à l'autre : la première opération cadre le rapport entre les créateurs et la société de gestion collective et la seconde opération cadre le rapport entre la société et les exploitants. Ce que cède l'artiste à la société comme apport est un *droit-autorisation de gérer* (apport-gestion), ce que cède la société aux usagers est un *droit-autorisation d'exploiter.* La première est la *cession-cadre* qui permet à la société d'organiser la

---

[1] F. SIIRIAINEN, fasc. 1550, 2018 (MAJ juin 2020), *op. cit.*, n° 67. *Adde* MIHALY FISCOR, *La gestion collective du droit d'auteur et des droits connexes*, OMPI, 2002, n° 22 et n° 395 et s. *Adde* B. LARERE, *Le caractère exclusif des droits patrimoniaux en droit d'auteur et droits voisins*, thèse, 2006, p. 237 et s.

seconde, c'est-à-dire chaque cession *sui generis* conclue avec chaque utilisateur-exploitant.

1099. Spécificité. La cession *sui generis* dans le rapport direct entre le créateur et son exploitant porte sur un objet bien déterminé. En revanche, les cessions les plus caractéristiques de la gestion collective [1] conclues entre la société de gestion collective et les usagers portent sur le répertoire contenant les créations [2]. Dans le premier cas, l'obligation d'exploitation découle d'une causalité classique : l'exploitant-cessionnaire doit exploiter pour payer le prix de la cession proportionnellement à la recette de l'exploitation. Dans le second cas, la cession donne un *droit d'accès* au répertoire. L'exploitant choisit les créations divulguées et entrées en gestion collective et est libre dans son exploitation. Ainsi, les usagers ne sont pas obligés d'exploiter, mais libres de choisir. Cependant, en sélectionnant les créations à communiquer, l'exploitant se fonde, non sur une cession *sui generis* conclue directement avec le créateur, mais sur l'autorisation octroyée par la société de gestion, qui fonde son activité sur *la cession-cadre* du créateur.

1100. Schémas. Dans l'exercice collectif du droit exclusif, les créations de l'artiste adhérant à un organisme de gestion entrent au fur et à mesure de leur création dans son répertoire. L'artiste-interprète ayant divulgué son interprétation pour la première destination dans le contrat de production, est censé avoir divulgué pour les autres destinations que gère la SPEDIDAM [3]. Cette société a pour première mission de *relayer l'offre publique et constante* d'exploitation auprès de

---

[1] Les contrats de l'organisme de gestion collective ne donnent pas forcément accès à la totalité du répertoire. Mais les plus caractéristiques des contrats des organismes de gestion collective sont *les contrats collectifs*. Il s'agit souvent des *protocoles d'accords généraux* négociés collectivement avec *les organisations professionnelles des utilisateurs* (L. 321-2 al.1er évoque expressément les « accords professionnels »). Il y a une question qui se pose sur la nature de ces accords collectifs, car ceux négociés par les syndicats ne s'imposent pas aux membres et sont plutôt des contrats-cadres. D'autres accords ont bien un caractère collectif et s'imposent aux membres des organisations signataires. Les organismes de gestion collective peuvent aussi conclure des *accords individuels* (avec un utilisateur déterminé). Soit l'autorisation se réalise « au coup par coup » ou « œuvre par œuvre », où l'utilisateur demande une autorisation ponctuelle concernant un élément déterminé du répertoire. Soit l'utilisateur conclut un contrat général de représentation / d'intérêt commun (L. 132-18 en droit d'auteur et L. 324-5 en droits voisins), ce que font les théâtres pour exploiter le répertoire de la SACD. Pour aller plus loin sur le rapport contractuel entre les utilisateurs et les organismes de gestion collective, V. F. SIIRIAINEN, « Gestion des droits d'auteur et des droits voisins par un organisme. Chapitres IV à VIII du titre II du livre III de la partie I du Code de la propriété intellectuelle (CPI, art. L. 324-1 à L. 328-2) », *J.-Cl. Propriété littéraire et artistique*, fasc. 1551, 2018, n° 12 à n° 17. Enfin, la directive 2019/790 du 17 avril 2019 ouvre aux États la possibilité de faire bénéficier les organismes de gestion collective des « licences collectives ayant un effet étendu », selon lesquelles « l'organisme dispose d'un *mandat légal* ou est *présumé représenter* les titulaires de droits qui ne l'ont pas [autorisé] ». Il s'agit d'un mécanisme exceptionnel limité au cas où l'obtention de l'autorisation sur une base individuelle s'avère difficile à mettre en œuvre, en raison de la nature de l'utilisation ou de l'objet protégé. (Art.12, Dir. du 17 avr. 2019). F. SIRIIAINEN, « Les licences collectives à effet étendu : entre gestion collective, facilitation des autorisations et sécurité juridique », *CCE*, 2019, dossier 5.

[2] Le répertoire, qui définit l'étendue des pouvoirs d'un OGC, est défini dans la directive « gestion collective » de 2014 comme « *les œuvres à l'égard desquelles un organisme de gestion collective gère des droits* » (art. 3, l). La doctrine le définit comme « le fonds » de la société de gestion collective. En vérité, le répertoire ne contient pas les œuvres et les interprétations (ou les objets protégés), mais les droits attachés à ces créations (ou objets) appartenant à un secteur ou genre défini, et dont les titulaires ont confié la gestion à l'organisme de gestion.

[3] Nous avons rapproché, fut-il relativement, le retrait d'une interprétation du répertoire d'une société de gestion collective (résiliation totale ou partielle de l'autorisation de gestion des droits L. 322-5 CPI) et l'effet de l'exercice du droit moral de retrait. Dans les deux cas, il y a un effet futur qui s'agit d'empêcher les nouvelles communications au public.

ces usagers potentiels. Mais, pour la conclusion du contrat d'exploitation avec chaque utilisateur, encore faut-il *paramétrer* la cession *sui generis* (conformément au principe de spécialité), autrement dit, déterminer les conditions de chaque utilisation et la rémunération y correspondant. Ces contrats que *finalise* la société de gestion collective sont analysés dans la doctrine du Professeur PHILIPPE GAUDRAT comme des sous-cessions [1]. En définitive, le mécanisme de l'exploitation de la propriété littéraire et artistique, à savoir la cession *sui generis* d'un droit-autorisation d'exploiter, n'est pas modifié ni déformé par l'intermédiation d'un organisme de gestion collective, *tant que cette gestion n'est pas imposée.*

Gestion individuelle :

Divulgation/autorisation ➔ Cession d'un droit-autorisation d'exploiter ➔ Exploitation de la création par communication au public.

Gestion collective volontaire :

Divulgation/autorisation ➔ Cession-cadre à l'organisme de gestion (autorisation de gestion) ➔ Cessions finales aux utilisateurs (Sous-cessions des autorisations paramétrées) ➔ Exploitations par communication au public.

Gestion collective obligatoire :

Remplacement du droit réel par un droit personnel (créance de rémunération) ➔ Habilitation légale de l'organisme de gestion ➔ Perception des tarifs auprès des utilisateurs bénéficiaires d'une licence légale ➔ répartition aux titulaires des droits.

1101. Dernière remarque. Les trois schémas évoqués sont cumulatifs dans le cas de l'artiste-interprète :

a. La gestion est individuelle concernant *la première destination de l'enregistrement* (clause de cession au producteur dans le contrat de production / feuille de présence) ;

b. La gestion est collective et volontaire grâce à l'adhésion-apport (ou le mandat d'un non-membre) à la SPEDIDAM, en ce qui concerne *les utilisations secondaires* ;

c. La gestion est collective et obligatoire concernant le droit à rémunération : licences légales.

2. Gestion collective et exercice du droit moral

1102. Principe. La nature éminemment personnelle du droit moral induit l'impossibilité d'en faire apport à la société de gestion collective. De même, le caractère discrétionnaire de l'exercice du droit moral rend impossible sa gestion par un organisme de gestion mandataire [2]. Ainsi, l'indisponibilité du droit moral est de portée générale ; elle s'applique à l'égard d'une société de gestion collective comme à l'égard d'un utilisateur-exploitant. Le créateur peut, en cas d'atteinte, opposer son droit moral à la société de gestion collective comme à tout utilisateur. Toute autorisation délivrée par l'organisme de gestion, même sans mention

---

[1] PH. GAUDRAT, « Contrats translatifs de droits d'auteurs : le formalisme des sous-contrats… », *RTD com.*, 2021, p. 128, n° 23 et s.

[2] F. SIIRIANIEN, *Le caractère exclusif du droit d'auteur a l'épreuve de la gestion collective*, thèse, Nice, 1999, n° 35, p. 256.

expresse, implique l'obligation de respecter le droit moral des créateurs. En définitive, les sociétés de gestion collective n'ont qualité à agir que pour la défense « des droits dont elles ont statutairement la charge » (ancien article L. 321-1 al. 2e ; nouvel article L. 321-2, al. 1er), c'est-à-dire les droits apportés sur les créations qui figurent dans le répertoire de la société [1] ou les droits des artistes non-membres mais qui ont donné mandat de gestion à la société [2].

1103. Tempérament : la protection des intérêts moraux des associés. Si l'organisme de gestion collective *ne peut se substituer* à un créateur pour défendre en justice le droit moral, il peut intervenir *à ces côtés*, ce qui relève de l'objet social de l'OGC. En effet, les statuts de la SPEDIDAM (article 3, 5°) et ceux de l'ADAMI (article 4,11°) évoquent, en des termes quasi identiques, que la société a pour objet « *la défense des intérêts matériels et moraux* » de leurs membres et « *l'exercice en justice de toute action, tant dans l'intérêt individuel des titulaires de droits que dans l'intérêt collectif des professions des titulaires de droits qu'elle représente* ». L'alinéa premier du nouvel article 321-2 du Code de la propriété intellectuelle renforce cette disposition statuaire en précisant que l'organisme de gestion collective n'a pas seulement la qualité d'ester en justice pour défendre les droits « dont ils ont statutairement la charge », mais aussi pour défendre « *les intérêts matériels et moraux de leurs membres, notamment dans le cadre des accords professionnels les concernant* ». Ainsi, la recevabilité de l'action de la société de gestion collective ne se fonde sûrement pas sur le droit moral d'un des artistes associés. Il s'agit d'une habilitation légale par l'article L. 321-2 du Code de la propriété intellectuelle, qui confirme la disposition de l'article L. 331-1 du même code. Ce dernier article prévoit dans le second alinéa que « *les organismes de défense professionnelle régulièrement constitués ont qualité pour ester en justice pour la défense des intérêts dont ils ont statutairement la charge* ». Il résulte de la lecture de ces deux articles et la référence faite aux statuts des organismes de gestion collective qu'un tel organisme peut agir en justice pour défendre *les intérêts moraux des membres.* En conséquence, seul le préjudice *subi collectivement* par les artistes, distinct du préjudice individuel du fait de la contrefaçon, justifie l'intervention de l'organisme aux côtés de l'auteur ou de l'interprète [3].

1104. Le droit moral *post mortem*. Nous savons que le droit moral subit une mutation après la mort du créateur. Au vivant du créateur le droit moral protège, non seulement l'intérêt moral de l'artiste, mais aussi *l'intérêt général culturel.* L'artiste est le seul arbitre de l'exercice du droit moral pour protéger le pacte culturel (ou le rapport identitaire créateur-public). Après sa mort, l'exercice discrétionnaire disparaît avec le créateur et ne reste que la *fonction* [4] ; dit autrement, le droit moral devient un *droit-fonction* dont la finalité est la protection de l'intérêt général culturel. Ainsi, la société de gestion collective peut intervenir *accessoirement* en défense du

---

[1] CA Paris, 1re ch., 11 janv. 2000, *Sté Universal Music c/ SPEDIDAM* : JurisData n° 2000-134701 : *RIDA*, janv. 2001, p. 286.

[2] Cass. 1re civ., 29 mai 2013, n° 12-16.583 : JurisData n° 2013-010966 : « *c'est, dès lors, à bon droit que la cour d'appel a retenu que la Spedidam était irrecevable à agir dans l'intérêt individuel de trois artistes-interprètes qui n'étaient ni ses adhérents ni ses mandants* » - Cass. 1re civ., 16 mai 2013, n° 12-18.493 : JurisData n° 2013-009809 - Cass. 1re civ., 19 févr. 2013, n° 11-21.310, *Spedidam c/ Canal Plus et a.* : JurisData n° 2013-002624.

[3] Dans ce sens, F. SIIRIAINEN, fasc. 1550, 2018 (MAJ juin 2020), *op. cit.*, n° 33 et s.

[4] Pour cette raison, l'exercice du droit de divulgation « par des représentants de l'auteur décédé » est soumis au contrôle judiciaire en cas d'abus notoire (L. 121-3 CPI).

droit moral d'un artiste défunt. Plus encore, elle peut être désignée comme exécuteur testamentaire au titre du droit moral [1]. Il reste la question de la recevabilité de *l'action principale* de la société de gestion collective en défense du droit moral de l'artiste défunt. Il semble que cette action ne pourrait pas être possible, d'autant plus que l'habilitation légale du second alinéa de l'article L. 331-1 limite la qualité d'agir en justice de telles personnes morales au cadre professionnel.

1105. Bilan. En conclusion, nous constatons que l'intermédiation de la société de gestion collective dans le mécanisme *sui generis* de l'exploitation de la propriété de l'artiste-interprète n'affecte pas cette propriété, tant que cette intervention se fonde sur l'exercice du droit exclusif en amont, c'est-à-dire sur *l'adhésion libre* et sur *l'apport non imposé des droits à gérer*. Concernant les prérogatives morales, la société de gestion collective ne peut se substituer à l'artiste dans leur exercice, mais peut seulement intervenir accessoirement dans l'action de leur défense. En bref, l'intermédiation de la société dans *l'exploitation du droit patrimonial* et son *intervention accessoire* dans *la défense du droit moral* nous permettent de classer le rapport entre l'artiste-interprète et son organisme de gestion collective dans les rapports « hiérarchiques ». Toutefois, force est d'admettre que l'organisme de gestion collective a une autre mission qui se détache de la dépendance de la propriété de tel ou tel artiste associé. Il s'agit d'une mission d'intérêt général.

B. Gestion collective et missions d'intérêt général

1106. De l'intérêt individuel à l'intérêt collectif et à l'intérêt général. La gestion collective est plus qu'un système juridique de mise en œuvre des droits exclusifs, encore moins une simple technique administrative de perception et répartition des droits. En effet, des dimensions *socio-économiques* et *politiques* apparaissent à travers deux fonctions de l'organisme de gestion collective. Il s'agit, d'abord, de la fonction de la protection des *intérêts collectifs de la profession*, qui dépassent l'intérêt individuel de chaque membre (**1**). Il s'agit, ensuite, de la protection de *l'intérêt général* : d'un côté, *l'intérêt général économique* (le rôle de régulation du marché des droits), et de l'autre *l'intérêt général culturel* (faciliter le processus de formation des pactes culturels, c'est-à-dire les rapports créateurs-amateurs membres du public) (**2**).

1. Intérêts collectifs

1107. Aspect quasi-syndical de l'activité des organismes de gestion collective. Une partie des activités des organismes de gestion collective se rapproche de *l'activité syndicale* [2]. Cette dimension est reconnue par l'article L. 321-2 du Code de la propriété intellectuelle qui prévoit que les organismes de gestion

---

[1] F. SIIRIAINEN, fasc. 1550, 2018 (MAJ juin 2020), *op. cit.*, n° 36. Dans ce cas, « *la mission qui lui a été confiée par l'auteur défunt, les articles L. 321-2, alinéa 1er, et L. 331-1, alinéa 2, du Code de la propriété intellectuelle et ses statuts (attention alors à leur rédaction), confèrent à l'organisme de gestion intérêt et qualité à agir en défense du droit moral de l'auteur défunt* ». Rien ne justifie de traiter autrement le droit moral de l'artiste-interprète défunt.

[2] Pour aller plus loin, V. S. LE CAM, « La représentativité des sociétés de gestion collective », *in Mélanges en l'honneur du Professeur A. LUCAS*, LexisNexis, 2014, p. 489 et s.

collective ont qualité pour ester en justice pour défendre, outre les intérêts individuels de chaque membre, les intérêts collectifs matériels et moraux de l'ensemble de ses membres, « notamment dans le cadre des accords professionnels ». De plus, ce même article reconnaît à ces organismes la qualité pour « *siéger au sein des organes compétents pour délibérer en matière de protection sociale, prévoyance et formation des titulaires de droits qu'ils représentent, sous réserve des règles applicables à la représentation des syndicats professionnels conformément aux dispositions du code du travail* » [1].

1108. Similitudes. Nous constatons tout de suite une similitude entre la compétence des organismes de gestion collective et celle des syndicats. En effet, l'article L. 2131-1 du Code du travail prévoit que « *les syndicats professionnels ont exclusivement pour objet l'étude et la défense des droits ainsi que des intérêts matériels et moraux, tant collectifs qu'individuels, des personnes mentionnées dans leurs statuts* ». Par ailleurs, les organisations syndicales « *sont seules admises à négocier les conventions et accords collectifs de travail* » (L. 2132-2 C. trav.). Enfin, les syndicats peuvent « *créer, administrer et subventionner des institutions professionnelles de prévoyance, des organismes d'éducation, de formation, de vulgarisation ou de recherche dans les domaines intéressant la profession* » (L. 2132-5, 2 °C. trav.) ; ils peuvent aussi « *constituer entre leurs membres des caisses spéciales de secours mutuels et de retraites* » (L. 2132-6, al. 1er C. trav.).

1109. Sociétés de gestion des droits des artistes-interprètes. La SPEDIDAM et l'ADAMI exercent une activité décrite comme « quasi-syndicale », qui résulte de leur prise de conscience de la nécessité d'une « solidarité professionnelle » pour renforcer les droits exclusifs. En effet, l'évolution socio-économique a montré que la seule propriété littéraire et artistique ne suffit pas pour assurer la protection des artistes-interprètes. Ainsi, les sociétés de gestion des propriétés des interprètes commencent à jouer un rôle de soutien, d'ordre social et économique, qui fait partie de *l'intérêt général culturel*. Cela se dégage de l'étude des statuts de ces sociétés, qui précisent leur objet par la protection tant des intérêts individuels que *des intérêts collectifs de la profession*. D'ailleurs, cette dimension syndicale se manifeste par l'aspect « disciplinaire » à travers les sanctions [2], et à travers la formation des règles déontologiques en rapport avec l'activité professionnelle des associés [3].

1110. Syndicat et organisme de gestion des droits dans le système propriétaire. De la distinction entre le *travail* et la *création* découle (encore une fois) la distinction entre le syndicat et l'organisme de gestion collective. Donc, cette distinction s'impose quand il s'agit des créateurs (auteurs et interprètes). En effet,

---

[1] Si l'article L. 321-1 CPI se limite à la protection de l'intérêt collectif *des membres*, l'article L. 331-1 du même code n'a pas cette limite ; il dispose que « *les organismes de défense professionnelle régulièrement constitués ont qualité pour ester en justice pour la défense des intérêts dont ils ont statutairement la charge* ». D'ailleurs, l'article L. 331-1 est limité à la seule habilitation *judiciaire*, tandis que l'article L. 321-1 comprend aussi la défense des intérêts *dans le cadre des accords professionnels*. Sur la différence entre les deux textes, F. SIIRIAINEN, fasc. 1550, 2018 (MAJ juin 2020), *op. cit.*, n° 26.

[2] L'article 15 des statuts de la SPEDIDAM (sur la radiation) et l'article 3 des statuts de l'ADAMI (sur les sanctions). Sur cet aspect disciplinaire de la gestion collective, V. S. LE CAM, « La représentativité des sociétés de gestion collective », *op. cit.*

[3] L'article 3 des statuts de la SPEDIDAM qui évoquent « la détermination de règles de morale professionnelle ».

les organismes de gestion collective, qui sont plus anciens que les syndicats [1], se distinguent des syndicats par *leur mission principale* : la gestion des propriétés de leurs membres. En revanche, l'activité des syndicats concerne le travail et ses conditions et ne devrait pas concerner l'exploitation des fruits du travail. Par ailleurs, dans la gestion des monopoles des investisseurs, (ou du *copyright*), la distinction entre l'organisme de gestion collective des droits et le syndicat professionnel de leur titulaire n'a pas la même importance comme en propriété littéraire et artistique. Dans le système monopolistique la création est réduite à une variété de travail ; en conséquence, les exploitants se trouvent titulaires des droits sur les créations. Dans cette situation, les exploitants (souvent des personnes morales) peuvent faire respecter leurs monopoles par leurs propres moyens. Aussi, le rapport entre les créateurs et les investisseurs prend la forme d'un conflit entre le travail et le capital ; cela induit que la défense des intérêts des créateurs (simples travailleurs dans ce système) revient aux syndicats (*guildes*) non aux sociétés de gestion collective. Enfin, remarquons que la société de gestion collective des droits des producteurs de phonogrammes SCPP est née du Syndicat national de l'édition phonographique (SNEP).

1111. Interférence problématique. Un problème se pose : les sociétés de gestion collective des droits des artistes-interprètes exercent une activité quasi-syndicale, et les syndicats de ces artistes négocient avec les producteurs des rémunérations non-salariales. Comme nous avons vu, lors de la conclusion de la Convention collective du 30 juin 2008 en matière musicale [2], les syndicats des artistes-interprètes ont négocié seuls avec les producteurs-employeurs pour déterminer les barèmes de rémunérations. Nous savons que la SPEDIDAM s'opposait toujours à certaines dispositions de l'Annexe III à cette convention et qu'elle a gardé sa pratique contractuelle à travers la feuille de présence. Quoi qu'il en soit, le rôle des syndicats s'affirme en propriété littéraire et artistique, vu la multiplication des accords collectifs qui deviennent un mode classique de détermination des différentes rémunérations. Un compromis doit être trouvé, à notre avis, entre les deux organisations, à savoir les syndicats et les sociétés de gestion collective des droits des artistes-interprètes. Ce compromis pourrait assurer une *harmonie dans la représentation* des artistes-interprètes (salariés et propriétaires), et un meilleur résultat quant aux conditions de travail des artistes d'un côté, et quant aux rémunérations pour l'exploitation de leur propriété de l'autre.

1112. De la sensibilisation à l'action de *Lobbying*. Enfin, les intérêts individuels et collectifs des artistes-interprètes sont présents dans la politique des sociétés de gestion collective gérant leur droit voisin (notamment la SPEDIDAM). En effet, ces sociétés jouent un rôle important dans le *dialogue* et *le choix des politiques* en ce qui concerne la condition juridique de l'artiste-interprète. Ainsi, la

---

[1] La première société de gestion collective des droits concerne le droit des auteurs dramatiques. En 1777 le « Bureau de législation dramatique » a été créé. Il est devenu par la suite la Société des auteurs et compositeurs dramatiques (SACD).

[2] CCNEP du 30 juin 2008 signée par, d'une part, deux organisations syndicales de producteurs (le syndicat national de l'édition phonographique (SNEP) et l'Union des producteurs phonographiques français indépendants (UPFI) et, d'autre part, treize syndicats d'artistes-interprètes. Elle a été étendue à l'ensemble du secteur par arrêté le 20 mars 2009.

SPEDIDAM participe par ses combats judiciaires et par les campagnes d'information à la sensibilisation du législateur sur la nécessité de développer le statut de l'artiste-interprète. L'exemple le plus parlant sur ce rôle est l'annulation de certaines dispositions de l'annexe III à la convention collective national de l'édition phonographique [1], qui ne respectaient pas la distinction entre la rémunération salariale au titre du travail et la rémunération au titre de l'exploitation de la propriété. Enfin, l'action de *lobbying* auprès des pouvoirs publics passe par les avis et les informations sur les problèmes législatifs ou pratiques concernant le droit voisin des artistes-interprètes [2].

2. Intérêt général

1113. Le caractère d'intérêt général du mécanisme de gestion collective se présente sur le plan économique (**a**) et sur le plan culturel (**b**). D'un côté, sur le plan économique, l'intérêt général de la gestion collective gît dans le rôle de *régulation des marchés de droits*. D'un autre côté, sur le plan culturel, la protection des intérêts individuels et collectifs des artistes associés aboutit à la protection de l'intérêt général culturel, surtout en *encourageant la création artistique* et en *dynamisant l'espace public* [3] par les mécanismes qui fluidifient la circulation des créations expressives.

a. Intérêt général économique

1114. Régulation. Le terme de « régulation » est une notion économique qui désigne les actions des pouvoirs publics visant à maintenir le bon fonctionnement et la durabilité d'un système économique ou social [4]. Les organismes de gestion collective sont, en ce sens, *un outil du législateur* pour aboutir à certains résultats d'ordre économique et social. Cette fonction est plus évidente quand il s'agit d'une gestion collective obligatoire, indispensable pour l'effectivité d'une disposition légale (la licence légale L. 214-1 et s. CPI ; la retransmission par câble L. 132-20-1 CPI et L. 217-2 CPI ; la cession imposée en matière de reproduction par reprographie L. 122-10 et s. CPI ; le prêt en bibliothèque L. 133-1 et s.). Mais cette fonction économique ne se limite pas aux cas de gestion collective obligatoire, car il est de nature de l'activité des organismes de gestion collective de garantir « le bon fonctionnement du marché des autorisations » [5]. En effet, cette « régulation

---

[1] Cass. 1re civ., 15 mars 2017, (n° 14-29.179, 14-29.408, 14-29.973, 15-10.891 et 15-17.450), FS-P+B+I, JurisData : n° 2017-008575 (*op. cit.*). Sur renvoi CA Versailles, 6e ch., 24 janv. 2019, n° 17/04408 : JurisData n° 2019-001350 (*op. cit.*).

[2] F. SIIRIAINEN, fasc. 1550, 2018 (MAJ juin 2020), *op. cit.*, n° 5.

[3] L'espace public est le lieu où se rencontrent créateurs, créations et public. Dans cet espace *libre* les citoyens peuvent faire usage public de leur raison par la lecture, la discussion, l'adhésion ou même la création d'une nouvelle création. Sur cette notion développée par JÜRGEN HABERMAS et sa place au sein de la propriété littéraire et artistique.

[4] La régulation désigne *l'intervention du pouvoir public* pour gérer une crise, ou, surtout, *l'intervention corrective* du pouvoir public pour organiser ou fluidifier un marché, en empêchant l'abus des monopoles.

[5] Le paradoxe est que ces organismes ayant une fonction économique de régulation du marché des droits sont eux-mêmes soumis au contrôle, voire à la régulation. En effet, les organismes de gestion collective sont pratiquement en situation de monopole (*monopole légal* quand l'organisme est désigné par le législateur et *monopole de fait* quand il résulte du défaut de concurrence entre les organismes de gestion sur le territoire

du marché » profite aux utilisateurs et aux titulaires des droits gérés : les deux gagneraient en termes de coûts / prix de transaction et en termes de sécurité juridique. Comme l'a écrit un auteur, « *il n'apparaît pas qu'il existe actuellement de système permettant de servir mieux à la fois les intérêts de la communauté des titulaires de droits et ceux de celle des utilisateurs* » [1].

1115. Standardisation des conditions d'exercice des droits gérés. La pratique contractuelle des organismes de gestion collective a un effet de *normalisation* des conditions d'exercice de droits exclusifs. Ainsi, les contrats types de la SPEDIDAM (la feuille de présence), comme les contrats-cadres avec les organisations professionnelles des utilisateurs, participent à une *standardisation* de la délivrance d'autorisation et à une tarification non discriminatoire, ce qui a des effets positifs en matière de droit de la concurrence. Enfin, les barèmes négociés par les organismes de gestion collective peuvent servir *d'indice* pour déterminer les dommages-intérêts en cas d'utilisation contrefaisante.

b. Intérêt général culturel

1116. Dimension d'intérêt général culturel. Le troisième considérant de la directive « gestion collective » [2] précise que : « *les organismes de gestion collective jouent, et devraient continuer de jouer, un rôle important de promotion de la diversité des expressions culturelles, à la fois en permettant aux répertoires les moins volumineux et moins populaires d'accéder au marché et en fournissant des services sociaux, culturels et éducatifs dans l'intérêt de leurs titulaires de droits et du public* ». Dans ce sens, l'article 321-1-II° du Code de la propriété intellectuelle permet aux organismes de gestion collective de mener des actions de promotion culturelle et de « *fournir des services sociaux, culturels et éducatifs dans l'intérêt des titulaires de droits qu'ils représentent et du public* ». Même si ce texte n'implique pas une obligation légale [3], cet engagement culturel et social est assumé par les sociétés de gestion collective, y compris la SPEDIDAM et l'ADAMI. En effet, les statuts des deux sociétés de gestion collective du droit voisin de l'artiste-interprète incluent dans leur objet social « *la mise en œuvre d'actions d'aide à la création, à la diffusion du spectacle vivant, au développement de l'éducation artistique et culturelle et à la formation d'artistes* » [4]. En bref, les sociétés de gestion collective jouent un rôle actif dans la promotion de la production culturelle au moyen de subventions, aides, financement des projets (festival, concours, prix, bourses etc.). Il convient de

---

d'exercice et concernant leur répertoire) (V. F. SIIRIAINEN, fasc. 1551, 2018, n° 90 et s.). Ce monopole est décrit par une partie de la doctrine comme *naturel*, comme une *fatalité*, qui relève de la nature de la gestion collective et qui profite aux utilisateurs et aux titulaires des droits gérés. Cependant, M. F. SIIRIAINEN atténue ce constat (fasc. 1551, 2018, *op. cit.*, n° 88) en évoquant la tendance du droit européen, dont la directive « gestion collective » exprime la volonté d'introduire la logique de concurrence dans la gestion collective ou d'en faire simplement un secteur concurrentiel. C'est le cas des licences d'exploitation multiterritoriales au titre du droit d'auteur pour la musique en ligne.

[1] F. SIIRIAINEN, fasc. 1551, 2018, *op. cit.*, n° 89.

[2] Directive 2014/26/UE du Parlement européen et du Conseil du 26 février 2014, concernant la gestion collective du droit d'auteur et des droits voisins et l'octroi de licences multiterritoriales de droits sur des œuvres musicales en vue de leur utilisation en ligne dans le marché intérieur.

[3] Mais il y a une obligation légale qui impose aux organismes de gestion collective d'accorder des réductions de tarifs aux associations n'ayant de but lucratif, pour leurs manifestations ne donnant pas lieu à une entrée payante : L. 324-6, 3e al. CPI.

[4] Article 3 *in fine* des statuts de la SPEDIDAM. *Idem* article 4, 9° et 10° des statuts de l'ADAMI.

préciser que la mission de promotion culturelle est très importante pour la vie culturelle, dans la mesure où cette promotion se distingue de la promotion assumée par un investisseur. En effet, l'action des producteurs est animée par *une logique purement économique*, tandis que l'action de la société de gestion collective favorise la *pluralité* et la *diversité* culturelle [1].

1117. Affectations obligatoires. L'organisme de gestion collective ne répartit pas toutes les sommes perçues. Il y a des *affectations obligatoires* de certaines sommes à des fins sociales ou culturelles. C'est ce qu'impose l'article L. 324-17 du Code de la propriété intellectuelle : les organismes de gestion collective doivent utiliser à des actions de promotions culturelles et aide sociale, d'une part 25 % de la recette de la rémunération pour copie privée et, d'autre part, la totalité des rémunérations provenant des régimes de la gestion collective obligatoire ou de la licence légale et qui n'ont pas pu être reparties.

Ces affectations imposées à tout organisme de gestion collective sont consacrées *exclusivement à des actions culturelles et professionnelles*. L'article R. 321-6 I à III du Code de la propriété intellectuelle [2] précise ce qu'il faut entendre par les trois aides : à la création, à la diffusion et au développement de l'éducation et de la formation des artistes. Le premier alinéa de cet article définit *l'aide à la création* comme « *les concours apportés : 1° à la création d'une œuvre ou d'une interprétation [...] ; 2° à des actions de défense, de promotion et d'information engagées dans l'intérêt des créateurs et de leurs œuvres* ». Le second alinéa définit *l'aide à la diffusion du spectacle vivant* comme le concours à « *des manifestations présentant [...] un spectacle vivant* » ou « *à des actions propres à assurer la diffusion des œuvres et des prestations artistiques du spectacle vivant* ». Enfin, le troisième alinéa définit *l'aide à la formation des artistes* comme les concours « *à des actions de formation professionnelle* » des créateurs.

1118. Affectations statuaires (facultatives). En sus des affectations imposées (L. 324-17 CPI), le législateur permet aux organismes de gestion collective d'affecter à des fins culturelles et sociales une partie des redevances perçues et qui devraient revenir normalement aux titulaires des droits. Ces affectations que décident les organismes de gestion selon les conditions de leurs statuts, doivent se fonder sur un *consentement exprès* des titulaires des droits. Ainsi, le premier alinéa de l'article L. 324-10 du Code de la propriété intellectuelle commence par énoncer le principe selon lequel les organismes de gestion collective ne sont pas autorisés à utiliser les revenus provenant de l'exploitation des droits à des fins autres que leur répartition aux titulaires de droits. Ensuite, le second alinéa du même article permet de déduire les *frais de gestion*, ainsi que des *affectations consenties* « *dans les conditions fixées dans le cadre de la politique générale définie par l'assemblée générale des membres* ». Ce consentement est souvent donné dans l'acte même d'adhésion aux statuts.

---

[1] *Les sociétés de gestion collective et la diversité culturelle dans le secteur de la musique*, étude présentée à la demande de la commission de la culture et de l'éducation du Parlement européen, 2009, 176 p. URL : IP/B/CULT/IC/2008_136 [Consultée le 20 mars 2021]. *Adde* F. SIIRIAINEN, « Théorie générale de la gestion collective. Dimension d'intérêt général et régulation de la gestion collective », *J.-Cl. Propriété littéraire et artistique*, fasc. 1552, janv. 2006, n° 4 et s.

[2] Issu du Décret n° 2017-924 du 6 mai 2017 relatif à la gestion des droits d'auteur et des droits voisins par un organisme de gestion de droits et modifiant le code de la propriété intellectuelle.

1119. Collectivisation du droit exclusif ? Nous avons soutenu l'idée que *l'exercice collectif* du droit exclusif n'affecte pas sa nature, tant que cet exercice est dépendant du consentement préliminaire de l'artiste (adhésion facultative et apport des droits non imposé [autorisation de gestion des droits selon les termes du Code de la propriété intellectuelle L. 322-1 et s.]). C'est-à-dire, la *collectivisation de l'exercice* du droit ne change pas sa nature propriétaire en ce qui concerne les créateurs (auteurs et interprètes). Or, les affectations de certaines sommes aboutissent à la *collectivisation de la jouissance du droit* (de ses produits). Le Professeur XAVIER DAVERAT avait constaté (dès la loi Lang 1985) que « *les affectations forcées de rémunérations tirées de l'exploitation secondaire des interprétations à l'économie générale du spectacle, [reflète l'idée que] l'ordre économique l'emporte sur l'ordre culturel* ». Selon cet auteur, le droit de l'interprète est « *coupé de son enracinement dans la propriété littéraire et artistique parce qu'il est livré à des fins d'intérêt général, et vidé de sa substance parce qu'il est dénaturé par sa soumission à une réglementation économique ou déconnecté de l'ensemble de l'activité créatrice de l'artiste* » [1]. Nous sommes plutôt de l'avis du Professeur FABRICE SIIRIAINEN qui voit, tant dans *l'exercice collectif du droit* que dans les *affectations à des fins collectives*, un simple aménagement de l'exclusivité [2]. En effet, l'exclusivité d'un droit n'implique pas la jouissance individuelle de son titulaire. De plus, comme nous l'avons démontré, les affectations obligatoires portent sur des sommes provenant des rémunérations déliées de l'exploitation des interprétations (un pourcentage de la rémunération pour copie privée) ou des sommes dites « irrépartissables » *de jure* ou *de facto* (L. 324-17 CPI). En ce qui concerne les affectations statuaires de certaines sommes provenant de l'exploitation des interprétations, elles sont *conditionnées par le consentement des artistes*, car ces affectations constituent une *exception* au principe de l'article L. 324-10 CPI, selon lequel il est interdit aux organismes de gestion collective d'utiliser les revenus provenant de l'exploitation des droits gérés « à des fins autres que leur répartition aux titulaires de droits ».

1120. Bilan. L'apport des droits s'entend comme *l'autorisation de leur gestion*. Il s'agit alors d'un *apport-gestion* ; donc, le droit réel de l'artiste-interprète n'est pas transféré à l'organisme de gestion collective. En conséquence, quand la gestion collective se fonde sur l'apport *volontaire* de l'artiste, le caractère exclusif du droit géré est sauvegardé. En définitive, la gestion collective n'induit qu'un *aménagement de l'exclusivité* par la collectivisation de l'exercice du droit. Par ailleurs, l'exploitation des utilisateurs se fonde toujours sur une cession *sui generis*, avec la spécificité de l'intermédiation de l'organisme de gestion collective qui octrois l'autorisation. Il résulte de notre analyse que le rapport entre l'artiste-interprète et l'organisme de gestion collective est un rapport *hiérarchique*, dès que cette gestion est basée sur l'adhésion facultative et l'autorisation non imposée de gestion des droits. Enfin, nous avons vu que la mission d'intérêt général, économique et culturel, qu'assument les sociétés de gestion collective reste indépendante de la propriété d'un tel ou tel créateur, car il s'agit d'une habilitation légale. Toutefois, cette

---

[1] X. DAVERAT, *L'artiste-interprète*, t. 2, n° 353, p. 583.

[2] F. SIIRIAINEN, fasc. 1551, 2018, n° 55. *Adde* F. SIIRIAINEN, « Théorie générale de la gestion collective. Dimension d'intérêt général et régulation de la gestion collective », *J.-Cl. Propriété littéraire et artistique*, fasc. 1552, janv. 2006, n° 7 et s.

indépendance est à nuancer : dès que les sommes affectées à des fins collectives proviennent de l'exploitation des interprétations, le consentement des titulaires des droits est nécessaire, fut-ce par le seul fait de l'adhésion aux statuts de l'organisme de gestion collective.

CONCLUSION DU CHAPITRE I

1121. Hiérarchie naturelle : propriétaire et monopoleur. Le rapport entre la véritable propriété littéraire et artistique (le droit d'auteur et le droit de l'interprète) avec les monopoles des investisseurs (les droits voisins économiques) est *naturellement* un rapport *hiérarchique*. Le droit exclusif ayant le vecteur technique comme enjeu ne peut qu'être dépendant du droit exclusif sur les formes créatives fixées. Juridiquement, cette hiérarchie est traduite par la nécessité d'une série de cessions que le producteur d'un phonogramme, d'un vidéogramme ou d'un programme doit obtenir sur les contenus protégés qu'il veut fixer et exploiter. Ainsi, la qualité de *cessionnaire précède* et *fonde* la qualité de *titulaire* d'un droit voisin économique. Cette hiérarchie est naturelle dans notre système juridique qui se fonde, comme nous l'avons expliqué dès le début de notre recherche, sur des distinctions fondamentales entre le travail et la création et entre le monopole dérogeant au droit commun et la propriété de droit naturel. Toutefois, des clauses contractuelles redessinent ce schéma en permettant au producteur d'être doté d'un monopole contractuel démesuré.

1122. Hiérarchie naturelle : propriétaire et gestionnaire. La propriété des créateurs reste le centre du mécanisme de gestion collective, si cette gestion est fondée sur un apport non imposé. En effet, la gestion collective obligatoire aboutit au même résultat que les licences légales : priver l'artiste propriétaire de son droit exclusif, et le transformer en un droit personnel à rémunération. En revanche, l'adhésion volontaire aux statuts d'une société de gestion collective n'est pas en soi incompatible avec la nature propriétaire et exclusif du droit de l'artiste-interprète. L'exercice collectif du droit d'autoriser s'insère sans problème dans le mécanisme de cession *sui generis*, c'est-à-dire dans le rapport économique entre le propriétaire et l'exploitant. Sans être cessionnaire du droit réel, la cession qui fonde l'activité de la société de gestion collective est une *cession-cadre* d'un *droit-autorisation de gérer*. Sur cette base, la société *finalise* (paramètre) les cessions d'un *droit-autorisation d'exploiter* pour le compte des artistes qui restent propriétaires. Enfin, nous avons vu que les organismes de gestion collective assument une mission d'intérêt général (économique et culturel) qui *transcende* la propriété de chaque membre ; par conséquent, cette mission d'intérêt général échappe relativement au rapport hiérarchique propriétaire-gestionnaire.

1123. Maintenant, il nous appartient d'étudier les rapports entre l'artiste-interprète et les autres créateurs : d'un côté avec les auteurs et de l'autre avec les autres interprètes.

CHAPITRE II

RAPPORTS EGALITAIRES

1124. Partenaires culturels multiples. Les partenaires *culturels* ou *intellectuels* de l'artiste-interprète sont des créateurs, auteurs ou interprètes [1]. Du côté des auteurs il y en a plusieurs : d'abord, *l'auteur de l'œuvre interprétée,* qui a créé son œuvre pour qu'elle soit communiquée à travers ses interprétations ; ensuite, il y a *l'auteur dirigeant,* sous la direction de qui l'interprète participe à une création collective (réalisateur de film, metteur en scène ou chef d'orchestre) ; enfin, il y a *l'auteur d'une œuvre intégrant une interprétation préexistante* comme élément complémentaire dans sa création (par exemple, la sonorisation d'une œuvre multimédia -jeu vidéo, site internet- par une interprétation musicale préexistante). Du côté des interprètes, il y a *les co-interprètes* participant à l'interprétation de la même œuvre (la co-interprétation musicale ou dramatique) et il y a le rapport avec *les interprètes successifs* qui interprètent la même œuvre.

1125. Rapports multiformes. L'apport créatif des partenaires culturels de l'artiste-interprète n'est pas toujours de même *nature,* ni s'inscrit dans une même *chronologie.* Ainsi, le rapport entre le droit d'auteur et celui de l'artiste-interprète ne se limite pas au rapport entre l'interprétation et l'œuvre interprétée. En effet, une œuvre de l'esprit peut dépendre d'une interprétation préexistante, ce qui présente une sorte de « voisinage inversé » entre ces deux créations. Ainsi, dans la relation entre l'artiste-interprète et l'auteur de l'œuvre *interprétée,* le premier doit chercher l'autorisation du second et doit respecter son droit moral ; en revanche, dans la relation entre l'artiste-interprète et l'auteur où l'œuvre *utilise* l'interprétation préexistante, l'auteur doit chercher l'autorisation de l'artiste-interprète et doit s'abstenir de porter atteinte à son droit moral. Par ailleurs, l'œuvre interprétable étant ouverte à des interprétations illimitées, la question se pose du rapport entre les interprétations *successives,* des interprètes différents, d'une même œuvre. Enfin, l'œuvre interprétée nécessite parfois la collaboration de plusieurs interprètes, ce qui pose la question de la *co-interprétation.*

---

[1] Nous ne visons ici que les partenaires culturels qui jouent un *rôle actif* dans la création de l'artiste-interprète. En conséquence, le public, partenaire culturel de tous les créateurs, n'est pas compris dans notre étude : le public n'a pas de rôle actif dans la création mais un *rôle passif* en tant que communicataire. Nous rappelons qu'en conséquence le public n'a pas de droit direct sur les formes créatives expressives ; les droits du public (la restitution intellectuelle de la forme, la copie privée, la représentation dans le cercle de famille) découlent de la divulgation entendue comme l'acte juridique unilatéral de partage de la forme.

1126. Règle de sauvegarde du droit d'auteur. La catégorie des droits voisins contient une disposition centrale qui organise leur rapport avec le droit d'auteur. C'est ce que l'on désigne par l'expression « la règle de sauvegarde du droit d'auteur », omniprésente dans les textes traitant les droits voisins. La question se pose alors de savoir si cette règle peut servir à organiser tous les rapports entre les auteurs et les interprètes.

1127. Plan. Nous commençons par l'étude de la règle qui préside aux dispositions concernant les droits voisins, à savoir « la règle de sauvegarde du droit d'auteur » (**Section I**). Cela va nous aider à proposer une organisation cohérente des rapports entre les partenaires culturels (**Section II**).

SECTION I : ANALYSE DE LA REGLE DE SAUVEGARDE DU DROIT D'AUTEUR

1128. Principe général. Dans sa version française, la règle de sauvegarde du droit d'auteur est énoncée dans l'article 15 de la loi Lang du 3 juillet 1985, devenu, sans changement depuis, l'article L. 211-1 du Code de la propriété intellectuelle. Selon cet article, « *les droits voisins ne portent pas atteinte aux droits des auteurs. En conséquence, aucune disposition du présent titre [Titre unique du Livre II concernant les droits voisins] ne doit être interprétée de manière à limiter l'exercice du droit d'auteur par ses titulaires* ». Deux points peuvent être constatés à la lecture de cet article : d'abord, la règle de sauvegarde du droit d'auteur prend la forme d'un *principe* ; ensuite, ce principe semble avoir une *valeur générale*, ce qui est moins évident.

1129. Portée controversée. Pour une partie de la doctrine, la règle de sauvegarde du droit d'auteur a une valeur de *principe*, qui serait celui de *la primauté du droit d'auteur* sur tous les droits voisins. Ainsi, il s'agit d'une « règle de conflit entre le droit d'auteur et les droits voisins dont ces derniers sortent toujours perdants » [1]. Pour d'autres, il ne s'agit qu'une affirmation *symbolique*, qui s'explique par le contexte historique de l'apparition des droits voisins au sein de la propriété littéraire et artistique [2].

1130. Plan. Nous devons comprendre, d'abord, le contexte historique de la règle de sauvegarde du droit d'auteur (**§1**), afin d'exposer, ensuite, la controverse doctrinale sur sa portée et proposer notre propre lecture de cette règle à la lumière des distinctions fondamentales que nous suivons dans notre étude (**§2**).

---

[1] P. TAFFOREAU, Rép. IP/IT et Communication Dalloz, V° *Droits voisins du droit d'auteur*, 2019, n° 12 ; P. TAFFOREAU, « Droits voisins du droit d'auteur. Dispositions générales - Rapports entre droit d'auteur et droits voisins. Saisine de l'autorité judiciaire (CPI, art. L. 211-1 et L. 211-2) », *J.-Cl. Propriété littéraire et artistique*, fasc. 1415, nov. 2020.

[2] C. COLOMBET, « Les droits voisins », *in Droit d'auteur et droits voisins, la loi du 3 juillet 1985*, colloque de l'IRPI, coll. IRPI n° 5, Libraire technique, 1986, p. 126.

§1. Consecration de la regle de sauvegarde du droit d'auteur

1131. Plan. Nous commencerons par l'étude *contextuelle* de l'apparition de cette règle (**A**), pour exposer, ensuite, sa formulation *textuelle* (**B**).

A. Histoire du contexte

1132. Compromis. Pour des raisons historiques, la création de la catégorie des droits voisins à l'échelle internationale était un *compromis* entre les protagonistes de l'industrie phonographique et audiovisuelle et les auteurs (leurs organisations représentatives). En effet, deux éléments étaient décisifs dans la configuration de la catégorie des « droits voisins du droit d'auteur ». D'un côté, la divergence entre la nature des apports des demandeurs de la protection ; et de l'autre, les faux arguments sur le fondement de la protection des artistes-interprètes.

1133. *Lobbying*. La *pression* [1] que pratiquaient les producteurs pour obtenir leur propre droit exclusif sur le produit de leur investissement, a abouti à l'accentuation de l'opposition des auteurs à la reconnaissance des nouveaux droits. Rappelons la *théorie du gâteau* [2], selon laquelle les utilisateurs d'un enregistrement ne peuvent payer qu'une somme globale pour les utilisations d'un même objet matériel. En conséquence, on a avancé l'idée que la multiplication des droits concurrents risque de diminuer la rémunération des auteurs d'œuvres, car le « gâteau » des recettes serait « mangé » par plusieurs titulaires de droit.

1134. Fondement erroné du droit des interprètes. Du côté des artistes, nous avons vu que les arguments en faveur de la reconnaissance d'un droit sur leurs interprétations se focalisaient sur leur situation sociale (le problème du chômage des artistes). Ce faux fondement [3] de la demande de protection de l'artiste-interprète, et de l'investissement comme fondement de la demande de protection des producteurs, ont induit la création d'une catégorie *indépendante* et *hétéroclite* de droits : « les droits voisins du droit d'auteur ».

1135. Compromis (bis). La création de la catégorie des droits voisins du droit d'auteur était aussi un compromis entre des conceptions juridiques différentes, voire opposées, à savoir le *copyright* et le droit d'auteur. Les enjeux internationaux de la protection des nouveaux objets (le phonogramme et l'audiovisuel), ont imposé que le développement des nouveaux droits soit élaboré à l'échelle internationale avant d'intégrer les lois nationales. Cette *internationalisation initiale* [4] a

---

[1] V. J. Lapousterle, *L'influence des groupes de pression sur l'élaboration des normes. Illustration à partir du droit de la propriété littéraire et artistique*, préf. P.-Y. Gautier, Dalloz, 2009, surtout les exemples donnés de l'influence des groupes de pression (*lobby*) sur l'élaboration de la loi de 1985, p. 207. *Adde* O. Gisela Graça, *La déconstruction du droit d'auteur sous prétexte de technologie numérique*, thèse, Univ. Poitiers, 2012. Cette auteure constate le rôle « destructif » des *lobbys* et évoque la substitution de la démocratie par une « *lobbycratie* » (*idem*. n° 4). Enfin, sur l'élaboration de la Convention de Rome et ses projets et le rôle joué par les pays du *copyright*, V. X. Daverat, *L'artiste-interprète*, t. 1, *op. cit.*, pp. 96-114.

[2] *Guide de la Convention de Rome et de la Convention « phonogramme »*, OMPI, Genève 1981, p. 20 et p. 69.

[3] La propriété sur le fruit du travail créatif des artistes ne saurait être considérée comme une compensation ou comme un droit à un complément de salaire. Pour une critique approfondie de ce faux fondement, V. l'ouvrage du Professeur X. Daverat, *L'artiste-interprète*, t. 1, *op. cit.*, n° 34 et s.

[4] Contrairement au droit d'auteur, le droit de l'artiste-interprète est, dès son apparition, internationalisé.

induit un mélange des conceptions juridiques contradictoires [1] : le *copyright* et la propriété littéraire et artistique personnaliste de l'Europe continentale. Or, si les phonogrammes ou les vidéogrammes peuvent faire l'objet d'un *copyright*, c'est parce que le critère de ce système est la *fixation*. En revanche, le droit d'auteur est fondé sur *l'acte créatif* et le critère de spécification des produits de cet acte : *l'originalité*. Ainsi, le compromis consistait à éviter l'insertion des nouveaux droits et à juxtaposer deux sous-catégories, c'est-à-dire le droit d'auteur et les droits voisins du droit d'auteur.

1136. Nécessité de « sauvegarder le droit d'auteur ». Le résultat de cette évolution internationale était la création d'une catégorie *indépendante* dont le régime s'éloignait de celui du droit d'auteur : absence de droit moral des interprètes, protection centrée sur les producteurs de l'industrie audiovisuelle (en essor à l'époque) et substitution du critère de l'acte créatif (qui implique l'originalité) par le critère de l'investissement. En bref, la *création* cédait, dans ce nouveau paradigme, au *travail-capital*. Dans cet état de choses, il était inévitable de protéger le droit d'auteur par une disposition qui préside la catégorie des droits voisins : la règle de sauvegarde du droit d'auteur. Depuis la Convention de Rome en 1961, cette règle est devenue classique dans les lois et les conventions traitant les droits voisins.

B. Formulations du texte

1137. Les textes, nationaux ou internationaux, sur les droits voisins partagent deux points : le recours à la notion de *voisinage* (**1**) et l'article de tête des dispositions qui concerne *le rapport avec le droit d'auteur*, dite la « règle de sauvegarde du droit d'auteur » (**2**).

1. Notion de voisinage

1138. Le « voisinage » ne renvoie pas à une essence. La littérature juridique se montrait riche en utilisant plusieurs expressions pour désigner la *proximité* ou la *similitude* des droits des « auxiliaires de la création » et le droit d'auteur, ainsi que pour éviter leur assimilation. Ainsi, nous trouvons des expressions comme : droits annexes, connexes, dérivées, sous-jacents etc. [2]. Enfin, le terme « droits voisins » fut généralisé. Les interprètes, et *a fortiori* les producteurs des vecteurs techniques, ont été considérés comme de simples « intermédiaires » dans l'opération de la communication des œuvres, ou comme des « auxiliaires » de la création. Par conséquent, leurs prérogatives étaient considérées, non comme identiques, mais comme *analogues* au droit d'auteur. Ainsi, la notion originale de « voisinage » fut forgée pour décrire un *rapport entre deux droits* qui appartiennent à deux *sous-catégories*

---

[1] N'oublions pas le contexte politique et international des longs travaux préparatoires qui ont commencé avant la seconde guerre mondiale [précisément avec les vœux du Bureau de Berne en 1928 selon le Professeur DAVERAT] et ont été repris durant la guerre froide. Les puissances politiques et économiques de l'époque étaient en situation de force pour imposer leur système juridique, ainsi les pays du *copyright* étaient en situation plus favorables pour arriver à leur but.

[2] MARCEL PLAISANT utilisa plusieurs expressions : « je préfère dire les droits connexes ou les droits dérivés, c'est-à-dire les droits sous-jacents » : Conseil de la République, 31 oct. 1956, JO, débat, p. 2148, intervention M. PLAISANt, cité par X. DAVERAT, *L'artiste-interprète*, *op. cit.*, n° 38, p. 71.

au sein de la propriété littéraire et artistique. En vérité, à y regarder de plus près, nous remarquons que la notion de voisinage est *neutre* ; elle ne peut refléter l'idée de la prééminence du droit d'auteur. Le voisinage est un rapport *réciproque* : si le droit de l'interprète ou du producteur est voisin du droit d'auteur, le droit d'auteur sera aussi voisin de ces droits ! Comme l'avait écrit le Professeur DAVERAT, « *la notion de droits voisins est, dès le départ, viciée* », dans la mesure où le terme « voisinage » ne saurait ni exprimer *la nature* des droits qu'il désigne, ni préciser *le rapport* avec le droit d'auteur (prédominance ou non du droit d'auteur).

1139. Notion, concept ou principe ? Le voisinage dans l'expression « droits voisins » ne peut être qu'une simple *notion juridique* [1]. D'une part, le voisinage n'exprimant pas un *principe* [2] dans la mesure où ce terme ne renvoie pas à une hiérarchie ou à une prééminence, mais à un rapport neutre (et réciproque) de proximité ; et, d'autre part, la conception de ce terme est moins achevée qu'un *concept* [3] malgré sa vocation technique (comme guide d'interprétation des règles juridiques). Bref, le voisinage est *plus qu'une idée* [4] *et moins qu'un concept* : c'est une *notion vague* dès son apparition. Le Professeur XAVIER DAVERAT a parfaitement décrit cette nature du voisinage en considérant qu'il exprimait « *l'indétermination ontologique en la matière* » [5].

1140. Le « voisinage » comme rapport dans un seul sens. Les développements précédents nous permettent de dire que la notion du voisinage ne définit pas *l'identité* d'un droit. Simplement, cette notion définit le droit *indirectement*, c'est-à-dire *en ce qu'il n'est pas* : ce n'est pas un droit d'auteur mais un droit voisin du droit d'auteur. Par ailleurs, cette notion vise *un des rapports* du droit concerné, c'est-à-dire le rapport avec le droit d'auteur [6]. Or, comme nous avons dit, le « voisinage » est incapable de préciser la réalité de ce rapport. C'est la raison

---

[1] La notion est une représentation mentale *empirique* ayant un sens / contenu vague et évolutif (ex. les bonnes mœurs). La notion est *plus construite qu'une simple idée*, mais *moins achevée qu'un concept* (c'est un concept en gestation). Elle peut devenir un concept par un travail intellectuel qui l'approfondit, la précise et l'inclure dans un ensemble théorique philosophique ou scientifique.

[2] Le principe implique la *hiérarchie* ou la *prééminence*. Il réfère à ce qui est *premier*, *à l'origine* ou *la cause*. C'est un concept doté d'une *primauté* induite par sa charge morale (la valeur qu'il porte). Ainsi, les *droits fondamentaux* renvoient aux *principes nécessaires* dans la société démocratique. Dans ce sens, la propriété, même si elle n'est pas première mais conséquence de la liberté (J. LOCKE), est un principe. V. W. DROSS, « L'identité des concepts juridiques : quelles distinctions entre concept, notion, catégorie, qualification, principe ? », *RRJ* (Revue de la Recherche Juridique - Droit prospectif), *Les Cahiers de Méthodologie Juridique, n° 26 : Les concepts en droits : usages et identité*, PUAM, 2012, pp.2229-2235.

[3] Le concept est une représentation mentale *construite* (non spontanée) *et précise* (contrairement à la notion) et plus ou moins *stable* du fait de sa *technicité*. Il résulte d'une conception abstraite *constructive* (il est une construction [non une description] à partir d'une réalité). Il ne peut être isolé, mais tisse un réseau avec d'autres concepts dans un ensemble qui forme une théorie. Cependant, M. F. ROUVIERE tient les termes « concept » et « notion » comme synonymes. D'ailleurs cet auteur explique que les concepts sont l'enjeu de la qualification comme la règle est l'enjeu de l'interprétation. « Autour de la distinction entre règles et concepts », *RRJ* (Revue de la Recherche Juridique - Droit prospectif), *Les Cahiers de Méthodologie Juridique : La pensée de PAUL AMSELEK*, PUAM, 2014, pp. 2017-2028.

[4] L'idée est une représentation mentale *spontanée*, soit une *perception* soit une *représentation imaginaire*. Dans les deux cas, l'idée est de nature *changeante*, *éphémère* et *évolutive*. Enfin, l'idée est la plus *primitive* des produits de l'esprit.

[5] X. DAVERAT, *L'artiste-interprète*, t 1, *op. cit.*, n° 41.

[6] Le voisinage est une notion qui vise le seul rapport avec le droit d'auteur. Or, les droits voisins entretiennent des rapports multiples et de nature différente entre eux : le droit voisin du producteur de phonogrammes (L. 213-1 et s.) avec le droit voisin de l'artiste-interprète (L. 212-1 et s.), ou avec le droit voisin d'une entreprise de communication audiovisuelle (L. 216-1 et s.).

pour laquelle l'on ne s'est pas contenté de qualifier les droits comme « voisins du droit d'auteur », et ajouté une disposition particulière qu'on appelle *la règle de sauvegarde du droit d'auteur.*

2. Formulations similaires

1141. « Aimez votre voisin mais ne supprimez pas votre clôture » [1]. Les droits des artistes-interprètes, des producteurs de phonogrammes et des organismes de radiodiffusion furent créés au niveau international en 1961, ouvrant la voie à leur consécration dans les lois nationales. Mais, cette catégorie est née avec une réserve visant à *rassurer les auteurs*, voire à *garantir la cohabitation* des nouveaux droits avec leur aîné. Ainsi, dans tous les textes, une disposition rédigée de manière similaires se présente comme *règle inhérente* à la catégorie des droits voisins.

1142. Droit international. La disposition liminaire du premier texte en la matière, c'est-à-dire la Convention de Rome du 26 octobre 1961 (comme dans ses multiples projets [2]), prévoit que :

> « La protection prévue par la présente Convention *laisse intacte et n'affecte* en aucune façon la protection du droit d'auteur sur les œuvres littéraires et artistiques. En conséquence, aucune disposition de la présente Convention *ne pourra être interprétée comme portant atteinte* à cette protection ».

Les textes internationaux visant à moderniser la Convention de Rome, à savoir le Traité de Genève de 1996 (WPPT) en matière sonore, et le Traité de Beijing de 2012 (WAPT) en matière audiovisuelle, utilisent la même formulation. Ainsi, l'article premier de ces deux Traités transpose mot à mot l'article premier de la Convention de Rome.

1143. Droit européen. La directive 2006/115/CE [3] du 12 décembre 2006, codifiant la directive 92/100/CEE du 19 novembre 1992, organise le rapport entre les droits voisins et le droit d'auteur. Ainsi, l'article 12 de cette directive est intitulé « relations entre droit d'auteur et droits voisins ». Il dispose que :

> « La protection des droits voisins du droit d'auteur par la présente directive *n'affecte en aucune façon* la protection du droit d'auteur ».

Cette disposition se trouve aussi, avec une différence légère, dans la directive DADVSI de 2001 [4], dont l'article 12 inclut dans le second alinéa la règle de sauvegarde du droit d'auteur en ces termes :

> « 2. La protection des droits voisins prévue par la présente directive *laisse intacte et n'affecte en aucune façon* la protection du droit d'auteur ».

1144. Droit européen. Différence. La lecture de cette disposition européenne à la lumière du considérant 31 montre que le droit européen a une portée *plus large*

---

[1] Proverbe chinois.

[2] Les projets : Genève 1956, Monaco 1957 et La Haye 1960.

[3] Directive 2006/115/CE du parlement européen et du conseil du 12 décembre 2006 relative au droit de location et de prêt et à certains droits voisins du droit d'auteur dans le domaine de la propriété intellectuelle.

[4] Directive 2001/29/CE du Parlement européen et du Conseil du 22 mai 2001 sur l'harmonisation de certains aspects du droit d'auteur et des droits voisins dans la société de l'information.

en ce qui concerne la règle de sauvegarde. En effet, ce considérant précise qu'il « *convient de maintenir un juste équilibre en matière de droits et d'intérêts entre les différentes catégories de titulaires de droits ainsi qu'entre celles-ci et les utilisateurs d'objets protégés* » [1]. Cette référence à un « juste équilibre » entre les droits et les intérêts des titulaires de droits aboutit à un *nivellement* incompréhensible, au moins si cette référence s'applique en droit français [2] : le droit des créateurs (auteurs et interprètes) serait considéré de la même nature des droits exclusifs des investisseurs ; les créations expressives (œuvres et interprétations) seraient considérées des simples « objets protégés » au même titre des vecteurs techniques.

1145. Voisinage 02. Enfin, le nivellement du droit d'auteur et des droits voisins du droit d'auteur a été confirmé par la directive du 17 avril 2019 [3]. L'article 15, § 1 de cette directive a instauré un nouveau droit voisin au profit des *agences et éditeurs de presse*, sur les *publications de presse* pour leur *utilisation en ligne* « par des fournisseurs de services de la société de l'information ». Le second paragraphe de cet article organise le rapport entre ce nouveau droit voisin et les autres droits (droit d'auteur ou droits voisins) qui pourraient grever un élément du contenu des publications de presse. Ainsi, nous pourrons dire qu'il s'agit d'un *voisinage de second degré*, dans la mesure où ce droit n'est pas opposable à l'égard des titulaires de droits sur le contenu. Pour cette raison, concernant ce nouveau rapport de voisinage, la règle de sauvegarde a une portée générale, car le nouveau droit voisin « n'affecte en aucune façon » le droit « des auteurs et autres titulaires de droits » sur les objets protégés intégrés dans une publication de presse.

> Article 15, § 2- « Les droits prévus au paragraphe 1 [les droits voisins sur les publications de presse] laissent intacts et n'affectent en aucune façon les droits conférés par le droit de l'Union aux auteurs et autres titulaires de droits, à l'égard des œuvres et autres objets protégés intégrés dans une publication de presse. Les droits prévus au paragraphe 1 sont inopposables aux auteurs et autres titulaires de droits et, en particulier, ne doivent pas les priver de leur droit d'exploiter leurs œuvres et autres

[1] Ce considérant fut utilisé dans l'affaire concernant l'exploitation des archives contenant des prestations audiovisuelles par l'INA (CJUE, 5e ch., 14 nov. 2019, aff. C-484/18, « INA » SPEDIDAM, PG et GF c/ INA, *op. cit.*). La Cour a considéré que l'INA profite d'une présomption simple d'autorisation des artistes-interprètes et s'est fondée, parmi d'autres arguments, sur le considérant 31 de la directive DADVSI de 2001. Ainsi, faisant application de ce considérant, la Cour a retenu « *qu'un équilibre doit être trouvé entre les droits des artistes-interprètes des émissions faisant partie des archives de l'INA et les droits des réalisateurs de ces émissions lorsqu'elles sont considérées comme des œuvres audiovisuelles* » (préc., pt 44). V. P. TAFFOREAU, fasc. 1415, nov. 2020, *op. cit.*, n° 1.

[2] La Cour européenne exige que les textes nationaux transposant les directives (donc le Code de la propriété intellectuelle) soient interprétés « à la lumière » desdites directives. Le Professeur PATRICK TAFFOREAU estime, à juste titre, que « *cette lumière est, par image, devenue aveuglante, au point que le juge français est de plus en plus invité à appliquer quasiment directement la directive, à la place de certaines dispositions internes* » (P. TAFFOREAU, fasc. 1415, nov. 2020, *op. cit.*, n° 1). En effet, cette manière est plus qu'inquiétante, dans la mesure où le droit européen semble raisonner en termes de *copyright* (les créations comme les vecteurs techniques sont des simples « objets protégés » ; la propriété littéraire et artistique n'aurait de la propriété que le nom : tous les droits sont considérés comme des monopoles). Ce mélange de deux systèmes *antinomiques* (la propriété littéraire et artistique personnaliste et le *copyright*) efface deux siècles de construction du droit de créateur sur sa création.

[3] Directive (UE) 2019/790 Du Parlement Européen et du Conseil, du 17 avril 2019 sur le droit d'auteur et les droits voisins dans le marché unique numérique et modifiant les directives 96/9/CE et 2001/29/CE. Transposée en droit français par la loi n° 2019-775 du 24 juillet 2019 tendant à créer un droit voisin au profit des agences de presse et des éditeurs de presse. Article L. 218-1 à L. 218-5 du Code de la propriété intellectuelle.

objets protégés indépendamment de la publication de presse dans laquelle ils sont intégrés ».

1146. Droit français. L'article 15 de la loi Lang de 1985 comportait deux alinéas. Le premier alinéa est devenu l'article L. 211-1 du Code de la propriété intellectuelle qui dispose que :

> « Les droits voisins *ne portent pas atteinte* aux droits des auteurs. En *conséquence*, aucune disposition du présent titre *ne doit être interprétée de manière à limiter l'exercice* du droit d'auteur par ses titulaires ».

Le second alinéa est aujourd'hui l'article L. 211-2 ainsi rédigé :

> « Outre toute personne justifiant d'un intérêt pour agir, le ministre chargé de la culture peut saisir l'autorité judiciaire, notamment s'il n'y a pas d'ayant droit connu, ou en cas de vacance ou déshérence ».

1147. Synthèse. Ces formulations utilisent les mêmes termes : *laisse intacte, n'affecte en aucune façon, ne porte pas atteinte.* Et dans le cas des textes de l'OMPI et du Code de la propriété intellectuelle, un alinéa tire une conséquence de l'énoncé principal : l'interprétation des dispositions des droits voisins ne devrait pas « limiter l'exercice du droit d'auteur par ses titulaires ».

1148. Appréciations critiques. Édicter que les droits voisins n'affectent pas le droit d'auteur et n'y porte pas atteinte, suppose préalablement que ces droits sont *de nature à affecter* (produire un effet pénible sur, nuire à) *et à porter atteinte* au droit d'auteur, c'est-à-dire à ses prérogatives morales ou patrimoniales. Est-ce vrai ? Sans anticiper sur nos développements sur la portée réelle de la règle de sauvegarde du droit d'auteur, il est intéressant de noter certaines remarques :

1149. Première remarque. La généralité de la règle de sauvegarde du droit d'auteur suppose qu'il n'y a qu'un seul rapport entre l'auteur et ses partenaires, qui serait le rapport économique. Or, l'artiste-interprète est un *partenaire artistique* de l'auteur, et ses intérêts, au moins moraux, ne sont pas de nature différente (ni attentatoires) des intérêts moraux de l'auteur. En effet, le *pacte culturel* entre l'auteur et le public ne peut s'achever sans l'intermédiation de l'artiste-interprète. En conséquence, au moins sur le terrain moral, l'auteur et les interprètes de son œuvre forment un *couple artistique* qui constitue le *pôle actif* de la communication au public (le public étant le pôle passif).

1150. Deuxième remarque. S'il paraissait nécessaire de s'assurer que les droits sur les vecteurs techniques ne limitent pas l'exercice du droit portant sur l'œuvre fixée, la question est plus délicate concernant le droit sur l'interprétation de l'œuvre. En effet, le droit de l'interprète porte sur un *objet précis* et *distinct de l'œuvre* : la forme vivante interprétative. En revanche, les vecteurs techniques ne sont pas l'objet d'un droit, mais *l'enjeu d'un monopole* [1]. En conséquence, c'est le droit n'ayant pas d'objet déterminé (le droit voisin économique) qui présente le risque de limiter les prérogatives de l'auteur de l'œuvre, non le droit de l'artiste-interprète qui s'exerce sur un objet précis : une interprétation (parmi d'autres) de l'œuvre.

---

[1] Rappelons que les prérogatives du producteur de la forme technique (de la fixation) ne portent pas directement sur cette forme, mais sur son marché. La forme technique n'est que *secondaire* dans la définition de l'objet de l'exclusivité : c'est *autour de* cette forme technique que les interdictions constitutives du monopole sont déterminées : l'utilisation et la circulation du support.

1151. Troisième remarque. Outre le problème du *conflit d'intérêts* autour du partage de la recette des utilisations secondaires (la théorie de gâteau), la règle de sauvegarde du droit d'auteur vise à garantir la coexistence des droits différents, c'est-à-dire gérer *le conflit des droits* [1]. Or, comment pourrait-il y avoir conflit entre le droit d'auteur et un droit voisin si ce dernier est conditionné par l'autorisation de l'auteur de l'œuvre interprétée ou fixées ? Le guide de la Convention de Rome fait remarquer qu'il faut distinguer entre *l'existence* et *l'exercice* du droit, « *car en réalité c'est surtout à l'occasion de cet exercice que des conflits d'intérêts peuvent se produire* » [2].

1152. Quatrième remarque. Le contexte historique nous permet de supposer que l'article intitulé « sauvegarde du droit d'auteur » dans la Convention de Rome, n'était qu'une *règle d'administration* du rapport entre la protection instaurée avec celle de l'auteur dans la Convention de Berne. Ainsi, cette disposition aurait été *destinée aux législateurs nationaux*, afin d'éviter de porter atteinte au droit d'auteur en légiférant sur les droits voisins. Il en résulte que la Convention de Rome, fixant un seuil minimal de protection des droits voisins, ne dit pas que cette protection ne devrait être supérieure, en contenu ou en étendue, à celle du droit d'auteur. Seulement, au-delà de ce seuil minimal, la protection des droits voisins ne doit pas affecter le droit d'auteur. Selon cette lecture, nous croyons que la transposition de cette règle dans le Code de la propriété intellectuelle semble consacrer une *règle de droit substantiel*, c'est-à-dire une *règle de principe* de primauté du droit d'auteur.

1153. Dernière remarque. L'examen des deux textes internationaux concernant des *droits voisins économiques* montre l'absence de règle de sauvegarde *spécifique au droit d'auteur* ; c'est-à-dire la disposition qui organise leur voisinage avec le droit d'auteur. Il s'agit de la « Convention Phonogrammes » de 1971 [3], et de la « Convention satellites » de 1974 [4]. En effet, ces deux conventions contiennent une *règle d'administration* qui organise leur rapport avec les autres conventions. Il s'agit simplement de rappeler que les nouvelles dispositions spécifiques ne modifient pas la protection instaurée au profit de l'auteur (Convention de Berne), ou celle instaurée au profit de l'artiste-interprète, du producteur de phonogrammes ou des organismes de rediffusion (Convention de Rome). En définitive, la règle qui organise le rapport entre les droits voisins et le droit d'auteur n'est prévue que dans les textes traitant le droit de l'artiste-interprète, à savoir, la Convention de Rome et les deux traités de l'OMPI (WPPT de 1996 en matière sonore, et WAPT de 2012 en matière audiovisuelle). Quelle est la conséquence à tirer de ce constat ? La conclusion du Professeur DAVERAT donne la réponse : « *les craintes affichées par la Convention de Rome par rapport au droit d'auteur, et pour lesquelles elle veut se prémunir par des systèmes de sauvegarde, sont spécifiquement attachées aux droits des interprètes ; ce sont eux qui sont implicitement considérés comme dissidents* » [5]. Cet auteur explique pertinemment

---

[1] P. TAFFOREAU, Rép. IP/IT et Communication Dalloz, V° *Droits voisins du droit d'auteur*, 2019, n° 12 « *ce texte [L. 211-1 CPI] énonce à notre sens une véritable règle de conflit entre droit d'auteur et droits voisins dont ces derniers sortent toujours perdants* ».

[2] *Guide de la Convention de Rome et de la Convention « phonogramme »*, OMPI, Genève 1981, p. 19.

[3] Convention pour la protection des producteurs de phonogrammes contre la reproduction non autorisée de leurs phonogrammes, dite « Convention Phonogrammes », du 29 octobre 1971.

[4] Convention concernant la distribution de signaux porteurs de programmes transmis par satellite, Bruxelles, 21 mai 1974.

[5] X. DAVERAT, *L'artiste-interprète*, *op. cit.*, n° 90, p. 143 et s. Cet auteur tire aussi argument des articles 23 et 24 de la Convention de Rome. Ces deux articles conditionnent l'adhésion à la Convention de Rome par

le stratagème des producteurs de phonogrammes et des organismes de radiodiffusion, qui se sont cachés derrière les artistes-interprètes, en canalisant les oppositions à leur encontre.

1154. Nos remarques vont guider notre analyse de l'article L. 211-1 du Code de la propriété intellectuelle, mais il faut d'abord exposer les avis divergents sur la portée de cet article.

§ 2. PORTEE REELLE DE LA REGLE DE SAUVEGARDE DU DROIT D'AUTEUR

1155. Plan. La controverse sur la portée de la règle de sauvegarde du droit d'auteur peut être résumée en deux questions. La première est celle de savoir s'il s'agit d'une véritable règle de principe ; la seconde est de savoir si ce principe a une valeur générale ou relative. La doctrine est divisée entre deux lectures antinomiques (**A**). En effet, seul le retour aux principes fondamentaux peut nous aider à bien comprendre cette règle et dissiper l'équivoque sur sa valeur réelle (**B**).

A. Controverse doctrinale

1156. La doctrine présente des interprétations différentes de l'article L. 211-1 du Code de la propriété intellectuelle (**1**). Cependant, des auteurs atténuent la sévérité de la règle de sauvegarde du droit d'auteur (**2**).

1. État des lieux de la controverse

1157. Deux thèses. Deux thèses ont été avancées pour expliquer la règle de sauvegarde du droit d'auteur, contenue dans l'article L. 211-1 du Code de la propriété intellectuelle, et inspiré de l'article premier de la Convention de Rome de 1961. La première, minoritaire, est celle de la *coexistence* des différents droits ; la seconde, majoritaire, est celle de la *suprématie du droit d'auteur*. Ces deux thèses (**b**) trouvent leurs racines dans les travaux préparatoires de la loi du 3 juillet 1985 (**a**), où deux approches se sont opposées dans le rapport des rapporteurs devant le Sénat (M. JOLIBOIS) et devant l'Assemblée nationale (M. RICHARD).

a. Adoption du texte

1158. Travaux préparatoires. Interrogé sur cet article devant la commission spéciale du Sénat, le Ministre a clairement indiqué que la portée de la règle de sauvegarde du droit d'auteur est « symbolique ». Selon le ministre, l'article 15 (L. 211-1 CPI) « *ne proclame pas la suprématie du droit d'auteur face aux droits voisins et il laisse aux tribunaux, en cas de litiges, l'appréciation des moyens susceptibles de résoudre d'éventuels*

---

l'adhésion à une des deux conventions sur le droit d'auteur : la Convention de Berne (OMPI) ou la Convention universelle dur le droit d'auteur (UNESCO). Ces règles d'accès n'existent pas dans les autres conventions sur les droits voisins économiques (Convention Phonogramme 1971 et Convention Satellite 1974). X. DAVERAT, *Idem*, p. 144. Toutefois, V. art. 26-1) de WPPT et art. 23-1) WAPT : « tout État membre de l'OMPI peut devenir partie au présent traité », sans condition concernant le droit d'auteur.

conflits d'intérêts… Il me semble donc que, dans la loi nationale, cet article a davantage une portée symbolique que réelle. Les représentants des auteurs y sont attachés »[1]. M. JOLIBOIS, rapporteur de la commission spéciale du Sénat, a commenté cette intervention en disant : « *il semble, a priori, étonnant que les auteurs soient attachés à un article purement symbolique* ». Ensuite, ce rapporteur a mis l'accent sur le fait que « *les tribunaux seraient dans l'impossibilité de tirer de ces dispositions un quelconque critère leur permettant de résoudre quelque conflit que ce soit* »[2]. Ainsi, la commission spéciale du Sénat a proposé un amendement établissant clairement une hiérarchie entre le droit d'auteur et les droits voisins. Lors de la seconde lecture, l'Assemblée nationale et le Sénat se sont opposés sur ce point :

– D'un côté, devant l'Assemblée nationale, M. RICHARD a exprimé l'opposition à l'idée de la *hiérarchie* ou de la *prééminence constante* « *qui permettraient aux droits des auteurs de l'emporter sur ceux des artistes-interprètes* ». Il est intéressant de remarque que M. RICHARD visait un cas particulier : le rapport entre le droit d'auteur et celui de l'artiste-interprète, c'est-à-dire le rapport entre les deux créateurs / propriétaires. Ainsi, l'idée était de « *bien délimiter les domaines respectifs des uns et des autres et d'éviter les conflits […] à cause du caractère de partenariat des relations qu'ils doivent avoir entre eux, de ne pas établir de hiérarchie* »[3].

– D'un autre côté, le Sénat a insisté sur la nécessité d'établir la hiérarchie entre les droits, puisque « *la protection du droit d'auteur est une priorité absolue. Si cette priorité n'était pas reconnue par la loi, mieux vaudrait ne pas créer de droits voisins* »[4].

En fin, un compromis a été trouvé : le premier alinéa de l'article 15 de la loi Lang (devenu l'article L. 211-1 CPI) fut adopté en ces termes : « *les droits voisins ne portent pas atteinte aux droits des auteurs. En conséquence, aucune disposition du présent titre ne doit être interprétée de manière à limiter l'exercice du droit d'auteur par ses titulaires* ». Commentant cet article, M. EDELMAN a considéré que la notion de suprématie, « récusée partiellement » par l'Assemblée nationale, « fut novée en principe d'interprétation ».

b. Interprétations du texte

1159. Controverse doctrinale. La formulation de l'article L. 211-1 CPI n'a pas permis de trancher la question de sa portée, ni de comprendre ce qu'il faut entendre par le rapport de « voisinage ». Les commentateurs de la loi du 3 juillet 1985 et les spécialistes de la propriété littéraire et artistique sont partagés entre deux avis. Le premier avis donne à la règle de sauvegarde du droit d'auteur une *portée symbolique* (**i**) ; le second avis donne à cette règle une *portée hiérarchisante* (**ii**).

i. Égalité des droits

1160. Portée symbolique de la règle de sauvegarde du droit d'auteur ? Une partie de la doctrine tire conséquence des travaux préparatoires où le

[1] Rapport JOLIBOIS, n° 212, t. II, p. 81.
[2] Rapport JOLIBOIS, n° 212, t. II, p. 81.
[3] Intervention de A. RICHARD devant l'Assemblée nationale : J.O., débats, Ass. nat., séance du 20 mai 1985, p. 830, col. 2.
[4] Rapport JOLIBOIS, n° 350, pp. 24-25.

législateur a clairement écarté l'amendement visant à établir une hiérarchie des droits. Ainsi, cette doctrine, qui reste minoritaire [1], considère que le droit d'auteur et les droits voisins *coexistent*, et que ces derniers ne peuvent être considérés comme portant atteinte au droit d'auteur. Il en résulte que la règle consacrée par l'article L. 211-1 du Code de la propriété intellectuelle n'est qu'une *pétition de principe*, donc de *valeur symbolique*. En effet, les auteurs qui défendent cette opinion estiment que la protection des droits voisins instaurée par la loi de 1985 serait vide de sens si l'on établit une hiérarchie des droits au sein de la propriété littéraire et artistique. En réalité, même avec le peu de décisions rendues en application de l'article L. 211-1, l'on ne saurait vider cet article de toute *valeur normative*. Si le rapport entre l'auteur et les titulaires des droits voisins est régulé contractuellement, le droit moral de l'auteur sort du cadre contractuel. Par ailleurs, nier l'existence d'une règle de conflit empêche toute résolution *in abstracto* de ces conflits ; par conséquent, les conflits entre les droits exclusifs seraient résolus *in concreto*, comme s'il s'agissait de droits en parfaite égalité. Enfin, la doctrine majoritaire opte pour donner à l'article L. 211-1 une valeur contraignante et non symbolique, dans la mesure où l'on ne saurait ôter son effet à une disposition légale.

ii. Hiérarchie des droits

1161. Prééminence du droit d'auteur. La doctrine majoritaire [2] interprète la règle de sauvegarde du droit d'auteur comme établissant *une hiérarchie en faveur du droit d'auteur*. D'abord, la négation dans la première phrase de l'article « les droits voisins ne portent pas atteinte… » implique *un ordre de ne pas faire* selon le style législatif. Ensuite, la seconde phrase *tire la conséquence de ce principe* en matière

---

[1] R. REMBE, « Auteurs et artistes-interprètes ou exécutants : une protection égale pour une contribution égale », *Dr. Auteur*, 1986, p. 32 ; C. COLOMBET, « Les droits voisins », *in* Colloque de l'IRPI sur la loi du 3 juillet 1985, Libraire technique, 1986, coll. IRPI, n° 5, p.126 ; du même auteur, *Propriété littéraire et artistique et droits voisins*, Dalloz, coll. Précis, 9e éd., 1999, n° 398 ; X. DAVERAT, *L'artiste-interprète*, t. 1, n° 41, pp. 74-75 ; A. LUCAS, et *alii.*, *Traité de propriété littéraire et artistique*, 5e éd., 2017, *op. cit.*, n° 1327, p. 1033, (ces auteurs rejettent la supériorité du droit d'auteur sur les droits voisins, car ces droits sont *indépendants*) ; P. SIRINELLI, *Propriété littéraire et artistique*, Dalloz, coll. mémentos, 3e éd., 2016, p. 216.

[2] R. PLAISANT, « Le droit des artistes exécutants en France », *Rev. UER*, 1974, vol. XXV, n° 2, p. 46 ; H. DESBOIS, *Le droit d'auteur en France*, Dalloz, 1978, p. 215, n° 180 ; B. EDELMAN, *Droits d'auteur, droits voisins : droit d'auteur et marché*, Dalloz, 1993, n° 205 et s. ; C. CARON, *Droit d'auteur et droits voisins*, 6e éd., 2020, *op. cit.*, n° 601, p. 612 ; P. TAFFOREAU, *Le droit voisin de l'interprète d'œuvres musicales en droit français*, n° 255, p. 227 ; P. TAFFOREAU et C. MONNERIE, *Droit de la propriété intellectuelle*, 4e éd., 2015, *op. cit.*, n° 262 ; M. VIVANT et J.-M. BRUGUIERE, *Droit d'auteur et droits voisins*, 4e éd., 2019, n° 1208 (principe de primauté) ; X. LINANT DE BELLEFONDS, *Droit d'auteur et droits voisins*, Dalloz, 2002, p. 238 (supériorité du droit d'auteur) ; S. PESSINA, *L'artiste-interprète salarié*, *op. cit.*, n° 311, p.182 ; J. BACOUELLE, *La condition juridique de l'artiste-interprète*, n° 296 ; S. CHATRY, *Le concours de droits de propriété intellectuelle. Essai d'une théorie générale*, préf. A. LUCAS, Fondation Varenne, 2012, n° 427, « *le droit voisin est donc contraint de suivre docilement son maitre, le droit d'auteur* » ; J.-M. BRUGUIERE, « L'articulation du droit d'auteur et des droits voisins », *in L'articulation des droits de propriété intellectuelle*, Dalloz, coll. Thèmes et commentaires, 2011, p. 70 et s. ; C. BERNAULT et J.-P. CLAVIER, *Dictionnaire de droit de la propriété intellectuelle*, Ellipses, 2008, V° Droits voisins, p. 177. Plus nuancé : N. BINCTIN, *Droit de la propriété intellectuelle*, 6e éd., 2020, *op. cit.*, n° 259, p. 212 (pour cet auteur, l'article L. 211-1 CPI n'est ni symbolique ni hiérarchisant, mais établit une solution de conflit interne entre les régimes propriétaires). *Adde* P.-Y. GAUTIER, *Propriété littéraire et artistique*, 11e éd., 2019, *op. cit.*, n° 143 (qui évoque les grands principes du droit privé sur l'accessoire. Ainsi, selon cet auteur, les conflits doivent être tranchés in faveur de l'auteur, sauf abus de son droit). *Adde* F. POLLAUD-DULIAN, *Le droit d'auteur*, 2e éd., 2014, *op. cit.*, n° 2273, p. 1494 (qui justifie la hiérarchie par le fait que sans œuvre, les prestations couvertes par les droits voisins n'existeraient pas. De plus, ces prestations « sont au service de l'œuvre »).

d'interprétation de dispositions légales : « en conséquence, aucune disposition [traitant les droits voisins] ne doit être interprétée de manière à limiter l'exercice du droit d'auteur par ses titulaires ».

1162. Les droits visés. Cette hiérarchie est entendue de deux manières. Un courant doctrinal considère que la prééminence du droit d'auteur englobe toutes ses prérogatives, dans la mesure où l'article L. 211-1 instaure une *hiérarchie absolue* en faveur de l'auteur. En revanche, certains auteurs limitent cette hiérarchie en considérant que la prééminence du droit d'auteur ne concerne que le droit moral de l'auteur [1]. Le Professeur AZZI, qui adhère à ce dernier avis, précise que le conflit entre les prérogatives patrimoniales de l'auteur et les droits voisins doit être tranché au *cas par cas*. Ainsi, « *les tribunaux devront décider au cas par cas du résultat de leur confrontation : les personnes ainsi protégées doivent faire montre d'un "respect mutuel"* ». En tout état de cause, la prééminence d'un droit sur un autre signifie que tout conflit doit être tranché en faveur du droit prééminent : pas seulement *l'exercice des droits voisins* ne doit pas porter atteinte au droit d'auteur, mais aussi *les conflits entre les droits voisins* ne doivent pas se résoudre au détriment des droits de l'auteur.

2. Tempéraments

1163. La règle de sauvegarde du droit d'auteur s'applique dans un contexte bien précis (**a**). Par ailleurs, une partie de la doctrine tend à tempérer la sévérité de cette règle (**b**).

a. Champ d'application

1164. Exclusions. La doctrine s'entend sur le champ d'application de la règle de sauvegarde du droit d'auteur. En effet, cet article ne concerne que les droits voisins *stricto sensu*, c'est-à-dire ceux prévus dans le titre unique du livre II du Code de la propriété intellectuelle [2]. Par conséquent, cet article ne régit pas le rapport du droit d'auteur avec le droit *sui generis* du producteur de bases de données, ni le rapport entre le droit d'auteur avec le droit de dessin et modèle [3]. De même, le conflit entre le droit d'auteur avec un droit de la personnalité d'un titulaire d'un droit voisin est hors le champ d'application de la règle de sauvegarde.

---

[1] T. AZZI, *Recherche sur la loi applicable aux droits voisins du droit d'auteur en droit international privé*, 2005, n° 97, p. 68, et « Le droit moral de l'artiste-interprète. Retour sur les silences troublants du législateur », *op. cit.*, p. 283 ; B. EDELMAN, *Commentaire de la loi n0 85-660 du 3 juillet 1985 relative aux droits d'auteur et aux droits voisins*, Actualité législative Dalloz, n° spécial, 1987, p. 57 : « *Il semble que la loi ait voulu essentiellement la prééminence du droit moral de l'auteur* ».

[2] Dans ce sens, le Professeur P. TAFFOREAU, fasc. 1415, 2020, *op. cit.*, n° 7. La question se pose sur le rapport de voisinage avec le nouveau droit voisin des éditeurs et agences de presse. Nous pensons que cette règle vaut aussi à l'égard de ce droit transposé dans le chapitre VIII du titre unique du livre II. (Comp. Article 15, § 2) de la directive du 17 avril 2019, *op. cit.*).

[3] Sur le défaut d'une règle de conflit entre le droit d'auteur et le droit de dessin et modèle et le droit du producteur de bases de données, V. S. CHATRY, *Le cumul des droits de propriété intellectuelle*, n° 431 et s., pp. 257-260. Cependant, un rapprochement peut être fait avec deux articles : d'abord l'article L. 341-1 du Code de la propriété intellectuelle qui prévoit que le droit *sui generis* du producteur de bases de données « *s'exerce sans préjudice de celles résultant du droit d'auteur ou d'un autre droit sur la base de données ou d'un de ses éléments constitutifs* ».Ensuite, l'article L. 513-2 du Code de la propriété intellectuelle qui prévoit que la protection des dessins et modèles s'applique « *sans préjudice des droits résultants de l'application d'autres dispositions législatives, notamment des livres I [le droit d'auteur] et III [surtout le droit sui generis du producteur de bases de données]* ».

1165. Primauté relative. Le Professeur TAFFOREAU met l'accent sur la « menace » qui pèse sur les droits voisins du fait d'une éventuelle *application extensive* du principe de la primauté du droit d'auteur. En effet, ce principe est une garantie du droit d'auteur sur une œuvre déterminée. Il n'a pas pour finalité de primer *la liberté de créer* de l'auteur sur les droits voisins. En conséquence, le principe de primauté du droit d'auteur (L. 211-1 CPI) ne saurait dispenser l'auteur de chercher l'autorisation des titulaires des droits voisins sur des éléments protégés qu'il entend intégrer à sa création. Pour n'en dire plus, l'article L. 211-1 du Code de la propriété intellectuelle « *ne constitue pas une dispense générale au profit des auteurs* » [1].

b. Conditions d'application

1166. (Co)Existence des droits. L'article L. 211-1 du Code de la propriété intellectuelle vise « l'atteinte aux droits des auteurs » (la première phrase de l'article), et la limitation de « l'exercice du droit d'auteur » (la seconde phrase). Il va de soi que *l'existence* des droits voisins ne remet pas en cause l'existence du droit d'auteur. Ainsi, en matière d'utilisations secondaires, l'utilisateur d'un enregistrement bénéficie d'une licence légale (L. 214-1 CPI) et est dispensé de chercher l'autorisation de l'artiste-interprète ou du producteur de phonogramme. Néanmoins, la disposition établissant la licence légale ne peut jamais remettre en cause l'exigence de l'autorisation de l'auteur de l'œuvre fixée (normalement, l'utilisateur l'obtient *via* une société de gestion collective ; à savoir, la SACEM qui est, selon ses statuts, cessionnaire des auteurs-compositeurs). De la même manière, le droit d'auteur n'efface pas les droits voisins, sinon la catégorie des droits voisins n'aurait aucun sens. Ainsi, il a été soutenu par une partie de la doctrine que le droit d'auteur et les droits voisins sont *indépendants* [2]. Certes, ces droits sont indépendants, car ils s'appliquent à des *objets différents* (et non à un *objet composite* [3]), mais ces objets (la forme externe de l'œuvre et de l'interprétation, la forme technique) sont *réifiés* dans le même *objet matériel*. Autrement dit, *l'objet réel* (tangible) contient plusieurs *objets juridiques* [4], ce qui implique nécessairement la possibilité d'un exercice conflictuel des prérogatives des titulaires de droits différents. C'est la raison d'être de l'article L. 211-1 Code de la propriété intellectuelle.

1167. Exercice des droits. La *coexistence* du droit d'auteur et des droits voisins étant *hors d'atteinte*, la question se pose sur leur *exercice*. Si l'exercice du droit d'auteur et des droits voisins n'est pas contradictoire, il n'y a aucun problème (unanimité sur l'exploitation et ses conditions ou sur la non-exploitation). Si cet exercice est conflictuel, c'est-à-dire l'exercice de chaque droit par son titulaire est différent, dans cette hypothèse, l'article L. 211-1 CPI intervient pour trancher le conflit.

---

[1] P. TAFFOREAU, fasc. 1415, 2020, *op. cit.*, n° 13.

[2] A. LUCAS, et *alii.*, *Traité de propriété littéraire et artistique*, 5e éd., 2017, *op. cit.*, n° 1327, p. 1033.

[3] P. TAFFOREAU, fasc. 1415, 2020, *op. cit.*, n° 3. « *L'œuvre étant interprétée, fixée puis reproduite [...] et, le cas échéant, diffusée [...], quatre nouveaux titulaires vont en effet avoir des droits sur un objet composite, [...] qui est constitué de l'œuvre et de son interprétation, de leur support sonore ou visuel, voire du programme audiovisuel qui les communique au public* ». « *La situation n'est pas sans analogie avec celle de l'œuvre composite* » (*Idem.*).

[4] Par exemple, il y a plusieurs objets juridiques (objets de droits) dans un disque (objet tangible) : la matière du support objet de la propriété corporelle ; la forme de l'œuvre interprétée objet du droit d'auteur ; la forme vivante interprétative objet du droit voisin de l'artiste-interprète et enfin, la forme technique enjeu du monopole du producteur de phonogramme.

Comment ? en « sauvegardant » l'exercice du droit d'auteur de toute atteinte du fait de l'exercice des droits voisins [1]. Mais *quid* si l'exercice du droit d'auteur aboutit à porter atteinte à un droit voisin de l'artiste-interprète ou d'un autre titulaire ? Par exemple, l'auteur qui insiste sur l'exploitation de son œuvre interprétée et fixée contre la volonté de l'artiste-interprète ; ou, à l'inverse, si l'auteur interdit l'exploitation de son œuvre interprétée et fixée, alors que les titulaires des droits voisins veulent exploiter la fixation. Dans de telles hypothèses, la jurisprudence avait tendance à chercher un *juste équilibre*, en appliquant le principe de la primauté du droit d'auteur, tout en sanctionnant cette application.

1168. Sanctions limitant la portée de la prééminence du droit d'auteur sur les droits voisins. Dans l'affaire *Rostropovitch* [2], l'interprétation orchestrale de la musique de l'opéra Boris Godounov, dirigée par Mstislav Rostropovich, a été utilisée dans un film cinématographique. Le réalisateur du film a superposé à cette musique des sons critiqués par le chef d'orchestre (crachat, jet d'urine et halètement d'une femme). Rostropovitch se plaignait devant le Tribunal de grande instance de Paris d'une atteinte à son droit moral au respect de son interprétation. Le tribunal, tout en donnant raison à l'artiste sur la réalité de l'atteinte, refuse la réparation en nature, c'est-à-dire la suppression des sons contestés, et ordonne l'insertion d'un simple avertissement au générique du film pour informer les spectateurs de la désapprobation du célèbre chef d'orchestre. Les Professeurs TAFFOREAU [3] et BRUGUIERE [4] voient dans cette application jurisprudentielle une forme de *licence légale* : le droit voisin n'est pas effacé, mais est paralysé par l'exercice contradictoire de celui de l'auteur. M. TAFFOREAU exprime cette idée : « *Ablation du droit d'autoriser ou d'interdire, subsistance du droit à redevances... C'est exactement la définition des licences légales que connaît la propriété littéraire et artistique [...]. Force est donc de constater qu'en définitive, l'article L. 211-1 aboutit à créer, au cas par cas, de nouvelles licences légales au profit des seuls titulaires de droits d'auteur* ». Nous avons déjà expliqué que la licence légale n'est qu'un correctif d'un monopole, c'est-à-dire un retour au principe de la libre concurrence quand le monopole produit des effets contraires à l'intérêt général. Mais l'auteur n'est pas monopoleur ; il est propriétaire de l'œuvre. Par conséquent, il ne peut pas être sanctionné à l'occasion de l'exercice de son droit. En ce qui concerne l'affaire Rostropovitch, la solution est peu justifiée. Nous allons revenir sur cette affaire lors de l'étude du rapport entre les artistes-interprètes et les auteurs.

---

[1] Par exemple, dans l'affaire opposant le compositeur Tony Rallo au producteur de phonogrammes M. Cautela : CA Versailles, 1re ch., 13 févr. 1992, *Cautela c/ Tony Rallo et a.* : JurisData n° 1992-604096 : *D.*, 1993, jurispr. p. 402, note B. EDELMAN ; *RIDA*, janv. 1994, p. 342 et p. 312, obs. A. KEREVER. La Cour d'appel considère « *qu'en sa qualité de producteur phonographique de l'enregistrement, M. Cautela ne peut, en l'espèce, se prévaloir en application de l'article 15 de la loi du 3 juillet 1985 [211-1 CPI], que de droits voisins du droit d'auteur, lesquels ne peuvent porter atteinte à ce dernier* » (nous soulignons).

[2] TGI Paris, 1re ch., 10 janv. 1990, *Rostropovitch c/ Sté Erato Disques et autres* : *RIDA*, n° 145, juill. 1990, p. 368 ; *D.* 1991. 206, note B. EDELMAN ; *D.*, 1991. Somm. 99, obs. C. COLOMBET ; *JCP*, 1990, I, p. 3478, obs. B. EDELMAN. *Adde* X. DAVERAT, « L'impuissance et la gloire. Remarques sur l'évolution contemporaine du droit des artistes-interprètes », *D.*, 1991, chron. p. 93.

[3] P. TAFFOREAU, fasc. 1415, 2020, *op. cit.*, n° 11.

[4] J.-M. BRUGUIERE, « L'articulation du droit d'auteur et des droits voisins », *op. cit.*, n° 11, qui parle d'une « licence judiciaire » que le juge peut imposer au titulaire de droits voisins qui entraverait l'exercice des droits d'auteur.

1169. Sauf abus de l'auteur ? La majorité de la doctrine qui interprète l'article L. 211-1 du Code de la propriété intellectuelle comme établissant une hiérarchie en faveur de l'auteur, considère que l'auteur ne peut pas abuser de son droit prééminent. Selon M. TAFFOREAU, « *cette règle serait choquante si la jurisprudence ne la tempérait pas par la théorie de l'abus de droit* », car la prééminence ne saurait « *ruiner l'effectivité de l'ensemble des droits voisins* » [1]. Cette doctrine donne comme exemple l'arrêt de la Cour d'appel du 21 septembre 1999 dans l'affaire de l'acteur *Adam de Villiers* [2]. Il s'agissait d'un conflit entre le droit des auteurs à modifier leur œuvre audiovisuelle et le droit de l'acteur sur son interprétation. La solution a été fondée sur l'article L. 121-5 du Code de la propriété intellectuelle, dont le troisième alinéa subordonne toute modification de la version définitive de l'œuvre audiovisuelle à l'accord des coauteurs et le producteur. Donc, cette modification, même par suppression, n'est pas soumise à l'autorisation de l'artiste-interprète. La suite de la motivation de la décision est plus intéressante : il incombe à l'artiste « *d'établir que les auteurs ont fait un usage abusif de la prérogative que la loi leur confère, en portant une atteinte essentielle à son droit au respect de son interprétation, manifestée par la dénaturation de celle-ci* ». En bref, la prérogative octroyée par la loi (L. 121-5 CPI) aux coauteurs, concernant la détermination et la modification de la version définitive de l'œuvre audiovisuelle, l'emporte sur le droit au respect des artistes-interprètes en cas de conflit (L. 211-1 CPI), *sauf abus* dans l'exercice de cette prérogative.

1170. Ayant exposé *l'histoire* de la règle de sauvegarde du droit d'auteur, et la *controverse* concernant sa portée, nous croyons qu'une nouvelle lecture de cette règle peut être présentée. Il s'agit de lire cette règle en prenant en compte sa *ratio legis* et les fondements de notre système juridique.

B. Nouvelle lecture de l'article L. 211-1 CPI

1171. Interprétation de *lege ferenda* de l'article L. 211-1 CPI. L'article L. 211-1 du Code de la propriété intellectuelle contient la règle qui *organise le rapport de « voisinage » de droits exclusifs,* appartenant à des titulaires différents, sur des objets différents, et que fédère un même objet matériel. Mais l'interprétation de cet article fait fausse route si l'on ignore les principes fondamentaux de notre système juridique. Nous avons démontré que la propriété n'est pas le monopole ; que le droit voisin de l'artiste-interprète est une *véritable propriété incorporelle*, tandis que les droits voisins économiques ne sont que des *monopoles légaux*. En conséquence, le mot-valise « voisinage » est *trompeur*, puisqu'il cache la réalité de la différence entre deux rapports : le rapport entre propriétaires (auteur / interprète) et le rapport entre propriétaire et monopoleur (auteur / titulaire d'un droit voisin économique). Il en résulte, selon nous, que l'article L. 211-1 du Code de la propriété intellectuelle devrait avoir la portée correspondant à la nature des droits dont il gouverne le

---

[1] P. TAFFOREAU, fasc. 1415, 2020, *op. cit.*, n° 12 et n° 13 ; M. VIVANT et J.-M. BRUGUIERE, *Droit d'auteur et droits voisins*, 4e éd., 2019, *op. cit.*, n° 1208.

[2] TGI Paris, 1re ch., 1re sect., 29 avr. 1998 : JurisData n° 1998-042643. Confirmé en appel : CA Paris, 1re ch., sect. A, 21 sept. 1999, *Adam de Villiers c/ TF1* : JurisData n° 1999-124390 : *CCE*, 1999, comm. 43, note CH. CARON ; *Légipresse*, nov. 1999, n° 166, III, p. 154 ; *JCP G.*, 2000, II, 10357, note F. POLLAUD-DULIAN ; *JCP E.*, 2000, II, p. 1093, note F. POLLAUD-DULIAN ; *RIDA*, janv. 2000, p. 329.

rapport. Donc, nous ne saurions considérer que cet article consacre un *principe absolu* de prééminence du droit d'auteur, malgré la généralité de la notion de « voisinage » (**1**). En effet, le principe de la prééminence du droit d'auteur organise différemment la *hiérarchie essentielle* et la *hiérarchie accidentelle* (**2**).

1. Appréciations critiques

1172. Stérilité de la notion de « voisinage ». Comment comprendre l'article L. 211-1 du Code de la propriété intellectuelle qui organise le rapport du droit d'auteur avec les droits *voisins du droit d'auteur* sans comprendre ce « voisinage ». Nous avons démontré que les droits voisins ne partagent qu'une seule chose : ils ne sont pas des droits d'auteur. À cela près, les droits voisins diffèrent en toute chose. L'exclusivité du droit de l'artiste-interprète est une exclusivité propriétaire ; c'est un *effet* de la maîtrise absolue *sur* un objet incorporel : la forme vivante interprétative. En revanche, l'exclusivité des droits voisins économiques est *l'objet créé* par le législateur *autour* d'un enjeu : la forme technique. Bref, l'exclusivité du droit voisin de l'interprète est l'effet de sa propriété ; l'exclusivité des droits voisins économiques est l'objet du monopole octroyé. La propriété de l'interprète, qui naît de l'acte créatif, est de *droit naturel* ; le monopole légal de certains investisseurs, qui naît de la volonté du législateur, est de *droit positif*. En conséquence, nous nous interrogeons, comment un seul terme, le voisinage, peut designer deux rapports complètement différents : le rapport entre deux propriétés de droit naturel et le rapport entre la propriété de droit naturel avec les monopoles des investisseurs ? Ou bien le droit des investisseurs n'est pas « voisin du droit d'auteur », ou bien le droit des artistes-interprètes est plus qu'un « droit voisin » [1]. En définitive, le voisinage n'est qu'une simple *notion* ; il est loin d'exprimer, à lui seul, un *principe*, d'où la nécessité de poser une règle de conflit des droits.

1173. Analyse des objets. La complexité provient de la juxtaposition, dans un même *objet matériel*, des *objets juridiques* différents grevés des droits exclusifs de nature différente. D'un côté, il y a l'objet corporel, c'est-à-dire le support matériel grevé d'un droit de propriété corporelle (art. 544 C. Civ.) ; d'un autre côté, il y a l'ensemble des objets incorporels qui ne sont pas de même nature (incorporel n'est pas synonyme d'intellectuel). Ces derniers objets se divisent en deux catégories : la première contient *les objets intellectuels*, à savoir les formes de l'esprit (la forme de l'œuvre ou de l'interprétation), qui sont de nature *ubiquiste* ; les valeurs qu'engendrent ces biens ubiquistes sont réservées par le modèle propriétaire de la propriété littéraire et artistique (la propriété bifonctionnelle). La seconde catégorie contient les *objets incorporels* érigés en *enjeu* de monopole (la forme technique des vecteurs des créations). Mais, contrairement à d'autres monopoles que matérialise un titre (le brevet), les droits voisins économiques sont octroyés sans formalité (dépôt ou titre), ce qui induit la confusion chez la doctrine qui prend l'objet incorporel (la forme technique) comme *objet* du droit exclusif. Or, comme nous l'avons démontré, la forme technique n'est que *l'enjeu* de l'exclusivité qui s'applique à un marché. Conscients de la faiblesse du fondement de leur droit, les producteurs

---

[1] Dans ce sens, X. DAVERAT, *L'artiste-interprète*, t 1, *op. cit.*, n° 42, p. 78.

de la forme technique [1] ont intérêt à confondre dans une même catégorie l'exclusivité propriétaire et celle monopolistique ; l'incorporalité de la forme expressive et celle de la forme technique [2]. Ainsi, en obtenant un droit sur le vecteur technique, les producteurs acquirent un pouvoir sur la *communication au public des formes expressives fixées* : « les pommes des voisins sont les meilleures ».

1174. Proposition : deux degrés de voisinage. Si l'on reste fidèle aux principes (la distinction entre la création et le travail ; entre la forme identitaire ou expressive et la forme technique et entre la propriété et le monopole), nous arrivons sans peine à comprendre qu'il y a deux voisinages : celui du droit de l'artiste-interprète, qui serait *le seul* droit voisin *du droit d'auteur* ; et celui des droits des producteurs de la forme technique, qui serait des *droits voisins de la propriété littéraire et artistique.* Le voisinage deviendrait alors une *théorie* [3] formée de deux *concepts* [4] complémentaires : le *voisinage de premier degré* entre deux propriétés sur des formes expressives dépendantes ; et le *voisinage de second degré* entre les propriétés (de l'auteur et de l'interprète) et les monopoles octroyés autour de la forme technique. Maintenant, nous pouvons lire l'article L. 211-1 du Code de la propriété intellectuelle à la lumière de cette distinction qui se fonde sur la nature des droits de chaque rapport.

2. Conséquences

1175. Il résulte de notre théorie sur le *voisinage des droits exclusifs* une application souple de l'article L. 211-1 du Code de la propriété intellectuelle. Cette règle organiserait différemment deux rapports d'hiérarchie : *essentielle* (**a**) et *accidentelle* (**b**) [5].

a. Hiérarchie essentielle

1176. Dépendance naturelle. Deux arguments plaident pour la prééminence du droit de l'auteur et de l'interprète sur les droits exclusifs des producteurs de la forme technique. Le premier argument est tiré de la *chronologie de l'apparition des*

---

[1] Rappelons que nous utilisons le terme « producteur de la forme technique » au sens large qui englobe, pas seulement les producteurs de phonogrammes ou de vidéogrammes, mais aussi les organismes de radiodiffusion. Dans tous les cas, il y a une production d'une forme technique, vecteur d'un contenu (expressif ou non), que ce soit à destination d'une reproduction des exemplaires ou à la radiodiffusion.

[2] Dans ce sens, PH. GAUDRAT, Rép. Civ. Dalloz, seconde partie, *op. cit.*, n° 273 « *le stratagème [des exploitants] consiste à identifier un objet intellectuel [lire incorporel] distinct de la forme créative* » ; cet objet incorporel est la forme technique.

[3] La théorie est un raisonnement stable, rationnel, constituée à partir d'un ensemble de concepts, et appliqué dans un domaine.

[4] Nous avons eu l'occasion de préciser que le concept est une représentation mentale *construite et précise* (contrairement à la notion) et plus ou moins *stable* du fait de sa *technicité.* Il résulte d'une conception abstraite *constructive* (il est une construction [non une description] à partir d'une réalité). Il ne peut être isolé, mais tisse un réseau avec d'autres concepts dans un ensemble qui forme une théorie. Cependant M. F. ROUVIERE tient les termes « concept » et « notion » pour synonymes. D'ailleurs cet auteur explique que les concepts sont l'enjeu de la qualification comme la règle est l'enjeu de l'interprétation. « Autour de la distinction entre règles et concepts », *RRJ* (Revue de la Recherche Juridique - Droit prospectif), *Les Cahiers de Méthodologie Juridique* : *La pensée de PAUL AMSELEK*, PUAM, 2014, pp. 2017-2028.

[5] Dabs ce même sens, PH. GAUDRAT, Rép. Civ. Dalloz, seconde partie, *op. cit.*, n° 75 et s.

objets. L'œuvre préexiste généralement [1] tout autre objet qui lui sert de forme externe. Ainsi, la partition écrite précède ses interprétations vivantes, ainsi que la forme technique de fixation ou de diffusion. De la même manière, l'interprétation précède la forme technique de fixation, qui commence par la prise des séquences sonores ou audiovisuelles et s'achève à l'issue des traitements techniques. En bref, sans œuvre, pas d'interprétations ; sans œuvre interprétée, pas de phonogramme, de vidéogramme, de programme ou de publication de presse [2]. Le second argument concerne la nature des objets, qui détermine la nature des droits exclusifs. *L'œuvre*, objet du droit d'auteur, et *l'interprétation*, objet du droit voisin de l'artiste-interprète, sont des créations de l'esprit. Dans les deux cas, il s'agit d'une *réalisation formelle originale d'une conception intellectuelle*. En revanche, la forme technique n'est qu'une variété de la *forme laborieuse*. Aussi important qu'il soit, l'investissement ne change rien à la nature de cette forme issue d'un simple travail interchangeable. Nous avons déjà vu que le régime juridique de chaque forme découle de sa nature : la *singularité* de la forme créative induit la propriété du créateur, tandis que *l'interchangeabilité* de la forme laborieuse induit la concurrence entre ses producteurs. Néanmoins, le législateur a dérogé au principe de la distinction entre la création et le travail, en octroyant un droit exclusif aux producteurs de la forme technique. Le législateur a voulu renforcer la position des producteurs (cessionnaire des créateurs) sur le marché, en créant un monopole sur les actes principaux portant sur la forme technique [3].

1177. Dépendance juridique. La traduction juridique de la *dépendance naturelle* que nous avons décrite plus haut est la *hiérarchie* entre les droits des créateurs et les droits des producteurs. Autrement dit, la différence de nature entre les droits exclusifs impose de les hiérarchiser : la *propriété de droit naturel* l'emporte sur *les monopoles légaux*. Nous l'avons démontré à plusieurs reprises : le monopole légal sur le vecteur technique est *conditionné par la cession* sur le contenu fixé (œuvres et interprétations). Sans cession des créateurs, point de droit sur la forme technique de fixation, voire, le producteur de cette fixation sera contrefacteur. En synthèse, les conséquences peuvent être formulées en trois points :

1°) Les droits voisins économiques n'existent que *dans la limite de la cession* sur les créations fixées. Tout acte sur la forme technique (par exemple, la fabrication d'exemplaires, leurs distributions, la mise à disposition en ligne etc.) qui aboutit à la communication au public des créations expressives, devrait se fonder sur un droit cédé (le droit voisin du producteur ne suffit pas) ;

2°) Les prérogatives propriétaires morales et patrimoniales de l'auteur ou de l'interprète l'emportent dans tout conflit avec les prérogatives monopolistiques des producteurs ;

---

[1] Sauf les cas particuliers de l'improvisation et de l'intégration d'une interprétation préexistante dans une œuvre nouvelle.

[2] Selon l'article L. 218-1 CPI la publication de presse est « *une collection composée principalement d'œuvres littéraires de nature journalistique, qui peut également comprendre d'autres œuvres ou objets protégés, notamment des photographies ou des vidéogrammes […]* ».

[3] Rappelons que seule la première production de la forme technique (première fixation ou première production du signal) engendre le droit exclusif. Les actes seconds (fabrication d'exemplaires, distribution, rediffusion etc.), même s'ils nécessitent un investissement, n'engendrent pas d'exclusivité, mais sont soumis à l'autorisation du producteur de phonogramme, vidéogramme ou programme.

3°) À l'inverse, les monopoles légaux des producteurs *ne sont pas opposables aux créateurs*, mais seulement aux concurrents [1]. Ce qui est opposable aux créateurs est *le contrat de cession et ses clauses contractuelles*. Un auteur ou un interprète qui ne respecte pas le monopole contractuel octroyé (la clause d'exclusivité) sera responsable contractuellement, non pas contrefacteur de sa propre création.

1178. Appui doctrinal. Cette idée de la *prééminence des propriétés des créateurs* (y compris les interprètes), même si elle dépasse l'étendue exprimée par l'article L. 211-1 du Code de la propriété intellectuelle, trouve un appui chez deux spécialistes des droits voisins. En effet, nous trouvons cette idée, constatée indirectement, par le Professeur XAVIER DAVERAT, et clairement exprimée par le Professeur PATRICK TAFFOREAU. Le premier auteur ne fonde, parmi les droits voisins, que le droit de l'interprète sur la propriété littéraire et artistique ; le second auteur avait proposé, sous forme d'interrogation, de sauvegarder le droit voisin de l'artiste-interprète face aux droits voisins des producteurs : « *parmi les titulaires de droits voisins, seul l'artiste-interprète, toujours personne physique, jouit d'un droit moral qui le rapproche des auteurs, ses voisins les plus immédiats, ne faudrait-il pas concevoir un nouveau texte conçu sur le modèle de l'article L. 211-1 à leur profit* » [2].

b. Hiérarchie accidentelle

1179. Distinctions. Selon notre théorie sur les deux degrés de voisinage, le droit de l'auteur et celui de l'interprète ne sauraient être hiérarchisés, car ils ont la même nature et le même contenu (prérogatives morales [malgré la faiblesse du droit moral de l'interprète L. 212-2 CPI] et patrimoniales). Chacun de ces droits porte sur une forme expressive résultant d'un acte créatif. Par conséquent, l'article L. 211-1 du Code de la propriété intellectuelle qui suppose que les droits voisins sont de nature à porter atteinte au droit d'auteur, et qui est destiné à sauvegarder le droit d'auteur, doit être nuancé. En effet, dans le rapport avec la propriété de l'interprète, la prééminence du droit d'auteur n'est pas absolue. La première chose qui doit être précisée est que le voisinage est *relatif à un seul droit d'auteur* : celui portant sur *l'œuvre interprétée*. Tout autre droit d'auteur sur une autre œuvre de l'esprit ne saurait profiter de l'article L. 211-1. Pour finir, nous proposons de distinguer les trois situations suivantes :

1°) Le rapport entre le droit de l'artiste-interprète et le droit d'auteur *sur l'œuvre interprétée* ;

---

[1] Le nouveau droit voisin des agences et éditeurs de presse est *inopposable aux titulaires des droits sur les éléments de la publication de presse* ; c'est ce que prévoit l'article 15 §2 de la directive du 17 avril 2019 : « *[Les nouveaux droits voisins] laissent intacts et n'affectent en aucune façon les droits conférés […] aux auteurs et autres titulaires de droits, à l'égard des œuvres et autres objets protégés intégrés dans une publication de presse. Les droits prévus au paragraphe 1 [les nouveaux droits voisins] sont inopposables aux auteurs et autres titulaires de droits et, en particulier, ne doivent pas les priver de leur droit d'exploiter leurs œuvres et autres objets protégés indépendamment de la publication de presse dans laquelle ils sont intégrés* », [nous soulignons]. Transposant ce droit en droit français, la loi du 24 juillet 2019 n'a pas transposé cette disposition. Toutefois, même sans texte, la hiérarchie étant *naturelle*, le droit voisin des agences et éditeurs de presse n'est pas opposable aux titulaires du droit d'auteur et des droits voisins sur un élément de la publication de presse.

[2] P. TAFFOREAU, fasc. 1415, 2020, *op. cit.*, n° 20.

2°) Le rapport entre le droit de l'artiste-interprète et le droit d'auteur *sur l'œuvre intégrant une interprétation préexistante* ;

3°) Le rapport entre le droit de l'artiste-interprète et le droit d'auteur sur *l'œuvre organisatrice* (mise en scène, création orchestrale du chef d'orchestre et réalisation audiovisuelle).

Il en résulte, selon nous, que la hiérarchie entre les propriétés des créateurs (auteurs et interprètes) n'est *qu'accidentelle* : dans la première hypothèse, le droit d'auteur l'emporte ; dans la seconde hypothèse, l'œuvre nouvelle dépend de l'interprétation préexistante intégrée, d'où le droit voisin sur cette interprétation doit l'emporter ; enfin, dans la troisième hypothèse, les deux droits sont égaux. Nous allons proposer dans la section suivante les principes permettant de gérer les conflits d'exercice des droits de ces partenaires intellectuels.

SECTION II : RAPPORTS MULTIFORMES DES PARTENAIRES INTELLECTUELS DE L'ARTISTE-INTERPRETE

1180. Rapport égalitaire avec les auteurs : protection égale pour une création égale. Relégués en dehors du royaume du droit d'auteur, les artistes-interprètes furent obligés d'entrer en un « mariage d'intérêt » avec les intermédiaires techniques. Ainsi, la catégorie hétéroclite des droits voisins fut créée par la Convention de Rome de 1961, et par la loi Lang de 1985 en France. Ainsi, les artistes-interprètes se trouvent avec leurs employeurs dans la même catégorie juridique. Or, les interprètes sont des créateurs au même titre que les auteurs ; dès lors, ils jouissent aussi d'une propriété *de droit naturel*, qui naît du seul fait de l'acte créatif interprétatif. C'est la raison pour laquelle nous croyons que le droit d'auteur ne saurait être *prééminent de manière absolue* dans le rapport avec le droit de l'artiste-interprète. En conséquence, la règle de sauvegarde du droit d'auteur (L. 211-1 CPI), peut gérer *les rapports hiérarchiques* (propriété-monopole), mais reste incapable de gérer *tous les rapports égalitaires* (propriétés des créateurs). En vérité, la hiérarchie entre les deux propriétés de l'auteur et de l'interprète ne peut être *essentielle*, mais seulement *chronologique* et *accidentelle*.

1181. Schémas. L'article L. 211-1 du Code de la propriété intellectuelle gère *différemment* deux rapports de hiérarchie, *essentielle* et *accidentelle*, correspondant à deux degrés de voisinage que nous avons proposés :

Voisinage des droits des créateurs : rapport égalitaire ; position symétrique.

Propriété de l'auteur ⇔ Propriété de l'artiste-interprète
(Résolution des conflits *in concreto* [1])

[1] La résolution *in concreto* des conflits des droits s'applique en l'absence d'une règle de prééminence d'un de ces droits. Ainsi, la solution n'est pas dictée préalablement, mais est à découvrir au cas par cas, selon certains critères, comme l'antériorité et la dépendance ou la fonction de la prérogative en cause (morale ou patrimoniale).

Voisinage entre les propriétés des créateurs et les monopoles des producteurs : rapport hiérarchique ; position de dépendance.

Propriété de l'auteur ou de l'interprète ➔ monopoles des producteurs (Résolution des conflits *in abstracto* [1])

1182. Rapports égalitaires entre les interprètes. Le droit voisin de tous les artistes-interprètes est de même nature. Aucune distinction ne peut être justifiée, même sur le fondement de l'importance du rôle des interprètes dans une interprétation collective. Ainsi, le rapport entre les interprètes *ne peut être hiérarchique.* Mais des questions peuvent se poser dans trois situations : d'abord, sur l'exercice des droits voisins dans une *co-interprétation* ; ensuite, concernant les *interprétations multiples* d'une même œuvre par le même artiste ; et enfin, concernant *les interprétations successives* de la même œuvre par des artistes différents.

1183. Plan. L'artiste-interprète a plusieurs partenaires intellectuels ou artistiques, qui sont créateurs d'une forme expressive en relation avec la sienne. Nous étudierons successivement le rapport entre l'artiste-interprète et l'auteur d'une œuvre de l'esprit (§**1**) ; ensuite le rapport entre l'artiste-interprète et les autres artistes-interprètes (§**2**).

§.1 RAPPORTS AVEC LES AUTEURS

1184. Plan. Nous avons vu qu'il n'y a pas de hiérarchie essentielle entre le droit d'auteur et le droit de l'artiste-interprète, puisqu'ils sont de *même nature* et s'appliquent à des *formes intellectuelles différentes.* Si hiérarchie il y a, ce serait à cause d'une dépendance non inhérente à la nature de droits ou de leurs objets. Pour savoir comment les conflits entre le droit d'auteur et le droit de l'interprète devraient être tranchés (**B**) ; il faut commencer par recenser les hypothèses de rapports entre ces deux droits, et en tirer des indices qui peuvent guider la recherche d'une résolution des conflits (**A**).

A. Analyse de la hiérarchie accidentelle

1185. Multiples rapports de droits de l'auteur et de l'interprète. Le rapport entre le droit voisin de l'artiste-interprète et le droit d'auteur ne se limite pas à la relation tissée autour de l'œuvre interprétée. D'autres hypothèses sont imaginables, et peuvent être recensées comme suit :

1). Rapport entre l'auteur de *l'œuvre interprétée* et les interprètes de cette œuvre ;

2). Rapport entre l'auteur *dirigeant l'interprétation collective* et les interprètes y participant ;

---

[1] La résolution *in abstracto* des conflits entre les droits exclusifs consiste à chercher la prééminence de l'un de ces droits, ce qui conduit à résoudre les conflits en faveur du droit prééminent.

3). Rapport entre l'auteur d'une *œuvre intégrant une interprétation préexistante* et l'interprète de cette interprétation intégrée.

1186. Hiérarchie *accidentelle* et *multiforme*. Le droit d'auteur et celui de l'interprète ne peuvent pas être hiérarchisés de manière absolue, car on ne saurait établir une règle de prééminence absolue de l'un ou de l'autre. Néanmoins, l'étude des trois hypothèses évoquées révèle l'existence d'une *hiérarchie accidentelle* ; c'est-à-dire, une hiérarchie qui n'est liée qu'à un facteur extérieur. Il s'agit d'au moins un des quatre facteurs : *l'antériorité*, la *dépendance*, la *structure* et le *caractère accessoire*.

1). L'antériorité : l'œuvre interprétée *précède* ses interprétations ;

2). La dépendance : l'interprétation *dépend* de l'œuvre interprétée. En revanche, dans une autre hypothèse, l'œuvre intégrant une interprétation préexistante *dépend* de l'interprétation intégrée ;

3). La structure formelle : les créations « organisatrices ou méthodologiques » [1] impliquent une *autorité artistique* du créateur qui coordonne les contributions (œuvres et interprétations) formant sa substance ;

4). Le caractère accessoire [2] : une seule hiérarchie accidentelle est prévue dans le Code de la propriété intellectuelle dans l'article L. 212-3-9, qui prévoit une exception spéciale au droit exclusif de l'artiste-interprète, si l'interprétation est accessoire « *à un événement constituant le sujet principal d'une séquence d'une œuvre ou d'un document audiovisuel* ».

Nous voyons que les droits des créateurs expressifs peuvent être hiérarchisés, mais cette hiérarchisation est *accidentelle* et *multiforme*.

1187. Limitation des conflits de droits entre l'auteur et l'interprète. Il ne fait aucun doute que le droit d'auteur est *prééminent* par rapport aux monopoles légaux (enjeu principal de l'article L. 211-1 CPI). En revanche, le rapport *égalitaire* entre la propriété des auteurs et celle des interprètes [3] empêche toute solution *in abstracto* de leurs conflits. En conséquence, la solution des éventuels conflits entre les droits des créateurs doit tenir compte de la hiérarchie accidentelle. Toutefois, force est de constater que les mécanismes d'appropriation du droit de l'artiste-interprète, que nous avons étudiés, limitent largement les cas de conflits des droits exclusifs. D'une part, la *licence légale* (à y inclure la gestion collective obligatoire) transforme le droit des artistes-interprètes en un simple droit à rémunération ; d'autre part, *la présomption de cession des droits* des interprètes en matière audiovisuelle réduit leur droit exclusif au consentement primitif lors de la conclusion du contrat de production. Que reste-t-il, alors, des hypothèses de conflits des droits de l'auteur et de l'interprète ? Nous croyons que les cas résiduels de conflits concernent pour l'essentiel, soit le droit moral soit la liberté de création de l'un ou de l'autre des deux créateurs.

---

[1] Nous voulons designer par création « organisatrice » ou « méthodologique » la création dont la forme externe consiste en l'organisation des multiples éléments dont les formes vivantes interprétatives. Par exemple, la mise en scène théâtrale ; la réalisation audiovisuelle et la création du chef d'orchestre (si l'on admet qu'il peut être auteur d'une œuvre de l'esprit).

[2] À part l'hypothèse de l'article L. 212-3-9 du Code de la propriété intellectuelle, nous allons voir que le caractère accessoire n'est pas inhérent à l'interprétation.

[3] « *L'interprétation n'est pas un genre "mineur" au regard de l'œuvre* », PH. GAUDRAT, Rép. Civ. Dalloz, seconde partie, *op. cit.*, n° 75.

B. Applications

1188. Nous distinguerons deux hypothèses : d'abord, le rapport entre le droit de l'interprète sur son interprétation et le droit de l'auteur sur l'*œuvre interprétée* (**1**) ; ensuite, le rapport entre le droit de l'interprète sur son interprétation et le droit de l'auteur sur une *œuvre intégrant cette interprétation* (**2**).

1. Rapport avec le droit d'auteur sur *l'œuvre interprétée*

1189. Relativité : un droit voisin *d'un droit d'auteur bien précis*. Selon nous, les termes « voisin *du droit d'auteur* » qui qualifient le droit de l'artiste-interprète ne renvoient pas à une essence du droit exclusif qui serait inférieur au droit d'auteur. Nous l'avons démontré : le voisinage est un *rapport* avec un *droit précis*, à savoir le droit d'auteur *sur l'œuvre interprétée*. Pour cette raison, le « voisinage » doit être *relativisé* (être considéré comme rapport juridique) et non *essentialisé* (être considéré comme exprimant une nature inférieure par rapport au droit d'auteur). Mais s'il n'y a pas lieu à hiérarchie *naturelle* ou *essentielle* entre le droit d'auteur et le droit de l'interprète sur l'interprétation de cette œuvre, la hiérarchie *accidentelle*, elle, découle de *l'antériorité* et de la *dépendance*. En revanche, la règle de l'accessoire serait incapable de décrire le rapport entre l'œuvre et son interprétation et entre les droits qui les grèvent.

1190. Exclusion du principe de l'accessoire comme fondement de la hiérarchie accidentelle. Tout d'abord, il faut exclure le rapport d'accessoire au principal [1] comme fondement du rapport hiérarchique entre l'œuvre et son interprétation. Certains auteurs l'ont bien constaté : s'il n'y a pas d'interprétations sans œuvre, que serait l'œuvre sans ses interprétations ? Radicalement, l'œuvre serait une *virtualité* : d'un côté, elle ne sera pas communiquée au public ; de l'autre, elle ne sera pas exploitée. Certes, l'œuvre interprétable existe préalablement à toutes ses interprétations, puisqu'elle possède une forme externe. Ainsi, la partition, la pièce de théâtre, la notation chorégraphique, le scénario etc… ont une *forme conventionnelle* fixée sur un *support inerte*. Cependant, nous avons démontré que l'art interprétatif est l'art de gestes et de temps, d'où l'œuvre interprétable ne dévoile son expressivité que grâce à une interprétation, c'est-à-dire grâce à une forme qui inscrit *le temps de création* dans un *temps réel* (celui de la communication). La musique n'est pas une graphie, mais une séquence de sons ; la pièce de théâtre n'est pas une œuvre littéraire, mais une création scénique ; la chorégraphie n'est pas une représentation graphique des pas, mais un enchainement de mouvements intentionnellement rythmiques du corps dans l'espace. En définitive, on ne peut soutenir que l'œuvre interprétée est le principal et l'interprétation est l'accessoire [2] ; ni soutenir, comme le fit la troupe de comédiens au XVIIe et XVIIIe siècle, que l'interprétation est le principal et la pièce est l'accessoire [3].

---

[1] « *Accessorium sequitur principale* » : l'accessoire suit le principal.

[2] *Contra* S. CHATRY, *Le cumul des droits de propriété intellectuelle*, n° 442 ; P. TAFFOREAU, fasc. 1415, 2020, *op. cit.*, n° 20 ; P.-Y. GAUTIER, *Propriété littéraire et artistique*, 11e éd., *op. cit.*, n° 143, pp. 152-153. Ce dernier auteur atténue ce principe de primauté du droit d'auteur par la théorie de l'abus de droit. Ainsi, l'auteur doit s'abstenir de tout exercice abusif de son droit car l'article L. 211-1 « *ne saurait lui servir de paravent* ».

[3] Rappel : si les interprètes souffrirent de l'opposition des auteurs à la création de leur droit voisin, la situation était inverse avant la Révolution. Sous l'ancien régime, ce sont les auteurs qui étaient à la merci

1191. Antériorité et dépendance juridique. En vérité, une analyse séquentielle fonde la dépendance juridique de l'interprétation. Tout créateur subséquent doit obtenir l'autorisation préalable du créateur antérieur. L'interprète (tout comme le traducteur) ne saurait invoquer sa liberté de création pour s'affranchir de l'autorisation de l'auteur de l'œuvre qu'il entend interpréter. Ainsi, *la divulgation* de l'œuvre et *l'autorisation de son exploitation* sous forme interprétée conditionnent l'acte créatif interprétatif. Par conséquent, *l'existence* même du droit de l'artiste-interprète sur son interprétation est dépendante du droit de l'auteur de l'œuvre interprétée [1]. Ainsi, sans autorisation (et *a fortiori* sans divulgation), l'interprète [2] est contrefacteur. Par ailleurs, outre *l'existence* du droit de l'artiste-interprète, l'*exercice* de ce droit est aussi dépendant du droit de l'auteur. Ainsi, si l'autorisation donnée à l'interprète se limite à un nombre limité de représentations, cet interprète ne saurait exercer son droit d'exploitation au-delà de l'autorisation donnée. De même, si l'auteur exerce son droit moral de retrait, l'exploitation future de l'œuvre interprétée devient impossible, sous condition d'indemnisation du *cessionnaire* selon l'article L. 121-4 du Code de la propriété intellectuelle [3]. Mais *quid* des dommages que cet exercice du droit moral pourrait causer aux artistes-interprètes ? Le Professeur PATRICK TAFFOREAU estime que les interprètes n'ayant la qualité de cessionnaire ne peuvent être indemnisés, sauf s'ils prouvent l'abus de son droit de retrait par l'auteur [4]. Nous ne partageons pas cet avis, car l'exercice du droit moral est discrétionnaire [5]. En effet, si l'auteur est obligé d'indemniser le cessionnaire, à l'occasion de l'exercice du droit de retrait, cela résulte de sa qualité de cédant. En conséquence, les interprètes ne peuvent que se retourner contre leur employeur qui, étant cessionnaire de l'auteur, peut être indemnisé, et même inclure les rémunérations des interprètes dans l'évaluation des dommages subis.

---

des comédiens, puisque le privilège accordé par le Roi s'adressa à la Troupe des Comédiens. Le règlement d'administration de la Comédie Française du 23 décembre 1757 a consacré cette « inféodation » des dramaturges : d'un côté, les auteurs des pièces n'avaient qu'une faible rémunération de la recette des représentations de leurs pièces ; d'un autre côté, ils risquaient de perdre tout droit au cas où la recette descendait, deux ou trois fois, au-dessous de certaines sommes (1200 livres pour les représentations hivernales, et 800 livres pour les représentations estivales) : dans ce cas, on parlait de la « chute de la pièce dans les règles », et la pièce devenait la propriété de la Troupe. Il fallut attendre la Révolution pour que le privilège de la Troupe soit supprimé, et pour que la *propriété* des auteurs soit reconnue sur leurs pièces de théâtre.

[1] Quand il s'agit de l'interprétation d'une œuvre dans le domaine public, la dépendance est toujours présente : l'interprète doit respecter le droit moral sur cette œuvre.

[2] L'œuvre divulguée sous *forme inerte* peut être interprétée librement par les *amateurs* (membres du public). Mais si un amateur désire se comporter comme créateur d'une forme vivante interprétative (passer du pôle passif de la communication initiale à un pôle actif d'une nouvelle communication au public), il doit obtenir l'autorisation de l'auteur, sinon il est contrefacteur. L'analyse s'impose logiquement : si l'œuvre est exploitée sous forme inerte (par ex. l'édition d'une partition musicale), les amateurs doivent l'interpréter pour *s'autocommuniquer* l'œuvre. Mais si l'amateur communique son interprétation *à un public*, il devient exploitant de l'œuvre et l'exploitation doit se fonder sur une cession.

[3] L'indemnisation du cessionnaire est une condition inhérente à l'exercice du droit moral de retrait ou de repentir L. 121-4 Code de la propriété intellectuelle : l'article 121-4 CPI prime l'article L. 212-1 CPI.

[4] P. TAFFOREAU, fasc. 1415, 2020, *op. cit.*, n° 19.

[5] DESBOIS affirme clairement le caractère discrétionnaire de la prérogative de retrait : H. DESBOIS, *op. cit.*, n° 396 et s. Mais si l'abus est exclu, le *détournement* de cette prérogative est sanctionné. Par exemple, si l'utilisation de cette prérogative cache des préoccupations mercantiles (par ex. chercher un autre contrat d'exploitation plus avantageux).

1192. Bilan. En réalité, les conflits entre le droit de l'artiste-interprète et le droit d'auteur sur l'œuvre interprétée sont peu probables. La prééminence du droit d'auteur dans cette hypothèse ne procède pas de la nature de l'objet ou du droit, puisque le droit de l'artiste-interprète porte sur un objet et un droit de même nature (une propriété incorporelle sur une forme de l'esprit). Cette prééminence est le résultat de *l'antériorité* de l'œuvre et de la *dépendance* de l'interprétation, ce qui induit une dépendance juridique : *l'existence* juridique de l'interprétation se fonde sur l'autorisation de l'auteur de l'œuvre interprétée, et *l'exercice* du droit de l'interprète peut être limité par cette autorisation [1]. En effet, les conflits entre les droits de ces deux créateurs sont plus imaginables dans les cas des œuvres intégrant une interprétation préexistante.

2. Rapport avec le droit d'auteur sur *l'œuvre intégrant l'interprétation*

1193. Outre le rapport avec l'œuvre interprétée, on peut penser au rapport de l'interprétation avec l'œuvre qui l'utilise comme composante. Il s'agit de l'intégration d'une interprétation *préexistante* à une œuvre, que cette interprétation ait été destinée (**1**) ou non (**2**) à cette intégration. Dans la première hypothèse, l'interprétation est *dépendante* de l'œuvre nouvelle, car elle est dédiée à sa création. En revanche, dans la seconde hypothèse, l'interprétation est *indépendante*, dans la mesure où elle *existe préalablement* et *s'exploite indépendamment* de l'œuvre intégrante.

a. Interprétation dédiée à l'intégration dans une œuvre

1194. Dépendance induite par la structure formelle de l'œuvre intégrante. Dans le cas des interprétations audiovisuelles sous la direction du réalisateur de l'œuvre audiovisuelle, il y a deux rapports différents avec deux œuvres : l'œuvre interprétée et la nouvelle œuvre (l'œuvre audiovisuelle). Les acteurs n'interprètent pas l'œuvre audiovisuelle, mais ils inscrivent leur interprétation dans l'œuvre audiovisuelle ; l'œuvre interprétée est le scénario (ou d'autres œuvres interprétables : le texte parlé ou l'adaptation). Le rapport entre les droits voisins sur les interprétations et le droit d'auteur sur l'œuvre qui les structure ne devrait pas poser de problèmes. En effet, le réalisateur d'une œuvre audiovisuelle est un créateur particulier [2], dans la mesure où la réalisation formelle de sa conception intellectuelle (L. 111-2 CPI) passe par le truchement de l'ensemble des interprétations formant l'œuvre. La structure formelle de cette « *création organisatrice* » implique *naturellement* une certaine *autorité artistique*, c'est-à-dire, un rôle d'arbitre en cas de conflit entre les différentes conceptions. Cette autorité artistique se traduirait juridiquement par une hiérarchie accidentelle entre les droits en cause,

---

[1] N'oublions pas le rôle positif des organismes de gestion collective qui fixent, à l'occasion de la délivrance de l'autorisation, les conditions d'utilisation. Ainsi, ces organismes jouent un rôle dans *le contrôle* et *la prévention* des atteintes aux droits gérés, ce qui limite les conflits de droits. Par ailleurs, il y a une forme de gestion collective, dite *individualisée*, où l'OGC doit consulter l'auteur préalablement à la délivrance de l'autorisation, et ce concernant certaines utilisations de nature attentatoire à l'œuvre (surtout les utilisations traformatives). V. F. SIIRIAINEN, fasc. 1551, *op. cit.*

[2] De même, le metteur en scène ou le chef d'orchestre (si l'on le qualifie comme auteur plutôt que comme interprète). Ces deux créateurs ont un rôle de *coordination* et de *structuration* des formes vivantes pour réaliser leur *conception méthodologique* de l'ensemble.

à savoir le droit d'auteur sur l'œuvre audiovisuelle et les droits voisins des interprètes y participant.

1195. Dépendance juridique. Le rapport entre le droit voisin de l'artiste-interprète et le droit d'auteur sur une œuvre intégrante n'est traité que dans le régime de l'œuvre audiovisuelle. Nous avons eu l'occasion d'étudier la structure formelle de cette œuvre et la situation inférieure des artistes-interprètes par rapport aux autres créateurs reconnus comme coauteurs. Rappelons que l'article L. 113-7 du Code de la propriété intellectuelle ne reconnaît la qualité de coauteur qu'aux créateurs des formes interprétées (l'auteur du scénario, de l'adaptation, du texte parlé, de la composition musicale réalisée pour l'œuvre) et au réalisateur. Cette qualité permet à ces créateurs de participer à la décision sur l'achèvement (la détermination de la version définitive) de l'œuvre audiovisuelle (alinéa premier de l'article L. 121-5 du CPI [1]), et de participer à la décision concernant « toute modification de cette version par addition, suppression ou changement d'un élément quelconque » (troisième alinéa de l'article L. 121-5 du CPI). Sans avoir pour vocation à établir une véritable règle de conflits de droits, l'article L. 121-5 consacre une prééminence (regrettable, comme nous l'avons démontré lors de l'étude de la forme vivante enrichie) du droit d'auteur sur le droit voisin de l'artiste-interprète. En effet, les prérogatives reconnues aux coauteurs et au producteur concernant l'achèvement de l'œuvre et tout acte ultérieur de modification, s'opposent aux interprètes. Tout se passe comme si les interprétations, qui forment la substance de l'œuvre audiovisuelle, se fondaient dans cette *œuvre-produit*. Ainsi, perdant leur identité de *co-créateurs* (partenaires artistiques), les artistes-interprètes seraient réduits à de simples travailleurs interchangeables [2].

1196. Application jurisprudentielle. L'affaire *Adam de Villiers* [3] donne un exemple du conflit entre le droit d'auteur sur l'œuvre audiovisuelle et le droit voisin de l'artiste-interprète. En l'espèce, il s'agissait d'un conflit concernant la modification d'une œuvre cinématographique, contre laquelle un acteur invoquait son droit au respect sur son interprétation. La Cour d'appel de Paris a tranché en faveur des coauteurs en retenant que « *la modification d'une œuvre audiovisuelle achevée, si elle implique l'accord des personnes visées au premier alinéa de l'article L. 121-5 du code précité [le Code de la propriété intellectuelle], à savoir, d'une part, le réalisateur ou, éventuellement, les coauteurs et, d'autre part, le producteur, n'est pas subordonnée à l'autorisation de l'artiste-interprète* » [4]. Ainsi, l'interprétation serait absorbée dans l'œuvre audiovisuelle ; par

---

[1] Rappelons que, selon l'article L. 121-5 Code de la propriété intellectuelle, le producteur participe avec le réalisateur et les autres coauteurs à la décision concernant la détermination de la version définitive et tout acte modificateur de cette version.

[2] Ce déclassement des interprétations une fois fixées pour la production d'une œuvre audiovisuelle se renforce par l'effet de la présomption de cession des droits au profit du producteur audiovisuel. Ne reste aux interprètes dans l'œuvre audiovisuelle qu'un droit à rémunération, collectivement négociée, pour chaque mode d'exploitation : L. 212-4 et s. Code de la propriété intellectuelle.

[3] CA Paris, 1re ch., sect. A, 21 sept. 1999, aff. *Adam de Villiers c/ TF1* : JurisData n° 1999-124390 : *CCE*, 1999, comm. 43, note CH. CARON ; *JCP G.*, 2000, II, 10357, note F. POLLAUD-DULIAN ; *Légipresse*, 1999, n° 166, III, p. 154 ; *JCP E.*, 2000, II, p. 1093, note F. POLLAUD-DULIAN ; *RIDA*, janv. 2000, p. 329. Décision confirmant le jugement du TGI Paris, 1re ch., 1re sect., 29 avr. 1998 : JurisData n° 1998-042643.

[4] Comp. P. TAFFOREAU (fasc. 1415, 2020, *op. cit.*, n° 10) pour qui « *le droit de modifier l'œuvre devrait être fondé non sur l'article L. 121-5 mais sur l'article L. 121-4 relatif au droit de repentir de l'auteur* ». Or, le droit de retrait ou de repentir de l'article L. 121-4 ne s'exerce qu'à l'égard d'une œuvre divulguée, et n'est pas opposable qu'au cessionnaire. En revanche, la prérogative particulière reconnue aux coauteurs et au producteur audiovisuel

conséquent, il ne serait pas question de l'atteinte au respect de l'interprétation, mais de la modification de l'œuvre audiovisuelle, que ne peuvent décider que certains co-créateurs (les coauteurs) avec le producteur. Toutefois, nous ne saurions pas en déduire une consécration de la prééminence de la prérogative reconnue aux coauteurs et au producteur dans l'article L. 121-5 du Code de la propriété intellectuelle. En effet, la motivation de la décision a évoqué le fait que l'acteur n'a démontré aucun usage abusif de la part des titulaires de la prérogative en cause. Ainsi, cette décision laisse perplexe, car de deux choses l'une : ou bien le droit des coauteurs (principalement le réalisateur) est prévalant et l'emporte sur le droit voisin de l'acteur ; ou bien les deux droits sont égaux et en l'espèce il n'y avait pas de dénaturation de l'interprétation [1].

1197. Solution de *lege ferenda*. Quant à nous, nous croyons que la qualité de *co-créateur* des artistes-interprètes participant à une œuvre audiovisuelle devrait être reconnue, en leur permettant de participer, avec leurs partenaires artistiques, à la décision collective sur l'achèvement et sur les modifications de l'œuvre audiovisuelle. Selon la même logique, le producteur audiovisuel (cessionnaire présumé des droits des auteurs L. 132-24 CPI et des droits des interprètes L. 212-4 CPI) ne devrait pas avoir un mot à dire tant que l'œuvre n'est pas encore achevée et divulguée par la décision de ses créateurs : la sphère de la création ne doit appartenir qu'aux créateurs, auteurs et interprètes. Enfin, si la qualité de co-créateur est reconnue aux interprètes, aucune règle de prééminence n'est nécessaire pour régler les conflits de droits des auteurs et des interprètes : le commun accord devrait s'opposer à l'ensemble des créateurs, et l'autorité artistique du réalisateur (qui relève de son champ de création) faciliterait cet accord.

b. Interprétation non dédiée à l'intégration dans une œuvre

1198. Dépendance inversée. Si une œuvre intègre dans sa forme une interprétation *déjà divulguée et exploitée*, la question se pose sur le rapport entre le droit d'auteur sur cette œuvre et le droit voisin de l'artiste-interprète sur l'interprétation utilisée. Dans cette hypothèse, l'interprétation *n'est pas dédiée à l'intégration* dans l'œuvre nouvelle. Ainsi, la collaboration artistique, ou la direction de l'interprétation intégrée, est exclue : il y a deux actes créatifs séparés. Simplement, l'auteur de l'œuvre intégrant choisit une interprétation préexistante pour l'utiliser comme *élément complémentaire* dans sa création. Nous trouvons un exemple de cette intégration dans l'article L. 212-3-9 du Code de la propriété intellectuelle, qui instaure une exception particulière au droit exclusif de l'artiste-interprète. Selon cet article, « *les artistes-interprètes ne peuvent interdire la reproduction et la communication publique de leur prestation si elle est accessoire à un événement constituant le sujet principal d'une séquence d'une œuvre ou d'un document audiovisuel* ». Dans cette *intégration accessoire*, intentionnelle ou fortuite, le conflit entre le droit d'auteur et le droit de l'artiste-interprète est écarté. Par ailleurs, l'hypothèse qui pose le problème est celle de l'utilisation de l'interprétation préexistante comme *élément dans la*

---

dans l'alinéa 3 de l'article L. 121-5 permet d'imposer aux interprètes toute modification, suppression, addition ou autre modification de la version définitive.

[1] P. TAFFOREAU, Fasc. 1415, 2020, *op. cit.*, n° 15.

structure formelle complexe d'une œuvre audiovisuelle. Nous pouvons même dire que l'œuvre intégrante dépend, dans une certaine mesure, de l'interprétation utilisée : l'auteur, créateur subséquent, crée son œuvre en utilisant la création d'autrui. Dans ce cas, et selon les deux principes que nous avons mis (le rapport égalitaire entre les propriétés des créateurs, et la hiérarchie accidentelle selon le critère de l'antériorité et la dépendance), le droit voisin de l'artiste-interprète devrait l'emporter sur le droit d'auteur de l'œuvre intégrante. Cette analyse s'impose logiquement, dans la mesure où l'auteur doit chercher l'autorisation préalable de l'artiste-interprète, qui peut réguler l'utilisation de son interprétation dans l'œuvre d'autrui. Or, l'application jurisprudentielle est loin de ces principes, et semble primer systématiquement le droit d'auteur, ce que montre le jugement dans la fameuse affaire *Rostropovitch*.

1199. L'affaire Rostropovitch. L'affaire opposant le célèbre violoncelliste et chef d'orchestre russe Mstislav Rostropovitch au réalisateur Andrzej Zulawski et à la société de production du film cinématographique « Boris Godounov », a donné lieu à la première décision sur le rapport de voisinage entre le droit d'auteur et le droit de l'interprète, après l'entrée en vigueur de la loi Lang de 1985 [1]. Le chef d'orchestre, qui avait dirigé l'interprétation orchestrale de l'opéra « Boris Godounov » [2], s'était plaint devant le Tribunal de grande instance de Paris, de la reprise de son interprétation dans l'adaptation cinématographique portant le même nom. L'artiste russe se plaignait de deux traitements de son interprétation utilisée comme bande-son du film. Il s'agit, d'abord, de la superposition de bruitage à l'interprétation ; et, ensuite, des variations de volume sonore dans la version définitive du film. Dès lors, sur le fondement de l'article L. 212-2 Code de la propriété intellectuelle (le droit au respect de l'artiste-interprète), l'artiste a demandé la suppression d'environ 7 minutes du film.

Le tribunal commence par rappeler que le chef d'orchestre, ayant interprété la musique du film, n'avait pas la qualité de coauteur de cette œuvre [3] ; par conséquent, il n'avait pas de titre à participer à la détermination de la version définitive (L. 121-5 CPI) [4]. Mais le chef d'orchestre agissait en qualité d'artiste-interprète, et sur le fondement de son droit moral sur son interprétation de l'opéra, utilisée comme bande-son du film. En effet, concernant l'atteinte au droit moral de Rostropovitch, le tribunal donne raison à l'artiste, mais partiellement :

– Sur le second grief concernant les variations de volume sonore, le tribunal déboute le chef d'orchestre, car il « *doit prendre en considération l'essence de l'art*

[1] TGI Paris, 1re ch., 1re sect., 10 janv. 1990, JurisData n° 1990-040523 : *D.*, 1991, Jurispr. p. 206, note B. EDELMAN ; *D.*, 1991, somm. p. 99, obs. C. COLOMBET ; *RIDA*, juill. 1990, p. 318. *Adde* X. DAVERAT, « L'impuissance et la gloire. Remarques sur l'évolution contemporaine du droit des artistes-interprètes », *D.*, 1991, chron. p. 93 ; D. BOUGEROL, *La notion d'œuvre audiovisuelle*, n° 69 et s.

[2] « Boris Godounov » est un opéra du compositeur russe Modeste Moussorgsky, basé sur un drame de Pouchkine et sur l'Histoire de Boris Godounov qui gouverna la Russie après l'assassinat du fils d'Ivan le Terrible.

[3] L'interprétation orchestrale de l'opéra, dirigée par Rostropovitch, avait été effectuée en vue de sa propre exploitation commerciale, et non pas spécialement pour le film. Cependant, la « sortie » du film et du disque était prévue le même jour : V. J. L., « Le procès de "Boris Godounov". La vision blessée de Rostropovitch et la sauce piquante de Zulawski », Le Monde, 8 déc. 1989, p. 15.

[4] M. GILLES DREYFUS, avocat du réalisateur, a souligné que le *maestro* aurait dû stipuler dans le contrat un *droit de regard* sur l'adaptation et le montage de la version définitive.

cinématographique » qui « *commande de marier le son à l'image grâce à une variation du volume sonore* ». [1].

– En revanche, sur le premier grief, le tribunal constate une atteinte au droit moral de l'artiste-interprète, du fait de la superposition des bruitages dont le tribunal fait l'inventaire : ceux émis par le crachat d'un prêtre, le jet d'urine de "l'Innocent" dans un récipient et les halètements féminins. Selon le tribunal, ces sons superposés à l'interprétation « *égarent l'attention du spectateur et dénaturent l'appréciation de l'œuvre interprétée par Rostropovitch, sans que ce procédé soit imposé par les nécessités propres au cinéma* ». Toutefois, le tribunal refuse la demande de suppression des sons critiqués (la réparation en nature), et ordonne, de sa propre initiative, le producteur à insérer au générique du film un avertissement ainsi rédigé : « *Mstislav Rostropovitch désapprouve, au nom de son droit moral, le bruitage qui a été superposé à son interprétation musicale de l'opéra Boris Godounov* ». La doctrine majoritaire critique cette solution [2]. En effet, l'alternative est simple : ou bien il y avait une atteinte au droit moral de l'artiste-interprète ; ou bien il n'y avait pas. L'atteinte ayant été constatée par le tribunal, il fallait en tirer les conséquences, dont la plus logique est d'ordonner de faire cesser l'atteinte. En vérité, nous croyons que les juges voulaient prendre une position à mi-chemin entre deux choses [3] : d'une part, respecter le droit moral d'un *maestro* de renommée mondiale [4], et, d'autre part, ne pas bloquer l'exploitation de l'œuvre cinématographique en reconnaissant la supériorité du droit moral de Rostropovitch sur les autres droits.

1200. Reconnaissance du rapport égalitaire ? Quoi qu'il en soit de la solution adoptée, il est intéressant de lire dans le jugement du 10 janvier 1990 une affirmation *de principe* : « *les droits des auteurs ne font pas obstacle au droit au respect de l'interprétation énoncé à l'art. 17 de la loi du 3 juill. 1985* ». Le Professeur DAVERAT a interprété cette formule comme « *une sorte de commutativité par rapport aux clauses de sauvegarde traditionnelles qui entendent généralement indiquer que les droits voisins ne portent pas atteinte au droit des auteurs* » [5]. Nous pensons qu'il s'agit bien d'un refus de la

---

[1] M. D. BOUGEROL (*La notion d'œuvre audiovisuelle*, p. 95) critique la contradiction du raisonnement du tribunal dans les deux griefs. Pour cet auteur, si le tribunal reconnaît que l'essence de l'art cinématographique nécessite la synchronisation de sons et leurs sources représentées dans les images (crachat, jet d'urine dans un seau etc.), comment juger ensuite que, d'une part, les variations de volume sonore relève de cette synchronisation naturelle, et, d'autre part, que le bruitage est parasitaire et attentatoire au droit moral de l'artiste-interprète ? Quant à nous, nous pensons qu'il y a deux choses différentes : certes, la synchronisation des sons avec leur source représentée dans l'image est inhérente à l'art cinématographique (y compris les variations de volume sonore de ces sons), mais la superposition des sons (dont les sources sont représentées) à *l'interprétation musicale* est autre chose, et de nature à affecter sa communication au public.

[2] Cette solution est critiquée par une bonne partie de la doctrine : MM. B. EDELMAN, X. DAVERAT, P. TAFFOREAU, PH. GAUDRAT. *Contra* J.-M. BRUGUIERE, pour qui cette mesure « *est habilement jugée* » : J.-M. BRUGUIERE, « L'articulation du droit d'auteur et des droits voisins », *op. cit.*, n° 12, p. 73 ; C. COLOMBET, *D.*, 1991, somm. p. 99 : « *Sage décision qui réussit la difficile conciliation des droits des auteurs et des titulaires de droits voisins* ».

[3] Les magistrats auraient cherché un « *happy end* » selon les termes du Professeur DAVERAT, *D.*, 1991, chron. p. 93.

[4] Le jugement fait référence à des éléments qui auraient dû être indifférents : « *qu'en l'espèce, il doit être tenu compte, outre la notoriété mondiale de Rostropovitch de l'importance de sa contribution à la réalisation du film - laquelle est soulignée au générique – du titre et du sujet du film* ».

[5] X. DAVERAT, « L'impuissance et la gloire. Remarques sur l'évolution contemporaine du droit des artistes-interprètes », *op. cit.*

hiérarchie absolue entre le droit d'auteur et le droit voisin de l'artiste-interprète. Cependant, nous regrettons que le tribunal ne soit pas allé jusqu'au bout de ce raisonnement ; car, s'il n'y a pas de *hiérarchie essentielle* entre ces deux droits, la *hiérarchie accidentelle* peut résulter, comme nous l'avons dit, de *l'antériorité* d'une création et de la *dépendance* de l'autre. En l'espèce, l'interprétation orchestrale de Rostropovitch précédait l'adaptation cinématographique et existait pour elle-même ; qui plus est, le film dépendait de cette interprétation utilisée comme bande-son. Certes, le producteur a obtenu l'autorisation du chef d'orchestre pour son utilisation. Mais, cette autorisation ne saurait donner carte blanche au réalisateur ou l'affranchir du respect de la création d'autrui.

1201. Bilan. Nous avons démontré que le rapport entre le droit voisin de l'artiste-interprète et le droit d'auteur est *égalitaire*, et que la hiérarchisation de ces droits ne peut être qu'*accidentelle*. Il nous appartient, à présent, d'étudier le rapport entre le droit voisin de l'artiste-interprète et les droits voisins d'autres artistes-interprètes.

§.2 RAPPORTS AVEC LES INTERPRETES

1202. Plan. Les auteurs ne sont pas les seuls partenaires artistiques de l'artiste-interprète ; car, d'autres interprètes peuvent entrer en relation, artistique ou juridique, avec lui. Soit plusieurs interprètes *collaborent* dans une *co-interprétation* (**B**), soit ils interprètent, *successivement* et *sans collaboration*, la même œuvre (**A**).

A. Rapport des droits voisins sur des interprétations indépendantes

1203. Nous distinguerons deux hypothèses : les interprétations multiples de la même œuvre par le même artiste-interprète (**1**), et les interprétations successives de la même œuvre par des artistes différents (**2**).

1. Interprétations multiples de la même œuvre par le même artiste

1204. Plusieurs objets, plusieurs droits. Nous avons mis l'accent, lors de l'étude de la structure formelle de l'interprétation, sur une caractéristique qui distingue l'interprétation de l'œuvre : le temps participe à la forme vivante interprétative. Cela permet à l'interprétation de se renouveler à chaque fois que l'acte créatif interprétatif s'inscrit dans un nouveau contexte spatio-temporel. Ainsi, l'artiste-interprète peut interpréter la même œuvre plusieurs fois, en studio, en salle de spectacle, en spectacle de rue etc. L'acte créatif interprétatif n'est pas figé dans le temps, il n'est pas donné une fois pour toutes, mais se renouvelle à chaque fois qu'il s'inscrit dans un temps réel. Partant, juridiquement, chaque acte créatif interprétatif donne naissance à une interprétation différente, sans que les formes postérieures ne soient qualifiées de reproductions de la toute première. En conséquence, chaque acte créatif interprétatif engendre un objet différent de propriété ; et chaque propriété peut s'exploiter séparément, sauf restriction contractuelle de la liberté de création de l'artiste-interprète.

1205. Aménagement contractuel. La nature de la création interprétative, qui permet à l'artiste de multiplier ses interprétations de la même œuvre, pose un problème. Cette multiplication fait dissiper la valeur économique. Ainsi, pour un producteur, il est indispensable de gérer la rareté de l'interprétation, par la limitation contractuelle de la liberté créative de l'artiste-interprète. C'est l'objet de la clause contractuelle dite « clause catalogue » dans le contrat d'artiste. Nous avons étudié cette clause, qui vise à renforcer la cession des droits sur une interprétation donnée, lorsque le contrat de travail prend fin. Rappelons qu'en vertu de cette clause, l'interprète s'interdit, pendant une durée entre cinq à dix ans, de réenregistrer les interprétations enregistrées pour un producteur et qui figurent dans « son catalogue ». Donc, il s'agit bien d'une clause de non-concurrence qui limite la liberté de création de l'artiste-interprète, pour sécuriser l'exploitation du producteur. Sans doute, une telle clause, qui renforce le monopole contractuel du producteur [1], doit être rémunérée [2]. Nous avons soutenu que cette compensation doit être distincte de la rémunération du travail (le salaire) et de la rémunération de la cession (les redevances).

1206. Interprétations accessoires et spectacle de promotion. La stratégie commerciale du producteur n'est pas toujours contre la multiplication des interprétations de l'artiste-interprète d'une même œuvre. Le producteur peut « hiérarchiser » ces interprétations, pour focaliser sur un seul enregistrement. Ainsi, le contrat d'artiste peut stipuler, à des fins promotionnelles, l'organisation de spectacles promotionnels, ou encore l'enregistrement et la diffusion d'extraits des interprétations destinées à l'exploitation. Théoriquement, il n'est pas possible de hiérarchiser les interprétations d'un artiste d'une même œuvre, c'est-à-dire de considérer l'une comme accessoire à l'autre. Chaque interprétation fait l'objet d'un droit voisin. Mais la pratique contractuelle organise la multiplication des interprétations du même artiste de la même œuvre : d'un côté, par la clause catalogue ; de l'autre, par l'organisation contractuelle des activités promotionnelles ou événementielles. Ainsi, l'annexe III à la Convention collective nationale de l'édition phonographique de 2008, prévoit que les « spectacles promotionnels » [3] ne doivent pas générer de contrepartie financière directe pour le producteur, et sont rémunérés par un salaire.

---

[1] Nous avons vu que la clause d'exclusivité assure un monopole de l'activité créative de l'artiste-interprète pendant la durée du contrat de travail, et la clause catalogue renforce la cession des droits sur les enregistrements réalisés après la fin du contrat.

[2] « *L'exigence d'une contrepartie financière à la clause de non-concurrence répond à la nécessité impérieuse d'assurer la sauvegarde de la liberté fondamentale d'exercer une activité professionnelle* » : Cass. soc., 17 déc. 2004, *D.*, 2005, IR., p. 110, obs. P. GUIOMARD.

[3] Ce spectacle est défini par ladite annexe ainsi : « *un spectacle vivant promotionnel est un spectacle vivant organisé par un producteur au sens de la présente convention, ne figurant pas parmi les représentations d'une tournée, aux fins d'assurer la promotion de l'enregistrement qu'il produit, qu'il édite, ou qu'il distribue* ». Le régime de ces spectacles est bien défini en termes de nombre et de durée de représentations par mois ou par an. De plus, ces spectacles doivent rester *accessoires* à l'activité principale du producteur : ils ne doivent pas être sources de revenues financières, sinon, il s'agit bien d'une exploitation distincte de celle des phonogrammes commercialisés. En cas d'irrespect de ces conditions, les concerts seront soumis à la Convention collective du spectacle vivant et ses barèmes propres. V. les articles 2.3 concernant les artistes « principaux » et l'article 3.20 concernant les artistes « non principaux ».

2. Interprétations successives de la même œuvre par des artistes différents

1207. Indépendance des objets. L'œuvre interprétable se caractérise par son *ouverture*, car elle s'interprète à l'infini. Le pendant de ce caractère dans l'interprétation est son *renouvellement.* Il en résulte que les interprétations d'une œuvre ne sont pas exclusives les unes des autres. En conséquence, juridiquement, le seul rapport existant est celui *vertical* entre chaque artiste-interprète et l'auteur de l'œuvre interprétée. En outre, il n'y a pas de rapport *horizontal* entre les interprètes successifs de la même œuvre. Chaque interprète doit chercher l'autorisation de l'auteur de l'œuvre qu'il entend interpréter, et devient créateur-propriétaire de son interprétation. En définitive, aucune hiérarchie entre les interprétations ne peut être fondée ; autrement dit, il n'y a pas, au moins juridiquement, « d'interprétation d'autorité ou de référence » qui s'imposerait aux interprètes postérieurs, fût-ce l'interprétation de l'auteur même de l'œuvre [1].

1208. Indépendance des droits. Les interprétations successives d'une même œuvre font l'objet des propriétés incorporelles indépendantes [2]. Une interprétation postérieure ne saurait être considérée comme attentatoire au droit moral d'un interprète d'une interprétation antécédente. L'antériorité n'induit aucune hiérarchie accidentelle entre les interprétations. Pour cette raison, le plagiat est inconcevable entre deux interprétations d'une même œuvre ; pas plus la contrefaçon, car l'une n'est pas la reproduction de l'autre.

B. Rapport des droits voisins sur des interprétations inter-dépendantes

1209. Création plurale. La co-interprétation, ou l'interprétation collective, est une situation très fréquente dans l'art interprétatif. La pluralité résulte de la nature même de l'œuvre interprétée, où la forme est composée de plusieurs éléments destinés à l'interprétation (textuels, musicaux, chorégraphiques etc.). La pluralité qu'impose la nature de l'œuvre interprétée (ou les œuvres interprétées) nécessite l'intermédiation d'une *conception synthétique* ou *méthodologique.* C'est le rôle d'un créateur particulier (chef d'orchestre, metteur en scène, réalisateur audiovisuel) qui organise, tant les actes créatifs interprétatifs que les formes vivantes en résultant, dans l'ensemble constituant une unité.

---

[1] Par son droit de divulgation, l'auteur peut, en amont et indirectement, exercer une certaine autorité artistique, en choisissant les interprètes à qui il donne son autorisation (par ex. choisir un chef d'orchestre, un metteur en scène etc., connu par sa fidélité scrupuleuse au texte). Mais, l'intermédiation d'une société de gestion collective rend l'octroi d'autorisation plus objective (ex. SACD ou la SACEM). Nous savons que sous l'Ancien Régime, les auteurs de pièces jouaient un rôle (non exclusif) dans la distribution des rôles. Mais une fois attribué, les comédiens dits « premiers » acquéraient une sorte de droit réel *sui generis* sur le rôle (concernant les comédiens de la Comédie française, V. P. OLAGNIER, *Le droit des artistes interprètes & exécutants*, *op. cit.*, p. 101). Enfin, le chef d'orchestre, le metteur en scène et le réalisateur exercent une autorité sur les interprètes qu'ils dirigent, car cette autorité relève de leur champ de création.

[2] Selon la même logique, les différentes traductions d'une même œuvre donnent lieu à des propriétés incorporelles indépendantes. Cela ne change pas s'il s'agissait de plusieurs traductions dans la même langue, des traducteurs différents.

1210. Exclusion. La pluralité des formes à interpréter dans une œuvre n'implique pas forcément la pluralité d'interprètes : grâce aux outils techniques, un seul artiste peut interpréter tous les rôles ou enregistrer tous les éléments sonores en jouant tous les instruments. Dans cette hypothèse, il s'agit d'une *interprétation unitaire*, même si elle était divisible. En revanche, la *co-interprétation* est la situation où la pluralité des éléments à interpréter dans l'œuvre se traduit par une *pluralité d'interprètes*. C'est cette hypothèse que nous allons étudier.

1211. Le Code de la propriété intellectuelle ne traite pas la question de la co-interprétation, ce qui peut se résoudre en appliquant le régime de l'œuvre de collaboration (**2**). En revanche, le Code du travail évoque une exception à l'exigence d'un contrat de travail individuel des artistes du spectacle (**1**).

1. La co-interprétation dans le Code du travail

1212. Exception. L'article L. 7121-6 du Code du travail pose le principe selon lequel « *le contrat de travail d'un artiste du spectacle est individuel* ». L'article suivant apporte une exception en cas de pluralité d'artistes participant à un même spectacle et engagés par un même employeur. Selon l'article L. 7121-7 du même code « *le contrat de travail peut être commun à plusieurs artistes lorsqu'il concerne des artistes se produisant dans un même numéro ou des musiciens appartenant au même orchestre* ». Le deuxième alinéa de cet article précise que, le contrat ainsi conclu doit désigner nominativement tous les artistes engagés, et doit comporter le montant du salaire de chacun d'eux. D'ailleurs, ce contrat collectif peut être signé par un seul artiste, à condition que cet artiste ait reçu un mandat écrit de tous les autres artistes figurant au contrat (par exemple, le signataire peut être le chef d'orchestre représentant l'ensemble des musiciens). Enfin, le dernier alinéa de l'article L. 7121-7 du Code du travail dispose que « *l'artiste contractant dans ces conditions conserve la qualité de salarié* », ce qui signifie que la présomption de la qualité de salarié (art. L. 7121-3 C. trav.) n'est pas affectée par la modalité de la conclusion du contrat d'engagement. *A fortiori*, et même si cet article ne le précise pas, le contrat collectif de travail n'a aucune influence sur la qualité de *propriétaire incorporel* de certains artistes du spectacle, à savoir, les interprètes investis d'un droit voisin, ou le chorégraphe, le metteur en scène et le réalisateur investis d'un droit d'auteur.

2. La co-interprétation dans le Code de la propriété intellectuelle

1213. Interprétation de collaboration ? La Convention de Rome de 1961 laisse aux États l'organisation de l'exercice des droits voisins des artistes interprètes participant à une « exécution collective ». L'article 8 de cette convention dispose que « *tout État contractant peut, par sa législation nationale, déterminer les modalités suivant lesquelles les artistes interprètes ou exécutants seront représentés, en ce qui concerne l'exercice de leurs droits, lorsque plusieurs d'entre eux participent à une même exécution* ». En France, la loi Lang de 1985 ne contenait pas de dispositions à propos de la co-interprétation (ou l'interprétation collective), comparables à celles de l'œuvre de collaboration en droit d'auteur. Le Professeur PATRICK TAFFOREAU fait l'analogie avec le droit d'auteur, en utilisant l'expression « interprétation de collaboration », qui ferait l'objet d'une *copropriété incorporelle* des interprètes y contribuant [1].

1214. Concept de collaboration. En matière de droit d'auteur, la notion d'œuvre de collaboration [2] « *recouvre l'ensemble des hypothèses de création plurale, caractérisée par un concours entre plusieurs auteurs à la conception de l'ensemble, alors même que la réalisation des différentes contributions est répartie en fonction de leurs compétences et de leurs choix* » [3]. Rien ne permet d'exclure la création interprétative plurale de ce concept de la collaboration. Mme TANJA PETELIN a démontré, dans son étude sur la création plurale, que l'existence d'un *rapport vertical de direction ou de commande* dans le processus créatif n'est pas de nature à exclure la collaboration. Ainsi, le fait que l'ensemble des formes vivantes formant l'interprétation collective soient dirigées par un créateur-coordinateur (chef d'orchestre, metteur en scène, réalisateur audiovisuel) ne change pas la nature personnaliste du *bien unitaire*, objet du droit des co-interprètes.

1215. Régime applicable. Les co-interprètes peuvent bien se grouper dans une *société* ayant pour objet d'exploiter leur interprétation collective, ou l'ensemble des interprétations collectives produites par leur groupe. Ils peuvent aussi mandater un membre pour l'exploitation de leur propriété. Mais généralement, en matière musicale et en dehors de la licence légale, la SPEDIDAM gère les droits patrimoniaux de ses adhérents et mandataires, que ce soient des droits portant sur des interprétations individuelles ou collectives. Par ailleurs, en matière audiovisuelle, le mécanisme de la présomption de cession aboutit à la concentration des droits dans les mains du producteur. Enfin, en dehors de toutes les hypothèses évoquées, la question se pose sur *l'exercice collectif* des droits patrimoniaux sur l'interprétation collective. Le Professeur TAFFOREAU a soutenu l'idée que, faute de régime particulier, l'interprétation collective peut être soumise au « *droit commun de l'indivision ordinaire- c'est-à-dire temporaire- régie par les articles 815 et suivants du Code civil* » [4]. En effet, nous croyons que le régime de l'exercice du droit sur une œuvre de collaboration (article L. 113-3 CPI [5]) peut constituer le droit commun de la création plurale, et, par conséquent, s'appliquer à l'interprétation collective. Néanmoins, les dispositions du Code civil en matière d'indivision peuvent compléter le *régime spécial* du Code de la propriété intellectuelle [6]. Dans toutes les créations de collaboration (œuvres ou interprétations), à la place du *droit exclusif plénier*, chaque co-créateur dispose d'une *quote-part* de celui-ci sur la création

---

[1] P. TAFFOREAU, *Le droit voisin de l'interprète d'œuvres musicales en droit français*, t 1, p. 235. « *L'interprétation collective est indivisible, c'est une chose commune à tous les artistes-interprètes qui y ont contribué, et chacun d'eux possède concurremment un droit de même nature sur elle. C'est une véritable copropriété* » (*idem*. n° 323, p. 291).

[2] Selon l'article L. 113-2 du Code de la propriété intellectuelle l'œuvre de collaboration est « *la création à laquelle ont concouru plusieurs personnes physiques* ».

[3] T. PETELIN, *La création plurale en droit d'auteur*, préf. PH. GAUDRAT, éd. PU Juridiques de Poitiers, oct. 2020, n° 99.

[4] P. TAFFOREAU, *Le droit voisin de l'interprète d'œuvres musicales en droit français*, t 1, n° 323, p. 291.

[5] L. 113-3 du CPI : « *L'œuvre de collaboration est la propriété commune des coauteurs.*
Les coauteurs doivent exercer leurs droits d'un commun accord.
En cas de désaccord, il appartient à la juridiction civile de statuer.
Lorsque la participation de chacun des coauteurs relève de genres différents, chacun peut, sauf convention contraire, exploiter séparément sa contribution personnelle, sans toutefois porter préjudice à l'exploitation de l'œuvre commune ».

[6] T. PETELIN, *La création plurale en droit d'auteur*, *op. cit.*, n° 295, qui donne l'exemple de l'article 815-2 sur le régime dérogatoire des mesures conservatoires et l'article 815-4, al. 1er sur le mandat judiciaire etc.

unitaire. Il en résulte que le régime de l'indivision s'applique à l'exercice des prérogatives patrimoniales et morales ; autrement dit, le *commun accord* des co-interprètes conditionne tout exercice du droit exclusif sur l'interprétation collective.

1216. Commun accord de tous les co-créateurs. Aucune hiérarchie ne peut être établie entre les interprètes « principaux » et « non-principaux », ou, comme ce qui a été défendu parfois en matière musicale, entre les interprètes et les « exécutants ». Aucune appréciation quantitative ou qualitative ne peut affecter la règle du commun accord des co-interprètes pour l'exploitation de la propriété de l'interprétation collective. Mais comment faire en cas de désaccord ? Le régime civiliste de l'indivision introduit la règle de la majorité à la place de l'unanimité concernant certains actes. Or, la nature personnaliste de la propriété portant sur la création de collaboration empêche la transposition de cette possibilité. Enfin, le régime de l'œuvre de collaboration (L. 113-3 CPI) laisse au juge de trancher en cas de désaccord des coauteurs. Pour ce faire, le juge peut recourir à la notion d'intérêt commun des indivisaires.

1217. Exception de l'exploitation séparée de la contribution personnelle. Le principe est que les contributions à une création de collaboration perdent leur *autonomie juridique*. Mais, le régime de l'œuvre de collaboration prévoit une exception. Il s'agit de l'exploitation séparée de la contribution personnelle d'un co-créateur. Le quatrième alinéa de l'article 113-3 du Code de la propriété intellectuelle évoque l'hypothèse où la contribution de chacun des coauteurs relève de genres différents ; dans cette hypothèse, chaque coauteur peut, sauf convention contraire, exploiter séparément sa contribution, « sans toutefois porter préjudice à l'exploitation de l'œuvre commune ». En conséquence, trois conditions doivent être remplies pour que l'exploitation séparée d'une contribution d'un co-créateur soit possible : d'abord, il faut logiquement que la contribution soit *identifiable et séparable* de l'ensemble ; ensuite, il faut qu'il n'y ait pas de restriction conventionnelle à l'exploitation séparée des contributions ; enfin, il faut que l'exploitation séparée de la contribution personnelle ne soit pas préjudiciable à l'exploitation de la création commune. Il convient de préciser qu'en matière d'œuvre audiovisuelle, l'article L. 132-29 du Code de la propriété intellectuelle ajoute une quatrième condition à l'exploitation séparée d'une contribution personnelle d'un coauteur. Cet article ne permet une telle exploitation que « dans un genre différent » ; ainsi, un coauteur d'une œuvre audiovisuelle ne peut exploiter sa contribution dans le même domaine que l'exploitation de l'œuvre audiovisuelle. Cette restriction s'explique par la logique d'entreprise, qui cherche à sécuriser l'investissement du producteur, en empêchant la concurrence par l'exploitation séparée des éléments constitutifs de l'œuvre audiovisuelle.

1218. Recevabilité de l'action d'un co-interprète pour la défense de ses droits individuels. Le créateur indivis peut agir individuellement en défense de ses droits individuels sur sa propre contribution. Cette solution, bien connue en droit d'auteur concernant les actions en défense du droit moral, peut s'appliquer aux co-interprètes. En effet, dans un premier temps, la Cour de cassation a admis l'action en justice pour « *la défense du droit moral attaché à la personne de chacun des* *coauteurs* » [1]. Toutefois, par l'arrêt du 21 mars 2018, la Cour de cassation a nuancé cette solution : « *si le coauteur d'une œuvre de collaboration peut agir seul pour la défense de son droit moral, c'est à la condition que sa contribution puisse être individualisée ; que, dans le cas contraire, il doit à peine d'irrecevabilité, mettre en cause les autres auteurs de l'œuvre ou de la partie de l'œuvre à laquelle il a contribué* » [2]. Cette distinction se comprend : l'atteinte qui porte sur une contribution *non individualisable* porte sur l'œuvre de collaboration en tant qu'*objet unitaire*, alors que l'atteinte qui porte sur une contribution *individualisable* est double : elle porte sur l'œuvre en tant qu'objet unitaire et sur la contribution personnelle d'un coauteur déterminé [3]. De la même manière, rien ne justifie que la solution soit différente en matière d'interprétation collective : l'action pour la défense du droit moral sur cette interprétation doit s'exercer avec le commun accord des co-interprètes, mais un interprète doit pouvoir agir en justice pour la défense de son droit sur sa contribution individualisable. Enfin, nous avons vu que les organismes de gestion collective, en l'occurrence la SPEDIDAM ou l'ADAMI, peuvent agir en justice pour la défense des *intérêts dont ils ont statutairement la charge*. Ce qui est sûr c'est que cette compétence concerne *les droits patrimoniaux apportés* et *les intérêts collectifs* des membres de l'organisme de gestion. En ce qui concerne le droit moral, les organismes de gestion collective ne sont pas totalement désintéressés : ils peuvent être mandatés par leurs membres pour la défense du droit moral ; de plus, ils peuvent engager le droit moral d'un membre, du fait de l'imbrication des prérogatives patrimoniales et morales. Mais, les actes de ces organismes ne sont pas opposables aux créateurs sous l'angle du droit moral.

CONCLUSION DU CHAPITRE II

1219. Impasse. Dans ce chapitre, nous avons démontré que ni la notion vague de « voisinage », ni « la règle de sauvegarde du droit d'auteur », ne peut organiser l'ensemble des rapports de l'artiste-interprète avec ses *partenaires artistiques*. Ces partenaires sont, comme lui, des *créateurs* de *formes créatives expressives* ayant un lien avec la sienne. Il s'agit, d'abord, de l'auteur de l'œuvre interprétée ; ensuite, de l'auteur d'une œuvre intégrant son interprétation préexistante ; et, enfin, de l'auteur qui organise l'ensemble des apports créatifs dans une création complexe. Par ailleurs, l'interprète peut avoir d'autres interprètes comme partenaires artistiques. Il s'agit de la co-interprétation (l'interprétation collective). Dans tous ces rapports, il n'y a pas de principe de prééminence d'un droit sur les autres : la hiérarchie entre les droits de même nature (propriétés littéraires et artistiques sur des formes de l'esprit), ne peut être *essentielle* ou naturelle, mais *accidentelle*.

---

[1] Cass. 1re civ., 4 oct. 1988, aff. *Ponty c/, Chamberland et a.* : *Bull. civ.*, I, n° 268 ; *D.*, 1989, 2, p. 482, note P.-Y. GAUTIER ; *RTD com.*, 1990, n° 2, p. 32, obs. A. FRANÇON ; *RIDA*, juill. 1989, p. 251.

[2] Cass. 1re civ., 21 mars 2018, n° 17-14.728 : *Bull. civ.*, I, n° 57 ; *Dalloz IP/IT*, 2018, p. 496, obs. T. PETELIN ; *Propr. Intelle.*, juill., 2018, p. 58, note C. BERNAULT ; *RTD com.*, 2018, p. 677, obs. F. POLLAUD-DULIAN ; *CCE*, 2018, comm. 33, note CH. CARON. *Adde* pour une appréciation critique de cet arrêt : T. PETELIN, *La création plurale en droit d'auteur*, *op. cit.*, n° 308.

[3] *Contra* T. PETELIN, *La création plurale en droit d'auteur*, *op. cit.*, n° 308, pp. 342-343 et F. POLLAUD-DULIAN, *RTD com.*, 2018, p. 677, obs. sous Cass. 1re civ., 21 mars 2018.

1220. Hiérarchie accidentelle. Les propriétés sur les créations identitaires (œuvres ou interprétations) entretiennent des rapports *égalitaires*, sauf élément *extérieur* (non inhérent à la nature de droit) permettant de hiérarchiser leur rapport. Nous avons vu que le droit d'auteur sur l'œuvre interprétée prime les droits voisins sur ses interprétations ; non parce qu'il est de nature différente, mais par ce qu'il porte sur une création antérieure et que les interprétations en dépendent. En revanche, la situation devrait être inverse quand l'œuvre intègre une interprétation préexistante et exploitée préalablement à son intégration. Dans cette hypothèse, l'auteur de l'œuvre intégrante doit rechercher l'autorisation de l'interprète, et doit respecter le droit moral sur cette interprétation utilisée/intégrée. Par ailleurs, concernant le rapport entre les co-interprètes, le régime de l'œuvre de collaboration peut servir de modèle, et s'appliquer en ce qui concerne l'exercice des droits voisins sur l'interprétation collective. Ainsi, le régime de l'œuvre de collaboration de l'article L. 113-3 du Code de la propriété intellectuelle, peut être appliqué en dehors de l'exercice des droits des co-interprètes par un organisme de gestion collective, ou de l'exercice par le producteur audiovisuel, qui est cessionnaire présumé des droits des co-interprètes selon L. 212-4 du Code de la propriété intellectuelle.

CONCLUSION DU TITRE II

1221. Milieu complexe. Nous avons étudié une des spécificités du droit voisin de l'artiste-interprète, à savoir, son milieu juridique complexe. L'hypothèse où l'artiste *interprète* sa propre œuvre, *autoproduit* la fixation de son interprétation, et enfin *assume sa diffusion*, reste marginale. Le plus souvent, l'interprétation dépend de deux objets apportés par autrui : la forme de l'œuvre interprétée et la forme technique de fixation. En conséquence, le droit voisin de l'artiste-interprète cohabite avec, d'une part, le droit d'auteur, et avec, d'autre part, les droits voisins économiques. En plus, la création interprétative nécessite souvent la collaboration artistique avec d'autres créateurs : auteur-dirigeant ou co-interprètes. Enfin, la plus large diffusion des interprétations nécessite un système fluide d'octroi d'autorisations, ce que réalise l'organisme de gestion collective.

1222. Deux sortes de rapports. Nous avons classé les rapports recensés plus haut en deux sortes : rapports *hiérarchiques* et rapports *égalitaires*. Les rapports hiérarchiques sont les rapports *soumis à la propriété* de l'artiste-interprète sur son interprétation. Il s'agit du rapport avec le producteur-exploitant de la première destination de l'interprétation fixée, et du rapport avec les organismes de gestion collective, qui organisent les cessions-autorisations octroyées aux utilisateurs-exploitants secondaires. Les rapports égalitaires, eux, sont des rapports entre des *droits de même nature*, c'est-à-dire entre des propriétés incorporelles sur des formes expressives. Entre ces droits, la hiérarchie n'est pas induite par une prééminence naturelle d'une des deux propriétés, mais par un élément *accidentel* ; d'où, cette hiérarchie n'est pas dans un sens unique, mais est *multiforme*.

1223. Proposition d'une théorie du voisinage des droits exclusifs au sein de la propriété littéraire et artistique. Nous avons démontré que la notion de *voisinage* n'exprime qu'un rapport juridique avec un droit d'auteur : le droit d'auteur sur l'œuvre interprétée. Or, les rapports des droits voisins avec le droit d'auteur sur l'œuvre interprétée et fixée ne sont pas de même nature. Le droit voisin de l'artiste-interprète est une *propriété incorporelle* sur une forme créative expressive. C'est un droit de propriété de droit naturel comme celle de l'auteur sur son œuvre. En revanche, les droits voisins économiques sont des *monopoles* octroyés arbitrairement par le législateur. Cette nature différente impose, selon nous, de distinguer le rapport des droits voisins avec le droit d'auteur : d'un côté, le rapport entre les droits de propriété littéraire et artistique sur l'œuvre et sur chacune de ses interprétations (le voisinage de premier degré, ou le voisinage du droit d'auteur) ; d'un autre côté, le rapport entre les propriétés littéraires et artistiques de l'auteur et de l'interprète et les monopoles des producteurs sur les vecteurs de créations (le voisinage de second degré, ou le voisinage de la propriété littéraire et artistique). En définitive, le pluriel « droits voisins » ne doit pas être synthétisé en un seul rapport « du droit d'auteur » : nous avons proposé de distinguer deux rapports :

1° Le droit voisin *du droit d'auteur* : le droit voisin de l'artiste-interprète ;

2° Les droits voisins *de la propriété littéraire et artistique* au sens stricte (c'est-à-dire, les droits de propriété incorporelle bifonctionnelle sur les formes identitaires ou expressives) : les droits voisins économiques.

1224. Hiérarchisations cohérentes. Il résulte de notre distinction des hiérarchisations cohérentes des droits exclusifs. Le rapport entre une *propriété* (de l'auteur ou de l'interprète) et un *monopole* est un rapport *hiérarchique par nature*. Cette hiérarchie *essentielle* découle du fait que le droit voisin économique ne peut naître que si le producteur de la forme technique a obtenu les cessions nécessaires sur les contenus fixés. Il en résulte que *la qualité de monopoleur* (titulaire d'un droit voisin économique) est *soumise à la qualité de cessionnaire* des créateurs (auteurs et interprètes). En conséquence, le droit voisin économique *n'est pas opposable aux créateurs-cédants*. Par ailleurs, entre créateurs, l'identité de nature du droit de l'auteur et de l'interprète empêche de considérer que le premier est prééminent par nature. En effet, nous avons démontré que la hiérarchie entre deux propriétés littéraires et artistiques peut résulter d'un élément non inhérent à la nature des droits. En application de ce principe, le droit d'auteur sur l'œuvre interprétée prime les droits voisins des interprètes de cette œuvre, car l'œuvre *précède* ses interprétations qui *dépendent* de sa forme destinée à l'interprétation. En revanche, le droit voisin sur l'interprétation *préexistante* et *intégrée* dans une nouvelle œuvre doit l'emporter : l'auteur de l'œuvre intégrante doit obtenir l'autorisation pour exploiter l'interprétation dans son œuvre, et doit respecter le droit moral de l'artiste-interprète (créateur antérieur). Enfin, le rapport entre les artistes-interprètes dans une interprétation collective ne doit pas poser de problème. La présomption de cession en matière audiovisuelle ; les licences légales en matières sonores et le système de la gestion collective, permettent d'éviter les conflits entre les interprètes à l'occasion de l'exercice de leurs droits. Toutefois, il est possible que le régime de l'œuvre de collaboration soit le modèle applicable à l'exercice du droit voisin sur une interprétation collective hors ces hypothèses.

Conclusion de la seconde partie

1225. À la fin de notre seconde partie, deux conclusions peuvent être formulées. La première concerne la *nature et la structure* du droit portant sur l'interprétation ; et la seconde concerne *l'écosystème juridique* de ce droit, c'est-à-dire la place qu'occupe au sein des catégories auxquelles appartient : la catégorie des droits voisins et celle de la propriété littéraire et artistique.

1226. 1°. Le droit ayant l'interprétation comme objet. En deux temps, nous avons étudié la *structure* du droit voisin de l'artiste-interprète sur son interprétation et *l'exploitation* de ce droit. En effet, comme il s'agit d'un droit voisin parmi d'autres, il était nécessaire d'insister sur ce qui le distingue : sa nature propriétaire. Ainsi, dans notre étude du contenu de ce droit, nous avons analysé les prérogatives morales et patrimoniales qui *forment*, *ensemble*, *la propriété incorporelle* sur la forme vivante interprétative. Comparée au droit d'auteur, l'analyse nous a permis de relever la faiblesse de la structure propriétaire du droit voisin de l'artiste-interprète. Du côté du droit moral, la faiblesse gît dans l'absence du droit de divulgation. En outre, du côté du droit patrimonial, la faiblesse gît dans la tendance à inscrire les prérogatives propriétaires de l'artiste-interprète dans l'approche analytique monopolistique utilisée en matière de droits voisins économiques. En ce qui concerne le fonctionnement du droit voisin portant sur la forme vivante interprétative, nous avons distingué entre *l'exploitation de la création* qui consiste en sa communication au public, et *l'exploitation de la propriété* sur la création ou, précisément, l'exploitation des prérogatives patrimoniales [1]. Nous avons démontré que, comme en droit d'auteur, à raison de *l'indisponibilité* de la propriété due à ses prérogatives morales inaliénables, le seul moyen pour exploiter cette propriété particulière est la cession *sui generis*. Il s'agit d'une forme particulière de cession : on transfère quelque chose à son exploitant, mais ce n'est pas la propriété, ni sa composante patrimoniale, ni un démembrement fait sur mesure de la propriété ; ce que transfère un auteur ou un interprète à l'exploitant n'est qu'une *autorisation*, un *droit personnel*, une *créance*. Ainsi, nous avons articulé le *droit d'autoriser* et la *cession*, et prouvé qu'il n'y a pas de contradiction ni opposition entre l'autorisation et la cession [2]. En effet, l'acte d'autoriser est un *acte juridique unilatéral*, par lequel l'autorisant *lève une interdiction*, ce qui ouvre à l'autorisé la possibilité d'accomplir une activité. Or, l'autorisation ne suffit pas : il faut un *acte juridique bilatéral*, une cession de l'autorisation, qui réserve l'acte autorisé à un exploitant. Les deux actes sont complémentaires et contractés dans un seul acte juridique. Enfin, nous avons constaté la prolifération des mécanismes d'expropriation du droit exclusif, ce qui risque de transformer complètement la propriété des interprètes en un droit à rémunération. Face à ce risque, nous avons défendu l'idée que la gestion collective, quand elle n'est pas imposée, pourrait être une solution pour préserver le caractère exclusif du droit sur la création des interprètes.

---

[1] Car les prérogatives morales sont défensives et *s'exercent* en cas d'atteinte. Elles *ne s'exploitent pas*.

[2] Contrairement à une doctrine qui analyse la cession comme une *vente* (transfert de la propriété) et l'autorisation comme un *bail* (octroi d'un droit personnel sans transfert de la propriété). Quant à nous la cession en propriété littéraire et artistique est un mécanisme *sui generis*, et l'exclusivité n'est pas inhérente à la cession mais s'ajoute grâce à une clause ; en conséquence, l'éventuelle exclusivité du cessionnaire est *contractuelle*.

1227. 2°. L'écosystème juridique du droit ayant l'interprétation comme objet. La distinction que nous avons faite entre le droit voisin de l'artiste-interprète et les droits voisins économiques, nous a conduit à limiter la propriété littéraire et artistique aux seuls droits des créateurs (auteurs et interprètes) [1]. Dans ce schéma, la propriété littéraire et artistique serait *l'archétype du droit de propriété incorporelle portant sur une forme expressive* (œuvre et interprétation). Portant sur une œuvre de l'esprit, c'est le droit d'auteur ; portant sur l'interprétation d'une œuvre, c'est *le* droit voisin *du droit d'auteur.* En conséquence, nous arrivons à « externaliser » les droits voisins économiques qui seraient des « droits voisins *de la propriété littéraire et artistique* ». En conséquence, les rapports entre le droit voisin de l'artiste-interprète et les autres droits se dessinent : rapport avec des *propriétés au sein de la propriété littéraire et artistique*, et rapports avec *des monopoles voisins de la propriété littéraire et artistique.*

1228. Hiérarchie essentielle et hiérarchie accidentelle. Suivant notre théorie du voisinage [2], une hiérarchie *essentielle*, c'est-à-dire construite sur la *suprématie* de la propriété par rapport au monopole, existe entre le droit portant sur l'interprétation et les droits grevant les formes techniques de fixation ou de diffusion. En revanche, le droit qui porte sur l'interprétation n'est *ni supérieur ni inférieur* par rapport aux autres droits de même nature. Ainsi, la hiérarchie n'existe entre ces droits *qu'accidentellement.* Nous avons étudié toutes les hypothèses des rapports entre le droit de l'artiste-interprète et le droit d'auteur ou le droit des autres interprètes [3], qui confirment la nature *égalitaire* des rapports entre les droits des créateurs expressifs.

[1] Toutes ces distinctions découlent naturellement et logiquement des principes fondamentaux séculaires qui fondent l'ordre économique et juridique libéral, à savoir le principe de la distinction entre le *travail* et la *création* et entre la *propriété* et le *monopole*. La théorie des formes n'est que la description juridique de ces distinctions de principe.

[2] Voisinage du droit d'auteur au sein de la propriété littéraire et artistique (droit voisin *personnaliste* de l'artiste-interprète), et voisinage de la propriété littéraire et artistique (droits voisins *économiques*).

[3] Par exemple, le droit sur l'interprétation est soumis au droit d'auteur portant sur l'œuvre interprétée mais n'est pas soumis au droit d'auteur sur une œuvre qui intègre une interprétation préexistante ; aussi, le droit sur l'interprétation est soumis au droit du créateur-coordinateur (réalisateur ou metteur en scène), mais est indépendant des droits sur les interprétations de la même œuvre postérieures à la sienne.

CONCLUSION GENERALE

1229. Évolution de l'objet réel. À l'issue de notre étude, nous pouvons conclure que la complexité du droit ayant l'interprétation artistique comme objet tient à deux choses : d'une part, sa *double présence* dans le monde du droit, en tant qu'activité (la prestation) dans le Code du travail et en tant que bien (la forme) dans le Code de la propriété intellectuelle ; et, d'autre part, la place de l'interprétation dans une catégorie *hétéroclite*, à savoir, la catégorie des droits voisins du droit d'auteur.

Nous avons analysé deux histoires, technique et juridique, afin de comprendre les objets réels et juridiques de la catégorie des droits voisins, avant d'analyser son régime juridique. Nous avons vu que la réification de la création interprétative a été, au début du XXe siècle, l'origine de deux phénomènes : paradoxalement, les formes techniques de fixation étaient à la fois la cause d'un appauvrissement et la source des nouvelles valeurs. Les artistes-interprètes perdaient leur travail et se trouvaient au chômage du fait de la concurrence des enregistrements de leurs propres interprétations ; en même temps, la réification des créations interprétatives permit de valoriser l'ubiquité de ces biens. Cependant, l'ubiquité n'est pas une qualité de la matière, mais une qualité de la forme de l'esprit. Ainsi, nous avons distingué deux objets : le contenant (la forme technique de fixation et son support) et le contenu (les formes créatives fixées).

1230. Gestation des objets juridiques. La traduction juridique de cette évolution fut une construction *lente et fragmentée* de l'objet juridique. Dans un premier temps, la réponse juridique fut limitée aux enjeux sociaux, c'est-à-dire concernant les rapports entre les artistes-interprètes et leurs employeurs. Pour faire face au problème du chômage des artistes, la tendance était de faire entrer ces travailleurs intermittents dans la catégorie des travailleurs salariés pour les faire bénéficier d'une protection sociale leur permettant de continuer dans leur activité artistique. À ce stade, il ne s'agissait pas vraiment d'une réduction de la création au simple travail, mais seulement d'une prise en compte partielle de la création interprétative. Ce que visaient la jurisprudence et le législateur dans cette première étape n'était que le travail de réalisation de la création, non pas la forme produite de ce travail.

Mais au-delà du rapport entre les artistes et leurs employeurs, il y avait aussi leur rapport avec les utilisateurs-exploitants des enregistrements. C'est un rapport que le contrat de production ne pouvait pas réguler faute de droit subjectif de l'artiste-interprète. C'est la raison pour laquelle les artistes ont réclamé un droit sur leurs créations fixées et exploitées.

Deux facteurs ont influencé la réponse juridique à ces demandes : d'une part, l'opposition des auteurs des œuvres interprétées à l'octroi des nouveaux droits donnant titre au partage de la recette de l'exploitation des créations fixées ; et, d'autre part, l'immixtion des employeurs-producteurs de la forme technique de fixation qui ont réclamé un droit sur leur produit. En conséquence, le choix a été fait, une fois pour toutes, de reléguer les nouveaux droits hors du royaume du droit d'auteur. Ce fut le début de la longue histoire juridique du droit voisin de l'artiste-interprète.

1231. Naissance de la catégorie des droits voisins. Au niveau international, la conclusion de la Convention de Rome du 26 octobre 1961 a couronné de longues années de négociations visant à adopter un instrument juridique international concernant les artistes-interprètes ou exécutant, les producteurs de phonogrammes et les organismes de radiodiffusion. La France ne s'est pas précipitée pour transposer ces nouveaux droits voisins. Parallèlement à la jurisprudence sociale qui traitait de la question du travail des artistes-interprètes, un autre courant jurisprudentiel s'était focalisé sur le produit de ce travail : la création interprétative. Sans source textuelle, ce courant a découvert l'existence d'un *principe immanent* (inhérent à la nature des choses) d'un droit sur l'interprétation. Le chemin était ouvert au législateur français, qui est intervenu enfin en synthétisant les deux éléments, national et international, dans la loi Lang du 3 juillet 1985, créant la catégorie des « droits voisins du droit d'auteur ».

1232. Complexité. Le résultat de cette construction successive de l'objet juridique est une situation complexe : un objet réel, l'interprétation artistique, se présente sous deux formes dans le monde du droit. Dans le Code du travail, l'interprétation est prise en tant que prestation objet d'un contrat du travail. Dans le Code de la propriété intellectuelle, l'interprétation est prise en tant que forme créative expressive, dont la fixation permet l'actualisation de ses valeurs au-delà des contraintes spatio-temporelles du spectacle.

La complexité du statut hybride de l'interprétation artistique (donc de l'artiste-interprète) n'est pas un problème ; au contraire, cette complexité est la bienvenue [1]. Contrairement à ce que l'on pourrait croire, la cohabitation des deux régimes de travail salarié et de la propriété incorporelle n'est pas impossible. Cumuler le statut de *salarié* et de *propriétaire* par rapport à une même activité n'est pas un paradoxe dans l'ordre libéral, à condition que nous comprenions l'objet de deux rapports : le rapport personnel (contractuel) du travail et le rapport réel de propriété d'une chose.

1233. Confusion. Notre étude a démontré que le problème n'est pas lié à la *complexité* de la condition juridique de l'interprétation artistique, mais à la *confusion* qu'a créée la catégorie hétéroclite des droits voisins du droit d'auteur. Nous avons choisi de partir de l'objet réel, l'interprétation réifiée, pour identifier les objets juridiques des droits voisins. Le résultat de notre recherche a démontré que la *forme technique* n'est pas l'objet d'un droit réel incorporel du producteur de cette forme. À l'opposé, nous avons constaté que les formes créatives fixées sont des objets des propriétés intellectuelles de leur créateur : l'auteur de l'œuvre interprétée et l'artiste-interprète de l'interprétation.

---

[1] Dans ce sens aussi : S. PESSINA, *L'artiste-interprète salarié*, *op. cit.*, n° 758, p. 417.

Cette distinction entre objets juridiques différents nous a conduit à mettre en exergue la différence de nature des droits exclusifs que contient la catégorie des droits voisins. Le droit voisin de l'artiste-interprète est une *propriété incorporelle*, qui naît spontanément de l'acte créatif interprétatif et grève la création issue de cet acte (la forme vivante interprétative). En revanche, les droits voisins des producteurs sont des monopoles légaux construits par le législateur autour de la forme technique produite.

La technique réservataire n'est pas la même. L'exclusivité du droit voisin de l'artiste-interprète découle de *l'absolutisme de la maîtrise propriétaire* de la chose incorporelle appropriée (l'interprétation) ; ainsi, les prérogatives propriétaires incorporelles réservent à l'artiste toutes les valeurs qu'actualise la communication au public. Le droit exclusif des producteurs est une tout autre chose. L'exclusivité des droits voisins portant sur la forme technique ne découle pas de la maîtrise propriétaire de la chose (la forme technique incorporée aux supports fabriqués et commercialisés), mais d'une réservation monopolistique du marché de certaines utilisations de ces supports (leur duplication, distribution, utilisation en public, location etc.). En bref, le droit voisin de l'interprète est une *propriété de droit naturel* comme celle de l'auteur ; tandis que les autres droits voisins sont des *monopoles* construits sur mesure par le législateur sur le fondement de l'investissement : ce sont des droits voisins économiques.

1234. Structure formelle particulière. Notre tri des objets juridiques dans la catégorie des droits voisins n'était pas suffisant pour bien déterminer l'interprétation artistique objet du droit voisin. En effet, la superposition de l'interprétation et de l'œuvre interprétée impose une analyse profonde de deux idées, l'une est bien admise par la doctrine et l'autre est moins évidente. Il s'agit, d'abord, de définir l'objet du droit voisin de l'artiste-interprète à l'aune de l'œuvre de l'esprit ; ensuite, de le définir à l'aune de la création expressive. Nous avons conclu de l'examen de ces deux idées que l'interprétation artistique, sans être identique à l'œuvre de l'esprit, est une création expressive. Partant de l'article L. 111-2 du Code de la propriété intellectuelle qui définit, selon nous, l'acte créatif expressif en soi, nous avons conclu que le produit de cet acte peut être une œuvre de l'esprit ou une interprétation selon sa forme.

Nous avons étudié la structure formelle de l'interprétation et relevé ses spécificités. D'une part, la conception de l'interprétation est de nature *méthodologique* [1] ; d'autre part, la forme externe de l'interprétation est une *forme vivante*. Cette forme vivante consiste en la combinaison de deux éléments *spatial* et *temporel* : les gestes vivants et le temps de la création. Nous avons expliqué que l'interprétation est un art de gestes et du temps, car sa forme consiste en *l'ensemble de comportements corporels qui s'inscrivent dans le temps même de la création.* Ce n'est pas comme la réalisation d'une œuvre, où les gestes du réalisateur ne sont pas pris en soi, car la forme externe de l'œuvre est inerte ; elle est la forme qui résulte de l'action dans la matière du support.

[1] Nous avons démontré que la conception thématique est propre à l'œuvre de l'esprit. Mais dans le cas de l'improvisation, l'artiste-interprète enrichit le thème de l'œuvre interprétée par sa propre conception thématique et devient à la fois auteur et interprète. Sur la conception thématique et méthodologique.

En approfondissant notre étude de la structure formelle de l'interprétation, nous avons évoqué des cas spéciaux où la création interprétative s'enrichit par une autre couche de forme externe. Il s'agit de deux cas de ce que nous avons appelé « l'enrichissement formel de l'interprétation » : soit les interprétations fixées constituent la substance d'une œuvre tributaire d'une forme technique de fixation (comme l'œuvre audiovisuelle), soit la conception méthodologique de certains créateurs (le metteur en scène théâtral ou le chef d'orchestre) est réalisée par une forme conventionnelle (notation ou écrit) et par des formes vivantes organisées. Nous avons soutenu que l'interprétation enrichie par une forme externe inerte (fixation de l'œuvre audiovisuelle ; notation de la création du chef d'orchestre ; la mise en scène écrite) doit être qualifiée comme œuvre de l'esprit. L'interprétation ne peut avoir qu'une forme vivante interprétative comme forme externe.

1235. De l'objet juridique à son régime. La définition d'un objet juridique n'est pas une fin en soi. C'est une étape préalable à la catégorisation et à l'application d'un régime juridique. Étant une création expressive, comme l'œuvre de l'esprit, l'interprétation est aussi l'objet d'un droit de propriété incorporelle *jus in re incorporale*. Le modèle de cette propriété est celui du droit d'auteur tel que construit par la loi du 11 mars 1957 : la propriété incorporelle bifonctionnelle ayant la forme de l'esprit comme objet et visant à réserver ses valeurs en organisant le partage (la communication au public).

Nous avons défendu l'idée de la pluralité des modèles propriétaires : le concept de propriété transcende ses modèles et ne se définit pas par les prérogatives du modèle civiliste de la propriété (*usus*, *fructus*, *abusus* art. 544 C. Civ [1]). En effet, toute propriété est l'expression d'une maîtrise absolue du propriétaire sur une chose corporelle ou incorporelle. Quand cet objet est une forme de l'esprit destinée au partage et dotée de l'ubiquité, la propriété adapte ses prérogatives afin de réserver au créateur les valeurs qu'engendre la communication au public. En contrôlant tout acte de communication au public, le créateur se réserve les valeurs économiques engendrées et protège les intérêts moraux liés à la formation et à l'authenticité du pacte culturel scellé avec le public. En conséquence, cette propriété contient des prérogatives fonctionnelles qui matérialisent cette double réservation, à savoir les prérogatives morales et patrimoniales.

1236. Structure propriétaire. La propriété intellectuelle de l'auteur et de l'interprète (la véritable propriété littéraire et artistique) est *une*, mais fonctionnellement *duale* [2]. Les prérogatives morales étant indissociables de ce droit

---

[1] Ce modèle propriétaire, plus répandu, a pour objet les choses *topiques* ou *localisables*, que ce soit les corporelles ou les incorporelles (fonds du commerce etc.) ; il réserve au propriétaire toutes les utilités de ces choses. Ainsi, la maîtrise juridique confirme une maîtrise matérielle d'une seule personne. En revanche, ce modèle ne peut avoir comme objet la chose ubiquiste (la forme de l'esprit) ; la maîtrise matérielle d'une seule personne sur cette chose fait défaut, d'où la maîtrise est purement juridique et s'exerce en amont dans l'acte qui en permet le partage. D'ailleurs, parce que cette maîtrise est construite juridiquement pour contrôler le partage, la doctrine se trompe et pense qu'il s'agit d'un monopole que le législateur octroie au créateur sur sa création, mais, on a vu qu'il n'en est rien : le législateur se conforme au droit naturel.

[2] Le droit voisin de l'artiste-interprète est une propriété littéraire et artistique qui s'inscrit, en nature et en composition, dans le modèle du droit d'auteur. Toutefois, le droit de l'interprète souffre d'une faiblesse : l'absence de la prérogative morale de divulgation (que nous avons essayé de découvrir dans le droit d'autoriser).

incorporel [1], la propriété est tout entière indisponible. Cette spécificité influence la modalité d'exploitation de la propriété [2] de l'auteur et de l'interprète qui ne peut être ni une vente (cession) ni un bail (licence).

Nous avons proposé une articulation entre deux opérations juridiques : l'autorisation et la cession. Il ne s'agit pas, selon nous, de deux modalités d'exercice du droit consistant en la cession transférant le droit réel incorporel ou la licence octroyant un simple droit personnel. Tout d'abord, nous avons démontré que l'objet d'opération de l'exploitation ne peut pas être la création (la forme de l'esprit), ni le droit réel ou un démembrement de ce droit (il est indisponible du fait de son composant moral). Ce que cède un auteur ou un interprète à son exploitant est un droit-autorisation d'exploiter. Ce droit personnel est créé par l'acte juridique unilatéral d'autorisation ; l'autorisation s'adresse à deux destinataires : au public (exercice du droit de divulgation) et à un exploitant (levée de l'obstacle juridique empêchant la réalisation d'une activité : en l'occurrence, la communication au public). La cession est bien le transfert de ce droit personnel (droit-autorisation), qui doit répondre au principe de la spécialité des cessions [3].

La cession d'un droit n'est pas pour le créateur ou pour l'exploitant une fin en soi. C'est le contrat *instrumental* qui sert de fondement à un autre contrat : le contrat de *l'exploitation de la création*. Il s'agit, comme nous l'avons expliqué, d'un louage d'ouvrage avec quelques spécificités. D'un côté, l'ouvrage (la communication au public) est tourné vers un tiers (le public), non vers le commanditaire. D'un autre côté, ce complexe contractuel produit des obligations croisées de payer : l'exploitant doit être payé de son ouvrage ; mais étant cessionnaire, il doit payer au créateur-cédant le prix de la cession. Tous ces paiements se font sur les recettes de l'exploitation : l'exploitant-cessionnaire se fait payer son ouvrage, mais doit verser au créateur-cédant, non un prix définitif comme dans la vente, mais une rémunération proportionnelle puisqu'il s'agit de l'exploitation de sa propriété.

Tout au long de nos démonstrations de ces principes, nous avons vu que la jurisprudence joue un rôle important et constructif en tirant toutes les conséquences de la nature propriétaire du droit voisin de l'artiste-interprète. À deux reprises, le législateur a suivi le même cheminement en complétant et précisant le fonctionnement de la propriété de l'artiste-interprète : la loi LCAP [4] et la récente ordonnance du 12 mai 2021 [5].

---

[1] Nous avons critiqué la doctrine qui analyse les prérogatives morales comme des droits de la personnalité. Pour nous, il s'agit des prérogatives propriétaires (qui se rapportent à l'objet) ayant une fonction précise dans la propriété incorporelle sur la forme : le droit de divulgation synthétise cette propriété ; dès son exercice la forme peut être communiquée au public et engendrer des valeurs économiques ; aussi, cet exercice active les autres prérogatives morales qui garantissent l'authenticité du pacte culturel (assurer que la forme soit attribuée à son créateur et qu'elle soit identique à la forme réalisée et divulguée par le créateur).

[2] Nous avons expliqué que ce qui s'exploite dans la propriété ce sont les prérogatives patrimoniales qui contrôlent les actes de communication au public. En revanche, les prérogatives morales s'exercent et ne s'exploitent pas. Chaque prérogative assume une fonction précise dans la structure propriétaire.

[3] Le principe de la spécialité des cessions n'est que l'affirmation du droit commun des contrats ; il s'agit simplement de l'exigence d'une détermination précise de l'objet du contrat de cession : le droit cédé défini quant au mode et au domaine de l'exploitation.

[4] Loi n° 2016-925 du 7 juillet 2016 relative à la liberté de la création, à l'architecture et au patrimoine.

[5] Ordonnance n° 2021-580 du 12 mai 2021 portant transposition du 6 de l'article 2 et des articles 17 à 23 de la directive 2019/790 du Parlement européen et du Conseil du 17 avril 2019 sur le droit d'auteur et les droits voisins dans le marché unique numérique et modifiant les directives 96/9/CE et 2001/29/CE.

1237. Décryptage d'un écosystème juridique complexe. Le droit voisin de l'artiste-interprète est au carrefour de rapports juridiques *multiples* et *multiformes*. D'une part, il y a les rapports avec des partenaires artistiques : le rapport avec le droit d'auteur sur l'œuvre interprétée et les droits voisins des autres interprètes au sein d'une interprétation collective. D'autre part, il y a les rapports avec les partenaires économiques de l'artiste-interprète : il s'agit du rapport avec le droit exclusif du producteur de la forme technique réifiant l'interprétation ; et le rapport avec l'organisme de gestion collective, qui est un outil efficace de l'octroi et de la gestion des autorisations en matière d'utilisations massives de la fixation de l'interprétation.

Nous avons analysé ces deux rapports et distingué, selon la nature des droits en cause, entre les rapports hiérarchiques et les rapports égalitaires.

1238. Rapports naturellement hiérarchiques. Nous avons constaté une hiérarchie *naturelle* dans les rapports juridiques des propriétés des créateurs (le droit de l'auteur et de l'interprète) avec les monopoles légaux des exploitants (les droits voisins économiques). Cette hiérarchie découle naturellement de l'essence de ces droits : la propriété de droit naturel d'un créateur est le droit prééminent. En application de ce principe (la prééminence de la propriété par rapport au monopole légal), le droit voisin du producteur de la forme technique est *dépendant* de la propriété des créateurs. Cette dépendance se traduit juridiquement par la nécessité d'une série de cessions que le producteur doit obtenir sur le contenu qu'il entend fixer et exploiter. En conséquence, le droit voisin économique ne peut exister que *sur le fondement* et *dans la limite* des cessions ; autrement dit, la qualité de cessionnaire *précède et fonde* la qualité de titulaire d'un droit voisin économique [1].

Nous avons relevé aussi que le rapport de l'artiste-interprète avec les organismes de gestion collective est un rapport hiérarchique, dans la mesure où l'activité de la gestion collective s'établit sur un fondement contractuel [2] : l'adhésion et l'apport des droits à gérer. En effet, l'exercice collectif des droits des artistes-interprètes n'est pas incompatible avec l'exclusivité propriétaire ; il s'agit simplement d'une intermédiation qui assure le respect de ces propriétés. Cette intermédiation s'insère sans problème dans le mécanisme d'exploitation de la propriété littéraire et artistique. L'apport des droits, selon nous, est une cession *sui generis* (une cession-cadre) qui fonde l'activité de l'organisme de gestion collective. Sur ce fondement, l'organisme finalise les autorisations qu'il octroie à ses clients (utilisateurs).

1239. Rapports naturellement égalitaires. Entre créateurs, le rapport est naturellement égalitaire, puisqu'il s'agit de droits de même nature : des propriétés incorporelles sur des formes créatives expressives. C'est le cas des rapports de l'interprète avec ses partenaires artistiques, créateurs des formes expressives en rapport avec la sienne : l'auteur de l'œuvre interprétée ; l'auteur dirigeant (réalisateur, metteur en scène, etc.) ; l'auteur d'une œuvre nouvelle intégrant son interprétation ; ou enfin, les autres artistes participant à une interprétation

---

[1] Cela veut dire que le fondement des droits voisins économiques est à la fois légal et contractuel.

[2] Sauf si cette gestion collective est obligatoire ; dans ce cas, la gestion collective se fonde sur une habilitation légale, ce qui aboutit à la transformation du droit exclusif de l'artiste-interprète à un simple droit à rémunération, comme s'il s'agissait d'une licence légale.

collective. Nous avons démontré qu'une éventuelle hiérarchie dans les rapports entre ces droits, n'est pas inhérente à la nature d'un droit prééminent sur l'autre, mais à un élément extérieur qui serait *l'antériorité* d'une forme et la *dépendance* de l'autre.

1240. Nos développements nous permettent de présenter un essai de théorie du voisinage des droits exclusifs que fédère aujourd'hui la fausse catégorie des « droits voisins du droit d'auteur ».

PROPOSITION DE THESE

ESSAI D'UNE THEORIE DU VOISINAGE DES DROITS EXCLUSIFS AU SEIN DE LA PROPRIETE LITTERAIRE ET ARTISTIQUE

1241. Préliminaires. Le voisinage dans la catégorie des « droits voisins du droit d'auteur » n'est qu'une *notion* qui renvoie à un *rapport juridique*, non à l'essence ou à la nature des droits dits « voisins ». L'étude de l'histoire de la construction de cette catégorie nous a montré que cette notion fut adoptée comme une échappatoire à l'octroi d'un droit d'auteur aux intermédiaires artistiques et techniques (les artistes et les producteurs). La conséquence de cette conception fut la réduction des artistes-interprètes à de simples « auxiliaires » de la création artistique, comme des intermédiaires techniques. Ainsi, aucun élément fédérateur (critère) n'unifie cette catégorie à part leur exclusion du droit d'auteur [1]. En définitive, le voisinage définit certains droits *en ce qu'ils ne sont pas* : ce ne sont pas des droits d'auteur, mais des simples droits voisins du droit d'auteur.

Comme toute notion, il s'agit d'une abstraction intellectuelle empirique ayant un sens vague ; elle est plus construite qu'une simple *idée* [2], mais moins achevée qu'un *concept* [3]. Cependant, une notion peut devenir un concept par un travail intellectuel qui la clarifie, la précise et l'inclut dans un ensemble théorique, philosophique ou scientifique. C'est ce que nous avons essayé de faire avec la notion de voisinage des droits exclusifs.

1242. De la notion au concept. Les études en matière de droit voisin de l'artiste-interprète se sont concentrées sur le titulaire de droit, l'artiste-interprète,

---

[1] D'où la catégorie des droits voisins est une « catégorie fourre-tout ». C'est ce qui induit son caractère ouvert. Il convient de préciser que la catégorie est un ensemble d'objets ayant passé par *le filtre de critère* (cette opération est la qualification), donc ayant un élément fédérateur. L'intérêt de la catégorisation est de permettre d'appliquer un régime particulier.

[2] L'idée est une représentation mentale *spontanée* : soit une *perception* soit une *représentation imaginaire*. Dans les deux cas, l'idée est de nature *changeante*, *éphémère* et *évolutive*. D'ailleurs, l'idée est le plus *primitif* des produits de l'esprit. Enfin, le « voisinage » comme idée se réfère à la proximité (le sens premier et spontané) : un objet A est voisin d'un objet B, c'est que cet objet B est aussi voisin de l'objet A. Mais le « voisinage » dans la catégorie des droits voisins du droit d'auteur vise un rapport *dans un seul sens* ; ce caractère artificiel d'un rapport essentiellement réciproque fait de ce « voisinage » une simple *notion construite*.

[3] D'où nous ne pouvons pas construire une théorie avec des notions, mais avec des concepts.

et sur ses prérogatives [1]. Nous avons choisi un autre chemin : commencer par l'objet de droit. Cela a nécessité de situer la forme vivante interprétative par rapport aux autres formes : la forme de l'œuvre de l'esprit et la forme technique. Il en résulte une distinction entre la propriété des créations expressives et les monopoles légaux constitués autour de leur vecteur de fixation. Comme en droit d'auteur, l'acte créatif interprétatif fait naître une propriété incorporelle bifonctionnelle sur la forme expressive produite. En revanche, les titulaires de droits voisins économiques produisent une forme technique autour de laquelle sont réservés certains actes d'utilisation. En conséquence, le rapport entre le droit de l'artiste-interprète et le droit de l'auteur ne saurait être le même que le rapport entre les droits voisins économiques et le droit d'auteur. La notion floue de voisinage cache deux rapports différents qui peuvent être développés en deux concepts [2] :

Le concept de *voisinage de premier degré* [3] qui exprime un rapport *égalitaire* : c'est le rapport entre deux propriétés incorporelles de même nature ;

Le concept de *voisinage de second degré* [4] qui exprime un rapport *hiérarchique* par nature : c'est le rapport entre une propriété incorporelle (de l'auteur ou de l'interprète) et les monopoles légaux des producteurs de la forme technique.

1243. Principe de prééminence des propriétés des créateurs. Nous avons comparé les droits de propriété des créateurs et les monopoles légaux des producteurs. Les propriétés sont le principe [5] en ce qu'elles sont *premières*, *l'origine*, la *cause*. En revanche, les monopoles légaux sont l'exception en ce qu'ils *dérogent* au principe de la liberté de la concurrence. Il en résulte une *prééminence* des propriétés des créateurs et une *dépendance* des monopoles légaux. Nous avons vu que cette dépendance est traduite par la nécessité des cessions qui fondent les droits voisins économiques : sans cession sur le contenu fixé, la fixation est une contrefaçon.

---

[1] Surtout, après la loi Lang de 1985 : J.-M. GUEGUEN, *Les droits des artistes-interprètes sur leurs prestations en droit français* ; X. DAVERAT, *L'artiste-interprète* ; P. TAFFOREAU, *Le droit voisin de l'interprète d'œuvres musicales en droit français* ; A.-E. KAHN, *Le droit des musiciens dans l'environnement numérique* ; B. DUBOURDIEU, *Le statut social de l'artiste* ; M.-P. RAYNAUD-BARDON, *L'artiste-interprète face aux nouvelles technologies*, S. PESSINA, *L'artiste-interprète salarié* ; J. BACOUELLE, *La condition juridique de l'artiste-interprète.* Un seul article de M. P. TAFFOREAU traite de la question de l'objet du droit voisin de l'artiste-interprète : « La notion d'interprétation en droit de la propriété littéraire et artistique », *Propr. Intelle.*, n° 18, janv. 2006.

[2] Le concept est une représentation mentale *précise* et plus ou moins *stable* du fait de sa *technicité*. Il résulte d'une conception abstraite *constructive* (non descriptive). Il ne peut être isolé, mais tisse un réseau avec d'autres concepts dans un ensemble qui forme une théorie. Sur Les concepts juridiques, V. W. DROSS, « L'identité des concepts juridiques : quelles distinctions entre concept, notion, catégorie, qualification, principe ? », *RRJ* (Revue de la Recherche Juridique - Droit prospectif), *Les Cahiers de Méthodologie Juridique, n° 26 : Les concepts en droits : usages et identité*, PUAM, 2012, pp.2229-2235. *Adde* F. ROUVIERE, « Autour de la distinction entre règles et concepts », *RRJ* (Revue de la Recherche Juridique - Droit prospectif), *Les Cahiers de Méthodologie Juridique* : *La pensée de PAUL AMSELEK*, PUAM, 2014, pp. 2017-2028.

[3] Le terme « voisin » ici exprime l'idée d'un *rapport réciproque* entre deux objets : l'un n'est pas plus voisin que l'autre.

[4] Le terme « voisin » a le sens d'un objet légèrement inférieur à un autre en fonction des traits d'analogie que cet objet présente.

[5] Le principe induit la *hiérarchie* ou la *prééminence.* Il réfère à ce qui est *premier*, *à l'origine* ou *la cause.* C'est un concept doté d'une *primauté* induite par sa charge morale (la valeur qu'il porte). Ainsi, les *droits fondamentaux* renvoient aux *principes nécessaires* dans la société démocratique. Dans ce sens, la propriété, même si elle n'est pas première mais conséquence de la liberté (J. LOCKE), est un principe. V. aussi W. DROSS, « L'identité des concepts juridiques : quelles distinctions entre concept, notion, catégorie, qualification, principe ? », *op. cit.*

1244. Synthèse théorique. Nous concluons que le pluriel « droits voisins » et le rapport au « droit d'auteur » sont trompeurs. Nous avons proposé une distinction fondée sur la nature des droits et de leur objet, entre *le* droit voisin *du droit d'auteur* (le droit de propriété littéraire et artistique de l'artiste-interprète) et *les* droits voisins *de la propriété littéraire et artistique* [1] (les monopoles légaux des producteurs de la forme technique). Le voisinage des droits exclusifs devient alors une *théorie* [2] composée de deux concepts différents de « voisinage ».

1245. Schématisation.

	Notion	Concept	Théorie	Catégorie	Principe
Propriété	Non	Oui	Oui	Oui	Oui
Monopole	Non	Oui	Oui	Oui	Non
Œuvre de l'esprit	Oui	Non	Non	Oui	Non
Interprétation artistique	Oui	Non	Non	Oui	Non
« Voisinage » (au sens de la Convention de Rome et du CPI)	Oui	Non	Non	Oui	Non
Notre théorie du « voisinage »	Non	Oui [3]	Oui	Oui [4]	Oui [5]

1246. Enjeu de la théorie : hiérarchisation cohérente. Le concept du voisinage de premier degré (entre deux propriétés) est la traduction d'une hiérarchie *accidentelle* ; le concept de voisinage de second degré (entre une propriété et un monopole) traduit le rapport de hiérarchie *essentielle*. L'enjeu de la théorie se manifeste sur le terrain des conflits entre ces droits exclusifs, qui peuvent être tranchés ainsi :

1° La propriété de l'auteur ou de l'interprète sur leur création fixée l'emporte sur le monopole d'un producteur-exploitant sur le vecteur technique de fixation. Autrement dit, le droit voisin économique n'est pas opposable aux créateurs. Tout conflit entre ces droits doit être tranché en faveur du droit prééminent : la propriété des créateurs. Cependant, si le droit voisin économique n'est pas opposable aux créateurs, son titulaire, étant cessionnaire des créateurs, peut leur opposer le contrat de la cession et ses clauses. En définitive, les créateurs ne

---

[1] À ne pas confondre avec deux expressions : les « droits voisins des droits voisins » de M. DAVERAT et les « droits voisins de la propriété littéraire et artistique » de M. BRUGUIERE. Ces deux auteurs visent les droits exclusifs ayant un « objet » incorporel et qui n'existent pas dans le Code de la propriété intellectuelle, comme le droit exclusif des fédérations sportives et des organisateurs des manifestations sportives : l'article 1333-1 et s. du Code du sport qui dispose que « *Les fédérations sportives, ainsi que les organisateurs de manifestations sportives mentionnés à l'article L. 331-5, sont propriétaires du droit d'exploitation [audiovisuelle] des manifestations ou compétitions sportives qu'ils organisent* ». En vérité, ces droits exclusifs partagent une chose avec les droits voisins économiques : ce sont des monopoles légaux octroyés par le législateur autour d'un *enjeu incorporel*. Mais ces droits n'ont rien à voir avec les créations expressives contrairement aux formes techniques de fixation.

[2] La théorie est un raisonnement stable, rationnel, constitué à partir d'un ensemble de concepts, et appliqué dans un domaine.

[3] Deux concepts exprimant un rapport égalitaire et réciproque (propriété-propriété) et un rapport hiérarchique (propriété-monopole).

[4] La catégorie des propriétés littéraires et artistiques des créateurs des formes créatives expressives et la catégorie des monopoles légaux des producteurs.

[5] Principe de la prééminence des propriétés des créateurs (le droit de l'auteur et celui de l'interprète).

peuvent pas être considérés comme contrefacteurs, mais peuvent être responsables contractuellement.

2° Entre deux propriétés, le conflit ne se résout pas dans un seul sens. La hiérarchie entre deux droits de même nature ne se résout qu'en analysant leur rapport. Nous avons listé trois hypothèses :

– Le rapport entre le droit de l'artiste-interprète et le droit d'auteur sur l'œuvre interprétée ;

– Le rapport entre le droit de l'artiste-interprète et le droit d'auteur de l'auteur-dirigeant (metteur en scène, réalisateur audiovisuel ou chef d'orchestre) ;

– Le rapport entre le droit de l'artiste-interprète et le droit d'auteur sur une œuvre intégrant son interprétation dans une nouvelle œuvre.

Dans ces hypothèses, le droit sur la création *antérieure* prime le droit sur la création subséquente qui en *dépend*. Cette solution découle naturellement d'une hiérarchie accidentelle de ces droits.

1247. Cette catégorisation que nous avons proposée est la seule conforme aux principes séculaires qui fondent notre système juridique ; à savoir, le principe de la distinction entre la création et le travail et, par suite, entre la propriété et le monopole. L'effort jurisprudentiel et l'évolution législative de ces dernières années (la loi LCAP de 2016 et l'ordonnance du 12 mai 2021), vont dans ce bon sens ; c'est-à-dire le sens de l'affirmation de la nature propriétaire du droit de l'artiste-interprète et l'unité du régime de la propriété littéraire et artistique. La présence des droits exclusifs des producteurs de la forme technique au sein de la propriété littéraire et artistique ne doit pas poser de problème, à condition de reconnaître le *rapport hiérarchique* entre ces monopoles légaux et les véritables propriétés littéraires et artistiques.

ANNEXE : LEXIQUE

1. **Amateur**
2. **Autorisation**
3. **Cession**
4. **Communication au public**
5. **Conception**
6. **Création**
7. **Divulgation**
8. **Droit exclusif**
9. **Espace public**
10. **Exploitation**
11. **Folklore**
12. **Formes**
13. **Herméneutique**
14. **Interprétation**
15. **Interprétable (œuvre)**
16. **Interprétée (œuvre)**
17. **Interprète**
18. **Licence (Concession)**
19. **Monopole et propriété**
20. **Pacte culturel**
21. **Public et clientèle**
22. **Spectacle**
23. **Supports**
24. **Travail**

1. AMATEURS

Le terme « amateur » vient du latin *amator* : celui qui aime (qqch./qqn.) ; de même, en français, le terme désigne celui qui éprouve de l'amour ; celui qui a du goût pour quelque chose. Dans ce sens aussi, « amateur » désigne la personne qui se livre à une activité pour le plaisir par opposition à celui qui en fait l'activité principale et la source de ses revenus (le professionnel) [1]. Par conséquent, la distinction entre amateur et professionnel est le prolongement de l'opposition entre le temps libre de loisir et le temps cadré du travail. Qualitativement, l'activité

[1] L'article 32 de la loi LCAP du 7 juillet 2016 donne la définition suivante à *l'artiste amateur* : « *est artiste amateur dans le domaine de la création artistique toute personne qui pratique seule ou en groupe une activité artistique à titre non professionnel et qui n'en tire aucune rémunération* ».

d'un amateur n'est pas forcément de qualité moindre que celle d'un professionnel ; ce qui distingue les deux activités est la *motivation* et la *finalité*.

Dans un sens spécifique aux créations expressives, le terme « amateurs » au pluriel désigne l'ensemble des membres du public, c'est-à-dire les communicataires de l'œuvre ou de l'interprétation. Ce sont les partenaires culturels du créateur. Il convient de préciser que ce terme ne rend compte que de la fonction *essentielle* du public, c'est-à-dire *la fonction culturelle* : le public est le pôle passif dans la communication d'une création expressive, dans la mesure où il reçoit la forme communiquée du pôle actif afin d'accéder/restituer la forme interne mentalement. D'ailleurs, la seconde fonction du public est celle *économique de consommateur* : les membres du public doivent contracter avec un exploitant pour avoir accès à la forme externe d'une création (acheter un exemplaire, un billet pour avoir accès au lieu du spectacle etc.). En bref, les membres du public sont amateurs de la forme interne dans leur rapport culturel avec le créateur, et consommateurs de la forme externe dans leur rapport économique avec l'exploitant. [Voir aussi le terme **Public et clientèle** ci-après].

2. AUTORISATION

Étymologiquement, l'autorisation est la *permission* accordée par une autorité/personne qualifiée à une autre personne d'accomplir un acte juridique. En matière de propriété littéraire et artistique, il faut distinguer entre deux autorisations qui s'imbriquent. En effet, *divulguer* la forme et *exploiter* le droit qui la grève, s'analysent comme des actes juridiques d'autorisation. Mais, la divulgation est l'acte juridique *unilatéral* [1] par lequel le créateur donne l'autorisation aux amateurs d'accéder à la forme interne. Cette autorisation confère un statut juridique aux amateurs qui, à partir de ce moment, bénéficient licitement des limitations de la propriété du créateur [2]. En revanche, l'autorisation qui lève l'interdiction de diffusion de la forme externe fait naître la valeur : elle patrimonialise la forme externe. L'exploitant se fait autoriser par le créateur par un acte *bilatéral* qui détermine les conditions de la diffusion de la forme externe. En bref, l'autorisation est, d'un côté, la source d'une liberté insécable du public, et, d'un autre côté, la source d'une valeur qu'actualise l'exploitant autorisé. [Voir aussi le terme **Divulgation** ci-après].

L'autorisation et la cession. Les deux termes sont utilisés dans le Code de la propriété intellectuelle. Dans l'usage, le terme *cession* est utilisé dans le chapitre premier contenant les dispositions générales de l'exploitation des droits d'auteur (L. 131-1 à L. 131-9 du CPI), et surtout dans la section traitant le contrat d'édition (L. 132-1 à L. 132-17-3 CPI). En revanche, le terme utilisé à l'égard du contrat de représentation est celui d'autorisation (L. 132-18 à L. 132-22 CPI). En matière de droit voisin de l'artiste-interprète, le terme « autorisation » était le seul utilisé avant

[1] B. THULLIER, *L'autorisation, Étude de droit privé*, préf. ALAIN BENABENT, LGDJ, 1995, 352 p.

[2] Article L. 122-5 du Code de la propriété intellectuelle sur les limites et exceptions du droit d'auteur qui ne s'appliquent que si l'œuvre est divulguée ; article L. 211-3 du même code en matière des droits voisins

que la loi du 7 juillet 2016 (loi LCAP [1]) n'intègre le terme cession dans l'article L. 212-11 du Code de la propriété intellectuelle (qui transpose surtout le principe de la spécialité de cession [alinéa premier], ainsi que la cession des autres droits [droits de la personnalité, comme le droit à l'image]) ; ainsi que dans l'article L. 212-12 du même code à propos de l'abus notoire dans le non-usage des droits d'exploitation *cédés*. Donc, les deux termes sont utilisés en droit d'auteur et en droit voisin de l'artiste-interprète.

Nous croyons qu'en propriété littéraire et artistique, il n'y a pas de contradiction entre les deux termes à condition de comprendre l'objet de chaque opération. La cession n'a pour objet ni la création (la forme de l'œuvre ou de l'interprétation), ni le droit réel incorporel (la propriété de l'auteur ou de l'interprète), ni enfin une partie démembrée de la propriété (une prérogative patrimoniale). Ce que cède le créateur, selon la doctrine à laquelle nous adhérons [2], n'est qu'une *autorisation*, c'est-à-dire un *droit personnel* (un *droit d'exploitation paramétré*) qui lève l'interdiction de diffusion par rapport à une communication déterminée. En revanche, l'autorisation portant sur une communication déterminée ne consiste pas en une licence conventionnelle (bail du bien intellectuel). Enfin, la clause d'exclusivité ne change rien à cette structure et ne signifie pas que le créateur abandonne sa propriété, ni qu'il la transfère : l'exclusivité de l'exploitant est d'origine contractuelle et s'adosse à l'exclusivité propriétaire du créateur [3]. [Voir aussi le terme **Cession** ci-après].

3. CESSION

Comme en matière de droit d'auteur, la *cession*, après le droit moral, est le second *pilier* du droit de la propriété littéraire et artistique de l'interprète. Mécanisme classique, mais se montre déroutant quand il s'applique à la propriété des créateurs, [4]. Pour comprendre ce mécanisme d'exploitation de la propriété des créateurs, il

---

[1] Récemment, le terme cession a été introduit dans les dispositions communes du chapitre II concernant l'artiste-interprète : L. 212-3-II° du Code de la propriété intellectuelle dispose que « *la cession par l'artiste-interprète de ses droits sur sa prestation peut être totale ou partielle* ».

[2] PH. GAUDRAT et A. ZOLLINGER : « La cession en propriété littéraire et artistique, le modèle du droit d'auteur », *in Les recodifications du droit de la vente en France et en Europe*, ss. dir. É. SAVAUX, R-N. SCHÜTZ, H. BOUCART et J. LETE, collab. R. PAZOS, Presses Universitaires Juridiques de Poitiers, diff. LGDJ, 2020, *à paraître*.

[3] Ainsi, nous écartons la distinction qu'établit une partie de la doctrine entre la cession (sorte de vente transférant le droit patrimonial de l'auteur ou de l'interprète) et la licence (simple autorisation d'une utilisation déterminée en gardant le droit d'autoriser). Dans ce sens, V. surtout P. TAFFOREAU, *Le droit voisin de l'interprète d'œuvres musicales en droit français*, n° 125 à n° 128.

[4] Le droit exclusif des producteurs et diffuseurs est soumis au droit commun de la cession sans problème (art. 1321 C. Civ. : O. DESHAYES, T. GENICON et Y.-M. LAITHIER, *Réforme du droit des contrats, du régime général et de la preuve des obligations*, 2e éd., LexisNexis, 2018, p.724 et s.). « *Outre que l'enjeu de ces droits économiques [droits voisins économiques] est le vecteur technique et non les créations littéraires ou artistiques elles-mêmes, le modèle juridique auquel ils répondent est celui des monopoles légaux caractéristiques de la propriété industrielle* ». La cession comme mécanisme d'exploitation de la propriété de créateur est beaucoup plus subtile. V. PH. GAUDRAT et A. ZOLLINGER : « La cession en propriété littéraire et artistique, le modèle du droit d'auteur », *in Les recodifications du droit de la vente en France et en Europe*, ss. dir. É. SAVAUX, R-N. SCHÜTZ, H. BOUCART et J. LETE, collab. R. PAZOS, Presses Universitaires Juridiques de Poitiers, diff. LGDJ, 2020, *à paraître*. Add.

faut articuler trois éléments : *l'objet de la propriété* des créateurs ; *le contenu de cette propriété* et *l'objet exact de la cession.*

Objet de la propriété. Une partie de la doctrine soutient que la propriété de l'auteur n'a pour objet que les droits qui grèvent l'œuvre (le monopole d'exploitation) [1]. Or, les textes sont clairs : l'auteur d'une œuvre jouit sur cette œuvre, du seul fait de sa création, d'un droit de propriété incorporelle (L. 111-1 al. 1er du Code de la propriété intellectuelle). Ainsi, « *on n'est pas propriétaire d'un droit d'auteur, mais l'auteur est propriétaire d'une œuvre dont il faut alors saisir en quoi elle constitue, en tant que telle, un bien* » [2]. Comme l'œuvre de l'esprit, l'interprétation consiste aussi en une structure formelle complexe : *Eidos* et *morphe.* L'œuvre et l'interprétation consistent en une *forme intelligible* (interne) exprimée en une *forme sensible* (externe). La forme interne est une chose *partageable* ; ce caractère lui donne une *existence extérieure* (tant à l'esprit du créateur qu'à l'esprit de chaque amateur) et *objective.* En revanche, la forme externe, propriété de la matière du support, se dote de deux caractéristiques : elle est *localisable* et *maîtrisable.* Ainsi, la forme externe sert à contrôler la forme interne lors de chaque communication directe ou indirecte.

Les attributs de la propriété. La propriété, outil réservataire, de toute création identitaire se compose de deux attributs : pécuniaire et moral. L'un révèle la *fonction économique* de la propriété incorporelle (par le droit de suite sur la forme externe) et l'autre révèle sa *fonction culturelle* (en protégeant l'intérêt culturel que partagent le créateur et les amateurs). Le droit moral, qui défend l'intérêt du public, est *indisponible.* Le droit patrimonial du créateur n'est pas non plus disponible : la propriété est *une et indivisible* mais *fonctionnellement duale.* Dit autrement, le dualisme (modéré selon l'expression partagée de MM. GAUTIER et GAUDRAT) de la propriété littéraire et artistique n'est que *fonctionnel* et non pas *ontologique.* En définitive, la création identitaire (œuvre ou interprétation) n'a qu'un seul propriétaire : le créateur (auteur ou interprète). Enfin, les textes évoquent la cession des *droits d'exploitation.* Que sont ces droits ?

Objet de la cession. L'exploitation des droits de l'auteur ou de l'interprète ne se fait que par la *cession.* La doctrine est partagée sur l'objet de la cession.

– Selon certains, la propriété du créateur serait divisible et les attributs patrimoniaux seraient transmissibles par la cession. Donc, l'objet de la cession serait un droit réel démembré [3]. Sauf que transférer son droit de propriété n'est pas l'exploiter, mais c'est un acte de disposition. De plus, si le créateur transférait

---

PH. GAUDRAT, « Souple cession », *in Liber amicorum en l'honneur de GILLES VERCKEN*, sous dir. de F. GAULLIER, éd. Vercken et Gaullier.

[1] A. LUCAS et *all.*, *Traité de propriété littéraire et artistique*, 5e éd., *op. cit.*, n° 29, p. 39. Qui estiment que l'usage de l'expression « propriété de l'œuvre » ne doit pas être pris au pied de la lettre. Ainsi, la cession s'agit des droits non de l'œuvre.

[2] W. DROSS, *Droit des biens*, LGDJ, 2021, n° 429, pp. 371-372.

[3] La propriété du créateur se transformerait en un faisceau de droit réel par la voie contractuelle. A. LUCAS soutient que le droit d'auteur « se démembre à volonté » et que l'auteur « contrairement au propriétaire, peut consentir à une infinité de démembrements » (A. LUCAS et *all.*, *Traité de la propriété littéraire et artistique*, 5e éd., n° 25, p. 29 et n° 727, p.612) ; Mais il n'est pas acquis que la volonté puisse créer des droits réels (qui sont en nombre limité) : V. M. MEKKI, « Volonté et distinction entre droit réel et droit personnel », *in Volonté et biens (regards croisés)*, dir. Y. STRICKLER et F. SIIRIAINEN, L'Harmattan, 2015, surtout pp. 162 et s. *Adde* GWENDOLINE LARDEUX, « Qu'est-ce que la propriété ? Réponse de la jurisprudence récente éclairée par l'histoire », *RTD civ.*, 2013, 741. Qui propose la cohabitation entre deux systèmes d'appropriation : officiel marqué par l'absolutisme (art. 544) et autre conventionnel.

sa propriété (le droit patrimonial ou une des prérogatives patrimoniales), il perdrait le pouvoir de le transmettre une seconde fois [1]. Or, la cession des droits peut être non exclusive, ou pour une durée déterminée. Enfin, vendre un fragment du droit réel s'oppose à ce que le créateur prétende à une *rente* à la place d'un prix définitif.

– D'autres auteurs ont essayé de fonder la cession sur le modèle du *bail* : la *cession* serait en réalité une *concession.* Cette solution contourne l'indisponibilité du droit patrimonial et permet l'intéressement aux fruits de l'exploitation. Mais la nature de l'œuvre ou de l'interprétation s'oppose à cette analyse. Le bail de la création (objet de la propriété) est impossible [2] : le créateur en autorisant une exploitation n'investit l'exploitant d'aucun pouvoir sur la création. De même, l'exploitant est tenu d'un devoir de respecter l'intégrité de la création. [Voir aussi le terme **Licence** ci-après].

– Enfin, nous avons soutenu l'idée selon laquelle l'objet de la cession par laquelle le créateur exploite sa propriété n'est qu'un droit personnel (une autorisation). MM. GAUDRAT et ZOLLINGER expliquent qu'entre la propriété indisponible du créateur et la cession du droit commun, il y a une *étape intermédiaire* consistant à créer un *droit-autorisation* sur mesure (paramétré ou correspondant à une communication déterminée) destiné à être transmis [3]. Tous les contrats d'exploitation ne seraient licites sans cession. Mais dans ces contrats, il faut distinguer entre les obligations qui naissent de la cession de celles qui naissent du contrat d'exploitation. Tous les contrats d'exploitation engendrent diverses *obligations de faire* ; mais ne sont qualifiées de « droits d'auteurs » que *les obligations croisées de la cession*, à savoir la créance de l'exploitant (l'autorisation par laquelle le créateur exploite sa propriété [4]), et la créance du créateur (contrepartie de l'autorisation).

---

[1] *Contra* FABRICE SIIRIAINEN, « Des "démembrements" du droit d'auteur : de la théorie à la théorie, par le détour de la pratique », *Revue internationale de droit économique*, 2014/3 t. XXVIII, pages 387 à 399. Cet auteur, qui défend l'idée d'une cession transférant un démembrement de la propriété de l'auteur, commence par écarter la conception d'une propriété collective résultant de la multiplicité de cessions (simultanées ou non), pour proposer une multiplicité de propriétés individuelles, où chaque cessionnaire devient propriétaire d'un droit réel.

[2] L'idée que le créateur fait jouir l'exploitant du droit patrimonial implique le démembrement de la propriété pour n'en louer que le droit pécuniaire. C'est-à-dire laisser au locataire la liberté de choisir la modalité et les conditions de la communication. Or, le modèle de la propriété industrielle (la licence conventionnelle) est écarté en droit d'auteur sur les œuvres de l'esprit et ne peut être appliqué qu'à la propriété de droit commun grevant le *titre* ou les *monopoles légaux non titrés* (droits voisins économiques). Nous voyons bien que les artistes-interprètes sont pénalisés du fait de partager avec les investisseurs la même catégorie juridique. Mais, étant propriétaire d'une forme créative (la forme vivante interprétative) comme les auteurs, le mécanisme d'exploitation de leur propriété incorporelle ne saurait être que celui de l'exploitation du droit d'auteur.

[3] Nous avons expliqué ce mécanisme contractuel complexe de la cession : la première étape est l'acte juridique *unilatéral* qui s'adresse à deux destinataires : le public et l'autorisé. Cet acte vaut *divulgation* de la forme et *autorisation* (lever l'obstacle juridique de diffusion). Ensuite, il y a l'acte juridique bilatéral par lequel le créateur transfère l'autorisation à l'exploitant-cessionnaire. En cela, nous nous distinguons de MM. GAUDRAT et ZOLLINGER qui décomposent la cession en *deux contrats* (le *contrat servant* par lequel le créateur crée la créance à transférer, qui serait un « contrat unilatéral » ; le contrat de cession de cette créance moyennant un prix. Ce dernier contrat serait celui qui caractérise la prestation recherchée de ce complexe contractuel.

[4] L'autorisation est un droit de créance (droit personnel). L'auteur a une obligation de ne pas faire : ne pas invoquer sa propriété pour interdire une communication définie (obligation de résultat). Si l'autorisation est exclusive, l'obligation du créateur de s'abstenir serait une *renonciation* à son droit patrimonial, mais elle sera une *autorisation* à l'égard de l'exploitant autorisé.

4. COMMUNICATION AU PUBLIC

La spécificité des créations expressives, par opposition aux créations utilitaires, réside dans la nature de la forme qui s'exploite par la communication au public. En d'autres termes, les valeurs potentielles de la forme de ces créations s'actualisent par la communication au public. Il en résulte que l'exclusivité propriétaire s'exerce *dans le partage non contre le partage* ; la propriété de la forme consiste simplement dans l'outil juridique qui contrôle le partage et qui canalise les valeurs engendrées vers leur source.

Les différents modes de communication. La communication des formes expressives peut être directe ou indirecte. Elle est directe s'il s'agit de rendre la forme présente (re-présenter) devant le public, que le public soit réuni dans un lieu (salle de cinéma, spectacle) ou dispersé (télédiffusion). En revanche, la communication est indirecte quand il s'agit d'une dissémination des exemplaires afin d'atteindre les consommateurs qui s'auto-communiquent la forme que véhicule le support [1]. Enfin, concernant l'Internet, l'utilisateur va chercher la création qu'il veut quand il veut pour qu'il se l'auto-communique dans sa sphère privée. D'un côté, la diffusion interactive est une communication directe, puisque la création est rendue présente à l'amateur *via* le *support polyvalent* (post multimédia) sans acquérir un *support dédié* [2]. D'un autre côté, s'il y a téléchargement d'un fichier numérique véhiculant la forme expressive, il s'agit d'une reproduction et l'Internet serait le moyen de distribution.

La communication et l'exploitation. Il y a deux rapports juridiques imbriqués dont la source est le créateur : la *divulgation* et *l'exploitation.* Ces deux rapports juridiques se croisent dans le public qui assume deux fonctions, *économique* (de consommateur) et *intellectuelle* (d'amateur). Dans le premier rapport, le créateur, en divulguant la création à destination des amateurs, scelle avec eux un *pacte culturel* ; dans le second rapport, contractuel, il confie à un exploitant la gestion de la communication, et par là, l'exploitant taille une clientèle dans le public ouvert par la divulgation. La boucle est bouclée au regard du public : les membres du public se comportent comme *consommateurs* et contractent avec l'exploitant pour se faire *amateurs* de la forme expressive ; ainsi ils sont les *partenaires économiques* de l'exploitant et les *partenaires intellectuels* du créateur. En résumé, par l'acte unilatéral de divulgation, le créateur donne un accès licite au public relativement à la forme interne, et patrimonialise la forme externe. Par l'exploitation, objet d'un acte bilatéral, le créateur permet à un professionnel de se tailler une clientèle dans tout ou partie du public (il convertit un public en clientèle). En définitive, le créateur, propriétaire de la création, est le seul à divulguer *puis* exploiter, sachant qu'il est fréquent que ces deux actes juridiques soient exprimés en même temps par le contrat d'exploitation [3]. [Voir aussi le terme **Exploitation** ci-après].

---

[1] En bref, il s'agit dans les deux cas d'une multiplication, soit des amateurs en contact avec la création (la représentation), soit des exemplaires permettant à des amateurs d'avoir accès à la création.

[2] Termes empruntés au Professeur PH. GAUDRAT.

[3] Dans le modèle industriel et celui du *copyright*, le public est réduit à un groupe de consommateurs, et le créateur à un travailleur ou apporteur de la matière première dans le processus de la production d'un produit culturel. En fin de compte, l'exploitant est le distributeur des rôles : il a un rapport contractuel direct avec le créateur et un rapport contractuel direct avec sa clientèle : le créateur et le public-consommateurs ne sont que des partenaires économiques de l'exploitant et n'ont aucun lien entre eux.

5. CONCEPTION

Dans toutes les créations intellectuelles, expressives ou utilitaires, il y a une étape mentale qui précède la réalisation matérielle ; dans cette étape, *l'objet mental* se développe dans l'esprit du créateur. En matière de propriété littéraire et artistique, *l'imagination* joue un rôle prépondérant dans sa formation, mais n'existant que dans l'esprit du créateur, la forme mentale n'est qu'un *projet* qui nécessite d'être manifesté. Toutefois, le passage de la conception mentale à la réalisation dans une matière, passe par une étape mentale intermédiaire. Cette étape entre la conception et la réalisation a la même source que celle de la conception ; il s'agit d'utiliser un art et une technique afin de matérialiser la conception (donc les compétences, savoir-faire, expérience etc. jouent un rôle important). Ainsi, il convient de distinguer deux *étapes conceptrices* successives : la conception *thématique* et ensuite la conception *méthodologique*. Par ailleurs, au bout de la communication au public, les amateurs restituent la forme mentale dans leur esprit, ce qui se traduit par une *conception passive*. Enfin, si l'amateur de l'œuvre convertit sa conception passive en une *conception active*, il devient créateur : c'est le cas de l'artiste-interprète dont la forme interne ne contient pas de conception thématique (sauf improvisation) mais une conception méthodologique qui se greffe sur le thème figé dans l'œuvre interprétée.

A. Conception thématique et conception méthodologique

1. Conception thématique. La conception de l'auteur se forme en deux temps qui correspondent à deux *étapes conceptrices* [1]. Ces deux étapes ont un point commun qui est leur origine : l'outil mental. Chronologiquement, la première entre elles est la conception thématique que développe l'imagination ; ensuite vient la conception méthodologique qui appartient à l'artifice (ou à l'art) [2]. La matière de la conception thématique est variée : éléments personnels (images, souvenirs etc.) ou impersonnels (sources folkloriques, simples informations etc.).

2. Conception méthodologique. Les deux étapes successives, conception puis réalisation, ne sont pas déconnectées. En effet, la réalisation n'est pas un simple travail transformatif de la matière du support, car cette étape comprend une *face cachée* de nature *mentale*. Cette dimension mentale dans la réalisation appartient à la conception par *sa nature*, mais elle appartient *par chronologie* à la réalisation. Donc, le *thème* (ce qui est à exprimer), est suivi par la *façon* de le réaliser (la manière).

---

[1] Pour certains auteurs qui ont traité la théorie de formes, il y a en amont de la conception personnelle du créateur une forme primaire qui résulte de la perception (forcément subjective). Cette forme primaire est la « représentation imaginaire ». Si cette analyse est tirée de la peinture, nous pourrions l'utiliser pour distinguer l'amateur (membre du public) de l'artiste-interprète : le premier s'arrête à une perception subjective en restituant la forme interne de l'auteur ; à l'opposé, l'artiste-interprète joue un rôle actif en convertissant sa perception passive en une forme mentale personnelle (nous proposons de l'appeler la forme méthodologique) qui s'exprime par une forme externe vivante dynamique. Enfin, cette forme méthodologique [voir ce terme ci-après] est à distinguer de la conception méthodologique de l'auteur [ci-après].

[2] V. PH. GAUDRAT, Rép. Civ. Dalloz, V° *Propriété littéraire et artistique : (1° la propriété des créateurs)*, 2007, n° 34 et n° 35. À rapprocher avec le terme « expression schématique » qu'utilise Mme G. BRELET pour décrire l'œuvre musicale dans la partition *op. cit.*, p. 129.

Les deux étapes conceptrices sont forcément successives : d'abord, la conception thématique fruit de l'imagination, ensuite la conception méthodologique qui appartient à l'artifice ou à l'art tout court [1]. Cette étape nécessite la mise en œuvre d'un savoir-faire, des compétences physiques ou techniques, des outils adaptés, une gestion etc.

B. Conception passive et conception active

1. Conception passive. Par opposition à la conception active d'un créateur, les amateurs qui accèdent *via* la forme externe à la forme interne reconstituent mentalement, par un processus intellectuel miroir de l'acte créatif, la conception du créateur. Cette conception reconstituée est la conception passive. En effet, cette conception passive n'est pas sans nous rappeler la théorie de la perception subjective. Autrement dit, toute perception d'une réalité extérieure et toute reconstitution de la conception d'une création communiquée sont une restitution plus ou moins subjective. Néanmoins, l'amateur ne sera créateur que s'il compose à partir de cette conception passive sa propre conception active : ce sera le cas de l'artiste-interprète, du traducteur et de l'adaptateur.

2. Conception active composée (ou la forme méthodologique). La conception méthodologique de l'auteur est la phase intermédiaire entre la conception thématique de l'imagination et la réalisation matérielle. L'œuvre étant achevée, son interprétation est une *autre réalisation* sous une autre forme externe qui est la forme vivante. La forme interne ou la conception intellectuelle de l'artiste-interprète serait, selon nous, composée. Il s'agirait de la composition de deux éléments : d'un côté, *la conception passive* qui est la restitution subjective de la conception exprimée par l'auteur de l'œuvre interprétée (sa vision ou sa lecture personnelle), et d'un autre côté, la *conception méthodologique* ou la manière dont l'interprète va exprimer sa vision de l'œuvre. La synthèse de ces deux éléments est *la forme interne* de l'interprétation qui est marquée surtout par la méthodologie de réalisation plus que par la lecture personnelle du thème. En bref, nous croyons que l'interprète ne réalise pas la conception d'autrui, mais sa conception construite qui est une autre couche de forme. En pratique, la forme interne particulière de l'interprétation se forme lors des *réalisations intermédiaires* pendant les répétitions [2].

6. Creation

Terminologie : trois significations. Le terme « Création » (C en majuscule), désigne la création divine, ou la création *ex nihilo* (pour le démiurge : acte par lequel

---

[1] Ph. Gaudrat, *Idem.* : « *Il n'est pas rare que la conception thématique s'affine ou évolue avec la conception méthodologique* », surtout (mais pas que) dans le cas de l'improvisation.

[2] Nous précision que le Professeur Gaudrat n'utilise le terme « méthodologique » qu'en parlant de la conception dans la création de l'auteur, c'est-à-dire l'étape conceptrice suivant la conception thématique et se situant dans l'étape de la réalisation. Quant à nous, nous ajoutons, concernant l'artiste-interprète, la notion de forme méthodologique pour désigner une *forme interne particulière* de l'interprétation qui n'est pas une simple conception méthodologique, car elle contient aussi une conception active construite à partir d'une conception passive (perception) de la forme de l'œuvre.

Dieu a tiré du néant l'univers et les êtres vivants qui peuplent le monde). Au sens de la création de l'Homme, il y a deux sens général et spécifique du terme « création ». Dans le sens général, la création est synonyme de *production* ; c'est l'acte qui consiste à produire quelque chose de *nouveau* à partir de quelque chose préexistante. Ainsi, la *production* se distingue de la *reproduction* par la nouveauté de la forme donnée à la matière ; en revanche, la reproduction reproduit une forme préexistante en l'appliquant à une nouvelle matière. Dans le sens spécifique, la création désigne le produit de la faculté humaine qui permet la rupture avec ce qui existe ; c'est la production d'une *forme nouvelle* qui tire cette nouveauté de la *singularité de la forme*. En bref, le sens général désigne le pouvoir de *transformer* ou de *renouveler*, alors que le sens spécifique désigne le pouvoir *d'imposer une forme qui émane directement de son auteur* (d'où l'originalité de la forme est inhérente à la création au sens spécifique).

Création et travail. Le terme « création » désigne à la foi l'acte créatif et le résultat de cet acte. Ne voyant dans la création qu'un simple acte de production d'un objet nouveau, le *copyright* ne distingue pas entre la création et le travail. [Voir aussi le terme **Travail** ci-après]. En revanche, si le travail est indispensable pour la réalisation d'une création, l'assimilation entre les deux termes « création » et « travail » n'est pas possible. Le travail, contrairement à la création, est *répétitif*, *mesurable*, *quantifiable* et surtout *induit l'interchangeabilité* des travailleurs, ce qui implique la compétition entre les produits ou les services. En revanche, les créateurs et les créations ne sont pas interchangeables, à raison de la *singularité* dont est dotée la forme créative. D'une part, cette singularité [1] neutralise toute concurrence et, d'autre part, elle est source d'attractivité. En définitive, il résulte de la distinction entre création et travail une différence de traitement juridique des formes produites. [Voir aussi l'opposition **Forme laborieuse et forme créative** ci-après].

Création objet de la propriété incorporelle. Dans le Code de la propriété intellectuelle, les seules créations intellectuelles objet d'une véritable propriété intellectuelle sont *l'œuvre* et *l'interprétation*, dans la mesure où l'invention n'est plus objet de propriété intellectuelle dès 1844 où le dépôt est devenu *constitutif* et non déclaratif (le premier qui fait le dépôt de l'invention (souvent l'employeur) devient titulaire de l'exclusivité qu'assure le titre : le brevet). Concernant les créations expressives, l'objet de leur propriété résulte d'une double soustraction : en excluant le support fixant la forme expressive (objet de la propriété corporelle), et les objets non appropriables (les idées, les informations brutes, les conventions etc.), il ne reste comme objet de la propriété incorporelle que la forme originale : la forme externe sensible (inerte ou vivante) qui exprime une forme interne intelligible. [Voir aussi le terme **Forme utilitaire et forme identitaire ou expressive**].

[1] Cette singularité des formes créatives consiste en *le reflet de la personnalité du créateur expressif* (auteur ou interprète) ou en *l'innovation* dans le cas des solutions techniques. Dans les deux cas, la singularité est déterminante dans *l'attractivité*. C'est la raison pour laquelle le régime du travail et des résultats du travail n'est pas adapté aux créations, surtout car ce régime ignore le rapport fondamental qui existe entre le créateur et la forme produite.

7. DIVULGATION

Toute création expressive (œuvre ou interprétation) est destinée à la communication au public, par conséquent, le droit de divulgation est la *clé de voûte* de la propriété de ces créations. Quant aux créations utilitaires, c'est *l'utilisation* qui est le moyen d'exploitation de la forme. Plusieurs notions, que nous avons exploitées dans notre étude méritent d'être éclairées :

Divulgation et révélation. Avant la divulgation, la fonction d'amateur n'est pas possible. Mais il arrive que le créateur *révèle* sa création (achevée ou comme projet) à certaines personnes : par exemple pour tester sa création à l'épreuve de leur réaction ou déterminer l'état d'achèvement de la création ou la nécessité de retouches etc. Cette révélation leur permet d'accéder intellectuellement à la création ; cependant, la création *révélée* de cette manière n'est pas *divulguée au public.*

Divulgation et publication. La création peut faire l'objet d'une *publication* à l'occasion de la révélation à un nombre limité d'amateurs ; mais la publication peut résulter aussi de la divulgation au public. En conséquence, les deux termes sont à distinguer et la publication ne suffit pas à prouver la divulgation (vendre ou offrir comme cadeau le support matériel d'une œuvre picturale ne vaut pas divulgation [1]). En bref, la divulgation est un *acte juridique unilatéral* qui ne se réduit pas à un *acte matériel* de publication. Ainsi, toute révélation antérieure à la divulgation (comme les réalisations intermédiaires lors des répétitions en matière d'interprétation) est une simple publication.

Notion de la divulgation. L'acte de divulgation est un *acte juridique*, c'est-à-dire une manifestation intentionnelle de volonté qui vise à produire un effet juridique. Cet effet, en l'occurrence, est le partage de la forme. Mais la divulgation n'est pas seulement la décision du partage, car ce droit comprend la détermination des moyens qui délimite le champ divulgataire : en vertu de ce droit, le créateur détermine le mode d'exploitation (reproduction ou représentation) et le procédé de la communication. Par ailleurs, les effets de l'exercice de ce droit dépassent la simple révélation de la création achevée. En effet, il y a deux effets de cet exercice : d'abord la révélation où le créateur donne accès à la forme créée, ce qui fait naître la fonction culturelle des amateurs ; et ensuite la patrimonialisation de la création par sa mise dans le commerce. La création expressive devient un objet de droit, donc une œuvre de l'esprit objet du droit d'auteur, ou une interprétation objet du droit voisin de l'artiste-interprète. Enfin, la création peut être révélée (publiée à un public restreint [étudiants] ou universel [mise en ligne]) sans, pour autant, avoir été nécessairement patrimonialisée. En revanche, aucun entrepreneur ne peut réaliser une exploitation de la création sans divulgation. Ainsi, après la patrimonialisation, la divulgation ne s'épuise pas ; elle sert de support à la définition de l'exploitation, c'est-à-dire à paramétrer le champ de la communication-exploitation (L. 131-3 du Code de la propriété intellectuelle en droit d'auteur et L. 212-11 en droit voisin de l'artiste-interprète).

---

[1] Cass. 1re civ., 10 oct. 2018, 17-18,237, (Aff. *Frandsen Gervasi c./ Clapton*) : « Non-épuisement du droit de divulgation (par donation du support) », *RTD com.*, 2019, p. 127. Deux questions ont été posées : y avait-il une divulgation ? si oui, la divulgation (qui serait restreinte, car limitée à la personne recevant le cadeau) épuise-elle le droit de divulgation ?

8. DROIT EXCLUSIF

Exclusivité du droit et exclusivité contractuelle. Le droit exclusif est le droit d'exclure *autrui*, c'est-à-dire, l'exclusivité opposable *erga omnes*. Ainsi, cette opposabilité liée au droit exclusif est *absolue* car elle est d'origine *légale*. À l'opposé, l'exclusivité qui résulte d'un contrat est *relative* car elle ne procède pas d'une origine légale et, par suite, n'est opposable qu'à l'égard du *débiteur*.

Exclusivité propriétaire et exclusivité monopolistique. L'exclusivité est *l'effet* de la propriété et est sa caractéristique fondamentale. Mais, appliquée au monopole légal, l'exclusivité est son *objet construit* en supprimant le marché en faveur du monopoleur. L'objet de l'exclusivité propriétaire est une *chose* (corporelle ou incorporelle), alors que l'objet du monopole est une *position sur un marché* (sur un territoire). En conséquence, l'étendue du pouvoir exclusif est différente : celui de la propriété affecte toutes les utilités de la chose ; celui du monopole est délimité par l'acte constitutif. En bref, tout droit exclusif n'est pas forcément une propriété ; dit autrement, l'exclusivité n'est pas le *critère* de la propriété (même si elle est son *effet* caractéristique) [1]. [Voir aussi : **Monopole et Propriété** ci-après].

L'exclusivité propriétaire en propriété littéraire et artistique. Le « droit exclusif » des créateurs (auteurs et interprètes) décrit le droit de *propriété incorporelle sur la forme créative*. Ce droit couvre la double dimension de l'objet (la dimension patrimoniale et la dimension extrapatrimoniale). En d'autres termes, ce pouvoir d'exclure autrui s'applique tant à la détermination des exploitations licites (le droit d'exploitation) qu'à la défense des enjeux culturels (le droit moral). En conséquence, analyser le droit exclusif des créateurs en un simple monopole d'exploitation est réducteur. En bref, même si la propriété incorporelle sur la forme expressive est double *fonctionnellement*, cette propriété est *une*.

9. ESPACE PUBLIC

L'espace public est, selon JÜRGEN HABERMAS, la sphère où le public (dans le sens de l'ensemble des citoyens, membres de la Cité) fait un usage public de sa raison [2]. [Voir aussi : **Public**]. Mais c'est aussi l'espace d'expression des créateurs. Au total, l'espace public est le lieu où se rencontrent créateurs, créations et public [Voir aussi : **Pacte culturel**]. L'idée de l'existence de cet espace a expliqué longtemps les fondements historiques et philosophiques du droit d'auteur [3]. En

---

[1] PH. GAUDRAT, « Pour une propriété intellectuelle épurée », *in Mélanges en l'honneur du professeur A. LUCAS*, LexisNexis, 2014, p.325 et s.
: tous les droits exclusifs (notamment les monopoles légaux), ne sont pas des propriétés, contrairement à ce que soutient une partie de la doctrine.

[2] L'espace public c'est un ensemble de personnes privées rassemblées pour discuter des questions d'intérêts communs. La racine de cette espace se trouve en Grèce, mais dans l'Europe moderne, c'est, selon HABERMAS, une invention des bourgeois pour faire face aux pouvoirs absolutistes. Ces espaces ont pour rôle de médiatiser la société et l'État par la publicité. JÜRGEN HABERMAS, *L'espace public, Archéologie de la publicité comme dimension constitutive de la société bourgeoise*, Traduit de l'allemand par M. B. DE LAUNAY, éd. Payot & Rivages, 1988, 322 p. *Adde* MARC LITS, « L'espace public : concept fondateur de la communication », Hermès, 70, 2014 p. 77 et s.

[3] SEVERINE DUSOLLIER, *Droit d'auteur et protection des œuvres dans l'univers numérique, Droit et exceptions à la lumière des dispositifs de verrouillage des œuvres*, Larcier, 2005 ; MIREILLE. BUYDENS et SEVERINE DUSOLLIER,

effet, les philosophes des Lumières croyaient que, comme les créateurs, les citoyens peuvent et doivent faire un usage public de leur raison par la lecture, la discussion, l'adhésion ou même la création d'une nouvelle création (discours). En conséquence, en sus de son rôle dans l'affirmation de la place de l'auteur, l'idée de l'espace public s'entend comme une justification des limites et exceptions au droit d'auteur. L'ensemble de cette structure juridique tend à garantir la vivacité de l'espace public. Or, un nouveau paradigme de la propriété littéraire et artistique est entré en lice : dans la société de consommation la fonction consumériste du public l'emporte sur sa fonction culturelle et la sphère publique de lecteurs se transforme en un marché de consommateurs. En conséquence, le droit des créateurs, selon ce paradigme, se fonde de plus en plus sur le marché, plutôt que sur l'espace public. Ainsi, ce droit devient une modalité de rémunération d'un travail créatif et le public devient une masse d'*homines economici*.

10. EXPLOITATION

L'exploitation est la valorisation, l'action de tirer profit de quelque chose. Nous avons distingué, en matière de créations intellectuelle, entre l'exploitation de la création (la forme) [voir aussi : **Communication au public**], et l'exploitation du droit sur la création (la propriété incorporelle) [voir aussi : **Cession**].

Exploitation de la création expressive. L'exploitation d'une forme identitaire se fait par sa communication au public. *En amont* de l'exploitation de la forme, *l'acte juridique unilatéral* de divulgation déclenche le processus de partage avec ou sans exploitation de la propriété : dans le cas où le créateur exploite lui-même sa création, il n'a pas besoin de se faire céder un droit. *En aval*, les amateurs restituent, par un acte cognitif, miroir de l'acte créatif, la forme interne dans leur esprit. L'ensemble des restitutions, toujours individuelles, de la forme interne de la création achèvent le processus de la communication. Dans ce processus, les rapports tissés entre le créateur et le public sont des rapports indirects : la sphère de la création et celle de la communication restent séparées. Du côté du public, la création étant achevée, les amateurs ne peuvent intervenir dans la sphère du créateur pour la modifier, ni pour faire une autre divulgation. Dit autrement, le public n'a pas de *droit sur la création*. Du côté du créateur, en divulguant sa création, le créateur ne peut intervenir dans la sphère intime de chaque amateur (même en exerçant son doit de retrait, car celui-ci ne s'exerce que contre un cessionnaire et pour l'avenir).

Exploitation du droit incorporel. L'exploitation de la propriété portant sur la forme se réalise par des *actes juridiques bilatéraux*. En vertu de ces actes, le créateur autorise des professionnels de la diffusion à réaliser une communication déterminée au public. Pour ce faire, l'exploitant autorisé contracte avec les membres du public qui ne se comportent en clients que pour accéder à la création.

L'intérêt général et l'accès à l'information en propriété intellectuelle Bruylant, Bruxelles, 2008. ; *Contra* VALENTINA NISATO, *Le consommateur et les droits de la propriété intellectuelle*, thèse, Université d'Avignon et des Pays de Vaucluse, 2005.

Articulation du public de la création avec la clientèle de l'exploitant. Par une cession, le créateur transmet (à titre exclusif ou non) à l'exploitant une autorisation d'exploiter la création. L'exploitant se base sur cette cession pour réaliser les communications qui entrent dans le champ de la cession. Précisément, l'exploitant *se taille* une *clientèle* [1] dans le *public* [2] qu'ouvre la divulgation. Il est certain que la clientèle résulte du travail, du savoir-faire et du capital de l'exploitant, mais l'ayant développé à partir du public de la création, il ne peut pas garder pour lui la totalité de la valeur économique résultant de la communication de la création. D'où, l'auteur qui a permis *l'actualisation* de la valeur en autorisant la communication au public (la conversion du public en une clientèle), a droit à des honoraires versés *par* le public *à travers* l'exploitant (et non par l'exploitant).

Synthèse des rapports qu'induit l'exploitation. Le public *d'amateurs* ne peut accéder à la création divulguée sans passer par l'accès licite à la forme externe que commercialise l'exploitant, c'est-à-dire sans se comporter en *clientèle*. Ainsi, le public entretient deux rapports différents (qui répondent à ses deux fonctions) avec le créateur et avec l'exploitant. D'un côté il est le *partenaire culturel* du créateur ; l'intérêt culturel partagé de ce *couple culturel* étant le même. D'un autre côté, il est *l'adversaire économique* de l'exploitant : le public a intérêt à payer le coût le moins cher pour avoir accès à la forme créative, tandis que l'exploitant, lui, a intérêt à faire le public payer le coût le plus élevé. En somme, le créateur se trouve au centre de tous les rapports : partenaire économique de l'exploitant et partenaire culturel du public ; lui seul peut garantir l'équilibre de tous les intérêts. Dans le cas contraire, l'exploitant-monopoleur pourrait transformer le rapport entre le créateur et le public en un rapport *d'adversaires économiques* [Voir aussi : **Public et clientèle**].

11. Folklore

Notion. La convention de l'Unesco sur la protection et la promotion de la diversité des expressions culturelles adoptées le 20 octobre 2005 emploie le terme « les expressions culturelles » [3] qui sont définies dans l'article 4 de la Convention comme les expressions qui résultent de *la créativité* des *individus*, des *groupes* et des *sociétés*, et qui ont un *contenu culturel*. Le même article précise ce contenu culturel en expliquant qu'il renvoie au sens symbolique, à la dimension artistique et aux valeurs culturelles qui ont pour origine, ou expriment des identités culturelles. En somme, ces expressions se caractérisent par ces éléments :

– Elles sont le fruit d'une création intellectuelle ;
– Elles se transmettent oralement ou par imitation ;
– Elles reflètent l'identité culturelle et sociale d'une communauté ;
– Elles sont constituées des éléments du patrimoine artistique d'une communauté ;

[1] Pour ce faire, l'exploitant informe le *public* et l'incite à se comporter comme *consommateur* (achat du support, d'un droit d'accès etc.).

[2] Ce public est *potentiel*. Après l'acquisition d'un accès licite à la forme externe, les *consommateurs* peuvent se comporter en *amateurs* de la forme interne par leur acte cognitif de restitution intellectuelle de cette forme.

[3] Ou encore « expressions folkloriques », « expressions culturelles traditionnelles » ou simplement « Folklore ».

– Elles évoluent et se développent constamment au sein de la communauté.

Typologies. Les spécialistes classifient le folklore en quatre catégories : les expressions folkloriques *verbales* (comme les contes, les poèmes populaires, les mythes les légendes etc.) ; les expressions folkloriques *musicales* (comme les chansons ou la musique instrumentale populaire) ; les expressions folkloriques *concernant le corps humain* (soit des formes inertes comme certains tatouages traditionnels, ou les formes vivantes comme la danse, les arts martiaux, le yoga, les carnavals, les spectacles populaires ou les jeux rituels) et enfin les expressions folkloriques *tangibles* (comme les objets en terre cuite, les poteries, la mosaïque, les bijoux, les vanneries etc.).

Expression du folklore et œuvre folklorique. *L'œuvre folklorique* qui est une œuvre de l'esprit d'un auteur constituant en même temps une expression du folklore, dans la mesure où elle exprime l'identité culturelle et sociale de la communauté de l'auteur. *L'œuvre inspirée du folklore* est une œuvre dérivée ou composite qui emprunte certains éléments des expressions du folklore sans, pour autant, exprimer l'identité collective de la communauté dont procèdent les éléments utilisés, donc sans s'intégrer dans le patrimoine de cette communauté.

12. FORMES

Notions. Au sens général, le terme « forme » désigne l'ensemble des traits extérieurs qui caractérisent un objet (*l'apparence* d'une chose, avec préférence pour *l'ordre* et *l'harmonie*, d'où le lien avec la *beauté*). Mais la forme n'appartient pas seulement au *monde objectif* de la matière ; elle est une qualité détachable de la matière, c'est-à-dire un objet intellectuel qui appartient au *monde subjectif* de l'esprit (au sens *spirituel* : les idées platoniciennes, ou au sens *intellectuel* : catégories aristotéliciennes). Au-delà de l'étymologie, la forme est liée à la matière. Si la forme n'est pas la matière, les deux sont interdépendantes : la matière sans forme (*hylé* : matière première précédant toute forme) n'est qu'un concept métaphysique ; de même, la forme sans matière n'est qu'une spéculation métaphysique (Dieu) ou une abstraction scientifique (les nombres) ou éthique (les valeurs morales). Donc, la matière est *l'essence*, la forme (les formes successives) est *l'accident*. En définitive, la forme n'existe pas dans le vide : la forme sonore a besoin d'un support qui propage la vibration (l'air) ; la forme numérique nécessite plusieurs supports matériels qui stockent, véhicule et représente (puce, mémoire, câble, écran etc.) [1].

Typologies. La distinction, intellectuelle et juridique, entre la forme et le support n'est pas suffisante. Plusieurs distinctions s'imposent :

La forme ne fait pas toujours l'objet d'un régime juridique spécifique (forme *laborieuse* et forme *créative*) ;

Le régime spécifique appliqué à la forme n'est pas toujours le même (forme *utilitaire* et forme *expressive ou identitaire*) ;

---

[1] La pseudo-immatérialité de la forme numérique n'est qu'un prétexte pour brouiller les catégories juridiques et introduire les outils numériques dans la méga-catégorie des biens incorporels, elle-même mal comprise du fait de l'assimilation erronée entre l'incorporel et l'intellectuel.

La forme objet d'une propriété incorporelle n'est pas une forme simple (forme *interne* et forme *externe*)

Enfin, la forme objet d'une propriété intellectuelle n'est pas de même type (forme *inerte* et forme *vivante interprétative*).

a. Forme laborieuse et forme créative

La distinction entre la forme *laborieuse* et la forme *créative* découle de la distinction entre le *travail* et la *création*. Cette *summa divisio* est inhérente au système libéral qu'a consacré la Révolution française et qui fonde l'ordre juridique et économique basé sur la liberté. En revanche, les systèmes juridiques qui considèrent la création comme variété de travail ne connaissent pas qu'un seul modèle juridique du traitement de la forme issue du travail ou de la création.

i. Forme laborieuse. La forme laborieuse résulte d'un travail transformatif d'une matière première. Dans cette forme, le travail s'incorpore à la matière, dans la mesure où la forme nouvelle n'est qu'une qualité de cette matière transformée. Certes la transformation ajoute une nouvelle valeur à la matière, mais contrairement à la forme créative, le travailleur n'a qu'un droit personnel d'être rémunéré de son travail. En revanche, la plus-value est recueillie par le propriétaire de la matière (ou l'employeur), c'est-à-dire l'exclusivité de la propriété corporelle de la matière s'étend à la forme nouvelle transformant. Cela résulte de l'application de la théorie de l'accession. Puisque la forme laborieuse est accessible à tout le monde moyennant le travail, la production de cette forme est libre à tous. Par conséquent, il n'y a aucun fondement *rationnel* et conforme à *l'intérêt général* de réserver cette production à certains plutôt qu'à d'autres. Donc le travail, interchangeable quant aux travailleurs et aux produits, induit la concurrence. [Voir aussi : **Travail**]

ii. Forme créative. La *singularité* de la forme issue d'une création impose une distinction juridique entre la forme et la matière ouvrée. Ainsi, le régime juridique de la forme créative est différent de celui de la matière du support. La créativité étant un trait de la personnalité, ses fruits sont singuliers en eux-mêmes et dans le rapport à leur créateur (le seul en mesure de les produire). C'est tout à l'opposé des fruits du travail qui, même nouveaux, ne sont jamais singuliers et leur rapport au travailleur est interchangeable. La singularité des formes créatives consiste dans *le reflet de la personnalité* du créateur expressif (auteur ou interprète) ou dans *l'innovation* dans le cas des solutions techniques. Dans les deux cas, la singularité (non la rareté quantitative) est déterminante dans l'attractivité. Il résulte de cette nature que le régime du travail n'est pas adapté à la création puisque ce régime ignore le rapport fondamental qui existe entre le créateur et la forme produite. Seul le droit réel sur la forme (la *propriété*) rend compte de la spécificité de la forme créative qui neutralise la concurrence (car les créations et les créateurs ne sont pas interchangeables). [Voir aussi : **Création**].

b. Forme créative utilitaire et forme créative identitaire ou expressive

La *finalité* recherchée d'une création peut être *utilitaire* ou *expressive*. La forme est alors utilitaire ou expressive ou identitaire.

i. Forme utilitaire. Le caractère *fonctionnel* de la forme n'exclut pas son éventuelle *originalité*. Cependant, ce caractère oblige à examiner la *finalité* de la forme : est-ce l'utilité ou l'expression de la personnalité ? En effet, si l'utilité chasse l'expressivité, rien n'empêche une superposition de formes, c'est-à-dire l'existence d'un autre niveau de forme expressif et indépendant de la forme utilitaire (les dessins et modèles industriels). Il convient de préciser que l'existence de ce niveau expressif distinct de forme implique l'existence d'une forme interne personnelle, car c'est le siège de l'originalité. En revanche, lorsque la forme interne est utilitaire (purement fonctionnelle), l'originalité est exclue. Par exemple, la forme interne d'un logiciel est dédiée à la délivrance de fonctionnalités par la machine ; de même la forme interne d'une invention.

ii. Forme expressive ou identitaire. Nous avons utilisé l'adjectif « expressif » et « identitaire » comme synonymes. Il s'agit de la forme portant une expression de la personnalité du créateur, donc chargée des éléments de son identité, que ces éléments soient collectifs (langue, histoire d'une communauté, souffrance collective etc.) ou individuels (souvenirs, images, projets etc.). Ces deux adjectifs ne désignent pas seulement la *source* de la forme (le créateur), mais aussi la *destination* (le pôle passif de la communication : les amateurs formant le public de la création). Le créateur exprime en formalisant sa conception à destination d'un public ; le public reçoit la forme externe et en restitue la forme interne. Cette opération étant achevée, les amateurs agissent : ils jugent le discours du créateur ; favorables, ils y adhèrent ; déçus, ils le rejettent. C'est ainsi que l'ensemble des créations expressives, dans une société donnée, participe à la vivacité de l'espace public et à la formation de l'opinion publique et l'état d'esprit des citoyens. Ainsi, nous voyons l'enjeu stratégique et politique de ces créations qui n'est pas moins important que l'enjeu des créations utilitaires. La culture, dans le modèle propriétaire (celui de la France) est *de libre formation*, car elle est entre les mains des créateurs, citoyens et intellectuels. Dans d'autres modèles (ceux de *copyright*), la culture est une *industrie* et les créations sont des *produits* ; cela n'est pas sans risquer des dérives (manipulation, violence etc.), puisque la culture se forme selon les intérêts des investisseurs, non ceux du public et des créateurs. [Voir aussi : Espace public ; Public et clientèle].

Bis. Enjeu politique et stratégique des créations expressives. Les créations qui consistent en l'expression de la personnalité de leur créateur sont les créations expressives (œuvres et interprétations). Leur forme est destinée à la communication au public. Dans la sphère privée du créateur, il n'y a pas de public faute de divulgation à un *groupe ouvert et anonyme* de personnes (la révélation à des personnes connues n'est pas une divulgation). Mais les créations expressives sont destinées à vivre dans une sphère publique (entendu comme la rencontre, non physique mais spirituelle, du créateur, création et public). De l'esprit du créateur à l'esprit de chaque amateur, le processus de « la migration de la forme » est *identitaire* : le créateur *s'identifie* et exprime sa pensée à travers la création ; aussi, la communication fédère des personnes en effaçant leurs différences pour former *un* public qui transcende *le* public au sens politique. C'est cette *qualité fédératrice* qui induit l'aspect stratégique et politique de la culture comme pilier de la *cohésion sociale.*

En définitive, les créations expressives comme les créations techniques sont le fondement *d'épanouissement national* et du *rayonnement international.*

c. Forme interne et forme externe

La structure formelle de toute création s'analyse en forme interne et forme externe [1].

i. Forme interne. Chronologiquement [2], la conception dans l'esprit du créateur de ce qui sera le germe de sa création est la première phase de la création. Cette étape est purement *mentale* et *intérieure* (d'où la forme est interne), et mobilise les facultés de l'esprit *de l'homme* (l'imaginaire, l'intellect ou les deux facultés). La substance de la forme interne (la conception) est aussi de nature mentale : individuelle comme les souvenirs, les images, le vécu etc. ou collective comme la langue. [Voir aussi : **Conception**].

Caractéristiques de la forme interne. La forme interne est d'une nature *composite* et *subjective.* Composite en ce qu'elle contient plusieurs éléments qui ne sont pas forcément tous conçus par le créateur (il n'y a pas de création *ex nihilo*) ; subjective en ce qu'elle est propre au créateur (dès la perception subjective à la composition des éléments).

ii. Forme externe. La forme interne ne peut être partagée [3] que grâce à une forme externe. La forme externe, qui s'appuie sur la matière du support, sert de *vecteur* de la forme interne et permet, lors de la communication, de restituer cette forme mentale dans l'esprit de l'amateur. En effet, l'objet de la communication est *la forme interne intelligible*, mais la « migration de la forme interne » de l'esprit du créateur à l'esprit des amateurs, n'est possible sans forme externe qui utilise l'objectivité de la matière.

d. Forme externe sensible et forme externe conventionnelle

i. Forme sensible. La forme perçue au travers des sens est le premier niveau de forme externe. La forme sensible permet la perception directe, mais il arrive que la forme sensible ne soit pas, à elle seule, suffisante pour dévoiler toute la forme intelligible. Par exemple, la calligraphie arabe peut être communiquée sous forme sensible (forme, couleurs, volumes etc.), mais la forme intelligible pourrait nécessiter de traduire l'écrit représenté.

ii. Forme conventionnelle. C'est une forme externe qui permet la notation d'une forme interne non dotée de forme sensible inhérente (partition de la musique, plan de l'œuvre architecturale etc.). Toute œuvre interprétable est dotée

---

[1] PH. GAUDRAT, « Réflexions sur la forme des œuvres de l'esprit », *in Mélanges en l'honneur d'ANDRE FRANÇON*, Dalloz, 1995.

[2] Nous avons exclu dans notre étude les phases de « préconceptions » et que certains ont essayé d'introduire dans leur analyse du processus créatif. Par exemple, « la représentation imaginaire » qui correspond, croyons-nous, à une *impression* ou une *perception* précédant la sélection du thème (surtout dans le cas de la peinture paysagère) ; ou encore, la conception inconsciente… Sur les théories du processus créatif, V. IVAN CHERPILLOD, *L'objet du droit d'auteur*, Cedidac, Lausanne, 1985, 197 p.

[3] Le partage est *la finalité exclusive* des créations identitaires (œuvre ou interprétation), et une finalité fréquente dans le cas des créations scientifiques (la création scientifique peut aussi rester secrète ou encore faire l'objet d'une divulgation restreinte).

de cette forme qui nécessite d'être interprétée pour pouvoir être communiquée au public. Mais il y a aussi des œuvres qui peuvent être communiquées directement sous forme conventionnelle et sous forme sensible : l'œuvre architecturale, l'œuvre musicale etc.

e. Forme externe organisatrice ou synthétique

Dans une œuvre qui s'interprète collectivement, chaque forme vivante d'un interprète participe à l'interprétation intégrale de l'œuvre. Mais, la *coordination* de ces formes vivantes dans l'ensemble nécessite, dans certains cas, un travail créatif d'ordre interprétatif (herméneutique). Ce rôle se manifeste dans la création du chef d'orchestre ou du metteur en scène. En effet, ces deux créateurs n'interprètent pas *dans* l'œuvre, ils font interpréter l'œuvre (par les musiciens dans le premier cas et par les comédiens dans le second).

Structure formelle particulière. La forme interne de la création du chef d'orchestre ou du metteur en scène est de nature *méthodologique* ; elle se compose en une *conception passive* de l'œuvre interprétée et une *conception méthodologique.* En revanche, la forme externe de ces créations complexes est double : le premier niveau de forme externe est la forme *symbolisée* (notation particulière du chef d'orchestre ; didascalies scéniques ou livret de conduit [souvent déposé à la SACD]) ; le second niveau de forme est *la forme sonore ou audiovisuelle*, c'est-à-dire *la forme vivante synthétique* réalisée (au moins partiellement) par les artistes-interprètes. Cette forme, qui synthétise toutes les interprétations, exprime bien une conception méthodologique où le metteur en scène ou le chef d'orchestre utilise les éléments créatifs dans une structure complexe qui peut varier d'une version à l'autre.

f. Forme externe inerte et forme externe vivante

Série de distinctions. Eu regard du *support* de la forme externe, celle-ci peut être *vivante* ou *inerte.* Mais toute forme vivante n'est pas forcément interprétative, car la forme vivante peut être la forme externe d'une œuvre de l'esprit, ou, au contraire, elle peut être une forme non expressive.

i. Forme inerte (renvoi). La forme inerte ne pose pas de problème. [Voir : **Forme externe (sensible et conventionnelle)**].

ii. Forme vivante *expressive* ou *non expressive*. La forme vivante n'est de nature expressive que dans la mesure où elle exprime une *forme interne intelligible.* Ainsi, nous pouvons distinguer entre les interprétations artistiques et les œuvres orales d'un côté, et les prestations physiques (sportifs, modèles) de l'autre.

iii. Forme vivante interprétative. La forme vivante expressive peut servir de forme externe d'une œuvre de l'esprit : l'œuvre orale (plaidoirie), l'œuvre audiovisuelle etc. Ce qui est propre à la forme vivante *interprétative* est, d'abord, la présence d'une œuvre interprétée [1] et, ensuite, la composition de la création interprétative (le temps et les gestes vivants).

[1] D'où l'interprétation est par nature une *création dérivée.* L'improvisation totale est une exception.

g. Forme technique

Notion. La forme créée par l'Homme (forme *artificielle* par opposition aux formes *naturelles*) peut être *communicable* ou *technique* [1]. Communicable, il s'agit soit d'une forme externe représentant une *information* (représentation d'une réalité objective), soit d'une forme externe d'une *forme intelligible d'une création expressive* (représentation d'une réalité subjective). Technique, il s'agit d'un niveau de forme externe, exclusivement *occulte* et *utilitaire*, parfois dotée d'une *forme interne intelligible* [2].

Régime. L'intégration du logiciel dans la liste d'œuvres de l'esprit ne change pas la réalité : la forme technique ne peut pas être traitée comme la forme expressive. En effet, même si la forme numérique est dotée d'une forme interne intelligible, cette forme est, d'un côté, interne à la matière non à l'esprit d'un créateur, et de l'autre, elle n'est pas expressive.

13. HERMENEUTIQUE

Notion. L'herméneutique du grec *hermeneutikè* signifie l'art d'interpréter ; *hermeneuein* : parler ou s'exprimer. Le terme vient du nom du dieu grec Hermès, messager des dieux et interprète de leurs ordres. L'herméneutique est la théorie de la lecture, de l'interprétation des textes et la réflexion philosophique interprétative. Ainsi, elle touche beaucoup de disciplines : la littérature, la musique, le théâtre, la peinture, la théologie, le Droit, la sociologie, l'histoire etc. Ainsi, plusieurs modèles de l'interprétation existent [3].

Modèles herméneutiques. Les modèles principaux de l'herméneutique sont les suivants :

i. L'interprétation philologique. Le plus ancien et fondamental des modèles de l'interprétation. L'objet de cette interprétation est varié ; il peut s'agir d'un mot, d'une phrase, d'un texte etc. L'interprétation s'entend comme *l'intermédiation* ayant pour but de lever l'obscurité, de rendre perceptible ou compréhensible. En ce sens, l'interprétation est fonctionnelle : elle a pour finalité la compréhension et la communication. C'est le sens que visait ARISTOTE dans « *Peri hermeneias* », où l'interprétation est un *préalable* au service de la logique.

ii. L'interprétation artistique. Bien connue mais moins étudiée par les philosophes, l'interprétation artistique désigne l'activité interprétative dans les arts d'interprétatifs comme le théâtre, la danse, la musique etc. Dans ce modèle, il ne s'agit pas d'une œuvre obscure ou ambiguë qui doit être éclairée (ce qui n'est pas exclu), car l'interprétation est *inhérente* à la nature de l'objet interprété. En effet, l'œuvre interprétable est *destinée* à être jouée ou mise en scène ; elle existe sous forme *muette* mais se communique sous forme vivante *via* l'interprétation. La question de la *vérité* ne se pose pas ici : il n'y a pas *une seule* interprétation de l'œuvre

---

[1] PH. GAUDRAT, « Formes et propriétés intellectuelles », *op. cit.*

[2] L'exemple des formes techniques n'exprimant pas une forme interne intelligible les vecteurs de fixations audiovisuelles, le logiciel dans son été exécutable qui n'est qu'un outil. En revanche, la forme technique peut avoir une forme interne intelligible, mais qui n'est pas expressive ; par exemple, la forme numérique décompilée d'un logiciel ; il n'est pas possible de comparer l'écriture en langage de programmation à l'écriture littéraire ou à la notation de la musique.

[3] J. GRONDIN, « L'interprétation. Qu'est-ce que l'interprétation », *Philopsis*, *op. cit.*, pp. 126-131.

interprétée exclusive de toutes les autres ; ni une *vraie* ou une *fausse* interprétation (toutefois, il y a lieu de la qualifier esthétiquement : une bonne, moins bonne, excellente interprétation ; cette qualification est soit comparative soit par référence à la technique).

iii. L'interprétation-traduction. Ce type de l'interprétation se rapporte aux deux types précédents (philologique et artistique). *L'interprétariat* est la fonction de l'interprète-traducteur qui assure le passage d'une langue à une autre sous forme *orale*. Il s'agit de s'interposer entre deux communicataires pour rendre possible la communication. L'interprétation orale est le *médium* ou le *vecteur* de transmission. Pour cette raison l'interprète doit être *neutre* et son interprétation peut être *vérifiée*.

vi. L'interprétation juridique. Variant de celle philologique, cette interprétation cherche à cerner le « vrai » sens d'un texte juridique ; elle vise à dévoiler l'intention du législateur, du juge ou des parties à un acte juridique. Au total, il s'agit de permettre l'application du texte, d'où l'aspect technique et hiérarchique de cette interprétation. Enfin, il convient de remarquer que la place qu'occupe la rhétorique dans cette activité herméneutique, la pluralité d'interprétations à tous les niveaux et l'enjeu qu'implique la diversité de systèmes et de langues, rapprochent l'interprétation juridique, d'essence fonctionnelle, de l'interprétation artistique [1].

v. L'interprétation ontologique. NIETZCHE a dit « il n'y a pas de faits, seulement des interprétations ». Le terme « interprétation » est un élément essentiel de la condition humaine : nous ne vivons pas sans interprétation. C'est le type d'interprétation qui a intéressé le plus les philosophes, et qui remet en question l'idée de vérité et de justesse normative. Si tout est interprétation, comment les classer ? DERRIDA distingue entre deux grandes méthodes inconciliables d'interpréter : l'une cherche à déchiffrer une vérité, une origine ; l'autre affirme le jeu et l'ordre du signe. Cette dernière correspond à l'affirmation d'un monde sans vérité et affirmant la diversité. Si nous prenons ces deux pratiques comme modèles dans le domaine littéraire et artistique, la traduction appartiendrait à la première, car cherchant la justesse, l'origine, la vérité ; alors que l'interprétation d'une œuvre, objet du droit voisin, affirme la diversité du sens, qui vient non pas de l'origine, mais de l'interprète exprimant sa personnalité à travers l'interprétation.

14. INTERPRETATION

Sens large (renvoi). Voir le terme **Herméneutique** ci-avant et surtout ses modèles.

Sens juridique. Dans les dictionnaires juridiques, le terme interprétation est lié à une seule chose : *la technique juridique (méthodologie)* par laquelle l'interprète

---

[1] « *The legislature is like a composer. It cannot help itself: It must leave interpretation to others, principally to the courts* ». « *Just as, perforce, the musical composer delegates some subordinate creative activity to musical performers, so, perforce, the legislature delegates some subordinate (judicial) legislation i.e., creative activity-to the courts* ». JEROME FRANK, « Words and Music: Some Remarks on Statutory Interpretation », 47 *Colum. L. Rev.* 1259 1947, (1947). [*Columbia Law Review*, vol. 47, December 1947, pp. 1259-1264]. Add. HANNE PETERSON, « *On law and music. From song duels to rhythmic legal orders?* », *Journal of Legal Pluralism and Unofficial Law*, n° 41, 1998, pp. 75-87.

(praticien) cherche à révéler le sens d'un texte juridique [1] (disposition légale, arrêt de justice, contrat etc.). En général, l'interprétation est l'opération intellectuelle de *rattachement des sens* aux *discours juridiques* [2]. D'abord, l'interprétation au sens juridique est l'activité intellectuelle qui consiste à *chercher la commune intention* des parties contractantes en révélant la signification de leur expression. Ensuite, l'interprétation juridique consiste à dégager le sens d'un texte juridique : la détermination de la portée de la norme et de son champ d'application. On qualifie l'interprétation par son étendue (stricte, large, extensive) ou sa source (judiciaire, conventionnelle, officielle etc.). [Voir ci-dessus : **Herméneutique - interprétation juridique**]. Enfin, l'interprétation comme méthodologie juridique est une technique qui nécessite de multiples connaissances : historiques, linguistiques, juridiques, techniques (ce qui nécessite le recours aux experts spécialistes). Cette interprétation est une variante de celle philologique et, dans sa version orale, dépend de la rhétorique.

Au sens de la propriété littéraire et artistique. Le terme « interprétation » dans le monde du droit ne se réfère pas seulement à la *technique* liée à la pratique, mais aussi à *l'objet* d'un droit de propriété incorporelle. C'est l'objet du droit voisin de l'artiste-interprète. Il s'agit de protéger la subjectivité de l'interprète qui se manifeste dans une forme communicable. La forme vivante interprétative est un *discours* comme *l'œuvre de l'esprit*, c'est-à-dire une expression d'une conception personnelle destinée au partage. Pour désigner cet objet, le Code de la propriété intellectuelle utilise deux termes : *prestation* et *interprétation*. Cependant, il n'est pas possible d'y voir deux objets différents. En effet, l'interprétation est le résultat d'un acte créatif qui commence par la conception personnelle (la forme interne) [Voir ci-dessus : **Conception**] et se réalise par la prestation (forme externe vivante). [Voir ci-dessus : **Forme vivante interprétative**].

15. INTERPRETABLE (ŒUVRE)

L'étude des œuvres de l'esprit à l'aune de l'interprétation fait apparaître une distinction entre des œuvres *non-interprétables* et d'autres *interprétables*. Les premières se caractérisent par leur communication directe sans intermédiation d'une autre forme créative. Les secondes, au contraire, nécessitent *l'intermédiation d'un interprète* qui se charge de traduire les *symboles* en forme sensible communicable. Donc, par le terme « interprétable » nous visons la qualité de certaines œuvres dont la forme externe est conventionnelle (symbolique) et nécessite l'intermédiation d'une interprétation pour sa communication au public sous forme sensible. Enfin, l'œuvre interprétable, tout en étant achevée par la réalisation de la forme conventionnelle par l'auteur, n'arrête que la conception *thématique* et reste ouverte quant à la conception *méthodologique* (contrairement à l'œuvre non interprétable dont la conception est arrêtée une fois pour toutes).

---

[1] Parallèlement, on parle d'une « qualification » des faits ou des actes. La qualification est l'opération intellectuelle qui consiste à rattacher un fait ou un acte à une catégorie juridique pour lui appliquer le régime juridique correspondant. Ex. qualification légale, judiciaire.

[2] ALAIN SERIAUX, *Le droit comme langage*, LexisNexis, avril 2020, 80 p.

16. INTERPRETEE (ŒUVRE)

L'œuvre *interprétable* [1] n'est effectivement *interprétée* qu'au moyen de la superposition d'une *forme vivante interprétative.* La pièce de théâtre ou la partition sont certainement des œuvres interprétables, mais leur forme conventionnelle est susceptible d'une communication directe à un public restreint qui peut les lire ou déchiffrer (ceux qui ont la compétence de restituer la forme sonore musicale ou la forme scénique telle décrite dans les didascalies). À l'inverse, n'est pas interprétée une œuvre dont l'interprétation n'est pas inhérente à sa forme : exposer une œuvre ou lire un cours. En somme, l'œuvre interprétée est forcément de nature interprétable, mais l'œuvre interprétable n'est pas forcément interprétée, dans la mesure où elle peut être communiquée sans interprétation [2].

17. INTERPRETE

Au sens général (renvoi). Traducteur-interprète ; guide-interprète ; artiste-interprète ; critique littéraire ; juriste, expert, juge etc. [Voir ci-dessus : **Herméneutique**].

En propriété littéraire et artistique. Les textes internationaux (Rome 1961, WPPT 1996, WAPT 2012) ne définissent pas l'objet de droit (l'interprétation) qui donne la qualité d'artiste-interprète ; ces textes définissent le titulaire du droit [3] en décrivant les activités interprétatives : « les acteurs, chanteurs, musiciens, danseurs et autres personnes qui représentent, chantent, récitent, déclament, jouent ou exécutent de toute autre manière des œuvres littéraires ou artistiques ». Le Code de la propriété intellectuelle (L. 212-1) définit aussi l'artiste-interprète non pas l'interprétation en deux temps : dans un premier temps en excluant l'artiste de complément (les formes vivantes non interprétatives) ensuite en listant les activités interprétatives (détermination indirecte des champs d'interprétation).

18. LICENCE (CONCESSION)

Notion. La licence est le contrat par lequel le titulaire d'un droit de propriété industrielle (ou d'un droit voisin économique) concède à un tiers, en tout ou en partie, la jouissance de son monopole d'exploitation moyennant le paiement de royalties ou redevances [4]. Ainsi, c'est un contrat de *louage* ou de *bail* qui ne transfère

---

[1] Au sens de la propriété littéraire et artistique, non au sens de la critique littéraire où l'œuvre d'art est interprétable. L'interprétation au sens littéraire serait un *discours autour d'une œuvre.*

[2] L'interprétation n'est possible que si l'œuvre à interpréter est divulguée. Donc, la communication de l'œuvre se fait d'abord sous sa forme inerte, non au public d'amateur, mais au public plus restreint d'interprètes.

[3] Ce qui correspond à la technique monopolistique qui focalise sur l'identification du monopoleur et sur l'enjeu de son monopole, c'est-à-dire sur le « mur d'interdits » ou les actes soustraits de la concurrence à son profit.

[4] P. ROUBIER, « Licence et exclusivité », *Ann. Droit commercial,* 1936, p. 289 ; N. BINCTIN, « Licence (propriété intellectuelle) », *in Dictionnaire des biens communs,* ss. dir. M. CORNU, F. ORSI et J. ROCHFELD, PUF, 1e éd., 2017, pp. 739-742. Qui présente la licence comme l'un des deux outils (avec la cession) d'exploitation de tous les « biens intellectuels ». Contra, PH. GAUDRAT, « Souple cession », *op. cit.*

pas le droit exclusif, mais qui accorde la *jouissance* du droit au licencié (concessionnaire) [1].

Applications. Si la propriété d'un titre (modèle de la propriété industrielle, *copyright*) ou les monopoles non titrés (droits voisins économiques [2]) s'accommodent des solutions contractuelles du droit commun (le droit commun des baux dans les articles 1708 et suivant du Code civil concernant la licence), il n'y a qu'un seul procédé juridique de l'exploitation de la *propriété incorporelle sur la forme expressive* : la cession *sui generis* d'un droit-autorisation (droit personnel). [Voir le terme : **Cession**]. En effet, la *licence conventionnelle* permet d'accorder un *droit personnel d'usage* au licencié ; par conséquent, la licence permet d'accorder la *jouissance concomitante* d'un même droit exclusif à une infinité de personnes (sauf exclusivité). Cependant, ce contrat n'est pas compatible avec la nature de la propriété littéraire et artistique (le droit incorporel portant sur la forme expressive). D'un côté, il n'est pas concevable que le créateur s'engage à faire jouir l'exploitant de son droit moral (tirer avantage de la prérogative de la divulgation), et, d'autre part, il n'est pas possible que le créateur fasse jouir l'exploitant du seul droit patrimonial, car cela revient à démembrer la propriété pour n'en louer que le droit d'exploiter. En définitive, la propriété d'une forme expressive est *une* et, du fait de sa dimension extrapatrimoniale, *indisponible*. Toutefois, le législateur a instauré un système de *licence obligatoire* qui s'applique tant au monopole du producteur du phonogramme qu'au droit de propriété incorporelle sur la forme vivante interprétative.

Licence obligatoire (légale). D'une part, la licence forcée est un *outil de régulation* utilisée par le législateur pour limiter les prérogatives des monopoleurs et, d'autre part, elle répond à la *massification de l'exploitation* de certaines créations en garantissant la fluidité du marché. La licence légale en matière de phonogramme du commerce est un moyen efficace pour répondre aux besoins de la consommation de masse. Mais, si la licence légale était une sorte de correctif visant à atténuer les effets pervers du monopole du producteur, donc à protéger l'intérêt général face à l'abus du monopoleur, elle n'est qu'une *expropriation* [3] du droit de certains créateurs : les interprètes (la licence obligatoire en matière de phonogrammes du commerce ne s'applique pas à la propriété de l'auteur). L. 214-1 à L. 214-5 du Code de la propriété intellectuelle.

---

[1] A. BOISSON, « Cession et licence en droit d'auteur », Légicom, n° 53, 2014, pp. 59-68. Qui estime que les deux mécanismes sont applicables au droit d'auteur : la cession se caractérise par *l'effet réel* (transfert de l'œuvre selon cet auteur) et la licence par *l'effet personnel* (mise à disposition de l'œuvre pour l'exploitation par le licencié selon cet auteur). Pour cet auteur, la clé de la distinction entre les deux opérations est « l'effet de retour ». De même P. TAFFOREAU, *Petit Lexique. Droit de la propriété intellectuelle*, Gualino, 2017, 100 p.

[2] La licence conventionnelle est visée explicitement dans deux textes : L. 218-3 al. 1er du Code de la propriété intellectuelle : « *Les droits des éditeurs de presse et des agences de presse résultant de l'article L. 218-2 peuvent être cédés ou faire l'objet d'une licence* ». Concernant les droits du producteur de bases de données : L. 342-1 al. 2 : « *Ces droits peuvent être transmis ou cédés ou faire l'objet d'une licence* ».

[3] La gestion collective obligatoire des droits des créateurs produit les mêmes effets : l'expropriation de la propriété des créateurs et la transformation de leur droit à un droit à rémunération.

19. MONOPOLE ET PROPRIETE

Étymologie. Étymologiquement, le terme monopole est composé de *monos* (seul) et *polein* (vendre). Cette notion est, à la base, économique et réfère à la situation opposée à la concurrence (être seul sur un marché en excluant tout concurrent) ; elle ne se confond pas avec son outil juridique : l'acte juridique constitutif dans le cas du monopole légal (privilèges).

Comparaison. Tout *droit exclusif* n'est pas forcément un droit de propriété. Le monopole partage avec la propriété l'effet exclusif ; à part ce point, ils sont différents en toute autre chose [1]. Ainsi, le droit exclusif des investisseurs n'est pas de même nature que le droit exclusif de l'artiste-interprète sur la forme vivante interprétative, même s'il s'agit toujours d'un droit exclusif et qu'on utilise, sans distinction, le te terme générique « droits voisins » pour les désigner. Les éléments de la distinction montrent bien cette réalité :

a. L'exclusivité

La propriété est un outil de *réservation directe* des valeurs de la chose appropriée. Ainsi, l'exclusivité s'exerce directement sur l'objet (corporel ou incorporel). À l'opposé, le monopole est un outil de *réservation indirecte*, dans la mesure où l'effet exclusif ne s'exerce pas directement sur un objet déterminé, mais sur des opérations réalisées dans un territoire relativement à un enjeu. En bref, c'est la *suppression du marché* autour d'un *enjeu* non un droit sur une chose. Par ailleurs, l'effet exclusif est la conséquence d'une jouissance *pleine et entière* de la valeur réservée : le propriétaire est le seul à profiter ou à tirer profit de la valeur de l'objet de sa propriété, d'où il exclut les tiers. Au contraire, le monopoleur profite d'une *exclusivité construite* à travers « un mur d'interdits » autour d'un enjeu défini précisément (matériellement, temporellement, géographiquement etc.). Par conséquent, le monopoleur est seul à échapper aux interdits, d'où son exclusivité. Enfin, la propriété n'implique pas un monopole, car elle ne porte pas sur un marché. Alors que l'exclusivité du monopoleur est une suppression de la concurrence. [Voir ci-dessus : **Droit exclusif**]

b. Objet de droit exclusif.

La propriété est un droit réel (*jus in re*) ; son objet pourrait être une chose corporelle, incorporelle (fonds de commerce, universalité de droits) ou intellectuelle (la forme, fruit d'un acte créatif). Quant au monopole, son objet n'est pas le marché, ni la clientèle (les acceptants potentiels), ni les choses qui forment l'enjeu du marché réservé. L'objet du monopole est construit : ce sont les opérations économiques (flux d'affaires) réalisées sur un territoire, relatives aux enjeux du marché (un produit, un service, une activité, une création…) [2].

---

[1] Sur quelques éléments de comparaison entre les deux outils de réservation, V. PH. GAUDRAT, Rép. Civ. Dalloz, *1° Propriété des créateurs*, *op. cit.*, n° 315 à n° 337. *Adde* du même auteur, *Deux cours de doctorat en propriété littéraire et artistique*, (le premier cours : Introduction à l'histoire de la propriété littéraire et artistique ; le second cours, La propriété littéraire et artistique, fille du Code civil ?), à paraitre !

[2] L'invention n'est pas l'objet du monopole du breveté, ni le titre (objet de propriété corporelle). De même, le *Work* (bien corporel : la fixation) n'est pas l'objet du monopole (*copyright*), mais l'enjeu du monopole

c. Titulaire du droit

Le titulaire de la propriété intellectuelle ne saurait être que le créateur, donc une personne physique, puisque la source de cette propriété est l'acte créatif. Dit autrement, l'objet de cette propriété (la création) ne peut être que la forme imputable au créateur. En revanche, le monopole est un droit octroyé. Il peut être donné à celui qui crée l'enjeu du monopole ou à celui qui finance le travail réalisateur ou encore à celui qui réalise la formalité constitutive (le dépôt).

d. Typologies

L'exclusivité propriétaire peut s'exercer sur un bien *corporel*, *incorporel* ou *intellectuel*. Ainsi, la propriété peut être corporelle, incorporelle ou intellectuelle (les deux premières répondent au modèle *classique* [*pas unique*] du Code civil art. 544 ; la troisième est celle de l'auteur et de l'interprète dans le Code de la propriété intellectuelle [1]). Concernant le monopole, il peut être, selon sa source, un monopole *de fait* ou *de droit* [2]. Il peut aussi être *individuel* (d'une personne physique ou morale) ou *collectif* (corporatif).

e. Nature

La propriété est un droit *fondamental*. D'un côté, la propriété est *égalitaire* : tous les travailleurs (dont les entrepreneurs) sont à égalité devant la loi du marché ; ils sont libres dans l'exercice de leur activité et en concurrence sur les fruits de cette activité. D'un autre côté, la propriété est un *outil distributeur du marché*. Ainsi, la propriété est *le principe*. En revanche, le monopole, exception à la liberté concurrentielle, est un outil *captateur et opportuniste* ; il est une *exception* à l'ordre libéral [3] puisqu'il s'agit de la négation du marché (au sens du libre rencontre de l'offre et la demande). Il en résulte que le texte instituant un monopole légal est d'interprétation stricte (interprétation qui fait prévaloir le retour au principe : la liberté d'entreprendre et la liberté de concurrence).

f. Conditions d'existence

Le législateur reconnaît et consacre la propriété de *droit naturel* des créateurs (propriété qui naît de l'acte créatif et qui porte sur le fruit *singulier non interchangeable* :

---

dont l'objet est l'interdiction de toute copie. Aussi, les droits voisins économiques n'ont pas pour objet la forme technique matérialisée dans un support, car cette forme n'est que l'enjeu du monopole de l'investisseur. L'objet de ces droits voisins est construit arbitrairement sous forme d'une série d'interdictions d'opérations portant sur la forme technique (reproduction, distribution, mise à disposition etc.). En somme, les droits voisins économiques ne sont pas des propriétés incorporelles, encore moins intellectuelles. Si l'on considérait que la forme technique est l'objet du droit voisin, il en résulterait que tout producteur d'une forme technique est titulaire d'un droit voisin sur la forme technique qu'il a produite. Pour cette raison, un correctif s'impose ; le monopole n'est octroyé qu'au producteur de la première fixation : le caractère artificiel de ce droit est manifeste.

[1] Le *seul* régime juridique convenant à *la forme créative* issue de l'esprit d'un homme et *marquée de sa personnalité* est un droit *réel* la gravant, et non un droit personnel à rémunération.

[2] Le monopole de fait est appelé parfois « monopole naturel ». Le monopole de droit peut être légal ou contractuel.

[3] Dans ces deux aspects : liberté d'entreprendre et liberté de concurrence.

la forme *originale*). Ainsi, le droit reconnu au créateur ne saurait être un droit à rémunération sans ignorer le véritable objet du droit : la forme non le travail, ni l'investissement. En revanche, le monopole est de *droit positif* ; il est créé de toutes pièces (c'est un outil artificiel). Le monopole peut être octroyé à n'importe qui pour réserver n'importe quoi (produit, service, métier, procédé de fabrication, source naturelle etc.)

g. Modalité d'action

Mise en œuvre de la propriété sur la forme. La propriété est un *droit réel* qui grève une chose. Quand il s'agit d'une forme de l'esprit, la propriété portant sur la forme singulière est mise en œuvre selon deux schémas : sans partage, la propriété *garantit le secret.* Après la divulgation, le droit réel permet au créateur de jouir d'un *droit de suite sur la forme externe.* En vertu de ce droit, l'autorisation du propriétaire est requise pour toute communication au public. Par conséquent, la reproduction ou la représentation (les deux *modes universels* de la communication), ainsi que les modalités spatio-temporelles de l'autorisation (paramétrage de la communication) doivent être précisés par le créateur. En outre, les modalités qualitatives qui concernent l'objet communiqué (la forme) sont garanties par le droit moral.

Mise en œuvre d'un monopole légal. Pour expliquer la modalité d'action du monopole légal, nous empruntons du Professeur GAUDRAT l'expression de « fief économique » [1]. Monsieur GAUDRAT enseignait que le monopole est mis en œuvre sur le territoire où le législateur exerce sa compétence ; sur ce territoire, le titre octroyé (l'instrument juridique comme le privilège ou le titre du brevet) donne à son propriétaire le bénéfice, non d'un droit de suite (réservation directe), mais d'une sorte de « délégation de puissance publique » : le monopoleur a à sa disposition la force publique pour *interdire la concurrence autour de l'enjeu réservé et mentionné dans le titre.* Ainsi, par ce titre, le monopoleur bénéficie d'une réservation de certains actes économiques (production, distribution, détention-utilisation etc.) concernant l'enjeu du monopole (la forme technique, l'invention, la base de données etc.). Le monopoleur peut *utiliser la répression* (faire sanctionner les actes qui ne respectent pas son monopole). Il peut aussi *négocier avec les agents du marché le prélèvement d'une rente* sur leur travail (d'où le terme royalties, sorte d'impôt privé). En propriété littéraire et artistique, les investisseurs n'étant pas créateurs d'une forme créative, la seule explication de leur droit exclusif est le monopole octroyé par le législateur. Enfin, le titre attestant le monopole (brevet) est soumis au droit commun : il peut être cédé, loué ou démembré. La propriété du titre régule les pouvoirs monopolistiques sur le marché de l'enjeu.

h. Technique législative

La technique législative de la *consécration* de la propriété ou de *l'octroi* d'un monopole n'est pas la même. La définition des pouvoirs du propriétaire est *synthétique*, alors qu'elle est *analytique* concernant les pouvoirs du monopoleur. En

---

[1] Le modèle du fief consiste en l'exercice par une personne privée (seigneur), sur un territoire, et par délégation du Roi, des prérogatives de puissance public (imposition, battre monnaie…).

effet, dans le cas de la propriété, il n'y a point besoin de détailler les prérogatives dont dispose le propriétaire sur l'objet approprié. Concernant la propriété du créateur, parce que l'objet (la forme) est ubiquiste, il faut juste préciser les types/modalités de la communication au public : la reproduction, la représentation, à l'occasion desquelles s'exerce le droit sur la forme. En revanche, dans le cas des monopoles, l'acte constitutif doit préciser toutes les prérogatives régaliennes ; autrement dit, les interdictions auxquelles échappe le monopoleur sur un marché.

i. Impact sur l'intérêt général

La propriété est un outil de marché. Son modèle classique (civiliste) se fonde sur le *travail* et l'appropriation de ses fruits. Mieux, la propriété intellectuelle se fonde sur *la création* et est *équitable* et *non égoïste* : son exclusivité n'est pas *contre* le partage mais *organise le partage*, dans la mesure où le droit exclusif s'exerce contre les exploitants non autorisés. En effet, le créateur et le public n'ont pas d'intérêts antagonistes ; le droit moral du créateur protège le pacte culturel qui unit ce couple culturel. De plus, le créateur, seul, peut exercer son droit patrimonial en garantissant l'équilibre d'intérêts (créateur, exploitant et public). Le créateur n'est pas monopoleur et l'exclusivité contractuelle qu'il pourrait accorder à un exploitant trouve sa racine dans l'exclusivité propriétaire. En somme, la propriété du créateur, surtout le droit moral, *sert l'intérêt général*. À l'opposé, les monopoles légaux des investisseurs ne servent que *les intérêts privés des monopoleurs*. L'exploitant cherche le plus avantageux : il peut ne pas exploiter et garder les créations monopolisées « en friche » ; il peut aussi imposer des conditions de diffusion défavorable au public. Et même les créateurs se trouveraient à la merci des exploitants ayant des monopoles *indépendants* de leur propriété. En définitive, le monopole légal cumule les effets pervers : il est contre l'intérêt des créateurs évincés ; il est contre l'intérêt des concurrents et il est contre l'intérêt du public. Le monopole ne sert que l'intérêt égoïste du monopoleur.

j. Conflits sous-jacents

La propriété du créateur est de *droit naturel* ; elle précède la consécration législative. Le droit naturel sert de guide au législateur ; ainsi, la loi du 11 mars 1957 sur le droit d'auteur a légiféré le modèle *rationnel et équilibré* du droit d'auteur, que la jurisprudence séculaire avait dégagé. En revanche, le monopole légal est de *droit positif* ; il est un outil flexible dans les mains du législateur pour réguler certains marchés. Néanmoins, si le monopole est octroyé sur un simple travail et investissement, il crée un privilège permettant de s'enrichir sur le dos de clientèle captive (c'est le cas du droit *sui generis* sur le contenu de la base de données). *Pire*, octroyé sur les créations (leurs vecteurs techniques), le monopole casse l'équilibre d'intérêts antagonistes que garantit la propriété du créateur [1].

[1] Le monopoleur évince le créateur, comme dans le cas du droit de brevet après 1844 où la propriété de l'inventeur devint un monopole du déposant (le plus souvent l'employeur). Aussi, le monopoleur peut, sans évincer totalement le créateur, parasiter sa propriété, comme dans la catégorie des droits voisins.

20. PACTE CULTUREL

La simple *révélation* de la création ne vaut pas *divulgation*. Le créateur, pendant la réalisation ou après l'achèvement de sa création, peut révéler sa création à des proches ou à un cercle restreint (étudiants, amis, spécialistes, directeur de recherche) afin d'évaluer sa réception ou son état d'achèvement. En revanche, pour qu'il y ait divulgation, il faut que le créateur ait exprimé sa volonté de partager, c'est-à-dire d'ouvrir *la jouissance intellectuelle libre* de la forme interne à des amateurs. Il s'agit, du côté du créateur, d'une *offre* et, du côté du public, du processus de la communication, de l'appropriation de la forme interne par les amateurs qui scellent le *pacte culturel* [1]. Ce pacte engendre des *prérogatives croisées* des deux parties (le créateur et le public) de manière à garantir l'équilibre des intérêts. Pour les membres du public, la divulgation induit *directement* la *limitation* de l'exclusivité du propriétaire (alinéas 1 et 2 des articles L. 122-5 (droit d'auteur) et L. 211-3 (droits voisins) du Code de la propriété intellectuelle) et permet *indirectement* la mise en œuvre des exceptions (alinéa 3 et s. des deux mêmes articles). Pour l'auteur, les prérogatives tirées du pacte culturel sont, d'abord, celles du droit moral (L. 121-1 et suivant du Code de la propriété intellectuelle ; L. 212-2 concernant l'artiste-interprète) qui protège *l'intérêt culturel partagé* par le couple culturel, et ensuite celles du droit patrimonial (L. 122-1 et suivant du même code ; L. 212-3 et suivant concernant l'artiste-interprète) qui protège l'intérêt privé du créateur.

21. PUBLIC ET CLIENTELE

Public (d'amateurs) [2] **.** Un public (et non pas Le public) est un groupe ouvert de personnes physiques qui assume une *fonction cognitive finale* dont l'objet est la création communiquée. Il s'agit du *pôle passif* de la communication au public, c'est-à-dire des *partenaires culturels* du créateur.

Public et clientèle. La propriété de l'auteur et de l'interprète porte sur la forme et emporte un droit de suite sur cette forme jusqu'au public. Ce droit de suite permet de contrôler la diffusion de la forme. Les créateurs n'ont pas accès au marché, leur propriété ne peut pas être un *droit de clientèle*. En revanche, l'exploitant (éditeur, producteur etc.) de la création véhiculée contracte avec une clientèle. Ainsi, les consommateurs finaux forment la clientèle *d'un exploitant*, non pas par rapport à la forme créative, mais par rapport aux supports produits et commercialisés. Lorsque la création est utilitaire, la chaîne s'arrête aux consommateurs-utilisateurs de la fonction déposée dans la forme inventive ; alors que, dans la création expressive, il y a un prolongement de la fonction de consommateur dans la fonction culturelle de l'amateur. En bref : l'ensemble des amateurs constitue un public de la forme interne et l'ensemble de consommateurs constitue la clientèle d'un exploitant de la forme externe.

---

[1] PH. GAUDRAT, « Les créations et le droit : balade dans l'espace et dans le temps », *in La création entre droit, philosophie et religion*, ss. dir. A. ZOLLINGER, p. 43.

[2] Pour aller plus loin, V. PH. GAUDRAT, Terme « Public »., in *Dictionnaire des biens communs*, ss. dir. M. CORNU, F. ORSI et J. ROCHFELD, *op. cit.*, pp. 1018-1025, surtout p. 1020.

Rapports divers. Si le créateur maîtrise le processus de la communication au public de sa création, *l'équilibre* peut être atteint dans l'intérêt de tous les protagonistes (créateur-exploitant-public), même si l'exploitant obtient une exclusivité *contractuelle* basée sur l'exclusivité propriétaire du créateur. Au contraire, si l'exploitant possède un monopole légal (une *exclusivité indépendante*, voire *débridée*), les créateurs et le public (couple culturel) se trouvent perdants : les créateurs seraient moins rémunérés en raison du parasitisme de l'exploitant-monopoleur qui maîtrise matériellement le processus de la communication au public ; et le public payerait plus cher vu qu'il est captif du monopoleur. Or, les exploitants, *adversaire économique* du public, se cachent toujours derrière les créateurs en présentant les intérêts de ces derniers comme antagonistes avec ceux du public. Ce stratagème a pour effet de dépopulariser la propriété intellectuelle (la vraie). Mais la réalité en droit d'auteur personnaliste est nettement différente de celle du *copyright* : les créateurs et le public sont des *partenaires culturels* ; les exploitants et le public sont des *adversaires économiques* [1]. Enfin, si le créateur et l'exploitant sont des *partenaires économiques* (couple économique), le créateur *seul* peut équilibrer les intérêts différents que partage avec ses partenaires : le public et l'exploitant.

Le public en propriété industrielle. Dans les créations utilitaires, nous pouvons distinguer entre *le public de consommateurs* et *le public d'hommes de l'art*. Le premier public est constitué des *utilisateurs finaux* qui cherchent l'utilité ou la fonction de l'objet, sans avoir pour priorité la forme interne (intelligible) de cet objet. En effet, dans les créations utilitaires, il ne s'agit pas de communiquer une expression, mais de commercialiser un produit ou un service présentant une solution nouvelle et créative. Si les utilisateurs s'intéressent à comprendre la forme interne de la création utilitaire, cela n'est que pour comprendre le fonctionnement de l'outil (la notice ou le guide accompagnant l'objet explique plus ou moins la forme interne). En revanche, le public d'hommes de l'art s'intéresse au contenu intellectuel, c'est-à-dire à la forme interne de l'objet utilitaire. Toutefois, ce public des *spécialistes* est différent du public des amateurs des créations expressives : les hommes de l'art d'une technique ont pour motif la compréhension de la solution technique non pas l'enrichissement identitaire.

22. SPECTACLE

Notion. Généralement, le spectacle signifie « *ce qui se présente au regard ; vue d'ensemble qui attire l'attention et/ou éveille des réactions* ». Spécifiquement, c'est la « *représentation de théâtre, de danse, de cinéma, d'opéra, de numéros de variétés, qui est donnée en public* ». Cette notion est très large, ce que reflète aussi la liste d'artiste du spectacle [2] dans le Code du travail (L. 7121-2 qui donne une liste englobant des auteurs, des interprètes et des artistes de complément). Mais nous pouvons en conclure qu'il s'agit des spectacles artistiques, que ce soient des spectacles

---

[1] Pour aller plus loin dans cette approche comparative, voir : PH. GAUDRAT, « Souple cession », *op. cit.* ; « Les démêlés intemporels d'un couple à succès : Le créateur et l'investisseur », *RIDA*, n° 190, oct. 2001, pp. 70-243.

[2] Qui sont présumés salariés soit de l'entrepreneur de spectacle soit du producteur phonographique ou cinématographique.

enregistrés (production phonographique ou audiovisuelle [cinématographique et télévisuelle]), ou des spectacles vivants (qui mettent en présence artistes du spectacle et public).

Spectacle vivant. Si le spectacle enregistré ne pose pas de problème (œuvres audiovisuelles), le spectacle vivant nécessite une précision [1]. L'article premier de la loi n° 99-198 du 18 mars 1999 portant modification de l'ordonnance n° 45-2339 du 13 octobre 1945 relative aux spectacles donne cette définition : « *La présente ordonnance s'applique aux spectacles vivants produits ou diffusés par des personnes qui, en vue de la représentation en public d'une œuvre de l'esprit, s'assurent la présence physique d'au moins un artiste du spectacle percevant une rémunération* ». D'abord, la référence à la « représentation en public » signifie qu'il s'agit justement des spectacles vivants, et la référence à la rémunération exclut le spectacle amateur. Mais le plus important est la référence à l'œuvre de l'esprit, ce qui induit l'exclusion des spectacles sportifs, les corridas, les défilés de mode etc. Enfin, la référence à la présence physique d'au moins un artiste du spectacle précise le champ du spectacle artistique : il ne s'agit pas de la simple exposition d'une œuvre, mais de sa présentation sous forme dynamique (vivante). En résumé, le spectacle vivant se caractérise par l'interprétation d'une œuvre en public.

23. SUPPORTS

Notion. Étymologiquement, le terme « support » signifie « *objet ; élément matériel sur lequel repose une chose, en particulier un objet pesant, destiné à servir d'appui ou de soutien à ce dernier* ». En propriété littéraire et artistique, le support est ce sur quoi repose la forme de l'esprit (la conception) pour qu'elle soit perceptible aux sens. En effet, l'histoire du droit d'auteur montre l'importance de la distinction entre le support et la forme. Cette distinction, tant intellectuelle que juridique, est un des fondements de la propriété littéraire et artistique.

Typologies. La matière est le support par excellence, néanmoins une forme peut également servir de support d'une autre forme (dans l'interprétation, la forme vivante interprétative [une forme externe de l'œuvre interprétée et de l'interprétation] est un des supports de l'œuvre interprétée). En effet, la forme n'existe pas sans support, d'où la nature du support correspond à la nature de la forme : support vivant d'une forme vivante ; support mental d'une forme de l'esprit ; support matériel d'une forme externe inerte. En somme, nous pouvons distinguer les supports selon leur fonction (support de création support d'exploitation), et selon leur nature (support précaire et support durable) [2].

Support personnel (support de la forme interne). Le support de la forme mentale (la forme interne) est d'une substance intellectuelle. Le support de la conception est différent de la conception classique du support. En effet, le support de l'acte concepteur est indépendant de la matière ; il correspond aux *facultés*

---

[1] S. PESSINA, « La qualité d'artiste du spectacle : une notion dévoyée. Du droit du spectacle artistique au droit du divertissement », *Propr. Intelle.*, n° 27, avril 2008, pp. 194-205.

[2] L. BREUKER, « Le support de création et le support de commercialisation de l'œuvre », *CCE*, n° 1, janv. 2003, chron. 2. Add. *Les rapports de l'œuvre et de son support en droit d'auteur*, thèse Montpellier 1, 2002, 381 p. ; O. PIGNATARI, *Le support en droit d'auteur*, préf. PH. GAUDRAT, Larcier, 2013, 702 p.

mentales de la personne : dans le Petit Robert « conception » c'est l'action de concevoir, l'acte de l'intelligence, de la pensée et aussi le résultat de cet acte. Ainsi, *la personne ayant cet acte en est le support.* En effet, ce support est une particularité des biens intellectuels au sens stricte, c'est-à-dire les fruits de l'esprit. M. PIERRE CATALA avait, à juste titre, noté que la complexité de l'immatérialité de certains biens est que « *la personne et l'activité de leur titulaire en constituent le nécessaire support* » [1]. À ce stade, le support de la forme interne de l'œuvre et de l'interprétation est identique.

Support de création et support d'exploitation. Aucune exigence de fixation ne conditionne la reconnaissance de la propriété du créateur (contrairement aux systèmes de *copyright*). Toutefois, paradoxalement, la jurisprudence et la doctrine sont unanimes sur l'exigence de la perceptibilité de la forme créative [2]. Ceci dit, il n'y a aucune contradiction entre *l'indifférence de la fixation et l'exigence de la perceptibilité* : il suffit que la création soit réalisée sous une forme perceptible (ce qui implique la matérialisation dans un support), mais il n'est point nécessaire que la forme soit fixée *durablement* sur un support [3]. En définitive, ce qu'exige la loi française n'est que *l'extériorisation* permettant la *migration* de la forme interne de l'esprit du créateur à l'esprit des amateurs. Dès lors, le support de création est le support *premier* chronologiquement qui permet *l'extériorisation* de la conception et qui *arrête* le processus créatif. C'est le support qui résulte de l'acte réalisateur, c'est-à-dire l'acte productif (par opposition à l'acte de reproduction). Par ailleurs, le support d'exploitation est subséquent ; il s'agit, soit du support *unique* dédié à la forme (œuvre réelle : ayant un support unique), soit des supports fabriqués (exemplaires) à partir du support de création (l'original).

Support précaire et support durable. Le support pourrait être *précaire*, c'est-à-dire un support qui permet la perception *éphémère* de la forme véhiculée (par exemple, la matière vivante comme support d'une création florale). Aussi, il pourrait être *durable* grâce à un support matériel durable (meuble ou immeuble). Ainsi, il suffit que le support permette de réaliser *au moins* une communication.

Supports vivants. Les supports vivants sont par nature éphémères, dans la mesure où ils fixent momentanément la forme. Le support vivant pourrait être *inactif* (le corps humain support de certaines créations comme la coiffure ou le tatouage ; les plantes etc.). Mais il peut s'agit aussi d'un support vivant *actif* (le corps de l'artiste-interprète) véhiculant une forme vivante interprétative.

---

[1] P. CATALA, Rapp. « La transformation du patrimoine dans le droit civil moderne », *RTD civ.* 1966, p. 185 et s.

[2] V.-L. BENABOU, « Pourquoi une œuvre de l'esprit est immatérielle », *RLDI*, n° 1, 2005, pp. 53-58. Selon cette auteure, l'œuvre est à la fois matière intellectuelle et matérielle : « *[l'œuvre est une] matière avant tout puisque sa naissance juridique suppose ce détachement de l'esprit du créateur* ».

[3] Ainsi, dès sa *réalisation*, l'interprétation est objet d'une propriété incorporelle, non pas suite à sa fixation. *Contra* N. BINCTIN, *Droit de la propriété intellectuelle*, 6e édition, LGDJ, 2020, n° 222, p. 189, pour qui l'acte de fixation fait naître l'objet de la propriété.

24. TRAVAIL

Notion. Dans son essence, le travail est une *combinaison variable d'énergie et de compétence* visant à réaliser une modification matérielle. Juridiquement, le travail est *l'activité rémunérée* qui permet la production de biens et services. [Voir aussi le terme **Création**]. En matière de propriété littéraire et artistique, la réalisation de la forme mentale nécessite un travail transformatif de la matière du support. Quant à l'œuvre, ce travail de réalisation peut être simplement dirigé par l'auteur. En revanche, en matière d'interprétation, le support de la création interprétative étant la personne physique de l'artiste-interprète, le travail de réalisation de la conception est forcément assumé par l'interprète [1]. Dans sa forme primitive, le travail ouvrier nécessite plus de force que de compétences ; dans une forme plus évoluée, il requiert beaucoup de compétences et peu de force comme le travail intellectuel (celui d'avocat, du médecin etc.) ; enfin, dans la forme la plus évoluée, le travail réalisateur d'une création est accessoire par rapport à la forme créative, d'où cette forme induit *l'exclusivité* (contrairement à la forme laborieuse qui induit la *concurrence*).

Distinction travail-création. Le travail est répétitif tant quant au processus de production qu'aux fruits produits. Il en résulte plusieurs conséquences : le travail est mesurable, quantifiable, interchangeable entre les travailleurs, standardisé et se transmet ou s'acquiert. En revanche, la création est personnelle, non interchangeable, singulière et non répétitive.

Régime du travail. [Voir le terme **Forme laborieuse**].

---

[1] Il n'y a qu'un objet juridique qui est l'interprétation qui comprend, comme l'œuvre de l'esprit, un élément mental et un élément matériel. La forme mentale de l'interprétation ne peut être exprimée que par une forme externe vivante du concepteur. Ainsi, nous ne suivons pas la doctrine qui estime que l'interprétation peut être exprimée par écrit et que l'exécution peut être assumée par une autre personne.

BIBLIOGRAPHIE INDICATIVE

SOURCES NON JURIDIQUES

BRELET (G), *L'interprétation créatrice. Essai sur l'exécution musicale (deux tomes)*, PUF, 1951.

BUCH (E.), « Le chef d'orchestre. Pratiques de l'autorité et métaphores politiques », *Annales*, 2002, 57-4, pp. 1001-1028.

CAMPOS (R.), « De l'exécution de la musique à son interprétation (1780-1950) », *La Revue du conservatoire* [En ligne], n° 3, Dossier les savoir-faire de l'artiste, URL : http://larevue.conservatoiredeparis.fr/index.php?id=1082, [consulté, le 11 déc. 2017].

ELSTER (J.), « Convention, créativité, originalité », *Espace-Temps,* vol. 55, n° 1, 1994, pp. 18-29.

FLINOS (P.), « Musicologie et interprétation » *in Dictionnaire des interprètes et de l'interprétation musicale au XXe siècle*, dir. ALAIN PARIS, ROBERT LAFONT, 1995, p. 108 et s.

GADAMER (H.-G.), *Vérité et Méthode. Les grandes lignes d'une herméneutique philosophique*, Seuil, 1996, 534 p.

G. W. F. HEGEL, *Esthétique*, t. 3, trad. CHARLES BENARD, édition Germer-Baillière, Paris 1840.

GIL-MARCHEX (H.), « De l'interprétation », *La revue musicale*, avril, 1926, pp. 26-32.

GRONDIN (J.), « L'interprétation. Qu'est-ce que l'interprétation », *Philopsis*, Revue numérique, URL : http://www.philopsis.fr, [consulté, le 26 juill. 2019].

Philosophie de la forme : eidos, idea, morphè dans la philosophie grecque des origines à Aristote, Actes du colloque interuniversitaire de Liège, 29 au 30 mars 2001. Univ. De Liège, édité par MOTTE (A.), RUTTEN (CHR.) et SOMVILLE (P.), collaboration de BAULOYE (L.), LEFKA (A.) et STEVENS (A.), Peeters, 2004, 684 p.

LEVEQUE (F.), « Le monopole et le pouvoir du monopole », *Resource en science économiques et sociales,* oct. 2019. En ligne, URL : http://ses.ens-lyon.fr/articles/le-monopole-et-le-pouvoir-de-monopole, [consulté le 30 avril 2020].

MAYEN (G.), « Qu'est-ce que la performance ? », Centre Pompidou, Dossier en ligne [URL : https://mediation.centrepompidou.fr/education/ressources/ENS-Performance/index.html [consulté le 19 juin 2020].

PARIS (A.), « La direction d'orchestre » *in Dictionnaire des interprètes et de l'interprétation musicale au XXe siècle*, dir. ALAIN PARIS, ROBERT LAFONT, 1995, pp. 66-73.

RAYMOND (J.-F.), *L'improvisation*, Paris, Libraire Philosophique J. Vrin, 1982, pp. 208-210.

TABACHNIK (M.), « À quoi sert un chef d'orchestre », *Medium*, n° 9, 4e trimestre 2006.

VEINSTEIN (A.), *La mise en scène théâtrale et sa condition esthétique*, éd. Flammarion, 1955, p. 294.

VIALA (A.) et MESGUICJ (D.), *Le théâtre*, Que sais-je, PUF, 2011.

Sources juridiques

Fascicules et articles d'encyclopedies juridiques

Daverat (X.)

« Droits voisins du droit d'auteur - Histoire des droits voisins », *J.-Cl. Propriété littéraire et artistique*, fasc. 1405, 2008.

« Droits voisins du droit d'auteur. Dispositions communes aux artistes-interprètes et aux producteurs de phonogrammes. Licence légale et rémunération équitable (CPI, art. L. 214-1 à L. 214-5) », *J.-Cl. Propriété littéraire et artistique*, fasc. 1450, déc. 2020.

« Droits voisins du droit d'auteur. Nature des droits », *J.-Cl. Propriété littéraire et artistique*, fasc. 1410, 2008.

« Droits voisins du droit d'auteur. Droits de l'artiste-interprète. Droit moral (CPI, L. 212-1 à L. 212-10) », *J.-Cl. Propriété littéraire et artistique*, fasc. 1430, 2019.

Gaudrat (Ph.) et Zollinger (A.)

Fasc. 1242 « Droits des auteurs. Règles générales. Droit de représentation (CPI, art. L. 122-2 et L. 132-20) », *J.-Cl., Propriété littéraire et artistique*, févr. 2020.

Gaudrat (Ph.)

« L'objet du droit d'auteur - Œuvres protégées - Notion d'œuvre. (CPI, art. L. 111-1, L. 112-1 et L. 112-2) », *J.-Cl., Propriété littéraire et artistique*, fasc. 1134, oct. 2008.

« Propriété littéraire et artistique. Droits des auteurs. Théorie générale du droit moral (CPI, art. L. 121-1 à L. 121-9) », *J.-Cl. Propriété littéraire et artistique*, fasc. 1210, 2001.

« Propriété littéraire et artistique. Droits des auteurs. Droits moraux. Droit de divulgation (CPI, art. L. 121-1 à L. 121-9) », *J.-Cl., Propriété littéraire et artistique*, fasc. 1211, 2001.

Kahn (A.-E.)

« *Droits voisins du droit d'auteur. Droits patrimoniaux de l'artiste-interprète. Contrats d'exploitation des droits patrimoniaux (CPI, art. L. 212-4)* », fasc. 1437, *J.-Cl. Propriété littéraire et artistique*, 2015.

« Droits voisins du droit d'auteur. Droits des artistes-interprètes. Définition de l'artiste-interprète (art. L. 212-1) », *J.-Cl., Propriété littéraire et artistique*, fasc. 1425, 2010.

« Droits voisins du droit d'auteur. Droits patrimoniaux de l'artiste-interprète. Contenu des droits patrimoniaux (CPI, art. L. 212-3) », *J.-Cl. Propriété littéraire et artistique*, fasc. 1435, 2020

Pessina-Dassonville (S.)

« Droit des artistes-interprètes - Définition de l'interprétation, objet de droits de propriété intellectuelle - Régime juridique des droits voisins des artistes-interprètes », *J.-Cl., Communication*, fasc. 6121, 2008.

Siiriainen (F.)

« Gestion des droits d'auteur et des droits voisins par un organisme. Chapitres IV à VIII du titre II du livre III de la partie I du Code de la propriété intellectuelle (CPI, art. L. 324-1 à L. 328-2) », *J.-Cl. Propriété littéraire et artistique*, fasc. 1551, 2018.

« Gestion des droits d'auteur et des droits voisins par un organisme. Chapitres I à III du TitreII du Livre III de la Partie I du Code de la propriété intellectuelle (CPI, art. L. 321-1 à L. 323-15) », *J.-Cl. Propriété littéraire et artistique*, fasc. 1550, mars 2018 (MAJ juin 2020).

« Théorie générale de la gestion collective. Logique de droit exclusif de la gestion collective », *J.-Cl. Propriété littéraire et artistique*, fasc., 1550, 2006,

<u>**Articles d'encyclopédies juridiques**</u>

GAUDRAT (PH.)
Rép. Civ. Dalloz, V° *Propriété littéraire et artistique : (1° la propriété des créateurs)*, sept. 2007.
Rép. civ. Dalloz, V°. *Propriété littéraire et artistique, (2° : Les droits des exploitants)*, sept. 2007.
TAFFOREAU (P.)
Rép. IP/IT et Communication Dalloz, V° *Droits voisins du droit d'auteur*, 2019.

DICTIONNAIRES JURIDIQUES

BERNAULT (C.) et CLAVIER (J.-P.), *Dictionnaire de droit de la propriété intellectuelle*, ellipses, 2008, 430 p.
Le Vocabulaire juridique, (dir)-.) CORNU (G.), 10e éd., PUF, 2014, 1100 p.
Dictionnaire comparé du droit d'auteur et du copyright, CNRS, 2003, (dir.) DE LAMBERTERIE (I.), CORNU (M.), SIRINELLI (P.) et WALLAERT (C.).
Dictionnaire des biens communs, ss. dir. M. CORNU, F. ORSI et J. ROCHFELD, PUF, 2017, 1240 p.
TAFFOREAU (P.), *Petit lexique. Droit de la propriété intellectuelle*, Gualino, 2e éd., 2016-2017.

THESES ; TRAITES ; MANUELS ; MONOGRAPHIES ET ACTES DE COLLOQUES

ADDA (P.)
Théorie générale des droits voisins, thèse, paris II, 1979, 658 p.
AZZI (T.)
Recherche sur la loi applicable aux droits voisins du droit d'auteur en droit international privé, préf. GAUDEMET-TALLON (H.), LGDJ, 2005, 495 p.
BACOUELLE (J.)
La condition juridique de l'artiste-interprète, thèse, Paris I, 2015, 421 p.
BERTHILLON (F.)
L'ubiquité des biens, thèse, Lyon 3 (Jean Moulin), 2020, 675 p.
BOISSON (A.)
La licence du droit d'auteur, LexisNexis, 2013, 750 p.
BOUGEROL (D.)
La notion d'œuvre audiovisuelle, thèse, Poitiers, 2006, 413 p.
BOUVERY (P.-M.)
Les contrats 360°, pour une explication des contrats à droits multiples, édition Irma, 2011, 58 p.
Les contrats de la musique, 6e éd., Irma, 2018, 540 p.
Les contrats de la musique, 7e éd. Irma, janv. 2020 544 p.
BUYDENS (M.)
La protection de la quasi-création (information, publicité, mode, photographies documentaires et esthétique industrielle ...) en Droit belge, droit allemand, droit français, Larcier, 1993, 825 p.
CHATRY (S.)
Le concours de droits de propriété intellectuelle. Essai d'une théorie générale, préf. LUCAS (A.), Fondation Varenne, 2012, 458 p.
CHERPILLOD (I.)
L'objet du droit d'auteur, Cedidac, Lausanne, 1985, 197.
DAVERAT (X.)
L'artiste-interprète, (deux tomes), thèse, Bordeaux I, 1990, 888 p.

DESBOIS (H.), FRANÇON (A.) et KEREVER (A.)
Les conventions internationales du droit d'auteur et des droits voisins, Dalloz, 1976, 452 p.
DESBOIS (H.)
Le droit d'auteur. Droit français. Convention de Berne révisée, Dalloz, 1950, 794 p.
DESJEUX (X.)
La Convention de Rome, (10-26 octobre 1961), étude de la protection des artistes-interprètes ou exécutant, des producteurs de phonogrammes et des organismes de radiodiffusion, LGDJ, 1966, 288 p.
La protection des auxiliaires de la création littéraire et artistique selon la Convention de Rome du 26 octobre 1961, LGDJ, 1966, p. 108.
DRAI (L.)
Le droit du travail intellectuel, LGDJ, 2005, 320 p.
GAUTREAU (M.)
La musique et les musiciens en droit privé français, préf. G. CORNU, PUF, 1970, 372 p.
GISELA GRAÇA (O.)
La déconstruction du droit d'auteur sous prétexte de technologie numérique, thèse, Poitiers, 2012, 691 p.
GUEGUEN (J.-M.)
Les droits des artistes-interprètes sur leurs prestations en droit français, thèse, Paris II, LGDJ, 1986, 733 p (deux tomes).
HUGON (C.)
Le régime juridique de l'œuvre audiovisuelle, préf. J. RAYNARD, Litec, 1993, 538 p.
KAHN (A.-E.)
Le droit des musiciens dans l'environnement numérique, thèse, Dijon, 1998, 643 p.
LALIGANT (O.)
La divulgation des œuvres artistiques, littéraires et musicales en droit positif français, avant-propos, P. KAYSER, préf. G. LAMBERT, LGDJ, 1983, 658 p.
La véritable condition d'application du droit d'auteur originalité ou création, PUAM, 1999, 441 p.
LALLEMENT (A.)
Travail, création et propriété, thèse, Poitiers, 2012, 849 p.
LEHMAN (L.)
Le droit de l'artiste sur son interprétation, thèse, LGDJ, Paris 1935, 210 p.
LEQUETTE (S.)
Le contrat-coopération. Contribution à la théorie générale du contrat, préf. BERNNER (C.), Economica, 2012, 514 p.
OLAGNIER (P.)
Le droit des artistes interprètes & exécutants, préf. A. MESTRE, LGDJ, 1937, 218 p.
PESSINA-DASSONVILLE (S.)
L'artiste-interprète salarié (entre création intellectuelle et protection sociale), préf. A. SUPIOT, PUAM, 2006, 475 p.
PETELIN (T.)
La création plurale en droit d'auteur. Contribution à l'étude de l'indivision, préf. GAUDRAT (PH.), PU Juridiques de Poitiers, oct. 2020, 426 p.
PIGNATARI (O.)
Le support en droit d'auteur, préface de GAUDRAT (PH.), Larcier, 2013, 702 p.
RABANT (T.)
La notion d'œuvre de l'esprit, thèse, Paris II, 2000, 350 p.
SAVATIER (R.)
Le Droit de l'Art et des Lettres, LGDJ, 1953, 224 p.
SIIRIANIEN (F.)
Le caractère exclusif du droit d'auteur a l'épreuve de la gestion collective, thèse, Nice, 1999, 648 p.

SUPIOT (A.)
Le droit du travail, PUF, (Que sais-je ?), 2016, 128 p.
TAFFOREAU (P.)
Le droit voisin de l'interprète de l'œuvre musicale en droit français, (deux tomes), thèse, Paris II, 1994, 599 p. Bibliogr. et annexes (pagination multiple).
THULLIER (B.)
L'autorisation. Étude en droit privé, préf. BÉNABENT (A.), LGDJ, 1996, 352 p.
VERN (F.)
Les objets juridiques. Recherche en droit des biens, préf. PH. JACQUES, Dalloz, 2020, 878 p.

ACTES DE COLLOQUES ET GRANDS ARRETS

Droit d'auteur et droits voisins. La loi du 3 juillet 1985, IRPI, n° 5, Libraire technique, 1986, 308 p.
Droit de la musique. Œuvre collective sous la direction du Professeur HUET (J.), LGDJ, 2016, 328 p.
Droit et opéra, Actes des colloques des 14 décembre 2007 (Paris) et 14 mars 2008 (Poitiers), dir. Touzeil-DIVINA (M.) et KOUBI (G.), PU Juridiques de Poitiers, 2008, 392 p.
L'articulation des droits de propriété intellectuelle, dir. BRUGUIERE (J.-M.), Dalloz, collection Thèmes et commentaires, 2011, 155 p.
L'œuvre de l'esprit en question(s). Un exercice de qualification, Actes de colloques, dir. BENSAMOUN (A.), LABARTHE (F.) et TRICOIRE (A.), Mare & Martin, 2015, 252 p.
La codification de la propriété intellectuelle, étude critique et prospective de BENABOU (V.-L.) et VARET (V.), sous la direction d'ANDRE FRANÇON, La documentation française, 1998, 213 p.
La création. Entre Droit, philosophie et religion, dir. ZOLLINGER (A.), PU Juridiques de Poitiers, 2016, 174 p.
Les grands arrêts de la propriété intellectuelle, dir. de VIVANT (M.), Réflexion introductive de JESTAZ (PH.), 3e éd. Dalloz, 2019, 712 p.
Les modèles propriétaires au XXIe siècle - Actes du colloque international organisé par le CECOJI en hommage au professeur HENRI-JACQUES LUCAS, PU Juridiques de Poitiers, 2012, 254 p.
Liberté de création, architecture et patrimoine. Regards croisés sur la loi du 7 juillet 2016, dir. MOURON (PH.), préf., Pontier (J.-M.), PUAM, 2018, 143 p.
Mise en scène et droits d'auteur. Liberté de création scénique et respect de l'œuvre dramatique, dir. PROUST (S.), L'Entretemps, 2012, 271 p.
Quels droits pour les artistes du spectacle ? dir. BRUGUIERE (J.-M.), MALLET-POUJOL (N.) et VIVANT (M.), Dalloz, collection Thèmes et commentaires, 2009, 137 p.

TRAITE ; MANUELS ; COURS ET LEÇONS

BERTRAND (A.)
Droit d'auteurs, Dalloz action 2011/2012, 3e éd., Dalloz, 2010, 1002.
Le droit d'auteur et les droits voisins : Dalloz, 2e éd. 1999.
CARON (CH.)
Droit d'auteur et droits voisins, 4e et 6e éd., LexisNexis, 1170 p.
COLOMBET (C.)
Propriété littéraire et artistique et droits voisins, Dalloz, 8e et 9e éd.

Daverat (X.)
Droit de la propriété littéraire et artistique, coll. Lexifac, Bréal, 2011, 220 p.
Desbois (H.)
Le droit d'auteur en France, Dalloz, 3e éd., 1978, 1003 p.
Dross (W.)
Droit des biens, LGDJ, 5e éd., 2021, 476 p.
Droit civil. Les choses, LGDJ, 2012, 982 p.
Edelman (B.)
Droit d'auteur, droits voisins. Droit d'auteur et marché, Dalloz, 1993, 1364 p.
La propriété littéraire et artistique, Que sais-je ? 4e éd., PUF, 2008, 128 p.
Françon (A.)
Cours de propriété littéraire, artistique et industrielle, Les cours de droits, Paris V, 1985-1986.
Gaudrat (Ph.) et Sardain (F.)
Traité de droit civil du numérique, tome 1, éd. Larcier, 2015, 908 p.
Gautier (P.-Y.)
Propriété littéraire et artistique, 11e éd., PUF, 2019, 952 p.
Kamina (P.)
Droit anglo-américain des propriétés intellectuelles, LGDJ, 2017, 512 p.
Lucas (A.), Lucas-Schloetter (A.) Bernault (C.) et H.-J. Lucas (†)
Traité de la propriété littéraire et artistique, LexisNexis, 2017, 1755 p.
Pollaud-Dulian (F.)
Le droit d'auteur, 2e éd., Economica, 2014, 1776 p.
Tafforeau (P.) et Monnerie (C.) avec la collaboration de Kpolo (Ch.)
Droit de la propriété intellectuelle, Gualino, 4e éd. 2015, 608 p.
Vivant (M.), Bruguiere (J.-M.)
Droit d'auteur et droits voisins, 4e éd., 2019, 1402 p.

Articles ; chroniques ; commentaires et observations

Ansermet (E.)
« La musique et son exécution », *RIDA*, avril 1960.
Azzi (T.)
« Le droit moral de l'artiste-interprète, retour sur les silences troublants du législateur », Propr. Intell., 2008, n° 28, p. 278.
« Les apports de la loi en matière de droits voisins du droit d'auteur », *Dalloz IP/IT*, 2017, p .206.
Badinter (R.)
« Le droit de l'artiste sur son interprétation », *JCP* éd. G, 1964, I, 1844.
Becourt (D.)
« Le régime des présomptions dans les textes relatifs au droit d'auteur et aux droits voisins » (étude livrée en deux parties), *LPA*, 1996, n° 123, p. 4 et n° 124, p. 10.
« Réflexions sur la loi du 3 juillet 1985 relative aux droits d'auteurs et aux droits voisins », *JCP E.*, 1986, n° 14722, p. 365.
Benabou (V.-L.)
« Pourquoi une œuvre de l'esprit est immatérielle », *RLDI*, n° 1, 2005, pp. 53-58.
Bigot (Ch.)
« Présomption de cession des droits de l'artiste interprète en matière audiovisuelle : l'assemblée plénière vide le débat », *Légipresse*, n° 358, mars 2018, p. 143.
Binctin (N.) et Bismuth (D.)

« L'application de l'article L. 214-1 du Code de la propriété intellectuelle aux diffusions télévisuelles », *Légipresse*, 2004, II.

BINCTIN (N.)

« L'affaire Koltès : condition entre droit moral et droit patrimonial », *in Mise en scène et droits d'auteur. Liberté de création scénique et respect de l'œuvre dramatique*, dir. PROUST (S.), L'Entretemps, 2012, p. 64.

« Arrêt Podium : retour à une saine orthodoxie juridique », *Légipresse*, n° 287, oct. 2011, p. 554.

« Licence (propriété intellectuelle) », *in Dictionnaire des biens communs*, ss. dir. M. CORNU, F. ORSI et J. ROCHFELD, PUF, 1e éd., 2017, pp. 739-742.

BOISSON (A.)

« Cession et licence en droit d'auteur », *Légicom*, n° 53, 2014, pp. 59-68.

BREUKER (L.)

« Le support de création et le support de commercialisation de l'œuvre », *CCE*, n° 1, janv. 2003, chron. 2.

BRUGUIERE (J.-M.)

« L'articulation du droit d'auteur et des droits voisins », *in L'articulation des droits de propriété intellectuelle*, Dalloz, coll. Thèmes et commentaires, 2011, p. 70 et s.

« Les droits voisins de la propriété littéraire et artistique », *Propr. Intell.*, n° 43, avril, 2012, pp. 161-172.

« La révision de la rémunération de l'auteur et de l'artiste-interprète », (Acte de colloque : Le droit contractuel des auteurs et des artistes-interprètes après la directive du 17 avril 2019), *Propr. Intell.*, n° 80, juill. 2021, pp. 28-35.

CARON (CH.)

« De la distinction entre le cachet et les redevances de l'artiste-interprète », *CCE*, n° 10, oct. 2009, comm. 87.

« Les contrats », *RIDA*, n° 256, 2018, p. 170.

« Les garants du respect de l'œuvre », *in Mise en scène et droits d'auteur. Liberté de création scénique et respect de l'œuvre dramatique*, ss. dir. de S. PROUST, L'ENRETEMPS, 2012, pp. 57-63.

« Loi « liberté de création » et propriété intellectuelle (5/5) : les droits voisins », *CCE*, 2017, comm. 40.

COLOMBET (C.)

« Les droits voisins » *in Droits d'auteur et droits voisins. La loi du 3 juillet 1985*, Coll. 21 et 22 nov. 1985, IRPI, Librairies techniques, 1986, pp. 125-140.

CONTAMINE-RAYNAUD (M.)

« De l'existence du droit moral des artistes mariés sous le régime de la communauté », *D.*, 1971, p. 251.

DALEAU (J.)

« Une première : l'artiste-interprète mieux traité que l'auteur », *D.* 2007, p. 417, (note sous Cass. 1re civ., 7 nov. 2006, (n° 04-13.454), aff. *Sté Warner Chappel Music France c/ Perret* : JurisData n° 2006-035764).

DAVERAT (X.)

« L'art et la manière – à propos du jugement du TGI de Paris 19 mai 1982 et de la CA Versailles, 23 juin 1982 », *Cahier du Droit, Bordeaux*, T. III, 1984, p. 85.

« L'impuissance et la gloire. Remarques sur l'évolution contemporaine du droit des artistes-interprètes », *D.* 1991, p. 93.

« Retour sur une "fiction sociale" : la télé-réalité », *CCE*, n° 6, juin 2011, étude 12.

DEBARNOT (J.-F.)

« La triple validation jurisprudentielle du régime d'exploitation par l'INA des programmes de son fonds intégrant des prestations d'artistes-interprètes », *CCE*, 2020, étude 6.

DERIEUX (E.)

« Droits des artistes-interprètes-Mythe ou réalité ? », *Légipresse*, II, juill.- août 1991/6.

DESBOIS (H.)

« Les droits voisins du droit d'auteur », *in Mélanges offerts à* RENE *SAVATIER*, Dalloz, 1965, p. 254.

« Commentaire sur la loi du 11 mars 1957 », *D.* 1957, chron., p. 165.

« La protection des artistes, interprètes ou exécutants, en France », *in Études offertes à* PIERRE *KAYSER*, T. 1, PUAM 1979, p. 351 et s.

« Le droit des acteurs et des artistes sur leurs interprétations », *D.*, 1964, chron. p. 247.

« Les droits dits "voisins du droit d'auteur" », in *Mélanges* SAVATIER, Paris, 1965, p. 249.

DESJEUX (X.)

« La mise en scène de théâtre, est-elle une œuvre de l'esprit ? », *RIDA*, n° 75, janv. 1973.

DOMMANGE (R.)

« La doctrine française en matière de droits dits voisins », *RIDA*, n°8 1955.

DROSS (W.)

« L'identité des concepts juridiques : quelles distinctions entre concept, notion, catégorie, qualification, principe ? », *RRJ* (Revue de la Recherche Juridique - Droit prospectif), *Les Cahiers de Méthodologie Juridique, n° 26 : Les concepts en droits : usages et identité*, PUAM, 2012, pp.2229-2235.

« Une approche structurale de la propriété », *RTD civ.*, 2012, p. 419.

EDELMAN (B.)

« Autopsie des contrats de production phonographique État des lieux et perspectives », *D.* 2007, p. 2890.

« Commentaire de la loi n° 85-660 du 3 juillet 1985 relative au droit d'auteur et aux droits voisins », *Actualités Législatives Dalloz (ALD)*, 1986, p. 20.

« Enquête sur le droit moral des artistes-interprètes », *D.* 1999, chron., p. 240.

« Le *copyright* désavoué », *D.*, 2001, jurispr., p. 1868, (note sous Cass. 1re civ., 6 mars 2001, n° 98-15.502 : JurisData n° 2001-008562).

« Nouvelles enquêtes sur le droit moral des artistes-interprètes », *D.* 2006, p. 1168

« Quand "L'Ile de la tentation" ne séduit pas le droit », *D.*, 2009, p. 2517.

« Quatre pattes, oui ; deux pattes, non. Loft story- une nouvelle fonction-auteur », *D.*, 2001, chron. P. 2763.

« Une loi substantiellement internationale. La loi du 3 juillet 1985 sur les droits d'auteur et droits voisins », *Journal du droit international*, 1987.

Note sous Cass. 1er juill. 1970, aff. *Manitas de Plata* (improvisation), *D.* 1970, jurispr., p. 734.

EL SAYEGH (D.)

« La musique à l'épreuve de la loi « création et patrimoine » du 7 juillet 2016 », *RIDA*, janv. 2017, p. 89.

FELIX (D.)

« Le contrat de travail de l'artiste-interprète : un cadre à (ré)inventer », *Légicom*, n° 32, 3/2004, p. 68.

FOUILLAND (F.)

« L'apport d'auteur à une société de gestion collective », *CCE*, n° 1, janv. 2008, étude 2.

FRANÇON (A.)

« Commentaire de la loi de 1985 », *RTD com.*, 1986, p. 97

« L'auteur d'une œuvre de l'esprit épuise-t-il son droit de divulgation par le premier usage qu'il en fait ? », *GRUR.-Int.*,1973, p. 264

GAUDEL (D.)

« Les caractéristiques de la redevance versée aux artistes-interprètes au titre des droits voisins », *in Mélanges en l'honneur du Professeur* ANDRE FRANÇON, Dalloz, 1995, p. 175

GAUDRAT (PH.) et SARDAIN (F.)

« De la copie privée et du cercle de famille », *CCE*, n° 11, nov. 2005, chron. 37.

GAUDRAT (PH.) et Vivant (M.)

« Marchandisation », *in Propriété intellectuelle et mondialisation : la propriété intellectuelle est-elle une marchandise ?* Dalloz 2004.

GAUDRAT (PH.) et ZOLLINGER (A.)

« La cession en propriété littéraire et artistique, le modèle du droit d'auteur », *in Les recodifications du droit de la vente en France et en Europe*, ss. dir. SAVAUX (É.), SCHÜTZ (R-N.), BOUCART (H.) et LETE (J.), collab. PAZOS (R.), PU Juridiques de Poitiers, 2020, *à paraître.*

GAUDRAT (PH.)

« Contrats translatifs de droits d'auteurs : le formalisme des sous-contrats… », *RTD com.*, 2021, p. 123.

« La création et le Droit : Balade dans l'espace et dans le temps », *in La création entre Droit, philosophie et religion*, PU Juridiques de Poitiers, ss. dir. de A. ZOLLINGER, LGDJ 2016, pp. 32-35.

« La structure juridique des propriétés intellectuelles », *in Les modèles propriétaires en XXIe siècle*, colloque du CECOJI, PU Juridiques de Poitiers, 2009

« Le droit d'auteur au lendemain de la transposition : titre 1er de la loi du 1er août 2006 », *RTD Com.*, 2006, p. 814.

« Les démêlés intemporels d'un couple à succès : le créateur et l'investisseur », *RIDA*, n° 190, oct. 2001, p. 71.

« Les modèles d'exploitation du droit d'auteur », *RTD com.*, 2009, p. 323.

« Non-épuisement du droit de divulgation (par donation du support) », note sous 1re civ., 10 oct. 2018 (*aff. Clapton*), *RTD com.* 2019, p. 127.

« Propriétés intellectuelles & tradition française : rappels historiques », Conférence inaugurale de l'Association Marcel Plaisant, 13 déc. 2018, disponible en ligne URL : https://plaisant.hypotheses.org/date/2019/07 (consultation février 2019). Publié dans *Cahiers poitevins d'Histoire du droit*, 11ème cahier, ss. dir. de E. GOJOSSO, p.273.

« Public »., in *Dictionnaire des biens communs,* ss. dir. M. CORNU, F. ORSI et J. ROCHFELD, pp. 1018-1025.

« Réflexions dispersées sur l'éradication méthodique du droit d'auteur dans la « société de l'information ». L'inversion du paradigme propriétaire », *RTD com.* P. 285, 2003.

« Réflexions sur la forme des œuvres de l'esprit », *in Mélanges en l'honneur d'André Françon*, Dalloz 1995, p. 195.

« Souple cession », *in Liber amicorum*, ss. dir. GAULLIER (F.), éd. Vercken-Gaullier, 2017, p.115 et s.

« Pour une propriété intellectuelle épurée », *in Mélanges en l'honneur du professeur A. LUCAS*, LexisNexis, 2014, p.325 et s.

GENDREAU (Y.)

« Le critère de fixation en droit d'auteur », *RIDA*, janv. 1994, p. 111.

GIRAUD (P.)

« Herméneutique, interprétation et vérité. L'advenir de l'œuvre musicale », *RRJ-Droit perspectif*, n° 1, 2001, p. 427 et s.

GIRAUD (T.)

« La loi LCAP redéfinit les pratiques amateurs », *JAC*, 2017, n°43, p.35.

GOBIN (A.)
« Les interprètes, collecteur et éditeur de musique folklorique », RIDA, avril 1985, pp. 105-137.
GUILLOUX (J.-M.)
« Vers une exécution équitable du contrat d'artiste ? », *RLDI*, n° 31, oct. 2007, p. 53.
HERMITTE (M.-A.)
« Le droit est un autre monde », *Enquête*, n° 7, 1999, pp. 17-37.
JURILIB (collectif d'avocats)
« Interrogations sur la licéité juridique des actuels contrats de production phonographique, dits contrats "360°" », étude JURILIP : *RLDI*, n° 86, 2012, pp. 73-85 ; et *RLDI*, n° 85, 2012, pp.96-104.
KAHN (A.-E.)
« Artiste-interprète. Un statut hybride », *JAC*, n° 1, 2013, p. 18.
« Dialogues des carmélites : atteinte disproportionnée au droit moral », *Juris art etc.*, 2016, n° 39, p. 32.
« La fication de la rémunération des artistes-interprètes », (Acte de colloque : Le droit contractuel des auteurs et des artistes-interprètes après la directive du 17 avril 2019), *Propr. Intell.*, n° 80, juill. 2021, pp. 22-27.
KAMINA (P)
« Commentaire de l'ordonnance n° 2021-580 du 12 mai 2021 portant transposition partielle de la directive 2019/790 du 17 avril 2019 », étude 12, *CCE*, n° 7-8, juill.- août, 2021.
KERBOURC'H (J.-Y.) et VINCENT (J.)
« Illégalité du contrat à durée déterminée unique prévoyant l'enregistrement successif de plusieurs albums phonographiques »
« Validité et effets de la clause d'option stipulée dans un contrat d'artiste », *RLDI*, n° 31, oct. 2007, p. 60.
LALIGANT (O.)
« Fragment d'un discours sur la notion d'œuvre de l'esprit au sens du droit d'auteur : œuvre et réalisation », *RRJ*, n° 3, 1994, pp. 887-896
« Fragment d'un discours sur la notion d'œuvre de l'esprit au sens du droit d'auteur : œuvre et interprétation », *RRJ*, n° 3, 1994, pp. 897-904
LE CAM (S.)
« Artistes-interprètes du secteur de la musique : de la reconnaissance d'une titularité initiale à l'évolution du formalisme contractuel », *JAC*, n°43, 2017, p. 24.
« La représentativité des sociétés de gestion collective », *in Mélanges en l'honneur du Professeur A. LUCAS*, LexisNexis, 2014, p. 489 et s.
LE CHEVALIER (PH.)
« Pour une protection des mises en scène théâtrales par le droit d'auteur », *RIDA*, oct. 1990, pp. 19-121.
MASOUYE (C.)
« La protection des expressions du folklore », *RIDA*, N° 115, janv. 1983, p. 17.
MATTHYSSENS (J.)
« Metteurs en scène et droit d'auteur », *RIDA*, janv. 1956, p. 47.
MAXIMIN (N.)
« Loi n° 2016-925 du 7 juillet 2016 relative à la liberté de la création, à l'architecture et au patrimoine (JO 8 juill.) », *Dalloz IP/IT*, 2016, p. 386.
« Transposition de la directive "droit d'auteur, droits voisins à l'ère du numérique" », *Dalloz IP/IT*, 2021, p. 304.
MILLE (E.)

« Qui a les droits ? Ou l'avenir du catalogue suite à la rupture du contrat conclu entre un artiste et son producteur », *Propr. Intell.*, n° 18, janv. 2006, p. 35.

MORVAN (P.)

« Télé-réalité et contrat de travail », *D.* 2006, I.R., p. 1128, (note sous Cons. Prud'h. Paris, 30 nov. 2005).

NACCACH (R.)

« La clause de *back catalogue* sur le devant de la scène », *D.*, 2006, jurispr. p. 2404.

NITRATO IZZO (V.)

« Interprétation, musique, droit : performance musicale et exécution de normes juridiques », *Revue interdisciplinaire d'études juridiques*, 1/2007, (Vol. 58), pp. 99-127.

PALLANTZA (D.)

« La rémunération des artistes-interprètes salariés », *Revue de droit du travail*, 2015, p. 597.

PECH DE LACLAUSE (CH.)

« Statut social des artistes du spectacle », *Légicom*, n° 13, 1997, pp. 85-90.

PESSINA [PESSINA-DASSONVILLE] (S.)

« La qualité d'artiste : une qualité ambivalente », *in Quels droits pour les artistes du spectacle ?* sous la dir. de M. VIVANT, N. MALLET-BOUJOL et J.-M. BRUGUIERE, Dalloz, 2009, surtout p. 28 et s.

« Droits voisins. Droits des artistes-interprètes : l'émergence des droits », *in Les grands arrêts de la propriété intellectuelle*, (dir.) VIVANT (M.), préf. JESTAZ (PH.), 2 éd., Dalloz, 2015, p. 375.

« L'artiste-interprète salarié », i*n Créations et inventions de salariés. Rompre avec les schémas reçus…*, Colloque de L'IRPI, LexisNexis, 2010, pp. 123-152.

« La qualité d'artiste du spectacle une notion dévoyée », *Prop. Intell.*, n° 27, avril 2008, pp. 194-205.

« Les contrats entre les artistes de la musique et les producteurs : contrat d'enregistrement exclusif et contrat collectif », *in Pratique de la propriété littéraire et artistique*, ouvrage collectif sous la direction du Professeur TAFFOREAU (P.), LexisNexis, coll. Droit 360°, 2013.

« Droits voisins, Droits des artistes-interprètes : L'émergence des droits », étude 15 in *Les grands arrêts de la propriété intellectuelle*, Dalloz, 2004, p. 197 et s.

PFISTER (L.)

« L'œuvre, une forme originale. Naissance d'une définition juridique, XVIII-XIXe siècle », *Cahier du Centre lyonnais d'histoire du droit et de la pensée politique*, n° 2, 2005, p. 245 et s.

« Le tournant du XXe siècle berceau des droits contemporains de l'œuvre d'art », *in L'art en mouvement, Regards de droit privé*, Mare & Martin, 2013.

PLAISANT (R.)

« La loi n° 85-660 du 3 juillet 1985 », *JCP G.*, 1986, I, 3230.

« Le droit des artistes exécutants en France », *Rev. UER*, 1974, vol. XXV, n° 2, p. 46.

PLAN (F.)

« Champ d'application de la licence légale d'utilisation de phonogramme », Légipresse, n° 149, mars 1998, III, pp. 26-33.

POLLAUD-DULIAN (F.)

« Dispositions intéressant la propriété intellectuelle de la loi "liberté de la création, architecture et patrimoine" », *RTD com.*, 2016, p. 481.

« Droit moral et droits de la personnalité », *JCP G.*, 1994, I, 3780.

« Les auteurs d'œuvre audiovisuelle », *RIDA*, n° 169, 1996, p. 51 et s.

« Les droits exclusifs consacrés par la directive 2001/29/CE du 22 mai 2001 », *Propr. Intell.*, janv. 2002, n° 2, p. 7.

« Multiples facettes du droit de divulgation », *Propr. Intell.*, n° 37, oct. 2010, p. 955 et s.

« Propriétés intellectuelles et travail salarié », *RTD com.*, 2000, p. 273 et p. 290.

PRIEUR (S.)

« Le participant à un jeu de « télé-réalité » n'est pas un artiste interprète mais un salarié », *Gaz. Pal.*, n° 157, 6 juin 2013, p.13.

PROUST (S.)

« Le metteur en scène du texte à la scène : œuvre d'auteur, d'interprète ou d'adaptateur ? », *in Mise en scène et droits d'auteur. Liberté de création scénique et respect de l'œuvre dramatique*, ss. dir. de S. PROUST, L'ENRETEMPS, 2012, p. 103.

QUERZOLA (G.)

« La Cour de cassation limite les droits de la SPEDIDAM et des artistes-interprètes », *D.*, 2013, p. 809.

RAYNARD (J.)

« Entre brevet et droit d'auteur. Les quatre points cardinaux de la propriété intellectuelle », *JCP E.*, n° 14, doctr. 399, 1er avril 2013.

« Propriétés incorporelles : un pluriel bien singulier », *in Mélanges du Professeur J.-J. BRUST*, Litec, 1997, p. 527.

REMBE (R.)

« Auteurs et artistes-interprètes ou exécutants : une protection égale pour une contribution égale », *Dr. Auteur*, 1986, p. 32.

SERNA (M.)

« Espace juridique de l'artiste-interprète au sein de l'espace audiovisuel », *D.* 2005, p. 575.

« Qualité et contrat d'engagement d'un artiste-interprète », *D.* 2002, p. 2106.

« Réflexions autour de la qualité d'artiste-interprète au sens de l'article L. 212-2 du Code de la propriété intellectuelle », *LPA*, 21 juin 2001, n°123.

SIIRIAINEN (F.)

« Des "démembrements" du droit d'auteur : de la théorie à la théorie, par le détour de la pratique », *Revue internationale de droit économique*, 2014/3 t. XXVIII, pp. 387-399.

SIRIIAINEN (F.)

« Les licences collectives à effet étendu : entre gestion collective, facilitation des autorisations et sécurité juridique », *CCE*, 2019, dossier 5.

TAFFOREAU (P.)

« Création prétorienne d'une présomption simple d'autorisation par les artistes-interprètes au profit de l'INA », *Dalloz IP/IT*, 2021 p. 25.

« La convention collective nationale de l'édition phonographique dans la tourmente judiciaire », *Dalloz IP/IT*, 2019, p. 383 (Observations sous CA Versailles, 24 janv. 2019, n° 17/04408).

« La notion d'interprétation en droit de la propriété littéraire et artistique », *Propr. Intell.*, n° 18, janv. 2006.

« Le droit d'artiste-interprète, un droit de plus en plus voisin du droit d'auteur », *D.*, 2015, p. 2328.

« Le spectacle lyrique, œuvre de l'esprit ? » in *Droit & Opéra*, colloques des 14 déc. et 14 mars 2008, PU Juridiques de Poitiers, *LGDJ* 2008, p. 352.

« Les dispositions de la loi n° 2016-925 du 7 juill. 2016 « Liberté de la création » en matière de phonogrammes-Contribution à la notion de droits voisins », *Propr. Intell.*, n° 64, 2017, pp. 47-54.

« Un hybride de la propriété littéraire et artistique : le droit du chef d'orchestre sur son interprétation », *Juris art etc.* 2017.

TROLLER (A.)

« Les droits prétendument "voisins" », première partie, *Bulletin Droit d'auteur*, Mai 1956, p. 21.

VARET (V.) et MAURY (S.)
« Les contrats de production phonographique à l'aune de la loi « Création et patrimoine » du 7 juillet 2016 », *Légipresse*, 2016, p. 523.
VARET (V.)
« L'obligation de transparence », (Acte de colloque : Le droit contractuel des auteurs et des artistes-interprètes après la directive du 17 avril 2019), *Propr. Intell.*, n° 80, juill. 2021, pp. 45-52.
VINCENT (J.)
« Artiste amateur et travail dissimulé : les frontières mobiles de la loi », *JAC*, 2017, n°47, p.39
« Le nouveau cadre des relations entre l'artiste-interprète et le producteur de phonogramme », *in Liberté de création, architecture et patrimoine. Regards croisés sur la loi du 7 juillet 2016*, ss. dir. MOURON (PH.), PUAM, 2018, pp. 71-87.
« N+2=0, ou comment le statut d'auto-entrepreneur peut détruire la protection sociale des artistes », *RLDI*, févr. 2010, n° 57, p. 47.
« Réflexions sur la loyauté et la bonne foi à l'occasion de la résiliation des contrats d'enregistrement », *RLDI*, n° 35, févr. 2008, p. 45 et s.
VOUILLOZ (F.)
« Prestations sportives, chorégraphies et droit d'auteur », *Revue suisse de la propriété intellectuelle*, janv. 1996, p. 7.
WEKSTEIN (I.)
« Droits voisins, licence légale et loi du 1er août 2006 », *D.*, 2006, n° 31.
« Que reste-t-il du champ d'application de la rémunération équitable ? », *Légipresse*, n° 219, I, 2005, p. 39.

RAPPORTS ET SOURCES INSTITUTIONNELLES

« Documents de la conférence réunie à Bruxelles du 5 à 26 juin 1948 », *Revue de la réunion internationale pour la protection des œuvres littéraires et artistiques*, 1951.
« La titularité des œuvres réalisées dans les liens d'un engagement de création », Rapport des Professeurs GAUDRAT (PH.) et MASSE (G.) à Madame la ministre de la culture, Madame la ministre de la justice et Monsieur le secrétaire d'État à l'industrie, 2000.
Étude de l'OMPI sur le transfert des droits des artistes interprètes aux producteurs de fixations audiovisuelles : instruments multilatéraux ; États-Unis d'Amérique ; France, réalisée par MM. JANE C. GINSBURG et ANDRE LUCAS, OMPI, document : AVP/IM/03/4, *30 avril* 2003.
FISCOR (M.), *La gestion collective du droit d'auteur et des droits connexes*, OMPI, 2002.
GOTZEN (F.), *Le droit des interprètes et exécutants dans la CEE*, 1977, étude élaborée à la demande de la Commission des communautés européennes, disponible en ligne, URL http://aei.pitt.edu/38774/1/A3734.pdf [Consulté le 6 août 2019].
Guide de la Convention de Rome et de la Convention phonogrammes, OMPI, Genève, 1981.

INDEX

L'index renvoie aux numéros des **paragraphes**. Pour les termes récurrents (marqués d'un astérisque *) il n'est renvoyé qu'aux numéros où le terme est défini ou développé.

A

B

C

D

E

F

G

H

I

J

L

M

O

P

Q

R

S

T

U

V

W

TABLE DES MATIERES

Structures éditoriales du groupe L'Harmattan

L'Harmattan Italie
Via degli Artisti, 15
10124 Torino
harmattan.italia@gmail.com

L'Harmattan Hongrie
Kossuth l. u. 14-16.
1053 Budapest
harmattan@harmattan.hu

L'Harmattan Sénégal
10 VDN en face Mermoz
BP 45034 Dakar-Fann
senharmattan@gmail.com

L'Harmattan Cameroun
TSINGA/FECAFOOT
BP 11486 Yaoundé
inkoukam@gmail.com

L'Harmattan Burkina Faso
Achille Somé – tengnule@hotmail.fr

L'Harmattan Guinée
Almamya, rue KA 028 OKB Agency
BP 3470 Conakry
harmattanguinee@yahoo.fr

L'Harmattan RDC
185, avenue Nyangwe
Commune de Lingwala – Kinshasa
matangilamusadila@yahoo.fr

L'Harmattan Congo
219, avenue Nelson Mandela
BP 2874 Brazzaville
harmattan.congo@yahoo.fr

L'Harmattan Mali
ACI 2000 - Immeuble Mgr Jean Marie Cisse
Bureau 10
BP 145 Bamako-Mali
mali@harmattan.fr

L'Harmattan Togo
Djidjole – Lomé
Maison Amela
face EPP BATOME
ddamela@aol.com

L'Harmattan Côte d'Ivoire
Résidence Karl – Cité des Arts
Abidjan-Cocody
03 BP 1588 Abidjan
espace_harmattan.ci@hotmail.fr

Nos librairies en France

Librairie internationale
16, rue des Écoles
75005 Paris
librairie.internationale@harmattan.fr
01 40 46 79 11
www.librairieharmattan.com

Librairie des savoirs
21, rue des Écoles
75005 Paris
librairie.sh@harmattan.fr
01 46 34 13 71
www.librairieharmattansh.com

Librairie Le Lucernaire
53, rue Notre-Dame-des-Champs
75006 Paris
librairie@lucernaire.fr
01 42 22 67 13

www.ingramcontent.com/pod-product-compliance
Lightning Source LLC
LaVergne TN
LVHW011218061026
849535LV00001BA/87
* 9 7 8 2 1 4 0 4 9 2 0 1 3 *